UTB 2298

W0323030

Eine Arbeitsgemeinschaft der Verlage

Beltz Verlag Weinheim und Basel
Böhlau Verlag Köln · Weimar · Wien
Wilhelm Fink Verlag München
A. Francke Verlag Tübingen und Basel
Paul Haupt Verlag Bern · Stuttgart · Wien
Verlag Leske + Budrich Opladen
Lucius & Lucius Verlagsgesellschaft Stuttgart
Mohr Siebeck Tübingen
C. F. Müller Verlag Heidelberg
Ernst Reinhardt Verlag München und Basel
Ferdinand Schöningh Verlag Paderborn · München · Wien · Zürich
Eugen Ulmer Verlag Stuttgart
UVK Verlagsgesellschaft Konstanz
Vandenhoeck & Ruprecht Göttingen
WUV Facultas · Wien

Handbuch der Geschichte Europas
herausgegeben von Peter Blickle

Band 1 Wolfgang Schuller
Das Erste Europa, 1000 v. Chr.–500 n. Chr.

Band 2 Hans-Werner Goetz
Europa im frühen Mittelalter, 500–1050

Band 3 Michael Borgolte
Europa entdeckt seine Vielfalt, 1050–1250

Band 4 Michael North
Europa expandiert, 1250–1500

Band 5 Günter Vogler
Europas Aufbruch in die Neuzeit, 1500–1650

Band 6 Heinz Duchhardt
Europa am Vorabend der Moderne, 1650–1800

Band 7 Wolfgang von Hippel
Europa zwischen Reform und Revolution, 1800–1850

Band 8 Jörg Fisch
Europa zwischen Wachstum und Gleichheit, 1850–1914

Band 9 Walther L. Bernecker
Europa zwischen den Weltkriegen, 1914–1945

Band 10 Rainer Hudemann
Europa auf dem Weg zur Union, 1945–1990

Handbuch der Geschichte Europas – Band 3

Michael Borgolte

Europa entdeckt seine Vielfalt 1050–1250

11 Karten

Verlag Eugen Ulmer Stuttgart

Michael Borgolte ist seit 1991 Ordentlicher Professor für Geschichte des Mittelalters an der Humboldt-Universität zu Berlin und seit 1998 ebenda Leiter des Instituts für vergleichende Geschichte Europas im Mittelalter. Er lehrte zuvor an den Universitäten Freiburg i.Br., Frankfurt am Main, Basel und Bamberg. Schwerpunkte seiner Forschungen sind neben der historischen Komparatistik die Sozial-, Verfassungs- und Kirchengeschichte des europäischen Mittelalters. Zu seinen wichtigsten Veröffentlichungen gehören „Petrusnachfolge und Kaiserimitation. Die Grablegen der Päpste, ihre Genese und Traditionsbildung", 1989, 2. Aufl. 1995; „Die mittelalterliche Kirche", 1992; „Sozialgeschichte des Mittelalters. Eine Forschungsbilanz nach der deutschen Einheit", 1996.

Titelfoto: Otto III., deutscher König und Kaiser, 980–1002.
Huldigungsbild: Die dem Kaiser huldigenden vier Provinzen Sclavinia, Germania, Gallia und Roma.
Buchmalerei, Reichenau, Ende 10. Jh. Aus dem Evangeliar Ottos III. München, Bayr. Staatsbilbl. Cod. lat. 4453. Foto nach Farblithographie. (Foto: akg-images)

Die Deutsche Bibliothek – CIP-Einheitsaufnahme
Ein Titeldatensatz für diese Publikation ist bei
Der Deutschen Bibliothek erhältlich

ISBN 3-8252-2298-5 (UTB)
ISBN 3-8001-2794-6 (Ulmer)

Wollgrasweg 41, 70599 Stuttgart (Hohenheim)
E-Mail:: info@ulmer.de
Internet: www.ulmer.de
Lektorat: Dr. Caroline Schnyder, Dr. Nadja Kneissler
Herstellung: Otmar Schwerdt
Satz und Repro: ES Typo-Graphic, Ellen Steglich, Stuttgart
Druck: Gutmann, Talheim
Bindung: Koch, Tübingen
Printed in Germany

ISBN 3-8252-2298-5 (UTB-Bestellnummer)

Inhaltsverzeichnis

Vorwort des Herausgebers

Das Handbuch der Geschichte Europas (HGE) zeigt die historischen Voraussetzungen des modernen Europa. Es ermöglicht die kritische Auseinandersetzung mit Europa durch den Nachweis geschichtlicher Kontinuitäten und Brüche und dient damit dem Verständnis der europäischen Integration.

Das Handbuch der Geschichte Europas (HGE) umfasst 10 Bände in chronologischer Abfolge. Es behandelt jedes europäische Land gesondert sowie Europa als kulturelle Einheit insgesamt und ist in dieser Konzeption neu.

Das Handbuch der Geschichte Europas (HGE) vermittelt in kompakter Form gesichertes historisches Wissen auf dem neuesten Forschungsstand. Für jeden Band trägt ein Autor die Verantwortung. Alle Bände folgen der gleichen Gliederung. In einem einleitenden Kapitel über den Charakter der Epoche bringt der Autor seine eigene Interpretation zur Darstellung. Das Länderkapitel behandelt jedes europäische Land entsprechend seiner Bedeutung für die Epoche. Im Sachbereichskapitel werden die europäischen Gemeinsamkeiten herausgearbeitet, systematisiert nach Verfassung und Recht, Politik und internationalen Beziehungen, Gesellschaft und Wirtschaft sowie Kultur und Religion. Ein Schlusskapitel erörtert Forschungsstand, Forschungskontroversen und Forschungsperspektiven, wobei die nationalen historiographischen Traditionen angemessen berücksichtigt werden. Gelegentliche Modifikationen des Schemas sind sachbezogen. Ein umfassendes Verzeichnis der Literatur schließt jeden Band ab.

Bern, im Frühjahr 2002 *Peter Blickle*

Vorwort des Verfassers

Nach dem englischen Historiker Geoffrey BARRACLOUGH (1964) ist Europa eine historische Idee, die zu verschiedenen Zeiten verschiedene Inhalte habe. Im Hinblick auf die Geschichte Europas zwischen 1050 und 1250 n. Chr. müssen wir demnach zunächst zu bestimmen suchen, welche Idee von Europa wir unserer Zeit zuschreiben wollen; selbstverständlich gibt es hier mehrere mögliche Antworten, die von den persönlichen Erfahrungen und Werten des einzelnen ebenso bestimmt werden wie von dem historischen Wissen, der politischen Haltung und der allgemeinen Lebensperspektive jener Gruppen, denen er angehört. Ein Autor kann nur hoffen, dass seine eigene Position mit den Ansichten seiner Leser soweit übereinstimmt, dass diese in fruchtbarer Auseinandersetzung mit ihm auch über ihn hinauskommen können; jedenfalls muss er sich bemühen, seinen Standpunkt zu klären und darzulegen.

Ich meine, dass unsere Idee von Europa von der überwältigenden Erfahrung der europäischen Einigung getragen wird, die sich seit den Ereignissen von 1989/90 im Osten unseres Kontinents noch dramatisch beschleunigt hat. Dieser Prozess beruht auf den Erwartungen von Frieden und Prosperität, aber auch auf den Zwängen einer universal vernetzten Wirtschaft und nahezu ungehinderter Informationsströme (Globalisierung), die selbst Folgen des überwundenen Ost-West-Gegensatzes aus der Zeit nach dem Zweiten Weltkrieg sind; andererseits wäre der Erfolg der Europäischen Union unmöglich gewesen ohne die Anpassung der einzelstaatlichen Systeme an die gemeinsamen Normen von Demokratie, Gewaltenteilung und Menschenrechten und die entsprechende Bereitschaft, nationale Eigenrechte abzuschwächen oder gar aufzugeben. In West- und Mitteleuropa herrscht der Eindruck vor, dass der Vorgang der europäischen Einigung nicht mehr umkehrbar ist, wegen seiner Vorteile für die Lebensführung der meisten Menschen aber auch weiter gefördert werden sollte. Unsere Perspektive auf die Geschichte Europas wird also, wie ich meine, von der herrschenden Akzeptanz der europäischen Einigung bestimmt, der die Tendenz zur Überwindung der Nationalstaaten innewohnt.

Unter einem solchen Blickwinkel erscheint das hohe Mittelalter fremd und interessant zugleich. Der auffälligste Unterschied zur Gegenwart besteht darin, dass eben im 11. bis 13. Jahrhundert jene Vielfalt europäischer Nationen erst entstanden ist oder sich aus älteren Ansätzen weiter entfaltet hat, die jetzt zur Disposition steht; eine – partielle oder umfassende – Einigung des Kontinents wie seit dem späten zweiten Jahrtausend, also auf friedlichem Wege, ist im Mittelalter wie in jeder anderen älteren Phase der europäischen Geschichte hingegen nie versucht worden. Bemerkenswert ist sodann, dass sich seit dem 11. Jahrhundert, wiederum nach früheren Wegweisungen, der Westen und der Osten

Europas kulturell und religiös voneinander abwandten, während in der Gegenwart ein Staat wie Griechenland der Europäischen Union bereits angehört. Allerdings ist es zurzeit noch unentschieden, wie weit die Integration Osteuropas wirklich angestrebt und gelingen wird. Ob „Allah nach Europa" kommt, ob also die bei aller Säkularisierung zum muslimischen Kulturkreis gehörende Türkei Mitglied der EU werden kann, wird seit dem Frühjahr 1998 kontrovers diskutiert; Ähnliches gilt für das geteilte Zypern. Und unlösbar scheint im Augenblick noch die Frage zu sein, welche Stellung die Ost- beziehungsweise Südslawen Russlands und Serbiens, im Mittelalter orthodoxe Christen, zu „Europa" einnehmen sollen. Das Studium des Hochmittelalters lohnt sich also keineswegs nur deshalb, weil dabei die Genese dessen sichtbar werden könnte, was heute zu Ende käme; vielmehr sind in dieser historischen Zeit selbst viele Probleme angelegt, die noch die europäische Gegenwart bestimmen.

Die europäische Einigung ist nicht nur eine politische Erfahrung, sie wird auch als eine Aufgabe verstanden; an diesem Prozess kann Historiographie des europäischen Mittelalters mitwirken, auch wenn sie sich ideologisch nicht vereinnahmen lässt und auf ihrer kritischen Grundhaltung beharrt. Zu den Gegenwartserfahrungen, mit denen sie in Wechselwirkung steht, zählen auch Konflikte zwischen den Kulturen, die nach dem Fall der Grenzen in Europa und durch die größere Freizügigkeit des Arbeitsmarktes täglich ungefiltert aufeinander stoßen. Ob eine multikulturelle Gesellschaft nach der wirtschaftlichen und parallel zur politischen Einigung vermieden werden soll und kann, ist eine kontrovers diskutierte Frage der gegenwärtigen Politik. Nicht nur nach außen, im Hinblick auf weitere Mitglieder, bietet die europäische Union also Probleme der Integration, und wenn ich mich nicht täusche, werden diese Schwierigkeiten in absehbarer Zeit unseren Alltag noch mehr beherrschen als es jetzt schon der Fall ist.

In einer solchen Lage gewinnt die Geschichte einen unersetzlichen Stellenwert. Sie kann die Erinnerung an die eigenen kulturellen Traditionen evozieren, also Identitäten stärken, oder auch gegen den historischen Wandel immunisieren. Sie kann aber auch die Erfahrung von Unterschieden vergegenwärtigen und die Sozialtechniken, mit ihnen fertig zu werden. Beide Optionen, die Selbstbehauptung im Überkommenen und die Neugier auf das Fremde mit der Bereitschaft zur Assimilation und Anpassung, werden in der Lebenspraxis meist nebeneinander wirksam sein, in jedem Fall kann ihnen aber die historische Betrachtung nützlich werden. Vom Spannungsfeld der europäischen Integration unserer Zeit her wird auch der folgende Rückblick auf zwei Jahrhunderte des Mittelalters konzipiert.

Jedes Buch konstituiert seinen Gegenstand selbst; „Europa 1050 bis 1250" ist weder geographisch noch historisch eindeutig vorgegeben, es ist eine gedachte Einheit, die freilich nicht beliebig bestimmt werden kann. Dem Buch liegt die Prämisse zugrunde, dass es sinnvoll sei, von Europa als Lebens- und Kulturraum bestimmter Eigenart zu sprechen; Einheiten dieser Art muss die Geschichtswissenschaft bilden, will sie sich nicht damit begnügen, historische Tatsachen ohne Sinngebung bloß aufzuhäufen. Im Vordergrund der Darlegungen soll im Folgenden dann aber das Problem stehen, wie diese historische Einheit „Europa 1050 bis 1250" begründet werden kann. Es geht also ebenso um die Akkulturationsprozesse, die die sozialen Gruppen des Kontinents zu Europäern werden ließ, wie um die besonderen Lebensformen, die sich gegen fremde Einflüsse behaupten konnten. Ich spreche also von der – gedachten – Einheit Europas und im gleichen Maße von der allgegenwärtigen historischen Erfahrung der Differenzen, die sich der Einheit nicht ohne weiteres subsumieren lassen. Methodisch wird das Allgemeine des Kontinents wie das je Besondere der einzelnen kulturellen, politischen, religiösen und wirtschaftlichen Formationen erschlossen durch den Vergleich und die Analyse von Beziehungen. Diese beiden Zugriffe auf den historischen Stoff werden deshalb das Buch besonders prägen.

Berlin, im Frühjahr 2002 *Michael Borgolte*

1 Europa im hohen Mittelalter: Ereignisketten und historische Räume

„Europa" war im hohen Mittelalter kein Ort der Sehnsucht und des Schmerzes, nicht einmal ein Raum der Erfahrung, und nur wenige Zeitgenossen machten sich von ihm überhaupt eine Vorstellung. Gegenwart wie Zukunft des Kontinents und seiner Bewohner fanden bei niemandem Interesse, so dass auch die Geschichte im Schatten anderer Zugriffe blieb. Wer sich selbst als Historiograph im Spannungsfeld der Zeiten einordnen wollte, mochte eine Weltchronik schreiben und seit der Schöpfung dem Heilswirken Gottes nachspüren; dazu bedurfte es allerdings eminenter Gelehrsamkeit, besonders bei der Harmonisierung der Jahreszahlen. In Deutschland beherrschte um die Mitte des 11. Jahrhunderts der Mönch Hermann von Reichenau das Metier; der spastisch gelähmte Forscher schaffte es gar, der Chronik seit Christi Geburt die Geschichte des Reiches bis zur Gegenwart anzufügen. Für ihn – gefesselt an Bett und Stuhl – war alle Wirklichkeit jenseits des Klosters virtuell, aber andere, gesunde, Autoren schauten nicht weiter als er. Die eigene Erlebniswelt – Familie, religiöser und herrschaftlicher Verband – bestimmte bei den Europäern allenthalben den Horizont der Geschichte, und zwar auch, wenn sie keine römischen Christen und keine Lateiner waren. Der jüdische Geschichtsschreiber Achimaaz ben Paltiel, ein Altersgenosse Hermanns fast aufs Jahr genau, verfasste in Oria beim apulischen Brindisi eine Familienchronik, „Sefer Yuhasin"; seine Vorfahren und die übrige Gemeinde waren einst, wie er glaubte, als Gefangene des Kaisers Titus nach Italien gekommen. Achimaaz stellte aber auch die multikulturelle Geschichte Baris und seiner Umgebung dar, wo sich Christen, Juden und Muslime begegneten und wo Langobarden, Byzantiner, Araber und Normannen um die Herrschaft rangen. In Spanien drängten Niedergang und Ende des Kalifats (1031) Ibn Hayyān aus Córdoba zu einer vielbändigen Geschichte der muslimischen Herrschaften in seiner Heimat al-Andalus. Selbst der Universalgelehrte und einflussreiche Politiker beim Kaiser von Byzanz, Michael Psellos, zeigte in seiner „Chronographia" (über 976 bis 1078) nur ein beschränktes historisches Blickfeld; statt Außenpolitik widmete er sich dabei lieber dem Leben am Hof mit seinen Intrigen. Und am anderen Ende Europas, in Irland, schrieb der Sohn des Abtes von Monasterboice, Flann Mainistrech, historische Werke über sein Land, die mit Rückgriffen auf antike Überlieferung zwar gelehrt sein wollten, anders als Hermannus Contractus aber mit Fiktionen den Anschluss an die eigene Geschichte herstellten.

„Europa" spielte als Begriff, als geographische und historische Einheit oder gar als Wertegemeinschaft in all diesen Büchern keine Rolle. Zwar kannten die Schriftkundigen die alten Mythen von der libyschen Königstochter Europa mit dem göttlichen Stier oder von der Aufteilung der Welt nach der biblischen Sintflut – Noah sollte dabei, wie apokryphe Texte zum Alten Testament berichten, jenes Drittel der Erde an seinen Sohn Japhet gegeben haben, das den Namen der Geliebten des Zeus erhielt. Aus dem

Kirchenvater Augustinus (5. Jh.) und dem Enzyklopädisten Isidor von Sevilla (7. Jh.) konnte man im Mittelalter auch die ungefähre Ausdehnung des Kontinents erfahren. Danach erstreckte sich Europa – im Verhältnis zu Asien und Afrika – ‚vom höchsten Norden bis zum fernsten Westen' (Augustinus) und im Osten bis zum Don beziehungsweise zum mäotischen Sumpf, also bis zu dem Asowschen Meer (Isidor), während die Südgrenze nach Libyen oder Afrika durch das Mittelmeer ohnehin bekannt war. Aber Genaueres vermochte man nicht zu sagen. Wenn die eigene Geschichte das alte Wissen sprengte, wurde „Europa" noch nicht zum Problem. So neugierig Adam, der Geschichtsschreiber der Hamburger Bischöfe, Nachrichten über die Völker des Nordens sammelte, die sein Oberhirte Adalbert (gest. 1073) missionieren und der eigenen Kirche zuführen wollte, begnügte er sich doch damit, diese am Ende der Welt zu lokalisieren; zu ihnen gehörten neben Dänemark, Schweden und Norwegen auch Island, Grönland und die Orkney-Inseln. Hingegen lässt Adam beiläufig erkennen, wie weit Europa in seinen Augen nach Nordosten reichte; denn er rühmt im Slawenland Jumne an der Odermündung als ‚die größte von allen Städten Europas'. Auch sei Jumne (Wollin) ein Handelsplatz, an dem sich neben Slawen und Barbaren Byzantiner und Sachsen trafen. Von dort aus, so wusste Adam ferner zu berichten, könne man in vierzehntägiger Segelfahrt nach Novgorod in Russland gelangen, dessen Hauptstadt wiederum Kiev sei, ‚das mit der Kaiserstadt Konstantinopel wetteifert, der weitberühmten Zier Griechenlands'. Die Zugehörigkeit des Neuen Rom am Bosporus zu Europa gemäß der antiken Geographie hob er nicht hervor, wie es Schriftsteller vor und nach ihm taten, vor allem die Byzantiner selbst, und erst recht blieb die Stellung der Rus' bei Adam offen. Unheimlich war ihm dieses Land zwischen Schweden und der Grecia, wo gefährliche Barbarenvölker nur das Reisen zu Schiff erlaubten. Hundertfünfzig Jahre später bestimmte der isländische Geschichtsschreiber Snorri Sturluson in einer norwegischen Königschronik („Heimskringla") die Lage ‚Großschwedens', also Russlands, nördlich vom Schwarzen Meer und am Don, die beide Europa von Asien trennten. Zwischen Adam und Snorri hatte auch die Kreuzzugszeit den Begriff von Europa weder geschärft noch populärer gemacht; selbst die Araber sprachen von den ‚Franken', wenn sie die Invasoren aus dem europäischen Westen bezeichnen wollten. In diesem Namen schien eine zweite, politische Bedeutung für „Europa" auf, die sich mit dem frühmittelalterlichen Reich der Franken verbunden hatte und jahrhundertelang lebendig geblieben war. Karl der Große selbst war von Dichtern seines Hofes, vor allem durch Iren und Angelsachsen aus den Randzonen der damaligen Welt, als *pater Europae*, als Europas Leuchtturm und verehrungswürdiger Gipfel gerühmt worden. Nur Gelehrten konnte es gelingen, beide Bedeutungen zu unterscheiden und in Beziehung zu setzen. Um 1112 zeichnete der Stiftsherr Lambert von Saint-Omer eine Europa-Karte, die in der Tradition der antiken Geographie, des Orosius und Isidors stand; sie schloss den gesamten byzantinischen Raum mit den slawischen Ländern und dem Balkan ein und reichte bis nach Skandinavien, Dänemark und der Iberischen Halbinsel. Innerhalb des Kontinents grenzte Lambert aber Italien, Frankreich mit Burgund, Aquitanien bis zu den Pyrenäen sowie Deutschland mit Sachsen, Schwaben und Bayern durch rote Linien ab und hob so das alte, fränkische „Europa" hervor. Lamberts Karte stand allerdings ganz vereinzelt da; nicht einmal Kopien seines Werkes sind überliefert. Die typische kartographische Darstellung bis ins späte Mittelalter hinein war nicht einem einzelnen Kontinent, sondern der Welt gewidmet – wie bei den Chroniken mit einem heilsgeschichtlichen Sinn.

Wo man nur die Anschauung des Besonderen, aber keinen Begriff des Ganzen hatte, konnte Europa im hohen Mittelalter natürlich nicht „gemacht", also geplant und absichtsvoll geformt werden; allenfalls konnten aus kleinen größere Lebenskreise entstehen, die sich womöglich mit anderen überschnitten und so die Zusammenhänge weiter ausdehnten, in denen der Einzelne stand. Bei den Berührungen des Eigenen mit dem Fremden, des Bekannten mit dem Unbekannten, stellte sich freilich jeweils neu die Frage der Anpassung oder der Selbstbehauptung, und in der Regel wird es das eine nicht ohne das andere gegeben haben. Die Entdeckung der Vielfalt stiftete Distanzbewusstsein und Nähe gleichermaßen. In diesen Spannungen begann Europa zusammenzuwachsen, ohne dass es jemandem bewusst werden konnte. Das hohe Mittelalter, das von einer vorher unbekannten Mobilität der Menschen gekennzeichnet war, hat zu diesem Prozess einen entscheidenden Beitrag geleistet. Andererseits blieben die Beziehungen fragmentarisch, die europäische Einheit wurde damals so wenig vollendet wie heute.

Die Dialektik von Kontakt und Kontroverse, die europäische Vielfalt evozierte und europäische Einheit förderte oder hinderte, gehört selbst zur Ereignisgeschichte, wie sie auch von Ereignisketten bestimmt wurde, die historische Räume, Ortschaften und Menschengruppen in verschiedener Weise geprägt haben. Die Binnengrenzen Europas, an denen sich die Frage der Kohärenz des Kontinents entschied, waren vor allem durch drei Faktoren bestimmt, die auch untereinander verknüpft waren: die Religion, die Politik und die Siedlungsformen.

Die gröbste, aber bis in den Alltag jedes einzelnen Menschen hinein wirksame Einteilung Europas war diejenige in christliche, muslimische und jüdische Lebenswelten. Religion, genauer gesagt: der Glaube an einen einzigen Gott, bestimmte das „Weltbild" der hochmittelalterlichen Europäer; unklar ist derzeit noch, in welchem Maße es daneben auch Unglauben gab und wie er sich konkret geäußert hat. Im nordöstlichen Europa behauptete sich daneben der heidnische Polytheismus; erst im 12. Jahrhundert wurden die Haupttempel der Lutizen (um 1125) und der Ranen (1168) zerstört, etwa zeitgleich mit dem Heiligtum von Alt-Uppsala bei den Svear (Schweden; vor 1164), gleichzeitig aber auch mit der Mission Bischof Ottos von Bamberg bei den Pommern (1124ff.). Die christliche Bekehrung der baltischen Völker setzte später ein (Esten um 1167; Liven um 1182); die Konversion der Prussen hatte erst unter der Gewalttätigkeit der Deutschordensritter Erfolg (1231–1285), aber die Litauer entzogen sich trotz früherer Ansätze bis 1253 dem dominierenden europäischen Gottglauben. Auch wenn der Aufbau kirchlicher Strukturen (Bistümer, Pfarreien) der Taufe folgte, blieben die Wirkungen der Zwangsmission spürbar. Erst die Reformationszeit soll im Baltikum die endgültige Überwindung des Heidentums gebracht haben, wird in der Forschung vermutet. Auf Island, das bereits im Jahr 1000 das Christentum „demokratisch" angenommen hatte, war dies nur unter ausdrücklicher (temporärer) Duldung der alten religiösen Praktiken möglich gewesen. Der Polytheismus, den Juden und Muslime zutiefst verabscheuten, lebte bei den Christen als Dämonenglaube weiter; der Teufel als Haupt der bösen Geister galt als Gegenspieler Gottes, und man blieb sich unsicher, ob er als ‚Herr der Welt' als Gottes Geschöpf gelten musste oder eine gleichmächtige Potenz eigenen Rechts darstellte. Hier lag der Ursprung der Häresien, die das Christentum im Hochmittelalter gefährdeten.

Ein mehr oder weniger paritätischer Pluralismus der drei monotheistischen Religionen in einem „Staat" war unmöglich; nach dem Untergang des chazarischen Reiches (965), in dem dergleichen versucht worden war, hatte dies die Entscheidung Vladimirs von Kiev 988 für das Christentum östlicher Prägung gezeigt. Nur Christen und Muslime beherrschten größere zusammenhängende Flächen, während die Juden überall von fremden Gewalthabern abhängig waren. Aber auch die Anhänger des Propheten Mohammed waren auf europäische Randzonen beschränkt, ohne damit für die europäische

Kultur bedeutungslos zu werden. Muslimische Reiche gab es an der Wolga, auf der Iberischen Halbinsel und in Sizilien beziehungsweise Unteritalien. Al-Andalus, das am Beginn des 8. Jahrhunderts fast ganz Spanien eingenommen hatte und wo den Omaijaden im frühen 10. Jahrhundert gar die Errichtung eines selbständigen Kalifats gelungen war, verlor in einem jahrhundertelangen Prozess an die Christen sein Gebiet, bis 1236/48 die alte Hauptstadt Córdoba und auch Sevilla fielen und nur noch Granada als letzte Bastion behauptet werden konnte. Auf Sizilien machten die christlichen Normannen zwischen 1091 und 1183/84 die Muslime zur Minderheit, bevor der Staufer Friedrich II. sie ganz verdrängte (bis 1246). Einer anderen, heidnischen Macht, den Mongolen, fiel das Reich der Wolgabulgaren 1236 zum Opfer; manche der osteuropäischen Muslime flohen dann ins christliche Nachbarreich der Rus', das freilich selbst durch die von Asien her einstürmenden Reiternomaden gefährdet war.

Die Christenheit dehnte sich im hohen Mittelalter auch außerhalb Europas aus; der Kreuzzugsbewegung, die von der römischen Kirche angeführt und von westlichen Rittern getragen wurde (1096 ff.), gelang neben der Eroberung Jerusalems die Errichtung von Staatswesen abendländischer Prägung in Syrien und Palästina. Die christlichen Erfolge auf Kosten des Islam waren aber kein Novum dieser Zeitspanne. Schon früher hatten nämlich die byzantinischen Kaiser von Nikephoros Phokas bis Basileios II. die Muslime zeitweise zurückdrängen können, beginnend mit der Eroberung Kretas (960/961), fortgesetzt in Antiochien und Palästina sowie in dem anderen Iberien am Kaukasus, Erfolg versprechend eingeleitet, aber zuletzt gescheitert mit dem Versuch eines oströmischen Feldherrn, auch Sizilien wieder griechisch zu machen (1038/42). Ebenso wie die Byzantiner vor ihnen hatten die lateinischen Magnaten bei ihren Eroberungszügen nur recht kurzfristige Erfolge; die Heiligen Stätten und politischen Herrschaften im Nahen Osten gingen ihnen bis zum Ende des Hochmittelalters wieder verloren. Vor allem haben sie es nicht vermocht, die dynamischste Kraft des Ostens, die Mongolen, auf ihre Seite zu ziehen, die stattdessen im Lauf des 13. Jahrhunderts den Islam annahm; mit der Unterwerfung der Rus' (1237/57) wurde Osteuropa somit am Ausgang der Epoche wiederum von einem nichtchristlichen Reich, gar einer Großmacht, dominiert.

Christliche oder muslimische Herrschaft bedeutete noch nicht christliche oder muslimische Mehrheit. Auch wenn Flucht, Vertreibung und Neuansiedlung eine Umschichtung der Bevölkerung in die Wege leiteten – wie etwa bei der Reconquista in Spanien –, dauerte es Generationen, ehe die Eroberer eine andersgläubige Vorbevölkerung umgepolt hatten. Nur die Juden waren und blieben überall in der Minderheit. Muslimische Minoritäten gab es in Ungarn, der Rus' und im byzantinischen Reich, christliche, abgesehen von al-Andalus, auf Sizilien bis zur Herrschaft der Hauteville. Wo die Muslime die politische Führung hatten, behandelten sie grundsätzlich Juden und Christen unter den ‚Ungläubigen' bevorzugt; Almoraviden (besonders seit 1106) und Almohaden (vor allem seit der Eroberung von Sevilla 1147) haben aber in Spanien die Angehörigen der beiden anderen Schriftreligionen verfolgt. Christliche Herrscher und Kirchenführer ihrerseits hatten die Juden jahrhundertelang in ihrer Existenz begünstigt, bevor sich im Westen seit dem hohen Mittelalter längst bekannte, intermittierende Unterdrückungen zu systematischen Verfolgungen von Andersgläubigen verdichteten. Beim Aufbau zentraler Strukturen in der römischen Kirche und in den westlichen Monarchien (vor allem England und Frankreich) bedurfte man angesichts der politischen Zerklüftung eines Repressionsapparats, der sich gegen Minderheiten aller Art verwenden ließ; diesem konnte die Gewaltbereitschaft religiös bewegter Menschenmassen zu Hilfe kommen, ohne dass diese selbst immer zu steuern war. Zu den markanten Daten des christlichen Kampfes gegen andere Religionen gehörten die Feindseligkeiten französischer Ritter gegen Muslime und Juden 1064 bei der Burg Barbastro, die Ermordung, Vertreibung und Zwangsbekehrung zahlloser Juden und Muslime während des Ersten Kreuzzuges 1096/99, die Wirksamkeit der Ritualmordlegende seit 1144 und das Judenmassaker 1189/90 in England, die diskriminierenden Beschlüsse auf dem Vierten Laterankonzil von 1215, der Ausschluss von Juden und Mohammedanern von staatlichen Ämtern durch Andreas II. von Ungarn 1222/31, der Talmudprozess 1240 in Paris und die Ausweisung der Juden aus England 1290 und Frankreich 1306/94. Schutzmaßnahmen für die Juden durch römisch-deutsche Herrscher (Heinrich IV., Friedrich I., Friedrich II.), englische (Heinrich I.) oder spanische Könige (Alfons VIII. von Kastilien) sowie durch Prediger (Bernhard von Clairvaux), Bischöfe (Speyer 1084) oder Päpste (Bullen „Sicut Iudaeis", seit etwa 1120) zeigen aber, dass sich die christliche Majorität aus religiösen und wirtschaftlichen Gründen auf diese Minderheit auch angewiesen wusste. Byzanz war zwar keineswegs „toleranter" als Lateineuropa, zur Wahrung der Reichseinheit und der Orthodoxie reichte es dem Kaiser im wesentlichen aber aus, die Kapitale am Bosporus mit dem Patriarchat und der Reichsverwaltung zu kontrollieren.

Viel wichtiger als die gewiss schmerzhaften Konflikte zwischen Christen, Muslimen und Juden wurde aber für die Geschichte Europas im Ganzen, dass eine strikte Abgrenzung zwischen ihnen nicht gelang, weder innerhalb noch außerhalb des Kontinents. So unüberbrückbar die Gegensätze des Glaubens und auch der Rituale prinzipiell gesehen zwischen ihnen blieben, so verlangte doch auch der Alltag an vielen Orten und in besonderen Ländern Assimilation und Austausch. Die Juden beispielsweise passten sich in Sprache und Kultur weitgehend der Mehrheitsgesellschaft an, schon weil sie in Land und Stadt Betätigungen zu ihrer Subsistenzsicherung finden mussten. Sie gingen dabei aber über das Notwendige auch hinaus und konnten beispielsweise ihre Gebete in Spanien auf Arabisch sprechen. In anderen Reichen hat die tägliche Koexistenz mit den Christen, wie man festgestellt hat, bis um 1300 die Ausbrüche der Gewalt seitens der Mehrheit überwogen. Umgekehrt waren die Christen klug genug, kulturelle und wissenschaftliche Leistungen der Juden und Muslime anzuerkennen und von diesen zu lernen. In der Hofkultur der normannischen Herrscher in Sizilien verbanden sich lateinische mit arabischen und auch mit byzantinischen Elementen und Traditionen. In Spanien hatten sich unter muslimischer Herrschaft Gelehrtenzirkel gebildet, die naturwissenschaftliche und philosophische Schriften der antiken Griechen studierten. Glücklicherweise blieben diese auch unter den Christen erhalten, und Zentren wie Toledo zogen mehr und mehr wissbegierige Abendländer an; die Texte wurden ins Lateinische übersetzt, oft unter Assistenz von Juden. Die so möglich gewordene (verbreiterte) Rezeption von Aristoteles oder Euklid, um nur diese beiden zu nennen, bildete die wissenschaftliche Grundlage für eine abendländische Bildungsrevolution, zu der freilich noch ein besonderer Geist akademischer Freiheit hinzutreten musste, der nur dem europäischen Westen eigentümlich war.

Die jüdischen, muslimischen und christlichen Gemeinschaften stellten selbst keine monolithischen Ganzheiten dar, obschon das Ideal der Einheit sie alle beherrschte. Die Juden des byzantinischen Reiches waren in Rabbaniten und Karaiten gespalten, die in Konstantinopel nicht einmal im selben Straßenzug miteinander leben wollten; die Lehre der schismatischen Karäer, die aus dem muslimisch beherrschten Ägypten und Palästina stammte, kannte man auch in Spanien und in Frankreich, ohne dass ihre Anhänger hier gleichschwere Wirkungen erzielten. Im ‚Haus des Islam' hat es fast von Anfang an, um ein christliches Bild zu gebrauchen, viele Wohnungen für verschiedene Glaubensgemeinschaften gegeben, besonders für die Ḫāriǧiten, Sunniten und Schiiten. Da sich weltliche Herrschaft und geistliches Leben in dieser Religion und Kultur nicht trennen ließen wie in Lateineuropa, tendierte jede neue Abspaltung auch zu eigener Staatlichkeit. Andalusien war stets sunnitisch geprägt, und im Recht, das in Wissenschaft und Lebenspraxis der Muslime eine sehr große Rolle spielte, dominierten die Mālikiten. Über die Auslegung des Religionsgesetzes sind in der zweiten Hälfte des Hochmittelalters die aus Afrika nach Spanien herüberkommenden muslimischen Hardliner, Almoraviden und Almohaden, mit ihren alteingesessenen Glaubensbrüdern in Konflikt geraten. Die Christenheit wiederum hatte sich im Kampf um die Einheit in Dogma und Ritus von jeher überworfen und aufgesplittert. Schon den Beschluss des Konzils von Chalkedon vom Jahr 451, nach dem Christus selbst ‚eine Person in zwei Naturen' sei, konnten die (später so genannten) Monophysiten nicht akzeptieren; verbunden mit völkischen Sonderungen haben sich deshalb neben der Reichskirche die „orientalisch-orthodoxen Kirchen" entwickelt, von denen die Armenier den europäischen Teil des oströmischen Reiches im Hochmittelalter häufiger beunruhigten als die jakobitischen Syrer. Als Schisma von erheblich weit greifenderer Bedeutung erwies sich die gegenseitige Verfluchung griechischer und lateinischer Kirchenführer vom Jahr 1054, das allerdings selbst schon Ergebnis einer fortgeschrittenen Entfremdung zwischen Ost und West gewesen ist. Zwar waren der Papst einerseits und der Kaiser von Byzanz andererseits an einer Überwindung der Spaltung interessiert, so dass es trotz bitterer Erfahrungen der Griechen mit den Kreuzfahrern (1204) noch auf dem Konzil von Lyon 1274 zu einer Union gekommen ist; doch erwies sich diese als ephemer (bis 1282). Vonseiten Roms hatten die Motive für die Friktion von 1054 im Anspruch der Reformer auf allgemeine Gültigkeit der lateinischen Normen und des universalen Vorrangs für den Papst gelegen, aber das Schisma begünstigte auch den Ausbau der kirchenrechtlichen Prärogativen für den Patriarchen von Konstantinopel. Insbesondere die russische Kirche, die sich schon vorher dem griechischen Christentum angeschlossen hatte, wurde zu einem schwergewichtigen Teil der Orthodoxie. Der gesamte osteuropäische Raum zwischen Barentsee und Schwarzem Meer geriet in den Sog des Patriarchats der Reichshauptstadt, ohne dass die Lateiner ihre Interessen aufgegeben hätten. 1226/27 wurden Karelien und etwa zur selben Zeit auch die Lappen für die Orthodoxie gewonnen, 1242 scheiterte der Deutsche Orden mit dem Versuch eines Ausgriffes in die Rus', und auch die Verleihung einer Königskrone an den Großfürsten von Halič-Volhynien 1254 durch Papst Innozenz IV. konnte diese Herrschaft für die lateinische Kirche nicht gewinnen. Viel wichtiger war, dass ebenfalls am Beginn des 13. Jahrhunderts die Bulgaren und die südslawischen Serben trotz päpstlicher Interventionen im Verbund der byzantinischen Kirche blieben. Kroatien und vor allem Ungarn waren dagegen katholisch, obschon der ungarische König in seinem Land auch griechische Bistümer, Klöster und Pilgerhospize gründete beziehungsweise duldete. In Unteritalien überschnitt sich die römische mit Elementen der byzantinischen Kirchenorganisation sowie das Klosterwesen beider Christenheiten.

In Byzanz war eine „Trennung von Staat und Kirche" insofern durchgeführt, als der Patriarchat kaum in weltlich-politische Belange eingreifen konnte und auf seine geistlichen Aufgaben beschränkt war. Umgekehrt übte der Kaiser, Traditionen seit der Antike folgend, die Leitungsgewalt in der Kirche aus. Eine libertas ecclesiae-Bewegung wie im Okzident hat es hier nicht gegeben. Ganz ohne Eigengewicht war die orthodoxe Kirche im Reichsverband aber nicht; das Wort vom „Cäsaropapismus" ist jedenfalls ein unangemessener Anachronismus. Im Westen verselbständigte sich die römische Kirche im Zuge der hochmittelalterlichen Reformbewegung gegenüber dem Kaiser und auch, von Fall zu Fall in variierendem Maße, von den Königen in den jeweiligen Reichen. Allerdings bedeutete das päpstliche Streben nach dem „Universalepiskopat", das in beträchtlichem Maße erfolgreich war, eine Entwertung der frühmittelalterlichen „Landeskirchen" und der Ortsbischöfe. Grundsatzkonflikte zwischen Papst und Konzil (Synoden) wie im Spätmittelalter hat es aber vor 1250 nicht gegeben.

Die Lehren des Christentums hatten im hohen Mittelalter, manchmal Jahrhunderte nach der Ersttaufe in den betreffenden Völkern, so stark gewirkt, dass vielen Menschen im Westen das gewöhnliche Glaubensleben der Kirche nicht mehr ausreichend erschien. So kam es zu zahlreichen Reformbestrebungen, besonders im Mönchtum (Verband von Cluny, Zisterzienser, Franziskaner, Dominikaner; auch Regularkanoniker u.a.), aber auch zu Aufsehen erregenden Häresien. Teilweise wurde die Neigung zur religiösen Devianz auch durch den päpstlichen Zentralismus gefördert. Die für die römische Kirche gefährlichsten sektiererischen Bewegungen waren die der Katharer (Albigenser) und der Waldenser, die kurz nacheinander um die Mitte des 12. Jahrhunderts in Erscheinung traten. Sie forderten die Hierarchie dadurch heraus, dass sie eigene Kirchen ausbildeten und durch ihre Prediger Anhänger in allen Schichten gewannen. Ihre Schwerpunkte lagen im westlichen Mitteleuropa, aber auch in Italien. Zu ihrer Unterdrückung und Ausrottung wirkten Päpste, Kaiser und andere Monarchen zusammen (besonders seit 1184), auch unter Einsatz des neu entwickelten Instruments der Inquisition (seit 1231). Die Katharer gingen auf eine Anregung aus Osteuropa zurück; dort hatte sich das Bogomilentum mit seiner dualistischen Lehre in Randgebieten des byzantinischen Reiches ausgebildet oder festgesetzt (besonders Bulgarien und Bosnien), es drang aber auch bis in die Hauptstadt vor. Die Kaiser selbst versuchten die Häretiker durch Glaubensgespräche zurückzugewinnen, ihre Erfolge blieben aber bescheiden. Neben den Bogomilen hatte sich die Ostkirche noch mit anderen Ketzern auseinander zu setzen, so mit den Paulikianern.

Zwischen den religiösen und politischen Aspekten einer Binnenordnung Europas kann man in der Zeit von 1050 bis 1250, wie im Mittelalter überhaupt, nie klar trennen; beim Wechsel des Augenmerks von der Religion zur Staatlichkeit treten jedoch andere Abgrenzungen stärker hervor. Verglichen mit der Antike und der außereuropäischen Welt ist es vielleicht am erstaunlichsten, dass kein einzelnes Reich den Kontinent dominierte. Zwar lebte die Idee der Universalherrschaft fort, die aus dem Orient stammte. Die Byzantiner fühlten sich als Römer und setzten ihr Reich mit dem antiken Imperium gleich. Die muslimische Lehre lief darauf hinaus, sich die ganze Welt untertan zu machen. Auch das westliche Kaiserreich, das seit Otto dem Großen mit dem ostfränkisch-deutschen Königtum verbunden war, knüpfte beim antiken Imperium Romanum an, und gelegentlich, wie unter dem Salier Heinrich III. oder den Staufern Heinrich VI. und Friedrich II., blühte die Rhetorik der Weltherrschaft auf. Schließlich hat das hochmittelalterliche Papsttum über den Universalepiskopat hinaus nach der Leitung auch der Königreiche gestrebt, so dass man das Wort von der päpstlichen Monarchie prägen konnte. Aber alle diese Ideen boten bloß Ansätze zum politischen Handeln und blieben ohne wirkliche Realisierungschance. Der Fiktion römischer Weltherrschaft hat in Byzanz zuletzt Basileios II. mit Militärgewalt Autorität verliehen. Nach ihm musste sich der Kaiser am Bosporus wieder auf die Verteidigung des verbliebenen Reichsterritoriums konzentrieren, das im Westen (Normannen), im Norden (Slawen, Bulgaren) und im Osten (Seldžuken) durch aggressive Völkerschaften gefährdet war. Zuletzt ließ sich die Erosion des Reiches nicht mehr aufhalten, und zwar wegen der partikularen adligen Herrschaften in den Randbezirken und der Bildung lateinischer Staatswesen an zentralen

Orten (1204). Andererseits schloss das Territorium des Reiches neben europäischen auch asiatische Gebiete ein. Erst recht außerhalb von Europa lag der Schwerpunkt des Kalifats; jede Aussicht auf eine universale Reichsbildung wurde hier schon in frühester Zeit zunichte gemacht (7. Jh.), und in Europa blieben die muslimischen Herrschaften stets partikular und von Bagdad (bzw. Damaskus) weithin unabhängig. Die westlichen Kaiser haben ohnehin nie ernsthaft nach der Weltherrschaft gestrebt. Als ihnen das sizilische Reich der Normannen zufiel, zeigte sich bald, dass sie schon mit dieser Integrationsaufgabe überfordert waren. Ähnlich wie im Falle von Byzanz ging im hohen Mittelalter die Bedeutung des Imperiums im Ganzen zurück, aber anders als im Osten erlitt das Kaisertum im Westen keine empfindlichen territorialen Verluste. Mit Oberitalien und Burgund zusammen bildete Deutschland eine vergleichsweise stabile politische Trias. An der Expansion des Reiches im Zuge der so genannten Ostsiedlung war das Kaisertum nicht beteiligt, und auch an die Kreuzzugsbewegung gewann es zu spät Anschluss, um sie selbst entscheidend prägen zu können. Die Reformpäpste seit Leo IX. (gest. 1054) und Gregor VII. (gest. 1085) konnten die römische Kirche von der Leitung durch den Kaiser befreien, doch die Monarchen der europäischen Reiche ließen sich von ihnen den Einfluss auf ihre „Landeskirchen" nicht nehmen.

Der wichtigste politische Vorgang der westeuropäischen Geschichte war zweifellos die Bildung des anglonormannischen (seit 1042/66) beziehungsweise des angevinischen Reiches (1154 ff.), durch die England und weite Teile „Frankreichs" in der Hand eines Herrschers oder einer Dynastie vereint wurden. Die transmarine Großreichsbildung trat an die Stelle älterer, letztlich erfolgloser Versuche, Skandinavien mit England zusammenzuschließen. Auf dem Festland wurde das Königtum der Kapetinger auf die Kronländer und damit auf die Ebene der zahlreichen französischen Fürstentümer zurückgedrängt. Den Anglonormannen beziehungsweise Anjou gelang es gleichzeitig, auch Wales (besonders seit 1093) und Irland (seit 1169/71) weitgehend zu unterwerfen; von den keltischen Völkern am Atlantik blieben nur die Schotten unabhängig, auch wenn die dortigen Könige Vasallen der englischen Herrscher wurden. Für die Schotten war gleichwohl die Nachbarschaft des nach Frankreich hinüberreichenden Regnums ebenso wichtig, wie für die Iren und Waliser dessen Herrschaft; denn auf diese Weise wurden hier wie dort die kulturellen und religiösen Entwicklungen des Kontinents vermittelt. Erst nach der siegreichen Schlacht von Bouvines (1214) gelang es der französischen Monarchie, englische Krone und englischen Adel vom Festland zu verdrängen.

Weder England noch Frankreich waren im hohen Mittelalter mit dem Herrschaftsbereich eines Königs identisch, obwohl das Zusammengehörigkeitsgefühl beider Völker jeweils schon in Erfahrungen des frühen Mittelalters wurzelte. In Frankreich erwies sich das Königtum der Kapetinger als Motor staatlicher Einheit, in England nahmen diese Rolle im Laufe des 13. Jahrhunderts vor allem die Großen gegen die Monarchen an. Wie bei den Engländern und Franzosen war es aber fast überall: Das historisch gewachsene Gemeinschaftsbewusstsein großer ethnischer Gruppen und die Verteilung politischer Herrschaft und Grenzen fielen nicht zusammen. Man kann aus der Perspektive des hohen Mittelalters keineswegs sagen, dass die Entwicklung auf den europäischen Nationalstaat zugelaufen wäre; umgekehrt stellten die Diskongruenzen von „Völkern" und Reichen ein Spannungsmoment dar, das dem kulturellen Austausch solange zugute kommen konnte, wie eine Minderheit von der Majorität nicht vollkommen aufgesogen wurde. Manche Völker hatten seit frühesten Zeiten sogar ein starkes Eigenbewusstsein entwickelt, ohne an staatlicher Einigung sonderlich interessiert zu sein. Das gilt etwa für die Waliser und ähnlich auch für die Iren. Beide wurden dann von der Expansion der

Normannen erfasst, während die mit ihnen stammverwandten Schotten ihre Selbständigkeit unter einem rechtzeitig ausgebildeten Einkönigtum wahrten. Anderswo, wie in der Rus' und bei den Polen, hatte sich unter Mitwirkung einer herrschenden Dynastie um die Jahrtausendwende ein starkes Einheitsbewusstsein ausgebildet, ohne dass der Partikularismus der Fürsten überwunden werden konnte. Im Gegensatz dazu wirkte die Hispania auf die Christen des hohen Mittelalters so stark als historisch präformierte Einheitsidee ein, dass die Teilreiche im Norden (und Westen) der Halbinsel im Ganzen instabil blieben und – abgesehen von Portugal (1143ff.) – niemals zu „Nationalstaaten" mutierten. Die Kaiserreiche hemmten in ihren Bereichen erst recht die Annäherung ethnischer und politischer Abgrenzungen; im Westen gilt das für die Deutschen, deren – stets umstrittene – Anfänge wohl in der zweiten Hälfte des 11. Jahrhunderts zu suchen sind und deren König eben zugleich Kaiser war, es gilt für die Böhmen, die trotz eigener Fürsten und Könige die Abhängigkeit vom Reich nicht abschütteln konnten, sowie für die Bewohner Italiens, die seit der Spätantike 1194 zum ersten Mal unter einem einzigen Herrscher standen, aber unter keinem Einheimischen, sondern einem Staufer aus dem Norden. Partikularherrschaften, die es auch im Ostreich gab, rührten demgegenüber bezeichnenderweise von der Regionalisierung des Adels her oder von Konflikten in kaiserlichen Häusern. Andererseits konnten die auf Reichsboden siedelnden Bulgaren sowie slawischen Serben und Kroaten eigene Herrschaften errichten, allerdings nur bei langfristiger Unterbrechung durch die Byzantiner (Bulgaren), unter schmerzvollen Zuordnungskämpfen zwischen Ost und West (Serben) oder in schnell erlittener neuer Abhängigkeit von den katholischen Ungarn (Kroaten). Die Ungarn selbst haben nach ihrer verhältnismäßig späten Ansiedlung „in Europa" (895) unter ihren Herrschern aus dem Haus der Árpáden eine bemerkenswerte staatliche Kontinuität entwickelt, trotz unaufhörlicher Auseinandersetzungen ihrer Dynasten untereinander und einer multiethnischen und multikulturellen Zusammensetzung der Reichsbevölkerung. In Nordeuropa bildeten sich sukzessive um Königtum und Kirche (Erzbischöfe) als Kerne die drei Monarchien der Dänen, Norweger und Schweden aus (bis Ende des 12. Jahrhunderts); alle skandinavischen Reiche ließen sich aber von der Natur nicht auf ihre jeweiligen Meeres- oder Gebirgsgrenzen beschränken. Dänemark reichte nach Schonen hinüber und suchte an der südlichen Ostseeküste und ins Baltikum zu expandieren, Norwegens Herrschaft war auf die Erfassung Islands, Grönlands, der Färöer und Hebriden, der Orkneys, Shetlands sowie des schottischen Nordens ausgerichtet, und auch Schweden erfasste transmarine Gebiete in Finnland.

In keinem Land oder Volk Europas ging alle politische Gewalt vom Monarchen aus; vielmehr hatten Magnaten Anteil an der Macht, die entweder vom Herrscher mit bestimmten Aufgaben betraut waren oder diese nach eigenem Recht wahrnehmen zu können glaubten. Man spricht zur Kennzeichnung dieser Dezentralität vom (politischen) Feudalismus. Lange Zeit wurde dabei dem Feudalstaat der Anstaltsstaat entgegengesetzt. Max Weber etwa ordnete dem modernen westlichen Staat rationale Herrschaft mittels einer hierarchisch gestuften und sachlich gegliederten Bürokratie zu, während in den patrimonialen staatlichen Gebilden älterer Zeiten die Pflichtenkreise von „Beamten" jeweils personenbezogen durch den Herrn bestimmt worden seien. Im Hochmittelalter schlossen sich zentrierende Staatlichkeit und feudale Strukturen aber nicht aus, sie bestanden auch nicht bloß nebeneinander, sondern entfalteten sich wenigstens zeitweise miteinander. Byzanz etwa war durch eine zentrale Verwaltung gekennzeichnet, die in der Hauptstadt am Bosporus und dem Kaiser selbst ihren Bezugspunkt hatte. Die Ämter selbst waren zwar nicht, wie in der Moderne, nach festen Kompetenzen eingeteilt und standen ohne klar abgegrenzte Befehlsgewalt der herrscherlichen Willkür jederzeit offen, doch nutzte der Kaiser seine Stellung zu landesweit erhobenen Fiskalabgaben, die seinen Herrschaftsbereich zu einer steuerzahlenden Gesellschaft machte. Mit dem Hofadel trat im 11./12. Jahrhundert jedoch der Militäradel in Konkurrenz, mächtig gefördert durch die Komnenen seit Alexios I. (1081 ff.). Die Militäraristokratie ging gewöhnlich aus der reichen Grundbesitzerschicht hervor und konnte in den Provinzen zunehmend auch die Steuereintreibung an sich bringen. Trotzdem lag den ‚Mächtigen‘ weiterhin daran, ihre politischen Funktionen beim Kaiserhof abzusichern; der Landadel blieb im Allgemeinen in der Kapitale präsent. Im Westen nutzten die normannischen Hauteville auf dem italienischen Festland das feudale Instrumentarium des Lehnswesens, um konkurrierende Adlige ihrer Herrschaft einzuordnen, in Sizilien griffen sie aber auf die Behörden und zentralen Einrichtungen der Araber beziehungsweise Byzantiner zurück; auf beiden Elementen beruhte ihre erstaunlich schnelle Staatsbildung (bes. seit 1071). In Frankreich lernten die Kapetinger von den Fürsten Grundsätze und Praxis rationaler Verwaltung in der Domäne, sie vermochten es aber seit Mitte des 12. Jahrhunderts zugleich, Paris als Mittelpunkt ihrer Königsherrschaft Respekt zu verschaffen. Die zu Fürsten aufgestiegenen Großen konnten sie wieder in ihre Lehnsherrschaft einbinden. In England haben die Normannen von vorn herein Einrichtungen landesweiter und regionaler Verwaltung von den Angelsachsen übernommen, abgewandelt und ausgebaut, während sich der König zum Lehnsherrn des ganzen Landes machte. Gegen Ende des 12. Jahrhunderts gelang es den Herrschern, Westminster ähnlich wie Paris zum ortsfesten Kern der Finanzverwaltung und des Gerichtswesens zu machen. Solche Mittelpunkte gab es in Deutschland, dem Reich ohne Hauptstadt, zwar nicht; der Aufstieg der Adelsherrschaften seit den Schwächeperioden des salischen Königtums (1056 ff.) ließ sich hier auch nicht mehr revidieren. Aber richtig ist doch auch, dass Herrscher wie Friedrich I. und Friedrich II. das Lehnswesen zu nutzen verstanden, um die Königsgewalt wieder zu stärken. Mit England hat Deutschland gemein, dass der Adel mit oder auch gegen den König als Repräsentant des ganzen Landes beziehungsweise Volkes in Erscheinung treten konnte. Man kann sich fragen, ob er die Treuebindung der Lehnsleute an ihren königlichen Herrn dabei nicht auf das Reichsganze übertrug. In Byzanz, wo diese spezielle personale Bindung der ‚Mächtigen‘ an den Autokrator fehlte, mündete jedenfalls – anders als in den westlichen Ländern – die Selbstbehauptung des ländlichen Adels in einem staatlichen Separatismus.

Neben Königen, Kirchenführern und Fürsten traten im hohen Mittelalter erstmals auch die Bürger der Städte mit dem Anspruch auf Herrschaft in Erscheinung. In genossenschaftlicher Organisation und verbunden durch einen gegenseitigen, verpflichtenden Eid wandten sie sich gegen ihre überkommene Obrigkeit, sei sie weltlichen, sei sie geistlichen Standes. Diese Kommunen, die ihre Autonomie und die Verwaltung durch eigene Behörden durchsetzten, begegnen allerdings nur in Lateineuropa; in Byzanz waren sie ebenso unbekannt wie im muslimischen Andalusien oder in Sizilien unter Arabern und Berbern (sowie ihren christlichen Herrschaftsnachfolgern). Die revolutionären Stadtgemeinden, die eine Vorgeschichte in frühmittelalterlichen Gilden auf dem Lande hatten, bildeten sich bis um 1100 in Oberitalien (unter anderem in Mailand), im nördlichen Frankreich (Le Mans) und auch im deutschen Reich (Cambrai, rheinische Bischofsstädte) heraus; von dort setzte sich die Kommunebewegung nach dem Osten fort, auch in die Gebiete der Kolonisation. Andererseits haben Bischöfe, Könige und Fürsten als Stadtherrn den Bürgern von sich aus günstigere Rechte verliehen und ihre eigene Position dabei behauptet. Das war etwa im christlichen Spanien der Fall, wo man im Zuge der Reconquista für die Repoblación Neusiedler anlocken musste (*fuero*, ‚Sonderrecht', von Jaca schon 1063, von Cuenca durch den König von Kastilien 1117 u.a.). Und in Ungarn erkannte der einheimische Herrscher zugewanderte Deutsche bei Hermannstadt 1224 als autonome Gemeinden an.

Es ist kein Zufall, dass sich im Milieu städtischer Kommunen, in Frankreich und Oberitalien, am Beginn des 13. Jahrhunderts auch die ersten Universitäten ausbildeten. Denn sie beruhten ebenfalls auf der „geschworenen Einung", durch die ein autonomer Rechtsbereich entstand, der jeder Obrigkeit entzogen war; die *libertas scolastica*, die Freiheit des Studiums, kannten weder Muslime noch Juden oder Ostchristen. Der Zusammenschluss von Studierenden beziehungsweise von Studenten und Lehrern in der Rechtsform der *coniuratio* seit den ersten *universitates* von Bologna und Paris am Beginn des 13. Jahrhunderts erwies sich bei Konflikten mit Kirche und weltlichen Herrschaften als tragfähige Basis der Wissenschaft, vor allem beim Studium vorchristlicher naturwissenschaftlicher und philosophischer Lehren.

Paris vereinigte mit der Universität als zukunftsweisender Form des wissenschaftlichen Studiums um 1200 die politischen, administrativen, judikativen und kulturellen Funktionen einer werdenden Hauptstadt; die Residenz der Kapetinger, bei der sich zunehmend auch der französische Adel mit eigenen Häusern ansiedelte, lässt sich nach ihrer Bündelung multiversaler Zentralfunktionen in Europa nur noch mit Konstantinopel vergleichen. Die kaiserliche Stadt am Bosporus, von jeher auch ausgezeichnet durch ihre einzigartige Lage im westöstlichen und nordsüdlichen Verkehrs- und Handelssystem, war freilich zugleich Sitz des obersten Kirchenführers, während die hohen Schulen (nicht aber eine Universität) unter den Komnenen nach einem Aufschwung im frühen 11. Jahrhundert unter Restriktionen litten. Als Herrscherresidenz ähnelte Konstantinopel im Westen am meisten Palermo, die Hauptstadt des Emirats in Sizilien und seiner normannischen Nachfolger, die erst unter dem Staufer Friedrich II. seine Bedeutung einbüßte; Friedrich war es auch, der für seine Untertanen und die Bedürfnisse seines Staates in Neapel eine Hohe Schule ohne die korporativen Freiheiten einer Universität errichtete (1224). London (mit Westminster) blieb hinter Paris zurück. Hier fehlte eine Universität (bis 1836!), obgleich England mit der Gründung im ländlichen Oxford um 1200 durchaus die neuen Entwicklungen im abendländischen Bildungswesen mit vollzogen hatte, und die Metropoliten des Landes saßen in Canterbury beziehungsweise in York. Anders als die westlichen Könige mit ihrer Tendenz, von der Reiseherrschaft zur festen Hauptstadt überzugehen, schwächten die Päpste des hohen Mittelalters die überragende angestammte Zentralfunktion von Rom. Sie begannen, mit ihrem ganzen, höchst differenzierten Hof längere Aufenthalte in Städten des Kirchenstaates zu nehmen. Als Innozenz IV. zwischen 1244 und 1251 in Lyon residierte, gründete er hier sogar ein eigenes studium generale. Man begann sich damals an den Gedanken zu gewöhnen, dass Rom dort sei, wo sich der Papst jeweils befinde (*ubi est papa, ibi est Roma*).

Mit der Größe von Konstantinopel und Palermo (je etwa 100 000 Einwohner) konnte Córdoba (90 000) in al-Andalus konkurrieren, das freilich im hohen Mittelalter seine Stellung als Zentrum eines größeren Reiches verloren hatte. In einer Reihe weiterer bedeutender Städte lebte im muslimischen Spanien etwa jeder fünfte Einwohner (Sevilla, Toledo, Jerez u.a.); hier hielten auch die kunstliebenden Kleinherrscher arabischer, berberischer oder ‚slawischer' Abkunft Hof. Von ähnlich hervorragender Bedeutung war die Pluralität von Städten nur in der Rus'. Von Novgorod über Smolensk nach Kiev markierten die Städte an großen Flüssen die von Skandinavien nach dem Schwarzen

Meer führenden Handelswege, und diese Reihe wurde durch zahlreiche andere Zentren, besonders im Osten, ergänzt. Fürsten und Bischöfen (bzw. Metropoliten) boten sie die geeignete Plattform für Herrschaftsausübung und Repräsentation. Die größte und wichtigste Stadt, Kiev, soll um 1200 immerhin bis zu 50 000 Einwohner gehabt haben.

Vor und neben den Universitäten haben sich die Städte als Träger und Zentren von Schule, Bildung und Wissenschaft profiliert, in der westlichen Christenheit teilweise auf Kosten der frühmittelalterlichen Klöster auf dem Lande. Das gilt etwa für Chartres und Laon in Frankreich, für Salerno in Italien und (das rechristianisierte) Toledo in Spanien, aber auch für die jüdischen Schulen in Mainz und Worms oder für Thessalonike in Griechenland. Im Fernhandel kam den Seestädten aufgrund der günstigen Transportmöglichkeiten eine Schlüsselrolle zu. Auf norwegische Wikinger gingen bereits in Irland die wichtigen Hafenstädte Limerick und Dublin zurück. Die italienischen Seestädte Venedig, Pisa und Genua konnten im östlichen Mittelmeer regelrechte Kolonien gründen. Die Kaufleute von Lübeck gewannen in der zweiten Hälfte des 12. Jahrhunderts in der Ostsee ein solches Übergewicht, dass sie unter anderem das Städtewesen Schwedens nachhaltig bestimmten (Gründung Stockholms 1252).

Während des hohen Mittelalters nahm die städtische Siedlungsweise im westlichen und teilweise auch im östlichen Europa auf Kosten der ländlichen zu. Nur Island blieb weiterhin städtelos. Für das deutsche Reich hat man beispielsweise errechnet, dass rund 50 Städten am Beginn des 11. Jahrhunderts etwa 1000 Neugründungen bis zur Mitte des 13. Jahrhunderts gegenüberstehen; allerdings lebte die Masse der Städter, mehr als 90 % von ihnen, nicht in Großstädten wie Köln (bis zu 40 000 Einwohnern im 15. Jh.), sondern in Kleinst- und Kleinstädten mit wenigen hundert Einwohnern. Bei der Ausbreitung des Städtewesens waren exogene und endogene Faktoren wirksam. In Wales beispielsweise, wo vorher nicht einmal die dörfliche, sondern die Einzelhofsiedlung dominiert hatte, entstanden unter Herrschaft oder Einfluss der Anglonormannen nach 1070 in anderthalb Jahrhunderten mehr als 80 Städte, von denen Cardiff mit 2500 Einwohnern freilich schon die größte war. Das freie Schottland überzog König David I. (gest. 1153), der sich am Vorbild des englischen Königtums orientierte, mit Märkten und Städten, um den Handel zu fördern; die Neusiedler kamen nicht einmal überwiegend aus dem eigenen Land, sondern aus dicht besiedelten europäischen Stadtregionen wie Flandern. Die Kolonisationsgebiete östlich von Elbe und Saale sind durch die kombinierte Gründung von Städten und Dörfern gekennzeichnet; so entstanden in Schlesien rund 120 Städte neben zehnmal so vielen Dörfern. In der Rus' soll sich die Zahl der Städte vom 11. zum 12. Jahrhundert mehr als verdoppelt und bis zum Einfall der Mongolen auf rund 300 erhöht haben.

Die Städte, besonders die großen Zentren unter ihnen, führten die Einheimischen und die ihnen benachbarte ländliche Bevölkerung, die auf Märkten die Produkte ihres Ackers und Handwerks anbot, mit Weitgereisten zusammen, mit Fernhändlern und Gelehrten, mit herrscherlichen Amtsträgern, Prälaten, Kreuzzugspredigern und Mönchen der neuen Bettelorden. Hier konnte es auch vorzugsweise zur Bekanntschaft und Auseinandersetzung mit fremden Kulturen und Religionen kommen. Was für Jumne oder Kiev berichtet wird, hört man auch von Novgorod und Paris, London oder Palermo. Die Vermehrung des Städtewesens stellte eine unschätzbare Basis für eine Europäisierung Europas im Sinne des Austauschs, der Angleichung und der Anspannung durch Distanzierung dar. Unmissverständliche Indizien für eine Vergrößerung bestehender Städte und eine Ausweitung landwirtschaftlich genutzter Flächen zeigen überdies an, dass die Bevölkerung erheblich zugenommen haben muss. Diese demographische Entwicklung dürfte von einer säkularen Verbesserung des Klimas zwischen dem 10. und 13. Jahrhundert und entsprechenden Ertragssteigerungen im Agrarsektor begünstigt, wenn nicht herbeigeführt worden sein. Die gleichzeitige Dürreperiode im Osten scheint mit einem hier fehlenden oder doch verzögert und schwächer ausgeprägten „Aufbruch" zu korrespondieren. Alle Gewichtsverschiebungen zwischen Land und Stadt haben aber nichts daran geändert, dass das Mittelalter eine agrarisch bestimmte Epoche blieb. Von einer „Revolution", die alle Bereiche des Lebens erfasste, kann man im Hinblick auf das abendländische Hochmittelalter im universalhistorischen Vergleich nicht sprechen.

Wodurch sich die lateinischen Christen indessen von ihren orthodoxen Glaubensbrüdern, von Juden und Muslimen unterschieden, war die im Kontrast zum Frühmittelalter ungeheuer zunehmende Beweglichkeit. Seit Ende des 11. Jahrhunderts wurde die Pilgerfahrt nach Santiago de Compostela in Galicien ein europäisches Phänomen, die Kreuzzugsbewegungen brachte zehntausende Abendländer in die Länder der Mittelmeerwelt, und ein Kaiser wie Friedrich I. sah sich in der Pflicht, den Weg der Studenten und Gelehrten zu den Stätten der Wissenschaft unter seinen Schutz zu stellen. Im 13. Jahrhundert führten Wissbegier und christliches Sendungsbewusstsein Mönche und Händler über Europas Grenzen hinaus in den asiatischen Osten. Die Byzantiner dagegen waren sich ihrer Welt zu sicher, um Neues in der Ferne zu suchen, und begnügten sich damit, die Reste ihres Imperiums zu behaupten; die Muslime aus Spanien pilgerten zwar noch immer zu ihren heiligen Stätten in der arabischen Welt, aber der Horizont ihrer Studienziele verengte sich, und die Juden vagierten ohnehin mehr unter dem Zwang der Verhältnisse als aus eigenem Antrieb. Was die Franziskanermönche Johannes de Plano Carpini und Wilhelm von Rubruk im mongolisch beherrschten Ostasien in den dreißiger und vierziger Jahren erfahren hatten, hielten sie in Augenzeugenberichten fest, und Ende des Jahrhunderts sollte der Venezianer Marco Polo erstmals auch in der Volkssprache über seinen Aufenthalt in Ostasien schreiben.

Von hier aus war freilich noch ein letzter, entscheidender Schritt zu tun, um die „natürliche" Fixierung auf die eigene Lebenswelt zu überwinden. Man musste lernen, die Geschichte der anderen wahrzunehmen und darzustellen. Erstmals nach Paulus Diaconus („Gesta episcoporum Mettensium"; gest. um 799) hat der florentinische Minorit Johannes von Marignola am Hof Karls IV. in Prag mit seiner ‚Beschreibung des böhmischen Landes' die Geschichte von Fremden geschrieben – bezeichnenderweise nachdem er von einer Missionsreise im fernöstlichen Asien (1338–1353) nach Europa zurückgekehrt war. Später ist seinem Beispiel der Humanist Enea Silvio Piccolomini (gest. 1464) gefolgt. Auch wenn sich Enea Silvio über den Abstammungsmythos der Böhmen mokiert, hat er den einzigen Weg eingeschlagen, der von der eigenen Geschichte über die Geschichte der Anderen zur Geschichte Europas hinzuführen scheint. Denn wenn wir durch die Geschichte der anderen Völker und Staaten finden, was uns mit ihnen verbindet, und auszuhalten lernen, was uns von ihnen trennt, erst dann werden wir wissen, was die Europäer in der Vergangenheit waren und in Gegenwart und Zukunft sein können.

2 Die europäischen Monarchien: Eine Erfolgsgeschichte mit Widersprüchen

Das mittelalterliche Europa wird in traditionell westeuropäischer Sicht mit der religiösen Formation der lateinischen Christenheit und der politischen Struktur einer Vielzahl von Königreichen auf ethnischer beziehungsweise multikultureller Grundlage gleichgesetzt, die das Europa der Nationen vorweggenommen habe (J. Le Goff). Tatsächlich haben sich die Reichsbildungen auf altrömischem Boden im Westen und in der griechisch-byzantinischen Welt unterschiedlich vollzogen. In Italien, Spanien und nördlich der Alpen lösten germanisch geführte Königreiche seit dem 5. Jahrhundert das Imperium ab, und diese multipolare Ordnung setzte sich auch nach dem Zwischenspiel des fränkischen Großreiches der Karolinger vom späten 9. Jahrhundert an wieder durch. Obgleich seit den Ottonen im ostfränkisch-deutschen Reich das römische Kaisertum fortlebte, war die westliche Staatenvielfalt niemals in Frage gestellt. Im Osten dagegen hatte die Reichsgewalt lange Zeit Germanen und Slawen von der Siedlung auf römischem Boden abhalten können; als es dann doch zu Staatsbildungen der Eindringlinge kam, ohne dass das Kaisertum selbst unterging, gerieten die alten und die neuen politischen Kräfte in Konkurrenz. Die Herrscher der Serben und Bulgaren tendierten dazu, sich selbst βασιλευς Ῥωμαίων (‚König der Römer') zu nennen; Bulgarien blieb schließlich ein von Byzanz anerkanntes Zarenreich. Zu der östlichen Besorgnis einer Usurpation der Kaiserwürde gab es im Westen keine Analogie, auch wenn gelegentlich Kaisererhebungen und -titulaturen außerhalb des (deutschen) Reiches bezeugt sind (Spanien, England, Dänemark, sogar Irland). Hier liegt eine wesentliche Differenz zwischen dem östlichen und dem westlichen Staatensystem: die okzidentale Ordnung ließ die Entfaltung staatlicher Vielfalt zu und förderte sie, in der byzantinischen wurde sie als Bedrohung und Verlust erfahren.

Der Westen selbst war allerdings keineswegs lückenlos in Königreiche und werdende Nationen eingeteilt. Beim Zerfall des Karolingerreiches entstanden zwar die staatlichen Grundlagen Deutschlands und Frankreichs, doch konnte Italien im Mittelalter niemals ein „nationales Königtum" ausbilden. Oberitalien gehörte seit Otto dem Großen mit dem westlichen Kaisertum zur ostfränkischen, dann deutschen Königsherrschaft („Reichsitalien"); hier haben sich im Hochmittelalter weitgehend selbständige Stadtrepubliken ausgebildet, die je länger je weniger zum deutschen Reich gerechnet werden können (z. B. Genua, Pisa, Florenz). Mittelitalien wurde politisch als Kirchenstaat organisiert, es stand also unter der Herrschaft des Papstes, die selbst monarchische Qualität annahm. Unteritalien und Sizilien waren bis ins 12. Jahrhundert hinein eine Mischzone unterschiedlichster Herrschaften byzantinischer, langobardischer und sarazenischer Provenienz; erst die Normannen haben eine neue Reichsbildung geschafft. Das Regnum der Hauteville (seit 1130) wurde später durch die Staufer und andere Dynastien fortgesetzt und ging erst 1860 im vereinten Königreich Italien auf.

Königslose Regionen und Staaten gab es im hohen Mittelalter aber auch in anderen Teilen Lateineuropas. Schon bald nach der Unterwerfung durch die Anglonormannen (ab 1063) nahmen die Könige von Wales den princeps-Titel an, obwohl ihr Land erst 1282 endgültig politisch unselbständig werden sollte. Ebenso wie in Wales lässt sich in Polen schon früh ein Bewusstsein ethnischer beziehungsweise räumlicher Einheit nachweisen, doch regierten auch hier zwischen 1198 und 1320 Teilfürsten; abgesehen von Ansätzen im 11. Jahrhundert setzte sich das Königtum bei den Polen erst im 14. Jahrhundert durch. Die Ausdehnung der lateinischen Kultur im Zuge der Ostsiedlung hat ebenfalls keine neuen Königreiche hervorgebracht. Im 11./12. Jahrhundert scheiterte die Gründung eines obodritischen (ostseeslawischen) Königtums, Pommern, Preußen und Livland (Estland) wurden sodann in lockerer Form dem deutschen Reich einbezogen. In Livland und im Deutschordensstaat ist aber die Errichtung von Königreichen gar nicht (oder kaum) angestrebt worden, und für Pommern kam ein eigenes Königreich wegen der Abhängigkeit der dortigen Fürsten (Herzöge) vom Reich, von Dänemark und Polen nie ernsthaft in Betracht. Der angebliche europäische Normalfall der Königsherrschaft ist hier also nicht realisiert worden; die südliche Ostseeregion war praktisch eine königslose Herrschaftszone. Für Litauen, das am Beginn des 14. Jahrhunderts sogar eine europäische Großmacht wurde, gilt das Gleiche. Hier wurde zwar wiederholt an die Errichtung eines Königtums mit Hilfe des Papstes beziehungsweise des Reiches gedacht, doch blieb es im späten Mittelalter beim Großfürstentum in Personalunion mit (oder bei enger Anlehnung an) Polen. Eine königsfreie Zone waren auch die Städte Dalmatiens.

Andererseits trugen der Kaiser des Westens und der Papst zur Entstehung neuer Königreiche in Ostmittel- und Osteuropa bei, indem sie nach antikem Vorbild Insignien versandten; dabei stießen sie auf konkurrierende Ansprüche von Byzanz. Das orthodoxe Serbien erhielt 1217 eine Königskrone vom Papst, was – neben ungarischen Einflüssen – dazu geführt zu haben scheint, dass das Land bis Mitte des 14. Jahrhunderts ein Königreich war. 1254 scheiterte Innozenz IV. mit dem Plan, auch in Halič ein Königtum zu errichten. Leo von Armenien erhielt Königskronen vom Stauferkaiser Heinrich VI. wie von Kaiser Alexios III.; sein Großneffe und präsumptiver Nachfolger nahm wiederum die Königskrone von Kaiser Otto IV. entgegen. In Ungarn, das zur westlichen, und in Bulgarien, das zur östlichen Sphäre gehörte, waren Anstrengungen der jeweils anderen Seite vergeblich, durch Übersendung von Kronen oder anderen Herrschaftszeichen größeren Einfluss zu gewinnen. Im Verlauf der Kreuzzugsbewegung haben nicht Kaiser oder Päpste, sondern die beteiligten Fürsten und Ritter Königreiche etabliert; so war es in Jerusalem selbst, ähnlich aber auch in Zypern und im Herzen des Ostreiches bei der Schaffung des Lateinischen Kaiserreichs beziehungsweise des Königreichs von Thessalonike.

Sonderformen königlicher Herrschaft haben sich auch am westlichen Rand von Europa ausgebildet. In Irland hat vor und nach der englischen Eroberung Ende des 12. Jahrhunderts eine Mehrzahl von Königen regiert. Der Titel rí (verwandt mit rex) war hier nicht dem Gesamtherrscher einer überstammlichen und überregionalen Reichsbildung vorbehalten; anderswo, etwa in Polen oder in Russland, hätte man eher von ‚Fürsten (Großfürsten)' gesprochen. Etwas ganz Anderes als das abendländische Königtum begegnet schließlich im muslimischen Spanien. Die Führer der etwa 40 Kleinreiche nach dem Fall des Kalifats von Córdoba 1031 waren Herrscher ohne religiöse Legitimation, und unter den auf sie folgenden Almoraviden und Almohaden war al-Andalus „staatsrechtlich" dem Kalifat von Bagdad einbezogen. Das so genannte maurische

Abb.1: *Europa um die Mitte des 11. Jahrhunderts im Spannungsfeld des römisch-deutschen und des byzantinischen Reiches.*

Königreich von Granada (spanisch: Reine de Granada), das von 1212 bis 1492 unter der Herrschaft der Nasriden stand, wurde von Sultanen geführt.

In universalhistorischer Perspektive erscheint der mittelalterliche König als Typ sui generis; er war demnach entscheidend geprägt durch das Christentum, doch wurde er kaum, wie in anderen Kulturen, als Kosmokrator beziehungsweise als Gott- oder Priesterkönig betrachtet. Er konnte in besonderen Fällen aber wundertätig sein (Frankreich, England) und war vor allem nach dem Vorbild des Alten Testaments durch die Salbung ausgezeichnet. Der Salbungsbrauch war aber keineswegs in allen Königreichen verbreitet. Dicht bezeugt ist er nur für England (wohl seit 787), Frankreich (bzw. Westfrankenreich, regelmäßig seit 848, vorwiegend in Reims) und Deutschland (bzw. Ostfrankenreich, regelmäßig seit 936, bis 1531 in Aachen). In den skandinavischen Ländern wurde die Salbung mit Etablierung der Königreiche im 12./13. Jahrhundert üblich (Norwegen 1163/64, Dänemark 1170, Schweden 1210). Schottland errang erst 1329 die päpstliche Erlaubnis zur Salbung nach Überwindung hinhaltenden englischen Widerstandes; Navarra hatte ein entsprechendes Privileg bereits 1257 erhalten, während Portugal die Salbung erst im 15. Jahrhundert konzediert wurde. Bei den Iren lassen sich zwar schon früh Spuren der Königssalbung ausmachen (8. Jh.), doch wurde diese im ganzen Mittelalter nicht üblich. Byzanz hat den Salbungsbrauch erst vom Lateinischen Kaiserreich auf seinem Boden übernommen, vermutlich schon seit 1208, dann aber bis zum Ende seiner Existenz beibehalten. Im Einzugsbereich des Ostreiches ist in Serbien der erstgekrönte König Stefan durch seinen Bruder, den Erzbischof Sava, gesalbt worden (nach 1219), und für Bulgarien hat Papst Innozenz III. dem Erzbischof von Trnovo 1204 das Recht konzediert, die Könige der Bulgaren zu salben und zu krönen, was aber ohne Folgen blieb.

Eine besondere politische Struktur nicht-monarchischer Qualität hat sich nur am äußersten Rand des mittelalterlichen Europa jahrhundertelang behauptet, in Island. Die internationale Geschichtswissenschaft zieht sich keineswegs den Vorwurf des Anachronismus zu, wenn sie hier, wie üblich, von einer „Republik" oder auch von einem „Freistaat" spricht. Am Ausgang des hohen Mittelalters mussten sich die Siedler der atlantischen Insel allerdings in den Herrschaftsverband eines Königreiches einfügen, ähnlich wie sich zur gleichen Zeit auch in den Stadtkommunen Italiens das von diesen schon überwundene Prinzip monokratischer Herrschaft wieder durchsetzte.

2.1 Monarchische Herrschaften in europäischer Variation

2.1.1 Zwei Imperien im prolongierten Niedergang: Byzanz und das deutsche Reich

Die politische Geschichte Europas im hohen Mittelalter wurde mehr als von den Königtümern bestimmt durch die zwei Kaiserreiche, das römisch-deutsche Reich im Westen und das Reich von Byzanz im Osten. Auch wenn beide – in je verschiedener Weise – an das antike Imperium Romanum anknüpften und es sogar fortsetzten, wiesen sie eine eigene mittelalterliche Prägung auf; zugleich vermittelten sie die Traditionen des Kaisergedankens an die Neuzeit, der bis ins 20. Jahrhundert hinein lebendig blieb. Erst 1948 legte der englische König Georg VI. den Titel eines Kaisers von Indien ab, und im afrikanischen Äthiopien endete die Geschichte des Kaisertums, das frühchristliche

Wurzeln hatte und im engen Bündnis mit der orthodoxen Kirche stand, beim Tod Haile Selassies 1975 in einer kommunistischen Revolution. Das hohe Ansehen der Kaiserwürde, die weite räumliche Ausdehnung über mehrere Länder und die politische Integration verschiedener Völker verschaffte den beiden mittelalterlichen Reichen lange ein Übergewicht in Europa, auch wenn sie der zukunftsweisenden Ausbildung der „Staatsnationen“ keinen ebenso günstigen Rahmen bieten konnten wie die Königtümer.

„Europa“ gehörten beide Reiche freilich im unterschiedlichen Maße an. Byzanz blieb in antiker Tradition ein mediterranes Reich mit der Ideologie der Weltherrschaft. Seine Hauptstadt Konstantinopel lag am Bosporus, der Europa geographisch von Asien schied, sein Territorium aber reichte von hier über Kleinasien bis nach Armenien südlich des Kaukasus; die Kapitale war Ausgangs- und Zielpunkt verschiedener Fernstraßen, die nicht nur über Thessalonike und Dyrrhachion zur Adria im Westen oder über Adrianopel, Serdika (Sofia), Niš und Belgrad nach Budapest im Norden führten, sondern auch nach Süden und Osten an den Euphrat und gar bis zu den persischen Karawanenwegen. Neben dem gebirgigen, aber auch fruchtbaren Kleinasien war die Herrschaft über das Schwarze Meer für Byzanz lebenswichtig; von hier konnten die Händler auf „nassen“ Straßen flussaufwärts zu den Rus' und weiter zu den Ländern der Ostsee fahren. Die Außenpolitik des Reiches konzentrierte sich weithin auf die Seldžuken (Türken), soweit Europa betroffen war aber vor allem auf die Sicherung der nördlichen Reichsgrenze gegen die Slawen, Bulgaren und Ungarn, Pečenegen und Kumanen sowie auf die Auseinandersetzung mit den Normannen und die Wiedergewinnung der Herrschaft in Unteritalien. An der politischen Gestaltung Europas im Ganzen war Byzanz nie interessiert, dafür fehlten ihm auch alle Möglichkeiten; allerdings hat das Ostreich um 1150 an der Bildung europäischer Bündnissysteme mitgewirkt.

Das Westreich dagegen lag mitten in Europa; auch wenn ihm das mittelmeerische Italien mit Rom angehörte, bildete Deutschland im Norden der Alpenkette seinen Schwerpunkt. Von hier aus wirkte der römisch-deutsche König und Kaiser auf alle Nachbarreiche ein; ähnlich wie Byzanz im Osten stand das abendländische Reich im Zentrum eines eigenen politischen, kulturellen und kirchlichen Systems. Im Laufe der Zeit ging ihm seine hegemoniale Stellung allerdings verloren, vor allem im Verhältnis zu den westeuropäischen Monarchien; anders als bei Byzanz war seine territoriale Integrität aber nie ernsthaft in Frage gestellt.

2.1.1.1 Die Ideen von Kaiser und Reich

Obgleich sich das Westreich wie das Ostreich als Erben des Imperium Romanum fühlten, stand nur Byzanz in einer ungebrochenen Kontinuität zur politischen Ordnung der Antike. Diese beruhte auf dem Kaisertum, das auf Augustus zurückging, auf der durch Konstantin den Großen gegründeten Reichshauptstadt und auf einer zentralen Verwaltung. Auch dem Bewusstsein nach – die „Byzantiner“ fühlten sich als Römer und beanspruchten stets den Rückgewinn der verlorenen Westhälfte des antiken Reiches – gab es keine Zäsur, die den Beginn des östlichen Kaiserreiches deutlich markiert. Der Übergang von der Spätantike zum mittelalterlichen Byzanz wird heute oft mit dem Ende des Kaisers Justinian (gest. 565) angenommen, der noch einmal die westliche Mittelmeerwelt unter römischer Herrschaft vereinen konnte. Auch nachdem „Byzanz“ entstanden war, bildeten das Kaisertum und Konstantinopel die Kerne des Staates; deshalb bedeutete die Eroberung der Reichshauptstadt und die Errichtung eines lateinischen Kaiserreichs während des Vierten Kreuzzuges 1204 eine lebensgefährliche Bedrohung. Die Flucht von Hof und Beamtenschaft nach Kleinasien und die Ausbildung griechischer

Teilherrschaften ermöglichten jedoch die Fortexistenz des Kaisertums im Exil, das – auch begünstigt durch die Schwäche der lateinischen Herrschaften – nach einigen Jahrzehnten an den Bosporus zurückkehren konnte (1261).

Im Vergleich zum Osten ist der Westen von Diskontinuität und Divergenz geprägt. Das altrömische Kaisertum war hier 476 untergegangen und wurde erst Weihnachten 800 für Karl den Großen erneuert, der bereits König der Franken und der Langobarden und Schutzherr der Römer war. Die Kaiserwürde trat also ergänzend und steigernd zum Königtum hinzu. Danach dauerte es noch einmal mehr als 150 Jahre, ehe das Kaisertum im Westen wieder Stabilität gewann: Der ostfränkische König Otto der Große wurde 962 in Rom von der Hand des Papstes gekrönt und gesalbt; seither beanspruchten auch die Nachfolger Ottos, darunter die deutschen Könige seit dem 11. Jahrhundert, die gleichartige Erhebung zur Kaiserwürde. Wie das Kaisertum im Osten an Konstantinopel gebunden war, so mussten die Könige im Westen zur Erhöhung ihres Ranges stets an den Tiber reisen, doch war Rom nicht das politische Zentrum des Reiches. Deshalb vergingen oft viele Jahre, ehe ein römisch-deutscher König durch den Papst auch zum Kaiser gekrönt wurde; von den zwei Jahrhunderten des Hochmittelalters gab es so nur knapp 120 Jahre im Westen einen Kaiser. Dieser „intermittierende Charakter" der Kaiserwürde (H. K. Schulze) wäre im Ostreich ganz undenkbar gewesen. Allerdings galt der gesalbte und gekrönte ostfränkisch-deutsche König stets als künftiger Kaiser, der auch schon vor seiner Erhebung so genannt werden konnte und wie ein Kaiser handelte. Außerdem setzte sich seit dem früheren 11. Jahrhundert die Vorstellung durch, dass das Reich auch ohne König beziehungsweise Kaiser weiterbestand, es wurde „transpersonal" und erreichte somit einen Grad an Staatlichkeit, wie er dem Reich von Byzanz stets unbestritten eigen gewesen war.

Das Kaisertum im Westen bedurfte nach seinem relativ späten Neueinsatz und seiner unsteten Frühgeschichte immer wieder der theoretischen Rechtfertigung, zumal es gerade im Hochmittelalter auch vielfach angegriffen wurde; dagegen war es im Osten für niemanden ein Problem, über das grundsätzlich nachzudenken Anlass bestanden hätte. Durch Kunst und höfisches Zeremoniell stellte es sich in gottähnlicher Erhabenheit dar. Umglänzt von Diadem und Purpurmantel und eingehüllt in Weihrauchduft war die kaiserliche Majestät der Alltagswelt weitentrückt, und schon im 10. Jahrhundert hob Kaiser Konstantin VII. hervor: ‚Durch das rühmenswerte System unseres Hofzeremoniells wird die kaiserliche Macht in großer Pracht und Schönheit dargestellt; sie erfüllt fremde Völker wie unsere eigenen Untertanen mit Bewunderung.' Das Kaisertum verkörperte das Reich selbst, das heißt den *orbis Romanus*, den der Inhaber des höchsten Amtes zu bewahren und zu befrieden hatte. Eine Wurzel dieser Auffassung lag in der orientalischen Idee der Weltherrschaft, die dem Osten vor allem seit dem Hellenismus und Alexander dem Großen vertraut war. Doch galt der christliche Herrscher seit Konstantin dem Großen nicht mehr als Gottkaiser wie noch im Dominat, sondern als Stellvertreter Christi, als apostelgleich und von Gott gekrönt. Mit dem Kaiser selbst wurde auch das Reichsvolk geheiligt; unter Rückgriff auf die Bibel galt es als das auserwählte Volk des Neuen Bundes, wie etwa Kaiser Manuel I. mehrfach betonte (1148/66). Als Kaiser ‚von Gottes Gnaden' kam dem Herrscher die Aufgabe zu, Mittler zu sein zwischen Gott und der Menschheit; für das Reich Christi auf Erden war er Gott verantwortlich und hatte deshalb auch das Recht und die Pflicht, die Kirche zu leiten. Der Herr des Erdkreises fühlte sich zugleich als Knecht Gottes, sein Mund war göttlich, weil er Christi Befehl kundtat. Andererseits konnten sich die Grenzen zwischen Göttlichkeit und Gottähnlichkeit in der Wahrnehmung Dritter leicht verwirren. Wer sich dem Kaiser näherte, musste es in demütiger Proskynese tun, und wer einen Erweis seiner Gunst entgegennahm, verehrte das Bild des Kaisers durch den Kuss seines Siegels, als ob es sich um das Kreuz Christi selbst handelte.

Als Quellen für die Kaiserideologie von Byzanz können, da theoretische Abhandlungen fehlen, neben Geschichtsschreibung und Lobreden vor allem die Kaiserurkunden dienen. Die „Auslandsbriefe“ unter ihnen imponierten schon durch äußere Pracht: Große, aneinandergeklebte Pergamentblätter waren durch Purpur eingefärbt und mit einem Text von goldener Tinte versehen, den der Kaiser durch eigenhändige Unterschrift beglaubigte; Zierleisten als Rahmen und die Goldbulle mit dem Herrscherbild steigerten den sakralen Nimbus. Einen solchen ‚Brief aus Goldbuchstaben‘ erhielt beispielsweise Konrad II. durch Kaiser Romanos III. Argyros (1028–1034); als Kaiser Heinrich III. seiner Stiftskirche in Goslar das Prunkschreiben Konstantins IX. Monomachos von 1049 weiterschenkte, verwandten die Kanoniker den Rotulus als Altarbehang, und die Bulle ließen sie zu einem Messkelch umarbeiten. Natürlich waren diese Urkunden in griechischer Sprache verfasst, die seit dem 7. Jahrhundert das Lateinische verdrängt hatte; den ins westliche Ausland expedierten Basiliká wurde aber zum besseren Verständnis der Adressaten noch in der kaiserlichen Kanzlei eine authentische Übersetzung in die Hauptsprache des Westens angefügt. Der geläufige Titel des Kaisers, βασιλεύς καί αὐτοκράτωρ ʻΡωμαίων (‚Kaiser und Selbstherrscher der Römer‘), konnte durch seine Übertragung ins Lateinische diplomatische Verwicklungen auslösen; so ereiferte sich Friedrich I. darüber, dass sich Manuel I. Komnenos in einem Brief an ihn als *augustus et Romanorum moderator* titulierte. Wenn Byzanz mit auswärtigen Mächten Verträge schloss, geschah dies nur durch kaiserliche Gnadenerlasse, niemals in bilateraler Form und auf der Ebene der Gleichrangigkeit. Die Ideologie des Kaisertums kommt besonders in den Prooimien der Kaiserurkunden zum Ausdruck. Darin betont der Herrscher fast immer, dass er seine Macht von Gott hat und in der Nachahmung Gottes steht; gelegentlich wählt er zur Kennzeichnung seines einzigartigen Ranges in alter rhetorischer Tradition den Vergleich mit der Sonne. Zum Verständnis seines Amtes gehörte auch, dass er über allem stand, selbst über dem Gesetz (*nomos*). So betonte Kaiser Andronikos II. Palaiologos (1282–1328): ‚Ich stehe über jeglichem Gesetz und jeglichem Zwang, alles ist mir erlaubt zu tun, was die Kaiser in der langen Zeit vor mir tun durften, indem sie als einziges Gesetz, das stärker als jedes andere war, ihren Willen hatten.‘ Allerdings wurde kaiserliche Herrschaft nicht als Tyrannis aufgefasst; auch wenn sich die Kaiser als Quelle des Rechts verstanden, betonten sie immer wieder ihre eigene Bindung an die grundlegenden Gesetze. Andererseits fühlten sich die Kaiser zur *philantropía* verpflichtet, zur gottähnlichen Sorge um die Untertanen. Vor allem aber waren sie die von Gott berufenen Hüter der Orthodoxie, auf der des Reiches Einigkeit und Kraft beruhte; Christus selbst habe sie mit der Hut seiner Herde betraut. Dem oströmischen Staat wuchs deshalb unter Führung des Basileus auch die Aufgabe zu, den rechten Glauben zu verbreiten. Schon zur Zeit Kaiser Konstantins bestimmte Eusebius von Cäsarea dem Reich eine eschatalogische Funktion; Imperium und Evangelium mussten in Einheit für das Heil wirken. Verletzte aber der Kaiser seine Pflichten, dann sah man darin den Verlust von Gottes Beistand und die Rechtfertigung für seine Absetzung. Von daher gab es durchaus Ansätze, die Stellung des Herrschers verfassungsmäßig zu begrenzen. Die Behauptung byzantinischer Autoren, der Kaiser stehe gar über dem Kirchengesetz (*kanōn*), war wohl übertrieben. Jedenfalls durfte der Herrscher von der Orthodoxie nicht abweichen, wie er schon bei seiner Krönung beeidete. Trotzdem haben die Kaiser natürlich bisweilen das Recht missachtet. So konfiszierte Alexios I. Komnenos zweimal

Kirchenschätze zur Finanzierung seiner Kriegsführung gegen Normannen und Pečenegen (1081/87), was zur Rettung des Reiches kaum vermeidbar erschien. Als die goldenen und silbernen Verzierungen der Ikonen abgenommen wurden, um aus ihnen Münzgeld für die Söldner zu prägen, drohte ein neuer Bilderstreit. Patriarch Johannes von Antiochien und Metropolit Leon von Chalkedon protestierten und verloren bald ihre hohen Kirchenämter; der Kaiser musste sich aber vor der Synode gegenüber Leon rechtfertigen. Alexios machte geltend, vom Bild sei das Material zu unterscheiden, aus dem es hergestellt werde, und fand damit die Zustimmung des Konzils. Als sich Leon daraufhin unterwarf und seine eigene Lehre verdammte, konnte er in sein Amt zurückkehren.

Ebenso wie man im Osten im ‚Kaiserreich der Römer' zu leben glaubte, sprach man im Westen vom *imperium Romanum* unter Führung des fränkischen, später des deutschen Königs als Kaiser. Vor allem die Salier (1024–1125) und die Staufer (1138–1250/68) mit ihren Anhängern haben die Reichs- und Kaiserideen propagiert und entfaltet. Dabei griffen sie auf das antike heidnische Erbe ebenso zurück wie auf christliches Gedankengut, sie nutzten ihre Ideologie in Auseinandersetzungen mit den Päpsten, sahen sich angefochten vonseiten anderer Monarchien und rivalisierten mit den Byzantinern. Seit Karl dem Großen und Otto I. war bekannt, welche Provokation die Erhebung eines zweiten Kaisers im Okzident für den Basileus darstellte, weil sie dessen Anspruch auf Weltherrschaft in Frage stellte. Das „Zweikaiserproblem" war freilich nicht ständig aktuell und schloss politische oder gar militärische Bündnisse beider Mächte von Zeit zu Zeit keineswegs aus.

Schon der erste Salier Konrad II. hat sich von Anfang an in die kaiserlich-römische Tradition gestellt. Drei Wochen nach seiner Wahl ritt er nach Aachen, um demonstrativ vom Thron Karls des Großen Besitz zu ergreifen (September 1024). Seine zusätzliche Krönung zum König von Italien setzte ihn instand, auch Karls Titel *rex Francorum et Langobardorum* zu führen. Wie es üblich war, betonte er die Herkunft seines Königtums von Gott, er hob aber zugleich seinen Anspruch auf die Kaiserwürde hervor (*ad imperium designatus Romanorum*). Als er zu Ostern 1027 in Rom zum Kaiser gekrönt worden war, kam ihm nach den Worten eines Vertrauten der römische Titel *Caesar augustus* zu. Zwei Herrscher, Rudolf von Burgund und vor allem Knut von Dänemark und England, selbst ein Großkönig, erwiesen dem neuen Kaiser Reverenz durch ihr Geleit. Für den höfischen Geschichtsschreiber Wipo war Konrad seither das ‚Haupt der Welt'. Der Kaiser selbst demonstrierte seinen neuen Rang, indem er – letztlich ohne Erfolg – in Byzanz um eine Prinzessin als Braut für seinen Sohn Heinrich werben ließ; Heinrich III. galt ihm auch in Nachahmung des oströmischen Mitkaisertums als *spes imperii*. Nachdem es Konrad gelungen war, dem ostfränkisch-deutschen und dem italischen auch das burgundische Reich hinzuzufügen – eine Personalunion, die Bestand haben sollte –, hob er seine Herrschaft über Rom und die Welt in Wort und Bild neu hervor. Eine Bulle von 1033 zeigt ihn zusammen mit seinem Sohn vorderseitig im Herrscherornat, die Rückseite des Siegels mit der Ansicht der *Aurea Roma* wird aber umkränzt durch die Legende: *Roma caput mundi / regit orbis frena rotundi* (‚Rom, das Haupt der Welt, führt die Zügel des Erdkreises'). Am Hof der frühen Salier ließ man es mit deklamatorischen Akten aber nicht bewenden; als Heinrich die Nachfolge seines Vaters angetreten hatte, forderte Wipo von ihm, er solle zur Förderung juristischer Bildung in Deutschland Schulen einrichten; einst habe nämlich das Studium des (schriftlich aufgezeichneten) Rechts Roms Weltherrschaft begründet. Heinrich selbst bezeichnete sich zur gleichen Zeit erstmals als *Romanorum rex* und unterstrich damit das „imperiale Königtum", den

Anspruch des ostfränkisch-deutschen Herrschers auf die Nachfolge der römischen Kaiser. Später griff sein Sohn Heinrich IV. in der Auseinandersetzung mit Gregor VII. die Formel auf und betonte sein römisches Königtum von Gottes Gnaden (1073); seit Heinrich V. (1106–1125) setzte sich der Titel für den deutschen Herrscher endgültig durch.

Der Gedanke, dass das römische Kaisertum vom Norden her erneuert werden müsse, wurde vor allem in Italien und Rom selbst gepflegt. In der Kanzlei Heinrichs III. war als Notar Anselm von Besate tätig, der dem Kaiser Ende 1049 eine Lehrschrift „Rhetorimachia" widmete. Darin rühmt er Heinrich: ‚Du aber hast wilde und überaus schreckliche Völker besiegt, die rohen, ruchlosen und jeder Menschlichkeit baren Geister unter deine Herrschaft gezwungen. Die Länder, Burgen, befestigten Plätze und die Reiche mit ihren Kleinkönigen (*reguli*), die lange verloren waren, erkennt die Roma jetzt wieder als das Ihre durch deine siegreiche Rechte.' Mit den zum Gehorsam gezwungenen Mächten meinte Anselm im einzelnen Ungarn, Italien und das linksrheinische Reichsgebiet, im Westen aber auch Frankreich und Britannien, mit denen Heinrich III. militärische Bündnisse geschlossen hatte. Die Francia erwarte Heinrich gar als ‚ihren König',die *Brittannia* als Kaiser. Der Traum von der Dominanz des Römerkaisers griff sogar weit in den Osten hinüber. Länder und Völker jenseits des Meeres würden unter die römische Herrschaft zurückkehren: Griechenland, Judäa, sogar Karmanien in Persien und das Gebiet der Sarazenen. In der Gesandtschaft von 1049 sah Anselm den Beweis, welchen Respekt auch der Basileus Heinrich III. entgegenbrachte. Den Boten, die wohl das Prunkschreiben Konstantins IX. überbrachten, sei der Kaiser mit Gewändern und Zeremonien begegnet, die dem griechischen Brauch nahe kamen. Auch andere Autoren der Zeit dachten bei Heinrichs Stellung in Europa an den Kaiser des Ostens; als es dem Salier mit Briefen gelang, den französischen König vom Einfall nach Lothringen abzuhalten (1046), verglich ihn der Chronist Anselm von Lüttich mit dem Apostel Paulus und ließ so die Erinnerung an den ‚apostelgleichen' Konstantin anklingen.

Wie ein Angriff auf den Kaiser von Gottes Gnaden im Osten als Gotteslästerung galt und entsprechend geahndet wurde, verfügte Heinrich III. im Westen, dass der Verächter seiner kaiserlichen Majestät mit dem Tode zu bestrafen sei. Die unübersehbaren Züge autokratischer Herrschaft und Selbstdarstellung beim Salier stießen freilich auch auf den Widerspruch der Zeitgenossen. Ein frommer Abt beklagte die neue Prunksucht des Hofes, den Aufputz an Kleidung, Haartracht, Rüstung und Reiterei, und machte dafür westfränkische Einflüsse verantwortlich. Viel mehr Anstoß erregte Heinrich, als er 1046 auf seinem Zug nach Rom noch vor der Kaiserkrönung ein Papstschisma beseitigte und die Erhebung eines Reichsbischofs zum neuen Oberhaupt der Kirche veranlasste. Ein französischer Kleriker schäumte über den ‚Erzschurken von Kaiser' (*imperator ille nequissimus*) und führte gegen dessen Handlungsweise ausgerechnet das Beispiel Konstantins und Karls des Großen an. Ins Grundsätzliche zielte er schon mit der Frage: ‚Wo steht es denn, dass die Kaiser Christi Stelle einnehmen?' Der gottverhasste Kaiser habe den höchsten Bischof nicht absetzen dürfen, und auch an der Wahl des Papstes komme ihm kein Mitwirkungsrecht zu. Tatsächlich erwarb Heinrich zeitgleich mit der Kaiserkrone auch die Patricius-Würde nach dem Vorbild Karls des Großen, mit der sich ein Vorrecht bei der Papstwahl verband.

Unter dem Eindruck der salischen Kaiserherrschaft begannen Chronisten und Theoretiker des Hochmittelalters, das Reich in weltgeschichtlicher Perspektive zu sehen und in die Heilsgeschichte einzuordnen. Nach der Lehre von der Translatio imperii (Buch Daniel des Alten Testaments und der Geschichtsschreiber Orosius) war es Gott selbst, der für den Wechsel der Reiche sorgte, von Babylon über das medisch-persische und griechische bis zum römischen Reich. Das Römerreich sollte aber am Ende der Weltgeschichte stehen, so dass ihm endzeitlicher Charakter zugeschrieben wurde. Erstmals hat Adam von Bremen um 1075 festgestellt, dass die ‚Hoheit des römischen Reiches' (*summa imperii Romani*) an die Völker der Deutschen (ad gentes Teutonum populos) gelangt sei. Als bald darauf nach Ausbruch des Kampfes zwischen Heinrich IV. und dem Reformpapsttum über das bevorstehende Ende der Welt spekuliert wurde, betonten die Bischöfe der Kirchenprovinz Ravenna als Parteigänger des Saliers zur Beruhigung: ‚Rom, das einst Haupt und Herrin der Welt war und dessen Gesetzen der ganze Erdkreis gehorchte, besteht in seinen größten Teilen ungeteilt fort und ist nicht verschiedenen, sondern einem Kaiser unterworfen.' Aus Byzanz drangen über Unteritalien ins Abendland die sibyllinischen Weissagungen ein mit der Ankündigung eines Endkaisers, der unmittelbar vor dem Weltende noch einmal ein Goldenes Zeitalter des Friedens und Wohlstands herbeiführen werde. Der kaisertreue Bischof Benzo von Alba stellte die Prophetie Heinrich IV. selbst vor Augen. Danach werde der Endkaiser die Normannen aus Süditalien vertreiben, Byzanz erobern und dort gekrönt werden; dann werde er nach Jerusalem weiterziehen, das Heilige Grab und die übrigen heiligen Stätten der Christenheit zurückgewinnen und erneut eine Krone erhalten. Diese Krönung sollte ein universales Kaisertum begründen, das bis zum Ende der Welt dauern werde. Als Heinrich 1084 in Rom eingezogen und zum Kaiser gekrönt worden war, feierte ihn Benzo als ‚neuen Konstantin'. Durch die Deutschen, die ‚Verteidiger der Römer',sei Heinrich der Begründer eines neuen Zeitalters. Heinrichs Sohn Heinrich V. gab eine Kaiserchronik in Auftrag, die die Theorie von der Translatio imperii nüchterner umsetzte. Einzige Absicht seines Werkes sei es, wie der anonyme Verfasser betonte, ‚der Ehre des römischen Kaisertums und des deutschen Reiches zu dienen, deren Vereinigung bei dem Franken Karl begann'. Er weiß zu berichten, dass es der große Konstantin gewesen sei, der einst Byzanz in Thrakien erweitert und zu einer königlichen Stadt und zum Sitz des römischen Kaisertums erhoben habe; genau 468 Jahre seien seit Gründung des Neuen Roms vergangen, bis Karl der Große als erster der fränkischen Könige durch das römische Kaisertum ausgezeichnet wurde und als solcher dann 14 Jahre regierte. Ebenso wie Heinrich V. in der Nachfolge Karls stehe, so gehe seine Würde auf die antiken Kaiser selbst zurück. Er sei der 88. Herrscher seit Augustus, das Inkarnationsjahr seiner Erhebung 1106 aber entspreche dem 1857. Jahr seit Gründung Roms und dem 5058. seit Erschaffung der Welt. Die fortlaufende Zählung der römischen Kaiser von Augustus bis zu den regierenden Saliern begegnet wie in der lateinischen Kaiserchronik auch in anderen Geschichtswerken der Zeit.

Seit den Auseinandersetzungen Heinrichs IV. mit Gregor VII. bemühte sich der Hof darum, die kaiserliche Gewalt dezidiert von Gottes Gnade abzuleiten. Der Kanzlist Gottschalk entwickelte auf der Grundlage der Bibel und älterer Theorien die Lehre von den zwei Schwertern, von denen eines die geistliche, das andere die weltliche Zwangs- und Strafgewalt symbolisieren sollte; beide würden von den Spitzen der Hierarchien geführt, und obschon dem *sacerdotium* die höhere Würde gegenüber dem *regnum* zukomme, seien sie doch gleichen Ranges. Der bedeutende Propagator päpstlicher Vorrechte, Bernhard von Clairvaux, machte dagegen im 12. Jahrhundert geltend, dass das Schwert der weltlichen Herrschaft dem Schwert des Papstes nachgeordnet sei. Was Bernhard behauptete, stimmte den Chronisten Otto von Freising zutiefst pessimistisch. Otto sah in der Exkommunikation und Absetzung Heinrichs IV. durch den Papst den Anbruch der Endzeit in der Geschichte der vier Reiche. Zur Regierungszeit seines

Halbbruders Konrads III. schrieb er über die Kirche, sie habe ‚ohne Zweifel das Reich, das eisern ist wegen der Kriege und tönern wegen seines Zustandes, in seiner Endzeit (…) an seinem schwächsten Teil getroffen, als sie beschloss, den römischen König nicht als den Herrn des Erdkreises zu ehren, sondern als ein wie alle Menschen aus Lehm gemachtes tönernes Geschöpf mit dem Schwert des Bannes zu treffen'. Trotz der Rückschläge für Ansehen und Stellung des Kaisertums in spätsalischer Zeit hielten die Herrscher selbst unbeirrt an ihrem Gottesgnadentum fest.

Der Staufer Konrad III. (1138–1152) war der erste römisch-deutsche König, der nicht zum Kaiser gekrönt wurde. Trotzdem hat er sich im Briefwechsel mit dem Basileus den Kaisertitel beigelegt. Den Kontakt hatte Johannes II. Komnenos aufgenommen, weil er Konrad zum Bundesgenossen gegen Roger II. von Sizilien gewinnen wollte; nach den Worten des Bischofs von Freising wollte er das Band des Bündnisses zwischen den beiden Reichen, dem im Westen und dem im Osten, erneuern. Tatsächlich verlobten die beiden Herrscher den Sohn Johannes',Manuel, mit Konrads Schwägerin Bertha von Sulzbach (1142; Heirat 1146). Die Korrespondenz selbst drehte sich zunehmend um die jeweilige Selbst- und Fremdbezeichnung und um die historische Einordnung der beiden Reiche, sie lässt aber auch erkennen, welche praktischen Fragen zwischen den Herrschern geregelt werden sollten. Konrad nannte sich ‚von Gottes Gnaden erhabener Kaiser der Römer' und bezeichnete seinen Adressaten als ‚Johannes, durch dieselbe Gnade Kaiser von Konstantinopel'. Dann bekräftigte er ‚die Freundschaft, Verehrung und Hochschätzung, wie sie die römischen Kaiser, unsere Vorgänger, Euren Vorgängern, dem Reich und Volk der Griechen, bekräftigt haben',und versicherte, dem Vorbild folgen zu wollen. War schon die Titulierung des Komnenen, seines Reiches und Volkes provozierend, so steigerte der Staufer die Herausforderung noch durch die Behauptung geschichtlich bedingter Inferiorität von Byzanz und das daraus abgeleitete Verhalten: ‚Es gibt kein Geschlecht, Reich oder Volk, das nicht wüsste, daß Euer neues Rom die Tochter unseres römischen Reiches genannt wird und ist, daß seine Zweige und Früchte aus der Wurzel unseres Reiches hervorgesproßt sind. Deshalb haben wir das Erbe, das die Mutter der Tochter schuldet, festgelegt und wollen, daß es ewig gelte, und zwar um so mehr, als wir sehen, daß die Tochter will, was der Mutter gebührt, nämlich daß die mütterliche Autorität vorangeht mit Rat und Hilfe und daß die töchterliche Liebe antwortet mit Hochachtung und Ehrung. So mögen also für beide die Interessen die gleichen, für beide der Freund derselbe und der Feind derselbe sein, sei es zu Lande, sei es zur See, und wer die Tochter nicht ehrt, möge die Tapferkeit und Stärke der Mutter kennenlernen und fürchten, sei es der Normanne oder der Sizilier, sei es ein anderer, wer oder wo immer' (Übers. A. Schmidt; so auch im Folgenden). Konrad brüstet sich damit, mit Gottes Hilfe alle Feinde seines Reiches zum Gehorsam gegenüber seinem kaiserlichen Regiment gezwungen zu haben. Er prahlt, sachlich ohne Substanz, dass Frankreich, Spanien, England, Dänemark und die übrigen an sein Reich grenzenden Länder täglich Gesandtschaften an ihn mit der Versicherung der schuldigen Achtung und Untertänigkeit sendeten: angeblich verpflichteten sich die auswärtigen Mächte sogar durch Geiseln und Eide, alle Befehle seiner Regierung auszuführen. Selbst der Papst und ganz Apulien, Italien und die Lombardei sehnten tagtäglich seine Ankunft herbei und erwarteten die Hilfe seiner kaiserlichen Macht. Abgesehen von diesem Imponiergehabe kümmert sich Konrad aber auch um die Untertanen seiner Herrschaft, die im Osten auf den Beistand Johannes II. angewiesen sind: ‚Was ferner die Russen betrifft, die zur Schande unseres Reiches unsere Leute getötet und sich unser Geld angeeignet haben, so mögest Du handeln, wie es sich in einer Sache Deines Freundes und Verwandten geziemt und wie Du uns geschrieben hast. Auch den Vasallen unseres Reiches, den Alemannen, die sich bei Dir aufhalten, mögest Du Dich gütig erweisen, wie es Deiner Vorzüglichkeit geziemt. Ebensosehr bitten wir Dich, den Untertanen unseres Reiches, d. h. den Deutschen, die sich in Konstantinopel aufhalten, im Hinblick auf Gottes Lohn wie auch auf meine Vermittlung und Bitte, einen Platz zu überlassen, an dem sie zu Gottes Ehre eine Kirche bauen können.' Johannes Komnenos ging wohl auf Konrads Anliegen im Einzelnen ein, besonders was die Vorgänge in Russland betraf, hielt sich aber auch damit auf, die Rangfragen der beiden Reiche in seinem Sinne klarzustellen. In seiner Antwort an den Staufer bezeichnete er Konrad als ‚Bruder und Freund' seines Reiches und als ‚König',sich selbst aber nach der Überlieferung Ottos von Freising als *imperator Romanorum* und *rex porphirogenitus*; mit der ‚Purpurgeburt' legitimierten die Ostkaiser schon seit dem 10. Jahrhundert ihre Herrschaft im Sinne des dynastischen Prinzips. Konrad seinerseits replizierte als ‚Kaiser der Römer' dem *rex Grecorum*, betonte aber auch, dass beiden Reichen die gebührende Ehre erwiesen werden müsse, um den Frieden zu wahren und den Namen Christi in der ganzen Welt zu verherrlichen. Und wiederum großspurig fügte er hinzu: ‚Was die fünfhundert Ritter betrifft, die Du erbeten hast, so antworten wir Dir: nicht nur fünfhundert, sondern auch zwei- oder dreitausend werden wir Dir schicken, wenn Du sie brauchst, und mehr noch: ehe wir irgendeine Beeinträchtigung Deiner Ehre dulden, könnten wir, wenn die ganze kämpferische Kraft unseres Reiches vergeblich aufgeboten wäre, Dir als unserem geliebten Sohn und teuersten Bruder nicht unsere Hilfe durch unseren Einsatz in eigener Person versagen.'

Unter Konrads Neffen und Nachfolger Friedrich I. (1152–1190) wurde die Ideologie von Kaiser und Reich erneuert und ausgebaut, vor allem in Auseinandersetzung mit dem Papsttum und mit anderen politischen Kräften Italiens. Schon in der Anzeige, die Barbarossa Papst Eugen III. von seiner Königswahl durch die deutschen Fürsten machte, betonte er nachdrücklich die Gleichrangigkeit der beiden Gewalten. Es seien nämlich zwei Kräfte, die diese Welt regierten, die geheiligte Autorität der Päpste und die königliche Gewalt (*auctoritas sacra pontificum et regalis potestas*). Er beuge zwar der geistlichen Gewalt demütig seinen Nacken und verspreche der hochheiligen römischen Kirche sowie dem Papst selbst Hilfe und Schutz, doch wolle er mit Gottes Hilfe ebenso das römische Reich auf die alte Machthöhe und Erhabenheit zurückführen. Wenig später führte er mit den Gesandten des Papstes in Konstanz Verhandlungen über die Kaiserkrönung, die zu einem förmlichen Vertragsabschluss führten. Als frommer und besonderer Vogt der heiligen römischen Kirche versprach ‚der Römerkaiser und Augustus' Friedrich, ‚die Ehre des Papsttums und die Regalien des heiligen Petrus' gegen alle Menschen nach seinem Vermögen zu bewahren oder zu verteidigen; der Papst seinerseits sagte zu, Friedrich zum Kaiser zu krönen und nach der Pflicht seines Amtes zur Aufrechterhaltung und Ausweitung der Rechte des Reiches (*honor imperii*) beizutragen. Beide Vertragspartner verpflichteten sich, dem ‚König der Griechen' – gemeint ist Kaiser Manuel I. – kein Land diesseits des Meeres, also in Unteritalien, zu überlassen. Trotz dieser Abmachungen warb der Staufer schon kurz darauf bei Manuel um eine Braut aus kaiserlichem Hause für sich selbst; der Basileus war auch bereit, Friedrich seine Nichte zur Frau zu geben, doch zerschlugen sich die Pläne infolge neuer politischer Gegensätze zwischen den Herrschern.

Als sich Barbarossa im Juni 1155 zur Kaisererhebung durch die Hand des Papstes Rom näherte, zogen ihm Gesandte der Bürgerschaft entgegen, die ihm ihrerseits die Krone anboten. Die Boten beriefen sich auf den Auftrag von Senat und Volk und auf die stadtrömische Wurzel des Imperiums. Rom, die ‚segenspendende Herrin des Erdkreises', sei es, die ihm die Herrschaft antrage; das Volk erwarte ihn in großer Ungeduld, um das schwere Joch der Kleriker abzuwerfen. In Erinnerung an die antike Größe sollen die Unterhändler ausgerufen haben: ‚Möchten doch die alten Zeiten zurückkehren; möchten doch die Vorrechte der berühmten Stadt erneuert werden; möchte die Hauptstadt des Erdkreises unter diesem Fürsten das Steuer zurückerhalten und möchte unter diesem Kaiser der dreist sich erhebende Erdkreis gezügelt und unter die Herrschaft der Stadt zurückgeführt werden! Ein solcher Herrscher möge sich wie mit dem Namen, so auch mit dem Ruhm des Augustus schmücken! Du weißt, daß die Stadt Rom durch die Weisheit der Senatorenwürde und die Tapferkeit und Zucht des Ritterstandes von Meer zu Meer ihre Zweige ausstreckte und ihre Herrschaft nicht nur bis an die Grenzen des Erdkreises ausgedehnt, sondern auch die außerhalb des Erdkreises liegenden Inseln dem Erdkreis angegliedert und bis dorthin die Schößlinge ihrer Oberhoheit verpflanzt hat. Diese konnten die stürmischen Fluten der Meere, jene nicht die zerklüfteten, unzugänglichen Felsen der Alpen schützen: Die übermächtige Kraft der Römer hat alles bezwungen. Aber da unsere Fürsten weit von uns entfernt waren und da jene edle Zierde des Altertums [d. h. der Senat] infolge der tatenlosen Trägheit einiger seiner Mitglieder der Geringschätzung anheimgefallen war und die Klugheit schlief, mußten sich um der Sünden willen auch die Kräfte vermindern.‘ Nun sei der heilige Senat und der Ritterstand der heiligen Stadt wiederhergestellt, so daß dem römischen Reiche und dem künftigen Kaiser die alte Größe wiedergegeben werden könne. Die römische Bürgerschaft hielt es freilich für klug, dem Staufer den Aufstieg seiner Vorgänger vor Augen zu halten und daraus eigene Ansprüche abzuleiten: ‚Du warst ein Gast, ich machte Dich zum Bürger. Ein Fremdling warst Du aus den Ländern jenseits der Alpen, ich setzte Dich zum Herrscher ein. Was von Rechts wegen mir gehörte, gab ich Dir. Du mußt mir also zuerst Sicherheit gewähren, damit mein gutes Herkommen und die alten Gesetze, die mir von Deinen Vorgängern, den Kaisern, durch entsprechende Urkunden verbrieft sind, in Geltung bleiben und nicht durch wütende Barbaren verletzt werden.‘ Friedrich I. soll über diese Rede schwer erbost gewesen sein; nach dem Chronisten hielt er den Stadtrömern Folgendes entgegen: ‚Es ist bekannt, wie zunächst die Kraft Deines [d. h. des römischen] Adels von unserer Stadt hier auf die königliche Stadt des Ostens übertragen worden ist und wie viele Jahre lang das hungernde Griechlein an den Brüsten Deiner Herrlichkeit gesogen hat. Dann kam der Franke über Dich, wahrhaft von Adel nach Namen und Art, und er hat Dir den Adel kraftvoll entrissen, der noch in Dir übriggeblieben war. Willst Du den alten Ruhm Deines Rom kennenlernen? Die Würde des Senatorenstandes? Die Lagerordnung? Die Tüchtigkeit und Zucht des Ritterstandes, seine ungebrochene, unbezwingbare Kühnheit, wenn er in den Kampf zieht? Blick auf unseren Staat! Bei uns gibt es dies alles. Auf uns ist dies alles zugleich mit der Kaiserherrschaft übergegangen. Nicht nackt ist das Kaisertum uns zugefallen. Mit seiner Kraft bekleidet kam es, seine Zierden brachte es mit. Bei uns sind Deine Konsuln. Bei uns ist Dein Senat. Bei uns ist Dein Heer. Die Vornehmen der Franken müssen Dich nach ihrer Einsicht regieren, die Ritter der Franken werden mit dem Schwert Unrecht von Dir abwenden müssen. Du prahlst, ich sei durch Dich berufen worden, durch Dich sei ich zuerst Bürger, dann Fürst geworden, von Dir hätte ich empfangen, was Dein war. Wie vernunftwidrig, wie unwahr diese neue Behauptung ist, das bleibe Deiner Überlegung und dem Urteil der Klugen überlassen. Schlagen wir nach in den Taten der neuen Kaiser, ob nicht unsere göttlichen Fürsten Karl [der Große] und Otto [der Große] die ihnen nicht nur durch irgendjemandes Verleihung übergebene, sondern durch Tapferkeit eroberte Stadt zusammen mit Italien den Griechen und den Langobarden entrissen und dem Gebiet der Franken einverleibt haben?' Der römisch-deutsche König sah also im Recht der Eroberung die Grundlage des westlichen Kaisertums von der Zeit Karls bis herab zu ihm selbst; und er drohte: ‚Noch ist die Hand der Franken und der Deutschen nicht erlahmt!'

Nachdem Friedrich I. tatsächlich von Eugens Nachfolger Hadrian IV. zum Kaiser gekrönt worden war, hatte er in den folgenden Jahren mehrfach Gelegenheit, seine neue Würde zu demonstrieren. Noch in Italien suchte ihn die erste von mehreren griechischen Legationen auf, und Boten des Patriarchen von Jerusalem empfahl er weiter an den Papst. Zurück im Norden seines Reiches traten auf den Hoftagen Gesandte aus Dänemark und Ungarn, Italien, Burgund, Frankreich, England und Spanien auf. Dem Herzog von Böhmen versprach er bei einem dieser Treffen persönlich die Königswürde und ließ für dessen Sohn durch den Bischof von Prag die Tochter des Königs von Ungarn als Braut werben; den Herzog von Polen unterwarf er dagegen in einem Feldzug ins Bistum Posen. König Heinrich II. von England schickte ihm gar einen Brief, in dem er sein Reich und seine Herrschaft der Macht des Kaisers unterstellte; doch wurde damit kein staufischer Anspruch auf Weltherrschaft erfüllt, sondern lediglich das erstrebte Bündnis beider Reiche bekräftigt. Auf dem Tag im burgundischen Besançon begegneten dem Kaiser auch zwei Legaten des Papstes, mit denen Friedrich und seine Großen einen denkwürdigen Streit über die Rechtsgrundlagen des Kaisertums ausfochten (1157). Ein Brief des Papstes wurde verlesen und ins Deutsche übersetzt; danach schien es so, als habe Hadrian behauptet, dass er Friedrich die Kaiserwürde als Lehen vergeben habe. Dies konnten weder der Kaiser noch die Fürsten hinnehmen, hätte es doch bedeutet, dem Papst die Verfügungsgewalt über das Imperium zuzugestehen und das Recht der Großen zu missachten, den deutschen König zu wählen, der dann Anspruch auf die Kaiserwürde hatte. Als die Großen auf die vermeintliche Anmaßung des Papstes mit Lärm und Tumult reagierten, ließ sich einer der Legaten dazu hinreißen, den Konflikt noch weiter anzuheizen. Im Hinblick auf Friedrich I. fragte er spitz: ‚Von wem hat er denn das Kaisertum, wenn nicht vom Herrn Papst?' Nur mit Mühe konnte der Herrscher danach, wie berichtet wird, die Legaten aus Lebensgefahr retten. Der Staufer nahm den Streit aber zum Anlass, in einem reichsweit verbreiteten Schreiben seine Auffassung von der Basis des Kaisertums darzulegen. ‚Wir haben', wie er unterstrich, ‚Königtum und Kaisertum durch die Wahl der Fürsten allein von Gott empfangen, der bei dem Leiden Christi, seines Sohnes, den beiden Schwertern, die notwendig sind, die Regierung des Erdkreises überantwortet hat.' Friedrich nutzte also nach salischem Vorbild die Zwei-Schwerter-Lehre zur Legitimation seines Herrschertums von Gottes Gnaden. Jeder, der behaupte, er hätte die kaiserliche Krone als Lehen vom Papst empfangen, stehe im Widerspruch mit der göttlichen Ordnung und der Lehre des heiligen Petrus und sei der Lüge schuldig.

Im Jahr von Besançon begann die Reichskanzlei damit, das Reich als ‚heilig' zu bezeichnen und weiter zu überhöhen. ‚Weil Wir durch die Gnade göttlicher Vorsehung die Regierung der Stadt (Rom) und des Erdkreises halten', heißt es in einem Brief des Herrschers, ‚müssen Wir Uns bei verschiedenen Ereignissen und Zeitläuften um das heilige Reich und den göttlichen Staat kümmern.' In antikisierender Weise, aber mit christlichem Sinngehalt wird das *sacrum imperium* mit der *diva res publica* parallelisiert. Die verstärkten Rückgriffe auf das Altertum wie hier oder schon bei der Argumentation der römischen Kommune manifestierten sich vor allem darin, dass Friedrich seine Stellung als Kaiser mit dem römischen Recht zu legitimieren suchte. Dabei ließ er sich besonders von Juristen der Schulen von Bologna beraten. Auf den Ronkalischen

Feldern hielt er 1158 einen Hoftag ab, auf dem die Rechte des Reiches, besonders in den oberitalienischen Kommunen, wiederhergestellt werden sollten. Mit einem Zitat aus dem Rechtsbuch des Kaisers Justinian forderte Friedrich in seiner Rede vor der Versammlung, dass ‚die Reichsgesetze, von denen manches, was früher galt, nachher nicht mehr beachtet und so vergessen wurde, mit kaiserlicher Hilfe und eurer Fürsorge wieder ans Licht gerückt werden' müssten. Und der Erzbischof von Mailand soll sich an den Kaiser mit den Worten gewandt haben: ‚Dir hat es in Deiner Macht gefallen, mit uns, Deinen Getreuen, Deinem Volke, über die Gesetze und die Gerechtsame und die Ehre des Reichs zu beraten. Wisse also, daß das gesamte Gesetzgebungsrecht des Volkes Dir übertragen ist. Dein Wille ist Gesetz nach den Worten: Was dem Fürsten gefällt, hat Gesetzeskraft, da das Volk ihm und auf ihn alle seine Macht und Gewalt übertragen hat. Denn alles, was der Kaiser brieflich anordnet oder erkennend beschließt oder durch Edikt befiehlt, das gilt als Gesetz.' Auch dem Prälaten war bei seiner Argumentation ein Zitat aus den antiken Institutiones dienlich; er begründete damit Barbarossas Rechtsstellung als Gesetzgeber.

Die gesteigerte herrscherliche Selbsteinschätzung der Stauferkaiser stieß nicht nur bei Päpsten und Kommunen, sondern auch im westlichen Ausland auf Widerstand. Als nach dem Tod Hadrians IV. die Kardinäle zwei Päpste wählten, glaubte Friedrich I. auf einer Synode in Pavia das Schisma autoritativ beseitigen zu können (1160). Er nahm dabei, wie die Herrscher der Antike oder des früheren Mittelalters oder auch wie der Basileus in Byzanz, das Recht in Anspruch, die Kirchenversammlung einzuberufen und zu eröffnen; in seiner Rede zitierte er demonstrativ aus der Ansprache, mit der einst Konstantin der Große die Bischöfe des ersten Reichskonzils von Nikaia (325) begrüßt hatte. In Pavia waren aber nur Oberhirten aus dem römisch-deutschen Reich vertreten, während die europäischen Könige Beobachter entsandt hatten. Die Entscheidung zugunsten des ‚kaiserlichen' Papstes wurde denn auch in Frankreich und England nicht übernommen; nationale Ressentiments spielten hinein, wie umgekehrt die betreffenden Monarchen in der Umgebung Friedrichs abschätzig als *reguli* bezeichnet wurden. ‚Wer hat die Deutschen zu Richtern über die Nationen gemacht?',fragte empört der englische Kanzler Johann von Salisbury, weil die Konzilsentscheidung für die ganze lateinische Kirche gelten sollte: ‚Wer hat diesen rohen und gewalttätigen Menschen die Befugnis verliehen, nach ihrem Belieben einen Fürsten zu setzen zu Häupten der Menschenkinder?'

Das zunehmende Gewicht des europäischen Westens lässt sich aber nicht nur an diesem Konflikt ablesen; es zeigte sich auch daran, dass Frankreich und England für Selbstdarstellung und ideologische Begründung des Kaisertums zum Modell werden konnten. 1165 wurde Karl der Große im Aachener Münster kanonisiert; Friedrich I. erhob dabei eigenhändig die Überreste seines großen Vorgängers und legte sie in ein neues Reliquiar. Dieses Herrscherverhalten ging zwar auf spätantike und karolingische Vorbilder zurück, doch orientierte sich der Staufer offenkundig auch an zeitgenössischen Beispielen. 1144 hatte nämlich Abt Suger von Saint-Denis die Reliquien des französischen Reichsheiligen Dionysius durch König Ludwig VII. persönlich in den neuen Chor der Klosterkirche übertragen lassen, und erst 1163 hatte Heinrich II. in Westminster seinen heiligmäßigen Vorgänger Eduard den Bekenner transferiert. Vor allem der Akt des englischen Königs dürfte Barbarossa beeinflusst haben, zumal Heinrich nach Friedrichs eigenen Worten die Anregung zur Heiligsprechung Karls gegeben hatte.

Im Spannungsfeld des Papsttums, das selbst auf dem Weg zur *monarchia mundi* zu sein schien, und der dynamischen westlichen Königreiche, vor allem Frankreichs, geriet das staufische Kaisertum mit seinen Ansprüchen und seiner Selbstdeutung seit dem Ende des 12. Jahrhunderts in die Defensive. Der frühe Tod von Friedrichs I. Sohn Heinrich VI. (1190–1197) führte zu einem jahrzehntelangen Thronstreit, der Papst Innozenz III. eine maßgebliche Mitwirkung an der Reichspolitik erlaubte. Innozenz machte gegenüber den deutschen Fürsten vor allem geltend, dass dem Papst das Recht zustehe, den durch sie gewählten König zu prüfen, bevor er ihn zum Kaiser kröne. Er führte dafür eine neue Variante der Translationstheorie an, denn es sei seiner Argumentation nach der Papst gewesen, der einst das römische Kaisertum in der Person Karls des Großen von den Griechen auf die Germanen übertragen hatte (1202). Als Kaiser Otto IV. 1214 bei Bouvines den Truppen des französischen Königs unterlag, wurde das bald darauf schon als Wendepunkt in der Fremdeinschätzung des Reiches verstanden. Ein Chronist des Klosters Petersberg bei Halle notierte, dass ‚seitdem der Name der Deutschen bei den Franzosen stark an Ansehen verlor'. Die glanzvolle Herrschaft Friedrichs II., der sogar kampflos die Krone von Jerusalem erwarb und eschatologische Hoffnungen auf einen Friedenskaiser wachrief, konnte das Blatt nicht mehr wenden. Mit seinem Tod 1250 war der Versuch der Staufer gescheitert, „römisches Kaisertum und deutsches Königtum noch einmal ungeschieden als Ausdruck ein und derselben Herrschergewalt zur Geltung zu bringen und dem universalen Anspruch des Imperiums im Bereich der lateinischen Christenheit erstmals ein reales Fundament zu geben" (H. Keller).

2.1.1.2 Die Herrscherwechsel

Die Funktionsweise eines politischen Systems und der Zustand eines Staatswesens lässt sich besonders gut ablesen an der Geschichte der Regierungswechsel. Damit ist nicht nur gemeint, wie eine neue Herrschaft etabliert, sondern auch, wie eine alte abgelöst beziehungsweise beseitigt wurde. Im Vergleich zwischen Byzanz und dem Westreich geht es dabei um den Kaiserwechsel auf der einen und den Wechsel im römisch-deutschen Königtum auf der anderen Seite. Die Personalunion der deutschen Krone mit den Königsherrschaften in (Ober-)Italien und – seit 1033 – in Burgund spielt in diesem Zusammenhang keine Rolle, da die Sukzession im Reich auch über die Nachfolge in den beiden Nebenländern entschied; eine förmliche Bestellung oder Inauguration des neuen Königs war hier nicht unbedingt erforderlich. Demgegenüber zwang die spätstaufische Vereinigung des Imperiums mit dem Königreich Sizilien zu komplizierten Nachfolgeregelungen, die sich aber auf zwei Generationenwechsel beschränkten.

In beiden Kaiserreichen kann man im Hinblick auf die Zeit von 1024/25 bis 1250/54 von Wahlmonarchien sprechen. Allerdings gab es hüben wie drüben keine festen Wahlkörperschaften, keine Auszählung der Stimmen und auch kein Mehrheitsprinzip. Es kam aber darauf an, Einigkeit aller Wahlberechtigten zu erzielen und nach außen zu demonstrieren, da nach dem Glauben der Beteiligten Gott selbst die Entscheidung bewirkte und den Electus mit seiner Gnade begabte. Pragmatisch gesehen war der (künftige) Kaiser darauf angewiesen, die Zustimmung jener Personen und Personengruppen zu gewinnen oder zu behaupten, ohne die nicht regiert werden konnte. Diese Gruppen wirkten zwar bei jedem Herrscherwechsel mit, sie traten aber nicht jedes Mal handelnd in den Vordergrund. In Byzanz entschieden Senat und Volk der Hauptstadt sowie das Heer über den neuen Kaiser; der schwächste der drei Faktoren war das Volk, das dem von den anderen Kräften bestimmten Kandidaten akklamieren musste; allerdings zeigte sich das Gewicht der hauptstädtischen Bevölkerung für Bestand oder Vergehen der Kaiserherrschaften bei den zahlreichen Usurpationsversuchen und Rebellionen. Die Kirche war durch die Krönung an der Kaisererhebung beteiligt; die liturgische Handlung vollzog der Patriarch von Konstantinopel in der Hagia Sophia, der Hauptkirche, wo auch das Volk seine Zustimmung kundtat. Im Westen dagegen spielte die hohe Geistlichkeit schon bei der Wahl selbst eine führende Rolle. Die Erzbischöfe konnten zur Wahlversammlung einladen und den Ort der Wahl bestimmen, der Oberhirte von Mainz übte sodann das Erststimmrecht aus, bevor zunächst die anderen Erzbischöfe und Bischöfe und danach die weltlichen Fürsten votierten. Weder der Kreis der geistlichen noch derjenige der laikalen Wähler war klar abgegrenzt; zu den weltlichen Wahlberechtigten gehörten aber auf jeden Fall die Herzöge, Markgrafen und Grafen, sofern sie überhaupt anwesend waren. Wichtiger als eine große Anzahl von Wählern ist es gewesen, dass der neue König durch die Wahl oder bald danach in allen Teilen des Reiches Anerkennung fand. Insgesamt war die Königswahl auf den Adel beschränkt, dem auch die Prälaten angehörten. Auch im Westen musste freilich das Volk dem neugewählten Herrscher seine Zustimmung bezeugen. Zu den konstitutiven Akten der Königserhebung gehörten wie in Byzanz die Krönung und – anders als in Byzanz – auch die Salbung; beide Akte fanden im Aachener Münster statt, der Stiftung Karls des Großen, und für beide hatte der Kölner Erzbischof seit 1028 das Gewohnheitsrecht erworben. Dem Herrscher, der vom Thron Karls Besitz ergriff, mussten auch die Insignien seiner neuen Würde ausgehändigt werden, manchmal durch die Witwe des Vorgängers und nicht selten nach schweren Konflikten mit konkurrierenden Adligen. Die Vasallen und sonstigen Untertanen leisteten dem Gewählten einen Treueid, der von den Wählern auch in Byzanz seit 1143 verlangt wurde. Die soziale Herkunft der Herrscher wurde im Westen durch den Kreis der Wahlberechtigten definiert; es kamen also nur Adlige in Betracht. Näher besehen hatten nur solche Kandidaten eine Chance, die neben einer vornehmen Abkunft und einer mächtigen Verwandtschaft über großen Eigenbesitz, reiche Lehen und hohe Ämter verfügten. Trotz der weitläufigen Versippung der führenden Adelsfamilien untereinander spielte die regionale Herkunft der Könige und das territoriale Fundament ihrer Eigenherrschaften für die Stärke des Königtums eine entscheidende Rolle; umgekehrt konnte eine übermäßige Akkumulation von Ämtern und Gütern einen Kandidaten in den Augen der Wähler geradezu diskreditieren. In einem Fall – bei dem Welfen Otto IV. – wurde ein Adliger zum König erhoben, der wohl Deutscher der Abkunft nach, aber kein Fürst des Reiches war. In Byzanz stammten die Kaiser entweder aus den Senatorenfamilien beziehungsweise dem „Beamtenadel" der Hauptstadt oder aus den Reihen der Militärführer in den Provinzen; diese waren gewöhnlich aber auch aus der reichen Grundbesitzerschicht hervorgegangen. Die Konzentration der politischen Gewalt auf Konstantinopel, wo Hof, Patriarchat und Zentralverwaltung den Bestand des Staatswesens stabilisierten, erlaubte es im Gegensatz zum Westen, gelegentlich Kaiser bescheidener Herkunft zu kreieren. So war Michael IV. ein Bauernsohn, den sein Bruder, der Eunuch Johannes, protegiert hatte, und kaum einer besseren Geburt konnte sich sein gleichnamiger Nachfolger rühmen. Rechtlich gesehen verdankte Michael V. seinen Aufstieg der Adoption durch eine Kaiserin. Doch auch bei weniger spektakulären Nachfolgeregelungen suchten die Amtsinhaber ihren Einfluss rechtzeitig geltend zu machen. In Ost und West wurden künftige Kaiser durch ihre Vorgänger designiert. Aus antiker Tradition leitete sich in Byzanz die Verleihung des Cäsar-Titels her, der den Mitkaiser und vorbestimmten Nachfolger bezeichnete; im Westen hat auch Friedrich I. neben sich einen Mitkaiser etabliert. Ansonsten bemühten sich fast alle abendländischen Kaiser, schon zu ihren Lebzeiten den von ihnen bestimmten Nachfolger durch die Fürsten zum König wählen und durch den Erzbischof weihen und krönen zu lassen.

König beziehungsweise Kaiser sollte im Allgemeinen nur werden, wer mit dem (oder einem der) Vorgänger verwandt war; eine solche Verwandtschaft pflegte die Willensbildung der Wähler auch nachhaltig zu lenken. Von einer wirklich freien Wahl kann deshalb vor allem im Westen kaum einmal die Rede sein, auch wenn sie gelegentlich grundsätzlich festgeschrieben werden sollte. Andererseits beharrten die Fürsten konsequent und je länger je mehr auf ihrem Wahlrecht; als Heinrich VI. 1196 unter weitgehenden Konzessionen versuchte, mit ihnen die Umwandlung des Reiches in eine Erbmonarchie zu vereinbaren, scheiterte er rasch. Arten und Grade der Verwandtschaft zwischen den Herrschern waren verschieden; Nachfolger konnte vor allem der Bruder, der Sohn oder Schwiegersohn des Vorgängers werden. Während des hohen Mittelalters ist der Sippenzusammenhang, das heißt die Bluts- und Heiratsverwandtschaft, der Herrscherreihen in West und Ost streng genommen nur je einmal unterbrochen worden. 1125 wählten die deutschen Fürsten zum Nachfolger des letzten Saliers nicht den Staufer Friedrich von Schwaben, der ein Enkel Heinrichs IV. und Erbe des salischen Hausgutes war und dem Heinrich V. sterbend seine Gemahlin Mathilde anvertraut hatte, sondern den Herzog von Sachsen, Lothar von Süpplingenburg. Und als Lothar III. selbst verschieden war (1137), wurde nicht sein von ihm zur Nachfolge designierter Schwiegersohn Heinrich der Stolze aus dem Geschlecht der Welfen, sondern der Staufer Konrad (III.) gewählt. Die beiden das hochmittelalterliche Königtum bestimmenden Dynastien der Salier und Staufer waren aber miteinander verwandt; im Verständnis des jüngeren Herrschergeschlechtes wurde deshalb 1138 die Unterbrechung des Königs- und Kaisergeschlechts von 1125 auch nur korrigiert. In Byzanz haben die Makedonen bis 1056 das Kaisertum weitergegeben; den folgenden Herrschern Michael VI. und Isaak I. Komnenos gelang es nicht, Dynastien zu begründen, doch setzte mit Konstantin X. Dukas (1059–1067) eine neue Reihe miteinander verwandter Kaiser ein, die bis Johannes III. Dukas Vatatzes (gest. 1254) und darüber hinaus reichte. Bei den Saliern und Staufern folgten dem Herrscher meist seine Söhne nach, nur einmal der Neffe (Friedrich I.) beziehungsweise der Bruder (Philipp von Schwaben). In Byzanz waren die Verhältnisse viel komplizierter, vor allem weil die Frauen des Kaiserhauses als Vermittlerinnen der hohen Würde an Außenstehende fungieren konnten. Symptomatisch sind schon die drei Jahrzehnte nach dem Tod Basileios' II. 1025 gewesen. Direkter Nachfolger wurde dessen Bruder und Mitregent Konstantin VIII.; da dieser söhnelos blieb, verheiratete er noch auf dem Sterbebett seine Tochter Zoe mit dem Stadteparchen Romanos (III.) Argyros, dem also das Kaisertum zufiel. Zoe hat danach noch zweimal durch Heirat einen Kaiser „gemacht", einen vierten Mann hat sie adoptiert und ihm auf diese Weise die Eignung für die höchste Würde verschafft. Zusammen mit ihrer Schwester Theodora versuchte sie 1042 sogar ohne Mann zu regieren, was sich nach anfänglicher Akzeptanz durch die Byzantiner aber nach wenigen Wochen als unmöglich erwies. Trotzdem hatte Theodora die letzten anderthalb Jahre ihres Lebens wieder allein das Kaisertum inne (1055/56), bevor sie sterbend einen neuen Kaiser ernannte. Die auffällige politische Rolle der beiden kaiserlichen Schwestern im früheren 11. Jahrhundert blieb allerdings ein Extremfall; sie wurde ihnen von Volk, Senat und Heer zugestanden, weil sie die letzten Vertreterinnen der erfolgreichen und ungewöhnlich lange regierenden Dynastie der Makedonen waren (seit 867). Als Statthalterinnen jugendlicher Kaiser oder als Bräute von Generälen, die sie dem Purpur nahe brachten, traten Frauen aus kaiserlichem Hause aber auch noch später in Erscheinung. So wollte Eudokia, die Witwe Konstantins X., zwar für ihre drei Söhne die Regierung führen, doch wurde sie gezwungen, den Heerführer Romanos (IV.) Diogenes zu heiraten, der auf diese Weise Kaiser wurde. Danach regierte sie zeitweise mit ihrem Sohn Michael VII., der dann durch den Strategen Nikephoros Botaneiates zur Abdankung gezwungen wurde; als Nikephoros III. wurde der Usurpator selbst Kaiser und suchte seine Legitimität dadurch zu erhöhen, dass er die Frau Michaels heiratete, obgleich dieser noch lebte. Ein anderer Militär, Alexios I. Komnenos, ein Neffe Isaaks I., förderte seinen Aufstieg durch die Heirat mit einer Angehörigen der Dukai. Die Tochter des Kaisers, Anna Komnene, konnte zweimal hoffen, ihrem eigenen Verlobten beziehungsweise Gatten das Kaisertum zuzuführen, unterstützt von ihrer Mutter; sie ging sogar soweit, ihren Ansprüchen durch einen Anschlag gegen ihren Bruder Nachdruck zu verleihen. Als sie ihre Sache endgültig verlorengeben mußte, wandte sie sich resigniert der Geschichtsschreibung zu und verfasste mit der „Alexias" eine der bedeutendsten Quellen der Zeit, einen Bericht über die Regierung ihres Vaters. Trotz der Querelen um Anna haben im hohen Mittelalter nur die Komnenen seit Alexios I. (1081–1118) eine Vater-Sohn-Reihe über vier Generationen bilden können, die den Saliern im Westen ähnlich sah (Johannes II., 1118–1143; Manuel I., 1143–1180; Alexios II. 1180–1183). Den Versuch, für den unmündigen Alexios II. die Regierungsgeschäfte zu führen, bezahlte dessen Mutter mit dem Leben; auch der Kaiser selbst wurde ermordet, während sein Nachfolger, ein Verwandter, seine dreizehnjährige Witwe heiratete. Die seit 1185 herrschenden Angeloi stammten in weiblicher Linie von den Komnenen ab, während die letzten Kaiser bis zur Mitte des 13. Jahrhunderts jeweils Kaisertöchter geheiratet haben.

Verglichen mit den römisch-deutschen Königen sind die Kaiser im Osten sehr dicht aufeinander gefolgt. Ohne die Gegenkönigtümer beziehungsweise die Usurpationen einzubeziehen, gab es im Westen zwischen 1025 und 1250 neun Herrscherwechsel, in Byzanz 24. Dementsprechend haben die lateinischen Könige und Kaiser oft länger, gar 40 oder 50 Jahre, amtiert (Heinrich IV., Friedrich I., Friedrich II.), die griechischen Kaiser dagegen selten mehr als ein Jahrzehnt. Vor allem war dies hier neben den Komnenen bei den Begründern des Reiches von Nikaia der Fall, wo sich Byzanz nach dem Fall der Hauptstadt regenerieren konnte (Theodor I. Laskaris, 1205–1221; Johannes III. Dukas Vatatzes, 1221–1254). Die relativ langen Regierungszeiten waren für das abendländische Reich ein Glück, zumal es institutionell viel weniger gefestigt war als Byzanz und für seine Stabilität weithin von der königlichen Autorität in personalen Bezügen abhing. Das Reich geriet jeweils dann in schwere Krisen, wenn doch einmal ein König zu jung oder unerwartet starb (Heinrich III., Heinrich VI.). Man wusste natürlich im Abendland um den Zusammenhang zwischen der Wohlfahrt des Reiches und einem kraftvollen Königtum. Es ist deshalb bezeichnend, dass bis auf Philipp von Schwaben alle römisch-deutschen Könige eines „natürlichen Todes" gestorben sind und nur zwei von ihnen, allerdings ohne durchschlagende Wirkung, abgesetzt wurden. Der König war geschützt durch den Nimbus der liturgischen Salbung sowie den Treueid seiner Vasallen und anderer Untertanen. Auch wenn in der salisch-staufischen Epoche insgesamt sieben Gegenkönige erhoben wurden, blieben diese stets die Herrscher einer Partei; die meisten von ihnen wurden bald isoliert oder gaben auf, keiner konnte beweisen, dass er sich auf Kosten des Erstgewählten durchzusetzen vermochte.

Das Ostreich konnte eine Zeit lang den hektischen Wechsel der Kaiser verkraften, wie sich insbesondere im früheren 11. Jahrhundert zeigte; andererseits sind auch hier die Phasen der langen Herrschaften im 12. und frühen 13. Jahrhundert Zeiten der politischen Konsolidierung gewesen. Zahlreiche Aufstände, oft von den Provinzen aus angezettelt und mit Waffengewalt nach Konstantinopel getragen, führten in der Hauptstadt zu Usurpationsversuchen; einige von ihnen waren auch erfolgreich. So kommt es, dass weniger als die Hälfte aller Kaiser im Amt beziehungsweise ohne Gewaltanwendung starb, wenn wir in diesen Fällen überhaupt richtig informiert sind. Nur einige Herrscher wurden bei den Umstürzen zwar geradezu getötet, andere wurden geblendet und starben im Kloster oder im Gefängnis. Ins Kloster gingen überhaupt die meisten abgesetzten, zur Abdankung gezwungenen oder von sich aus zurückgetretenen Kaiser, zumal von da aus kaum ein Rückweg in die Politik offen stand. Einer von diesen wurde später sogar noch Bischof; allerdings scheint er dieses Amt nicht wirklich ausgeübt zu haben.

Die Kaiserabsetzungen in Byzanz folgten nicht nur politischen oder militärischen Zwecken und Interessen, sondern konnten auch eine religiöse und rechtliche Grundlage haben. Jedenfalls schrieb man demjenigen Herrscher, der seine Pflichten verletzte, nicht mehr das Gottesgnadentum zu, so dass sein Kaisertum als illegitim galt und Widerstand erlaubt war. Die Absetzung wurde, wenn es die Umstände erlaubten, in Formen vollzogen, die der Kaisererhebung entsprachen. Die Euphemie (Akklamation) des Neugewählten bei der Krönung wurde durch eine Dysphemie widerrufen. Schon durch seine Rolle als Koronator war der Patriarch an den Kämpfen um das Kaisertum beteiligt; keiner hat aber seine politischen Ambitionen so hoch gesteigert wie Michael I. Kerullarios (1043–1058). Dieser hatte schon 1042 am Komplott gegen Michael IV. mitgewirkt, dann aber ins Exil gehen und Mönch werden müssen. Durch Konstantin IX. zum Patriarchen erhoben, baute Kerullarios seine Stellung durch Förderung seiner Verwandten zielstrebig aus. Seinen Neffen verschaffte er einflussreiche Ämter, und seine Nichte wurde die Gemahlin eines späteren Kaisers. Kerullarios unterstützte die Militärrevolte gegen Michael VI. und verhalf Isaak I. Komnenos zum Thron, erwartete aber dafür Gegenleistungen, die eine völlige Neuordnung von Staat und Kirche bedeutet hätten. Unter Berufung auf die „Konstantinische Schenkung“ forderte er vom Kaiser die Leitung der Kirche für den Patriarchen. Angeblich legte er sich sogar die purpurnen Kaiserschuhe an und ließ Isaak absetzen. Damit hatte Kerullarios freilich überzogen; in Konstantinopel konnte der Kaiser zwar gegen ihn nicht vorgehen, weil ihm die Bewohner der Kapitale anhingen, doch nahm ihn Isaak außerhalb der Stadt gefangen. Als Kerullarios kurz darauf in der Verbannung starb, revoltierten das Volk, die Kirche und die Beamtenschaft gegen den Kaiser; Isaak resignierte und zog sich ins Studiu-Kloster zurück.

Die wenigen Kaiserabsetzungen im Westen waren, sieht man vom Anschlag Heinrichs V. auf die Würde seines Vaters ab (1106), das Werk der Päpste. Im Unterschied zu Kerullarios, der mit seinen Aspirationen doch nur eine Episode in der Geschichte des Patriarchats darstellte, gehörten die Aktionen Gregors VII. und Innozenz' IV. jedoch zu einem welthistorischen Prozess, in dem die lateinische Kirche die Freiheit von weltlicher Leitung erstritt. Seine grundsätzliche Einstellung zum Verhältnis von Papsttum und Kaisertum skizzierte Gregor VII. bereits um 1075 in einigen Leitsätzen. Danach sei es dem Papst erlaubt, Kaiser abzusetzen und Untergebene von ihrem Treueid ‚gegenüber Sündern' zu lösen; andererseits dürfe der Papst allein kaiserliche Herrschaftszeichen verwenden, und ihn allein sollten alle Fürsten mit dem Fußkuss ehren. Auch wenn man diese Grundsätze nicht als Programm päpstlichen Handelns missverstehen darf, hat Gregor ihnen entsprechend schon im Februar 1076 Heinrich IV. abgesetzt (suspendiert), der damals noch kein gekrönter Kaiser war. Nach der Überlieferung des sächsischen Geschichtsschreibers Bruno sprach der Papst Amtsenthebung und Exkommunikation des Saliers in einem Gebet an den heiligen Petrus aus, von dem er eine über den Nachlass der Sünden(strafen) hinausgehende Binde- und Lösegewalt ererbt habe: Ich glaube, ‚dass es dir in deiner Gnade und nicht um meiner Werke gefallen hat und noch gefällt, dass das christliche Volk, das dir ganz besonders anvertraut ist, mir gehorcht, weil es mir als deinem Stellvertreter ebenfalls ausdrücklich anvertraut ist, und dass mir um deinetwillen von Gott Gewalt gegeben ist, zu binden und zu lösen, im Himmel und auf Erden. In dieser festen Zuversicht also, zur Ehre und zum Schutz deiner Kirche, im Namen des allmächtigen Gottes, des Vaters, des Sohnes und des Heiligen Geistes, kraft deiner Gewalt und Vollmacht, spreche ich König Heinrich, des Kaisers Heinrich Sohn, der sich gegen deine Kirche mit unerhörtem Hochmut erhoben hat, die Herrschaft über Deutschland und Italien ab, und ich löse alle Christen vom Eid, den sie ihm geleistet haben oder noch leisten werden, und untersage, ihm fürderhin als König zu dienen. Denn es gebührt sich, dass derjenige, der die Ehre deiner Kirche zu verringern trachtet, selber die Ehre verliert, die er zu besitzen scheint.' Auch wenn Gregor VII. sich später selbst damit zu rechtfertigen suchte, schon sein Vorgänger Gregor der Große habe Könige mit der Absetzung bedroht, war seine Tat ein Novum in der Geschichte der Kirche, das Zeitgenossen und Nachlebende in höchste Erregung versetzt hat. ‚Der ganze römische Erdkreis erzitterte, als die Nachricht vom Bann gegen den König bekannt wurde',stellte Bonizo von Sutri fest, ein Anhänger des Papstes. Obgleich Heinrich den Papst dazu bewegen konnte, seinen Ausschluss aus der Kirchengemeinschaft rückgängig zu machen, erhoben die deutschen Fürsten 1077 Rudolf von Rheinfelden statt seiner zum König. Vielleicht haben sie zu diesem Zweck Heinrich IV. noch einmal förmlich abgesetzt. Rudolf erkaufte sich die Zustimmung der einzelnen mit weitgehenden Versprechungen. Unter anderem wurde vereinbart, dass ‚die königliche Gewalt niemandem, wie es bisher Brauch gewesen (war), als Erbe zufallen sollte'; vielmehr sollte der Sohn des Königs, auch wenn er noch so würdig sei, eher durch spontane Wahl als durch Sukzession König werden. Wenn der Sohn des Königs aber nicht würdig sei oder das Volk ihn nicht wolle, so solle es in der Macht des Volkes stehen, den von ihm Gewollten zum König zu machen. Manche Forscher betrachten diese Wahlkapitulation des ersten deutschen Gegenkönigs als einen tiefen Einschnitt in der Geschichte der Königswahlen, aber tatsächlich änderte sich damals nichts an der schon lange bestehenden Verschränkung von Erb- und Wahlprinzipien. Politisch und vor allem militärisch konnte sich Heinrich IV. gegen Rudolf von Rheinfelden durchsetzen; auch für eine erneute Bannung und Absetzung durch Gregor VII. im Jahr 1080 fand er eine wirkungsvolle Antwort.

Erst 165 Jahre später hat es wieder ein Papst gewagt, einen Herrscher abzusetzen. Zwar gab es in der Zwischenzeit viele Konflikte zwischen Rom, Königen und Kaisern, doch hatten sich die Päpste auf den Bann und die Lösung der Vasallen vom Treueid beschränkt. Als 1245 Innozenz IV. Kaiser Friedrich II. aus dem Amt stieß, begründete er aber eine Auffassung von der päpstlichen Gewalt, die auch in der Praxis traditionsbildend wurde. Die Konzilsväter waren nach Auffassung des Papstes nur Zeugen der Maßnahme, die er selbst aus der Fülle monarchischer Gewalt (*plenitudo potestatis*) vollzogen hat. Innozenz erklärte, Gott habe Friedrich in Anbetracht seiner Sünden verworfen und jeglicher Gewalt wie Würde beraubt; als Stellvertreter Christi setze aber auch er den Kaiser kraft eigenen Urteils ab, er löse die Treueide, verbiete jegliche Gehorsamsleistung und verkünde den Bann für alle, die den Staufer als Kaiser oder König irgendwie unterstützen oder begünstigen sollten. Die das Recht dazu hatten, sollten einen neuen Kaiser wählen, er selbst behalte sich die Nachfolgeregelung im Königreich Sizilien vor. Nach Ansicht des Papstes war er als Nachfolger Petri und Stellvertreter Christi das Haupt der ganzen Menschheit, nicht nur der Christenheit, und zu nicht weniger berufen als zur Weltherrschaft: ‚Der Papst',kommentierte Innozenz selbst seinen Akt von Lyon, ‚hat den Kaiser rechtmäßig abgesetzt, und zwar aus folgendem Grund: Als Christus, Gottes Sohn, in dieser Welt lebte, er, der von Ewigkeit her ihr natürlicher Herr war, hätte er nach Naturrecht die Absetzung von Kaisern und beliebigen anderen Fürsten verfügen können, da sie doch alle seine Kreaturen waren. Aus demselben Grund vermag dies sein Stellvertreter auf Erden. Denn Christus wäre ein wenig treusorgender Herr gewesen – mit allem Respekt sei es gesagt –, wenn er nicht einen einzigen Stellvertreter mit derselben Vollmacht zurückgelassen hätte. Dieser sein Vikar war Petrus. Und was für Petrus gilt, gilt auch für seine Nachfolger; denn es wäre ebenso absurd, wenn Christus die von ihm geschaffene Menschheit nach Petri Tod ohne Leitung durch eine einzige Person belassen hätte.' Trotz seines kraftvollen Handelns „mit der Geste des absoluten Monarchen" (F. KEMPF) fand Innozenz nur wenig Resonanz. Kein christlicher Herrscher war bereit, gegen Friedrich vorzugehen, und nicht einmal der fromme König Ludwig IX. von Frankreich ließ sich durch die päpstliche Bannandrohung davon abhalten, mit Friedrich weiterhin freundschaftliche Beziehungen zu pflegen. In Sizilien bewirkte Innozenz nichts, in Deutschland erhob eine kleine Gruppe von Bischöfen unter Führung der Oberhirten von Mainz und Köln immerhin zwei Gegenkönige nacheinander, Heinrich Raspe (1246/47) und Wilhelm von Holland (1247–1256). Beiden fehlte bei ihrer Wahl fast völlig die Unterstützung der Laienfürsten. Allerdings waren an Wilhelms Erhebung die Erzbischöfe von Köln, Mainz, Trier und Bremen beteiligt, denen nach dem Urteil Innozenz' IV. ‚die Wahl des Cäsars zukommt'; aus der Kerngruppe geistlicher Wähler entwickelte sich das spätmittelalterliche Kurfürstenkolleg. Beiden Gegenkönigen gelang es nicht, die staufische Herrschaft in Deutschland in Frage zu stellen, auch wenn Wilhelm von Holland nach Friedrichs Tod seine Anhängerschaft erheblich vergrößern konnte.

Der territoriale Bestand des Reiches im Westen war beim Herrscherwechsel und selbst bei der Erhebung von Gegenkönigen nicht gefährdet. Zuletzt vor der Wahl des ersten Saliers Konrads II. bestand die Sorge, dass sich die Bewohner Oberitaliens vom Reich lossagen könnten. Als Heinrich III. gestorben war, dachten die Sachsen zwar an Rebellion gegen den noch im Kindesalter stehenden Nachfolger – ja sie sollen sogar die Ermordung Heinrichs IV. geplant haben –, doch war offenbar nicht von einer Trennung des Stammesgebietes vom Reichsganzen die Rede. Die Großen fühlten sich mehr und mehr als Träger des Reiches und Wahrer der Reichseinheit. So ging es auch in den großen Auseinandersetzungen Heinrichs IV. mit den Sachsen zwischen 1073 und 1075 nur um die Freiheit und den Sturz des ‚Tyrannen' zugunsten eines Herrschers, mit dem das Reich insgesamt einverstanden sein konnte. Und bald darauf wurde Rudolf ‚zu einem gerechten König, Leiter und Verteidiger des ganzen Reiches' gewählt. Rudolf wie auch die anderen Gegenkönige des 11. und 12. Jahrhunderts kamen über eine mehr oder weniger schmale räumliche Basis ihrer Herrschaft tatsächlich nie hinaus; von hier aus sannen sie auf die Herrschaft im Reich, nicht auf ein partikulares Königtum. Selbst die Krone Italiens, die der Salier Konrad in Rebellion gegen seinen Vater Heinrich IV. und der gleichnamige Staufer im Aufstand gegen Lothar III. erwarben (1093 bzw. 1128), sollte den Prätendenten nur zusätzliche Legitimation für ihr Streben nach der Gesamtherrschaft verleihen. Dagegen ist die Verschmelzung des *regnum Sicilie* mit dem römisch-deutschen Reich seit dem Einzug Heinrichs VI. in Palermo 1194 nicht gelungen. Ihr widerstrebten das Eigengewicht des Normannenreiches, in dem die Königsherrschaft wie in Frankreich und den übrigen westlichen Königtümern auf dem Erbweg weitergegeben wurde, der Widerstand der Päpste gegen die *unio regni ad imperium*, die den Kirchenstaat von Süd und Nord einzuschnüren drohte, und nicht zuletzt auch dynastische Gründe. Nur Friedrich II. gelang es durch raffinierte Schachzüge mit seinen präsumptiven Nachfolgern, das nordalpin-mediterrane Riesenreich zusammenzuhalten, sein Sohn Konrad IV. (1250–1254) war dazu schon nicht mehr imstande.

Während im Westen, abgesehen von Sizilien, das Reich nie von Auflösung bedroht war, nahm die Geschichte von Byzanz gerade diese Richtung. Nach dem Ende Manuels I. und vor allem seit der Herrschaft seines Vetters Andronikos I. Komnenos (1183–1185) begannen die Usurpatoren, nicht mehr wie früher nach dem Kaisertum in Konstantinopel zu streben und sich selbst an die Stelle des regierenden Basileus zu setzen, sondern in ihrer Provinz oder Stadt eine eigene, selbständige Herrschaft aufzubauen. Diese Ausbildung neuer Staatswesen durch byzantinischen Partikularismus war eine Folge zunehmender Adelsmacht in den Regionen, die die Komnenen hingenommen und gefördert hatten, und sie ging andererseits der Entstehung der Kreuzfahrerstaaten und der späteren griechischen Teilstaaten voraus. Die wichtigsten dieser Abspaltungen waren Zypern und Trapezunt. Auf der Mittelmeerinsel hat ein Großneffe Manuels I. unter Andronikos I. eine eigene Herrschaft errichtet, den Kaisernamen angenommen und eigene Münzen geprägt; er musste sich allerdings schon 1191 beim Dritten Kreuzzug dem englischen König Richard Löwenherz ergeben, der Zypern zunächst dem Templerorden und dann dem vormaligen König Guido von Jerusalem überließ. Guidos Geschlecht, die Lusignan, sollten die Insel dann fast dreihundert Jahre unter lateinischer Herrschaft halten. In Trapezunt, im äußersten Nordosten Kleinasiens an der Küste des Schwarzen Meeres gelegen, waren es zwei Enkel des Kaiser Andronikos, die die Eroberung Konstantinopels von 1204 zur Errichtung eines selbständigen Staates nutzten; sie konnten allerdings an eine Fürstenherrschaft anknüpfen, die sich seit dem späten 11. Jahrhundert aus einem örtlichen Militärkommando entwickelt hatte. Das Reich von Trapezunt, deren Herrscher sich Kaiser oder Despoten nannten, überdauerte bis 1461, es bestand also länger als Byzanz selbst.

2.1.1.3 Alltag der Herrschaften

Nach der Einnahme Konstantinopels am Beginn des 13. Jahrhunderts hätte jedoch das byzantinische Reich kaum überlebt ohne baldige Rückeroberung der Hauptstadt von den Provinzen her; jedenfalls war dies die Überzeugung der ins Exil nach Kleinasien oder auf den Balkan geflohenen ‚Römer', darunter der Angehörigen des Herrscherhauses der Angeloi. In Nikaia (1208) und in Thessalonike (bzw. Epiros; 1224) wurden durch Salbung und Krönung zwei Kaiser erhoben, die selbst – wie auch ihre Nachfolger – die griechische Herrschaft in Konstantinopel restituieren wollten und dabei untereinander, außerdem aber mit dem Zar der Bulgaren, in Konflikt gerieten. Von diesen Reichen setzte sich Nikaia durch, das 1261 die damals schon lange marode lateinische Kaiserherrschaft am Bosporus beseitigte.

Konstantinopel war also stets ein Essentiale des Staates Byzanz, ebenso wichtig wie das Kaisertum selbst. Seine Existenz unterscheidet das östliche signifikant vom westlichen Kaiserreich, das niemals über ein Zentrum gleicher Art, geschweige denn gleichen Ranges verfügte, während die westeuropäischen Monarchien Frankreich und England immerhin um 1200 Landesmittelpunkte in Paris und London ausbilden konnten. Im europäischen Vergleich bündelte Konstantinopel in einzigartiger Weise die Funktionen einer Kapitale: es war die Hauptstadt von Kultur und Wissenschaft, der Finanzen, des Handels, des Gewerbes und des Fernverkehrs, die volkreichste Siedlung mit über hunderttausend Bewohnern (um 1204), der Vorort der Kirche mit dem Sitz des Patriarchen und der ständigen Synode, die vornehme Stätte kaiserlicher Stiftungen – des Klosterbaus, der Spitäler und der herrscherlichen Grablegen –, vor allem aber die einzige

Residenz des Basileus selbst, seiner Familie und seines Hofes, sowie der Sitz der zentralen Verwaltung. Die Beamten und sonstigen Funktionsträger waren, im scharfen Kontrast zum Westen, fast ausschließlich Laien, die Höflinge häufig Eunuchen, und sie waren dem herrscherlichen Willen zu unbedingtem Gehorsam unterworfen. Trotz einer strikten Amtshierarchie und eines ausgeklügelten Titelwesens, die allerdings in der Zeit der Komnenen revidiert werden mussten, kann man freilich nicht von bürokratischen Behörden im modernen Sinne sprechen. Dafür fehlten eine klare Bezeichnung der Funktionen und eine feste Verteilung der Kompetenzen, eine an das Amt gebundene, durch Regeln deutlich begrenzte eigene Befehlsgewalt, die auch der herrscherlichen Willkür entzogen war, und eine planmäßige Anstellung von Personen mit generell geregelter Qualifikation. Was Max WEBER für andere politische Bildungen der Vormoderne festgestellt hat, gilt so auch für Byzanz, dass nämlich der Herrscher die wichtigsten Maßregeln „durch persönliche Vertraute, Tischgenossen oder Hofbedienstete" vollzog, „mit für den Einzelfall zeitweilig geschaffenen und nicht fest begrenzten Aufträgen und Befugnissen". Nebeneinander wirkten insbesondere die Hofleute und die Beamten der Reichsbehörden, lange Zeit gar unter einem Dach, im großen Kaiserpalast, also in nächster Umgebung ihres Herrn, der sie nach Gutdünken ernannte, ihre Kompetenzen bestimmte, ihnen Titel verlieh und unbeschränkt von anderen Gewalten ihre Amtszeit endigte oder unkalkulierbar prolongierte. Dem Kaiser assistierte eine Art erster Minister, der vielleicht bestimmte Befugnisse hatte, zeitweise aber auch protokollarischer Würdenträger gewesen zu sein scheint. An der Spitze der Reichsverwaltung stand die Kanzlei unter Führung verschiedener Amtsträger beziehungsweise Titulare (Protoasekretis, ‚Hüter des kaiserlichen Tintenfasses'). Zu ihnen gehörte der λογοδέτης τού δρόμον, der auch für den *cursus publicus*, also die Reichspost, das Wegenetz und die Auslandsbeziehungen zuständig war; mit der Aufsicht über die Sicherheit der Straßen wuchsen ihm polizeiliche Befugnisse zu, so dass er die Leitung des Schriftverkehrs mit den Funktionen eines modernen Außen- und Innenministers verband. Notare und Schreiber der Kanzlei konnten zu Richtern in der Provinz aufsteigen; offenbar genügten zu dieser Tätigkeit mehr oder weniger ausgedehnte Studien des Rechts bei Privatlehrern, aber staatliche Prüfungen, wie sie noch Kaiser Basileios I. 867 vorgeschrieben hatte, wurden im 11. Jahrhundert in Byzanz nicht verlangt. Besonders wichtig war die Finanzverwaltung, da der Aufwand für Armee und Kriegführung, Unterhalt und Ausbau des Kaiserpalastes, anderer öffentlicher Gebäude oder auch für Kirchen, für die Gehälter der Reichsbeamten und die Tribute an auswärtige Mächte enorme Summen verschlangen; die Einkünfte beruhten demgegenüber auf den staatlichen und kaiserlichen Gütern, auf Monopolbetrieben, Steuern und Zöllen. In Konstantinopel selbst war die Leitung der Finanzen wiederum geteilt, weil eine kaiserliche von einer staatlichen Kasse strikt getrennt wurde; für den Unterhalt des Militärs war eine dritte Behörde zuständig.

Die Zentralität seiner Regierung und der Verwaltung durchbrach der Kaiser nur, wenn er persönlich in den Krieg zog. Er hielt sich dann aber meist in Heerlagern auf, wo er auch Gesandte empfing und die wichtigsten Rechtsgeschäfte durch Urkundenausstellung erledigte. Der Beamtenapparat selbst blieb in der Hauptstadt zurück, und Vorkehrungen für einen längeren Aufenthalt des Basileus an festen Plätzen in der Provinz, gar in kaiserlichen Palästen, waren nicht getroffen. In Zeiten äußerer Ruhe und guter Finanzen wie nach der Herrschaft Basileios' II. (1025) konnte daher der Kaiser am angenehmen Leben in der Hauptstadt sein Genügen finden. Die Herrscher bis zur Errichtung der Komnenenherrschaft (1081) waren vorwiegend abhängig von der hauptstädtischen Beamtenschaft, und wenn manche von ihnen auch tätig waren durch die Förderung von

Kultur und Wissenschaft, vernachlässigten sie doch um so mehr die Provinzen und das Heer. Als Michael IV. 1041 persönlich auf dem Balkan einen slawischen Aufstand niederwarf, war dies ein seltener Fall militärischen Engagements. Je länger die lokale Beschränkung des Kaisers auf Konstantinopel dauerte, je mehr konnte die Funktionsfähigkeit der Verwaltung und Herrschaft insgesamt gefährdet erscheinen. Wohl bald nach 1075 hat ein pensionierter General den Kaiser in einer eindrucksvollen Denkschrift auf die Probleme der immobilen Regierungsweise hingewiesen: ‚Ich weiß, mächtigster Kaiser, dass die Natur des Menschen nach Ruhe verlangt. Es ist aber zu einem recht nutzlosen, ja schändlichen Grundsatz geworden, dass der Kaiser seine Länder, im Osten meine ich und im Westen, nicht mehr besucht, sondern wie in einem Gefängnis in Konstantinopel bleibt. Würde dich jemand in einer Stadt einsperren, dann wärest du darüber unglücklich und erbost. Dass du dir das aber selbst antust, was soll ich dazu sagen? Ziehe hinaus in die Länder, die dir untertan sind, und in die Themata und schau dir das Unrecht an, das die Unbemittelten erleiden müssen, und was deine von dir gesandten Steuereinnehmer anstellen und ob den Armen unrecht geschieht, und bringe wieder Ordnung hinein. Dann werden die Provinzen des römischen Reiches und die dir untertanen Barbarenbezirke erkennen, dass sie einen Kaiser und Herrn haben, der sich ihrer annimmt; du selbst aber wirst das Leistungsvermögen jedes Themas, jeder Festung und jedes Landes kennenlernen sowie die allgemeinen Verhältnisse, schlechte und gute Seiten. Es wird keine Aufstände geben und keine Revolten gegen die Steuereinnehmer, sondern alles wird in Frieden dir untertan sein. Ich weiß, dass dein Hofstaat aus Faulheit dir davon abrät: Es sei nicht gut und du würdest die Länder und Themata durch eine Reise mit Truppen und kaiserlichen Garden nur ins Ungemach stürzen; sie werden wohl auch sagen: Wenn du Byzanz verläßt, wird sich ein anderer an deiner Stelle zum Kaiser aufwerfen. Ich habe mir dies durch den Kopf gehen lassen und kann nur darüber lachen. Dein Vertreter, den du im Palast zurückläßt und der über die Griechen und Barbaren, deine Untertanen, dort regiert, wird, wenn er tüchtig und energisch ist, es sich durchaus angelegen sein lassen, wachsam zu bleiben und seine Pflicht zu erfüllen. Was soll ich noch weiter sagen? Die Imperatoren und Kaiser der Römer haben immer so gedacht, wie ich es dir hier sage, und zwar nicht nur diejenigen, die in Rom regierten, sondern auch die in Byzanz, so z. B. Konstantinos der Große und sein Sohn Konstans, Julianos, Jovianos und Theodosios; bald weilten sie im Westen, bald im Osten, jedenfalls nur kurze Zeit in Byzanz. Damals hatten aber auch alle Länder Frieden, sowohl ganz Europa und Libyen und der schönste Teil Asiens bis zur Euphratesia und Adiabene; Armenien und Syrien, Phönizien und Palästina und Ägypten, ja selbst das große und vielgepriesene Babylon waren den Römern untertan. Seitdem aber die große Trägheit über die Menschen gekommen ist, oder besser, sich wie eine Epidemie ausgebreitet hat, seitdem ist dem römischen Reiche nichts Gutes mehr widerfahren‘ (Übers. H.-G. Beck).

Im Vordergrund dieser Kritik an der Regierung standen der Steuerdruck und die Willkür der kaiserlichen Steuereintreiber. Tatsächlich war Byzanz eine „taxpaying society“ (A. P. Kazhdan/A. W. Epstein), in der die Beziehungen zwischen Herrschaft und Untertanen durch den Fiskalismus geprägt waren. Das Gegenmittel, das der Autor empfahl, der Kaiser möge die Provinzen bereisen und Gerechtigkeit nach dem jeweiligen Augenschein walten lassen, war freilich nicht realistisch, ganz abgesehen davon, dass er sich ja mit dem Einwand zusätzlicher Belastungen durch die Versorgung der militärischen Gefolgschaft des Herrschers auseinander setzen musste. Der Mahnredner übergeht, dass die ‚Mächtigen‘, die Großgrundbesitzer, zu seiner Zeit begannen, „öffentliche“ Befugnisse in den Themen selbst wahrzunehmen, etwa das Recht zur Steuereintreibung zu pachten, und deshalb an einer verstärkten kaiserlichen Präsenz gar nicht interessiert sein konnten. Wenn der Autor also den Vorwurf erhebt, der Kaiser sei abhängig von den Hofleuten, so war dieser umgekehrt auch davon bedroht, zum Exponenten des Provinzadels abzugleiten.

In der Tat lassen sich die Gebrechen des byzantinischen Staates, die dem Herrscher hier von einem rigorosen Reformer vorgehalten werden, sozialgeschichtlich gesehen auf ungelöste Gegensätze im Adel zu Lasten des Kaisertums beziehen. „Adel" in Byzanz hat sich allerdings vom Adel in den Ländern des westlichen Europa erheblich unterschieden; man räumte ihm kein eigenes Anrecht auf Herrschaft ein, so dass seine Partizipation an staatlicher Gewalt im Prinzip abhängig war vom Willen des Autokrators. Der Adelsstand war auch niemals abgeschlossen wie im Westen; so wie der Kaiser selbst aus niedersten Schichten kommen konnte, blieb der vertikale Aufstiegskanal im Adel und an diesem vorbei immer offen. Erst vom 10. Jahrhundert an begann sich eine erbliche, auf Landbesitz gegründete Nobilität auszubilden. In dieser lassen sich die beiden bereits angesprochenen Großgruppen unterscheiden, die vorwiegend entweder militärische oder zivile Funktionen ausgeübt haben. Der Militäradel stammte vor allem aus den Grenzgebieten des Reiches, aus Kappadokien, Armenien und Syrien im Osten und aus Bulgarien und Makedonien im Nordwesten. Die Angehörigen dieses Adels konnten zwar in Konstantinopel wohnen und hier in der kaiserlichen Hierarchie reüssieren, doch behielten sie ihre Verbindung mit der Heimat. Dort besaßen sie Latifundien, sogar mit Palästen oder kleinen Festungen, auf die sie sich zurückziehen konnten, wenn sie beim Kaiser in Ungnade gefallen waren. Seit dem 11. Jahrhundert nannten sie sich auch nach ihren angestammten Gutsherrschaften; so leiteten sich die Familiennamen der Botaneiaten von Botana, der Dukai von Dokeia, der Dalassenoi von Dalassa her.

Schon seit dem 9. Jahrhundert war die ländliche Aristokratie bestrebt gewesen, den bäuerlichen Kleinbesitz aufzusaugen. Obgleich es bis in die Zeit der Kreuzfahrer hinein in bestimmten Regionen durchaus noch freie Bauern gab, war diese Bewegung erfolgreich, vor allem nach 1025. Auch die Soldatengüter waren von ihr betroffen, sei es, dass ihre Inhaber dem Druck der ‚Mächtigen' nicht standhalten konnten, sei es, dass sie vor der Steuerlast in den Schutz eines Patrons fliehen wollten. Die Wehrkraft des Reiches, die seit dem 7. Jahrhundert auf der dezentralen Ansiedlung und Aushebung des Heeres beruht hatte, war damit entscheidend getroffen. Da es dem Adel zudem häufig gelang, Steuerbefreiungen für seine Güter zu erwirken, nahm zugleich die Finanzkraft des Staates ab. Auf die Geldeinkünfte waren indessen die Kaiser dringend angewiesen, um anstelle des stehenden Heeres Söldner anzuwerben und eine zentral gelenkte Militärorganisation aufzubauen (*tagmata*). Trotzdem begann die kaiserliche Regierung damit, die ‚Mächtigen' wirtschaftlich weiter auszustatten. Als Lohn für bestimmte Dienstleistungen erhielten die Großen Güter auf Lebenszeit mit Land und Leuten, vor allem aber mit den darauf liegenden Steuereinkünften. Neben dieser ‚Pronoia' stand das Charistikariat, also die Übertragung einer Art Klostervogtei, das sich ebenfalls als einträgliche Pfründe erwies. Der tiefgreifende soziale und wirtschaftliche Wandel, der ins Frühmittelalter zurückreicht und sich im 11. Jahrhundert dramatisch beschleunigt, erfasste natürlich auch die politische Struktur des Reiches. Die Themen, das heißt die Einteilung des Landes in ursprünglich militärisch geprägte Bezirke, mutierten zu vorwiegend zivilen Einrichtungen. Als Gouverneure oder militärische Befehlshaber akkumulierten die Großgrundbesitzer nun auch die Herrschaftsrechte in ihren Regionen. Hier ist das Wort von einer „Feudalisierung" des Staates durchaus treffend, wenn man darunter die Aufspaltung „öffentlicher" Befugnisse auf eine Vielzahl von Herrschaftsträgern versteht. Trotzdem lag den ‚Mächtigen' daran, ihre politischen Funktionen beim Kaiserhof abzusichern; der Landadel war stets in der Kapitale präsent, man spricht von seiner „Konstantinopolisierung" (H. AHRWEILER).

Der „Zivil-" oder „Beamtenadel" war in sich differenzierter als die Militäraristokratie. Er schloß vor allem die adligen Familien im kaiserlichen Dienst ein, die als Richter, Steuererheber und Kanzleivorsteher von Generation zu Generation ähnliche Positionen bekleideten. In den Quellen des 11. und 12. Jahrhunderts werden immer wieder die Kamateroi, die Xeroi, Xiphilinoi, Serbliai oder Zonarai genannt; aber auch Unbekannte konnten in den Listen der hohen und höchsten Beamtenstellen geführt werden. Im Unterschied zum Militäradel stammten die Beamten vor allem aus Konstantinopel selbst, aus Griechenland, von den Inseln der Ägäis oder den Küstenstädten Kleinasiens. Ihre Familiennamen verraten oft ihre Herkunft aus Handwerkerberufen (Saponai, ‚Seifenmacher'; Phournatarioi, ‚Bäcker') oder aus bestimmten Bezirken der Hauptstadt (Akropolitai, Blachernitai). Diese Familien haben auch die Gebildeten und Gelehrten, die Rhetoren, Theologen und Juristen, hervorgebracht; meist stellten sie den höchsten Klerus, die Provinzialbischöfe und die Diakone der Hagia Sophia, also das Personal des Patriarchats. Der Besitz des Ziviladels bestand vor allem in städtischen Häusern oder in wirtschaftlich nutzbaren Rechten wie dem Charistikariat.

Zwischen den zivilen und militärischen Eliten taten sich bis ins 11. Jahrhundert keine unüberbrückbaren Gegensätze auf. Familien beider Gruppen pflegten durchaus das Konnubium, und wenigstens einige Angehörige des Beamtenadels übernahmen auch Aufgaben im Heer. Die Politik der „Beamtenkaiser" begünstigte dann zunächst beide Gruppen, brachte sie jedoch mittelfristig in stärkste Konflikte. Ein Herrscher wie Romanos Argyros, der vorher als Eparch von Konstantinopel das vornehmste hauptstädtische Amt ausgeübt hatte, entlastete durch seine Steuergesetzgebung die Großgrundbesitzer auf Kosten des Kleinbauerntums, schon weil er selbst der Schicht der ‚Mächtigen' angehörte. Andere Kaiser, wie Michael VI., ließen die Beamten in den Genuss großzügiger Beförderungen kommen, oder sicherten, wie Konstantin Dukas, ihre eigene Stellung ab, indem sie der Bürgerschaft Konstantinopels breiten Zugang zur Senatorenklasse eröffneten. Dieser Kaiser war auch bereit, nicht nur die Steuererhebung, sondern auch die oberste Finanzkontrolle zu verkaufen, schenkte aber wie viele seiner Vorgänger dem Heer keine Beachtung. Als unter Michael VII. der Versuch unternommen wurde, den Getreidehandel aus fiskalischen Gründen in ein staatliches Monopol überzuführen, hatte die Bürokratie aber überzogen; denn von dieser Maßnahme waren die Großgrundbesitzer als Hauptlieferanten des Getreides ebenso betroffen wie die Stadtbevölkerung, die sich einer Teuerungswelle ausgesetzt sah. So wurde der Weg frei für militärische Erhebungen in Kleinasien und auf dem Balkan, bei denen sich schließlich Alexios (I.) Komnenos durchsetzte. In seinem Kampf um die Hauptstadt führte er bezeichnenderweise ein Söldnerheer an, das, wie auch Garnisonen seines Gegners, des Kaisers Nikephoros Botaneiates, aus ausländischen Lohnsoldaten, darunter Deutschen, bestand. Der Erfolg Alexios' I. beruhte nicht zuletzt darauf, dass er mit Irene Dukas mit der Angehörigen einer bedeutenden Familie des Beamtenadels vermählt war, die selbst schon mehrfach den Kaiser gestellt hatte.

Alexios führte aber einen tiefgreifenden Wandel des politischen Systems herbei, den seine Nachfolger festigten und ausbauten; die Komnenen haben damit das Reich des 12. Jahrhunderts zu einer neuen Blüte geführt. Entscheidend war, dass der Kaiser als Exponent des Militäradels mit diesem zusammen das Reich regieren wollte. Die hauptstädtische Senatorenschicht wurde stattdessen von den Schaltstellen der Macht verdrängt. Zwar war es üblich, dass ein neuer Kaiser seine Verwandten und Anhänger mit Ämtern und Titeln versorgte, aber Alexios verteilte nicht bloß Pfründen, sondern übertrug seinen Vertrauten einflussreiche Ämter und also Mitverantwortung für seine Herrschaft. Mit großem Geschick verheiratete er Angehörige des Komnenenhauses mit Sprösslingen anderer Adelsfamilien. Zeitgenössische Beobachter haben diesen Wandel durchaus bemerkt. Der Chronist Zonaras klagte, Alexios übe seine Funktionen nicht als öffentliche oder von Staats wegen aus, sondern betrachte sich als Fürst statt als Herrscher und das Reich als Hausbesitz. Den Mitgliedern des Senats begegne er nicht mit der ihnen zukommenden Ehrerbietung und Fürsorge, sondern setze sie herab, wo er nur könne. Auch übe er nicht Gerechtigkeit in allen Dingen und suche nicht jedem das Seine zu geben. Stattdessen überhäufe er seine eigenen Verwandten und Gefolgsleute mit Staatsgeldern und Pensionen, so dass sie Aufwand wie ein Kaiser treiben könnten. Tatsächlich hat Alexios den ländlichen Adel mit Geldzahlungen, aber auch mit Landvergabungen reichlich gefördert und so für die Unterstützung seiner Herrschaft gewonnen. Vor allem aber konzedierte er ihm die weitgehende Verfügung über die Amtsstellungen in den Provinzen. Die Kontrolle der Zentralregierung im Lande ging deshalb zurück, doch wurde dies dadurch aufgewogen, dass der Komnene auf diese Weise seine früheren Standesgenossen zur Loyalität verpflichtete. Unter ihm und seinen Nachfolgern verlor das byzantinische Reich in erheblichem Maße den Charakter des „Beamtenstaates“ und nahm stattdessen Züge patriarchaler beziehungsweise patrimonialer Herrschaft an. Was sich in Byzanz vollzog, ähnelte durchaus der gleichzeitigen Feudalisierung im westlichen Kaiserreich, und man kann erwägen, ob im Osten nicht das Vorbild des Lehnswesens selbst, vermittelt durch Söldner, Pilger, Exilanten oder auch Gesandte, wirksam geworden ist. Ein förmliches Lehnswesen mit wechselseitiger Treuebindung zwischen Herrn und Mann hat das griechische Reich allerdings nicht gekannt.

Unter Alexios' Enkel und Nachfolger Manuel I. war das neue System so gut abgesichert, dass dieser Kaiser damit begann, Heiratsverbindungen mit ausländischen Mächten zu suchen. Manuel war selbst latinophil und imitierte persönlich und an seinem Hof das westliche Rittertum. Nach einigen Chronisten, wie Wilhelm von Tyrus, sollen in seiner Zeit die Lateiner sogar mit einflussreichen Positionen ausgestattet worden sein, doch lassen sich dafür keine ausreichenden personengeschichtlichen Belege beibringen. Kaiser Manuel scheint auch das Instrument der Pronoia neu genutzt zu haben; er vergab Ländereien offenbar nicht mehr nur zur Belohnung der Großen, sondern auch zur Rekrutierung neuer Soldaten. Manuel schuf geradezu die „Pronoia des Proletariats“ (A. Hohlweg).

Erst nach seinem Tod zeigte sich, wie sehr die Komnenen die Grundlagen des Reiches verändert hatten. Als Manuels Cousin Andronikos (I.) in schweren innerdynastischen Auseinandersetzungen die Herrschaft an sich gerissen hatte, versuchte er noch einmal, gegen den Adel zu regieren. Er bekämpfte erfolgreich den Ämterkauf und die Korruption, vor allem aber gelang es ihm, den Missbrauch bei der Steuereintreibung zu unterbinden. Statt Adligen übertrug er vor allem Gouverneursposten *homines novos*, die ihm persönlich verpflichtet waren. Im Volke angesehen, übertrieb Andronikos seine Adelsfeindschaft aber durch Terrormaßnahmen, die zu Aufständen und Verschwörungen führten. Neben der Schwächung der militärischen Widerstandskraft erwies es sich als fatal, dass er den lateinerfreundlichen Kurs seines Vorgängers ins Gegenteil verkehrte. So wurde ihm die Einnahme Thessalonikes durch die Normannen zum Verhängnis, zumal diese unter der Bevölkerung der Stadt furchtbar wüteten (24.8.1185). Kurz darauf wurde Andronikos I. selbst in Konstantinopel gelyncht; eine Kaiserherrschaft gegen oder ohne den Adel hatte sich als unmöglich erwiesen. Mit den Angeloi fiel die Kaiserherrschaft darauf zwar einer adligen Familie geringen Renommees zu, doch begünstigten sie wiederum alle Missstände in der Zentral- und Provinzialverwaltung, die Andronikos bekämpft hatte. Der Sieg des Adels, der im Kaisertum kein Korrektiv mehr fand, höhlte die Integrität des Reiches aus, so dass der Staat gefährdet war wie niemals seit dem Beginn der Komnenenherrschaft.

An der politischen Feudalisierung des 11. und 12. Jahrhunderts hatten Kirche und Städte keinen Anteil; im Gegensatz zum Okzident gewannen sie in Byzanz keine Herrschaftsrechte, sei es durch Übertragung, sei es durch Usurpation. Was die Kirche angeht, so war sie zwar von jeher dem Staat integriert und neben dem Patriarchen der Führung des Kaisers unterworfen, doch verharrte sie eben deshalb auch in Distanz zu jeder „öffentlichen" Aufgabe; andererseits begünstigte diese Stellung ihre Konzentration auf den geistlichen Auftrag. Nur vom Standpunkt der westlichen libertas ecclesiae-Bewegung des hohen Mittelalters aus kann die Verfassung der griechischen Kirche als „Cäsaropapismus" missverstanden werden. Der Kaiser machte allerdings im 11./12. Jahrhundert seinen Einfluss auf die Kirche in verschiedenen Gebieten geltend: bei der Wahl des Patriarchen und der Bischöfe, bei der Organisation der Hierarchie im Ganzen, bei der Kirchendisziplin und Seelsorge, der Wahrung der Orthodoxie und der Entwicklung der Kanonistik. Sein Handlungsspielraum wurde dabei nicht nur bestimmt vom Eigeninteresse des Patriarchen, sondern auch eingeschränkt durch die Ansprüche des Kathedralklerus und der ‚ständigen Synode'.

An der Spitze der Patriarchalverwaltung stand ein Kollegium von fünf beziehungsweise sechs Diakonen, deren Autorität auf ihrer vornehmen Herkunft und klassischen Bildung, ihrem juristischen Sachverstand und ihrem spezialisierten Amtsauftrag beruhte. Das Gegengewicht zu diesem Gremium (*Exokatakoiloi*) bildete der *Endemusa Synodos*, dessen tägliche Sitzungen mindestens seit 1071 protokolliert worden sind. Der Zusammensetzung nach umfasste die Synode die Archonten der Großkirche und die Metropoliten der Provinzen, Vertreter der staatlichen Gewalt und auch den Kaiser in Person, besonders wenn es um Häresieprozesse ging. Eine entscheidende Aufwertung hatte die Synode erfahren, seitdem die Barbareneinfälle vor allem im Osten des Reiches Bischöfe und Metropoliten zur Flucht in die Hauptstadt veranlasst hatten; nun konnten sie ihr angestammtes Recht auf Mitwirkung bei den Sitzungen der Synode regelmäßig wahrnehmen, dabei allerdings auch ihren Bedarf an Subsidien anmelden oder ihre Promotion auf einen anderen Sitz betreiben. Die Wahl der Bischöfe lag bei der Synode selbst; sie hatte dem Patriarchen einen Dreiervorschlag zu präsentieren, gegen den der Kaiser aber sein Veto einlegen konnte. Bei der Entscheidung über den Sitz des Patriarchen konnte der Herrscher dem Votum der Synode folgen oder einen eigenen Kandidaten benennen. Gegen seinen Willen war ein Patriarch kaum durchsetzbar. Die Synode, die bei Vakanz des Patriarchats vom Kaiser selbst geleitet wurde, konnte Bischöfe auch absetzen. Im 12. Jahrhundert bildeten die Bischöfe sozial und kulturell gesehen eine kohärente Gruppe. Sie waren in der Regel aus der patriarchalischen *schole* hervorgegangen und hatten hier eine Ausbildung erhalten, die sie auch für den Lehrberuf, den Dienst am Hof oder für die Beamtenlaufbahn qualifizierte.

Bedingt durch die Erweiterung des Reiches unter den Makedonenkaisern und dann durch die gegenläufigen Einbrüche fremder Mächte befand sich die kirchliche Hierarchie unterhalb der Patriarchatsebene in ständiger Bewegung. Die Kaiser behielten sich das Recht vor, Bischofssitze zu neuen Metropolien zu erheben und die Rangfolge der Kirchen zu verändern. An der Schaffung autokephaler Bischofssitze hatten auch die Diakone

Interesse, da sie dafür Sporteln bezogen, während sich die bisherigen Metropoliten der Ausgliederung von Suffraganbistümern verständlicherweise zu widersetzen suchten. Zwischen 1066 und 1082 zählte man insgesamt siebzehn Bistumserhebungen zu Metropolien; unter Alexios I. ging diese Entwicklung etwas zurück, aber als der Patriarch Nikolaos III. grundsätzliche Bedenken gegen die Rangerhöhungen erhob, zwang der Kaiser ihn und die von den Metropoliten dominierte Synode, seine Rechte förmlich zu bestätigen. Seine Nachfolger haben im 12. Jahrhundert von der Metropolien-Promotion wieder reichen Gebrauch gemacht; allerdings achtete Isaak II. Angelos darauf, dass Bischofswahlen auf der Endemusa nicht ohne Rücksicht auf die Metropoliten vorgenommen wurden.

Die kaiserlichen Pflichten und Rechte bei der Verbreitung und Wahrung des rechten Glaubens hat vor allem Alexios I. ernstgenommen; er galt seinen Zeitgenossen wie Konstantin der Große als dreizehnter Apostel und als ‚Lehrer allen Wissens'. Der Kaiser hatte insbesondere die Aufgabe, die Häretiker zu überzeugen, bevor sie sich vor der Synode verantworteten, und nach dem förmlichen Verfahren über die Bestrafung zu entscheiden. Alexios bemühte sich aber auch um die Hebung der Seelsorge. In einer Novelle des Jahres 1107 wies er die Diakone der Großen Kirche zu intensiver Predigt- und Katechetentätigkeit an; den Anspruch auf eine der fünf höchsten Stellen in der Patriarchatsverwaltung sollte nur noch erheben können, wer sich in diesem Dienst ausgezeichnet hatte. Nach dem Willen des Kaisers sollten die Bischöfe ferner in den Dörfern qualifizierte Seelsorger bestellen, die Pfarreien durch regelmäßige Visitationen überwachen, die einkommenden Abgaben für das Wohl des ganzen Bistums einsetzen und das Predigtamt ernstnehmen. Neugewählte Oberhirten sollten von ihren Diözesen *in partibus infidelium* wirklich Besitz ergreifen. Als die Bischöfe später den Einwand erhoben, sie könnten in ihren Städten unter türkischer Herrschaft keinen Lebensunterhalt mehr finden, schlug ihnen Alexios' Nachfolger Manuel das Argument mit der Gewährung eines Gehalts auf Lebenszeit aus der Hand. Der missbräuchlichen Konfiskation des bischöflichen Nachlasses durch Provinzstatthalter oder andere Beamte traten die Kaiser mehrfach mit Verboten entgegen. Da diese offenbar nicht ausreichten, garantierte Kaiser Manuel I. schließlich 1148 der Hagia Sophia und den Bistümern ihren gesamten Besitzstand. Besonders Bistümer, die in politisch gefährdeten Gebieten lagen, erhielten überdies wiederholt steuerliche Immunitäten. Auch die Attraktivität des Priestertums suchten die Komnenen durch finanzielle Anreize zu steigern.

Nicht zuletzt auf dem Gebiet der kirchlichen Wissenschaften haben Alexios I. und seine Nachfolger wichtige Anstöße gegeben. Alexios gilt geradezu als „Spiritus rector der Theologie seiner Zeit" (H.-G. Beck), während Manuel I. als „Theologe auf dem Thron" selbst zur Feder griff, wenn es ihm bei seinen Versuchen auch oft an ausreichenden Kenntnissen mangelte. Alexios hat ebenfalls eine Reform des Kirchenrechts angeregt. Um 1170/78 erhielt der Kanonist Theodoros Balsamon durch Kaiser Manuel und Patriarch Michael III. den Auftrag, die bestehenden kirchenrechtlichen Bestimmungen zu revidieren. Wenn damit je die Chance gegeben war, einen Codex autonomen Kirchenrechts zu schaffen und die Kirche rechtlich vom Mitspracherecht des Kaisers zu emanzipieren, so musste sie wegen der politischen Verhältnisse der Zeit und auch der delikaten Machtbalance zwischen Diakonen, Metropoliten, Kaiser und Patriarch vergeben werden. Unter dem Einfluss des kanonischen Rechts begann sich allerdings seit dem 12. Jahrhundert die Auffassung des Herrscheramtes zu verändern; statt auf die immanente Sakralität des Kaisertums wurden die Kaiserrechte in der Kirche zunehmend auf kirchenrechtlich nachprüfbare Konzessionen der Kirche selbst zurückgeführt.

In den Provinzen konnten sich die Bischöfe zu Fürsprechern und Führern ihrer Städte machen. Die Metropoliten Theophylaktos von Ochrid (um 1090–1108) und Michael Choniates von Athen (1182–1204) oder der Erzbischof Eustathios von Thessalonike (1175–1192/98) schützten die Bevölkerung gegen räuberische Steuereinnehmer oder organisierten gar die militärische Verteidigung ihrer Bischofssitze. Umgekehrt hingen die Gläubigen so an ihren Oberhirten, dass sie durch Massenaufläufe den Zugriff kaiserlicher Amtsträger auf die Bischöfe verhindern konnten. Ebenso wie die Bischöfe haben oft laikale Grundherren unter den ‚Mächtigen' die Provinzstädte beherrscht. Diesen Magnaten war die städtische Bevölkerung bereit, einen Treueid zu schwören und, auch mit Rücksicht auf das alte Ansehen ihrer Familien, Gehorsam zu leisten; die Adelsherren übten zudem häufig die Gerichtsbarkeit über die Einwohnerschaft aus. Kaiser konnten ganze Städte an einen einheimischen oder ausländischen Adligen vergeben. So erhielten Nikephoros Melissenos Ende des 11. Jahrhunderts Thessalonike und Theodor Gabras Trapezunt. Reichsregierung oder Adel hatten die Städte so fest im Griff, dass deren Bewohner kaum Ansätze zur Selbstverwaltung entwickelten, wie es gleichzeitig im Westen Europas geschah. Lediglich an der Peripherie des Reiches, in Amalfi, Venedig und Cherson, lassen sich derartige Entwicklungen beobachten, doch gingen gerade diese Städte mit den neuen politisch-sozialen Ordnungen dem Reich verloren. Obwohl sich im 11. und 12. Jahrhundert in den byzantinischen Provinzstädten, besonders auf dem Balkan, ein ökonomischer Aufschwung beobachten lässt, der an die Entwicklungen in anderen Teilen Europas erinnert, gewann Byzanz nie Anteil an der Kommunebewegung.

Anders als das Reich der Rhomäer konnte das zweite, das okzidentale Kaiserreich nicht bei einer antiken Hauptstadt anknüpfen oder sich mehr als der Idee nach auf ein so überragendes Herrschaftszentrum beziehen. Denn die Stadt Rom, die dem West- wie dem Ostreich im Mittelalter den Namen geben sollte, hatte spätestens Diokletian ihrer einzigartigen Stellung als Kapitale beraubt, so dass die Kaiser in wechselnden Städten regierten – in Nikomedia und Mailand, in Trier, Arles und Ravenna. Immerhin blieb Rom Sitz der Aristokratie, als Konstantin der Große seine Herrschaft 330 an den Bosporus verlegte. Der Palatin, auf dem die antiken Kaiser seit Augustus residiert hatten, bot sich den mittelalterlichen Herrschern also niemals als Zentrum ihres Reiches an, und nur einer von ihnen, Otto III. (gest. 1002), hat sich dem Traum von der Wiederherstellung des Imperiums von Rom aus hingegeben. Einer dichten Traditionsbildung mit der alten Kaiserzeit standen auch andere Neuansätze entgegen. So lag der Schwerpunkt des Westreiches in den Randzonen des antiken Imperiums oder gar noch jenseits seiner Grenzen, deshalb auch in städtelosen oder städtearmen Regionen, in denen es an der Infrastruktur für eine zentrale Administration mangelte. Die Königsgeschlechter, die zum Kaisertum gelangten, waren seit den Karolingern aus einem Adel hervorgegangen, der prinzipiell den gleichen Anspruch auf Herrschaft erhob und die Regenten zu immer neuen Kompromissen zwang. Vor allem aber waren die Franken in der Nachfolge der Römerherrschaft zu einer Aufgabe herausgefordert worden, die sie nur mit den Mitteln einer unterlegenen Kultur, gleichwohl wegweisend für die Jahrhunderte des frühen und hohen Mittelalters zu lösen vermochten. Es handelte sich nicht bloß um den Übergang von einer lockeren Stammes- und Sippenverfassung zu einer festeren Staats- und Gesellschaftsordnung, sondern – durch die Begegnung mit dem Römertum – um die abrupte Orientierung auf Idee und Ambition eines Großreiches. Nach der Lehre von Otto Hintze bereitet eine solche Konstellation, die sich in der Weltgeschichte mehrfach beobachten lasse, den Boden für den Feudalismus (vgl. Kap. 4.2.1). Feudalismus war für Hintze „ein System persönlicher Herrschaftsmittel, das zur Regierung eines großen Reiches sich darbietet in einer Zeit vorherrschender Naturalwirtschaft und wenig entwickelten Verkehrs, beim Mangel rationaler anstaltlicher Einrichtungen." Im persönlichen Regiment des Königs komme die Verdinglichung der Herrschaft zum Ausdruck, die im Gegensatz stehe zur Versachlichung des modernen Staates: „Die Verdinglichung aber bedeutet den traditionalistischen Patrimonialstaat, während die Versachlichung den rationalistischen Anstaltsstaat bedeutet. Der Betrieb des einen bleibt extensiv, während der des anderen sich beständig intensiver gestaltet und damit zur Rationalisierung drängt." In seinem Verständnis des Feudalismus orientierte sich Hintze an der Erscheinung des fränkischen Lehnswesens. Auf Gegenseitigkeit band dieses einen Lehnsherrn, beispielsweise den König, und den Lehnsmann, etwa einen Adligen: der Lehnsmann oder Vasall war dem Herrn zu Rat und Hilfe, der Herr dem Mann zu Schutz und Schirm verpflichtet, freilich auch zur Gewährung eines standesgemäßen Lebensunterhalts. Der Vasall erhielt vom Herrn zur Erfüllung seiner Pflichten ein Lehngut, meist Grundbesitz, das er aber nur zur Leihe nahm und das ursprünglich nicht erblich war. Mit Hilfe dieses Gutes konnte sich der Lehnsmann unter anderem zum berittenen Krieger ausrüsten; seit Karl dem Großen hatte die Feudalisierung der Heeresverfassung auf diese Weise zur Ablösung des allgemeinen Aufgebots aller Freien durch die Lehnsmannschaften großer Adliger, etwa der so genannten Kronvasallen, geführt. Auch die hohen weltlichen Ämter, die zum Teil antike Wurzeln hatten und über die der König verfügte – Herzogtümer, Markgrafschaften und Grafschaften –, galten schon seit dem Frühmittelalter als Lehen, und schließlich wurden seit dem 12. Jahrhundert auch die höchsten geistlichen Würden der Bischöfe und der Äbte von Reichsklöstern feudalisiert. Schritt für Schritt haben die feudalen „Bande der Abhängigkeit von Mensch zu Mensch" (M. Bloch) die Gesellschaft des Reiches erfasst, doch kann keine Rede davon sein, dass sie rechtliche, soziale und wirtschaftliche Bindungen anderer Art völlig überwuchert hätten. Im Gegenteil haben auch genossenschaftliche, also horizontale und egalitäre Bindungen eine wichtige Rolle gespielt. Dies zeigte sich besonders an der Kommunebewegung in den Städten Ober-, also Reichsitaliens und auch Deutschlands seit dem 11. Jahrhundert. Anders als Otto Hintze hat Georg von Below freie Einungen, wie sie den kommunalen Zusammenschlüssen zugrunde lagen, ebenfalls zu den Erscheinungen des Feudalismus gerechnet; wie das Lehnswesen haben die Kommunen nach diesem Verständnis zur Vermehrung und Partikularisierung politischer Gewalten und zur „Durchbrechung des Untertanenverbandes" in einem als Staat begriffenen Reich geführt.

Wie wirkte aber nun der Kaiser als König in dem Netz feudaler Beziehungen, das ihn ebenso einband wie die Lehnsleute, wie nutzte er Freiräume des Regierungshandelns, wie schuf er sich neue Wege zur Herrschaftssicherung? Auch im römisch-deutschen Reich war der Hof Ausgangspunkt königlicher Maßnahmen, doch war er nicht ortsfest, sondern mobil, und konnte deshalb auch nicht ergänzt werden durch zentrale Behörden. Nicht einmal ein Reichsarchiv gab es, das der Herrscher ja auch unmöglich ständig hätte mit sich führen können; der König musste mit einem kleinen Stab von Beratern und Schreibern auskommen. Zu den recht stabilen Personengruppen, die ihn auf seiner ständigen Reise durch das Reich umgaben, gehörten noch seine eigene Familie, seine Bediensteten, Kleriker zu seiner geistlichen Betreuung und nicht zuletzt eine imponierende Kriegerschar. Aber der Hof als soziales Gebilde fluktuierte ständig; dieser oder jener blieb hie und da zurück oder trennte sich, um neue Aufgaben im Königsdienst oder in der Kirche zu übernehmen, andere stießen hinzu, aber keiner schritt auf Dauer den gleichen Kreis aus wie der Herrscher selbst. Im Durchschnitt legte der Hof nicht mehr als 35 Kilometer pro Tag zurück, und nur in Ausnahmefällen konnte der König zu

begonnen, fürstliche Eigenherrschaften aufzubauen und in dieser Hinsicht mit dem weltlichen Adel zu konkurrieren. Selbst das Regieren aus der Nähe war für den Herrscher schwierig, wo sich die Adelsherrschaften konsolidierten und nach außen abschlossen; so haben die Könige des hohen Mittelalters auf dem Terrain eines Laienfürsten keine Hoheitsakte vollziehen können. Aus der Ferne vermochten sie gar nur bei der Verwaltung des Reichsgutes und des Reichskirchengutes auf bestimmte Orte und Territorien einzuwirken, daneben konnten sie es mit Privilegien und Rechtsentscheidungen immerhin versuchen. Im 12. Jahrhundert lassen sich sogar Ansätze eines Inquisitionsverfahrens erkennen. Der Herrscher mochte also Boten aussenden, die durch örtliche Erkundigungen eine königliche Entscheidung vorbereiteten; in gewissem Umfang schlossen derartige Untersuchungen sogar die schriftliche Beauftragung und Berichterstattung ein. Aber im Unterschied zu anderen Reichen, etwa zu England, wurde diese Praxis des Austausches zwischen dem wandernden Hof und den lokalen Bereichen nicht institutionalisiert. Das wichtigste Herrschaftsinstrument war daher das Lehnswesen. Die weltlichen Thronvasallen wurden bei ihrer Investitur unter anderem mit der Bannleihe ausgestattet, die sie in gerichtlicher und sogar allgemein hoheitsrechtlicher Hinsicht zu Vertretern des Königs werden ließ. Diese Stellung und die adligen Eigenrechte an Land und Leuten schwächten aber die königlichen Einwirkungsmöglichkeiten ad hoc. Die Fürsten missachteten häufig ihre Pflicht zur Hoffahrt, und auch die Teilnahme an einer Reichsheerfahrt beruhte, abgesehen vom Zug zur Kaiserkrönung, meist nur auf beschworener Übereinkunft. Machtboten des Königs mit Sondervollmachten hatten in diesem System kaum eine Chance, sich durchzusetzen. Ganz besonders prekär wurde die Frage der Fernpräsenz des Königtums, seitdem Friedrich I. wieder begonnen hatte, eine aktive Italienpolitik zu treiben. Der Staufer zog nicht weniger als sechsmal über die Alpen und verweilte hier über 13 Jahre, etwa ein Drittel seiner Regierungszeit. Was er aber beim Versuch, die Rechte des Königtums wiederherzustellen, zu gewinnen suchte, ging durch seine Abwesenheit im Norden leicht verloren. Der Chronist Otto von Freising, ein ihm nahestehender Zeitgenosse, hat dies klar erkannt: ‚Während sich der König in Italien aufhielt‘, schrieb er, ‚bekam fast das ganze transalpine Reich die Abwesenheit des Herrschers zu spüren; es wurde durch Aufstände erschüttert und durch Feuer und Schwert und öffentliche Kämpfe zerrüttet. Als der Kaiser in das Land jenseits der Alpen zurückkehrte, gab er zwar den Franken durch seine Gegenwart den Frieden zurück, den Italienern entzog er ihn aber durch seine Abwesenheit.‘ Zur Regierung Reichsitaliens vom Norden her konnte sich der Staufer Mandatsträger in spezifischer Mission bedienen, wie sie schon die karolingischen, ottonischen und salischen Vorgänger gekannt hatten. Diese *missi domini regis* waren Kleriker oder Laien, Deutsche oder Italiener, und hatten Gericht zu halten, Privilegien zu bestätigen, in Ämter einzuführen und für den König (Treu-)Eide entgegenzunehmen. Vor allem konnten sie bei den Kommunen auch Gelder zugunsten des kaiserlichen Fiskus kassieren. Neben den befristet tätigen Machtboten wirkten ständig anwesende, lehns- oder amtsweise mit der Verwaltung fester Sprengel beauftragte Personen, deren Kompetenzen aber oft nicht klar abgegrenzt waren.

Eine besondere Herausforderung und letztlich unlösbare Aufgabe stellte sich den Staufern, seitdem sie mit Heinrich VI. auch die Königsherrschaft in Sizilien übernommen hatten. In der Nachfolge der muslimischen Herrscher verfügten die Normannen in Palermo über ein politisch-administratives wie geistiges und religiöses Zentrum, und wie der Basileus Konstantinopel nur zu militärischen Aktionen verließ, so verhielt es sich auch mit den Königen seit Roger II. Der Königspalast mit seiner berühmten Pfalzkapelle beherbergte neben den Wohnungen und Sälen, neben zahlreichen Türmen und Höfen auch Werkstätten und bildete eine Stadt für sich. Von hier aus erhielten die Beamten in der Provinz schriftliche Anweisungen, und dorthin hatten diese in gleicher Weise Bericht zu erstatten und Rechenschaft zu legen. Unter dem Staufer Friedrich II. nahmen die schriftlichen Verwaltungsvorgänge nochmals stark zu. Allerdings verlor Palermo seit Friedrichs Fahrt nach Deutschland 1212 schrittweise seine exklusive Stellung; nach der Kaiserkrönung im Jahr 1220 rückte Sizilien Friedrich fern, seit 1236 residierte er überwiegend in Oberitalien, und wenn er einmal im Süden weilte, waren Foggia, Capua oder Melfi auf dem Festland die bevorzugten Residenzen, an die dem Kaiser auch die Zentralverwaltung folgte. Für seine Kaiserzeit kann man für Friedrich II. geradezu von einer „Rückkehr zum Reisekönigtum" sprechen (Th. KÖLZER). Die Regierung Deutschlands mussten jetzt in Stellvertretung des Vaters dessen Söhne übernehmen, doch begaben sich erstaunlich viele Petenten in den Süden der Alpen, um von Friedrich selbst ihre Privilegien zu erbitten. Wie problematisch diese Herrschaftspraxis besonders für die Kaisersöhne war, zeigte sich an schweren Konflikten und dem Zerwürfnis zwischen Friedrich und König Heinrich (VII.). Um die Mängel königlicher Präsenz auszugleichen, wollte Friedrich II. nach sizilischem Vorbild in Deutschland einen ständigen Hofrichter einführen. Im Mainzer Reichslandfrieden von 1235 begründete er diese Maßnahme ausdrücklich mit den hohen Anforderungen, die die Herrschaft über das Kaiserreich in allen Ländern und Regionen stellten (*imperii regimen et diversarum negocia terrarum et regionum*). Was aber im zentralistisch konzipierten und durch Beamte verwalteten Reich des Südens möglich war, ließ sich auf das deutsche Reich nicht übertragen. Die Reform der kaiserlichen Gerichtsbarkeit misslang.

Neben der Gastung, dem Besuch der Hoftage und Reichsversammlungen und – soweit Bischöfe und Äbte mit ihren jeweiligen Konventen betroffen waren – dem Gebet für Kaiser und Reich hatten die Vasallen des Königs vor allem berittene Mannschaften zu stellen, wenn der Herrscher zum Kriegszug rief. Beim Heerbann musste der König freilich den Rat der Großen berücksichtigen, seit der Zeit Heinrichs IV. war deren Zustimmung sogar Vorbedingung für das Aufgebot. Mit auffällig starken Kontingenten hat die hohe Geistlichkeit die militärische Macht des Reiches gestützt. Als Otto II. 981 von Rom aus gegen den Emir Abu l-Qâsim nach Unteritalien ziehen wollte, forderte er aus der Heimat 2100 Panzerreiter an, von denen mehr als zwei Drittel von Bischöfen oder Äbten gestellt werden sollten. So musste Bischof Erkanbald von Straßburg 100 Panzerreiter schicken, der Abt von Murbach hingegen nur 20, diese aber persönlich anführen. Die Mannschaften der Grafen und anderen weltlichen Herren waren verhältnismäßig klein und bewegten sich meist zwischen 10 und 40 *loricati*; dem Herzog von Niederlothringen wurde die Teilnahme am Kriegszug erlassen, weil er als Schutzherr des Landes (*custos patrie*) zu Hause gebraucht wurde, doch sollte ein Stellvertreter dem König 120 gepanzerte Reiter zuführen. Ähnlich war es noch, als Barbarossa 1188 zu seinem Kreuzzug aufrief. Während sich 13 Erzbischöfe und Bischöfe mit ihren Mannschaften beteiligten, etwa ein Viertel des Reichsepiskopats, beschränkten sich die weltlichen Herren auf zwei Herzöge, drei Markgrafen sowie eine große Zahl von Grafen und Ministerialen. Allerdings hatte der Kaiser selbst „mit harter Hand festgelegt, wer mitziehen sollte und unter welchen Bedingungen er zu Hause bleiben konnte" (R. HIESTAND). Alles in allem dürfte sich das Kreuzfahrerheer aus mehr als 4000 Rittern und – einschließlich der Knappen, Fußsoldaten und Bediensteten – aus rund 15 000 Mann zusammengesetzt haben. Die Ritter hatten Eigenmittel von mindestens drei Mark, die Ärmeren Zehrgeld für ein oder zwei Jahre mitzubringen, doch reichten diese Summen für den Lebensunterhalt bei weitem nicht aus. Für das Heer, natürlich auch für sich und sein Gefolge, musste Friedrich I. gewaltige Mittel aufwenden. Vor allem waren es die Reichsstädte, die Reichskirchen und Reichsabteien sowie die italienischen Kommunen, die den Kreuzzug zu finanzieren hatten; ferner trieb Friedrich I. bei Streitschlichtungen Bußgelder ein. So musste der Kölner Erzbischof Philipp von Heinsberg 2000 Mark an den Kaiser persönlich zahlen, und dem Abt von Murbach, der einen freiwilligen Beitrag verweigert hatte, wurde eine Summe zum Unterhalt von 250 Leuten auferlegt. Zwar konnte der König von einer Heerfahrt befreien, und niemals zog die gesamte ritterliche Streitmacht in den Krieg; auch galt, abgesehen vom Romzug zur Kaiserkrönung, nach Lehnrecht nur eine Sechswochenfrist für die Heerfolge. Doch konnte unentschuldigtes Fehlen oder frühzeitiges Verlassen des Heeres empfindliche Strafen nach sich ziehen.

Die wachsenden Geldeinkünfte, vor allem durch das Fodrum in Italien und die finanzielle Abgeltung der den dortigen Stadtkommunen überlassenen Königsrechte, erlaubten es dem Königtum des 12. Jahrhunderts, auch Söldner anzuwerben. Unter Friedrich I. beteiligten sich solche Truppen, die überwiegend aus Fußsoldaten bestanden, an der Eroberung Roms (1167) und am Zug gegen Bologna (1175). Diese so genannten „Brabanzonen" dienten unter anderem auch den Königen von Frankreich und England; andere „Rotten", also umherziehende Scharen, bot Philipp von Heinsberg 1179 gegen Heinrich den Löwen auf. Die auf eigene Initiative entstandenen Soldtruppen, die sich unter eigener Führung als Ganzes verdingten und dafür summarisch entlohnt wurden, verschwanden allerdings im 13. Jahrhundert wieder. Für die Söldnertruppen des späten Mittelalters, die von Staats wegen unterhalten wurden, bildeten die von Friedrich II. in Lucera bei Foggia angesiedelten sizilischen Sarazenen die Vorläufer; diese Militärkolonisten genossen das besondere Vertrauen Friedrichs und seines Sohnes Manfred.

Ein spezielles Instrument königlicher oder sonstwie adliger Herrschaft im Bereich des Heeres und darüber hinaus waren die Ministerialen. Diese ursprünglich unfreien Dienstleute traten bereits anfangs des 11. Jahrhunderts hervor; sie wurden mit einem Dienstlehen ausgestattet, das sie instand setzte, als *equites loricati* für ihren Herrn in den Krieg zu ziehen. Bevorzugt verwendet wurden sie auch bei der Besatzung adliger oder königlicher Burgen oder bei der Verwaltung der Grundherrschaften, der Zollstätten oder als Stadtvögte. Auch wenn sich die Ministerialen im Laufe der Zeit dem sozialen Status und ihrer ritterlichen Lebensführung nach dem Adel anglichen, blieben sie vom Wohlwollen der Herren abhängig, soweit es ihnen nicht gelang, die Unfreiheit abzustreifen; ihr Dienstgut war zwar erblich, doch konnten sie mit ihm zusammen durch die Herrschaft verschenkt werden. In der Reichsgeschichte hat sich zuerst Heinrich IV. weithin auf die Dienstleute gestützt; vor allem mit schwäbischen Ministerialen betrieb er im Harz bei Goslar den Ausbau des Königsgutes. Der Salier umgab sich aber auch persönlich mit Ministerialen; selbst die vier Hofämter des Truchsess',des Marschalls, des Mundschenks und des Kämmerers wurden jetzt praktisch den Dienstleuten übertragen. Der Aufstieg der Ministerialen, der sich außerhalb der Lehnspyramide vollzog, forderte den Adel zu heftiger Gegenwehr heraus, und einer der blutigen Konflikte zwischen beiden Gruppierungen gab den Anstoß zur letzten Erhebung gegen Heinrich IV. Trotzdem haben sich vor allem die Staufer weiter auf die Ministerialität gestützt. Friedrich I. vertraute ihr die Verwaltung der von ihm geschaffenen Reichsländer an, und an seinem Kreuzzug zum Beispiel nahmen neben den geistlichen und weltlichen Reichsfürsten Reichsministerialen und staufische Dienstmannschaft teil. Sein Sohn Heinrich VI. übertrug dem Ministerialen Markward von Anweiler die Verwaltung des Königreichs Sizilien in der Zeit seiner Abwesenheit; Markward, der 1195 die Freiheit erhalten hatte und mit Herzogtümern und Grafschaften reich ausgestattet worden war, übte später auch die Regentschaft für Friedrich II. aus. Allerdings erwies sich die Dienstmannschaft letztlich nicht als geeigneter Ansatzpunkt für die Ausbildung einer königlichen Bürokratie, da sie auf längere Sicht mit dem Adel verschmolzen ist.

Der Adel selbst hat seit dem 11. Jahrhundert begonnen, Besitztümer und Gerechtsame zu bündeln und räumlich zu konzentrieren. Begünstigt wurde er dabei zwar von mehreren Schwächeperioden des Königtums – etwa unter Heinrich IV. (1056–1065, 1077–1080, 1093–1097) oder während des staufisch-welfischen Thronstreits (1198–1215) –, aber mit klarer Einsicht in die Bedürfnisse der Reichsherrschaft haben Kaiser wie Friedrich I. und Friedrich II. den Adel auch gezielt gefördert. Der Vorwurf an die hochmittelalterlichen Könige, sie hätten das Reich zu wenig zum „feudalen Machtstaat" fortentwickelt (H. MITTEIS) und stattdessen dem Partikularismus Vorschub geleistet, wird dagegen weder der geschichtlichen Prägung noch dem Problem der geographischen Ausdehnung des Imperiums gerecht.

Auch die Adelsherrschaften hatten im Frühmittelalter oft weit verstreut gelegen; in der Salierzeit bildeten sich jedoch Burgen als Herrensitze heraus, von denen die Geschlechter bald ihre Namen ableiteten (z. B. „Zähringer", „Staufer", „Nellenburger"). Diese Zentralisierung wurde durch eine Änderung der Erbrechts begünstigt, nach der die Hausgüter nur noch einem Sohn zufallen sollten; die namengebende Burg wurde in der Regel auch durch ein Kloster oder ein Stift ergänzt, damit Mönche und Kleriker das Gedächtnis des Adelshauses pflegen und die Herrschaftslegitimation absichern konnten. Zu den langsam entstehenden Fürstentümern gehörten neben den eigenen Grundherrschaften und Klostervogteien auch Märkte und Städte, Ämter und Lehen des Königs oder der Reichskirchen, Gerichts- und Geleitrechte und anderes mehr. Bis zum Ausgang der Stauferzeit ist aber noch kein Territorium abgeschlossen gewesen, das heißt Rechte verschiedener Adelsfamilien, der Kirche oder des Reiches durchdrangen sich an vielen Orten. Im Übrigen ahmten selbst die fortschrittlichsten Adligen königliche Vorbilder nach – und stießen dabei auf die gleichen Probleme wie die gesalbten Herrscher. Am Beispiel Heinrichs des Löwen (um 1130–1195), des Vetters und Gegenspielers Friedrichs I., lässt sich das exemplarisch belegen.

Wie kein anderer Adliger seiner Zeit, Barbarossa eingeschlossen, hat der Welfe einen Fürstensitz konzipiert und planmäßig aufgebaut; das war Braunschweig, eine mehrteilige Siedlung, die zu einem von mehreren Erbgütern Heinrichs in Sachsen gehörte. Der Herzog baute die Stadt aus und umgab sie mit einer Mauer, vor allem aber errichtete er eine Residenz mit dem Neubau der St. Blasius-Stiftskirche, mit Burg und Palas und mit dem Herrschaftszeichen des Löwendenkmals. Zum Hof gehörte eine Kapelle, das heißt eine Gemeinschaft von Klerikern, deren einige von Zeit zu Zeit bereits als Kanzlei, als Urkundenschreiber und Notare, tätig wurden. Wie bei der Schreibstube des Kaisers setzten sich die Hofgeistlichen keineswegs mehr aus Adligen zusammen; der Herzog sah vor allem auf den Bildungsstand und zog Magister vor, die an hohen Schulen studiert hatten. Wohl alle Kapelläne haben der Braunschweiger Stiftskirche angehört, doch bediente sich der Herr auch anderer Kleriker. Zur Hofgesellschaft zählten daneben vor allem Ministerialen, die entweder direkt im welfischen Dienst standen oder Kirchen, Klöstern, Burgen oder Städten zugehörten, über die der Herzog die Verfügungsgewalt erlangt hatte. Die vornehmsten Dienstmannen übten, ebenfalls wie am Königshof, die großen Hofämter aus. Offenbar verstand Heinrich diese Stellungen eher als Auszeichnungen denn als Funktionen, da er sie wie der Kaiser in Byzanz mehrfach besetzte. Die Ministerialen verteilten sich auf rund 400 Familien, die zum großen Teil bereits generationenlang im Dienst sächsischer Adliger, Heinrichs Rechtsvorgänger, gestanden hatten. Natürlich bildete jeweils nur ein Teil von ihnen den Hof des Herzogs, der aber zu seiner Selbstdarstellung auf einen prominenten „Umstand" angewiesen war. Auffällig ist deshalb, dass der Welfe nur verhältnismäßig wenige Adlige an sich binden konnte. Obgleich er an seinem Hof auch als Förderer von Kunst und Literatur tätig wurde, konnte er sich nicht auf Braunschweig beschränken. Ganz abgesehen davon, dass er vom König nicht nur mit dem Herzogtum in Sachsen, sondern auch mit dem Dukat in Bayern belehnt worden war, musste er stets umherziehen, um seine Herrschaft zu sichern und seines Amtes zu walten. Die Edelfreien scheint er eher an seinen Außenhöfen getroffen zu haben. Gleiches gilt für die Bischöfe, abgesehen von den Oberhirten von Lübeck, Ratzeburg und Schwerin, für die ihm der Kaiser die Investitur und das Recht zur Ausstattung mit Reichsgut überlassen hatte.

Die Herzogsherrschaft manifestierte sich also, nicht anders als beim Königtum, in der Präsenz des fürstlichen Herrn, sie war auf Nähe angewiesen und auf Vergegenwärtigung durch Reisen. In Sachsen, wo Heinrichs meiste Eigengüter mit ererbten Grafschafts- und Vogteirechten lagen, hatte sich die herzogliche Gewalt nur schwach entwickelt: „Es gab weder ein allgemeines Aufgebotsrecht des Herzogs zu Hof- und Heerfahrt, noch eine über die Grafenfunktion hinausreichende herzogliche Gerichtsbarkeit; nur bei der Landfriedenswahrung konnte er sich auf rechtlich begründete Reichsaufgaben berufen, die er als Vertreter des Königs in Sachsen wahrzunehmen hatte. Seine Herrschaft ergab sich praktisch aus einer Summe von Einzelrechten, denen die institutionell sichere Struktur fehlte" (J. EHLERS). Trotzdem hat ein Zeitgenosse Heinrich gerade im Hinblick auf die Sachsen die *monarchia* zugeschrieben (1143). Viel weitergehende Amtsbefugnisse bot ihm allerdings das Herzogtum in Bayern. Der Herzog übte hier die Führung des Heeresaufgebots aus, er besaß die königliche Bannleihe zur Wahrung der obersten Richtergewalt im Land und die Aufsicht über den Landfrieden gegenüber den fehdeführenden Adelsfamilien. Als Vertreter des Herrschers war er außerdem Lehnsherr aller Markgrafen und Grafen, die er also mediatisierte, und konnte sich auf reiche Amtsgüter stützen. Wenn Heinrich der Löwe trotzdem nicht von Bayern aus seine Territorialbildung betrieb, so lag das wohl daran, dass er hier nur über verhältnismäßig wenig Hausgüter, Grafschaften und Kirchenvogteien mit zugehörigen Ministerialen verfügen konnte.

Trotzdem vermochte der Welfe wie ein König zu repräsentieren. Als er sich 1172 auf Pilgerschaft nach Jerusalem begab, scharte er ein großes Gefolge um sich; mit ihm zogen der Erzbischof von Bremen und der Bischof von Lübeck, die Äbte von St. Ägidien in Braunschweig und von St. Michael in Lüneburg, der Fürst der Obodriten sowie die Grafen von Schwerin und von Blankenburg mit weiteren Standesgenossen und zwei seiner bedeutendsten Ministerialen. Insgesamt ließ sich Heinrich von 500 schwergepanzerten Rittern begleiten, was einer Gesamtzahl von 1500 Männern im Gefolge entsprochen haben dürfte. Auf seiner Fahrt ins Heilige Land wurde der Fürst zweimal in Konstantinopel durch Kaiser Manuel I. empfangen, der schon Jahre vorher eine Gesandtschaft nach Braunschweig beordert hatte. Der Komnene erwies dem Herzog hohe, königsgleiche Ehren und führte mit ihm ein Zwiegespräch angeblich in einem goldenen Zelt, wenn es sich nicht um den Goldenen Speisesaal des Großen Palastes mit dem Mosaik des Christus Pantokrator gehandelt hat. Dass Konrad von Lübeck, den auf der Pilgerfahrt der Tod ereilen sollte, und der Abt vom Ägidienkloster es sogar gewagt haben, mit byzantinischen Gelehrten vor Manuel theologische Streitfragen zu erörtern, für die sich der Kaiser persönlich interessierte, wird neuerdings in Zweifel gezogen (J. FRIED). Nach dem

Zeugnis aus zweiter Hand, das der Chronist Arnold ablegt, habe die Kaiserin anschließend den Herzog so großzügig mit Samt und Pelzwerk beschenkt, dass er alle seine *milites* prächtig einkleiden konnte. Auch der Sultan von Ikonium, mit dem Heinrich vielleicht über ein Bündnis gegen den Ostkaiser verhandelte, soll den Herzog mit grandiosen Gaben ausgezeichnet haben, wiederum mit kostbaren Gewändern, aber auch mit 30 Pferden, die Prunksättel trugen, mit sechs Kamelen zum Transport der Geschenke, vor allem aber mit zwei Leoparden, die darauf abgerichtet waren, auf Pferden zu sitzen, samt Sklaven als Wärter für die Tiere; auch Heinrichs Ritter hätten sich aus 800 Pferden, die der Sultan vorführen ließ, je eines aussuchen dürfen.

Bei allem Glanz, den Heinrich der Löwe in Braunschweig und anderswo entfaltete, war es doch charakteristisch für die Großen seiner Zeit, dass die Herrschaft fragil blieb. Als er den Beistand des Kaisers verloren hatte, entluden sich lange angestaute Animositäten des übrigen Adels gegen ihn. Auch Friedrich I. selbst bezichtigte den Löwen der Verletzung lehnrechtlicher Pflichten. Nach einem spektakulären Prozess wurde Heinrich 1180 durch die Fürsten abgeurteilt und verlor daraufhin alle Reichslehen, vor allem die beiden Herzogtümer; zwar wurden ihm im folgenden Jahr seine sächsischen Eigengüter zurückgegeben, doch musste der Welfe mehrere Jahre außer Landes gehen.

Wenn man für das hohe Mittelalter und im Hinblick auf das römisch-deutsche Reich von einer fortschreitenden Feudalisierung spricht, müssen zwei Vorgänge unterschieden werden, die freilich der Sache nach zusammengehören: das Vordringen des Lehnswesens besonders im Verhältnis von Königtum, Adel und Kirche und die zunehmende Verselbständigung der Adelsherrschaften mit der Herausbildung der geistlichen und weltlichen Fürstentümer. Einen entscheidenden Anstoß für diese Entwicklung hatte die veränderte Rechtsstellung der Reichskirchen seit dem Wormser Konkordat (1122) gegeben. Schon vor dem Investiturstreit hatten die Bischöfe dem Herrscher, der sie auch ernannte, den Treueid geschworen und die Lehnshuldigung geleistet und dafür von ihm ihr Bistum durch die Verleihung von Bischofsstab und Bischofsring entgegengenommen. Nach dem Kompromiss Heinrichs V. mit dem Papsttum sollte die Mitwirkung des Königs an der Wahl erheblich eingeschränkt, die Verfügungsgewalt über die weltlichen Grundlagen der Bistümer aber präzisiert werden; danach stand dem Herrscher die Leihe der „Regalien“ an den gewählten Oberhirten mit dem Szepter zu, wofür er dessen Lehnshuldigung und Treueid erwarten durfte. Die Beziehungen zwischen König und Bischof gründeten also fortan vor allem auf Lehnsbeziehungen. Die Regalien umfassten die gleichen Gerechtsame wie beim weltlichen Adel: Städte, Herzogtümer, Markgrafschaften und Grafschaften, Münzen, Zölle, Märkte, Reichsvogteien, Zentgerichte, Königshöfe und Reichsburgen sowie Ministerialen. Als erster Herrscher hatte Lothar III. die Königsrechte des Wormser Konkordats in Anspruch genommen, bevor der Staufer Friedrich I. sie noch entschiedener nutzte. Anders als Lothar und sein unmittelbarer Vorgänger Konrad III. bestand er beispielsweise konsequent auf dem Hominium, vor allem aber forderte er die Servitien ein. Wer wie Hartwig von Bremen die Vasallenpflichten bei der Heerfahrt verletzte oder wer wie die Erzbischöfe von Salzburg gar Lehnshuldigung und Königsdienst verweigerten, dem entzog er die Regalien und Temporalien und dem ließ er die Kirchengüter durch kaiserliche Beauftragte verwalten. Barbarossa nutzte auch das „Regalienrecht“ bei Sedisvakanzen zu Lasten des Bistums und beanspruchte den persönlichen Nachlass verstorbener Oberhirten („Spolienrecht“). Darüber hinaus verstand er es, von großen Kirchenführern freiwillige Leistungen zu erwirken. Auch gegenüber dem weltlichen Adel brachte er das Lehnrecht entschlossen zur Geltung; allerdings konnte es ihm nicht darum gehen, durch strenge Einordnung der großen und kleinen Vasallen in einen Lehnsverband eine zentralistische Regierung zu errichten. Ein solches Vorhaben wäre daran gescheitert, dass sich schon am Beginn des 11. Jahrhunderts die Erblichkeit der Lehen weitgehend durchgesetzt hatte; nur wenn ein direkter Erbe fehlte, konnte der Herrscher im allgemeinen über heimgefallene Lehen frei verfügen, sonst musste er seinen Einfluss in verlehnten Herzogtümern oder Grafschaften anders zur Geltung bringen. Der beste Weg war stets, einen Interessenausgleich zu suchen, der dem Adel ebenso nützlich war wie dem Königtum und der dem Vorrang des Kaisers an der Spitze des Personenverbandes sowie als Quelle aller Herrschaftsausübung Rechnung trug. Zu den Maßnahmen, mit denen Friedrich die Territorialisierung förderte, gehörte die Errichtung von Gebietsherzogtümern, die auf lehnrechtlichen Grundlagen beruhten. Beispielsweise investierte er 1156 den Babenberger mit dem neugeschaffenen Herzogtum Österreich durch die symbolische Übergabe zweier Fahnenlanzen; auch die Gemahlin des neuen Herzogs wurde belehnt. Darüber hinaus – das war eine weitgehende Konzession – sollte auch die weibliche Erbfolge gelten und das Fürstenpaar bei Kinderlosigkeit das Recht haben, das Herzogtum einem Fremden ihrer Wahl zu hinterlassen. Durch diese transpersonale Bestandsgarantie wurde das neue Herzogtum dem Status der geistlichen Fürstentümer von Bischöfen und Reichsäbten angeglichen, denen ja keine leiblichen Erben nachfolgen konnten. Die Politik Barbarossas trug auch dazu bei, dass der Titel *princeps* einen exklusiveren Charakter gewonnen hat; „aber es gibt weder land- noch lehnrechtliche Kriterien, welche die Fürsten rechtlich klar von anderen hochadligen Geschlechtern abgrenzen. Auch eine reichsrechtliche Definition des Fürstenstandes kannte das hohe Mittelalter nicht" (E. SCHUBERT). Trotzdem ist das beträchtliche politische Gewicht der geistlichen Reichsfürsten unverkennbar, besonders im Hinblick auf das Königtum; man hat ausgerechnet, dass um 1190 92 geistlichen nur 22 weltliche Reichsfürsten gegenübergestanden haben.

Die Politik des Interessenausgleichs mit den Reichsfürsten setzte später vor allem Friedrich II. fort. Im Unterschied zu seinem Großvater verzichtete er gegenüber den geistlichen Reichsfürsten förmlich auf das Spolien- und Regalienrecht und gab ihnen zahlreiche Garantien für den Besitzstand ihrer Kirchen (1220). So sollten ohne ihr Wissen und gegen ihren Willen auf ihren Territorien keine neuen Zoll- und Münzstätten oder – etwa unter Berufung auf das Vogteirecht – Burgen, Städte oder andere Baulichkeiten errichtet werden; Kirchenhörige sollten sich dem Dienst der geistlichen Herrschaft durch Wegzug in königliche Städte nicht entziehen können; der geistliche Fürst sollte ferner beim Herrscher Unterstützung finden, wenn er einem seiner Vasallen ein Lehen entzog. Obschon die geistlichen Fürstentümer eine Besonderheit Deutschlands und für die königliche Herrschaft von erheblichem Gewicht waren, stärkte der jüngere Staufer auch die weltlichen Fürsten, um im Zusammenwirken mit den *principes* das Reich zu fördern (1232). Ihnen garantierte Friedrich II. unter anderem, dass sie die Freiheiten, Herrschaften, Grafschaften und Zenten, die ihnen frei oder als Lehen gehörten, nach dem Gewohnheitsrecht ihrer Länder unangefochten nutzen sollten. Im Nachvollzug von Garantien seines Sohnes König Heinrichs (VII.) beschränkte er besonders die Stellung der königlichen Städte; so sollten auf den Gebieten der *domini terre* keine neuen Städte oder Burgen zu ihrem Nachteil errichtet, bestehende Märkte sollten geschützt und die Kaufleute von Zwangsmaßnahmen verschont werden. Besonders wichtig war die Zusage des Kaisers, weder selbst oder durch seine Leute das zu Lehen ausgegebene Geleitrecht der Fürsten in ihrem Land anzutasten noch ein solches Vorgehen Dritter zu dulden, denn durch den conductus wurde die Gebietshoheit der Fürsten in dem werdenden Territorium besonders wirkungsvoll unterstrichen. Entgegen dem Tenor der beiden Privilegien für geistliche und weltliche Fürsten hat Friedrich II. zwar weniger neues Recht geschaffen als bestehende Rechtsverleihungen zusammengefasst, doch spiegeln sie eben deshalb die Verlagerung der politischen Gewichte in Deutschland beim Ausgang des hohen Mittelalters wider.

Wenn Stauferkaiser wie Friedrich I. und Friedrich II. oder auch Heinrich der Löwe, der Herzog von Sachsen und Bayern, das Städtewesen förderten, achteten sie streng darauf, dass dies zum Nutzen der adligen, fürstlichen oder königlichen Herrschaft und zum Vorteil von Wirtschaft und Finanzen geschah. Dagegen haben sie und andere Magnaten kein Verständnis gezeigt für die kommunale Bewegung in den Städten Oberitaliens oder an Rhein und Mosel, die zu ihrer Zeit bereits bis in den Osten der Elbe und nach Thüringen hinübergriff. Die Kommunebildung war freilich auch eine universalhistorische Neuerung – und eine Besonderheit des westlichen Mittelalters. Max WEBER hat als erster herausgearbeitet, dass nur der Okzident „eine Stadtgemeinde im vollen Sinn des Wortes als Massenerscheinung" hervorgebracht hat (1911/1921). Zwar sei schon in der Antike und auch in Russland die Stadt „ein Ort des Aufstiegs aus der Unfreiheit in die Freiheit" gewesen, wobei das entscheidende Mittel der geldwirtschaftliche Erwerb gewesen sei; aber darüber hinaus sei es „die eine große, der Sache nach revolutionäre Neuerung der mittelalterlich-okzidentalen gegenüber allen anderen Städten" gewesen, dass die Stadtbürgerschaft „die Durchbrechung des Herrenrechts" usurpierte. Die Charakteristik der Kommunebildung als revolutionären Vorgang hatte Weber von dem liberalen Historiker Augustin THIERRY übernommen, der in der großen Französischen Revolution die Erfüllung des jahrhundertelangen Freiheitsstrebens des Dritten Standes gesehen hatte (um 1820). Thierry sprach im Hinblick auf das 12. Jahrhundert geradezu von der „révolution communale"; damals hätten die Bürger zum ersten Mal für das gekämpft, was sie in seiner eigenen Zeit haben durchsetzen können. Vor Weber hatte bereits Karl MARX Thierrys Interpretation übernommen und in seine ökonomisch bestimmte Geschichtsdeutung eingebaut. Marx bezeichnete den „Bestand souveräner Städte" als einen „Glanzpunkt des Mittelalters" und hob in einem Brief an Friedrich Engels von 1854 den konspiratorischen und revolutionären Charakter der Munizipalbewegung im 12. Jahrhundert hervor. Dabei nannte er ausdrücklich – und zutreffend – die Kaiser Friedrich I. (1161) und Friedrich II. (1226) als Gegner der Kommunen.

Die Eigenart der okzidentalen Stadt suchte Max Weber durch den universalen Vergleich zu erfassen. In allen Kulturen, die er beobachtete, sei zwar die Stadt überhaupt Marktort gewesen, also Sitz von Handel und Gewerbe, und zugleich Festung. Die westliche Stadt habe aber darüber hinaus „die Qualität eines anstaltsmäßig vergesellschafteten, mit besonderen und charakteristischen Organen ausgestatteten Verbandes von ‚Bürgern'" gehabt, „welche in dieser ihrer Qualität einem nur ihnen zugänglichen gemeinsamen Recht unterstehen, also ständische ‚Rechtsgenossen' sind". Bei der Ausbildung des mittelalterlichen Stadtverbandes habe es, näher betrachtet, zwei Typen gegeben: die formalrechtliche Legitimierung der Korporation der Bürger durch politische oder grundherrliche Gewalt, oder aber, und das in den wichtigsten Fällen, durch formalrechtlich gesehen revolutionäre Usurpation. Es gebe also eine abgeleitete und eine originäre Entstehung des Stadtverbandes. Die originäre Usurpation habe in einem akuten Vergesellschaftungsakt bestanden, in einer Eidverbrüderung der Bürger. Tatsächlich erscheint die Kommune in den mittelalterlichen Quellen als *coniuratio* und, in pejorativer Akzentuierung vonseiten feudaler Herrschaftsträger, als *conspiratio*. In dem gegenseitigen promissorischen Eid der dadurch rechtlich gleichgestellten Bürger sieht auch die neuere Forschung den Kern der Kommunebildung. Nach Weber hätte sich die

Kommunebildung in der Regel im Konflikt vollzogen, rechtlich gesehen als Usurpation gegen die etablierten Gewalten. Auf der Grundlage von Eid und Verbrüderung sei die Kommune oder die Gemeinde ferner zu einem Verband geworden, dessen Ordnungen nicht von außen gesatzt waren und der eine eigene Gerichtsbarkeit ausbildete; die Kommune errang „mindestens teilweise Autonomie und Autokephalie, also auch Verwaltung durch Behörden, an deren Bestellung die Bürger irgendwie beteiligt waren". In den letzten Jahrzehnten des 11. Jahrhunderts seien überall *consules*, also Vorsteher des selbstverwaltenden Rates, aufgetreten, die jährlich entweder durch die Gesamtheit der Bürger oder durch ein Honoratiorengremium gewählt wurden.

Während Max Weber einen Idealtyp der okzidentalen Stadt als Kommune bilden wollte, hat die jüngere Spezialforschung stärker herausgearbeitet, dass von einem Antagonismus zwischen Stadtherrschaft und Gemeinde nicht immer die Rede sein kann; die Eidverbrüderung konnte beispielsweise durchaus zum gegenseitigen Vorteil und zur Wahrung des Friedens einen bischöflichen Stadtherrn einschließen. Auch ist bezweifelt worden, dass die Kommune stets die alten ständischen Grenzen aufgehoben und unmittelbar zur Entstehung des neuen Städtebürgertums geführt habe. Dafür bieten besonders die Städte Norditaliens Anhaltspunkte, die die ersten Schauplätze der Kommunebildung überhaupt gewesen sind. Hier stellten die Freien den bestimmenden, auch zahlenmäßig überwiegenden Anteil der Einwohnerschaft; im Unterschied zu Nordfrankreich, Flandern und dem Rheinland, den anderen Ursprungslandschaften der Kommunebildung, war der grundbesitzende Adel stadtsässig geblieben. In den Städten rivalisierten daher vor allem die Adelsfamilien mit ihren Klientelverbänden und Gefolgschaften untereinander; Bischöfe und andere Amtsträger waren oft nur Vertreter bestimmter Adelsgruppen. Interessen und Rechte einer Gesamtgemeinde mussten sich also weniger gegen einzelne Stadtherren durchsetzen, als im Parteienkampf der Oligarchie zur Geltung bringen.

Schon am Ende des 10. Jahrhunderts haben sich in Mailand die Bürger erhoben gegen Erzbischof Landulf und seine Verwandten; wenig später schlossen aufständische Bürger in Cremona gegen den Bischof ihrer Stadt eine *coniuratio*, die als gegen die Bischofsherrschaft schlechthin gerichtet erscheint. Die Rebellen zerstörten nämlich Burg und Häuser des Bischofs, holzten seine Wälder ab, rissen Kirchengut an sich und verweigerten den Zins (um 1031). Tatsächlich dürfte dieser Konflikt bereits in den Kontext des Valvassorenaufstandes gehören, der 1035/37 weite Teile Oberitaliens erfasst hat. Dabei ging es offenbar, wie sich wiederum am Fall Mailands, der lombardischen Metropole, erkennen lässt, um den Versuch der führenden „Bischofs"- und Fürstenfamilien, den sozialen und politischen Abstand zwischen sich und dem Lehnsadel zu vergrößern. Es war Kaiser Konrad II., der in einer Verordnung (*iussio*) die großen und kleinen Lehnsträger schützte und die Erblichkeit ihrer Lehen garantierte. Ausmaß und Eigenart der Auseinandersetzung genau beobachtet und beschrieben hat der Historiograph des Saliers: ‚Eine große und bisher unbekannte Verwirrung ist in Italien durch die Schwureinungen (*coniurationes*) entstanden, die das Volk gegen die Fürsten geschlossen hat. Es haben sich nämlich alle Lehnsträger (*valvassores*) mit den einfachen Rittern gegen ihre Herren und alle Kleineren gegen die Großen verschworen, damit sie nicht hinnehmen müssten, dass ihre Herren ungestraft irgend etwas gegen ihren Willen unternehmen könnten; und sie erklärten, wenn ihnen der Kaiser nicht zu Hilfe kommen wolle, dann würden sie das Gesetz selbst machen.' Offenbar ging es 1035 noch nicht schlechthin um Selbstregierung, sondern um Beschränkung der Herrschaften. Gleichzeitig mit dem Aufstand der Vasallen erhoben sich in Mailand und in anderen Städten die cives gegen die Bischöfe. Bei den Aufständischen handelte es sich freilich, sozialgeschichtlich gesehen, um die städtische Führungsschicht und dabei besonders um die bischöfliche Vasallität. Der Vasallenadel erhob also Anspruch auf Mitregierung. Schon wenige Jahre später verlagerten sich die Konfliktlinien. In Mailand folgte jedenfalls auf den Valvassoren- ein Volksaufstand, bei dem die *plebs* dem Adel gegenüberstand (1042). Zur *plebs* gehörten wohl Kirchenleute (Kirchenbedienstete), städtische Handwerker (Bäcker, Müller, Fleischer, Schmiede, Schneider), zum Adel die größeren und kleineren Lehnsleute, also Capitane und Valvassoren. Als beide Gruppierungen im Spätsommer 1045 Frieden schlossen, beschworen sie Eintracht, Gerechtigkeit und Gemeinwohl als Ziele des kommunalen Verbandes. Vermutlich erhielt nun die Volksversammlung der Stadtgemeinde (*collectio universorum civium*) das Recht, an den wichtigen Entscheidungen mitzuwirken; eine vollausgebildete Kommune mit Selbstbestimmung oder gar Selbstregierung der Gemeinde durch eigene Repräsentanten hat es aber noch nicht gegeben.

Der Prozess der Kommunebildung wurde in Mailand vorangetrieben in einem zwanzigjährigen Bürgerkrieg mit wechselnden Bündnissen, an denen auch der König und der Papst beteiligt waren (1056–1075). Zum Jahr 1117 ist dann in einer Urkunde von 20 Konsuln die Rede, also von Amtsträgern, die den institutionellen Abschluss der Kommune signalisieren; 1130 setzte sich der Stadtrat aus sieben Capitanen, sieben Valvassoren und sechs angesehenen Bürgern zusammen. In ähnlicher Weise wie in Mailand war der Prozess der Kommunebildung auch in anderen Städten der Lombardei und Venetiens erfolgreich. Begünstigt wurde diese Entwicklung durch die Abwesenheit der Könige und Kaiser. Als Friedrich I. die verlorengegangenen Reichsrechte wiederherstellen wollte, fand er nach den Worten seines Onkels Otto von Freising eine völlig neue Verfassung bei den Lombarden vor: ‚In der Verwaltung der Städte und in der Bewahrung der Staatsform ist ihr Vorbild noch heute die Klugheit der alten Römer. Schließlich lieben sie die Freiheit so stark, dass sie sich jedem Übergriff der Gewalt entziehen und lieber von Konsuln als von Herrschern regieren lassen. Da es bekanntlich bei ihnen drei Stände gibt, nämlich Capitane, Valvassoren und Bürger, werden, um keinen Hochmut aufkommen zu lassen, diese Konsuln nicht aus einem, sondern aus allen Ständen gewählt, und damit sie sich nicht zur Herrschsucht verleiten lassen, werden sie fast jedes Jahr ausgetauscht. So kommt es, dass das Land fast vollständig unter Stadtstaaten aufgeteilt ist und dass jeder derselben die Bewohner seines Gebietes mit ihnen zusammenzuleben zwingt, dass man ferner kaum einen Edlen oder Großen von noch so großem Ehrgeiz findet, der sich nicht trotzdem der Herrschaft seines Staates beugte. Auf Grund dieser Gewalt des Zusammentreibens pflegen sie ihre Territorien Comitate zu nennen. Damit sie nicht der Mittel entraten, auch die Nachbarn zu unterdrücken, halten sie es nicht für unter ihrer Würde, junge Leute der unteren Stände und auch Handwerker, die irgendein verachtetes mechanisches Gewerbe betreiben, zum Rittergürtel und zu höheren Würden zuzulassen, während die übrigen Völker solche wie die Pest von den ehrenvolleren und freieren Beschäftigungen ausschließen. So kommt es, dass sie an Reichtum und Macht die übrigen Städte der Welt übertreffen.‘ Beraten von Bologneser Juristen und gestützt auf das alte Kaiserrecht des Codex Justinianus definierte Barbarossa die von den Städten ausgeübten „Regalien“, wie die Gerichtsbarkeit und die Rechte an Märkten, Münzen, Zöllen, Straßen und Wasserwegen; konnten die Städte keine königliche Verleihungsurkunde dafür vorweisen, sollten sie die Regalien zurückgeben oder dem Kaiser dafür Geld zahlen. Auf dem Reichstag von Roncaglia 1158 gebot der Herrscher demonstrativ als Gesetzgeber auch allen Untertanen seines Reiches, Frieden zu halten und diesen zu beeiden; hingegen untersagte er ‚jedes Abschließen von Vereinigungen und alle Schwureinungen in den Städten und außerhalb (*conventicula quoque et omnes coniurationes in civitatibus et extra*), auch zwischen Stadt und Stadt, zwischen Person und Person oder zwischen Stadt und Person unter dem Vorwand einer Verwandtschaft',und erklärte die in der Vergangenheit abgeschlossenen Vereinbarungen dieser Art für ungültig; jeder einzelne Eidgenosse solle mit einer Strafe von einem Pfund Gold belegt werden. Friedrichs Versuche, die roncalische Gesetzgebung durchzusetzen, die Konsulatsverfassungen aufzuheben und in den Städten kaiserliche Beauftragte (Podestà) einzusetzen, führten in der Folgezeit zu heftigen und blutigen Auseinandersetzungen, zumal die Kommunen selbst ihre Kräfte in Städtebündnissen zu verstärken suchten. Am Ende musste der Staufer seine rigorosen Forderungen fallen lassen (1175) und im Friedensvertrag von Konstanz 1183 einen Ausgleich finden. Den Städten wurden ihre Freiheiten einschließlich der Selbstbestimmung zugestanden, aber auch der Kaiser hatte seine Position rechtsverbindlich festgeschrieben. Die Kommunen erkannten die Hoheit des Reiches an, indem sie zugestanden, dass die gewählten Konsuln alle fünf Jahre vom Kaiser selbst oder seinem Stellvertreter investiert werden sollten; falls ein Bischof die Grafenrechte innehatte, sollte er als Lehnsträger des Reiches die Konsuln in ihr Amt einführen. Auch wurde vereinbart, dass in wichtigeren Streitsachen gegen das Urteil der Konsuln beim Kaiser appelliert werden konnte. Nachdem Friedrich Barbarossa vergeblich versucht hatte, die Kommunen Oberitaliens zu beseitigen, war es ihm gelungen, sie in die Reichsverfassung einzufügen. Die Kommunen ihrerseits konnten sich auf den Konstanzer Frieden berufen, als später Friedrich II. erneut versuchte, seine Kaiserherrschaft stärker zur Geltung zu bringen.

Auf welchen Wegen die Kommunebewegung sich in West- und Mitteleuropa ausgebreitet hat, läßt sich höchstens für Einzelfälle klären. Generell mussten in den Städten ähnliche soziale und wirtschaftliche Bedingungen gegeben sein, damit es, vielleicht weniger nach Anregung von außen als unter herrschaftlichem Druck oder zur Förderung eigener Gestaltungschancen der Bürger, zur Eidverschwörung kommen konnte. Zuletzt ist darauf hingewiesen worden, dass die städtische Kommune ihren Vorläufer in ländlichen geschworenen Einungen gehabt haben dürfte (O. G. Oexle). Diese „Gilden" gingen bereits ins 9. Jahrhundert zurück und hatten, ebenso wie die späteren städtischen Kommunen, ein begrenztes räumliches Substrat. Wie bei den Stadtkommunen haben die Schwureinungen bei den Bauern einem Zustand der Desorganisation entgegengewirkt, sie waren also Selbsthilfeorganisationen, um Defekte der politischen Gesamtordnung und Herrschaft zu kompensieren. Nicht die soziale Form der Kommune, nur das Wort selbst wäre demnach um 1100 neu gewesen. Immerhin haben aber die Zeitgenossen die Kommunebildung in der Stadt als etwas gänzlich Ungewohntes empfunden (z. B. Guibert von Nogent, Lampert von Hersfeld), das sich häufig nur unter Gewaltanwendung durchzusetzen vermochte.

Für Deutschland liegt es nahe, beim Aufkommen von städtischen Schwureinungen und Kommunen an Vorbilder aus Nordfrankreich zu denken. Denn bald, nachdem in Le Mans 1070 die städtische Bevölkerung eine ‚Verschwörung' machte, ‚die sie Kommune' nannte, erhoben sich die Bürger von Worms (1073) und von Köln (1074) gegen ihre bischöflichen Stadtherrn, und 1077 kam es in Cambrai, im äußersten Westen des Reiches, zu einer förmlichen *communia*, die die Bürger durch gegenseitig geleisteten Eid, also als *coniuratio*, begründeten. Im Einzelnen waren Ursachen, Parteienbildung und Verlauf der Konflikte bei den Städten aber verschieden. In Le Mans hatten sich die Handwerker und Arbeiter gegen den Herzog der Normandie, den damaligen Stadtherrn, erhoben und die Vornehmen mit dem Klerus der Stadt zur Teilnahme an der Verschwörung gezwungen; trotz Unterstützung durch die benachbarte Landbevölkerung unterlag die Kommune schnell den Lehnsrittern des Herzogs, der 1073 von den Großen der Stadt einen Treueid entgegennahm, ohne dass die übrige Bevölkerung noch hätte Widerstand leisten können. Der Geist der Auflehnung blieb aber lebendig, denn 1092 und 1116 revoltierte die Bürgerschaft erneut, jetzt gegen ihren Bischof.

In Cambrai hatten die Bürger den Bischof schon einmal zur Flucht gezwungen (984), bevor sie ihm ein Jahrhundert später aufgrund einer angeblich schon lange erwogenen Verschwörung den Zutritt zu seiner Stadt verwehrten. Als sie glaubten, von ihm die Anerkennung der *Conjuratio* erreicht zu haben, wurden sie von ihm überlistet und erlitten schwere Bestrafungen. Mit Unterstützung der stadtsässigen Vasallen und Amtsleute des Bischofs wagten sie Anfang des 12. Jahrhunderts wieder eine Erhebung; jetzt erlangten sie durch den Bischof die Erlaubnis zum gegenseitigen Schwur und waren dafür bereit, auch dem kirchlichen Stadtherrn den Treueid abzulegen. Schon 1107 unterwarf jedoch der Bischof mit Unterstützung König Heinrichs V. die Stadt und vernichtete das Kommuneprivileg. Seit 1174 verhandelte der inzwischen gebildete städtische Magistrat mit dem Bischof um Erweiterung der bürgerlichen Freiheiten; nachdem der Bischof 1216 die Einsetzung von 14 Schöffen konzediert hatte, hob er die Kommune 1226 wieder auf. Jetzt sollten an der Spitze des Schöffenkollegs zwei *prévôts* des Bischofs stehen und auch alle Mitglieder der Stadtverwaltung durch den Bischof ernannt werden. Obgleich die Kommunebildung in Cambrai insofern gescheitert ist, als die Bürger keine Autokephalie errungen haben, blieben diesen am Schluss doch die Selbstverwaltung, die Wehrhoheit und die eigene Gerichtsbarkeit.

In den rheinischen Bischofsstädten haben die Rebellionen der siebziger Jahre, von denen auch Mainz (1077) betroffen war, noch nicht zur Ausbildung von Kommunen geführt. Die Bürgerschaft verbündete sich wiederholt mit dem salischen Königtum gegen ihren Bischof, verstand es aber auch, ihrem Stadtherrn schrittweise Rechte abzugewinnen. In Worms war es eben ausgerechnet der Bischof, der 1106 mit dem Rat von Bürgern den Fischhändlern die Errichtung einer Zunft erlaubte. 1114 verlieh Heinrich V. den Wormsern die Freiheit des Eheschlusses sowie freies Besitz- und Erbrecht; für die häufig vom Lande her zugezogenen Unfreien entfielen damit Abgaben aus der Hinterlassenschaft an einen Feudalherrn. Später hat sogar Friedrich I. das Wormser Erbrecht noch einmal verbessert (1184). Der staufisch-welfische Thronstreit begünstigte am Ende des Jahrhunderts den weiteren Ausbau kommunaler Rechte; die Steuer wurde jetzt von Bürgern eingehoben, und 1198 traten erstmals *judices* auf, die Anfang des 13. Jahrhunderts ‚Ratsherren' genannt wurden.

Nach der Erhebung von 1074, die von vornehmen Kaufleuten angeführt worden war, verbündeten sich die Kölner 1106 mit den Bürgern von Lüttich, um Heinrich IV. gegen seinen aufständischen Sohn beizustehen. In der Überlieferung ist von einer beschworenen Einung der beiden Städte die Rede, die wohl von niederlothringischen Fürsten unterstützt wurde, während der Erzbischof auf der Seite des jüngeren Saliers stand. Bald darauf aber scheint sich der Prälat ebenfalls der ‚Schwureinung für die Freiheit' angeschlossen zu haben. Bereits 1103 war in Köln ein Schöffenkolleg bezeugt, das als kommunales Verwaltungsorgan das Zollregal ausüben konnte. Weitere Indizien für die allmähliche Zunahme städtischer Autonomie sind das Stadtsiegel (zuerst 1149), die gegen den Widerstand des Erzbischofs erzwungene Erweiterung des Mauerkranzes (1180) und die genossenschaftliche Organisation der Kaufleute in der so genannten Richerzeche; ein förmlicher Stadtrat ist hingegen in Köln erst spät bezeugt (1216/42).

Die kommunale Bewegung wurde nicht nur von Kaufleuten, Handwerkern und in die Stadt geflohenen hörigen Bauern getragen, sondern auch von Ministerialen unterstützt, die auf diese Weise die Befreiung aus der Abhängigkeit von ihren geistlichen oder weltlichen Stadtherren zu erringen hofften. In der Moselstadt Trier beispielsweise schlossen 1132 erzbischöfliche Ministerialen und Bürger eine coniuratio gegen den Stadtherrn; dieser konnte Friedrich Barbarossa 1157 und 1161 zwar bewegen, die communio der Bürger von Trier zu verbieten, doch hatten die Maßnahmen keinen durchschlagenden Erfolg. Bereits 1172 ist ein Schöffenkolleg bezeugt, das an der Spitze der Stadtgemeinde stand. In ähnlicher Weise traten die Ministerialen neben den Bürgern bei der Kommunebildung von Mainz hervor; hier wurde der Erzbischof sogar erschlagen (1160), und von Kaiser Friedrich wurde zur Strafe die Niederlegung der Stadtmauern durch die Bevölkerung verfügt. Wenig später haben sich auch in Leipzig Ministerialen und Bürger gegen den wettinischen Markgrafen, ihren Stadtherrn, erhoben (1215/16).

Die Kommunebewegung drang also in westöstlicher Richtung weiter vor; im Zuge der so genannten Ostsiedlung wurden dann zwar offenbar keine *coniurationes* mehr geschlossen, aber die Landesherren lockten mit der Gewährung eines vorteilhaften Stadtrechts älterer Kommunen, zum Beispiel desjenigen von Magdeburg, die Neusiedler an. Nicht anders verfuhren die Fürsten bei der Erschließung, Kolonisation und Erweiterung ihrer werdenden Territorien im Altsiedelland. Ein Beispiel dafür ist Freiburg im Breisgau. 1120 hat Konrad von Zähringen zunächst einen Markt errichtet; um anerkannte Kaufleute anzuwerben, gewährte er ihnen Privilegien, die sie von ihm selbst verlangt hatten. Konrad gab ihnen Hofstätten zu einem festen jährlichen Zins, auf denen sie eigene Häuser bauen durften; denjenigen, die Grund und Boden am Markt erwarben, versprach er Mitnutzungsrechte an der Allmende, er garantierte die Sicherheit der Handelswege in seinem Herrschaftsbereich, befreite die ansässigen Kaufleute vom Marktzoll in Freiburg und sagte ihnen zu, die Heersteuer nur dann zu fordern, wenn er vom König zur Reichsheerfahrt aufgeboten werden würde. Der ganzen Siedlungsgemeinschaft über die Kaufleute hinaus garantierte er freies Erbrecht und konzedierte das Wahlrecht für Stadtvogt und Pfarrer. Bei zivilrechtlichen Streitigkeiten sollte nur das Kaufmannsrecht zur Geltung kommen; allerdings behielt sich der Zähringer offenbar die Strafgerichtsbarkeit vor. Erst 1152 hat Berthold IV. von Zähringen den Markt als Stadt anerkannt; damals erhielt Freiburg auch ein eigenes Gericht, in dem der Herzog dreimal im Jahr ‚nach den Satzungen der Bürger' Recht sprechen wollte. Unter Berthold V. (1186–1218) ist erstmals ein Rat von 24 Männern bezeugt. Die Stadtrechtsprivilegien der Zähringer für Freiburg im Breisgau galten als so vorbildlich, dass sie auch für andere Städtegründungen in Süddeutschland übernommen wurden.

2.1.1.4 Politische Geschichte beider Reiche als Strukturgeschichte Europas

Die politische Geschichte der beiden Kaiserreiche im hohen Mittelalter war nicht nur für diese selbst bedeutsam, sondern vor allem durch ihre Wirkung auf die Strukturen Europas im Ganzen. Was sich in Byzanz und im römisch-deutschen Reich ereignete, lässt sich als erstaunlich gleichförmiger, wenn auch zeitverschoben und unterschiedlich intensiv ablaufender Prozess des Bedeutungsverlusts für das jeweilige Kaisertum begreifen, der konkurrierende Mächte des Umfeldes beziehungsweise aufsteigende soziale Kräfte im Innern begünstigte. Zwar bewahrten die Kaiser das hohe Ansehen, ja den Nimbus ihrer besonderen Würde, doch sind sie am Ausgang der Epoche zu Vorstehern von Kleinstaaten (Byzanz) beziehungsweise einer retardierten politischen Herrschaft (Westreich) herabgesunken.

Am Beginn hatten freilich Herrscher gestanden, die ihre Reiche auf einen Höhepunkt ihrer Geschichte geführt hatten. Der eine, Basileios II. (gest. 1025), hatte in langen schweren Kämpfen den Adel in Kleinasien niedergerungen und die Reichsgrenze bis nach Armenien vorgeschoben, im Westen hatte er das Reich der Bulgaren ausgelöscht und Byzanz wieder den ganzen Balkan eingegliedert. Bei allen militärischen Aktionen verschaffte seine strenge Steuerpolitik dem Staat einen Wohlstand, von dem noch seine Nachfolger zehrten. Allerdings haben die geordneten Staatsfinanzen des Basileios und eine für Byzanz ungewöhnliche Friedensperiode nach seinem Tod den Niedergang des Reiches nicht verhindert. Der andere Kaiser, Heinrich III., schon Angehöriger der nächsten Generation (gest. 1056), unterstrich die Dominanz der Salier in Mitteleuropa, indem er Polen, Böhmen und Ungarn im Osten sowie die langobardischen Fürstentümer und die neuen normannischen Herren im Süden Italiens von sich lehnsabhängig machte. Diese Erfolge blieben zwar unabgesichert, und schon Heinrich III. hatte Mühe, den hohen Adel, besonders in Lothringen, Bayern und Tuszien, unter Kontrolle zu halten. Dafür aber demonstrierte er eindrucksvoll die Leitungsgewalt des (künftigen) Kaisers in der römischen Kirche, als er 1046 einen amtierenden Papst sowie zwei seiner bereits resignierten Vorgänger formell absetzte und einen neuen Nachfolger des heiligen Petrus berief. Schon die karolingischen und ottonischen Vorgänger des Saliers hatten gelegentlich in stadtrömische Auseinandersetzungen um das Papstamt eingegriffen und Männer ihrer Wahl erhoben, aber Heinrich verband seine Intervention mit dem Anliegen der Kirchenreform. Er hatte sich die Forderung zu Eigen gemacht, die Simonie zu bekämpfen, also den Handel mit geistlichen Ämtern vor allem gegen materiellen Vorteil. Der von ihm berufene Papst war ein Bischof des (nordalpinen) Reiches und behielt diese Stellung auch als römischer Oberhirte bei; diese Doppelrolle eröffnete dem Kaiser direkte Einwirkungsmöglichkeiten auf den Pontifex. Als Heinrichs Protegé schon nach kurzer Zeit starb und weil auch dessen Nachfolger nicht lange amtierten, konnte der Kaiser noch dreimal Päpste einsetzen, die ebenso Anhänger der Reform und Reichsbischöfe waren. Besonders unter Leo IX. (1049–1054), der aus Lothringen stammte, wurzelte das Reformpapsttum unter der Leitung des Kaisers in Rom ein, zumal Leo systematisch Anhänger der Reform an sich zu binden verstand. Nach dem Tod Heinrichs III. riss der Kontakt des Salierhofes zur römischen Reformergruppe ab; bei einer erneut nötig gewordenen Papstwahl mussten sich die Reformer deshalb ohne Rückhalt am ostfränkischen Königtum in Rom behaupten. Dies gelang, wenn auch unter großen Schwierigkeiten, mit Hilfe des Adels in Oberitalien. Die Päpste gerieten darüber jedoch nicht in dauernde neue Abhängigkeiten; vielmehr glückte die Verselbständigung des Reformpapsttums, das schon unter Leo IX. begonnen hatte, die Leitungsgewalt des Bischofs von Rom in der universalen Kirche zu beanspruchen. Die entscheidenden Jahre waren 1057–1059; neben der wiederholten Berufung von Reformern auf die Cathedra Petri wurden in dieser kurzen Zeitspanne theologisch, institutionell und politisch die Grundlagen für die *libertas ecclesiae* gesichert. Der von Leo eingesetzte Kardinal Humbert von Silva Candida weitete in einer umfangreichen Denkschrift gegen die Simonie die Anliegen der Kirchenreform auf die Kritik am Investiturbrauch aus: Kein Laie durfte demnach die Macht zur Einsetzung von Bischöfen haben, weil dies angeblich die Verwaltung der Sakramente selbst implizierte; ausdrücklich schloss Humbert bei seiner Kritik die Herrscher seit den Ottonen ein. Obschon eine unmittelbare Wirkung von Humberts Schrift nicht nachweisbar ist, hat sein neues Denken die Rolle des Königtums bei der Leitung der Kirche radikal in Frage gestellt. Dies war die Linie, die die Reformer weiter verfolgten, auch wenn ihrem tatsächlichen Handeln nicht immer programmatisches Wollen und Planmäßigkeit beim Vorgehen unterstellt werden kann. Getrieben von der Sorge, wieder Opfer weltlicher Parteibildungen und damit von der ‚Krankheit der Käuflichkeit' befallen zu werden, gab sich die römische Kirche 1059 eine neue Nachfolgeordnung. Danach sollte die Wahl des Papstes künftig beim Kardinalkollegium liegen, während König Heinrich IV. nur noch ein Zustimmungsvorbehalt eingeräumt wird. Tatsächlich hat das Papstwahldekret den Kardinälen auf längere Sicht die Schlüsselrolle bei der Bestimmung der Kirchenleitung verschafft. Auch „staatspolitisch" begann die Papstkirche, ihre Stellung neu zu definieren. Ebenfalls im Jahr 1059 investierte Nikolaus II. die Normannen Richard I. und Robert Guiscard mit ihren Fürsten- und Herzogtümern in Unteritalien; der Papst trat als normannischer Lehnsherr also an die Stelle der Salier und musste sich fortan in einer traditionellen Interessensphäre beider Kaiserreiche mit quasistaatlichem Anspruch behaupten. Allerdings hatte sich vorher, schon unter Leo IX., erwiesen, dass weder Heinrich III. noch der Basileus die römische Kirche gegenüber den Normannen wirkungsvoll zu schützen vermochten. Umgekehrt förderte die Neubelehnung die Normannen selbst auf ihrem Weg zu staatlicher Selbständigkeit auf Kosten der alten Reiche und Herrschaften.

Weitere entscheidende Schritte zur Differenzierung der westlichen Welt und des Kaiserreiches selbst brachte der Konflikt zwischen Gregor VII. und Heinrich IV. in den Jahren 1076/77 mit sich. Anlass des Streits waren Bischofsinvestituren des Saliers in Oberitalien, besonders in Mailand; für sie machte Gregor Heinrichs Räte verantwortlich, die er bannte, ohne dass sich der König von ihnen trennte. Als der Papst den König selbst abgesetzt und exkommuniziert hatte und Heinrich In Canossa wie ein bußfertiger Laie die Wiederaufnahme in die Kirchengemeinschaft begehrte und erlangte, wurde die Weltordnung in den Augen der Zeitgenossen infragegestellt. Auch nach dem Urteil der modernen Historiker ereignete sich bei der „kirchengeschichlichen Wende" ein revolutionärer Umbruch, nämlich der Umsturz der Hierarchieverhältnisse (G. TELLENBACH). An die Spitze der Kirche trat der Papst selbst, während der König und Kaiser seine religiöse Legitimation fortan gegen kuriale Kritik behaupten musste. Der Kirchenkampf veränderte auch die Binnenstrukturen des Reiches. Dem Papst gelang es, die „deutsche Kirche" in Gestalt des Episkopats zum Gehorsam zu zwingen und vom König teilweise abzuwenden. Unter Führung der weltlichen Fürsten wurde Rudolf, der Herzog von Schwaben, zum Gegenkönig ausgerufen. Immer wieder angetrieben vom Motiv der Kirchenreform hatten Papsttum, Episkopat und Adel begonnen, sich aus der frühmittelalterlichen Einheit von „Staat und Kirche" zu lösen, die am deutlichsten im Königtum konstituiert gewesen war.

Das „Reich", das vom Königtum unterscheidbar wurde und im hohen Adel seinen deutlichsten Repräsentanten hatte, wurde damals wenigstens ansatzweise auch als „deutsch" begriffen. Zuerst war die Bezeichnung *regnum Teutonicum (Teutonicorum)* offenbar in Italien aufgekommen; es handelte sich also um eine Fremdbenennung, die Gregor VII. übernahm, um seinem Gegner Heinrich IV. in polemischer Absicht eine partikulare Königsherrschaft über die „Deutschen" zu attestieren. Die Namenszuschreibung wurde nördlich der Alpen aber aufgegriffen und mehr und mehr angeeignet; das zeigt, dass die Ethnogenese der Deutschen vorangeschritten war, obschon sie im Rahmen des Imperiums nicht, wie in anderen Reichen, durch ein „nationales" Königtum begünstigt werden konnte. Über dieser Entwicklung wurden freilich Kaiser und Reich im Mittelalter selbst niemals „deutsch"; sie blieben römisch, wie sich auch die Könige, besonders seit Heinrich V., konsequent als *Romanorum rex* titulierten.

Eine Freiheit der Kirche von der Herrschaft des Kaisers wie das Papsttum im Westen hat das Patriarchat von Konstantinopel niemals angestrebt, und doch lassen sich im Osten Tendenzen der kirchlichen Selbstbehauptung gegen den Basileus erkennen; moderater ausgeprägt als im Okzident kamen sie hier auch viel langsamer zur Geltung. Das zeigt das Schisma von 1054 zwischen der römischen und der orthodoxen Kirche und seine Geschichte. Die Kirchenspaltung hatte sich aus einem begrenzten Streit zwischen päpstlichem Legaten und dem Patriarchen entwickelt; auch wenn sie mindestens bis zum Ausgang des Hochmittelalters noch als heilbar galt, war sie schon bei ihrer Entstehung das Ergebnis einer weitgehenden Entfremdung zwischen dem lateinischen und dem griechischen Christentum gewesen. Anlass des Konflikts war die Sorge des Patriarchen Kerullarios um seine Jurisdiktion über Süditalien, die er durch das Bündnis zwischen dem Papst und Kaiser Konstantin IX. gegen die Normannen als gefährdet ansah. Kerullarios ließ Schriften gegen den lateinischen Ritus verbreiten, vor allem gegen den Gebrauch ungesäuerter Brote in der Eucharistie, der in Byzanz als alttestamentarisch, also jüdisch, verworfen wurde. Der Konflikt spitzte sich zu, als Kardinal Humbert als Gesandter Leos IX. in Konstantinopel den römischen Standpunkt darlegen wollte, dann aber ohne päpstliche Legitimation den Patriarchen und seine Anhänger bannte. Die Vorwürfe gingen nun über die Fragen des Ritus hinaus und betrafen auch alte strittige Glaubensfragen (Filioque) sowie neue Reformforderungen (Simonie, Verbot der Priesterehe). Der Kaiser, dem ja von vorn herein an einem Einvernehmen mit Rom gelegen war, konnte den Zusammenstoß zwar zeitweise aufhalten, letztlich wurde er aber selbst überspielt. Kerullarios sprach seinerseits über Humbert und die anderen römischen Gesandten die Exkommunikation aus; der Papst selbst war formell von diesem Bann nicht betroffen, doch wurde die Spaltung auf die lateinische beziehungsweise die griechische Kirche im Ganzen bezogen. In den darauffolgenden zwei Jahrhunderten haben sich die Päpste und die Ostkaiser mehrfach um die Wiederherstellung der Einheit bemüht; die einen wollten die Union unter Anerkennung ihres Kirchenprimats auch gegenüber dem Patriarchat von Konstantinopel, des lateinischen Glaubensbekenntnisses einschließlich des Filioque und der Behauptung der eigenen Riten, die anderen beharrten auf der Einheit nach ihrem kaiserlichen Reichsverständnis, aber auch aus Gründen der politischen Zweckmäßigkeit: sie brauchten den Papst zur Vermittlung bei anderen westlichen Mächten gegen die Normannen, die Ungarn und die Seldžuken, schließlich auch gegen die Kreuzfahrer. Demgegenüber konnte der Patriarch an einer Einigung zwischen seinem Kaiser und Rom nicht interessiert sein, und zwar um seinen eigenen Rang und um die besonderen Traditionen seiner Kirche zu behaupten. Zwar haben Kaiser Michael VIII. und Papst Gregor X. erfolgreich darauf hingewirkt, dass auf dem Konzil von Lyon 1274 die Einheit der Kirche wiederhergestellt werden konnte, und auch der Klerus des Ostreiches war bereit, den päpstlichen Primat anzuerkennen; doch verweigerte der Patriarch von Konstantinopel seine Zustimmung. So hielt der Kompromiss nur bis 1282. Das Eigengewicht des ersten Bischofs beschränkte auch in Byzanz den Handlungsspielraum des Kaisers, ohne sich freilich wie im Westen zu eigener Staatlichkeit mit monarchischer Gewalt zu verdichten.

Die Erosion des Kaisertums, die im Osten 1025 und im Westen 1056 begonnen hatte, wurde in beiden Reichen unterbrochen durch restaurative Phasen, die den Komnenen beziehungsweise den Staufern zuzuschreiben war. In Byzanz setzte sich nach der Niederlage des Kaisers Romanos IV. gegen die Seldžuken bei Mantzikert und dem endgültigen Verlust Unteritaliens durch die normannische Einnahme Baris 1071 die Serie schwerer Niederlagen unter Alexios I. nicht mehr fort, auch wenn dieser Kaiser die Einnahme Dyrrhachions durch Robert Guiscard nicht verhindern konnte und Venedig weitgehende Handelsvorrechte im Reich einräumen musste (1081/82). Kaiser Manuel I. hatte gar von der Wiederherstellung des byzantinischen Reiches im Stil Justinians geträumt und sich aktiv in eine neue europäische Bündnispolitik eingeschaltet, sein Tod und die Wirren um sein Erbe bedeuteten aber den erneuten Umschlag zum Schlechteren. Schon 1185/87 wurde das zweite bulgarische Reich auf dem Balkan errichtet, und 1204 nahmen die Kreuzfahrer sogar die Hauptstadt ein und schufen lateinische Herrschaften auf Reichsboden; 1217 erhob der Papst und nicht der Kaiser den Großžupan von Serbien, Stefan, durch Verleihung einer Krone zum König und trieb so die Staatenbildung auf dem Balkan auf Kosten des Reiches weiter.

Im Westen ging es hingegen weniger um Abtrennungen von Gebieten des Imperiums, wenn auch die normannische Reichsbildung in Süditalien 1130 mit der Königserhebung Rogers II. durch Gegenpapst Anaklet II. zum Abschluss kam. Die Analogie zu Byzanz bestand hier eher darin, dass das Kaisertum an der dynamischen Ausbreitung der eigenen Kultur kaum noch beteiligt war. So war es das Papsttum, das den Anstoß zu den Kreuzzügen gegeben hat, und ein Legat des Papstes, der den ersten Zug ins Heilige Land anführte (1096–1099); später hat Konrad III. das Kreuz genommen (1147/48) und Friedrich I. sich an die Spitze des Dritten Kreuzzugs gesetzt (1189/90), Friedrich II. konnte gar Jerusalem befreien und dort die Königskrone erlangen (1229), doch haben das westliche Kaisertum beziehungsweise die Deutschen niemals mehr die Dominanz der westlichen Herrscher und Adligen in der Bewegung beseitigt. Wohl noch einschneidender war es, dass der Kaiser die Ostsiedlung den deutschen Fürsten überließ. Diese kolonisatorische und zum Teil auch politische Erschließung der Gebiete rechts der Elbe und Saale, des Böhmerwaldes und der Enns hatte um 1100 eingesetzt. Auch wenn bald darauf Lothar III. als Herzog von Sachsen und dann als König mindestens in der Mark Meißen, der Lausitz und der Nordmark (Brandenburg) wichtige Anstöße zur Neusiedlung gab, betraute er doch damit landeskundige Große. Diese und andere Adligen nutzten die neuen Möglichkeiten zum Aufbau eigener Territorialfürstentümer. Deutschland wurde durch die Ostsiedlung zwar um mehr als ein Drittel seines Raumes größer, doch war das ein Resultat zahlloser kleinräumiger Aktionen, nicht Ergebnis einer planmäßigen oder gar zentral gelenkten Politik. Die Wanderungsbewegung der Siedler, die sich keineswegs auf Deutsche beschränkte, drang in mehreren Wellen vom Westen nach Osten vor. Zuerst erfasste sie die Landschaften an der Elbe und Holstein sowie Meißen und Österreich und drang dann über Mecklenburg und Pommern, Brandenburg, Böhmen, die Sudeten, Ungarn, Schlesien und Polen bis in den Karpatenraum beziehungsweise nach Preußen, dem Baltikum und an die Grenzen der Litauer und Russen vor. Symptomatisch für die Neubildung politischer Herrschaften im Zuge der Ostsiedlung ist das Verhalten des Deutschen Ordens gewesen. Als die Ordensritter ins Land der Prussen gerufen wurden, ließen sie sich von Kaiser Friedrich II., dem polnischen Herzog Konrad von Masowien und dem Papst Urkunden ausstellen, die ihnen eine selbständige Herrschaft in Preußen sicherten. Tatsächlich haben sie nach der Eroberung des Landes (1231–1285) einen eigenen Staat errichtet.

Friedrich I. und Friedrich II. haben der Stauferzeit bis heute Glanz verliehen, der eine vor allem wegen der Konsolidierung des Königtums nach der Zäsur des Investiturstreites, der andere als charismatischer Kaiser, der jahrzehntelang das Imperium mit der Herrschaft im Königreich Sizilien zu verbinden verstand. Der zwischen beiden stehende Heinrich VI., Sohn des älteren und Vater des jüngeren Friedrich, galt in der Forschung lange Zeit als nicht minder bedeutender Kaiser, sollte er doch, abgesehen vom (gescheiterten) Erbreichsplan, eine völlig neue imperiale Konzeption entwickelt haben, die mit den Traditionen der Ottonen und Salier brach. Heinrich hätte daran gedacht, als Nachfolger der Normannenkönige von Sizilien die Staaten des östlichen Mittelmeers einschließlich Byzanz' von sich abhängig zu machen und wohl auch muslimische Gebiete zu erobern. Als Instrument dieser Politik galt Heinrichs Kreuzzug, der durch den überraschenden Tod des Kaisers im September 1197 dann aber schnell scheiterte. Für ein Symptom des Strebens nach Weltherrschaft hielt man, dass der Fürst Leo von (Klein-) Armenien Wert darauf legte, die Königskrone von Heinrich VI. entgegenzunehmen; tatsächlich vollzog der Erzkanzler des Staufers, Erzbischof Konrad von Mainz, die Krönung noch an Epiphanias 1198 in Tarsus. Neuerdings ist die Lehre vom Imperialismus Heinrichs VI. aber überzeugend widerlegt worden (C. NAUMANN). Zwar steht es fest, dass man in Byzanz einen Angriff erwartete und sich zur Abwendung der Gefahr zu einem Tribut von sechzehn Zentnern Gold an den Westkaiser verpflichtete. Aber diese ‚Alamannensteuer' war aus der Sicht Heinrichs zur Finanzierung des Kreuzzuges selbst bestimmt, der wie frühere Unternehmungen seiner Art auf die Befreiung des Heiligen Grabes zielte. Andererseits scheint der Staufer dieses Vorhaben betrieben zu haben, um den Papst für die Sicherung seines Riesenreiches von Deutschland bis Sizilien zu gewinnen. Was aber Armenien betrifft, so hatte Leo schon von Barbarossa die Zusage zur Königskrönung erhalten; die Initiative scheint auch weiterhin beim Fürsten gelegen zu haben, der seine staatliche Selbständigkeit anstrebte. Damit ist natürlich nicht ausgeschlossen, dass auch Heinrich die Lehnshoheit über Armenien wie übrigens auch über Zypern (1197) willkommen war.

Eine schicksalhafte Wende für das Reich mit europahistorischen Implikationen stellte dann der staufisch-welfische Thronstreit dar (1198–1215); auf diese „Katastrophe" wird neuerdings gar der Beginn des „deutschen Sonderwegs" datiert (J. FRIED). Die jahrelangen Auseinandersetzungen zwischen Philipp von Schwaben beziehungsweise dem jungen Friedrich II. und Otto IV. haben dem deutschen Adel im Innern einen uneinholbaren Vorsprung bei der Ausbildung von Staatlichkeit im Rahmen ihrer Territorien gegenüber dem Königtum verschafft und unter anderem dazu geführt, dass die Königsrechte aus dem Wormser Konkordat verloren gingen. Nicht zuletzt aber haben sie dem Papsttum sowie dem englischen und französischen Königtum nachhaltigen Einfluss auf die Politik in Deutschland eröffnet und den weiteren Aufstieg dieser Mächte auf Kosten des Kaisertums befördert.

2.1.2 Angemaßte Hegemonie: Die Römische Kirche

Die Herrschaftsform der Monarchie hat die Kirche seit ihrer Frühzeit geprägt. Nachdem der Klerus mit seinen Aufgaben in Kult und Verwaltung die Dominanz der ‚Geistträger' hatte brechen können, gelang es den ‚Bischöfen' um das Jahr 200, die Leitung der Gemeinden und Priesterkollegien zu gewinnen. Die Forschung bezeichnet den seither unstrittigen Vorrang der Bischöfe in ihren Kirchen als „monarchischen Episkopat". In Rom, der antiken ‚Herrin der Welt',begünstigte die Überlieferung der Reichshauptstadt Tendenzen zur Imperialisierung des Bischofsamtes; das hohe Ansehen des Bischofs beruhte hier aber auch darauf, dass seine Gemeinde die Gräber der Apostelfürsten Petrus und Paulus hütete, von denen bald Petrus allein als sein Vorgänger angesehen wurde. Andererseits haben die Herrschaftsdefizite des Kaisertums in Spätantike und Frühmittelalter die römischen Bischöfe schon früh in die Rolle des Stadtherrn gedrängt. Das gilt beispielsweise für Leo den Großen (gest. 461), der mehrfach, schon aus pastoralen Motiven, die Führung der politischen Geschäfte ausübte; Leo I. hat auch die Lehre vom

Primat des römischen Bischofs in der Kirche ausgeformt. Nach ihm hat Gregor der Große (gest. 605) verstärkt zivile und sogar militärische Aufgaben in seiner Sedes und seinem Sprengel übernommen. Die Ausweitung des päpstlichen Handlungsfeldes stieß allerdings auch auf Widerstände; der stadtrömische Adel, der dem Kaiser am Beginn des 4. Jahrhunderts nicht nach Konstantinopel gefolgt war, konkurrierte oft mit den Päpsten, wenn der Inhaber des hohen Amtes nicht der eigenen Familie oder Partei angehörte.

Anfangs des 8. Jahrhunderts dehnte sich die Herrschaft der Päpste über die Stadtgrenzen aus, besonders nach Latium. Die Güter der Römischen Kirche, die aus Schenkungen von Kaisern, Laien und Klerikern stammten und sich weit über Italien verstreuten, wurden als *Patrimonium Sancti Petri* bezeichnet. Als die Langobarden den Kirchenbesitz zu erobern begannen, riefen die Päpste die Franken zu Hilfe. König Pippin garantierte 754 Papst Stephan in seiner berühmten „Schenkung" große Gebiete Italiens, konnte aber nach Kriegszügen zwei Jahre darauf nur den Dukat von Rom und das Exarchat Ravenna ‚restituieren'. Beamte und Volk wurden auf den Papst vereidigt. Der „Kirchenstaat" ging unter Karl dem Großen von der byzantinischen Herrschaft in den karolingischen Reichsverband über, er hatte im Papst noch nicht seine monarchische Spitze. Erstmals von Karls Sohn, Kaiser Ludwig dem Frommen, ist eine förmliche Bestätigung des päpstlichen Besitzes erhalten geblieben. Dieses „Hludowicianum" von 817 versprach auch die ‚Verteidigung der römischen Kirche', es regelte Fragen der Gerichtsbarkeit und garantierte die freie Papstwahl. Das Diplom ist an den heiligen Petrus, den eigentlichen Herrn des Patrimoniums, sowie an den Papst als seinen ‚Stellvertreter' adressiert, der zugleich als ‚höchster Bischof und universaler Vater' (*summus pontifex et universalis papa*) bezeichnet wird. Die Urkunde Ludwigs des Frommen wurde die Grundlage mehrerer Vereinbarungen, die spätere Kaiser bis hin zu Otto I. und Heinrich II. (1020) mit der Römischen Kirche abgeschlossen haben. Auch die Kanonisten des Investiturstreits interessierten sich für das „Hludowicianum" und schrieben es ab, zumal die Mehrzahl der genannten Besitzungen bis dahin nie in päpstliche Verfügung gelangt war. So konnte noch Innozenz III. (1198–1216) seine Kirchenstaatspolitik mit der alten Kaiserurkunde legitimieren.

Ein weiteres karolingisches Dokument zur Stellung des Papstes und des Kirchenstaates gewann im hohen Mittelalter neue Aktualität: das „Constitutum Constantini". Diese berühmte Fälschung, die zwischen der Mitte des 8. und der Mitte des 9. Jahrhunderts entstanden ist, führte die kaisergleiche Stellung der Päpste im Westen Europas auf ein Privileg Konstantins des Großen für Silvester I. zurück. Silvester, dem ‚Bischof der Stadt Rom und Papst',und allen seinen Nachfolgern auf dem Sitz des heiligen Petrus bis zum Ende der Zeiten wurden demnach durch den Kaiser alle katholischen Bischöfe auf dem ganzen Erdkreis unterworfen und der Prinzipat über die vier hervorragenden (Metropolitan-)Sitze von Antiochien, Alexandrien, Konstantinopel und Jerusalem eingeräumt. Darüber hinaus schenkte ihm Konstantin den kaiserlichen Lateran, ‚der die Paläste auf der ganzen Welt übertrifft',und die Herrschaft über Rom sowie alle Provinzen Italiens und der ‚westlichen Regionen'; er als ‚irdischer Kaiser' verlege sein Reich nach Byzanz, da es nicht angemessen sei, dort noch Macht auszuüben, ‚wo der Fürstensitz der Bischöfe und das Haupt der christlichen Religion' vom himmlischen Kaiser eingesetzt worden sei. Als Zeichen seiner kaiserlichen Stellung habe Konstantin Silvester und seinen Nachfolgern unter anderem das Phrygium verliehen, das als schneeweiße Kopfbedeckung für die goldene Krone stand, den purpurfarbenen Mantel und die scharlachrote Tunika sowie das Szepter und andere Herrschaftsinsignien; er habe festgelegt, dass die Päpste das Phrygium bei Prozessionen ‚zur Nachahmung Unseres Reiches' tragen dürften. Seit

Leo IX. (1053) und verstärkt durch Innozenz III. und Gregor IX. (1227–1241) wurde die ‚Konstantinische Schenkung' herangezogen, um den päpstlichen Primat in der Kirche zu unterstreichen und territoriale Forderungen Roms zu begründen.

Im hohen Mittelalter bemühten sich die Päpste darum, die oberste Lehrautorität und Jurisdiktionsgewalt wirklich durchzusetzen. In seinem Dictatus von etwa 1075 behauptete Gregor VII., ‚dass nicht für katholisch gilt, wer sich nicht in Übereinstimmung mit der Römischen Kirche befindet'. Auch die hierarchische Spitzenstellung und der Universalepiskopat des Papstes ist in dieser Denkschrift mit variantenreichen Thesen bekräftigt worden: ‚Dass die Römische Kirche vom Herrn allein errichtet worden ist. Dass allein der römische Bischof mit Recht allgemein genannt wird. Dass allein er Bischöfe absetzen und wieder einsetzen kann. Dass er ohne Synode Bischöfe absetzen und wieder einsetzen kann. Dass es ihm erlaubt ist, bei dringender Notwendigkeit Bischöfe von einem Sitz zum anderen zu versetzen. Dass sein Legat den Vorrang vor allen Bischöfen hat auf einem Konzil, auch wenn er einen niedrigeren Weihegrad hat, und dass er gegen sie ein Absetzungsurteil fällen kann. Dass keine Synode ohne sein (d. h. des Papstes) Geheiß universal genannt werden darf. Dass die wichtigen Streitfragen jeder Kirche an ihn übertragen werden müssen.' Um die besondere päpstliche Gewaltenfülle gegenüber den anderen Bischöfen deutlich zu machen, zog der Gregorianer Bernold von Konstanz zur gleichen Zeit den Vergleich mit der Stellung des (deutschen) Königs gegenüber den übrigen Fürsten heran. Schon Papst Leo der Große habe festgestellt: ‚Die heilige Römische Kirche hat den anderen Kirchen ihre Plätze zugeteilt, und zwar so, dass diese zur Mitwirkung an der Sorge berufen sind, nicht aber zur Fülle der Macht. Daraus geht klar hervor, dass ein gewöhnlicher Bischof über seine Herde nicht eine solche Gewalt innehat wie der Vorsteher des Apostolischen Stuhls. Obschon dieser nämlich seine Hirtensorge auf die einzelnen Bischöfe aufgeteilt hat, hat er sich selbst auf keine Weise der universalen und höchsten Gewalt beraubt, ebenso wie auch der König seine königliche Macht nicht vermindert, wenn er sein Reich unter Herzöge, Grafen und Judices aufteilt.' Die Wendung *plenitudo potestatis* wurde von Bernold zwar zurecht auf Leo I. zurückgeführt, doch konnte sie noch bis ins 12. Jahrhundert auch die Vollmachten eines Gesandten oder eines Bischofs bezeichnen. Erst Bernhard von Clairvaux und seine Zeitgenossen um 1150 wollten sie dem Papst exklusiv vorbehalten. Seit Innozenz III. hat sie sich dann als Inbegriff der päpstlichen Souveränität durchgesetzt. Eine ähnliche Verlaufskurve lässt sich bei der Bezeichnung *vicarius Christi* beobachten. Konnte zunächst jedermann, der in Christi Namen wirkte, besonders Könige und Bischöfe, ‚Stellvertreter Christi' genannt werden, so verengte sich der Begriffsgebrauch seit Petrus Damiani (gest. 1072) auf den Papst. Der Theologe Honorius Augustodunensis stellte am Beginn des 12. Jahrhunderts fest: ‚Der Papst ist der Stellvertreter Christi, und alle Bischöfe sind Stellvertreter der Apostel.' Unter dem Einfluss Bernhards hat Eugen III. als erster Papst den Titel für sich selbst verwendet (1153), der dann wiederum besonders exzessiv von Innozenz III. in Schriften und Predigten gebraucht wurde. Umstritten ist, ob Innozenz aus diesem Christusvikariat eine Leitungsgewalt ableiten wollte, die über die Klerikerkirche hinausging und auch die weltlichen Herrscher seinem Willen beugen sollte. Die überlieferten Äußerungen des Papstes sind hier nicht eindeutig. Abgesehen von formelhaften Wendungen und Bezeichnungen wurde die quasikaiserliche päpstliche Stellung auch optisch zum Ausdruck gebracht. Nach dem Wormser Konkordat wurde der Lateranpalast mit Wandgemälden ausgestattet, die vom Triumph der Päpste im Investiturstreit künden sollten. Die Nachfolger des heiligen Petrus ließen sich nun auch in der Lateranbasilika bestatten und wählten dafür den Ausdruck höchster Repräsentation. Für Innozenz II. (gest. 1143) wurde der Porphyrsarkophag des Kaisers Hadrian von der Engelsburg herbeigeschafft, während Anastasius IV. (gest. 1154) den ebenso kostbaren Sarg Helenas, der Mutter Kaiser Konstantins, für sich beanspruchte. Die Päpste dieser Zeit trugen auch das Phrygium, das in kaiserlich-byzantinischer Tradition „Tiara" genannt wurde. Nach den Zeremonienbüchern der römischen Kurie seit dem 12. Jahrhundert wurde die Tiara Bestandteil der päpstlichen Selbstdarstellung außerhalb des Kirchenraumes. Im Stil der königlichen Festkrönungen trug der Papst den exklusiven Kopfschmuck bei 18 Prozessionen im Jahr, die von der Portikus des Lateran ihren Ausgang nahmen. Er bestieg hier einen reich geschmückten Schimmel wie der Kaiser in Byzanz und legte das Purpurgewand an. Auch außerhalb ihrer Bischofsstadt nutzten die Päpste ihre kaiserlichen Abzeichen, um ihre einzigartige Stellung zu unterstreichen. Als der zweite Innozenz von einem Gegenpapst angefochten wurde, suchte und fand er bei einer Reise nach Deutschland und Frankreich die Unterstützung der beiden wichtigen Herrscher. In verschiedenen französischen Städten trat er mit dem Schmuck der Tiara in Erscheinung, und aufmerksam beobachtete Suger von Saint-Denis, dass Innozenz, behütet mit dem goldbereiften Phrygium als kaiserlichem Zierrat, auf einem weißen, mit der Schabracke geschmückten Pferd inmitten eines Hofstaates einherritt. In Lüttich bereitete ihm König Lothar III. im März 1131 einen großartigen Empfang; er leistete Innozenz II. sogar den Marschall- und Stratordienst. Kein Wunder, dass sich gegen solchen Prunk auch Widerspruch regte. Bernhard von Clairvaux warnte Eugen III., der wie er selbst dem Zisterzienserorden angehörte, Petrus habe all den Glanz nicht entfaltet, mit dem sich die Päpste schmückten. Eugen müsse wissen, dass er im Schimmer von Perlen, Seide und Gold, auf einem Schimmel daherreitend und umringt von Militär und Dienerschaft, ein Nachfolger Konstantins, nicht Petri sei. Der so ermahnte Papst soll denn auch wenigstens unter seiner kostbaren Kleidung die Mönchskutte nicht abgelegt haben. ‚Als Zeichen des Imperiums' trug dann aber Innozenz III. wieder die Tiara.

Das hohe Selbstbewusstsein der Päpste korrespondierte mit politischen Ansprüchen. Begünstigt durch das staufische Herrschaftsvakuum in Italien nach dem Tod Heinrichs VI. begann schon Coelestin III. (gest. 1198) damit, verlorengegangene Territorien in Mittelitalien zurückzugewinnen; diese ‚Rekuperationen' weitete Innozenz III. noch aus, indem er auch Gebiete besetzte, auf die das Papsttum nur schwache Rechtsansprüche geltend machen konnte. Innozenz gilt überhaupt als der eigentliche Gründer des Kirchenstaates. Er teilte die römischen Besitzungen in Provinzen und Rektorate ein und errichtete einen bürokratischen Apparat, der neben Verwaltungsaufgaben auch finanzielle und rechtliche Zuständigkeiten hatte. Wo eine direkte päpstliche Herrschaft nicht durchsetzbar war, verstand es Innozenz, Vasallen und Kommunen zu instrumentalisieren. In Rom stellte er die päpstliche Oberhoheit her, indem er durch einen seiner Offizialen einen einzelnen Senator zum Podestà ernennen ließ.

Im Hinblick auf den Kirchenstaat könnte man seit Innozenz III. von einer „päpstlichen Monarchie" sprechen. Wenn die gegenwärtige Forschung diesen Begriff zur Kennzeichnung des Papsttums verwendet, meint sie aber Weitergehendes, die Ausdehnung der päpstlichen Herrschaft nämlich auf die Reiche und Fürstentümer des Abendlandes. Noch kürzlich konstatierte der Autor einer kirchenhistorischen Gesamtdarstellung des hohen Mittelalters, dass die zwei Jahrhunderte zwischen 1050 und 1250 „the supreme age of papal monarchy" gewesen seien (C. Morris). Andererseits ist der Beweisgang seines Buches geradezu darauf angelegt, dieses Urteil einzuschränken oder zu verwerfen. Das Papsttum sei mit einem Königtum jener Zeit keineswegs gleichzusetzen, vor allem seien die Machtmittel der Päpste schon innerhalb der abendländischen Kirche und erst recht gegenüber Kaisern, Königen und anderen Fürsten nirgends unbeschränkt gewesen. Allenfalls könne den Päpsten von Fall zu Fall ein autoritatives Handeln attestiert werden. Innozenz III. beispielsweise habe, ähnlich wie seine Nachfolger im 13. Jahrhundert, nur in Ausnahmefällen auch außerhalb des Kirchenstaates weltliche Jurisdiktion ausgeübt, also nur subsidiär in andere Herrschaften eingegriffen; wo er auf den Widerstand der Könige stieß, sei er bereit gewesen, das Eigenrecht dieser Herrscher anzuerkennen. Obgleich diese Diagnose zweifellos zutrifft, stellt sich hier doch die Frage nach den Maßstäben, denn natürlich dürfen die Herrscher des hohen Mittelalters nicht mit den absoluten Monarchen späterer Jahrhunderte verwechselt werden. Beachtete man dies nicht, dann könnten auch die deutschen Könige beziehungsweise Kaiser nicht als Monarchen gelten, die doch gerade zwischen 1050 und 1250 faktisch und rechtlich starke Einschränkungen ihrer Prärogativen, vor allem durch den Adel, hinnehmen mussten.

Ein Rekurs auf die Quellenzeugnisse, auf Begrifflichkeit und „Selbstverständnis" der Zeitgenossen, löst zwar nicht die Probleme historischer Urteilsbildung, er trägt aber zu dieser bei. Was also galt im Mittelalter selbst als „Monarchie" und wie wurden hier Päpste und Papsttum zugeordnet? Der Begriff der Monarchie wurde nicht nur auf das Königtum bezogen. Um 600 definierte bereits der Enzyklopädist Isidor von Sevilla Monarchie allgemein als Alleinherrschaft, die er historisch mit Beispielen universaler Fürsten belegte: ‚Monarchen sind diejenigen, die eine einzigartige Herrschaft innehaben, wie dies für Alexander (den Großen) bei den Griechen und für Julius (Cäsar) bei den Römern gilt. Von daher leitet sich auch der Begriff Monarchie ab.' In christlicher Perspektive kam die Weltherrschaft Jesus selbst zu. So betonte Otto von Freising, dass Christus, der im Himmel und auf der Erde herrsche, die höchste Stufe der Monarchie gehöre, das heißt die Alleinherrschaft über die gesamte Welt. Abgesehen vom heilsgeschichtlichen Sinn konnte die monarchische Vollgewalt des ‚Königs der Könige' auch funktional entfaltet werden; wie Melchisedek im Alten Testament wurde Christus dann als König und Priester zugleich aufgefasst. Im hohen Mittelalter gewann das Priesterkönigtum Christi nach dem Vorbild Melchisedeks neue Aktualität; die Päpste, die sich nun als Stellvertreter Christi begriffen, konnten sich typologisch auf Melchisedek beziehen und den Anspruch auf eine monarchische Stellung begründen. So erklärte der wirkungsmächtige Innozenz III.: ‚Den anderen Aposteln wurde beschieden, sich die Macht zu teilen, Petrus aber, die ganze Macht auszuüben. Von ihm erhielt ich die Mitra meines Priesteramtes und die Krone meiner Königswürde; er machte mich zum Stellvertreter dessen, auf dessen Gewand steht: *König der Könige, Herr der Heerscharen, Priester auf ewig nach der Ordnung Melchisedeks.*' Noch hierokratischer und allumfassender wurde die Position des Papstes in der Zeit Innozenz' IV. gedeutet. Als Innozenz 1245 Kaiser Friedrich II. abgesetzt hatte, sollte seine Jurisdiktionshoheit ‚über das weltliche Kaisertum' nicht von der Konstantinischen Schenkung abgeleitet werden; stattdessen wurde sie in einer Denkschrift der Zeit auf eine christusgegebene doppelte monarchische Gewalt zurückgeführt: ‚Der Herr Jesus Christus, Sohn Gottes, wahrer Mensch und wahrer Gott zugleich, der nach der Ordnung des Melchisedek auch wahrer König und wahrer Priester ist, offenbarte sich auf entsprechende Weise, indem er einmal für die Menschen über die Ehre der königlichen Majestät verfügte und einmal für sie die Würde des Priestertums beim Vater bekleidete, und er errichtete auf dem Apostolischen Stuhl nicht nur den priesterlichen, sondern auch den königlichen Monarchat, so dass dem heiligen Petrus und seinen Nachfolgern die Zügel der irdischen und himmlischen Herrschaft zugleich anvertraut wurden.' Es ist darauf hingewiesen worden, dass diese Äußerung Innozenz nur zugeschrieben wurde, seine persönliche Autorschaft also nicht feststeht, und sich der Papst sonst viel vorsichtiger vernehmen ließ. Hier wie in zahlreichen anderen verwandten Behauptungen päpstlicher Vollgewalt handele es sich nur um eine Rhetorik päpstlicher Herrschaft oder gar päpstlicher Monarchie, man müsse, um die Bedeutung derartiger Sätze nicht zu überschätzen, stets ihren historischen Kontext beachten und sie im Vergleich mit anderen Aussagen relativieren. Entsprechendes gelte für die kaiserlichen Gewänder, Herrschaftszeichen und Zeremonien, die die Nachfolger des heiligen Petrus während des Hochmittelalters in stetiger Steigerung adaptierten. Auch diese Einwände treffen zu, nur muss berücksichtigt werden, dass die kaiserlich-königliche Selbstdarstellung der Päpste in Wort und Bild mit ubiquitären Interventionen in den westlichen Kirchen und Reichen Hand in Hand ging und neue Ausgriffe der päpstlichen Herrschaft veranlasst hat. Die Gründe, weshalb man dennoch nicht von einer päpstlichen Monarchie im hohen Mittelalter sprechen sollte, liegen aber gar nicht auf der Seite der päpstlichen Selbsteinschätzung und Motivation, sie liegen auch nicht bei Mängeln der Durchsetzungsfähigkeit. Vielmehr liegen sie darin, dass die Päpste, vielleicht abgesehen vom Kirchenstaat, nirgendwo als Monarchen akzeptiert wurden, die Könige, Kaiser und Fürsten, aber auch Metropoliten und Bischöfe auf Dauer zu mediatisierten Gewalten herabdrücken könnten. Bei der Stellung der Päpste in Kirche und Welt des abendländischen Hochmittelalters entschieden in diesem Sinne wie überall, wo es um Herrschaft geht, die Geführten über den Rang der politischen beziehungsweise geistlichen Führer.

Das Papsttum selbst befand sich im hohen Mittelalter noch in seiner formativen Phase; der Begriff *papatus* ist bezeichnenderweise erst 1047 belegt und setzte sich seit der zweiten Hälfte des 11. Jahrhunderts allmählich durch. Vom Reformeifer und von monarchischen Aspirationen der Päpste angetrieben, entfaltete das Papsttum in jenen Jahrhunderten eine vorher unbekannte und auch später nie wieder erreichte Wirkung auf die Geschicke Lateineuropas. Es war wohl die stärkste Kraft kultureller Vereinheitlichung des Kontinents, die allerdings gleichzeitig zu neuen Brüchen beigetragen hat; das Schisma mit der Ostkirche von 1054, das sich trotz großer Anstrengungen nie mehr beseitigen ließ, war nur eine dieser Abtrennungen. Zur Kennzeichnung der selbst niemals einheitlichen, aber weite Teile Europas uniformierenden Kraft spricht man besser nicht nur vom Papsttum, sondern von der „Römischen Kirche". Wie alle wichtigen Begriffe der Geschichte ist auch diese Bezeichnung nicht restlos klar. Die Kanonisten der Zeit meinten damit die katholische Kirche im Ganzen, den Papst zusammen mit den Kardinälen oder den Papst allein. Trotz seiner Mehrdeutigkeit kann der Begriff „Römische Kirche" vielleicht am besten den religiösen und kulturellen Ursprung tiefgreifender Wandlungen Europas während des Hochmittelalters kennzeichnen.

Seit Paschalis II. (gest. 1118) haben die Päpste damit begonnen, sich in ihren Unterschriften *catholicae ecclesiae episcopus* zu nennen. Mit diesem Titel wollten sie zwar ihre bischöfliche Leitungsgewalt über die ganze Kirche zum Ausdruck bringen, doch schließt er auch eine Distanz zu Rom ein, ihrer eigentlichen Sedes, zu der sie tatsächlich oft ein gespanntes, wenn nicht feindliches Verhältnis hatten. Begonnen hatte das bereits mit den „deutschen" Päpsten unter Heinrich III.; Clemens II. und seine Nachfolger behielten nämlich auch als Päpste ihre alten Bistümer bei und machten aus ihrer emotionalen Bindung an die Heimat gar keinen Hehl. So wurde Clemens selbst zum Begräbnis nach seinem alten Bischofssitz Bamberg transferiert, und entsprechendes war für Viktor II. geplant, den gleichzeitigen Bischof von Eichstätt. Umgekehrt verehrten die Römer Leo IX., den Kaiser Heinrich von seinem Bischofsstuhl in Toul nach Rom berufen hatte; Leo soll auf einer eigenen Wahl durch Klerus und Volk der Stadt bestanden haben und verzichtete im dritten Jahr seines Pontifikats auf sein erstes Bischofsamt in Lothringen.

Nach den Deutschen haben im Hochmittelalter zwar nur noch wenige Prälaten von jenseits der Alpen die Cathedra Petri bestiegen, doch waren unter den Päpsten auch nicht viele stadtrömischer Herkunft; erst nach einer jahrzehntelangen Entfremdung zwischen dem Papsttum und der Ewigen Stadt haben einmal fünf Römer in Folge das Petrusamt verwaltet (1187–1241).

Problematischer noch als die Herkunft war für die Bindung der Päpste an Rom ihre häufige Absenz von der Stadt. Besonders nach der kommunalen „Revolution" von 1143 bis zum Ende des Jahrhunderts haben sich die Nachfolger des Apostels hier nur sporadisch aufgehalten. Eugen III. konnte lediglich 17 Monate seines achteinhalbjährigen Pontifikats in Rom residieren, Alexander III. zweieinhalb seiner 22 Amtsjahre. Auch Alexanders Gegenpäpsten war die Stadt oft unzugänglich; Rom ist deshalb zwischen 1161 und 1165 beziehungsweise 1168/69 und 1178 eine Stadt ganz ohne Papst gewesen. Unter Lucius III. verließ die Kurie die Ewige Stadt erneut für sechs Jahre, so dass Urban III. und Gregor VIII. ihr Amt niemals im Lateran ausübten (1182–1188). Später ist Innozenz IV., ein Genueser der Herkunft nach, aus Furcht vor Kaiser Friedrich II. nach Lyon ausgewichen (1244–1251). Die Römer, die sonst wenig dagegen einzuwenden hatten, wenn der Papst außerhalb ihrer Mauern weilte, waren jetzt doch besorgt, der Papst könnte seine Cathedra auf Dauer anderswo errichten. Nur unter Lockungen und Drohungen konnten sie Innozenz dazu bewegen, nach Rom, der ‚Herrin der Städte' und dem ‚Sitz der Heiligkeit',heimzukehren. Der selbstgewählte Aufenthalt Innozenz' IV. in Lyon regte grundsätzliche Reflexionen über die Zuordnung von Papsttum und Stadt an. Der Kanonist Hostiensis (gest. 1270) stellte den Grundsatz auf, dass Rom dort sei, wo sich der Papst befinde. Mit der These *Ubi est papa, ibi est Roma* wandelte er das altrömische Dictum über den Kaiser ab: ‚Rom ist dort, wo der Kaiser ist.'

Die erstaunliche Mobilität der Päpste war oft von außen erzwungen, vor allem aber gründete sie in der religiösen Sendung und politischen Ambition der Christusvikare im hohen Mittelalter. Um der Reform der Kirche willen, besonders im Kampf gegen Simonie und Klerikerehe, aber auch zur Demonstration ihres Primats hielten die Päpste seit Leo IX. immer wieder Synoden auf dem Boden der Königreiche ab. Leo selbst berief elf oder zwölf dieser Kirchenversammlungen ein, etwa doppelt so viele wie die Päpste im Vierteljahrhundert zuvor. Man hat ausgerechnet, dass er sich von den 62 Monaten seines Pontifikats rund je ein Drittel der Zeit nördlich der Alpen und in Süditalien aufgehalten hat, darunter allerdings längere Phasen auf Kriegszügen. Nach Frankreich beziehungsweise Deutschland zog er, abgesehen von einer Ausnahme, als erster Papst seit 170 Jahren. Im Jahr 1049 leitete er kurz hintereinander Reformkonzilien in Reims und in Mainz. Trotz der Zurückhaltung des französischen Königs und des Episkopats konnte er in Reims mehrere simonistische Bischöfe absetzen und seine universale Stellung auch dadurch betonen, dass er über den Bischof von Santiago de Compostela in Galicien die Exkommunikation verkündete; dieser hatte sich nämlich den Titel ‚Bischof des Apostolischen Stuhls' angemaßt. In Mainz fand Leo die Unterstützung des Kaisers und des Episkopats für die Reformvorhaben. Einen Großteil seiner Autorität scheint der Papst aus seinem persönlichen Charisma bezogen zu haben; schon den Zeitgenossen fiel auf, dass Leo die göttliche Strafe über Sünder bringen zu können schien. Als ein Verteidiger des simonistischen Bischofs Hugo von Langres in Reims seine Stimme erheben wollte, war seine Zunge plötzlich gelähmt, und noch Jahre danach erinnerte man sich daran, welchen Schrecken Leos Verfluchung der Simonisten bei der Versammlung ausgelöst hatte. Die Synodaltätigkeit der Reformpäpste sprengte jede Erfahrung. Allein zwischen 1041 und 1122 sollen sie mindestens einhundert solcher Kirchenversammlungen persönlich geleitet haben, einen beträchtlichen Anteil davon auch in Rom selbst. Auf den Versammlungen trafen sie nicht nur den Klerus der jeweiligen Kirchenprovinz, sondern häufig den Episkopat des Gastlandes überhaupt und sogar Vertreter der jeweiligen Nachbarreiche. In Reims 1049 waren etwa deutsche, burgundische, normannische und nordfranzösische Prälaten zugegen, allerdings kaum Bischöfe aus dem Herrschaftsgebiet der Kapetinger. Wenn die Synoden auch stets eine Mehrzahl von Verhandlungspunkten zu erledigen hatten, waren sie doch häufig durch ein Hauptanliegen veranlasst. In Reims 1119 ging es um die Beilegung des Investiturstreits, in Clermont 1130, Reims 1131, Pisa 1135 und Tours 1163 um die Obödienzen bei Kirchenspaltungen. Große Versammlungen, wie die ersten drei Laterankonzilien von 1123, 1139 und 1179, hatten den Zweck, die Wiederherstellung des Kirchenfriedens nach überwundenen Schismen und die Heimkehr des Papsttums nach Rom zu demonstrieren. Während sich die päpstliche Gesetzgebung auf den Synoden des 12. Jahrhunderts entfaltete, gingen die entsprechenden Aktivitäten der Erzbischöfe und Bischöfe in ihren Sprengeln zurück. Den Abschluss der hochmittelalterlichen Konzilien bildeten das Vierte Lateranum von 1215 und das Konzil von Lyon 1245. Für das Laterankonzil hatte Innozenz III. eine umfassende Repräsentation der Kirche angestrebt, und wenn diese auch nicht erreicht wurde, fand sich doch eine gewaltige Anzahl von Prälaten in Rom ein. Amtlich notiert wurden mehr als 400 Kardinäle, Patriarchen, Erzbischöfe und Bischöfe aus 80 Kirchenprovinzen und über 800 weitere Würdenträger, also Äbte, Prioren, Stiftspröpste usw. Das gleiche Maß an Internationalität erreichte das von Innozenz IV. geleitete erste Konzil von Lyon nicht.

Anders als im späten Mittelalter errichteten sich die Päpste vor 1250 noch keine festen Residenzen außerhalb Roms; der Lateran blieb trotz ihrer häufigen Abwesenheit von der Stadt ihr eigentlicher Palast. Andererseits mussten der Hof und die wachsende Beamtenschaft den Papst auf seinen Reisen begleiten. Welcher Aufwand mit solchen Ortsverlegungen verbunden war, verdeutlicht der anschauliche Reisebericht eines Abtes aus Frankreich, der den Papst im Juni/Juli 1207 nicht in Rom, sondern in Viterbo antraf: ‚Ich kam schließlich in Viterbo an und fand dort Rom. Denn der Herr Papst Innozenz III., der Rom zeitweilig verlassen hatte, weil der Sommer seinem Leib nicht zuträglich war, hielt sich dort auf wie in seiner eigenen Stadt; um der Ruhe der Kleriker und Laien willen, die seinem Hof gefolgt waren, ebenso auch wegen der unendlichen Menge der Pilger, die jeden Tag ankamen, hatte er als besorgter Hirte diese reiche Stadt zum Aufenthaltsort gewählt, die mit Brot und Wein gesegnet war und wo es genug Heu, Gras und Gerste gab (...). Wir haben von vielen Ortsansässigen gehört, dass dort einmal, abgesehen vom Volk der Stadt, während des ganzen Monats 40 000 Menschen Unterkunft gefunden haben.' Der päpstliche Hofstaat (*curia*), von dem in der Quelle die Rede ist, hatte sich erst im 11. und 12. Jahrhundert ausgebildet, das heißt institutionell differenziert und verfestigt. Zu ihm gehörten vor allem das Kardinalkollegium, die Kanzlei, die Kapelle, die Kammer und das päpstliche Gericht. Ein eigenes päpstliches Büro für die politische Korrespondenz war bereits vor Mitte des 11. Jahrhunderts entstanden; es wurde von einem Kanzler geleitet, dem anstelle der älteren städtischen Schreiber Pfalznotare zur Hand gingen, die die Päpste auf ihren Reisen begleiten konnten. Die Reformpäpste seit Leo IX. verdrängten dann schrittweise die Angehörigen des römischen Adels aus den Verwaltungsämtern der Kirche, was auch eine weitgehende Klerikalisierung der Kurie bedeutete. Viele Schreiber gingen, ähnlich wie beim deutschen Königshof, aus der Kapelle hervor, einer Gemeinschaft der Pfalzgeistlichkeit, die von Urban II. und seinem Nachfolger Paschalis II. an der Wende zum 12. Jahrhundert besonders gefördert wurde. Urban reorganisierte auch die päpstliche Finanzverwaltung nach dem Vorbild des burgundischen Klosters Cluny als *camera.* 1192 legte der Kämmerer Cencius, später selbst Papst, den „Liber Censuum Ecclesiae Romanae“ an, in dem die zinspflichtigen geistlichen Einrichtungen und weltlichen Herrschaften systematisch erfasst werden sollten, ein großer Fortschritt bei der Rationalisierung des päpstlichen Finanz- und Steuerwesens. Unter Innozenz III. begann die päpstliche Kanzlei ebenfalls mit der kontinuierlichen Aufzeichnung der ausgegangenen Schreiben in Registerbänden.

Das wichtigste Gremium in der Umgebung der Päpste bildete das Kardinalkollegium. Wiederum Leo IX. hatte zuerst Anhänger der Reform mit suburbikarischen Bischofssitzen betraut und mit Kardinalswürden ausgestattet; als Papstwähler sicherten die Kardinäle die Kontinuität der kirchlichen Erneuerung durch den Schutz des höchsten Amtes vor dem Zugriff der weltlichen Potentaten. Bald nach dem Dekret von 1059, nämlich seit der Wende zum 12. Jahrhundert, konnten neben den Kardinalbischöfen auch die Kardinalpriester und -diakone gleichberechtigt an der Wahl mitwirken. Nachdem durch Uneinigkeit der Kardinäle mehrere Nachfolgeregelungen zu Doppelbesetzungen der Cathedra Petri geführt hatten, setzte das dritte Laterankonzil von 1179 die Anforderung einer Zweidrittelmehrheit für einen erfolgreichen Kandidaten fest. Der häufige Tod von Päpsten außerhalb von Rom definierte immer wieder die Lokalität für den Zusammentritt der Kardinäle zur Neuwahl; im 13. Jahrhundert wurde es geradezu üblich, dass der neue Papst an dem Ort durch die Kardinäle bestimmt wurde, an dem der alte gestorben und begraben worden war. Ihre Funktion bei der Papstwahl war aber bei weitem nicht die einzige Aufgabe der Kardinäle; vielmehr berieten sie die Päpste in allen kirchlichen und politischen Fragen, sie übten wichtige Funktionen in der Verwaltung und im Gericht aus und unternahmen Legationen. Schon seit Alexander III. (1159–1181) entstand freilich der Typ des „Residenzkardinals“; damit sind Bischöfe gemeint, die als Kardinäle ihren vorher erworbenen Episkopat beibehielten und deshalb häufig nicht an der Kurie weilten. Dafür konnten sie die Verbindung zwischen der römischen Kirchenleitung und den Kirchenprovinzen festigen. Die Zahl der Kardinäle schwankte stark, keineswegs kann von einer kontinuierlichen Ausweitung des Kollegiums die Rede sein; 1187 etwa zählte man 19, 1191 schon 35, 1241 wieder nur 13 und 1254 27 Mitglieder. Auch die Anteile von Stadtrömern, sonstigen Italienern und Ausländern am Kollegium waren sehr unterschiedlich; zeitweise, wie unter Calixt II., wurden besonders viele Nichtrömer berufen. Innozenz III. ernannte neben 13 Kardinälen aus Rom und Latium nicht weniger als 19 Franzosen, dazu vier Engländer, einen Deutschen und fünf Prälaten anderer Herkunft. Nach 1227 gab es dann während des ganzen 13. Jahrhunderts keinen deutschen Kardinal mehr. Im Laufe des hohen Mittelalters nahm die akademische Bildung der Kardinäle erheblich zu; viele von ihnen waren magistri, häufig Absolventen der Universitäten Paris oder Bologna mit theologischer beziehungsweise juristischer Ausbildung. Als sich Innozenz IV. in Lyon aufhielt, gründete er 1245 freilich ein eigenes *Studium Generale*. Diese „Hochschule“ sollte die verschiedenen zivilen und kanonischen Rechtsschulen an der Kurie zusammenfassen und den Papsthof auf seinen Reisen begleiten.

Die Päpste bildeten das Kirchenrecht fort, indem sie als Schiedsgerichtsinstanz auf Anfragen reagierten; ihre Dekretalen, also Einzelfallentscheidungen von allgemeinerer Bedeutung, wurden zusammen mit anderen kirchenrechtlichen Texten, vor allem Konzilsbeschlüssen, in verschiedenen Werken schon vor der Reformzeit gesammelt. Von besonderer Bedeutung wurden das Decretum Gratians von etwa 1140, das die Grundlage für das Studium des kanonischen Rechts in Bologna bildete, und die Kodifikation neuerer Sammlungen, die der Pönitentiar Raimund von Peñaforte im Auftrag Gregors IX.

1234 vorlegte („Liber extra"). Unter den jüngeren Rechtstexten befanden sich zum Beispiel nicht weniger als 517 Dekretalen Alexanders III.; dieser Papst hatte in einem Brief an den Bischof von León sein Richteramt mit einer eingängigen Metapher begründet: ‚Die kirchliche Autorität hat festgesetzt, dass man sich in schweren Fällen an den Apostolischen Stuhl zu wenden habe als dem Haupt und der Mutter aller. Jene nämlich versteht es, mit ihrem liebevollen, mütterlichen Herzen ihre bedrängten Söhne aufzurichten und ihre Rechte so zu verteidigen, dass auch die jeweiligen Rechte der anderen gesichert sind.' Lange Zeit fanden die Päpste für ihre Gerichtsbarkeit bei den Kardinälen ihre wichtigste Stütze. Schon unter Urban II. bildete deren Konsistorium mit dem Papst ein dauerndes Gericht. Bei der enorm zunehmenden Menge an Appellationen und Anfragen erlangten nicht nur die Juristen unter den Kardinälen immer größere Bedeutung, die Judikative und die gesetzgeberische Tätigkeit verlagerte sich allmählich auch in andere Gremien. Um 1205 entstand die *audientia publica*, in der jedermann gegen den Inhalt eines päpstlichen Schreibens Einspruch erheben konnte. Der vorsitzende *auditor litterarum contradictarum* wurde aus den angesehenen Juristen der Zeit genommen. Ebenfalls unter Innozenz III. wurden mehr und mehr die päpstlichen Kapelläne mit Aufgaben der Rechtsprechung betraut.

Die Ingerenz bei den Landeskirchen und Reichen Lateineuropas konnten die Päpste niemals durch ihre Reisen und Reformsynoden allein sicherstellen; dafür nutzten sie auch im großen Umfang das Institut der Legationen. Wie viele andere Instrumentarien des Reformpapsttums handelte es sich auch hier um eine schon ältere Einrichtung, doch hatten sich die Päpste vor der Mitte des 11. Jahrhunderts der Gesandtschaften nur sporadisch bedient; auch war es dabei fast immer um Reaktionen auf Anforderungen von außen oder um die Bitte um Schutz gegangen, keineswegs also um eine Kirchenpolitik aus eigener Initiative. Soweit die Belege zurückreichen, zeigt sich, dass meist Angehörige der römischen Ortskirche oder Kirchenprovinz im Auftrag des Papstes auf Reisen gingen; im Hochmittelalter wurden die Legationen fast stets den Kardinälen anvertraut, und viele Päpste der Zeit konnten für das hohe Amt die Erfahrung eigener Legatentätigkeit unter ihren Vorgängern nutzen.

Der Radius der päpstlichen Legationen reichte über das lateinische Europa weit hinaus; als Haupt der Christenheit intervenierten die Nachfolger Petri durch ihre Beauftragten auch in Byzanz und Osteuropa, in Syrien, Nordafrika und sogar bei den Mongolen im Vorderen Orient und in Zentralasien, als diese anfangs der vierziger Jahre des 13. Jahrhunderts nach Europa vorgestoßen waren. Der Schwerpunkt der Gesandtschaften lag aber in West- und Mitteleuropa, mit signifikanten Unterschieden von Land zu Land. Schon seit den Zeiten Leos IX. war Frankreich ein bevorzugtes Wirkungsfeld der Päpste, zumal das kapetingische Königtum hier nur einen Teil der Kirche kontrollieren konnte. Alexander II. (1061–1073), unter dem die päpstlichen Legationen überhaupt ausgeweitet wurden, hat in Frankreich besonders nachdrücklich interveniert. Dabei ging es um die üblichen Reformforderungen, darunter um die Frage unkanonischer Bischofswahlen. Gregor VII. bestellte 1075 den einheimischen Bischof Hugo von Die für Gallien und 1077 Bischof Amatus von Oléron für Südfrankreich und Spanien mit weitgehenden Rechten als Legaten für mehrere Jahre. Hugo setzte einige Bischöfe ab, doch konnten sich die meisten von ihnen vor Gregor in Rom rechtfertigen und ihr Amt zurückgewinnen. Nur der Erzbischof Manasse von Reims, der sich den päpstlichen Legaten nicht unterwerfen wollte, musste seine Sedes auf Dauer verlassen, auch deshalb, weil er weder von seinem König noch vom übrigen Episkopat verteidigt wurde. Im Mai 1077 befahl Gregor Hugo, eine Synode einzuberufen, auf der festgestellt werden sollte, dass niemand mehr die Weihe erhalten dürfe, der sein Bischofsamt aus Laienhand empfangen hatte. Die Synode hat im September in Autun getagt. Abermals unter Hugos Leitung verbot eine weitere Kirchenversammlung im Januar 1078 in Poitiers die Investitur eines Bischofs, Abtes, Priesters und sonstigen Klerikers ‚aus der Hand des Königs oder eines Grafen oder eines anderen Laien'. Die beiden Investiturverbote waren unmissverständlich, was den Kreis der Akteure auf beiden Seiten betrifft, sie bezogen sich aber noch nicht auf die Gesamtkirche, sondern auf Frankreich. Tatsächlich kam es zwischen dem König und Gregor VII. kaum zu grundsätzlichen Auseinandersetzungen über die Besetzung von Bistümern; Herrscher und Papst waren bereit nachzugeben, wenn der andere jeweils stärker erschien.

Auf der Iberischen Halbinsel wurde unter Alexander II. vor allem der Kardinalpriester Hugo Candidus als Legat tätig. Auf mehreren Synoden (1065–1068) trat er gegen die Simonie auf, er wirkte aber besonders für die Annahme des römischen Ritus zulasten der mozarabischen Liturgie; im Königreich Aragón hatte er damit Erfolg, weniger dagegen in Kastilien. Vermutlich unterstützte er auch die Kämpfe spanischer und französischer Ritter gegen die Bastionen der Muslime; Papst Alexander gewährte den Teilnehmern an einem Kriegszug gegen die Nichtchristen einen Erlass der Bußstrafen, gewissermaßen den ersten Kreuzzugsablass. Als der Graf von Roucy, ein Bruder der Königin von Aragón, einen weiteren Feldzug plante, sicherte er der Römischen Kirche zu, seine Eroberungen nur als Lehen des heiligen Petrus besitzen zu wollen. Noch bemerkenswertere Zusagen gegenüber Rom machte König Sancho Ramírez von Aragón, der wohl auf Anregung Hugos des Weißen 1068 nach Rom pilgerte; er kommendierte sich dort dem Apostelfürsten, tradierte ihm sein Reich und gelobte Dienste. Zwar blieben diese Versprechungen vorläufig ohne Folgen, doch behauptete Gregor VII. später, dass Spanien von jeher dem Patron seiner Kirche gehöre und von den islamischen Eindringlingen nur besetzt sei. 1088/89, wenige Jahre vor seinem Tod, hat König Sancho Ramírez sein Reich tatsächlich in rechtsverbindlicher Weise Rom aufgetragen, um dafür den Schutz des Apostelfürsten und des Papstes zu gewinnen. Dabei sagte er jährliche Zahlungen von 500 Goldmankusen zu, ohne dass dies ein förmliches Lehnsverhältnis bedeutet haben muss. Über die Frage der Reform und der Behandlung simonistischer Bischöfe scheint sich Sancho mit den Päpsten stets geeinigt zu haben. Die Reconquista unterstützte besonders Papst Urban II., der ja aus dem benachbarten Frankreich stammte und auch den Ersten Kreuzzug nach dem Heiligen Land inaugurierte. Später hat Kardinaldiakon Hyazinth (Papst Coelestin III.) als päpstlicher Legat persönlich die Führung eines Ritterheers gegen die Muslime übernommen (1155).

In England begünstigte die normannische Eroberung von 1066 eine Reorganisation der Kirche, wiederum mit Hilfe von Legaten. Wilhelm von der Normandie, der schon beim Kampf mit König Harald die Unterstützung Alexanders II. genossen hatte, bat um die Entsendung von drei Legaten, die ihn 1070 zum König krönten. Bischof Ermenfried von Sitten setzte gleichzeitig den Erzbischof Stigand von Canterbury ab, der sein Pallium einst vom „Gegenpapst" Benedikt X. entgegengenommen hatte und der Akkumulation von Ämtern schuldig war. Als Nachfolger Stigands wurde der Abt Lanfranc von Bec und St. Stephan in Caen berufen, ein entschiedener Reformer. Als Erzbischof unterstützte Lanfranc aber die Politik des Königs, den Päpsten und seinen Legaten keine weitere Intervention im Reich zu gestatten. Er reagierte nicht einmal auf die wiederholten Ermahnungen Gregors VII., die obligatorische Reise zu den Gräbern der Apostelfürsten (*visitatio ad limina apostolorum*) zu unternehmen. Im Jahr 1095 erkannte Wilhelms I. Sohn Wilhelm II. Rufus Urban II. als Papst an gegen das Versprechen, keine Legaten nach Eng-

In der europaweiten Wirksamkeit der hochmittelalterlichen Päpste durch Gesetzgebung und auf Kirchenversammlungen, mit Hilfe von Legaten, durch Briefe, auf eigenen Reisen und nicht zuletzt auch in der Rolle des Kriegsherrn lassen sich durch die Jahrhunderte verschiedene Schwerpunkte unterscheiden. Am Anfang stand die Reformbewegung, die die Kirche ‚katholisch im Glauben und in der Gemeinschaft der Heiligen, rein von jeglicher Befleckung durch das Böse und frei von jeder weltlichen Gewalt' machen sollte (so Gregor VII. und Urban II.). Nach ihren älteren Ansätzen bei der Kritik an Simonie und Klerikerehe hat sie sich vor allem auf die Frage der Investitur von Bischöfen und Äbten konzentriert. Das erste allgemeine Investiturverbot wurde von Gregor VII. wohl 1078 erlassen, aber es wirkte, überlagert von anderen politischen und kirchenpolitischen Aufgaben und Konflikten, erst langsam und von Land zu Land in unterschiedlicher Intensität. Nachdem der französische König am Beginn des 12. Jahrhunderts das Investiturrecht nur mehr sporadisch beanspruchte und in anderen Reichen, wie in Spanien oder Skandinavien, die Vorrechte der Herrscher nie oder erst am Ausgang des Hochmittelalters ernsthaft in Frage gestellt wurden, hat der Apostolische Stuhl mit dem englischen und deutschen König rechtliche Regelungen gefunden. Das Londoner Konkordat von 1107 und die Wormser Vereinbarung von 1122 beseitigten das Investiturrecht im Ganzen beziehungsweise die königliche Verfügung über die geistlichen Investitursymbole Ring und Stab im Besonderen und trugen damit zur Abgrenzung der kirchlich-sakralen von der weltlichen Sphäre bei; andererseits haben sie den Herrschern Mitwirkungsrechte an der Bischofswahl, die Besitz- und Regalienvergabe sowie die Integration der Prälaten in den Lehnsverband gesichert. Bezeichnend für die fortschreitende Vernetzung der Kirche und auch der Gelehrtenwelt war es gewesen, dass bei der schwierigen Kompromisssuche zwischen dem deutschen König und dem Papst französische Theologen eingeschaltet wurden und auch die Herkunft der Königin Mathilde aus England eine Rolle gespielt haben dürfte.

Das Reformpapsttum hat auch Idee und Praxis der Kreuzzüge hervorgebracht, die den Osten der antiken Mittelmeerwelt wieder mehr oder weniger eng mit dem mittelalterlichen Europa verbunden haben. Bahnbrechend wirkte abermals Gregor VII., der – gemessen an dem, was er gewollt hat –, der wohl „kriegerischste Papst" gewesen ist, „der je auf Petri Stuhl gesessen hat" (C. Erdmann). Unter anderem hat Gregor bald nach der schweren Niederlage der Byzantiner gegen die Seldžuken von 1071 ernsthaft geplant, als *pontifex et dux* an der Spitze eines Heeres in den Orient zu ziehen, um den Christen zu Hilfe zu kommen. Vor allem war es aber die Einheit der Kirche und die Durchsetzung des päpstlichen Primats, die ihn zu seinem Vorhaben bewegte. In einem persönlich abgefassten Schreiben an Heinrich IV. von 1074 behauptete er sogar, ‚dass die Kirche von Konstantinopel, die hinsichtlich des Heiligen Geistes mit uns zerfallen ist, die Eintracht mit dem Apostolischen Stuhl erhofft, auch fast alle Armenier vom katholischen Glauben abirren und beinahe alle im Osten darauf warten, was der Glaube des Apostels Petrus zwischen ihren verschiedenen Meinungen entscheidet'. Obwohl angeblich schon 50 000 Ritter bereitstünden und die Kaiserin Agnes wie auch Markgräfin Mathilde von Tuszien mitziehen wollten, zerschlug sich der Plan freilich bald, weil der Papst tatsächlich weder in Italien noch in Frankreich oder Deutschland Unterstützung für sein Projekt gefunden hat. Die eigentliche Kreuzzugsbewegung setzte erst zwanzig Jahre später ein. Als die türkischen Muslime 1092 ein Sultanat in Nikaia unweit von Konstantinopel errichtet hatten, ließ Kaiser Alexios I. auf der Synode Urbans II. in Piacenza im März 1095 um Militärhilfe bitten. Vielleicht hat er auch zur Hilfe für Jerusalem aufgerufen, das unter muslimischer Herrschaft stand; allerdings hätte es sich dann nur um eine propagandistische Maßnahme gehandelt, da der Zugang zu den Heiligen Stätten den Christen keineswegs versperrt war. Im November desselben Jahres rief Urban auf dem Konzil von Clermont, also in seiner französischen Heimat, zur Befreiung der Christen im Osten auf und stieß dabei auf unerwartete Resonanz bei allen Schichten der Anwesenden. In der Forschung ist umstritten, ob der Papst in Clermont nur die Hilfe für die Byzantiner und deren Wiedervereinigung mit Rom im Auge hatte oder ob es ihm bereits um die Befreiung Jerusalems gegangen sei. Jedenfalls übernahm der Papst selbst die Führung des Kreuzzuges, wenn auch nicht in eigener Person, während Könige und Kaiser zunächst gar nicht beteiligt waren. Träger der Kreuzzugsbewegung wurden die Ritter, die Gregor VII. bereits als *militia Christi* und *militia s. Petri* aufgewertet hatte; allerdings durchdrangen sich die Motive der Pilgerschaft, eschatologische Erwartungen und auch sozialer und wirtschaftlicher Druck von Anfang an so stark mit den militärischen und politischen Motiven, dass sich auch unbewaffnete Christen auf den Weg ins Heilige Land machten. Die geistliche Leitung des Ersten Kreuzzuges übertrug Urban II. dem Bischof Adhémar von Le Puy, die militärischen Führer stammten ebenfalls aus Frankreich sowie aus Lothringen und dem süditalischen Normannenreich. Der Kreuzzug führte 1099 zur Eroberung Jerusalems und zu einer Reihe von lateinischen Staatsbildungen zwischen Armenien und Aila (am Golf von ʿAqaba), die sich jedoch als fragile Gebilde erwiesen; wiederholte Gegenstöße der Muslime veranlassten mehrere neue Kreuzzüge der lateinischen Ritterschaft, die somit das gesamte Hochmittelalter begleiteten. In der Auseinandersetzung mit der muslimischen Welt begannen sich die Christen (des Westens) als besondere Großgruppe zu begreifen; erst durch die Chroniken der Kreuzzüge und seit dem Beginn des 12. Jahrhunderts fand das Wort *christianitas* seinen Weg ins Vokabular der „Abendländer".

Der Pontifikat Calixts II. (1119–1124) mit seinem Höhepunkt im Wormser Konkordat markiert nach Hans-Walter Klewitz das „Ende des Reformpapsttums"; das heißt allerdings nicht, dass die folgenden Päpste die Forderungen der Reform, des römischen Primats oder der Dominanz gegenüber weltlichen Gewalten zur Sicherung der kirchlichen Anliegen aufgegeben hätten – im Gegenteil. Calixt hat aber durch die Berufung zahlreicher Franzosen und Oberitaliener ins Kardinalkolleg einer Schicht von Prälaten Einfluss auf die Kurie verschafft, die offenbar neuen Reformtendenzen in Klerus und Mönchtum aufgeschlossener gegenüberstanden als die älteren Kardinäle. Exponent der jüngeren Kardinalsgruppe war der aus Frankreich stammende Kanzler Haimerich, der sich auch auf die römische Adelsfamilie der Frangipani stützen konnte; auf der anderen Seite standen unter anderen der Stadtpräfekt und die Pierleoni, eine Adelsfamilie jüdischer Herkunft, die inzwischen einen Kardinalpriester hervorgebracht hatte. Schon bei der Neuwahl von 1124 kam es zu einer Doppelwahl, 1130 dann zu einem förmlichen Schisma. Zwiespältige Papsterhebungen waren in jener Zeit zwar nicht selten, sondern eher die Regel, aber nach den politisch bedingten Schismen der Salierzeit lagen die Ursachen für die Friktion jetzt bei der Wahlkörperschaft der Kirche selbst. Während die Mehrheit der Kardinäle unter lebhafter Zustimmung von Klerus und Volk den Pierleoni-Kardinal wählte, Anaklet II., erhob die Partei Haimerichs den Kardinaldiakon Gregor, der sich Innozenz II. nennen ließ. Anaklet konnte sich in Rom durchsetzen und gewann die Unterstützung Mailands sowie Rogers von Sizilien, dem er dafür den Königstitel verlieh, Innozenz dagegen erwarb auf seinem Zug in den Norden der Alpen die Zustimmung des altberühmten Benediktinerklosters Cluny und vor allem der Könige von Frankreich, England und Deutschland. Besonders nachhaltig stritt der Zisterzienserabt Bernhard von Clairvaux für die Sache Innozenz',der selbst der erste Regularkanoniker auf der Cathedra Petri gewesen ist. Bernhard wie Innozenz repräsentieren wichtige neue Reformansätze, und während man Bernhards persönliches Wirken in der ganzen Römischen Kirche bis zu seinem Tod 1153 für epochеprägend halten kann, gelten andererseits die Jahrzehnte von 1124 bis 1159 als die Kanonikerperiode der Papstgeschichte (K. Bosl). Regulierte Chorherren wie Zisterzienser gehören zu einer Serie klerikaler und monastischer Reformbewegungen, die während des hohen Mittelalters mit Unterstützung des Papsttums Weite und Dynamik gewonnen und ihrerseits auf das Petrusamt zurückgewirkt haben.

Die Regularkanoniker waren Gemeinschaften reformwilliger Priester, die sich im Unterschied zu den Mönchen ganz auf den Gottesdienst in der Messe konzentrierten und andererseits die zönobitische Lebensform der *vita communis* in apostolischer Armut gewählt hatten. Die Reformbewegung war im früheren 11. Jahrhundert von Kathedralkapiteln ausgegangen und hatte in der Provence, der Toskana, der Lombardei und in Latium ihre erste Zentren; von dort ausgehende Regeltexte (*Consuetudines*) wurden anderswo übernommen, so dass etwa Saint-Ruf in Avignon nach Deutschland, ins nördliche Frankreich und nach Spanien hineinwirkte. Nach fehlgeschlagenen Versuchen unter seinen Vorgängern gelang es Calixt II., Reformkanoniker, und zwar solche von S. Frediano in Lucca, auf Dauer im Lateran einzuführen; es war diese Chorherrengemeinschaft, die die Lateranbasilika im Zeichen der päpstlichen Kaiserimitation auch zur traditionsbildenden Grablege der Stellvertreter Christi machten. Das 12. Jahrhundert ist auch die Zeit der Regularkanoniker auf dem Thron Petri gewesen; unter den Nachfolgern Calixts gingen bis 1159 vier von sieben aus den reformierten Chorherren hervor (Honorius II., Innozenz II., Lucius II., Hadrian IV.; dazu 1187 noch Gregor VIII.). Angehörige der erneuerten Gemeinschaften spielten auch in anderen Bereichen der Kirche eine hervorragende Rolle: sie waren große theologische Lehrer wie Hugo von St. Viktor, radikale Reformer wie Gerhoch von Reichersberg, Gelehrte der Kanonistik wie Ivo von Chartres oder Revolutionäre wie Arnold von Brescia. Die Kanoniker bildeten besondere Reformkreise aus, wie man sie auch von den monastischen Erneuerungsbewegungen her kennt; dabei suchten und fanden die reformbereiten Kleriker die Hilfe der Päpste. Rottenbuch beispielsweise, das erste deutsche Zentrum mit größerer Ausstrahlung, wurde vom Adelsgeschlecht der Welfen gegründet und 1090 dem Papst übertragen. Urban II. sicherte Besitz, freie Propstwahl sowie freie Wahl des Bischofs für die Weihehandlungen und die anderen bischöflichen Rechte; dem eigentlich zuständigen Diözesanbischof von Freising wurden also empfindliche Einschränkungen zugemutet. Die Welfen sollten dagegen die erbliche Vogtei behalten. Die von Urban verliehene *libertas Romana* wurde auch anderen Mitgliedern des Rottenbucher Reformkreises zuteil (Berchtesgaden, Dießen usw.). Das Stift pflegte freundschaftliche Beziehungen zum Reformmönchtum (Hirsau), und im Investiturstreit wurde es zur Zuflucht von Anhängern der Päpste (Erzbischof Gebhard von Salzburg, Manegold von Lautenbach). Für die Kanonikerreform im Ganzen bedeutend war ein Privileg, das Urban II. Rottenbuch 1092 verliehen hat. In dieser „Magna Charta der Regularkanoniker" (P. Classen) verbot der Papst den reformierten Chorherren, zur Erlangung eines leichteren Lebens zum nichtregulierten Weltklerus abzuwandern oder – im Gegenteil – den strengeren Lebensstil der Mönche zu suchen. Der Papst wollte dem *ordo* der Regularkanoniker einen selbständigen Ort in der Kirche neben dem *ordo monasticus* zuweisen.

Noch schneller und intensiver als die regulierten Chorherren haben die Mönche des Zisterzienserordens in der ganzen Römischen Kirche Einfluss gewonnen. Neben dem Papsttum war dabei die Unterstützung von Königen, Fürsten und anderen weltlichen

Herren entscheidend, vor allem aber die charismatische Figur des Abtes von Clairvaux. Die Zisterzienser hatten sich um die Jahrhundertwende aus dem alten Mönchtum gelöst, um die Regula Benedicti mit Entschiedenheit und in asketischer Strenge zu verwirklichen. Ursprünglich wollten sie sich auch in die Einöde zurückziehen, was aber, wie in Deutschland, aufgrund der bestehenden Siedlungsdichte oft nicht mehr gelang. Andererseits prädestinierten die sparsame und effektive Wirtschaftsform der Selbstversorgung, die zum großen Teil Laienbrüder sicherstellten, sowie die Aufgeschlossenheit für neue Agrartechniken und fortschreitende Arbeitsteilung die Zisterzienser für die Erschließung von Öd- und Grenzländern, so dass der Orden in vielen Ländern die (Re-) Kolonisierung vorantreiben konnte (Ostsiedlung, Repoblación in Spanien usw.). Bereits im Jahr 1100, zwei Jahre nach der Gründung, erwirkte der Vorsteher des Mutterklosters Cîteaux in Burgund von Urban II. eine päpstliche Schutzurkunde, und 1119 billigte Calixt II. die für den entstehenden Orden grundlegende „Charta caritatis". Die neugestifteten Klöster waren jeweils Primarabteien affiliiert, so dass ein lückenloser hierarchischer Verband, ein Orden im eigentlichen Sinne, entstand. Erstes Zisterzienserkloster außerhalb Frankreichs war S. Maria di Lucedio in Ligurien (1120). Nach einer Generation gab es im Ganzen schon 344 Klosterkonvente, von denen noch über 180 im Mutterland lagen (1153). Nach neueren Berechnungen hätte der Orden damals einschließlich der Konversen mindestens 11 000 Mitglieder umfasst. Das Generalkapitel beschloss 1152, dass keine neuen Häuser mehr eröffnet werden sollten, doch führte dies offenbar nur in Frankreich und England zu einer deutlichen Abflachung der Gründungswelle. Um 1200 lassen sich für Frankreich etwa 220 Zisterzen ermitteln bei einer Gesamtzahl von 530, um 1250 betrug das Verhältnis 230 zu 650. Unter den frühen Zentren der Zisterzienser ragte Clairvaux in der Champagne hervor, das Bernhard 1115 gegründet hatte. Bernhard allein errichtete 70 Klöster in mehreren Ländern Europas, zusammen mit den angeschlossenen Gemeinschaften standen zum Schluss 164 Monasterien unter seiner Leitung. Die Klostergründungen Bernhards waren eng mit seinem Wirken zugunsten Innozenz' II. oder im sonstigen Dienst der Kirche verbunden. Als es dem wundertätigen Asketen gelungen war, die Stadt Mailand von Anaklet abzuwenden, konnte er hier zum Beispiel die Zisterze Chiaravalle gründen, die – neben anderen Niederlassungen seines Ordens – die Observanz Innozenz' II. am Ort weiter absicherte (1135). Nach Überwindung des Schismas hat der Papst selbst dem heiligen Bernhard in Rom eine alte Abtei geschenkt, in der dieser einen seiner Schüler, den späteren Papst Eugen III., zum Leiter bestellte (1140). Zur gleichen Zeit ermöglichte der Friedensschluss zwischen Innozenz und Roger II. das Vordringen der Mönche aus Clairvaux auch nach Sizilien; der König forderte die Zisterzienser zur Neugründung in bestehenden Benediktinerabteien oder verlassenen italogriechischen Klöstern an. Nach dem Hauteville hat besonders Friedrich II. die Zisterzienser in Unteritalien gefördert. In Deutschland, das Bernhard erstmals 1135 (Bamberg) und dann 1146/47 im Auftrag Eugens zur – erfolgreichen – Predigt für den Zweiten Kreuzzug besuchte, wurde die Abtei Morimond als Mutterkloster schließlich wichtiger als Clairvaux. Weder die Iberische Halbinsel noch England hat Bernhard je besucht, aber auch hier sind zu seiner Zeit die ersten Niederlassungen des Ordens entstanden. An den Hof Heinrichs I. von England entsandte er Mönche aus Clairvaux, die dem König mitzuteilen hatten, dass er in dessen Reich das zisterziensische Mönchtum verbreiten wolle. Die erste Gründung Rievaulx in Yorkshire war schnell erfolgreich, so dass auch König David I. von Schottland hier Mönche für seine Abteigründung Melrose erbat (1136). Wie wichtig die Zisterzienser für die Integration des westlichen Europa geworden sind, zeigt sich beispielhaft an der Chronistik der schottischen Abtei, die noch im 13. Jahrhundert Ereignisse auf dem Kontinent und bei den Kreuzzügen festhalten konnte. Nach Skandinavien sandte Bernhard Mönche für königliche Klostergründungen und auf Bitten des Erzbischofs von Lund. Nach Polen, Pommern und Böhmen kamen die Zisterzienser entweder von Clairvaux, Morimond oder ihren deutschen Tochtergründungen her, großenteils allerdings erst im späteren 12. Jahrhundert. In Ungarn haben sich besonders die Könige, vor allem Béla III., um die Ausbreitung des Ordens bemüht.

Auch nachdem Innozenz III. das Papsttum auf das Hochplateau seiner europäischen Geltung geführt hatte, waren es religiöse Gemeinschaften, die der Römischen Kirche neue Impulse verliehen und selbst die Unterstützung der Päpste fanden. Vor allem gilt dies für die Anhänger des Franziskus von Assisi (gest. 1226) und des Dominikus (gest. 1221), der vornehmlich in Südfrankreich wirkte. Beide Heilige fühlten sich den Normen der evangelischen Armut und auch des Dienstes am Nächsten verpflichtet und fanden solchen Zulauf, dass ihre Religiosenbewegung noch zu ihren Lebzeiten in die Bildung neuer Orden einmündete. Im Unterschied zum älteren Mönchtum in der fast völlig agrarischen Welt des Frühmittelalters siedelten sich die Dominikaner und Franziskaner in den Städten an. Dominikus und seine Anhänger konzentrierten sich besonders auf Predigt und Mission, so dass sie von Anfang an auf eine gute theologische Ausbildung Wert legten. Der ursprüngliche Plan des heiligen Dominikus, die Kumanen in der Walachei zu missionieren, fand nicht die Zustimmung des Papstes, der ihn stattdessen 1206 mit der Predigt gegen die Häresie der Albigenser (Katharer) im Languedoc beauftragte. So wurden Dominikus und seine Jünger auch an der päpstlichen Ketzerbekämpfung beteiligt, die zu seiner Zeit neue Wege einzuschlagen begann. Nachdem ein päpstlicher Legat von Männern, die dem Grafen von Toulouse und den Katharern nahestanden, ermordet worden war, rief Innozenz III. 1209 zu einem Kreuzzug gegen die Ketzer auf. Der Papst fand genug Unterstützung beim französischen Adel, doch zog sich der Krieg, mehr und mehr zu einer politischen Auseinandersetzung geworden, bis 1229 hin, ohne dass der Katharismus hätte vernichtet werden können. Dominikus gründete indessen in Toulouse eine Predigergemeinschaft, die die kanoniale Lebensform annahm. Durch mehrere Bullen Papst Honorius III. von 1216/19 wurde der neue Orden bestätigt. Zur gleichen Zeit hatte Innozenz III. auch eine erste Regel für die Bruderschaft des heiligen Franz wenigstens mündlich approbiert (1209/10). Im Jahr 1217 fassten beide neuen Gemeinschaften den Entschluss, ihr ursprüngliches Wirkungsfeld weit nach Europa hinein auszudehnen. Die Franziskaner entsandten Brüder nach dem Norden der Alpen und bestellten Provinzialminister zur Aufsicht über die wachsende Bewegung; in Italien sollten sechs, in Frankreich zwei und in Spanien eine Ordensprovinz entstehen. Die ersten Missionen, etwa nach Frankreich und Deutschland, waren aber schlecht vorbereitet, so dass sich Franz 1220 an Honorius III. um Hilfe wandte. Dieser berief einen Kardinalprotektor, Hugolin von Ostia, der die Franziskaner auch später als Papst Gregor IX. fördern sollte. Noch im Jahr 1220 stellte der Papst ein Privileg aus, das alle Bischöfe anwies, die Predigt der Brüder zuzulassen, und 1223 approbierte Honorius III. die definitive Regel („Regula Bullata"). Auch Dominikus und seine Fratres erhielten von diesem Papst eine allgemeine Predigtlizenz (1217). Vermutlich im selben Jahr entschloss sich der Ordensgründer, seine Anhänger nach Paris und nach Spanien auszusenden, während einige andere in Toulouse bleiben sollten und er selbst nach Rom gehen wollte. Wie die Franziskaner sollten auch die Dominikaner ihren Lebensunterhalt durch Betteln erwerben, Dominikus ging es aber besonders um ein Universitätsstudium seiner Anhänger. Schon 1218 wies die Universität in Paris den Predigerbrüdern auf Bitten des

Papstes eine Unterkunft an und verlieh ihnen einen theologischen Lehrstuhl. Bald erwarb der Orden zu St-Jacques noch einen zweiten Lehrstuhl, den einmal Albertus Magnus (1243/44) und Thomas von Aquin innehaben sollten. Jede Ordensprovinz erhielt das Recht, die drei besten Schüler nach Paris zu entsenden; 1217 zählte man erst 7, 1223 aber schon 120 und 1289 etwa 300 Dominikaner im Studium von Paris. Auch nach der anderen hochbedeutenden Universität in Bologna hat Dominikus noch persönlich die ersten Brüder geschickt. 1221, kurz vor seinem Tod, hat er auch die Errichtung von Ordensprovinzen in Analogie zu den Franziskanern veranlasst und Brüder nach England, Skandinavien, Polen, Ungarn und dem Nahen Osten entsandt.

Die Ausbreitung der beiden Bettelorden vollzog sich ähnlich dynamisch wie die der Zisterzienser zuvor, wenn auch der Konflikt Friedrichs II. mit dem Papsttum und die Konkurrenz der Mendikanten mit dem Weltklerus um die Pfarrechte zeitweise retardierend wirkten. Um 1250 bestanden Häuser der Franziskaner und Dominikaner in jedem Teil der westlichen Christenheit. Beim Tod Dominiks gab es etwa 25 Konvente seines Ordens, 1277 bereits 404; die Zahl der Provinzen stieg zwischen 1228 und 1308 von 12 auf 18 an, während man 1256 um 9000 Brüder zählte. Italien war hier ebenso das Zentrum der Ausbreitung wie bei den Franziskanern. Mitte des 13. Jahrhunderts deckte sich das Netz der franziskanischen Niederlassungen mit dem der Groß- und Mittelstädte im nördlichen und mittleren Italien, nicht aber im Süden des Landes. In Frankreich entstanden zwischen 1220 und 1250/54 über 100 Gründungen, in Deutschland etwa die gleiche Anzahl. Für England gibt der Chronist Thomas von Eccleston zum Jahr 1256 49 Konvente mit 1242 Brüdern an. In den übrigen Ländern, besonders in Skandinavien und Ostmitteleuropa, folgten die Ansiedlungen seit den dreißiger Jahren nach.

Die Aufgabe der Glaubensverkündigung führte Franziskaner und Dominikaner auch über die Grenzen des christianisierten Europa hinaus. Der heilige Franz selbst hatte die Mission unter den „Sarazenen" ins Auge gefasst. Zweimal plante er vergeblich, nach Syrien und Marokko zu reisen, dann erlaubte er zwei Brüdern, ins Heilige Land aufzubrechen, und schon 1217 wurden hier zwei Ordensprovinzen eingerichtet. 1219 begab sich Franziskus nach Ägypten, um dem Sultan von Damietta das Evangelium zu predigen, er musste aber enttäuscht und krank heimkehren. Dominiks alten Plan der Kumanenmission griff das Generalkapitel seines Ordens 1220 auf und fand jetzt die Unterstützung des Papstes; auch die Franziskaner wurden bei dem Turkvolk an den Karpaten aktiv. Obschon erste Missionszentren durch die Mongolen zerstört wurden, drangen beide Orden weiter nach Südosteuropa vor. Der Tatareneinfall von 1241 veranlasste Innozenz IV. dazu, mit Hilfe der Bettelmönche Kontakt zu dem Steppenvolk aufzunehmen. In Lyon 1245, aber noch vor Eröffnung des Konzils, beauftragte er die Franziskaner Johannes de Plano Carpini und Benedikt von Polen mit einer Gesandtschaft zu den Mongolen nach Osteuropa und Zentralasien, ferner drei Dominikaner mit einer Legation zu den Mongolen im Vorderen Orient. Innozenz wollte ‚die Wahrheit über (der Tataren) Vorhaben und Absicht (feststellen), damit jene nicht bei einem möglichen plötzlichen Einfall (die Christen) unvorbereitet finden werden, wie das bereits einmal geschehen ist'. Der Papst nimmt also – statt des Kaisers – die Führungsrolle in der Christenheit gegen ihre Feinde entschlossen in Anspruch; in Erweiterung der Lehre vom Christusvikariat seines Amtes begründet er erstmals seine Pflicht zum Eingreifen gegenüber Heiden, die das Recht der Christen verletzt haben. Seine mönchischen Gesandten sollten freilich auch den Versuch unternehmen, die Mongolen zu bekehren (F. SCHMIEDER).

Dominikaner und Franziskaner waren den Päpsten noch auf einem anderen Gebiet dienlich, bei der Ketzerverfolgung und insbesondere beim neuen Verfahren der Inquisition. Der Ursprung des Predigerordens hatte ja bei der Bekämpfung der Albigenser gelegen, und auch die Anhänger des heiligen Franz dürften in ihren italienischen Heimatstädten mit Häresien konfrontiert worden sein. Seit 1184 hatten sich Papst und Kaiser gemeinsam um die ‚Vernichtung der Schlechtigkeit verschiedener Häresien' bemüht, das Vierte Lateranum hatte die weltlichen Machthaber und die Bischöfe verpflichtet, ‚alle Ketzer zu beseitigen',und Kaiser Friedrich II. hatte 1224 gegen die Ketzer der Lombardei die Strafe des Feuertodes verhängt (s. unten 3.2.3). Trotzdem waren 1230 nicht einmal die Kampagnen gegen Katharer oder Waldenser wirklich erfolgreich gewesen. Gregor IX. übernahm deshalb nun Friedrichs Ketzergesetz in sein Register und erließ eine eigene Dekretale, nach der die Verurteilten ‚der verdienten Strafe',das heißt dem Tod auf dem Scheiterhaufen, zuzuführen seien (1231). Gleichzeitig setzte er erstmals besondere *inquisitores haereticae pravitatis* ein, die das Recht zur selbständigen Gerichtsausübung und zur Anrufung des „weltlichen Arms" zur Vollstreckung der Urteile hatten. Diese Maßnahmen bedeuteten zwar nicht den Anfang der „Inquisition" als fester Einrichtung, zumal die päpstlichen Untersuchungskommissionen schon um die Jahrhundertmitte in ganz Europa weitgehend wieder verschwunden waren; aber das neue Verfahren markierte den Bruch mit den Traditionen des römischen und auch des kirchlichen Rechts, die den Beschuldigten bis zum Urteil Schutz zusicherten. Es missachtete die überkommenen Verteidigungsrechte des Angeklagten und schloss jeden definitiven Freispruch aus. Mit furchtbarer Konsequenz wandte vor allem der Priester Konrad von Marburg die neuen Richtlinien an, den Gregor IX. 1231 als einen der Inquisitoren in Deutschland bestellt hatte. Nur Monate nach Konrad erhielten der Regensburger Dominikanerprior Burkard und sein Mitbruder Theoderich vom Papst die gleichen Kompetenzen wie Konrad zugesprochen; ferner wurden Predigermönche aus Friesach und Straßburg mit inquisitorischen Befugnissen ausgestattet. Offenbar ging Gregor bei der Einführung der neuen Ketzerverfolger und Ketzerrichter systematisch und konsequent vor. In Frankreich, im Languedoc und in der Lombardei hört man von Inquisitoren seit den Jahren 1232/33. Kurz darauf sind auch Franziskaner in dieser Funktion belegt (1236). Konrad von Marburg wurde aus Hass gegen das von ihm repräsentierte System schon 1233 ermordet, und der Dominikaner Robert der Kleine, ein konvertierter Katharer, brachte allein im Mai 1239 in Mont-Aimé 180 seiner früheren Glaubensbrüder den Feuertod. Die Bilanz beider war aber wohl nicht typisch; wo, wie im Midi während der vierziger Jahre, quantifizierbares Material vorliegt, scheinen über 90 Prozent der Beschuldigten zu milderen Strafen verurteilt worden zu sein. Trotzdem war die Inquisition nach dem Konzept Gregors IX. ein effektives Mittel der Repression, neben den Kreuzzügen wohl das einzige, das die Römische Kirche überhaupt hervorgebracht hat.

Das Konzil von Lyon 1245, auf dem Innozenz IV. unter anderem Friedrich II. absetzte und König Sancho von Portugal suspendierte, gilt als der Abschluss einer Epoche, die von Papst und Kaiser beherrscht worden war (A. Melloni). Das Ende des staufischen Kaisertums gab aber den Weg keineswegs frei für eine Autorität des Papstes als *verus imperator*. Vielmehr konnten sich jetzt nach älteren Ansätzen endgültig neue Kräfte durchsetzen, „die sich zu nationalen Königreichen mit eigenständiger Gesetzgebung entwickelten" (A. Paravicini Bagliani).

2.1.3 Zwei Königreiche im asynchronen Aufstieg: England und Frankreich

Die Grundlagen für „England" und „Frankreich" sind – auf jeweils verschiedene Weise – vor dem hohen Mittelalter geschaffen worden. Englands historische Erscheinung beruht zum einen auf der Reichweite der römischen und der angelsächsischen Eroberungen, die die keltische Vorbevölkerung im Westen und Norden – in Wales, Irland und Schottland, aber auch in Strathclyde, Cornwall und Devon – nicht oder nur unzureichend einbezogen haben; zum andern wurde sie von der Erfahrung des angelsächsischen Gesamtreiches im 10. Jahrhundert geprägt, denn der dabei entstandene „sense of Englishness" (M. T. CLANCHY) konnte die dänischen, normannischen und angevinischen Invasionen und Reichsbildungen der Folgezeit überdauern. Auch bei Frankreich wurzelt die nationale Identität bereits im Frühmittelalter. Die Merowinger und Karolinger hatten, sieht man von der Bretagne ab, die Meeres- und Gebirgsgrenze im Norden, Westen und Süden für Siedlung und Herrschaft abgesteckt, und nach der Erwerbung Lothringens durch den ostfränkischen König Heinrich I. 925 hatte sich auch die Markierung hin zum werdenden deutschen Reich trotz erheblicher Widerstände als stabil erwiesen. Im Unterschied zu England wurde das Königtum in diesem Raum zum wichtigsten Träger für die Idee staatlicher Einheit; es setzte die Tradition der Karolinger direkt fort, gestützt auf die Übernahme zentraler Orte wie Reims und Saint-Denis. Während sich in England die Vorstellung nationaler Einheit gegen das Königtum als Fremdherrschaft zu artikulieren begann, ist die Einheit Frankreichs geradezu durch die „Symbiose des Königs mit seinem Reich und den darin lebenden Menschen" hervorgebracht worden (J. EHLERS).

Allerdings kam es in beiden Ländern während des Hochmittelalters noch nicht zur Ausbildung von Einheitsstaaten, weil sich andere schon aus dem Frühmittelalter herrührende Tendenzen als wirkungsvoller erwiesen. England wurde von einer transmarinen Großreichsbildung erfasst, wie sie schon die dänischen Könige Sven Gabelbart und Knut der Große vor 1035 versucht hatten. In Frankreich dagegen bestimmten im Zeichen feudaler Machtaufteilung regionalisierte Fürstentümer statt einer gesamtstaatlichen Königsherrschaft die politische Ordnung; über das Hochmittelalter hinaus war hier die Zeit zwischen 1000 und 1515 „le temps des principautés" (J. FAVIER). Die unterschiedlichen Formationen beider Länder entstanden und entwickelten sich aber nicht unabhängig voneinander, sondern im Gegenteil in engster Wechselbeziehung. Denn bei dem Aufstieg des England einschließenden Reiches seit 1066 wurden von Anfang an, besonders aber seit 1154 weitausgedehnte Herrschaften in Frankreich mit der englischen Krone verbunden, während das französische Königtum nur eine partikulare französische Macht darstellte. Umgekehrt entsprach der allmähliche Aufstieg der französischen Monarchie dem Bedeutungsverlust des konkurrierenden Reiches im Westen; die Entwicklungsrichtungen beider Königtümer waren im hohen Mittelalter also entgegengesetzt, und zwar in Abhängigkeit voneinander.

Die so genannte anglonormannische und dann angevinische Reichsbildung über den Kanal hinweg hat auf ihrem Höhepunkt den Raum von der Grenze Schottlands bis zu den Pyrenäen eingeschlossen. Sie hat aber nicht nur die Geschichte Englands und Frankreichs geprägt, sondern war das wichtigste politische Faktum ihrer Epoche in Westeuropa überhaupt. Vor allem haben die fremden Herrscher und ihre Helfer dazu beigetragen, dass England an den kulturellen Entwicklungen Frankreichs beziehungsweise des Kontinents partizipierte; so wurde das Altenglische seit 1066 (genauer seit 1070) als Sprache der Regierung und des gebildeten Klerus durch Latein ersetzt. Obgleich sich die englisch-französische Blockbildung auf Dauer nicht als beständig erwies, hat sie die europäische Geschichte auf lange Sicht stark geprägt. Wenn sich die beiden Länder beim Übergang vom hohen zum späten Mittelalter voneinander wieder stärker abgrenzen und verselbständigen konnten, hatte dies verschiedene Ursachen: Während in Frankreich das Königtum die nationale Einigung auf Kosten der Fürsten und gegen die englische Konkurrenz verwirklichte, traten in England – ähnlich wie in Deutschland – die miteinander verbündeten Großen als Repräsentanten des Landes hervor.

Die politische Struktur Englands im Hochmittelalter war also von Fremdherrschaft, diejenige Frankreichs von Partikularismus geprägt. Die differenten Ordnungen lassen sich auf gleichartige exogene Faktoren zurückführen, die aber je verschieden gewirkt haben. Beide Länder waren seit dem 8./9. Jahrhundert Opfer der Wikingerzüge von Skandinavien her geworden. In England waren die Dänen schon Mitte des 9. Jahrhunderts sesshaft geworden und hatten im Norden und Osten des Landes Reiche und Herrschaften gebildet (Danelag). Den Widerstand nahm hier das alte angelsächsische Königtum auf; 866 gelang Alfred dem Großen von Wessex bereits die Wiedereinnahme Londons, sein Sohn Eduard und sein Enkel Athelstan trieben die Rückeroberung weiter vor bis York. Athelstan hat England sogar als erster König vereint; seiner Herrschaft waren Angelsachsen und Briten (Kelten) gleichermaßen unterworfen wie Dänen und Norweger, also „Wikinger". Da die besonderen britischen Herrschaften der Insel ebenfalls seine Oberhoheit anerkannten, nannte er sich zu Recht *rex totius Britanniae*. Auch als in der zweiten Wikingerperiode zwischen 980 und 1050 England von Dänemark zurückerobert wurde, gelang nach der Invasion Sven Gabelbarts (1013/14) seinem Sohn Knut eine königliche Gesamtherrschaft (1016–1035).

Im Unterschied zu England hatte sich in Frankreich das Königtum, also der Stamm Karls des Großen, bei der Gegenwehr auf die Normannen überfordert gezeigt; die Verteidigung des Volkes und Landes verlagerte sich auf den Adel, der seine militärische Führungs- und Schutzfunktion für den Aufstieg zum Fürstentum zu nutzen verstand. Im Raum zwischen Seine und Loire tat sich besonders Robert der Tapfere hervor, Graf von Tours, Blois und Anjou. Robert stammte ursprünglich aus dem Ostreich, wohl vom Mittelrhein, und wurde als Vater der Könige Odo (888–898) und Robert I. (922/23) zum Ahnherrn der Dynastie der Kapetinger. Unter Odos Nachfolger, dem Karolinger Karl III. dem Einfältigen, setzte 911 die Ansiedlung der Wikinger aus Norwegen auf westfränkischem Gebiet ein; Karl wies ihnen die Gegend um Rouen zu, wo die Normannen eine eigene Fürstenherrschaft ausbildeten. Zumal sie sich ihrer fränkischen Umgebung weithin assimilierten, erwies sich ihr Dukat als stabil.

Für die französische Geschichte bietet sich als Beginn des hohen Mittelalters 987 an, da in diesem Jahr mit Hugo Capet die ununterbrochene Zeit des kapetingischen Königtums einsetzte (bis 1328). Aber nicht der Wechsel der Dynastien von den Karolingern zu den Kapetingern allein wäre für die Zäsur maßgeblich, sondern mehr noch der endgültig gelungene Aufstieg eines Fürstengeschlechts zum Königtum, das selbst auf das Format einer Fürstenherrschaft herabgesunken war. Für England könnte man bei den Königen Sven und Knut einen Einschnitt machen, doch löste sich deren Herrschaft, die Kanal und Nordsee überspannte, bald wieder auf. Mit der normannischen Eroberung Englands von der Normandie aus (1066) begann demgegenüber die Geschichte eines neuen, des anglonormannischen Reiches, das mit seiner Fortsetzung seit dem 12. Jahrhundert bis zum Ende des hohen Mittelalters bestand. Man könnte die anglonormannische Zeit freilich auch schon mit Eduard dem Bekenner (1042–1066) beginnen lassen, dem letzten König aus dem westsächsischen Geschlecht Alfreds des Großen. Eduard war nämlich während der Regierung Knuts in der Normandie aufgewachsen und ebnete selbst schon als Herrscher normannischen Großen den Weg auf englische Bischofsstühle und Burgen. Andererseits erwies sich das Reich beim Tod des ersten normannischen Königs Wilhelm I. (1087) als fragil; erst nachdem er gegen seinen Bruder erfolgreich gewesen war, konnte Heinrich I. die Gesamtherrschaft über England und die Normandie wiederherstellen und stabilisieren (1106–1135).

Als Wilhelm I. der Eroberer das Meer überquerte und sich im Kampf mit anderen Prätendenten um die Nachfolge Eduards des Bekenners durchsetzte, gehörte er als Herzog der Normandie bereits zu den mächtigsten Fürsten Frankreichs. Neben ihm standen etwa die Herzöge der Bretagne, von Aquitanien und von Burgund sowie die Grafen von Flandern, Anjou, Toulouse, Barcelona, Blois und der Champagne. Das Königtum Philipps I. (1060–1108) wurde zwar im Raum des ganzen westfränkischen Reiches anerkannt, und Philipp selbst nannte sich mit der traditionellen Formel ‚von Gottes Gnaden König der Franken'; aber tatsächlich war der Machtbereich der Kapetinger im wesentlichen auf die so genannte Krondomäne beschränkt, die in der *Francia* zwischen Oise, Maas und Loire lag. Kerne dieses Herrschaftsgebietes waren aus karolingischem Erbe die Pfalz Compiègne und die Städte Laon und Reims, ferner etwa die königliche Münzstätte in Paris. Dazu kamen Grafschaften, Großgrundherrschaften, Zölle und Gerichtsrechte, königliche Eigenkirchen und Eigenklöster, Märkte, Zins- und Zehntansprüche usw. Die Krondomäne war aber kein geschlossenes Territorium unter uneingeschränkter königlicher Herrschaft, sondern mit den Rechten anderer Adliger durchsetzt. Ihre wichtigste Ergänzung bestand in den Kronbistümern, die die weltliche Domäne kranzförmig einschlossen und vorwiegend zu den Kirchenprovinzen Reims und Sens gehörten; über diese Bistümer, rund ein Drittel des französischen Episkopats, konnte der Herrscher in ähnlicher Weise verfügen wie der ostfränkisch-deutsche in seinem Gesamtreich. Mit der Reichsbildung Wilhelms I. verlor das französische Königtum weiter an Bedeutung; schon Philipp I. bemühte sich aber darum, die Krondomäne schrittweise durch Erwerbungen auszudehnen (Gâtinais, Abtei Corbie, Vexin, Berry).

Die Gewichte zwischen beiden Reichen verschoben sich im 12. Jahrhundert weiter durch vorteilhafte Eheschlüsse der Erben Wilhelms I. Heinrich I. verheiratete 1127 seine Tochter Mathilde, die Witwe des Salierkaisers Heinrich V., mit Gottfried, dem Erben der Grafschaft Anjou. Dieser gehörte dem Hause der Plantagenêt an, das mit dem anglonormannischen Königshaus im Norden Frankreichs um die Vorherrschaft konkurrierte. Nachfolger Heinrichs wurde aber sein Neffe Stephan (1135–1154), der von Vatersseite her aus Blois, einer weiteren nordfranzösischen Herrschaft, stammte. Trotzdem konnte sich Gottfried von Anjou in den Besitz der Normandie bringen und dieses Herzogtum seinem Sohn Heinrich vererben; die Vermählung Heinrichs mit Eleonore von Aquitanien 1152 führte ihm außerdem weitere hochwichtige Herrschaften zu. Beim Tod König Stephans trat der Plantagenêt als Heinrich II. die Nachfolge an (1154–1189). Seine Herrschaft in Frankreich umfasste die Herzogtümer Normandie und Aquitanien, zu denen 1158 noch die Bretagne kam, und die Grafschaften Anjou, Touraine und Maine; allerdings musste er für diese Festlandsbesitzungen dem französischen König Ludwig VII. huldigen. Auf der Insel übte er gleichzeitig die Oberhoheit über die anglonormannischen Marcher Lords von Wales aus. Die einheimischen walisischen Fürsten huldigten ihm wiederholt, ebenso die Könige von Schottland. Mit seiner Zustimmung und Unterstützung nahmen Anglonormannen und Anglowaliser 1169 den größten Teil von Irland in Besitz, er verstand es aber schon 1171, auch hier seine Vorherrschaft zur Geltung zu bringen. Trotz dieser überragenden Fülle an Herrschaftstiteln darf die Stärke des angevinischen Reiches seit Heinrich II. nicht überschätzt werden; es beruhte als feudales Gebilde auf personalen Bindungen und wies gegenüber dem französischen Königsland geringere Kohärenz auf. Trotzdem ist es richtig, seit 1154 vom angevinischen Reich zu sprechen, um die Ausweitung des anglonormannischen Kerns zu verdeutlichen.

Schon als der letzte Sohn Heinrichs II., Johann (1199–1216), das Erbe des Vaters antreten wollte, begünstigte ein Streit im Hause Plantagenêt den Zerfall des Reiches und den Aufstieg des französischen Königtums unter Philipp II. (1180–1223). Als Oberlehnsherr ließ Philipp Johann 1202 vor seinem Hofgericht den Prozess machen, nachdem der englische König eine angefochtene Ehe eingegangen war; Johann verlor nach dem Urteil seine französischen Lehen, und 1204 konnte der Kapetinger in Rouen einziehen und die Herrschaft in der Normandie übernehmen. 1206 erkannte Johann zum ersten Mal den Verlust aller Besitzungen nördlich der Loire an. Die endgültige Entscheidung fiel jedoch erst einige Jahre später. Philipp, der seit den Zeiten Barbarossas mit den Staufern verbündet war, sah sich einer Allianz Johanns mit dem Welfen Kaiser Otto IV. gegenüber. Angeblich planten seine Gegner, das kapetingische Königtum zu vernichten und die Krondomäne unter sich aufzuteilen. Bei der Schlacht bei Bouvines in Flandern am 27. Juli 1214 errang Philipp jedoch einen glänzenden Sieg, der auch den deutschen Thronstreit zugunsten Friedrichs II. entschied. Im Vertrag von Chinon vom selben Jahr wiederholte König Johann seinen Verzicht von 1206; Johann blieb aber Herzog von Aquitanien und Graf von Poitou. Obschon er und sein Nachfolger Heinrich III. (1216–1272) sich mit den Herrschaftseinbußen nicht abfinden mochten, gelang es ihnen nicht, sie rückgängig zu machen. Der englische Adel hatte seit der Ereigniskette von 1204 keinen Festlandsbesitz mehr und konzentrierte sich ganz auf die Insel; England und Frankreich begannen sich also klarer voneinander abzugrenzen. Zwar beteiligten sich die Großen mehrfach an den Abwehrkämpfen Heinrichs gegen die Fürsten von Wales (zwischen 1238 und 1267), sie lehnten es jedoch ab, die Bestrebungen des Königs auf Rückeroberung der nordfranzösischen Herrschaften zu unterstützen. Erst 1259 verzichtete Heinrich III. im Vertrag von Paris mit König Ludwig IX. von Frankreich (1226–1270) endgültig auf die verlorenen normannischen und angevinischen Gebiete; die Gascogne, die dem englischen König als Lehen von Frankreich gehörte, wurde nun aber förmlich als Herzogtum anerkannt. Bis 1337 bildete dieser Vertrag dann die Basis der englisch-französischen Beziehungen.

Wie das französische war auch das englische Königtum im hohen Mittelalter beim Herrscherwechsel unteilbar. Andererseits ist es aber den englischen Monarchen nie gelungen, ihre Krone mit den Herrschaften auf dem Festland zu einer staatlichen Einheit zu verschmelzen. Während es in Frankreich also stets nur um einen einzigen Nachfolger des Königs ging, konnte das Erbe der Normannen, Anjou oder Plantagenêt beim Tod des Herrschers jeweils in mehrere Anteile zerfallen. Tatsächlich war Stephan 1135 der erste König seit der Eroberung, der die Nachfolge in England und in der Normandie gleichzeitig antrat, und Heinrich II. hat 1154 als einziger Herrscher der Zeit völlig unangefochten Königtum und Fürstentümer übernehmen können. Der regelmäßigen, wenn auch nicht immer unstrittigen Sohnesfolge im kapetingischen Königtum stand in England die wiederholte Sukzession von Brüdern gegenüber (Wilhelm II./Heinrich I.; Richard I./Johann), und aus dem Stamm Wilhelms I. galten bis 1216 mindestens 16 Personen als Anwärter auf die Krone, die sieben von ihnen auch erlangten. Zu den Thronprätendenten gehörte als ein Sonderfall Mathilde, die Witwe Kaiser Heinrichs V.; ihr Vater soll bei ihrer Verlobung mit Gottfried von Anjou kurz nach Weihnachten 1126 ‚lange und sorgsam' die Frage des Erbes erwogen haben. Nach Wilhelm von Malmesbury habe König Heinrich I. dann aber die Adligen ganz Englands sowie die Bischöfe und Äbte eidlich verpflichtet, ‚dass sie im Falle seines Todes ohne männlichen Erben sofort und ohne Zögern seine Tochter Mathilde, die frühere Kaiserin, als ihre Herrin annehmen sollten. Er sagte, dass sie allein einen rechtmäßigen Anspruch auf seine Nachfolge habe, denn ihr Großvater, Onkel und Vater seien Könige gewesen, während die Königslinie auf der Mutterseite viele Jahrhunderte zurückreichte'. In der Tat entstammte Mathilde auch dem angelsächsischen Königshaus von Wessex. Als ihr Vater dann ohne männliche Nachkommen gestorben war und ihr Mann, Gottfried von Anjou, kein Interesse an der Königsherrschaft gezeigt hatte, bemühte sich Mathilde wirklich um die Herrschaft und fand bei mächtigen Baronen dafür Unterstützung.

Beim Thronfolgerecht beider Reiche stand das Erbrecht gegenüber der freien Königswahl eindeutig im Vordergrund. Die Kapetinger hatten zwar ihren Aufstieg auf Kosten der Karolinger dem Wahlprinzip verdankt, doch trieben sie ihre Dynastiebildung schon im 11. Jahrhundert zielstrebig voran, zumal sich die Erblichkeit gleichzeitig auch in den weltlichen Herrschaften durchsetzte. Das wichtigste Instrument war die Erhebung des präsumptiven Nachfolgers als Mitkönig auf Veranlassung des amtierenden Herrschers. Allerdings konnte eine Designation dieser Art ein bestehendes Königtum schwächen oder gefährden (Robert II./Heinrich I.); auch aus diesem Grund haben manche Herrscher ihre Nachfolger erst relativ spät benannt (Ludwig VI./Philipp/Ludwig VII.; Ludwig VII./Philipp II.), und Ludwig VI. musste gar in den letzten sieben Jahren seines Vaters als Regent amtieren, ohne schon König geworden zu sein. Die Designation des künftigen durch den alten Herrscher bedurfte, um wirksam zu werden, der Akzeptanz durch die weltlichen und geistlichen Großen; diese manifestierte sich in der Wahl durch eine nicht stabile und eindeutig abgegrenzte Gruppe von Adligen sowie in der Salbung und Krönung, die in erster Linie dem Erzbischof von Reims zukam. Durch die Weihe, seit 1131 mit dem heiligen Salböl aus dem Kloster Saint-Rémi, war die Königserhebung praktisch unwiderruflich. Wie schon früheren Königen wurden den französischen Monarchen des hohen Mittelalters auch magische Kräfte zugeschrieben, was sich bei Robert II. in der Fähigkeit äußerte, Blinden die Sehkraft zu geben und Leprosen durch Handauflegen ‚alle Pein der Krankheit' zu nehmen. Seit Roberts Enkel Philipp I. wurde das Vermögen des Königs, die Skrofeln, eine Entzündung der Lymphknoten, zu heilen, als amtsgebundene Begnadung wahrgenommen; alle folgenden französischen Monarchen bis zum Ende des Ancien Régime sollen Kranke dieser Art berührt, das Kreuz über sie geschlagen und angeblich auch gesundgemacht haben. Marc Bloch hat das Aufkommen des Wunders und des Wunderglaubens mit der Einzelnachfolge im Königtum und der Entstehung der kapetingischen Dynastie in Verbindung gebracht (anders F. Barlow und J. Le Goff). Die gleichen thaumaturgischen Kräfte sind nach Joachim Ehlers bei den englischen Königen schon für Eduard den Bekenner überliefert, aber erst um die Mitte des 13. Jahrhunderts hätten sich die Höfe beider Reiche selbst „öffentlich" zur Heilkraft der Monarchen bekannt. Die kontinuierliche und letztlich auch erfolgreiche Herrschaft der Kapetinger dürfte aber nur zusammen mit dem magischen Nimbus der Könige dem Erbprinzip in Frankreich die alleinige Geltung gesichert haben. Als Kompensation für den Aufstieg Ludwigs IX. bei der Ablösung Ludwigs VIII. 1226 erhielten seine jüngeren Brüder besondere Herrschaften im Stil von Apanagen.

Beim englischen Königtum, das nur Nachkommen Wilhelms I. in männlicher oder weiblicher Linie zufiel, kam zwar den erstgeborenen Königssöhnen ein gewisser Vorrang zu, doch gab es keine eindeutige Primogeniturregelung. Von Anfang an konnten die nicht zum Königtum gelangten Königssöhne mit Sonderherrschaften rechnen, die allerdings nicht nach bestimmter Ordnung aufgeteilt wurden. Der älteste Sohn Wilhelms I.,

Robert Kurzhose, war schon vor 1066 zum Erben des „Eroberers" in der Normandie bestimmt, so dass der zweite Sohn Wilhelm 1087 König von England wurde, während der dritte, Heinrich, zunächst nur einen Anteil am Schatz erbte und vielleicht die Anwartschaft auf das mütterliche Erbe zugesprochen bekam. Heinrich II. sicherte später gleich nach seiner eigenen Königserhebung das Nachfolgerecht seines ältesten Sohnes Wilhelm und ersetzte diesen nach seinem frühen Tod (1156) durch den zweiten Sohn Heinrich (den Jüngeren). Der dritte Sohn, Richard (I. Löwenherz), wurde 1172 als Herzog von Aquitanien eingesetzt, während der vierte, Gottfried, infolge eines Heiratsversprechens schon 1166 zum Herzogtum in der Bretagne gelangt war. Der jüngste mit dem bezeichnenden Namen Johann Ohneland erhielt 1177 als dominus *Hiberniae* die Anwartschaft auf Irland. Trotz solcher Ausgleichsversuche kam es in fast jeder der fünf Generationen von Wilhelm I. bis zu Heinrich III. zu erbitterten Auseinandersetzungen in der englischen Königssippe. Heinrich II. selbst sah sich von mehreren Aufständen seiner Söhne bedrängt (1173/74, 1182/83). Aus Eigeninteresse, nicht aus einem „Gesamtstaatsbewusstsein", strebten die Konkurrenten immer wieder die ungeteilte Herrschaft in England und auf dem Festland an, ohne diese für ihre eigene Linie auf Dauer je erwerben zu können. Wer König wurde, entschied – sofern königliche Abkunft Legitimität verlieh – nicht zuletzt der entschlossene Zugriff. Für die Zustimmung (Huldigung) reichten von Fall zu Fall einige wenige Große, bei Stephan von Blois gab auch die Londoner Bürgerschaft den Ausschlag. Entscheidend waren ferner der Gewinn des Staatsschatzes und vor allem, wie in Frankreich, in Deutschland und anderswo im christlichen Europa, die geistlichen Initiationsriten. „For the pragmatic Norman kings what most mattered was the visible ceremony of coronation" (M. CHIBNALL). Bei den liturgischen Akten lag das Vorrecht beim Erzbischof von Canterbury. Als 1170 Heinrich der Jüngere auf Veranlassung seines Vaters durch den Erzbischof von York und andere Bischöfe zum Mitkönig gekrönt worden war, bestrafte Thomas Becket die Beteiligten mit Suspension oder gar Exkommunikation. Anders als in Frankreich, wo mit den Ottonen zum letzten Mal ein „fremdes" Königtum nachhaltig in die Geschicke der Monarchie eingegriffen hatte, stand das englische Königtum im Hinblick auf die Herrscherwechsel den Einflüssen von Frankreich her offen, und zwar vonseiten der Fürsten, vor allem aber auch vonseiten des Königs als des Lehnsherrn über den englischen Festlandsbesitz. Besonders deutlich wurde dies bei der Nachfolge Richards I., für die der verstorbene König seinen Bruder Johann Ohneland bestimmt hatte (1199). Während Johann die Unterstützung der englischen und normannischen Großen gewinnen konnte, scharten sich viele französische Barone um seinen Neffen Arthur, den Sohn Gottfrieds von Bretagne, für den auch König Philipp II. Partei ergriff. Als Arthur in der Gefangenschaft Johanns umgekommen war (1203), gingen viele Vasallen Johanns zu Philipp über – ein entscheidender Schritt zum englischen Verlust der Normandie zugunsten der französischen Krone.

Die politische Struktur Englands im anglonormanischen Reich war von normannischen Innovationen ebenso bestimmt wie von angelsächsischen Traditionen. Der erfolgreiche Eroberer Wilhelm war als Herzog der Normandie (seit 1035) Erbe eines vergleichsweise modernen Staates gewesen. Konzentriert auf die Pfalzen in Rouen, Fécamp und Bayeux hatte die fürstliche Zentralregierung eine *curia* (ein Hofgericht) ebenso ausgebildet wie eine ‚Kammer',die die herzoglichen Einnahmen aus direkten und indirekten Steuern sowie aus dem reichen Domanialbesitz verwaltete; auch das Münzwesen hatte sich in der Normandie breit entfaltet. Seit der Jahrtausendwende waren lokale Amtsleute hervorgetreten und um 1025/30 wurden die ersten herzoglichen *burgi* errichtet, aus denen sich neue Städte entwickeln konnten (z. B. Caen). Wilhelms Großvater Richard II. hatte schon so hohes Ansehen erlangt, dass ihm zweimal der Titel *monarchus* und *rex* beigelegt wurde. Andererseits war seit war 1030 die Aristokratie aufgestiegen, begünstigt auch durch die Unmündigkeit Wilhelms, der selbst unehelicher Abkunft war („Wilhelm der Bastard"). Nach seinem effektiven Herrschaftsantritt hatte es Wilhelm aber verstanden, die illegal errichteten Burgen zu brechen und den Adel in ein zentralisiertes Feudalsystem einzuordnen; das feudale Aufgebot stellte ihm dann die schwere Kavallerie, die bei der Schlacht von Hastings (1066) den Ausschlag geben sollte. Er hatte sich auch mit der Kirche verbündet, indem er Gottesfrieden und Reformbemühungen unterstützte.

In England traf Wilhelm durchaus auf ein verwandtes Regierungssystem. Wie der Herzog der Normandie hatte auch der angelsächsische König Eduard seine Herrschaft auf einer ständigen Reise seines Hofes durch sein Land ausgeübt, wobei ihm lokal fixierte Amtsträger zu Hilfe kamen. Beide hatten von Domänen und aus anderen Quellen Einkünfte in bar und in Naturalien erzielt, wobei den Gelderträgen ein bemerkenswert hoher Anteil zukam. Beiden standen auch Hofkleriker zur Seite, die eine bescheidene Schreibstube für die Verwaltungsgeschäfte betrieben. Trotzdem war das englische System in mancher Hinsicht fortschrittlicher, und Wilhelm ließ es sich, ebenso wie die anderen normannischen Eroberer in Sizilien, Palästina oder Spanien, angelegen sein, diese Errungenschaften zu übernehmen. Dazu gehörte vor allem das *geld*, eine landesweite Steuer, die ursprünglich für den Tribut an die Dänen und zur Abwehr anderer Eindringlinge erhoben worden war. Das *geld* wurde nach Landbesitz berechnet und in einem dichten Netzwerk von Verwaltungsbezirken (*shires, hundreds, wapentakes* bzw. *boroughs*) durch königliche Offizialen eingetrieben. Auch im Urkundenwesen hatten die Angelsachsen einen Vorsprung. Die Könige stellten hier, in englischer Sprache, gesiegelte Mandate für bestimmte Amtsleute oder andere Personen aus, die spezifische Befehle enthielten (*writs*). Diese der Form nach einfachen Instrumente waren erheblich flexibler als die feierlichen Diplome und wurden von den Normannen, allerdings in Latein, übernommen. Schließlich bewahrten Wilhelm und seine Gefolgsleute auch die englischen Münzstätten, die besonders reine Stücke herzustellen verstanden und profitabel arbeiteten. Ob und in welchem Maße auch das normannische Lehnswesen auf entsprechenden Rechtsverhältnissen in England aufbauen konnte, ist hingegen umstritten.

Die Normannen übernahmen und perfektionierten die angelsächsischen Einrichtungen zentraler und regionaler Verwaltung, wobei sie die Sprache und die Titel austauschten; so wurde aus dem *earl* der *comes*, aus dem *sheriff* der *vicecomes*. Trotzdem hatten sich die Invasoren anfangs gegen Aufstände zu wehren, die besonders aus den Wäldern gegen sie vorgetragen wurden und an denen sich auch Schotten, Waliser und Dänen beteiligten. Wilhelms Regenten, sein Halbbruder Bischof Odo von Bayeux und Wilhelm Fitz Osbern, waren verhasst, weil sie von neugebauten Burgen aus das Volk unterdrückten. Nach systematischen Zerstörungen im Winter 1069/70 („Harrying of the North") und der Einsetzung des normannischen Reformers Lanfranc als Erzbischof von Canterbury wurde die neue Herrschaft effektiver. Der König konnte sich in den Besitz des ganzen Landes bringen, das er zum Teil an seine Gefolgsleute weitergab. Besonders auf die Verfügung über die Wälder legte Wilhelm wert, um deren Gefahrenpotential zu entschärfen („Robin Hood") und eine sehr bedeutende Einnahmequelle zu gewinnen. Am Ende seiner Regierungszeit gehörte dem Eroberer mehr als ein Fünftel des Landes, die Kirche war im Besitz von einem Viertel, und zehn oder elf laikale Magnaten hatten ein weiteres Viertel inne. Nur von zwei Engländern weiß man, dass sie damals über ein erstrangiges Lehen verfügten. Der Austausch der weltlichen und kirchlichen Führungsschicht ist wohl das signifikanteste Merkmal der Fremdherrschaft. Einige der angelsächsischen Adligen waren ermordet worden, viele enteignet, andere waren ins Exil gegangen nach Schottland, Dänemark, sogar nach Russland und Byzanz; 1081 sollten englische Asylanten als Mitglieder des kaiserlichen Heeres deshalb sogar Durazzo gegen Robert Guiscard und seine Normannen verteidigen. Nahezu alle Bischofsstühle und Abbatiate wurden ebenfalls bis zum Tod Wilhelms I. mit Fremden besetzt, was zur Abschaffung der Volkssprache in der Kirche entscheidend beitrug. Um 1086 wurde England, bevölkert etwa von einer halben Millionen Menschen, durch ungefähr 250 normannische Große beherrscht, und zwar die Mitglieder der königlichen Familie, die Laienaristokratie und weniger als 50 Prälaten; dazu dürften noch einmal 2000 fremde Ritter gekommen sein, was einer Neuansiedlung von 10 000 Menschen entsprechen würde.

Als Grundlage für diese ungewöhnlich genauen statistischen Werte dient das „Domesday Book", das Wilhelm im Jahr vor seinem Tod anlegen ließ. Mittels einer landesweiten Befragung wurden dabei die wirtschaftliche Basis des Reiches erfasst, angefangen von den Magnaten mit ihren Gütern bis hin zu den freien Bauern und dem unfreien Gesinde, einschließlich des Viehbestandes und der auf den Ländereien liegenden Leistungen. Offenbar ging es Wilhelm darum, seine in den frühen Jahren nur mündlich vollzogenen Vergabungen zu fixieren, dabei aber auch das Königtum als Quelle jedes Besitzrechts hervorzuheben; möglicherweise wollte er sich auch seiner Ressourcen für eine befürchtete Auseinandersetzung mit Knut von Dänemark vergewissern. Für die Datenerhebung wurde das Land in sieben oder acht Kreise eingeteilt; ausgeschlossen blieben Durham und der Norden, wo die normannische Herrschaft weniger effektiv war, die großen Städte London und Winchester, die wohl zu komplizierte Rechtsverhältnisse erwarten ließen, und auch die Rittergüter, die noch nicht als fiskalische Einheiten betrachtet wurden. Trotzdem ist das „Domesday Book" ein in seiner Zeit einmaliges Zeugnis administrativer Durchdringung eines Landes aufgrund der alten (angelsächsischen) Verwaltungsgliederung und der Kraft eines zentralisierenden Königtums.

Wie der französische oder auch der deutsche König waren Wilhelm I. und seine Nachfolger ständig unterwegs. Auch wenn sie in fast jeder Grafschaft Englands Domänen oder andere Besitzungen hatten, wechselten die Schwerpunkte ihres Aufenthalts ständig, und nicht vor der Zeit Heinrichs III. bildete sich mit dem Palast von Westminster und dem ganzen Südosten um das Tal der Themse die zentrale Königslandschaft heraus, die bis in die Zeit Königin Viktorias unangefochten blieb. Im Unterschied zum hochmittelalterlichen Königtum der Nachbarländer musste der englische Monarch aber auch noch seine Herrschaft in weitab gelegenen Gebieten demonstrieren, die für ihn selbst oft im Vordergrund seines Interesses standen. So hat sich schon Wilhelm der Eroberer nach Überwindung des heftigsten Widerstandes der Angelsachsen wieder seiner Heimat zugewandt; nach 1073 verbrachte er die meiste Zeit in der Normandie, auch hier in Kämpfe mit anderen Großen verwickelt. Ebenso haben seine Nachfolger mit Ausnahme Stephans weniger als die Hälfte ihrer Herrschaft in England verbracht, Richard I. hielt sich hier sogar nur sechs Monate seiner zehnjährigen Regierung auf. Erst nach dem Verlust der nordfranzösischen Gebiete, also seit 1204, sahen sich Johann und sein Nachfolger Heinrich III. stärker auf England verwiesen. In der Zeit ihrer Abwesenheit von England beziehungsweise der Normandie mussten die Herrscher für den Fortgang der Regierungsgeschäfte durch Stellvertreter sorgen. Manchmal waren dies ihre Ehefrauen oder andere Angehörige der Königsfamilie, schon unter Wilhelm I. aber lag die Verantwortung vor allem in der Hand geistlicher oder weltlicher Großer. Unter seinem Sohn Wilhelm II. Rufus trat mit dem Hofkleriker Ranulf Flambard ein erster Funktionär auf, der im Gerichts- und Finanzwesen gleicherweise tätig war. Die lange Herrschaft Heinrichs I. brachte dann eine weitere Klärung und Spezialisierung der Aufgaben. Auch wenn den König mit seinem Haushalt und Hof einige Magnaten und Amtsträger begleiteten, die auf beiden Seiten des Kanals für ihn tätig wurden, bildeten sich bereits kleine Gruppen von Verwaltungsleuten heraus, die entweder für England oder die Normandie verantwortlich waren. In England trat besonders der Bischof Roger von Salisbury hervor, der mit einigen seiner Amtsbrüder und anderen Adligen den Kern einer neuen Einrichtung bildete, die weittragende Bedeutung gewinnen sollte: des Exchequer.

Der Exchequer vereinte gerichtliche und fiskalische Aufgaben. Ein erstes Zeugnis in England datiert von 1110, doch stammen ältere Belege aus der Normandie bereits aus dem 11. Jahrhundert. Das Rechensystem des Exchequer dürfte den Anglonormannen durch die Schule von Laon vermittelt worden sein, die damals weit über Frankreich hinaus junge Männer zum Studium anlockte. Zweimal im Jahr, Ostern und Michaelis, hatten die Sheriffs als die wichtigsten Verwalter der königlichen Domänen beim Exchequer Rechnung über ihre Einkünfte zu legen und diese an den königlichen Fiskus abzuführen. Die geschuldeten und geleisteten Gelder wurden auf einem schachbrettartigen Schema mit Rechenpfennigen dargestellt, was auch Illiteraten die Anschauung der Differenzen ermöglichte und das komplizierte römische Zahlensystem umging, das zudem ohne die Größe Null hatte auskommen müssen. Die Leistungen der Sheriffs wurden auf einem Kerbholz eingezeichnet (*tally*), die Ergebnisse der Untersuchung in Schriftrollen festgehalten. Diese *pipe rolls* sind seit 1129/30 überliefert, seit 1155 in fast lückenloser Folge. Auch in der Normandie gab es den Exchequer mit zweimaligem Tagungsrhythmus (*échiquier normand*), wo die herzoglichen Beamten leistungspflichtig waren (*prévôts*, später 22 *vicomtes*). Damit entstanden ortsfeste Regierungsbehörden neben dem weiterhin reisenden Königshof. Während der Exchequer der Normandie in Caen tagte, verlagerte er sich in England am Ende des 12. Jahrhunderts nach Westminster, wohin auch die Schatzkammer von Winchester her verlegt wurde. Allerdings gab es zeitweise noch weitere *treasuries*, und der Königshof selbst nahm für seinen Unterhalt und die unmittelbaren Aufgaben der Regierung ständig Gelder ein (*chamber, wardrobe*). Neben den Abgaben von den königlichen Besitzungen und aus anderen finanziell nutzbaren Rechten des Herrschers (Gerichtsgefälle, Heimfallrechte usw.) finanzierte sich der „Staat" unter anderem aus Abgaben der ritterlichen Lehnsleute (*scutage*) und aus (unregelmäßig erhobenen) Steuern wie dem *geld*. Nach dem Vorbild des Kirchenzehnts wurden zeitweise auch anteilige Leistungen von beweglichen Gütern und Einkünften gefordert. Nicht alle diese Zahlungen wurden im Exchequer aufgezeichnet, sondern dafür gelegentlich besondere Ämter geschaffen. Grundlage des Finanzsystems blieb jedoch stets der Exchequer, der als die bedeutendste englische Institution im Mittelalter betrachtet wird. Man war sich seinerzeit auch durchaus bewusst, welche Innovation er darstellte. Gegen Ende der 1170er Jahre schrieb der dritte wichtige Leiter des Exchequer, Richard Fitz Nigel, einen „Dialogus de Scaccario", in dem er die Beschäftigung mit dem besonderen Gegenstand gegenüber herkömmlichen theologischen oder philosophischen Themen rechtfertigte: ‚Wir wissen natürlich, dass Königreiche regiert und Gesetze aufrechterhalten werden vor allem durch Klugheit, Tapferkeit, Maß, Gerechtigkeit und andere Tugenden, weshalb die Herrscher der Welt diese mit ihrer ganzen Kraft beherzigen müssen. Aber es gibt Gelegenheiten, bei denen eine richtige und kluge Staatsführung viel schneller wirksam wird durch die Macht des Geldes.'

Die anglonormannische Finanzreform machte Englands Krone reich und berühmt in Europa. Der französische König Ludwig VII. (1137–1180) soll etwa gegenüber Walter Map, einem Hofkleriker Heinrichs II., geäußert haben: ‚Deinem Herrn, dem englischen König, fehlt nichts: Männer, Pferde, Gold, Seide, Edelsteine, Wild, Früchte – all das hat er im Überfluss. Wir in Frankreich haben nur Brot, Wein und die Heiterkeit.' Allerdings waren die Ausgaben des Königtums auch enorm. Die größten Summen verschlang das Militär, und zwar vor allem wegen innerer Rebellionen in England selbst (um 1173/74) oder auf den kontinentalen Besitzungen. Das *servitium debitum* der Ritter für den König der anglonormannischen Zeit reichte – als Kriegsdienst oder Geldzahlung – im angevinischen Reich nicht mehr aus, obschon es gelegentlich erneuert wurde. König Johann unterhielt eine Garde von 50 ständig einsatzfähigen Rittern, die zu mehreren hundert Kämpfern erweitert werden konnte; Heinrich III. bezahlte 1228 70 Ritter und berittene Wachleute am Hofe. Den größten Posten im Militärbudget scheint aber der Bau von Burgen gebildet zu haben. Zwischen 1135 und 1215 verbrauchten die Könige dafür mindestens 46 000 Pfund; die Errichtung der Burg von Dover allein ließ sich Heinrich II. 6500 Pfund kosten. Richard I. wandte das meiste Geld für den Neubau des Château Gaillard an der Seine auf, von dem er den Weg zwischen Rouen und Paris kontrollieren konnte. Auch die unbefestigten Paläste waren kostspielig, zumal sie repräsentative Aufgaben wahrzunehmen hatten; Johann stellte hierfür ein Viertel der Bausumme für Burgen zur Verfügung, während Heinrich III. nur für den Westminister-Palast rund 10 000 Pfund bezahlte. Dieser König ließ auch die Westminster Abbey zur repräsentativen Grabkirche für Eduard den Bekenner und zur Krönungskirche ausbauen; die Kosten werden allein für das Jahr 1261 auf 30 000 Pfund geschätzt. Religiösem Zweck, aber auch der Selbstdarstellung seiner Herrschaft dienten die hier gespendeten Armenspeisungen. 1240 und in den darauffolgenden Jahren ließ Heinrich durchschnittlich 180 000 Bedürftige versorgen, und nach der gescheiterten Rückeroberung der Besitzungen auf dem Festland erhöhte er diese Anzahl gar auf 260 000. In Friedenszeiten entstanden dem Königtum noch andere Kosten: Für die Anerkennung seiner französischen Lehen zahlte Johann an Philipp II. allein im Jahr 1200 20 000 Mark (13 333 Pfund). Das war noch eine geringe Summe im Vergleich zur Forderung von 150 000 Mark, die Kaiser Heinrich VI. 1193 für die Freilassung Richards I. erhob und für die sowohl Kleriker als auch Laien mit einem Viertel ihrer Renteneinkünfte und Güter belastet wurden.

Im 12. Jahrhundert wurden in England neben dem Finanzwesen auch das Recht und die Gerichtsverfassung reformiert. Noch aus angelsächsischer Zeit stammten die Hundertschafts- und Grafschaftsgerichte, die nach lokalen und regionalen Gewohnheitsrechten urteilten; von ihnen war die Appellation an das königliche Gericht (*witan*) möglich. Unter Heinrich II. wurden nun königliche Gerichtshöfe aufgebaut, die bereits in erster Instanz zuständig waren und ein allgemeines Recht für ganz England auszubilden begannen (*Common Law*). Die königlichen *writs* dienten als Vorladung zu den Prozessen, deren Eröffnung und Verlauf die Sheriffs zu beaufsichtigen hatten. 1178 wurde der Court of Common Pleas eingerichtet, der aus fünf Richtern bestand und von Heinrich II. einen ständigen Tagungsort in Westminster zugewiesen bekam; der Court, der sich vor allem mit zivilrechtlichen Fragen (Besitzrecht) zu befassen hatte, amtierte also neben der fiskalischen Gerichtsbarkeit des Exchequer. Den reisenden Königshof begleiteten aber weiterhin Richter, die *coram rege* tätig waren und die schwererwiegenden (Kriminal-) Fälle zu verhandeln hatten; aus ihnen entwickelte sich im Laufe der Zeit ebenfalls in Westminster das höherrangige Königsgericht (*King's Bench*). Eine unschätzbare Bedeutung für die Verbindung zwischen dem König und seinem Volk spielten die Reiserichter (*eyre*), die auch seit dem 12. Jahrhundert in die Grafschaften entsandt wurden. Seit 1176 wurden Gruppen von Richtern, *whom we call itinerant*, alle paar Jahre auf die Reise geschickt, denen König Heinrich sogar eine bestimmte Route vorgeschrieben hat. Die Eyres hatten Verbrecher zu verhören, Waldnutzungsklagen zu untersuchen, die Einhaltung der königlichen Rechte und die Tätigkeit der lokalen Verwaltung zu überprüfen, die Sprüche der Ortsgerichte anzuhören und auch selbst Gerichtsentscheidungen zu treffen. Mit welchem Aufwand das neue System eingeführt wurde, zeigte sich beispielsweise schon im Jahr 1179, als 21 Richter für vier Umfahrten eingesetzt wurden. Ein besonderes Problem stellte die geistliche Gerichtsbarkeit dar, zumal schon in der Zeit vor der normannischen Invasion keine Trennung zwischen öffentlichem Recht und kirchlichen Gerichten existiert hatte. Um die materiellen und rechtlichen Schäden auszugleichen, die das Königtum in der Zeit Stephans von Blois erlitten hatte, erließ Heinrich II. 1164 die „Konstitutionen von Clarendon". Danach sollten sich Kleriker zwar in allen Kronfällen (Hochverrat, Kapitalverbrechen, Forstdelikte, Angriffe auf königliche Amtsträger) zunächst vor dem geistlichen Gericht verantworten, bei einem Schuldspruch jedoch zur Vollstreckung des Urteils der königlichen Gewalt überstellt werden. Thomas Becket, der Erzbischof von Canterbury, stimmte zwar unter Bedenken zu, opponierte dann jedoch gegen Heinrichs Verfügung und floh nach Frankreich; wohl unter seinem Einfluss versagte auch Papst Alexander III. dieser und anderen Bestimmungen von Clarendon seine Zustimmung. Nachdem Heinrich II. in Beckets Abwesenheit seinen Sohn Heinrich zum König hatte krönen lassen, exkommunizierte der nach England heimgekehrte Erzbischof alle an dem Akt beteiligten Bischöfe; unvorsichtig kritische Äußerungen des Monarchen zu diesem Vorgang gaben dann Anlass zum „Mord im Dom" an Becket (Canterbury 29.12.1170), der daraufhin sehr schnell in der gesamten westlichen Christenheit als Märtyrer verehrt wurde (Kanonisation 1172). Alexander III. verbot jetzt ausdrücklich jede Bestrafung eines Klerikers durch ein weltliches Gericht; nach einem Kompromiss mit dem Papst nahm Heinrich II. diese Entscheidung 1176 hin, behielt dem weltlichen Gericht aber die Zuständigkeit bei Vergehen gegen die Forstgesetze vor. Die Common Law-Gerichte durften künftig auch die Präsentation von Priestern für erledigte Benefizien kontrollieren und hatten sich mit den kirchlichen Gerichten über andere besitzrechtlich relevante Fälle zu einigen.

Im Unterschied zu England, wo jedes Lehen vom König abgeleitet wurde und das wichtige Amt des Sheriffs nicht in die Hände der Barone geriet, haben die Fürstentümer in Frankreich Königtum und Volk mediatisiert. Die *principes* stammten von Adelsfamilien, die schon in der Karolingerzeit das regionale Schlüsselamt der Grafen innegehabt hatten, und übten die Herrschaft in ihren Bereichen formal in Stellvertretung des Königs, jedoch dem Anspruch nach aus eigenem Recht aus. Einige der Großen mochten dem König als Lehnsherrn huldigen wie der Kronepiskopat oder der lehnsfähige Adel der Krondomäne, doch bedeutete dies zunächst wenig für den Einfluss der Kapetinger im Land. Der unmittelbare Herrschaftsbereich des Königs und die Fürstentümer standen als politische Einheiten nebeneinander, auch wenn der Vorrang des gesalbten Herrschers anerkannt blieb und der König als Klammer des Reiches galt; deshalb vollzogen sich in der Krondomäne und den Fürstentümern auch die gleichen verfassungsgeschichtlichen Wandlungen, bei denen zunächst die letzteren, dann die kapetingischen Könige die Führung übernahmen.

Im 11. und bis zur Mitte des 12. Jahrhunderts hatten sich Königtum und Fürsten vor allem mit den *châtelains* auseinander zu setzen, die als ihre Vasallen Burgen errichteten, Klöster und Stiftskirchen gründeten und in ihren Burgbezirken als Inhaber der Bannge-

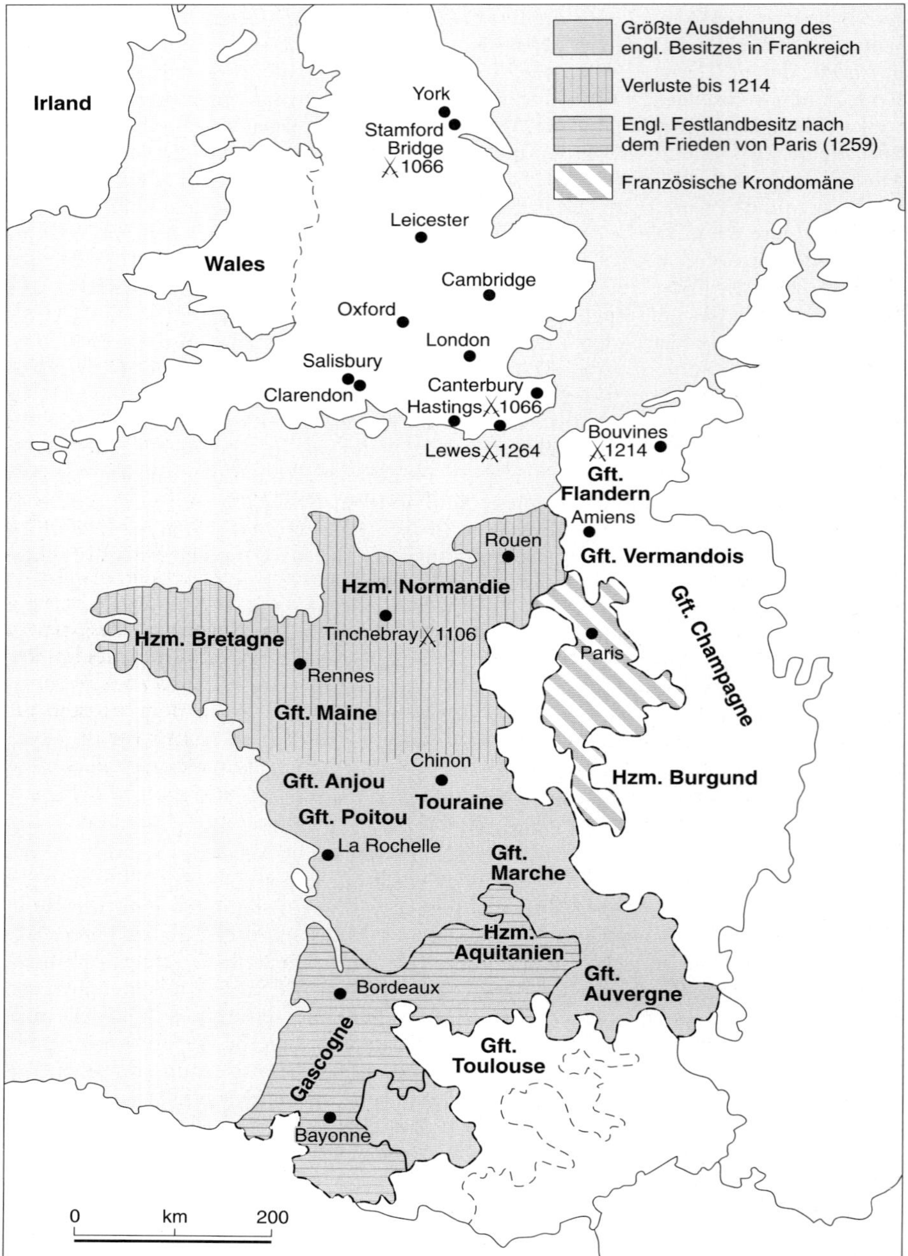

Abb. 2: *England und Frankreich im 12. und 13. Jahrhundert.*

walt die Abgaben der Bevölkerung zu eigenem Nutzen eintrieben (*seigneurie banale*). Diese erblichen Herrschaften zersplitterten die größeren politischen Verbände, boten allerdings auch den Klosterreformbestrebungen ihrer Zeit einen günstigen Nährboden. Man schätzt, dass es im 11. Jahrhundert in Frankreich etwa 1000 Burgbezirke gegeben hat. In der Zeit Heinrichs I. (1031–1060) war das Königtum so abhängig von den Châtelains und Rittern der Île de France, dass es bei simplen Immobiliengeschäften kaum ohne sie handeln konnte. Erst mit Beginn des 12. Jahrhunderts, in der Zeit Ludwigs VI. (1101/06–1137), begannen sich die Verhältnisse allmählich zu ändern. Schon als Regent unter seinem Vater hatte Ludwig die Burgherren mit Krieg überzogen und ihre Kastelle gebrochen; er machte sich den Verdruss des Volkes gegen das adlige Fehdewesen zunutze, indem er die Gottesfriedensbewegung unterstützte und den Königsfrieden verkündete. Die Unterwerfung der Châtelains brachte dem Königtum Rechte und Einkünfte ein, die ihm selbst ursprünglich entfremdet worden waren, etwa Zölle und Wegerechte. Unter Ludwig, also in derselben Zeit, in der die anglonormannischen Könige mit Hilfe des Exchequer schon ihre Länder administrativ zu durchdringen verstanden, gelang es den Kapetingern wenigstens, auch die Kronverwaltung zu konsolidieren. In der Umgebung des Monarchen (*entourage du roi*) lassen sich nun die *chevaliers royaux* als ritterliches Gefolge von den Inhabern großer Ämter, den *grands officiers*, unterscheiden. Sozialgeschichtlich gesehen bemühte sich das Königtum mit Erfolg darum, die Ritter aus dem stadtsässigen und burgenhaltenden Adel zu rekrutieren und so eine im Königsdienst aufsteigende, loyale Gefolgschaft zu Lasten bedeutenderer Familien aufzubauen; in gleicher Weise gelang es ihm, bei der Besetzung der führenden Hofämter die aristokratischen Ansprüche auf Erblichkeit zurückzudrängen. Andererseits wurde die Bedeutung der alten Ämter bis zur Mitte des 12. Jahrhunderts dadurch ausgehöhlt, dass sie zu bloßen Hofwürden herabsanken, während eine neue Funktionselite bescheidenerer sozialer Herkunft die Führung der Geschäfte übernahm (*camberlani, cubicularii, camerarii*). Der König nahm nun auch die Hilfe eines Rates in Anspruch, in dem Juristen als Absolventen der Pariser hohen Schulen eine zunehmend wichtige Rolle spielten. Überhaupt ist Paris seit der Zeit Ludwigs VI. allmählich zur Hauptstadt Frankreichs geworden, begünstigt durch die Befriedung der Einfallstraßen und durch städtebauliche Maßnahmen (Verlegung der Hauptbrücke über die Seine mit Neuansiedlung von Handel und Gewerbe).

Auch im Verhältnis zu den Fürstentümern konnte sich das Königtum seit Ludwig VI. wieder höhere Geltung verschaffen. Es gelang ihm, die Herzöge und Grafen in die königliche Lehnsfolge zurückzuzwingen. Hatten beim Herrschaftsantritt Ludwigs selbst noch die Normandie, Burgund und Aquitanien den Lehnseid verweigert (1108), huldigten seinem Sohn und Nachfolger Ludwig VII. 1137 alle Großen. 1151 vermochte es dieser König auch, von Heinrich II. Plantagenêt den ligischen Lehnseid zu erwirken. Ludwig VI. und seine Nachfolger setzten ebenso die Autorität des Hofgerichts im ganzen Lande durch; schon 1109 exekutierte der König im Bourbonnais den Spruch seiner Gerichtsbarkeit und löste damit den Parteienstreit über eine Erbteilung.

Seit der Mitte des 12. Jahrhunderts trieb das Königtum nach dem Vorbild der Fürstentümer beziehungsweise parallel zu diesen auch die Neuorganisation der Domänen voran. Im Krongut wurden, ebenso wie in Flandern, *prévôts* (*praepositi*) eingesetzt, die in klar bestimmten Verwaltungsbezirken die öffentlichen Rechte zusammenfassten und finanziell nutzbar machten; in der Normandie entsprachen ihnen die Vizegrafen. Hier waren schon in der Zeit vor den Plantagenêt auch Sonderbevollmächtigte des Hofes tätig geworden, die vom Hof entsandt wurden und nach Erfüllung ihres Auftrags dorthin zurückkehrten. Diese *baillis* (*baillivi*), die vor allem als Aufseher und Richter fungierten, wurden durch Heinrich II. Plantagenêt vermehrt, um den Kontinentalbesitz besser abzusichern. Als Philipp II. von Frankreich zum Kreuzzug aufbrechen wollte, übernahm er die Einrichtung des *bailliage*, die am Ende seiner Regierungszeit nahezu flächendeckend durchgeführt war. In den neu eroberten Gebieten an der Loire und im Süden Frankreichs bestanden stattdessen *sénéchaussées*; die Seneschalle waren zwar gleichfalls Organe königlicher Kontrolle, Verwaltung und Steuereintreibung, doch waren sie im Unterschied zu ihren nordfranzösischen Kollegen ortsfest etabliert.

Während in der Verdichtung der Verwaltung im Verlauf des 12. Jahrhunderts die Fürsten eher noch erfolgreicher waren als der König in der Krondomäne, brachte die Herrschaft Philipps II. Augustus an der Wende zum 13. Jahrhundert einen Durchbruch im Aufstieg der Kapetinger. Die Staatseinnahmen konnten erheblich gesteigert werden, nicht zuletzt natürlich durch die Konfiskationen des englischen Kontinentalbesitzes. Daneben verstand es die Krone jetzt, aus herrscherlichen Akten und Rechten aller Art Geld zu machen. Jeder Lehnsvertrag und Erbfall ließ sich finanziell nutzen; im Krieg wurden von Klöstern, Städten und Bürgern Sondersteuern erhoben. Als erster König erwirkte Philipp für seinen Kreuzzug vom Papst das Recht, die französische Kirche mit einer besonderen Abgabe zu belasten, dem Saladinszehnt (*dîme Saladine*). Auch für die Albigenserkriege forderte und erhielt der König den Zehnt, der sich bald darauf als feste Abgabe einbürgerte. Steuern mussten natürlich auch die Juden zahlen, die darüber hinaus mehrfach enteignet wurden, Gebühren waren für die Besucher der Champagnemessen ebenso fällig wie für alle Nutzer von Straßen, die dem königlichen Geleitrecht unterlagen. Schließlich ließ sich der König die Errichtung von Märkten honorieren und von den Erträgen des Handels zum Teil sehr hohe Anteile abführen (50 %). Wälder und Forsten wurden allmählich der einheitlichen Kronverwaltung unterstellt. Der Schatz des Reiches lagerte bei verschiedenen Kirchen der Hauptstadt, vor allem aber in der Pariser Niederlassung des Templerordens.

Auch der Ausbau von Paris als Zentrale wurde seit Mitte des 12. Jahrhunderts und besonders unter Philipp II. vorangetrieben. Zwischen 1200 und 1204 setzte die systematische Sammlung von Urkunden und Akten ein, die in dem schon länger bestehenden Reichsarchiv abgelegt wurden. Neben den Originalen wurden nun auch Register der königlichen Verwaltung angefertigt. Der Siegelurkunde, die sich seit der Zeit Ludwigs VII. durchgesetzt hatte und die Empfängerausfertigungen verdrängte, traten seit 1190/1200 Geschäftsurkunden (Mandate) und Briefe zur Seite, die sich vielleicht am Vorbild der englischen Writs orientierten. Natürlich bedeutete die Zunahme der Schriftlichkeit im Regierungshandeln auch eine erhebliche Erweiterung der Kanzlei. Neben den verschiedenen Zweigen der Verwaltung befand sich auch das Hofgericht ortsfest in Paris, das durch Philipp II. zum Zielpunkt eines ordentlichen Instanzenzuges gemacht wurde. Als Grundlage des Rechts setzte derselbe König die so genannten *us et coutumes de France* durch, die die partikularen Feudalrechte entwerteten und schließlich beseitigen sollten. Entsprechend seinen zahlreichen staatlichen Aufgaben wurde Paris, der alte Herrschaftsschwerpunkt der Robertiner, nun zur festen Residenz der Könige selbst. Schon für Ludwig VI. lassen sich hier 120 gesicherte Aufenthalte errechnen, denen beispielsweise nur 32 für Orléans gegenüberstehen; unter seinem Sohn Ludwig VII. lautete das Verhältnis schon 269 zu 37. Wiederum war es Philipp II., der weitere Impulse gab, vor allem für die Befestigung der Straßen, die Ummauerung sowie für den Ausbau seiner Pfalz auf der Île de la Cité zu einer repräsentativen Hofhaltung. Weltliche und geistliche Große haben fast gleichzeitig dem Wandel von der reisenden zur ortsfesten Regierung des Königs

Rechnung getragen und begonnen, sich in Paris Stadtpalais zu errichten. Die gesteigerte Lebensqualität und die sich hier bietenden Chancen zum sozialen Aufstieg haben zunehmend auch die Studenten angezogen; Anfang des 13. Jahrhunderts entstand in Paris die neben Bologna älteste Universität.

Könige und Fürsten des hochmittelalterlichen Frankreich hatten sich, ebenso wie diejenigen in Deutschland oder Oberitalien, mit der Kommunebewegung auseinander zu setzen, die hier ja einen ihrer Ursprünge und Schwerpunkte hatte (zu Le Mans und Cambrai s. oben 2.1.1.3). Nach einer Unterscheidung von Augustin THIERRY zerfiel Frankreich geradezu in drei Zonen, mit den Kommunen im Norden, den Städten mit Konsulatsverfassung im Süden und einem weiten Gebietsstreifen dazwischen, in dem die revolutionäre Kommunebewegung von geringer Bedeutung war. So stark vereinfacht dieses Schema war, gilt es weiterhin im Wesentlichen als zutreffend. Die Städte des Südens orientierten sich mit der Konsulats- oder Ratsverfassung offenbar schon am Ergebnis der kommunalen Bewegung in Oberitalien, ohne selbst Kommunen als Schwureinungen der Bürger ausgebildet zu haben; bezeugt sind die Konsulate seit der Mitte des 12. Jahrhunderts: 1131 für Arles und Béziers, 1132 für Narbonne, 1136 für Avignon, 1150 für Tarascon, 1152 für Toulouse. Statt einer Stadtgemeinde im Ganzen traten hier führende Familien hervor, die die Zusammensetzung des Rates bestimmten. In einer Stadt wie Marseille, wo das Konsulat 1176 bezeugt ist, bemühten sich Kaufleute und Gewerbetreibende erst später um eine Kommune, die ihnen eine bessere Beteiligung am Stadtregiment ermöglichen sollte; Mitte des 13. Jahrhunderts waren diese Anstrengungen schon gescheitert, als Karl von Anjou die Kommune beseitigte. Auch das Königtum war auf längere Sicht erfolgreich bestrebt, den Kommunen die Autonomie zu nehmen und sie den so genannten ‚freien Städten' anzupassen, deren Rechtsstellung auf verliehenen Rechten und Privilegien beruhten; trotzdem wäre es für das hohe Mittelalter eine zu starke Vereinfachung, wenn man davon sprechen wollte, die Herrscher hätten nur außerhalb der Krondomäne die kommunalen Freiheiten gegen adlige oder bischöfliche Stadtherren unterstützt.

In jedem einzelnen Falle durchdrangen sich verschiedene politische und soziale Kräfte, zu denen das Königtum oder die Fürsten und der Adel selbst gehörten. Exemplarisch verdeutlichen läßt sich diese Gemengelage an Laon, der alten Residenz der westfränkischen Karolinger; über Laons frühe Kommune hat Abt Guibert von Nogent um 1114/17 kritisch, aber aufschlussreich berichtet. Seit dem späteren 10. Jahrhundert hatten die Kapetinger die Grafschaft von Laon inne, die sie durch *praepositi* verwalten ließen (1110 zuerst belegt). Die Prévôts mussten unter anderem die Pfalz hüten und übten die königliche Gerichtsbarkeit aus, so dass Guibert die Stadt als *civitas regalis* bezeichnen konnte; ein großer Teil der Regalien lag freilich beim Ortsbischof (Immunitäten, Münzprägung). Gesellschaftlich gesehen wurde Laon beherrscht von einem Kreis mächtiger und miteinander rivalisierender Familien, die zum Teil zur bischöflichen Vasallität gehörten und mit dem Regionaladel eng verbunden waren (Marle, Coucy, Montaigu, Quierzy); diesen *proceres* standen die Bürger, Kaufleute und Handwerker sowie die Hörigen und Leibeigenen gegenüber, die den *burgus* bewohnten und sich im wirtschaftlichen und sozialen Aufstieg befanden. Im Klerus hatten die Reformer ebenso Anhänger wie die Traditionalisten. Als der Bischofsstuhl von Laon zwei Jahre vakant gewesen war, setzte der Herr von Coucy 1106 gegen den Kandidaten des Königs von Frankreich und der Reformpartei die Wahl seines Verwandten Gaudricus durch, der der Kanzler des englischen Königs gewesen war. In der Stadt wurde vermutet, dass Heinrich I. dabei mit Geld nachgeholfen hatte; als bald darauf ein Gegner des neuen Oberhirten, der Vogt des Nonnenklosters St. Jean, erschlagen wurde (1110), zog sich Gaudricus neben dem Vorwurf der Simonie den der Anstiftung zum Mord zu, obwohl er zum Zeitpunkt der Tat in Rom geweilt hatte. Die Bürger schlossen sich zur *communia* zusammen und zwangen die ‚Mächtigen' und die beiden Archidiakone zu deren Anerkennung; gleichzeitig setzten sie eine Verbesserung ihrer Rechtsstellung durch. Guibert behauptet, dass der höhere Klerus und die Großen dabei von nichts als der Habgier geleitet wurden: ‚Durch Unterhändler ließen sie [dem Volk] folgenden Vorschlag vermitteln: Wenn ihnen ein überzeugendes finanzielles Angebot gemacht werden würde, könne man über die Einführung der Kommune reden. Kommune, dieses neumodische, scheußliche Wort bedeutet, dass zwar alle einmal im Jahr den üblichen für die Knechtschaft schuldigen Kopfzins an ihre Herren zahlen und bei Rechtsverletzungen die fällige Buße entrichten, im übrigen aber sich den Abgaben, denen Knechte normalerweise unterliegen, gänzlich entziehen. So ergriff das Volk die Chance sich freizukaufen und trug große Mengen von Silber zusammen, um die gierigen Schlünde zu stopfen. Diese Herren waren über einen derartigen Geldregen so beglückt, dass sie die Einhaltung des vereinbarten Handels durch Eidesleistung bekräftigten. Somit war also zwischen Klerus, Großen und Volk eine auf gegenseitige Hilfe lautende Schwureinung (*coniuratio*) abgeschlossen worden. Als der Bischof dann mit großen Mitteln aus England zurückkam, war er entsetzt über die Neuerung und ihre Verursacher. Für einige Zeit blieb er der Stadt fern' (Übers. K. SCHULZ). Mit Zuwendungen von Gold und Silber soll aber auch Gaudricus bewogen worden sein, die Kommune zu beschwören und sich zur Einhaltung ihrer Rechte zu verpflichten, ‚und zwar wie sie in der Stadt Noyon und dem befestigten Platz Saint-Quentin in schriftlicher Form bestanden'. Auch König Ludwig VI. habe ‚der Großzügigkeit des Volkes nicht widerstehen' können und die Kommune durch seinen Eid bestätigt. Die Abneigung des Bischofs und der Großen gegenüber den Bürgern sei freilich unüberwindlich geblieben. ‚Und da der Hirte begriff, dass er die französische Freiheit nicht auf die normannische oder englische Art zu beseitigen vermochte, vergaß er sein gegebenes Versprechen und befriedigte nur seine unersättliche Geldgier.' Jedes Gerichtsverfahren habe er dazu benutzt, den Verurteilten um seinen Besitz zu bringen. Vor allem aber erwirkte er bei Ludwig VI. 1112 gegen eine neuerliche Geldzahlung die Aufhebung der kommunalen Rechte; ausgerechnet am Osterfest brachen die Gegner der Kommune ihre Eide: ‚Die Bürger, die die Gefahr des Umsturzes erkannten, boten dem König und seinen Leuten 400 Pfund (...). Der Bischof ging jedoch zum Gegenangriff über, zog mit den Großen zum König und machte ihm ein Angebot von 700 Pfund. König Ludwig, der Sohn Philipps, eine glänzende Erscheinung, wie sie nur der königlichen Majestät eignet, waffenerprobt und tapfer, unduldsam gegenüber jeder Trägheit in der Erledigung der politischen Geschäfte, unerschrocken seinen Gegnern entgegentretend und in vielem anderen hervorragend, ließ hier kein angemessenes Urteilsvermögen erkennen, wenn er üblen, durch Habgier verdorbenen Menschen allzu sehr sein Ohr und Herz öffnete.' Die Aufhebung der Kommune durch König, Bischof, Klerus und weltliche Große löste sofort einen Aufstand der Bürger aus, die den Bischof töteten, andere Große erschlugen, die Kathedrale und weitere Kirchen anzündeten sowie die Häuser der Reichen plünderten. Der König beauftragte seinen Seneschall mit der Bestrafung und ließ einen neuen Bischof wählen. Erheblich später, im Jahr 1128, erteilte Ludwig VI. Laon jedoch eine Freiheitsurkunde, die den sozialen Frieden wiederherstellen sollte. Die alten Autoritäten und die – gemilderte – Leibeigenschaft sollten zwar bestehen bleiben, die Rechte des Bürgermeisters (*maior*) und der Geschworenen (*iurati*) wurden teilweise aber fixiert; vor allem wurde die günstigere Rechtsstellung der Einzelnen gesichert, indem die Todfallabgabe abgeschafft und die Frondienste in gemilderter Form festgeschrieben wurden: ‚Wir setzen fest, dass die Zensualen ihren Herren lediglich den Kopfzins zahlen sollen. Wenn sie ihn zu dem feststehenden Termin nicht entrichten, sollen sie dies gemäß dem Recht, nach dem sie leben, später ausgleichen, damit sie nicht – es sei denn freiwillig – auf Verlangen ihrer Herren verpflichtet werden, irgendetwas anderes zu leisten. Hingegen steht es ihren Herren zu, sie wegen Rechtsbrüchen vor ihre Gerichtsbarkeit zu ziehen und das, was entschieden wird, ihnen abzuverlangen.'

Der Kampf um die kommunalen Freiheiten hatte sich also doch gelohnt; deshalb suchten auch die Einwohner kleinerer Orte in der Umgebung nachzuziehen (A. Dufour). Einige Orte wie Bruyères (um 1129) und Cerny-en-Laonnais (1184) sowie die Leute der Abtei St.-Jean de Laon (1196) erreichten tatsächlich kommunale Statuten. Die Bischöfe bekämpften die vom Grafen beziehungsweise König den Untertanen erteilten Privilegien, so dass die Auseinandersetzungen erst 1259 zum Ende kamen. In dieser Zeit begann sich aber schon das Kathedralkapitel als eigene Körperschaft zu formieren und gegen die kommunalen Freiheiten vorzugehen. Bei einem Aufstand von 1295 wurde das Asylrecht der Kathedrale verletzt, der Papst verhängte das Interdikt und hob die Kommune auf (1297). Den definitiven Schlusspunkt setzte der Kommune dann König Philipp IV. (1331), der die städtische Verwaltung einem Prévôt übertrug.

Dass sich das französische Königtum bis Ende des hohen Mittelalters als wichtigste politische Kraft des Landes durchzusetzen verstand und dabei den englischen Konkurrenten, eingesessene Fürsten, Burgherrn und Kommunen überwinden konnte, beruhte neben dem Ausbau der materiellen und sachlichen Verfügungsgewalt (Krondomäne, „Anstaltsstaat") vor allem auf religiösen Grundlagen; diese waren institutionell und „ideologisch" eng mit der Karolingertradition verknüpft und ließen sich für ein werdendes französisches Eigenbewusstsein nutzen. Wichtig wurde auch die enge Verbundenheit mit dem Papsttum seit der Reformzeit, die den Königen in Kirchenangelegenheiten einen bemerkenswerten Spielraum im Innern und auch gegenüber der Kurie nach außen verschaffte. Als 1106 Paschalis II. nach dem Norden reiste, um mit dem Salier Heinrich V. über die Investiturfrage zu verhandeln, traf er in der alten Königsabtei Saint-Denis zunächst mit Philipp I. und Ludwig VI. zusammen. Er erinnerte Vater und Sohn an die Hilfe der Karolinger, besonders Karls des Großen, für die Petrusnachfolger, und bat sie um Unterstützung gegenüber dem deutschen König. Die beiden Kapetinger knieten vor dem Papst nieder und versprachen ihm in lehnrechtlicher Form *auxilium et consilium*. Nachdem sie Paschalis nach Châlons-sur-Marne begleitet hatten und die Verhandlungen mit Heinrichs Gesandten hier gescheitert waren, kehrte der Papst nach Rom zurück, ‚erfüllt von Liebe zu den Franzosen und von Furcht und Hass auf die Deutschen'. So drückte es jedenfalls Suger aus, der Abt von Saint-Denis und Jugendfreund Ludwigs VI. Auch später begünstigten die Auseinandersetzungen Roms mit den deutschen Königen beziehungsweise den Kaisern die Anlehnung der Päpste bei den Kapetingern.

Suger agierte mit dem Grabkloster des heiligen Dionysius, des sagenhaften ersten Bischofs von Paris, sowie der Grablege von merowingischen, karolingischen und kapetingischen Königen an einem prominenten Platz des Reiches, der mit seiner Hilfe zu einem Gedächtnisort der französischen Monarchie und Nation ausgebaut wurde. Eine primordiale Normtat ereignete sich 1124, als der englische König Heinrich I. zusammen mit seinem Schwiegersohn, Kaiser Heinrich V., die Krondomäne bedrohte. Als der Salier mit Heeresmacht anrückte, begab sich Ludwig VI. nach Saint-Denis, um den Schutz seines besonderen Patrons zu erflehen. Vor den Reliquienschreinen des Märtyrers Dionysius und seiner Gefährten betete er, wie Suger berichtet, um den Schutz für das

Reich. Dann nahm er als Lehnsmann des Klosterheiligen selbst das Banner der Grafschaft Vexin und rief, umgeben nur von einem kleinen Gefolge, ‚ganz Frankreich' auf, ihm in den Kampf zu folgen. Tatsächlich konnte Ludwig dann ein Heer anführen, das nicht nur, wie üblich, aus den Aufgeboten der weltlichen und geistlichen Herren der Domäne bestand; auch der Herzog von Burgund und die Grafen von Blois, der Champagne, von Nevers, Vermandois und Flandern waren mit ihren Kontingenten erschienen. Diese niemals vorher aufgebotene Streitmacht eines Kapetingers schüchterte den Salier so sehr ein, dass er den Feldzug abbrach. Nach Joachim Ehlers handelte es sich um die erste nationale „Manifestation einer französischen Führungsgruppe, der hinfort außer ihrem regionalen Sonderbewusstsein die integrierende Idee vom Dasein einer französischen Monarchie unterstellt werden mußte, der sie zugehören wollte". Nach Suger sollen die Großen im Heer geradezu programmatisch geäußert haben, Frankreich sei die Herrin der Länder (*domina terrarum*), und nach französischem Königsrecht sei das Land der Feinde, einst von den Franken unterworfen, ihr Eigentum. Fortan aber wurde es, Suger zufolge, Brauch, während eines königlichen Feldzuges die Schreine der Märtyrer zum Altar zu erheben und für die Dauer des Krieges ununterbrochen Gottesdienst vor ihnen zu halten.

Der gesalbte französische König, der durch die besondere wunderbare Kraft der Krankenheilung ausgezeichnet war, fühlte sich zum Kampf gegen die Ketzer verpflichtet. Doch Philipp II. starb, noch bevor er mit seinem Heer die Albigenser hätte bekämpfen können. 1225 führte sein Sohn Ludwig VIII. persönlich einen Kreuzzug gegen die Häretiker im Süden an. Nach Einnahme der kaiserlichen Stadt Avignon und Unterwerfung von Nîmes, Narbonne, Carcassonne und anderen Städten richtete er die königliche Verwaltung und ständige Garnisonen ein. Seinen Höhepunkt erreichte der religiöse Nimbus des kapetingischen Königtums aber mit Ludwig IX. dem Heiligen. Dieser Herrscher nahm sich nicht nur in außergewöhnlichem Maße der königlichen Aufgabe der Caritas an – auch durch Förderung der Bettelorden und der weiblichen Religiosen –, er zeigte seiner Umgebung auch seine persönliche Frömmigkeit durch intensive Gebete, Messbesuche und Reliquienverehrung. Dem Kaiser Balduin II. von Konstantinopel kaufte er 1239 die Dornenkrone Christi ab und ließ zu ihrer Verehrung die großartige Pfalzkapelle in Paris errichten, die als Sainte-Chapelle berühmt wurde. Seit 1244 war sein ganzes Trachten darauf gerichtet, ins Heilige Land zu ziehen und Jerusalem den Nichtchristen wieder abzunehmen. Ein erster Kreuzzug führte zwar zu einem vierjährigen Aufenthalt in Akkon, Cäsarea, Jaffa und Sidon, doch blieb dem König der Anblick der Heiligen Stadt Gottes selbst versagt; auf einem zweiten Zug ist er 1270 in Tunis gestorben. Inzwischen hatte er sich freilich als europäischer Friedensfürst betätigen können, der nach dem Tod des Staufers Friedrich eine kaisergleiche Stellung einnahm. Wunder, die sich schon bei seiner Translation nach Sizilien ereignet hatten und sich an seiner Grablege Saint-Denis fortsetzten, gaben den Anstoß zu seiner Heiligsprechung (1297).

Im Unterschied zu Frankreich konnte das Königtum in England keine Führungsrolle bei der Ausbildung eines pränationalen Gemeinschaftsbewusstseins übernehmen. Dass die Herrscher mit ihrem Gefolge von jenseits des Kanals stammten, geriet hier nicht in Vergessenheit, und mancherorts wurde die Ablehnung gegenüber den Fremden geradezu kultiviert. Die Verfasser der „Angelsächsischen Chronik", tätig bis 1154 in der Abtei Peterborough, übertrugen ihre alte Ablehnung gegen die dänischen Wikinger auf die Normannen und warfen Wilhelm I. vor, das Land zu berauben; ähnlich klang es bei anderen klösterlichen Geschichtsschreibern des 12. Jahrhunderts, so bei Wilhelm von Malmesbury oder bei Ordericus Vitalis. Die englische Sprache wurde vom Französischen gewiss nicht verdrängt, doch sank sie zur reinen Alltagssprache ab, da die Gebildeten Latein schrieben; erst um 1200 musste, wer auf sich hielt und Karriere machen wollte, Französisch beherrschen. Anders als die Normannen wurden die Anjou nicht so sehr als Eindringlinge empfunden, und die einheimische Opposition schwächte sich ab. „The style of government and culture in the years 1135–1199 was therefore cosmopolitan rather than being exclusively English, Norman or Angevin" (M.T. Clanchy). Der größte Lateiner seiner Zeit, Johannes von Salisbury, begann eigenen Angaben nach in Paris bei Abaelard zu studieren, als Heinrich I. starb; später wurde er Bischof von Chartres; sein Landsmann Nikolaus Breakspear brachte es gar zum Pontifikat von Rom (Papst Hadrian IV., 1154–1159). An die Stelle der Rekrutierung von Talenten vom Kontinent für die Regierung von Reich und Kirche unter den Normannen (Lanfranc, Anselm, Roger von Salisbury usw.) traten nun zunehmend Einheimische, die ihre Lehrzeit in Frankreich absolviert hatten. Zu ihnen gehörten der am Ritterideal geschulte William the Marshal, der dem unmündigen Heinrich III. die Herrschaft retten sollte, oder der an den Schulen von Paris und Bologna ausgebildete Thomas Becket. Als Kanzler des Reiches empfahl Becket selbst seinem König, Engländer zurückzurufen, die es in Frankreich zu Schulmeistern gebracht hatten, und ihnen Ämter zu geben. Entsprechend warb Heinrich II. für seinen Exchequer den Magister Thomas Brown an, der sogar Berater und Sekretär König Rogers II. von Sizilien geworden war, bei dessen Nachfolger Wilhelm I. aber nicht mehr geduldet wurde. Richard Fitz Nigel berichtet: ‚Es gab viele Königreiche, in denen er [Thomas Brown] mit Ehre aufgenommen worden wäre. Aber als ihn unser edler König Heinrich von England wiederholt eingeladen hatte und weil das Hörensagen mit der reinen Wahrheit nicht wetteifern kann, zog er es vor, in seine Heimat und zu seinem erblichen Lehnsherren zurückzukehren. Der König empfing ihn in einer Weise, die für beide angemessen war, und weil Thomas in Sizilien eine große Position innegehabt hatte, übertrug er ihm auch die wichtigen Aufgaben im Exchequer.' London selbst wurde in dieser Zeit ein multikulturelles Zentrum; der zeitgenössische Autor William Fitz Stephen beschrieb es als die berühmteste Stadt seiner Zeit. Angeblich brachten die Händler hierher Gold aus Arabien, Öl aus Babylon, Edelsteine vom Nil, Seide aus China, Wein aus Frankreich und Pelze aus dem Baltikum und aus der Rus'. Unter König Johann und seinem Sohn Heinrich III. verschärfte sich die Fremdenfeindlichkeit wieder. Johann, der im Jahr 1200 Isabella, die Erbin von Angoulême geheiratet hatte, suchte sich auf Leute aus dem Poitou, der Heimat seiner Frau, zu stützen, zumal nach dem Verlust der Normandie, und setzte sie, ebenso wie Heinrich III., in der Verwaltung, im sonstigen Hofdienst und als militärische Anführer ein. Die Poitouviner waren bei den Engländern verhasst – etwa bei Matthew Paris, dem Chronisten von St. Albans –, aber sie verhalfen durch die von ihnen erzeugten Spannungen den Einheimischen dazu, sich als eigene Nation zu finden. Dieser Prozess war eng verwoben mit der politischen Geschichte Englands seit der langen Abwesenheit König Richards I. und besonders seit dem Verlust der Normandie unter Johann Ohneland.

Nach seiner Thronbesteigung hatte Richard Löwenherz 1189 Wilhelm Longchamp aus der Normandie zum Bischof von Ely und Kanzler des Königreiches eingesetzt und diesen im Amt belassen, als er selbst auf den Kreuzzug ging. Wilhelm residierte im Tower von London, den er durch Aushebung und Flutung tiefer Gräben zu einer uneinnehmbaren Wehranlage innerhalb der Stadt ausbauen ließ. Er erwies sich jedoch als unfähig, mit den anderen Großen im Reich zusammenzuarbeiten, die sich um Richards Bruder Johann scharten, den späteren König. Auch die Londoner Bürgerschaft, die schon 1141 eine Kommune gebildet hatte, schloss sich zum Widerstand zusammen. 1191 wurden zwei kommunale Versammlungen abgehalten, eine davon in der Kathedrale von St. Paul, die andere unter freiem Himmel vor dem Tower; dabei sollen 10 000 Menschen zusammengekommen sein. Die Kommune setzte Longchamp ab, dem sie vorwarf, die englische Nation beleidigt zu haben und der englischen Sprache nicht mächtig zu sein. Der Bischof von Coventry legte ihm in einem Propagandaschreiben sogar zur Last, ganz England müsse vor dem Stolz der Franzosen das Knie beugen. Auch wenn sich Johann an die Spitze der revolutionären Bewegung setzte und Magnaten und Bischöfe zur Eidgenossenschaft gezwungen wurden, lag der Kern der Bewegung bei den Londoner Bürgern. Deshalb war die Absetzung Longchamps durch eine Vereinigung, die beanspruchte, für das englische Volk und im Besonderen für die Londoner zu sprechen, ein wichtiger Schritt zur Ausbildung einer politisch wirksamen Öffentlichkeit. Auch wenn die Barone der Einung nicht länger anhingen, bildete sich nun in London eine Kommune mit einem gewählten Bürgermeister heraus (*communa Lundoniarum*). Der Biograph Richards I., Richard von Devizes, sah freilich im kollektiven Handeln der Gemeinde eine unabsehbare Gefahr: *Communia est tumor plebis, timor regni, tepor sacerdotii* (‚Die Kommune ist ein Krebsgeschwür des Volkes, ein Schrecken für das Königreich, eine Geringschätzung der Priesterschaft').

Tatsächlich wirkte die Idee genossenschaftlicher Selbstorganisation weiter, sogar beim Adel. Um den Verlust der Normandie auszugleichen, plante König Johann 1213 einen Zug ins Poitou, doch weigerten sich die Barone, ihm auf den Kontinent zu folgen. Vom nördlichen England aus formierte sich der Widerstand, der schrittweise nach den Midlands und nach Essex vordrang und auch den Klerus erfasste. Als Johann nun das *scutagium* (Schildgeld) von den Lehen erheben wollte, um Söldner zu finanzieren, verschärfte sich die Rebellion. Die Aufständischen stellten in der „Unknown Charter" Forderungen auf und verlangten die Einsetzung eines Ausschusses von 25 Baronen zu deren Durchsetzung. Als auch London in die Hand der Opposition gefallen war, musste Johann die diktierten Bedingungen erfüllen. Im Juni 1215 erließ er die Magna Carta, die erste geschriebene Verfassung eines Landes in Europa. Johann konzedierte dabei ausdrücklich, dass ein Komitee von 25 Baronen zusammen ‚mit der Kommune des ganzen Landes' das Recht haben sollte, ihn auf jede Weise zu maßregeln, falls es ihm nicht gelingen sollte, innerhalb von 40 Tagen angemahnte Missstände zu beseitigen. Niemals zuvor war die Idee eines Landes als Kommune (*communa tocius terre*) so klar formuliert worden wie hier. Wie das gesamte Common Law galt auch die Magna Carta für alle freien Männer; sie stellte deren Rechte prinzipiell unter Schutz: ‚Kein Freier soll eingesperrt oder verhaftet oder enteignet oder entrechtet oder exiliert oder auf welche Weise immer zugrundegerichtet werden, es sei denn durch das gesetzmäßige Gericht seiner Standesgenossen oder nach dem Gesetz des Landes.' Im übrigen enthielt die Magna Carta umfassende Regelungen für alle Bereiche des Lebens, angefangen von der Kirche über das Familienrecht, das Vertrags- und Steuerwesen, den Rechtsgang und die Pflichten der Hofbeamten bis hin zu Bestimmungen über Gewichte und Maße, über Kaufleute, Forsten usw. Die Erhebung von *scutage* und *aid* sollte künftig nur noch *per commune consilium regni* erfolgen, es sei denn, der König könnte sie unter bestimmten Bedingungen als Oberlehnsherr in Anspruch nehmen. Während der Unmündigkeit Heinrichs III. wurde die Magna Carta dreimal in verschiedenen Fassungen erneuert; die Version von 1225 wurde als erstes Dokument in die Statutenbücher aufgenommen und erlangte Gesetzeskraft für das Land.

Gleichwohl hat König Heinrich natürlich versucht, die Monarchie auf den Stand von vor 1215 zurückzuführen. Geholfen haben ihm dabei die schon von seinem Vater herangezogenen Leute aus dem Poitou. Der einflussreiche Peter des Roches soll nach dem Wort eines Zeitgenossen England geradezu mit ‚Legionen von Poitouvinern' gefüllt haben (Roger Wendover). Besonders verhasst wurden den Einheimischen die Halbbrüder Heinrichs III., die 1247 als Flüchtlinge in Dover gelandet waren; William machte der König zum Lord of Pembroke, Aymer verlieh er das reiche Bistum Winchester. Am 12. April 1258 wurde Heinrich überrascht durch das Bündnis von sieben Magnaten, die sich zum gegenseitigen Beistand gegen jedermann verschworen hatten, ihren Treueid auf König und Krone aber einhalten wollten. Die sieben Großen unter der Anführerschaft Simons von Montfort, des Earls of Leicester, bildeten in kurzem eine revolutionäre Kommune von England. Bis Ende des Monats hatten sich andere Barone und Ritter angeschlossen, und diejenigen, die sich weigerten, flohen außer Landes oder wurden als Todfeinde vertrieben. Am 30. April stellten sie den König bewaffnet in Westminster Hall und verlangten von ihm nicht mehr, als die ‚unerträglichen Leute aus dem Poitou' zu entlassen. Heinrich und sein Sohn Eduard mussten den Eid leisten und somit der Kommune beitreten. Bei einer neuen Versammlung im Juni in Oxford wurden neue Eide geschworen im Namen der *commun de Engleterre*. Auch wenn der Begriff *communitas totius regni* hier zum ersten Mal begegnet, nahm er offenkundig Entwicklungen seit der Magna Carta auf. Die in Oxford beschlossenen *Provisions* sahen die Bildung einer Reformkommission aus 24 Männern vor, die zur Hälfte vom König, zur Hälfte von der Kommune zu benennen war. Die Barone wollten das Land künftig durch einen Fünfzehnerrat regieren lassen, der der Kommune verantwortlich sein sollte, und sahen ein „Parlament" (*parlemenz*) vor, das regelmäßig zu Michaelis, zu Lichtmess und zur Sommersonnenwende über die politischen Angelegenheiten beraten sollte. Hier begegnet das Wort – in der Bedeutung von „Diskussion" – fast zum ersten Mal überhaupt. Dem König kam nach diesen Bestimmungen kaum eine andere Funktion mehr zu als die eines Repräsentanten des Landes, der aber politisch vom Rat, von den Amtsträgern und den regelmässigen Parlamentssitzungen abhängig wäre. Heinrich III. wusste sich jedoch zu wehren; es gelang ihm, Ludwig IX. von Frankreich auf seine Seite zu ziehen, indem er im Vertrag von Paris 1259 endgültig auf die Normandie und Anjou verzichtete. In einem von beiden Parteien anerkannten Richterspruch von Amiens 1264 erklärte der französische König alle Abmachungen der Barone für nichtig. Ludwig verkündete sein Urteil wie ein Priester im Namen des Vaters, des Sohnes und des Heiligen Geistes; außerdem ordnete er an, dass Heinrich die ‚vollständige Gewalt und unbeschränkte Autorität in seinem Königreich' zurückerhalten sollte, so wie vor 1258. Der Spruch des *rex pacificus* löste allerdings einen neuen Krieg aus; in der Schlacht von Lewes war Simon de Montfort noch siegreich, doch fiel er 1265 von den Hand des Thronfolgers Eduard; damit war die Revolution endgültig überwunden. Der „Song of Lewes" hielt aber die Erinnerung an den ephemeren Triumph der eingeborenen Engländer (*viri naturales*) gegen die Fremden fest: ‚Nun atmet England endlich wieder unbeschwert in der Hoffnung auf Freiheit; die Engländer sind verachtet worden wie Hunde, aber nun haben sie ihre Köpfe erhoben über ihre verschwundenen Feinde. Lies dies, du Engländer, über die Schlacht von Lewes, denn wenn der Sieg den Vertriebenen zugefallen wäre, wäre das Gedenken an die Engländer elend geworden.' Tatsächlich haben die Kommune von 1258 und der Vertrag von Paris 1259 zur klareren Scheidung Englands von Frankreich geführt und die Definition der englischen Identität befördert. Wenn der englische König später auf dem Kontinent Kriege führte, tat er das nach Michael T. CLANCHY nicht mehr als fremder *warlord* wie Wilhelm der Eroberer oder Heinrich II., sondern als Haupt der englischen Nation.

2.1.4 Keltische Partikularherrschaften: Wales, Irland und Schottland

Benachbarte Länder oder Regionen mit einem gemeinsamen historischen Ausgangspunkt bieten der vergleichenden Betrachtung besondere Erkenntnischancen für die Variabilität geschichtlicher Entfaltung. Diese Voraussetzungen sind bei den britischen Inseln gegeben, die geographisch sowohl einander zugeordnet wie durch das Meer gemeinsam vom Kontinent geschieden sind und die beide durch Kelten besiedelt wurden (seit dem 6. Jh. v. Chr.?). Zwar darf die ethnische und kulturelle Homogenität der Kelten nicht überschätzt werden, doch kennzeichnet es die Geschichte der Inseln im Mittelalter, dass die keltische Hinterlassenschaft nach mehreren weiteren Invasionen in unterschiedlichem Maße fortwirken konnte. Diese Eroberungen führten, positiv gewendet, zur Ausbildung von vier Völkern auf den britischen Inseln mit klar abgrenzbaren politischen Systemen. Die erste der Eroberungen, die römische seit der Mitte des ersten vorchristlichen Jahrhunderts, erfasste das ganze (spätere) England, nicht aber Schottland und auch nicht Irland; in Wales drang sie etwa hundert Jahre später durch und ließ eine neue Infrastruktur entstehen, doch erlangte die römische Herrschaft keine mit England gleichwertige Intensität. Es blieben also von Süden und Osten her gesehen keltische Rückzugsgebiete erhalten, die von den Römern gar nicht oder nicht vollständig eingenommen wurden. Spuren eines Zusammengehörigkeitsgefühls der keltisch-stämmigen (britischen) Völker lassen sich noch Jahrhunderte später nachweisen. Um 930 entstand beispielsweise in Wales ein Gedicht, in dem der Verfasser seine Verachtung der Engländer zu erkennen gab, weil es ihnen an ehrwürdiger Abstammung fehle; die Waliser rief er dazu auf, zusammen mit den Iren, den – ebenfalls keltischen – Bewohnern von Cornwall und Strathclyde sowie mit den Männern von Dublin (Normannen) die Engländer zu vertreiben. Bei der zweiten, der so genannten angelsächsischen Invasion seit der Mitte des 5. Jahrhunderts wurde wiederum England unterworfen, während Wales, Schottland und Irland durch die Germanen nicht erfasst werden konnten. Von den seit Ende des 8. Jahrhunderts einfallenden Wikingern bildeten die Dänen Reiche in England, die Norweger in Schottland; in Irland haben es jedoch die seefahrenden Eroberer nur zur Gründung von Burgen (Städten) gebracht, während Wales von den Nordmännern zwar heimgesucht wurde, ohne dass diese jedoch dauernde Herrschaften errichteten. Als schließlich die festländischen Normannen England eroberten (1066), integrierten sie ihrer Herrschaft weitgehend auch Wales, das allerdings erst 1282/83 durch König Eduard I. von England endgültig seine Selbständigkeit verlor. Irland geriet 1169/71 in die Abhängigkeit der englischen Krone unter dem Anjou Heinrich II., während Schottland vom anglonormannisch-angevinischen Reich zwar politisch und zunehmend auch kulturell dominiert wurde, seine Unabhängigkeit rechtlich aber bewahrte. Im Vertrag von York wurde 1237 die schottische Südgrenze festgelegt, und die Selbständigkeit des Landes, die England 1320 förmlich notifizierte, sollte dann noch bis 1603 erhalten bleiben.

Die beiden britischen Inseln mit ihrer ursprünglich gemeinsamen keltischen Bevölkerung wurden im Mittelalter also niemals unter einer einzigen Herrschaft vereint. Abgesehen von den Eroberungen von außen gab es jedoch auch im binnenbritischen Verhältnis Bestrebungen, die Einheit herzustellen. Als der westsächsische König Athelstan (924–939) die dänische Herrschaft beendet und England unter seiner Regierung vereinigt hatte, bemühte er sich auch um weitere Ausgriffe; er machte Wales tributpflichtig (929) und schlug die mit den Normannen verbündeten Schotten (937). Athelstan nannte sich dann nicht nur selbst ‚König des ganzen Britannien', sondern wurde auch von anderen als ‚Kaiser der Angeln und Herrscher ganz Britanniens' bezeichnet. Es

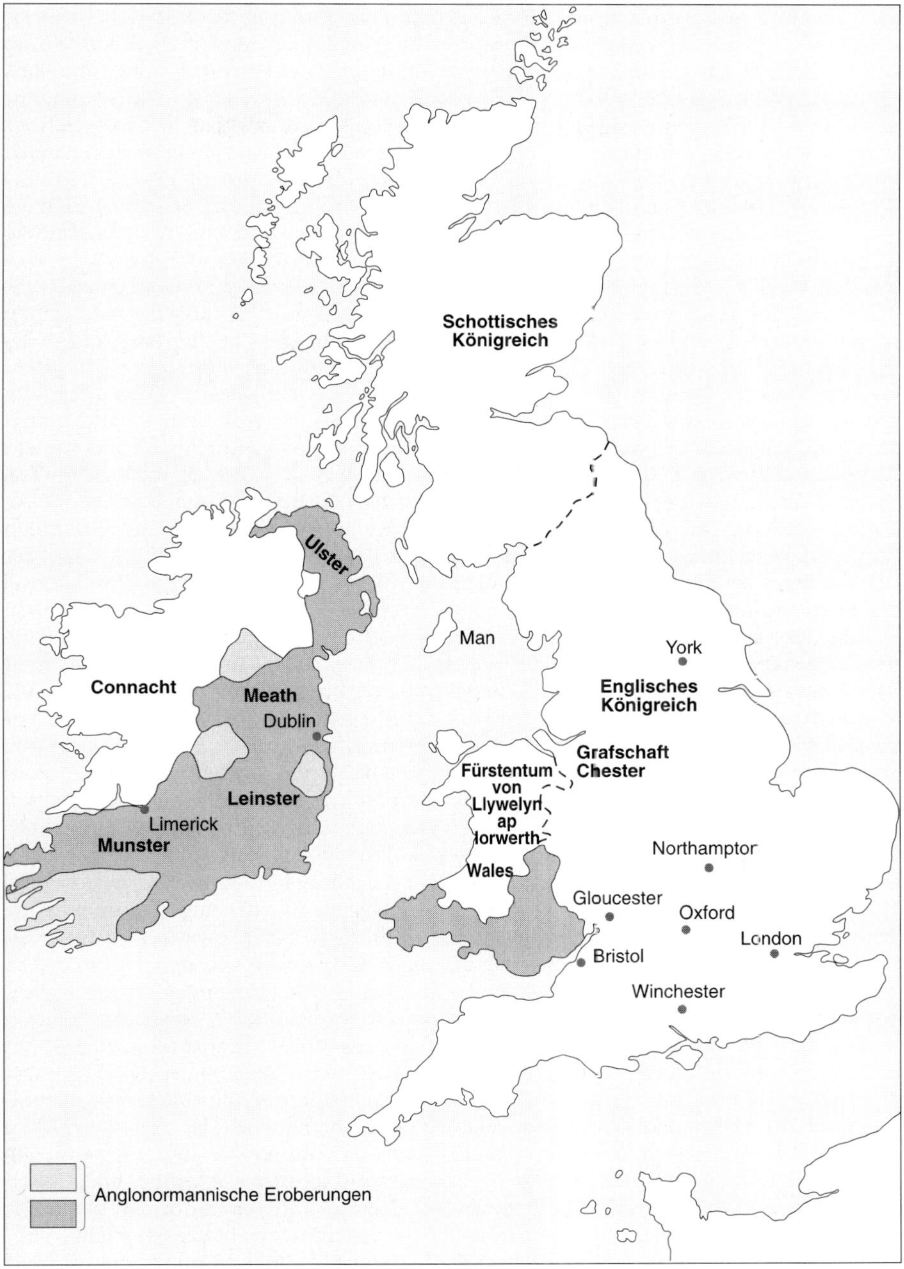

Abb. 3: *Irland und Wales unter anglonormannischer Herrschaft (um 1210).*

gab also ein Bewusstsein von der Einheit Britanniens, für deren Realisierung die Herrschaft über England als Grundlage dienen mochte. Von den drei anderen Ländern war es nur Schottland, das gewaltsam seine Grenzen zu überschreiten suchte, und zwar nach Süden hin auf Kosten Englands. Zunächst war Schottland an der Clyde-Forth-Landenge beschränkt gewesen; um 950 konnten sich die Schotten die im Südosten vorgelagerte Provinz von Lothian eingliedern und nach 1018 auch das keltisch besiedelte Königreich Strathclyde (Cumbria) bis zum Lake District hinzugewinnen. Anfang des 11. Jahrhunderts hatte Schottland somit etwa seine heutige Ausdehnung erreicht. Später erhoben die schottischen Könige sogar Ansprüche auf die englischen Grafschaften Northumbrien, Cumberland und Westmoreland, die sie aber nicht durchsetzen konnten.

Die Iren griffen gelegentlich nach der größeren Nachbarinsel hinüber, ohne freilich die Irische See je so zum Binnenmeer eines Reiches machen zu können, wie es den Dänen mit der westlichen Ostsee gelungen ist. Sie errichteten in Schottland und Wales aber eigene Königtümer. Historisch weitaus bedeutender ist allerdings die religiös-kulturelle Fernwirkung der Iren im frühen Mittelalter gewesen; denn von den Schreibstuben und Künstlerwerkstätten der irischen Klöster waren seit dem 6. Jahrhundert starke Impulse auf die große britische Insel und auch den europäischen Kontinent ausgegangen. Irische Mönche regten eine wirkmächtige Missionsbewegung bei den (keltischen) Pikten in Schottland und bei den Angelsachsen an, die unter anderem zur Gründung der Klöster Iona vor der schottischen Westküste und Lindisfarne für Northumbrien führte. Noch im 12. Jahrhundert orientierten sich walisische Literaten am irischen Vorbild, und auch gescheiterte politische Prätendenten aus Wales fanden auf der Nachbarinsel zeitweise Exil und Hilfe.

Was hat nun aber die Einigung der beiden Inseln durch Eroberung verhindert? Eine nicht unwichtige Rolle spielte dabei gewiss die geologische Struktur. In Wales und Schottland bot das Bergland Rückzugsmöglichkeiten für resistente Völkerschaften, die hier auch Sonderherrschaften errichten konnten. Umgekehrt begünstigten die Lowlands im Osten Englands das Vordringen von Invasoren, während die atlantische Westküste eher abweisend war. Die Wikinger, die über Flussläufe in fremde Länder einzufallen pflegten, fanden solche im Westen kaum. Auch Irland war entlang seiner fast gesamten Küste von Mittelgebirgen umgeben. Ferner bildete sich in den einzelnen Ländern ein Eigenbewusstsein aus, das – zusammen mit der natürlichen Abwehrhaltung in ihrer Herrschaft bedrohter Magnaten – fremden Eindringlingen gegenüber mobilisiert werden konnte. Was England betrifft, so bezieht sich sein Name auf diejenigen germanischen Einwanderer, die Angeln genannt wurden und wohl schon früh die Vorherrschaft auf der Insel gewonnen haben; auch Papst Gregor I. (gest. 604) sprach von der *gens Anglorum*. Zur Ausbildung einer englischen Identität dürfte auch die Abgrenzung gegen die Waliser beigetragen haben, die ein unter König Offa von Mercien um 790 errichteter Wall im Westen bewirkte. Umgekehrt trug der „Offa's Dyke" (walisisch: *Clawdd Offa*), auch wenn er keine scharfe militärische Demarkation und nicht einmal eine eindeutige Siedlungsgrenze bezeichnete, zum walisischen Eigenbewusstsein bei. Allerdings scheinen die Waliser ein Gefühl besonderer Zusammengehörigkeit schon in der Zeit der angelsächsischen Invasion Britanniens entwickelt zu haben; jedenfalls nannten sie sich seit etwa 580 *Cymry*, also ‚Volk einer Region'. Dieses Eigenbewusstsein konnte sich nur auf die gemeinsame keltische Sprache, Kultur und Geschichte stützen, nicht aber auf eine politische oder gar staatliche Einheit. Denn nur Mitte des 11. Jahrhunderts hat es einmal ein walisisches Gesamtkönigtum gegeben, das aber bloß wenige Jahre Bestand hatte. Etwa hundert Jahre darauf wies der walisische Bischof Bernard den Papst brieflich darauf hin, dass die Waliser ihre eigene Sprache hätten, ein eigenes Recht und eigene Gebräuche, dass sie also eine *natio* seien. Etwa zur selben Zeit beschrieb auch der walisisch-normannische Schriftsteller Giraldus Cambrensis (etwa 1146–1223) die Waliser als eine Gemeinschaft von Menschen, die in einem fest begrenzten Raum lebten, sich auf gemeinsame Vorfahren beriefen und ihre Eigenart zu verteidigen suchten. Nach dem Vorgang höfischer Dichter begannen die Waliser damals auch, zu ihrer Selbstbezeichnung den Namen *Cymry* (,Waliser') dem der *Brytaniaid* (,Briten') vorzuziehen.

Irland, das als Insel überschaubarer Größe und als gebirgeumschlossenes Flachland wohl von vorn herein als Einheit empfunden wurde, hatte bereits in keltischer Zeit einen eigenen Landesnamen erhalten (*Ériu*). An eine politische Einheit Irlands dachte dann schon der Abt Adomnán von Iona (gest. 704), wenn er von *totius Everniae regni monarchia* sprach. Obwohl eine solche Gesamtherrschaft nie erreicht wurde, nannte man einen erfolgreichen irischen Partikularherrscher vor 1014 *imperator Scottorum* (,Kaiser der Iren'), später einen König von Dublin ,König von Irland' (1088/1119). Schottland war in seiner politischen Geographie von Anfang an bestimmt durch das Siedelgebiet der Pikten beziehungsweise die naturbedingten römischen Grenzbefestigungen, den Hadrianswall von 121/122 (zwischen Solway Firth und Tynmouth) beziehungsweise den Antoniuswall von 143 (zwischen Firth of Clyde und Firth of Forth). Schon in der Mitte des 9. Jahrhunderts bildete sich hier ein Einheitskönigtum heraus, doch ist zweifelhaft, ob dies zum Fokus eines eigenen Volksbewusstseins werden konnte.

Obgleich die anglonormannische beziehungsweise angevinische Herrschaft oder Dominanz sich in Wales, Irland und Schottland nirgends vollständig durchzusetzen vermochte, war sie europageschichtlich gesehen von überragender Bedeutung. Denn ebenso wie England selbst durch die Invasion von Frankreich her, vollzogen die drei Nachbarländer unter seinem Einfluß einen Wechsel der politischen und kulturellen Orientierung, fort von der nordeuropäischen Heimat der Wikinger und hin zur Mitte des Kontinents. Nur die Schottland im Norden und Westen vorgelagerten Inseln (Shetlands, Orkneys, Hebriden, Isle of Man) gehörten im hohen Mittelalter weiterhin zum Königreich Norwegen oder zu dessen Einflussbereich.

Wales war ein Land ohne Zentrum, seine Bevölkerung lebte eher in seinen Randzonen und in großen und kleinen Siedlungsinseln, die voneinander weitgehend isoliert waren. Die physische Geographie bildete ein Grundmuster für Trennung und Verschiedenheit aus, nicht für Einheit. Die Lebenswelt prägte, abgesehen von der maritimen Einfassung des Landes auf drei Seiten, am meisten der überall augenfällige Gegensatz von Hochland und Ebenen. Trotzdem lassen sich einige Regionen unterscheiden. Die stärkste von ihnen lag im Nordwesten und hatte ihren Mittelpunkt in der altbesiedelten, fruchtbaren Insel Anglesey mit dem traditionellen politischen Vorort Aberffro. Ähnliche Bedeutung kam der Landschaft im Südwesten zu, mit dem weltlichen Zentrum Dinefwr (Cantref Mawr) und dem religiösen Mittelpunkt St. Davids (Pebidiog); von hier aus führten mehrere Straßen in den Osten des Landes. Die Bindung an Regionen oder gar nur an lokale Einheiten dominierte die Weltorientierung der Waliser; im frühen 12. Jahrhundert zählte ein Dichter des Landes nicht weniger als 30 Distrikte auf. Natürlich bildeten derartige Loyalitäten ein hohes Hindernis für die Ausbildung einer politischen Einheit des Landes. Girald von Wales konstatierte die Mehrheit der Königtümer als Norm; die Waliser widersetzten sich, wie er schrieb, beharrlich und stolz der Unterwerfung unter einen einzigen Herrscher; andererseits warnte ein Dichter im 12. Jahrhundert, es sei töricht, mehr von der Welt besitzen zu wollen, als was Gott gebe, und ein anderer riet dem bedeutenden walisischen König Llywelyn ap Iorwerth (gest. 1240) geradezu davon ab, jenseits seiner Grenzen Streifzüge zu unternehmen. Auch für das einheimische Recht galt Wales als ein Land vieler Landschaften und Königreiche, in dem die Männer eines Reiches nicht unbedingt den Regeln eines anderen unterworfen waren. Typisch für die walisische Politik des 11. und 12. Jahrhunderts waren dementsprechend auch die Überfälle und Plünderungszüge vom einen ins andere Herrschaftsgebiet. „Political particularism seemed as natural to Wales as did geographical fragmentation and regional loyalities. The three indeed fed upon one another. Wherever we look at medieval Wales it seems to dissolve into plurality; its history appears to be no more than the sum of its individual parts" (R. R. Davies).

Trotz der bewusst gepflegten Partikularität fassten sich die Waliser als einheitliches und von anderen verschiedenes Volk auf mit gemeinsamer Sprache (*Cymraeg*), Mythologie und Geschichte. Das Gewohnheitsrecht beruhte auf der klaren Trennung zwischen den Walisern (*Cymro*) einerseits und den Fremden (*alltud*) andererseits. Auch von außen wurde die walisische Identität nicht bezweifelt; die ersten Writs der normannischen Herren richteten sich an die Waliser insgesamt, und Wales selbst wurde darin als einheitliches Land vorausgesetzt. Es war erst die anglonormannische Eroberung, die das Land deutlicher in zwei Großräume teilte.

Zur Vorgeschichte dieser Invasion gehörte die Einigung von Wales durch Gruffudd ap Llywelyn, die dieser durch Erbschaften und mit Gewalt gegen andere Herrscher zustandebrachte (ab 1055). Die einheimische ‚Fürstenchronik' (*Brut y Tywysogyon*) bezeichnete ihn als ‚Haupt, Schild und Verteidiger der Briten [Waliser]', die Angelsächsische Chronik als ‚König von ganz Wales'; Gruffudd erlaubte sich sogar Übergriffe ins englische Gebiet unter der schwachen Herrschaft Eduards des Bekenners, dem er noch 1056 als ‚Unterkönig' Treue geschworen hatte. Der Gegenschlag erfolgte 1063; Harold Godwinson, der Earl of Wessex, verfolgte Gruffudd mit einem Heeresaufgebot weit nach Wales hinein, bis dieser irgendwo in Snowdonia erschlagen wurde. Nach walisischer Überlieferung soll er gar von seinen eigenen Leuten umgebracht worden sein. Der Sieger Harold heiratete Gruffudds Witwe, nutzte seinen militärischen Erfolg aber nicht zu weitgehenden Annexionen. Das Herrschaftsvakuum, das Gruffudd hinterlassen hatte, machten sich andere Magnaten zunutze. Exilierte walisische Fürsten kehrten aus Irland zurück, zum Teil mit militärischem Beistand der Iren oder der Skandinavier von Dublin, während andere Wikinger mehrfach die walisische Küste überfielen. Weittragende Wirkung hatte jedoch erst die Eroberung Englands durch Herzog Wilhelm von der Normandie im Jahr 1066, von der auch Wales erfasst wurde. Obgleich der neue König, der ja die englische Aristokratie beseitigte, die politische Führungsschicht in Wales respektierte, geriet das Land mehr denn je in Abhängigkeit von dem großen Nachbarn. Wilhelm I. errichtete ein System von Grenzherrschaften, die er seinen Gefolgsleuten aus der Normandie anvertraute. William Fitz Osbern erhielt Hereford, Roger Montgomery Shrewsbury und Hugo der Fette von Avranches Chester – allesamt Ortschaften weit östlich des Offawalls. Den neuen Earls wurden die königlichen Domänen in ihren Bezirken und ein fast unabhängiges militärisches Kommando übertragen; sie errichteten Burgen und Marktsiedlungen (*boroughs*), vergaben Ländereien an ihre ritterlichen Gefolgsleute und führten so das Feudalsystem in Wales ein. Allerdings konnten die Normannen Wales nicht annähernd so vollständig durchdringen wie England selbst; dazu fehlten dem Bergland im Westen schon fortschrittliche Institutionen wie bei den Angelsachsen, an die die Eindringlinge hätten anknüpfen können. Wales war auch keineswegs ein Hauptbetätigungsfeld der neuen *marcher lords*; ein Mann wie Fitz Osbern, der unter anderem das alte Königreich Gwent im Südwesten beseitigt hatte, wandte sich schon 1071 attraktiveren

Aufgaben in Flandern zu. 1081 zog König Wilhelm selbst nach St. Davids, in walisischer Deutung, um diesem christlichen Heiligtum ihres Volkes Reverenz zu erweisen, nach englischer Überlieferung jedoch, um seine Herrschaft gegenüber den Einheimischen zu demonstrieren. Auf seinem Zug erkannte Wilhelm der Eroberer gegen einen Jahrestribut immerhin Rhys ap Tewdwr an, den Herrscher des wichtigen Reiches von Deheubarth. Als der tüchtige Rhys 1093 getötet wurde, galt dies der walisischen und englischen Chronistik als Ende des autochthonen walisischen Königtums überhaupt, und tatsächlich erscheinen die einheimischen Herren seither in der Überlieferung mehr und mehr ohne Königstitel. ‚Jetzt nahmen die Franken all das Land der Briten in Besitz', kommentierte ein walisischer Geschichtsschreiber die Folgen von 1093.

Indessen geriet die Herrschaft der normannischen Grenzfürsten am Beginn des 12. Jahrhunderts selbst in die Krise; einige von ihnen wurden im Krieg erschlagen, andere starben ohne mündige Erben, manche verwirkten ihre Lehen im Aufstand gegen den König. Inzwischen hatte sich auch gezeigt, dass eine vollständige Unterwerfung des nördlichen und mittleren Wales die Kräfte der Normannen überforderte. Es war Heinrich I., dem eine Konsolidierung gelang. Der englische König konzentrierte sich darauf, den Süden des Landes bis Haverford, Wiston und Pembroke zu sichern, und setzte hier auch eigene Kandidaten als Bischöfe durch (in Llandaff 1107, in St. Davids 1115); Bernard, der Bischof von St. Davids, war zuvor Kanzler der englischen Königin gewesen. Auch alle führenden normannischen Barone des Südens verdankten ihm ihre Position. Umgekehrt tolerierte Heinrich die Rückkehr walisischer Fürsten; 1114 ‚kamen die walisischen Könige zu ihm, wurden seine Lehnsleute und schworen ihm Treueide'.

Als nach Heinrichs Tod Stephan von Blois und die ‚Kaiserin' Mathilde um die Herrschaft in England stritten, gewannen die Waliser größere Bewegungsfreiheit. Jetzt formierten sich, nach weiter zurückliegenden Ansätzen, die drei Fürstentümer Gwynedd, Powys und Deheubarth, die fortan die Geschichte von *Pura Wallia* bestimmten und der anglonormannischen *Marchia Wallie* gegenüberstanden. Besondere Bedeutung erlangte das Reich von Gwynedd im Nordwesten; dessen Herrscher Owain (gest. 1170) nannte sich aufgrund seiner innerwalisischen Dominanz gar *rex Wallie* oder auch *princeps Wallensium*. König Heinrich II. verstand es aber, die englische Oberhoheit über Wales wieder zur Geltung zu bringen (1171/72). Sein Problem waren eher die quasiselbständigen anglonormannischen Großen, zumal sich diesen zur selben Zeit auch in Irland interessante Betätigungsfelder eröffneten.

Die drei walisischen Fürstentümer konkurrierten in den nächsten hundert Jahren um den Vorrang, doch ist es bezeichnend, dass sich die Gewichte stets mit der persönlichen Tüchtigkeit einzelner Herrscher verschoben und eine stabile überregionale Machtkonzentration nie gelang, wohl auch kaum angestrebt wurde. Ein Element der Unsicherheit bildeten auch die relativ offenen Sukzessionsregelungen; zwar galt das Erbrecht, das aber nicht die reine Sohnesnachfolge begünstigte, sondern den Ansprüchen männlicher Verwandten bis ins vierte Glied Rechnung trug. Zunächst dominierte das im Süden gelegene Reich Deheubarth unter Rhys ap Gruffudd, der vielleicht schon den Titel *prince of Wales* führte und als das ‚unbesiegte Haupt von ganz Wales' gerühmt wurde. Nach dem Tod von Rhys dem Großen 1197 wechselte der politische Schwerpunkt zum Reich von Gwynedd hinüber. Hier setzte sich Llywelyn ap Iorwerth brutal in innerfamiliären Machtkämpfen durch und nannte sich wohl schon 1199 stolz ‚Fürst des gesamten nördlichen Wales' (*tocius norwallie princeps*). 1201 erkannte König Johann in dem ersten erhaltenen walisisch-englischen Vertrag Llywelyns Stellung an, der ihm dafür den Lehnseid ablegte; 1205 konnte der Waliser sogar Johanna heiraten, die illegitime Tochter des englischen

Königs. Kurz darauf bestritt niemand mehr seine Suprematie in *Pura Wallia*. Als Llywelyn jedoch die Hand auf Powys legte, rückte König Johann nach Wales vor (1210/11); zeitweise wurde Llywelyn auf einen Teil von Gwynedd beschränkt. Anscheinend ist es ihm jedoch gelungen, für seinen Wiederaufstieg breite Unterstützung im Land zu gewinnen. In der *Cronica de Wallia*, entstanden wohl im Zisterzienserkloster Whitland, findet sich zum Jahr 1212 die Notiz, dass die Waliser gegen den König (von England) konspiriert und für sich als Führer Llywelyn, den Fürsten von Gwynedd, gewählt hätten. Llywelyn gelang es sogar, Papst Innozenz III. für seine Sache zu gewinnen und mit dem französischen König Philipp II. 1212 ein Bündnis zu schließen. Unter geschickter Ausnutzung der politischen Probleme König Johanns in England und auf dem Kontinent dehnte er seine Herrschaft auf das südliche und westliche Wales aus. Johanns Nachfolger Heinrich III. erkannte diese Erwerbungen 1219 im Vertrag von Worcester an. Llywelyn zog sich nun zwar die Feindschaft der englischen Lords in den Marken zu, intensivierte aber seine Kontakte mit dem Königreich selbst, indem er seine Töchter mit englischen Adligen vermählte. Nach Llywelyns Tod 1240 beschnitt Heinrich III. die Stellung seines Sohnes und Nachfolgers Dafydd. In seiner Bedrängnis suchte dieser, das Bündnis mit Frankreich zu erneuern; vor allem aber bot Dafydd dem Papst 1244 an, sein Fürstentum von diesem zu Lehen zu nehmen, so, wie es vorher schon zahlreiche andere europäische Herrscher für ihre Länder getan hatten. Innozenz IV., der seine Einkünfte aus England nicht gefährden wollte, lehnte freilich ab. Bei Dafydds Tod 1246 folgten ihm seine Neffen Owain und Llywelyn ap Gruffudd, die der Krone im Vertrag von Woodstock weitgehende Konzessionen machen mussten. Matthew Paris kommentierte, dass Wales ‚zu dieser Zeit auf Null gebracht wurde'. Indessen konnte der jüngere Llywelyn noch einmal die Kräfte des Landes bündeln; nachdem er sich in Gwynedd durchgesetzt hatte, gewann er bis 1258 die Anerkennung der übrigen walisischen Herren als Fürst. Nach dem Vorbild seines Onkels Dafydd nannte er sich stolz ‚Prinz von Wales' (*princeps Wallie*), und Matthew Paris konstatierte verwundert, niemals zuvor hätten sich der Norden und Süden von Wales so einträchtig einem einzigen Herrscher unterworfen. 1267 erkannte sogar der englische König diese Stellung Llywelyns an; Heinrich III. verlangte jedoch von ihm als seinem Lehnsmann einen immensen Tribut, der die Wirtschaftskraft des Landes überforderte. Bei geschätzten normalen Jahreseinnahmen von 5000 bis 6000 Pfund führte Llywelyn zwischen 1267 und 1272 jährlich 11 500 Pfund an die Krone ab, er presste also die Untertanen aus. Darüber und über andere Konflikte geriet er in Streit mit den walisischen Grundherrn, mit dem Klerus und mit seinem jüngeren Bruder Dafydd. Als Llywelyn seine Vasallenpflichten gegenüber dem englischen König missachtete, unterwarf ihn Eduard I. 1276/77 in einem Kriegszug. In einer Rebellion Dafydds wurde der Fürst von Wales 1282 erschlagen, sein Kopf – auch als Zeichen der Unterwerfung – nach London geschickt; Dafydd selbst wurde freilich schon im Jahr darauf hingerichtet. König Eduard I. teilte dem Papst mit, in Wales gebe es nunmehr keinen Herrscher, der päpstlicher Schutzherrschaft würdig sei; und in der walisischen Chronistik galt 1282 als das Jahr, als ‚ganz Wales zu Boden geworfen wurde'. Ein Dichter der Zeit fragte sich gar bang, ob dies nun ‚das Ende der Welt' sei? Llywelyn ap Gruffudd betrachteten die Waliser weiterhin als den Schlussstein, um den sie sich hatten scharen können. Auch für die moderne Forschung wurden mit ihm Ansätze und Tendenzen zu einer politischen Einigung und Unabhängigkeit des Landes ein- für allemal abgebrochen.

Seit der anglonormannischen Eroberung bis zum Ende des hohen Mittelalters wandelte sich Wales politisch, sozial und kulturell tiefgreifend; auch wenn die Normannen das Land keineswegs vollständig beherrschten, haben sie Wales verändert wie keine andere Gruppe oder Bewegung vor der Industriellen Revolution und dem Aufkommen der Methodisten (so R.R. Davies; vgl. unten 4.2.1). In der walisischen Kriegergesellschaft, die zum Teil von Raubzügen lebte und ihre Könige oder Fürsten als militärische Führer schätzte, musste die überlegene normannische Kriegstechnik Eindruck machen. ‚Ihr Sinn ist stets auf die Verteidigung ihres Landes und auf Plünderung ausgerichtet', attestierte Girald den Walisern; ‚sie erfreuen sich nur an Pferden und Waffen und an der kriegerischen Ausrüstung'. Vor allem die mächtigen Steinburgen der Normannen waren den Walisern bis dahin unbekannt gewesen; man schätzt, dass bis 1215 etwa 300 Festungen in Wales selbst errichtet worden sind, die meisten von ihnen im Innern des Landes, wo die Normannen gegen die Einheimischen nur langsam vordringen konnten. Etwas später dürften die Waliser selbst schon über rund 30 Burgen verfügt haben. Meistens im Umfeld der Burgen entstanden auch Marktsiedlungen oder gar Städte, die in Wales vorher noch ganz gefehlt hatten. Wenn Girald um 1190 schrieb, dass die Waliser weder in Städten, noch in Dörfern oder in Burgen wohnten, sondern ein einsames Leben tief in den Wäldern fristeten, und weder Handel noch Schifffahrt oder Handwerk betrieben, so dürfte das damals schon nicht mehr ganz gestimmt haben. Zwischen 1070 und 1300 wurden wohl nicht weniger als 80 Städte errichtet, über zwanzig von ihnen bereits vor 1135. Allerdings blieben diese Siedlungen unbedeutend; die größte Stadt, Cardiff, hatte vielleicht 2500 Einwohner, während es anderswo in Europa Dutzende von Städten mit über 20 000 Menschen gab. Der erste normannische Große, der eine Stadt gründete, war William Fitz Osbern, der Earl von Hereford; er gab seinen Städten die Bürgerprivilegien von Hereford, die ihrerseits auf der Urkunde für Breteuil in seiner normannischen Heimat beruhten. Begünstigt wurde diese Veränderung der Siedlungsstruktur durch eine beträchtliche Bevölkerungsvermehrung im 12. und 13. Jahrhundert, die sich aus einer höheren Fertilität der Einheimischen ebenso speiste wie aus dem Zuzug von außen, besonders nach Süd- und Ostwales. Den normannischen Rittern folgten englische Bauern und nicht zuletzt, begünstigt durch die Politik Heinrichs I., Siedler aus dem übervölkerten Flandern. Eine Vita des Herrschers von Gwynedd, Gruffudd ap Cynan (gest. 1137), zeigt, dass selbst die Zeitgenossen den sozialen und wirtschaftlichen Wandel bemerkten: ‚Danach vermehrten sich alle Güter in Gwynedd. Die Einwohner begannen überall Kirchen zu bauen; sie pflanzten Bäume, legten Obstgärten an und fassten sie ein durch Hecken und Gräben. Auch begannen sie die Früchte der Erde zu essen nach Art der Romanen.' Langsam wurde Wales auf diese Weise in die anglo-französische Kultursphäre einbezogen; mehrere hundert Wörter aus dem Französischen wurden ins Walisische übernommen, beim Kirchenbau imitierte man die normannische Romanik (z.B. Llandaff), und die insulare Schrifttradition wurde durch das Anglonormannische verdrängt. Häufig mochten solche Impulse durch die fremdstämmigen Siedler vermittelt sein, nicht selten aber auch durch Mönche, Kleriker und Studenten, die an der erhöhten Mobilität der Zeit Anteil hatten.

Zuletzt änderte sich auch der Regierungsstil. Wie anderswo in Europa pflegten die Herrscher ihr Amt reisend auszuüben und dabei Abgaben einzuziehen; allerdings existieren keine zeitgenössischen Einkünfteverzeichnisse der einheimischen Fürsten, und auch von den englischen Herren gibt es solche Aufzeichungen erst aus dem 14. Jahrhundert. Die patriarchalische Regierungsform haben die walisischen Herren nur zögernd abgelöst und durch stärkere bürokratische Elemente ergänzt. Anscheinend gab es in einem ansonsten führenden Königtum wie Gwynedd aber keine eigene Kanzlei, so dass sich der Herrscher bei der Urkundenausfertigung oft auf Mönche und Kleriker der Empfänger stützen musste.

Vergleichsweise modern war hingegen die Verwaltung der Marcher Lords. In den Marken, die zum Teil weit nach Wales hineinreichten, entstand eine durchaus eigene Gesellschaft mit eigenem Recht, das sich sowohl vom englischen Common Law wie vom Gewohnheitsrecht der Waliser unterschied. Allerdings war die Identität der Markenbewohner heikel; einerseits nämlich pflegten sie oft intensive Beziehungen nach England selbst oder gar nach Frankreich, wo sie häufig weitere Besitzungen hatten, andererseits wurden sie weder von den Walisern noch von den Engländern ganz zu den Ihren gezählt. Exemplarisch für diesen Zwiespalt ist der produktive Schriftsteller Girald von Wales, der eine Waliserin zur Mutter hatte, jedoch väterlicherseits von anglonormannischen Einwanderern abstammte. Über Normannen und Waliser klagte er, beide betrachteten ihn als Fremden.

Auch die walisische Kirche wurde infolge der normannischen Invasion tiefgreifend umgestaltet. Obwohl es nicht unbestritten ist, kann man vermuten, dass das Christentum in Wales, anders als in England selbst, bis in die Römerzeit zurückreichte; die ältesten Spuren stammen aus dem stark romanisierten Südosten. Im 11. Jahrhundert konnte die Kirche von Wales jedenfalls als ein vollgültiges Glied der lateinischen Christenheit gelten; umstritten war freilich damals schon seit vielen Generationen die Frage der kirchenrechtlichen Einbindung. Denn schon Augustin, der durch Papst Gregor den Großen entsandte Missionar bei den Angelsachsen, hatte 603 von den walisischen Bischöfen die Unterordnung verlangt, dabei aber Widerspruch gefunden. Damals begann, wie ein walisischer Historiker noch unserer Tage schrieb, „the sad saga of the relationship between Wales and Canterbury, a saga which lasted for over thirteen centuries“ (J. DAVIES). Tatsächlich hat sich die walisische Kirche im frühen Mittelalter aber weitgehend isoliert von England und dem Kontinent entwickelt und dafür enger bei der irischen angelehnt. Es wäre aber zu einfach, beide typologisch als keltische Kirchen zusammenzufassen, da sie sich trotz mancher Ähnlichkeiten auch stark voneinander unterschieden. So gibt es keinen Hinweis darauf, dass die walisischen Bischöfe wie ihre irischen Amtsbrüder in Abhängigkeit von Äbten großer Klöster geraten wären. Vorderhand fehlten allerdings eine klare Hierarchie und schon gar ein eigener Metropolit; auch waren die Bischofssitze eher instabil. Jedes der frühen Königreiche mag einen eigenen Bischof besessen haben, so dass die eine oder andere Cathedra möglicherweise im Laufe der Zeit auch wieder verschwunden ist. Zum Zeitpunkt der normannischen Eroberung scheint es nur drei Bischöfe gegeben zu haben: in Deheubarth mit dem Sitz in St. Davids, in Gwynedd mit Bangor (spätestens seit 800) und in Glamorgan, wo die Sedes unsicher ist. Der Bischofssitz von Llandaff im Südosten bildete sich deutlich erst im 11. Jahrhundert heraus, auch wenn der Amtsinhaber um 1120 eine sechs Jahrhunderte zurückreichende Geschichte fingierte. Die Instabilität der politischen Verhältnisse und der Mangel an städtischen Zentren verhinderte zunächst auch noch die Ausbildung klarer Grenzen für die Diözesen.

In der dezentralen Ordnung der Gesellschaft trug die walisische Kirche ein lokales Gepräge; jede Mutterkirche war also für eine der voneinander getrennten Siedlungseinheiten zuständig. Mit Irland hatte die walisische Kirche die monastische Prägung gemein. Den Mutterkirchen war eine Kommunität mit einem Abt an der Spitze zugeordnet, der – wie in St. Davids – gleichzeitig Bischof sein konnte. Solche Klöster (*clasau*) gab es überall in Wales. Die Kanoniker teilten zwar ein gemeinsames Einkommen, lebten aber wie Weltgeistliche und waren oft verheiratet; sie vererbten ihre Klerikerstellen deshalb auch auf ihre Söhne. Nichts hat bei den durch die Reformbestrebungen Roms beeinflussten Normannen mehr Anstoß erregt, als diese Priesterehen, die sogar Bischöfe einschlossen. Girald von Wales musste seinem eigenen Onkel, dem Bischof von St. Davids, vorwerfen, dass er verheiratet war und mit Kirchengütern eigene Kinder und Verwandte ausstattete. Allerdings war das kirchenrechtlich anstößige Verhalten dem religiösen Leben nicht unbedingt abträglich. Exemplarisch dafür steht die Klerikerdynastie des Bischofs Sulien von St. Davids (1073–1078, 1080–1085), die – wie bei hohen Kirchenämtern üblich – von adligem Geblüt war. In dieser Familie wurde die Herrschaft über das Kloster Llanbadarn Fawr in Ceredigion vererbt, von Sulien selbst auf seine Söhne Rhigyfarch, Daniel und Ieuuan und dann auf seine Großsöhne Sulien, Henry und Cadifor (gest. 1163). Nach zeitgenössischen europäischen Maßstäben musste das *clas* von Llanbadarn provozieren, so dass es die Normannen nach ihrer Einnahme von Ceredigion beseitigten. Doch hatte das Kloster unter Sulien und seinen Verwandten zur Verbreitung lateinischer Kultur erheblich beigetragen. Hier wurden lateinische Verse und Heiligengeschichten geschrieben; die Abhandlung des heiligen Augustinus über die Dreifaltigkeit wurde ebenso kopiert wie der Kommentar des Macrobius zu Ciceros Traum des Scipio. Bedas *De Natura* wurde glossiert und für die Lehre eingerichtet. Llanbadarn Fawr war kein Einzelfall; auch in Llancarfan (Glamorgan), St. Davids oder Llandinam (Arwystli) bestanden leistungsfähige Schultraditionen.

Die archaisch anmutende Verfassung der walisischen Kirche von 1070 wurde in den nächsten zwei Jahrhunderten einer tiefgreifenden Umorientierung an den europäischen Standards unterworfen und in die Kirchenreformbestrebungen einbezogen. Wichtigstes Mittel hierzu war zunächst der Austausch der Bischöfe, der nicht zuletzt durch die normannischen Erzbischöfe von Canterbury betrieben wurde (besonders Anselm). Bis zur Mitte des 12. Jahrhunderts wurden alle Bischofssitze zur Anerkennung der Suprematie von Canterbury gezwungen; gleichzeitig gelang es, feste Diözesen einzuteilen und mit St. Asaph im Norden einen vierten Bischofssitz zu errichten. Die Stellung der Bischöfe entsprach politisch nunmehr derjenigen ihrer Kollegen in England: Sie waren Vertreter der königlichen Gewalt, legten dem Herrscher Treueid und Homagium ab, erfüllten die Pflichten eines Vasallen und besuchten die vom König einberufenen Kirchenversammlungen. Die Unterwerfung der walisischen Kirche unter die normannische Herrschaft war im Ergebnis erfolgreicher und beständiger als die der weltlichen Gewalten. Allerdings haben die neuen Herren das Kirchengut auch rigoros ausgebeutet; die Einkünfte wurden massiv zum Aufbau neuer Klöster in die Normandie oder nach England transferiert. Andererseits wurden schon bis Mitte des 12. Jahrhunderts in Wales 19 Benediktinerklöster kontinentalen Stils errichtet, auch Dependancen der Reformabtei Cluny, und zwar meistens im Schatten der neuen normannischen Burgen. Das Weltpriestertum wurde nach der Augustinerregel reformiert. Später erfasste Wales der Orden der Zisterzienser, der bis 1201 dreizehn Häuser errichten konnte. Mit ihrer zentralistischen Einbindung nach Frankreich hin orientiert, konnten sich die Zisterzienserklöster dem Zugriff des englischen Königs weitgehend entziehen. Sie erlaubten aber den walisischen Großen eine Förderung der Kirche, die diesen keine gravierende Machteinbuße brachte. Die Zisterzienser dürften mit ihrer fortschrittlichen Agrarkultur auch den Wohlstand des Landes gefördert haben; auf sie könnte die ausgedehnte Schafzucht in Wales zurückgehen. Weniger erfolgreich als die „weißen Mönche“ wurden dagegen die Bettelorden (Franziskaner, Dominikaner, Karmeliten), die im Lande kaum das für sie typische städtische Milieu vorfanden.

Ebenso wie die Diözesen wurden in anglonormannischer Zeit auch die Pfarrbezirke abgesteckt, Grundlage und Kernzelle jeder römisch orientierten Kirchenstruktur. In Parallele zur Entwicklung auf dem Kontinent entstanden in Wales, besonders seit dem frühen 12. Jahrhundert, zahllose neue Pfarrkirchen. Der Biograph von Gruffudd ap Cynan begeisterte sich an den weißgetünchten neuen Gotteshäusern, die ‚wie Sterne am Firmament' leuchteten. Die Pfarrkirchen lösten an vielen Orten die *clasau* ab, wurden aber häufig Klöstern in England unterstellt. Auch ihre Einkünfte wurden dann gegen das Kirchenrecht den einheimischen Bischöfen entzogen.

Mit der Neuorganisation der Kirche und der Hilfe der Mönche konnte auch eine Erneuerung des religiösen Lebens im Sinne Roms in Angriff genommen werden. Hauptkritikpunkte der Reformer bildeten neben der Klerikerehe das herrschende Ehe- und Familienrecht, das die Scheidung leicht machte und legitime Kinder gegenüber illegitimen nicht besser stellte. Auch die kanonischen Hindernisse für Verwandtenehen fanden in Wales keine Anerkennung. Der Erfolg der Reformbemühungen nimmt sich eher bescheiden aus. Jedenfalls schrieb der Erzbischof von Canterbury 1159 an den Papst, die Waliser seien nur dem Namen nach Christen; ‚sie sind Barbaren, was man daran sehen kann, dass Owain, ihr Fürst, die Tochter seines Onkels zur Frau genommen hat'. Und Heinrich II. von England charakterisierte die Waliser in einem Schreiben an den Kaiser von Byzanz, sie seien ‚wilde Leute, die man nicht zähmen kann'. Mag in solchen Urteilen auch der Hochmut der „Engländer" eine Rolle gespielt haben, so nahm auch der Halbwaliser Girald kein Blatt vor den Mund: Die Waliser seien rücksichtslos gegen die Regeln der Kirche, anarchisch in ihrem Verhältnis zum Recht, unverständig gegenüber jeder Zentralgewalt und überdies statt Brotesser, wie die Kinder der Lowlands mit ihren Getreidefeldern, nur Konsumenten ihrer Weideländer.

Während der König, der Erzbischof von Canterbury und – seit 1219 – auch der Papst die Bischöfe nominierte, gelang es den Walisern nicht, eine Kirchenprovinz unter eigenem Erzbischof aufzubauen. Ausgerechnet Bernard, der von Heinrich I. eingesetzte Bischof von St. Davids (1115–1148), und später Girald von Wales (1198–1203) bemühten sich intensiv um die Erlangung des erzbischöflichen Palliums, blieben aber ohne Erfolg. Einem Land einen Erzstuhl zu verschaffen, lag ja im Zuge der Zeit. In Irland gab es 1152 gar vier Erzbischöfe, während die skandinavischen Länder, Böhmen und Polen um 1200 je eine Kirchenprovinz bildeten. Gegenüber dem Papst führte Bernard als Argumente an, dass die Waliser ein besonderes Volk seien, abgeschieden für sich lebten und St. Davids – angeblich – schon durch den heiligen David (6. Jh.) zum Metropolitansitz gemacht worden sei. Der Papst lehnte das Begehren 1147 mit dem Hinweis ab, dass Bernard dem Erzbischof von Canterbury Gehorsam geschworen habe. Als sich später Girald von Wales um die Bischofswürde von St. Davids bewarb, argumentierte er gleichzeitig wie Bernard für die Rangerhöhung der Sedes. Auch Girald stellte heraus, dass die Waliser eine eigene ‚Nation' seien.

Gerade diese Regungen eines quasinationalen Eigenbewusstseins durch ein Erzbistum zu stärken, konnte natürlich nicht im Sinne der fremden Herren sein. Allerdings wirkten auch andere Geschichtsbilder auf das walisische Selbstverständnis ein. Exemplarisch dafür steht das Werk Geoffrey von Monmouths, die „Historia Regum Britanniae" (um 1136). Geoffrey stammte in zweiter oder dritter Generation von einer britischen Siedlerfamilie in Monmouth im südöstlichen Wales ab und verbrachte die Zeit von 1129 bis 1151 als Magister in Oxford; 1152 wurde er bis zu seinem Tod 1155 Bischof von St. Asaph. Geoffreys Thema war die Geschichte Britanniens unter britischer Herrschaft, also vor Ankunft der Angeln. Natürlich fand dieses Sujet das stärkste Interesse der Waliser, die das Werk mehrfach in ihre Sprache übersetzten; es gibt nicht weniger als 80 Handschriften walisischer Fassung („Brut y Brenhinedd"). Nach Geoffrey stammten die Briten von Brutus ab, der bei der griechischen Eroberung aus Troja geflohen sei. Brutus habe drei Söhne gehabt, Locrinus, Camber und Albanactus, und es seien diese drei gewesen, die die Königreiche von Lloegr (England), Cymru (Wales) und Alba (Schottland) gründeten. Das goldene Zeitalter der Briten sei das der Regierung Arthurs gewesen. Die Briten hätten sich allerdings des großen Erbes nicht als würdig erwiesen; wegen ihrer vielfältigen Sünden sei dieses in die Hände von Fremden gelangt. Geoffrey verkündete deshalb die Einheit der Briten, aber unter der Krone von London. Er betonte auch, dass Locrinus, der Gründer Englands, der älteste Sohn von Brutus gewesen sei, was den Walisern kaum schmecken konnte. Die gegenwartspolitische Option Geoffreys lässt sich – abgesehen von seiner intellektuellen Formung in England – auf die Einbindung in die politische Ordnung seiner Zeit zurückführen; denn sein Förderer war Robert, der Earl of Gloucester, Lord von Glamorgan, ein illegitimer Sohn König Heinrichs I.

Irland hatte mit Wales die Pluralität von Königtümern beziehungsweise Prinzipaten gemein, während die Schotten, ebenso wie die Angelsachsen, schon im Frühmittelalter das Einkönigtum ausbildeten. Es kann also keine Rede davon sein, dass die Mehrteiligkeit kleiner Herrschaften bei den Völkern keltischer Herkunft eine quasigesetzliche Regel gewesen wäre. Für Wales wäre im Vergleich auch die Nachwirkung römischer Strukturen zu berücksichtigen, die in Irland ja fehlten. Trotzdem bieten die beiden benachbarten Völker und Länder dichte Übereinstimmungen in ihrer gesellschaftlichen und politischen Ordnung, die auf gemeinsames Erbe oder engere Wechselbeziehungen zwischen ihnen schließen lassen.

In Irland, das etwa nur so groß ist wie die heutigen deutschen Bundesländer Bayern und Thüringen, herrschten zwischen dem 5. und dem 12. Jahrhundert zu jedem beliebigen Datum etwa 150 Könige; dabei wird die Gesamtbevölkerung auf weniger als eine halbe Million Menschen geschätzt. Die Herrschaft bezog sich ursprünglich nicht auf den Boden, also nach römischer Vorstellung auf das Land, sondern auf einen Personenverband. Der König (irisch: *rí*) stand einem Stamm (*tuath*) vor, der sich selbst aus mehreren Familien zusammensetzte. Das *fine* selbst umfasste die Ahnen und Nachkommen männlicher Personen, im vollen Umfang vier Generationen vom Vater bis zum Großneffen. Zu den *tuatha* gehörten neben den Freien aber auch die Abhängigen, Klienten und Unfreien. Nur die Freien (*flaithi*) verfügten über Viehbesitz, während der Grund und Boden Gemeinschaftseigentum des Volkes beziehungsweise der Stämme war. Der *rí*, der von der Stammesversammlung gewählt wurde, hatte nach den frühen Rechtstexten nur geringe Befugnisse; es war aber seine Aufgabe, das Volk nach außen zu schützen und der Volksversammlung vorzustehen. Priesterliche Funktionen des Königs haben sich seit der Christianisierung verloren (4. Jh.), und auch die Königssalbung setzte sich bei den Iren niemals durch. Da alle männlichen Nachkommen der königlichen Sippe zur Nachfolge berechtigt waren (Bruder, Onkel, Vetter, Sohn, Enkel und Urenkel), entstand ein unerschöpflicher Kandidatenkreis von Königsfähigen, zumal im mittelalterlichen Irland die Monogamie niemals allgemein anerkannt war. So konnten manche Sippen, wie die Uí Néill, jahrhundertelang regieren, weitaus länger, als es bei den Königshäusern auf dem Kontinent möglich war (5.–12. Jh.). Viele Könige strebten nach der Herrschaft über mehrere *tuatha*; in der Regel waren die *mór-tuath* ('Groß-Tuath') eher ephemere Gebilde. Andererseits verbanden sich mehrere der führenden Familien zu Allianzen, die dem Land im Laufe der Jahrhunderte auch eine lockere räumliche Struktur einprägten. So entstanden bis zur normannischen Eroberung die vier Provinzen Ulster (im Nordosten), Leinster (im Südosten), Munster (im Südwesten) und Connacht (im Nordwesten); einer fünften Provinz Meath in der Mitte des Landes war bei der Rivalität einzelner Stammesfürsten keine Dauer beschieden.

Seit dem 7. Jahrhundert hatten sich in Irland auch Bestrebungen zum Zentralismus gezeigt, die auf Berührungen mit der römischen Kirche, den Einfluss der Wikinger und die Kenntnis anderer politischer Systeme auf dem Kontinent zurückgeführt werden können. An die Stelle des Prinzips der personalen Stammesherrschaft trat allmählich die politische Orientierung am Land. In Wechselbeziehung mit dieser Entwicklung stand die der irischen Kirche. Diese war monastisch orientiert, die Bischöfe waren also abhängig von den Äbten großer Klöster und im Wesentlichen auf ihre Weihegewalt reduziert. Die Klöster selbst standen in enger Verbindung zu den *tuatha*, die freilich einen weltlichen Herrn hatten, konnten sich aber zu weitgespannten Verbänden zusammenschließen. Die berühmtesten der monastischen Zentren waren Iona, Clonmacnoise, Armagh, Kildare und Glendalough; unter ihnen gewann Armagh mit dem Grab des heiligen Patrick bis zum 7. Jahrhundert den Vorrang. Andere Orte, wie Cashel und Tara, konnten aufgrund ihrer religiösen Bedeutung einem zur irischen Reichsherrschaft strebenden Königtum Legitimität verleihen. So hat Feidlimid mac Crimthainn aus der bedeutenden Herrscherfamilie der Eóganachta als Abt der Klöster Cork und Clonfort 820 die Königswürde von Cashel übernommen; und knapp hundert Jahre später zog ein Angehöriger derselben Familie, Cormac mac Cuilennáin, als Bischof und König von Cashel in eine Schlacht mit den Wikingern (908).

Die mächtigsten Sippen der keltisch-irischen Zeit waren die Uí Néill und die Connachta, die zur Abstützung ihrer Ansprüche das Heiligtum von Tara zu erobern suchten. Im 10. Jahrhundert gelang es jedoch einer neuen Sippe, den Dál Cais, sich in den Besitz Cashels zu bringen und die Uí Néill zu verdrängen, zu denen auch die Eóganachta gehörten. Der Dál Cais Brian Bóruma von Munster konnte um die Wende zum 11. Jahrhundert sämtliche Königreiche der Insel wenigstens nominell von sich abhängig machen. Als Brian Bóruma 1005 Armagh (in Ulster) besuchte, wurde sein Name im „Book of Armagh" mit dem Titel eines ‚Herrschers der Iren' (*imperator Scottorum*) aufgezeichnet. Brian Bórumas „Hochkönigtum" hatte keinen Bestand, und nach seinem Tod (1014) gab es zwischen 1022 und 1072 keine unstrittigen Kandidaten für eine vergleichbare Stellung. In diesem „Interregnum" entwickelten jedoch weltliche und klösterliche Gelehrte die historische Fiktion eines uralten Hochkönigtums von Irland mit dem Zentrum in Tara, das bis zur Usurpation durch Brian Bóruma den Uí Néill zugestanden hätte. Der prominenteste Propagator der Uí Néill in diesem Sinne war Flann Mainistrech (gest. 1056), *fer léigind* oder Lektor von Monasterboice. Die Erfindungen der „synthetischen Historiker" (E. MacNeill) haben die großen Provinzkönige der Zeit zusätzlich motiviert, nach dem Hochkönigtum zu streben und das Land dabei mit Krieg zu überziehen. Zur Kennzeichnung ihrer ständig wechselnden Herrschaften sprachen die zeitgenössischen Geschichtsschreiber von ‚Königen von Irland mit Opposition'. Noch im 12. Jahrhundert haben nur wenige dieser Hochkönige Anerkennung für mehr als ein oder zwei Jahre erlangt. Das Hochkönigtum konnte sich auch niemals zu einer Monarchie im Sinne einer umfassenden Königsherrschaft fortbilden. Weder Brian Bóruma noch irgendein anderer Fürst hat die ganze Insel herrschaftlich durchdrungen. „They reigned but did not rule" (F. J. Byrne). Noch nicht einmal die Kleinreiche wurden beseitigt; allerdings entwickelten sich auch diese weiter zu lokalen oder regionalen Herrschaften. Das Stammesgebiet eines *rí* erhielt nun den territorialen Namen *trícha cét* ('dreißig Hundertschaften'), und Girald von Wales setzte diese Einheiten in Parallele zu den walisischen *cantref* ('hundert Gehöfte'). Ihrer reduzierten Bedeutung entsprechend erscheinen die ‚Könige' in lateinischen Quellen jetzt häufig als *comes* oder als *dux*. Politisch wichtiger waren die Überkönige, deren *mór-tuatha* im 12. Jahrhundert oft auch die Basen für die neu errichteten Diözesen abgeben konnten.

Bereits vor Ankunft der Anglonormannen begann sich die irische Gesellschaft zu feudalisieren; die Iren passten sich dabei dem Vorbild der Wikinger im Lande an oder öffneten sich dem Einfluss von Wales. Seit dem späten 11. Jahrhundert verfügten die Könige als *domini terrae* über Grund und Boden zugunsten von Kirchen und Klöstern. An die Stelle der von ihnen beherrschten Personengemeinschaft begann das Territorium zu treten; so bezeichnete sich Muirchertach Mac Lochlainn in einer Urkunde für die Zisterzienser von Newry 1157 als *rex totius Hiberniae*. Unter dem Einfluss der norwegischen Siedler wandelte sich auch das Kriegswesen. War das alte Irland noch durch den *cath*, einen rituellen Tageskrieg, gekennzeichnet gewesen, so wurden die Auseinandersetzungen um das Hochkönigtum im 12. Jahrhundert schon als Vernichtungskriege geführt, die auch die heiligen Stätten nicht schonten (*cocad*). Die Iren begannen, nach dem Vorbild der Wikinger Burgen und bewaffnete Flotten zu errichten, also eine dauernde militärische Streitmacht aufzubauen. Der König Toirrdelbach Ua Conchobair konnte so das feindliche Territorium von Ormond 1126/27 sechs Monate lang mit seinen Truppen besetzen; seine Flotten waren nicht nur flussgängig, sondern auch seetauglich. Die genaue Rechtsstellung der neuen Kriegerkaste lässt sich aus der Überlieferung nicht klar erkennen, doch scheint der Begriff *ólach*, ‚junger Mann, Krieger', im Laufe des 12. Jahrhunderts die Konnotation von ‚Vasall' angenommen zu haben. Die Freien des altirischen Rechts verloren jetzt auch ihren Status und glichen sich als *biatach* den Sklaven an, die in den irisch-norwegischen Häfen von Dublin und Waterford gehandelt wurden.

Erst der Enkel Brian Bórumas, Toirrdelbach ua Briain, und dessen Sohn Muirchertach Ua Briain haben zwischen 1072 und 1114 wieder ein Hochkönigtum ausgeübt, das allerdings auf Munster und Leinster einschließlich Dublins beschränkt war, den Norden der Insel also nicht erfassen konnte. Ihre Hauptstadt war Limerick, aus dem ihre Vorfahren 967 die norwegischen Könige vertrieben hatten. Von Limerick aus öffneten sie sich weit für kontinentale Einflüsse. Die Hafenstadt hatte Handelsbeziehungen mit Rouen, dem Zentralort des Herzogtums Normandie mit der größten Ansiedlung von Juden in Westeuropa. Von dort aus kam wahrscheinlich 1079 eine Delegation jüdischer Kaufleute zu Toirrdelbach. Am anderen Ende der Provinz Munster regierte in Waterford weiterhin das norwegische Königshaus von Ivar, das mit den früheren Königen von Dublin verwandt war. Nach Dublin (mindestens ab 1074) war Waterford die erste Stadt mit einem Bischof, der über einen klar abgegrenzten Sprengel im Sinne des römischen Kirchenrechts verfügte; Muirchertach hatte sich persönlich dafür eingesetzt (1096). Der dritte wikingische Stützpunkt Munsters in Cork war schwächer als Dublin und Waterford; der Abt von Cork konnte hingegen eine eigene militärische Streitmacht aufbieten. Die bemerkenswerte Offenheit der Herrscher von Munster nach außen wird auch daran deutlich, dass Muirchertach 1102 eine Heiratsverbindung mit Magnús Barfuß schloss, dem König von Norwegen, der seinen Vorrang in der Irischen See zu behaupten suchte, und eine entsprechende Allianz auch mit dem normannischen Baron Arnulf Montgomery in Wales einging. Muirchertach korrespondierte mit dem Erzbischof von Canterbury, der seinen Vater einst als ‚berühmtesten König von Irland' herausgestellt hatte, und mit dem Papst in Rom. Die Ua Briains waren tatsächlich die wichtigsten weltlichen Helfer der Kirchenreformer in Irland, während sich der Norden der Insel noch länger der Anpassung an die römischen Normen widersetzte.

Die Könige von Munster sowie die einflussreiche Familie der MacCarthys unterstützten sogar die letzte Ausbreitung des irischen Mönchtums auf dem Kontinent. Um 1070 hatte sich der Ire Marianus auf einer Wallfahrt nach Rom in Regensburg niedergelassen und hier an der Kirche Weih Sankt Peter eine Inklusengemeinschaft gebildet; diese Kommunität und das neuerrichtete „Schottenkloster" St. Jakob in Regensburg stellten die Salier Heinrich IV. beziehungsweise Heinrich V. unter ihren Schutz. Der Zuzug weiterer Iren führte zur Gründung neuer monastischer Niederlassungen von Erfurt (um 1136) bis Kelheim (1231), ja bis Kiev (2. Hälfte 12. Jh.). Papst (1185) und Konzil (1215) erkannten die Klöster als exklusiven irischen Verband von Benediktinern mit dem Regensburger Abt an der Spitze an; allem Anschein nach lag die Attraktivität der „Schotten" für ihre Umwelt in ihrer strengen Askese und in ihrer Gelehrsamkeit.

Die Reform der irischen Kirche selbst ging neben den Hochkönigen von Munster vor allem aber von Cellach aus, der in der achten Generation seiner Familie dem Kloster Armagh als Laienabt vorstand. Als der Bischof von Armagh 1106 starb, ließ sich Cellach zu dessen Nachfolger weihen. Auf der Synode von Ráith Bressail von 1111 plädierte er für die Errichtung zweier irischer Kirchenprovinzen mit Armagh selbst und Cashel als Erzsitzen; die vorgesehene Diözesangliederung dürfte freilich im Norden kaum zügig umgesetzt worden sein. Um die Vorrangstellung seines Clans und die anstößige Vererbung kirchlicher Ämter zu durchbrechen, designierte Cellach (gest. 1129) zu seinem Nachfolger Máel Máedoc (Malachias), der damals bereits Bischof von Connor war. 1139 ging Malachias im Auftrag des irischen Episkopats nach Rom, um die Anerkennung der neuen Kirchenorganisation und die Pallien für Armagh und Cashel zu erhalten; Innozenz II. ernannte ihn zu seinem Legaten und beauftragte Malachias mit der weiteren Reform der irischen Kirche. Dabei ging es zwar auch um die zeittypische Bekämpfung der Simonie und der Vermengung anderer kirchlicher und weltlicher Belange, vor allem aber um die Durchsetzung der römischen Organisationsformen auf allen Ebenen. Neben der Autorität des Bischofsamtes musste im 12. Jahrhundert, ähnlich wie in Wales, erst einmal eine Einteilung der Christenheit in Pfarrsprengel durchgesetzt werden, beides auf Kosten der mächtigen Äbte. Unterstützung fanden die Kirchenreformer durch die Erneuerung des alten columbanischen Mönchtums und die Einführung der neuen Orden. Das erste Augustinerkloster Irlands wurde 1126 gegründet, und die Reform von Savigny erreichte die Insel im Jahr darauf. Am wichtigsten wurden jedoch die Zisterzienser; auf seiner Romreise war Erzbischof Malachias Bernhard von Clairvaux begegnet und dabei von der strengen und einfachen Lebensführung des Reformordens so beeindruckt worden, dass er auf seinem Heimweg einige seiner Begleiter in Clairvaux als Novizen zurückließ. Diese Mönche bildeten dann den Kern des von Malachias errichteten ersten zisterziensischen Konvents von Mellifont (1142), dem noch fünf weitere Klöster dieses Ordens folgen sollten. Auch die Kanonikerreform von Arrouaise nahm sich Malachias für viele Stifte des Landes zum Vorbild. Der Erzbischof von Armagh führte auch die römische Liturgie in Irland ein. Er selbst konnte zwar das Pallium nicht erwerben, aber vier Jahre nach seinem Tod beschloss die Synode von Kells 1152 endgültig die Aufteilung des Landes in 36 Diözesen und vier Erzbistümer. Zu Armagh im Norden (Ulster) und Cashel im Süden (Munster) traten jetzt noch die Erzstühle von Dublin im Osten und Tuam im Westen (Connacht). Während England nur zwei Erzbischöfe hatte und sich weder Wales noch Schottland als eigene Kirchenprovinzen organisieren konnten, trug die Anzahl der irischen Metropolen der Provinzialstruktur der Insel Rechnung.

In einem wichtigen Punkt blieben die Reformbemühungen des 12. Jahrhunderts in Irland aber erfolglos, nämlich bei den Heiratsbräuchen. Irische Magnaten vermählten sich früh und mehrfach, und die Frage illegitimer Geburten war nicht klar geregelt. Vier Ehen im Leben waren üblich, zumal die Scheidung für beide Seiten keine Schwierigkeiten bereitete und Heiratsallianzen ein wichtiges Element im politischen Kräftespiel darstellten. Schon Lanfranc, der Erzbischof von Canterbury, schrieb 1074 an Toirrdelbach ua Briain wegen der sexuellen Freizügigkeit, die er als gravierendsten Fehler der Iren brandmarkte; und Muirchertach Ua Briain ließ auf der Synode von Cashel 1101 beschließen, dass kein Mann seine Nichte, Halbschwester, Stiefmutter oder andere nahe Verwandte heiraten sollte. Lanfranc war entsetzt, dass die Iren ihre Ehefrauen leichthin verstießen und sogar, wie man sagte, auf dem Markt tauschten. Weil alle Reformansätze aber scheiterten, galten die Iren weithin nur als ‚Christen dem Namen nach, der Wirklichkeit nach jedoch als Heiden'. Als Papst Alexander III. 1172 dem englischen König Heinrich II. formell das Recht bestätigte, die Oberherrschaft über Irland auszuüben, zitierte er aus Briefen des irischen Episkopats mit Klagen über Männer, die mit ihren Stiefmüttern Söhne zeugten oder mit ihren Schwägerinnen noch zu Lebzeiten ihrer Brüder Geschlechtsverkehr trieben; er führte an, dass mancher Mann zwei Schwestern als Konkubinen halte und eine Mutter verstoße, um die Tochter zur Geliebten zu machen. Die Sippenstruktur des „ersten irischen Mittelalters“ (bis 1171) blieb im „zweiten“ weitgehend intakt. So soll noch Philip Maguire, der Herr von Fermanagh (gest. 1395) von acht Frauen zwanzig Söhne und mindestens fünfzig Enkel gehabt haben, und Ähnliches wird Turlough O'Donnell von Tír Conaill nachgesagt (gest. 1423). Alle Söhne blieben erbfähig, so dass auch die Familienherrschaft der irischen Könige bis ins späte Mittelalter überdauerte. Selbst die Vererbung der hohen Kirchenämter konnte nicht vollständig unterbunden werden; das Bistum Derry wurde zum Beispiel noch zwischen 1185 und 1293 in der Familie O Cerbhalláin weitergegeben.

Nach dem Tod König Muirchertachs von Munster 1119 setzte sich Toirrdelbach Ua Conchobair von Connacht (1106–1156) als neuer Hochkönig durch, ohne allerdings ganz Irland unter seine Gewalt zu bringen. Beim Kampf um seine Nachfolge konnte sein Sohn Ruaidrí den König Diarmait Mac Murchada 1166 aus dessen Reich Leinster vertreiben. Diarmait suchte nun bei König Heinrich II. Plantagenêt Hilfe, er war also bereit, den Kampf um die irische Hegemonie mit einer äußeren Macht zu entscheiden. Was dann seit 1169 folgte, war die allmähliche Durchdringung von Irland mit fremden Herrschaften, die vereinfacht als anglonormannisch zusammengefasst werden. Wie die Vorgänge im Einzelnen zu bewerten sind, ist in der Geschichtswissenschaft umstritten und weithin davon abhängig, ob man die irische oder englische Perspektive einnimmt. Während der deutsche Mediävist Michael Richter noch 1996 konstatiert hat, dass das Jahr 1169 „für die irische Öffentlichkeit (…) als Schicksalsjahr der Nation [gilt], ‚als die Normannen kamen'“, wird in der repräsentativen neuen Geschichte Irlands unter Auspizien der „Royal Irish Academy“ (1993) darauf hingewiesen, dass das Jubiläum des „Anglo-Norman advent in Ireland in 1969“ offiziell kaum Aufmerksamkeit gefunden habe (F. X. Martin). Die Anglonormannen hätten sich weder eine „Invasion“ noch eine „Eroberung“ Irlands zuschulden kommen lassen, sondern seien hierhin eingeladen worden. Auch die Übertragung der Oberherrschaft in Irland durch den – englischen – Papst Hadrian IV. an den jungen Heinrich II. 1156/57 durch die Bulle „Laudabiliter“ sei nicht als Rechtstitel zur Eroberung im Namen des päpstlichen Lehnsherrn verwendet worden. Unbestreitbar ist allerdings, dass die Anglonormannen und die anderen Männer ‚von Übersee' niemals die gesamte Insel besetzt haben; vielmehr wurde – ähnlich wie in Wales zuvor – nur ein Teil Irlands erfasst, vor allem der Osten und der Süden. So hat im 12. und 13. Jahrhundert jedenfalls die Teilung Irlands in zwei Kulturen begonnen.

Diarmait Mac Murchada hatte von Heinrich II. die Erlaubnis erwirkt, überall im Herrschaftsgebiet des Plantagenêt Hilfstruppen anzuwerben; dies gelang ihm jedoch zunächst nur in Wales und beim Earl of Pembroke, Richard Fitz Gilbert, der nach seiner Kunst des Bogenschießens „Strongbow" genannt wurde. 1167 konnte Diarmait mit einem kleinen Söldnerheer aus Walisern und Flamen nach Wexford übersetzen, dem 1169 weitere Waliser folgten, doch blieb der Hochkönig Ruaidrí erfolgreich, bis Strongbow selbst nach Irland kam (1170). Strongbow hatte auch die Tochter Diarmaits geheiratet und konnte bei dessen Tod 1171 die Nachfolge als König von Leinster antreten; obwohl das den Bruch mit dem traditionellen irischen Sukzessionsrecht aufgrund der Blutsverwandtschaft bedeutete, konnte sich Strongbow durchsetzen. Ruaidrí Ua Conchobair scheiterte im selben Jahr bei dem Versuch, Dublin einzunehmen, und stärkte so die Stellung seines Gegners. Nun erkannte auch Heinrich II. die Gefahr, dass der Waliser als neuer König von Leinster in Irland auf eigene Rechnung eroberte und Politik machte, und entschloss sich selbst zu einer Expedition auf die Nachbarinsel (1171). Bis auf Connacht und Ulster konnte Heinrich ganz Irland unter seine Gewalt bringen, die einheimischen Herren zu seinen Lehnsleuten machen, erobertes Land an seine Vasallen und Gefolgsleute ausgeben und seine Oberhoheit über die irische Kirche herstellen. 1175 unterwarf sich ihm als Lehnsherrn auch Ruaidrí, nachdem ihm Heinrich die Oberherrschaft über die bisher nicht eroberten Gebiete zugesprochen hatte. Zwei Jahre später ernannte Heinrich II. seinen in der Erbfolge bisher nicht berücksichtigten Sohn Johann zum Herrn über Irland (*Dominus Hiberniae*). 1185 bat der König sogar den Papst, Irland als eigenes Königreich anzuerkennen; tatsächlich stimmte Urban III. im Januar 1187 zu und übersandte zur Designation Johanns eine Krone mit Pfauenfedern. Heinrich II. musste aber seine Pläne ändern, da mit Gottfried inzwischen der zweite seiner Söhne gestorben war und er sein angevinisches Reich nunmehr unter Richard Löwenherz und Johann aufteilte. Johann blieb freilich Herr von Irland; der dynastische Zufall, dass er als letzter überlebender Sohn seines Vaters 1199 das Gesamtreich erbte, hat die politische Verbindung von England und Irland weiter stabilisiert.

Die Herrschaft Heinrichs II. und Johanns in Irland wurde von den verbliebenen keltischen Fürsten im allgemeinen respektiert; als Johann 1210 mit einem großen Heeresaufgebot nach Irland gezogen war, sollen sich ihm in Dublin mehr als 20 irische Herren unterworfen haben. Lediglich im Norden konnten sich einige irische Siedlungsinseln der fremden Herrschaft entziehen. Man hat deshalb gesagt, dass Johann der erfolgreichste Hochkönig von Irland gewesen sei, den es je gab (W. L. WARREN). Das eigentliche Problem stellten mithin die anglonormannischen Barone dar, zumal der König nicht selbst in Irland residierte. Um Strongbow zu neutralisieren, hatte schon Heinrich seinen Vertrauten Hugo de Lacy mit seiner Statthalterschaft in Irland und der Verwaltung von Dublin ausgestattet, ihm dazu aber das Land von Meath zu Lehen gegeben. De Lacy, der seit 1177 auch den Titel *procurator* führte, erwies sich beim Burgenbau in Meath und Leinster als äußerst tatkräftig, wodurch er natürlich auch seine eigene Herrschaft festigte; die Annalen von Loch Cé berichten, unter ihm sei das Land ‚vom Shannon bis zum Meer voll von Burgen und Fremden' gewesen. Bei seinem ersten Zug nach Irland vermochte sich der junge Johann 1185 gegen De Lacy gar nicht durchzusetzen. ‚Als der Sohn des Sachsenkönigs kam', heißt es in der zeitgenössischen Überlieferung, ‚war es Hugo de Lacy, der König von Irland war'. Zum Glück für die Anjou fiel De Lacy schon im Jahr darauf einem Mordanschlag zum Opfer. Ähnlich ambivalent für die Königsherrschaft wie er wirkten aber auch andere walisische oder normannische Magnaten in Irland (De Braose, De Courcy, William Marshal). Ein anderer Ansatzpunkt für die Kontrolle des Landes bot die Kirchenherrschaft; 1181 gelang es Heinrich II. zum ersten Mal, einen Engländer als Erzbischof von Dublin durchzusetzen.

Wie in England selbst, suchten die Anglonormannen auch in Irland die Zentral- und Regionalverwaltung zu vereinheitlichen und ein gemeinsames Recht durchzusetzen. Die Einteilung des Landes in Shires begann im späten 12. Jahrhundert in Dublin und breitete sich dann mit der politischen Durchdringung des Landes weiter aus (Cork und Waterford 1208, Munster 1211, Louth und Kerry vor 1233 kurz darauf auch Limerick und Tipperary, Connacht vor 1247, später Roscommon, Kildare, Meath und Carlow). An der Spitze des Gerichtswesens stand Mitte des 13. Jahrhunderts der Justitiar; ihm halfen Reiserichter (*general eyres*), während in den Shires und *liberties* lokale Richter amtierten. Grundlage der Rechtsprechung war das Common Law von England, das im einzelnen den irischen Gewohnheiten angepasst wurde; vermutlich nach dem Zug König Johanns nach Irland 1210 wurde ein Register von originalen Writs den irischen Gerichtshöfen zur Verfügung gestellt. Die Zentralverwaltung wurde in der Königsburg von Dublin konzentriert, die Johann seit 1204 durch seinen Justitiar erbauen ließ; hier wurde vor allem die Schatzkammer untergebracht. Schon vor Johanns Herrschaft war in Irland ein Exchequer eingerichtet worden, der die Einkünfte von den königlichen Domänen, den Städten und den großen Grundherrschaften bezog. Von 1211/1212 datiert die erste – und einzig erhaltene – irische Pipe Roll. Die Einkünfte der königlichen Kammer waren so reichhaltig, dass Johann mit ihnen teilweise seine Kriege in Wales und Frankreich finanzieren konnte. Der König hatte sich auch das Münzrecht gesichert; den Iren gestattete er 1207 eine erste eigene Münzprägung, die bereits (wie noch heute im Euro) die Harfe als Symbol verwandte. Eine königliche Kanzlei ist in Irland erst 1232 belegt. Auch die Städte und den Handel verstanden die Herren von Übersee sich nützlich zu machen. Schon 1172 privilegierte Heinrich II. Dublin mit besonderen städtischen Freiheiten, andere Urkunden dieser Art folgten (Waterford, Limerick, Cork, Dungarvan, Drogheda). Die meisten Städte wurden dabei der Krone direkt unterstellt.

Das größte Handicap für die englische Herrschaft war die Abwesenheit des Königs; nach Johann (1210) kam fast zwei Jahrhunderte hindurch keiner seiner Nachfolger ins Land. Was die unkontrollierte Ausweitung adliger Macht für die Iren bedeutete, zeigte sich besonders nach Johanns Tod (1216) und während Heinrichs III. Unmündigkeit. Schon in der Spätzeit des letzten Königs hatten William Marshal, Geoffrey de Marisco und der noch von Johann eingesetzte Erzbischof Heinrich von London (1213–1228) eine neue, aggressive Siedlungspolitik eingeleitet, die die keltischen Iren als Bedrohung empfanden. Auf der gleichen Linie lagen Maßnahmen, die der Erzbischof aus London in Dublin ergriff. Da er sich das Domkapitel von Christ Church, das aus Augustinerchorherren bestand, nicht botmäßig machen konnte, bestimmte er die neuerbaute St. Patricks-Kirche kurzerhand zur zweiten Kathedrale, an der sich Säkularkanoniker seinem Willen fügten. Nach dem Tod König Johanns suchten William Marshal und seine Freunde die Iren sogar von jedem höheren Kirchenamt auszuschließen. Heinrich von London, nun auch päpstlicher Legat, sorgte dafür, dass nicht nur in seinem Erzbistum, sondern auch in Cashel und Armagh Anglonormannen auf vakante Bischofsstühle nachrückten. Papst Honorius III. war entsetzt, als ihn Erzbischof Donnchad Ó Lonngargáin von Cashel bei einer persönlichen Intervention über diese Machenschaften informierte (1220). Er enthob Heinrich des Legatenamtes und nahm dessen Nachfolger, den päpstlichen Kaplan Magister Jakob, in einem strengen Brief in die Pflicht: ‚Es ist uns bekannt geworden, dass gewisse Engländer mit unerhörter Anmaßung beschlossen haben, dass kein irischer Kleriker, gleich welcher Bildung oder Reputation, zu irgendeiner kirchlichen Würde zugelassen werden soll. Wir sind nicht gewillt, einen solchen unverfrorenen und bösen Missbrauch mit Schweigen zu übergehen, und befehlen dir deshalb durch die Autorität dieses Schreibens, den Beschluss für null und nichtig zu erklären und den genannten Engländern zu untersagen, ihn zu bekräftigen oder irgendetwas gleicher Art in Zukunft zu versuchen. Du sollst ferner bekannt machen, dass irische Kleriker, deren Verdienste durch ihre Lebensführung und durch ihr Studium erwiesen sind, frei zu kirchlichen Dignitäten zugelassen werden, vorausgesetzt, sie sind in kanonischer Weise für diese Stellen gewählt worden.' Wie die Gascogne hätte Irland eine königsnahe Regierung verlangt, um die Kontrolle über fürstengleiche Barone und zunehmend unzufriedene keltische Herren zu gewährleisten; doch anders als um die südfranzösische Exklave fürchteten die englischen Könige nur wenig um den Bestand ihrer Herrschaft in der Nachbarinsel. Dieser dilatorische Stil steigerte sich noch, als Heinrich III. seinem Sohn Eduard 1254 Irland als Apanage anwies, so dass die englische Herrschaft bald darauf in die Krise geriet.

Im Unterschied zu Wales und Irland ist Schottland zwar niemals der Oberhoheit oder gar der Herrschaft von Römern oder Angelsachsen, Wikingern oder Anglonormannen unterworfen worden; die hier siedelnden Kelten öffneten sich jedoch in Auseinandersetzung mit den benachbarten Mächten wiederholt anderen Kulturen, so dass sie sich in moderater Anpassung an ihre Umgebung wandelten und den Konnex mit der übrigen europäischen Welt wahrten. Zunächst war es dabei um die Symbiose und Durchmischung verschiedener keltischer Traditionen selbst gegangen, dann um das Verhältnis zu skandinavischen Sonderherrschaften im Norden und Westen, bevor sich beim Übergang zum hohen Mittelalter das Königtum entschlossen an den Errungenschaften der englischen Modernisierung von Staatlichkeit und Kirche orientierte. Mit diesen Prozessen verlagerte sich der politische und kulturelle Schwerpunkt Schottlands vom Norden (Moray) und Westen (Argyll) nach dem „Lothian-Tweed triangle“ am Firth of Forth (G. W. S. Barrow); allerdings wirkten die älteren Einflüsse aus Irland noch weit über die Jahrtausendwende hinaus nach.

Zur Römerzeit war Britannien nördlich der späteren Ansiedlungen Glasgow und Edinburgh von Pikten bewohnt; diese p-keltisch sprechende Bevölkerung regierte zwischen 554 und 584 der erste bekannte König, Bruide mac Maelchon, der in der Umgebung von Inverness über eine befestigte Residenz verfügte. Schon im Jahrhundert zuvor hatten Kelten aus Irland, die Dál Riada, begonnen, nach Schottland zu ziehen und sich hier an der Westküste in Kintyre und Argyll anzusiedeln. Diese q-keltisch oder gälisch sprechenden Menschen wurden in Latein *Scoti* genannt und gaben Land und Leuten ihrer neuen Heimat den bis heute gebräuchlichen Namen; in Bruides Zeit drangen sie nach Osten vor und verbreiteten dabei das Christentum. In ihrem Gefolge kam auch der Mönch Columba (Colum Cille) 563/65 mit einem Dutzend Gefährten nach Schottland, der von der irischen Königssippe der Uí Néill abstammte. Columba errichtete, vielleicht mit Unterstützung des noch heidnischen Königs Bruide, mehrere Kirchen und Klöster, darunter auf den Hebriden das wirkmächtige Iona; vermutlich geht auf ihn die Bekehrung der Pikten zum Christentum zurück. Um 574 weihte er den König der Dál Riada, Áedán mac Gabrain, zum König – die erste, aber nicht traditionsbildende derartige Herrschereinsetzung bei den Iren (und Schotten). Beide keltische Volksgruppen konnten erst in der Mitte des 9. Jahrhunderts durch den König der Dál Riada, Kenneth I. Mac Alpin (843–858), vereint werden; seine Nachfolger trugen noch bis etwa 900 den Titel ‚König der Pikten‘, obgleich die Dynastie von den Königen der Schotten (Iren) gestellt wurde. Bis 1034 reichte die männliche Linie Kenneth Mac Alpins im Königtum.

Unter den beiden keltischen Wurzeln des schottischen Königtums hat anscheinend die gälische die lebenskräftigeren Triebe hervorgebracht. So wurde zwar traditionell bei

Scone in der Nähe von Perth, also auf piktischem Gebiet, die Thronsetzung des neuen Herrschers auf dem ‚Schicksalsstein' (*Lia-fáil*) vollzogen, die aber in Irland Parallelen hat und deshalb wohl seit dem 6. Jahrhundert von dort übernommen worden war. Die physische Berührung des neuen Königs mit der Erde wird als symbolische Vermählung mit dem Stammesboden und der ihm innewohnenden Gottheit verstanden. Zwar soll der äußerst fromme König David I. (1124–1153) versucht haben, sich dieser offenkundig heidnischen Zeremonie zu entziehen, vielleicht, weil sie auch mit Tieropfern verbunden war (so R. Frame); doch soll David geradezu durch die schottischen Bischöfe bedrängt worden sein, diesen Traditionsbruch nicht zu begehen. Tatsächlich wurde die Sitte bis 1424 beibehalten. Das Gewicht der gälischen Überlieferung wird wiederum deutlich beim Bericht über die Einsetzung des jungen Königs Alexander III. 1249; damals soll ein Geschichtskundiger aus dem Hochland vor dem Thron niedergekniet sein und in eben dieser keltischen Sprache die gesamte Abstammung Alexanders genealogisch bis hin zu Scota, der angeblichen Tochter des ägyptischen Pharao, und ihrem Gemahl Gathelus vorgetragen haben. Auch die Namen der älteren schottischen Könige verraten eine besondere Orientierung an den Iren (z. B. Kenneth; Malcolm, d. h. Mael-choluim, ‚Verehrer Columbans'). In der Nachfolgeregelung galt nicht der piktische Brauch der weiblichen Linie, der die Königssöhne stets ausgeschlossen hatte, sondern die aus Irland bekannte Gewohnheit, erwachsenen Männern gegenüber den (unmündigen) Königssöhnen den Vorzug zu geben. Auch die Grablegepraxis akzentuiert die irische Verwurzelung des Königtums. Von Kenneth I. Mac Alpin (gest. 858) bis Donald III. Bán (gest. 1097) wurden die Herrscher in Iona, also dem Kloster des heiligen Columba, beigesetzt. Namengebung, Sukzessionsordnung und Grabwahl sollten sich unter englischem beziehungsweise anglonormannischem Einfluss ändern, doch betonten die schottischen Könige auf Dauer die archaischen personalen und gentilen Eigenschaften ihrer Monarchie. Auf seinen Siegeln nannte sich der schottische Herrscher *Deo rectore Rex Scottorum*, während der englische seit 1199 den Titel *Dei gratia Rex Anglie et Dominus Hibernie* trug. Alexander III. erklärte 1278, ‚König der Schotten' genüge ihm und den übrigen schottischen Königen, ob sie es nun tatsächlich mit *Scotia* im engeren Sinne zu tun hätten, also dem Land nördlich von Clyde und Forth, oder auch mit *Cumbria* (südlich des Clyde), mit Lothian im Südosten, mit dem englischen Northumbrien oder mit der den schottischen Königen englischerseits überlassenen ‚Herrschaft von Huntingdon' (im Cambridgeshire).

Der Konzentration der hochmittelalterlichen schottischen Königsherrschaft auf die Lowlands im Osten entsprach die Königsferne der nördlichen und westlichen Highlands mit den vorgelagerten Inseln, die zum Rückzugsgebiet für Flüchtlinge und Rebellen werden konnten. Vor allem aber hatten sich hier seit den Wikingereinfällen des 8./9. Jahrhunderts eigene Herrschaften etabliert, die im Westen auch gälische Traditionen konservierten. Im 12. Jahrhundert kam es sogar zu einer Neubelebung der gälischen Kultur und zu einer Intensivierung der alten Verbindungen mit Irland, nicht zuletzt ausgelöst durch das Vordringen der Anglonormannen auf der „grünen Insel" selbst. Den schottischen Königen bis hin zu Alexander II. (1214–1249) und Alexander III. (1249–1286) gelang aber „the Winning of the West" und damit die Vereinigung ihrer Herrschaftszentren mit einem hochbedeutsamen Mutterboden schottischer Identität; begünstigt wurde ihr Zugriff durch eine temporäre Schwäche der norwegischen Königsgewalt.

Es waren vor allem Wikinger aus Norwegen gewesen, die die Hebriden bis etwa zum Jahr 900 besiedelt hatten, besonders die Inseln Lewis und Skye. Sie hatten hier Fürstentümer errichtet, deren Herren in Anlehnung an den irischen Brauch „Könige" genannt wurden. Zu verschiedenen Zeiten oder aber gleichzeitig gab es Könige von (der Insel) Man, der nördlichen Hebriden (Skye und Lewis), der südlichen Hebriden oder einfach ‚Könige der Inseln'. Sogar in Galloway auf dem „Festland", wo norwegische und hebridische Freibeuter das ‚fremde gälische Land' (*Gallghaidhil*) überrannt und eine eigene Führungsschicht ausgebildet hatten, waren solche „Könige" anerkannt. Die norwegischen Herrscher respektierten diese Fürsten durchaus, und für die Iren bildeten die ‚Inseln der Fremden' (*Innsegall*) ein eigenes Königreich oder ein Netzwerk von Königreichen irischen Typs. Noch 1098 sollen die Könige Magnús Barfuß von Norwegen und Edgar von Schottland einen Vertrag geschlossen haben, der die norwegische Oberhoheit über Man und alle schottischen Inseln westlich von Kintyre und von da bis Lewis im Norden festschrieb. Die so genannten *Western Isles*, die die Norweger selbst *Sudreyiar*, also ‚südliche Inseln' nannten, verselbständigten sich jedoch zunehmend, als im 12. Jahrhundert Norwegen durch innere Auseinandersetzungen und den Aufstieg Sverrir Sigurdarssons von den Färöer Inseln erschüttert wurde. Jetzt entstanden vor allem zwei Teilherrschaften: Über Lewis, Harris und Skye im Norden sowie Man im Süden herrschte eine norwegische Dynastie, während die iroschottische Familie des Fürsten von Argyll, des Somerled MacGillebhrigte (gest. 1164), die Herrschaft über die Inseln Uist, Barra und Rum im Norden bis Islay im Süden sowie über die Halbinsel Kintyre und den Festlandsdistrikt von Lorn beanspruchte. Somerled führte sich auf ein altes königliches Haus Nordirlands zurück und galt als Vasall des norwegischen beziehungsweise des schottischen Königs, je nachdem, ob die Verfügung über die Inseln oder Festlandsbesitz betroffen war. David I. von Schottland (1124–1153) sah sich freilich selbst als Herr über die königlichen Domänen in Argyll und Kintyre, und sein Großsohn Malcolm IV. (1153–1165) zwang Somerled 1160 zu einem Friedensschluss. Als dieser 1164 trotzdem in feindlicher Absicht den Firth of Clyde gegen das schottische Kernland entlang zog, wurde er getötet. Auch wenn sich seine Söhne und Enkel erneut ‚König' oder gar ‚König der Inseln' nannten, begründeten sie die *Lordship of the Isles* (bezeugt seit 1266), die als Teil des Königreiches bis 1493 Bestand haben sollte.

Wilhelm I. „der Löwe" von Schottland (1165–1214) war in heftige Auseinandersetzungen mit England verstrickt und zeigte am Westen wenig Interesse; doch brachten die beiden Könige Alexander, sein Sohn und sein Enkel, hier die Reichseinigung zum Abschluss. Die norwegische Dynastie von Man hatte unter Godfrey Crovan 1156/58 bereits eine entscheidende Niederlage erlitten, doch suchte der norwegische König seine Interessen weiterhin zu wahren. Überdies war die Fürstenfamilie durch Heiraten mit irischen und angloirischen Adligen und vor allem mit der herrschenden Familie von Galloway verbunden, die ihrerseits die englische Ansiedlung in Ulster unterstützte. Alexander II. gelang es zunächst, diese auch außenpolitisch gefährliche Konstellation aufzubrechen und in Galloway einen Earl seines Vertrauens zu installieren. Nachdem das wieder erstarkte norwegische Königtum unter Håkon IV. Håkonarson (gest. 1263) der schottischen Expansion zur See und auf dem Lande heftigen Widerstand entgegengesetzt hatte, entschloss sich sein Nachfolger Magnús zum Frieden. Im Vertrag von Perth verkaufte er den Schotten für eine Einmalzahlung von 4000 Mark und einen ewigen Jahrestribut von 100 Mark alle seine Ansprüche auf die westlichen Inseln, nahm aber die Orkneys und Shetlands ausdrücklich aus. Die Einwohner mussten Lehnsleute der schottischen Krone werden und Recht und Gebräuche Schottlands akzeptieren. Die neuerworbenen Gebiete wurden nun zwar vom Osten her feudalisiert und öffneten sich der englischen Sprache; „but equally Scotland received a powerful fresh instalment of Gaelic influence" (G. W. S. Barrow).

Ebenso wie der Westen war der schottische Norden mit den Provinzen Moray, Ross, Sutherland und Caithness dem Königtum jahrhundertelang kaum zugänglich. In Moray beispielsweise herrschte eine Sippe, deren Angehörigen in schottischen Quellen der Titel *mormaer* (,königlicher Beamter'), in irischen aber treffender ,König' beigelegt wird; einer dieser Fürsten, der durch Shakespeare zum tragischen Helden gemachte MacBeth (1032–1057), wurde zeitweise sogar selbst König der Schotten (ab 1042). Malcolm III., der Sohn König Duncans I. und Abkömmling Kenneth Mac Alpins, hat ihn erschlagen und ersetzt (1058–1093). Im darauffolgenden Jahrhundert gelang es der Canmore-Dynastie, Malcolms Nachfahren, die regionalen Konkurrenten in Ross und Moray auszuschalten und zum Teil durch neuangesiedelte Lehnsleute zu verdrängen (z.B. durch eine Familie flämischer Herkunft, die sich *de Moravia*, später *Murray* nannte). Mit der Befriedung von Ross und Moray geriet die Krone aber in direkten Kontakt mit Caithness im äußersten Nordosten, wo noch König David I. kaum mehr als einen Anspruch auf Oberhoheit hatte erheben können; sein Enkel Wilhelm der Löwe drang hierher auch persönlich in Kriegszügen vor.

Caithness gehörte freilich traditionell auch zum Interessengebiet, ja zur Herrschaft der Jarle von den Orkney-Inseln; hier überschnitten sich jahrhundertelang skandinavische und schottische Einflüsse, bis erst um die Wende zum 13. Jahrhundert klarere Verhältnisse geschaffen wurden. Zusammen mit den noch weiter im Norden gelegenen Shetland-Inseln waren die Orkneys ursprünglich von Pikten besiedelt, dann aber im früheren 9. Jahrhundert einer offenbar recht massiven Invasion der norwegischen Wikinger ausgesetzt gewesen. Im Unterschied zu den Hebriden entstand auf den Northern Islands aber kein „Königtum", sondern ein Jarltum (englisch *Earldom*), das nominell dem norwegischen Königtum untergeordnet war. Die Shetlands scheinen keine eigenen Fürsten hervorgebracht zu haben; andererseits regierten häufig mehrere Jarle der Orkneys nebeneinander, manchmal friedlich, oft im dynastischen Streit. Einer von ihnen, der einem Machtkampf zum Opfer fiel, wurde in Analogie zu den skandinavischen „Königsheiligen" selbst als Märtyrer verehrt (Magnús, gest. um 1114); wie in Norwegen oder Schweden erfüllte sein Heiligengrab auch die Funktion, die Ansprüche einer bestimmten Familie auf Herrschaft zu stützen und Identität für das Volk zu stiften.

Der Höhepunkt des halbautonomen Jarltums hatte in den Tagen Sigurds ,des Starken' (etwa 980–1014) und besonders seines Sohnes Thorfinns ,des Mächtigen' (1014 bis etwa 1065) gelegen. Zu ihren Vorfahren zählte neben führenden norwegischen Großen auch ein Earl von Caithness, so dass sie dem *derbfine*, dem führenden keltischen Verwandtenkreis, einbezogen waren. Sigurd selbst war mit einer Tochter des schottischen Königs Malcolm (II.?) vermählt. Bis weit ins 12. Jahrhundert hinein erhoben die Jarle dann auch Ansprüche auf Caithness; nach der *Orkneyinga saga*, die allerdings erst aus dem 13. Jahrhundert stammt, soll Thorfinn sogar zeitweise den größeren Teil Schottlands beherrscht haben. Sicher ist, dass Thorfinn die mindestens seit dem späten 10. Jahrhundert christianisierten Bewohner der Inseln der westlichen Kirchenorganisation integriert hat. Auf einer Reise nach Rom, auf der er auch König Sven von Dänemark und Kaiser Heinrich III. traf, ließ er sich durch den Papst (Leo IX.?) von seinen Sünden absolvieren. *Iussu papae* setzte er danach auf den Orkney-Inseln einen Bischof ein und errichtete eine erste Kathedrale in Birsay. Dabei hatte er sich auch mit konkurrierenden Ansprüchen der Erzbischöfe von York und Hamburg-Bremen auf die Metropolitangewalt auseinander zu setzen; der von Thorfinn protegierte Bischof Turolf und seine ersten beiden Nachfolger wurden von dem Bremer Oberhirten geweiht. Zumal die Bischöfe von Orkney auch nach Caithness übergriffen, suchten ihnen die schottischen Könige eigene Oberhirten in dieser Provinz entgegenzusetzen. Die Wende in der mittelalterlichen Geschichte der Orkney-Inseln brachte die lange Regierung des Jarls Harald Maddadsson (1138–1206), der zwischen den sich mächtig entfaltenden Königtümern Norwegens (Sverrir Sigurdarsson, 1184–1202) und Schottlands (Wilhelm der Löwe) zerrieben zu werden drohte. Erschwerend trat hinzu, dass sich Harald gegen konkurrierende Earls behaupten musste. Der misslungene Versuch, mit Kriegern von den Shetlands und Orkneys einen Adelsaufstand gegen König Sverrir in Norwegen zu unterstützen, gab diesem Gelegenheit, das Jarltum in eine vorher unbekannte Abhängigkeit zu bringen (1194). Dazu diente die Abtrennung der Shetland-Inseln, die nun unter direkte königliche Verwaltung gestellt wurden und fortan auf Dauer eine andere Geschichte haben sollten als die Orkneys. Von den Orkney-Inseln selbst war die Hälfte der „staatlichen" Einkünfte künftig an Norwegen abzuführen, und ein *Sysselman* (königlicher Beamter) hatte hier die konfiszierten Güter zu verwalten und die Interessen der Krone zu wahren. Harald wurde zwar ins Jarltum wieder eingesetzt, musste jedoch seinen Treueid wiederholen, den er schon 1151 als Lehnsmann König Eysteinns abgelegt hatte. Kurz darauf war er auch gezwungen, sich Wilhelm von Schottland zu unterwerfen. Nach Überwindung einer gefährlichen Rebellion in Moray und Ross konnte Wilhelm der Löwe 1196 den Fluss Oykel überschreiten, ‚seinem Willen beide Provinzen der Leute von Caithness beugen' und die an der äußersten Nordküste gelegene Festung Ormlie bei Thůrso zerstören. Auch dem König Wilhelm musste sich Harald auf Gedeih und Verderb anheim geben, er durfte aber zunächst die Hälfte von Caithness behalten. Die Provinz war weiterhin zwischen Harald und seinen Nachfolgern beziehungsweise den schottischen Königen umstritten, die sich wie früher besonders auf die dortigen Bischöfe zu stützen suchten. Als Bischof Adam von Caithness, ein Zisterzienser von Melrose, nach dem Besuch des Vierten Laterankonzils versuchte, den Kirchenzehnt zu verdoppeln, wurde er von aufgebrachten Bauern in seiner Residenz dem Feuertod ausgeliefert (1222). Jarl Johann, ein Sohn Haralds (1206–1230), war dem bedrohten Bischof nicht zu Hilfe gekommen. Als der schottische König Alexander II. von dem Mord hörte – ausgerechnet auf der Pilgerschaft zum Grab eines anderen bischöflichen Märtyrers, Thomas Beckets in Canterbury –, hielt er ein furchtbares Strafgericht ab. Nach schottischer Überlieferung ließ er 80 Männern Hände und Füße abschlagen, nach irischen Annalen tötete er die Männer von Caithness, entmannte ihre Söhne und schickte ihre Ehefrauen in die Verbannung. Papst Honorius III. lobte ihn dafür als ‚Verteidiger der Sache Gottes'; Jarl Johann hatte aber erneut die Hälfte von Caithness aufzugeben. Unter seinen Nachfolgern, von denen freilich kaum etwas bekannt ist, dürfte die schottische Dominanz über Caithness weiter ausgebaut worden sein. Die Orkney-(und Shetland-)Inseln selbst fielen aber erst 1469 vom dänisch-norwegischen Königtum an die schottische Krone.

Das Leitmotiv der schottischen Geschichte im Hochmittelalter war trotz der Auseinandersetzung des Königtums mit fortdauernden und revitalisierten gälischen und skandinavischen Einflüssen und Sonderungen im Westen und Norden die Öffnung nach dem Süden, die Anpassung also an die politischen, kirchlichen und kulturellen Errungenschaften Englands seit der anglonormannischen Eroberung. Dies geschah ohne politische Unterwerfung durch den mächtigen Nachbarn, auch wenn bereits Wilhelm I. 1072 Malcolm III. zu seinem Vasallen machte und hundert Jahre später Heinrich II. Wilhelm den Löwen dazu zwingen konnte, ihm ‚für Schottland und alle seine anderen Länder' zu huldigen (Vertrag von Falaise 1174). Entscheidend für die Orientierung am anglonormannischen/angevinischen Vorbild war das schottische Königtum selber; nach dem Tod Malcolms II. war es zum ersten Mal in weiblicher Linie weitergegeben worden und an Malcolms Enkel Duncan

(1034–1040) gelangt, von dem alle Könige der Epoche abstammen sollten. Duncans Sohn Malcolm III. vermählte sich in zweiter Ehe mit Margarete, die aus dem westsächsischen Königshaus stammte, aber als Verbannte in Ungarn aufgewachsen war und nach ihrer Heimkehr vor den normannischen Invasoren nach Schottland hatte fliehen müssen. Es waren Margarete, die später als Heilige verehrt wurde, und ihre drei zum Königtum gelangten Söhne, besonders David I., die die Erneuerung Schottlands einleiteten und weithin auch ins Werk setzten; der Gatte Margaretes, Malcolm III., gilt hingegen noch als Repräsentant einer archaischen Königsherrschaft.

Symptomatisch ist schon die Namengebung, mit der Margarete gegenüber den altschottischen Bräuchen und auch in Opposition zu den Anglonormannen dem Königshaus ein neues Gesicht gab; aus dem Repertoire ihrer westsächsischen Herrscherfamilie schöpfend nannte sie eine ihrer Töchter Edith (die später in Maud/Mathilde umbenannt wurde) und gab den vier ältesten Söhnen die Namen Eduard, Edmund, Ethelred und Edgar. Die beiden jüngsten, Alexander (I.) und David (I.), waren wohl nach dem zeitgenössischen Papst Alexander II. und nach David, dem Bruder des ungarischen Königs Salomon, benannt. Persönlich verdient machte sich die Königin um erste Ansätze zur Kirchenreform; Margarete war entsetzt über die religiöse Rückständigkeit ihrer neuen Heimat, die in vielem den Verhältnissen bei den anderen keltischen Völkern in Wales und Irland ähnelte. Auch in Schottland konnte man nämlich Anstoß nehmen an der Ehe-Ethik und der Polygamie, am seltenen Empfang des Buß- und des Altarsakramentes oder der Nichtbeachtung der vier Fastenzeiten, ferner den Irregularitäten der Kleriker- und Bischofsbestellung, der Priesterehe, der Vererbung kirchlicher Benefizien usw. Antiquiert war, trotz des verbreiteten Asketen- und Eremitentums und eigener Ansätze zur Reform (Céli Dé), auch das Klosterwesen, das irisches Gepräge trug. Hier setzte Margarete an und ließ sich ohne falsche Rücksicht auch von Gegnern ihrer Familie helfen. In Dunfermline in der Umgebung von Scone, wo sie Malcolm geheiratet hatte und sich ein Königshof befand, errichtete sie ein Benediktinerkloster mit Mönchen aus Christ Church in Canterbury, der Reformgründung Erzbischof Lanfrancs. Dunfermline wurde dann auch eine neue Königssepultur, beginnend mit Margarete selbst und ihren Söhnen und fortgeführt bis ins 14. Jahrhundert.

König David hat in seiner fast dreißigjährigen Regierung weite Bereiche des weltlichen und kirchlichen Lebens erneuert. Er war am Hof Heinrichs I. von England erzogen und durch den König selbst auch zum Ritter geschlagen worden, so dass er persönlich die neue höfische Kultur nach Schottland übertragen konnte. Zumal ihn Heinrich auch mit Ländereien in England und in der Normandie ausgestattet hatte, war ihm ebenso das Feudalsystem wie die moderne Güterverwaltung vertraut. Auch wenn bereits Davids Brüder im Königsamt die Feudalisierung gefördert hatten, gab er selbst diesem Prozess eine besondere Dynamik. Am Ende seiner Herrschaft war ein großes Gebiet südlich des Forth an Lehnsleute ausgegeben, zumeist an Neusiedler, die zum Kriegsdienst verpflichtet waren, aber auch das Recht hatten, ihre Güter an Verwandte zu vererben. Sogar Moray im fernen Norden wurde jetzt rasch vom Lehnswesen erfasst. Nach anglonormannischem Vorbild errichtete David auch ein neues System von Sheriffdoms oder ‚Grafschaften' (*counties*), die die altschottischen Shires oder Thanages überlagerten beziehungsweise ersetzten; diesen Bezirken königlicher Verwaltung fiel auch die Aufgabe zu, die neuen Feudalherren (Barone) zu kontrollieren. Ergänzend zu den Sheriffs und ihnen übergeordnet errichtete David wie in England das Amt des Justitiars, das administrative und judikative Aufgaben vereinte. Zur Feudalisierung der Gesellschaft gehörte der planmäßige Aufbau eines Netzes königlicher Burgen, mit der schon Davids Bruder Alexander I. begonnen hatte. Sie hatten nicht nur fortifikatorische und herrschaftliche Funktionen, sondern dienten, wie anderswo, dem ständig umherreisenden Königshof als Behausung. Neu errichtet wurden die Burgen und Pfalzen von Carlisle, Cadzow, Peebles, Roxburgh, Berwick upon Tweed, Edinburgh, Stirling, Perth, Forfar, Aberdeen, Inverness und andere. Der Hof selbst kannte die vom Kontinent her geläufigen Ämter (Mundschenk, Marschall usw.) und sogar bereits einen Kanzler, der auch die Hofkapläne beaufsichtigte. Viele neue Bedienstete im Haushalt Davids kamen aus dem Ausland, so der Bretone Walter oder der Normanne Hugo de Morville; allerdings behielt der Herrscher den gälisch-sprechenden *rannaire* bei, der die Aufgabe hatte, ‚das Essen zu verteilen', und auch das Amt der ‚Türhüter' (*durwards*) muss er von seinen keltischen Vorgängern übernommen haben. Als erster König der Schotten ließ David Münzen schlagen, Silberpfennige oder *sterlings*, die paritätisch mit den englischen Sterlings gehandelt wurden. Der zunehmenden Bedeutung des Geldverkehrs entsprechend, richtete der König das Amt des Chamberlains ein. Er erkannte die Bedeutung des Handels und förderte ihn durch Gründung zahlreicher Märkte und Städte. Überall im Lande mit Ausnahme der Highlands ließ er diese *burghs* anlegen und verlieh den Kaufleuten Privilegien. Vor allem wurden sie vom Zoll innerhalb des Reiches befreit. Aber auch Adlige und Bischöfe haben nach königlichem Vorbild die Händler und ihre Siedlungen besser gestellt. Bemerkenswerterweise kam der größte Teil der schottischen Stadtbevölkerung des 12. Jahrhunderts wohl aus England, aus Flandern und dem nördlichen Frankreich, also aus schon früher verstädterten Regionen. Die Zuwanderer brachten auch neue Gewerbe nach Schottland, so die Tuchherstellung, die Färberei, die Gerberei, das Steinmetzhandwerk, die Metallverarbeitung, darunter die Goldschmiedekunst und eben auch die Münzprägung. Komplex stellten sich die Reformen im Kirchenwesen dar. Die schottische Kirche war weniger stammesmäßig organisiert als die irische und keineswegs, wie hier, durch Klösterfamilien geprägt. David und sein Vorgänger Alexander hatten allerdings Mutterkirchen ohne klare Sprengeleinteilung vorgefunden wie auch solche, die dem römischen Prinzip ähnelten. Bis 1155 wurden die Diözesen nun vereinheitlicht; die Anzahl der Bistümer lag bei zehn. Dabei waren die Diözesen von Moray, Ross und Caithness, denen ja auch eine besondere herrschaftliche Aufgabe zufallen sollte, durch Alexander I. und David I. erst geschaffen worden. Die wichtigste Bischofskirche von St. Andrews befand sich im alten piktischen Gebiet in der Grafschaft Fife im Osten; man war hier stolz darauf, Reliquien des Apostels Andreas zu besitzen. David und sein Nachfolger Malcolm IV. wollten St. Andrews auch zur Metropolitankirche machen, so, wie gleichzeitig Trondheim in Norwegen Erzsitz geworden war (1152) und in Parallele zu den immerhin vier kirchlichen Metropolen von Irland. Rom aber verweigerte sich diesem Wunsch, unterstellte Schottland freilich auch nicht dem Erzbischof von York. Vielmehr erklärte Papst Coelestin III. 1192 die schottischen Diözesen (mit Ausnahme Galloways) zusammengenommen zur ‚besonderen Tochter' der Römischen Kirche, verlieh ihnen also einen exemten Status. Die Bischöfe mussten zur Weihe oder mindestens Bestätigung in ihrem Amt zum Papst reisen. Schon seit den 1080er Jahren, dann aber bis zur Mitte des 13. Jahrhunderts dauerte die Errichtung von (neuen) Kathedralen und die Ausstattung der Bischofskirchen mit Kapiteln, die den Oberhirten in der Leitung der Diözesen zur Seite standen. Die meisten Domherrengemeinschaften wurden mit Säkularkanonikern besetzt, nur an St. Andrews taten Augustinerchorherren Dienst, während in Whithorn der andere Reformorden der Prämonstratenser eindringen konnte. Gleichzeitig mit der Reorganisation der Bischofssitze entstanden die Ämter der Archidiakone (etwa 1126 in Glasgow, etwa 1144 St. Andrews) und der Landdekane. Vor allem aber gelang es jetzt, ein lückenloses Pfarrnetz zu knüpfen. Zwar bestanden um 1120 in Schottland zahllose Kapellen, Einsiedeleien und ländliche Kirchen, die nach ihren Dedikationen ebenso auf britische, walisische und irische wie auf einheimische piktische, cumbrische oder schottische Gründungen oder Einflüsse rückzuschließen erlauben. Aber in welchem Umfang diese Kirchen auch Pfarrfunktionen ausgeübt hatten, lässt sich kaum feststellen; sicher waren sie in der Regel abhängig von den Stiftungen ihrer laikalen Gründer, von Beihilfen der Bischöfe und unregelmäßigen Abgaben der Gläubigen. Das römische System verlangte jedoch den Kirchenzehnt als ordentliche Steuer aller Christen und damit auch die klare Abgrenzung der Pfarrsprengel. Es war nun König David selbst, der den Kirchenzehnt mindestens in einigen, vielleicht in allen Diözesen vorschrieb und so der eigentliche Begründer des schottischen Pfarrnetzes geworden ist. Noch im 15. Jahrhundert rühmte der Chronist Andrew Wyntoun David nach: ‚Er erleuchtete sein Land zu seiner Zeit mit Kirchen und mit Abteien.' Tatsächlich hat sich David nach seiner Mutter Margarete auch um das Klosterwesen große Verdienste erworben. So gründete er 1136 in Melrose nahe dem River Tweed das erste Zisterzienserkloster, das eine Tochter von Rievaulx war und seinerseits zum Mutterkloster einer Reihe schottischer Zisterzen werden sollte. Auch bedeutende Bischöfe, wie Jocelin von Glasgow (1175–1199), sind aus Melrose hervorgegangen. Fast gleichzeitig mit David hat der Herr (‚König') von Galloway, Fergus, ein Kloster der weißen Mönche in Dundrennan errichtet (1142). Natürlich sorgten die Zisterzienser wie anderswo in Europa so auch in Schottland für eine Modernisierung der Landwirtschaft. Melrose wurde etwa ein bedeutender Produzent von Wolle, die vor allem nach flämischen Tuchzentren exportiert wurde. Daneben blühten mit Hilfe der Mönche die Salzgewinnung und der Kohleabbau auf. Auch die Stiftung eines Frauenklosters in Berwick upon Tweed wird David zugeschrieben, vielleicht aber zu Unrecht. Der König förderte die Ritterorden der Templer und der Johanniter; die „Brüder des heiligen Lazarus von Jerusalem" stattete er mit der Pfarrkirche von Edinburgh aus. Seine Nachfolger setzten sein Werk fort. So hat unter Alexander II. der energische Bischof von St. Andrews, William Malvoisin (1202–1238), die Mendikantenorden eingeführt; die Franziskaner und Dominikaner konnten sich in den größten Burghs ansiedeln, in Berwick, Edinburgh, Haddington usw.

Das hohe Ansehen, das David I. in seiner Zeit erworben hatte, wird daran deutlich, dass sich der junge Anjou Heinrich (später Heinrich II.) 1149 an ihn um Hilfe wandte; Heinrich kam sogar nach Carlisle bei Whitsuntide, wo er durch David in einer feierlichen Zeremonie zum Ritter geschlagen wurde. Der König wollte auch sein Haus neu konzipieren; nach dem Vorbild der Kapetinger, die er bewunderte, wollte er die Königswürde nur in seiner Familie erblich machen, die alte Sippenstruktur also überwinden. 1144 (oder schon 1136) hatte er die Anerkennung seines Sohnes Heinrich als *rex designatus* durchgesetzt und diesen dann schon an den Regierungsgeschäften beteiligt. Als Heinrich vor ihm starb, ließ David seinen elfjährigen Enkel Malcolm (IV.) durch Earl Duncon von Fife durch die Provinzen des Reiches führen, um ihm Anerkennung zu verschaffen; in der Tat konnte ihm Malcolm dann folgen. So sehr David und die anderen Nachkommen Margaretes das schottische Königtum aufgewertet haben, darf die Intensität der Herrschaft aber auch nicht überschätzt werden. Seinen Schwerpunkt hatte das Königtum in Lothian, Fife und Strathclyde, während es in den anderen Zonen des Landes (besonders Galloway, Argyll, Moray, Caithness) stärkere Rücksicht auf einheimische Magnaten nehmen musste. Auch „außenpolitisch" war die Entfaltung des schottischen Königtums Einschränkungen unterworfen. Zugunsten Alexanders II. und Alexanders III. antichambrierten die Schotten beharrlich an der päpstlichen Kurie, um die Erlaubnis zur Einfügung des Salbungsrituals in das Zeremoniell der Königserhebung zu erwirken. Die Antwort war aber jedes Mal die gleiche: Der Papst lehnte die Salbung nicht rundweg ab, aber er gewährte sie auch nicht ausdrücklich, weil die englischen Könige Einwände erhoben. 1291/92 konnten verschiedene Prätendenten auf die Königskrone geradezu mit dem fehlenden Salbungsbrauch ihre erbrechtlichen Ansprüche untermauern; für ihre Argumentation bemühten sie einen weitreichenden europäischen Vergleich und wiesen darauf hin, dass auch mehrere echte Königshäuser der Christenheit, wie zum Beispiel in Kastilien und Aragón, den Salbungsritus nicht gebrauchten. Umso wichtiger wurden nach diesen Auseinandersetzungen Salbung und Krönung für die Legitimität des Königtums. Robert Bruce, der 1306 den Thron usurpierte, wurde wenigstens gekrönt; 1329 erteilte der Papst dann auch die Erlaubnis zur Salbung, die zwei Jahre später an dem Sohn von Robert Bruce erstmals vollzogen wurde.

Grundlage der Königsherrschaft waren und blieben vor allem die Burghs und die Sheriffdoms. Anzeichen für genossenschaftliche Selbstorganisationen „von unten" in Form der kommunalen Bewegung in den Städten oder im Lande selbst lassen sich in Schottland erst im späteren Mittelalter ausmachen. Nur in den Gildestatuten von Berwick von 1249 ist schon einmal von der Kommune der Stadt die Rede, die ‚Communitas des Königreiches' erscheint (nach englischem Vorbild) 1286 und wenig später auch die Communitas eines Earldoms (1309). So ist Schottland auch in dieser Beziehung ein schönes Beispiel für die verzögerte, aber doch recht konsequente Rezeption gemeineuropäischer Anregungen, besonders soweit sie durch das mächtigere Nachbarland vermittelt wurden.

2.1.5 Disharmonie der Extremitäten: Spanien und Skandinavien

Spanien, das heißt die Iberische Halbinsel, und Skandinavien bilden Extremitäten des europäischen Rumpfes. Obschon durch Landbrücken mit dem Kontinent verbunden, repräsentieren sie kulturelle Sonderwelten, die – gefangen durch ihre jeweilige Vorgeschichte – dem übrigen Europa im hohen Mittelalter nur allmählich ähnlicher wurden. Die Macht der Geschichte zwang Spanien freilich immer wieder zur Konzentration auf sich selbst, während den Skandinaviern die Zukunft offen und plastisch erschienen sein muss wie sonst keinem Volk in Europa. Die langen Reisewege zwischen den zwei Großregionen haben nur gelegentlich Seefahrer oder Pilger auf sich genommen, so dass hier von Wechselwirkungen zwischen Nord und Süd kaum die Rede sein kann und beide Räume gemeinsame Abhängigkeiten von Dritten in europäische Beziehungsnetze eingebunden haben. Der Vergleich zwischen Spanien und Skandinavien im Horizont der europäischen Geschichte des hohen Mittelalters kann deshalb deren Sonderungen wie auch die Gleichzeitigkeit des Ungleichzeitigen nachdrücklicher vor Augen führen als die Darstellung ausgleichsbereiter Nachbarvölker.

Spanien und Skandinavien haben gemeinsam, dass sie vom Meer fast vollständig umgeben sind. Während aber die Nordleute das Wasser zur Erkundung ihrer Umwelt nutzten und dabei selbst die Wege legten, auf denen sie die europäische Kultur zu sich dringen ließen, haben See und Küste Spanien zum Objekt anderer gemacht. Seit den Iberern mindestens war die Halbinsel im Mittelmeer immer wieder erobert und besiedelt worden, manchmal, wie bei Kelten (seit 8. Jh. v. Chr.?) und Westgoten (5. Jh.), zwar auch vom Lande aus, meistens aber zu Schiff (Phönizier, Griechen, Karthager, Basken, Römer, Araber bzw. Berber). Die letzten – muslimischen – Invasoren kontrollierten die

Seefahrt nach Osten, die Christen aber konnten nur von Katalonien her einen bescheidenen Schiffsverkehr für Passagiere und Güter in Gang setzen und langsam ausbauen. Skandinavien, seit vorgeschichtlichen Zeiten besiedelt von Lappen (Samen), Finnen und Germanen, war hingegen unangefochten von außen und kannte Aggression nur im Innern als Binnenwanderung mit der Tendenz zur transmarinen Reichsbildung. Dänemark, der früheste skandinavische Staat, reichte von Jütland über Fünen und Seeland nach Südschweden und Bornholm hinüber und schloss das Kattegat ein; später haben Dänen und Schweden mit Ausgriffen nach Finnland und ins Baltikum den Bottnischen Meerbusen, teilweise gar die Ostsee, politisch zu überspannen gesucht. Und die weiten Vorstöße meist norwegischer Wikinger in den Atlantik wirkten bis ins Hochmittelalter nach durch halbselbständige Kolonien auf Island, Grönland, den Färöern oder anderen Inseln im Norden Schottlands.

Die Pyrenäen und die Straße von Gibraltar bildeten Scharniere Spaniens zu seinen Nachbarländern, aber die natürlich gezogenen Grenzen wurden von Nord nach Süd, von Süd nach Nord durch kulturelle und politische Einflusszonen überlappt. Den Gebirgskamm konnten fromme Pilger, die seit dem 11. Jahrhundert verstärkt auch in Frankreich und im übrigen Europa durch das Grab des Apostels Jakobus in Compostela angezogen wurden, im Tal von Roncesvalles (Navarra) oder auf dem Pass von Somport (1640 m) überwinden. Der *camino de Santiago* nach Galicien wurde geradezu „the major artery of Christian Spain" (B. F. Reilly), durch die Errungenschaften wie die romanische Architektur, die karolingische Schrift und die kirchliche Reformbewegung eindringen konnten. Die spanische Verehrung des heiligen Jakob wurde paradoxerweise zum entscheidenden Motor der Europäisierung des Landes. Der Pass von Somport begünstigte ebenso den Handel zwischen Südfrankreich und den muslimischen Emporien am Ebro, förderte aber auch die Stadt Jaca im christlichen Reich von Aragón; umgekehrt erleichterte der Gebirgsweg die politische Verbindung mit französischen Fürstentümern wie Bearn, Bigorre und vor allem Toulouse, die sich für innerspanische Auseinandersetzungen, besonders mit den Muslimen, nutzen ließ. Das abendländische Mönchtum, das nach der Regel des heiligen Benedikt lebte, war freilich schon seit dem 10. Jahrhundert nach Spanien eingedrungen, ohne doch die einheimischen Regeln des heiligen Isidor oder des heiligen Fructuosus verdrängen zu können; mit dem Namen König Sanchos *el Mayor* von Navarra (1000–1035) verbindet sich dann das Vordringen der Klosterreformbewegung des burgundischen Cluny in Spanien.

Ungehemmt durch die Gebirgsbarriere fluktuierten die Menschen mit ihren Ideen und materiellen Gütern östlich der Pyrenäen. Seit der Eroberung Geronas (785) und Barcelonas (801) durch die Karolinger war die naturgegebene Zuwendung Kataloniens nach Norden auch politisch und kirchlich gesichert; seine Bistümer unterstanden der Metropole Narbonne bis zur Wiedererrichtung der Kirchenprovinz von Tarragona im 12. Jahrhundert, der liturgische Ritus war – im Unterschied zum übrigen spanischen Christentum – der römische, und die geistlichen Gemeinschaften von St. Viktor in Marseille, Saint-Pons von Thomières und Saint-Ruf von Avignon errichteten hier Systeme von Tochtergründungen, die dem cluniazensischen Verband nahe kamen. Das Kloster Ripoll am Abhang der Pyrenäen war aber so reich an gelehrtem Schriftgut, dass noch vor der Jahrtausendwende ein Gerbert von Aurillac Studien des Quadriviums treiben konnte, die ihm in Astronomie und Geographie durch arabische Vermittlung ganz neue Felder antiker Wissenschaft erschlossen. Politisch war das Land östlich der Bergwelt zunächst arg zersplittert, die Dynastien standen aber in enger Verbindung mit dem Adel des Midi. Barcelona selbst figurierte nicht nur als ein – eher bescheidener – Mittelmeerhafen, sondern ebenso als Kreuzungspunkt fortgenutzter Römerstraßen, die von Alicante, Valencia und Tortosa oder vom muslimischen Andalusien über Toledo und Saragossa nach Norden weiterführten. Katalonien orientierte sich aber auch nach Osten, ein Einfallstor römischer Einflüsse. Zwischen 950 und 1050 sind wohl mehr Pilger von Katalonien in die Ewige Stadt gezogen als nach Santiago, und die Päpste haben hier schon seit der Jahrtausendwende in monastischen oder kirchendisziplinarischen Angelegenheiten interveniert.

Wenn sich selbst die Grenzmauer der Pyrenäen nicht als undurchdringliche Kulturscheide erwies, musste erst recht der schmale Kanal zwischen Mittelmeer und Ozean zum Überqueren animieren. Wo sich Europa und Afrika fast berührten, hatte 711 der Berber Ṭarīq ben Zijād übergesetzt, Führer muslimischer Truppen von Tanger, und obschon mit dem Kalifat von Córdoba 1031 die mächtigste Reichsbildung von al-Andalus zusammengebrochen war, zogen die fortbestehenden Kleinreiche der Taifen die beweglichen Kriegernomaden immer wieder nach. Schon das Kalifat hatte seine Söldner hier requiriert, und Ceuta ganz im Norden von Marokko war ein Bestandteil seines Territoriums gewesen; auch später fasste den Ort eine Taifendynastie mit Algeciras an der Gegenküste in ihrer Herrschaft zusammen. Vor allem aber sollte es nach dem Fall Toledos, dem vermeintlichen Durchbruch der christlichen Rückeroberung des ganzen Landes (1085), zu neuen Invasionen fundamentalistisch gesonnener Berber aus Marokko kommen, der Almoraviden (al-Murābiṭūn; 1086) und der Almohaden (al-Muwaḥḥidūn; Mitte 12. Jh.). So hat man festgestellt, dass es bis zum großen Sieg der Christen in der Schlacht von Las Navas de Tolosa 1212 ungewiss blieb, ob die Abwendung Spaniens vom islamischen Nordafrika und Nahen Osten beziehungsweise die Hinwendung zum christlichen Europa unumkehrbar geworden war.

Eine natürliche Barriere wie die Pyrenäen hat Skandinavien nicht von „Europa" getrennt. Stattdessen erwies sich das Danewerk, das Ost- und Nordsee im Flachland von Schleswig auf einer Distanz von 40 Kilometern miteinander verband, als erstaunlich erfolgreiche Verteidigungsanlage des werdenden dänischen Reiches gegenüber Franken und Deutschen. Erstmals im frühen 8. Jahrhundert errichtet, wurde der Schutzwall bis in die Waldemarszeit wiederholt erneuert; er setzte eine zentralisierende Herrschaft ebenso voraus, wie er auch die Ausbildung des Königtums bei den Dänen gefördert haben muss. Obgleich sich die Dänen in ihrer politischen Organisation offenkundig schon im frühen Mittelalter an den Franken orientierten, gelang es der Kirche des Kaiserreiches nicht, den Anspruch auf Integration Skandinaviens in den Metropolitanbezirk von Hamburg-Bremen durchzusetzen; im Gegenteil führten die Wikingerfahrten seit dem 9. Jahrhundert zu einer kirchlichen und kulturellen Präferenz der nordischen Völker für „Engländer" und „Franzosen". Die zweite Landverbindung Skandinaviens mit Europa, Karelien, öffnete hingegen den Norden anderen Einflüssen von Süden her. Die Waräger, die über die Newa gut bis zum Ladoga-See vordringen konnten und von hier aus einen mühsameren Weg ins Innere Osteuropas – stromaufwärts und über Treidelstrecken – nahmen, um bis nach Byzanz und weiter nach Bagdad vorzudringen, errichteten schon im 9. Jahrhundert in Novgorod und Kiev ihre Herrschaftszentren; die Konversion der Rus' zum christlichen Glauben byzantinischer Prägung wurde dann auch für Karelien bestimmend. 1226/27 kam es hier zur Massentaufe nach orthodoxem Ritus, Mönche aus Russland missionierten gar die Lappen. Einem weiteren Erfolg des östlichen Christentums in Skandinavien stand freilich die katholische Gegenbewegung von Schweden her entgegen. Immerhin hat sich aber die Orthodoxie unter Kareliern und Lappen bis heute behauptet.

Gemeinsame Themen der Geschichte Spaniens und Skandinaviens im hohen Mittelalter sind die staatliche Differenzierung, die schrittweise Ausdehnung des Christentums und die kulturelle Homogenisierung im Innern. Diese Prozesse beruhten zwar teilweise auf einer Ausrichtung an den westeuropäischen Nachbarländern, doch waren ihre Ergebnisse verschieden: während Skandinavien beim Übergang zum Spätmittelalter auf dem Weg zur weiterreichenden Anpassung an Rumpfeuropa noch Rückstände aufzuholen hatte, war Spanien nach wie vor einer historischen Sonderperspektive verpflichtet, die einer solchen Angleichung entgegen stand. Die geschichtlichen Voraussetzungen, die diese Divergenz mitbestimmt haben, lagen weit zurück. Skandinavien hatte keine Antike gekannt, und unter den drei großen Nordländern markierte der Beginn des westeuropäischen Hochmittelalters um 1050 mindestens für Schweden erst den Übergang von der Vorgeschichte zur Geschichte. Spanien hingegen war ein bedeutender Bestandteil der hochkultivierten und bereits christianisierten Mittelmeerwelt gewesen. Während die Skandinavier beim Eintritt in ihr Mittelalter politisch, religiös und kulturell eine Zukunft im Zeichen europäischer Vorbilder suchten, konzentrierten sich die „Spanier" auf den Wiedergewinn der ihnen verlorengegangenen alten Einheit, die freilich auch nur als ein Neues zu finden war.

Dänemark, Norwegen und Schweden hatten am Beginn des Hochmittelalters zwar bereits deutlich staatliches Eigenprofil gewonnen, doch waren noch „Fremdherrschaften" und Großreichsbildungen möglich. Der dänische König Knut (gest. 1035) hatte England mit Dänemark unter seiner Herrschaft vereint und nach dem Vorbild seines Vaters Sven Gabelbart auch nach Norwegen ausgegriffen und die Hoheit über Schweden beansprucht. 1027 hatte Knut der Große der Kaiserkrönung Konrads II. in Rom beigewohnt und sich noch am Ende desselben Jahres als König aller Engländer, Dänen, Norweger und teilweise der Schweden bezeichnet. Für den Erbfall bestand der Plan, die Königssöhne mit England, Dänemark und Norwegen auszustatten, die offenbar selbst als unteilbar betrachtet wurden. Noch vor seinem Tod brach das „Nordseeimperium" Knuts aber zusammen. Die Norweger befreiten sich, nachdem sie schon einmal im Jahrhundert zuvor unter Harald Schönhaar (gest. um 930) eine dänische Schwäche zur Reichsbildung hatten nutzen können; als Einiger Norwegens gelten König Olaf der Heilige (1015–1030) und seine Nachfolger. Von der Mitte des 11. Jahrhunderts an waren die Norweger über dreihundert Jahre lang unabhängig. Ihre Grenze zu Dänemark verlief an der Göta Älv, dem Fluss bei Göteborg, bevor hier die Götar, ein Stamm des schwedischen Reiches, die Kontrolle am südlichen Ufer gewannen.

Als Knuts des Großen Sohn Hardeknut 1042 ohne Erben starb, konnte sich der norwegische König Magnús der Gute Dänemarks bemächtigen (gest. 1047). Mit ihm und seinem Nachfolger Harald Hardråde (1047–1066) konkurrierte der Neffe Knuts, Sven Estridsen, der sich nach langen Auseinandersetzungen 1064 durchzusetzen vermochte. In Sven (gest. 1074/76) sieht die moderne dänische Forschung die Schlüsselfigur in der Nationalgeschichte des Mittelalters: „Unter seiner Regierung beginnt der Weg Dänemarks aus der Wikingerzeit heraus zu einem Staatswesen, das sich dem Kultur- und Verfassungszustand der übrigen europäischen Völker anzugleichen begann" (E. Hoffmann). Sven stammte wenigstens in weiblicher Linie von den Königen Gorm und Harald Blauzahn ab, die Dänemark bereits im 9. Jahrhundert geeint hatten; Harald, der sich 965 taufen ließ und dem Christentum in seinem Volk nach vielen vergeblichen Anläufen den Durchbruch ermöglichte, hat ein bemerkenswertes Denkmal seines Herrschertums hinterlassen. Beim Bestattungsplatz seines Vaters Gorm in Jelling (Nordjütland) hatte er einen Runenstein aufgestellt, der den Triumph Christi über das „große Tier" zeigt und inschriftlich verkündet: ‚König Harald ließ dieses Denkmal machen nach Gorm, seinem Vater, und nach Thyre, seiner Mutter, jener Harald, der für sich gewann ganz Dänemark und Norwegen und der die Dänen christlich machte' (Übers. E. ROESDAHL/E. WAMERS). Ganz reibungslos war die Christianisierung der Dänen allerdings auch jetzt noch nicht verlaufen, da Sven Gabelbart zeitweise das Heidentum wieder begünstigt hatte. Um 1060 bestand jedoch eine feste Diözesaneinteilung aus acht Bistümern; der König konnte die Bischofsstühle besetzen, Dänemark bildete aber noch keine eigene Kirchenprovinz. Erst 1103/4 gelang es König Erik Ejegod, sein Land aus dem deutschen Erzsprengel Hamburg-Bremen zu lösen und das Bistum Lund (in Schonen) zu einem Metropolitansitz erheben zu lassen.

In Norwegen hatte die Initiative zur Christianisierung ebenfalls bei den Königen gelegen (Athalsteinsfostri, um 950; Olaf Tryggvason, um 995), die mit englischen Priestern und Bischöfen zusammenarbeiteten. Das Heidentum hatte sich jedoch zäh behauptet, vor allem im zentralnorwegischen Tröndelag (bei Trondheim); erst Olaf II. konnte das Christentum als einzige zugelassene Religion durchsetzen. Zwar wurde Olaf danach von norwegischen Großen ins Exil getrieben und fand 1030 den Tod bei dem Versuch, seine Herrschaft zurückzugewinnen; schon 1031 wurde er aber kanonisiert und galt bald wegen seines Widerstandes gegen die dänische Oberhoheit als Patron des Reiches. Bistümer entstanden in Norwegen in der zweiten Hälfte des 11. Jahrhunderts. 1152/53 errichtete der päpstliche Legat aus England Nikolaus Breakspear eine eigene Kirchenprovinz des Landes; dem Erzsitz in Trondheim unterstanden zehn Suffragane, fünf davon in Norwegen selbst und fünf weitere in den Kolonien, den so genannten Schatzländern (Island, Grönland, Färöer, Orkneys, Shetland-Inseln, Hebriden, Isle of Man). Nach dem Vorbild Olafs des Heiligen wurde auch in Dänemark (ein jüngerer) König Knut (gest. 1086) zum Heiligen erhoben (1099); in beiden Ländern stabilisierte die Anerkennung der Reichsheiligen das Königtum als Institution beziehungsweise die herrschende Dynastie.

In Schweden wurde das Königtum zuletzt fest etabliert; das Land bestand aus zwei Teilen, dem Siedelgebiet der Svear im Osten um den Mälarsee und das der Götar westlich davon in der Umgebung von Vätter- und Vänersee. Die beiden Regionen waren durch dichte Wälder voneinander getrennt, so dass sie sich recht unabhängig voneinander entwickelten. Könige der Svear bezeugen schon das altenglische Beowulf-Epos und Rimbert, der Hagiograph des Bischofs Ansgar von Hamburg-Bremen (vor 876). Danach scheinen diese frühen Herrscher eng mit dem heidnischen Kult in Uppsala verbunden gewesen zu sein. Viele Könige der Svear seit dem 9. Jahrhundert kamen aus Götar, zwei sogar aus Dänemark; es gab also noch keine Dynastiebildung wie im westlichen Nachbarreich. Abgesehen von den Königen, die Rimbert erwähnt, war Olaf Schoßkönig der erste mit einer bestimmten Landschaft in Verbindung gebrachte Herrscher (etwa 980–1021/22). Olaf münzte in Sigtuna um 995 als „König der Svear", hatte aber auch enge Beziehungen zu Götland; ein zeitgenössischer Dichter nannte ihn geradezu Herrscher der Götar und der Svear. Die politische Zusammenfassung beider Landschaften misslang Olaf jedoch, weil er das Heidentum von Alt-Uppsala nicht überwinden konnte. In Skara im Västargötland soll er aber das erste schwedische Bistum gegründet haben. Rund hundert Jahre später bestand in Schweden eine Diözesangliederung, die mit dem Sitz eines Erzbischofs in Uppsala 1164 vollendet wurde. Allerdings war Götar erst allmählich königlich erfasst beziehungsweise zum Bestandteil eines gesamtschwedischen Reiches geworden. Um 1159 wird Karl Sverkersson durch Papst Hadrian IV. ein *regnum Gothorum* zugeschrieben, aber der erste König, der das ganze Reich der Svear und Götar regierte, war Karls Konkurrent Knut Eriksson, der 1172 allgemeine Anerkennung fand (bis etwa 1195).

Auch Schweden hat seinen heiligen König erhalten, den 1160 in Uppsala getöteten Erik IX. (kanonisiert 1167/98). Mit Eriks Namen ist darüber hinaus die Ausdehnung der schwedischen Herrschaft und des Christentums nach Finnland verbunden. Die Finnen waren zu dieser Zeit in drei große Volksgruppen geteilt (Suomalaiset, Hämäläiset, Karjalaiset), die häufig im Streit miteinander lagen und keinen Staat hatten ausbilden können. Nach den Legenden soll Erik in Begleitung des aus England stammenden Bischofs Heinrich von Uppsala 1155 einen Kreuzzug nach Finnland unternommen haben; Heinrich wurde von den Finnen erschlagen und später als Märtyrer verehrt. Unter einem anderen Engländer aus Uppsala, Bischof Thomas (1220–1245), wurde Turku (Åbo) zum religiösen und politischen Zentrum Finnlands; herrschaftlich war das Land Teil des schwedischen Reiches. Im Jahr 1323 grenzten Schweden und Novgorod im Frieden von Pähkinäsaari (Nöteborg bzw. Schlüsselburg) ihre Herrschaftssphären voneinander ab; die Grenze, die zweieinhalb Jahrhunderte stabil bleiben sollte, verlief etwa vom jetzigen Sankt Petersburg bis hinauf nach Oulu

Am Ende des 12. Jahrhunderts hatten sich also die drei Länder Dänemark, Norwegen und Schweden als Königreiche mit je eigener kirchlicher Metropole ausgebildet, ohne dass ihre Grenzen mit denen der modernen Nationalstaaten zusammengefallen wären. Der gemeinsame Name „Skandinavien" war für sie im Mittelalter nicht gebräuchlich, obschon er bereits in der antiken Naturgeschichte des Plinius verzeichnet war. Die geologische Struktur förderte ein Einheitsbewusstsein nicht; während das fast überall ebene Dänemark Kommunikation und zentralisierende Herrschaftsbildung begünstigte, ließ das Bergland von Norwegen nur Siedlungskammern zu – meist gar an einer Küste von bald 2000 Kilometern –, und auch in Schweden konnten sich Häuptlingsherrschaften über lokal gebundene Kleingruppen anscheinend zäh behaupten. Trotzdem darf man annehmen, dass die Bewohner der Nordländer ein Bewusstsein ihrer Sonderstellung im Horizont ihrer Umwelt teilten. Die Wikingerzüge zwischen etwa 800 und 1050 waren zwar gewiss nicht zentral geplant und gelenkt worden, doch brachten sie den Skandinaviern spezifische Erfahrungen ein, die sie von anderen Europäern unterschied. Auch der gelegentliche Austausch ihrer Herrscher dürfte die besondere Affinität der „Dänen", „Norweger" und „Schweden" sowohl vorausgesetzt wie gefördert haben. Vor allem aber hat die gemeinsame Geschichte der Königtümer und Kirchen die Länder und Völker miteinander verbunden. Das dänische Königtum hatte sich in seinen Anfängen zur Zeit Karls des Großen zweifellos an der Monarchie der fränkischen Nachbarn orientiert und war dann seinerseits zum Muster für Norwegen und Schweden geworden. Dem Erzbistum Hamburg hatte Ludwig der Fromme schon am Anfang die Aufgabe zugedacht, Schweden, Dänen und auch die Ostseeslawen zu missionieren; so sind die ersten Glaubensboten des 9. und 10. Jahrhunderts jeweils an den ostschwedischen Handelsplatz Birka weitergezogen, als sie bei den nähergelegenen Dänen keinen durchschlagenden Erfolg erzielt hatten. Zurecht hat man konstatiert: „Conversion to Christianity was the key factor in the formation of all three Scandinavian kingdoms" (B. SAWYER/P. SAWYER); aber hinzuzufügen wäre auch, dass die Verkirchlichung des Nordens die Eigenbedeutung Skandinaviens als europäischer Region als solche stärkte. Als Erik ‚der Immergute' Lund aus der Provinz Hamburg-Bremen ausgliedern und zum eigenen Erzsitz erheben ließ, wurde der neue dänische Metropolit für Jahrzehnte zuständig für alle drei nordischen Reiche, bevor Norwegen und Schweden als eigene kirchliche Großbezirke organisiert wurden. Auf westeuropäischen, besonders englischen Einfluss war es zurückzuführen, dass sich in Norwegen, Dänemark und Schweden der Typus des Königsheiligen ausbildete. Vom norwegischen Königreich wirkte das Vorbild auch auf abhängige Inselstaaten ein. Auf den Orkneys, einem Jarltum Norwegens, verehrte man in der Kathedrale von Kirkwall den Jarlsheiligen Magnús (seit 1137), während die akephale Republik Island ersatzweise zwei Bischofsheilige vorweisen konnte.

Im Unterschied zu Skandinavien wurde Spanien von alters her als Einheit empfunden. Der Name *Hispania* für die Pyrenäenhalbinsel stammte bereits von den Römern, die im ersten nachchristlichen Jahrhundert auch von *Spania* in der Kurzform sprachen. Schon seit der Mitte des 3. Jahrhunderts ist das Christentum nachweisbar, das bis zum späten 5. Jahrhundert die ganze Iberische Halbinsel erfasst haben dürfte. In den Kirchenprovinzen von Tarragona, Braga, Toledo, Mérida und Sevilla lebte die römische Provinzialeinteilung bis ins frühe Mittelalter fort; zu ihnen kam noch für Septimanien nordöstlich der Pyrenäen Narbonne. Auch das westgotische Reich von Toledo hatte Mitte des 6. Jahrhunderts die politische Einheit Spaniens bewahrt, obgleich der Gegensatz von Katholizismus und „Arianismus" einer Verschmelzung von Hispanoromanen und Westgoten bis zu deren Konversion 589 im Wege stand. Die Könige der Westgoten hatten sich am Vorbild des römischen Reiches orientiert und dem byzantinischen Kaisertum nachgeeifert. Ein Herrscher wie Leovigild (gest. 586) imitierte geradezu das oströmische Hofzeremoniell, so dass in der Forschung von einer „Imperialisierung des Königtums" die Rede ist. Der Bischof Isidor von Sevilla (etwa 570–636) berichtet, Leovigild sei der erste westgotische König gewesen, der mit königlichen Gewändern auf dem Thron gesessen habe, während seine Vorgänger noch die gleiche Kleidung und den gleichen Sitz wie das übrige Volk eingenommen hatten. Zweifellos war das Reich der am meisten zentralisierte Staat seiner Zeit im westlichen Europa, und in Toledo wie anderswo gründeten die Herrscher planmäßig Residenzen. Das westgotische Sonderdasein in Europa zwischen 601 und 711 war noch dadurch begünstigt worden, dass es Anfang des 7. Jahrhunderts gelang, die letzten byzantinischen Besitzungen auf der Halbinsel zu beseitigen. Während das Frankenreich der Merowinger zerfiel, blieben die Grenzen des Toledanischen Reiches unangefochten. Auch die westgotische Kirche verselbständigte sich und löste sich unter Führung des Metropoliten von Toledo weitgehend von Rom; eine eigene Liturgie sollte die arabische Invasion bis ins späte 11. Jahrhundert überdauern. Mönchsregeln und klösterliche Organisation unterschieden sich ebenfalls signifikant vom übrigen „Abendland". Aus früher Zeit schon sind Zeugnisse eines ethnischen Sonderbewusstseins erhalten; während Isidor von Sevilla die Einheit Spaniens im Wort von der *totius Spaniae monarchia* zum Ausdruck brachte, stellte Julian von Toledo Ende des 7. Jahrhunderts die Spanier den Galliern gegenüber („Historia Wambae regis"). Es bildete sich schon damals eine „Nation auf territorialer Grundlage" (D. CLAUDE).

Neben den Christen und – seit Anfang des 8. Jahrhunderts – den Muslimen gab es in der Hispania noch eine dritte ethnisch-religiöse Gruppe, die Juden. Man kann geradezu sagen, dass sich in Spanien das erste große Zeitalter des europäischen Judentums entwickelt hat (F. BATTENBERG). Die Ansiedlung der sephardischen Juden geht mindestens ins erste nachchristliche Jahrhundert zurück. Unter westgotischem Königtum hatten sie anfangs das römische Bürgerrecht genossen, wurden aber nach der Konversion des herrschenden Reichsvolkes zum Katholizismus hart bedrängt. Wiederholt wurden Zwangstaufen durchgeführt und Synagogen zerstört; trotzdem überlebten die Juden als Religionsgemeinschaft, so dass sie das spanische Mittelalter mitprägen konnten.

Die muselmanische Geschichte des Landes hatte 711 mit dem Kriegszug arabischer und berberischer Truppen von Afrika aus begonnen, bei dem der westgotische König Roderich fiel. Der nordafrikanische Feldherr des Kalifats von Damaskus errichtete in wenigen Jahren das neue Reich al-Andalus; der Name bezog sich vielleicht auf die Vandalen, die während der germanischen Völkerwanderung vor ihrer Reichsbildung in Afrika Spanien durchzogen hatten. Auch wenn sich Araber und Berber zunächst darauf beschränkten, wichtige Städte wie Toledo in ihre Hand zu bekommen, wurde bis 716 fast die gesamte Halbinsel von ihnen erobert. Vorstöße über die Pyrenäen blieben Episode, und schon bald formierte sich im Norden der Widerstand der einheimischen Christen. Andererseits bekehrten sich zahlreiche Christen zum Islam (*al-muwalladūn*), während auch nichtkonvertierte Altgläubige vom kulturellen Prozess der Arabisierung erfasst wurden (Mozaraber). Mit der Errichtung eines Emirats im 8. Jahrhundert und besonders mit der Bildung des Kalifats von Córdoba 929 wurde al-Andalus gegenüber Damaskus/Bagdad verselbständigt und nach dem Muster des arabischen Heimatstaates zentralisiert. Die Christen, die im Allgemeinen wie die Juden als Schutzbefohlene des Staates galten, litten jetzt auch unter Verfolgungen. Obwohl das Kalifat um die Jahrtausendwende den Norden Iberiens mit vorher unbekannter Intensität heimsuchte, brach es nach jahrzehntelangem Bürgerkrieg der Muslime selbst 1031 schon auseinander. An die Stelle des zentralistisch geführten Staates trat jetzt eine Reihe kleinerer Reiche, etwa 40 an der Zahl, die von eigenen Fürsten regiert wurden. Nach diesen Parteiführern (*mulūk aṭ-tawā'if*) spricht man von Taifenreichen. Die christlichen Herrscher im Norden machten sich die politische Zersplitterung zunutze und erpressten von den Muslimen Tribute (*parias*), bildeten aber auch von Zeit zu Zeit Bündnisse mit ihnen gegen andere Könige. Auch nachdem die *al-murabiṭūn* seit 1086 und die *al-muwaḥḥidūn* seit 1146 in Spanien neue muslimische Gesamtreiche errichteten, konnten sich einzelne Teilstaaten halten (Saragossa, Valencia). Bereits mit den Almoraviden ist die Zeit der religiösen Toleranz für die beiden anderen Schriftreligionen zu Ende gegangen; die Juden wurden von fanatisierten Muslimen verfolgt und flohen in die christlichen Reiche oder in den Orient, und auch die christlichen Mozaraber überschritten die Grenzen nach Norden oder siedelten um nach Afrika.

Die Geschichte des muselmanischen Spaniens, die erst 1492 enden sollte (s. unten 2.1.6), war zugleich die Geschichte der christlichen Rückeroberung des Landes. Schon unmittelbar nach der Zerstörung des Westgotenreiches hatte ein Angehöriger des Königshofes von Toledo im Norden Spaniens die Auflehnung der Altsiedler organisiert. Diesem Adligen war es gelungen, 718 das Reich von Asturien zu errichten, dem bereits in der nächsten Generation ein König vorstand. Die Hauptstadt wurde schon bald nach Oviedo und 875 nach León verlegt; in beiden Städten richteten die Herrscher nach westgotischem Vorbild auch Bischofssitze ein, damit der jeweilige Amtsinhaber als Hofbischof fungieren konnte. Im Laufe des Hochmittelalters entstand im Norden und Westen Spaniens noch eine Reihe weiterer christlicher Königreiche auf der Grundlage von Grafschaften (Navarra, Kastilien, Portugal und Aragón-Katalonien); diese waren jedoch fragiler als die etwa gleichzeitig gebildeten Regna in Skandinavien, und nur bei Portugal (seit 1143) reicht die staatliche Tradition bis zur Gegenwart. Ganz im Gegensatz zu den Nordmännern spielte bei der wechselvollen Reichsbildung der Spanier der dynastische Erbgang eine hervorragende Rolle; die patrimoniale Prägung der Herrschaften zog ebenso rasch Grenzänderungen nach sich, wenn die Reiche nicht durch Eroberung oder unter dem Einfluss adliger Parteien kumuliert oder erneut getrennt wurden. Hier und da brachte sich zwar regionales Eigenbewusstsein zur Geltung, aber das aus dem Frühmittelalter herrührende gesamtspanische Selbstverständnis wirkte mächtiger nach; das Ziel eines Rückgewinns der Einheit Spaniens in Auseinandersetzung mit den Muslimen behinderte die Ausbildung partikularer „nationaler" Königreiche. Vornehmster Ausdruck dieses Strebens war die Idee, das Westgotenreich mit der Hauptstadt Toledo wiederherzustellen. Der Neogotismus war am Hof Alfons III. von León (866–911) aufgekommen und wurde später mehrfach aufgegriffen und ausgebaut; noch am Ende des hohen Mittelalters hat der große König Alfons X. von Kastilien und León

(1221–1284) neogotisches Gedankengut in die von ihm selbst verfasste „Estoria de España" einfließen lassen.

Ein besonderer Aspekt des Neogotismus war die Kaiseridee, die auf die Orientierung der Westgoten am byzantinischen Vorbild zurückverweist. Auch diese politische Leitvorstellung war zuerst in León beheimatet und wurde dann von Kastilien weitergetragen. Offenbar wurde der Kaisergedanke als Reaktion auf die Errichtung des Kalifats von Córdoba entwickelt, er diente aber auch dazu, den Vorrang León-Kastiliens unter den christlichen Reichen zu betonen. Besonders Alfons VI. ließ sich seit 1072 von imperialen Ansprüchen leiten; nach der Eroberung Toledos führte er ein ganzes Ensemble von Kaisertiteln: *Toletani imperii rex et magnificus triumphator; totius Espanie imperator; Adefonsus Imperator super omnes Hispaniae nationes constitutus.* Die übrigen christlichen Herrscher haben ihn in dieser Stellung durchaus anerkannt; so nannte ihn Sancho I. Ramírez von Aragón ‚Kaiser in Toledo und León'. Selbst gegenüber den muslimischen Restherrschaften, besonders in Sevilla, brachte Alfons seine Ansprüche zum Ausdruck, und durch die Fremdgläubigen selbst wurde er geradezu als ‚Kaiser der zwei Religionen' bezeichnet. Sein Enkel Alfons VII. von León und Kastilien ließ sich 1135 tatsächlich zum Kaiser krönen, nachdem er den König von Navarra sowie die Grafen von Barcelona und Toulouse zu seinen Lehnsleuten gemacht hatte. Er nahm den Titel *imperator Hispaniarum* an und fühlte sich zum Maurenkampf besonders legitimiert.

Das politische Sendungsbewusstsein, das sich bei den Königen von Asturien zuerst fassen lässt und dann durch die Reiche von León beziehungsweise Kastilien verbreitet wurde, hatte in Santiago de Compostela einen eigenen religiösen Kristallisationspunkt. Das Grab des Apostel Jakobus, das um 800 „entdeckt" worden war, entwickelte sich nicht nur zu einem der bedeutendsten Wallfahrtszentren der westlichen Christenheit, es erlaubte auch die Bildung einer landeskirchlichen Identität. Asturien und seine Nachfolgereiche konnten damit sowohl zur mozarabischen Überlieferung als auch zu französischen Einflüssen auf Distanz gehen und ihr religiöses Eigengewicht sogar gegenüber der Apostelstadt Rom in die Waagschale werfen.

Die Reconquista stellt die hervorragendste spezifische Erscheinung des spanischen Mittelalters dar; sie hat das historische Bewusstsein des spanischen Volkes gar bis heute tief geprägt. Gemeint ist mit dem Begriff die Rückeroberung des Landes von den Muslimen, doch streitet man sich in der Forschung darum, ob die Reconquista von Anfang an auch schon religiös motiviert gewesen ist. Vermutlich hat erst die von Frankreich einwirkende Kreuzzugsbewegung und der almoravidische Rigorismus das Moment des Glaubenskampfes belebt. Jedenfalls galt es stets als Pflicht und Recht der christlichen Könige, das an die Mohammedaner verlorene Land wiederzugewinnen und die politische Einheit Spaniens wieder herzustellen. Solange es noch unbefreite Regionen gab, wurde die Rückeroberung als provisorisch angesehen; mindestens seit dem Hochmittelalter gingen die christlichen Könige dazu über, ihre Interessensphären im Gebiet der Muslime unter sich aufzuteilen.

Der Reconquista als militärischer und politischer Aktion konnte die Repoblación folgen. Die Wiederbesiedlung der den Muslimen abgenommenen Regionen wurde nötig, weil die Vorbesitzer im allgemeinen geflohen oder vertrieben worden waren; die Kolonisten kamen aus dem Norden der Pyrenäen oder aus al-Andalus, seien sie nun mozarabische Christen oder arabisch-westgotische Flüchtlinge gewesen. Manchmal blieben weite Landstriche aber aus strategischen Gründen lange Zeit siedlungsleer, genutzt nur durch Wanderhirten; nördlich des Duero-Tales beziehungsweise in Galicien maßen diese Räume bis zu einhundert Kilometern Tiefe. Die Schwerpunkte der

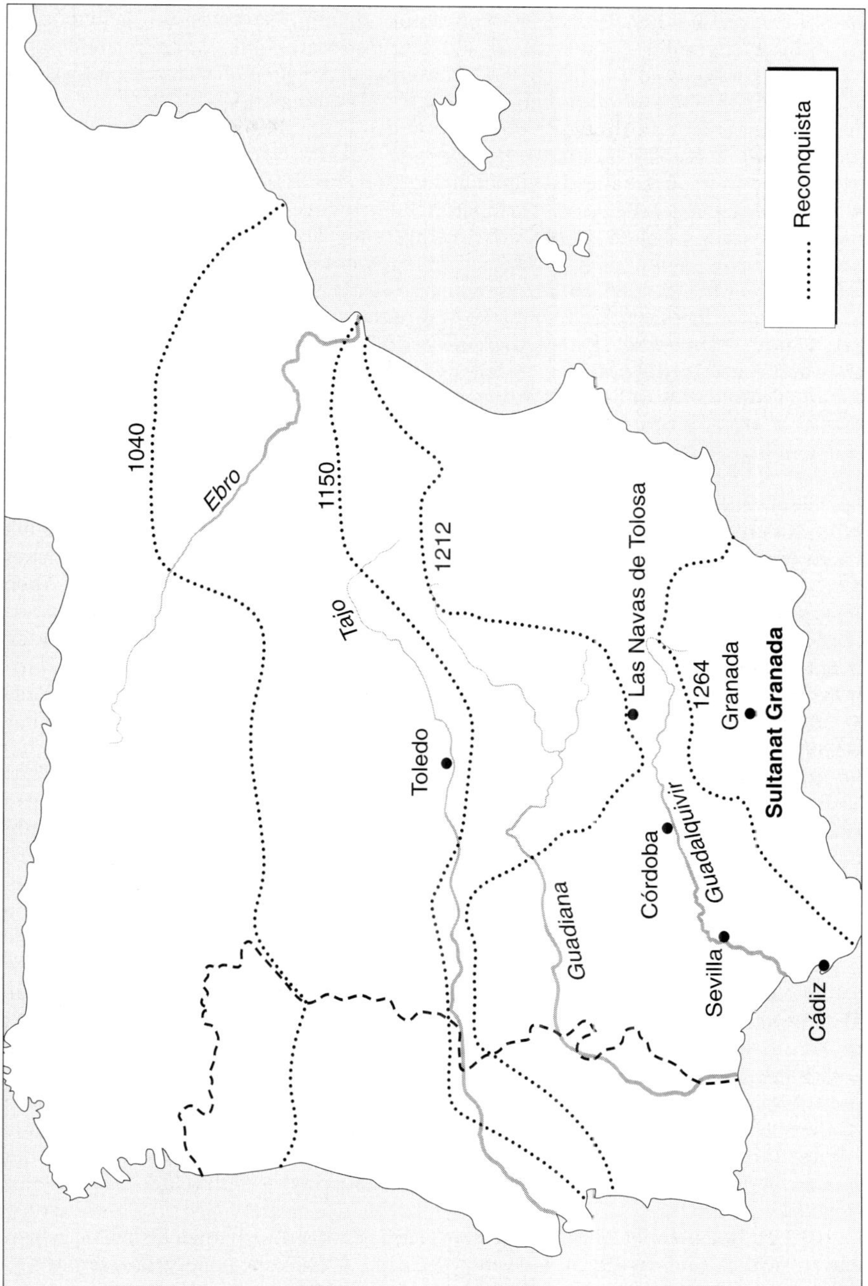

Abb. 4: *Voranschreiten der christlichen Reconquista vom 11. bis zum 13. Jahrhundert.*

Repoblación lagen bei den Herrschern von Asturien-León, Navarra und Kastilien, die zeitweise ihrerseits unter starkem Druck der muslimischen Grenzgewalten standen. In Katalonien ist die Neusiedlung bereits nach der Eroberung Barcelonas durch Ludwig den Frommen zügig durchgeführt worden (Spanische Mark, bis zum Ebro).

Die Geschichte der hochmittelalterlichen christlichen Reichsbildungen begann in Spanien mit König Sancho García III. *el Mayor* von Navarra. Sancho war der Sohn einer Prinzessin von León und hatte das jugendliche Alter des dortigen Königs Vermudo III. 1034 dazu genutzt, das bedeutende Nachbarreich hinzuzugewinnen, das in der Tradition von Asturien stand. In León krönte sich Sancho selbst zum König und übernahm von dort den Kaisertitel, den er auch auf seinen Münzen anbringen ließ. Einige Jahre zuvor hatte er sich überdies die Grafschaft Kastilien angeeignet. Die Bündelung mehrerer Herrschaften Sanchos, der von einem Zeitgenossen bezeichnenderweise auch als *rex ibericus* tituliert wurde, erlaubte bei seinem Tod eine Aufteilung unter seine Söhne: der älteste, García Sánchez III. (1035–1054), erhielt das Herzland Navarras um Pamplona und Nájera; die Grafschaft Kastilien war schon zu Lebzeiten des Vaters an den zweiten Sohn, Ferdinand *el Magno* übergegangen, während die Grafschaften Sobrarbe und Ribagorza nun an den jüngsten Sohn, Gonzalo, fielen und der Bastard Ramiro I. die Grafschaft Aragón (1035–1063) erhielt. Im Unterschied zum Plan Knuts von Dänemark, der ja im selben Jahr wie Sancho el Mayor starb, wurde die Reichsteilung hier auch verwirklicht. Die Königswürde kam zunächst nur García Sánchez von Navarra zu, doch betrachtete sich auch Ramiro als gleichrangig; mit ihm begann also die Geschichte des Königreiches Aragón, obschon dieses vorerst nur ein bescheidenes politisches Gewicht hatte. Auch Ferdinand gewann die Königswürde, als er Vermudo III. 1037 in einer Schlacht besiegte und der leónesische König fiel; Ferdinand von Kastilien konnte Erbansprüche erheben, da er mit Vermudos Schwester Sancha verheiratet war. 1038 wurde er in der Bischofskirche von León zum König geweiht und bezeichnete sich fortan als Herrscher ‚von Gottes Gnaden'. Mit der erstmaligen Vereinigung beider Länder verband sich die Königswürde von León fortan auch mit Kastilien. Allerdings war die politische Union durch Spannungen zwischen den jeweiligen Adelsgruppen gefährdet.

Ferdinand I. el Magno (1035/38–1065) glückte es auch, das christliche Reich Navarra lehnsabhängig (1054) und die vier größten Taifenreiche Saragossa, Toledo, Valencia und Badajoz sich gegenüber tributpflichtig zu machen. Die Ausdehnung León-Kastiliens ins Gebiet jenseits des Duero verschob die Balance zwischen Christen und Muslimen spürbar zugunsten der Erstgenannten. Allerdings konnte Ferdinand nicht, wie es seine Pflicht gewesen wäre, Saragossa vor einem französischen Heer schützen, das 1064 die Burg Barbastro einnahm und die Besatzung massakrierte. Der muslimische Fürst al-Muqtadir von Saragossa stellte die Zahlung der *parias* vorübergehend ein und konnte mit Hilfe Sevillas und Valencias die Grenzfeste zurückerobern. Zwei Jahre vor seinem Tod plante Ferdinand die Teilung seines Reiches unter seine Söhne. Der älteste, Sancho II., sollte Kastilien rund um Burgos erhalten und dazu die Tribute von Saragossa; erst für den zweiten, Alfons VI., war das Herzstück des alten Reiches vorgesehen, das Territorium von León selbst mit der Königsstadt Asturias de Oviedo, und dazu die *parias* von Toledo; der dritte, García, erhielt das zum Königreich erhobene Galicien-Portugal von der Biscaya hinab bis Coimbra einschließlich der muslimischen Schutzgelder von Badajoz und Sevilla.

Bis 1072 ist es dann aber Alfons VI. (1065–1109) gelungen, sich auch die brüderlichen Anteile zu sichern und das Reich des Vaters wieder zu vereinen. Dabei störte er die Ansätze Garcías zu einer Reichsbildung, zu der die Neuerrichtung des Bistums Braga hätte beitragen können (1070). Als im Nachbarreich Navarra 1076 Sancho García IV. ermordet wurde, riefen die Anhänger des Toten Alfons, aber auch den König Sancho Ramírez I. von Aragón (1063–1094) zu Hilfe. Beide teilten untereinander das Reich, das für sechzig Jahre verschwand und dessen Name in der Grafschaft Navarra fortlebte. Die Tradition von Pamplona-Navarra stärkte aber das noch junge Königtum von Aragón; Sancho Ramírez nannte sich fortan ‚König von Gottes Gnaden der Aragonesen und Pamplonesen'. Zur Absicherung seiner Stellung hatte er schon vorher bei einer Reise nach Rom sein Reich Gott und dem heiligen Petrus übertragen (1068).

Die Eroberung Toledos durch Alfons VI. am 6. Mai 1085 brachte den Christen den jahrhundertelang erstrebten Erfolg ihrer Reconquista und dem Herrscher von León-Kastilien hohen Ruhm bei Zeitgenossen und Nachlebenden, doch erlitt Alfons schon im folgenden Jahr bei Zalaca nördlich von Badajoz eine schwere Niederlage gegen die Almoraviden. Für die nächsten Jahrzehnte gewannen die Muslime die Initiative auf der Iberischen Halbinsel zurück und drängten León-Kastilien, das stärkste Reich des Nordens, in die Defensive. Dreißig Jahre hindurch versuchten die Gegner der Christen, das Taifenreich von Toledo wiederzugewinnen, und zeitweise war nur noch die belagerte Stadt selbst in der Hand der Verteidiger. Ein Appell Alfons VI. an westeuropäische Fürsten, ihm gegen die almoravidische Invasion zu Hilfe zu kommen, hatte schon 1087 zu einem französischen Kriegszug geführt, der an der Einnahme Tudelas auf dem Weg nach Saragossa gescheitert war. Schließlich nahm die innere Auflösung des muslimischen Reiches den stärksten Druck von Toledo.

Alfons VI. nutzte trotz aller Bedrängnisse den Besitz der Stadt, um seine Superiorität im christlichen Spanien zur Geltung zu bringen. 1088 erkannte Papst Urban II. die Primatialwürde Toledos an, die auf die westgotische Zeit zurückgeführt wurde. Der von Alfons eingesetzte Erzbischof Bernhard aber, ein ehemaliger Mönch des burgundischen Cluny, griff im Sinne des ‚Kaisers von ganz Spanien' in die Belange der Ortskirchen außerhalb des Reiches von León ein; einzelne Bistümer schützten sich durch päpstliche Exemtionen, bevor die Errichtung weiterer Erzdiözesen, meist im Zuge neuer Reichsbildungen, Toledos singuläre Position in Frage stellte (Braga 1100, Tarragona 1117/18, Santiago de Compostela 1120/24).

Am Ende des 11. Jahrhunderts nahmen in Spanien nicht nur die Mönche Clunys und die Santiago-Pilger „aus Europa" zu (Gruppen aus Frankreich, Italien und Deutschland nachgewiesen seit 1063/72), sondern vor allem gingen die spanischen Herrscherhäuser jetzt Heiratsverbindungen mit dem Adel im Norden der Pyrenäen ein; neben Aragón gilt dies besonders für León-Kastilien, wo Alfons VI. selbst sowie seine Töchter burgundische Ehebündnisse präferierten. Beim Tod Alfons' am 1. Juli 1109 stand für die Nachfolge allerdings nur ein männlicher Erbe zur Verfügung, sein unmündiger Enkel Alfons (VII.), Sohn seiner Tochter Urraca und eines bereits verstorbenen Grafen von Burgund. In einem finalen Kraftakt Juni 1109 hatte König Alfons deshalb Urraca selbst bei einem großen Reichstag in Toledo zu seiner Nachfolgerin proklamiert und eine Heiratsabsprache der Witwe mit König Alfons I. von Aragón *el Batallador* durchgesetzt (1104–1134). Aus dynastischer Sicht war diese Lösung vielleicht die überzeugendste Option, doch erwies sie sich in der praktischen Politik als verhängnisvoll. Die Eheleute gerieten in Konkurrenz zueinander, ja überzogen sich mit Krieg; während sich Urraca mit dem Titel *totius ispaniae regina* in die hegemoniale Tradition ihres Vaters stellte, beanspruchte ihr Gatte Alfons nun selbst den *imperator*-Titel. Die Ehe blieb unfruchtbar, und das Nachfolgeproblem schwelte weiter, auch wenn Urracas Sohn aus erster Ehe 1111 in Santiago de Compostela zum König von Galicien gesalbt und gekrönt wurde. Die dynastischen

Konflikte begünstigten die Verselbständigung regionaler Adelsgruppen, die sich vor allem in Galicien, Kastilien und Portugal, also gegen León, profilierten. In der Grafschaft Portugal experimentierte Urracas Schwester Teresa bereits mit dem Titel einer Königin, bevor ihr Sohn Alfons I. die Anerkennung seines Königtums wirklich erreichte (1139/43). Auf der anderen Seite von León-Kastilien, in Aragón, konnte der schlachtenerprobte Alfons I. ebenso das Gewicht seines Landes gegenüber der Herrschaft seiner Frau erhöhen; 1118 gelang es ihm, das Taifenreich von Saragossa zu erobern, der bedeutendste Erfolg der Reconquista seit dem Fall von Toledo und der Eroberung Valencias (1094).

Alfons VII. (1126–1157), Sohn und Nachfolger Urracas, konnte den König von Aragón zum Verzicht auf den Kaisertitel bewegen (1127) und – nach dem baldigen Hinscheiden des *Batallador* – sich in der Kathedrale von León sogar zum Kaiser krönen lassen. Selbst das Streben des Adels von Navarra nach größerer Selbständigkeit hat Alfons' Position nicht geschmälert; der dort neu installierte König García IV. Ramírez *el Restaurador* (1134–1150), der sich stolz *rex Pampilonensium* nannte, suchte wie seine Vorfahren und Vorgänger doch Anlehnung und Absicherung beim mächtigeren Nachbarreich. Aragón hingegen stürzte 1134 in eine Krise. Der kinderlose Alfons I. hatte zu seinen Erben die Ritterorden der Templer und Johanniter beziehungsweise die Chorherren vom Heiligen Grabe eingesetzt, aber Bischöfe und Notabeln seines Reiches riefen seinen Bruder Ramiro II. in Jaca zum König aus (1134–1137). Ramiro gehörte allerdings dem geistlichen Stand an, war Mönch, gar Abt gewesen und mehrfach für Bischofssitze gewählt worden; nun fand er sich bereit, die Dynastie zu retten, und vermählte sich mit Agnes von Poitou. Die schon 1136 geborene Tochter des Paares, Petronilla, wurde sogleich mit dem Grafen Raimund Berengar IV. von Barcelona verlobt, der König Ramiro ins Kloster zurückzwang und fortan als *princeps* von Aragón amtierte. Damit wurde der Aufstieg der Grafen von Barcelona vollendet, die sich unter einer Reihe von Adelsherrschaften zur Vormacht Kataloniens aufgeschwungen hatten und jetzt in einer Doppelstellung als Grafen und Könige die „Krone Aragón" zu regieren begannen. In Spanien hatten sich vier christliche Reiche mit klar erkennbaren eigenen Territorien herausgebildet (Portugal, León-Kastilien, Navarra, Aragón-Barcelona); zwar waren sie nicht vom gleichen politischen Rang, aber sie konnten von anderen auch nicht mehr absorbiert werden und galten einander als potentielle Bündnispartner. Die Hegemonie León-Kastiliens war schon unter Alfons VII. verlorengegangen, und beim Tod des Herrschers wurde das Reich gar erneut aufgeteilt. Bis 1230 sollte es dauern, dass beide Länder erneut, nun aber ständig vereint wurden.

Seit der Mitte des 12. Jahrhunderts ließen sich die spanischen Königreiche durch Heiraten ins Geflecht der europäischen Mächte einbinden. Alfons VII. von Kastilien-León hatte sich schon 1152 mit Richeza vermählt, der Tochter des polnischen Herzogs Wladislaw II., und im Jahr darauf die Heirat seiner Tochter Konstanze (aus erster Ehe) mit König Ludwig VII. von Frankreich bewirkt. Seine Nachkommen fanden ihre Partner, abgesehen von Frankreich (Blanca vermählt mit König Ludwig VIII. 1200), in England (Alfons VIII. von Kastilien vermählt mit Eleonore 1170), bei den Staufern in Deutschland (Berenguela vermählt 1188 mit Herzog Konrad von Rothenburg, dem Sohn Kaiser Friedrichs I., annulliert 1196; Ferdinand III. von Kastilien 1219 vermählt mit Beatrix, der Tochter Philipps von Schwaben) und sogar im lateinischen Kaiserreich des Ostens (Ferdinands Schwester Berenguela vermählt mit Johann, König von Jerusalem und Kaiser von Konstantinopel). Aus dem Königshaus von Navarra war bereits Margarita, die Gemahlin des späteren Königs Wilhelms I. von Sizilien, hervorgegangen (1150), die sich zeitweise als Regentin dieses Reiches bewährte, und ihre Nichte Berenguela wurde 1191 Gemahlin des englischen Königs Richard Löwenherz. Die portugiesischen Prinzessinnen Berengaria und Eleonore wurden aber die Ehefrauen von König Waldemar II. von Dänemark (1214) beziehungsweise von dessen Sohn und Mitkönig Waldemar III. (gest. 1231).

Auch die Kreuzzugsbewegung hat Spanien mit dem übrigen Europa in engere Verbindung gebracht. König Alfons I. von Portugal hatte wohl schon länger geplant, mit Hilfe anglonormannischer Flotten den Muslimen Lissabon abzunehmen, als der Zweite Kreuzzug dafür günstige Aussichten bot. Eine Seestreitmacht, die von Dartmouth im Mai 1147 mit 164 Schiffen und 13 000 Mann aus Deutschland, Flandern, der Normandie und England aufgebrochen war, landete zunächst in Porto und ließ sich dann zur Einnahme von Lissabon bewegen. Der König versprach den fremden Christen das Recht zur Plünderung der Stadt und das Lösegeld der Gefangenen. Diejenigen, die bleiben wollten, sollten Land unter Garantie ihrer einheimischen Bräuche und Freiheiten erhalten; selbst ihre Nachkommen sollten im ganzen Reiche steuerfrei bleiben. Als Lissabon nach siebzehnwöchiger Belagerung tatsächlich eingenommen wurde, wurden Stadt und Bewohner durch die Christen grausam heimgesucht; einige der Kreuzfahrer nahmen Alfons' Angebot tatsächlich an, darunter der Engländer Gilbert von Hastings als neuer Bischof. Auch beim Dritten Kreuzzug unterstützten die bewaffneten Jerusalempilger die Christen im Westen Spaniens von der See aus gegen die Muslime. Diesmal werden ausdrücklich auch Dänen unter den Waffenträgern erwähnt, die König Sancho I. von Portugal 1189 bei der Eroberung des Südens (Algarve) unterstützten. Den entscheidenden Sieg gegen die Almohaden erfochten 1212 allerdings vornehmlich die Truppen von Kastilien (ohne León) und Aragón, die nur anfangs auf dem Kriegszug auch von französischen Kreuzfahrern unterstützt wurden. In den folgenden vierzig Jahren haben die Christen Spaniens den größten Teil von al-Andalus unterworfen, darunter Córdoba (1236) und Sevilla (1248). Sultan Muhammad I. gelang es allerdings, Granada zu besetzen und das Reich der Nasriden zu begründen (1237/46), das noch bis 1492 bestehen sollte.

In den christlichen Reichen Spaniens hatte sich schon seit Beginn des 11. Jahrhunderts das Prinzip der Erbfolge im Königtum durchgesetzt; ein Recht zur Königswahl wurde hingegen nur selten geübt. Anders waren die Verhältnisse in Skandinavien. Nur in Dänemark stammten alle Herrscher des hohen Mittelalters von Sven Estridsen beziehungsweise schon von Gorm dem Alten ab, während die norwegische Dynastie erst auf Harald Hardråde zurückging und die Königswürde von Schweden im späten 12. Jahrhundert wenigstens auf zwei miteinander rivalisierende Familien beschränkt wurde. Vor allem aber konnten in den nordischen Reichen Volksversammlungen den König wählen, gegebenenfalls aus der Reihe mehrerer Prätendenten der herrschenden Sippe. Diese *Thinge* waren wohl ursprünglich eine Einrichtung von Kleinstämmen mit kultischen Funktionen gewesen und hatten sich bis ins Mittelalter behauptet. In Dänemark kam dem Thing von Viborg (Jütland) der Vorrang bei der Königswahl zu, danach mussten aber noch die Versammlungen in Ringsted beziehungsweise Roskilde (auf Seeland) und Lund (Schonen) abstimmen. Bei umstrittenen Wahlen hatten sich die neuen Könige zudem bei kleineren Landesthingen zu präsentieren. In Norwegen konnte die Wahl in verschiedenen lokalen Versammlungen vorgenommen werden; in Schweden lag die Entscheidung zunächst bei den Svear, doch mussten die neuen Könige nach der Einigung des Landes mit den Götar alle Landschaften aufsuchen und um Zustimmung in den einzelnen Thingen werben. Die an den deutschen „Königsumritt" erinnernde Reise wurde *Eriksgata* ('Erichs Weg') genannt.

Die früher konsolidierten Reiche Dänemark und Norwegen erwiesen sich bei den Erbgängen als unteilbar, so dass die Ansprüche der Nachkommen und die Wahlfreiheit der Versammlungen fast unvermeidlich zu schweren inneren Kämpfen führten. Erstaunlicherweise konnten in Dänemark auf Sven Estridsen zunächst fünf seiner Söhne nacheinander als Könige folgen (1074/76–1134). Unter Niels, dem letzten, brach aber ein Konflikt mit seinem Neffen Knut Lavard und weiteren Verwandten aus, der das Land in einen fünfundzwanzigjährigen Bürgerkrieg stürzte. Ebenso erging es Norwegen, das zwischen 1130 und 1208 immer wieder durch kontroverse Königswahlen erschüttert wurde. Hier versuchte Erzbischof Eysteinn Erlenndsson, der sich vom Vorbild der französischen Monarchie inspirieren ließ, einen Ausweg zu weisen. Eysteinn hatte sich dem Jarl Erling angeschlossen, der seinen Sohn Magnús als König durchzusetzen verstand. Um das Königtum des Minderjährigen abzusichern, konnte Erling den Erzbischof von Trondheim dazu bewegen, Magnús 1163 oder 1164 in Bergen zu krönen und zu salben; das war die erste Königskrönung in Skandinavien überhaupt. Gleichzeitig wurde eine Versammlung der Großen des ganzen Reiches abgehalten, die ein umwälzendes neues Thronfolgerecht beschloss. Danach sollte grundsätzlich dem ältesten ehelichen Sohn eines Königs die Nachfolge zustehen; in Zweifelsfällen sollten aber die Bischöfe einen besonders großen Einfluss auf die Auswahl des am besten geeigneten Kandidaten haben. König Magnús Erlingsson (1163/64–1184) gab sein Reich in einer Schenkungsurkunde Gott und dem heiligen Olaf zu eigen und nahm es von ihnen wieder als Lehen zurück. Außerdem verpflichtete er sich und seine Nachfolger zum Opfer seiner Krone. Trotz seiner erheblichen Zugeständnisse an die Kirche, der er auch – was Rom betrifft – Gehorsam versprach, liegen die Vorteile der Abmachungen von Bergen für den König auf der Hand: Die Thronfolge wurde dadurch auf seine Nachkommen beschränkt und das Wahlrecht der verschiedenen Thinggemeinschaften aufgehoben. In der für Trondheim geplanten Reichsversammlung der Bischöfe und der von diesen ausgewählten ‚weisen Männer' wurde überdies ein Instrument zur Zentralisierung des Reiches geschaffen, das auch der Königsherrschaft zugute kommen konnte. Allerdings ist die norwegische Thronfolgeordnung von 1163/64 unter dem Eindruck neuer Konflikte bald wieder aufgehoben worden.

In Dänemark hatte sich hingegen Waldemar I. (1157–1182), der Sohn Knut Lavards, nach blutigen Auseinandersetzungen gegen zwei Rivalen durchgesetzt und suchte seine Herrschaft offenbar unter Anlehnung an die norwegischen Errungenschaften abzusichern. Waldemar ließ 1170 in Ringsted die Großen (*nobilitas Danica*) seinem Sohn Knut VI. als (Mit-)König huldigen und schaltete damit das Thronerhebungsrecht der Thingversammlungen aus; gleichzeitig wurde Knut nach norwegischem Vorbild gesalbt und gekrönt. Um die Dynastiebildung in seinem Haus zu stabilisieren, ließ Waldemar ebenfalls in Ringsted seinen Vater Knut Lavard zum Heiligen erheben, obschon Dänemark ja schon einen Königsheiligen besaß. Trotz dieser Vorkehrungen zur Sicherung der Dynastie musste sich Knut VI. nach dem Tod des Vaters seine Nachfolge auf dem Viborg-Thing bestätigen lassen und sogar auf einer weiteren Versammlung im südlichen Jütland um Huldigung nachsuchen. Auch wenn Waldemar I. und seine Söhne Knut (1182– 1202) und Waldemar II. (1202–1241) Reich und Königtum auf eine nie gekannte Höhe führten, konnten die Thinge ihr Wahlrecht auf Dauer bewahren. Beim Übergang zum späten Mittelalter wiesen Dänemarks und Norwegens politische Ordnungen in verschiedene Richtungen: Drei Söhne Waldemars II. begannen Streit, der sich unter ihren Erben fortsetzte und das Reich einhundert Jahre lang entzweite. In Norwegen aber vollendete König Håkon Håkonarson (1217–1263) zur gleichen Zeit eine Monarchie mit absolutistischen Zügen: Ab 1247 wurden alle Könige, ab 1261 auch die Königinnen gekrönt. Der „Königsspiegel" von 1250 schärfte den Untertanen ihre Pflicht zum Gehorsam gegenüber dem Herrscher ein; Thronfolgegesetze von 1260 und 1273, die bei den Plänen von Erzbischof Eysteinn anschlossen, sicherten das Prinzip des Einkönigtums ab. Die Erbmonarchie war nun in Norwegen konsequenter verwirklicht als in Dänemark oder Schweden; allerdings wurde dieser Prozess auch dadurch begünstigt, dass es zwischen 1227 und 1387 nur einen König von Norwegen mit mehr als einem legitimen Sohn gab.

Die skandinavischen Thinge bildeten nicht nur wegen des Wahlrechts das Gegengewicht zu den Königen und ihren Verwandten; durch ihren regionalen, ja lokalen Einzugsbereich stärkten sie auch die kleinräumigen Lebenswelten gegen die Weite der Reichsbildung. Anfangs haben sie gar, abgesehen von der Landesverteidigung, die wichtigsten „öffentlichen" Aufgaben erledigt. Hier wurden Erbangelegenheiten und Eigentum an Grund und Boden geregelt, Sklaven freigelassen, politische Debatten geführt, soziale Kontakte jeder Art gepflegt, einschließlich des Kaufs und Verkaufs von Alltagswaren, nicht zuletzt aber auch sportliche Wettkämpfe abgehalten und religiöse Kulte befriedigt. Auf die sakrale Funktion weisen noch solche Ortsnamen wie Viborg ('Heiligtum der Berge') und Odense (‚Odins heiliger Platz') hin. Im 13. Jahrhundert haben Kirchen und Märkte eine ganze Reihe der verschiedenen Aufgaben der Thingplätze übernommen, doch blieb diesen die zentrale Rolle im Gemeinschaftsleben auch in christlicher Zeit häufig erhalten. Das Königtum musste sich beim Aufbau seiner Herrschaft über Volk und Land darum bemühen, Einfluss in den Thingen zu erlangen. Ein wesentlicher Schritt in diesem Prozess waren die ‚Gesetzesthinge' (altnorwegisch *lögthing*). In Norwegen wurden im 10./11. Jahrhundert vier solche Thinge gebildet; im Unterschied zu den *allthingen*, an denen alle freien Männer einer Landschaft teilnehmen durften, waren sie repräsentative Versammlungen. Für das älteste, das Gulathing, das für Westnorwegen zuständig war, sind beispielsweise zunächst 400 Vertreter der Landeigner bestimmt worden, die zu den jährlichen Treffen am Eingang zum Sognefjord zusammenkamen; später wurde die Anzahl reduziert. Entstanden ist das Gulathing bezeichnenderweise in der Kernlandschaft des Königtums unter Harald Schönhaar; Haralds Sohn Håkon dem Guten wird in der Überlieferung die Setzung des Rechts im Gulathing zugeschrieben, und es mag sein, dass Håkon, der am Hof König Athelstans in England erzogen worden war, die Tradition des Königs als Gesetzgeber von dort nach seiner Heimat übertragen hatte. Auch das Recht eines anderen großen Things, des *frostatings*, wird auf Håkon zurückgeführt. Das Mittel zur Durchsetzung der königlichen Prärogative in den Gesetzesthingen war die Nomination der 400 (oder weniger) Delegierten durch königliche Vertrauensleute; auch zahlreiche Kleriker, die von den königsnahen Bischöfen ausgewählt worden waren, nahmen an den Thingen teil. Allerdings konnten die Herrscher ihren Willen den Versammlungen nicht einfach oktroyieren; sie mussten vielmehr um Zustimmung werben (lassen) und die bestehenden Partikularrechte respektieren. Auf die Unterstützung einflussreicher Großer der jeweiligen Landschaft waren sie stets angewiesen. Die regionalen Rechte wiesen auch erhebliche Unterschiede auf, was sich zeigte, als man zwischen dem 12. und 14. Jahrhundert daran ging, sie schriftlich zu fixieren. In anderen skandinavischen Ländern hießen die Gesetzesthinge *landsting* (wobei mit *land* ‚Provinz', nicht ‚Königreich' gemeint ist). Über Schweden verbreitete sich die Einrichtung im späten Mittelalter auch nach Finnland.

Die regionalen Rechtsprovinzen ebneten dem einheitlichen Königreich den Weg, aber neben den Gesetzesthingen bestanden die örtlichen Versammlungen fort, die das neue Recht auch umsetzen mussten. Die Herrscher bemühten sich darum, hier Männer aus

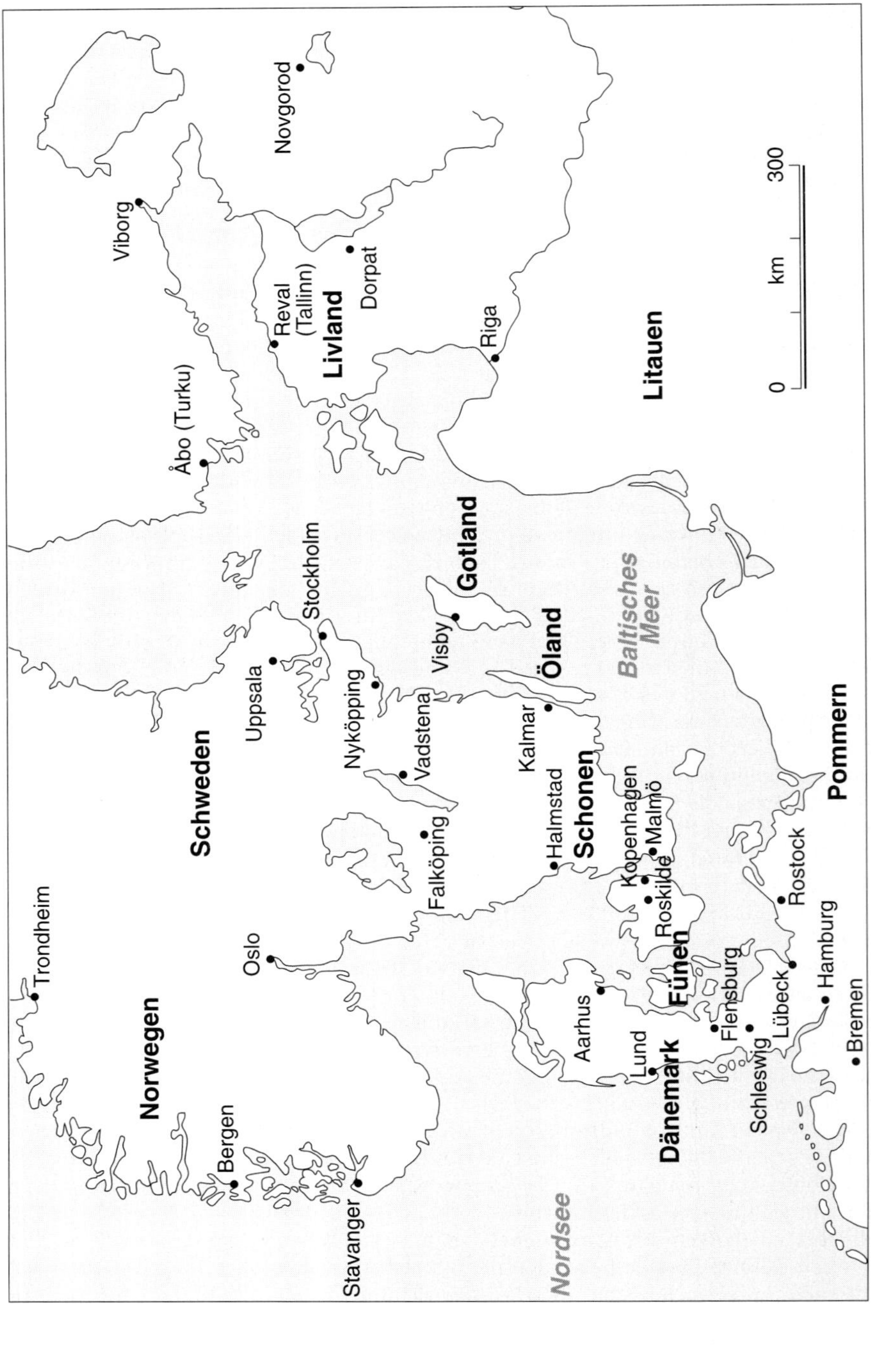

Abb. 5: *Skandinavien und das Baltikum.*

ihrem Gefolge zu platzieren oder umgekehrt lokale Führer in ihren Umkreis zu ziehen. Andererseits errichteten sie ein System kleinräumiger Verwaltungsbezirke; im dänischen Jütland begegnen diese *syssels* bereits im Frühmittelalter. Am Ende des 11. Jahrhunderts bestanden entsprechende Einheiten im ganzen Land, sie hatten die Funktion, Abgaben für den König einzuziehen, Kriegsdienste zu organisieren oder Militärsteuern zu erheben. In Norwegen und Schweden setzte sich die analoge Verwaltungsgliederung etwas später durch (13. Jh.). An den Küsten gab es eigene ‚Schiffsrechte' (*skeppslag*), also Bezirke, die die Kriegsschiffe ausstatten mussten.

Wie auf dem Kontinent verfügten die Herrscher auch in Skandinavien über keine feste Residenz, so dass sie mit ihrem Hof durch das Land ziehen und die Gastung der Untertanen in Anspruch nehmen mussten. Außerdem lebten sie von ihren Königsgütern, die aber zunehmend zur Ausstattung der Kirche verwendet wurden. Man schätzt, dass etwa in Norwegen um 1300 schon 40 % des Grundbesitzes der Kirche, nur noch 7 % dagegen dem König gehörten (Bauern 33 %, weltlicher Adel 20 %). Zum Ausgleich konnten die Herrscher Land von Aufständischen konfiszieren oder ihre Gerichtsbarkeit entsprechend nutzen; geldwerte Leistungen erzielten sie durch Zölle, Steuern und sonstige Abgaben. Seit dem Ende der Wikingerzüge hatten sie aber keine Aussicht mehr auf Beute aus der Rus', dem byzantinischen Reich oder England. Dafür versuchten sie mehr als vorher, Erträge in überseeischen Kolonien zu erzielen. Wie Schweden sich im 13. Jahrhundert in Finnland festzusetzen begann, gliederte sich nun Norwegen die Inseln Grönland (1261) und Island (1262/64) fest ein. Wichtiger war aber die Expansion Dänemarks im Ostseeraum. Schon 1147 bekämpften die Dänen die Slawen an der südlichen Ostseeküste, und 1168 eroberte Waldemar I. zusammen mit Bischof Absalon von Roskilde die große heidnische Kultstätte auf Rügen. Auch nach Pommern griff der große König aus, geriet hier aber in Konkurrenz mit dem Sachsenherzog Heinrich dem Löwen. Ein bleibender Erfolg der dänischen Aggression wurde die Eroberung Estlands 1219, dessen Bistum in Reval (Tallinn) 1232 dem Erzbistum Lund unterstellt wurde.

Die Flotte blieb also bis ins hohe Mittelalter hinein das hervorragende militärische Instrument der skandinavischen Länder. Deshalb hatten in Dänemark auch fast alle Handelsplätze und Königsburgen Zugang zum Meer, und noch in der Handfeste von 1282 wurde hier festgesetzt, dass königliche Hoftage an Orten abgehalten werden müssten, die zu Schiff erreichbar waren. In den Schiffsgestellungsbezirken wurden die Fahrzeuge gebaut, bemannt und ausgerüstet. In Dänemark war diese so genannte Leding-Flotte nach Bistümern geordnet; ähnlich wie in der deutschen Reichskirche des 10. und frühen 11. Jahrhunderts stand also der dänische Episkopat des 12. Jahrhunderts im Kriegsdienst des Herrschers. Damals begann allerdings nach Skandinavien die bewaffnete Reiterei einzudringen und die traditionellen Fußsoldaten zu verdrängen. Als Erik Emune 1134 in der schicksalsschweren Schlacht von Fotevik den Königen Niels und Magnús gegenübertrat, erwies sich sein Heer aus deutschen Soldrittern als entscheidende Waffe; Magnús und nicht weniger als fünf seiner Bischöfe fanden den Tod. In Dänemark lernte man diese Lektion schnell: Könige und Große rekrutierten Söldner zu Pferde, meist aus Deutschland; statt des herkömmlichen Militärdienstes wurde jetzt von den Freien eine Kriegssteuer erhoben. Die neue Adelsschicht, die sich nun ausbildete und ihre eigene Gefolgschaft zu Pferde dem König zur Verfügung stellte, wurde hingegen von der Steuerlast befreit. Anders war es in Norwegen. Hier fehlten einfach die räumlichen Voraussetzungen für den berittenen Kampf, auch wenn es durchaus Ansätze zur Ausbildung einer Militäraristokratie mit Burgenbau gab. Die Bauern, die traditionell die Ruderer in der Kriegsflotte stellten, blieben der wichtigste militärische Faktor des Landes und wurden deshalb steuerlich weniger belastet als im Nachbarland. Das Königtum in Schweden stellte eine gepanzerte Reiterei erst in der zweiten Hälfte des 13. Jahrhunderts auf; auch hier entstand dementsprechend ein „neuer" Adel gemeineuropäischer Prägung. Trotzdem blieben etwa 50 % des Grundbesitzes im bäuerlichen Besitz. In Finnland bildeten die Bauern sogar bis ans Ende des Mittelalters das soziale Fundament des Landes; weit über 90 % der steuerpflichtigen Grundstücke gehörten ihnen, nur 3 % den Rittern.

Die skandinavischen Könige und Magnaten führten Gefolgschaften, die man mit dem englischstämmigen Wort *hird* bezeichnete. Ursprünglich hatten die *hirdmen* rein militärische Funktionen, in Friedenszeiten wurden ihnen jedoch durch ihre Herren zunehmend Verwaltungsaufgaben anvertraut. Das königliche Gefolge war aristokratisch geprägt und setzte sich aus den führenden Familien zusammen. Bekannt aus dem dänischen Hochmittelalter sind die untereinander konkurrierenden Hvide aus Seeland und Thurgots aus Jütland (Nørlund). In Versammlungen der *hirds* konnten alle politischen Fragen von Bedeutung mit vielen oder – wie in Norwegen – mit allen Großen besprochen werden. Aus diesen Treffen entwickelten sich der königliche Rat und auch die ersten Parlamente Skandinaviens. Diese repräsentativen Versammlungen traten in Dänemark 1241 und in Schweden 1281 zusammen. Aufgabe des *Danehofs* beziehungsweise *Herredags* war es, neue Gesetze zu bestätigen, zusätzliche Steuern zu beschließen und Gericht zu halten. Vor allem aber festigten sie die Steuerfreiheit des Adels.

Nur allmählich begannen die Könige schriftlich zu regieren. Bezeichnenderweise datiert die älteste, nur kopial erhaltene Urkunde über die Schenkung eines dänischen Königs erst von 1085 und das erste schwedische Gegenstück gar von 1165. Einen Schub verlieh der schleppenden Entwicklung Waldemar II. von Dänemark. Er ordnete die königliche Kanzlei und ließ um 1231 im so genannten ‚Erdbuch' Einkünfte aus Königsgut, Hausgut, Abgaben und Zöllen aufzeichnen; auf denselben Herrscher geht auch das ‚Jütische Recht' (*Jyske Lov*) zurück, das 1241 auf der Reichsversammlung in Vordingborg erlassen wurde. Im Allgemeinen nahm die Schriftlichkeit in Skandinavien, die sich im frühen Mittelalter noch auf Runeninschriften beschränkt hatte, aber erst in der zweiten Hälfte des 13. Jahrhunderts deutlich zu.

Eine geringe Rolle im politischen Gefüge des skandinavischen Hochmittelalters spielten die Städte. Meistens handelte es sich um königliche Gründungen. Am Beginn des 11. Jahrhunderts existierten in Dänemark bereits Ripen als älteste Stadt, ferner Århus, Lund, Roskilde und Viborg; in Norwegen gab es Oslo und Trondheim. Das dänische Hedeby wurde an der Wende zum 12. Jahrhundert durch Schleswig ersetzt, während die norwegischen Könige bis dahin noch einige andere Städte errichtet hatten. Einige der Neustädte wurden weniger aus wirtschaftlichen als aus strategischen Gründen gebaut (so Konghelle am Göta Älv), und in manchen befanden sich königliche Residenzen und Münzstätten. In Schweden, wo sich die königliche Gewalt langsamer entwickelte, kam die Urbanisierung dementsprechend später. Um 1100 bestanden hier Lödöse und Skara in Götaland und Sigtuna in Svealand, und in den folgenden zwei Jahrhunderten wurden nur die innerschwedischen Gebiete mit einem dichteren Netz von Städten überzogen. In Finnland blieb Åbo bis 1300 die einzige Stadt.

Die Könige nutzten die Städtegründungen für die Einrichtung von Bischofssitzen oder zumindest für den Kirchenbau. Ursprünglich hatten sie die Missionsbischöfe auf der Umfahrt ihrer Reiche in ihrer *hird* mit sich geführt, weil die Glaubensboten als Landfremde auf ihren Schutz angewiesen waren. Bis zur Mitte des 12. Jahrhunderts stammten die Bischöfe Skandinaviens meistens aus England oder Deutschland und wurden erst dann durch einheimische Kleriker abgelöst. Natürlich versuchten die Könige, ihren Einfluss auf die Bestellung der Prälaten zu wahren, sie mussten sich jedoch mit den konkurrierenden Ansprüchen der Adelshäuser auseinander setzen. Das Bistum Roskilde beispielsweise war über ein Jahrhundert lang in der Hand der Hvide-Familie, und 1252 wurde ihr Kandidat sogar gegen den Willen des Herrschers durchgesetzt. Königtum und Adel trugen aber gemeinsam zum enormen Ausbau des gesamten Kirchenwesens bei. In Dänemark wurden vor 1200 die Holzkirchen durch Steinkirchen ersetzt; neben den Kathedralen errichtete man rund 2000 Gemeindekirchen im romanischen Stil, die noch heute bestehen. Demgegenüber hielten die Norweger an ihren Holzkirchen fest, obwohl die kanonischen Bestimmungen Steinbauten vorschrieben; etwa 800 bis 900 der Stabkirchen, die überhaupt belegt sind, stammen aus dem 12. Jahrhundert. Grundlage des Aufschwungs war auch die Einführung des Kirchenzehnts (in Schweden im 13. Jh.).

Das Wahlrecht für das Bischofsamt lag kirchenrechtlich freilich nicht beim König oder bei den Magnaten, sondern beim Kathedralkapitel. Doch dauerte es längere Zeit, bis sich diese überall gebildet hatten; in Schweden bestanden sie in allen Bistümern erst 1288. Für ihr hohes Amt mussten sich die Kleriker durch ein Studium an den großen Schulen Europas qualifizieren. So hatten Erzbischof Eskil von Lund (gest. 1181/82) die Domschule von Hildesheim und Erzbischof Eysteinn von Trondheim (gest. 1188) wahrscheinlich die berühmte Schule von St. Viktor in Paris absolviert; später bezogen die begabtesten Kleriker die Universitäten von Bologna, Paris oder Oxford. Überall konnten sie sich neben der Wissenschaft mit den Reformströmungen in der Kirche auseinander setzen und diese nach ihrer Heimat lenken. Ganz besonders die Erzbischöfe, die ja ihr Pallium vom Papst erhielten, fühlten sich Rom eng verbunden und gerieten darüber wiederholt in Konflikte mit ihren Herrschern. So war Eskil ein entschiedener Anhänger der „gregorianischen“ Reform und musste im Streit mit König Waldemar längere Zeit ins Exil gehen. In Norwegen wollte König Sverrir nicht anerkennen, was sein Vorgänger Magnús Erlingsson Erzbischof Eysteinn zugesagt hatte; insbesondere forderte er sein Mitspracherecht bei der Bischofswahl ein sowie die Freiheit bei der Nomination von Priestern an der königlichen Kapelle und anderen Kirchen. Auch der Erzbischof Erik, Eysteinns Nachfolger, musste aufgrund des Streits 1190 sein Land verlassen, bis Ende des Jahrhunderts folgten ihm gar alle seine Suffragane. Erst auf dem Totenbett lenkte der König ein. Die Kirchen in Dänemark und Norwegen gewannen durch diese Vorgänge zwar an Autorität, sie konnten jedoch nicht alle Reformanliegen durchsetzen. In Schweden, wo die königliche Gewalt schwächer entwickelt war, setzten die Bischöfe die Freiheit von allen königlichen Abgaben und auch vom Militärdienst für sich selbst und alles Kirchenland durch, ein Privileg, das über die Errungenschaften der beiden anderen Reichskirchen hinausging. Die gregorianische Forderung des Priesterzölibats konnte in Skandinavien nirgendwo erfüllt werden.

Wie in den meisten Reichen Europas war auch in Spanien das Königtum keineswegs an einen bestimmten Sitz gebunden. Versuche mancher Herrscher, an den Typ westgotischer Residenzen in Städten anzuknüpfen (z.B. León), dürfen nicht darüber hinwegtäuschen, dass die christlichen Länder agrarisch geprägt waren. Der König zog mit seinem Hof aus mehreren hundert Personen also umher, konnte allenthalben die Gastung beanspruchen, lebte aber vor allem von seinen Fiskalgütern. Die Städte der christlichen Länder waren, anders als in al-Andalus, wenig zahlreich und klein. Am Beginn des 11. Jahrhunderts bestanden lediglich in Santiago, Lugo, Astorga, León, Oviedo, Pamplona und Barcelona städtische Siedlungen, deren Gesamtbevölkerung kaum über 10 000 Menschen geschätzt wird. Dem standen im Süden, der in den Mittelmeerhandel der muslimischen Länder einbezogen war, vergleichsweise riesige Städte gegenüber:

Córdoba an der Spitze mit etwa 90 000 Einwohnern. Selbst wenn die Herrscher in Städten über Burgen oder palastartige Anlagen verfügten, wie in Barcelona die Grafen, fehlte für ihre Repräsentation doch eine imposante Kulisse. Neu gegründete Städte konnten zu Sitzen von Bischöfen werden, die örtlichen Märkte blieben aber auf den Nahhandel beschränkt. Ebenso wie das Königtum waren Kirche, Klöster und weltlicher Adel vom Leben auf dem Lande geprägt.

Der Königshof war zwar im 11. Jahrhundert einfacher strukturiert als in westgotischer Zeit, doch lassen sich unter dem übrigen Personal Notare erkennen, die für die Ausfertigung von Urkunden und die Verwaltung des Archivs zuständig waren. Im Zuge der Reichsbildungen nahm der Grad der Schriftlichkeit deutlich zu. Sind etwa von Ferdinand *el Magno*, der nach 1037 mit León-Kastilien ein größeres Land regierte als der englische König, nur 124 Urkunden erhalten – im Durchschnitt 4,5 für jedes Jahr seiner Herrschaft –, so stiegen Zahl und Quote unter seinem Sohn Alfons VI. auf 268 beziehungsweise 6 und bis zu seinem Urenkel Alfons VII. auf 924 beziehungsweise 30 an. An seinem Hof war der König umgeben von einem ständigen Rat, er versammelte aber von Zeit zu Zeit Bischöfe, Äbte, Adlige und Provinzverwalter des ganzen Reiches, die mit ihm weltliche wie kirchliche Angelegenheiten berieten und entschieden. Geregelt wurden die Errichtung neuer Bischofssitze, die Ernennung oder auch Absetzung von Bischöfen, die Gründung von Klöstern, die Disziplin des Klerus; ebenso wie der König bei dieser Gelegenheit Urkunden ausstellte, erließ er Dekrete, so wie es Alfons V. 1017 bereits mit dem „Fuero de León" getan hatte, der seine Gewalt und die Reichseinheit stärken sollte und durch die Übernahme in Rechtssammlungen eine beträchtliche Fernwirkung entfaltete. Wichtigste Aufgabe der *curia generalis* war die Gerichtsbarkeit, die sich auch auf Adlige und Geistliche erstreckte.

Grundlage des Rechts bildete nur noch begrenzt der „Liber Iudiciorum", das territoriale Recht der Westgoten; dafür kamen in den christlichen Reichen vor allem ungeschriebene Gewohnheitsrechte zur Anwendung. Sie wurden in Privilegien für bestimmte Neuansiedlungen (*cartae populationis*) berücksichtigt. Die königlichen Urkunden (*fueros*), die bis in die Mitte des 10. Jahrhunderts zurückgingen, regelten im übrigen Verwaltung, Abgaben und Leistungen, Gerichtswesen und Strafen. Prälaten, Klöster, Ritterorden und Adlige erhielten seit dem 11. Jahrhundert häufiger als im Frühmittelalter Immunitäten; die – auch erbliche – Übertragung königlicher Rechte in einem bestimmten Bezirk schloss hier Finanz- und Gerichtshoheit ein, selten dagegen das Münzrecht. Gegenüber dem königlichen Herren hatte der Begünstigte Abgaben für die Befreiung vom Militärdienst und von der Gastung zu leisten. Besonders wichtig wurde seit dem 11. Jahrhundert die Förderung des Städtewesens durch den König, denn der Gewinn muslimischer Großsiedlungen im Zuge der Reconquista und vor allem die Gründung neuer Städte zwischen Duero und Tajo veränderten die Siedlungsweise, Politik und Kultur im hohen Mittelalter nachhaltig. Die Städte wurden durch die Herrscher als Organe der Verwaltung anerkannt, und zwar unter Einschluss eines von ihnen abhängigen Umlandes. Die Verpflichtungen gegenüber dem König oder einem anderen Stadtherren (etwa Bischof oder Abt) konnten die Städte zwar niemals abschütteln, aber die *fueros* garantierten den Einwohnern die Freiheit des Besitzes, das einheitliche und gleiche Recht, die eigene Wahl der Amtsträger, die Steuererhebung beziehungsweise die Befreiung von Geldzahlungen und Sachleistungen an den Herrscher usw. Genannt wurden die Städte *concejos*, weil ihr wichtigstes Organ die Versammlung jener Einwohner war, die zum Bürgerrecht zugelassen waren. Einige *fueros* wurden zum Modell für andere Städte, so die *fueros* von Jaca (1063), von Sepúlveda (1076) und von Sahagún (1085). Der umfassendste *fuero* in Kastilien wurde 1177 durch

Alfons VIII. an Cuenca verliehen und danach an vielen anderen Orten Neukastiliens und Aragóns übernommen. Je nach Zusammensetzung der Bevölkerung schlossen die *fueros* auch die Anerkennung besonderer Gruppen, wie der Juden, Mozaraber oder ,Franken', in ihren jeweiligen Rechten ein.

König Alfons IX. berief im April 1188 eine der großen Reichsversammlungen nach dem Kloster des heiligen Isidor in León; anwesend waren der Erzbischof von Santiago, Bischöfe und Magnaten *cum electis civibus ex singulis civitatibus*. Auch wenn über die Bestellung der städtischen Delegierten und die Reichweite ihrer Kompetenzen nichts Sicheres bekannt ist, zeigt ihre Mitwirkung an den Reichsgeschäften die gestiegene politische Bedeutung der Städte an. Das Zeugnis über diese ersten *Cortes* gehört gar in die Geschichte der Repräsentativverfassung: „For the first time in European history we have unequivocal evidence of the presence of representatives of towns in a meeting of the royal council" (J. F. O'CALLAGHAN). Der Vorgang von 1188 blieb kein Einzelfall, denn Alfons hat mindestens noch zweimal eine *curia plena* in Anwesenheit von ,vielen Stadtbürgern' seines Reiches gehalten (1202, 1208). Besiedelt von freien Männern, dominierten die Städte zu jener Zeit das Land südlich des Duero bis an die Grenze zu den Muslimen und trugen hier die Verantwortung für Verwaltung und Verteidigung. Ihre Milizen ergänzten das königliche Heer und drangen häufig ins muslimische Gebiet vor. Dem Herrscher waren sie auch insofern unentbehrlich, als sie stets loyal zur Krone standen; wachsender Wohlstand durch die Entwicklung von Handel und Handwerk versprachen auch den königlichen Kassen neue Einkünfte. Auf der Versammlung von 1188 hat Alfons IX. freilich seinen Untertanen überhaupt weitgehende Rechte verliehen. Er garantierte ihnen Sicherheit für Person und Besitz sowie Gerechtigkeit für jedermann. Wer auch immer angeklagt wäre, sollte am königlichen Gericht uneingeschränktes Gehör bei seiner Verteidigung finden; nichts sollte gegen den Beschuldigten unternommen werden dürfen, bevor er schriftlich vor das Gericht zitiert wurde. Bischöfe, Adlige und *boni homines* sollten darüber hinaus weitgehende Mitsprache bei politischen und rechtlichen Maßnahmen erlangen. Diese Gesetze sind mit der englischen Magna Carta verglichen worden, zumal sich Alfons wie König Johann Ohneland einige Jahrzehnte nach ihm in ähnlichen Bedrängnissen zu den weitgehenden Konzessionen verpflichtete; er musste die Erbansprüche auf den Thron seines Vaters gegen eine Intervention des Königs von Kastilien verteidigen, während sich der tyrannische Johann rebellierenden Baronen gegenübersah. Die Dekrete von 1188 haben aber keine der Magna Carta in England gleichkommende Wirkung entfaltet.

Die herausragende Besonderheit des spanischen Mittelalters, Rückeroberung und Wiederbesiedlung des Landes der Muslime, hat selbstverständlich auch den politischen Strukturen ihr eigenes Gepräge gegeben. Die militärischen Aufgaben verschafften den Königen stets eine einzigartige Stellung, neben der sich der grundbesitzende Adel nur allmählich zur Geltung bringen konnte. Der König hatte einen Anspruch auf alles neu erworbene oder herrschaftslose Gebiet und vergab es zunächst meist an freie Siedler; erst im Laufe des 12. Jahrhunderts treten die großen Adelsfamilien stärker hervor, die als Kastellane, Verwalter königlicher und eigener Ländereien und Organisatoren der ländlichen Migration aufstiegen: die Moncada in Katalonien, die Haro von der Rioja, die Lara und die Castro in Kastilien oder die Trastamara in Galicien. Andererseits verfügten die christlichen Könige über beträchtliche Einkünfte aus den Tributen der Taifenherrscher, die sich zur Besoldung der Krieger verwenden ließen. Die verhältnismäßig reichen monetären Mittel haben dazu beigetragen, dass in den Ländern des Westens das Lehnswesen niemals vollkommen durchdringen konnte, während es in Katalonien unter fränkisch-französischem Einfluss voll entwickelt war. Militärische und andere Dienste konnten mit Geld oder mit Benefizien abgegolten werden, es gab auch die Vasallität, aber es fehlte die enge Verknüpfung der persönlichen Bindung zwischen Herrn und Mann mit dem Lehen. Vor allem sind die Lehen nie erblich geworden.

Die staatliche Differenzierung Spaniens im hohen Mittelalter wurde, ebenso wie in Skandinavien zur gleichen Zeit, durch die Kirche unterstützt, doch war dies auch hier mit einer verstärkten Einflussnahme Roms und dem Vordringen der Reformideen verbunden. Den spanischen Monarchen ist es freilich nicht vollkommen gelungen, mit Hilfe der Päpste die politischen Grenzen ihrer Reiche mit den Metropolitanbezirken zur Deckung zu bringen. Im äußersten Osten hatten die Grafen von Barcelona schon seit dem 10. Jahrhundert versucht, die Bistümer Kataloniens aus der Abhängigkeit von Narbonne zu lösen, bevor Berengar Raimund II. 1090 Stadt und Umland von Tarragona dem heiligen Petrus übertrug und Papst Urban II. dafür den Bischof von Vic zum Metropoliten von Tarragona ernannte (1091). Erst als Graf und Papst 1117/18 Bischof Oldegar von Barcelona als Erzbischof installiert hatten, konsolidierte sich die antike Kirchenprovinz aufs Neue; Oldegar führte auch ein Kapitel nach dem Vorbild der regulierten Chorherren von Saint-Ruf ein. Als die Grafen von Barcelona ihre Herrschaft mit Aragón vereinten (1137), wuchs die Zuständigkeit des Metropoliten von Tarragona mit. Zum Erzsprengel zählten die Bistümer Tortosa, Lleida (seit 1148/49) und das später wiedererrichtete Valencia (1238), während König Alfons VI. von León-Kastilien das in seinem Herrschaftsbereich liegende Bistum Burgos durch Papst Urban II. hatte eximieren lassen (1096). Andererseits gehörte der Kirchenprovinz Tarragona das kleine Nachbarreich Navarra mit seinem einzigen Bischofssitz Pamplona an. Im Westen war Braga, der antike Metropolitansitz für Galicien und Astorga, zwar bereits durch Papst Paschalis II. wieder anerkannt worden (1100), doch öffnete ihm erst Alfons I. im Zuge seiner Reichsbildung Perspektiven als Zentrum einer portugiesischen Landeskirche. Andererseits hat der neue König seinem Reich Stabilität zu verschaffen gesucht, indem er nach dem Vorbild Aragóns (1068/88) um päpstlichen Schutz nachsuchte und tatsächlich unter die ‚Erben des Apostelfürsten' aufgenommen wurde (1143); eine förmliche Anerkennung des Königreiches sprach die Kurie aber erst 1179 aus.

Besonders kompliziert waren die Verhältnisse in Kastilien-León, obwohl Alfons VI. nach der Eroberung von 1085 die Anerkennung Toledos als Erzdiözese mit primatialem Rang in Rom hatte erwirken können. Alfons' Tochter Urraca musste 1120 hinnehmen, dass der Papst auch Santiago de Compostela zur Metropole erhob und diesem gleichzeitig die Diözesen Avila und Salamanca als Suffraganbistümer unterstellte. Damit bestanden zwei Erzsitze in einem Reich, dessen innere Stabilität ohnehin nicht gesichert erschien. Treibende Kraft hinter der Rangerhöhung Santiagos war der Bischof, dann Erzbischof Diego II. Gelmírez (um 1100/1120–1140) gewesen, der zwar im Dienst der Familie Alfons VI. aufgestiegen war, dennoch vor allem das Wohl seiner Kirche im Auge hatte. Als einer der Führer des opponierenden Adels hatte er 1111 demonstrativ Urracas Sohn Alfons Raimúndez zum König von Galicien gesalbt und gekrönt, und seine Würde als Erzbischof konnte er später mit derjenigen eines päpstlichen Legaten für Galicien und Lusitanien verbinden. Auch Erzbischof Diego reorganisierte das Kathedralkapitel im Sinne der Reform. Seine Ansprüche auf Gleichstellung mit den Patriarchaten und auf den Primat in Spanien scheiterten freilich.

Die vornehmsten Bischöfe und erst recht die Erzbischöfe vieler europäischer Reiche nahmen im Mittelalter das Recht zur Salbung und Krönung der Könige wahr; dies gilt aber für Spanien nur mit Einschränkung. Nachdem in der Kathedrale von León beispielsweise Ferdinand I. 1038 und Sancho II. 1072 zu Königen und Alfons VII. am selben Ort sogar 1135 zum Kaiser geweiht beziehungsweise gekrönt worden waren, dauerte es bis 1284, dass sich mit Sancho IV. von Kastilien wieder ein Herrscher zum König krönen ließ; Sancho verzichtete aber auf die Salbung. Man hat die kastilische Monarchie deshalb geradezu als „royauté sans sacre" bezeichnet (T. F. RUIZ). Aragón, schon seit den Zeiten von Sancho I. Ramírez unter dem Schutz Roms, hatte in Peter II. (1196–1213) einen von päpstlicher Hand gekrönten König. Beim feierlichen Akt in Rom schwor er im November 1204 Innozenz III. „und der römischen Kirche einen Treu- und Gehorsamseid, umgürtete sich mit dem Ritterschwert, das er aus der Hand des Papstes empfangen hatte, begab sich mit der Verpflichtung zu einer jährlichen Zahlung von 250 *Morabutinos* in den Schutz des Heiligen Stuhls und versprach für seine Nachfolger ein Gleiches" (L. VONES). Andererseits gestand Innozenz III. zu, dass die Könige von Aragón künftig in Saragossa durch den Erzbischof von Tarragona gesalbt und gekrönt würden. Im Unterschied zu früheren Zeremonien sollte die Krönung jetzt aber mit einer eigens vom Apostolischen Stuhl erbetenen Krone vollzogen werden, damit der königliche Herrschaftsanspruch im ganzen Bereich der „Krone Aragón-Katalonien" auf eine neue Grundlage gestellt würde. Navarra erhielt ein päpstliches Salbungsprivileg 1257, Portugal gar erst im 15. Jahrhundert.

Bischöfe und Erzbischöfe wurden vor und nach der Reformzeit unter maßgeblicher Mitwirkung der Monarchen erhoben; zu schweren Konflikten mit den Domkapiteln scheint es über die Frage des Wahlrechts nicht gekommen zu sein. Der neben Diego Gelmírez bedeutendste Prälat, Bernhard von Toledo (1085–1125), arbeitete eng mit Papst Urban II. zusammen, der sein Mitbruder in Cluny gewesen war. So stattete Urban den Protegé Alfons' VI. mit dem Recht aus, alle eroberten Bistümer Spaniens zu verwalten, bis diese einen eigenen Hirten erhielten, und ernannte ihn 1093 zu seinem ständigen Legaten im ganzen Land. Bernhard besetzte das Domkapitel mit Mönchen aus Cluny oder anderen reformfreudigen Klerikern aus Südfrankreich und promovierte einige von ihnen von hier aus auf Bischofssitze. Als die Christen Valencia den Muslimen abgenommen hatten, wurde ebenso ein Mönch aus Cluny als Bischof installiert. Im südfranzösischen Einfluss auf den spanischen Episkopat der Zeit kann man durchaus eine Analogie zur Besetzung skandinavischer Bischofssitze durch Engländer oder Deutsche in der gleichen Zeit sehen. Auf Bernhard von Toledo selbst folgte einer seiner Getreuen, während die anderen beiden Metropolen Braga und Santiago zu unterschiedlichen Zeiten in der Hand von Franzosen waren; beide hatten sich aber noch Bernhards Legatengewalt entziehen können. Seit 1118 war der wichtigste Bischofssitz Portugals eine Pfründe der örtlichen Nobilität. Im Ganzen kann man sagen, dass sich die „alten" Länder Asturien, Galicien, León und Altkastilien, im Unterschied zu den neuerrichteten Diözesen der Reconquista, der Vereinnahmung durch fremde Prälaten entzogen.

Andererseits hat die europäische Einbindung der Iberischen Halbinsel bei der Besetzung der Bischofsstühle wesentlich dazu beigetragen, dass sich römische Liturgie und römisches Kirchenrecht durchsetzten. Bernhard und seine Landsleute haben auch durch Reformkonzilien den Anschluss Spaniens an die neuen Normen kirchlichen Lebens eingeschärft. Dabei ging es vor allem um die Disziplin des Klerus. Die Geistlichen wurden angehalten, eine ihrem Stand entsprechende Kleidung zu tragen, die Waffen abzulegen, Jagen – besonders die Falkenjagd –, aber auch Geldverleih zum Wucherzins zu unterlassen und die Verbote der Simonie und des Konkubinats zu beachten. Besonders die Ehelosigkeit scheint eine schwer erfüllbare Norm geblieben zu sein. Der hispanoarabische Schriftsteller Ibn ᶜAbdūn (gest. 1134) will jedenfalls Folgendes in Sevilla beobachtet haben: ‚Der Klerus ist völlig verdorben, er besteht nur aus Hurenböcken und Schwulen. Christlichen Frauen müsste es verboten werden, die Gotteshäuser außerhalb der liturgischen Feiern und der Kirchenfeste zu betreten, da sie dorthin schon aus Gewohnheit gehen, um zu essen, zu trinken und mit den Geistlichen Unzucht zu treiben. Es gibt keinen Kleriker, der nicht mindestens zwei Mätressen hätte. Dem Klerus sollte der Eheschluss erlaubt werden, wie es im Osten der Fall ist.' Auch wenn bei diesem schroffen Urteil ein unduldsamer Kritiker der Christen zu Worte kommt, sprechen auch muslimische Dichter der Zeit immer wieder von Zechgelagen und sexueller Freizügigkeit des christlichen Klerus, aber auch der Laien.

Für die hochmittelalterliche Kirchenreform sowie die politische Durchdringung und kolonisatorische Erschließung des Landes war das Mönchtum in Spanien von besonderem Gewicht. Schon Sancho el Mayor von Navarra hatte Cluniazenser herbeigeholt, um die Klöster Leyre, Oña und San Juan de la Peña zu reformieren. Sein Sohn Ferdinand I. von León widmete dem burgundischen Kloster einen Jahrestribut von 1000 Goldstücken als Memorialabgabe, den Alfons VI. sogar verdoppelte. Um den römischen Ritus in seinem Land durchzusetzen und die Reform des Klosterwesens voranzubringen, wollte sich der Monarch des alten Benediktinerklosters Sahagún am Jakobsweg bedienen. Nach Absprache mit Abt Hugo von Cluny amtierte hier zunächst der französische Cluniazenser Robert, der sich aber von den konservativen Mönchen vereinnahmen ließ und selbst im Konflikt mit Gregor VII. den mozarabischen Ritus verteidigte. Auf Intervention des Papstes wurde Robert durch den Kardinallegaten Richard von Marseille abgelöst und durch Bernhard, den späteren Erzbischof von Toledo, ersetzt. Bernhard erwirkte seiner Abtei Schutz und Exemtion Roms und beim König einträgliche Wirtschaftsprivilegien. Münzrecht und Pilgerhospiz ließen die Abtei aufblühen, so dass Sahagún über hundert Besitzungen, Kirchen und Klöster unterhielt. Alfons VI. aber wählte das Kloster zur Grablege für sich, seine drei Frauen, seine Kinder und eine maurische Nebenfrau. Der Herrscher schenkte Cluny als *imperator totius Hispani* (o. ä.) nicht weniger als fünf Abteien (1073–1081), und seine Nachkommen fügten mindestens zehn weitere Klöster hinzu. Die neueste Zusammenstellung aller Cluny unterstellten Klöster in Spanien führt insgesamt 31 Namen auf, nicht eingerechnet die Häuser, die nur unter dem Einfluss der Reformabtei in Burgund standen.

Seit Beginn des 12. Jahrhunderts traten die „weißen Mönche" des Zisterzienserordens neben die „schwarzen" Cluniazenser. Alfons VII. von Kastilien holte sie insbesondere nach Fitero (Navarra), und um die Jahrhundertmitte gab es in Spanien bereits ein halbes Dutzend Niederlassungen des neuen Ordens. Als Bestandteile eines internationalen Verbandes unterlagen die Zisterzen jährlichen Visitationen durch die Äbte ihrer Mutterklöster, während die eigenen Vorsteher am regelmäßigen Generalkapitel in Cîteaux teilzunehmen hatten. 1179/87 gründeten Alfons VIII. und seine englische Gemahlin Eleonore die bedeutende Zisterzienserinnenabtei Las Huelgas bei Burgos, die von Tulebras aus besiedelt wurde und die Funktion einer Grablege des kastilischen Königshauses übernahm. Mit Erlaubnis des Generalkapitels der Zisterzienser sorgte der Stifter dafür, dass die Äbtissin den Vorsitz aller zisterziensischen Frauenklöster in Kastilien und León erhielt; meist hatten das Amt dann Töchter aus der königlichen Familie inne.

Auch die anderen Reformorden – Prämonstratenser, Karthäuser, Augustinerchorherren, Franziskaner und Dominikaner – konnten eigene Häuser auf der Iberischen Halbinsel errichten. Besonders wichtig wurden die geistlichen Ritterorden, weil sie sich sowohl militärisch gegen die Muslime als auch in der Neuerschließung des Landes verwenden ließen. Die Templer wurden schon 1126 nach Katalonien gerufen und wirkten hier an der Kolonisation am unteren Ebro mit; in Aragón machten sie durch innovative Techniken bei der Bewässerung des Rio-Cinca-Tals von sich reden. Ebenso wie ihnen vertrauten namentlich die Könige von Aragón auch den Johannitern den Schutz und die Wiederbesiedlung der neueroberten Grenzzonen an. Die Ritterorden waren der Autorität des Heiligen Stuhls unterstellt und durch ein rationales Gefüge lokaler, regionaler und landesweiter Organisationseinheiten europaweit vernetzt. Trotzdem entstanden in Spanien eigene Ritterorden, die den spezifischen Bedürfnissen des Landes bei Reconquista und Repoblación gerecht werden sollten. Der Orden von Calatrava war vor allem auf das Königreich Kastilien ausgerichtet und unterstützte namentlich Alfons VIII. bei der Rückeroberung von Cuenca und Alarcón (1177, 1184). Nach dem großen Sieg der Christen bei Las Navas beteiligte sich der Orden militärisch und wirtschaftlich an der Einnahme wichtiger Städte in Andalusien (Baeza 1226, Córdoba 1236, Jaén 1246, Sevilla 1248), aber auch – aufseiten Aragóns – der Balearen (1229) und Valencias (1238). In León hatte König Ferdinand II. 1170 einen eigenen Ritterorden, den Jakobusorden (Orden von Santiago), gegründet. Wiederholt grenzten die Templer und Hospitaliter sowie die Orden von Calatrava und Santiago ihre Aktionsgebiete voneinander ab und vermieden so eine kräftezehrende Konkurrenz um Land- und Burgenbesitz; allerdings schränkten sie durch ihre wirtschaftliche und militärische Potenz die Macht der Monarchen ein.

Trotz aller Anstrengungen der Könige und der Ritterorden stellte die Reduktion der muslimischen Herrschaften auf Granada seit dem frühen 13. Jahrhundert die christlichen Siedler aus dem Norden vor unlösbare Aufgaben. Denn die Menschenzahl blieb zu gering. Viele der nicht befestigten Ortschaften verfielen, und die im Süden vormals blühende Intensivkultur des muslimischen Agrarsektors musste aufgegeben werden. Allerdings wurden die reichen Ernteerträge angesichts einer sinkenden Bevölkerungszahl auch gar nicht mehr benötigt. Man ging zur ausgedehnten Viehzucht über oder baute Oliven an, während sich gleichzeitig im Norden des Landes ein empfindlicher Mangel an Arbeitskräften bemerkbar machte. So wird von der Forschung eine Krise der Ansiedlungsaktionen um 1264/70 konstatiert.

2.1.6 Politische Formationen im Sog außereuropäischer Kräfte: Al-Andalus, Kiever Rus', Wolgabulgaren und Kumanen

Die Gestalt Europas wurde im hohen Mittelalter geformt durch den Meißel der Nomaden, aber umkleidet durch den Schleier des Islam; beide beschränkten Europas Entfaltung von Afrika her und nach Asien hinein. Dabei war entscheidend, dass sie die Dynamik einer ambulanten Lebensweise beziehungsweise religiösen Sendung in den Dienst einer Reichspolitik stellten. Die islamischen Staatswesen in Spanien und an der Wolga gehörten zwar zu Europa, doch umspielten sie den christlichen Leib wie ein weit flatterndes Kleid; ihren geistigen und politischen Grundlagen nach waren sie eher nach außen, dem Nahen Osten, orientiert. Islamischem Denken wäre der Begriff einer politischen oder kulturellen Einheit Europas, wenn man ihn im Mittelalter überhaupt diskutiert hätte, gewiss nicht zugänglich gewesen. Es trennte nämlich nur das ‚Gebiet des Islam' (*dār al-islām*) vom ‚Gebiet des Krieges' (*dār al-ḥarb*) und zielte auf die Islamisierung der ganzen Welt ab. Obschon die explosionsartige Ausdehnung des Islam seit dem 7. Jahrhundert von Arabien über Asien, Nordafrika und Europa eine gesamtheitliche Reichsbildung verhindert hatte, galten die Stätten Mohammeds und der Sitz des Kalifen im Zweistromland als religiöse und teilweise auch politische Orientierungspunkte für alle

Anhänger der Prophetenlehre. Außerdem kannte der Islam nicht die Trennung von weltlicher und geistlicher Sphäre und schrieb insbesondere dem Kalifen mit der Verteidigung des eigenen Gebietes auch die Ausbreitung des Glaubens und die Sorge um die Geltung des göttlichen Gesetzes zu. Eine Verselbständigung der islamischen Gemeinwesen mit der Tendenz zu säkularisierten Nationalstaaten wie bei den europäischen Reichen unter dem Dach der römischen Kirche war deshalb auch verstellt.

Allerdings schränkte die Ausbildung eigener Kalifate in Nordafrika durch die Fatimiden (909–1171) und in Spanien durch die Omaijaden (929–1031) die Führung der muslimischen Welt durch die abbasidischen Kalifen von Bagdad ein. Die Fatimiden leiteten sich genealogisch vom Propheten selbst ab und beanspruchten die universale Leitung aller Muslime, konnten dies aber niemals durchsetzen; immerhin traten sie in der Nachfolge der ebenfalls muslimischen Aglabiden auch die Herrschaft in Sizilien an und griffen bis zur Atlantikküste im Westen beziehungsweise bis nach Ägypten im Osten aus. Die Omaijaden von Córdoba, die selbst einst den Kalifat von Damaskus aus geführt hatten und dann durch die Abbasiden verdrängt worden waren, pflegten keine den Fatimiden gleichkommenden weltweiten Aspirationen. Ihr Reich war überhaupt das erste islamische Staatswesen, das sich ohne Rechtfertigung durch eine häretische Lehre – wie bei den schiitischen Fatimiden – politisch völlig unabhängig etablierte (W. Montgomery WATT). Der erste Kalif, ᶜAbd ar-Rahmān III. (912–961), hatte mit der Annahme des Titels auf die entsprechende Rangerhöhung der Fatimiden reagiert, mit denen er gleichzeitig um Stützpunkte an der maghrebinischen Küste konkurrierte; vor allem musste es ihm darum gehen, den Zuzug von Berbern aus Afrika aufrechtzuerhalten, die nicht zuletzt als Ackerbauern in al-Andalus gebraucht wurden. Mit der Abwehr der schiitischen Rivalen hatte ᶜAbd ar-Rahmān Erfolg, zumal als diese den Schwerpunkt ihrer Aktivitäten an den Nil verlegten; doch schon am Beginn des 11. Jahrhunderts zerfiel das Kalifat von Córdoba durch innere Friktionen, bis die politische Ordnung von al-Andalus zwischen 1031 und 1086 durch mehr als drei Dutzend Kleinreiche bestimmt wurde. Auch wenn sich diese „Taifenreiche" politisch und wirtschaftlich weitgehend nach außen abschotteten, suchten die Andalusianer weiterhin die Verbindung mit der übrigen islamischen Welt. Auf der ‚Suche nach dem Wissen' reisten mehr von ihnen nach dem Maghreb, nach Ifrīqiya oder dem Osten, als umgekehrt von hier Muslime nach Spanien kamen, und das, obwohl die islamische Kultur und Wissenschaft in Spanien während des 11. Jahrhunderts ihren Höhepunkt erreichten (s. unten 3.3).

Die Almoraviden, die zwischen 1086 und 1110 das ganze muslimische Spanien eroberten, und ihre Nachfolger, die Almohaden, hatten den Schwerpunkt ihrer Herrschaft in Nordafrika. In beiden Fällen handelte es sich um islamisierte Berber, die von einer orthodoxen Reformgesinnung erfüllt waren. Die Bewegung der Almoraviden stand unter der Dominanz der Ṣanhāǧa, eines nomadisch lebenden Berberstamms, während die Almohaden von sesshaften Masmūda-Berbern geprägt wurden. 1070 hatten die Almoraviden Marrakesch als ihre Hauptstadt gegründet und damit die Voraussetzungen für Hofhaltung und Zentralverwaltung geschaffen. Ihrer Herrschaftsausdehnung nach Spanien hinein ging die Einnahme Marokkos und Westalgeriens voraus. Als der bedeutende Herrscher Jūsuf ben Tāšufīn (1061–1106), der sich ‚Befehlshaber der Muslime' nannte, 1086 bei Zalaca Alfons VI. besiegt hatte, unterwarf er sich dem Kalifen von Bagdad, während ihn der Abbaside formal zum Herrscher des Westens einsetzte. Dies bedeutete auch die Einordnung Andalusiens ins Kalifat und damit einen Bruch mit der auf Selbständigkeit gegründeten „Staatsräson" des islamischen Gemeinwesens in Spanien. Der Affront trug offenbar nicht wenig dazu bei, dass die fremden Herren in al-

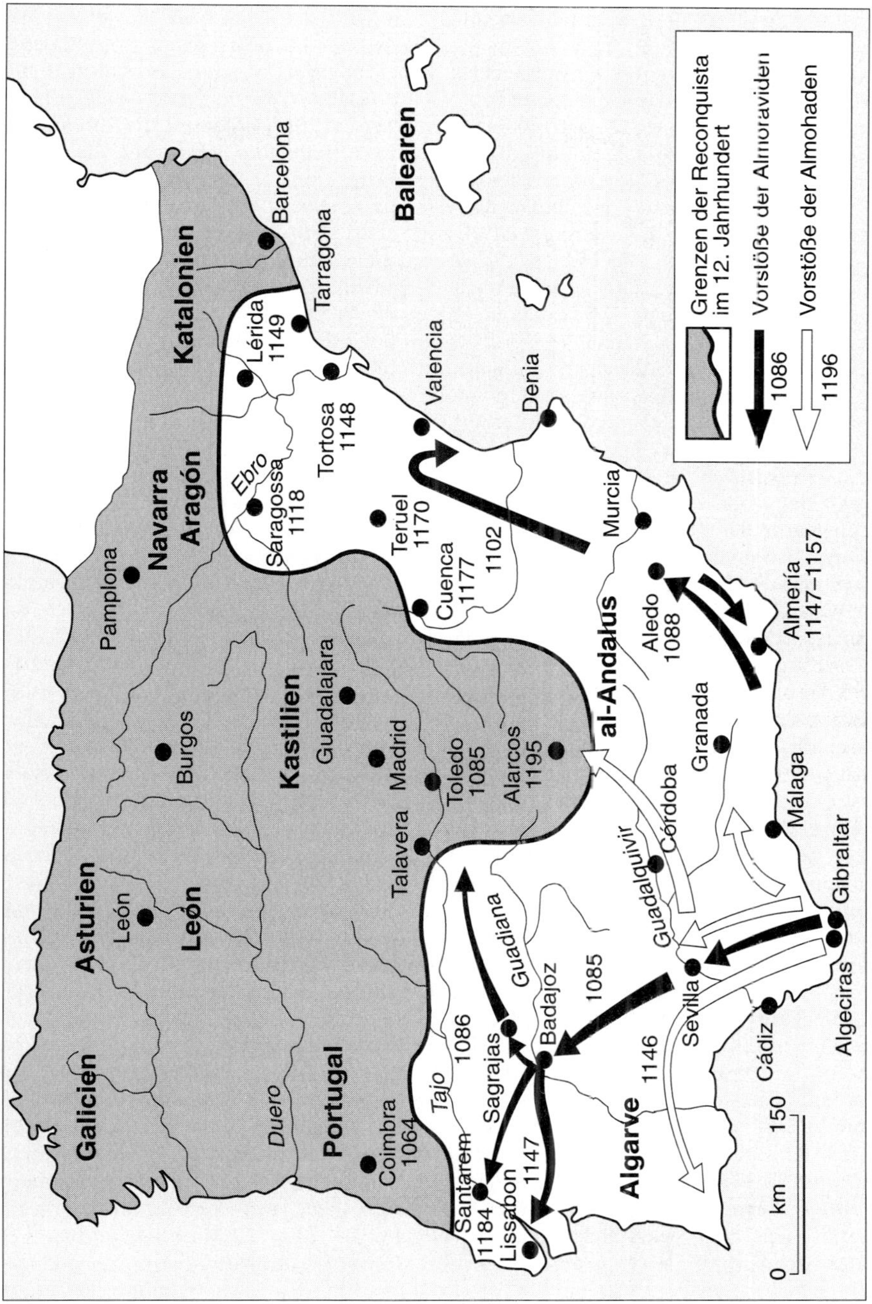

Abb. 6: Vorstöße der Almoraviden und Almohaden gegen die christliche Reconquista aus dem Norden (1086–1212).

Andalus kaum geschätzt wurden, zumal deren rigoros-gesetzestreue Auslegung der islamischen Überlieferung im luxuriösen Ambiente der kleinfürstlichen Höfe Südspaniens ohnehin Anstoß erregte. Andererseits wirkte die hispano-maurische Kultur in der Zeit der Almoraviden ins nordwestliche Afrika hinein, weil Dichter, Gelehrte und Künstler die Straße von Gibraltar nach Süden überschritten. Während die almoravidische Herrschaft in al-Andalus zerfiel und eine neue Periode von „Diadochen-Fürstentümern" anbrach (1145–1170), war es gerade diese Anpassung an den spanischen Lebensstil, der die reformistische Gegenbewegung der Almohaden provozierte. Diese eroberten 1146 Fes und Salā, im Jahr darauf Marrakesch selbst. Der almohadische Reichsgründer ᶜAbd al-Mu'min (1130/33–1163), der dem Nomadenstamm der Zanāta angehörte, und seine Nachfolger griffen auch wieder nach al-Andalus hinüber; nach einem Sieg über Alfons VIII. von Kastilien 1195 bedeutete jedoch die Niederlage von Las Navas de Tolosa 1212 den Wendepunkt. Nachdem Córdoba und Sevilla wieder den Christen zugefallen waren (1236/48) und nur noch Granada muslimisch blieb, war al-Andalus praktisch verloren, gleichzeitig löste sich die almohadische Herrschaft in Afrika auf. Erst 1269 ist allerdings Marrakesch von anderen Berbern eingenommen worden.

Noch stärker als der Südwesten Europas war der Osten von nichtchristlichen Reichsbildungen bestimmt und durch äußere Mächte bedroht. Zwischen Ural und Kaspischem Meer oder von Mittelasien über den Kaukasus drangen wiederholt nomadische Turkvölker in die Steppe am Schwarzen Meer vor, setzten dem alten Byzanz, den Ungarn und den Ostslawen zu, gründeten aber auch eigene Herrschaften. Diese waren vor allem deshalb von Bedeutung, weil sie vielbegangene Handelswege kontrollierten, den *Österled* der Waräger zwischen Skandinavien, Konstantinopel und Bagdad oder auch die westöstliche Route von Europa bis nach China. Zugleich aber haben diese Völkerschaften die Kultur des Orients an ihre Nachbarn vermittelt, bevor die ebenfalls nomadischen Mongolen Osteuropa von Asien her gründlich umgestalteten und ihrem Herrschaftsbereich einbezogen.

Am Beginn des Hochmittelalters hatte sich im Osten Europas aber auch ein christliches Reich formiert, das sich mit andersgläubigen Anrainern auseinander setzen musste. Die Slawen, die sich vom Norden der Karpaten und vom mittleren Dnepr her bis zu den Balten an der Ostsee und nach Süden über die Waldzone hinaus verbreiteten, hatten Mitte des 9. Jahrhunderts Waräger zur Herrschaft herbeigerufen. Dies sollen die gleichen Wikinger aus Schweden gewesen sein, die den Slawen vorher Tribute abgepresst hatten. Was die Waräger von jeher lockte, war es, Schutzgelder oder Beute – Sklaven, Pelze, Honig, Wachs – auf den Märkten von Bulgar und Itil' gegen das begehrte Silber aus der muslimischen Welt einzutauschen. Beide Orte waren Zentren türkischer Reiche. Itil', am Wolgadelta nahe dem Kaspischen Meer gelegen, galt als Hauptstadt der Chazaren, die gute Beziehungen mit Bagdad unterhielten; hier trafen sich die warägischen Kaufleute mit ihren Partnern aus dem Kalifat, aber auch mit jüdischen Rādānīya, die von Spanien und Frankreich kommend nach dem Fernen Osten weiterreisten. Bulgar am Zusammenfluss von Wolga und Kama (heute nahe Kazan', Hauptstadt der Republik Tatarstan) war hingegen der Mittelpunkt der „Wolgabulgaren", die vielleicht einst beim Einfall der Chazaren in den Steppengürtel nach Norden abgedrängt worden waren. Während die Chazaren von einem Khagan und einer Oberschicht jüdischen Glaubens geführt wurden, obgleich sich das Volk selbst zum Islam, zum Christentum oder zum alttürkischen Tängri bekannte, sollten die Wolgabulgaren 921/22 Muslime werden.

Das Angebot der Slawen eröffnete also den Warägern gute Aussichten, ihren Handel zu intensivieren und vor allem an die begehrten Luxusgüter aus dem Orient zu kommen, neben Silbergeld an Schmuck, Gewürze, Waffen und Kleidung. Unter ihnen waren es Rjurik und seine Brüder, die mit dem größten Erfolg die städtischen Siedlungen der Slawen entlang den nordsüdlichen Wasserstraßen besetzten. Hatte Rjurik selbst zunächst in Novgorod beim Ilmensee ein Fürstentum errichtet, so gelang es seinem Verwandten Oleg, bis nach Kiev am oberen Dnepr vorzustoßen; damit war die Verbindung zwischen Ostsee und Schwarzem Meer nahezu geschlossen, ‚von den Warägern zu den Griechen', wie man sagte. In der ‚Erzählung der vergangenen Jahre', die in der ältesten Redaktion vom Beginn des 11. Jahrhunderts stammte, wird auch die Namengebung des neuen Staatswesens begründet: ‚Diese Waräger nannten sich Rus', so wie andere Schweden heißen, wieder andere Norweger, Engländer, andere Gotländer (...). Von diesen Warägern heißt es Russland.'

Rjuriks Enkel Svjatoslav (962–973) erweiterte das Reich; in der altrussischen Chronistik wird er geradezu im Stil eines Heldenliedes als gewaltiger, unbesiegbarer Kriegsfürst dargestellt. 965 griff er die Wolgabulgaren im Osten an und zerstörte das Reich der Chazaren im Süden. Dieser Erfolg erwies sich freilich als problematisch, da er neuen nomadischen Völkern, vor allem den Pečenegen, ihre Vorstöße über Wolga und Don erleichterte. Die Pečenegen hatten bereits Ende des 9. Jahrhunderts die Ungarn nach Westen verdrängt und zur Ansiedlung im Karpatenbecken veranlasst und konnten jetzt die pontischen Steppen mit den Handelsrouten auf den Flussläufen kontrollieren. Auch in die Spannungen zwischen Byzanz und den Bulgaren wurden die Rus' durch Svjatoslavs militärische Erfolge hineingezogen. Die Ereignisse begünstigten auch die Wolgabulgaren, die die russische Attacke überstanden hatten: denn der Handel Osteuropas mit dem Kalifat, mit dem sie auch politisch und religiös eng verbunden waren, verlagerte sich nun weitgehend nach der Route über Transoxanien und die Kazachensteppe bis Bulgar an der mittleren Wolga.

In der nächsten Generation der Rjurikiden konnte der Fürst von Novgorod, Vladimir, mit warägischen Hilfstruppen bald die Gesamtherrschaft erringen und den neuen Staat konsolidieren (978/980–1015). Dabei mag das Vorbild Polens unter Bolesław Chrobry eine Rolle gespielt haben. Der Großfürst von Kiev sah sich wie andere Herrscher seiner Zeit vor die Aufgabe gestellt, verschiedene Völker unter seinem Regiment zu einen. Den Pluralismus der Chazaren nachzuahmen, empfahl sich kurz nach dem Zusammenbruch dieses Reiches kaum. Vladimir soll aber verschiedene andere Lösungen ausprobiert haben. Zunächst habe er, wie berichtet wird, oben auf den Hügeln von Kiev einen Tempel gebaut, der den Gottheiten der unterschiedlichen Bevölkerungsgruppen gewidmet war; offenbar sollten durch dieses Pantheon die Nordmänner, Slawen, Finnen, Iraner und Poljanen seines Herrschaftsbereichs gleichermaßen zur Loyalität verpflichtet und wohl auch die Gunst der verschiedenen Götter gewonnen werden. Aus unbekanntem Grund brach der Russenfürst diesen Versuch jedoch ab. Er entschied sich stattdessen für den Monotheismus, soll aber unsicher gewesen sein, welcher Religion er den Vorzug geben sollte. Das Christentum byzantinischer und lateinischer Prägung war in seiner Familie bereits bekannt, die Großmutter Olga hatte sich schon taufen lassen und in Kiev die Kathedrale des heiligen Elias errichtet. Trotzdem zog Vladimir nach dem Vorbild seiner Nachbarreiche auch Judentum und Islam in Betracht. Nach einer legendarischen Erzählung, die freilich die Spielräume Vladimirs ins rechte Licht rücken dürfte, ließ der Großfürst seine Alternativen durch Kundschafter genau prüfen. Den Islam soll er dann zurückgewiesen haben, weil Muslimen der Genuss von Alkohol verboten sei, der Gott der Juden überzeugte ihn nicht, weil er von seinem Volk den Verlust des eigenen Landes nicht abzuwenden vermocht hatte, bei den ‚germanischen', also westlichen Kirchen störte ihn die Glanzlosigkeit der Zeremonien. Als die Boten Vladimirs aber nach Konstantinopel gekommen und durch den Kaiser in die Gotteshäuser geführt worden waren, seien sie sprachlos vor Staunen gewesen: ‚Wir wussten nicht, ob wir im Himmel oder auf der Erde waren', so informierten sie den Fürsten und seinen Hof. Deshalb habe sich Vladimir, den man später ‚den Heiligen' nannte, für das östliche Christentum entschieden. Die Option für den Glauben der Griechen war freilich auch das Ergebnis praktischer politischer Überlegungen. Kaiser Basileios II. war nämlich 988 in stärkste Bedrängnis geraten; im Westen seines Reiches hatte er eine empfindliche Niederlage gegen den westbulgarischen Zaren Samuel erlitten, während im asiatischen Teil Armee und grundbesitzender Adel den Bardas Phokas bei seinem Griff nach der Kaiserwürde unterstützten. Bedroht also von zwei Seiten und selbst ohne nennenswerte Truppen hatte sich Basileios an Vladimir um Hilfe gewandt; dafür bot er dem Kiever Fürsten die Hand der purpurgeborenen Prinzessin Anna an. Noch im Frühjahr 988 trafen daraufhin 6000 Krieger aus Kiev im Kaiserreich ein, die den Usurpator besiegten und die Autorität des rechtmäßigen Herrschers wiederherstellten. Die folgende Vermählung mit Anna, die eine enorme Aufwertung Vladimirs bedeutete, setzte seine Konversion zum griechischen Christentum voraus; angeblich empfing der Fürst die Taufe in Cherson am Schwarzen Meer. Bei der Übernahme des christlichen Gedankengutes im russischen Reich waren die (westlichen) Bulgaren eine große Hilfe, weil sie die griechischen kirchlichen Texte ins Slawische übersetzt hatten. Auch westliche Einflüsse wurden jetzt aber wirksam; so hat Vladimir das erste christliche Gotteshaus in Kiev mit dem kirchlichen Zehntrecht ausgestattet, das im Westen üblich, im byzantinischen Bereich aber unbekannt war.

Vladimirs Nachfolger Jaroslav der Weise (1019–1054), der erst nach knapp zwei Jahrzehnten Alleinherrscher werden konnte, veränderte erneut das Umfeld der Rus'. 1036 bereitete er nämlich den Pečenegen eine vernichtende Niederlage. Während diese Nomaden bald über die Donau weiterzogen und sich im Kaiserreich oder bei den Ungarn ansiedelten, stießen in das Vakuum die Kumanen nach; diese sollten die Russen, die sie Polovzer (‚Steppenvolk') nannten, in der Geschichte des gesamten Hochmittelalters begleiten. Die Namen verschiedener Sprachen, die den Reiternomaden gegeben wurden, deuten wahrscheinlich auf unterschiedliche ethnische und geographische Herkunft hin, und mindestens bis Anfang des 12. Jahrhunderts hat man mit mehreren Wandergruppen zu rechnen, deren Heimat in der fernen Mongolei vermutet wird. Man unterscheidet vor allem die türkischen Qipčāq von den protomongolischen Kīmäk, die in Kiever Chroniken als ‚Kuman' bezeichnet wurden. Die Ankunft der Qipčāq/Polovzer wurde von den Rus' im Jahr 1055 beobachtet; sie hatten bereits 1043 eine türkische Variante des Islam adaptiert, so dass sie gute Kontakte zur muslimischen Welt unterhalten konnten. Die seit 1060/70 eintreffenden Kīmäk gewannen jedoch die Herrschaft über sie; zwei kumanische Clans stellten fortan je einen Vertreter für die Doppelführung des ganzen „Volkes", von denen das Khaganat bei den Öberli, die Mitregentschaft bei den Qāy lag. Selbst in den wiederholten Kriegszügen gegen die Rus' scheint das duale Herrschaftssystem aufrechterhalten worden zu sein. Das Reich der Polovzer erstreckte sich von den Grenzen Ungarns, des Kaiserreiches und der Rus' bis nach China; am Ural war es in zwei Teile getrennt. Die Russen unterschieden je nach Bedrohungsgrad die Polovzer von den ‚wilden Polovzern' (Belege von 1146–1196). Wie andere halbnomadischen Steppenhirten vor ihnen hatten die Polovzer Sommer- und Winterquartiere entlang der großen Flüsse, zwischen denen sie mit ihren Herden hin- und herzogen. Sie lebten in (zwölf?) verschiedenen, räumlich unterscheidbaren Gruppen von Lagern, die möglicherweise auf Stammes- oder Sippenzusammenhängen beruhten. Anders als die Qipčāq haben die führenden kumanischen Geschlechter offenbar eher der monotheistischen Tängri-Religion mit ihrer turkomongolischen Wolfsverehrung angehangen; aber auch der Manichäismus, das Christentum nestorianischer Prägung und der mosaische Glaube waren unter ihnen bekannt.

Die russischen Chroniken haben die Polovzer zwischen 1055 und 1240 als stärkste Bedrohung des eigenen Volkes dargestellt; es steht aber fest, dass den Rus' am Beginn des 12. Jahrhunderts entscheidende militärische Erfolge über ihre Nachbarn gelungen sind, mit reicher Beute an Pferden und Vieh, Schafen, Kamelen und auch Sklaven. Der Ruhm ihrer Siege (1103/1111) drang zu den Griechen in Byzanz, ja über Ungarn, Polen und Böhmen sogar bis nach Rom. Nach der Jahrhundertmitte lebten die Konflikte zwar wieder auf, doch lag dies vor allem daran, dass die russischen Teilfürsten in Auseinandersetzungen mit anderen Rjurikiden kumanische Hilfe in Anspruch nahmen. Im Ganzen haben die Rus' mit den Polovzern auch friedlich zusammengearbeitet; das gilt für den Handel, für die Grenzsicherung und vor allem wegen der häufigen Eheschlüsse zwischen den jeweiligen Herrscherfamilien. Mehrere russische Fürsten waren die Söhne kumanischer Prinzessinnen. Auch mit den Wolgabulgaren im Osten hielten sich Kooperationen und Konflikte ungefähr die Waage; zwischen 985 und der Mitte des 12. Jahrhunderts überwog sogar das Einvernehmen zum gegenseitigen Vorteil, besonders im Handel. Seit 1152 kam es jedoch zu militärischen Kampagnen hinüber oder herüber, bis die Rus' die Grenze zum muslimischen Reich 1220 ein Stück vorwärtsschieben konnten.

Im ganzen Hochmittelalter bestand also das christliche Reich der Rus' neben andersgläubigen Herrschaften im Osten und Süden, ebenso wie dies für das Verhältnis von christlichen und muslimischen Staaten in Spanien gilt. Während hier Almoraviden und Almohaden die Perspektive einer Afrikanisierung des Landes eröffneten, hielten dort die ungelöste Nomadenfrage und die religiösen Verbindungen mit dem Kalifat die Abgrenzung nach Asien im Vagen. Trotz ihrer Wechselbeziehungen mit Kumanen und Wolgabulgaren bemühten sich indessen die Rjurikiden, die ja selbst germanischer Herkunft waren, um enge Kontakte zu den übrigen Christen. Dabei halfen Kirche und dynastische Heiraten. Von Anfang an stand die russische Kirche unter der Kontrolle der Griechen; Jaroslav der Weise setzte zwar 1051 Ilarion, einen Angehörigen seiner Hofkirche, zum Metropoliten von Kiev ein, doch schlug dieser Anlauf zur Eigenständigkeit fehl. Schon im folgenden Jahr heiratete ein Sohn Jaroslavs eine byzantinische Prinzessin, und spätestens beim Tode des Fürsten 1054 musste Ilarion wieder weichen. Von da an bis ins 15. Jahrhundert blieb die kirchliche Oberhoheit des ökumenischen Patriarchen von Konstantinopel unangefochten. Bei diesem lag die Ernennung des russischen Kirchenführers, obschon der Großfürst Vorschläge machen konnte. Keinem russischen Kandidaten blieb die weite Reise zur Anerkennung durch Konstantinopel erspart, aber bis ins 13. Jahrhundert hinein rechnet man ohnehin mit einem starken Überwiegen des griechischen Elementes; in geringerem Maße gilt das auch für die einzelnen russischen Bistümer. Die endgültige Zuordnung der christlichen Kirche in der Rus' fiel mit dem großen Schisma von 1054 zwischen Ost und West ziemlich genau zusammen; diese Rahmenbedingungen stabilisierten natürlich den griechisch-orthodoxen Charakter des russischen Christentums weiter. Noch unter Jaroslav wurde in Kiev auch die glanzvolle Sophienkathedrale erbaut, die dem Vorbild der rhomäischen Hauptkirche der ‚Göttlichen Weisheit' nacheiferte.

Jaroslav orientierte sich aber ebenso nach dem Westen; er war ursprünglich Herrscher in Novgorod gewesen und von daher besonders auf Skandinavien und den Ostseeraum ausgerichtet. Der Fürst unternahm Kriegszüge nach Estland und gegen die Litauer,

Abb. 7: *Die Kiever Rus' im 12. und frühen 13. Jahrhundert.*

unterstützte aber auch den polnischen König Kasimir. Mit seiner Familie knüpfte er enge Heiratsverbindungen nicht nur mit dem Kaiser in Byzanz an, sondern auch zu den anderen europäischen Herrscherhäusern. Jaroslav selbst war mit einer schwedischen Königstochter vermählt; mehrere seiner Söhne nahmen deutsche Frauen, sein Sohn Iziaslav wurde verheiratet mit der Schwester des Königs von Polen, seine Tochter Anna gar mit dem französischen König Heinrich I. Aus der Ehe seines Sohnes Vsevolod mit der Byzantinerin ging Vladimir Monomach (gest. 1125) hervor, der mit einer englischen Prinzessin Mstislav, den künftigen Gemahl einer schwedischen Königstochter, zeugen sollte. Die besonders engen Beziehungen mit Skandinavien kommen auch darin zum Ausdruck, dass der norwegische König Olaf Haraldsson der Heilige 1029 bei seinem Schwager Jaroslav Exil in Kiev fand, während sein späterer Nachfolger Harald Hardråde Jaroslavs weitere Tochter Elizaveta heiratete.

Bei allen Verknüpfungen mit den christlichen Reichen Europas seit dem späten 10. Jahrhundert bleiben jedoch die wechselhaften Nahbeziehungen der Kiever Rus' mit ihren nichtchristlichen Konkurrenten und Partnern beachtenswert. Man hat sogar erwogen, ob nicht die „Orientalisierung" der Rus' dazu beigetragen habe, den Untergang des Staates beim Einfall der Mongolen zu bewältigen (O. Pritsak). Jedenfalls steht fest, dass sowohl Polovzer als auch Wolgabulgaren aus Furcht vor den asiatischen Eindringlingen Hilfe oder Anlehnung bei den Rus' suchten. Noch unter ihrem Reichsgründer Temüjīn (Činggis Khan) hatten die Mongolen das islamische Großreich des Ḫwārezmšāh in Zentralasien und Nordpersien erobert (1217–1222) und danach ein Detachement vom Süden des Kaspischen Meers über den Kaukasus geschickt. Diese „Kundschafter" besiegten die Georgier im Süden, die Osseten im Norden des Gebirges und drangen von hier in die Steppe der Polovzer ein. An der Kalka am Asowschen Meer schlugen sie 1223 ein vereintes Aufgebot der Kumanen und Rus'; der Großfürst Mstislav Romanovič von Kiev und zwei weitere Fürsten wurden von den Mongolen gefangengenommen und getötet, Mstislav Sviatoslavič von Černigov und wenigstens fünf andere Fürsten fielen im Kampf. Das Vorauskommando zog sich zurück, doch kamen die Mongolen 1229 und 1232 zurück, um Polovzer und Wolgabulgaren heimzusuchen. Der russische Fürst von Suzdal' war alarmiert, als seine Nachbarn an der Wolga neue Burgen bauten, ohne jedoch selbst mit den anderen Herrschern der Rus' wirkungsvolle eigene Verteidigungsanlagen zu errichten. 1236 zerstörten die Mongolen die meisten Städte der Wolgabulgaren und unterwarfen den Staat; ein Teil der islamischen Bevölkerung floh ins Land der Rjurikiden. Das Gleiche geschah den Polovzern. In kurzer Zeit überrannten die Mongolen auch das Reich der Rus' – Kiev selbst fiel 1240; nur Novgorod im Norden konnte sich noch eine Zeitlang behaupten, bis es 1257 ebenfalls seine lokale Autonomie an die „Tataren" verlor. Die Mongolen errichteten jetzt einen Teilstaat – die „Goldene Horde" –, der von der Donau im Westen über die Steppe bis Ḫwārezmšāh im Osten reichte. Der Khan, der allerdings dem Großkhan in Qara Qorum (Mongolei) unterworfen war, schuf an der unteren Wolga eine Hauptstadt namens Sarai, auch wenn er selbst die nomadische Lebensweise beibehielt. Die russischen Fürsten konnten ihre Herrschaft dagegen nur noch ausüben, wenn sie in Sarai oder Qara Qorum selbst durch Gnadenbriefe in ihrem Amt bestätigt wurden; im Übrigen waren sie zu Tributen und Heeresfolge verpflichtet. Im Jahrhundert nach der fürchterlichen Niederlage von 1237–1240 wurde die Rus' zu einem Bestandteil der Goldenen Horde. Allerdings duldeten die religiös eher indifferenten Mongolen die orthodoxe Kirche, wenn die Geistlichen bereit waren, für die fremden Herrscher zu beten. Die Kirche – vielleicht durch ältere Kontakte mit den Polovzern schon eingestellt auf orientalischen Lebensstil – passte sich erheblich an, konnte aber auch das religiöse Erbe bewahren und damit zur Einheit des Volkes einen unschätzbaren Beitrag leisten. Im Jahr 1261 wurde sogar in Sarai ein russisches Bistum errichtet.

Der Einfall der Mongolen und seine Folgen (Moskauer Staat) hat das Gesicht Russlands gleichwohl nach Asien gewendet und die Bindungen an den Westen geschwächt; Europas Grenzen im Osten blieben durch dieses Ereignis auf Dauer im Ungefähren. Andererseits hat der weltgeschichtliche Einschnitt von 1237/40 das einzige muslimische Staatswesen des Hochmittelalters in Osteuropa zerstört; auch wenn die Mongolen nach der Eroberung des Kalifats der Abbasiden (1257/58) unter Khan Berke überwiegend selbst den Islam annahmen, war damit eine wichtige Entscheidung über die Rolle dieser Religion und Kultur in Europa gefallen. Dies gilt umso mehr, als eben gleichzeitig auch in Spanien die letzten Bastionen der Muslime beseitigt wurden mit Ausnahme von Granada. Hier aber, im Südwesten, bedeuteten die Niederlage des Islam und der Sieg der Christen, dass die schmale geographische Scheidelinie von Gibraltar auch zur historischen Grenze Europas wurde.

Die Kiever Rus' und al-Andalus wiesen, bei allen Unterschieden der historischen Grundlagen, erstaunliche Parallelen auf; besonders gilt dies für das 11. Jahrhundert, als in Spanien die Taifenherrscher regierten. Beide Länder waren in dieser Zeit durch eine stark dezentrale Herrschaftsorganisation und ein reiches Städtewesen gekennzeichnet. Auch wenn die Rus' und das muslimische Spanien vornehmlich ländlich geprägt waren – wobei Andalusien sogar über die höchstentwickelte Agrarkultur seiner Zeit verfügte –, spielten die Städte hier wie dort eine ungewöhnlich wichtige Rolle. Für die Waräger waren Städte als Märkte besonders interessant, weil sie ja vor allem als Händler ins Slawenland gekommen waren; hier fanden sie verdichtete Siedlungen bereits vor. Vor allem drei altrussische Städte markierten dann die warägische Handelsstraße: Novgorod am Wolchow im Norden, das nach Westen über Wasser und Land Verbindungen pflegte, Smolensk in der Mitte, wo die Kauffahrer von Lovat' und Düna her das Flussgebiet des Dnepr erreichten, wo sie aber auch nach Osten in den Einzugsbereich der Wolga hinüberwechseln konnten, und schließlich Kiev am Dnepr im Süden, wo sich die nordsüdliche mit der westöstlichen Handelsstraße kreuzte und die bevorstehende Überwindung der Steppe einen Zwischenhalt nahe legte. Aber auch andere Zentren der Rus', etwa Polock, Černigov, Perejaslavl', Murom, Jaroslavl' oder Moskau, lagen an bedeutenden Flüssen. Man hat ausgerechnet, dass es im 11. Jahrhundert 89 Städte in der Rus' gab und im 12. noch einmal 134 dazugekommen seien; nach M. N. THIKOMIROV konnten sich die Rus' beim Einfall der Mongolen fast 300 städtischer Zentren rühmen. Auch wenn sich die Einwohnerzahl nicht mit denen Córdobas oder Sevillas in al-Andalus messen konnte, war sie bei den wichtigsten Zentren beachtlich. Kiev soll Ende des 12. Jahrhunderts zwischen 36 000 und 50 000 Menschen beherbergt haben, Novgorods Bevölkerung nahm wohl vom frühen 11. bis zum 13. Jahrhundert von 10 000 bis 15 000 auf das Doppelte zu. Die wichtigsten Städte wurden die Residenzen der russischen Fürsten. Nach ihnen benannte man geradezu die „Länder" oder „Fürstentümer", nicht nach abgeschlossenen Landschaften oder nach Herrscherfamilien; es hieß also ‚Novgoroder Land', ‚Kiever Land' usw. Diese Namengebung trug auch dem Umstand Rechnung, dass die Grenzen der einzelnen Herrschaften keineswegs von großer Dauer waren. Die zentralen Orte waren natürlich auch Bischofssitze; in Kiev befanden sich die Paläste des Fürsten und des Metropoliten nebeneinander auf einer Anhöhe. Unter Vladimir wurden Bistümer in Novgorod, Polock und Belgorod, unter Jaroslav in Černigov und Perejaslavl' errichtet, Rostov erhielt seinen eigenen Bischof noch im 11. Jahrhundert, Smolensk erst 1136/37. Ansätze zu einer Selbstregierung der Einwohner gab es nur in Novgorod.

Offenbar vom Ende des 11. Jahrhunderts an wählte hier das *veče*, eine Versammlung der adligen Bojaren oder der Gesamtheit aller freien Männer, den *posadnik*, dessen Kompetenzen sich mit dem örtlichen Fürsten überschnitten. Später beanspruchten die Novgoroder auch die Auswahl des Fürsten selbst aus den Rjurikiden oder die Wahl der Bischöfe (1156) beziehungsweise Erzbischöfe (ab 1165).

Im islamischen Spanien sollen rund 5 % der Gesamtbevölkerung von etwa 6 Millionen Menschen in Städten über 5000 Einwohnern gelebt haben. Neben Córdoba (90 000) und Sevilla (52 000) rechnet man mit einer ganzen Reihe weiterer Großsiedlungen: Badajoz 21 000, Granada 20 000, Murcia und Saragossa je 17 000, Toledo 28 000, sogar Jerez de la Frontera 24 000. Nach 1031 bildeten diese und rund 30 weitere Städte die Zentren von Taifenfürstentümern, oft an großen Flussläufen, wenn sie nicht die Küsten säumten. Das Herz von al-Andalus war die wasserreiche Niederung des Guadalquivir, wo sich Sevilla und Córdoba ein beträchtliches Hinterland schaffen konnten; Ähnliches gilt vom Fluss Guadiana mit Badajoz und Mérida, vom Ebro mit Saragossa oder vom Tajo mit Toledo. Dagegen waren Málaga und Almería an der Süd- und Südostküste vom übrigen Andalusien durch hohe Berge getrennt; Granada war gar auf der Sierra Nevada selbst erbaut. Von den Fürstentümern an der Küste war Valencia am bedeutendsten, westwärts begünstigt durch breitere Niederungen, die aber auch Eindringlingen den Weg bahnen konnten.

Die Bedeutung der Städte als christliche Bischofssitze sank natürlich unter muslimischer Herrschaft. Von den 27 Bistümern, die aus westgotischer Zeit im Gebiet des späteren al-Andalus bekannt sind, sind mindestens sechs nach der Eroberung verschwunden, darunter in so bedeutenden Städten wie Córdoba und Saragossa; sieben andere konnten hingegen anscheinend bis in die Zeit der Taifenherrscher überleben, wenn auch vielleicht nicht ohne Unterbrechung. Dazu gehört der muslimische Hauptort der Zeit, Sevilla, wo 937 und wieder 1144 ein mozarabischer Bischof belegt werden kann. Ein Bischof von Granada nahm am Landeskonzil von Sahagún 1118 teil; das ist deshalb bemerkenswert, weil dort unter christlicher Herrschaft gar kein Bischofssitz, vielleicht nicht einmal eine Stadt, bestanden hatte. Die Berber hatten nach dem Fall des Kalifats das Domkapitel von Elvira dorthin vertrieben und mit ihm gewiss auch den Bischof selbst. Die christliche mozarabische Gemeinschaft von al-Andalus, die um die 30 % der Gesamtbevölkerung ausgemacht haben dürfte, scheint also vital genug gewesen zu sein, um bei flexibler Anpassung an die Fremdherrschaft in beachtlichem Umfang zu überleben. Dabei muss man in Rechnung stellen, dass Mozaraber noch durch die christlichen Herrscher zur Aufsiedlung des Nordens in größerem Umfang weggeführt wurden; Alfons I. von Aragón *el Batallador* soll beispielsweise 10 000 von ihnen bei der Durchdringung des von ihm eroberten Taifenreiches Saragossa eingesetzt haben.

Irgendeine Form der Selbstverwaltung war den Städten von al-Andalus fremd; die Amtsträger – Stadtpräfekt (*ṣaḥib al-madina*), Richter (*qāḍī*) und Marktaufseher (*al-muḥtasib*) – wurden vom Herrscher bestellt. Nicht zuletzt hat die Konzentration des Militärwesens auf die Städte dazu beigetragen, dass aber hier schon am Beginn des 11. Jahrhunderts lokale Fürstentümer entstanden. Die ‚Könige der Parteiungen' (arabisch: *mulūk aṭ- tawa'if*) wurden vollends unabhängig, als eine Ratsversammlung der Magnaten in Córdoba 1031 beschloss, das Kalifat abzuschaffen. Der Zeitzeuge Ibn Bassām berichtet, dass jeder der Provinzgouverneure an sich riss, was in seiner Hand lag. Genauer beschrieb ᶜAbd Allāh al-Zīrī, was geschah: ‚Als die Dynastie der ᶜĀmiriden an ihr Ende kam und das Volk ohne *imām* zurückblieb, erhob sich jeder Führer in seiner Stadt, verschanzte sich, auf seinen eigenen Vorteil bedacht, in seiner Burg, warb Soldaten an und hortete Geld; untereinander aber bekämpften sie sich bis aufs Blut und jeder missgönnte dem Anderen das Seine.' Im einzelnen lassen sich Berberdynastien und Herrscherhäuser arabischer Herkunft von ,slawischen' Dynastien vor allem an der Ostküste unterscheiden; denn in der Hochzeit des Kalifats und bis zu dessen Ende waren immer wieder Berber oder aber ,Slawen' (*Saqāliba*) zur Auffrischung und zum Ausbau der Armee angeworben worden. Die genaue geographische Herkunft der ,Slawen', die ursprünglich unfrei waren und häufig kastriert wurden, ist unbekannt, doch waren sie wohl meist Christen, die vom nördlichen Europa über den Hafen Pechina bei Almería eingeführt worden waren. Die Stadtstaaten selbst waren multiethnisch zusammengesetzt. Sevillas Bevölkerung beispielsweise bestand zum großen Teil aus Arabern, aber die Rolle der Stadt als Handelszentrum zog auch andere Menschen an, darunter Juden. Offenbar gab es hier sogar eine Minderheit normannischer Abkunft, die sich seit dem 9. Jahrhundert angesiedelt hatte. Nach missglückten Einfällen in die Halbinsel waren die Nordleute hier geblieben, hatten sich zum Islam bekehrt und waren Bauern geworden. Neben der christlichen Minderheit gab es ferner *muwalladūn*, also zum Islam konvertierte Christen beziehungsweise Juden. Ähnliche Mischverhältnisse herrschten in der Stadtbevölkerung von Córdoba. Die neuen Herren selbst bildeten Dynastien, die freilich ihre Position meist nur über zwei bis drei Generationen behaupteten. Bedeutend waren die arabische Herrscherfamilie der Abbadiden in Sevilla, die Aftásiden von Badajoz, die berberstämmigen Zīrīden beziehungsweise die auf sie folgenden arabischen Nasriden von Granada sowie die ebenfalls arabischen Hūdiden von Saragossa, die auch die Taifenreiche von Tudela, Lérida und Tortosa annektierten. Die Fürsten selbst regierten ohne religiöse Legitimation, wie es ein Titel wie *imām* impliziert hätte; der Kalifentitel begegnet nur noch bei den Hammūdiden, die in Algeciras, Málaga und Ceuta herrschten, ohne dass dies viel bedeutet hätte. Stattdessen nannten sich die Kleinfürsten etwa *mālik*, *sāhib* und manchmal *hājīb*, was ursprünglich die Bezeichnungen abhängiger Hofwürden waren. Erst Jūsuf ben Tāšufīn nannte sich wieder mit dem expliziten Kalifentitel *amīr al mu' minīn*. In seinem zentralisierenden Staatswesen, das die Zeit der Taifenherrscher ablöste, betraute er Söhne und Großsöhne mit der Verwaltung von Städten und Provinzen. Den Zeitgenossen blieben die Differenzen zwischen den Sozialbindungen der eingesessenen „Andalusianer" und der Neuankömmlinge aus Afrika nicht verborgen. So schrieb ein vornehmer Araber aus Sevilla 1086 an Jūsuf: ,Unter uns, den Arabern von al-Andalus, sind die Stämme aufgelöst; ihre Einheit ist zerstört und ihre Blutsbande sind verloren. Wir leben hier nicht als Stämme, sondern als versprengte Scharen ohne Verwandtschaft oder Freundschaft.' Für Almoraviden und Almohaden bildeten hingegen noch Stammesverbände die Basis für Lebensform und Herrschaftsordnung.

Im europäischen Osten aber, also im Reich der Rus', schwächten sich vom 10. bis zum 12. Jahrhundert die Unterschiede zwischen den Stämmen oder Völkern deutlich ab. Besonders in den Städten glichen sich die Slawen und Finnen, Skandinavier, exilierten Chazaren und durchreisenden Byzantiner offenbar weithin an, wie sich an ihren jeweiligen Kleidungsgewohnheiten und Grabbräuchen ablesen lässt. Regionale Differenzen überlagerten ein gemeinsames kulturelles Fundament, das die herrschende Sippe der Rjurikiden gelegt hatte. In der Zeit Vladimirs des Heiligen war nicht nur die Konversion zum Christentum vollzogen worden, sondern damals hatte auch die systematische Erfassung der Völker und Länder durch die Fürstenfamilie begonnen. Vladimir verteilte seine Söhne mit ihren Gefolgschaften über das Land, um Stammeshäuptlinge zu verdrängen und das Gebiet des Reiches nach außen besser zu schützen. Hatten vorher die unterworfenen Stämme je für sich an die Rjurikiden ihren Tribut entrichtet, so begann jetzt die Verschmelzung aller im Zeichen der gemeinsamen Religion und des Herrscherhauses. Auch wenn der Kiever Rus' feste Außen- und auch Binnengrenzen weiterhin fehlten, wurde das Land von seinen Bewohnern zweifellos seit der Wende zum 11. Jahrhundert zunehmend als Einheit empfunden.

Abgesehen von Religion und Kirche bildeten die Rjurikiden selbst die entscheidende Klammer. Die Rus' wurde aber nie ein Zentralstaat unter der Herrschaft eines einzigen Fürsten, sondern sie blieb ein Gebilde aus halbselbständigen Gemeinwesen, die von Generation zu Generation verschiedene Gestalt annehmen konnten. Unbestritten war nur – und zwar wohl bis zum Einfall der Mongolen – die Führungsrolle Kievs, dessen Herrscher vielleicht schon in Jaroslavs Zeiten den Titel ‚Großfürst' führte. Bei der schwierigen Frage der Nachfolgeregelungen achtete man offenbar darauf, keine Kinder zur Herrschaft gelangen zu lassen; deshalb folgten häufig (erwachsene) Brüder aufeinander. In diesem System des Seniorats kam es trotzdem immer wieder zu Onkel-Neffen-Konflikten, und zwar weit über den Kiever Staat hinaus bis zur Zeit Moskaus im 15. Jahrhundert. Entgegen der herrschenden Forschungsmeinung, nach der die Prinzipien der Nachfolge letztlich ungeklärt geblieben sein sollen, hat die amerikanische Osteuropahistorikerin Janet Martin eine durchaus sinnvolle Anpassung der Regeln an die laufenden politischen Ereignisse rekonstruiert. Danach war jedenfalls am Ende des 11. Jahrhunderts endgültig geklärt, dass die Herrschaft Angehörigen der Rjurikiden vorbehalten war, die zudem meist einer einzigen Generation entstammten und gemäß dem Prinzip des Seniorats aufeinander folgen, also zwischen den regionalen Zentren rotieren konnten; der Thron von Kiev selbst stand aber nur den Söhnen des hier residierenden Großfürsten offen.

Unter Vladimir Monomach begannen sich dann die einzelnen Fürstentümer deutlicher zu konturieren; besonders gilt das für jene Zweige der Rjurikiden, die keine Aussicht auf den ersten Rang hatten (z.B. die Linie von Polock). Während der Schwerpunkt politischer Herrschaft zunächst bei Kiev und den benachbarten Städten Černigov und Perejaslavl' lag, verschoben sich im 12. Jahrhundert die Gewichte stärker an die Peripherie, nämlich nach Volhynien und Halič im Südwesten sowie nach Rostov im Nordosten. Besonders wichtig wurden dabei der sechste Sohn von Vladimir Monomach, Jurij Dolgorukij (1125–1157), Fürst von Rostov, und sein Sohn Andrej Bogoljubskij (1157–1175). Jurij bevorzugte als Residenz die Stadt Suzdal', Andrej aber die Stadt Vladimir, so dass ihr Fürstentum häufig als Suzdal'-Vladimir bezeichnet wird. Der Dolgorukij-Zweig der Rjurikiden dehnte den Bereich seiner Herrschaft nach Norden und Osten aus, was unter anderem auf Kosten der Wolgabulgaren ging, dominierte aber zeitweise auch das alte Novgorod. Im Innern förderten Jurij und seine Nachkommen das Städtewesen; unter ihnen wurde wohl auch Moskau gegründet, das 1147 erstmals erwähnt wird und dessen Kreml 1156 eine Befestigung erhielt. Andrej konzentrierte sich auf den Ausbau Vladimirs nach dem Vorbild Kievs und Konstantinopels; hier errichtete er ein halbes Dutzend Kirchen und ein ‚Goldenes Tor', wie es in Kiev bestand. Die Hauptkirche der Stadt sollte sogar Sitz eines Metropoliten werden, was aber am Widerstand des Patriarchen von Konstantinopel scheiterte. Analog zur Zehntenkirche in Kiev wurde das Gotteshaus mit reichen Gütern und Abgaben vom Bodenertrag und Handel ausgestattet. Vor allem entführte Andrej 1155 ein berühmtes Bild der Muttergottes byzantinischen Ursprungs aus Vyšgorod bei Kiev nach Vladimir und schmückte es mit Silber, Gold, Edelsteinen und Perlen. Diese ‚Muttergottes von Vladimir' sollte, später nach Moskau verbracht, zum Nationalheiligtum der Russen werden. In der Umgebung Vladimirs, in Bogoljubovo, errichtete der Fürst auch eine kaisergleiche Residenz.

Es passt zu diesem Aufstieg der Fürsten von Vladimir-Suzdal', dass Andrej sogar seine Hand auf Kiev selbst legte. Nachdem schon eine ganze Reihe von dynastischen Konflikten und Krisen das 12. Jahrhundert erschüttert hatten (1132/34, 1146/59, 1167ff.), nahm eine von Andrej Bogoljubskij entsandte Armee die Hauptstadt der Rus' ein; der Großfürst floh, während die Eroberer Kiev drei Tage plünderten. Andrej ließ sich aber nicht selbst zum obersten Herrn der Rus' erheben, sondern installierte hier einen seiner Brüder. Diese Heimsuchung Kievs hat schon die Zeitgenossen erschüttert, und auch für viele Historiker gilt das Ereignis als Wendepunkt in der frührussischen Geschichte; dabei zieht man eine direkte Linie von 1169 nach 1240. Jedenfalls dürfte feststehen, dass Andrej dem Ansehen Kievs und des Großfürstentums schwer geschadet hat. Er brachte freilich durch seine autoritäre Herrschaft seine eigenen Gefolgsleute gegen sich auf; am 28. Juni 1175 drangen zwanzig von ihnen in sein Schlafgemach ein und ermordeten ihn. Sein Bruder und Nachfolger Vsevolod (1177–1212) interessierte sich nicht mehr für die dynastischen Angelegenheiten in Kiev; er konzentrierte sich wieder ganz auf die eigene Herrschaft und auf die benachbarten Fürstentümer von Rjazan', Murom und Novgorod. Gleichwohl blieb die politische Lage in Kiev instabil bis zur Einnahme der Stadt durch die Tataren.

Die Teilfürsten trieben ihre eigene Außenpolitik, wenn sie auch gelegentlich – bezogen auf die Polovzer – eine gemeinsame Abwehrfront zustandebrachten, um ‚das russische Land vor den Heiden (zu) verteidigen'. Im Allgemeinen orientierten sie sich auf die Kooperation und die Auseinandersetzung mit ihren unmittelbaren Nachbarn im Norden (Skandinavier, Litauer), Westen (Polen, Ungarn), Osten (Wolgabulgaren) oder Süden (Kumanen). Der weite europäische Horizont aus der Zeit Jaroslavs des Weisen verengte sich im 12. Jahrhundert; zwar pflegten die Rjurikiden weiterhin Heiratsverbindungen mit auswärtigen Königshäusern, aber jetzt griffen sie nicht mehr bis Frankreich oder England aus, sondern beschränkten sich auf ihr nächstes Umfeld. Ihre wichtigste Stütze im Innern war ihre Gefolgschaft, die *družina*. Schon der byzantinische Kaiser Konstantin Porphyrogennetos hatte beobachtet, dass die Fürsten zusammen mit ihrem Gefolge jährlich die unterworfenen Länder bereisten, um die Tribute einzusammeln; später übertrugen sie diese Aufgabe aber ihren Söhnen oder anderen Vertrauensleuten. Die *družina* bestand vor allem aus bewaffneten Männern, die beim Fürsten blieben, wenn sich die Aufgebote der Städte oder angeworbene Söldner nach Kriegszügen wieder zerstreuten. Die Angehörigen des Gefolges berieten den Herrscher auch in politischen Angelegenheiten und bei der Verwaltung; sie wurden mit der Beute von erfolgreichen militärischen Expeditionen entlohnt oder durch Gebühren der Untertanen, bei denen sie im Auftrag des Fürsten Administration oder Gerichtsbarkeit ausübten. Die Rjurikiden wurden auch als Gesetzgeber aktiv. Die älteste chronikalische Überlieferung will wissen, dass erst die Bischöfe Vladimir den Heiligen darüber aufklärten, dass er das Böse zu ahnden, das Rechte aber zu belohnen habe; auch hätten sie dem Herrscher gezeigt, wie er Strafen monetär nutzbar machen und mit den Einkünften sein Gefolge unterhalten könne. An die Stelle der lokalen Gewohnheiten setzten die Rjurikiden im Laufe der Zeit ein Gesetzbuch in verschiedenen Redaktionsstufen (*Russkaja Pravda*). Bei den Bischofssitzen wurden auch kirchliche Gerichtshöfe eingerichtet, die vornehmlich zur Bekämpfung des Heidentums, dann aber vor allem zur Durchsetzung der christlichen Heirats- und Ehevorschriften sowie des Familien- und Erbrechts dienten.

Die soziale Basis der Kiever Rus' bildeten die Bauern (*smerdy*), die bis ins 12. Jahrhundert offenbar überwiegend frei waren und in Dorfgemeinden (*vervi, miry*) lebten. Die ländlichen Kommunen hatten sowohl eine räumliche wie eine sippenförmige Struktur;

ihre Mitglieder partizipierten am gemeinsamen Weideland und Wald, an Fisch- und Jagdrechten. Ihre Steuerpflichten konnten sie in eigener Verantwortlichkeit regeln; die Smerden waren nur dem Fürsten gegenüber zu Abgaben verpflichten, die vor allem aus Tributleistungen der unterworfenen Ostslawen an die Waräger abgeleitet worden waren. Erst im hohen Mittelalter zeichnet sich die Feudalisierung der Bauern durch Grundherrn, etwa durch Klöster, ab. Wenn der Fürst einem Kloster Land schenkte, wurden das Land ‚Kirchenland' und die Bauern ‚Kirchenleute'. Zu den Kirchenleuten gehörten auch die so genannten *izgoj*, die man am besten mit den abendländischen *pauperes* vergleichen kann. Dabei handelte es sich wohl um „Menschen verschiedener Herkunft und verschiedenen Standes, deren gemeinsames Merkmal es war, dass sie aus der ihnen angestammten Lebensordnung auf irgendeine Weise herausgefallen waren" (G. Stökl). In einer Quelle des 12. Jahrhunderts werden als Beispiele erwähnt ein Popensohn, der nicht lesen und schreiben gelernt hat und der daher den Beruf des Vaters nicht ausüben kann, ferner ein Sklave, der sich freikauft, und der Kaufmann, der Bankrott gemacht hat. Eine spätere Ergänzung der Quelle fügt den verwaisten, das heißt den um sein Fürstentum gebrachten Herrscher hinzu: ‚Alle diese nahm die Kirche in ihre Fürsorge und unter ihr Gericht.' Während des 11./12. Jahrhunderts beanspruchten auch Bojaren, also Adlige, oder andere hochrangige Mitglieder der fürstlichen Gefolgschaft Besitzrechte an Land. Während sie selbst in befestigten Städten lebten, übertrugen sie ihre Güter Verwaltern, die sie durch Sklaven oder vertraglich gebundene Arbeiter bestellen ließen. Im 13. Jahrhundert verschwinden die Smerden und die Izgoj allmählich aus den Quellen; das hing wohl damit zusammen, dass sie auf dem jetzt zunehmenden Großgrundbesitz nivelliert wurden.

Die Zeitspanne zwischen der Christianisierung der Rus' von 988 und dem Tod Vladimirs Monomach 1125 bildete den Höhepunkt der russischen Geschichte des Mittelalters; näherhin hat sich die Alleinherrschaft Jaroslavs des Weisen von 1036 bis 1054 in der historischen Erinnerung als „Goldenes Zeitalter" niedergeschlagen. Tatsächlich wurden damals das russische Gesetzbuch zum ersten Mal kodifiziert, in Kiev die Kirche der ‚Heiligen Weisheit' mit Schule und Bibliothek erbaut und engste Beziehungen zum übrigen Europa gepflegt. Der Metropolit Ilarion erklärte (um 1050) gar euphorisch, die Kiever Rus' sei bekannt bis ans Ende der Welt. Neben dem Bau steinerner Kirchen setzte der planmäßige Ausbau von Wohnhäusern und befestigten Wallanlagen ein unter Einschluss des ‚Goldenen Tores', so dass Kiev Vorbild für anderen russischen Städte werden konnte. Man erinnert sich in diesem Zusammenhang an das Wort des Bremer Geschichtsschreibers Adam (nach 1072), dass die Hauptstadt der Rus' mit der Kaiserstadt Konstantinopel konkurriere, der höchsten Zierde Griechenlands (*metropolis civitas est Chive, aemula sceptri Constantinopolitani, clarissimum decus Greciae*). Während der Großfürst die Kirche förderte, unterstützte diese seine Herrschaft. 1072 wurden Boris und Gleb kanonisiert, rjurikidische Prinzen, die in dynastischen Kämpfen umgekommen waren; das bedeutete eine sakrale Aufwertung des Herrschergeschlechts selbst. Ferner entstanden Heiligenleben und Mönchsviten, und vom Wirken der vorbildlichen Christen kündeten in den Gotteshäusern Ikonen und Mosaiken. Zuerst eiferte von allem Novgorod im Norden dem Beispiel Kievs nach; in dieser Handelsstadt wurde schon Mitte des 11. Jahrhunderts die Schrift für tägliche Geschäfte verwendet. Nach neueren Berechnungen wurden in Novgorod auch zwischen 1138 und 1237 mehr Wohnhäuser errichtet als sonst wo im Reich der Rus' (24 %). Beim Kirchbau taten sich hier nicht nur die Fürsten, sondern besonders auch die Bojaren hervor. Überall förderten Fürsten und andere Mitglieder der Oberschicht das Klosterwesen. Die Mönchsgemeinschaften wurden aber nicht so sehr auf dem Lande als in der Nachbarschaft der Städte angesiedelt. Viele von ihnen bildeten Zentren literarischer und erzieherischer Tätigkeit; es wurde viel abgeschrieben, gesammelt und übersetzt. Im so genannten Höhlenkloster bei Kiev, das 1051 gegründet wurde, wurden die verschiedenen Versionen der wichtigsten Schriftquelle für die Frühzeit der Rus' verfasst, der ‚Erzählung der vergangenen Jahre'. Begonnen um 1030, arbeiteten mindestens sechs Chronisten an dem Werk weiter, darunter die Mönche Nikon (um 1073) und Nestor (um 1113). 1118 hat die „Nestorchronik" ihre endgültige Fassung erhalten. Am kulturellen Aufschwung der Rus' hatten die Großfürsten ganz persönlichen Anteil; so legte schon Jaroslav in seinem Testament für seine Söhne Prinzipien für eine Regierung fest, die dem Land den Frieden seiner eigenen Zeit erhalten würde. Und Vladimir Monomach, der seinen Untertanen nach einer drückenden Herrschaft 1113 erneut ein Jahrzehnt der Gerechtigkeit und des Aufschwungs brachte, schrieb ebenfalls eine Denkschrift ‚für seine Kinder und alle, die sie lesen könnten'. Darin ermahnte er die Söhne, nicht zu vergessen, wie nützlich ihre schon erworbenen Kenntnisse seien, die sie freilich auch ausbauen sollten, wo Mangel herrsche; und er erinnerte sie daran, dass sein eigener Vater Vsevolod zwar immer im eigenen Land geblieben sei und dennoch fünf Sprachen beherrscht habe. Das Fundament aber einer frommen und gerechten Regierung seien Gottesfurcht und Barmherzigkeit: ‚Vor allem vergesst die Armen nicht und erlaubt den Mächtigen nicht, einen Menschen zu verderben! – Wenn ihr einen Eid schwören sollt, euren Brüdern oder wem immer, so prüft euer Herz, ob ihr ihn auch halten könnt, und dann erst schwört; aber wenn ihr einmal geschworen habt, dann haltet den Eid, damit ihr nicht durch Eidbruch eure Seele verderbt. Den Segen der Bischöfe, Priester und Äbte nehmt gerne an. – Vor allem aber habt keinen Stolz im Herzen und im Sinne, sondern lasst uns sprechen: Sterbliche sind wir, heute leben wir und morgen sinken wir ins Grab; alles, was du uns gegeben hast, ist nicht unser, sondern dein, du hast es uns für eine kleine Weile anvertraut.' Und im Rückblick auf seine eigene Herrschaft konstatierte der Fürst, zugleich normgebend für seine Söhne: ‚Was eigentlich meine Leute hätten tun müssen, habe ich selbst getan – im Krieg und auf der Jagd, bei Nacht und bei Tage, bei Hitze und bei Kälte, und ich habe mir keine Ruhe gegönnt. Auf die Statthalter habe ich mich nicht verlassen und nicht zugegeben, dass die Mächtigen einen geringen Bauern oder eine arme Witwe kränken.'

Zur gleichen Zeit wie die Kiever Rus' erlebte auch al-Andalus sein „Goldenes Zeitalter"; zwar setzte die Blüte der Kultur hier schon am Kalifenhof der Omaijaden ein, aber den nachhaltigsten Schub gaben doch erst die Taifenreiche mit ihren Patronagemöglichkeiten für Literatur und Dichtung an zahlreichen Höfen. Mit den Almoraviden und Almohaden brach die glanzvolle Entfaltung der Wissenschaften und Künste aber keineswegs ab. Neben den Muslimen selbst trugen vor allem die Juden zum kulturellen Aufschwung bei, während die mozarabischen Christen an diesem erst zögernd, dann aber umso wirkungsvoller partizipierten.

Die Juden bildeten im muslimischen Reich Spaniens eine kleine, aber wirkmächtige Minderheit; man schätzt ihre Zahl Mitte des 11. Jahrhunderts auf etwa 60 000 Menschen oder 1 % der Gesamtbevölkerung. Überwiegend, wenn nicht ausschließlich lebten sie in den Städten und hier in eigenen Quartieren; beruflich verlegten sie sich auf Handel und Gewerbe, aber auch auf die Medizin. Ihre weitreichenden Verbindungen und Sprachkenntnisse prädestinierten sie für den diplomatischen Dienst bei den muslimischen Herren und für den Außenhandel. Ihre Rabbis wurden von der fremdgläubigen Obrigkeit anerkannt, doch bestellte diese aus den Juden einen übergeordneten *nasi*, dem die Taifenherrscher königliche Vollmachten übertrugen. Schon am Hof der Omaijaden hatte ein jüdischer Arzt die Stelle eines leitenden Ministers bekleidet, und auch sonst wurden den Juden öffentliche Ämter anvertraut, vor allem im Münz-, Steuer- und Zollwesen; in Granada lösten sich der Jude Samuel ibn Naġrila (1037–1056) und dessen Sohn Joseph sogar in der Stellung des Wezirs ab. Allerdings verstieß es gegen den Koran, Nichtmuslimen Herrschaftsrechte über die Gläubigen einzuräumen; gewiss trug das dazu bei, dass Joseph nach einigen Jahren ermordet wurde. Die Juden waren ohne Zweifel die am stärksten literarisierte Gruppe der spanischen Halbinsel; ihre Religion verlangte wenigstens von den männlichen Mitgliedern der Gemeinden das Studium der Bibel, des Talmud und des Midrasch. Um 1060 war die Talmudschule von Granada berühmt bis nach Nordafrika, Sizilien, Ägypten, ja bis Babylon und Jerusalem. Salomo ibn Gabriol, den man in Mitteleuropa Avicebron nannte (etwa 1021–1070), trat als Dichter und vor allem als Verfasser eines neuplatonisch geprägten philosophischen Werkes hervor, das den Christen als christlich galt und auf die Scholastik einwirkte. Die Glanzzeit des sephardischen Judentums erlosch freilich jäh mit einem 1066 in Granada ausgebrochenen Aufstand; in diesem ersten hochmittelalterlichen Judenpogrom größeren Ausmaßes sollen der aufgebrachten islamischen Mehrheit über 1500 Familien oder 4000 Menschen zum Opfer gefallen sein. Das Haupt der Judengemeinde wurde gekreuzigt (s. unten 3.2.2). Unter den intoleranten Almoraviden und Almohaden verschlechterte sich die Lage der Juden weiter; in Córdoba brannte beispielsweise 1135 das jüdische Viertel. In einem Traktat über die öffentliche Verwaltung in Sevilla hat der in Diensten der Almoraviden stehende Ibn ᶜAbdūn die Juden und Christen mit Aussätzigen gleichgesetzt und verlangt, dass sie ein unterscheidendes Zeichen auf der Kleidung trügen. Die Almohaden verfolgten die Juden selbst und ließen Synagogen zerstören; wer sich nicht zum Islam bekehrte, musste nach Norden ausweichen, entweder noch in islamische Städte wie nach Saragossa, oder ins christliche Spanien. Andere emigrierten nach Nordafrika und den Nahen Osten. Zu diesen gehörte der in Córdoba geborene Moses ben Maimon, genannt Maimónides (1135–1204), einer der bedeutendsten Denker des Mittelalters überhaupt. Wie die meisten jüdischen Intellektuellen schrieb Maimónides in arabischer Sprache; er kommentierte die Mischna und trug unter Rückgriff auf Aristoteles Wesentliches bei zur Verselbständigung der Philosophie. Nach der Eroberung seiner Heimatstadt 1148 durch die Almohaden zog er mit seiner Familie einige Jahre durch die Halbinsel; nachlassender Druck auf die Juden führte dann zu seiner vorübergehenden Ansiedlung in Fez in Marokko, bevor er nach Fusṭāṭ (Altkairo) weiterzog und zum politischen und religiösen Oberhaupt der ägyptischen Juden wurde. Der Ruhm des Rabbis als Mediziner und Pharmazeut übertraf unter seinen Zeitgenossen bei weitem sein Ansehen als Philosoph; so genoss er hohes Ansehen als Arzt am Hof Saladins in Kairo während der siebziger Jahre. Andere jüdische Literaten tendierten unter den verschlechterten Lebensbedingungen zum kulturellen Separatismus. Der Dichter Jehuda ha-Levi aus Toledo verglich in seinem bedeutendsten Werk „Kusari“ die drei Religionen Christentum, Islam und Judentum miteinander, indem er eine Reihe von Dialogen im Reich der Chazaren fingierte. Dem Judentum kam nach seiner Botschaft der Vorrang zu wegen Gottes Bund mit seinem Volk, der heiligen Torah und der besonderen Bindung an Palästina. Ha-Levi forderte seine Glaubensgenossen auf, ihre Einzigartigkeit anzuerkennen und der Anpassung an Christen und Muslimen zu widerstehen. Kurz vor seinem Tod (1150) entschloss er sich, selbst nach Palästina zu ziehen, das er aber nie erreichte.

Bei den Muslimen entfaltete sich das Mäzenatentum an den Höfen der Taifenherrscher, während in der folgenden fundamentalistischen Periode die Moscheen als Zentren der Exegese dominierten; im ganzen Zeitraum aber blieb es dabei, dass oft dieselben

Literaten sich als Poeten, Naturwissenschaftler, Theologen und Philosophen zugleich betätigten. Zu den Schriftstellern zählten die Herrscher selbst; jedenfalls haben sich die Fürsten von Sevilla, al-Muᶜtaḍid (1042–1069) und dessen Sohn al-Muᶜtamid (1069–1092), in den konventionellen Formen arabischer Lyrik hervorgetan. Selbst ein berühmter Theologe wie Ibn Hazm (994–1064) schrieb auch Liebesgedichte. Es war aber das Hauptverdienst der muslimischen Gelehrten, die Werke der klassischen Wissenschaft und Philosophie an den Westen zu vermitteln. Das Corpus griechischer Literatur, das noch heute erhalten ist, war im 8. Jahrhundert in Damaskus oder im 9. in Bagdad ins Arabische übersetzt und seither in *dār al-islām* kontinuierlich kommentiert worden. Das muslimische Spanien erbte diese Tradition; so wurden die antiken Werke der Ptolomäus, Galen oder Euklid zusammen mit den Schriften nahöstlicher Gelehrter wie al-Battānī zur Astronomie oder al-Ḫwārizmī zur Algebra angeeignet. Die Mathematik und das Zahlensystem der Inder, das im 9. Jahrhundert in Bagdad adaptiert worden war, konnte ebenfalls seinen Weg über die Iberische Halbinsel in den Westen finden. Dem philosophischen Werk der Griechen standen die Muslime – ebenso wie die Juden – hingegen aus religiösen Gründen skeptisch bis feindlich gegenüber. Abū al-Walīd studierte beispielsweise neben Galen auch die Abhandlungen des Aristoteles und übernahm von diesem Elemente der Logik und Ethik, lehnte aber die Metaphysik ab; denn die These des Griechen von der Ewigkeit der Welt war mit der Offenbarung unvereinbar. Im 12. Jahrhundert verarmte das geistige Leben durch die Vertreibung jüdischer und mozarabischer Intellektueller; die künstlerische und wissenschaftliche Produktion wurde im Ganzen traditioneller; trotzdem beschäftigte man sich weiterhin mit der Überlieferung der Griechen und der Anwendung persischer und indischer Mathematik und Astronomie. In der Dichtkunst wurden gar zwei neue Formen erfunden (*muwaššah, zağal*). In der Elite verbreitete sich aber vor allem die Prosa weiter, mit dem Schwerpunkt Philosophie und Theologie; auch historische Werke entstanden in größerer Zahl, sind indessen meist nur durch spätere Exzerpte oder gar Erwähnungen fassbar. Der Literat Ibn Tufail, der Wezir und Leibarzt des almohadischen Emirs Abū Yaᶜqūb (1163–1184), förderte besonders Ibn Rušd, der im lateinischen Westen als Averroës (1126–1198) berühmt wurde. Ibn Rušd stammte aus Córdoba und war wie viele seiner Kollegen ein Universalgelehrter. Das Œuvre umfasste neben Religion und Philosophie auch Medizin, Astronomie, Philologie und Recht; sein Patron verschaffte ihm auch die Stellung eines *qādī* in Sevilla und Córdoba, bevor er die Rolle eines Hofarztes übernehmen konnte. Ibn Rušd wurde freilich der Häresie beschuldigt, man verbrannte seine Werke und trieb ihn 1195 ins Exil. Dabei wurde der Vorwurf erhoben, er habe in Anlehnung bei Aristoteles die Philosophie als Weg zur Wahrheit propagiert, auch wenn sie mit der Offenbarung in Konflikt gerate.

In der ersten Hälfte des 12. Jahrhunderts begannen sich auch im christlichen Spanien Zentren der Wissenschaft zu formieren, in Barcelona, Tarazona und vor allem in Toledo. Die zunehmenden Pilgerfahrten nach Santiago hatten die Europäer jenseits der Pyrenäen wohl auf das blühende intellektuelle Leben im muslimischen Spanien aufmerksam und neugierig gemacht; jetzt suchten sie mit muslimischen, jüdischen und auch christlichen Gelehrten Kontakt vor Ort und begannen, die Schätze Griechenlands, Indiens, Persiens und des Islam ins Lateinische zu übertragen. Der Italiener Plato von Tivoli arbeitete zum Beispiel zur Zeit von Raimund Berengar IV. (1131–1162) in Barcelona an der Übersetzung eines astronomischen Traktats von al-Bättānī („De motu stellarum"); ebenso übertrug er ein Werk des Ibn al-Saffar über das Astrolab (11. Jh.) und das „Quadripartitum" des Ptolomäus. Seine Vorlage war jeweils eine jüdische Übersetzung aus dem Arabischen, die Abraham bar Hiyya angefertigt hatte. Das wichtigste Übersetzungszentrum war aber die Grenzstadt Toledo im Pontifikat des Erzbischofs Raimund (1125–1152). Von diesem erbat Petrus Venerabilis von Cluny eine Übersetzung des Koran – ein Indiz, welches Interesse am Islam nun geweckt war, auch wenn es dem christlichen Abt natürlich um die Bekehrung der Muslime ging. In Toledo wurde Gerhard von Cremona tätig, und zwar über die Lebenszeit seines Förderers hinaus bis um 1187. Der Gelehrte aus Italien war für nicht weniger als 87 Übersetzungen verantwortlich, einschließlich der „Physik" des Aristoteles, Euklids „Elementen", des „Almagest" des Ptolomäus sowie al-Kindis „De Intellectu" und „De Quinque Essentiis". Eine zweite große Periode der Toledaner Übersetzertätigkeit fiel ins 13. Jahrhundert. Die Kulturkontakte der christlichen Abendländer griffen sogar über Spanien hinaus bis nach Nordafrika. In Tunis, wo die Almohaden Kaufleuten aus Italien und Aragón Handelsniederlassungen erlaubt hatten, konnten Dominikaner 1250 gar ein *Studium arabicum* errichten; es diente der Erforschung des muslimischen Schrifttums in der Originalsprache und bestand immerhin zwanzig Jahre lang. Aragón versuchte wegen der bestehenden Verbindungen Papst Innozenz IV. davon abzuhalten, einen Kreuzzug nach Tunis zu unternehmen; als der französische König Ludwig IX. der Heilige 1270 gleichwohl ein Kreuzfahrerheer dorthin führte, erreichte er militärisch zwar nichts, zerstörte aber diese „vielversprechenden Aussichten auf eine gegenseitige Durchdringung und Befruchtung von christlicher und muslimischer Kultur" (T. NAGEL). Trotzdem hat der kulturelle Austausch der Christen mit Juden und Muslimen auf spanischem Boden im Hochmittelalter einen unschätzbaren Beitrag zur geistigen Formierung Europas geleistet, zumal ihnen hier neben der griechisch-antiken Wissenschaft und Philosophie auch die indische Mathematik mit dem so genannten arabischen Zahlensystem vermittelt wurde.

2.1.7 Ein Experimentierfeld fürstlicher Herrschaft: Von der Ostsee zur Adria und nach Sizilien

Östlich der deutschen und nördlich der byzantinischen Grenzen konnten sich im hohen Mittelalter kaum Königreiche etablieren, wie dies ja schon bei der Rus' zu sehen war. Im breiten Landstreifen Mitteleuropas zwischen Ostsee und Adria gelang dies aber den Ungarn, ihrer Herkunft nach Ugrier aus dem Uralgebiet, die auf ihrer Wanderung in den Westen Elemente der türkischen Lebensweise aufgenommen hatten. Sie hatten sich seit 895 im Karpatenbecken angesiedelt; ihr Anführer Árpád begründete eine Dynastie, die sie bis 1301 regieren sollte. Die Árpáden trugen die Königskrone von der Jahrtausendwende an und verstanden es, das überkommene Erbfolgeprinzip des Seniorats durch die Primogenitur abzulösen (erstmals 997, durchgesetzt 1163). Bei der Rangerhöhung des ersten Königs, Stephans des Heiligen, hatten Papst Silvester II. und Kaiser Otto III. zusammengewirkt. Auch bei den benachbarten slawischen Völkern der Böhmen und Polen waren einzelne Fürsten, zum Teil mithilfe des ostfränkisch-deutschen Herrschers, Könige geworden, ohne dass diese Akte traditionsbildend wurden (Polen: Bolesław Chrobry 1000, ders. und sein Sohn Mieszko II. 1024/5, Bolesław II. 1076; Böhmen: Vratislav II. 1086, Vladislav II. 1158). Dabei regierten hier ebenso wie bei den Ungarn jahrhundertelang dieselben Herrscherhäuser, in Böhmen die Přemysliden (etwa 900–1306), in Polen die Piasten (10. Jh.–1370; in Masowien und Schlesien noch länger). Die Přemysliden waren Lehnsleute des deutschen Königs und verblieben mit Land und Volk sogar noch im Verband des deutschen Reiches, als sie 1198/1212 die erbliche Königswürde errungen hatten. Polen wurde zwar seit etwa 1000 als Einheit empfunden, und die Piasten galten als *domini naturales*, von denen die *salus Poloniae* abhing; doch wurde die hochmittelalterliche

Periode hier durch Teilfürstentümer bestimmt (1138–1370). Diese Zersplitterung konnte erst im 14. Jahrhundert überwunden werden, als die *Corona Regni Poloniae* zum transpersonalen Symbol des Reiches avancierte. Bei Polen wie Böhmen herrschte, ähnlich wie in der Rus', bei der Nachfolgeordnung lange das Senioratsprinzip.

Weiter im Norden brachte es das slawische Volk der Pomoranen zwischen Oder und Weichsel nie zu einem eigenen Königtum. Die Fürsten waren stets abhängig von Polen (etwa 960–1034, ab 1121/22), dem deutschen Reich (1046, ab 1135) oder von Dänemark (1185–1227); seit dem frühen 12. Jahrhundert regierte die Dynastie der Greifen (bis 1637), die unter Kaiser Friedrich I. und dann wieder im späten Mittelalter ihr Herzog- beziehungsweise Fürstentum vom Reich zu Lehen nahmen. Ansätze zu einer Königsherrschaft hat es im 11./12. Jahrhundert bei den Ostseeslawen zwischen Elbe und Oder gegeben. Der Chronist Helmold von Bosau (1168/72) kennt hier mehrere *principes* und *principatus* der Slawen, betont aber auch, dass die Ranen oder Rugianen, die Bewohner Rügens, der einzige Stamm sei, der einen König (*rex*) habe. Nach seinem Zeugnis beanspruchten die Ranen den Vorrang unter allen Nachbarn und machten unterworfene Slawenstämme ihrem Heiligtum zinsbar. Gleichwohl habe der Slawenfürst von Lübeck mit dem deutschen Namen Heinrich die Ranen unterworfen (1101?). Diese leisteten ihm Tribut, ebenso wie die Wagrier, Polaben, Obodriten, Kessiner, Zirzipanen, Lutizen, Pommern und ‚alle Slawenvölker' (*universae Slavorum naciones*), die zwischen Elbe und Ostsee lebten und sich bis zum Polenlande ausdehnten; Heinrich aber sei im ganzen Land König genannt worden. Nach Streitigkeiten um seine Nachfolge habe der dänische Königssohn Knut (Lavard) von Kaiser Lothar (III.) das Obodritenreich gekauft: ‚Und der Kaiser setzte ihm die Krone aufs Haupt, dass er König über die Obodriten sei, und nahm ihn als Lehnsmann an.' Als Knut von seinem Rivalen um das dänische Königtum ermordet worden war, kämpften wieder einheimische Große um die Fürstenwürde (*principatus*), bevor der Sachsenherzog Heinrich der Löwe ‚das ganze Land der Slawen' unter seine Herrschaft brachte. Damit waren endgültig die Weichen für eine Eingliederung der Slawen an der südlichen Ostsee ins Reich gestellt.

Die ostseefinnischen Völker der Liven und Esten ebenso wie die baltischen Prussen wurden im Zuge der Mission geistlichen Herrschaften unterworfen. Bei den Liven hatte der Segeberger Chorherr Meinhard 1184 in Üxküll an der Düna eine Kirche errichtet; auch wenn er sich politisch nicht weiter abgesichert hatte, wurde er durch den Erzbischof von Hamburg-Bremen zum Bischof geweiht. Meinhards Nachfolger, der 1199 gesalbte Albert aus dem Kreis der Bremer Domherren, plante wohl von vorn herein die Errichtung eines geistlichen Territorialfürstentums in Livland. Er verschaffte sich eine Kreuzzugsbulle des Papstes und warb ritterliche Vasallen sowie Ministerialen an. Im Sommer 1200 erschien er mit Glaubensboten, Kreuzfahrern und Kaufleuten an der Dünamündung; schon in den beiden folgenden Jahren gründete er die Stadt Riga und verlegte dorthin den Üxküller Bischofssitz. Einer seiner Begleiter schuf zu seiner Unterstützung auch einen Ritterorden, die *fratres miliciae Christi de Livonia*. Diese ‚Schwertbrüder' sollten dem Bischof als Streitmacht direkt zur Verfügung stehen, während die Kreuzfahrer der Befehlsgewalt des Papstes unterworfen waren. Mit Hilfe des Ordens schritt die Eroberung des Landes nach Norden rasch voran; 1207 war die Unterwerfung der Liven und auch der (baltischen) Letten vollendet. Bischof Albert trug sein Bistum nun dem deutschen König Philipp auf, um es von diesem zu Lehen zu nehmen; damit war er eine rechtliche Bindung ans Reich eingegangen. Schwertbrüder und Kreuzfahrer versuchten, auch die Esten gewaltsam zu christianisieren; konkurrierende Ansprüche des Königs von Dänemark konnten dabei überwunden werden. Der erste Bischof von

Estland mit Sitz in Leal (1211) wurde von den Einheimischen erschlagen (1219); nach einem Sieg der Deutschen 1224 kam es zu einer Neugründung des Bistums in Dorpat, die von Bestand war. Als die Bistümer für Livland (Riga) und Estland (Dorpat) durch den deutschen König Heinrich (VII.) 1225 Reskripte über die Vergabe der Regalien erhielten, wurden sie als Marken des Reiches bezeichnet. Zwanzig Jahre später unterstellte sie der Papst dem Erzbistum Preußen mit Sitz in der Stadt Riga, die damals auch politisch vom Deutschen Orden abhängig wurde.

Die Prussen, die zwischen Weichsel und Memel siedelten („Ostpreußen"), waren wohl zunächst in mehreren (zehn?) Stämmen organisiert, fanden sich aber kaum je zu gemeinsamer Aktion zusammen. Erste Bekehrungsversuche von Polen aus sind ebenso erfolglos geblieben, wie die Missionsreisen Adalberts (997) und Bruns von Querfurt (1009) vom römisch-deutschen Reich aus. Erst im 13. Jahrhundert gelang es, die Balten ins christliche Europa einzubeziehen. 1215 wurde der Mönch Christian, vielleicht aus dem pommerschen Kloster Kolbatz, zum Bischof gewählt; die Eigenständigkeit der Prussen betonend eximierte der Papst das neue Bistum der bestehenden Metropolitanverfassung, doch machte ein Aufstand die ersten Erfolge der Christianisierung wieder zunichte. 1225/26 rief der polnische Herzog Konrad von Masowien Christian sowie den Bischof von Plozk an der Weichsel und den Deutschen Orden um Hilfe. Der Herzog war bereit, dem Orden das Kulmer Land zu überlassen, wenn die Ritter die Grenze seines Landes gegen die Prussen schützten. Zwar war der Deutsche Orden ursprünglich in Palästina gegründet worden, doch hatte er seine Aktivitäten aufgrund der dort eingeschränkten Wirkungsmöglichkeiten zunehmend nach Mitteleuropa verlegt. Die Anfrage Herzog Konrads entsprach den eigenen Perspektiven der Ordensritter, denn kurz zuvor hatten sie bereits im Burzenland den Versuch unternommen, bei der Abwehr der heidnischen Kumanen im Auftrag des Königs von Ungarn eine eigene Territorialherrschaft zu errichten. Dies hatte freilich nicht im Interesse des Ungarn gelegen, so dass der Orden 1225 aus dem südöstlichen Grenzbereich der Christenheit wieder vertrieben worden war. Die Ordensritter zögerten jetzt, Konrads Angebot anzunehmen, der deshalb einen eigenen Ritterorden gründete (1228); trotzdem setzte der Herzog von Masowien weiterhin auf den *Ordo Theutonicorum*. Zwischen 1226 und 1234 ließen sich die deutschen Ordensherren durch Kaiser Friedrich II., Konrad von Masowien und den Papst Urkunden ausstellen, die ihm eine selbständige Herrschaft sichern sollten. Was die Privilegien im Einzelnen bezweckten, ist höchst umstritten, doch scheint geklärt zu sein, dass „der Ordensstaat kein Teil des Reiches sein sollte" (H. Boockmann). Der Papst nahm jedenfalls das Land, das der Orden erobern würde, in das Eigentum des heiligen Petrus und übertrug es den Rittern mit der Maßgabe, dass es keiner anderen Herrschaft unterstellt werden dürfe. Die Eroberung des Landes begann 1231 und wurde etwa 1285 abgeschlossen. Schwierig gestaltete sich die Aufteilung Preußens nach der Gründung verschiedener Bistümer; in einem komplizierten Verfahren erhielten auf Vermittlung eines päpstlichen Legaten (1243) Bischöfe und Domkapitel von Kulm, Pomesanien, Ermland und Samland je eigene Territorien; sie wurden also selbst Landesherren neben dem Deutschen Orden. Allerdings gelang es diesem, die Domkapitel zu inkorporieren, also mit eigenen Leuten zu beschicken (1264–1285/94); da die Kapitel die Bischöfe wählten und dabei natürlich auf Ordensgeistliche zurückgriffen, konnte der Orden seine Dominanz weiter geltend machen. Allerdings hat eine neuere Arbeit gezeigt, dass die landesherrlichen Rechte der Bischöfe keineswegs aufgehoben wurden (B. Poschmann). Bei der Bildung einer eigenen Kirchenprovinz 1245 wurden die preußischen mit den livländischen und estnischen Bistümern zusammengefasst.

Auch nach dem Osten, also der Rus', und nach dem Süden, ins Gebiet der baltischen Litauer, suchte der Orden zu expandieren. 1242 erlitt er gegen Aleksandr (Nevskij) von Novgorod auf dem Eis des Peipus-Sees eine Niederlage. Sein Druck trug immerhin dazu bei, dass in Litauen der Fürst Mindowe (litauisch: Mindaugas) andere Kleinherrscher beseitigte und erstmals sein Volk einte. Mindowe bedrohte ebenfalls die Rus', die sich zur gleichen Zeit der tödlichen Gefahr der Tataren aus Asien ausgesetzt sah; obgleich Fürst Aleksandr erneut siegreich blieb, konnte ein Sohn des Litauers die Herrschaft Polock gewinnen, ein erster Ansatz zur Entstehung Weißrutheniens. Mindowe wandte sich auch an den livländischen Ordensmeister, um für sich und sein Volk die Taufe zu erlangen. Sofort wurde die Kurie informiert, und 1251 gab Papst Innozenz IV. Bischof Heidenreich von Kulm den Auftrag, den ‚König von Litauen' (*rex Luthowie*) nicht nur zu taufen, sondern außerdem zum König zu krönen; gleichzeitig nahm er das Land und seine Bewohner unter den Schutz des heiligen Petrus. Tatsächlich vollzog Heidenreich beide Akte, aber erst 1253 und vielleicht in Vilnius. Ein Bistum Litauen wurde eingerichtet, während Mindowe dem Orden einen Landstreifen zwischen Livland und Preußen übergab. Als der Orden aber 1260 gegen Kuren, Semgaller und Zemaiten eine schwere Niederlage erlitt, brach ein allgemeiner Aufstand aus, an dem sich auch die unterworfenen Prussen beteiligten. Mindowe schloss sich den Rebellen an, wurde aber 1263 ermordet. Nun zeigte sich auch die Fragilität seines Königtums; das Reich zerfiel in viele kleine Burgherrschaften. Als aus diesen Ende des 13. Jahrhunderts ein neues Herrschergeschlecht aufgestiegen war, wurde dem Schöpfer des Großfürstentums Litauen, Gedimin (gest. 1340/41), in lateinischen Quellen der Titel *rex* zugeschrieben. Papst und deutscher König wollten hernach die Herrscher von Litauen zwar wiederholt förmlich zu Königen erheben (1350, 1428/30), doch ist ein selbständiges Königreich hier auch im späten Mittelalter nie entstanden.

Ähnlich wie in Litauen sind im hohen Mittelalter auch im südlich benachbarten Doppelfürstentum Halič-Volhynien (Galizien-Wolhynien) Ansätze zu einer Reichsbildung unter einem eigenen Königtum steckengeblieben. Beide Staatswesen standen unter der Herrschaft von Rjurikiden aus Seitenzweigen; 1199 gelang es dem Fürsten Roman Mstislavič von Vladimir erstmals, Volhynien mit Halič zu vereinen. Als er 1205 starb, mussten seine minderjährigen Söhne jedoch außer Landes gehen, während sich um das Reich Polen und Ungarn, der Bojarenadel von Halič sowie andere russische Fürsten stritten. In den zwanziger und dreißiger Jahren konnte aber Daniil, Romans Sohn, die Gesamtherrschaft seines Vaters erneuern und bald darauf auch Ungarn und Polen besiegen (1245). Daniil führte sogar den Großfürstentitel, wurde von der Goldenen Horde anerkannt (1246) und griff im Westen in die Kämpfe um das Erbe der Babenberger ein; einer seiner Söhne wurde gar mit einer Babenbergerin vermählt. Diese Westorientierung weckte auch das Interesse der römischen Kirche. Innozenz IV., der auf dem Konzil von Lyon 1245 eine aktive Missionspolitik gegenüber den Mongolen aufgenommen hatte, übersandte Daniil 1254, nur ein Jahr nach Litauen, eine Königskrone, mit der der Fürst auch gekrönt wurde; die Hoffnung des Papstes, Halič-Volhynien aus der Orthodoxie zu lösen und eine Kirchenunion mit ihm herzustellen, erfüllte sich aber nicht. Auch mit Mindowe von Litauen verbündete sich Daniil – teilweise im gemeinsamen Kampf gegen die Mongolen; als er aber die Fronten wechselte, sah er sich bald gezwungen, erneut nach Polen und Ungarn ins Exil zu gehen. Obschon Daniils Sohn und Enkel zeitweise noch einmal Halič und Volhynien vereinen konnten, teilten Polen und Litauen Mitte des 14. Jahrhunderts das Land unter sich auf.

Zwischen Schwarzem Meer und Adria rivalisierten mehr als anderswo der Kaiser von

Byzanz und der Papst in Rom um die kirchliche Erfassung und politische Ordnung der Völker. Aufstrebende Herrscher und Reiche in der Konsolidierung konnten sich am Modell des östlichen Kaisertums orientieren oder ihre Rangerhöhung zum Königreich nach westlicher Prägung erstreben. Die Bulgaren hatten sich nach ihrer Ansiedlung auf Reichsboden und ersten eigenen Reichsbildung (679–1018) für die Christianisierung durch byzantinische Missionare entschieden und wurden gleichzeitig slawisiert. Ihr Khan Simeon, der in Konstantinopel ausgebildet worden war, glaubte schon, das eigene mit dem byzantinischen Reich vereinen zu können und legte sich den Titel *Car* der Bulgaren und ‚Selbstherrscher der Griechen' zu. Nach seinem Tod 927 war das Reich freilich schnell zerfallen und durch Basileios II. 1014/18 endgültig zerstört worden. Bis zum zweiten Reich wurde Bulgarien zu einer byzantinischen Provinz; der schon 681 bezeugte Ländername *Bulgaria* verschwand zugunsten des griechischen ‚Moesien', und an die Stelle bulgarischer oder slawischer Adliger und Hierarchen traten in der weltlichen Verwaltung und in den Leitungspositionen der Kirche die Griechen. Als die Ungarn 1183 bis Sofia vorstießen und die Normannen 1185 Thessaloniki eroberten, konnten sich die Bulgaren von der Herrschaft des Kaiserreiches befreien. In Trnovo erhoben sich die Brüder Asen und Theodor, die aus einer bulgarisch-kumanischen Adelsfamilie (Boljaren) stammten. Theodor wurde zum Zaren ausgerufen; das zweite Bulgarenreich (bis 1396) knüpfte also bei Simeon an. Zwar wurden Theodor und auch Asen bald darauf von anderen Boljaren ermordet, aber ihr jüngster Bruder Kolojan konnte ihnen in der Herrschaft nachfolgen (1197–1207). Dieser spielte die römische Karte und verhandelte mit Innozenz III. über die politische und kirchliche Aufwertung seines Landes; tatsächlich verlieh ihm der Papst 1204 den Titel eines ‚Königs' und ernannte den Erzbischof von Trnovo zum Primas der bulgarischen Kirche. Kolojan war dies zu wenig, denn er hatte für sich auf den Kaisertitel und für die Kirche auf den Rang eines Patriarchats gehofft. Als die Lateiner Konstantinopel erobert hatten (1204), ergab sich die neue Chance zu einer okzidental-bulgarischen Kooperation. Doch die Abendländer verweigerten sich der Zusammenarbeit, die wohl das endgültige Ende von Byzanz bedeutet und die Ausdehnung der westlichen Kirche bis zum Schwarzen Meer und Bosporus gebracht hätte. So kam es zu einer Schlacht zwischen dem Lateinischen Kaiserreich von Konstantinopel und Kolojan, die der Bulgare für sich entschied (1205); der lateinische Kaiser Balduin geriet in Gefangenschaft. Kolojan konnte seine Herrschaft allerdings nicht auf Dauer sichern und wurde 1207 erschlagen. Nach weiteren Thronstreitigkeiten setzte sich Ivan Asen II. (1218–1241) durch, unter dem das zweite Bulgarenreich seine Blüte erlebte. Ivan breitete seine Herrschaft bis zur Adria aus, indem er den Despoten von Epiros besiegte, und verbündete sich mit Byzanz, das dem bulgarischen Erzbischof den ersehnten Patriarchentitel zuerkannte. Trotz Ivan Asens Erfolgen nahmen die sozialen Spannungen in seinem Reich zu, besonders die Konflikte zwischen dem grundbesitzenden Adel und der Landbevölkerung; 1277 erhob sich das Volk gegen die Boljaren, das Reich begann zu zerfallen. Seit Mitte des 14. Jahrhunderts eroberten die muslimischen Türken das Reich, das schließlich auch seine kirchliche Selbständigkeit an den Ökumenischen Patriarchen von Konstantinopel verlor.

Unter den Slawen, die sich seit dem 6. Jahrhundert im byzantinischen Reich angesiedelt hatten, bildeten die Serben an der unteren Adriaküste drei Fürstentümer aus: Zahumlje südlich der Neretva (heute Herzegowina), Trebinja (Travunja) und Zeta (Dioclea/Duklia; heute Montenegro); später kam die Raska am Fluss Ibar weiter im Landesinnern hinzu, die zunächst eine Grenzfeste des bulgarischen Reiches gewesen war. An der Spitze der staatenähnlichen Gebilde stand der so genannte Župan. Wie die

Bulgaren orientierten sich die Serben auch kirchlich stärker nach Byzanz denn nach dem Westen und unterstanden bis 1219 dem gräzisierten, früher bulgarischen Erzbistum Ochrid. Während der mehr als 150 Jahre währenden Zeit ohne bulgarischen Staat setzten die Serben erstmals zu einer eigenen Reichsbildung an. Unter Führung der Zeta wurden die drei Fürstentümer vereint, aber jetzt suchte man die Unterstützung und Anerkennung Roms. Papst Alexander II. errichtete 1067 ein Erzbistum in Bar (Antivari), sein Nachfolger Gregor VII. aber schickte Mihajlo Vojislav, dem Fürsten der Zeta (etwa 1052–1081), eine Königskrone und verlieh ihm den Titel *Sclavorum rex* (!). Bald darauf wurde der Erzbischof von Bar auch mit dem Pallium ausgezeichnet und römischerseits als *primas Serbiae* anerkannt. In der Konsequenz dieser Westwendung lag es, dass nun die lateinische zulasten der slawischen Liturgie eingeführt wurde. Am Beginn des 12. Jahrhunderts trat der Großžupan der Raska, Vukan (1083–1114), mit dem Anspruch auf die Gesamtherrschaft hervor. Die Serben verbündeten sich zu dieser Zeit mit den Ungarn, die ihre Herrschaft über Slavonien und Kroatien bis zur Adria ausgedehnt hatten (1102/5). Mitte des 12. Jahrhunderts begünstigte aber Kaiser Manuel Komnenos die Familie der Nemanjiden. Unter dem Großžupan Stefan Nemanja (1166–1196) gelang wirklich die Bildung eines serbischen Reiches, indem die Raska mit der Zeta vereinigt wurde; man spricht geradezu vom „Staat der Nemanjiden“. Als der Westkaiser Friedrich Barbarossa auf seinem Kreuzzug durch Niš kam, traf er mit Stefan Nemanja zusammen (27. 7. 1189); die Hoffnung des serbischen Herrschers, Friedrich I. würde mit ihm gegen Konstantinopel ziehen, wurde freilich enttäuscht.

Für die Stellung der Serben zwischen Ost und West ist die schwankende Haltung in der kirchlichen Zuordnung noch erhellender gewesen. Stefan selbst war zunächst katholisch getauft worden, er ließ sich jedoch in der Raska durch einen griechisch-orthodoxen Priester das Sakrament noch einmal spenden. Bei aller Sympathie für die orthodoxe Kirche erhoffte er die Hilfe Roms beim Aufbau einer eigenen Kirchenorganisation. Allerdings resignierte er, dem Vorbild anderer Herrscher folgend, sein Amt und trat als Mönch Simeon in das Kloster Studenica ein (1196). Die Herrschaft hatte er zwischen zweien seiner Söhne aufgeteilt, von denen der ältere, Vukan, die Zeta bekommen sollte und den Königstitel führte; der jüngere namens Stefan wurde Großžupan und erhielt vonseiten des Kaisers in Konstantinopel den Titel eines Sebastokrator. Eine hochwichtige Rolle sollte aber Rastko spielen, Stefan Nemanjas dritter Sohn. Rastko war Mönch geworden und auf den Athos gezogen; auf dem heiligen Berg südöstlich von Saloniki war er in ein russisches Kloster eingetreten und hatte den Namen Sava angenommen. Nachdem auch sein Vater dem weltlichen Leben entsagt hatte, errichteten beide mit Hilfe des Kaisers auf dem Athos ein serbisches Kloster; hier starb Stefan Nemanja 1200 und wurde sogleich als Heiliger verehrt. Mit der Errichtung eines lateinischen Kaiserreichs entstand eine neue Lage. Da die Abendländer von den Athos-Mönchen die Anerkennung des römischen Primats verlangten, entschloss sich Sava, nach dem Kloster Studenica zu ziehen und die Gebeine seines Vaters mit sich zu führen. Bei dieser Gelegenheit schlichtete er 1207 gleich einen Streit zwischen seinen beiden herrscherlichen Brüdern, dem König Vukan und dem Großžupan Stefan. Während Sava darauf Igumen (Abt) von Studenica wurde, nahm Stefan Kontakt zur römischen Kirche und zu Venedig auf, um seine Stellung gegenüber dem Lateinischen Kaiserreich und Ungarn zu stärken. Aus Zorn über diese Wendung verließ Sava daraufhin Serbien wieder und ging abermals auf den Athos. Stefan aber wurde 1217 durch einen päpstlichen Legaten zum König gekrönt; er erhielt deshalb den Beinamen ‚der Erstgekrönte‘. Jetzt engagierte sich auch Sava wieder für die serbische Kirche; sein Bestreben ging dahin, die

Unabhängigkeit vom Ökumenischen Patriarchen zu erlangen, der damals in Nikaia residierte. Mit Zustimmung des Kaisers wurde er 1219 zum Erzbischof ‚der serbischen Lande und Küstengebiete' geweiht; seinen Sitz errichtete er im Kloster Zica, das sein königlicher Bruder gestiftet hatte. Erzbischof Sava krönte und salbte Stefan nun noch einmal zum König der Serben. Auch wenn der bisher zuständige Erzbischof von Ochrid Einspruch erhob, baute Sava (gest. 1234) die serbische Kirchenorganisation planmäßig aus. Mit Stefan ‚dem Erstgekrönten' (gest. 1227/28) wurde eine Dynastie begründet, in der Königstitel und Krönungen üblich waren. Sein späterer Nachfolger Stefan Dušan sollte sich sogar 1346 zum Kaiser krönen lassen, nachdem es ihm auch gelungen war, den serbischen Erzbischof zum Patriarchen zu machen. Nach der schrittweisen Unterwerfung Serbiens durch die Osmanen fand das Reich 1459 sein Ende.

Zwischen Serben und Ungarn lassen sich die Siedelgebiete und Herrschaften der Slavonen, Dalmatier, Kroaten und Bosnier unterscheiden. Slavonien grenzte südlich der Drau an Ungarn, von dem aus betrachtet es eben das ‚Slawenland' war. Auch die Kroaten, die sich in der ersten Hälfte des 7. Jahrhunderts auf dem Boden der römischen Provinzen Dalmatien und Pannonien niedergelassen hatten, waren Slawen; aufgrund der Landnahme war das römisch-byzantinische Dalmatien auf wenige Küstenstädte und Inseln reduziert worden. Im Spannungsfeld von Byzanz, Venedig, Ungarn und Kroatien liegend, konnte eine Reihe von dalmatischen Städten die Autonomie wahren oder sie im 11./12. Jahrhundert erringen. Von den pannonischen und dalmatischen Teilen Kroatiens umschlossen war Bosnien, das ursprünglich ein Teil Serbiens gewesen war und deshalb stark unter östlichem Einfluss stand. Slavonien, Dalmatien und Kroatien waren hingegen eindeutig nach Westen orientiert.

In Kroatien ist zwar schon für den Beginn des 10. Jahrhunderts ein König Tomislav bezeugt, doch bildete sich erst in der zweiten Hälfte des folgenden Jahrhunderts ein stabileres Königtum heraus. Der Herrscher Petar Kresimir IV. (1058–1074) erklärte in einer Schenkungsurkunde, Gott habe ‚Unser Königreich zu Lande und zu Wasser erweitert'; damit spielte er auf kroatische Ausgriffe in slavonisches und dalmatisches Gebiet an. Er selbst und sein Nachfolger Dmitar Zvonimir (1075–1089) legten sich aufgrund der Eroberungen auch den Titel *rex Dalmatiae* zu; 1075 erhielt Zvonimir von Papst Gregor VII. die Krone als König von Kroatien und Dalmatien. Der Herrscher war mit einer Schwester des ungarischen Königs Ladislaus I. (1077–1095) vermählt; da die Ehe kinderlos blieb, beanspruchte Ladislaus nach Zvonimirs Tod Kroatien als Erbe einschließlich Slavoniens und eines Teiles von Dalmatien. Um 1094 gründete er in Zagreb ein Landesbistum für Slavonien und errichtete dort auch einen Verwaltungssitz (Gespan). Erst Ladislaus' Nachfolger Koloman (1095–1116), der die expansive Politik fortsetzte, konnte sich aber 1102 zum König von Kroatien krönen lassen. 1105 unterwarf Koloman auch norddalmatische Städte und vereinigte das *regnum Croatie, Dalmatie et Sclavonie* in Personalunion mit Ungarn; allerdings dürfte der Titel im Hinblick auf Dalmatien weithin nur einen Herrschaftsanspruch belegen, zumal die ungarischen Herren den Städten ihre relative Autonomie in Privilegien bestätigten. Die kroatischen Länder wurden einem Banus (Königsvertreter) unterstellt, doch wahrten die dortigen Magnatenfamilien eine relative Eigenständigkeit des Landes. Dem ungarischen König Béla II. glückte zusätzlich 1137 der Gewinn Bosniens, das er seinem minderjährigen Sohn übertrug und von einheimischen Großen als Vasallen verwalten ließ. Aufgrund der verschiedenen Gebietserwerbungen auf dem Balkan war Ungarn in der zweiten Hälfte des Hochmittelalters eine bedeutende europäische Macht. Nach Aussterben der ungarischen Árpáden (1301) und der Nemanjiden in Serbien (1371) konnte sich der Ban von Bosnien mit der ‚doppelten

Krone' von Serbien und Bosnien krönen lassen. Wie in Serbien bedeutete auch in Bosnien (1463) und Kroatien (1493) die osmanische Eroberung das Ende der christlichen Reiche.

Überschaut man die Verbreitung des Königtums bei den Slawen, Balten und anderen Völkern des östlichen Europa, dann zeigt sich zunächst, dass diese überall dort gelang, wo die betreffenden Reiche auf ehemaligem römischen Boden errichtet worden waren (Bulgaren, Serben, Kroaten). Dies entspricht schon den Beobachtungen bei den germanischen Reichsbildungen in der Spätantike (Vandalen, Goten, Franken, Langobarden). Königtümer konnten ferner dort noch entstehen, wo bereits im frühen Mittelalter (vor 1000) intensive Kontakte zum ostfränkischen Reich bestanden hatten (Böhmen, Ungarn, Polen). Wenn aber die westliche Kultur während des hohen Mittelalters erst im Zuge der Ostsiedlung vorgedrungen war, glückte die Ausbildung der Königtümer nicht mehr. Dabei war es wohl entscheidend, dass Träger dieser Bewegung nicht das deutsche Königtum beziehungsweise das Kaisertum gewesen ist, sondern die – weltlichen oder geistlichen – Fürsten. Diese konnten als Angehörige des Reiches im Osten selbst nicht Könige werden, aber auch keine (slawischen) Könige kreieren. Gelegentlich bildeten sich bei slawischen oder baltischen Völkern Ansätze zu einem originären Königtum heraus (Ostseeslawen, Litauer, Halič); die jeweiligen Fürsten konnten mit der Hilfe des Kaisers (oder deutschen Königs) und des Papstes rechnen, doch wurden diese Mächte ihrerseits nicht initiativ. Wo in den Fürstentümern des Ostens das Interesse an einer Rangerhöhung fehlte, kam es auch nicht zur Bildung neuer Königreiche. Ebenso wie bei den ostslawischen Rus' gelang auch bei den Polen die Überwindung partikularer Herrschaften nicht, obgleich der politische, ethnische, kirchliche und mentale Zusammenhang der Völker kaum bestritten werden kann. Vielleicht hat die Tradition der Herrschersippe mit dem Teilungsbrauch und Senioratsprinzip hier zu stark zentrifugal gewirkt, im Unterschied zu Böhmen und Ungarn.

Auch jenseits des Adriatischen Meeres, in Unteritalien, war die Errichtung eines Königtums lange Zeit keineswegs sicher, so sehr sich hier die Voraussetzungen von denen im östlichen Mitteleuropa unterschieden. Der Untergang des römischen Reiches hatte nicht zu einer germanischen Reichsbildung geführt, die zum Beispiel in Spanien, der anderen großen Halbinsel des Mittelmeers, durch die Westgoten von Toledo so besonders erfolgreich gewesen war. Beide Länder beziehungsweise Regionen haben sich freilich darin geähnelt, dass sich bei ihnen verschiedene Kulturen so dicht überschnitten und durchdrangen wie sonst nirgendwo auf dem Kontinent. In Sizilien hatten Muslime aus Ifrīqiya ein eigenes Emirat unter der Dynastie der Kalbiden errichtet (947), das nach Kalabrien und sogar bis nach Apulien ausgriff. Politisches und kulturelles Zentrum des Reiches war Palermo; nach dem Bericht eines arabischen Reisenden vom Jahr 972 soll es in der nordsizilischen Stadt über 300 Moscheen gegeben haben, von denen die größte 7000 Gläubige fasste. Schätzungen für die gesamte Einwohnerschaft der Hauptstadt gehen auf 100 000. Ebenso wie auf der Iberischen Halbinsel und im nördlichen Afrika waren die „Sarazenen" auf Sizilien ethnisch und kulturell unterschiedlich zusammengesetzt; die Araber, die von ihrer heimatlichen Halbinsel, aus dem Jemen oder gar aus al-Andalus stammten, standen Berbern aus Afrika gegenüber. Als der Emir Abū l-Qāsim begann, in Kalabrien feste Burgen anzulegen, griff Kaiser Otto II. ein; in der Tradition des Kaisertums Karls des Großen und damit auch der Antike stehend, galt ihm ganz Italien als Teil seines Reiches, auch wenn dieser Anspruch bisher nie realisiert worden war. Zwar konnte Otto 982 Apulien einnehmen, er erlitt jedoch in Kalabrien eine katastrophale Niederlage; ein ottonischer Ausgriff nach Sizilien vom Festland aus wäre freilich in jedem Fall zum Scheitern verurteilt gewesen.

Die andere Kaisermacht, Byzanz, hatte sich seit der Zeit Justinians in Sizilien und Unteritalien wieder festgesetzt; in Kampanien waren Gaeta, Neapel und Amalfi griechische Städte, in Kalabrien und auf Sizilien selbst lebten orthodoxe Bischöfe, Mönche und Einsiedler, im apulischen Otranto residierte ein Metropolit der Ostkirche und in Bari wurde gar ein Katepanat errichtet. Aufgrund ihrer maritimen Streitmacht konnten die Byzantiner auch eher als die Ostfranken daran denken, den Muslimen Sizilien abzunehmen. 1038 landete tatsächlich der Feldherr Georgios Maniakes im Süden von Messina, wo die Rhomäer traditionell stark waren, und schickte sich an, die Insel zu erobern. Maniakes befehligte eine gemischte Armee aus Griechen, Bulgaren, Armeniern, Warägern, Langobarden, Normannen usw.; die Waräger stammten aus der Rus', aber auch Harald Hardråde, der spätere König von Norwegen, war unter ihnen. Die byzantinischen Truppen erlangten schnelle Erfolge; nach Messina selbst wurde der ganze Osten der Insel eingenommen. Nur interner Streit der Christen verhinderte wohl die völlige Beseitigung der muslimischen Herrschaft; 1042 war Maniakes stattdessen gescheitert.

Im Spannungsfeld der beiden Kaiserreiche, der Muslime und auch der römischen Kirche, die durch die „Pippinsche Schenkung" Ansprüche in Unteritalien geltend machen konnte, lebten hier auch Langobarden unter eigenen Herren. Vor allem der Dukat von Benevent hatte sich seit dem späten 6. Jahrhundert gegen jede Vereinnahmung durch ein größeres Reich erfolgreich behauptet und auch nach Apulien expandiert. Pandulf ‚Eisenkopf' war es, ein Vasall Ottos des Großen, der zwischen 978 und 981 noch einmal die drei langobardischen Fürstentümer Benevent, Capua und Salerno in seiner Hand vereinen konnte. Obwohl er schon zu Lebzeiten seine Söhne zur Mitregenten gemacht hatte, zerfiel die Herrschaft nach seinem Tod; insbesondere die Rivalität zwischen Capua und Salerno begünstigte in der folgenden Zeit die Intervention anderer Mächte: der deutschen Könige sowie der Byzantiner und der Normannen, die seit Anfang des 11. Jahrhunderts als Söldner ins Land zogen. In Benevent erhob sich Streit zwischen Fürsten und Adel, der den Päpsten eine Einflussnahme ermöglichte. Es waren denn auch die Normannen beziehungsweise die römische Kirche, die das Erbe der langobardischen Fürstentümer antraten. 1058/62 wurde Capua, 1076 Salerno durch normannische Heerführer erobert, 1077 ging die Stadt Benevent an Rom über, während das weitere Gebiet des Fürstentums ebenfalls unter normannische Herrschaft fiel. Bis zum Jahre 1130 ist es den Normannen sogar gelungen, in Unteritalien ein Königreich zu errichten, von dem territorial auf längere Sicht nur Benevent als päpstliche Enklave ausgenommen blieb.

Die Eroberung und Staatsbildung wurden im Wesentlichen durch zwei Adelssippen getragen, die für ihre männlichen Nachkommen in der Normandie keine politischen und wirtschaftlichen Entfaltungsmöglichkeiten mehr fanden. Die erste Familie, die späteren Grafen von Aversa, stammte aus Les Carreaux im heutigen französischen Département Seine-Maritime. Sie wurde durch Rainulf I. Drengot 1017 nach Unteritalien geführt; bezeichnenderweise kam Rainulf nicht allein, sondern mit einer Reihe seiner Brüder, die hier wie er selbst als Söldner ihr Glück zu machen hoffte. Nach der Teilnahme an einem erfolglosen Aufstand der Langobarden gegen die Byzantiner (bis 1019) schloss er sich auf wechselnden Fronten den Fürsten von Salerno und Capua oder dem byzantinischen Herzog von Neapel an. Dieser stattete ihn 1029/30 mit der Grafschaft Aversa zwischen Neapel und Capua aus und gab ihm seine eigene Schwester zur Frau. Damit war der Ausgangspunkt für die erste normannische Herrschaft geschaffen, zumal auch Kaiser Konrad II. 1038 Rainulf mit Aversa förmlich belehnte. Dabei kam es nicht darauf an, ob Konrad über die Grafschaft überhaupt verfügen konnte, sondern dass er den Besitz in der

Hand des Drengot legitimierte. Auch Konrads Sohn und Nachfolger Heinrich III. bestätigte die Belehnung, allerdings schon gegenüber Rainulfs gleichnamigem Nachfolger Rainulf II. (1047); der Salier handelte dabei sogar dem Willen des einheimischen langobardischen Fürsten von Salerno entgegen.

Bei seinen Auseinandersetzungen mit dem Salernitaner war Rainulf II. (gest. 1048) auch in Konflikt geraten mit der zweiten, auf längere Sicht noch erfolgreicheren normannischen Adelsfamilie. Die Hauteville hatten in der französischen Manche nur ein kleines Lehen innegehabt, so dass nicht weniger als zwölf Söhne des „Stammvaters" Tankred außer Landes gingen und seit etwa 1037 in Unteritalien anlangten; einige von ihnen – Wilhelm ‚Eisenarm', Drogo und Humfred – beteiligten sich sogleich an dem letztlich gescheiterten Vorhaben des Maniakes. Aufgrund des Misserfolgs wandten sich die Brüder Hauteville nach Apulien und brachten weite byzantinische Gebiete unter ihre Gewalt. Im Jahr 1042 wurde Wilhelm zum Anführer der Normannen mit dem Titel *comes* gewählt; von ihm ging auch eine Bruderfolge in der Herrschaft aus. Nach Wilhelms Tod trat zunächst Drogo an dessen Stelle, der ebenso wie Rainulf II. Drengot von Heinrich III. 1047 als Vasall angenommen wurde; dabei erhielt er den Titel eines Herzogs von Apulien und Kalabrien. Vergeblich bemühte sich Papst Leo IX. darum, die Normannen von Übergriffen auf das Fürstentum Benevent abzuhalten, aber auch die Byzantiner waren noch im Spiel: 1051 wurde Drogo durch einige von ihnen gar gemeuchelt – ein Symptom für die feindselige Haltung der Einheimischen gegen die Neuankömmlinge aus dem Westen. Während Drogo nun durch seinen Bruder Humfred ersetzt wurde, trat in Aversa Rainulfs II. Neffe Richard I. Quarrel die Herrschaft an (1049). Richard war erst kurz vorher aus Les Carreaux gekommen und hatte erst einmal Humfred von Hauteville gedient. Beide führten dann am 16. Juni 1053 ein normannisches Heer in die Schlacht von Civitate gegen Leo IX. Der Papst hatte die gefährliche Dynamik der Normannen erkannt, welche nun mit den Lehnsfahnen von 1047, den Zeichen ihrer Anerkennung durch Kaiser Heinrich III., in den Kampf zogen. Trotz ihrer Rivalitäten untereinander waren sie erfolgreich, während Leo für fast ein Jahr in Benevent als Gefangener festgesetzt wurde. Humfred von Hauteville aber bestellte in den neu eroberten Gebieten zwei weitere Brüder als Grafen.

Am Erfolg von Civitate beteiligt war auch der bedeutendste der Gebrüder Hauteville, Robert Guiscard. Kurz nach seiner Ankunft in Italien 1046/47 hatte Robert bereits Kalabrien weitgehend unterworfen und sich dabei seinen Beinamen ‚der Verschlagene' verdient. Als Humfred 1057 starb, wurde er dessen Nachfolger. Robert sowie Richard von Aversa stiegen in den nächsten Jahren weiter auf. Richard eroberte 1058 das Fürstentum Capua und gliederte seiner Herrschaft weitere kleine Grafschaften ein, meist durch Vertreibung langobardischer Adliger; diese Erwerbungen gab er als Lehen an normannische Gefolgsleute weiter. Robert Guiscard hingegen vollendete die Einnahme Kalabriens und wurde 1059 in Reggio durch sein Heer zum Herzog von Apulien ausgerufen. Am 24. Juni erlangten beide Fürsten noch eine besondere Auszeichnung. Papst Nikolaus II., der sich von der erfolglosen Politik seines Vorgängers Leo abgewandt hatte, investierte die Normannen in Melfi als Fürsten von Capua (Richard) beziehungsweise Herzog von Apulien und Kalabrien und zukünftigen Herzog von Sizilien (Robert). Insbesondere Robert brachte die päpstliche Belehnung von Melfi Gewinn. Er erlangte damit den Vorrang vor allen anderen normannischen Herren in Apulien und Kalabrien und konnte ihnen gegenüber selbst die Lehnshoheit verlangen; mit Richard von Aversa geriet Robert über seine Suprematieansprüche aber in Konflikt.

Innerhalb der nächsten fünfundzwanzig Jahre gelangen Robert Guiscard weitere glänzende Erfolge: Er eroberte Bari (1071) und vertrieb die Byzantiner aus Apulien, gewann mit dem Fürstentum Salerno das letzte langobardische Staatsgebilde für sich und unterstützte Papst Gregor VII. erfolgreich gegen Heinrich IV., den Salier (1084). Vor allem aber konnte er Sizilien fast vollständig erobern. Bei diesem Unternehmen musste Robert seinem jüngeren Bruder Roger I. einen erheblichen Anteil zugestehen; dies war der siebte Sohn des Tankred von Hauteville, erst seit 1056 in Apulien. 1060 setzte Roger erstmals bei der Straße von Messina nach Sizilien über; Konflikte mit den Byzantinern in Apulien, später auch Aufstände der Barone auf dem Festland, zwangen ihn jedoch und vor allem seinen Bruder Robert dazu, von Sizilien vorübergehend abzulassen. 1061 konnten sie aber Messina erobern; 1072 wurde auch Palermo, die Hauptstadt des Emirats, eingenommen, 1087 – Robert war schon verstorben (1085) – fiel das zentralgelegene Enna in normannische Hand. Den Abschluss bildete 1091 die Besetzung von Noto im Südosten der Insel.

Während Roger in Sizilien eine zentralistische Herrschaft errichtete, teilten sich in Apulien Robert Guiscards Söhne Roger Borsa und Bohemund die Nachfolge. Roger Borsa wurde vom Papst als Herzog von Apulien investiert und verlegte seine Hauptstadt nach Salerno; Bohemund hingegen erhielt Tarent und gewann den Fürsten von Capua als Lehnsmann. Er beteiligte sich am Ersten Kreuzzug und wurde Fürst von Antiochia. Roger selbst konnte an der Expedition ins Heilige Land nicht teilnehmen; als Herrscher eines weithin von Muslimen besiedelten Landes hätte dies wohl hier den inneren Frieden gestört, und Roger legte auf eine Politik der religiösen und kulturellen Duldung wert. Nach seinem Tod (1101) übernahm seine Witwe Adelaide in Sizilien und Kalabrien die Regentschaft für den gemeinsamen Sohn Roger II. (1095–1154). Sie verlegte die Hauptstadt des Reiches von Troina beziehungsweise Messina nach Palermo, so dass der junge Roger in einer von Muslimen und Byzantinern geprägten Atmosphäre aufwuchs. 1112 mündig geworden, wurde er zum Ritter geschlagen, während seine Mutter mit König Balduin von Jerusalem eine weitere Ehe einging.

Unter den drei regierenden Hauteville wurde Roger II. von Palermo der erfolgreichste; das Schisma des Papsttums von 1130 nutzte er dazu, sich von Anaklet II. als König von Sizilien und den festländischen Herrschaftsgebieten der Normannen anerkennen zu lassen. Auch wenn dies heftige Aufstände auf dem Festland hervorrief und selbst Kaiser Lothar III. herausforderte, erwies sich der Akt von 1130 als wegweisend. 1139 erkannte auch Papst Innozenz II. Roger als König an und belehnte ihn förmlich mit dem Regnum Sizilien, dem Herzogtum Apulien und dem Fürstentum Capua.

Trotz bemerkenswerter Anstrengungen zur inneren Festigung des heterogenen und kulturell vielgestaltigen Reiches zeigte sich bei Rogers Tod (1154), wie stark der Staat doch durch seine Person zusammengehalten worden war. Zwar hatte der Reichsgründer seinen Sohn Wilhelm I. (1120–1166) schon zum Mitkönig eingesetzt, aber Papst Hadrian IV. verweigerte diesem jetzt die Anerkennung; außerdem hatten sich die Kaiser Friedrich I. und Manuel Komnenos zu einem Einfall ins Königreich Sizilien verbündet. Normannische Grafen, die König Roger nur mit Waffengewalt niedergerungen hatte, verweigerten dem Sohn die Gefolgschaft. Erst als Friedrich I. den Plan eines Feldzuges aufgab, besserte sich Wilhelms Lage; der Hauteville konnte 1156 auch mit dem Papst Frieden schließen und sogar für sich und seine Nachfolger die Investitur mit dem Königreich erlangen. Für Unteritalien musste er dafür jährlich 1000 Goldstücke Lehnszins zahlen, für Sizilien aber nichts. Im Reichsinnern blieben die Konflikte ungelöst. In Apulien rebellierten Barone und Byzantiner; der König schlug den Aufstand nieder und hielt ein so furchtbares Strafgericht, dass man ihn (allerdings erst viel später) ‚den Bösen' nannte. Vor allem Bari wurde entvölkert und zerstört. Eine erneute Rebellion erfasste Palermo, ja sogar den Palast selbst und schloss Pogrome gegen die muslimische Bevölkerung ein. Wilhelm wurde mit seiner Gemahlin gefangengenommen, ihr Herrschaftssitz geplündert, und alle Eunuchen, deren man habhaft werden konnte, wurden niedergemacht. Erst als der lateinische Klerus das Volk gegen die Aufständischen mobilisierte, konnte der König befreit werden. Wilhelm übertrug die Verfolgung seiner Widersacher einem getauften Entmannten, der seinerseits bittere Rache nahm.

Beim Tod Wilhelms I. 1166 war der Thronerbe Wilhelm II. noch minderjährig (1154–1189), so dass abermals die Königswitwe, Margarete, die Regentschaft führen musste. Als Wilhelm II. 1171 die effektive Regierung übernahm, suchte er die hohe Selbstauffassung der normannischen Könige von ihrer Stellung noch einmal zu steigern. Das Königtum wurde nicht mehr als Amt betrachtet, durch das sein Inhaber dem Willen Gottes Geltung zu verschaffen hatte, sondern mit dem Gedanken absoluter Souveränität verbunden; eine Rolle spielten dabei die Schriften Platons, die man seinerzeit eifrig studierte. Dass es mit der Duldung der Muslime trotz der jüngeren Konflikte noch keineswegs vorbei war, zeigt der Augenzeugenbericht eines Reisenden aus Granada. Der Sekretär des dortigen Gouverneurs, Ibn Ǧubair, unternahm 1183/85 eine Pilgerreise nach Mekka, bei der er unter anderem Sizilien besuchte; in seinen Aufzeichnungen ist Folgendes zu lesen: ‚Ganz Sizilien fließt über von den Anbetern des Kreuzes, aber die Muslime leben mit diesen auf ihren Ländereien und in ihren Werkstätten; sie werden von den Christen gut behandelt, die sich ihrer bedienen, um sie für sich arbeiten zu lassen.' Das Leben Wilhelms II. vergleicht der Reiseschriftsteller mit orientalischen Höfen und lässt Luxus und Reichtum aufglänzen, die sich ihm darbieten. Der Monarch selbst schreibt und spricht Arabisch, zu seiner Verfügung stehen ihm fast nur muslimische Mädchen; der Ruf des Muezzin sei an seinem Hof beständig zu hören, ja Wilhelm habe die Parole ausgegeben, jeder möge das anbetungswürdige Wesen verehren, das seinen Glauben finde.

Die junge Monarchie der Hauteville geriet jedoch erneut in Gefahr, als der dritte König des *regnum Sicilie* kinderlos blieb; Wilhelm traf Vorkehrungen und verheiratete seine Tante Konstanze, die Tochter des Reichsgründers Roger II., mit Heinrich VI., dem Sohn Kaiser Friedrichs I. Diese Lösung, die auf eine Umklammerung des Kirchenstaates hinauslief, wurde vom Papst bekämpft, stieß aber auch bei einem Teil des Adels auf Widerstand. Trotzdem konnte Heinrich VI., inzwischen selbst Kaiser, zu Weihnachten 1194 in Palermo zum König von Sizilien gekrönt werden. Der Staufer war der erste Herrscher seit dem 5. Jahrhundert, der ganz Italien mit Sizilien in seiner Gewalt hatte. Am Tag nach seiner Krönung, am 26. Dezember 1194, gebar seine Gemahlin Konstanze in Jesi (bei Ancona) den doppelten Thronerben: Friedrich II. Heinrich aber gelang es, die letzten – illegitimen – Nachkommen Rogers II. auszuschalten und seinen Gegnern die Machtgrundlagen zu nehmen, indem er den Staatsschatz nach Deutschland abtransportieren ließ.

Die Staufer traten also die Nachfolge der normannischen Monarchie an, aber Friedrich II. selbst war auch ein Enkel des Reichsgründers Rogers II. Als Heinrich VI. schon 1197 starb, konnte sich seine Witwe, die Hauteville Konstanze, als Regentin durchsetzen und Friedrich an Pfingsten 1198 in Palermo zum König von Sizilien krönen lassen. Wie der Großvater wuchs auch der junge Kaisersohn hier auf, wo sich die lateinische Kultur freilich inzwischen stärker durchgesetzt hatte. Immerhin lernte auch er Arabisch und wurde mit orientalischer Gelehrsamkeit und höfischer Lebensart konfrontiert. Noch immer gab es am Königshof angeblich Haremsdamen und exotische Tiere, Kamele und Leoparden. Die muslimische Szene war jedoch ausgedünnt, zumal die

Anhänger des Propheten bei Kämpfen um die Nachfolge Wilhelms II. erneut verfolgt worden waren. Inzwischen hatten sie sich meist aus der Hauptstadt zurückgezogen, um in schwer zugänglichen Bergdörfern zu wohnen.

Als die Kaiserin Konstanze selbst noch 1198 starb, wurde Friedrich II. gemäß dem Testament seines Vaters unter die Vormundschaft Papst Innozenz III. gestellt. Bei seiner Volljährigkeit befreite er sich aber schnell von römischen Leitungsansprüchen und realisierte mit Charisma und Geschick die Vereinigung Siziliens mit dem Reich seiner Väter. Bevor er 1212 nach Deutschland zog, ließ er seinen erst einjährigen Sohn Heinrich zum König von Sizilien krönen; als er 1220 in Rom selbst zum Kaiser gemacht wurde, hatte er Heinrich auch die deutsche Königswürde verschafft. Dem besorgten Papst erklärte er kühl, das Imperium habe keine Gewalt in Sizilien, denn der Kaiser müsse dort ein eigenes Königssiegel führen. Nach seiner Rückkehr ins Reich des Südens knüpfte er als Gesetzgeber und Burgenbauer zielstrebig und tatkräftig beim Vorbild Rogers II. an. Noch klarer trat der autokratische Zug seiner Herrschaft hervor, als er 1229 als König von Jerusalem von seinem Kreuzzug heimgekehrt war; E. H. KANTOROWICZ hat ihn deshalb treffend als „Tyrann von Sizilien“ charakterisiert. Allerdings residierte der Herrscher jetzt meistens auf dem italischen Festland. Von Sizilien vertrieb er in jahrzehntelangen Auseinandersetzungen die letzten Muslime (bis 1246); Berichte über persönliche Gräueltaten Friedrichs mögen übertrieben sein, doch steht fest, dass er bei aller Wertschätzung der arabischen Gelehrsamkeit den mehr oder weniger latenten Widerstand der Muslime gebrochen hat. Viele von ihnen ließ er nach Apulien und der Capitanata deportieren und neu ansiedeln. Den Bevölkerungsverlust in Sizilien suchte er durch Anwerbung von Juden aus Nordafrika oder von Lombarden auszugleichen. Von hervorragender Bedeutung als sarazenische Kolonie wurde Lucera bei der königlichen Residenz Foggia nordwestlich von Bari. Hier lebten die Muslime, denen Friedrich freie Ausübung ihrer Religion einräumte, von bäuerlicher Arbeit auf Krongütern, vom Handwerk oder als Nahhändler; sie schuldeten dem Herrscher hohe Abgaben, waren ihm aber vor allem zum Heeresdienst verpflichtet. Die in ethnischer und religiöser Isolation lebenden Militärsiedler waren auf ihren königlichen Herrn fixiert und deshalb eine wirkungsvolle Waffe in Friedrichs Hand. Als Fußsoldaten und Bogenschützen haben sie sich auf kaiserlicher Seite 1228/29 und vor allem 1238 in Oberitalien eindrucksvoll hervorgetan. Noch Friedrichs unehelicher Sohn Manfred und sein Enkel Konradin haben an den Sarazenen von Lucera einen verlässlichen Rückhalt gefunden, und erst Karl II. von Anjou sollte die Kolonie im August 1300 vernichten.

Als Friedrich II. 1250 starb, wurde er im Dom von Palermo beigesetzt, wo schon seine Eltern, Roger II. und seine Gemahlin Konstanze ruhten. So symbolisiert diese Grablege die Einheit des Königreiches Sizilien über die Dynastien Hauteville und Stauf hinweg. Friedrichs Söhne Konrad IV. (gest. 1254) und Manfred (gest. 1266) konnten zwar die staufische Herrschaft noch einige Zeit fortsetzen, doch wurde der Anjou Karl schon 1265 durch den Papst als König von Sizilien investiert und 1266 in Rom gekrönt. Mit dem Sieg über Konradin und dessen Hinrichtung auf dem Marktplatz von Neapel am 29. Oktober 1268 endete das normannisch-staufische Hochmittelalter in Sizilien. Das 1130 begründete Staatswesen überdauerte aber die Zeiten als „Königreich Neapel“ und ging erst im 19. Jahrhundert im vereinten Königreich Italien auf.

Von der Ostsee bis zur Adria und nach Sizilien wurden die Völker und Stämme während des hohen Mittelalters entweder durch fremde, einwandernde, weltliche oder auch geistliche Große politisch zusammengefasst oder von deren Heimatländern her integriert, wenn sie nicht unter eigenen Fürsten Staaten oder Reiche ausbildeten. Die drei Formen von Herrschaft konnten in den einzelnen Regionen durchaus wechseln, und keineswegs war eine Formation wie der nationale Einheitsstaat moderner Prägung ein intentional oder auch kontingent erreichtes Ergebnis allen Geschehens. Fast überall wirkte eines der beiden Kaiserreiche an der Gestalt der Herrschaften mit, und sei es nur als Vorbild politischer Ordnung. Die erfolgreichsten Reichsbildungen waren diejenigen der Normannen und der Ungarn. Auch wenn die geschichtlichen Voraussetzungen hier wie dort erheblich divergierten und das Gemeinwesen im östlichen Europa von landnehmenden Völkerschaften, im Süden aber durch eine schmale Schicht bewaffneter Eroberer geschaffen wurde, sahen sich die Herrschenden in beiden Fällen ähnlichen Herausforderungen konfrontiert. Denn wie die Normannen Vorsiedler langobardisch-katholischer, byzantinisch-orthodoxer, muslimischer und jüdischer Religion und Kultur integrieren mussten, so war Ungarn von Anfang an multiethnisch zusammengesetzt, ein Reich vieler Kulturen und Minderheiten. Schon bei der Ansiedlung im Karpatenbecken lässt sich neben den sieben Stämmen aus finnisch-ugrischen Magyaren und bulgaro-türkischen Onoguren die Volksgruppe der Kavaren unterscheiden, die unter anderen aus muslimischen Ḫwārezmiern und aus Alanen bestand; bis zum 12. Jahrhundert dürften die älteren Siedler – Slawen, aber auch Awaren, Bulgaro-Türken und Gepiden – zwar magyarisiert worden sein, aber schon die Beutezüge im abendländischen Europa bis zu Otto I. hatten Kriegsgefangene aus dem Westen ins Land gebracht, die Neusiedler nach sich zogen. Bereits Großfürst Géza (970–997) und sein Sohn, König Stephan I., zogen planmäßig deutsche Ritter, aber auch deutsche, italische, böhmische und polnische Geistliche heran; selbst Steinmetze aus der Lombardei oder Griechenland sind bezeugt. Siedlungsnamen, die in die Zeit vor der Jahrtausendwende zurückweisen, lassen auf den Zuzug aus Schlesien, Sirmium, Kroatien oder der Rus' schließen. Schon 955/70 waren auch muslimische Kaufleute, Münzer, Geldwechsler und Zöllner in Pest und weiteren Städten angesiedelt, und andere Ḫwārezmier gingen dem Handwerk des Goldschmieds nach. Juden, die aus dem Chazarenreich stammten, betätigten sich im Handel, vor allem mit Sklaven. Als Grenzwächter und Dienstleute wurden ebenfalls schon im 10. Jahrhundert Pečenegen heranzogen. Seit sich Mitte des 11. Jahrhunderts die Gegensätze zu den Deutschen verschärften, waren es vor allem lothringische Wallonen, die von den Ungarnkönigen herbeigerufen wurden; 1048 kamen allein 24 Domherren aus Verdun ins Land. Um den Ackerbau zu intensivieren – eine Kultur, die den ursprünglich halbnomadisch lebenden Magyaren ferner lag –, scheint Koloman um 1100 Slawen angesiedelt zu haben. Derselbe König schränkte allerdings die Bewegungsfreiheit von Juden und Muslimen ein; die Anhänger des Mosesglaubens sollten nach seiner Gesetzgebung in Bischofssitzen wohnen, die Ismaeliten (Muslime) hingegen zur Hälfte ihre Dörfer verlassen und ihre Töchter mit Christen verheiraten. 1153 beobachtete dementsprechend Abū Ḥamīd aus Granada, dass sich die Muslime in Ungarn assimilierten (s. unten 3.2.3). Jüdische Siedlergruppen kamen aber weiterhin ins Land, unter anderem aus Österreich. Nach der Synode von Toledo 1217 ermahnte der Papst den ungarischen König Andreas II., gegen Juden wie auch Ismaeliten vorzugehen; Andreas untersagte den Juden, Ämter im Finanzwesen zu übernehmen.

Bis zum Ende des Hochmittelalters konnte das Königtum die Einwanderung von außen kontrollieren, zumal das ganze Land durch eine breite Ödnis (*gyepü*) umschlossen war und die Übergänge durch Wächter und Schützen streng bewacht wurden. Mitte des 12. Jahrhunderts hatten die Monarchen jedoch die Kolonisation des Grenzlandes aufgenommen. Géza II. (1141–1162) begann mit der Ansiedlung von *flandrenses*, also linksrheinischen Deutschen, sowie wallonischen Siedlern in Siebenbürgen; gleichzeitig

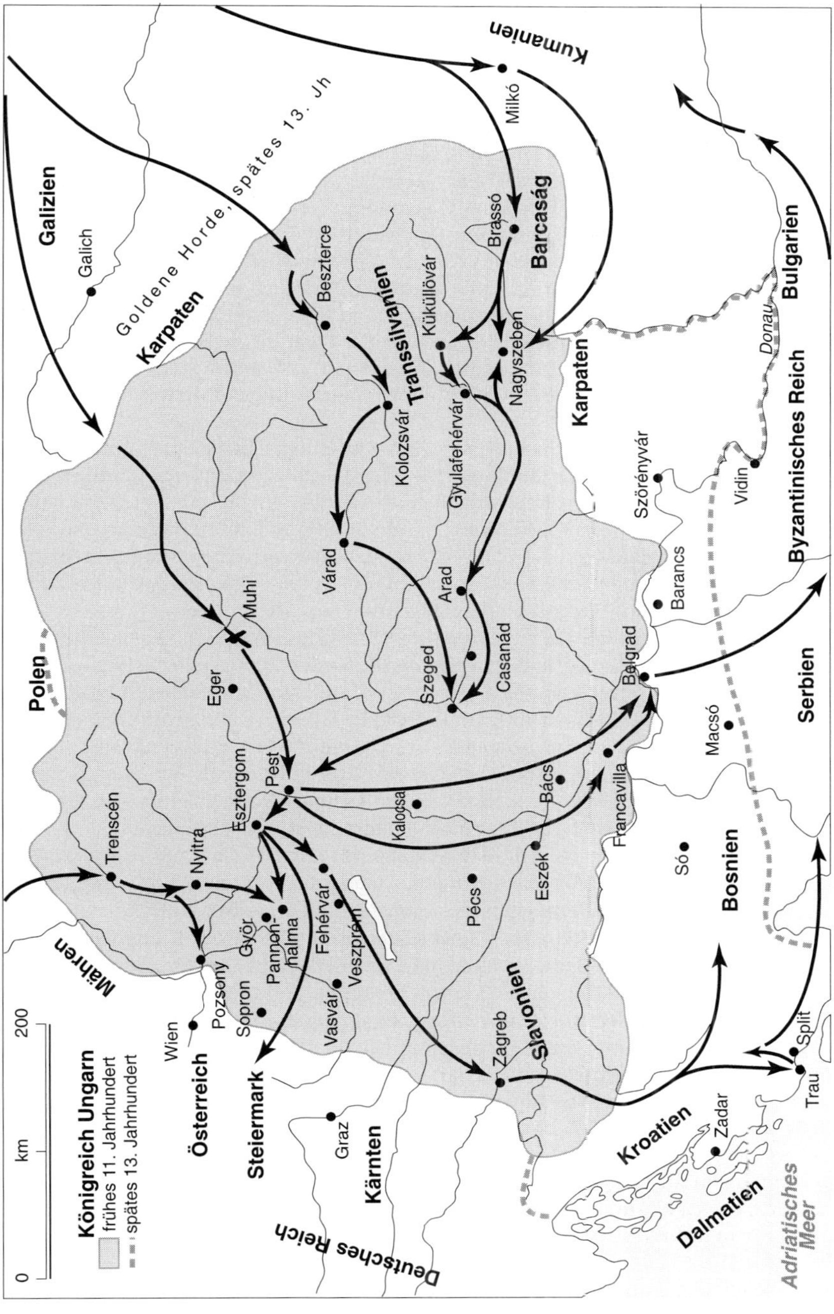

Abb. 8: *Das mittelalterliche Königreich Ungarn und die Mongoleneinfälle.*

kamen die so genannten „Sachsen" (tatsächlich mehrheitlich wohl aus dem Rhein-Mosel-Gebiet) in die Zips, während sich die Székler (türkischstämmige Ungarn) durch innere Umsiedlung in den östlichen Karpaten niederließen. Wann die Vlachen (Rumänen) nach Siebenbürgen zogen, ist umstritten, doch muss dies vor 1210 der Fall gewesen sein. Unter dem Druck der Mongolen flohen 1239 die Kumanen zum ersten Mal nach Ungarn; nachdem sie bald darauf wieder abgezogen waren, holte Béla IV. 1246 sieben ihrer Stämme zur Landesverteidigung zurück. Seit Beginn des 13. Jahrhunderts erhielten die Fremdstämmigen ihre eigene territoriale Verwaltung. Als besondere Bezirke lassen sich erkennen die *terra Saxonum* (Sachsen Siebenbürgens, der Zips und des Hernádtales), die *terra Siculorum* (Székler), die *terra Blacorum* (Rumänen des Fogarasgebietes) und das Gebiet der Kumanen und Jazygen (Alanen). Die Landschaft zwischen Sawe und Drau wurde Ende des 12. Jahrhunderts dem Banus von Slavonien unterstellt. In den Territorien walteten vom König delegierte Richter ihres Amtes nach den Gewohnheiten der jeweiligen Bevölkerung. Als das Grenzverhausystem Mitte des 13. Jahrhunderts aufgegeben wurde, begann eine ungesteuerte Einwanderung nach Ungarn.

Die bemerkenswerte Integrationskraft des ungarischen Reiches ist zweifellos auf ein ungewöhnlich zentralisiertes Regierungssystem zurückzuführen, das den Minderheiten Freiräume konzedierte, wenn es dem staatlichen Ganzen nützlich erschien; in seiner Effektivität ähnelte es dem Reich der Hauteville und Staufer in Unteritalien, obschon dieses auf ganz anderen Grundlagen ruhte. Als Schöpfer des ungarischen Staates im Mittelalter können Großfürst Géza und Stephan I. gelten. Für beide war es vornehmlich darauf angekommen, die Stammes- und Sippenverfassung zu überwinden und nach dem Vorbild des christlichen Europa auch die Kirche als Ordnungsmacht zu nutzen. Bei ihrer Landnahme waren die Ungarn in zehn Stämme und etwa 50 Geschlechter gegliedert; zwar war es dem Heerführer Árpád 904 gelungen, das Doppelfürstentum türkischer Prägung und die Stellung des mit ihm konkurrierenden sakralen Hauptfürsten abzuschaffen, aber seine Herrschaft wurde noch durch die alten Gentilstrukturen eingeschränkt. Stammesfürsten und Sippenchefs besaßen Erdburgen als Herrschaftsmittelpunkte sowie Gefolgschaften von Kriegern. Géza und seinem Sohn gelang es, die Burgen an sich zu bringen, dort gleichzeitig Komitate einzurichten und diese mit Leuten ihres Vertrauens zu besetzen; später wurde das System der *comites* (Gespane) auch auf die Neusiedler und auf eroberte Gebiete (Slavonien, Siebenbürger Sachsen) übertragen. An welchem Modell sich die flächendeckende Einteilung des Landes orientierte, ob am Herrschaftssystem früherer (slawischer) Bewohner des Landes oder an demjenigen der fränkischen Karolinger, das in der westlichen Nachbarschaft Ungarns fortwirkte, ist umstritten. Stephan ließ auch eigene Münzen nach Regensburger Muster prägen, gab Gesetze und stellte Urkunden aus; dabei führte er die lateinische Sprache ein. Bei der Christianisierung hatten sich seine Vorfahren zunächst an Konstantinopel gewandt, das auch einen Bischof zur Mission geschickt hatte, doch entschied sich Géza 972/3 für den römischen Glauben und die Anlehnung bei der ottonischen Reichskirche. Deutliches Zeichen seiner Hinwendung zum Westen war die Wahl von Esztergom (Gran) als neue Residenz anstelle Kalocsas, des alten Hauptortes der Árpáden. Hier erbaute er seine Burg und die Stephanskirche auf einem Hügel, am Fuße der Anlage aber errichtete er eine Siedlung für Handwerker und Händler. Sein Sohn Vajk, der in der Taufe den Namen des Erzmärtyrers erhielt (996) und 1000/1001 mit päpstlich-kaiserlicher Hilfe König werden konnte, hatte sich aber noch einer sowohl heidnischen wie byzantinischen Opposition zu erwehren, die gleichzeitig an der Sohnesfolge im Herrscheramt und der Politik der

Zentralisierung Anstoß nahm. In Esztergom schuf Stephan das erste Erzbistum seines Landes, das schon 1001 durch Rom bestätigt wurde und dem er den älteren Bischofssitz Veszprém zuordnete; in den darauffolgenden Jahren errichtete der König noch acht weitere Bistümer, darunter Kalocsa als zweites Erzbistum. Alle zehn Bischöfe residierten an Herrschaftsmittelpunkten der königlichen Familie. Stephan erkannte aber auch die hervorragende Bedeutung des Niederkirchenwesens für die Durchdringung seines Landes; so verpflichtete er jeweils zehn Dörfer, eine Pfarrkirche zu bauen. Dazu kamen acht Benediktinerklöster mit der Erzabtei Pannonhalma/Martinsberg an der Spitze. Auch der älteren Orientierung seines Volkes am byzantinischen Süden suchte der Herrscher gerecht zu werden. Bezeugt zum Jahr 1020 sind drei griechische Bistümer, und Stephan selbst stiftete noch zwei Klöster, die der Regel des östlichen Mönchsvaters Basilius verpflichtet waren. Durch den Bau von Hospizen förderte er die Pilger, ob sie sich nun nach Ravenna und Rom oder nach Konstantinopel und Jerusalem aufmachten. Bedingt durch die Pilgerstraße nach Südosten trat auch die Residenz in Székesfehérvár (Stuhlweißenburg) stärker hervor, die sein Vater einst den Nachkommen eines konkurrierenden Stammeshauptes (Szabolcs) abgenommen hatte. Welche Bedeutung man Stephans Maßnahmen im ganzen christlichen Europa beimaß, zeigt eine Notiz des zeitgenössischen burgundischen Geschichtsschreibers Rodulf Glaber (gest. um 1046). Fast allen Pilgern aus Italien oder Gallien, die zum Heiligen Grab in Jerusalem gelangen wollten, habe es König Stephan ermöglicht, statt der üblichen – gefährlichen – Seefahrt die Route durch sein Land zu nehmen. ‚Er machte die Straße für jedermann sicher, hieß alle, die er erblickte, als Brüder willkommen, und beschenkte sie überaus reich. Dies veranlaßte viel Volk, Adlige und gewöhnliche Menschen, nach Jerusalem zu ziehen' (III.1). An der Gründung der ungarischen Kirche hatten durch Stephan „das westliche und das östliche Christentum Europas wie die zwei Hälften der einen Einheit des Christentums teil" (G. GYÖRFFY).

Staat und Kirche waren am Ende von Stephans Leben 1038 so fest gegründet, dass sie sich im „Heidenaufstand" von 1046, in fast ununterbrochenen Bruderkämpfen sowie gegen äußere Angriffe (bis 1166 durch Deutsche, Pečenegen, Uzen, Kumanen, Byzantiner) behaupten konnten; im Gegenteil griffen die Könige nach Süden hin aus und eroberten (zeitweise) Altkroatien, Dalmatien, Bosnien, Slavonien, Halič, Serbien und Westkumanien. Lediglich den Mongolen waren die Ungarn hoffnungslos ausgeliefert, zumal sie sich in der entscheidenden Stunde mit den Reiterkriegern der Kumanen überworfen hatten. König Béla IV. (1235–1270) konnte den Feinden aus dem fernen Osten 1241 nichts Entscheidendes entgegensetzen, obwohl seine Kundschafter die Gefahr schon Jahre vorher erkannt hatten. Die Eroberung des Landes wurde im Kloster Niederaltaich voreilig mit den Worten kommentiert: ‚Ungarn wurde nach einem Bestand von 350 Jahren von den Tataren vernichtet', als die Asiaten ungeschlagen wieder abzogen. Béla befürchtete jedoch weitere Angriffe; 1259 und 1264 wurde er von den Mongolen ultimativ aufgefordert, mit ihnen ein Bündnis einzugehen. Der König war sich darüber im Klaren, den Feinden allein nicht widerstehen zu können, und richtete verzweifelte Hilfegesuche an den Papst. In diesen Briefen kommt die enge Verbundenheit Ungarns mit dem christlichen Abendland deutlich zum Ausdruck; weder der Papst noch die Länder des europäischen Westens folgten jedoch Bélas Appellen. Rom sah seinen Hauptgegner im Islam, während ihm die religiös nur mäßig engagierten Mongolenherrscher sogar als potentielle Verbündete galten.

Unter den Herrschaftsmitteln des Königtums funktionierten die Komitate deshalb so gut, weil sich die Herrscher stets mit Erfolg das Einsetzungsrecht sichern konnten; bis zum Ende des Mittelalters ist das Prinzip der Absetzbarkeit der Beamten durch den König in Geltung geblieben. Die Burgenverfassung sicherte das Heeresaufgebot, wenn es auch eine allgemeine Pflicht zum Kriegsdienst gab und wohl schon im 11. Jahrhundert zusätzlich ausländische Ritter angeworben wurden. Der König entlohnte seine Gefolgsleute zwar bis Mitte des 13. Jahrhunderts mit Landschenkungen, die aber kein Erbrecht begründeten und umgekehrt zu keinen weiteren Gegenleistungen verpflichteten. Das westliche Lehnswesen konnte deshalb kaum Eingang finden und blieb in seiner Bedeutung auch im späteren Mittelalter begrenzt. Der Domänenbesitz war neben den Gespanen, den Burgen und der Kirchenherrschaft die wichtigste Basis des Königtums; im Grundsatz galt das Land als sein Eigentum. Erst im 13. Jahrhundert gelangte die Masse der Leute auf Hofgütern und Burgen unter private Grundherrschaft, so dass eine einheitliche Schicht von Fronbauern und ein landbesitzender Adel entstand. Ausländische Ritter, die mit Königinnen aus dem Westen ins Land kamen, wurden seit etwa 1200 mit königlichem Domanialgut ausgestattet, und wenig später wurden ganze Grenzkomitate verschenkt. Unter Andreas II. (1205–1235) ordnete sich Ungarn der „europäischen Feudalgesellschaft" ein (J. M. Bak). Der König vergab Domänen und Burgen an seinen Getreuen ‚zu ewigem Erbe'. Zum Ausgleich wollte er nach westlichem Muster außerordentliche Steuern erheben und seine Regalien verpachten; dabei scheute er nicht davor zurück, das Münzrecht Juden und Muslimen zu überlassen. Der Versuch, die Kriegslasten im Zusammenhang mit der Steuerforderung auf die Grundherren abzuwälzen, weckte Widerstände des Adels, aber auch Burgleute und Kirche erhoben sich gegen ihn. Eine Magnatengruppe und die *servientes regis* erzwangen 1222 von Andreas die „Goldene Bulle", die ihnen Steuerfreiheit, Königsunmittelbarkeit und Schutz vor den Großen garantieren sollte; Bischöfen, weltlichen Würdenträgern und *nobiles* wurde auch ein Widerstandsrecht eingeräumt. Die Burgministerialen vereinten sich außerdem in den Komitaten zu Genossenschaften, um der Übermacht der Großgrundbesitzer entgegentreten zu können. 1231 erwirkten Hochadel und Kirche aber die teilweise Aufhebung der königlichen Zugeständnisse an den niederen Adel. Béla IV. machte dann zwar die opulenten Landschenkungen seines Vorgängers Andreas II. in gewissem Umfang rückgängig, doch konnte er den weiteren Aufstieg des grundherrlichen Adels nicht aufhalten; in der Schlacht gegen die Mongolen 1241 sah er sich von seinen Großen sogar verlassen. Trotzdem nahm er den Burgenbau wieder auf; die von Andreas begonnene Verpachtung des Münz-, Zoll- und Salzregals scheint andererseits die Erosion des Königsgutes finanziell weitgehend ausgeglichen zu haben.

Auch in Ungarn zog der König von Pfalz zu Pfalz und hielt dabei Gericht in Angelegenheiten des Adels und der Kirche; in der Fastenzeit und am St. Stephanstag (20. August) wurde in Stuhlweißenburg traditionell sein Gerichtstag für Adlige und Gemeine abgehalten. Seit Stephan I. agierte der König auch als Gesetzgeber, und zwar für Reich und Kirche. Seine traditionelle Kirchenherrschaft wurde selbst in der hochmittelalterlichen Reformperiode kaum angetastet, nachdem sich die Ungarn von Heinrich IV. abgewandt und auf die Seite Gregors VII. gestellt hatten. Das enge Bündnis von Königtum und Kirche wurde stabilisiert, als 1083 Stephan I., sein Sohn Emerich und Bischof Gerhard, der Märtyrer des „Heidenaufstandes" von 1047, heiliggesprochen wurden. König Ladislaus I. unterhielt Kontakte mit den französischen Reformklöstern Cluny und Saint Gilles. Was den Klerus betrifft, so verzichtete er 1106 auf die Laieninvestitur; Ladislaus gründete auch Domkapitel, um wenigstens hier die Reformforderung des Zölibats durchzusetzen. Im Übrigen beharrte die ungarische Kirche mit Unterstützung des Königs auf der Beweibung der Priester; hier wirkten wohl ostkirchliche Einflüsse mit. Domkapitel und Klöster waren die bevorzugten Orte der (lateinischen) Schriftlichkeit; seit dem 12. Jahrhundert übten sie in der Art von Notariaten die Funktion der ‚glaubwürdigen Orte' aus. Die fortwährende Dominanz des Königtums in der Kirche fiel in der Reformzeit Fremden durchaus ins Auge. Noch in den sechziger Jahren des 12. Jahrhunderts stellten etwa Thomas Becket und der deutsche Reformkanoniker Gerhoch von Reichersberg fest, dass die Könige Ungarns und Siziliens über die Kirche Hoheitsrechte ausübten, die das Papsttum keinem anderen europäischen Herrscher mehr einräumte. Erst nach 1170 hat sich die Kirchenreform in Ungarn stärker durchgesetzt; dafür maßgeblich war Erzbischof Lucas von Gran, der wie viele Kleriker seiner Zeit in Paris studiert hatte.

Ein Städtewesen im westlichen Sinne ist in Ungarn während des 11./12. Jahrhunderts entstanden, und zwar an den königlichen und bischöflichen Sitzen. König Koloman verlieh erstmals Privilegien, und zwar an Hafenstädte in Dalmatien (1108); in Ungarn selbst erhielten die ‚Latiner' (Wallonen) von Székesfehérvár im 12. Jahrhundert das Privileg der Richterwahl und die Zollfreiheit; nach diesem Muster wurden seit 1230 in rascher Folge heimische Stadtrechte verliehen. Den deutschen Gemeinden, die auf den Krondomänen in der Umgebung von Hermannstadt angesiedelt waren, gab Andreas II. 1224 einen Freibrief. Dadurch wurde die *universitas Saxonum* als autonome Gemeinde anerkannt und einem königlichen Grafen unmittelbar unterstellt. Als Gegenleistung waren 500 Silbermark pro Jahr und die Gestellung von 500 bewaffneten Rittern vereinbart. Die Gemeinde erhielt aber das Recht, eigene Richter und Pfarrer zu wählen. Die Privilegien des „Andreanum" wurden dann auch auf die anderen deutschen Gemeinden in Transsilvanien ausgedehnt. Verbreitet in den Bergstädten waren auch Varianten des Magdeburger Stadtrechts.

Ähnlich wie Ungarn stand auch das Königreich Sizilien zwischen Abendland und Orient; aber in viel stärkerem Maße als dort haben hier Byzantiner und Muslime Kultur und Staatlichkeit mitgeprägt, und noch Friedrich II. ließ sich auf seinem Kreuzzug durch das orientalische Herrschertum beeindrucken. Einen „Modellstaat" haben die Normannen gewiss nicht dadurch geschaffen, dass sie absolute Monarchie und bürokratische Herrschaft der Moderne antizipierten, sondern dass sie scheinbar Heterogenes zum Nutzen des Ganzen verbanden: den Feudalismus westlicher und den Zentralismus östlicher Provenienz; und so sehr sie selbst in lateinisch-katholischer Tradition standen, waren sie klug genug, ihre „Leitkultur" durch das vorgefundene Fremde zu bereichern. Ein planmäßiges Handeln, das über Selbstbehauptung und Herrschaftsgewinn hinausgeht, braucht man ihnen deshalb nicht zu unterstellen. Roger II. schuf jedenfalls „unter Ausnutzung verschiedener günstiger Umstände ein Königreich, das Elemente der drei Kulturen aufnahm, die sich im Mittelmeer kreuzten" (H. HOUBEN).

Ein Grundproblem der politischen Ordnung waren die unterschiedlichen Voraussetzungen im unteritalienischen Festland und auf der Insel Sizilien. Während die Normannen hier die auf die Antike zurückgehende Latifundienwirtschaft beibehielten und dem römisch-byzantinischen beziehungsweise muslimischen Vorbild des politischen Zentralismus folgten, stützten sie sich in Süditalien zum großen Teil auf das Lehnswesen. Selbst mit den eroberten Gebieten belehnt durch römische Kaiser und Papst, gebrauchten sie dieses Mittel der Herrschaftsbildung, das zuvor – im Unterschied zum karolingisch geprägten Norden – eher schwach ausgebildet gewesen war. Robert Guiscard selbst nutzte es, um sich die normannischen Heerführer botmäßig zu machen, die ihm zuvor gleichgestellt waren; sein auf Sizilien erfolgreicher Verwandter Roger I. und dessen Nachkommen trugen hingegen die leistungskräftige Administration der Insel nach Kampanien und Apulien hinüber. In Sizilien selbst und in Kalabrien waren die führenden Beamten der Provinzialverwaltung zunächst Byzantiner mit Arabischkenntnissen, aber auch Araber selbst sind als Amtsträger tätig gewesen; die Funktion des Vizegrafen hingegen war ein Import der Normannen. Nach seinem Frieden mit der römischen Kirche (1139) konnte Roger II. im übrigen Königreich Justitiare und Kämmerer einsetzen. Die Justitiare, ihrer Herkunft nach vornehme Adlige, hatten die hohe Strafgerichtsbarkeit inne und konnten in Lehnsangelegenheiten agieren; die Kämmerer beaufsichtigten das Krongut, zogen die Abgaben von Domänen und Lehen für den Fiskus ein und übten Zivilgerichtsbarkeit in den Städten. Die Justitiare hatten allerdings erst unter Rogers Enkel Wilhelm II. feste Amtsbezirke. Seit 1140 schränkte der König auch die Ansätze zur städtischen Selbstverwaltung ein.

Am Königshof in Palermo selbst entstand unter Roger II. eine zentrale Regierung, die *curia regis*. In der – allerdings nur bescheiden ausgebauten – Kanzlei war ein Engländer tätig (Robert von Selby, gest. 1152), neben dem als Leiter der Hofkapelle ein Landsmann stand, Thomas Brown; dieser sollte später an den Exchequer des englischen Königs Heinrich II. wechseln. Während Selby für die lateinischen Schriftstücke verantwortlich war, muss es eine größere Anzahl griechischer Schreiber gegeben haben. Man schätzt den Anteil der (noch nicht edierten) griechischen Urkunden Rogers II. auf 50 bis 80 % des Gesamtbestandes; sicher ist, dass auch arabische Schreiber in der Kanzlei wirkten. Seit 1140 wurde die Verwaltung von Sizilien und Kalabrien reformiert; dabei entstanden Behörden für die Verwaltung der königlichen Domänen und Einnahmen, die arabische Namen trugen und unter anderem mit der Führung von Hörigenlisten beauftragt waren. Die Palastkämmerer waren hauptsächlich konvertierte Muslime.

Seine Söhne stattete Roger II. mit dem Herzogtum Apulien, dem Fürstentum von Bari und Tarent und dem Fürstentum Capua als Lehen aus, und auch bei der Vergabe von Grafschaften bevorzugte er seine Verwandten. Die lehnspflichtigen Grafen stellten mit ihren Vasallen einen Teil des Heeres, das durch besoldete Ritter und Fußsoldaten, darunter muslimische Bogenschützen, ergänzt wurde. Das stehende Heer verlegte Roger zum Teil in Burgen bei größeren Städten (z. B. Bari), ohne dass schon von einer flächendeckenden Besetzung der Kastelle die Rede sein könnte. Nicht zuletzt stützte sich seine Herrschaft auf die Kontrolle der Kirche; die meisten der 145 Bistümer waren vom König abhängig. Für die Insel Sizilien ließ er sich durch den Papst das Legatenamt übertragen (1098). Auch die Förderung des Klosterwesens diente der politischen Durchdringung seines Reiches, und zwar auf dem Lande; Roger förderte aber auch den ostkirchlichen Klerus, besonders in Kalabrien, und das griechische Mönchtum.

Die Verwaltungsreformen nach 1139 standen im engen Zusammenhang mit dem Erlass eines eigenen Gesetzbuches, der Assisen des Königreichs Sizilien, die wohl zu Unrecht mit einem Hoftag von Ariano von 1140 (bzw. 1142) in Verbindung gebracht werden. Nach dem Urteil von E. Caspar ist dieses Werk „der höchste Ruhmestitel" eines „an Großtaten reichen Lebens" gewesen. Nachdem der gütige Gott dem Reich nach Niederwerfung der Feinde den Frieden und die Ruhe in geistlichen wie weltlichen Dingen geschenkt habe, fühle er sich verpflichtet, ‚die Wege der Gerechtigkeit und der Frömmigkeit dort wiederherzustellen', wo sie in erschreckender Weise verzerrt seien. So ließ Roger im Prooemium der Assisen verlauten. Auch wenn sich der König gleich zu Beginn an die Vornehmsten seines Reiches wandte, hob er seine Rolle als Gesetzgeber unter Bezug auf die Heilige Schrift und den antiken Kaiser Justinian selbstbewusst hervor: ‚Wir glauben, dass Gott nichts wohlgefälliger ist, als wenn wir ihm einfach das darbringen, was er selber ist, nämlich Barmherzigkeit und Gerechtigkeit. Mit dieser Gabe nimmt das Herrscheramt für sich ein Privileg des Priestertums in Anspruch. Daher nennt ein Jurist die Rechtslehrer Priester des Rechts. Da wir durch seine Gnade die Vollmacht über das Recht und die Gesetze innehaben, müssen wir diese teils erlassen, teils verbessern und sie, da wir Barmherzigkeit erhalten haben, in allem milder handhaben und gütiger auslegen, besonders dort, wo ihre Strenge zur Unmenschlichkeit führt.' Im Einzelnen beruhen die Assisen weitgehend auf Exzerpten zum Corpus Iustiniani, darüber hinaus zu einem kleineren Teil auf neu geschaffenen Gesetzen und mit geringem Anteil auf byzantinischen, langobardischen und kanonischen Satzungen. Materiell sind jedoch nur Kirchenrecht, öffentliches Recht, Ehe- und Strafrecht betroffen. Das Gewohnheitsrecht blieb überall dort bestehen, wo der Gesetzgeber nichts Neues bestimmte, und zwar ‚wegen der Verschiedenheit der Völker, die unserer Königsherrschaft unterworfen sind'. Auch wenn die Assisen zweifellos zur Integration der verschiedenen Bevölkerungsgruppen seines Landes beitragen sollten, respektierte Roger die Eigentraditionen, wo sie seinem Regelungsinteresse nicht entgegenstanden.

Der Schwerpunkt der gesamten Assisen liegt in den Gesetzen, die sich mit der königlichen Macht und Würde befassen. Der König habe eine über allen anderen Sterblichen sich erhebende Stellung, Verletzung seiner Rechte erscheint als Gotteslästerung. So beginnt der Titel 17: ‚Zu rechten über Urteil, Ratschlag, Anordnung des Königs ist verboten, denn es gilt dem Sakrileg gleich, über seine Urteile, Anordnungen, Taten und Ratschläge zu rechten oder darüber, ob der würdig ist, den der König erwählt oder bestimmt.' Aus dem römischen Recht ist der Begriff des Majestätsverbrechens übernommen. Verschwörungen gegen den König oder seine Ratgeber, gleichgültig ob der verbrecherische Plan ausgeführt ist oder nicht, werden mit dem Tode gebüßt und noch an den Nachkommen gerächt: sie dürfen keine Lehen empfangen. Vor allem genießen die königlichen Beamten einen erhöhten Schutz, wie umgekehrt ihre Vergehen besonders schwer geahndet werden. Titel 25 dekretiert: ‚Die Qualität der Person macht das Verbrechen schwerer oder leichter. Beamte des Staates oder Richter, die während der Zeit ihrer Amtsverwaltung Staatsgelder unterschlagen, werden mit dem Tode bestraft, wenn nicht die Gnade des Königs dazwischentritt.' Andererseits gelten dem Herrscher ‚Beleidigungen der Beamten' als Beleidigungen der königlichen Würde selbst.

Man hat konstatiert, dass sich hier wie in den Assisen insgesamt ein byzantinischer Geist, das Vorbild der autokratischen Kaiser des Ostens, niedergeschlagen habe. Auch in der Herrschaftsrepräsentation sind diese Einflüsse wirksam gewesen, sie vermischen sich aber wiederum mit Arabischem und Lateinischem. Auf Siegeln und Münzen ließ sich Roger mit byzantinischen Insignien darstellen und in griechischer oder lateinischer Sprache titulieren. Auf den Goldtarì aus Sizilien finden sich das arabische Motto ‚Es gibt keinen Gott außer Allah' beziehungsweise die Herrscherlegende ‚der durch die Gnade Gottes (Allahs) mächtige König Roger, der erhabene' (*al-muᶜtazz bi-llāh al-malik Rujār al-muᶜazzam*). Auch in den Wunschformeln der arabischen Urkunden wird Allah genannt, und eine Erwähnung seines Vaters Roger I. ergänzt die Formel: ‚Allah möge seinen Geist heiligen und seine Grabstätte erleuchten.' Auch an Gebäuden ließ Roger arabische Inschriften anbringen, die allerdings seine Stellung als christlicher Herrscher akzentuierten. Berühmt ist sein Königsmantel mit arabischer Inschrift in kufischen Lettern, der 1133/34 in der Hofwerkstatt von Palermo gefertigt wurde und im Bild den Sieg des Löwen (Roger) über das Kamel (die Araber) zeigt. Die Krönungsordines der Normannenkönige spiegeln vorwiegend westliche Traditionen wider, lassen aber byzantinische Einflüsse erkennen. Arabisch geprägt sind vor allem die Königspaläste in und bei Palermo, zu denen (wie auch in Byzanz) Eunuchen gehörten, während ein streng den Frauen vorbehaltener Harem offenbar nicht existierte.

Unter Wilhelm I. und Wilhelm II., Sohn und Enkel Rogers II., wurde das Reich gefestigt und die königliche Gewalt gestärkt – trotz Konflikten mit Papst und Kaisern, Rebellionen des Adels und ethnischen Zerreißproben, und auch unbeschadet der Verführung durch Luxus und orientalische Genüsse, denen die Herrscher an ihrem Hof allzu leicht erlagen. Friedrich II. aber, der staufische Cousin, berief sich ausdrücklich auf den Zustand des Staates beim Tod Wilhelms II., um ihn wiederaufzurichten und auszubauen. Vor allem nach seiner Rückkehr aus Deutschland 1220 und aus Jerusalem 1229 griff Friedrich mit kraftvollen Reformen im Regnum Sicilie ein, und er tat dies, wie er ausdrücklich erklärte, um es zur *norma regnorum*, zum Vorbild der anderen Königreiche, zu machen. Sein hervorragendstes Instrument wurde die Gesetzgebung, die er wohl im Anschluss an seine normannischen Vorgänger, aber in viel umfassenderer Weise ausübte; dazu kam eine zentralisierte Gerichtsbarkeit, ein effizientes Verwaltungssystem mit einer Beamtenschaft, die auf das Wohl des Herrschers wie der Untertanen gleichermaßen verpflichtet wurde, ein straffes Lehnrecht zur Kontrolle des Adels, die kompromisslose Nutzung der königlichen Domänen und eine umsichtige wirtschaftliche Planung, nicht zuletzt die Verwissenschaftlichung der Verwaltung und Rechtsprechung durch Gründung einer Hochschule in Neapel.

Schon Ende 1220, wenige Tage nach seiner Ankunft in Sizilien, verkündete der Kaiser in Capua zwanzig Assisen, die trotz Berufung auf die ‚guten Gewohnheiten aus der Zeit König Wilhelms [II.]' als programmatischer Auftakt seiner Herrschaft verstanden werden sollten. Friedrich betont die Wahrung von Frieden und Recht für die Untertanen als wichtigste Aufgabe eines Königs und wendet diesen Grundsatz sogleich auf die Kirche an: er stellt deren Güter, Einkünfte und Rechte unter seinen besonderen Schutz. Zur Sicherheit seiner Untertanen verbietet er die Fehde, das Verbergen von Verbrechern, das öffentliche Tragen von Waffen sowie Aktionen der Burgenbesatzungen außerhalb der Kastelle. Die Justitiare, deren Ernennung er sich vorbehält, werden zu unparteiischer Prozessführung eidlich verpflichtet, während die Baiuli als lokale Behördenleiter und Richter von den königlichen Kämmerern einzusetzen seien; sie sollten freilich auch an die Stelle selbstgewählter Konsuln, Podestà oder Rektoren der städtischen Gemeinschaften treten. Grundlage aller Maßnahmen zum Schutz der Reichsbewohner ist die Wiederherstellung der Kronrechte, soweit sie seit 1189 oder doch wenigstens seit dem Tod Heinrichs VI. beziehungsweise Konstanzes verlorengegangen waren. Wie schon bei seinem ersten Regierungsantritt 1209 revoziert Friedrich II. 1220 Domanialgut, königliche Einkünfte und Privilegien, besonders die an den Adel ausgetanen Baronien; er geht gegen Befestigungen vor, die seit 1189 auf adligem Grund und Boden errichtet worden sind, untersagt den Kronvasallen die Heirat und ihren Kindern die Übernahme des Erbes ohne königliche Zustimmung und verlangt bei Androhung des Lehnsentzuges den gewohnten Waffendienst zu Pferde. In vier ergänzenden Assisen, die Friedrich im Mai 1221 in Messina erließ, hielt der Kaiser die Bewohner seines Reiches zu einem Leben nach den Geboten der christlichen Religion an. Die auf dem Vierten Laterankonzil beschlossene Kennzeichnungspflicht der Juden setzte er als Gesetzgeber seines Reiches um, befahl aber auch den Dirnen, künftig außerhalb der Städte zu leben und durch ihre Mäntel eindeutig identifizierbar zu sein.

In welchem Maße Friedrich seine legislatorischen Vorschriften auch verwirklicht hat, ist im Einzelnen verschieden klar. Jedenfalls ließ er etwa Burgen abreißen, auch wenn es bisweilen den Erbauern gelang, das Werk der Zerstörung aufzuhalten oder zu verhindern. Andere Kastelle erbaute er neu. Im Jahr 1223 errichtete er in Foggia, also im Zentrum der Capitanata, sogar einen Palast, der als königliche Residenz an die Stelle

Palermos trat. Da sich Friedrich die alten Privilegien seiner Vorgänger vorlegen ließ, um sie gegebenenfalls zu erneuern, und überdies mit einer Fülle von Mandaten an seine Beamten regierte, nahm die Schriftlichkeit seiner Regierung erheblich zu. Während in der Zeit seines Aufenthalts in Deutschland nur vier bis fünf Schreiber in der Kanzlei tätig gewesen waren, stieg die Anzahl der Notare jetzt auf mehr als zwanzig an. Auch die Hofkammer wurde ausgebaut, der alle der Krone zustehenden Einnahmen zuflossen, wenn diese nicht gleich in den Provinzen ausgegeben wurden. Über die Einzahlungen wurde Buch geführt, die Provinzkämmerer erhielten Quittungen. Neben Kanzlei und Kammer schuf Friedrich ein Großhofgericht, das höchste Gericht des Königreiches, als dritte zentrale Institution. Unter dem Einfluss des Bologneser Zivilrechtlers Roffred von Benevent bestellte er als Hofrichter juristische Fachleute und bald nur noch Rechtsgelehrte mit Universitätsstudium.

Im Mittelpunkt seines zweiten Reformschubs stand wiederum ein Werk der Legislative, die „Konstitutionen von Melfi" vom September 1231. Für die Erarbeitung dieser *constitutiones augustales (imperiales)* mit etwa 220 Gesetzen war die Zeit eines einzigen Jahres ausreichend gewesen, obschon Friedrich auf eine gründliche Beratung Wert gelegt hatte. Die Justitiare des Regnum hatten nämlich zunächst vier ältere Männer aus jeder Provinz auswählen müssen, die die Assisen Rogers II. und das Gewohnheitsrecht unter Wilhelm II. kannten; zusammen mit einem juristischen Expertenteam mussten diese Praktiker der örtlichen oder regionalen Bräuche am Hof über das künftige Recht beraten. Die dann von Friedrich promulgierten Konstitutionen stellten in Umfang und Differenzierung alles in den Schatten, was vorher auf dem Gebiet der Gesetzgebung in Europa von Herrschern uno actu geschaffen worden war. Von seinen Vorgängern Roger II. und Wilhelm II. übernahm der Kaiser 65 Gesetzestexte und lehnte sich im übrigen eng an den Kaiser Justinian als normgebende Gestalt an; etwa die Hälfte der Rechtsgedanken lässt sich mindestens teilweise auf das römische Recht zurückführen. Eigene Züge erhielt das Werk durch seine strafrechtlichen Bestimmungen gegen Fälschungsdelikte, Ehebruch, Meineid, Gotteslästerung und Giftmischerei, durch Regelungen des Lehnswesens, Vorschriften für Kaufleute und Handwerker, die Ausbildung von Ärzten, Chirurgen und Apothekern sowie Umweltschutzmaßnahmen, die auf die Reinhaltung von Luft und Wasser abzielten. Von besonderer Bedeutung war die Einrichtung der *Defensa*, die es jedermann erlauben sollte, gegen widerrechtliche Bedrohung der eigenen Person, der Angehörigen oder des Vermögens den Namen des Kaisers anzurufen; dieser herrscherliche Schutz schloss Juden und Muslime ausdrücklich ein. Andererseits ließ sich Friedrich die sorgsame Beachtung der kirchlichen Lehre angelegen sein und verdammte die Ketzer unter Androhung des Feuertodes und der Konfiskation ihrer Güter; alle Beamten hatten den Auftrag, Häretiker aufzuspüren und der Geistlichkeit auszuliefern. Wie schon in Capua sorgte sich der Kaiser um die Erhaltung des Domänenbesitzes und der ausgegebenen Lehen; den Vasallen untersagte er, die empfangenen Königsgüter zu entwerten, zu verändern oder zu veräußern, während er vom Krongut die geschuldeten Dienste und Einkünfte einforderte. In späteren Ergänzungen seiner Konstitutionen von 1231 begrenzte der Staufer die Amtszeit aller Richter und Beamten auf ein Jahr; um der Korruption der Beamtenschaft vorzubeugen, war er bereit, den mit Gerichtsverfahren befassten Staatsdienern ein festes Gehalt zu zahlen und deren Einkommen vom betreffenden Streitwert der Sache zu lösen.

Auch wenn Friedrich sein Recht in Novellen fortentwickelte und bisweilen detailbesessen um die Verwirklichung seiner Vorstellungen kämpfte und obwohl die Juristen seines Reiches schon zu Lebzeiten damit begannen, das Werk zu glossieren, haben die Kodifikationen außerhalb Siziliens kaum Spuren hinterlassen. In England und Frankreich hielten die Monarchen an den Traditionen der Einzelgesetzgebung fest; Alfons X. von Kastilien-León, der mit Friedrich weitläufig verwandt war, hat allerdings für sein Reich später ebenfalls ein umfassendes Gesetzbuch erlassen („Siete Partidas" von 1265). Im deutsch-römischen Reich sollte erst Karl IV. auf Friedrichs Werk zurückgreifen („Majestas Carolina" von etwa 1350).

Auch die Wirtschaft suchte Friedrich nach 1230 über die älteren Ansätze hinaus zu reformieren. Dazu gehörte die Einrichtung staatlicher Handelsmonopole für Salz und Eisen, die Konzentration des Rohseidehandels auf die Juden von Trani und die zentrale Kontrolle des Färbereigewerbes. Das schon von den Normannen errichtete staatliche Schlachtmonopol baute er aus und verlegte die Schlachthöfe auf Plätze außerhalb der Städte. Den Außenhandel suchte er zu fördern, indem er die weitgehenden Privilegien Genuas aus normannischer Zeit nicht erneuerte und in den Hafenstädten staatliche Lagerhäuser errichtete; 1239 legte er ein großes Hafenbauprogramm auf. Den Binnenhandel sollte 1234 eine Messeordnung ankurbeln. Zur Aufbesserung des Staatshaushaltes erhob Friedrich seit 1235 regelmäßige direkte Steuern, die die Justitiare in den Provinzen einziehen mussten. Auf den Domänen führte er in den dreißiger, vierziger Jahren neben der bäuerlichen Wirtschaft auch die direkte Bewirtschaftung in so genannten Massarien ein, um die Erträge zu steigern. Auch in der Münzpolitik beschritt er neue Wege. Nachdem er zunächst einen kaiserlichen Silberdenar eingeführt hatte, um die Währung zu vereinheitlichen und ausländisches Geld zu verdrängen (1221/22), ließ er seit 1231 schwere Goldmünzen prägen, die mit dem byzantinischen Hyperpyra und den arabischen Dinaren in Konkurrenz treten sollten. Diese „Augustalen" waren zwar durchaus für den praktischen Gebrauch bestimmt, und zwar für den Zahlungsverkehr bei größeren Handelsgeschäften, doch sollten sie zugleich, entsprechend zu den Konstitutionen von 1231, den Rang des Münzherrn zum Ausdruck bringen, der sich in die Traditionen der hervorragenden antiken Kaiser stellte. So groß Friedrich seinen Staat allerdings konzipiert hatte, blieb ihm doch zu wenig Zeit, um das Werk zu vollenden, ganz zu schweigen von seinen Nachfolgern. Denn schon seit Ende der dreißiger Jahre nahm den Kaiser der Krieg gegen den Papst und die oberitalienischen Städte in Anspruch; die Einnahmen des Fiskus wurden zunehmend für diese Aufgabe abgeschöpft, die Grenzen des Reiches mussten abgeschottet und die Feinde des Herrschers verfolgt werden. Nicht zuletzt dadurch empfanden viele Untertanen die schwere Hand Friedrichs als Belastung, und in der Forschung hat man, wenn auch nicht unwidersprochen, sein Regiment zuletzt als „despotische Bürokratie" charakterisiert (Th.C. VAN CLEVE; Th. KÖLZER).

Mit der Staatsbildung der Normannen in Unteritalien und der Ungarn in Südosteuropa konnten die Böhmen und Polen nicht Schritt halten. In beiden Fällen handelt es sich um slawische Reiche, die schon ins 9./10. Jahrhundert zurückgehen, doch erlangten sie nicht das gleiche Maß an Selbständigkeit beziehungsweise Stabilität wie der Nachbar an Donau, Theiß und Karpaten. Zu Recht betont die tschechische und polnische Mediävistik zwar die eigenen Wurzeln des jeweiligen Gemeinwesens, aber genauso unbestreitbar sind doch die frühen Einflüsse des ostfränkischen Reiches. Böhmen hat sich im ganzen Hochmittelalter aus dem Schatten der Deutschen nicht lösen können, die ihre Herrscher zeitweise stützten, zeitweise bedrohten und in den eigenen politischen Verband wenigstens partiell zu integrieren verstanden. Polen hingegen stieg so schnell zu einem imponierenden Reich auf, dass es nicht nur mit den Normannenstaaten in West- und Südeuropa verglichen wurde, sondern dass man Wikinger geradezu als Fermente der

Staatsbildung vermutet hat; für sicher darf gehalten werden, dass das Ottonenreich dem werdenden Polen politisch und kirchlich als Muster dienen konnte. Bald jedoch zerfiel das Reich in rund ein Dutzend Herzogtümer, so dass selbst der frühe Gesamtname „Polen“ in Vergessenheit zu geraten drohte.

Um die Mitte des 11. Jahrhunderts hatten die Herzogsdynastien der Přemysliden und der Piasten längst die Führung ihrer Völker übernommen. Die Reichsbildung in Polen war von der mittleren Warthe um Posen ausgegangen, vom Stammesgebiet der Polanen, die dem ganzen Volk ihren Namen geben sollten (Benennung nach *pole*, das heißt ‚Feld‘); die Piasten, die vielleicht selbst an die Stelle eines älteren Herrschergeschlechts in Kruschwitz getreten waren, hatten seit ihrem ersten bekannten Fürsten Mieszko I. (um 960–992) von hier aus nach allen Seiten ausgegriffen und besonders Pommern, Masowien, Schlesien und Kleinpolen ins Auge gefasst. Nach Mieszkos Konversion zum lateinischen Christentum 966/67 war schon im Jahr 1000 in Gnesen ein eigenes polnisches Erzbistum geschaffen worden, und es sollte die Kirche sein, die das Volk jahrhundertelang zusammenhielt. Abgesehen von einer in ihrer Bedeutung umstrittenen Krönung von Mieszkos Sohn Bolesław Chrobry durch Otto III. (1000) ließen sich die polnischen Fürsten des 11. Jahrhunderts wiederholt im Konflikt mit dem ostfränkisch-deutschen Herrscher zu Königen krönen, ohne dass sie dieses letzte Zeichen einer autonomen Reichsbildung auf Dauer hätten behaupten können. Ebenso wie in Böhmen spielten in Polen die Stämme politisch keine entscheidende Rolle; ihre Namen verweisen weder auf ältere Häuptlinge noch, wie bei den Rus‘, auf Städte, sondern auf Flüsse und Gewässer. Die politischen Friktionen des Landes sind denn auch nicht ethnisch, sondern vor allem dynastisch bedingt gewesen.

Die Böhmen waren rund hundert Jahre vor den Polen christianisiert worden und schon dabei in den Bannkreis des ostfränkischen Reiches, besonders Bayerns, geraten. Ihre Fürsten, die Přemysliden, hatten sich aber erst am Ende des ersten Jahrtausends gegen das konkurrierende Adelsgeschlecht der Slavnikiden durchgesetzt. Schon damals hatten die Herzöge allerdings in Prag an der Moldau eine mächtige Burg errichtet, die zum politischen Zentrum des Reiches wurde und seit 973/76 auch dem ersten Bischof des Landes als Sitz diente. Ebenso wie den Piasten gelang es auch den Přemysliden, die Kirche dauerhaft als Reichskirche zu führen, auch wenn Prag bis zum 14. Jahrhundert Suffraganbistum des deutschen Erzstuhls in Mainz geblieben ist. Seit der Zeit Karls des Großen waren die Böhmen dem westlichen Nachbarn auch tributpflichtig, und Ottonen, Salier und Staufer setzten die Abhängigkeit aus fränkischer Zeit stets aufs neue durch; bezeichnenderweise haben deutsche Herrscher Přemysliden die Königskrone aufgesetzt (Heinrich IV. bei Vratislav II., Friedrich I. bei Vladislav II.), bevor Friedrich II. durch die Goldene Bulle von 1212 dem „Königreich Böhmen“ unter Přemysl Ottokar I. schließlich die rechtliche Anerkennung gewährte. Mähren im Osten, das im 9. Jahrhundert politisch weit bedeutender gewesen war, ist seit dem Vorstoß der Ungarn zum Grenzland und zur Unterherrschaft des böhmischen Herzogtums geworden.

Mit Polen hat das Siedelgebiet der Böhmen ein ausgebreitetes Burgenwesen gemein, das auf die vorstaatliche Sippenstruktur der Slawen zurückgeführt wird; allerdings haben sich zuerst die Přemysliden und dann die Piasten bei der herrschaftlichen Kontrolle beziehungsweise dem Ausbau der Burgen zum System (Kastellaneiverfassung) wohl an den ottonischen Burgwarden orientiert. Diese Burgen vereinten mit der fortifikatorischen Bedeutung judikative und administrative Funktionen und bildeten Ansatzpunkte für Handwerkersiedlungen, Märkte und Städte. Der überragenden Burganlage der Böhmen in Prag stehen in Polen mehrere Burgstädte gegenüber, unter denen Krakau seit

Kasimir I. ‚dem Erneuerer' (1034/39–1058) zur wichtigsten Fürstenresidenz wurde. Prag beziehungsweise die polnischen Burgen waren von großen Eigengütern der Herzöge umgeben, die der Versorgung des Hofes und der fürstlichen Gefolgschaften (*družina, drużyna*) dienten. Aus diesen Gefolgschaften und aus den Kastellanen entwickelte sich in beiden Ländern ein grundbesitzender Adel; ob und in welchem Maße dieser schon auf altslawische Sippenhäupter zurückgeht, ist unklar und umstritten. Für Böhmen wird aber angenommen, dass Mitte des 11. Jahrhunderts „der Prozeß der Feudalisierung" bereits „zur vollen Ausbildung" gelangt sei (F. PRINZ); die wiederholten Auseinandersetzungen um die Nachfolge im Herzogtum haben jedenfalls die Formation des Adels begünstigt, der spätestens im 13. Jahrhundert zum Gegenspieler der Könige wurde. In Polen hat sich die Landbevölkerung bereits in den Wirren um Kasimir I. gegen den landbesitzenden Adel aufgelehnt. Seit Ende des 11. Jahrhunderts nahmen die Großgrundherrschaften zu, die weit überwiegend durch Bauern und nicht in Eigenbetrieb bewirtschaftet wurden. Die aristokratische Gesellschaft selbst kannte in Polen kein persönliches Vasallenverhältnis, auch wenn die adligen Grundherrn dem Herzog militärische Dienste und materielle Abgaben leisteten. Der Herrscher behielt sich vor, Amtsträger am Hofe oder Kastellane jederzeit auszutauschen, zu entlassen oder in anderen Funktionen zu verwenden.

Die Kastelle, besonders die Fürstensitze, bildeten die ersten Ansatzpunkte einer eigenen slawischen Stadtentwicklung; für Polen wird die Anzahl städtischer Siedlungen im 12. Jahrhundert auf 250 geschätzt. Besondere Impulse erhielt das Städtewesen dann durch die Kolonisation deutscher und westeuropäischer Siedler, die wegen ihrer fortgeschrittenen Kenntnisse von den slawischen Herren ins Land geholt wurden. Auch wenn eine Kaufmannssiedlung bei der Prager Burg schon im Jahr 1085 gefördert wurde, scheint die Ostsiedelbewegung in Schlesien, weniger im übrigen Polen, intensiver gewesen zu sein als in Böhmen und Mähren. Die Neuankömmlinge erhielten durch die Fürsten weitgehende Steuer- und Rechtsprivilegien, die ihnen erlaubten, nach eigenen Gewohnheiten (*ius teutonicum, ius flamingicum*) zu leben. Neben Kaufleuten ließen sich auch Weber aus Wallonien, so in der Umgebung von Breslau, oder – wie in Kleinpolen – deutsche beziehungsweise italienische Spezialisten für den Bergbau nieder. Charakteristisch für die Siedlungsbewegung ist auch die Neugründung von Dörfern gewesen; so standen in Schlesien 120 Städten rund 1200 Dörfer gegenüber, die mehrheitlich von Deutschen bewohnt wurden. In Böhmen gründeten die Přemysliden Städte nach Nürnberger, Magdeburger und Halle-Neumarkter Recht und siedelten in der jeweiligen Umgebung Bauern an, die durch bürgerliche Lokatoren angeworben worden waren. Im südlichen Böhmen und Mähren wurde das Wiener Stadtrecht bevorzugt (Brünn 1241). Erst unter Přemysl Ottokar II. (1253–1278) hob in Böhmen freilich die stärkste Gründungswelle städtischer Siedlungen an.

2.2 Freistaaten unter Monarchien: Was Island von den italienischen Kommunen unterscheidet

Das Mittelalter war ein Zeitalter der Monarchie; im hohen Mittelalter wurde aber der Prozess der Einpersonenherrschaft durch Kaiser, König oder Fürst, Bischof oder Abt unterbrochen durch eine ‚Herrschaft von Mehreren'. Diese „Parenthese“ oder „Exzentrizität“ der Geschichte (Ph. JONES) manifestierte sich vor allem in der Kommunebewegung der Stadtbürger, die sich nirgendwo nachhaltiger entfaltete als in Italien. Schon vor zweihundert Jahren hat dementsprechend Jean-Charles-Léonard SIMONDE DE SISMONDI eine „Histoire des Républiques italiennes du moyen âge“ in 16 Bänden vorgelegt (1807–1818). Der antike Begriff „Republik“ war aber bereits im Mittelalter am Beispiel der italienischen Kommunen weiterentwickelt worden. Ptolemäus von Lucca, ein Schüler des großen Thomas von Aquin (gest. 1274), hatte ihn dem *regnum* entgegengesetzt und erstmals im Sinne der freistaatlichen Verfassungsform verwendet. Zum Wesen der politischen Verfassung gehört nach Ptolemäus neben der Bindung der Obrigkeit an die Gesetze die Mehrzahl bei den Inhabern der politischen Gewalt, das *dominium plurium* oder die *pluralitas*. „Das Prinzip der Pluralität wird auch dann gewahrt, wenn die Bürger einen *rector politicus* (podestà) auf Zeit und mit der Verpflichtung zur Rechenschaftslegung nach Ablauf der Amtszeit berufen“ (W. MAGER). In der *polis, quod est pluritas, sive civitas,* wie sie in vielen Teilen Italiens bekannt sei, sei das aristokratische Element des regimen *per paucos et universos* mit dem volksherrschaftlichen Element des *regimen per multos* verschmolzen. Neben *respublica* als neuem Gattungsbegriff für die Herrschaftsordnung der Kommunen wie bei Ptolemäus begegnet bei Dante (gest. 1321) das volkssprachliche *stato franco* (Inf. 27,54). Außerhalb Italiens wurde „Republik“ im Sinne des Freistaates in Frankreich anscheinend noch im Mittelalter rezipiert (1410), in Deutschland aber wohl erst im 18. Jahrhundert; hier taucht zur gleichen Zeit auch „Freistaat“ auf, womit sowohl die Unabhängigkeit des Staates gegenüber anderen Staaten gekennzeichnet wurde, als auch die Teilhabe von (möglichst vielen) Bürgern an dessen Souveränität (1760/1784; nach D. KLIPPEL). Ein Begriff des Freistaats, bei dem der Aspekt einer auf Zeit bestellten Obrigkeit zurücktritt, erscheint weiter als der mittelalterliche Begriff der Republik; er eignet sich deshalb dazu, die hochmittelalterlichen Stadtkommunen mit ihren Magistraten und Räten mit dem skandinavischen Island zusammenzufassen, das weder städtische Gemeindebildung noch gewählte Herrschaft oder nur Exekutivgewalt gekannt hat.

Historische Voraussetzungen, kultureller Kontext und politische Bezüge waren zwischen Island und den italienischen Stadtkommunen denkbar verschieden. Die Gemeinden auf der südeuropäischen Halbinsel hatten sich größtenteils in Städten gebildet, die in die Antike zurückreichten und deren Geschichte in die Neuzeit, ja in die Moderne weiterlaufen sollte (zur Kommunebildung in Italien s. ausführlich oben 2.1.1; vgl. auch 2.1.3 zu Frankreich bzw. England). Im Unterschied zu ihren antiken Vorfahren war das Leben der Stadtbewohner vom Handel bestimmt, der trotz äußerer Bedrohungen und Konkurrenzen im Mittelmeer günstige Entfaltungschancen fand; auch wenn der Adel stadtsässig blieb, rückte das umliegende Land mit seinen feudalen Bindungen in den Hintergrund der sozialen Wirklichkeit. Die Kommunebewegung, die sich gegen Bischöfe und Fürsten, Kaiser und Päpste als Stadtherren wandte, wurde von Bürgern und Adligen gemeinsam getragen, und erst in späteren Phasen traten soziale Gegensätze zwischen Arm und Reich stärker hervor. Obzwar sich Ansätze zur Gemeindebildung zunächst auch im byzantinischen Süden gezeigt hatten, wurden diese hier durch die normannische Eroberung erstickt, so dass sich die Kommunen im Wesentlichen auf Reichsitalien und den Kirchenstaat konzentrierten. Es gab aber auch Ausnahmen; so entstand die Stadt Venedig erst nach dem Langobardeneinfall und bildete sich in Auseinandersetzung mit byzantinischen Institutionen zur „Seerepublik" fort. Nach schweren Konflikten mit dem Reich bedeutete für viele Kommunen Oberitaliens der Frieden mit Kaiser Friedrich I. von 1183 den Durchbruch zu ihrer städtischen Freiheit.

Der isländische Freistaat indessen hatte keine Vorgeschichte. Als um 870 Norweger und dazu einige Kelten die Insel zu besiedeln begannen, mussten sie niemanden vertreiben, abgesehen vielleicht von ein paar irischen Mönchen. Das nur in Küstennähe bewohnbare und zur Weide geeignete Land zwang die Kolonisten zur Errichtung weitverstreuter Gehöfte, so dass nicht einmal Dörfer, geschweige denn Städte entstanden. Natürlich brachten die Neusiedler die Kultur und politische Erfahrung ihrer Heimat mit, aber die Insel forderte sie doch zur Formierung einer ganz neuen sozialen und politischen Ordnung heraus. Bedingt durch die dezentrale Siedelweise und begünstigt durch die abseitige Lage der Insel, die feindliche Invasionen zu befürchten keinen Anlass gab, konnte sich eine einzigartige akephale Gesellschaft ausbilden, die nicht einmal temporärer Herrschaften bedurfte. Der eklatante Mangel an Holz auf Island verhinderte den Bau einer Flotte und damit regelmäßige Exkursionen „nach Europa", andererseits aber waren die Inselbewohner auf Getreideimport aus Norwegen angewiesen. Der norwegische Monarch seinerseits hat – wohl im Jahr 1000 – die Konversion der Isländer zum Christentum herbeigeführt, und mit dem anschließenden Aufbau des Kirchenwesens wurde dem Gesellschaftsgefüge ein erstes Element hierarchischer Ordnung eingefügt.

Die Isländer waren freie Leute; Sklaven, die sie von älteren norwegischen Kolonien auf den britischen Inseln (Orkneys, Shetlands; Irland) mit sich geführt hatten, waren überwiegend bereits im 10. Jahrhundert freigelassen worden und bald darauf praktisch ausgestorben. Der zentrale Mechanismus, der die Ordnung der neuen Gesellschaft bestimmte, war die Bindung zwischen Häuptlingen (*gothi*, pl. *gothar*) und Siedlern (*bóndi*, pl. *bændr*). Sie beruhte auf freiem, öffentlichem Vertragsschluss und hatte, im Unterschied zum kontinentalen Lehnswesen, keinerlei räumliche Basis. Herrschaftsrechte, die von Landbesitz abgeleitet waren, fehlten in Island fast vollständig. Um die Bindung an einen Goden einzugehen, musste ein Bonde sich keinem rituellen Akt unterziehen; es gab keinen Treueid und kein Gelöbnis vor einer Gottheit. Das Verhältnis beider Männer wurde durch das Recht bestimmt, das wohl seit dem späten 11. Jahrhundert auch schriftlich festgehalten wurde („Grágás"). Die Verfügung über ein *gothorth*, also eine geschlossene Gruppe von Bonden, gab den Häuptlingen nur geringe formale Autorität; auch wenn ihr Rang und Einfluss natürlich von ihrem Reichtum und dem Kapital sozialer Beziehungen abhängig waren, beruhte ihre Macht vor allem auf der Zustimmung ihrer freien Bauern. Umgekehrt konnten die *bændr* von ihnen wenig mehr verlangen, als die Gerichtstage einzuberufen und Preise für eingeführte Waren festzusetzen. Im Unterschied zu den Kleinreichen in Norwegen und Irland bildeten die *gothorth* keine Bezirke; die Häuptlinge verdankten ihre Stellung keineswegs der finanziellen Nutzbarkeit eines abgegrenzten Herrschaftsraumes. Vielmehr lebten sie auf ihren Höfen inmitten von (anderen) Bauern, die einem rivalisierenden Goden anhangen konnten. Die „Gefolgsleute" konnten ihre Häuptlinge auch jederzeit verlassen und sich einem anderen Führer anschließen. Zwischen *gothar* und *bændr* wurden auch Heiratsverbindungen hergestellt, und die Rollenverteilung zwischen Häuptlingen und Bauern konnte wechseln. Einen abgeschlossenen Adelsstand gab es keineswegs. Obwohl die Gesetze den Eindruck erwecken, dass sich jeder Freie an einen Häuptling binden musste, gab es wahrscheinlich sogar gänzlich selbständige Bauern. Ohne dass man über Alter und Herkunft Genaueres wüsste, existierten quasikommunale Bauernbündnisse, die unabhängig von den *gothar* waren. Diese *hreppar* (sing. *hreppr*) setzten sich aus mindestens zwanzig *thingfararkaups-bændr* zusammen, die in räumlicher Nachbarschaft lebten. Die *hreppar* verwalteten sich selbst und dienten wohl als Solidargemeinschaft für Not und Gefahr (Brandbekämpfung, Viehversicherung).

Die unsichere Dauer einer Bindung zwischen *gothar* und *bændr* und der Wettbewerb zwischen den Häuptlingen um die Bauern erschwerte es den einzelnen Führern, ihren Leuten Lasten aufzulegen. Trotzdem bildeten die *gothorth* die wichtigsten politischen Einheiten des Landes. Nach Ari dem Gelehrten wurde die dezentrale Regierung um 930 errichtet, als die Besiedlung des Landes abgeschlossen war; die ersten Häuptlinge wurden auf der Basis von Verwandtschaftsverbänden und lokaler Vorrangstellung ausgewählt. Sie übten für die heidnische Bevölkerung wohl auch gewisse religiöse Leitungsfunktionen aus. Die *gothar* waren vor allem verantwortlich für die Durchführung der örtlichen Thinge. Die wichtigste dieser Versammlungen wurde im Frühjahr gehalten, im Mai, und dauerte eine Woche (*várthing*). Dabei waren je drei Häuptlinge für Einberufung und Durchführung verantwortlich, während alle ihre Bonden zur Teilnahme verpflichtet waren. In der Mitte des 10. Jahrhunderts gab es wohl zwölf über das ganze Land verteilte Várthinge; als Island um 965 zusätzlich in vier Regionen eingeteilt wurde, erhielt der Norden ein weiteres *várthing*. Die erreichte Anzahl von 39 Häuptlingen, die bei den Lokalversammlungen tätig waren, wurde, um für die anderen Regionen einen Ausgleich zu schaffen, noch einmal um neun *gothar* erhöht, die aber keine Verantwortung für ein *várthing* trugen. Das *várthing* war vor allem für Rechtsstreitigkeiten zuständig. Bei diesen Versammlungen ging es um Auseinandersetzungen unter Bauern wie zwischen Häuptlingen und Bauern; die *gothar* führten aber nicht selbst das Gericht, sondern ernannten eine Jury aus zwölf *bændr*. Neben den Gerichtssachen konnte das *várthing* den örtlichen Wert der Unze, also ein Gewicht, festlegen und lokale Verwaltungsmaßnahmen ergreifen.

Die drei Häuptlinge der Frühjahrsversammlung beriefen auch das Herbsttreffen ein (*leith*), das aber jeder *gothi* für sich abhalten konnte und keinerlei Gerichtsfunktionen hatte. Im Sommer jeden Jahres trat das Allthing zusammen, die wichtigste Institution der isländischen Gesellschaft. Dabei versammelten sich alle *gothar*, die von einigen ihrer Bauern begleitet wurden. Das Treffen, das in Thingvöllr im Südwesten Islands abgehalten wurde, dauerte zwei Wochen im Juni, also in der Zeit des Mittsommers und eines gewöhnlich milden Klimas. „Its business was more than governance of the country. At the time when travel was easiest hundreds of people from all over Iceland, including peddlers, brewers of ale, tradesmen, and young adults adversiting for spouses, converged on the banks of the Axé River, the Öxará, which runs through the site of the Allthing. Thingvöllr, with its large lake and the mountains in the distance, is a site of great natural beauty. For two weeks the ravines and lava plains became a national capital. Friendships and political alliances were initiated, continued, or broken; information was passed; promises were given; stories were told; and business was transacted" (J.L. Byock). Herausragende politische Funktion des Allthing war der Zusammentritt der gesetzgebenden Versammlung, der *lögrétta*. Dabei überprüften die Häuptlinge die alten Gesetze und erließen neue; die *lögrétta* fungierte aber auch als „Staatsoberhaupt" und konnte Verträge mit auswärtigen Mächten abschließen, so wie es mit König Olaf dem Heiligen von Norwegen geschah. Bei der *lögrétta* trat auch der einzige Amtsträger in Erscheinung, der landesweite Bedeutung hatte, der für drei Jahre gewählte „Rechtssprecher" (*lögsögu-*

mathr). Dieser hatte jährlich am „Gesetzesberg" ein Drittel der Gesetze aus dem Gedächtnis vorzutragen und allfällige Änderungen des Rechts, die die Häuptlinge oder ihre Delegierten beschlossen hatten, öffentlich zu verkünden. Weitergehende Exekutivgewalt fehlte den „Rechtssprechern". Es war aber der *lögsögumathr* Thorgeirr Thorkelsson, ein *gothi* vom Gehöft Ljósavatn im Nördlichen Viertel, dem im Jahr 1000 das Schiedsgericht im Streit um die Annahme des Christentums übertragen wurde; seinem Votum, mit der Konversion das Recht und den Frieden im Lande zu bewahren, schloss sich das Allthing an.

Für Rechtsstreitigkeiten, die Angehörige verschiedener Lokalversammlungen betrafen, wurden um 965 die Viertelgerichte beim Allthing eingerichtet; sie dienten aber auch – bei Missachtung des örtlichen *várthing* – als erste Instanz bei wichtigeren Angelegenheiten. Später wurde ein fünfter Gerichtshof als Berufungsinstanz geschaffen. Diese Reformen stellten Island als einheitlichen Gerichtsbezirk her und erhöhten die Chance zur landesweiten Friedensstiftung. Allerdings hatten die Gerichte keine vollstreckende Gewalt. Sie trugen vor allem dazu bei, eine Einigung der Streitenden herbeizuführen. Wenn die Parteien keinen Kompromiss schließen wollten, konnte eine der anderen erlauben, ihr eine bestimmte Strafe aufzuerlegen; weniger häufig wurden das formalisierte Duell oder der ungeregelte Zweikampf zur Lösung der Differenzen vereinbart. Eine geschädigte Partei konnte aber auch die Fehde mit Blutrache aufnehmen oder einen außergerichtlichen Schiedsspruch anstreben. In der neueren Forschung gilt es geradezu als Schlüssel für die politische und rechtliche Stabilität des Landes, dass es keine Regierung gab, die für die Ahndung von Straftaten zuständig war. Kriminelle Handlungen wurden als Angelegenheiten betrachtet, die zwischen dem Geschädigten und dem Beschuldigten „privat" geregelt werden mussten. Deshalb mussten etwaige Strafen auch als Schadensersatz an die im Rechtsstreit erfolgreiche Partei geleistet werden. Die Pflicht zur Rache für die Erschlagung eines Mannes fiel auf dessen Verwandtschaft, die zwischen verschiedenen Methoden wählen konnte, um ihre Ansprüche durchzusetzen.

Die meisten Neusiedler Islands waren Heiden gewesen, auch wenn einige von ihnen in den norwegischen Stützpunkten Schottlands oder Irlands bereits zum Christenglauben bekehrt worden sein dürften. Bei der Mission des ganzen Volkes zeigten sich dann die Grenzen der Freistaatlichkeit, während das Land umgekehrt bei der Integration in die europäische Christianitas die Besonderheiten seiner politisch-sozialen Ordnung langfristig zu bewahren verstand. Nach ersten fehlgeschlagenen Bekehrungsversuchen, darunter auch durch einen deutschen Bischof, erzwang König Olaf Tryggvason von Norwegen die Annahme des Christentums durch die Isländer bei der Konversion des eigenen Volkes; die atlantische Insel wäre sonst als Basis heidnischen Widerstands gegen Olaf in Betracht gekommen, zumal beide Länder noch immer durch Verwandtschaftsbeziehungen verbunden waren. Andererseits musste Island selbst auf seine Handelsinteressen mit Norwegen Rücksicht nehmen. Die Annahme der Taufe nach kontroversen Debatten und dem Rat des Rechtssprechers Thorgeirr Thorkelsson bedeutete aber noch nicht gleich den Aufbau einer hierarchisch durchgegliederten Kirche; zunächst scheinen Wanderbischöfe, manche sogar aus Armenien, durchs Land gezogen zu sein, ohne ortsgestützte Diözesen zu schaffen. Die Häuptlinge aber und andere wohlhabende Bauern errichteten auf ihren Gehöften Kirchen, die sie in ihrer Verfügung behielten und durch die sie ihre weltliche Stellung geistlich abzusichern verstanden. Jedenfalls kennt man einige *gothar*, die nun auch Priester wurden. Die christliche Kirche schien in die isländische Gesellschaft integriert zu werden. Es war aber ein Gode, Gizurr der Weiße, der die Hinwendung seines Volkes zur herrschenden Religion Europas beschleunigte und damit den Durchbruch der römischen Kirchenorganisation auf der Insel ermöglichte. Gizurr schickte seinen Sohn Ísleifr (geb. um 1006) zum Studium ins westfälische Kloster Herford; obwohl der junge Mann zum Priester ordiniert worden war, heiratete er nach seiner Rückkehr und wurde Gode wie sein Vater. Indessen wählte ihn um 1055 das Allthing zum ersten einheimischen Bischof; für die Weihe begab sich Ísleifr zum Erzsitz von Bremen. Auch er verfügte aber noch über keine Diözese; als Basis seines Wirkens gegen das, wie berichtet wird, unwillige Volk konnte er nur seinen Hof in Skálholt im Südviertel nutzen. Immerhin scheint es ihm gelungen zu sein, Erzbischof Adalbert von Hamburg-Bremen zu einer wirkungsvollen Intervention gegen die noch immer vagierenden, irregulären Bischöfe zu veranlassen, die seine Autorität in Frage stellten. Zu seinem Nachfolger bestimmte Ísleifr seinen ältesten Sohn Gizurr Ísleifsson, der ebenfalls im Allthing gewählt und dann in Magdeburg geweiht wurde (1082–1118). Gizurr war aber klug genug gewesen, vor Annahme des Amtes den Häuptlingen Bedingungen zu stellen, die ihm einen effektiven Aufbau der Kirchenorganisation erlaubten. So konnte er das väterliche Gehöft in Skálholt zum festen Bischofssitz ausbauen und im Jahr 1097 sogar den Kirchenzehnt im ganzen Land einführen. Als am Beginn des 12. Jahrhunderts das Nordviertel einen eigenen Oberhirten haben wollte, wurde in Hólar ein zweites Bistum eingerichtet.

Bis 1238 gingen alle Bischöfe von Island aus dem eigenen Volk hervor, gewählt vom Allthing, da es vorerst (bis 1267) weder in Skálholt noch in Hólar ein Domkapitel gab. Kirchenrechtlich gehörte Island erst zur Metropole Hamburg-Bremen, nach 1153 zum norwegischen Erzbistum Trondheim. Der dortige Oberhirte konnte jedoch bis zur Zeit König Håkons Håkonarson (1217–1263) auf die abgelegene isländische Kirche nur wenig Einfluss nehmen. Die beiden Bischöfe des Landes wurden vom politischen System anscheinend nahezu absorbiert; sie erhielten Sitz und Stimme in der *lögrétta*, durften aber im Unterschied zu den *gothar* dorthin keine Berater mitnehmen. Das Eigenkirchenwesen blieb lange unangefochten und mit ihm die herkömmliche Verquickung religiöser mit weltlichen Interessen. Obwohl Isländer die Schulen in Deutschland, Frankreich und England aufsuchten oder als Pilger nach Rom zogen und umgekehrt Kleriker und Mönche seit dem 11. Jahrhundert vom Kontinent auf die Insel kamen, drangen Reformvorstellungen in der isländischen Kirche kaum durch. So war die Nonne Gróa, die 1160 starb, die Tochter eines Bischofs, Ehefrau eines anderen Bischofs und Mutter eines Priesters. An den Bischofssitzen von Skálholt und Hólar pflegten sich die Angehörigen einflussreicher Familien, besonders der Haukdælir und der Oddaverjar, zu treffen und gegebenenfalls die Nachfolge in den Episkopaten abzusprechen.

Der erste Bischof, der den weltlichen Einfluss auf die Kirche bekämpfte, war Thorlákr Thórhallsson von Skálholt (geb. 1133, gest. 1193). Nach seiner Priesterweihe war er zwischen 1153 und 1159 zum Studium ins Ausland gegangen, zuerst nach St. Viktor in Paris und dann ins englische Lincoln; hier hatte er die Augustiner schätzen gelernt, die das Domkapitel stellten. Nach seiner Rückkehr verzichtete Thorlákr auf einen Eheschluss und errichtete zusammen mit Bischof Klœngr von Skálholt um 1168 das erste Augustinerkloster auf der Insel (Thykkvibœr). Er wurde dessen Prior und Abt, bevor ihn Klœngr zu seinem Nachfolger designierte. 1176 tatsächlich Bischof geworden, empfing Thorlákr zwei Jahre später in Trondheim die Salbung. Als neuer Oberhirte des Bistums im Süden nahm er im Sinne des reformkirchlichen *libertas*-Ideals den Kampf gegen das Eigenkirchenwesen, aber auch gegen das inakzeptable Geschlechtsleben seiner Landsleute auf. Er hielt ihnen die Heiligkeit der Ehe vor Augen und forderte von den

Laien die Entlassung ihrer Konkubinen. In seinen Kämpfen rieb er sich am Widerstand der *gothar* auf, zumal er bei seinem Amtskollegen in Hólar keine Unterstützung fand und König Sverrir von Norwegen der Kirchenreform nicht gewogen war. Bis in seine nächste Umgebung fraß sich voran, was er als Missstand deuten musste. Seine eigene Schwester Ragnheithr war die Geliebte des Goden Jón Loftsson, der gegen den Bischof auch seine Eigenkirchenherrschaft zäh behauptete. Ausgerechnet den Sohn dieser illegitimen Verbindung bestimmte das Allthing zu Thorlákrs Nachfolger. Dieser neue Bischof namens Páll Jónsson (1195–1211) war verheiratet, überdies mit der Tochter eines Priesters, und hatte mit ihr vier Kinder. Als er nach Norwegen kam, sorgte König Sverrir dafür, dass er geweiht wurde. Natürlich setzte Páll das Werk seines Vorgängers und Onkels Thorlákr Thórhallsson nicht fort.

Den Kampf um die Reform, besonders um die Gerichtsbarkeit über den Klerus und die Kontrolle des Kirchengutes, nahm erst Guthmundr Arason inn Gódi, der Bischof von Hólar (geb. 1161, amtierte 1203–1237), wieder auf. Obgleich Guthmundr am Ende ebenfalls erfolglos blieb, trug sein Wirken zur inneren Auflösung des Freistaates bei. Im Unterschied zu Thorlákr von Skálholt ließ er auch Gewalt zu; so erschlugen seine fanatisierten Anhänger schon 1208 den prominentesten Goden des Nordens, der vom Förderer des Bischofs von Hólar zu dessen stärkstem Widersacher geworden war. Die Konflikte mit Häuptlingen, wohlhabenden Bauern und großen Teilen des Klerus zwangen Guthmundr wiederholt zum Verlassen seines Bischofssitzes, so dass er mit seinem Anhang über das Land zog. Zweimal wurde er deshalb durch den Erzbischof von Trondheim vorgeladen und verbrachte insgesamt acht Jahre im norwegischen Exil. Bei seinem ersten Aufenthalt hatte er Feuer gefangen für die Bewegung der Bettelmönche und wohl auch der Waldenser, so dass er sich nach seiner Rückkehr 1218 zum Anwalt der Armen machte. Dazu bestand insofern tatsächlich Anlass, als Island am Beginn des 13. Jahrhunderts wiederholt von Hungersnöten heimgesucht wurde. Aber auch das karitative Wirken des Bischofs stieß auf den Widerstand der *gothar* und *bændr*, die ihm die Verschleuderung des Kirchengutes zum Vorwurf machten. Wiederum ermöglichten die inneren Auseinandersetzungen verstärkte Einflussnahmen von außen; nicht nur der Bischof, auch die mit ihm zerstrittenen Goden wurden mehrfach nach Norwegen vorgeladen, und nach dem zuständigen Erzbischof hat sich der König selbst zwischen 1240 und 1260 zunehmend eingeschaltet und damit die isländische Selbständigkeit unterminiert.

Die Krise der isländischen Kirche war Ausdruck und Movens einer allgemeinen Erschütterung der Gesellschaft, die schließlich auch zum Ende des Freistaates führte. Seit dem Ende des 12. Jahrhunderts war die Zahl der Häuptlinge zugunsten einer kleinen Gruppe von Großen zurückgegangen, die sich am Ende auf sechs Familien beschränkte. Diese ‚großen Führer' (*stórgothar/stórhöfthingjar*) versuchten, jeweils mehrere *gothorth* zu akkumulieren und daraus regionale Herrschaftsräume zu bilden – ein Bruch mit der bisherigen, auf personalen Bindungen beruhenden Ordnung. Da sie einander bekämpften, unter den Verwandten selbst Rivalität herrschte und die Bauern ihnen Widerstand entgegensetzten, schlug die Verfassungsänderung fehl, die Unruhen begünstigten jedoch Einwirkungen von außen. Der norwegische König machte die isländischen Häuptlinge von sich lehnsabhängig und konnte bis Mitte des 13. Jahrhunderts die meisten Godentümer in seine Gewalt bringen; unterstützt von seinem Erzbischof bot er auch den Bonden seine Hilfe an, die diese nach einer Serie von örtlichen Versammlungen 1262/64 schließlich akzeptierten. Die Isländer verloren ihre Autonomie und wurden tributpflichtig, der König, dem sie Treue schworen, setzte Jarle als seine Statthalter ein; allerdings konnten die Inselbewohner ihr eigenes Recht in beträchtlichem Umfang behaupten. Die

Kirche erhielt die Verfügung über die eigenen Güter und das Recht zur Selbstregierung erst allmählich, 1275 in der Diözese Skálholt, 1354 auch in Hólar.

Während der europäische Sonderfall Island erst am Ausgang des Hochmittelalters in die Welt der Monarchien einbezogen wurde, waren die italienischen Stadtrepubliken stets von Herrschaften umgeben und selbst herrschaftlich geprägt. Trotzdem hat sich bei den Kommunen erst zur gleichen Zeit wie in Island ein Abschied vom Freistaat vollzogen; der Weg zur neomonarchischen Signoria war gewiss nicht zwingend, lässt sich aber aus der Rückschau bis zu den Anfängen der Gemeindebildung selbst zurückverfolgen. Das Kaisertum war damals in Oberitalien eher eine fiktive als eine reale Macht. In der ersten Hälfte des 12. Jahrhunderts konnten die Kommunen bei fast völliger Absenz des Monarchen ungehindert königliche Rechte usurpieren, vom Gerichtswesen und der Gesetzgebung bis zur Kontrolle der Fiskalgüter, der Zölle, Steuern und Münzen, und das nicht nur innerhalb der Stadtmauern, sondern zunehmend auch im *contado*, im ländlichen Umland der Siedlungskerne. Als Friedrich I. die Rechte des Kaisertums wieder zur Geltung bringen wollte, verfügte er über keine funktionierende Verwaltung, keine königlichen Paläste, kaum Landgüter oder öffentliche Einkünfte. Einige Kommunen begannen, ihre Dokumente nicht nach Königsjahren, sondern nach der Amtsdauer ihrer Magistrate zu datieren, und es gab schon empörte Zeitgenossen, die ihnen vorwarfen, selbst Cäsaren sein zu wollen. In Venedig schmückte sich der Doge zusammen mit seiner Dogaressa mit den königlichen Insignien von Thron, Krone und Schwert, er benutzte in kaiserlicher (und päpstlicher) Manier Blei- und Goldsiegel und beanspruchte seine Amtswaltung *dei gratia*. Andere Kommunen folgten dem Beispiel mit ihren Emblemen souveräner Herrschaft. Besonders seit dem Frieden von Konstanz beanspruchten die Kommunen, abgesehen von einigen *iura reservata*, die volle Selbständigkeit, ein *merum imperium*, was freilich leichter im Reichsgebiet als im Kirchenstaat durchsetzbar war. Eine Stadt wie Genua griff nun aber auch auf (kaiserliche) Vorbehaltsrechte zu, wie die Verleihung von Ämtern und Titeln, die Legitimation von unehelich Geborenen oder auch die Gründung von Universitäten; Appellationen bei Kaiser und Papst wurden untersagt. Schon in die vorkommunale Zeit reichte der Anspruch zurück, ohne Zustimmung des Reiches Krieg zu führen, Beute und Lösegeld zu verteilen oder über Gefangene zu bestimmen. Auch außenpolitische Selbständigkeit wurde demonstriert, indem man eigene Diplomaten (einschließlich von Spionen) einsetzte. Kaiser und Papst wurden selbst geradezu zu äußeren Mächten. Parallel zum Aufstieg der Stadtrepubliken entwickelten juristisch geschulte Denker die Lehre von der staatlichen Souveränität, und zwar besonders zur Rechtfertigung kleinräumiger Machthaber oder Monarchen. Diesen wurde, auch wenn sie Kaiser oder Papst einen übergeordneten Status zuerkennen mochten, die tatsächliche Autonomie zugeschrieben, die freie Verfügung über ihr Territorium (*imperator in regno suo*) und die rechtliche Unabhängigkeit.

Dieser Zug der Kommunen zur eigenen Herrschaftsgewalt war zweifellos mitbestimmt durch den hohen Anteil des Adels an ihren Geschicken. Von Anfang an haben die Adligen an der Gemeindebildung mitgewirkt, und sie waren beim *cunctus populus* eingeschlossen, der sich zu Versammlungen traf und seine Beschlüsse fasste; umgekehrt kann von Fall zu Fall eher der Anteil der untersten Schichten in Zweifel gezogen werden, wenn von den *cives* oder den *homines* die Rede ist. In mehreren großen Städten, wie Venedig oder Genua, Pisa und Piacenza, war die Kommune oder *compagna* vom Adel entscheidend bestimmt, in Venedig durch rund fünfzig Familien von *maiores*. Der Konsulat wurde praktisch durch städtische Notabeln beherrscht, darunter Lehnsträger und Ministerialen des Oberherrn. Die Kommunalisierung war in Italien also nicht so sehr eine Erhebung gegen die Feudalherren als der Feudalherren gegen die Monarchie, das Kaisertum und jedwede übergeordnete Gewalt. Wie die antike *civitas* stellte sich die Kommune dar als eine räumliche Einheit mit einem Zusammenschluss städtischer Adliger, die zugleich Interessen auf dem Lande hatten, nur mit dem Unterschied, dass das Territorium (*contado*) jetzt untergeordnet war und die Demokratie alle *cives* einschloss.

In der Kommune überlappten sich zwei Systeme, das Netzwerk und die Ansprüche des Adels mit der umfassenderen Gemeindebildung. Am deutlichsten kommt dies in der dualistischen Verfassung Venedigs, also einer Stadt außerhalb des Regnums, zum Vorschein; die Formel *dux et comune Venecie* für den Staat spiegelt das Miteinander von monarchischer und republikanischer Gewalt wider, doch waren beide Kräfte auch mit dem Patriarchen von Grado verbündet, der nach byzantinischem Vorbild eine Art Staatskirchentum repräsentierte. Unter dem doppelten Druck der Vornehmen, die lange Zeit, letztlich aber vergeblich, um die Errichtung eines erblichen Dogats rangen, und des ‚Volkes' entwickelten sich die Institutionen im Wechselspiel. Die Dogen verfügten zwar über eine Bürokratie, über den Palast mit der Kapelle St. Marco, über Insignien, eine quasimonarchische Titelgebung und weitgespannte Heiratsverbindungen zu den Herrscherhäusern in Ost und West, doch wurden sie zunehmend beschränkt durch Verfassungseinrichtungen wie *curia* und *contio* oder durch bloße Gewalt, die vom städtischen Patriziat oder gar vom Pöbel ausging.

Schon seit Ende des 11. Jahrhunderts begannen die Kommunen, sich den *contado* zu inkorporieren und um ihrer Gebietserweiterungen willen Militärbündnisse zu schließen und Kriege zu führen. Bald errichteten allen voran die Hafenstädte Genua und Pisa sowie Kommunen in der Lombardei eine effektive Oberhoheit über gräfliche oder andere feudale Herrschaften in ihren Territorien, wo sie Steuern erhoben oder Dienstleistungen verlangten. Eine Stadt wie Verona führte schon 1184 ein Register der von ihr unterworfenen Gemeinwesen; Pistoia bezeichnete sich 1221 als *domina* ihres Umlandes, und die Kommunen, die sich selbst die Herrschergewalt vindizierten, stellten sich den Monarchen gleich (*in territorio tantum ius quantum imperator in imperio*). Innerhalb wie außerhalb akkumulierten die Kommunen eine Fülle von Rechten – darunter Gerichtsbarkeit, Finanzhoheit und militärische Gewalt –, und dies zunehmend auf Kosten der ländlichen Feudalherren. Die Stadtstaaten mutierten zu Territorialstaaten, ja – was besonders Venedig betrifft – zu Kolonialmächten.

Parallel zur äußeren Expansion verlief der innere Ausbau der Herrschaft und der Regierungsbehörden. Der Bürgereid wandelte sich zum Gehorsamseid, und beide Gruppen, geschworene Bürger und Einwohner, wurden als ‚Untertanen' zusammengefasst. Zwar genossen alle nominell den Status der Rechtsgleichheit, aber alle waren auch der Kommune zur unbedingten Beachtung der *precepta* und der allgemeinen Obliegenheiten verpflichtet (Rat und Tat, Steuern, Wehrdienst, Beachtung der Statuten). Im 13. Jahrhundert beanspruchten die Kommunen, unterstützt durch Gesetzgebung und politische Theoriebildung, uneingeschränkte Souveränität nach innen, über alle Klassen und Institutionen einschließlich der Kirche. Sie tendierten, wie die antiken Stadtstaaten, zu totalitärer Herrschaft. Nicht die Freiheit des einzelnen war ihr eigentliches Ziel, sondern die Freiheit des Kollektivs; die Menschenrechte hatten sie noch nicht auf ihre Fahnen geschrieben, sondern, um mit Jacob Burckhardt zu sprechen, die „Staatsallmacht". Spätestens Mitte des 13. Jahrhunderts wurde bezeichnenderweise die persönliche Bewegungsfreiheit innerhalb und außerhalb der Kommune beschnitten und Fremden eine Passpflicht auferlegt; zur gleichen Zeit schränkte man die Versammlungsfreiheit ein, bis hin zu Familientreffen, selbst wenn es sich um Heiraten oder Begräbnisse handelte.

In Perugia wurden politische Lieder 1269 mit dem Ausreißen der Zunge bedroht und in Florenz der aufrührerische Ruf *muoia, muoia* sogar mit der Todesstrafe.

Die Souveränität der Stadtrepubliken lag grundsätzlich bei der Gesamtheit der Bürger (*universitas civium*) und ihrer Versammlung (*concio, arengo, parlamentum, commune colloquium, credentia*). Sie übten nominell alle „Staatsgewalt" aus. In kleineren Städten blieben diese Generalversammlungen bis ins späte 12. Jahrhundert bestehen, aber für die Routine der Verwaltung waren solche Beschlussorgane im allgemeinen natürlich zu immobil, und wegen ihrer Anfälligkeit für demagogische Agitation waren sie auch zu gefährlich. Deshalb etablierten sich in allen Kommunen schon früh kleine Beratungsorgane von *sapientes*, die seit Mitte des 12. Jahrhunderts von regulären „geheimen" Räten (*credentia, concilium parvum, senatus*) abgelöst wurden. In den größeren Städten traten zudem der Volksversammlung große Repräsentativorgane zur Seite; in manchen Städten erreichte die Mitgliedschaft hier noch immer tausende von Köpfen. Wenig später ging die Gewalt parallel zum Ausbau der Regierungsbehörden auf eine Vielzahl kleinerer Körperschaften über, die häufig mit Amtsleuten besetzt wurden und oft nicht mehr als ein Dutzend Mitglieder umfassten. Gleichzeitig fächerte sich das „Zweikammernsystem" der großen und kleinen Versammlung auf. In Venedig gab es vier Ratskörperschaften (den Kleinen Rat, die *Quaranta*, den Senat und tausendköpfigen Großen Rat), in Bologna, Pisa, Florenz und Perugia womöglich noch mehr.

Auch das Regierungssystem selbst brachte immer neue Institutionen hervor, die zum größten Teil nicht mit Fachleuten besetzt wurden und deshalb vielen Bürgern die Chance (und die Last) der direkten Mitwirkung an der städtischen Herrschaft ermöglichten; um die Akkumulation von Macht einzuschränken, bemühte man sich um eine kollegiale oder kollektive Amtsführung. Selbst bei den höchsten Funktionen konnten die Perioden der Einzelmagistrate mit Zeiten doppelter Amtsbesetzungen abwechseln. In ihrem ersten Jahrhundert wurden die Kommunen meist durch einen mehrköpfigen Konsulat geführt, bevor um 1150 ein einzelner Konsul, *rector, gubernator*, oder eine einzelne Person als *potestas* an die Spitze der Exekutive trat. Im Laufe der Zeit wurde der Konsulat allenthalben durch einen monarchischen Amtswalter, den *podestà*, ersetzt. Während des 13. Jahrhunderts nahm aber auch die Zahl der *potestates* wieder zu, oder die Funktion selbst wurde durch andere Ämter ergänzt (*capitaneus, conservatore, gonfaloniere* usw.). Wie schon den älteren Verwaltungsspitzen wurden den neuen zur Kontrolle Kollegialorgane zur Seite gestellt (*anziani*, Vierundzwanziger, Sechsunddreißiger usw.). Keineswegs tendierte die Entwicklung in der Selbstregierung der Städte aber nur auf die Konzentration der Macht an der Spitze; im Gegenteil wurden schrittweise immer mehr spezialisierte Ämter geschaffen (unter anderen Kämmerer, Kanzler und Notare). Auf diese Weise konnte die Anzahl der Bürger, die in öffentlichen Angelegenheiten tätig waren, auf viele tausend ansteigen. Die Dienstleistungen galten als Pflicht und mussten kostenlos erbracht werden. Um die Konzentration von politischer Macht und „Herrschaftswissen" zu behindern, legte man von Anfang an auf kurze Amtszeiten (von zwei, drei oder maximal 12 Monaten) und auf rasche Rotationen wert, doch erhöhte das System auch die Identifikation mit den Belangen des Gemeinwesens. Andererseits waren auf Dauer natürlich nur die Wohlhabenden abkömmlich. So war es wohl unvermeidlich, dass sich die politische Gewalt zunehmend bei den führenden Ämtern oder bei Kollegien konzentrierte, die für schnelle Aktionen mit weitreichenden Kompetenzen ausgestattet wurden (*balie*).

Mitte des 13. Jahrhunderts begann eine große und stetig wachsende Zahl von Kommunen die Freiheit preiszugeben und sich einer Oberherrschaft zu unterwerfen. Entweder handelte es sich um eine *signoria* als Bund mehrerer mächtiger Städte oder um die *signoria* von Potentaten und Feudalmächten (Päpste, die Anjou, die Grafen von Savoyen, auch der Kaiser), meistens aber um die besondere *signoria* lokaler Magnaten, seien sie geistliche, seien sie weltliche Große. Seit dem Frieden von Konstanz, der doch den Kommunen den Durchbruch gebracht hatte, und erst recht seit dem Zusammenbruch der Stauferherrschaft entwickelte sich gleichfalls eine Tendenz zum Despotismus. Ein Präludium für die Zeit der Signorien war die dreißigjährige Tyrannis der Gebrüder Romano bis 1259 in Verona, Padua und benachbarten Städten Venetiens und der Lombardei. Entscheidend war, dass es den neuen Herren gelang, dauerhafte Dynastien zu errichten. Als erste waren damit die Grafen von Montefeltro seit 1234 in Urbino erfolgreich, 1240 folgten die Markgrafen von Este in Ferrara. Einige der Herren vereinten gleich mehrere Stadtherrschaften in ihren Händen. Markgraf Uberto Pallavicino errichtete etwa zwischen 1253 und 1266 eine, allerdings unbeständige Fürstengewalt über ein halbes Dutzend größerer Städte von Cremona bis nach Tortona, zeitweise eingeschlossen selbst Mailand. Auf Dauer blieb keine Kommune von der neuen politischen Ordnung ausgenommen. Selbst die Handelsstädte Genua, Siena, Bologna oder Florenz machten die Erfahrung der Signoria. Um 1300 konnte deshalb Dante von der Alternative ‚Freistaat oder Tyrannei' sprechen.

An die Stelle der Kommune trat in den Städten Italiens beim Übergang zum späten Mittelalter wieder die Feudalherrschaft; zum Teil handelte es sich sogar um die alten Familien aus der Zeit vor der kommunalen Bewegung (Attoni in Matelica, Malaspina in Pontremoli usw.). Dieser Befund wäre nur dann erstaunlich, wenn man übersehen könnte, dass der Adel auch in der Zeit des *popolo* eine führende Rolle in den Städten gespielt hatte, in der Politik, Verwaltung und Kirche, aber auch im Handel. Über die Gründe für den Wiederaufstieg des Fürstentums ist viel gestritten worden. Eine große Rolle spielte gewiss, dass die Kommunen ökonomisch zu schwach waren, um es mit dem Feudaladel aufnehmen zu können. Vor allem aber waren die Stadtrepubliken nicht darauf angelegt, die große Masse der Armen, also des arbeitenden Volkes, an der Regierung, ja am Bürgerrecht zu beteiligen. Nachdem in der Kommune trotz ihrer revolutionären Ursprünge eine Oligarchie weniger Geschlechter geherrscht hatte, war die Rückkehr zum Feudalismus niemals verstellt gewesen. Nur Venedig, das über kein Territorium mit Herrenfamilien verfügte wie die Städte antiken Ursprungs, spielte eine Sonderrolle; erst im späten 14. Jahrhundert begann hier der Aufbau eines umfangreichen Landbesitzes auf der Terraferma. Bezeichnenderweise konnte der Große Rat dementsprechend 1462 verkünden, dass das Wort *comune* im amtlichen Sprachgebrauch künftig durch *dominium* oder *signoria* zu ersetzen sei. Die Republik Venedig bestand aber weiter, bis sie sich 1797 unter dem Druck Napoleons selbst auflösen musste.

3 Europa im Aufstieg – Europa im Wandel? Einheiten und Differenzen

Am Beginn des hohen Mittelalters dominierten in Europa die beiden christlichen Kaiserreiche; am Ende der Zeitspanne bestanden zwar diese Reiche noch, doch hatte ihre Bedeutung stark abgenommen. Während sich sonst in Europa die christlichen Königreiche durchsetzten – alte in ihrem politischen Gewicht zunahmen und neue sich herausbildeten, konsolidierten oder erweiterten –, erschienen die Imperien zunehmend als überlebte Institutionen. Ein zweites politisches Ergebnis des hohen Mittelalters ist die Verdrängung des Islam aus der Gestaltung des Kontinents. Nach Beseitigung des muslimischen Emirats in Sizilien (1072/91) fallen (spätestens) im 13. Jahrhundert auch die alten Herrschaften der Sarazenen in Spanien (1212) und Osteuropa (1236). Das ist deshalb wichtig, weil dem religiösen Weltbild des Islam und der politischen Konzeption des Kalifats entsprechend unter muslimischen Vorzeichen weder „Europa" als besondere kulturelle Einheit noch die europäischen Nationalstaaten mit ihrer charakteristischen Trennung von weltlicher und geistlicher Gewalt hätten entstehen können.

Wenn durch den Zusammenbruch der Almohadenherrschaft zwar auch eine Afrikanisierung Spaniens abgewendet wurde, bestand die Tendenz zu einer Asiatisierung oder Orientalisierung Osteuropas aber fort. Es gehört zur Geschichte Europas im hohen Mittelalter, dass die christianisierte Rus' an die muslimischen Wolgabulgaren wie auch an das bis China hinübergreifende Herrschaftsgebiet der Kumanen grenzte und dass es deren Nachfolgern, den Mongolen, gelang, neben dem Wolgareich und den Polovzern/Kumanen auch die Rus' zu unterwerfen (1237/57). Im Osten fällt Europas Grenze also weiterhin nicht mit der Grenze der Christianitas zusammen, sondern sie verläuft nach wie vor durch ein nicht-christliches Reich, das zum größeren Teil asiatisch ist. Ebenso wie das fortbestehende, wenn auch zersplitterte Byzanz reicht die Goldene Horde zugleich bis an diejenige Zone der lateinischen Welt, in der sich das Königtum als Herrschaftsordnung, abgesehen von Ungarn, am schwächsten durchgesetzt hatte.

Im Norden, Westen und Süden Europas vollzog sich im hohen Mittelalter eine bemerkenswerte Homogenisierung der politischen Strukturen („nationale" Königreiche in Skandinavien, Ausdehnung der christlichen Reiche in Spanien, Bildung des normannischen Reiches in Unteritalien) und zugleich eine stärkere Anbindung dieser geographischen Zonen „an Europa", bedingt durch die anglonormannische Reichsbildung und ihre Auswirkungen auch auf die keltischen Randstaaten, vor allem aber herbeigeführt durch den Zentralismus des Reformpapsttums. Ähnliche Bindekräfte wirkten auch in Ostmitteleuropa, ohne eine gleichermaßen ausgeprägte Assimilation herbeizuführen. Daneben behauptete sich aber Byzanz mit Kaiser und Patriarchat an der Spitze als eigenes Zentrum, das trotz seiner Schwäche in der Lage war, eine Zweiteilung Europas aufrechtzuerhalten.

3.1 Europäisierung Europas durch Kolonisation und Fernhandel?

Als Resultate der schon frühmittelalterlichen Wikingerfahrten können die Bildung transmariner „Kolonien" und die Ansätze zur überseeischen Reichsbildung betrachtet werden. Das gilt nicht nur für das anglonormannische (englisch-französische) Reich oder für das unteritalienische Normannenreich, das immer wieder nach dem Balkan hinüberzugreifen versuchte, sondern auch im Norden für die kirchlich-politische Integration Grönlands und Islands durch Norwegen beziehungsweise für die Ausdehnung Dänemarks und Schwedens im Baltikum und nach Finnland. Ein Novum brachte das hohe Mittelalter aber in die europäische Geschichte durch die Bildung europäischer Staaten außerhalb Europas, und zwar durch die Kreuzzügler im östlichen Mittelmeerraum (zur Kreuzzugsbewegung s. schon oben, bes. 2.1.2).

3.1.1 Die Frankisierung Europas durch Orientkreuzzüge

Sozialhistorisch gesehen wurden die Kreuzzüge vornehmlich von den Rittern getragen, also von Reiterkriegern, die sich mit metallener Rüstung und Schild schützten sowie Lanze, Schwert und Keule als Angriffswaffen führten. Die Ritter entwickelten ein besonderes Ethos und integrierten den alten, landbesitzenden Adel bis zum König mit aufsteigenden Dienstleuten zu einem neuen Stand, der sich von Fußsoldaten beziehungsweise Bauern, Klerikern beziehungsweise Mönchen und städtischen Bürgern deutlich absetzte. Man hat die Entfaltung des Rittertums im Kontext der Kreuzzugsbewegung auf verschiedene historische Ursachen zurückgeführt, etwa auf die Hungersnöte des ausgehenden Frühmittelalters. Diese Katastrophen mit ihrem Höhepunkt um die Jahrtausendwende seien durch einen Anstieg der Bevölkerungszahlen ausgelöst worden, dem die landwirtschaftliche Produktion nicht mehr gewachsen gewesen sei. Abhilfe habe dann die Zusammenfassung kleinerer landwirtschaftlicher Betriebe zu großen Gütern gebracht, die allerdings nur solange effektiv arbeiteten, wie sie ungeteilt erhalten blieben. Deshalb habe man auch das Erbrecht geändert. Besonders französische Agrarhistoriker haben den grundlegenden Wandel beobachtet und beschrieben. Demnach habe sich das Nachfolgerecht eines einzigen, meist des ältesten Sohnes durchgesetzt, während dessen Brüder sehen mussten, wo sie ihr Auskommen fanden; die Orientzüge der Ritter und ähnliche kriegerische Unternehmungen in Europa selbst hätten also als soziales Ventil gewirkt, und tatsächlich haben ungezählte Kreuzritter in Ländern fern der Heimat neuen Landbesitz erworben und Herrschaften errichtet. Nicht zu unterschätzen ist auch die Gottesfriedensbewegung des 11. Jahrhunderts, vor allem im südlichen Frankreich. Dabei bewirkte die hohe Geistlichkeit eine Einschränkung des adligen Fehdewesens zum Schutz der Schwachen, besonders der Bauern, für begrenzte Räume oder Zeiten. Die Ritter hätten dann aber den Verlust ihrer angestammten Aktionsfelder im Osten kompensiert.

Entscheidend war in diesem Zusammenhang, dass die Kreuzzüge unter kirchlicher Leitung standen und der Klerus den Krieg verchristlichte. An sich galt der Krieg im Christentum, im Unterschied zum Islam, als verwerflich. Der Kirchenvater Augustinus hatte Kriege lediglich dann für erlaubt erklärt, wenn sie entweder der Verteidigung oder der Wiedererlangung geraubten Gutes dienten. Nur der König selbst blieb nach herkömmlicher Auffassung im Krieg ohne Sünde, das galt jedoch nicht für die übrigen Waffenträger. Jetzt aber segnete die Kirche die Schwerter der Ritter und heiligte den Ritterstand. Schon aus dem 10. Jahrhundert stammte die *Oratio super militantes*: ‚Gott,

Quell der Ewigkeit, Herr alles Guten und Besieger aller Feinde, segne diese deine Diener, die vor dir ihre Häupter neigen, und gieße Deine stete Gnade über sie aus! In der Ritterschaft, in der sie erprobt sind, bewahre sie in Gesundheit und Glück, und wo sie Deine Hilfe anrufen, stehe ihnen alsbald bei, beschütze und verteidige sie!' Und der „Schwertsegen", der im 11. Jahrhundert in Deutschland, Italien und Frankreich verbreitet war, lautete folgendermaßen: ‚Erhöre, Herr, unsere Bitten und segne mit der Hand Deiner Majestät dies Schwert, mit dem dieser dein Knecht N. umgürtet zu werden wünscht, damit es Verteidigung und Schutz sei für Kirchen, Witwen und Waisen, für alle Diener Gottes gegen das Wüten der Heiden, und den Gegnern Angst und Schrecken einflöße' (zit. nach C. Erdmann). Der Kampf gegen die Muslime galt also als heiliger Krieg, sofern er den bedrängten christlichen Brüdern und Schwestern Hilfe brachte und der Befreiung der Heiligen Stätten diente. Schon während des gesamten 11. Jahrhunderts waren große Pilgerscharen nach Jerusalem gezogen, doch sollte die Fahrt nun bewaffnet sein und trotzdem dem eigenen Seelenheil zugute kommen. Schon 1096 in Clermont verbreitete sich die Auffassung, dass die Kreuznahme zum Nachlass der zeitlichen Sündenstrafen führte; ohne den Unterschied zu ewigen Strafen klar ziehen zu können, glaubten die Ritter und anderen Illiteraten, die sich auf den Kreuzzug begaben, sie gewönnen damit die Freiheit von aller Sünde selbst, im Falle ihres Todes also den direkten Aufstieg in den Himmel. Seinen naiven, aber wirkungsvollen Glauben brachte etwa im Limousin Aimery Brunus so zum Ausdruck: ‚Ich gedachte meiner Sünden und ersehnte, mit den Christen die Muslime zu bekämpfen und das Grab unseres Herrn zu besuchen, das in Jerusalem ist' (zit. nach J. Riley-Smith). Treffsicher fasste der gebildete Chronist des Ersten Kreuzzuges, Guibert von Nogent (gest. um 1125), die religiöse und soziale Dimension des neuen Kriegswesens zusammen: ‚Gott hat in unserer Zeit heilige Kriege gestiftet, damit der Ritterstand und die Menge, welche ihm folgt, (...) einen neuen Weg zu ihrer Erlösung finden. Denn sie sind nicht gezwungen, das weltliche Leben vollständig fahren zu lassen, indem sie das klösterliche Leben oder ein geistliches Amt wählen, wie es früher der Fall war, sondern sie können sich in bestimmtem Maß Gottes Gnade erwerben, während sie ihrem eigenen Beruf folgen, mit der Freiheit und in dem Habit, das sie gewöhnt sind.'

Von Anfang an waren die Orientzüge multiethnische Unternehmungen mit einem starken Schwergewicht auf der westeuropäischen Herkunft. Beim Ersten Kreuzzug beispielsweise führte Gottfried von Bouillon, der Herzog von Niederlothringen, ein Heer von Lothringern, Nordfranzosen und Deutschen an, einem anderen Kontingent stand Hugo von Vermandois, der Bruder des französischen Königs, vor, aus Süditalien setzte der Normannenfürst Bohemund von Tarent nach dem Balkan über, während Graf Raimund von Toulouse die größte Streitmacht anführte, die aus Südfranzosen, vor allem Provenzalen, und Burgundern gebildet war, und zu den bewaffneten Pilgern Roberts II. von Flandern gehörten schließlich auch der gleichnamige Herzog von der Normandie sowie Graf Stefan von Blois. Obwohl die Truppen, schon aus logistischen Gründen, auf verschiedenen Wegen und zu unterschiedlichen Zeiten vorrückten, trafen sie sich doch Anfang 1097 vor den Mauern von Konstantinopel. Hier wurden sie von den Byzantinern, die sich von ihnen bedroht fühlten, als Gesamtheit wahrgenommen und vielleicht schon damals als *phrangoi*, als ‚Franken' also, bezeichnet. Jedenfalls bürgerte sich diese Sammelbezeichnung für die expansiven Abendländer bei den griechischen ‚Römern' ebenso ein wie bei den Muslimen (*Farandža*, *Ifrandža*), und die Fremdbezeichnung der anderen scheinen die Kreuzfahrer als Gesamtbezeichnung für sich selbst übernommen zu haben. Der Frankenname, der auf das Reich Karls des Großen zurückweist, wurde beibehalten, als später auch Skandinavier (König Sigurd von Norwegen 1110 vor Sidon) oder Engländer (besonders seit dem Zweiten Kreuzzug) Anteil an der Bewegung nahmen. Eine weitergehende Ausdehnung war unnötig, da sich die Lateiner Ostmitteleuropas an den Kreuzzügen im östlichen Mittelmeerraum nicht beteiligten. Wenn ein Ungar namens Nikolaus zwischen 1291/92 und 1302 als Inhaber einer Klerikerstelle in Paphos (Zypern) begegnet, beruht dies nur auf der Spannweite des päpstlichen Provisionswesens.

Die ersten Kreuzfahrer wählten den Landweg nach Palästina, was bei umsichtiger Planung unter anderem diplomatische Verhandlungen wegen des Durchzugsrechts und der Proviantierung verlangte. Vor allem die Normannen konnten die Überquerung der Adria (von Bari oder Brindisi aus) anbieten, aber auf Dauer war der Kaiser von Byzanz nicht bereit, den gefährlichen Heeren aus dem Westen mit seinen Schiffen (über den Bosporus) weiterzuhelfen. Andererseits haben die italienischen Handelsleute bald begriffen, welche Möglichkeiten sich ihnen mit dem Transport tausender bewaffneter und unbewaffneter Pilger in den Osten boten. Vor den Venezianern und Genuesen wurden dabei die Pisaner aktiv, aber alle Stadtrepubliken verstanden es im Laufe der Zeit, Kaufmannsniederlassungen oder sogar Herrschaften in der Levante zu errichten. Während Friedrich I. 1189/90 noch ein riesiges Kreuzfahrerheer über Ungarn und das Ostreich bis nach Anatolien führte (s. oben 2.1.1.3), bevorzugten der englische König Richard Löwenherz und Philipp II. Augustus von Frankreich für ihren Zug von 1190/91 erstmals den Seeweg. Richard hatte zwar bereits in England, der Normandie, der Bretagne und im Poitou eine Flotte zusammengestellt, heuerte aber auch in italienischen Häfen Schiffe an. Sein Konkurrent Philipp II. mietete im Februar 1190 für 5850 Mark genuesische Schiffe, um 650 Ritter, 1300 Schildknappen und 1300 Pferde sowie Verpflegung für acht und Wein für vier Monate aufzunehmen. Seither haben alle Kreuzzüge in den Orient die Fahrt über das Meer gewagt, auch als man später statt Palästinas selbst Ägypten beziehungsweise Nordafrika ansteuerte.

Keineswegs alle Kreuzfahrer blieben auf Dauer in der Levante, obgleich ihre Expedition militärisch von Erfolg gekrönt war. Schon nach dem Ersten Kreuzzug (1096–1102), bei dem sich verschiedene „Wellen" unterscheiden lassen, siedelte sich nur eine Minderheit der Lateiner im Heiligen Land beziehungsweise Syrien an. Rückschläge im Kampf mit Muslimen (oder auch Byzantinern) und wirtschaftliche Schwierigkeiten veranlassten immer wieder Hilferufe an den Westen; diese konnten von den Päpsten durch Kreuzzugsappelle unterstützt werden und Erfolg haben, ohne dass es jeweils zu einem förmlichen Kreuzzug kam. Als der muslimische Atabeg Nūraddīn von Aleppo und Damaskus Ägypten eingenommen hatte (1169), wandte sich König Amalrich von Jerusalem sogar um Hilfe an den Ostkaiser. Im Konflikt mit den Großen seines Landes begab er sich 1171 persönlich nach Konstantinopel und konnte tatsächlich vorübergehend den Beistand der Griechen gewinnen. Das ungewöhnliche Bündnis endete freilich mit Kaiser Manuels I. Tod 1180, und als Nūraddīns Nachfolger Saladin die Lateiner aufs stärkste bedrohte, konnte selbst eine hochrangige Delegation unter dem Patriarchen von Jerusalem im Westen keine wirkungsvolle Hilfe gewinnen.

Neben Rittern, Händlern und Klerikern ließen sich Bauern im Heiligen Land nieder. Die neuere Kreuzzugsforschung hat erkannt, dass die ‚Franken' keineswegs nur in Städten und Burgen lebten, sondern zu großen Teilen in Dörfern und auf Rittergütern. In ‚Neustädten' (*villeneuves*) wurden freie Bauern aus Europa vom örtlichen Grundherrn gegen die Abgabe des Zehnten mit Land ausgestattet. Mit enthusiastischen Worten hat Fulcher von Chartres 1127 in einer Kreuzzugschronik bereits eine neue Identität der

Siedler beschrieben: ‚Die wir Abendländer waren, sind jetzt zu Orientalen geworden; wer Römer oder Franzose war, ist in diesem Lande zum Galiläer oder Palästinenser geworden; wer aus Reims oder Chartres stammte, wurde zum Tyrer oder Antiochener. Schon haben wir die Orte unserer Geburt vergessen; schon sind sie den meisten von uns unbekannte oder nie gehörte Namen. Schon besitzt der eine eigene Häuser und Diener wie aus väterlichem Erbrecht, andere freiten, aber nicht nur eine Landsmännin, sondern auch eine Syrerin oder Armenierin, bisweilen auch eine getaufte Sarazenin. Wer ein Fremdling war, ist jetzt gleichsam ein Eingeborener. Tagtäglich folgen uns unsere Angehörigen und Verwandten, die, ohne es gewollt zu haben, allen Besitz zurücklassen. Denn wer dort mittellos war, den hat Gott hier reich gemacht, wer wenig Geld hatte, besitzt hier zahllose Byzantiner [d. h. Goldmünzen], und wer kein Dorf besaß, dem gehört hier durch die Gabe Gottes eine ganze Stadt. Warum also sollte ins Abendland zurückkehren, wer hier einen solchen Orient fand?‘ Dieses Porträt der lateinischen Siedlung ist allerdings in viel zu hellen Farben gehalten und verdeckt die immensen Probleme, die auf die neue Gesellschaft zukamen. Im ganzen zweihundertjährigen Zeitraum der eigentlichen Kreuzzugszeit war der lateinische Osten auf Zuzug aus Europa angewiesen, da weder die Städte noch das Agrarland durch biologische Reproduktion der ersten Eingewanderten auch nur annähernd bevölkert werden konnten. So war „die lateinische Gesellschaft nie geschlossen und homogen, sondern in ständigem Umbruch begriffen" (R. Hiestand). Als seit etwa 1130 Neuzuwanderer auf Lateiner treffen konnten, die schon im Lande geboren waren, kam es zu schwierigen Anpassungsprozessen, die sich fortan ständig wiederholten. Dabei spielte nicht nur die womöglich unterschiedliche geographische Herkunft der Neu- und Altsiedler eine Rolle, sondern auch die Differenz in der Erfahrung des historischen Wandels: „Unter ideengeschichtlichem Gesichtspunkt können die Zuwanderer als progressiv bezeichnet werden, weil sie jeweils die historische Entwicklung im Westen mehr oder weniger getreu spiegelten, die ‚Eingesessenen‘ dagegen entsprechend einer allgemeinen Tendenz in Siedlergesellschaften eher als konservativ, da sie, von ihrer Basis abgetrennt, ihre Identität an den Ideen und Strukturen ausrichteten, die sie im Augenblick der Niederlassung im Osten mitgebracht hatten. Andererseits unterlagen sie Einflüssen der neuen Umgebung und entfernten sich dabei – zum Teil unbemerkt – von ihrer Wurzel." (R. Hiestand) Viele der Neuankömmlinge blieben ihrer alten Heimat stärker verbunden, bewahrten also eine „regressive Identität", entwickelten eine Desidentifikation mit dem Osten und kehrten schließlich nach Europa zurück. Exemplarisch lässt sich die bleibende Fremdheit der Lateiner im Heiligen Land am Beispiel der Geistlichkeit demonstrieren. Danach sind in der wichtigen Hafenstadt Akkon allenfalls 10 % der bekannten Kleriker Einheimische gewesen, die Hälfte hingegen waren Franzosen, die übrigen Italiener, Spanier, Engländer und Griechen; ähnlich war es in Tripolis, wo aber die Italiener dominierten. Unter den Bischöfen sank der Anteil der im Heiligen Land geborenen Amtsträger sogar unter 3 %, und je höher das Kirchenamt war, um so eindeutiger wurde der französische Vorrang; im 13. Jahrhundert stieg allerdings das Gewicht der Nichtfranzosen, auch hier besonders der Italiener. Während die Kleriker, die mit dem Ersten Kreuzzug ins Land gekommen waren, kaum die Absicht gehegt hatten, zu bleiben und hier teilweise dann doch eine geistliche Laufbahn einschlugen, scheinen ab dem 12. Jahrhundert Absolventen der europäischen hohen Schulen karrierebewusst in den Osten gezogen zu sein. Mit Kenntnissen in beiden Rechten und den *artes dictandi* waren sie den eingesessenen Klerikern überlegen und konnten auf vorteilhafte Verwendung in der königlichen oder kirchlichen Verwaltung hoffen. Seit dem Niedergang des Königtums von Jerusalem

(1187 bzw. 1222) konnten die Päpste den Klerus durch Provisionen weiter internationalisieren, doch blieben diese Geistlichen dem Land meist fremd, wenn sie ihre Pfründe überhaupt vor Ort aufzehrten. Ähnliches gilt für die Mendikanten, obgleich diese dem Papst zu absolutem Gehorsam verpflichtet waren und sich einer Entsendung nicht entziehen konnten.

Die Siedlungen und Herrschaften der Lateiner in Palästina und Syrien erfüllen kaum die Kriterien, die für den westeuropäischen Kolonialismus der Neuzeit entwickelt worden sind. Denn im Unterschied zu den englischen oder spanischen Eroberungen und Siedlungen in Amerika handelte es sich nicht um Kolonien, die vom Mutterstaat gelenkt und ökonomisch zu dessen Vorteil ausgebeutet wurden und die eine Einwanderung im großen Stil erlebten. Eher träfen einige dieser Maßstäbe schon für die fränkischen Siedlungen in Griechenland nach dem Vierten Kreuzzug zu (J. PHILIPPS; vgl. zum englischen „Kolonialismus" in Wales unten 4.2.1). Während die Kreuzfahrer für ihre Vorhaben im Osten des Mittelmeeres immense Mittel aufwenden mussten, brachten sie kaum einmal materielle Güter nach Hause zurück. Selten sind Zeugnisse wie dasjenige von dem Ritter Grimald, der auf seiner Heimreise ‚Mitbruder' des burgundischen Reformklosters Cluny wurde und mit seinem Testament der Abtei eine Unze Gold vermachen konnte. Eine reichere Ausbeute dürften die Pilger mit dem Schwert bei der Erwerbung von Reliquien gemacht haben. Kaum messbar sind hingegen die geistigen und mentalen Auswirkungen der Kreuzzüge auf die Europäer. Da die Verbindung zwischen der Levante und dem Westen niemals abriss, trugen die Expeditionen zweifellos vor allem dazu bei, den Erfahrungs- und Erwartungshorizont der Okzidentalen auf Dauer zu erweitern. Zwar hat man festgestellt, dass zwischen dem Ersten und Zweiten und wohl sogar bis zum Dritten Kreuzzug (1187–1192) noch keine allgemeine und kontinuierlich starke Kreuzzugsbegeisterung herrschte; am Beginn des Jahrhunderts hatten Aufrufe fast nur in Flandern, im nördlichen Poitou, im Anjou, in der südlichen Normandie und in der Île de France regelmäßig Beachtung gefunden. Andererseits steht fest, dass jede Generation des 12. und 13. Jahrhunderts mindestens einen Kreuzzug erlebte. Mitte des 13. Jahrhunderts dürfte es im Westen sogar kaum noch Männer und Frauen im Laienstand gegeben haben, die im Verlauf ihres Lebens nicht wenigstens eine Kreuzzugspredigt gehört hatten. Indem sie sich über Jahrhunderte mit einer gemeinsamen Aufgabe konfrontiert sahen, entwickelten die Abendländer gewiss ein neues Bewusstsein ihrer Zusammengehörigkeit und Besonderheit. Nach den Worten des englischen Historikers Simon LLOYD förderten die Kreuzzüge „die Erkenntnis, daß alle Europäer eine gemeinsame Identität haben, die in einer gemeinsamen kulturellen Tradition – die freilich lokale Unterschiede aufweist – verwurzelt ist. Da die abendländische christliche Kultur das kennzeichnende gemeinsame Merkmal war, tat sich ein tiefer Spalt zwischen den christlichen Westeuropäern und der übrigen Menschheit auf, der seiner Konzeption nach im Wesentlichen religiös fundiert war." Als umfassender ideologischer Krieg hätten die Kreuzzüge freilich auch einen fremdenfeindlichen Zug hervorgebracht, der sich nicht nur gegen die Muslime, sondern vor allem auch gegen die Juden richtete. Tatsächlich wurde schon der Aufbruch zum Ersten Kreuzzug 1096 im Rheinland durch Pogrome gegen die Juden begleitet.

Vor allem wurden aber die kulturellen Wertvorstellungen der abendländischen Ritterschaft tief vom Kreuzzugsgedanken geprägt; die Teilnahme an einem Zug ins Heilige Land galt bald als Norm ritterlichen Verhaltens, auch wenn nur eine Minderheit aus jeder Generation die Expedition wirklich auf sich nahm. Der Wunsch, Ehre und Ruhm zu erwerben, war von Anfang an ein wesentliches Motiv für die Kreuzfahrt gewesen, und diese galt mindestens seit dem Vierten Kreuzzug als höchster Ausdruck des ritterlichen Dienstes. Eine Neuerung der Kreuzzüge, die auch in Europa selbst weittragende Rückwirkungen entfaltete, war die Erfindung der geistlichen Ritterorden im Heiligen Land. Um 1120 hatte ein Ritter aus der Champagne die Idee, es könnte gottgefällig sein, mönchische Lebensformen mit dem Heidenkampf zu einem neuen ritterlichen Ideal zu verbinden. Mit acht Genossen leistete er dem Patriarchen Warmund von Jerusalem das Gelübde des Gehorsams, der Armut und der Keuschheit, wie es die Mönche zu tun pflegen, fügte dem jedoch als viertes die Verpflichtung hinzu, den Pilgern auf der wichtigen, aber unsicheren Straße von Jaffa nach Jerusalem Schutz und Hilfe zu gewähren. König Balduin II. wies ihnen im königlichen Palast Templum Salomonis (heute al-Aqsā-Moschee), Räumlichkeiten zu, nach denen sich die neue Gemeinschaft Templer (Tempelherren) nannte. Eine formelle Ordensregel wurde bald approbiert, ebenso wie das Ordenskleid, das aus einem weißen Mantel mit rotem Kreuz bestand. Die Mehrzahl der Ordensleute waren Laien, bei denen auch die Leitung lag. Ein Ordensmeister stand den Klassen der Ritter, der dienenden Brüder und der Ordenskapläne vor. Durch Privilegien, vor allem des Papstes selbst, wurden die Templer im Laufe des 12. Jahrhunderts ganz der ordentlichen Kirchenstruktur eximiert. Ihre ursprüngliche Aufgabe des Pilgerschutzes erweiterten sie schnell, so dass sie zu einem Teil der Streitkräfte für den Schutz christlicher Gebiete gegen die Muslime wurden. Wie die übrigen Christen im Heiligen Land waren sie auf Versorgung mit Geld, Material und Menschen aus dem Westen angewiesen, doch entstanden in Europa selbst Niederlassungen, die die Mehrzahl der Ordensbrüder überhaupt beherbergten. So fanden die Tempelherren zunehmend auch im Okzident Aufgaben bei der Verteidigung und Ausbreitung der Christenheit mit dem Schwert. Ähnliches gilt auch für die beiden anderen Ritterorden der Johanniter und der Deutschen. Die einen waren ursprünglich Betreuer eines christlichen Spitals beim Benediktinerkloster S. Maria Latina in Jerusalem gewesen, das von Kaufleuten aus Amalfi um 1070, also noch vor Beginn der Kreuzzüge, gegründet worden war. Benannt war die Fürsorgestätte für kranke und arme Pilger nach Johannes dem Almosengeber, einem alexandrinischen Patriarchen aus dem 6. Jahrhundert. Wie die Templer unterstellten sich die Johanniter dem Papst. Waren sie zunächst auf rein karitative Funktionen beschränkt gewesen, so übernahmen sie bald (seit 1137?) auch Aufgaben im Grenzschutz, um sich dann als exklusiver Ritterorden wie die Tempelherren dem Heidenkampf zu widmen. Ihre Ordensregel orientierte sich an derjenigen der Chorherren. Wie die Johanniter ist auch der Deutsche Orden aus einer Hospitalgenossenschaft hervorgegangen; diese hatten Lübecker und Bremer Bürger nach dem gescheiterten Kreuzzug der Deutschen von 1189/90 vor Akkon gegründet. Nach Approbation des Papstes wurde das Hospiz 1198 in den national ausgerichteten Ritterorden vom Haus der heiligen Maria der Deutschen in Jerusalem umgewandelt. Der Deutsche Ritterorden nahm die Templerregel an, trug als kennzeichnende Gewandung aber den weißen Mantel mit schwarzem Kreuz. Neben den Templern wurden auch Johanniter und Deutschordensherren im Heidenkampf in Europa tätig, besonders in Spanien und im Baltikum; nach ihrem Vorbild wurden in diesen Ländern und Regionen von Fürsten und Monarchen auch kleinräumig agierende Ritterorden gegründet (s. oben 2.1.5, 2.1.7). Nur die Templer und die Johanniter blieben auf Dauer „international" in ihrer Zusammensetzung, wenn sie auch ihre Mitglieder vor allem in Frankreich rekrutierten.

Abgesehen von den Ritterorden verdankte es die westliche Christenheit der Ausbildung eigener Staaten, dass sie sich für Jahrhunderte in Syrien und Palästina festsetzen konnte. Diese okzidentalen Monarchien und Grafschaften traten allerdings nicht immer an die Stelle muslimischer Herrschaften; im Gegenteil verdrängten die Abendländer zuerst christliche Fürsten, und paradoxerweise waren es nur von jeher christliche Gebiete, die im Osten über das hohe Mittelalter hinaus in Händen abendländischer Herren verbleiben sollten. Schon beim Anmarsch auf Jerusalem gründete Balduin von Boulogne, ein Bruder Gottfrieds von Bouillon, die Grafschaft Edessa an der Stelle eines Gemeinwesens christlicher (monophysitischer) Armenier. Den alten Patriarchensitz Antiochien, der seit wenigen Jahren von Seldžuken erobert war, machte Bohemund von Tarent zum Sitz eines Fürstentums. Schon auf dem weiteren Zug nach Palästina wurden westliche Priester als Bischöfe eingesetzt, so dass eine lateinische Kirchenorganisation entstand und neben die griechisch-orthodoxe trat oder diese verdrängte. Nach der blutigen Eroberung der Heiligen Stadt selbst (15.7.1099), bei der abgesehen vom Gouverneur und seinem Gefolge kaum ein Muslim mit dem Leben davonkam und auch viele Juden hingemordet wurden, war die politische Form der Herrschaft einige Zeit strittig. Gottfried von Bouillon wurde zwar zum Herrscher gewählt, lehnte es aber ab, in der Stadt Christi den Königstitel anzunehmen. Erzbischof Daimbert von Pisa, den der Papst zu seinem Legaten bestimmt hatte, wurde noch 1099 erster lateinischer Patriarch von Jerusalem. Offensichtlich versuchte Daimbert die Errichtung eines geistlichen Fürstentums und erlangte von Gottfried und Bohemund vielleicht auch Lehnseide; damit wurde ein (berechtigter) Anspruch des Kaisers von Byzanz auf Oberhoheit abgewehrt. Nach Gottfrieds frühem Tod musste Daimbert allerdings Balduin von Boulogne-Edessa an Weihnachten 1100 in Bethlehem zum ersten König von Jerusalem krönen. Während Balduin I. (1100–1118) danach wichtige Küstenstädte eroberte, darunter Akkon, und die fränkische Herrschaft bis zum Golan im Norden und Aila am Golf von ᶜAqaba ausdehnte, schufen Raimund von Toulouse und seine Erben die Grafschaft Tripolis (seit 1109). Unter den vier nun bestehenden Kreuzfahrerstaaten kam dem Königreich Jerusalem unstrittig der Vorrang zu; Tripolis hatte schon Balduin I. als Kronlehen an den Sohn Raimunds ausgegeben, und Balduins Vetter und Nachfolger Balduin II. (1118–1131) baute die königliche Lehnsherrschaft zielstrebig aus. Der Fürst von Antiochien war allerdings seit 1108 Vasall des Kaisers von Byzanz, während ihm selbst seit den dreißiger Jahren der Graf von Edessa rechtlich verbunden war. Das Lehnswesen im Heiligen Land erfuhr im Übrigen gegenüber den Verhältnissen in Europa manche Modifikation. So besaßen manche Herren neben Grundeigentum auch das so genannte Münzlehen mit dem Anrecht auf Steuern und Abgaben. Alle Vasallen des Königs waren aber zur Heerfolge verpflichtet und konnten sich davon nicht, wie im Okzident, freikaufen. Um 1166 erließ König Amalrich eine *assise sur ligesse*, durch die alle Aftervasallen direkt an die Krone gebunden werden sollten. Im übrigen konnte sich der König das Heimfallsrecht erledigter Lehen sichern; bei der hohen Sterblichkeit der grundbesitzenden Ritter ermöglichte ihm dies nicht nur die häufige Neuverteilung der Ressourcen und Machtpositionen, sondern auch die gezielte Zerstreuung adligen Besitzes. Seit den vierziger Jahren des 12. Jahrhunderts haben die hohen Kosten für den Unterhalt der Befestigungsanlagen und die großen Verluste bei Auseinandersetzungen mit den Muslimen die Adligen oft gezwungen, Land und Burgen an religiöse Institutionen oder Ritterorden abzutreten.

Den ersten empfindlichen Rückschlag erlitten die Lateiner, als Zangī, der Herrscher von Mosul (am Tigris), 1144 Edessa eroberte und somit den ersten der fränkischen Staaten zerstörte. Die Reaktion der Abendländer, der Zweite Kreuzzug (1147–1149), war ein Fehlschlag. Zangīs Nachfolger Nūraddīn entwickelte schon den Plan, Jerusalem für den Islam zurückzugewinnen, und ließ bereits eine Kanzel für die al-Aqsā-Moschee herstellen. Seine Streitmacht umfasste wohl 10 000 bis 15 000 Reiter; dazu kamen Kontingente, die in einer dem westlichen Lehnswesen vergleichbaren Weise mit Landgütern ausgestattet waren. Auch Byzanz gewann jetzt wieder an Einfluss; Manuel Komnenos gelang sogar (vorübergehend) die Wiedereroberung von Antiochien und ein Waffenstillstand mit Nūraddīn, der auch den Franken das Überleben für einige Zeit sicherte. Da Syrien wieder fest in die Hand der Muslime gekommen war, orientierte sich König Amalrich (1163–1174) auf die Eroberung Ägyptens, wofür seine militärische Kraft aber nicht ausreichte. Stattdessen drang der Statthalter Nūraddīns in Ägypten, der Kurde Saladin, nach Osten vor, trat die Nachfolge des Herrschers von Damaskus und Aleppo an und brach ins christliche Königreich ein. In der Schlacht von Hattīn vernichtete er am 4. Juli 1187 das Heer der Siedler, obwohl es aus 18 000 Mann bestanden haben soll; in einem Siegeszug ohnegleichen nahm Saladin daraufhin 52 Städte und Siedlungen ein, darunter Jerusalem selbst. Nur Tyrus konnte gehalten werden, während Tripolis und Antiochia (außerhalb des Königreiches) lediglich an ihren Ostgrenzen Gebiete verloren. Beim darauf folgenden Dritten Kreuzzug glückte es Richard Löwenherz und Philipp II. von Frankreich, die wichtige Hafenstadt Akkon zurückzuerobern; auch der gesamte Küstenstreifen von Tyrus bis Jaffa gelangte wieder unter christliche Herrschaft, nicht aber Jerusalem. Die dem Meer zugewandten großen Städte Akkon und Tyrus spielten eine herausragende Rolle im Fernhandel zwischen Orient und Okzident und zogen dementsprechend auch das Interesse der italienischen Seerepubliken auf sich; Venedig hatte sich schon früh ein Drittel von Tyrus und weitgehende Privilegien gesichert, während Genua in Akkon ein zentrales Stadtviertel gehörte. Später sollte es bei der Rivalität der beiden Städte um Akkon gar zum Krieg kommen. Die Bedeutung Akkons klärt der englische Chronist Matthew Paris um 1240 mit der Bemerkung, dass sich hier die königlichen Einkünfte auf 50 000 Pfund Silber pro Jahr beliefen; damit übertrafen die Einnahmen des Monarchen von Jerusalem noch nach dem Verlust seiner Hauptstadt an diesem einen Ort die gesamten Einkünfte des Königs von England zur gleichen Zeit.

Auf dem Dritten Kreuzzug hatte Richard Löwenherz auch Zypern erobert, das bis dahin unter einem byzantinischen Partikularfürsten gestanden hatte (s. oben 2.1.1.2). Richard verkaufte die Insel an den aus Jerusalem vertriebenen König Guido, in dessen Geschlecht die Herrschaft bis 1489 bleiben sollte. Vorerst wurde Zypern zur Zuflucht vertriebener Ritter, Knappen und Bürger des lateinischen Königreiches, die hier mit Territorien und Rechten belehnt wurden, später war es der Ausgangspunkt für weitere Kreuzzüge.

Bei seinem Kreuzzug von 1228/29 konnte Kaiser Friedrich II. Saladins Neffen, dem Sultan al-Kamīl von Ägypten, noch einmal für zehn Jahre Jerusalem abhandeln; danach jedoch ging die Heilige Stadt den Christen endgültig verloren. Ausschlaggebend waren die Turbulenzen, die die Einfälle der Mongolen auch im östlichen Mittelmeerraum auslösten, sowie innerislamische Konflikte. Zwischen 1217 und 1222 hatten die Mongolen das islamische Großreich der Ḫwārezmšāh im westlichen Zentralasien und in Nordpersien unterworfen; ḫwārezmische Truppen vagierten seither in Mesopotamien und destabilisierten das politische Gefüge der Region. Als der Friedensvertrag al-Kamīls mit Friedrich II. ausgelaufen war und der Sultan starb (1238), rivalisierten seine Söhne unter Einbeziehung der Ḫwārezmier um die Herrschaft. In den Wirren konnten diese 1244 Jerusalem besetzen. Der Versuch Ludwigs IX. von Frankreich, von Ägypten aus die Herrschaft der Christen wiederherzustellen, scheiterte, wenn der König auch die Verteidigung von mehreren Hafenstädten festigte. Ludwigs Vorstoß trug indessen zu einem

Umsturz in Ägypten bei, durch den die Mamlūken den Sultanat gewannen. Bald darauf griffen die Mongolen erstmals direkt in das Geschehen ein; 1257/58 eroberte Khan Hülägü Bagdad und beseitigte den jahrhundertealten Kalifat der ᶜAbbasīden. 1260 griffen die Mongolen auch Aleppo an, und der christliche Herr von Antiochien und Tripolis war bereit, sich mit ihnen zu verbünden. Indessen konnte der Mamlūkensultan Qutuz mit Unterstützung des Königreichs Jerusalem die Mongolen 1260 an der Goliathsquelle entscheidend besiegen. Auch wenn der Ausgriff der Mongolen in die islamischen Kerngebiete gescheitert war, gewann die Religion Mohammeds unter ihnen seit dieser Zeit endgültig die Vorherrschaft (in der Goldenen Horde unter Berke, 1257–1266, im vorderasiatischen Khanat Īlchānat seit Gazan, 1295–1304). Die ebenfalls islamischen Mamlūken nahmen indessen 1287 Tripolis und 1291 Akkon ein, und wenn dies auch nicht das Ende der Kreuzzugsbewegung bedeutete, so waren die Christenstaaten in Syrien und Palästina seither doch beseitigt. König und Adel flohen nach Zypern.

3.1.2 Der Vierte Kreuzzug und die Anfänge des europäischen Kolonialismus

Die hochmittelalterlichen Orientkreuzzüge haben westliche Kultur im Rahmen politischer und kirchlicher Institutionen auch innerhalb Europas exportiert. Der Vierte Zug führte die Kreuzfahrer gar nicht ins Heilige Land, sondern im Interesse, wenn nicht auf Betreiben der Venezianer, die die Flotte stellten, zur Belagerung und Eroberung der Kaiserstadt am Bosporus (13.4.1204); es folgte die Errichtung von mehr als einem halben Dutzend ‚fränkischer' „Staaten" auf byzantinischem Boden. Die ältesten von ihnen, das Lateinische Kaiserreich von Konstantinopel und das Königreich Thessalonike, schützten die übrigen zeitweise vor den gefährlichsten Gegnern im Norden und Westen, den Bulgaren und den Griechen; doch fielen sie selbst schon 1224 (Thessalonike) und 1261 (Konstantinopel) den neu gebildeten griechischen Teilreichen von Epiros und Nikaia zum Opfer. Andere „Staaten" hatten jedoch teilweise bis ins 17. Jahrhundert Bestand. Patras in der Morea eroberten 1430 noch die Griechen, den Dukat von Athen dagegen 1450 schon die Türken. Besonders hartnäckig behaupteten sich die Kolonien von Venedig und Genua: Modon und Coron etwa bis 1500, Chios bis 1566. Um Kreta führten die Venezianer mit den Osmanen einen vierundzwanzigjährigen Krieg, in dem sie erst 1669 unterlagen, aber einige Stützpunkte behielt die Serenissima sogar bis ins 18. Jahrhundert (Kythera, Cerigotto, Leukas).

Wie im Heiligen Land errichteten die Abendländer auch im fränkischen Griechenland eine lateinische Kirchenorganisation mit dem Patriarchen an der Spitze. Schon im Mai 1205 forderte Papst Innozenz III. im Namen Kaiser Balduins von den Erzbischöfen und Bischöfen von Frankreich *viros religiosos (...) de ordini Cisterciensi, Cluniacensi, canonicorum Regularium, aliarumque religionum, ad fundandam fidei catholicae veritatem perpetuoque firmandam.* Und tatsächlich hatten sich spätestens in den 1230er Jahren Zisterzienser, Dominikaner, Franziskaner, die großen Ritterorden sowie die Prämonstratenser und Augustinerchorherren in der Ägäis niedergelassen. Die regulierten Chorherren von Saint-Ruf (Avignon) besetzten beispielsweise das Kathedralkapitel von Patras, die Tempelherren beteiligten sich schon an der Eroberung Innergriechenlands (1205–1210), während die Johanniter noch um 1400 als Alliierte und Rivalen der Venezianer vergeblich den Türken Widerstand zu leisten suchten.

In welchem Maße auch die weltliche Ordnung nach dem Muster des Okzidents umgestaltet wurde, ist umstritten; schon die politische Aufsplitterung des Reichsganzen hatte aber eine Vorgeschichte im Byzanz des späten 12. Jahrhunderts gehabt (s. oben

2.1.1.2). Die Lateiner teilten ihre Eroberungen als Lehen unter den fränkischen Rittern auf, doch blieben Venedig drei Achtel des Ganzen vorbehalten. Von Anfang an mangelte es dem Lateinischen Kaiserreich an Menschen und Ressourcen. Als Balduin I. schon 1205 Opfer des Bulgarenzars Kolojan wurde, verließen nicht weniger als 7000 Ritter auf fünf großen venezianischen Schiffen das Land. Die späteren Kaiser beuteten ihre Familiengüter im heimatlichen Flandern für das neue Reich aus; dagegen blieben Aufrufe zur Einwanderung nach Griechenland ohne großes Echo. Der erste Fürst von Achaia, Wilhelm von Champlitte, ging 1209 sogar in den Westen zurück, und er blieb nicht der einzige Große. Nach Überwindung der Anfangsschwierigkeiten gestalteten aber beispielsweise die Villehardouin aus der Champagne das Fürstentum Achaia zu einem feudalen Staatsgebilde nach heimischem Vorbild aus. Ihr Fürstenhof wurde in der gesamten lateinischen Christenheit so berühmt, dass er als vornehmste Schule für die französische Ritterschaft galt. In Achaia soll, wie ein späterer Autor berichtet, ein so reines Französisch wie in Paris gesprochen worden sein. Eine längere Friedensperiode unter Fürst Gottfried II. (1229–1246) und seinem Nachfolger Wilhelm II. (1246–1278) erlaubte dem Adel das ritterliche Vergnügen von Turnier und Jagd, bis der Kaiser von Nikaia das Fürstentum lehnsabhängig machen konnte.

Die ritterliche Kultur hat freilich nicht erst der Vierte Kreuzzug nach dem byzantinischen Imperium gebracht. Schon lange hatten westliche Söldner im Dienst des Kaisers gestanden oder Kreuzritter das Reich durchquert, und auch die politischen Ehen mit Angehörigen westlicher Herrscherhäuser konnten zur Bekanntschaft mit dem okzidentalen Hofleben führen. Lange hat die Forschung darüber debattiert, ob die Abendländer im Osten auch das Lehnswesen eingeführt haben. Tatsache ist, dass es die Vergabe von Land für Kriegsdienst in Byzanz schon im späten 11. Jahrhundert gegeben hat, wenn sie auch erst Manuel Komnenos ausbaute (s. oben 2.1.1.3); die *pronoia* wurde allerdings nur auf Lebenszeit gewährt und ließ keine Subinfeudation wie im Westen zu.

Die Ansiedlungen der Lateiner auf dem Boden des oströmischen Reiches unterscheiden sich in einem Punkt deutlich von den Kreuzfahrerstaaten in Syrien und Palästina: sie wurden nicht nur durch die Kreuzzugsbewegung hervorgebracht, sondern waren zugleich Ergebnis des weitgreifenden Handels der italienischen Seestädte; und indem die Herrschaftsbildungen Venedigs und der anderen direkt oder indirekt bei den älteren Handelsniederlassungen anknüpften, entstanden im Raum der Ägäis echte Kolonien. Schon im späten 10. Jahrhundert hatte Amalfi wohl ein Handelsquartier in Konstantinopel inne; später verbündete es sich mit den Normannen, während Venedig den Kaiser unterstützte, der nur über schwache Seestreitkräfte verfügte. So wurde die Adria im Laufe der Zeit das Hausmeer der Venezianer. Nach dem gemeinsamen Widerstand gegen Robert Guiscards Übergriff auf Durazzo 1081 zwang Alexios I. die Amalfitaner, jährlich einen Tribut an den Markusdom abzuführen, und stattete Venedig selbst mit hervorragenden Rechten aus. In der Reichshauptstadt durften die Verbündeten ein eigenes Viertel mit Lagerhallen, Werften und Landungsplätzen errichten. Das Quartier grenzte an das der Amalfitaner, später kamen die Pisaner (1111) und Genuesen (1155) hinzu. Als Roger II. 1147 Korfu erobert sowie Theben, Athen und Korinth geplündert hatte, ließen sich die Venezianer für ihre neuerliche (erfolgreiche) Flottenhilfe ihre Handelsprivilegien bestätigen: Manuel I. garantierte ihnen den freien Handel im ganzen Kaiserreich und das Recht, überall Handelsstätten zu errichten. Die frühere Forschung hat angenommen, dass diese Bevorzugung die einheimische Wirtschaft selbst schädigte, doch ist diese Meinung heute überwunden; man glaubt vielmehr an eine rasante Ausweitung der byzantinischen Ökonomie im 11. und 12. Jahrhundert, die erst durch den Vierten Kreuzzug gestoppt worden sei (M. F. HENDY). Trotzdem machte die kaiserliche Bevorzugung die Venezianer im Reich der Griechen nicht beliebter, und Ähnliches gilt von den übrigen Lateinern. Die Schriftsteller Kinnamos, Eustathios von Thessalonike und Niketas Choniates zeigen die starke Abneigung der Einheimischen gegen die aufgeblasenen Okzidentalen, die sich auch nicht auf Wohnviertel beschränken ließen. Neben physischer Gewaltanwendung und Piraterie warfen sie ihnen vor, ‚römische' Frauen zu nehmen und wie andere Romaioi in Häusern außerhalb der Zonen zu wohnen, die ihnen der Kaiser zugewiesen hatte. Auch dass die Lateiner die griechische Haartracht übernahmen (Bartmode) und Griechisch sprachen, missfiel den fremdenfeindlichen Autoren. Den Kaisern selbst konnte die Ausbreitung der westlichen Handelsmächte und Gäste ebenfalls zuviel werden. Als Manuel I. bemerkte, wie stark die Venezianer den Markt beherrschten, begünstigte er zuerst als Gegengewicht Genua und Pisa und ließ sie dann seine Faust spüren. Im Frühjahr 1171 wurden an einem einzigen Tag alle Venezianer im Reich verhaftet und ihr Besitz beschlagnahmt. Als sich die Stadtrepublik daraufhin mit den normannischen Erzfeinden verbündete, musste Manuel nachgeben, Entschädigungen zahlen und die Gefangenen freilassen. Die Aktion war also ein schwerer Misserfolg, schlimmer noch: sie begründete ein dauerndes Misstrauen der Venezianer gegen die Griechen, das sich beim Vierten Kreuzzug als verhängnisvoll für die Byzantiner erweisen sollte. Nach Manuels Tod und während der Auseinandersetzungen zwischen Kaiser Alexios II. Komnenos und Andronikos I. wurden die Lateiner in der Hauptstadt erneut mit Terror überzogen; jetzt traf es aber vor allem die Pisaner und Genuesen. Das aufgewiegelte Volk zündete die Lagerhallen der Italiener und sogar das Johanniterspital an und metzelte rund 30 000 Menschen nieder, darunter den Legaten des Papstes. Und als die Flotte der Kreuzfahrer schon vor Konstantinopel lag (seit Juli 1203), setzte der Mob erneut die Viertel der drei Seestädte in Brand und zwang 15 000 Lateiner, zu den Belagerern zu fliehen.

Ob der lateinische Angriff auf die Reichshauptstadt geplant war oder sich eher zufällig ergab, ist in der Forschung seit langem strittig, aber fest steht doch, dass die Venezianer die Kreuzfahrer schon vorher gezwungen hatten, einen Stützpunkt der Ungarn an der Adria anzugreifen, obschon der ungarische König selbst das Kreuz genommen hatte. Nach Eroberung Konstantinopels wandelte sich das venezianische Interesse in der Ägäis radikal: vom Streben nach Handelsvorteilen durch kaiserliche Gunsterweise zum Aufbau der Kolonialmacht aus eigenem Recht (P. LOCK). Man hat diesen Wechsel der politischen Zielsetzung mit dem Aufstieg der Republik am Ende des 12. Jahrhunderts in Verbindung gebracht (s. oben 2.2). Andererseits könnte der Impuls zur territorialen Ausdehnung von den in der Hauptstadt seit längerem angesiedelten Venezianern ausgegangen sein, die nach dem Ende des Kaiserreiches den Dogen selbst zum Herrn hatten. Enrico Dandolo kehrte gar nicht nach Venedig zurück und hatte seinen Sohn Ranieri mit seiner Vertretung beauftragt; stattdessen kaufte er rasch die Insel Kreta für 1000 Silbermark auf und legte die Grundlage für den *stato da mar* seiner Heimatstadt. Als Enrico schon im Juni 1205 gestorben war, wählten seine Landsleute in Konstantinopel einen Podestà, der sich sogar stolz *quartae partis et dimidiae totius imperii Romanie Dominator* nannte. Diesen Ansatz zur politischen Verselbständigung erstickte der neue Doge Pietro Ziani aber sofort; schon im Oktober 1205 mussten die Abtrünnigen die Oberhoheit der Mutterstadt anerkennen und einen Gehorsamseid leisten. Auch sonst wurden die neuen Territorien politisch abhängig. In Kreta beispielsweise, das nicht zum Lateinischen Kaiserreich gehörte, war der Doge der Suzerän; Ländereien konnten nur mit seiner Zustimmung den Besitzer wechseln, und dann auch nur zugunsten eines anderen Venezianers. Auch im Klerus verstand sich die Seerepublik entscheidenden Einfluss zu sichern; gleich nach der Eroberung sicherte sie sich alle Kanonikate an der Hagia Sophia, und schon der erste lateinische Patriarch stammte aus einem der vornehmsten venezianischen Geschlechter.

Die Landerwerbungen Venedigs waren darauf ausgerichtet, die Handelsrouten auf dem Meer abzusichern. Die Häfen von Moron und Koron beispielsweise an der Südwestspitze der Morea wurden als Augen und Ohren der Republik betrachtet; hier legten nicht nur die Schiffe auf ihrem Weg in die Levante oder heimwärts regelmäßig an, hier konnten auch Neuigkeiten aus der ganzen Region gesammelt werden. Die Kastellane, deren Reihe bis zur Osmanenherrschaft bezeugt ist (1500), wurden in zweijährigem Rhythmus von der Mutterstadt bestellt und von dort ausgesandt. Auch wirtschaftlich wurden die Stützpunkte in der Romania ausgebeutet und so als Kolonien behandelt. Auf Kreta, das in 200 Lehnsgütern eingeteilt und an venezianische Siedler ausgegeben wurde, wurde die Landwirtschaft kommerzialisiert. Die Insel brachte Getreide, Olivenöl, Wein, Käse und Bauholz hervor, und wenn diese Produkte nicht direkt für die Serenissima verschifft wurden, kamen sie anderen Kolonien wie Negroponte zugute. Die einheimischen Archonten wurden anfangs geradezu ausgeschaltet, passten sich aber andererseits an und erhielten bald auch Rittergüter als Lehen. Im Ganzen kontrollierten die Griechen das Land, während die Venezianer eher in den Küstenstädten blieben.

3.1.3 Eroberung, Neusiedlung und kultureller Wandel

Die Gewalt, mit der die fränkischen Ritter das orthodoxe Ostreich unterworfen hatten, war religiös in keiner Weise zu rechtfertigen. Andererseits förderte der Geist der Kreuzzugsbewegung allenthalben in Europa Aggressionen gegen Muslime und Juden, er konnte auch aufs Feld der Mission, der Bekehrung der Heiden also, vordringen und schließlich bei jenen religiösen und politischen Auseinandersetzungen instrumentalisiert werden, die die römische Kirche durch ihre Amtsträger im westlichen Europa führte. Mit gutem Grund vertritt deshalb die neuere, besonders angloamerikanische Forschung eine „pluralistische" Auffassung des Kreuzzugs. Die Ausweitung des Begriffes über den Bezug auf das Heilige Land hinaus ist offensichtlich gerechtfertigt im Hinblick auf die Angriffe der Christen gegen die Muslime in Spanien. Urban II. war ja nicht einmal der erste Papst, der die Rückeroberung christlicher Gebiete von den Muslimen Andalusiens religiös sanktionierte, und hier, auf der Iberischen Halbinsel, haben sich die christlichen Monarchen mit besonders großem Erfolg der levantinischen Erfindung der geistlichen Ritterorden bedient (s. oben 2.1.2 und 2.1.5). Schon aufmerksame muslimische Zeitzeugen konnten den Zusammenhang eines christlichen *ǧihād* im gesamten Mittelmeerraum konstatieren. So reihte der in Damaskus tätige Korangelehrte al-Sulami in seinem ‚Buch vom Heiligen Krieg' von 1105 die Eroberung Toledos und Siziliens, die Übergriffe der ‚Franken' nach Nordafrika und deren Einbruch in Syrien zwischen 1085/86 und 1096/97 als Ereigniskette aneinander, die letztlich die Einnahme Jerusalems zum Ziel gehabt habe. Ein weiterer Schritt war die Einbeziehung des Heidenkampfes. Als der deutsche König Konrad III. kurz nach Weihnachten 1146 das Kreuz genommen hatte, erklärten die sächsischen Adligen, sie wollten lieber einen Kreuzzug gegen die Slawen im Osten der Reichsgrenze unternehmen. Der Papst musste diesen so genannten Wendenkreuzzug hinnehmen, weil er zur gleichen Zeit Kaiser Alfons VII. von Kastilien Kreuzzugsprivilegien für einen Feldzug gegen die Sarazenen gewährte. Deutsche und westeuropäische Kreuzfahrer ließen sich auf dem Zweiten Kreuzzug auch in Portugal für den Kampf gegen Muslime gewinnen (s. oben 2.1.5). So braucht man sich nicht darüber zu wundern, dass Zeitgenossen die Heere der Kreuzfahrer als ein einziges Aufgebot betrachteten, gleichgültig, ob diese sich damals im Orient, auf der Iberischen Halbinsel oder jenseits der Elbe zum Krieg rüsteten (G. Constable). Die Ritter mit dem Kreuzabzeichen und ihre Orden haben wenig später auch zwischen Ostsee und Rus' heidnische Völker unterworfen und christianisiert und scheiterten nur bei den Litauern (s. oben 2.1.7); der Gedanke der Bewährung auf der Kreuzfahrt überdauerte hier viele Generationen. An den Jahr für Jahr durchgeführten Zügen des Deutschen Ordens gegen die Litauer nahmen auf den „Preußenreisen" noch bis 1420 Adlige aus Deutschland, Frankreich, England und Schottland, Italien und Spanien teil, bis 1386 auch aus Polen.

Von Anfang an hatte sich bei den Kreuzzügen das Motiv des bewaffneten Kampfs für den Christusglauben mit „weltlichen" Interessen vermengt. Auch das Papsttum, dem die Führerschaft zukam, entzog sich dieser Ambivalenz nicht. Innozenz III. war der erste Inhaber der petrinischen Cathedra, der neben der Bekämpfung der Ketzer in Südfrankreich (s. oben 2.1.2) den Kreuzzug auch als Schwert gegen die staufische Partei in Italien und Sizilien einsetzte (1199). Seinem Beispiel sind andere gefolgt: In England wurde 1216/17 ein Kreuzzug gegen die einheimischen Gegner Johanns Ohneland sowie ihre französischen Verbündeten erklärt, und in Deutschland bekämpfte der Erzbischof von Bremen die Freiheit der Stedinger Bauern an der Weser in einem Kreuzzug bis zu deren Vernichtung (1234). An seine Grenzen stieß der Kreuzzugsgedanke im Sinne eines bewaffneten Kampfes für das (rechte) Christentum aber bei der Auseinandersetzung mit den Mongolen. Auch wenn in theologischen Gutachten des 13. Jahrhunderts die Möglichkeit eines Zuges gegen die Tataren durchaus erörtert wurde, wurde sie doch meist zugunsten der Mission verworfen. Der Dominikaner Humbert von Romans (gest. 1277) lehnte den Tatarenkreuzzug ab, trat aber für den Sarazenenkreuzzug ein; die Tataren seien zu weit entfernt und ungefährlich. Bald darauf hat der franziskanische Missionstheoretiker Ramon Lull in der Bekehrung der Mongolen zum Christentum statt zum Islam eine strategische Aufgabe gesehen: ‚Es gibt drei Kaiser der Tataren (...). Diese drei Kaiser besitzen viel mehr Land als alle Christen und auch alle Sarazenen; und wenn deshalb alle drei Sarazenen würden, was geschähe mit uns winzigen Christen? (...) Wenn [die Tataren] den Glauben [Mohammeds] von sich aus annehmen oder die Sarazenen sie zu ihrer Sekte verführen, wird die ganze Christenheit in höchster Gefahr schweben' (zit. nach F. Schmieder). Seit Innozenz IV. haben sich die Päpste besonders der Dominikaner und Franziskaner in der Mission der Heiden bedient (s. oben 2.1.2). Innozenz argumentierte selbst grundsätzlich: Ein Kreuzzug sei nur gegen Beherrscher von Gebieten gestattet, die – wie das Heilige Land – den Christen weggenommen wurden, nicht aber gegen jedes beliebige Heidenvolk oder Heidenland; umgekehrt dürften freilich die Heiden christliche Länder nicht überfallen, auch wenn diese, wie in Europa, vor der freiwilligen Konversion einmal selbst heidnisch gewesen waren. Innozenz entsandte schon 1245/47 einen Franziskanermönch in den Osten, um den Großkhan zu bekehren, doch forderte der seinerseits den Papst zur Unterwerfung auf; auch andere Konversionsversuche vonseiten der Dominikaner waren erfolglos. Neben dem Kirchenoberhaupt selbst suchte Ludwig der Heilige von Frankreich Kontakt zum Hof in Qara Qorum. Gesandte, Missionare und auch Kaufleute, die in den Osten gezogen waren, konnten bei ihrer Heimkehr verdeutlichen, dass dort ungeheure Massen von Heiden lebten. Die Losung ‚Tod oder Bekehrung', die Bernhard von Clairvaux noch Mitte des 12.

Jahrhunderts für die Kreuzzüge ausgegeben hatte, verlor angesichts der beschränkten militärischen Mittel des Westens in den Weiten Asiens ihre Überzeugungskraft.

Wo aber Kreuzzüge inner- wie außerhalb Europas geführt werden konnten, ging das Wohl der Christenheit mit der Ausdehnung politischer Herrschaft Hand in Hand, und diese wurde durch Kolonisation abgesichert. Auf die Ritter folgten die Bauern. So war es bei der Reconquista/Repoblación in Spanien (s. oben 2.1.5), so bei den Slawen östlich der Elbe. Aber auch unabhängig von der Kreuzzugsbewegung kam es im hohen Mittelalter überall in Europa zur Ausweitung des Siedlungsraumes und der agrarisch genutzten Flächen. Dazu konnten Eroberungen beitragen wie die von Wales und Irland durch die Anglonormannen, doch riefen die Herrscher und Fürsten europäischer Randzonen auch von sich aus Siedler in ihre Länder, die über die besseren Agrartechniken verfügten und, auch mit vorteilhaften Freiheits- und Besitzrechten ausgestattet, eine Steigerung der landwirtschaftlichen Produktivität erwarten ließen. Die zunehmende Beweglichkeit der Bauern innerhalb Europas passt aber zur Erweiterung des europäischen Erfahrungshorizontes, der durch Kreuzzugsbewegung oder auch durch die aufkommenden Fernwallfahrten bewirkt wurde.

Paradigmatisch für andere Neusiedlungsvorgänge kann die so genannte deutsche Ostsiedlung stehen, die weniger ein Phänomen der Politik-, als der Wirtschafts-, Sozial- und Bevölkerungsgeschichte gewesen ist (s. oben 2.1.1.4). Die deutschen und nichtdeutschen Landesherren östlich von Elbe und Saale strebten nach Herrschaftssicherung und -erweiterung durch Urbarmachung unbesiedelter Gebiete und durch Umwandlung der Dorf- und Stadtwirtschaft. Die Siedlung wurde unternommen *pro melioratione terre*; es ging also um die Weiterentwicklung der eigenen Wirtschaft, um die Hebung der Steuerkraft und nicht zuletzt um die Sicherung der territorialen Grenzen. Die Verwandlung des verwertbaren Bodens vollzog sich im Flachland durch Entsumpfung und Deichbau, im Gebirge durch Entsteinung, vor allem aber durch Rodung des Waldes. Charakteristisch für die Ostsiedlung ist auch eine Erneuerung der Siedlungsstruktur. Es entstand ein dichtes Netz von Dörfern und Städten, und in dem engen Zusammenhang von dörflicher und städtischer Siedlung hat man geradezu das Hauptmerkmal der deutschen Ostsiedlung ausmachen wollen. In Schlesien beispielsweise sind durch die Kolonisation des 13. Jahrhunderts rund 1200 Dörfer und 120 Städte neu entstanden.

Was die Neusiedler an Verfassungs-, Rechts- und Wirtschaftsformen mitbrachten, waren allerdings keine spezifisch deutschen Errungenschaften. Gefragt waren sie im Osten auch nicht wegen ihrer Nationalität, sondern wegen ihrer Kenntnisse und Fähigkeiten. Deshalb zogen keineswegs nur Deutsche in den Osten. So brauchte man in Pommern italienische Weinbauern; sie sollten nach der Christianisierung des Landes Reben für den Messwein anpflanzen und heranziehen. Flamen und Holländer überhaupt waren überall willkommen, wo sie ihr Wissen über die Entwässerung des Bodens und die Eindeichung des Ufers anbringen konnten. Sehr bezeichnend sind in diesem Zusammenhang die Aufrufe gewesen, die Graf Adolf von Schauenburg 1143 für die Besiedlung Holsteins und Markgraf Albrecht der Bär nach 1157 für die Kolonisation Brandenburgs in den Westen ergehen ließen. Darüber berichtet ausführlich der zeitgenössische Prediger Helmold, der in Bosau am Plöner See die Siedelvorgänge nördlich und östlich der Elbe genau beobachtet hat. Als Graf Adolf die Burg Segeberg an der Grenze von Holstein und Wagrien errichtet hatte, schickte er, da das Land verlassen war, ‚Boten in alle Lande, nämlich nach Flandern und Holland, Utrecht, Westfalen und Friesland, dass jeder, der zu wenig Land hätte, mit seiner Familie kommen sollte, um den schönsten, geräumigsten, fruchtbarsten, an Fisch und Fleisch überreichen Acker nebst günstigen Weidegründen zu erhalten (...). Daraufhin brach eine zahllose Menge aus verschiedenen Stämmen auf, nahm Familien und Habe mit und kam zu Graf Adolf nach Wagrien, um das versprochene Land in Besitz zu nehmen. Und zwar erhielten zuerst die Holsten Wohnsitze in dem am besten geschützten Gebiet westlich Segebergs (...). Das Darguner Land besiedelten die Westfalen, das Eutiner die Holländer und Süsel die Friesen. Das Plöner Land aber blieb noch unbewohnt. Oldenburg und Lütjenburg sowie die anderen Küstengegenden ließ er von den Slawen besiedeln, und sie wurden ihm zinspflichtig.' Markgraf Albrecht der Bär sandte, wie Helmold schreibt, ebenso ,nach Utrecht und den Rheingegenden, ferner zu denen, die am Ozean wohnen und unter der Gewalt des Meeres zu leiden hatten, den Holländern, Seeländern und Flamen, zog von dort viel Volk herbei und ließ sie in den Burgen und Dörfern der Slawen wohnen. Durch die eintreffenden Zuwanderer wurden auch die Bistümer Brandenburg und Havelberg sehr gekräftigt, denn die Kirchen mehrten sich und der Zehnt wuchs zu ungeheurem Ertrage an. Zugleich begannen die holländischen Ankömmlinge aber auch das südliche Elbufer zu besiedeln; von der Burg Salzwedel an besetzten Holländer das ganze Sumpf- und Ackerland mit vielen Städten und Dörfern bis hin zum böhmischen Waldgebirge' (Übers. H. Stoob). Wenn man von „deutscher Ostsiedlung" spricht – und das ist durchaus nicht falsch –, muss man sich also darüber im Klaren sein, dass keineswegs alle Siedler Deutsche waren und dass die im Osten bewirkte Akkulturation als westeuropäisches Gemeinschaftswerk angesehen werden kann.

Was die Darstellung und Bewertung der Vorgänge betrifft, so ist die Forschung zwar heute weitgehend frei von der nationalgeschichtlichen Blickverengung, dafür bleibt sie aber häufig in anderen überholten Vorstellungen befangen. So ist noch in neuesten Publikationen zur Ostkolonisation von „Siedlerströmen" die Rede; man glaubt dabei an einen demographischen Überdruck im Westen, der im Osten einen Ausgleich gesucht und gefunden habe. Noch weitergehend – und irreführend mit militärischen Konnotationen – spricht man bisweilen gar von „großen Marschsäulen" oder vom „großen Sturmangriff" der deutschen Kolonisten. Für derlei Bilder gibt es aber wahrscheinlich keine historische Grundlage. Nach neueren Berechnungen ist vielmehr anzunehmen, dass während des 12. Jahrhunderts rund 200 000 Menschen in das Land jenseits von Elbe und Saale gezogen sind und im 13. Jahrhundert noch einmal so viele. Legt man für die gleiche Zeit in Altdeutschland eine Gesamtpopulation von 10 Millionen Einwohnern zugrunde, dann würde das eine Abwanderung von 2000 pro Jahr oder 0,02 % bedeuten. Selbstverständlich sind solche Berechnungen für eine Zeit, die kein statistisches Material überliefert, hypothetisch, und andere Forscher haben größere Fluktuationen errechnet. Aber es scheint sich doch zu ergeben, dass die Ostsiedlung innerhalb einer für das 12. Jahrhundert ganz gewöhnlichen Mobilität lag oder – anders gesagt – dass sie die normale Mobilität teilweise abschöpfte, die sonst in Binnensiedlung und Städtegründungen einmündete. Die demographischen Berechnungen werden immerhin durch den Quellenbefund gestützt, dass von der Ostsiedlung nur die Chronisten der Neusiedelgebiete Kenntnis genommen haben, während sie in den Geschichtswerken westlich der Elbe gar nicht erwähnt wird.

In den Neusiedelgebieten kam es dann zu einer enormen Bevölkerungsvermehrung. Zeitweilig scheint sich die Menschenzahl hier in rund 25 Jahren verdoppelt zu haben. Aus den Kolonistenfamilien, und nicht aus dem neuerlichen Zuzug aus Altdeutschland, speiste sich die schrittweise weiter nach Osten vordringende Siedlung in erster Linie. Im heutigen Sachsen dürfte sich die Bevölkerungszahl zwischen 1100 und 1300 etwa verzehnfacht haben; die Bevölkerungsdichte lag wohl bei 23 Personen je Quadratkilometer. Ähnliche Werte erhält man um 1300 auch für Böhmen und die Lausitzen. Im Bistum Breslau, das praktisch mit Schlesien identisch war, ergibt sich ein Wert von elf Personen je Quadratkilometer, das ist aber immer noch fünfmal soviel, wie das im von der deutschen Ostsiedlung kaum erfasste polnische Bistum Posen (2,1 Personen im Schnitt). Wie groß die Unterschiede im Reich trotzdem noch waren, zeigt ein Vergleich mit dem dicht besiedelten Nordwesten. Für das Herzogtum Brabant kann man, allerdings erst zum Jahr 1435, eine Bevölkerung von 45 Menschen je Quadratkilometer errechnen.

Die Neusiedler hatten im Osten zwar kein siedlungsleeres, aber doch ein siedlungsarmes Land vorgefunden. Sie mussten sich gleichwohl mit der einheimischen Bevölkerung, zumeist mit Slawen, auseinandersetzen. Zweifellos wurde dabei Gewalt geübt. Helmold von Bosau berichtet für die Zeit des Sachsenherzogs Heinrichs des Löwen, also die Mitte des 12. Jahrhunderts, immer wieder von Flucht und Vertreibung der Slawen aus Nordelbingen. Noch viel brutaler als hier, im Land der Obodriten, ging es im 13. Jahrhundert bei den Prussen zu. Die Errichtung des Ordensstaates schildert der Chronist Peter von Dusburg geradezu als Kriegsgeschichte mit vielen tausend Toten. Zum Jahr 1283 stellte Peter dann mit Genugtuung fest: ‚Seit Beginn des Krieges gegen das Volk der Prussen (sind) 53 Jahre verflossen, und alle Völkerschaften in diesem Land (sind) bezwungen und ausgerottet.' Nur noch die Litauer seien übrig, ‚die der hochheiligen römischen Kirche ihren Nacken noch nicht in Demut gebeugt' hätten. Trotz dieser Quellenäußerungen weiß man heute, dass von einer Vertreibung oder Ausrottung der Slawen oder auch der Prussen bei der Ostsiedlung nicht die Rede sein kann. Derartige Maßnahmen wären ja auch ganz widersinnig gewesen, weil man für den Landesausbau jede Hand brauchte. Im Gegenteil gilt als sicher, dass die Ankömmlinge mit den eingesessenen Slawen und Balten zusammenwuchsen und die so genannten deutschen Neustämme bildeten: Das sind die Mecklenburger, Pommern, (Ost- und West-)Preußen, Brandenburger, Sachsen und Schlesier. Neben dem – nur relativen – Bevölkerungsausgleich zwischen Ost und West sind diese ethnischen Neubildungen vielleicht die wichtigsten Folgen der Ostsiedlung überhaupt gewesen. Nicht in allen Regionen kam es freilich im östlichen Mitteleuropa zu diesen Synthesen: Vielfach gingen die Siedler in der alten Bevölkerung auf oder bildeten, wie in Böhmen, Mähren oder Ungarn, deutsche Volkstumsinseln. Auch slawische Rückzugsgebiete haben sich erhalten, so dasjenige der Sorben in der Nieder- und vor allem der Oberlausitz.

Eroberung und Kolonisation haben in Europa und dazu in Segmenten der außereuropäischen Mittelmeerwelt während des hohen Mittelalters einen Wandel herbeigeführt, der sich als Übertragung abendländischer Kultur beschreiben lässt, der aber durch die Wechselwirkungen der beteiligten Lateiner Austauschprozesse und Anpassungsleistungen unter diesen selbst eingeleitet hat. Der englische Mittelalterhistoriker Robert Bartlett hat in diesem Sinne in einem vielbeachteten Buch vor kurzem die These aufgestellt, dass sich zwischen 950 und 1350 überhaupt die „Europäisierung Europas" vollzogen habe. Das so verstandene Europa sei, so Bartlett, ein Konstrukt, die „Vorstellung einer ganzen Reihe von Gesellschaften mit offensichtlichen Gemeinsamkeiten". Mit „Europäisierung Europas" solle gemeint sein, „dass es im Verlauf des Hochmittelalters einen dramatischen Wandel gab hinsichtlich dessen, was wo in Europa als gemeinsame soziokulturelle Grundlage galt". Bartlett schließt mit seiner Thesenbildung bei der alten Vorstellung an, dass Europa mit dem Abendland identisch sei, datiert die Grundlage dieser Gleichsetzung aber später als andere Autoren, auch wenn er die karolingische Vorgeschichte keineswegs ignoriert: „Die Europäisierung Europas im Sinne der Ausbreitung einer speziellen Kultur mit Hilfe von Eroberung und Beeinflussung hatte ihr geographisches Zentrum in einem bestimmten Teil des Kontinents, nämlich in Frankreich, Deutschland westlich der Elbe und in Norditalien, also in Gebieten, die auf eine gemeinsame Geschichte als Teile des karolingischen Reiches zurückblickten. Wenigstens teilweise war die kulturelle Homogenisierung Europas somit eine Funktion der (...) fränkischen Militärhegemonie. Von diesem Teil Westeuropas gingen die Expansionsbewegungen aus, von dort starteten entsprechende Expeditionen in alle Richtungen, und bis zum Ende des 13. Jahrhunderts war durch diese Feldzüge an den Peripherien der lateinischen Christenheit ein ganzer Ring von eroberten Staaten entstanden. Ohne Schwierigkeiten könnte man diese Expansionsbewegung unter einem streng militärischen Blickwinkel betrachten, doch genauso wichtig ist der mit der reinen Militärgeschichte verwobene kulturelle Wandlungsprozeß, der nicht allein eine Funktion der kriegerischen Entwicklungen war." Allerdings lässt Bartlett keinen Zweifel daran, dass Krieg und Gewaltanwendung, das Handwerk des Ritterstandes, die Schlüsselrolle im Prozess dessen spielten, was er als „The Making of Europe" bezeichnet hat. Der etwas plakativ wirkende deutsche Titel seines Buches, „Die Geburt Europas aus dem Geist der Gewalt", trifft deshalb die Intention des Autors und die Anlage seines Werkes genau.

Bartlett konzentriert sich auf „die Schaffung von Staaten durch Eroberung und Besiedlung entfernter Landstriche an der Peripherie des Kontinents durch Einwanderer", und zwar an vier wichtigen Beispielen: dem „englischen Kolonialismus in der keltischen Welt", der „Ausdehnung des deutschen Siedlungsgebietes nach Osteuropa" [sic], der „Rückeroberung Spaniens" und den „Unternehmungen der Kreuzfahrer und Kolonisten im östlichen Mittelmeerraum". Auch wenn er den Prozess der Vereinheitlichung Europas zunächst an der Expansion der lateinischen Bistumsorganisation darstellt und dann im selben Sinne die Eliminierung der „nationalen" Liturgien, die Internationalisierung des Heiligenhimmels und die Homogenisierung der (christlichen) Namengebung aufweist, liegt der Schwerpunkt seiner Vergleichs- und Beziehungsanalysen doch auf der Welt der Ritter. So arbeitet er eindrucksvoll den Aktionsradius französischer Adelsfamilien heraus. Die Joinville aus der Champagne beispielsweise zogen seit Mitte des 12. Jahrhunderts traditionell auf Kreuzzügen ins Heilige Land, bis hin zu dem berühmten Freund und Biographen Ludwigs des Heiligen, Jean (gest. 1317), und mindestens einer von ihnen ließ vor Akkon sein Leben. Jeans Vater Simon, der das Amt des Seneschalls der Champagne in der Familie erblich gemacht hatte, war auch 1209 gegen die ketzerischen Albigenser nach Südfrankreich gezogen, einer seiner Brüder war Tempelritter geworden, ein anderer wahrscheinlich im Kampf in Apulien gefallen. Ein weiterer Joinville, Geoffrey, machte sich durch Heirat zu einem der bedeutendsten Landbesitzer Irlands zwischen Shannon und Irischer See, bevor er sich am Ende seines Lebens dem Dominikanerorden anschloss. Ohne die Verbindung mit der Champagne aufzugeben, agierten die Joinville also in Syrien, Apulien und im keltischen Westen, und einige von ihnen wurden in der Fremde heimisch. Wie Bartlett zeigt, war aber der Aktionsradius französischer Ritter besonders groß, während deutsche sich eher auf die nähere Nachbarschaft im Osten konzentrierten. Dazu passt der Befund, dass bei der Neugründung europäischer Königreiche der französische Adel eine Schlüsselrolle spielte. Von den fünfzehn Königen, die es 1350 im Bereich der lateinischen Christenheit gab, waren fünf direkte Nachkommen des französischen Königshauses der Kapetinger, und von den zehn anderen stammten sieben in direkter männlicher Linie aus Adelshäusern in Frankreich oder wenigstens in französisch sprechenden Regionen (Lothringen,

Burgund). Nur die Herrscher Schwedens (Folkunger), Dänemarks und Polens (Piasten) repräsentierten nichtfranzösische Dynastien.

Die Ritter, die sich von den zentralen Gebieten Westeuropas ausbreiteten, wurden dazu durch ihre überlegene Militärtechnik instand gesetzt, die sie zugleich nach Osten, Westen und Norden exportierten: Burgenbau, schwere Reiterei und die furchtbare Angriffswaffe der Armbrust. Allerdings blieben je nach älterem Entwicklungsstand regionale Unterschiede bestehen. In Schottland, Wales und Skandinavien etwa bewahrten die Fußsoldaten ihre vergleichsweise große Bedeutung. Das Aufgebot des Königs von England im Jahr 1247 umfasste für das walisische Fürstentum Gwynedd zwar tausend Fußsoldaten, aber nur vierundzwanzig gut gerüstete Reiter. Und in den slawischen beziehungsweise baltischen Staaten wie auch in Irland blieben die Reiterkrieger leichtbewaffnet. Die Iren kannten weder Steigbügel noch richtige Sättel und waren nur mit Lanze und Speer bewaffnet; die slawischen Pommern konnten nach der Beobachtung eines Deutschen nur ein Streitross pro Reiter aufstellen, die auch nur ihre eigenen Waffen führten, es mangelte also an Ersatzpferden und Schildknappen.

Ähnliche regionale Unterschiede bei generell gleichartiger Entwicklungstendenz wie beim Rittertum gab es auch in der Landwirtschaft oder im Grad und in der Eigenart der Verstädterung. Auf dem europäischen Kontinent breitete sich also im hohen Mittelalter ein „uniformeres Kulturmuster" aus, so dass Europa um 1300 bereits „als identifizierbare kulturelle Einheit" existierte. Gleichwohl war „diese Geschichte einer wachsenden kulturellen Homogenisierung gepaart mit krassen kulturellen Brüchen".

3.1.4 Unvollendete Europäisierung aus dem Geist der Gewalt

Die Europäisierung Europas aus dem Geist der Gewalt, die Robert Bartlett konstruierte, lässt sich gewiss mit vielen Befunden belegen, aber sie hatte auch deutliche Grenzen. Wesentlich ist vor allem, dass den Lateinern zweierlei misslang: sich auf Dauer im Heiligen Land festzusetzen und Byzanz auszulöschen. In der Levante trafen die abendländischen Ritter eben auf Gegner – Muslime und Griechen –, die selbst mit gepanzerter Reiterei in den Krieg zogen und sich auf lange Sicht den Invasoren militärisch als überlegen erwiesen. Die Muslime konnten aber nicht bloß die Heiligen Stätten zurückerobern, sondern auch die Mongolen für ihren Glauben gewinnen, die von den römischen Christen zeitweise als Verbündete gegen den Islam betrachtet worden waren. Der Wiederaufstieg des oströmischen Kaisertums sicherte die Orthodoxie und konservierte damit auch die Kirchenspaltung, obschon Byzanz im späten Mittelalter keine bedeutende Macht in Europa mehr war. Zu schwach erwies sich der Ausgriff der Abendländer auch im Nordosten. Der Vorstoß der geistlichen Ordensritter aus dem Baltikum gegen die Rus' wurde 1242 durch Aleksandr „Nevskij" abgefangen, allerdings um den hohen Preis dauernder Abhängigkeit Novgorods von den Mongolen im Osten (s. oben 2.1.7); und das im Kontext dieser Auseinandersetzungen aufstrebende Litauen konnte der westlichen Welt und Kirche (noch) nicht fest eingegliedert werden.

Beachtenswert ist auch, dass sich bereits im 12. Jahrhundert innerhalb der Rus' Expansions- und Konzentrationsprozesse vollzogen hatten, die mit dem Aufbruch der westlichen Christenheit vergleichbar sind, die aber ebenso wie dieser im Osten angehalten wurden. Kievs Bedeutung war schrittweise zurückgegangen, bedingt etwa durch die Privilegierung der Venezianer im byzantinischen Handel und die Vorstöße der Polovzer. Stattdessen nahm das Gewicht der Fürstentümer an der Peripherie des Großfürstentums zu, vor allem desjenigen von Suzdal'-Vladimir im Nordosten (s. oben 2.1.6). Zwar gelang es den hier residierenden Fürsten, den Handel zwischen Novgorod und den Wolgabulgaren unter Kontrolle zu nehmen, aber beim Einfall der Mongolen gehörte dieses Land mit der künftigen Metropole Moskau zu den ersten Opfern (1238).

Auch im Norden Europas lässt sich die Ausbreitung der „fränkischen" Kultur nicht mit dem Verlaufsschema Eroberung – Kolonisierung – kultureller Wandel beschreiben. Von gewaltsamen Unterwerfungen kann hier nicht die Rede sein, und das Rittertum setzte sich, abgesehen von Dänemark, in Skandinavien kaum oder erst im späten Mittelalter durch (s. oben 2.1.5). Gleichwohl hat man hier im 11./12. Jahrhundert einen Anstieg der Bevölkerung und einen zunehmenden Getreideanbau auf Kosten des Waldes konstatiert wie auch im übrigen Europa. In Dänemark drang das deutsche Wort *thorf* bezeichnenderweise seit Beginn des 2. Jahrtausends für größere ländliche Siedlungen ein; man zählt rund 3500 dieser wohl bis 1200 gegründeten Dörfer (z.B. Kålltorp, Kastrup, Kirkerup) und schätzt, dass bis zum 14. Jahrhundert noch einmal so viele wieder abgegangen sind. In Schweden vollzog sich die Siedlungsverdichtung erst im 13. Jahrhundert. Norwegen, das aufgrund seiner naturräumlichen Struktur hierbei nur begrenzte Möglichkeiten hatte, fehlt dementsprechend auch eine breite und wohlhabende Militäraristokratie. Trotzdem erfolgte der Anschluss Islands an die ritterliche Kultur über das skandinavische Mutterland, wenn auch wiederum ohne Gewalt. So waren in Norwegen Streitrösser begehrt, die aus der leistungsfähigen isländischen Pferdezucht hervorgingen; als die Abendländer seit dem Dritten Kreuzzug das ‚griechische Feuer' kennen und fürchten gelernt hatten, exportierte Island auch Schwefel für entsprechende westliche Waffen. Im europäischen Adel waren darüber hinaus isländische Falken hochberühmt; 1169 werden sie zum ersten Mal in englischen Quellen erwähnt, aber der Export dieser Jagdvögel hatte sicher schon viel früher eingesetzt. König Håkon Håkonarson von Norwegen sandte im 13. Jahrhundert eigens Männer nach Island, um Falken zu fangen, die er später König Heinrich III. von England zum Geschenk machte, und auch der Erzbischof von Trondheim kaufte diese Tiere von der Atlantikinsel ein. Isländer nahmen selbst an Kreuzzügen teil und ließen sich in der Spätphase ihres Freistaates zu Vasallen des norwegischen Königs machen (s. oben 2.2). So wurde das Land weithin friedlich und ohne Neubesiedlung dem übrigen abendländischen Europa näher gebracht.

Den signifikantesten Wandel im nördlichen Europa führten nicht Krieg, Gewalt, ritterliche Kultur und Kolonisation herbei, sondern der Fernhandel. Schrittweise wurde seit Mitte des 12. Jahrhunderts der Seehandel der Skandinavier in der Tradition der Waräger abgelöst durch die deutschen Kauffahrer, die namentlich von Lübeck aus operierten und sich bald als Hanse formiert haben. Eine Schlüsselrolle kam dabei zunächst der Insel Gotland in der mittleren Ostsee zu, die – ähnlich wie Island – eine freie Hofverbandsgesellschaft ausgebildet hatte und ihre autonome Thingverfassung sogar bis 1646/48 bewahren konnte. Auf Gotland saßen bäuerliche Seefahrer, die zwar wohl nach allen Richtungen segelten, vor allem aber den Weg in die Rus' nahmen. In Novgorod hatten sie einen Handelshof errichten können, zu der auch eine dem heiligen Olaf geweihte Kirche gehörte. Hierhin brachten sie westliche Erzeugnisse, darunter Tuche aus Ypern, und kauften Pelze, Wachs und orientalische Luxuswaren ein, die aus Byzanz, Kiev oder Smolensk stammten. Die Gotländer zogen aber, wie Runensteine bezeugen, auch selbst weiter dneprabwärts bis zum Schwarzen Meer und ins Donaudelta. Allerdings siedelten sie sich in fremden Ländern nicht an, sondern kehrten stets auf ihre Insel zurück. Auf Gotland überschnitten sich gleichzeitig die älteren und neuen Handelsmächte anderer Herkunft. In der ersten Hälfte des 12. Jahrhunderts führten die Russen aus Novgorod noch Waren in den Westen auf eigenen Schiffen. Man erfährt das durch die Notiz der

Novgoroder Chronik, nach der 1130 vor der Insel Gotland sieben russische Schiffe auf Grund gelaufen seien, die sich auf der Rückfahrt in die Heimat befanden; 1134 und 1156 sind russische Kaufleute im dänischen Schleswig bezeugt. Nach Lübeck segelten sie 1188 schon nicht mehr auf eigenen, sondern auf gepachteten fremden Fahrzeugen. Etwa zur gleichen Zeit kamen die russischen Fernhändler auch ins finnische Åbo. Auf der Insel Gotland gab es für die Gastkaufleute aus dem Osten eine Kirche, die dem heiligen Nikolaus geweiht war, später auch ein Standquartier (1259).

An der Gründung von Lübeck waren verschiedene Kräfte beteiligt, darunter westfälische, sächsische und niederrheinische Zuzügler, die ihren Interessen als Kaufleute vielleicht von Anfang an durch genossenschaftlichen Zusammenschluss Geltung verschafften. Entscheidend war die Förderung des Handels durch den Stadtherrn, Heinrich den Löwen. Schon 1161 vermittelte der sächsische Herzog einen Frieden zwischen Gotländern und Lübeckern, der beide Parteien begünstigte, vor allem aber den Lübeckern den Weg in den Ostseehandel ebnete. Die Lübecker und ihre Handelspartner sollten von jeglicher *hanse*, das heißt Abgabe, freigestellt sein. Um seine Stadtgründung zu fördern, bot Heinrich auch in Dänemark, Schweden, Norwegen und Russland Frieden und freien Handel an. Die Lübecker Kaufleute schlossen sich auf seine Veranlassung zur Vereinigung der Gotlandfahrer zusammen (*universi mercatores Imperii Romani Gotlandiam frequentantes*); „das bedeutete gewissermaßen die Geburtsstunde der Hanse" (Ph. DOLLINGER). Die Insel Gotland war lange Zeit die wichtigste Station der Lübecker Ostseefahrten, wenn auch bald andere Stützpunkte an der südlichen Ostseeküste hinzukamen (Rostock, Wismar, Stralsund, Greifswald). Auf Gotland nahmen zahlreiche deutsche Kaufleute aber auch auf Dauer ihren Wohnsitz. In Visby an der Westküste, wo bereits eine skandinavische Siedlung bestand, wurde zugleich eine deutsche Stadt gegründet, die auch einen eigenen Rat erhielt. Die *Theutonici in Gutlandia manentes* sind seither von denen, die Gotland ‚frequentierten', zu unterscheiden. Die Gotländer selbst führten die Lübecker Kaufleute auf die Routen und zu den Handelsplätzen, von denen diese sie zuletzt verdrängen sollten. In Novgorod gewährten die Gotländer den Deutschen Gastrecht in ihrem Olafshof. Der dortige Fürst Jaroslav schloss 1189 mit beiden Gruppen einen Handelsvertrag, der ihnen Schutz für Personen und Waren garantierte, vorausgesetzt, dass gleiches Recht den russischen Kaufleuten eingeräumt werde. Um die Jahrhundertwende erwarben die Deutschen ein eigenes Quartier in der Stadt, den durch den Fürsten privilegierten St. Peterhof mit einer steinernen Kirche. Wie schon die Gotländer selbst drangen die Lübecker dünaaufwärts bis Polotsk und Vitebsk und von dort weiter bis Smolensk am oberen Dnepr vor. Begünstigt wurden sie dabei durch die Kolonisation des Baltikums; hier gingen gewaltsame Eroberung, Christianisierung, Staatenbildung und Expansion des Handels Hand in Hand. Als Bischof Albert in Livland die Stadt Riga gründete (s. oben 2.1.7), verlieh er dieser bezeichnenderweise das Stadtrecht von Visby; und der zu seiner Hilfe geschaffene Schwertbrüderorden stand nicht nur Adligen, sondern auch Kaufleuten offen. Wiederholt waren es Lübecker Schiffe, die neben Händlern auch Ordensritter ins Baltikum transportierten.

Abgesehen von Livland und der Rus' dehnten die Gotlandfahrer ihre Handelstätigkeit auch nach Skandinavien aus. Der französische Hansehistoriker Philippe DOLLINGER hat geradezu von einem „Drang nach Norden" gesprochen, der mit dem berüchtigten deutschen „Drang nach Osten" vergleichbar gewesen sei. Schon Heinrich der Löwe hatte den Schweden Abgabenfreiheit in Lübeck zugesichert, so dass seit seiner Zeit die Beziehungen der Lübecker Kaufleute mit Schweden besonders eng waren. Zahlreiche auswandernde Deutsche des 13. und 14. Jahrhunderts haben vor allem die schwedische

Stadtentwicklung nachhaltig geprägt; wie in Visby ließen sie sich in eigenen Vierteln mit Markt und Kirche nieder und führten überall ihre heimische Ratsverfassung ein. Zu den von ihnen miterrichteten und -gestalteten Städten gehörte das 1252 gegründete Stockholm. Allerdings verlangte der Regent Birger Jarl dabei von den Lübeckern, dass sie nach dem Recht des Landes leben und Schweden, also schwedische Mitbürger, werden sollten. Damit war die Integration der Fremden in die skandinavischen Mehrheitsgesellschaft in die Wege geleitet.

Auch weiter im Westen expandierten die Lübecker Kaufleute. Den Handel über die norwegische Stadt Bergen, der vorher, abgesehen von Norwegern, mit Engländern und Westdeutschen abgewickelt worden war, gelangte seit Mitte des 13. Jahrhunderts in ihre Hand. König Håkon bat 1248 bezeichnenderweise die Lübecker um eine Getreidelieferung, um eine schwere Hungersnot in seinem Land abzuwenden. Bis etwa 1330 schalteten sie die Skandinavier fast ganz aus dem Englandhandel aus. In England selbst traten die Lübecker zu Beginn des 13. Jahrhunderts in Konkurrenz zu den Kölner Kaufleuten. 1237 verlieh König Heinrich III. schon allen Kaufleuten der Gotländischen Genossenschaft Schutz und Zollfreiheit für alle Waren, die sie in seinem Reich kauften oder verkauften. Im Unterschied zu Skandinavien beziehungsweise dem Baltikum ließen sich die Kauffahrer hier oder in den Niederlanden (Brügge) aber nicht als Kolonisten nieder. Ihre Muttergruppe, die Gotländer selbst, schoben sie freilich nun beiseite. Von 1280 an unterbanden die Lübecker die Handelsfahrten der Inselbewohner in die Nordsee, während sie andererseits Friesen, Flamen und Engländern den Zugang in die Ostsee versperrten.

Die „Europäisierung" Europas wurde im Norden des Kontinents also mehr durch den Handel und auf friedlichem Weg als durch das Schwert der Ritter gefördert. Gewalt, so muss man festhalten, war nicht überall die Mutter Europas. Vor allem aber blieb die Europäisierung im Sinne der Ausbreitung westlicher Kultur und lateinischen Christentums im Osten unvollendet. Bis heute steht der Beweis dafür aus, dass eine umfassende Europäisierung Europas in diesem Sinne und auf diesem Wege überhaupt möglich wäre.

3.2 Leitkulturen und Minderheiten: Deviante in monotheistischen Gesellschaften

Im hohen Mittelalter hingen die meisten Europäer einem Eingottglauben an, den auch ihre jeweiligen politischen Führer bekannten; viele von ihnen konnten aber von Ort zu Ort oder von Zeit zu Zeit auf Angehörige anderer Religionen stoßen. Christentum und Islam, die beiden wichtigsten Bekenntnisse, prägten Leitkulturen, die im Süden und Osten Europas an gut erkennbaren Grenzen ihre Positionen tauschten; die Juden aber lebten auf dem Kontinent weit verstreut und waren überall in der Minderheit. Die drei monotheistischen Religionen verband der Glaube an den Gott Abrahams, von dem die Bibel Zeugnis ablegt, ihre Anhänger standen jedoch in einem prinzipiellen Gegensatz zueinander, der meistens durch die Lebenspraxis gegenseitiger Hilfsbedürftigkeit und Nachbarschaft vor dem Ausbruch offener Feindseligkeiten entschärft wurde. Ihr gemeinsamer Glaube an den einzigen, bestimmten und personal aufgefassten Gott brachte sie zugleich in Opposition zu anderen Religionen; denn Juden, Christen und Muslime kannten kein Pantheon, in dem noch weitere Götter ihren Platz fänden, und schlossen erst recht den bloßen Vorrang ihres Gottes aus, der im Laufe der Zeit auf andere Hochgötter übergehen könnte.

3.2.1 Persistenz des Polytheismus

Auf längere Sicht hatte der Polytheismus in Europa zwar keine Chance auf politische Sanktionierung – widersprach er doch als „Gewaltenteilung im Absoluten" (O. MARQUARD) der allgemeinen Tendenz zur Ausbildung monarchischer Herrschaften. Gleichwohl war er keineswegs beseitigt, nachdem Vladimir von Kiev das orthodoxe Christentum der Vielgötterei seiner ethnisch gemischten Untertanen vorgezogen hatte (s. oben 2.1.6). Insbesondere die Völkerschaften rund um die Ostsee haben, teilweise über das Hochmittelalter hinaus (zu Litauen s. oben 2.1.7), ihre angestammten Gentilreligionen gegen den Überherrschungsanspruch der Christen zäh verteidigt. Die Lebenskraft des heidnischen Kults bei den Svear in Alt-Uppsala bezeugt zum Beispiel im letzten Viertel des 11. Jahrhunderts der Bremer Geschichtsschreiber Adam: ‚Dieses Volk besitzt einen besonders angesehenen Tempel in Uppsala, nicht weit vom Ort Sigtuna und von Birka entfernt. In diesem ganz aus Gold gefertigten Tempel verehrt das Volk die Bilder dreier Götter; als mächtigster hat in der Mitte des Raumes Thor seinen Thronsitz. Den Platz rechts und links von ihm nehmen Wodan und Frikko ein. Man gibt ihnen folgende Deutung: Thor, so heißt es, herrscht in der Luft; er gebietet Donner und Blitzen, Wind und Regen, Sonnenschein und Frucht. Der zweite, Wodan, die Wut, führt Kriege und verleiht dem Menschen Kraft gegen seine Feinde. Frikko, der dritte, schenkt den Menschen Frieden und Lust. Daher versehen sie sein Bild auch mit einem ungeheuren männlichen Gliede. Wodan dagegen stellen sie bewaffnet dar, wie wir den Mars. Thor endlich gleicht durch sein Szepter offensichtlich dem Jupiter. Außerdem verehren sie zu Göttern erhobene Menschen, die sie für große Taten mit der Unsterblichkeit beschenken (…). Allen ihren Göttern haben sie Priester zugeteilt, die des Volkes Opfer darbringen. Wenn Seuchen und Hunger drohen, wird dem Götzen Thor geopfert, steht Krieg bevor, dem Wodan, soll eine Hochzeit gefeiert werden, dem Frikko. Auch wird alle neun Jahre in Uppsala ein gemeinsames Fest aller schwedischen Stämme begangen. Für dieses Fest wird niemand von Leistungen befreit. Könige und Stämme, die Gesamtheit und die Einzelnen, alle bringen ihre Opfergaben nach Uppsala, und es übertrifft jede Strafe an Härte, dass selbst diejenigen, die schon das Christentum angenommen haben, sich von diesem Kult freikaufen müssen (…)' (Übers. W. TRILLMICH). Danach verging noch fast ein weiteres Jahrhundert, ehe ein christlicher Bischofssitz an die Stelle des polytheistischen Heiligtums treten konnte (s. oben 2.1.5).

Zentrale Tempel wie in Uppsala lassen sich, neben Anlagen lokalen Charakters, auch bei den Ostseeslawen nachweisen, durch Schriftzeugnisse und Bodenfunde; vermutlich gingen sie in ihrer Konzeption bereits auf die Auseinandersetzung mit dem christlichen Kult zurück. Adam selbst kannte noch bei den Slawen zwischen Elbe und Oder den führenden Stamm der Redarier, deren Zentrum ein Hort des Teufelsglaubens (*sedes ydolatriae*) sei; das Bild des obersten Gottes Redigast sollte aus Gold gefertigt sein, sein Lager aus Purpur. Ein anderer Chronist spricht von geschnitzten und handgeformten Bildern von Göttern und Göttinnen mit Nameninschriften, er bezeugt auch den höchsten Gott Swarożyc, der von allen Heiden verehrt werde. Opfer und Orakel hatten eingeborene Priester auszuführen. Die Tempelburg Riedegost nahm unter den übrigen heidnischen Heiligtümern noch insofern eine Stellung von Prominenz ein, als sie der Mittelpunkt eines slawischen Stammesbundes war, der dem ostfränkisch-christlichen Ausgriff nach Osten lange erfolgreich widerstanden hatte. Diese Lutizen, die keinen Herrscher über sich anerkannten, bildeten mit ihrer akephalen Struktur auf polytheistischer Grundlage geradezu einen Gegenentwurf zur christlichen Monarchie. Mitte des 11.

Jahrhunderts hatten das Stammesbündnis allerdings innere Auseinandersetzungen geschwächt, sein Haupttempel wurde um 1125 durch Herzog Lothar von Sachsen zerstört.

Als wichtigste Sakralstätte der Elbslawen galt damals bereits Arkona auf der Insel Rügen, das einer fürstlichen Herrschaft zugeordnet war; sie wurde erst 1168 durch den dänischen König Waldemar eliminiert, etwa zur selben Zeit wie Alt-Uppsala (s. oben 2.1.5). Parallel zu den Ranen nahmen auch die letzten Abodriten in Wagrien das Christentum an. Am Heiligtum der Abodriten in Oldenburg war der Landesgott Prove verehrt worden, dem man keine Bildnisse widmete, während im Wohnhaus und in der Natur besonderen Idolen gehuldigt wurde; eigens erwähnt und aus dem Ostseeraum auch materiell erhalten sind mehrköpfige Götterstatuen. Die henotheistische Ordnung dieser Glaubenswelt spricht der zeitgenössische Chronist Helmold von Bosau an: ‚Bei all den vielgestaltigen Gottheiten, mit denen sie Fluren und Wälder, Leiden und Freuden beleben, leugnen sie doch nicht, dass ein Gott im Himmel über die übrigen herrsche; dieser Allmächtige sorge nur für den Himmel, die anderen aber gehorchten ihm im anvertrauten Pflichtenkreise, seien aus seinem Blute hervorgegangen, und jeder von ihnen sei umso vornehmer, desto näher er jenem Gott der Götter stehe.' Ein mythologischer Himmel dieser Art hatte viel Platz für neue Götter, die heidnische Religion musste, im Unterschied zum Monotheismus, mit anderen Glaubensrichtungen nicht in Konflikt geraten. So kam es zu einem bezeichnenden Missverständnis, als Heinrich der Löwe den Obodritenfürsten Niklot zum Christentum überreden wollte. Dieser nämlich soll dem Sachsenherzog geantwortet haben: ‚Der Gott im Himmel möge dein Gott sein, du selbst sei unser Gott, das genügt uns. Verehre du ihn, wir werden dich verehren!' (*Sit Deus, qui in celis est, deus tuus, esto tu deus noster, et sufficit nobis.*) Natürlich war der Löwe über diese Gotteslästerung erschüttert. Ähnliches hat sich aber auch bei den Ranen auf Insel Rügen ereignet. Einst hatten die Christen hier nämlich schon eine Kirche gebaut, die dem heiligen Veit von Corvey geweiht war; bei ihrem Rückfall ins Heidentum hatten die Rugianer jedoch begonnen, Veit selbst als Gott zu verehren, und ihm zu diesem Zweck ein riesiges Standbild errichtet.

Auch die Pommern an der Oder und die Prussen im Osten der Weichsel konnten den Christengott anfangs durchaus dulden oder ihrer gewohnten Religion inkorporieren. In Stettin hatte der Bischof Otto von Bamberg schon 1124 erfolgreich das Christentum verkündet und Papst Calixt II. ‚zum Zeichen seiner Mühe und Bekehrungsleistung, aber auch zum Beweis für die Grausamkeit jener Heidenvölker' das Idol des Hauptgottes Triglaw zugeschickt; dieses bestand, dem Namen gemäß, aus drei – versilberten – Köpfen, die angeblich die Herrschaft über Himmel, Erde und Unterwelt zum Ausdruck bringen sollten. Zugleich habe Otto, wie berichtet wird, drei oder vier Tempel in der Stadt an der Oder vernichtet und dafür die Kirchen des heiligen Peter und Adalbert geschaffen. Als aber nach seinem Abzug 1126 in Stettin die Pest wütete, habe man darin die Rache der verworfenen Götter gesehen und ihnen nach einigem Hin und Her in der Adalbertskirche neben dem christlichen einen heidnischen Altar errichtet. So sei am selben Ort Gott wie den Dämonen das Opfer dargebracht worden; was für die Götzenanbeter ein erträglicher Kompromiss war, erinnerte den Verfasser der ersten Otto-Vita an die Samaritaner, halbheidnische Jahweverehrer aus der Makkabäerzeit: ‚Zurückgekommen ist die Geschichte des Altertums, in der erzählt wird, dass das Volk von Samaria dem Herrn diente, obgleich es ebenso die Götter der Heiden verehrte.' Allerdings setzte Otto von Bamberg sein erfolgreiches Wirken als Missionar in Pommern schon bald darauf fort.

Über fünfzig Jahre brauchte danach noch der Deutsche Orden, um die Prussen zu unterwerfen und dem Christentum mit Gewalt zuzuführen (s. oben 2.1.7). Der Geschichtsschreiber Peter von Dusburg listet Grausamkeiten auf, bis ,nicht einer übrig blieb, der seinen Hals nicht unter das Joch des Glaubens gebeugt hatte, mit der Hilfe des Herrn Jesus Christus, der gelobt ist von Ewigkeit zu Ewigkeit'. Den Widerstand der Prussen gegen die geistlichen Ritter führte er auf den ,Feind des Menschengeschlechts' und ,Widersacher des Friedens' zurück. Peter konstatiert aber doch, dass die Prussen ursprünglich als Heiden friedlich neben den Christen hatten leben wollen, als der erste Missionar, Bischof Christian, bei ihnen gescheitert war: ,Eines jedoch war löblich an ihnen und höchst bemerkenswert, dass sie, wenn sie auch ungläubig waren und verschiedene Götter verehrten, nichtsdestoweniger Frieden mit den benachbarten Christen hielten und sie nicht an der Verehrung des lebendigen Gottes hinderten oder irgendwie belästigten' (Übers. K. SCHOLZ/D. WOYTECKI).

Wo, wie in Preußen im späten 13. Jahrhundert, Ritter beziehungsweise Missionare die Christianisierung gegen das Heidentum durchgesetzt hatten, wirkte der Polytheismus noch lange nach. Vor allem lässt sich dies am Dämonenglauben ablesen, der in christlichen Gesellschaften des Mittelalters allgemein weit verbreitet war, und zwar unter gelehrten Theologen ebenso wie im illiteraten „Volk". Kein Geringerer als Thomas von Aquin hat festgestellt, dass ,alles, was in dieser Welt sichtbar ist, durch Dämonen bewirkt' sein könne. In der religiösen Anschauung der Laien wurden die Dämonen mit den alten heidnischen Göttern identifiziert. Andererseits galten sie als Helfer des Teufels, der zugleich als einer der Ihren betrachtet wurde. In der volkssprachlichen Literatur konnten deshalb die alten Götter auch diabolisiert werden. Nach den nicht sehr zahlreichen Aussagen der Bibel sahen die mittelalterlichen Christen im Teufel zwar ein Geschöpf Gottes, doch erscheint er hier auch als der Böse schlechthin und vor allem als ,Herr der Welt' (Joh 12, 31; Apg 26, 18). Es lag daher nahe, dem Teufel mit seinen dämonischen Helfern Macht über Leben und Tod der Menschen zuzuschreiben und die Frage zu stellen, ob ihm nicht gleiche Ursprünglichkeit wie Gott selbst zukomme. Gegen solchen Dualismus hatte sich die Kirche von Anfang an zu wehren; schon Papst Leo der Große hielt den häretischen Priscillianern 447 entgegen, dass der Teufel keineswegs ein ,aus dem Chaos und der Finsternis' entsprungene Ursubstanz und Prinzip des Bösen, sondern ein anfangs gutes Geschöpf Gottes gewesen sei; und gegen dualistische Häresien der eigenen, hochmittelalterlichen Zeit musste sich 1215 das Vierte Laterankonzil wenden mit der Feststellung, dass der Teufel und die anderen Dämonen ,von Gott ihrer Natur nach erschaffen', aber ,durch sich selbst böse' wurden. Es kann angesichts so klarer kirchenamtlicher Äußerungen keine Rede davon sein, dass „das Christentum des Mittelalters grundsätzlich eine dualistische Religion" gewesen wäre (so aber P. DINZELBACHER). Aber richtig bleibt doch, dass der Teufel lebenspraktisch als gleichwertiger Gegenspieler Gottes betrachtet wurde.

Die furchtsam erlebte Allgegenwart des Bösen, die sich mit den Vorstellungen von Tod, Hölle und verbotener Magie verband, begünstigte nicht nur die Übertragung des Dämonen- und Teufelsglaubens auf die alten Götter sondern ließ sich analog auch gegen religiöse Abweichler oder andere soziale Minderheiten instrumentalisieren. So brachten Christen die Juden mit dem Antichrist in Verbindung, während man den häretischen Katharern, den aufständischen Stedinger Bauern oder auch den männlichen Homosexuellen im hohen Mittelalter die Verehrung des Teufels vorwarf. Kirchliche und weltliche Autoritäten erlangten auf diese Weise eine Rechtfertigung für repressive Maßnahmen. In der Mediävistik hat man geradezu erklärt, dass im westlichen Europa zwischen 950 und 1250 die herrscherlichen Gewalten im Kampf gegen die Devianz eine ‚Gesellschaft der Verfolger' geschaffen hätten (R.I. MOORE: „The Formation of a Persecuting Society"). Auch in Byzanz oder unter muslimischen Fürsten mussten Minderheiten mit Bedrängnissen und Verfolgung rechnen. Nirgendwo wurde aber eine religiöse Einheit im Zeichen des Monotheismus durchgesetzt oder die Gesellschaft sonst wie uniformiert. Neben der Koexistenz der verschiedenen Religionen und den häretischen Gruppen oder gar Kirchen sprengten Schismen den Frieden der Gläubigen auf, und dies nicht nur im Verhältnis der Lateiner und Orthodoxen (s. oben 2.1.1.4, 2.1.2), sondern auch innerhalb des Ostreiches sowie vor allem im Islam. Das Gleiche gilt selbst für das Judentum, obgleich es als notorische Minorität schon von außen, durch Christen und Muslime, ständig bedroht war.

3.2.2 Leben in der Verbannung: Die Juden

Bevor die Juden nach Europa kamen, hatten sie zwar im (Zweiten) Tempel von Jerusalem ihr sakrales Zentrum, doch bildeten sie weder ethnisch oder rassisch noch politisch eine Einheit. In Rom bestand schon vor Christi Geburt eine Ansiedlung, von der sich die Juden in Italien weiter verbreitet haben dürften. Andererseits veranlasste erst die Zerstörung des Tempels durch Titus 70 n.Chr. eine stärkere Auswanderung aus ihren angestammten Siedelgebieten in Palästina, Syrien, Mesopotamien und Ägypten, die sie im Laufe der Zeit nach Kleinasien und Griechenland sowie in die Länder des westlichen Mittelmeers führte. Im oströmisch-byzantinischen Reich siedelten sie sich in vielen und in führenden Städten an, so in Oria und Bari in Unteritalien, in Thessalonike, Theben und Kastoria in Griechenland, natürlich in Konstantinopel selbst sowie in Kleinasien in Amorium, Antalya und Seleukia. An diesen Orten konnten sie sich noch in die spätantiken Stadtgesellschaften integrieren, und auch wenn sie nicht den gleichen Status genossen wie die Christen, erlangten sie durch die spätantiken Kaiser doch noch eine verhältnismäßig günstige Rechtsstellung. Seit Theodosius II. im 5. Jahrhundert war ihre Gemeinschaft anerkannt und der jüdische Kult offiziell unter Schutz gestellt. Gewiss bewahrte sie das Recht später nicht vor Verfolgungen durch den Staat selbst, aber der Status, den die Juden allen Häretikern voraushatten, blieb doch auch wirksam.

Im Westen wurde zunächst das „sephardische" (spanische) Judentum führend (s. oben 2.1.5), aber im 3. Jahrhundert sind ebenfalls in südfranzösischen Städten jüdische Niederlassungen bezeugt, im Rheinland etwa zur selben Zeit wenigstens jüdische Händler nachgewiesen. Die Geschichte des „aschkenasischen" Judentums, die Nordwest- und Mitteleuropa umfasst, setzte aber eigentlich erst im 9./10. Jahrhundert mit jüdischen Gemeindebildungen in Bischofsstädten ein (zwischen 888 und 1084 in Metz, Mainz, Magdeburg, Merseburg, Regensburg, Köln, Worms, Trier, Speyer); bis zu den Kreuzzügen hat man für Deutschland im Ganzen 13 städtische jüdische Siedlungen ermittelt, 16 weitere bis 1200 und bis Mitte des 13. Jahrhunderts noch einmal 62. Die jüdischen Einwanderer scheinen ursprünglich aus Italien beziehungsweise aus Süd- und Mittelfrankreich gekommen zu sein. In England siedelten sich die Juden seit der Eroberung durch Herzog Wilhelm 1066 an, so dass die meisten von ihnen aus der Normandie beziehungsweise Frankreich stammten. Wie dem anglonormannischen Adel und Klerus attestiert die Forschung auch dem englischen Judentum eine dezidierte „Frenchness" (H. G. RICHARDSON), zumal führende Rabbiner in Rouen oder anderswo im normannischen Mutterland ihre Wohnhäuser beibehielten. Andererseits zeigen personengeschichtliche Zeugnisse, dass England in das weitgespannte Beziehungsnetz des Judentums einbezogen war.

Schon der erste näher bekannte Jude überhaupt hatte in Mainz den Talmud studiert, und im 12. Jahrhundert wurden die englischen Gemeinden durch Glaubensbrüder aus Italien, Spanien und selbst von einem *Ysaac de Russia* besucht. Wie auf dem nördlichen Kontinent nahmen die Juden auf der britischen Insel fast ausschließlich in Städten ihren Sitz; bis Anfang des 13. Jahrhunderts sind 17 namentlich bekannt (Bristol, Cambridge, Canterbury, Colchester, Exeter, Gloucester, Hereford, Lincoln, London, Northampton, Norwich, Nottingham, Oxford, Stamford, Winchester, Worcester, York). Hier wie anderswo in Europa boten die Städte den Juden günstige Erwerbsmöglichkeiten, da sie sich abgesehen vom Handwerk als Händler, seit dem 12./13. Jahrhundert besonders als Geldleiher, betätigten; darüber hinaus aber suchten sie die Nähe eines bischöflichen oder königlichen Stadtherrn, der ihre prekäre Existenz am besten zu schützen versprach. Das aschkenasische Judentum, das neben dem Mittelrhein-Mosel-Raum in Nordwestfrankreich seine Ausgangsregion hatte (neben Rouen noch bes. Auxerre, Blois, Châlons-sur-Marne, Le Mans, Orléans, Paris, Reims, Sens, Troyes), zerstreute sich im hohen Mittelalter auch nach dem Osten (Österreich, Böhmen, Mähren, Slowenien, Südtirol), und in späteren Jahrhunderten wichen (aus dem Reich) vertriebene Juden nach Polen und Oberitalien aus. In Nordeuropa, also den skandinavischen Ländern, gab es hingegen so gut wie gar keine jüdischen Siedler.

Kopfstärke und Quote lassen sich beim Mangel an jeder statistischen Quelle nur grob schätzen. Bei seinem Besuch des byzantinischen Reiches im Jahr 1168 hat der jüdische Reisende Benjamin von Tudela genau 8603 Glaubensbrüder gezählt; dabei handelte es sich wohl um die Namen, die er in den örtlichen Synagogen erfahren hatte, und dazu vermutlich nur um die jeweiligen Häupter der Familien. Außerdem erwähnt Benjamin in seinem Reisebericht 25 Gemeinden, während man in Byzanz mindestens 20 weitere kennt. Die neuere Forschung geht deshalb von insgesamt etwa 100 000 Juden im oströmischen Reich aus und taxiert den jüdischen Anteil an der Bevölkerung Konstantinopels selbst auf etwa 2 %; das entspräche ungefähr den Verhältnissen in al-Andalus (s. oben 2.1.6). Erheblich abweichende Quoten hat man für das Westreich errechnet. Vor dem ersten Kreuzzug sollen demnach in Deutschland rund 20 000 bis 25 000 Juden gelebt, in manchen Städten aber bis zu einem Drittel der Einwohnerschaft gestellt haben. Argumentiert wird dabei mit den Angaben über die im Jahr 1096 getöteten Juden. Für Mainz nennen die Quellen 700 oder 900 Opfer, eine von ihnen gibt sogar ganz genau 1014 umgekommene Männer, Frauen und Kinder an. Diese Menge muss man mit einer städtischen Gesamtpopulation von etwa 3000 bis 5000 Menschen in Beziehung setzen. „Zwar hatten die Juden zu keinem Zeitpunkt einen zahlenmäßig bedeutenden Anteil an der Gesamtbevölkerung des Reiches, in einigen hochmittelalterlichen Städten waren sie jedoch sehr stark vertreten" (M. Toch).

Nachdem die muslimischen Eroberungszüge in Palästina einerseits (7. Jh.) und in Spanien andererseits (8. Jh.) die Juden des Mittelmeerraums zu Wanderungen gezwungen hatte, blieben weitgreifende Siedlungsverschiebungen, in Abhängigkeit von politischen, religiösen oder sozialen Umbrüchen der Mehrheitsgesellschaften, das Schicksal der Juden im ganzen Mittelalter. Christen wie Juden selbst mussten sich mit dieser Diaspora-Existenz auch theologisch auseinandersetzen. Zurückgehend auf die Lehre des Kirchenvaters Augustinus galten die Juden der Kirche als schützenswert, weil sie in der Zerstreuung das von ihnen (ihren Vorvätern) verschuldete Leiden Christi bezeugten. Andererseits achteten die Christen die Anhänger der mosaischen Religion als Bewahrer des Alten Gesetzes, die gerade dadurch auf Gottes Neuen Bund mit den Menschen hinwiesen, der durch Christus ermöglicht worden war. Schließlich bot der Römerbrief des Apostels Paulus die Voraussage, dass sich die Juden am Ende der Zeiten bekehren würden – eine Prophezeiung, die eschatologisch gestimmte Menschen wie die Kreuzfahrer durch eigenes Zutun noch zu befördern suchten. Das Verhältnis der Christen zu den Juden war also stets ambivalent, einerseits galten sie als Mitwirkende und Zeugen der Heilsgeschichte, andererseits als Gottesmörder. Die Juden selbst nannten ihre Zerstreuung *Galuth*, also ‚Verbannung'. Auch sie interpretierten ihre prekäre Lage als Strafe Gottes für ihr sündhaftes Verhalten, gleichzeitig aber als Beweis für ihre Erwähltheit und Sendung als Volk Gottes. Der Galuth galt ihnen nur als Übergangsstation auf der Wanderschaft in die wirkliche Heimat, *Erez Jisroel*. Man wollte sich im Exil nicht zu Hause fühlen, sondern lebte in Bezug und Erwartung der eigentlichen Heimat im Osten. Die offenkundige Differenz in der Lebensform zu den gastgebenden Völkern steigerte bei den Juden trotz aller Lasten und Gefährdungen das Selbstwertgefühl, aber auch das Bewusstsein, eine Einheit zu bilden, die auch über räumliche Trennungen hinweg zu gegenseitiger Loyalität verpflichtete.

Der Zusammenhang der Judenheit wurde nach dem Verlust des Tempels nicht durch eine hierarchisch aufgebaute Institution oder eine genossenschaftlich fundierte Körperschaft, sondern allein durch die Berufung auf die gemeinsame religiöse Tradition gesichert. Entscheidend waren dafür bestimmte Lehrhäuser (*Jeschiwah*, pl. *Jeschiwot*), die autoritative Texte hervorbrachten. Wie auch in Jerusalem entstand in den beiden führenden Religionsschulen in Babylon (um 700?) der Talmud, eine Sammlung zuvor mündlich tradierter Gesetze, die die biblischen Vorschriften selbst ergänzten; strittige Fragen bei dessen Auslegung wurden von den europäischen Juden ebenfalls den Lehrhäusern im Zweistromland vorgelegt. Die spanischen Juden, die in enger Verbindung mit den orientalischen Jeschiwot standen, bildeten gleichwohl in Granada eine eigene Talmudschule aus, die ihrerseits hohes Prestige bis über Jerusalem hinaus genoss. Auch in Italien blühten Lehrhäuser auf, so in Lucca, Venosa, Bari, Otranto und Oria. Die berühmteste deutsche Jeschiwah in Mainz stand unter dem Einfluss einer aus Lucca zugewanderten Familie (der Kalonymus; 10. Jh.); zusammen mit den später gegründeten Lehrhäusern in Worms und Speyer öffnete sie sich im letzten Drittel des 11. Jahrhunderts dem Einfluss babylonischer Gelehrter, nachdem zuvor der Jerusalemer Talmud höher geschätzt worden war. Die drei mittelrheinischen Jeschiwot erlangten so hohes Prestige, dass sie nach dem Beschluss einer Rabbinerversammlung in Troyes im 12. Jahrhundert geradezu das Richteramt über die deutschen Judengemeinden ausüben sollten. Tatsächlich fanden zwischen 1196 und etwa 1250 in den drei Gemeinden „Rabbinersynoden" statt, die überörtliche Ordnungen für das jüdische Leben beschlossen. Diese bemerkenswerten Ansätze zu einer reichsweiten Organisation der Judenheit brachen dann aber ab.

Anders als im Westen Europas wurden die Juden in Byzanz durch eine veritable Glaubensspaltung erfasst. Ursache war der Zuzug von Karaiten (Karäern) aus dem muslimischen Herrschaftsgebiet (Ägypten, Palästina) seit der Jahrtausendwende, die das ursprünglich ‚mündliche Gesetz' des Talmud, also die rabbinische Auslegung der alttestamentlichen Vorschriften, zugunsten eines ausschließlichen Bezugs auf die Bibel verwarfen. Nach ersten Spuren vom Jahr 1028 trat Mitte des 11. Jahrhunderts der karaitische Gelehrte Tobiah ben Moses hervor, der zwar in Konstantinopel geboren, aber in Jerusalem unterrichtet worden war. Tobiah übersetzte Werke seiner Glaubensrichtung aus dem Arabischen ins Hebräische, kommentierte das Buch Leviticus in streng antirabbanitischem Sinne und verfasste liturgische Dichtung. Andere Werke karaitischer Provenienz beschäftigten sich unter anderem mit verbotenen Verwandtschaftsehen (Jacob ben Simons Übersetzung des „Sefer ha-'Arayot", ‚Buch über den Inzest', eines Werks des großen Jerusalemer Karaiten Abū 'l-Farāj Furkān. Man hat festgestellt, dass es überhaupt erst die Karaiten waren, die das byzantinische Judentum, abgesehen von Unteritalien, intellektuell inspirierten (A. SHARF). Auch in Fragen der praktischen Religiosität gerieten Rabbaniten und Karaiten aneinander. Um 1060/70 brach in Thessalonike ein heftiger Streit beider Gruppen über den Festkalender aus, nachdem die Karaiten Neujahr am abweichenden Datum gefeiert hatten; die von ihnen angerufene (christliche) Obrigkeit legte den orthodoxen Juden eine empfindliche Geldbuße auf, die sie fortan sogar als jährliche Steuer erhob. Die Konflikte wurden nicht beigelegt. Als Benjamin von Tudela in Konstantinopel seine Beobachtungen machte, notierte er die Anzahl von 2000 Rabbaniten und 500 Karaiten, die jedoch in ihrem gemeinsamen Wohnviertel durch einen Zaun voneinander getrennt seien. Von Konstantinopel, Thrakien und Bithynien aus verbreiteten sich die Karaiten auf die Krim und von da vielleicht auch, zusammen mit orthodoxen Juden aus dem Reich, nach Polen, Litauen und in die Rus'.

Die Juden im Byzantinischen Reich hatten mit jenen in Südfrankreich und Italien gemein, dass sie auf dem Lande leben und im Agrarsektor tätig sein konnten; dasselbe gilt wenigstens im Zuge der Repoblación auch für Spanien. Ansonsten war jedoch die Stadt ihr typisches Umfeld. Neben den Fernhandel, auf den sich schon die Vorfahren in der Karolingerzeit verlegt hatten, trat seit dem 11. Jahrhundert zunehmend der lokale Handel. Überhaupt passten sich die Juden den Möglichkeiten des Erwerbslebens flexibel an. Im rechristianisierten Spanien waren sie zum Beispiel außer als Siedler, Händler und Gewerbetreibende auch als Ärzte, Dolmetscher, Wirtschafts- und Finanzexperten und sogar als Militärs tätig. Im Ostreich hingegen konnten sie sich auf die Seidenindustrie und Färberei spezialisieren (zu Trani in Unteritalien s. oben 2.1.7). Der von der Mehrheitsgesellschaft abweichende Lebensstil (differente Speisevorschriften, Festkalender usw.) brachte es mit sich, dass die Juden überall (wenn auch nicht ausschließlich) in eigenen Vierteln zusammenlebten, wo sie auch ihren Berufen nachgingen. Das bedeutete jedoch noch keine Ghettoisierung, da sie weder ihren Aktionsradius auf die eigenen Quartiere beschränkten noch den Christen oder Muslimen den Zugang abschnitten. In Spanien gab es in Córdoba, Toledo und Saragossa eigene Judenviertel schon im 10. Jahrhundert unter arabischer Herrschaft; in Konstantinopel befand sich die jüdische Ansiedlung zunächst in der Chalkoprateia zwischen den Wohnungen der Bronze- und Kupferarbeiter, seit Konstantin VII. in den Vorstädten von Pera und Galata nördlich des Goldenen Horns. In Köln wies Erzbischof Anno (1056–1075) ein Judenviertel aus, das sich entlang der Römermauer zum Rhein erstreckte, und in London bestand eine Jewry in der Coleman Street, ohne dass dies eine Segregation von den Christen bedeutet hätte. So standen in der Stadt an der Themse Synagogen neben Kirchen, und jüdische Wohnungen grenzten direkt ans Rathaus. Allerdings begünstigte eine räumliche Trennung auch die soziale Ausgrenzung und Diskriminierung. Deshalb muss man beachten, dass die Leprakranken in Konstantinopel ebenfalls in Galata angesiedelt und so von den Gesunden isoliert wurden. Und zum Schutz der Orthodoxie bestand um 1220 der Erzbischof von Ochrid im gefährdeten Bulgarien gerade auf der räumlichen Absonderung der Devianten. Auf Anfrage erklärte Chomatianos Demetrios, dass ‚Juden, Armenier, Ismaeliten und Agarenen' zwar überall im orthodoxen Reich das Recht zu leben hätten, dass sie sich jedoch in den ihnen zugewiesenen Quartieren aufhalten müssten und außerhalb keine Häuser errichten dürften. Mit dieser Regel sollten die Häresien eingedämmt und die Chance zur Bekehrung der Irrenden eröffnet werden (zu analogen Konflikten über die

Einschränkung der okzidentalen Händler in Byzanz s. oben 3.1.2). Befestigungen rund um ihre Wohnsiedlung konnten natürlich auch im Interesse der Minorität selbst liegen. Eine solche Mauer umgab das jüdische Wohnviertel von Speyer zum Beispiel schon 1084 und ist auch von Tudela am Ebro bekannt, der bedeutendsten jüdischen Siedlung von Kastilien; König Alfons VIII. versprach 1170 den Juden sogar, die Befestigungsanlage zu unterhalten, wenn die Bewohner zur Selbstverteidigung bereit wären.

Für den Osten wie den Westen Europas ist die Ausbildung jüdischer Gemeinden charakteristisch, die von Rabbinen (Lehrmeistern der Heiligen Schrift und des Talmud sowie Prediger) und womöglich weiteren Vorstehern geleitet wurden. Diese konnten von der muslimischen oder christlichen Obrigkeit eingesetzt werden (zu al-Andalus s. oben 2.1.6). Über Seleukia notierte beispielsweise Benjamin von Tudela: ‚Seleukia (...) ist eine sehr große Stadt mit über 500 Juden. R(abbi) Samuel ist durch Befehl des Königs (!) über sie bestellt. Ihm zur Seite stehen seine Söhne, die Gelehrte sind, sein Schwiegersohn R. Shabbetai, R. Elijah und R. Michael. Die Juden erleiden dort Unterdrückung; sie arbeiten in der Seidenindustrie.' Andererseits heißt es über Theben, es sei ‚eine große Stadt mit über 2000 Juden. Sie sind die besten in ganz Griechenland bei der Herstellung von Seidengewändern und Purpurkleidern. Unter ihnen befinden sich große Gelehrte im Mischna und Talmud und solche, die sich in ihrer Generation anders hervortun. Ihre Führer sind der Chefrabbiner R. Kuti, sein Bruder, R. Moses, ferner R. Hiyyā, R. Elijah Tirutot und R. Yoktan. Es gibt in ganz Griechenland keine, die ihnen gleichkämen, mit Ausnahme der Stadt Konstantinopel.' In der Forschung ist umstritten, ob die Gemeindestruktur der jüdischen Ansiedlungen bereits auf die Zeit vor der ‚Verbannung' zurückgeht, oder ob sie sich erst in Europa ausgebildet hat; für die Antwort der „Jerusalemer Schule" spricht die im wesentlichen gleichförmige Ausprägung der Gemeinden in Byzanz und dem Westen. Gleichwohl dürfte die Kommunebewegung im Abendland zur Entwicklung auch der jüdischen Gemeinden nachhaltig beigetragen haben.

Die Autonomie der Gemeinden kommt darin zum Ausdruck, dass die politische Obrigkeit ihnen die selbständige Wahl von Vorbetern und Vorständen konzedierte und sie mit der Umlage und Abführung der Steuern, der Wahrung der inneren Ordnung sowie der internen Konfliktregelung durch eigene (Zivil-)Gerichtsbarkeit betraute. Andererseits haben die Juden, die Anteil an der altorientalischen Kultur der Wohltätigkeit hatten, selbst stets eine starkes Gefühl der Mitverantwortung für Brüder und Schwestern in Not entwickelt. Die Armenfürsorge, den Loskauf von Gefangenen und die solidarische Hilfe für Gemeinden, die von Verfolgung betroffen waren, durch Diplomatie und finanzielle Mittel haben sie sich angelegen sein lassen. Ihre zentrale religiöse und soziale Einrichtung war die Synagoge für das öffentliche Gebet; dazu kamen ein eigener Friedhof und das rituelle Bad, womöglich noch Brunnen und Backofen, ein Ort für das koschere Schlachten, das Armenspital und ein Gemeindehaus für Versammlungen und Feiern (‚Tanzhaus').

Die Sonderkultur der Juden manifestierte sich nicht zuletzt im Gebrauch des Hebräischen; dies war die Sprache ihrer heiligen Bücher und der Liturgie, teilweise aber auch des Geschäftsschriftgutes. In Byzanz scheint es noch vor dem Griechischen sogar die Alltagssprache der jüdischen Gemeinden gewesen zu sein, während in Spanien Altkastilisch und in Deutschland Deutsch, in Randregionen auch Französisch oder Tschechisch, gesprochen wurde. Trotzdem nahmen die Juden deutsche Literatur nur oberflächlich zur Kenntnis, wie ihre Bibelkommentare und Streitschriften zeigen. Anders war es in den islamischen Ländern, vor allem in al-Andalus im 11. Jahrhundert. Die Juden schrieben hier Dichtung, Rechtsbücher und sogar Gebete im Arabischen und übersetzten ihre Heiligen Schriften in diese Sprache; vom hervorragenden Anteil der Juden an der Übertragung philosophischer und wissenschaftlicher Werke in Spanien ist schon die Rede gewesen (s. oben 2.1.6). Abgesehen von regionalen Besonderheiten zwang ihre Tätigkeit im Fernhandel die Juden zur Mehrsprachigkeit.

Ihr ungewöhnliches Sprachvermögen war für das Überleben in der Diaspora notwendig, begünstigte aber auch die Rezeption der Mehrheitskultur. So ist unbestreitbar, dass die Kultur der deutschen Juden von Anleihen beim Alltagsleben der Christen durchdrungen war, und umgekehrt dürfte Ähnliches gegolten haben, obschon wir darüber noch nicht genug wissen. Immerhin hat man entdeckt, dass sich beide religiöse Gemeinschaften weithin der gleichen Symbolsprache bedienten. Andererseits hat die neueste Forschung gezeigt, dass zum Hintergrund des Kreuzzugspogroms von 1096 eine zunehmende jüdische Feindschaft gegenüber den Christen gehörte: „In the course of the 11th century hatred towards Christianity and its values grew stronger in the German communities both on the theological and the emotional plane. They were conceived as the deadly enemy of God and an obstacle to the revelation of His kingdom on earth. There are scores – perhaps hundreds – of testimonies to this fact" (A. GROSSMAN). Anders als dem Islam konnten die Juden den Christen zum Beispiel die Bilderverehrung zum Vorwurf machen. Wie das Verhältnis zwischen Juden und Christen im Ganzen zu charakterisieren wäre, ist seit langem kontrovers. Sicher trifft es zu, dass Judentum und Christentum grundsätzlich „Konfrontationskulturen" waren (A. FUNKENSTEIN), weil ihr jeweiliger Glaubensanspruch keine Kompromisse duldete, und dass beide Gruppen im Prinzip auch ‚unvermeidlich' zur sozialen Abtrennung tendierten (J. KATZ). Aber Tatsache ist auch, dass die Repressionen von Christen und auch Muslimen (zu al-Andalus s. oben 2.1.6) gegen Juden erst im hohen Mittelalter der Frequenz und dem Maß der Gewaltanwendung nach dramatisch zugenommen haben. Byzanz kam an dieser Entwicklung freilich kaum ein Anteil zu. Jedenfalls warf der Nestorianer Elīsha bar Sinhāya aus Persien im frühen 11. Jahrhundert den orthodoxen Christen eine weitgehende Toleranz der Juden vor: ‚Die Romaioi dulden in ihrem Staat eine große Anzahl von Juden. Sie gewähren ihnen Schutz und erlauben ihnen, ihrer Religion offen nachzugehen und Synagogen zu errichten. Die Juden in ihren Städten dürfen sagen: Ich bin ein Jude. Er kann seine Religion praktizieren und seine Gebete sprechen. Niemand greift ihn deshalb an, hindert ihn an seinem Tun oder stellt ihm Hindernisse auf den Weg. Gerade wie in Ägypten Frauen, Kinder und andere ungeeignete Menschen das Heiligtum des Priesters betreten dürfen, so sind Juden selbst zu den Kirchen der Romaioi zugelassen, in Ägypten dürfen sie sich sogar dem Altar nähern.'

Die Formen der Gewaltanwendung gegen Juden waren überall gleich: Zwangstaufe beziehungsweise Zwangsbekehrung (durch Muslime), Enteignung und Vertreibung, rituelle Steinigung und körperliche Züchtigung (‘Judenschlag') bis hin zur Ermordung. Und überall kam es ebenfalls zu Übergriffen in lokalen oder regionalen Konflikten mit Duldung der Obrigkeit oder aber zu staatlich veranlassten beziehungsweise sanktionierten Maßnahmen. In Byzanz hatten sich Judenmassaker, -pogrome und -vertreibungen bereits seit dem 6. Jahrhundert ereignet, zuletzt allerdings in der Mitte des 10. Jahrhunderts. Die Kaiser selbst hatten dabei die Gesetze beiseite geschoben und Zwangstaufen angeordnet. Trotz solcher Exzesse wie 630 in Jerusalem, als die ganze Gemeinde vertrieben und viele ihrer Angehörigen unter den Augen der Reichsgewalt getötet wurden, setzte sich die aus der Spätantike herrührende Duldung der Juden durch den Staat immer wieder durch. Die Gründe für die sporadischen kaiserlichen Maßnahmen gegen die Juden ähnelten jenen, die später auch im Abendland eine Rolle spielten: Religiöse

Devianz gefährdete die Kohärenz der Gesellschaft und vor allem den Erfolg von Reformen, die auf staatliche Machtkonzentration angelegt waren.

In Spanien hatten die Westgoten die Juden zwar ursprünglich mit den unterworfenen Römern gleichgestellt, ihre Haltung aber nach der Konversion zum Katholizismus geändert (589). Immerhin stammt aus ihrer Zeit das kirchenrechtliche Verbot der Zwangstaufen. Das Vierte Konzil von Toledo hatte 633 beschlossen, ‚dass hinfort niemandem Zwang angetan werden darf, um ihn für den christlichen Glauben zu gewinnen'. Vielmehr müsse die freie Möglichkeit der Entscheidung bei der Bekehrung gegeben sein. Allerdings verbot die Kirchenversammlung gleichzeitig die Annullierung der Taufe auch im Fall der Zwangsbekehrung: ‚Diejenigen, die schon vor langer Zeit gezwungen worden sind, zum Christentum überzutreten, müssen auch gezwungen werden, am Glauben festzuhalten, selbst wenn sie ihn mit Gewalt oder Nötigung angenommen haben. Andernfalls würde der Name des Herrn gelästert und der Glaube, den sie angenommen haben, für wohlfeil und verächtlich gehalten werden.' Diese Doppelregelung wurde in der westlichen Kirche ständig bekräftigt, bis hin zu den Differenzierungen der Kanonisten im frühen 13. Jahrhundert. Die theologisch überzeugende Begründung für die Wirksamkeit des Sakraments bot freilich einem Missbrauch in Konfliktsituationen mit den Juden einen weiten Spielraum. Ebenso unmissverständlich wie die Regelung der Zwangstaufe war kirchenrechtlich der Grundsatz *Iudaei occidendi non sunt*; dagegen war Vertreibung zulässig. So trat Bernhard von Clairvaux der Judenhatz im Vorfeld des Zweiten Kreuzzuges 1146 entgegen mit ‚Boten und Briefe(n), in denen er durch das Zeugnis der Heiligen Schrift eindeutig nachwies, dass die Juden wegen ihrer schweren Sünden nicht getötet, sondern zerstreut werden sollten. Er führte dafür unter anderem das Zeugnis des Psalmisten an, der im 57. Psalm sagt: Gott hat mir offenbart über meine Feinde: Tötet sie nicht! und: Zerstreue sie mit deiner Macht.' Die Juden gäben, wie Bernhard unter Bezug auf die christlichen Judentheologie hervorhob, ‚ein lebendiges Zeugnis und führen uns die Passion des Herrn immerwährend vor Augen' (Otto von Freising, „Gesta Frederici" I, 40/44).

Auch die weltliche Gewalt fühlte sich von jeher zum Judenschutz verpflichtet. Zwar gehen die Verbote der Eheschlüsse von Juden und Christen und der Übernahme öffentlicher Ämter durch Juden bereits ins 6./7. Jahrhundert zurück, aber die Karolinger hatten doch der repressiven Gesetzgebung von Westgoten und Merowingern Schutzprivilegien angefügt, die besonders die Kaufleute fördern sollten. Juden sollten demnach Freizügigkeit und Handelsfreiheit genießen, keine Zölle leisten, ihrer Rechte und ihres Besitzes gewiss und vor Angriffen geschützt sein sowie ihre Religion und eine eigene Gerichtsbarkeit frei ausüben dürfen. Heidnische Leibeigene durften ihnen durch Taufe nicht entzogen werden, während christliches Gesinde in jüdischen Haushalten in seinem Glauben unbehelligt bleiben musste. Umstritten ist freilich, ob die Privilegien der Karolinger nur für bestimmte Juden gelten oder auf die Judenheit im Ganzen bezogen werden durften. Im deutschen Reich haben der Bischof von Speyer (1084) und König Heinrich IV. (1090) den Bischofsstädten am Mittelrhein besondere Rechte verliehen, bevor der Reichslandfriede von 1103 wohl erstmals alle Juden zusammen mit anderen schutzbedürftigen Personen unter einen erhöhten Frieden stellte.

In einer ganzen Reihe von Bullen mit den Anfangsworten *Sicut Iudaeis* haben die Päpste seit etwa 1120 den Juden die Freiheit ihres Kultes bestätigt und den Schutz vor Zwangstaufen bekräftigt. Vor Ort fungierten Bischöfe mit ihrer kirchlichen Autorität und als Stadtobrigkeit als Schutzherren der Juden, und hier wie im Ganzen ihrer Reiche suchten Könige und Kaiser diese Aufgabe ebenso zu erfüllen. Der Salier Heinrich IV. hat die Juden auch erstmals der kaiserlichen Kammer, das heißt dem Fiskus, als zugehörig bezeichnet. Damit kam zwar ein enges Nah- und Schutzverhältnis zum Ausdruck, aber auch eine besondere Verpflichtung der Betroffenen, zur Finanzausstattung des Reiches beizutragen. Ähnlich ambivalent wirkte die Lehre von der Knechtschaft der Juden gegenüber den Christen. Bereits nach dem Kirchenvater Tertullian (um 200 n. Chr.) war aus der Geschichte von den Zwillingsbrüdern Esau und Jakob abzuleiten, dass das ältere auserwählte Volk dem jüngeren zu dienen hatte. In dieser Rolle waren die Juden ebenso geschätzt wie geschützt, aber immer dann, wenn sich die Christen von den Juden bedroht oder gar dominiert fühlten, erleichterte der Rückgriff auf die Deutung der biblischen Erzählung, den vermeintlich gottgewollten Zustand wiederherzustellen. Zur „Kammerknechtschaft" wurden beide Traditionen durch Friedrich II. zusammengezogen; die Juden von ganz Deutschland waren in den Augen des Kaisers ‚Knechte unserer Kammer' und wurden deshalb geradezu der königlichen Finanzverwaltung unterstellt.

Auch wenn es im abendländischen Frühmittelalter, ebenso wie in Byzanz, trotz eindeutiger Verbote schon Zwangstaufen und andere Unterdrückungsmaßnahmen gegen die Juden gegeben hatte, wurde erst das Hochmittelalter im Westen zu einem Zeitalter der Verfolgungen. Die Diskussion über die Ursachen dieser Bewegung hält in der Geschichtswissenschaft noch an. Dabei wird dem Neid der christlichen Mehrheit auf den relativen Wohlstand der Juden heute kaum noch ein entscheidendes Gewicht beigemessen, sondern eher auf die gesteigerte Religiosität – und religiöse Unduldsamkeit – der Christen als Ergebnis der Reformbewegungen (s. oben 2.1.2) hingewiesen. Man muss aber beachten, dass die Behandlung der Juden als Minderheit nicht losgelöst von den christlichen Auseinandersetzungen mit anderen Devianten betrachtet werden darf (s. unten 3.2.3) und dass sich zur gleichen Zeit auch die vorteilhafte Lage der Juden in al-Andalus ins Gegenteil verkehrte; auch hier hat religiöser Eifer, ja Fanatismus, eine entscheidende Rolle gespielt (s. oben 2.1.6). Den – noch glimpflich abgegangenen – Auftakt der neuen Gewalt gegen Juden markiert der Feldzug gegen Barbastro 1064, als französische Fürsten und Ritter König Ferdinand ‚dem Großen' gegen seine muslimischen Gegner zu Hilfe kamen (s. oben 2.1.5); nur mit Mühe konnten diese Vorkreuzfahrer daran gehindert werden, auch die Juden anzugreifen und zu erschlagen. Papst Alexander II. nahm den Vorfall zum Anlass, um noch einmal den kirchlichen Standpunkt zur Gewalt gegen Juden zu betonen. In Briefen an die Fürsprecher der Juden betonte er, dass alle kirchlichen und weltlichen Gesetze Blutvergießen verbieten und Gott die Juden aus Mitleid gerettet und zum Heil vorherbestimmt habe. ‚Verschieden ist freilich die Situation der Juden und der Sarazenen', fügte der Papst hinzu; ‚gegen diese, welche die Christen verfolgen und aus ihren Städten und den eigenen Wohnungen vertreiben, wird zurecht gekämpft, jene aber sind überall bereit zu dienen' (zit. nach F. Lotter).

Der – eingedämmte – Konflikt von 1064 stand in keinem Zusammenhang mit dem Judenpogrom von Granada zwei Jahre später (s. oben 2.1.6). Hier ging es darum, dass die beiden Vorsteher der Judengemeinde, Vater und Sohn, nacheinander die Stelle des Wezirs bei der Berberdynastie der Sinhāya bekleideten; diese Stellung an der Spitze der Verwaltung widersprach den Bestimmungen des Koran, nach denen Juden und Christen keine Herrschergewalt über Muslime ausüben durften. Vielleicht hatte ein Gedicht des *faqīh* Abū Ishāq Ibrāhīm ben Masʿūd das Massaker ausgelöst; es war in den Taifenreichen durchaus nicht ungewöhnlich, politische Auseinandersetzungen literarisch auszutragen. Abū Ishāqs Ode richtete sich nicht nur dagegen, dass die Juden angeblich die Regierungsgewalt im Allgemeinen, sondern dass sie besonders auch die Steuererhebung in ihre Hände bekommen hätten und sich an den Muslimen bereicherten. Sie missbräuchten ihre Stellung dazu, so die Vorwürfe weiter, die muslimische Religionsausübung zu stören. In anderen Ländern, so klagte der Dichter, würden sie behandelt, wie sie es verdienten; die Sinhāya seien doch ein edler Stamm und sollten schamrot über die Lage in Granada werden und Schritte tun, um sie zu ändern. Ob das Gedicht wirklich den Funken schlug, der den Hass gegen die Juden auflodern ließ und zum Massenmord an ihnen führte, ist umstritten. Immerhin kann man an dem Text die Spannungen ablesen, die der Aufstieg einer wirtschaftlich erfolgreichen Minderheit im politischen System des Stadtstaates ausgelöst hatte. Der wütende Mob wandte sich jedenfalls nicht nur gegen den jüdischen Minister, sondern gegen alle Mitglieder der jüdischen Gemeinde, von denen tatsächlich tausende umgekommen sein sollen. Allerdings waren solche Exzesse keine absolute Ausnahme; beim Fall der ʿAmiridendynastie von Córdoba (1009) hatte es ähnliche Ausschreitungen gegeben, die sich freilich gegen Berber und Andalusianer gerichtet hatten. Die muslimische Erhebung gegen die einflussreichen Juden von Granada führte nicht zur völligen Ausrottung der Minderheit, doch spielten die Juden danach unter Herrschaft des Islam in der Stadt keine entscheidende Rolle mehr.

Auch in Unteritalien nahmen die Spannungen zu. In Bari brannte 1051 das jüdische Viertel. Und Alexander II. musste 1065 den langobardischen Fürsten Landulf VIII. von Benevent zurechtweisen, der – um den neuen normannischen Herren zu gefallen – Zwangstaufen an Juden hatte durchführen lassen; nach dem Vierten Toletanum verlange, so der Papst, die Lehre Christi die Freiheit der Entscheidung. Spektakulär war umgekehrt die Konversion des Erzbischofs Andreas von Bari zum Judentum um 1066, wenige Jahre also vor dem Fall der Stadt an die Normannen (1071). Andreas galt als ebenso kluger wie frommer und demütiger Mann, der sich geradezu das Prädikat des ‚Engelsgleichen' verdiente; er sah sich aber in der multikulturellen Konfliktlage seiner Zeit zum kritischen Studium der Schriften veranlasst. Nach einem zeitgenössischen Bericht ‚verließ er das Land, gab sein Priesteramt und seine Würden auf und ging nach Konstantinopel, um dort sein Fleisch beschneiden zu lassen. Deswegen wurde ihm Leid und Böses zugefügt, so dass er die Unbeschnittenen floh, die ihm nach dem Leben trachteten (…)'. Obwohl Andreas die Abwendung vom Christentum erst in der Hauptstadt des Ostreiches gewagt hatte, war er hier als Apostat von der Todesstrafe bedroht; er verbrachte den Rest seiner Tage in Ägypten, wo er offenbar sicherer war. Andreas war aber nicht der einzige Konvertit zum Judentum in seiner Zeit; bekannt ist unter anderen noch der Normanne Johannes, der sich als Jude ʿObadiā nannte.

In Deutschland beendeten die Pogrome vom April bis Juli 1096 die Blüte der Judengemeinden; abgesehen von dem etwas dubiosen „Vorlauf" im nordfranzösischen Rouen spielten sich die Judenverfolgungen in einem engen Raum zwischen Köln und Prag/Višegrad im Norden sowie Metz und Regensburg im Süden ab, der Schwerpunkt lag auf den führenden Städten Speyer, Worms und Mainz sowie in Köln und Trier. Die Pogrome waren eindeutig weder von staatlichen noch von kirchlichen Autoritäten gelenkt, die sich im Gegenteil dem mordlustigen Pöbel entgegenzustellen versuchten, wenn auch – abgesehen vom Speyerer Bischof und von dem böhmischen Herzog in Sla/Višegrad – ohne nennenswerten Erfolg. Der Anlass war der Aufruf Urbans II. zum Kreuzzug gewesen, den asketische Wanderprediger aufgegriffen hatten; um die Prediger der Armut hatten sich bald tausende von Bedürftigen der ländlichen und städtischen Bevölkerung in Nordfrankreich, Lothringen und in den Rheinlanden versammelt, die für einen Zug nach Jerusalem den Nachlass der zeitlichen Sündenstrafen und das Paradies erwarteten. Auf ihrem Weg ins Heilige Land zogen die Haufen von 10 000 bis 15 000 Menschen zunächst vor die Tore einheimischer Städte, die nur einen Bruchteil dessen an Einwohnerschaft aufzubieten hatten; sie waren an sich unbewaffnet und bildeten die unkoordinierte Vorhut des eigentlichen Kreuzfahrerheeres. Beim Zusammentreffen mit den jüdischen Gemeinden verschob sich aber das Kreuzzugsmotiv der Rache an den Muslimen auf die Juden. Nach einem hebräischen Bericht aus Mainz sagten die Armenkreuzfahrer zueinander: ‚Wir gehen in ein fernes Land, um Krieg gegen mächtige Könige zu führen und gefährden unser Leben, um Königreiche zu erobern, die nicht an den Gekreuzigten glauben, während es doch in Wirklichkeit die Juden waren, die ihn ermordeten und kreuzigten' (Übers. S. Eidelberg/R. Hiestand). Ihr Hauptmotiv war aber weniger die Rache an den Christusmördern, als deren Bekehrung oder Vernichtung einschließlich von Kindern und Säuglingen. Die Devise lautete: „Tod oder Taufe". Das Itinerar der Kreuzfahrer von Speyer über Worms, Mainz, Trier, Metz und Köln nach Neuß und Xanten zeigt, dass sie zunächst keineswegs den direkten Weg nach Jerusalem einschlugen, sondern, fortgerissen von Bekehrungseifer und Blutrausch, sich von Gemeinde zu Gemeinde weitertreiben ließen. Der Ablauf des Massakers in Mainz war exemplarisch für die anderen Pogrome: Zwar hatten die dortigen Juden bereits aus Frankreich Warnungen vor den anrückenden Scharen erhalten und sich von Heinrich IV., der in Italien festsaß, eiligst einen Schutzbrief besorgt; doch erwies sich diese Vorbeugung im Vertrauen auf das hergebrachte Recht als fatale Fehleinschätzung. Immerhin brachten die Mainzer Juden sich selbst und ihre Habe zunächst beim Erzbischof in Sicherheit, als die Kreuzfahrer in Speyer und Worms wüteten und die Stimmung auch in ihrer Stadt selbst umkippte. Abgesehen vom Beistand beim bischöflichen Stadtherren baten die Juden auch die Christen der kaufmännischen Oberschicht um Hilfe. Unter Führung des Grafen Emicho von Flonheim rückten indessen 12 000 Menschen vor die Stadtmauern; um einen Abzug zu erwirken, boten die Juden Geld an und wiesen Empfehlungsschreiben vor, doch umsonst. Nach zwei Tagen wurde die Stadt gegen den Willen des Erzbischofs geöffnet; mit seinem kleinen Gefolge sah dieser sich außerstande, die Bedrängten zu schützen, die sich aber selbst mit Waffengewalt in der Bischofspfalz zu verteidigen suchten. Doch die kämpfenden Juden wurden überwunden und getötet, die übrigen töteten einander, die Frauen brachten ihre Kinder, die Männer die Frauen, schließlich die Männer sich gegenseitig um. Weitere Juden inner- und außerhalb der Stadt wurden aufgespürt und getauft oder ermordet. Ein zwangschristianisierter Jude entsühnte sich, indem er seine Kinder in der Synagoge mit dem Messer tötete und sich dann zusammen mit dem Gotteshaus selbst in Brand setzte. Als Emicho und seine Horden plündernd weiter zogen, ließen sie in Mainz um eintausend Opfer zurück.

Unter dem Eindruck der traumatischen Erlebnisse begannen die Juden, in ihren Memor-Büchern Märtyrer-Nekrologien anzulegen, um die Namen der Getöteten festzuhalten. Zugleich entstand ein hochbedeutsames Motiv jüdischer Tradition, die Vorstellung des *qîddûsh hash-shem*. Damit war die Selbstaufopferung der Juden ‚zur Heiligung Seines [Gottes] Namens' gemeint, durch die die ‚Entehrung Seines Namens' durch die Taufe vermieden werden sollte. Das *qîddûsh hash-shem* ging auf den biblischen Bericht von Abraham zurück, der bereit war, Gottes Befehl zur Tötung Isaaks zu folgen, und war schon seit der Makkabäerzeit in der rabbanitischen Lehre verankert; doch wurde es erst jetzt zum Kern des jüdischen Leidensbewusstseins, das neue soziale Bindungen schuf oder alte verstärkte und sich am Vorbild der eigenen Märtyrer ausrichten konnte.

Der „Armenkreuzzug" erreichte sein Ziel Jerusalem indessen nie; dafür erschlugen die erfolgreichen Kreuzfahrer von 1099 hier erneut ungezählte Juden. Auf die Heilige Stadt hatten sich ja eschatologische Erwartungen gerichtet, da das irdische für das himmlische Jerusalem stand und seine Befreiung die letzten Tage herbeiführen mochte; auch konnte mancher Christ glauben, zur Zwangstaufe berechtigt zu sein, da für das Ende der Welt die Bekehrung des Volkes Israel angekündigt war. Die Juden selbst teilten mit den Christen die Endzeitstimmung; in Byzanz scheinen Kreuzfahrer, aber auch flüchtige Glaubensbrüder aus dem Rheinland unter ihnen die messianische Erwartung angefacht zu haben. Im Herbst 1096 richtete jedenfalls eine Gemeinde im Reich einen Brief an die Juden in Ägypten und Palästina mit einer eindringlichen Schilderung der Lage in Thessalonike. Hier, wo die Christen die Juden immer am meisten gehasst hätten, hätten sich Vorzeichen und große Wunder ereignet; Berichte darüber hätten die Juden vor den Nachstellungen des ‚Königs' bewahrt. ‚Jetzt aber', so fahren die Berichterstatter fort, ‚leben sie in großer Sicherheit, frei von Steuerbedrückung und anderen Abgaben. Sie sitzen da, mit dem Gebetsschal bekleidet, und arbeiten nichts. Wir wissen nicht, worauf sie warten, und sind in ständiger Furcht, dass dies den Ungläubigen bekannt wird und sie uns töten. Und nun sagt der Statthalter selbst, ebenso wie der Erzbischof: Oh ihr Juden, warum bleibt ihr in Thessalonike? Verkauft eure Häuser und euren Besitz – der Kaiser beschützt sie und niemand darf ihnen Leid antun. Ihr seid noch nicht losgezogen, obwohl wir mit Gewissheit erfahren haben, dass euer Messias erschienen ist'. Auch im Westen ist die messianische Erwartung unter den Juden durch die Kreuzzüge belebt worden; sie hat dazu geführt, dass erst jetzt Pilgerschaften der abendländischen Juden nach Jerusalem überhaupt aufgekommen sind.

Die Pogrome von 1096 haben im aschkenasischen Judentum erhebliche Schäden hinterlassen, wenn sie auch keinen so tiefen Einschnitt bedeuteten wie die Judenmorde in der Mitte des 14. Jahrhunderts. Heinrich IV. erlaubte zwar – gegen das Kirchenrecht – die Rückkehr von Zwangsgetauften zum Glauben ihrer Väter und ordnete an, dem Verbleib von jüdischem Vermögen nachzuforschen; aber die Lehrtraditionen von Mainz und Worms waren ein für allemal zerstört, und nur in Speyer konnten sich einige Schriftkundige halten, die zum Teil aus Mainz herübergekommen waren. Die Juden Deutschlands und Frankreichs siedelten sich fortan auch verstärkt in kleineren Landstädten an, so dass sich die Anzahl ihrer Gemeinden im 12. Jahrhundert vermehrte. Beim Zweiten und Dritten Kreuzzug konnten größere Judenverfolgungen im Reich abgewendet werden; Friedrich Barbarossa selbst drohte auf dem Hoftag Jesu Christi Ende März 1188: ‚Wer einen Juden angreift und verwundet, dessen Hand wird abgehauen, und wer einen Juden umbringt, der wird umgebracht.'

Zweifellos hatten die Massaker von 1096 aber auch zur partiellen Abwanderung überlebender Juden geführt, vor allem aus dem Rheinland. Eines der Ziele wird England gewesen sein. Hier erteilte König Heinrich I. den Londoner Juden weitgehende Rechte. Sie erhielten uneingeschränkte Freizügigkeit und im ganzen Land das Niederlassungsrecht. Die Juden sollten gemäß dem königlichen Schutzbrief ihre Ware ungehindert von Ort zu Ort befördern, mussten sie aber wie königliches Eigentum behandeln. Sie durften Liegenschaften als Pfand an sich bringen und mit Ausnahme des Kirchengutes mit jeder Ware handeln. Sehr weittragend waren freilich die Gegenleistungen, die Heinrich I. für das Königtum einforderte. Die Juden wurden nämlich verpflichtet, dem Herrscher jeden geforderten Geldbetrag auf beliebig lange Zeit als Kredit zu gewähren. Damit waren sie mehr denn je gezwungen, die Geldbeschaffung zu ihrem Hauptanliegen zu machen.

Zu den jüdischen Schuldnern zählten nicht nur Könige und Feudalherren, sondern auch die hohe Geistlichkeit und das städtische Bürgertum. Schon dem Erzbischof Anno von Köln hatten sie so hohe Darlehen gegeben, dass sie bei seinem Tod (1075) weinten,

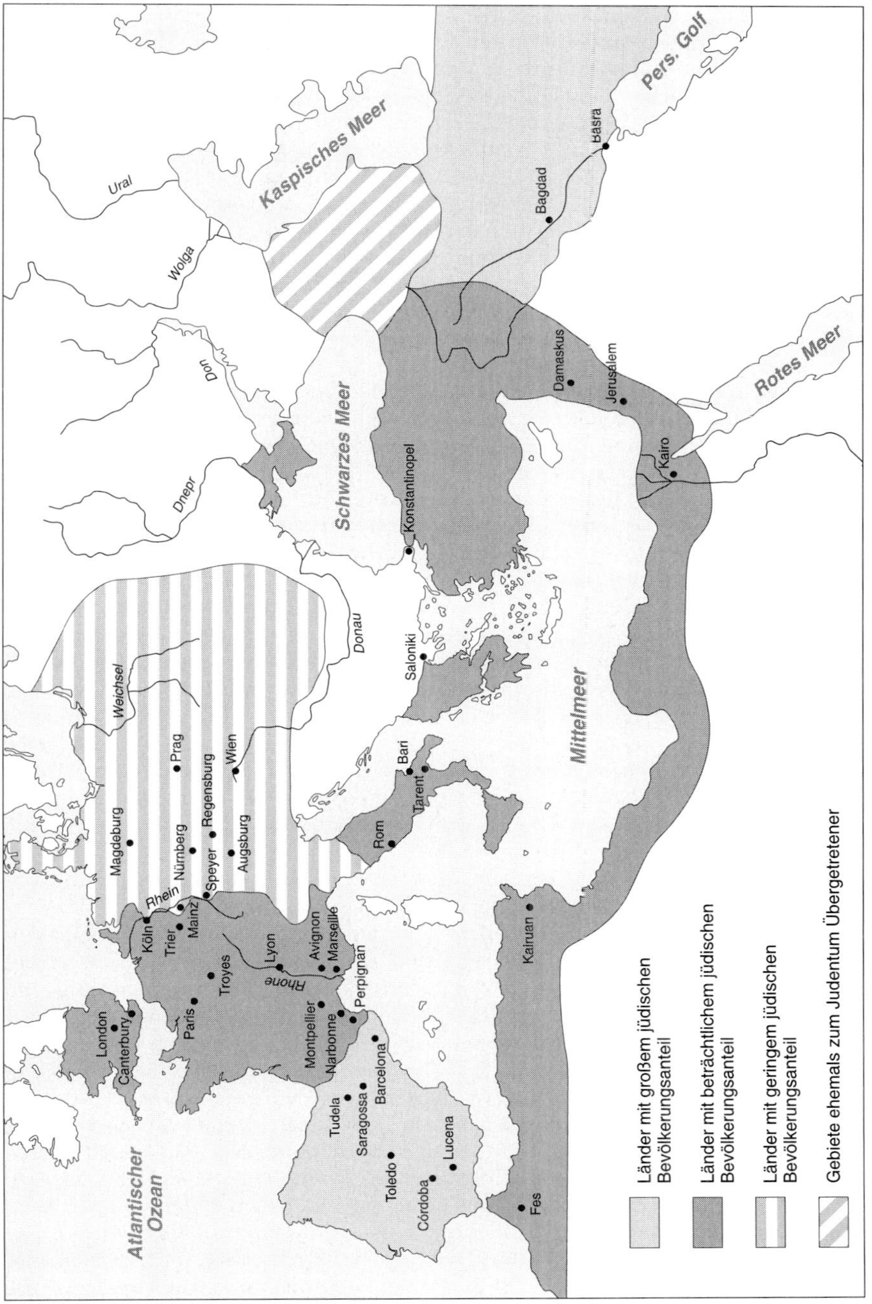

Abb. 9: *Die jüdische Diaspora zur Zeit der Reise des Benjamin von Tudela (1159–1172/73).*

weil sie wohl die Hoffnung auf Rückgabe der Gelder aufgeben mussten. Im Zuge der staatlichen Verdichtung und der intensivierten Handelstätigkeit des städtischen Bürgertums nahm im hohen Mittelalter der Kreditbedarf allgemein zu. Vonseiten der Kirche war den christlichen Kaufleuten aber die Ausgabe von Geld gegen Zins verboten; die Juden waren von dieser Einschränkung nicht betroffen. Die Torah, das Religionsgesetz, erlaubte ihnen die Zinsnahme, wenn das Darlehen Nichtjuden gewährt wurde. Das Zinsgeschäft wurde für die europäischen Juden allmählich zum wichtigsten Lebensunterhalt, zumal die christlichen Kaufleute ihnen in anderen, traditionellen Bereichen der Wirtschaft Konkurrenz machten. Die neue Art der Betätigung hatte auch einen erwünschten Nebeneffekt: sie erlaubte nämlich den Männern, dem Studium der heiligen Schriften nachzugehen. Andererseits barg dieser Broterwerb natürlich auch hohe Risiken; allem Anschein nach arbeiteten die Juden im Darlehnsgeschäft ja gar nicht und wurden trotzdem reich. Das steigerte die mehr oder weniger latenten Aggressionen der Christen gegen sie weiter. Außerdem drohte stets der Verlust der geliehenen Kapitalien, entweder wegen einer Zahlungsunfähigkeit der Schuldner oder wegen Konfiskationen vonseiten der Obrigkeit, besonders der Könige. Gegen diese Risiken suchten sich die Juden wiederum durch höhere Zinsforderungen abzusichern, was den Hass der Christen auf sie begreiflicherweise erneut steigerte.

Eine neue Form der Diffamierung im 12. Jahrhundert war die Beschuldigung des Ritualmords. Erstmals 1144 im englischen Norwich wurde die Behauptung aufgestellt, die Juden der Stadt hätten am zweiten Ostertag einen christlichen Knaben entführt, um ihn zum Gedenken an die Kreuzigung Christi zu martern und schließlich selbst zu kreuzigen. Weder der zuständige Sheriff noch der Bischof glaubten zwar der Anschuldigung, aber die Mönche eines örtlichen Klosters sorgten für ihre Verbreitung. Ein konvertierter Jude behauptete, die Juden kämen in verschiedenen europäischen Städten jährlich zusammen, um durch Los zu bestimmen, welches christliche Kind vor dem Pessachfest als Opfer dargebracht werden sollte. Wie im Rheinland 1096 konnte auch hier die Obrigkeit der Volkswut nicht wirkungsvoll entgegensteuern. Die durch die Mönche aufgebrachte Menge erschlug einige Juden, während sich der größte Teil von diesen retten konnte. Im Laufe der folgenden Jahrzehnte wiederholte sich der Vorgang mehrfach: 1168 in Glouchester, 1181 in Bury Saint Edmund's, kurz darauf in Bristol, 1192 und 1232 in Winchester, 1244 in London.

Eine andere Diskriminierung verfügte Heinrich II. 1181 in der Assize of Arms; in diesem Gesetz verbot der englische König den Juden den Waffenbesitz. Im Zusammenhang mit dem Dritten Kreuzzug kam es dann auch auf der Insel zu Massakern an Juden (1189/90). Rund 10 % der gesamten englischen Judenschaft soll damals umgebracht worden sein, während die Gemeinde in York kollektiv Selbstmord beging. Das Königtum hatte freilich weiterhin Interesse am Judenschutz, weil es auf jüdische Finanzhilfe angewiesen war; mehr noch wurde behauptet, dass die Juden mit ihrem Hab und Gut dem Fiskus zu eigen gehörten. König Richard Löwenherz ließ zentrale Archive anlegen, in denen die jüdischen Schuldbriefe in je zweifacher Ausfertigung deponiert werden sollten. 1194 wurde außerdem das Große Schatzamt der Juden (*Scaccarium Iudeorum*) geschaffen, das der königlichen Administration den Überblick über die Finanzkraft der Juden erlauben sollte. Dem königlichen Interesse, die Juden als Besteuerungsobjekte zu erhalten, lief es aber zuwider, dass Johann Ohneland 1210 nach einem verlustreichen Feldzug in Irland den Juden eine „Bußleistung" von 60 000 Mark auferlegte. Viele Juden kehrten nämlich nun dem Land den Rücken. Trotzdem folgten mehrere ähnliche königliche Maßnahmen, so dass die englische Judenheit verarmte – und damit im Sinne der

Staatsinteressen entbehrlich wurde. Um dennoch letzten finanziellen Nutzen aus der religiös-kulturellen Minderheit zu ziehen, verpfändete König Heinrich III. die gesamte Judenschaft seines Landes für ein Darlehen an seinen Bruder Richard von Cornwall, damals deutscher König (1257–1272). Aus dem Anspruch auf das Vermögen der Juden, das von Fall zu Fall heranzuziehen war, leitete der Herrscher das Recht ab, die Juden geradezu zum Handelsobjekt zu degradieren. Als gegen Ende des 13. Jahrhunderts endgültig klar war, dass von den Juden keine nennenswerten Steuerleistungen mehr zu erwarten waren, entschloss sich Eduard I. 1290 zu ihrer allgemeinen Ausweisung. Über 16 000 Menschen sollen damals die Insel in Richtung Frankreich und Deutschland verlassen haben.

In Frankreich vollzogen sich ähnliche Prozesse wie in England, nur mit einiger Verzögerung entsprechend der späteren Ausbildung eines modernisierten, zentralistischen Staatswesens (s. oben 2.1.3). Anders als in England waren hier aber die Dominikaner die treibende Kraft der Verfolgung. Insbesondere im Zusammenhang mit dem Albigenserkrieg am Anfang des 13. Jahrhunderts (s. oben 2.1.2) wurden die Juden in Mitleidenschaft gezogen; viele von ihnen fielen wie Häretiker auch der Inquisition zum Opfer. Der Kampf der Dominikaner, also eines (gelehrten) Predigerordens, gegen sie manifestierte sich besonders in wiederholten Bücherverbrennungen, zu denen freilich auch der Papst und König Ludwig der Heilige Wort und Arm boten. 1233 brannten in Montpellier die Schriften des jüdischen Rabbinen Maimónides (zu ihm 2.1.6). Ein überaus schwerwiegender Eingriff wurde das Vorgehen der Christen gegen den Talmud. 1239 wandte sich Papst Gregor IX. an den Bischof von Paris mit folgenden sorgenvollen Worten: ‚Wenn es wahr ist, was von den in Frankreich und in anderen Provinzen lebenden Juden berichtet wird, so wäre keine Strafe ausreichend und streng genug. Wie wir erfahren haben, begnügen sie sich nicht mit dem alten Gesetz, das Gott durch Moses schriftlich gegeben hat; ja sie übergehen dieses sogar vollständig und behaupten, Gott habe noch ein anderes Gesetz gegeben, das sie ‚Talmud' nennen, das bedeutet ‚Lehre'. Diese *lex alia* wurde, versichern sie in lügnerischer Weise, dem Mose mündlich anvertraut. In ihrem Gedächtnis soll es dann solange aufbewahrt worden sein, bis schließlich einige Männer auftauchten, die sie als Weise und Schriftgelehrte bezeichnen, und (...) es aufschrieben. In diesem Buch, dessen Umfang den des Bibeltextes immens übertrifft, sind viele missbräuchliche und scheußliche Dinge enthalten, die dem Leser und Hörer Scham und Abscheu einflößen' (Übers. Th. Werner). Wie man sieht, argumentiert der Papst wie ein Karaite, und es wird vermutet, dass der konvertierte Jude Nikolaus Donin, der Gregor IX. informiert hatte, diesen jüdischen Schismatikern wirklich nahe stand; fast gleichzeitig wie im Osten Europas waren sie jedenfalls schon in Spanien nachgewiesen gewesen (s. unten 3.2.3). Die merkwürdige Sorge des Papstes um die alleinige Geltung des Bibeltextes bei den Juden erklärt sich aber durch die heilsgeschichtliche Rolle, die diese nach christlicher Auffassung als Zeugen des Alten Bundes wahrzunehmen hatten. Juden, die auf den Talmud fixiert waren und das Gesetz des Mose und der Propheten fallen zu lassen schienen, mussten geradezu als Häretiker ihres Glaubens angesehen werden, gegen die der Papst einzuschreiten hatte. 1240 kam es daraufhin in Paris zu einem Talmudprozess, der zwei Jahre darauf die erste massenhafte Verbrennung von Handschriften zur Folge hatte; die Rede ist von 20 bis 24 Wagenladungen. Dieser Aktion folgten in Frankreich noch weitere. 1248 sprach ein päpstlicher Legat die endgültige Verurteilung des Talmud aus. Vergeblich hatte Rabbi Yehiel 1240 der vorsitzenden Richterin, Königinmutter Blanche, vorgehalten, die Christen wüssten doch, dass ein jedes der Interpretation benötige, auch das mosaische geschriebene Gesetz. Und nichts werde die Juden in allen anderen Teilen der Welt davon abhalten, ihn auch weiterhin zu studieren. Schon in kürzester Zeit empfanden die französischen Juden bitter, welch einschneidende Folgen der Verlust ihrer Bücher für die Religionsausübung hatte. In einem Brief an den berühmten Rabbi Meïr von Rothenburg klagte Samuel ben Solomon, es gebe keine Bücher mehr, ‚um lesen und verstehen zu können'.

Wie in England wurden auch in Frankreich Ritualmordbeschuldigungen erhoben. Hier stellte man aber noch zusätzlich die Behauptung des Hostienfrevels auf. Gegen die Juden wurde also, 1247 erstmals in der Provinz und dann 1280 auch in Paris, der Vorwurf erhoben, sie hätten eine geweihte Hostie geraubt und durchstochen, um den geweihten Leib Jesu Christi noch einmal zu martern. Wie die Ritualmordthese hatte auch die Anschuldigung des Hostienfrevels alte literarische Vorbilder, doch wurden jetzt beide von den Christen als Mittel zur Disziplinierung, Einschüchterung und Verfolgung der Juden eingesetzt. Ebenso wie in England wurden die Juden aus Frankreich ausgewiesen, als sie finanziell nicht mehr interessant waren. Ein erster königlicher Ausweisungsbefehl datiert von 1306, ein zweiter, endgültiger, von 1394. Die französischen Juden wichen mehrheitlich nach Deutschland aus.

Wichtige, traditionsbildende Beschlüsse über die Stellung der Juden, die zum Teil von den europäischen Monarchien übernommen wurden, hatte auch die Römische Kirche 1215 auf ihrem Vierten Laterankonzil gefasst. Danach wurde zwar das Recht der Juden zur Kreditvergabe anerkannt, doch überhöhte Zinsnahme verboten. Das zweite Regelungsinteresse galt der Kennzeichnung der Einzelpersonen. Um zu verhindern, dass sich männliche oder weibliche Christen mit Juden (oder Sarazenen) sexuell ‚vermischten' (so die Quelle), sollten die Angehörigen der Minderheit(en) ein deutliches Zeichen an der Kleidung tragen. Damit leitete die Kirche die Marginalisierung der Juden in ihrer christlich dominierten Umwelt ein. Unter anderem haben Friedrich II. für Sizilien (s. oben 2.1.7) und das englische Königtum 1218 die Vorschrift übernommen. Unter den unterscheidenden Kennzeichen sind besonders der gelbe Ring und der Judenhut bekannt. Als drittes beschloss die Kirchenversammlung von 1215, dass Juden keine öffentlichen Ämter ausüben dürften; von dieser Sanktion waren besonders spanische und südfranzösische Juden, aber auch ostmitteleuropäische betroffen. In Ungarn verbot König Andreas II. aber erst auf Ermahnung des Papstes hin den Juden (und den muslimischen Ismaeliten), Ämter im Finanzwesen auszuüben (1222–1231; s. oben 2.1.7).

Auf der Seite des weltlichen Rechts haben die Kaiser, wohl unter dem Eindruck der päpstlichen Maßnahmen, ebenfalls ihre Stellung zum Judentum neu fixiert. Eine besondere Rolle spielte dabei die Lehre von der kaiserlichen Kammerknechtschaft, die Friedrich II. im Mainzer Landfriedensgesetz von 1235 sanktionierte. Wie vorher in England und Frankreich wurden die Juden auch im Reich zu Ausbeutungsobjekten; erstmals 1241 wurde ihnen hier eine allgemeine Sondersteuer auferlegt. Als König Rudolf von Habsburg (1273–1291) den Anspruch auf Leib und Leben seiner Kammerknechte erhob, wanderten zahlreiche Juden aus Speyer, Worms, Mainz, Oppenheim und der Wetterau nach Palästina aus. Trotzdem verlieh Rudolf die Nutzungsrechte an ganzen Judengruppen gegen einen festen Ablösebetrag („Judenregal"). In der zweiten Hälfte des 13. Jahrhunderts nahmen im Reich auch die gewaltsamen Ausschreitungen wieder zu, nachdem die Ritualmordbeschuldigung hier 1221 erstmals erhoben worden war. Trotzdem lässt sich keine allgemeine Tendenz zur Verschlechterung feststellen. Friedrich II., der rigoros gegen die Muslime in seinem unteritalienischen Reich vorging, hat den Juden demgegenüber ausdrücklich seinen Rechtsschutz garantiert und viele von ihnen in Sizilien neu angesiedelt (s. oben 2.1.7; vgl. zu den *fueros* in Kastilien auch 2.1.5).

Unter lateinischer Herrschaft scheint es im oströmischen Reich nur vereinzelt zu Judenverfolgungen gekommen zu sein. Dafür hat der Kaiser des epirotischen Reiches (Thessalonike), Theodoros Angelos, vor seinem Zug gegen die Bulgaren 1230 die Juden mit Plünderungen heimgesucht; Johannes III. Vatatzes erließ noch im letzten Jahr seiner Regierung 1254 einen Befehl zur Zwangsbekehrung. Die Genisa von Fusṭāṭ (Kairo) enthält in ihrem kostbaren Schatz von Briefen aus dem Reich aus der gleichen Zeit (1257?) ein Dokument, das die gemeinsamen messianischen Erwartungen der Juden in Ost und West am Ausgang der eigentlichen Kreuzzugszeit und des hohen Mittelalters noch einmal eindrucksvoll aufscheinen lässt. Danach hätten die Juden in einer Stadt auf dem Peloponnes (?) Nachricht von Botschaften eines ‚verborgenen Königs' erhalten, sie sollten ihre Güter verkaufen, den Ertrag verteilen und sich nach Jerusalem aufmachen; mit anderen Briefen habe dieser König auch die Herrscher Spaniens, Deutschlands, Ungarns und Frankreichs gebeten, den Aufbruch der Juden ohne Widerstand zu dulden, und schon seien die spanischen Glaubensbrüder auf dem Weg ins Land ihrer Väter...

3.2.3 Muslime und Christen zwischen Einheitsobsession und Teilungserfahrung

Die Zweiteilung der Welt in ein Gebiet des Islam und ein Gebiet des Krieges (s. oben 2.1.6) ließ im Grundsatz nicht zu, dass Muslime unter Andersgläubigen lebten. Denn nur der Kalif (oder andere muslimische Herrschaftsträger) konnten die heilsnotwendigen Riten garantieren, während das ‚Gebiet des Krieges' allenfalls vorübergehend bis zum Übergang an die *dār al-islām* geduldet wurde. Die muslimischen Juristen hatten deshalb Schwierigkeiten, den Aufenthalt von Händlern oder gar von Gefangenen ihres Glaubens in christlichen Staaten zu rechtfertigen. Wenn ein ‚Ungläubiger' im Land der ‚Ungläubigen' zum Islam bekehrt war, war es seine Pflicht, die Heimat zu verlassen und in ein Land muslimischer Herrschaft und muslimischen Rechts überzusiedeln. Vorbild und Grundlage dieser Doktrin war die Flucht Mohammeds und seiner Gefährten selbst von Mekka nach Medina (622). Der Verlust muslimischer Länder an christliche Eroberer, wie in Spanien und Sizilien, warf das Problem der muslimischen Minderheit in verschärfter Form auf. Die in diesen Ländern dominierende mālikītische Rechtsschule war uneins. Einige Juristen argumentierten, dass es den Muslimen erlaubt sei, zu bleiben, wenn der christliche Herrscher die Religionsfreiheit konzediere; andere gingen weiter und gestatteten sogar die Ausübung der Religion unter intoleranten Fürsten im Verborgenen. Die meisten Juristen empfahlen jedoch, das Land der Heiden zu verlassen und wie die Vorväter auf die *hiǧra* zu gehen. Der marokkanische Rechtsgelehrte al-Wanšarīsī (12. Jh.) warnte sogar, dass eine Duldung durch die Ungläubigen für die Muslime die Gefahr der Apostasie vergrößere; selbst unter muslimischer Tyrannei zu leben sei besser, als unter christlicher Gerechtigkeit.

Auf den Großmut christlicher Eroberer zu setzen, war für die Muslime auch riskant. Ferdinand I. von Kastilien, der die Reconquista energisch betrieb (s. oben 2.1.5), verkündete schon bald nach seinem Herrschaftsantritt (1035) einer Delegation von Muslimen, die ihn um Beistand bitten wollte: ‚Wir widmen uns nur der Suche nach unseren Ländern, die ihr uns am Beginn eurer Geschichte einst abgenommen habt. Jetzt habt ihr in diesen Ländern eine Zeitlang, die euch zugeteilt war, gelebt, aber aufgrund eurer Bosheit sind nun wir siegreich geworden. Geht also auf eure Seite der Straße (von Gibraltar) und lasst euer Land uns, denn es kann euch nichts Gutes werden, wenn ihr hier mit uns leben wollt. Wir nämlich werden uns vor euch nicht zurückhalten, bis

Gott zwischen uns die Entscheidung gefällt hat' (Übers. nach D. Wasserstein). Und als Ferdinands Sohn Alfons VI. die expansive Politik des Vaters fortsetzte und schließlich Toledo einnahm, klagten die Dichter an den andalusischen Höfen: ‚O ihr Leute von al-Andalus, werft euch auf die Pferde, denn es ist falsch zu verweilen!' Solange freilich im Süden der Halbinsel, in Sizilien und in Nordafrika muslimische Staatswesen bestehen blieben, konnten die Glaubensbrüder in der christlichen Mehrheitsgesellschaft mit einer gewissen Sicherheit rechnen, wenn sie nicht gleich auswandern wollten; denn umgekehrt waren ja die Christen in diesen muslimischen Herrschaften auch auf Duldung angewiesen.

Als die Normannen Sizilien erobert hatten, verfertigte der mālikītische Jurist Māzārī ein Gutachten über die Konsequenzen; Māzārī, der selbst von der Insel stammte und 1141 in Kairuan starb, stellte fest, dass ein Notstand gegeben sei; die Muslime könnten unbedenklich unter den Ungläubigen weiterleben, da sie nun einmal keine Möglichkeit hätten, die Herrschaft mit Waffengewalt zurückzugewinnen. Bevor Friedrich II. später die (verbliebenen) Muslime von der Insel vertrieb und in Unteritalien marginalisierte (s. oben 2.1.7), beobachtete der Reisende Ibn Ǧubair 1184/85 in der normannischen Hauptstadt noch ein gut funktionierendes religiöses Leben: ‚Die Muslime von Palermo halten noch etwas an ihrem Glauben fest. Sie sorgen für die Erhaltung eines Großteils der Moscheen, verrichten ihr Gebet beim Aufruf des *mu'addîn*, sie besitzen Bezirke, in denen sie mit ihren Familien wohnen, ohne sich mit den Christen zu vermischen. Sie halten Märkte und besuchen sie. Da ihnen die *ḫutba* verboten wurde, feiern sie nicht den Freitag, an den Feiertagen sagen sie dagegen die *ḫutba* mit der Anrufung für die Abbasiden-Kalifen. Sie haben in Palermo einen *qāḍī*, der Richter für ihre Prozesse ist, und eine Kongregationsmoschee, wo sie sich während des heiligen Monats zum Gebet versammeln. Die anderen Moscheen sind so zahlreich, dass man sie nicht zu zählen vermag. Der Großteil dient denjenigen als Schulen, die den Koran unterrichten. Im allgemeinen lieben die Muslime von Palermo ihre Glaubensbrüder nicht, die zu Untertanen der Ungläubigen geworden sind. Möge Gott in seiner Herrlichkeit sie mit seinen Wohltaten trösten!' (Übers. G. Crespi/K. N. Braun).

In der Minderheit waren die Muslime auch in Ungarn; aber hier hatten sie keine ursprünglich christliche Bevölkerung unterworfen, welche sie später ihrerseits majorisiert hatte, sondern ihre Ansiedlung in der Pannonischen Tiefebene war mit jener der Magyaren wohl etwa zusammengefallen (s. oben 2.1.7). Als der Reiseschriftsteller und Theologe Abū Ḥamīd al-Andalusī al-Garnāṭī 1150/53 in Ungarn weilte, konnte er feststellen, dass es neben den vermutlich alteingesessenen muslimischen Ḫwārezmiern auch ‚Maghrebiner' gab, die dem gleichen Glauben anhingen. Beide Gruppen hätten tausende von Mitgliedern gezählt. Die Ḫwārezmier seien nur heimlich Muslime, öffentlich aber Christen, und dienten dem König; die Maghrebiner hingegen bekennten sich offen zum Islam und leisteten dem Herrscher nur Kriegsdienst. Abū Ḥamīd bemerkte aber, dass Glaube und Riten seiner Religion bei den Maghrebinern fast in Vergessenheit geraten waren, und unterwies sie deswegen in den Lehren des Islam und in arabischer Kultur: ‚Ich belehrte sie über einiges aus der Wissenschaft und gab einigen von ihnen Unterricht im Arabischen. Ich bemühte mich mit ihnen in der Wiederherstellung und Wiederholung von Gebetsvorschriften und anderen religiösen Pflichten. Ich erklärte ihnen in kurzem die Wallfahrt und die Wissenschaft über die Hinterlassenschaft, bis sie das Erbe (rechtmäßig) zu verteilen begannen (...). Sie haben das Freitagsgebet früher nicht gekannt und nun erlernen sie dieses und auch die Predigt. Ich habe zu ihnen gesagt: ‚Der Prophet sagte: Das Freitagsgebet ist die Pilgerfahrt der Armen; wer die Pilgerfahrt nicht unternehmen kann, indessen bei der Predigt anwesend ist, dem werden die Verdienste der Pilgerfahrt zugutegeschrieben.' Bei ihnen sind mehr als zehntausend Orte, auf denen man heute das Freitagsgebet, öffentlich oder geheim, verrichtet, weil dieses Land ausgedehnt ist' (Übers. I. HRBEK). Wenn Abū Ḥamīd nicht übertreibt, hatte er auch direkten Zugang zum König (Géza II.); in einem Streitgespräch will er den christlichen Herrscher von abweichenden Rechtsvorschriften der Muslime überzeugt haben, vom Alkoholverbot ebenso wie von der Vielehe: ‚Die Gesetzmäßigkeit der Muslime ist nicht wie die Gesetzmäßigkeit der Christen. Der Christ trinkt Wein anstatt Wasser nach dem Essen und wird nicht betrunken; dies vermehrt seine Kraft. Der Muslim, welcher den Wein trinkt, wird aber im höchsten Maß betrunken, die Vernunft verläßt ihn und er wird ein Narr: er treibt Ehebruch, tötet und fällt vom Glauben ab (...). Was die Sklavinnen und Frauen betrifft, ist den Muslimen die Vielehe erlaubt wegen der Leidenschaft ihrer Veranlagung.' Das schwerstwiegende Argument Abū Ḥamīds war, dass die muslimischen Gesetze die Schlagkraft des ungarischen Heeres sicherten, in denen die Maghrebiner dienten. Denn Alkoholgenuss führe zum leichtsinnigen Verkauf der Waffen und Pferde, so dass der König solche Muslime töten, schlagen, verbannen oder aber auf eigene Kosten neu ausstatten müsste; Polygynie hingegen diene der Vermehrung von Söhnen und damit der Heeresstärke. Der König, beeindruckt von diesen Worten, habe erwidert: ‚Höret diesen Scheich, er ist vernünftig. Nehmt als Gattinnen, wen ihr wollt, und widersprecht ihm nicht!' Der Ausgang des Disputes war indes Abū Ḥamīd kaum geheuer: ‚Dieser König steht im Widerspruch zu den (katholischen) Priestern und hält Konkubinen für erlaubt. Er liebt die Muslime.' Immerhin belegt der Reisende aus Granada, der damals schon zwei Jahrzehnte in Osteuropa gelebt hatte, die militärischen Leistungen der Muslime für den ungarischen König. Sie sollen diesen in seinen Auseinandersetzungen mit dem ‚byzantinischen König' (Manuel I. Komnenos) unterstützt haben. Abū Ḥamīd selbst habe das Unternehmen sogar als ‚heiligen Krieg' deklariert. Auch aufseiten der Byzantiner hätten Muslime gekämpft, und zwar Turkmenen aus Konya in Kleinasien. Diese aber hätten das gegen Geld, also als Söldner, getan, und der – im Krieg unterlegene – Kaiser sei mit ihnen unzufrieden gewesen. Auf die Frage, weshalb die ungarischen Muslime ihrem Herrn soviel nützlicher gewesen seien, habe man ihn darauf hingewiesen, dass er nicht gut daran tue, die Muslime seines Reiches zum Christentum zu zwingen. Das habe dem Kaiser eingeleuchtet, so dass er entgegnet habe: ‚Ich werde keinen Muslim mehr zu meiner Religion zwingen. Ich werde ihnen die Moscheen bauen, und sie werden für mich kämpfen.' Die verhältnismäßig günstige Stellung der muslimischen Minderheit in Ungarn scheint bis zum Mongoleneinfall 1241 angedauert zu haben; jedenfalls waren Angehörige dieser Gruppe noch in der ersten Hälfte des 13. Jahrhunderts, ebenso wie die Juden, in der königlichen Finanzverwaltung tätig.

Anders lagen die Verhältnisse in Byzanz, dem seit den arabischen Eroberungen weite Länder im Osten verloren gegangen waren. Die Niederlage in der Schlacht bei Mantzikert 1071 hatte das Reich jetzt zur verstärkten Auseinandersetzung mit den Muslimen gezwungen, wenn auch vornehmlich in Kleinasien. Unter der Fremdherrschaft gingen viele Christen bald zum Islam über, aber Kaiser Alexios I. wird auch nachgerühmt, er habe in den Randgebieten des Reiches in Ausübung seines Apostolats Muslime zum Christen bekehrt (1088). Selbstverständlich kann nicht zutreffen, was Abū Ḥamīd über die Förderung des Islam durch den Kaiser wissen will, da dieser als orthodoxes Haupt der Kirche den Kult der Muslime aktiv niemals unterstützen konnte. Allerdings wissen wir, dass Manuel I. die Konversion von Muslimen durch Änderung der Abschwörungsformel zu erleichtern suchte (1180). In der ersten Hälfte des 13. Jahrhunderts, also nach dem

Fall Konstantinopels, haben Erfolge des seldžukischen Sultanats von Rum den Muslimen im Reich selbst Entlastung gebracht.

Eine Mehrheit der Bevölkerung erlangten die Muslime in Europa – abgesehen vom Reich der Wolgabulgaren, über das kaum etwas Näheres bekannt ist (s. oben 2.1.6), – nur in al-Andalus und in Sizilien bis zur jeweiligen Eroberung durch die Christen. Die verschiedenen Reiche und Herrschaften der Muslime in allen drei Kontinenten sind zwar durch ein überwölbendes Gemeinschaftsbewusstsein verbunden gewesen, doch waren die Ansätze zu einem muslimischen Gesamtstaat schon im 8. Jahrhundert gescheitert; danach hat es im Mittelalter Bestrebungen für ein muslimisches Universalreich nicht gegeben. Andererseits bedeutet die enge Verbindung der religiösen mit der herrschaftlichen Sphäre, die die Kultur des Islam signifikant von der des Christentums – besonders in dessen westlicher Prägung – unterscheidet, dass islamische Staaten oft auf besonderen religiösen Impulsen und Gemeinschaftsbildungen beruhen. So kommt es, dass dem sunnitischen Kalifat von Bagdad das schiitische Kalifat der Fatimiden in Nordafrika und Ägypten gegenüberstand und die Ḫāriǧīten von Qairawān im Westen bis zum Iran im Orient ebenfalls eigene Staatswesen ausgebildet haben. Es steht aber auch fest, dass die religiösen Sonderungen mit bestimmten Herrschaften in der Regel nicht geradezu identisch waren. Spaltungen und Sektenbildungen reichen im Islam bereits in seine früheste Zeit zurück und haben dann seine ganze Geschichte begleitet.

Im wichtigsten muslimischen Reich Europas auf der Iberischen Halbinsel haben religiöse Verwerfungen dieser Art zunächst keine nennenswerte Rolle gespielt. Der andalusische Islam war sunnitisch geprägt, das heißt das Reden und Handeln Mohammeds bildete neben dem Koran die wichtigste Grundlage von Ritus und Predigt. Ebenso beherrschte die Schule von Mālīk das Rechtsleben. Spuren des Schiitentums, das sich auf die Nachkommenschaft des Propheten (ᶜAlī und die Imame) beruft, oder der Ḫāriǧīten mit ihrer exklusiven Ausrichtung auf den Koran und die Überlieferung des ersten Kalifen Abū Bakr, fehlen in Spanien zwar nicht ganz, hinterließen jedoch keinen tieferen Eindruck. Später konnten auch die Almoraviden und Almohaden mit ihrer rigoristischen Gesinnung die relativ starke religiöse Geschlossenheit der Muslime von al-Andalus kaum aufbrechen. Trotzdem war es schon seit Beginn des 11. Jahrhunderts zu begrenzten Konflikten im Namen der Rechtgläubigkeit gekommen. So ließ der Kämmerer der Omaijaden, al-Mansūr, zum Beweis seiner loyalen Gesinnung aus der Bibliothek des Kalifen al-Ḥakam II. (gest. 976) alle Werke verbrennen, die sich mit Astronomie, Philosophie und sonstigen Wissenschaften befassten, die nicht in der Überlieferung des Islam wurzelten. 1034 klagte man den Lehrer des berühmt gewordenen Ibn Hazm, al-Talamankī, der Häresie an und befand ihn offenbar auch für schuldig; nur sein Alter von über 80 Jahren scheint ihn vor der Hinrichtung bewahrt zu haben. Die Almoraviden übergaben die Bücher des Philosophen und Mystikers al-Ġazālī dem Scheiterhaufen, während die Almohaden mit Ibn Rušd einen unliebsamen Gelehrten ins Exil schickten und seine Bücher ebenfalls ins Feuer warfen (s. oben 2.1.6).

Die *dār al-īslām* wurde von den Muslimen religiös und rechtlich stets als eine Einheit wahrgenommen, obwohl dem ‚Haus des Islam' jeder von ihnen nur als Glied einer bestimmten Glaubensgemeinschaft angehörte, vor allem eben der Ḫariǧiten, Sunniten, Schiiten oder einer ihrer besonderen Richtungen. Es entsprach dieser Weltanschauung, dass sie die übrige Wirklichkeit, das ‚Haus des Krieges', ebenfalls als Einheit auffassten. ‚Der Unglaube ist *ein* Volk', soll der Prophet Mohammed gesagt haben. Trotzdem differenzierten seine Anhänger natürlich praktisch unter den Heiden. Einen wichtigen Unterschied machten sie zwischen den Bekennern einer der Offenbarungsreligionen und den anderen. Atheisten und Polytheisten stellten sie vor die Alternative Islam oder Tod; Juden und Christen, denen nach ihrer Überzeugung eine, wenn auch durch den Islam überholte Offenbarung zuteil geworden war, konnten hingegen zwischen Bekehrung, Tod und Unterwerfung wählen. Die dritte Lösung schloss eine Zahlung von Tributen und die Anerkennung der muslimischen Oberhoheit ein. Dafür hatten Juden und Christen unter muslimischem Recht einen Anspruch auf Duldung und Schutz durch den Staat; das gegenseitige Verhältnis wurde durch Vertrag (arabisch: *ḏimma*) geregelt. Die schutzbefohlenen Juden und Christen (*ḏimmīs*) konnten ihre eigene Religion ausüben, mussten aber im Konfliktfall dem muslimischen Kult den Vorrang einräumen. Sie unterlagen bestimmten Restriktionen im Zivilleben – der Gebrauch von Kleidung, Reittieren und Waffen konnte reglementiert werden – und hatten vor allem besondere Abgaben zu zahlen, darunter die Kopfsteuer für jeden Mann. Streng verboten war es den ‚Leuten der Offenbarungsschrift' (*ahl al-kitāb*), den Islam zu beleidigen und einen Muslim zu missionieren; wer zum Islam übertrat, konnte nicht mehr zurück, denn auf Apostasie stand die Todesstrafe. Kinder aus einer Mischheirat wurden Muslime.

Bei der Islamisierung Spaniens bildete sich eine Oberschicht arabischer und berberischer Herkunft, die zwar wohl noch spätere syrische Zuwanderer aufnahm, sich jedoch relativ stark zur übrigen Bevölkerung hin abschloss. Die arabischen Statthalter in al-Andalus haben den Übertritt der christlichen und jüdischen Vorbevölkerung offenbar nicht gefördert, geschweige denn erzwungen, vor allem schon aus steuerlichen Gründen. Obwohl keinerlei Zahlenmaterial überliefert ist, gilt aber als sicher, dass bis Ende des 11. Jahrhunderts die große Mehrheit der Christen Andalusiens zum Islam konvertiert war. Von den Bekehrungen abgesehen verminderte sich die Menge der Christen durch Flucht und Auswanderung nach den Königreichen oder gar dem Languedoc im Norden, später auch durch gewaltsame Deportationen, besonders nach Afrika. In den Städten konnten die verbleibenden Christen in besonderen Vierteln leben (so in Córdoba, Granada und Saragossa), zumeist wohnten sie jedoch mitten unter den Muslimen. Anscheinend war die intellektuelle städtische Führungsschicht entweder geflohen oder zum Islam übergetreten, da die Christen – im Unterschied zu den Juden (s. oben 2.1.6) – keinen Anteil an der arabischen Kultur gewonnen haben. Bezeichnenderweise blieben Latein und das romanische Volksidiom während der ganzen muslimischen Herrschaft die bevorzugte Verkehrssprache der Christen, und auch in der Literatur zeigten sich diese vom Arabischen kaum beeinflusst. Da die Christen andererseits von der Entwicklung der römischen Kirche abgeschnitten wurden, tendierten sie auch in ihrer eigenen Kultur zur Versteinerung; so verharrten sie lange auf ihrer „mozarabischen", auf die Zeit der Westgoten zurückgehenden Liturgie.

Ein Schlaglicht auf die geringe Aufmerksamkeit, die die Christen in al-Andalus auf sich zogen, wirft das große Werk von Ibn Hazm (zu ihm 2.1.6), „Kitāb al-Fisal fil-milal wal-ahwā' wal-nihal", das als die erste religionsvergleichende Studie in Europa gilt. Auch wenn der Autor selbstverständlich keine „objektive" Untersuchung im Sinne hatte und die Überlegenheit des Islam demonstrieren wollte, kritisierte er scharf diejenigen Glaubensbrüder und Sekten, mit denen er nicht übereinstimmte. Er wies ihnen Widersprüche in ihren Lehren und religiösen Praktiken nach und erhob gegen sie sogar die Vorwürfe des Anthropomorphismus, der Idolatrie und des Polytheismus. Was die nichtislamischen Religionen angeht, so kannte Ibn Hazm die Bibel in beiden Testamenten, den Talmud und andere außerbiblische Schriften der Juden. Während er sich bei diesen mit den schismatischen Karaiten auseinandersetzt, die demnach Mitte des 11. Jahrhunderts auch in Spanien verbreitet gewesen sein müssen, weiß er nichts Genaueres über die Wirklichkeit der Christengemeinden in seinem Land; er präsentierte über die Christen nur, was er in Büchern lesen konnte. Noch geringere Kenntnisse verrät eine Generation später der Geograph Abu ᶜUbayd al-Bakrī (gest. 1094), der in seinem Werk „Kitāb al-masālik wal-mamālik" unter anderem die Christenheit inner- wie außerhalb von al-Andalus behandeln wollte. Al-Bakrī war den Andersgläubigen so feindlich gesonnen wie sein Vorgänger, kannte aber weder die Bibel noch die Glaubenslehren des Christentums; er war nicht einmal mit ihrer praktischen Religiosität vertraut, obwohl er an seinen Wohnorten Huelva, Saltes, Córdoba, Almería und Sevilla gute Gelegenheiten zur Beobachtung gehabt hätte.

Christen und Muslime trieben Handel miteinander und teilten auch sonst den Alltag; ebenso wie die Juden scheinen auch die Christen von al-Andalus dieselben öffentlichen Bäder benutzt zu haben wie die Muslime, und selbst im Erziehungswesen kam es zum Austausch. Sogar mit dem Koran setzten sich einige Christen auseinander, obgleich dies manchem Muslim missfiel und formalrechtlich verboten war. Im Unterschied zu den Juden spielten die Christen aber in der Politik keine Rolle.

Unbestreitbar verschlechtert hat sich die Lage der Christen unter den Almoraviden und erst recht den Almohaden, aber die neuere Forschung hat doch ein differenziertes Bild gezeichnet. In den Rechtsgutachten (*fatāwā*) von Ibn Rušd (gest. 1126), dem Großvater des berühmt gewordenen gleichnamigen Philosophen, lässt sich noch keine signifikante Verschlechterung der christlichen und jüdischen Lebensbedingungen fassen; allerdings konzentrieren sich die *fatāwā* des Groß-Qādīs auch weitgehend auf Rechtsverhältnisse der Muslime selbst. Immerhin hatte sich Ibn Rušd mit zwei Anfragen wegen des rituellen Reinheitsgebots auseinander zu setzen. Von zwei Häusern, zu denen ein gemeinschaftlich genutzter Brunnen gehörte, war eines an einen Juden veräußert worden. Der Nachbar erhob Einspruch gegen den Verkauf, weil das Brunnenwasser durch die Mitbenutzung des Juden verunreinigt würde. Der Rechtsgelehrte wies diese Klage zurück; größere Wassermengen könnten nämlich im anhängigen Fall nicht geschädigt werden. Die zweite Klage betraf den Kauf eines Gewandes christlicher Herkunft; hier lag in den Augen des Richters tatsächlich ein Mangel vor, der dem Käufer hätte mitgeteilt werden müssen. Umstritten war der Verkauf von Weingütern an Christen, da sie dann Wein keltern könnten. Andererseits lässt eine Anfrage zur Freitagspredigt darauf schließen, dass die Abgrenzung zu den Christen noch eingeschärft werden musste: Dabei ging es darum, ob der Prediger sagen dürfe: ‚Lob sei Gott, dem einzigen und ewigen, der weder Vater noch Sohn hat' (Übers. R. Osswald).

Die erhöhten Spannungen zwischen Mehrheit und Minderheit indizieren dann die wiederholten Deportationen von Christen nach Marokko: 1106 vor allem von Málaga aus, 1126 aus der Gegend von Granada, 1138 und 1170 aus verschiedenen Gegenden von al-Andalus. Voraufgegangen war im zweiten Fall der dann gescheiterte Vorstoß Alfons I. *el Batallador* von Aragón gegen Granada 1125, der die Unterstützung von Christen gefunden hatte. Auch wenn dies von den Muslimen als Bruch der *ḏimma* betrachtet wurde, rächten sie sich nicht einfach durch die Zwangsumsiedlung, sondern holten zuvor ausdrücklich Rechtsgutachten ein. Die Exilierten von 1138 durften aber zum Beispiel in Marrakesch eine Kirche bauen. Die zurückgebliebenen Christen genossen weiterhin den Status der Schutzbefohlenen; obwohl Ibn ᶜAbdūn vernichtend über die christlichen Laien und Geistlichen urteilte (s. oben 2.1.5), empfahl er doch in seiner „Risāla fī l-qaḍā' wa-l-hisba" nichts Rechtswidriges: Muslimen sollte es verboten sein, Juden und Christen zu dienen; muslimische Frauen sollten christliche Kirchen nicht betreten, um nicht Opfer unmoralischer Priester zu werden; Christen und Juden

seiner Verurteilung führten, befand sich der Vorwurf, die Dialektik auf das Studium der Natur Christi angewandt zu haben; ferner habe Johannes die Ewigkeit der Welt behauptet und ‚die Weisen der Hellenen' verteidigt, die schon durch die heiligen Synoden und die Kirchenväter verdammt worden waren; er habe die Wunder in Zweifel gezogen, dafür aber die griechischen klassischen Autoren ‚ernsthaft' studiert, glaube an platonische Ideen, kritisiere das Dogma von der leiblichen Auferstehung und so weiter. Italikos wurde gezwungen, seine Schuld einzugestehen, doch die kaiserlichen Soldaten hinderten die aufgebrachte Menge daran, ihn zu lynchen. Er verschwand im Kloster ohne Wiederkehr; auch viele seiner zahlreichen Schüler wurden angeklagt, doch niemand von ihnen verurteilt.

Der Prozess gegen Johannes Italikos bedeutete einen geistigen Wendepunkt in Byzanz; zwar gab es danach kaum direkte Repressionsmaßnahmen – wenige Gelehrte wurden exiliert und niemand wegen seiner philosophischen Ansichten zum Tode verurteilt. „But the intellectual climate, the structure of the education of the élite, the prospects of a career, all conspired to turn the young away from a dangerously critical attitude, and towards an elegant, learned and sterile mandarinism" (R. Browning). Noch ungefähr 25 Verfahren wurden in der Epoche der Komnenen gegen Philosophen und andere Gelehrte der klassischen Überlieferung eröffnet, was Jahrhunderte vorher so gut wie unbekannt gewesen war; aber der Reichsgewalt genügte es, an einem einzigen zentralen Punkt im Bildungsgefüge anzusetzen, um eine Reform in ihrem Sinne durchzuführen. Durch sein Edikt von 1107 (s. oben 2.1.1.3) schuf Alexios I. eine Patriarchatsschule in Konstantinopel und machte den Klerus der Hagia Sophia zu einem Instrument von Predigern gegen die Häresie; die Professionalisierung der Geistlichkeit beim Patriarchen sicherte die Kanonisierung der kirchlichen Lehre im Sinne der Orthodoxie ab. Im Unterschied zur lateinischen Kirche mit ihrer nationalen Vielfalt und geistlich-weltlichen Spannung genügte bei der zentralistischen Tradition des byzantinischen Kirchenregiments ein verhältnismäßig bescheidener Eingriff zur Neuordnung, um eine weitgreifende Reformbewegung oder auch einen ausgedehnten Repressionsapparat wie im Westen überflüssig zu machen.

Die Gegner der Orthodoxie wurden zwar insgesamt als Häretiker diffamiert, aber von den Ketzern im eigentlichen Sinne kann man die Schismatiker unterscheiden. Auf die Ablehnung der christologischen Zwei-Naturenlehre des Konzils von Chalkedon 451 gingen die Abspaltungen der Monophysiten von Armenien und Syrien zurück, die eigene „Nationalkirchen" errichteten. Von ihnen fanden die Armenier in Byzanz besondere Aufmerksamkeit, seitdem die Seldžuken Mitte des 11. Jahrhunderts das Reich am Kaukasus erobert und die schismatischen Christen zur Einwanderung nach Kleinasien (Kilikien) veranlasst hatten; dabei kam es auch zu gewaltsamen Zusammenstößen. 1063 wies Kaiser Konstantin X. die Monophysiten aus Melitene (etwas westlich vom Euphrat) aus, während eine Synode in der Hauptstadt die Bücherverbrennung über Syrer und Armenier verhängte. Andererseits bemühte sich die orthodoxe Kirche schon seit längerem um eine Union mit den Armeniern, blieb aber dabei letztlich immer erfolglos. Nachdem Byzanz seit Mantzikert die politische Herrschaft über die Armenier verloren hatte, verharrte doch eine Minderheit von diesen innerhalb der Reichsgrenzen, und zwar bis hinüber zum Balkan und zur Küste an der Adria (s. oben 3.2.2). Kaiser Alexios I. selbst verfasste jetzt eine Streitschrift gegen sie und veranlasste weitere theologische Auseinandersetzungen. Gestärkt war die Position der Armenier allerdings durch den Bestand eines eigenen Reiches, das im Kontext der Kreuzzüge auch Bindungen zum Westen suchte (s. oben 2, 2.1.1.4), und durch eine kirchliche Organisation mit einem *Katholikos* an der Spitze. Bei Bedrohungen von außen wurden die Armenier, wie es auch anderen Außenseitern widerfuhr, zu Sündenböcken gestempelt. Nach der Einnahme seiner Stadt durch die Normannen 1185 beschuldigte sie der Erzbischof von Thessalonike, mit den Reichsfeinden gemeinsame Sache gemacht zu haben; es gäbe sogar Gerüchte, sie hätten das Brot vergiftet.

Als veritables Nest von Schismatikern und Häretikern machte Anna Komnene in der Geschichte ihres Vaters Alexios I. (s. oben 2.1.1.2) Philippupolis (Plovdiv) in Thrakien aus. Nachdem Johannes Tzimiskes hierher die Paulikianer exiliert hatte, hätten sich auch Armenier und Jakobiten (d.h. syrische Christen) sowie Bogomilen angesiedelt. Die Paulikianer beschuldigt sie, Abkömmlinge der spätantiken Manichäer zu sein, Häretiker also, die der dualistischen Lehre von Finsternis und Licht, Gut und Böse, Geist und Materie anhingen. Kaiser Alexios selbst habe sich um die Bekehrung dieser Irrenden bemüht: ‚Aus gegebenem Anlaß kam er nach Philippupolis, und da die Kumanen noch nicht im Anmarsch waren, vollbrachte er nebenbei eine Tat, die wichtiger war als das ursprüngliche Unternehmen: Er brachte die Manichäer von der ätzenden Lauge ihrer Religion ab und führte sie der süßen Lehre zu. Vom frühen Morgen bis spät in den Abend, ja bis in die Nacht hinein ließ er sie zu sich kommen, unterrichtete sie im Glauben und widerlegte ihre verquere Häresie.‘ Allerdings ließen sich nicht alle Ketzer überzeugen, so dass Alexios nach seinem Feldzug gegen die Kumanen noch einmal die Häupter der Häresie selbst zu überzeugen suchte: ‚Sie verzerrten das Wort Gottes und mißdeuteten es, worin sie äußerst gewandt waren. Der Kaiser ließ sie täglich vorführen und disputierte mit ihnen. Es war wie ein Duell, dem man hier beiwohnen konnte (…). Gegen die Beweise und Gegenbeweise des Kaisers trat einer nach dem anderen auf, so wie eine große Welle auf die andere folgt. Der Kaiser aber zerstörte alle ihre Argumente wie ein Spinnennetz und stopfte diesen Unreinen den Mund‘ (Übers. H.-G. Beck). Trotzdem musste Annas Vater einsehen, den ‚Irrsinn‘ mit Argumenten nicht besiegen zu können; deshalb entschloss er sich zur Zerstörung der häretischen Gemeinschaft. Die Anführer nahm er mit sich in die Hauptstadt, wo er ihnen die Arkaden des Palastes als Bleibe anwies und sie auf diese Weise unter Kontrolle zu behalten glaubte, die Vornehmen lockte er mit leitenden Funktionen in seiner Armee, den Bauern und Viehzüchtern errichtete er eine neue Stadt und beschenkte sie dort mit Ackerland, Weinbergen, Häusern und anderen Liegenschaften. In Konstantinopel selbst blieben die weiteren Disputationen mit einigen Sektenführern weiterhin fruchtlos, so dass Alexios sie bis zum Tod einkerkern ließ, wenn auch versorgt ‚mit allem Nötigen‘.

Viel gefährlicher als die Paulikianer, ganz zu schweigen von Armeniern und syrischen Jakobiten, erwiesen sich die Bogomilen. Diese Häresie war anscheinend unter dem Zar Peter (927–969) in Bulgarien entstanden und hatte sich bis zur Kreuzfahrerzeit nach Makedonien, ja bis zur Hauptstadt selbst ausgebreitet. Wie die Paulikianer opponierten die Bogomilen, die sich auf einen Popen (Dorfgeistlichen) namens Bogomil zurückführten, gegen den höheren Klerus, der griechisch sprach, auf das Patriarchat von Konstantinopel hin orientiert war und die Seelsorge der Landbevölkerung offenkundig vernachlässigte. Nach der ältesten Quelle lebten sie zunächst im Verborgenen, sie gingen also in die Kirche und küssten Kreuz und Ikonen, fielen aber durch ihre asketische Lebensweise auf. Sie fasteten, bis ihre Gesichter bleich wurden, und vermieden leeres Geschwätz, Gelächter und grobe Scherze. Die äußere Anpassung hielten sie jahrhundertelang bei, so dass sie alles in allem bis ins 17. Jahrhundert überleben konnten. Einige Bogomilen wurden allerdings Wanderprediger, die sich von ihren Zuhörern versorgen ließen, doch waren solche wandernden Mönche in ihrer Zeit nichts Besonderes. Vielleicht sind Bogomilen dieser Art schon früh auch in den Westen gezogen, wo sich bald Ketzer verwandter Gesinnung bemerkbar machten. Wohl noch im 10. Jahrhundert wurde den Bogomilen vorgeworfen, dass sie sich jeder Autorität zu entziehen suchten: ‚Sie schmähen die Reichen, hassen die Kaiser, machen sich über jede Obrigkeit lustig und verhöhnen ihre Herren.' Gott, so lehrten die vagierenden Prediger, verabscheue jene, die im Dienst des Kaisers (bzw. Zaren) stünden. Auch wenn diese Haltung eher eine Weltabwendung als revolutionäre Weltverneinung kennzeichnete, lag in ihr natürlich eine eminente Herausforderung für Kaiser und Orthodoxie. Theologisch gesehen bestand die Häresie vor allem im Dualismus, den die Bogomilen mit den Paulikianern teilten. Nach ihrer Lehre hatte der Teufel die Welt geschaffen, die deshalb ‚schmutzig' und abzulehnen war. Der Teufel wurde mit dem Mammon im Sinne des Besitzes oder gar Reichtums identifiziert. Ob damals schon ein radikaler Dualismus vertreten wurde, nach dem der Teufel selbst ein Gott war, oder ein gemäßigter, der Satan für einen missratenen Sohn Gottes ausgab, ist nicht zu entscheiden.

Im 11. Jahrhundert bezeugte der Mönch Euthymios aus dem Peribleptos-Kloster in Konstantinopel, dass zwar ‚die Paulikianer keinen Schaden mehr anrichten', doch die Bogomilen, die auch unter ihrem Namen „Phundagiagiten", also ‚Bettelsackträger', bekannt seien, um so größeres Unheil verursachten. ‚Es ist immer noch besser', schrieb Euthymios vergleichend weiter, ‚mit Juden zusammenzuleben und mit ihnen zu Tisch zu sitzen, als auch nur kurze Zeit mit diesen gottlosen Phundagiagiten zu verkehren. Juden können nur wenig schaden – wenn überhaupt. Auch wenn sie unrein sind, bekennen sie sich doch zu Gott und du kennst sie und ihre Sinnesart. Diese Phundagiagiten aber sind völlig gottlos, sie verehren den Teufel und sind seine Eingeweihten, voll der Heuchelei. Sie nennen sich selbst Christen und führen die Bibel im Munde, aber nicht, weil sie daran glauben, sondern um sie als Köder zu benützen. Mit diesen Heiligen Schriften, die sie mißdeuten, täuschen sie die einfachen Leute, die schwach im Glauben und mehr um Irdisches besorgt sind' (Übers. H.-G. Beck). Als ‚Vorläufer des Antichrist' vollzögen die Häretiker anstelle der Taufe ein satanisches Beschwörungsritual, so dass sie niemand mehr dem Teufel entreißen könne als Gott selbst. Euthymios ist aufs höchste besorgt: ‚Sie laufen im ganzen römischen Reich herum, und wo immer sie Christen entdecken, geht ihr ganzes Streben dahin, deren Seelen ins Verderben zu ziehen. Diese fleischgewordenen Dämonen entwickeln einen ganz erstaunlichen Eifer im Dienste Satans; sie haben sozusagen alle Provinzen des Reiches unter sich aufgeteilt, wie es dereinst die Apostel Christi getan haben.'

Genaueres erfährt man erst wieder aus der Zeit des Kaisers Alexios. Nach dem Bericht der Anna Komnene waren die Bogomilen zu dieser Zeit bereits ‚in die vornehmsten Häuser eingedrungen' und hatten eine große Menge Volkes für sich gewonnen. Man spürte einen Mönch Basileios auf, der wie Jesus selbst eine Schar von zwölf Gefolgsleuten um sich scharte, dazu aber auch ‚einige Schülerinnen, völlig verderbte Weiber'. Wiederum erforschte der Kaiser in eigener Person die Lehren der Ketzer und bemühte sich – immer nach Darstellung seiner Tochter – in geduldigen Gesprächen um deren Bekehrung. Einer von ihnen, der kein Geständnis ablegen wollte, wurde der Folter unterworfen – anscheinend aber ein Ausnahmefall in der byzantinischen Ketzerverfolgung. Viele ließen sich zwar zur Umkehr bewegen, nicht aber der Häresiarch. Unter Vorsitz des Kaisers sprach ein Gericht aus höchsten staatlichen und geistlichen Würdenträgern sowie aus Mönchen das Urteil zum Feuertod über Basileios aus, die erste Strafe dieser Art. Als im Hippodrom die Exekution nahte, blieb der Delinquent unerschütterlich; er selbst erwartete seine Rettung durch das Eingreifen von Engeln, während die Henker befürchteten, ‚durch Gottes Zulassung könnten die Dämonen, die Basileios umgaben, irgendein Wunder wirken, und dieser Schurke könnte ohne Schaden dem Feuer entkommen.' Als sie ihn schließlich in den lodernden Holzstoß geworfen hatten, verlangte das Volk danach, auch die Schüler des Basileios auf dem Scheiterhaufen hinzurichten. Der Kaiser gestattete dies aber nicht und ließ die Bogomilen nur in ein sicheres Gefängnis werfen, wo sie bis an ihr Ende, in der Ketzerei verharrend, lebten.

Wie ernst es Alexios I. mit dem Kampf gengen die Ketzerei war, zeigt sich nicht nur an seinem persönlichen Engagement bei Verhör und Glaubenslehre, sondern auch vor allem auch an einer Auftragsarbeit; der Mönch Euthymios Zigabenos schrieb auf kaiserlichen Wunsch hin ein Sammelwerk mit 28 Titeln zur Widerlegung sämtlicher Häresien. Dieser „πανοπλία δογματική" (‚Dogmatische Waffenkammer') griff weit in die Geschichte zurück und bestand weitgehend aus der Kompilation älterer Texte, widmete sich aber in den Abschnitten 23–28 auch den aktuellen Häresien der Armenier, Paulikianer, Messalianer, Bogomilen und Muslime [sic]. Gott erscheint nach bogomilischem Mythos als der Vater und Schöpfer Abertausender von Engeln, unter denen Samael, sein Stellvertreter, von ihm abgefallen sei, um sich ‚als der zweite Gott einen zweiten Himmel zu schaffen'. Gott habe Samael die Herrschaft über die Welt überlassen, so dass auch die Bogomilenlehre um die Herrschaft der Dämonen kreise. Der Mensch gehöre Gott und dem Dämon gemeinsam, alle Kirchen seien von Dämonen bewohnt, besonders sei Satanas der Herr von der Kirche der Heiligen Weisheit in Konstantinopel selbst; auch seien die Ikonen Urbilder der Idole. ‚Sie nennen die Urbilder Götter', erläutert Euthymios, ‚aber die existieren nicht wirklich; es handelt sich vielmehr um Dämonen, die sich als göttlich ausgeben. Die Urbilder unserer Ikonen aber gibt es wirklich, und sie sind das, was sie genannt werden.' Nur die Bogomilen selbst seien nach ihrer eigenen Lehre imstande, die Dämonen abzuwehren, allen anderen wohnten diese jedoch inne und so weiter.

Trotz aller theologischen und praktischen Anstrengungen, die Häresie der Bogomilen einzudämmen, blieben die Erfolge der Reichsgewalt bescheiden. Mitte des 12. Jahrhunderts kam es unter Kaiser Manuel I. zu einem neuen Prozess gegen sie, jedoch nach der Quellenanalyse von Hans-Georg Beck ohne eine zweite Hinrichtung auf dem Scheiterhaufen; das Autodafé aus der Zeit Kaiser Alexios I. wäre demnach das einzige der byzantinischen Geschichte geblieben. In der zweiten Hälfte des 12. Jahrhunderts scheinen die Bogomilen die Hauptstadt verlassen und sich auf ländliche Gegenden zurückgezogen zu haben. Sie hatten aber die Kraft, auch auf den nördlichen Balkan zu expandieren. 1199 erklärte sich der Ban Kulin von Bosnien mit seiner Familie und etwa 10 000 Bogomilen für selbständig; der Protest Papst Innozenz III. und militärische Gegenmaßnahmen des Königs von Ungarn hatten keinen durchschlagenden Erfolg. In welchem Maße die bosnische Kirche, die von Byzanz (bzw. Serbien) und dem Westen (Ungarn) unabhängig wurde, auf Dauer von bogomilischem Gedankengut beeinflusst war, ist allerdings in der Forschung strittig. Als der Vierte Kreuzzug zum vorübergehenden Zusammenbruch des orthodoxen Kaisertums geführt hatte, konnte sich der Bogomilismus im Reich selbst wieder stärker regen. Vor allem im Norden Griechenlands verbreitete sich die Häresie jetzt über zahlreiche Ortschaften und zum Teil in klosterartigen Siedlungen. Später, Mitte des 15. Jahrhunderts, hat nicht einmal die Herrschaft der Türken die Häresie beseitigen können.

Dualistische Lehren, wie sie Manichäer, Paulikianer und Bogomilen verbreiteten, haben mindestens seit Mitte des 12. Jahrhunderts auch das Abendland beunruhigt; hier aber trafen sie auf entschiedenen Widerstand. Geistliche und weltliche Gewalten auf allen Ebenen, beginnend mit Päpsten und Konzilien, Kaisern und Königen, bis hinab zu lokalen Machthabern und Pfarrern, wirkten seit dem hohen Mittelalter in der lateinischen Christenheit zusammen, um nicht bloß die Ketzer, sondern auch andere Randständige, vor allem Leprakranke, Juden und männliche Homosexuelle, zu verfolgen, ja auszurotten. Seit der Zeit um 1100 wurde das (westliche) Europa eine „persecuting society", wie Roger I. Moore in einem viel beachten Buch von 1987 festgestellt hat: „Die Verfolgung wurde (jetzt) zur Gewohnheit. Das heißt, dass nicht nur einzelne Menschen der Gewalt unterworfen wurden, sondern daß man begann, Gewalt wohlüberlegt und gesellschaftlich akzeptiert durch herrschaftliche, rechtliche und soziale Einrichtungen gegen bestimmte Gruppen von Menschen einzusetzen, die durch gemeinsame Kennzeichen wie Rasse, Religion und Lebensstil erkennbar waren; schon die Zugehörigkeit zu solchen Gruppen rechtfertigte fortan die Übergriffe."

Exemplarisch lässt sich der tiefgreifende Wandel am Schicksal der Leprösen ablesen. Diese Krankheit war bereits in der Antike bekannt gewesen und hatte mindestens bei den Langobarden des frühen Mittelalters wegen der Ansteckungsgefahr zur Absonderung der Betroffenen von den Gesunden außerhalb der jeweiligen *civitas* geführt. Da die Krankensorge traditionell bei der Kirche lag, hatten die Bischöfe für Ernährung, Kleidung und Unterkunft zu sorgen. Bis weit ins 12. Jahrhundert hinein wurde die Segregation aber nicht konsequent durchgeführt; wenn etwa in karolingischer Zeit den Leprösen verboten wurde, sich im Bereich der Pfalzen ‚unter das übrige Volk zu mischen', bezog sich dies offenkundig nur auf den Aufenthalt an frequentierten Wegkreuzungen und Plätzen. Die gute Rechtsstellung der Kranken belegt noch etwa das Immobiliengeschäft, das ein Lepröser namens Bonhomme 1123 mit der Kirche St. Albin von Angers abschloss. 1163 war es den Leprakranken in Exeter auch noch erlaubt, sich frei auf den Straßen zu bewegen. Die Wende leitete hier das Dritte Laterankonzil von 1179 ein. Die Synodalen betonten erneut das Absonderungsgebot und untersagten ausdrücklich, dass Leprakranke Kirchen und Friedhöfe mit den Gesunden teilten. Die Kranken, die in Gemeinschaften zusammenlebten, sollten eigene Kapellen, Priester und Friedhöfe erhalten; andererseits wurde ihnen das Recht zur Verfügung über ihr Eigentum genommen. Tatsächlich scheinen nun Stiftungen für Leprosenheime mit sakraler Ausstattung zugenommen zu haben. Das ambivalente Klima von Mitleid und Fürsorge beziehungsweise Angst, Abtrennung und Entrechtung wandelte sich in den nächsten Jahrzehnten zu einem der harschen und rigiden Distanzierung. Man kennt geradezu brutale Rituale, durch die die Leprakranken jetzt als „lebende Tote" gebrandmarkt wurden. In Amiens und an anderen Orten wurden sie gezwungen, sich in ein offenes Grab zu stellen und die Beschwörungsformeln der Priester über sich ergehen zu lassen. Anderswo genügte es, einige Handvoll Erde auf ihren Kopf zu schütten. Der Priester machte ihnen dann in der Volkssprache klar, was das Geschehen zu bedeuten habe: ‚Ich untersage dir, die Kirche oder ein Kloster zu betreten, den Jahrmarkt, die Mühle, den Marktplatz oder eine Menschenansammlung aufzusuchen, jemals dein Haus zu verlassen ohne die Kleidung der Leprösen, deine Hände oder etwas anderes von dir zu waschen am Bach oder am Brunnen. Ich verbiete dir, in ein Wirtshaus zu gehen. Ich verbiete dir, wenn du auf der Straße einen Menschen triffst, der dich anspricht, zu antworten, bevor du dich windabgewandt aufgestellt hast. Ich verbiete dir, eine schmale Gasse zu benützen, in der du einen Gesunden anstecken könntest. Ich verbiete dir, Kinder zu berühren oder ihnen etwas zu geben. Ich verbiete dir, von irgendwelchen anderen Tischen zu essen und zu trinken als deinem eigenen. Ich verbiete dir, in Geselligkeit zu essen und zu trinken, es sei denn derjenigen von Leprakranken' (Übers.

nach R. I. Moore). Während des 13. Jahrhunderts wurden diese Grundsätze in lokalen Regelungen umgesetzt. So wurde den Kranken in London 1200, in Paris und Sens 1202 und nun auch in Exeter 1244 verboten, die Straßen der Stadt zu benutzen; immer wieder hört man trotzdem von der Vertreibung von Leprösen aus Städten und Siedlungen, während die Insassen der Leprosorien strengen Auflagen für ihr Zusammenleben unterworfen wurden: die Statuten betrafen etwa die Trennung der Geschlechter oder die Verbote, sich mit Getränken, Glücksspielen oder Schach Vergnügen zu verschaffen.

Parallel zur forcierten Absonderung von Leprösen (oder „Aussätzigen") wurden nun auch die männlichen Homosexuellen (Sodomiter) diskriminiert. Mitte des 11. Jahrhunderts widmete ihnen zwar der rigorose Reformer Petrus Damiani einen „Liber Gomorrhianus" voll schmerzhaft präziser Schilderungen, ohne aber Papst Leo IX. schon zur Verfolgung der Devianten bewegen zu können. Später mochte sich Urban II. kaum erregen über die Berufung eines Klerikers Johannes – den man auch Flora nannte – zum Bischofsamt von Orléans durch seinen Geliebten, den Erzbischof von Tours, obgleich der Kanonist Ivo von Chartres den Vorgang geißelte. Als erster einflussreicher Gelehrter hat Petrus Comestor (gest. 1197) die biblischen Verfluchungen der Sodomie auf schwulen Geschlechtsverkehr bezogen. Wiederum war es das Dritte Lateranum, das kirchenrechtliche Maßnahmen gegen sexuell deviante Männer dieser Art beschlossen hat. Kleriker, die der ‚Ausschweifung gegen die Natur' überführt würden, sollten ihr Amt verlieren und zur Strafe ins Kloster gehen, Laien aber mit der gleichen Schuld sollten die Exkommunikation erleiden. Gregor IX. (gest. 1241) wies später die Dominikaner an, durch die Inquisition in Deutschland die Homosexualität auszurotten; der Papst verglich diese Sünde bezeichnenderweise mit dem ‚Schmutz des Leprosentums'. Was die weltliche Gewalt betrifft, so hatte schon ein Jahrhundert vorher das Königreich Jerusalem ein Gesetz erlassen, nach dem Sodomiter mit dem Tod durch das Feuer zu bestrafen seien. Im Westen Europas begegnet die Todesstrafe für Homosexuelle, gewöhnlich nach dem „Vorlauf" von Folter und Entmannung, aber erst seit Mitte des 13. Jahrhunderts, und zwar in Spanien, Frankreich und vielen Städten Italiens.

Die Chronologie der gesetzgeberischen Maßnahmen gegen die Häretiker setzte im hochmittelalterlichen Abendland 1166 ein. Als erster weltlicher Herrscher verbot der englische König Heinrich II. in der Assize von Clarendon, den von ihm kürzlich in Oxford als Ketzer verurteilten Leuten irgendwelche Hilfe zukommen zu lassen. 1184 verabredeten Papst Lucius III. und Kaiser Friedrich I. ein gemeinsames Vorgehen gegen die Ketzer (Kanon „Ad abolendam"): „This was the first truely European-wide measure against heretics" (R. I. Moore). 1194 ordnete Alfons II. von Aragón die Vertreibung überführter Ketzer aus seinem Reich an, während sein Nachfolger Peter II. 1197 befahl, sie zu verbrennen. Die Drohung mit der Todesstrafe wurde bekräftigt durch Papst Innozenz III. 1199, was den Weg zum Kreuzzug gegen die Albigenser öffnete (s. oben 2.1.2). Anderthalb Jahrzehnte später verdammte das Vierte Laterankonzil (November 1215) ‚jede Häresie, die sich gegen den heiligen, rechtgläubigen und katholischen Glauben erhebt', und erließ detaillierte Bestimmungen, um die Ketzerei auszumerzen. Häretiker sollten demnach exkommuniziert und der weltlichen Gewalt zur Bestrafung übergeben, ihr Besitz sollte eingezogen werden. Diejenigen, die der Häresie nur verdächtig wären, sollten ebenfalls aus der Kirche ausgeschlossen sein, erhielten aber die Frist eines Jahres, um die gegen sie erhobenen Vorwürfe zu klären. Inhaber weltlicher Ämter sollten öffentlich einen Eid ablegen, dass sie für den rechten Glauben streiten und ihr Bestes daran setzen würden, um alle von der Kirche benannten Ketzer ihrer jeweiligen Bezirke auszurotten. Falls einer von ihnen aber seine Pflicht in dieser Hinsicht vernachlässigen sollte, wurde seinen Untertanen das Recht konzediert, ihn zu verlassen, während der Papst das fragliche Gebiet guten Katholiken übertragen dürfte, um die Ketzer zu vertilgen. Katholiken aber, die im Ketzerkampf mit Waffengewalt aktiv würden, wurden die gleichen Sündennachlässe und Privilegien gewährt wie den Kreuzfahrern. Das Stigma der Häresie wurde überdies auf diejenigen ausgedehnt, die Ketzer schützten, sowie auf Amtsträger, die nicht gegen sie vorgingen. Wenn sie sich innerhalb eines Jahres nicht erklären könnten, sollten sie alle Ämter verlieren und dazu das Wahlrecht, das Recht, vor Gericht als Zeuge auszusagen oder Klage zu erheben, das Recht, ein Testament zu machen oder ein Erbe anzutreten und so weiter. Um diesen Sanktionen Nachdruck zu verleihen, wurde bestimmt, dass jeder Erzbischof oder Bischof zweimal oder wenigstens einmal im Jahr in seiner Diözese Ort für Ort eine Befragung ausgewählter Männer durchführen sollte, die unter Eid über die Anwesenheit von Ketzern und geheime Versammlungen Auskunft geben sollten. Jede Nachlässigkeit eines bischöflichen Hirten selbst wurde mit der Absetzung bedroht. Gleichzeitig mit den Ketzern wurden durch das vierte Laterankonzil auch den Juden Restriktionen auferlegt (s. oben 3.2.2). Die Beschlüsse insgesamt standen im Kontext einer allgemeinen Disziplinierung der Gläubigen; denn dieselbe Kirchenversammlung legte auch fest, dass jeder Katholik mindestens einmal im Jahr seinem (Gemeinde-)Priester seine Sünden beichten und das Altarssakrament empfangen sollte.

Den Kampf gegen die Häresien führten in den folgenden Jahrzehnten Kaiser wie Friedrich II. (s. oben 2.1.2, 2.1.7), Könige wie Ludwig VIII. von Frankreich (s. oben 2.1.3) und Jakob I. von Aragón (1233) oder Päpste wie Gregor IX. verstärkt fort, auch unter Einsatz der Inquisition (s. oben 2.1.2). Wie eng weltliche und geistliche Gewalten zusammenwirkten, wie sehr es um die Reinheit der Religion und Sitten zugleich ging und wie hysterisch man sich geradezu von Dämonen umstellt sah, zeigt etwa das Schreiben „Vox in Rama", das Gregor im Juni 1233 an Kaiser Friedrich II. und dessen Sohn König Heinrich (VII.), ferner an deutsche Bischöfe sowie den Magister Konrad von Marburg richtete (zu diesem 2.1.2). Der Papst ruft die Geistlichen dazu auf, das Kreuz gegen eine neue ‚Pest' in Deutschland zu predigen, und ersucht Kaiser wie König, diese Feinde des Herrn mit Hilfe des weltlichen Arms zu vernichten. Die anonymen Häretiker pflegten sich nämlich zum ‚Geheimnis der Bosheit' zu treffen. Dabei zwängen sie ihre ‚Novizen', drei Boten der Hölle dreimal von hinten zu küssen: eine aufgeblähte Kröte, ein bleiches Gerippe mit pechschwarzen Augen sowie einen schwarzen Kater mit erhobenem Schweif: „Wie die Heiden durchbrächen die Ketzer sodann alle sittlichen Schranken: Verwandte vermischten sich (sexuell) mit Verwandten, Männer mit Männern und Frauen mit Frauen. Danach würde der Neuling symbolisch in die Gewalt einer Zwiegestalt gegeben, halb Sonnen- und halb Katerleib. Damit nicht genug: Dieselben pflegten die geweihte Hostie zu Hause in die Latrinen zu werfen; sie verehrten den Teufel als Schöpfer der Dinge und hofften auf den Sieg des Satans am Ende der Zeiten. Da diese ‚Pestmenschen' nur mit Hilfe eines neuen Kreuzzugs vernichtet werden könnten, winkten deren Verfolgern ebendieselben Gnaden, die jene erhielten, die zum Schutz des Heiligen Landes gen Jerusalem führen" (B.-U. HERGEMÖLLER). Noch in späterer Zeit wurde wahrscheinlich das päpstliche Schreiben mit der Konstruktion eines idolatrischen, unzüchtigen Ketzers beim Kampf gegen neue Häretiker weiterverwendet. Eine letzte, ebenso wichtige wie anstößige Neuerung der hochmittelalterlichen Ketzerverfolgung war die Folter, die dem römischen Recht der Antike entlehnt war. Papst Innozenz IV. führte sie 1252 ein, auch wenn schon einer seiner Vorgänger des 9. Jahrhunderts sie als Mittel wider göttliches und menschliches Recht verworfen hatte.

In der Forschung hat man sich natürlich gefragt, wie dieser Rigorismus des 12./13.

Jahrhunderts bei der Bekämpfung der Ketzer und anderen Devianten zu erklären sei. Die These, dass monotheistische Religionen mit ihrem prinzipiellen Anspruch auf den einzigen Gott geradezu zwangsläufig zu Aktionen der Unduldsamkeit gelangen müssten, ist offenkundig falsch; denn so sehr auch Muslime und orthodoxe Christen ebenso zur Bekämpfung, ja Verfolgung Andersgläubiger neigten, so lassen sich ihre Maßnahmen nach Reichweite, Systematik und Konsequenz mit denjenigen im Abendland doch nicht auf dieselbe Stufe stellen. Plausibler ist es deshalb, an einen Zusammenhang mit den zentralisierenden Tendenzen in den Monarchien und vor allem in der römischen Kirche selbst zu denken. Seit der Reformzeit des späteren 11. Jahrhunderts war ja das Papsttum darauf ausgerichtet, von Rom aus die ganze lateinische Christenheit zum Heil zu führen und dabei überall die gleichen Grundsätze durchzusetzen (s. oben 2.1.2). Beispielhaft sei nur die Bekämpfung der mozarabischen und slawischen Liturgien zugunsten des römischen Ritus genannt. Und im 13. Jahrhundert war, wie André VAUCHEZ formuliert hat, „die abendländische Christenheit regelrecht besessen von der Vorstellung einer notwendigen *reductio ad unum* in allen Bereichen und auf allen Ebenen. Auch in der Theologie spiegelt sich dies, war es doch das Hauptanliegen der meisten Kleriker, alles auf die Einheit zurückzuführen, in dem sie die Vielfalt in die Nähe des Bösen und der Haeresie rückten." Dem bliebe noch hinzuzufügen, weshalb eben nur im Abendland und nicht in Byzanz oder der muslimischen Welt das Streben nach Einheit ein solches Gewicht erhalten konnte. Im christlichen Ostreich war diese Einheit bereits politisch und kirchlich vorgegeben und trotz aller Verluste unbestritten, im Islam galt sie von jeher ideell, konnte aber im übrigen nur als geistlich-weltliche Ganzheit gedacht werden und rückte deshalb weit in die Zukunft; im europäischen Westen aber war die Uniformierung mit den Mitteln der Religion ein erfolgversprechender Ansatz, die politische Zersplitterung des Kontinents hic et nunc zu überwinden, wenn dies überhaupt erwünscht war.

Die beiden wirkungsvollsten Sekten im hochmittelalterlichen Abendland sind die der Katharer und der Waldenser gewesen. Beide bildeten regelrechte Gegenkirchen und forderten die katholische Hierarchie wie die weltlichen Gewalten zu einem langwierigen, oft grausamen Kampf heraus. Die Katharer waren Dualisten, für die die Welt böse war, unter der Herrschaft des Teufels stand und keinen Erlöser kannte; nur in radikaler Weltabkehr konnte nach ihrer Auffassung der Einzelne gerettet werden. In der Forschung ist inzwischen unstrittig, dass der Katharismus schon in seinen Anfängen vom Bogomilentum im Osten Europas angeregt war, vermutlich durch Vermittlung von Kaufleuten. Ob aber bereits Ketzer des frühen 11. Jahrhunderts bogomilisches Gedankengut aufgenommen hatten, steht dahin. Eindeutige Zeugnisse setzen Mitte des 12. Jahrhunderts ein und belegen dann eine rasante Ausbreitung der Sekte. In einem Brief an den berühmten Zisterzienser Bernhard von Clairvaux schreibt 1144 Everwin, der Propst des Prämonstratenserklosters Steinfeld in der Eifel, über zwei Ketzergruppen in Köln, von denen eine als katharisch bestimmt werden kann. Die Ketzer nennten sich selbst Apostel, behaupteten, allein in der Gnade Christi zu stehen und bis zum Weltende darin zu bleiben und gehorchten einem Bischof (*papa*). Es gebe bei ihnen ‚Hörer' und ‚Gläubige', denen die ‚Auserwählten' übergeordnet seien. Zu den Gläubigen und Auserwählten zählten auch Frauen. Durch Handauflegung würden aus der Menge der Hörer Gläubige ausgesondert, die den Gebeten der Auserwählten beiwohnen dürften und eine Probezeit durchzumachen hätten, bis sie die Taufe ‚in Feuer und Geist' erhielten und damit selbst zu Auserwählten würden. Das apostolische Leben der *electi* zeichnete sich nach Everwins Bericht durch völlige Armut und Wanderschaft, Fasten, Gebet und Arbeit bei Tag und Nacht aus, um damit den Lebensunterhalt zu verdienen. Als Asketen versagten sie sich

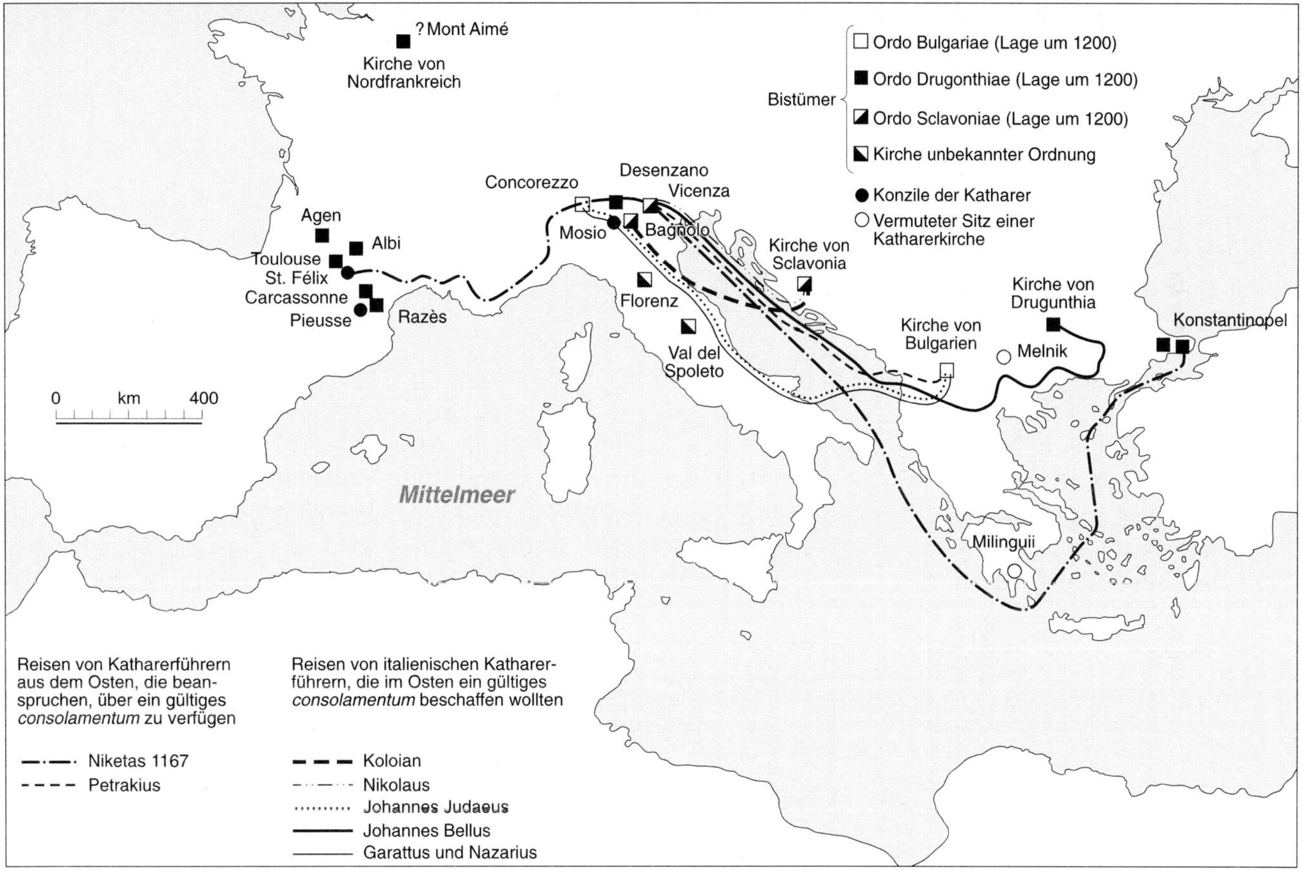

Abb. 10: *Die dualistischen Kirchen im Osten und Westen Europas und ihre Kontakte.*

jeden Fleischgenuss, aber die dualistische Gesinnung kommt in der weitergehenden, radikalen Absage an jedes *ex coitu* stammende Nahrungsmittel, selbst Milch und Milchprodukten, zum Ausdruck. Die Ehe und jegliche Berührung des anderen Geschlechts waren verboten, weil irdisch Gezeugtes dem Satan nur neue Untertanen schenkte. Bemerkenswert ist das historische Bewusstsein der Katharer von Köln; nach Everwin hätten sie nämlich darauf hingewiesen, dass ihre Sekte seit den Tagen der Märtyrer in Griechenland und anderen Ländern verbreitet sei, wenn sie auch im Verborgenen lebte. In der Stadt am Rhein mussten sich die Häretiker vor einer Versammlung von Geistlichen und Weltlichen verteidigen, darunter der Erzbischof und hohe Adlige. Dies geschah durch ihren eigenen Bischof zusammen mit dessen *socius*, worunter man offenkundig den Stellvertreter und präsumptiven Nachfolger zu verstehen hat; der Hinweis ist wichtig, weil die Kölner Katharer demnach eine den Bogomilen entsprechende, wenn hier auch erst später bezeugte Konstruktion der Gemeindeleitung aufwiesen. Vor dem Gericht verteidigten sich die Sektierer mit den Worten Christi und der Apostel, jedoch ohne Erfolg. Nach dem Brief des Prämonstratensers habe dann ‚das Volk' die Häretiker ‚geraubt', ‚ohne dass wir es wollten', und sie verbrannt. Offenbar handelte es sich schon um die zweite Tötung von Ketzern am Niederrhein in kürzester Zeit, da 1143 auch in Bonn drei Glaubensdeviante auf dem Scheiterhaufen zu Tode gebracht worden waren. Everwin lobt die Geduld, ja Heiterkeit, mit der sie ihr schreckliches Ende erduldet haben.

Der Verbreitung der Häresie hat dieses Schicksal nicht geschadet. Im Gegenteil sind schon in den nächsten Jahren weitere Katharer in der Champagne und in Lüttich sowie in Südfrankreich in der Gegend von Albi bezeugt; danach trugen die dortigen Ketzer den Namen „Albigenser" (s. oben 2.1.2). Von Bonn bis zu den Pyrenäen war ein Landstreifen von etwa eintausend Kilometern erfasst und, was noch wichtiger war, offenkundig hatte die Botschaft bei allen Schichten Zustimmung gefunden. Die Katharer waren ein Teil der apostolischen Armutsbewegung, repräsentierten diese jedoch offenbar noch überzeugender als Gruppen, die innerhalb der katholischen Kirche verblieben, und hatten darüber hinaus eine straffe Organisation zu bieten. In Nord- und Südfrankreich wurden die ersten Bistümer gegründet; die Bischöfe lebten jedoch nicht in den Städten – und damit in der Nachbarschaft der katholischen Oberhirten –, sondern in ländlichen Siedlungen, und waren im Übrigen meist auf Wanderpredigt. Um 1155 gelangte der nordfranzösische Bischof der Katharer nach Italien, wo in dem Dorf Concorezzo bei Mailand der Totengräber Markus mit einigen seiner Freunde für den neuen Glauben gewonnen wurde. In der Lombardei, Romagna und Toskana entstanden weitere Stützpunkte der Sonderkirche. Um 1162 wurden auch in England 30 Katharer, Männer und Frauen, entdeckt, die jedoch keinen Erfolg hatten und vertrieben wurden. Im Jahr darauf stießen Katharer und Katholiken in Köln erneut aufeinander, und fünf der Abtrünnigen wurden verbrannt, darunter ein Mädchen. Jetzt setzte sich der Mönch Ekbert von Schönau mit den Katharern auseinander, deren Name griechischer Herkunft (‘die Reinen') zum ersten Mal fällt. Aus Ekberts Schriften geht hervor, dass die Katharer glaubten, der Teufel habe Gott bei der Schöpfung der Erde und des Menschen geholfen, und Christus sei nur zum Schein auf die böse Welt herabgestiegen.

Diesem gemäßigten Dualismus wurde wenig später Konkurrenz gemacht durch Bogomilen, die nach Italien kamen. Genannt wird Niketas, angeblich bogomilischer Bischof von Konstantinopel, der den Markus von Concorezzo 1167 ebenso zum Bischof weihte. Niketas bezichtigte zugleich die gemäßigten Glaubensbrüder sittlicher Verfehlungen, die sie zur rechten Predigt disqualifizierten. Mit seinem neu gewonnenen

Anhänger zog Niketas weiter nach Südfrankreich, wo im Mai 1167 in Saint-Félix-de-Caraman bei Toulouse ein großes Ketzerkonzil mit katharischen Bischöfen aus Nord- und Südfrankreich sowie einer Menge ‚Vollendeter' zusammentrat. Alle Versammelten schlossen sich der radikalen Richtung der Bogomilen an, und das Häretikerhaupt aus Konstantinopel errichtete einige weitere Bistümer für den Süden des Landes.

Zwischen 1167 und 1215 verbreitete sich der Katharismus weiter, offenbar begünstigt durch die von Niketas gestärkte einheitliche Lehre und Organisation; nach zeitgenössischen Quellen setzte er sich in über tausend Städten Europas fest. Von der häretischen Mission oder Unterwanderung besonders betroffen waren in Südfrankreich die Erzdiözesen Narbonne, Bordeaux und Bourges; 1177 stellte der Graf von Toulouse fest, dass seine Herrschaft von Ketzern überflutet sei, vor allem die Gegend um Albi, Toulouse selbst und Carcassonne. In Nordfrankreich – Burgund, der Champagne und Flandern – hatten die Gegenmaßnahmen des Königs keinen durchschlagenden Erfolg erzielt, während Spanien und England von der Glaubenskrise kaum betroffen waren. Dafür saßen die Katharer in Westdeutschland an den großen Handelsstraßen, am Rhein und an der Donau, und zwar in den alten Bischofsstädten von Köln bis Wien. Der Schwerpunkt des Katharismus war in dieser Zeit jedoch Oberitalien, begünstigt durch das Herrschaftsvakuum auf der Ebene des Königtums und das relativ geringe Interesse der lokalen Gewalten, gegen die Ketzer vorzugehen. Doch reichten die katharischen Gemeinden bis hinunter nach Kalabrien.

In Italien, wo der Austausch mit dem Bogomilentum im Osten am intensivsten war, erlitt der Katharismus aber auch bald seine erste schwere Krise mit dauerhaften Schäden. Nachdem Bischof Markus gestorben war, kamen nämlich um 1180 gemäßigte Glaubensbrüder aus Bulgarien zu seinem Nachfolger mit der Enthüllung, dass radikale Bogomilen, wie der inzwischen ebenfalls verstorbene Niketas, selbst sittlich gefehlt hätten. Deshalb seien die von Niketas vorgenommenen Weihehandlungen ungültig. Aus dieser Problematik entwickelte sich zwar ein hektischer Reiseverkehr zwischen den Katharern in Italien und den Bogomilen, aber das Schisma war unvermeidlich. Bald gab es statt des einen Bistums des Markus deren sechs, und mehrere Oberhirten suchten ihre Legitimation durch eine Weihe bei verschiedenen Kirchen des Ostens zu erreichen.

Zu dieser inneren Schwächung kamen allmählich auch wirksame Gegenmaßnahmen der katholischen Kirche. Zwar konnte der Albigenserkreuzzug den südfranzösischen Katharismus nicht ausrotten, aber als Papst Innozenz III. 1215 begann, die Armutsbewegung in der Gestalt von Dominikanern und Franziskanern zu verkirchlichen, war den asketischen Ketzern auf mittlere Sicht die Schwungkraft genommen. Die Inquisition tat das Übrige. Aus dem Norden Frankreichs zogen sich die Katharer mehr und mehr nach Italien zurück, und seit 1229 wandten sich auch im Süden die herrschenden Schichten von ihnen ab. Die letzten Katharer aus der Provence flohen 1244 nach Oberitalien; in Italien selbst lassen sich noch bis um 1280 die Bischofsreihen von sechs Diözesen verfolgen, ehe die Inquisition dem Gemeindeleben südlich des Po ein Ende machte. In einer „Summa" über die Katharer vom Jahr 1250 hat der Dominikaner Ranieri Sacconi, früher selbst Angehöriger der häretischen Gemeinschaft und bald darauf Inquisitor, die Gesamtzahl der Katharer mit weniger als 4000 angegeben; davon sollen etwa 2500 in Italien und 200 in Frankreich gelebt haben. Allerdings dürfte die Menge der ‚Gläubigen' auch damals noch um ein Vielfaches größer gewesen sein. In Bergländern Oberitaliens (Piemont) hielten sich Reste der Häresie bis in die Zeit des verketzerten Reformers Jan Hus (1412).

Arno Borst hat die Frage aufgeworfen, was die Geschichte von Bogomilen und Katharern für die Gegenwart bedeutete, auch wenn beide Häresien schon seit Jahrhunderten tot seien. Er hat zurecht hervorgehoben, dass es dabei nicht nur um die Geschichte der katholischen Christenheit, sondern um die grundsätzliche Spannung zwischen Weltabkehr und Weltzuwendung gehe; beide miteinander verwandte und aufeinander bezogene Häresien hätten „die mittelalterliche Synthese von christlich-weltfernen und antikisch-weltnahen Tendenzen an der Wurzel" abgeschnitten. Seit der Niederlage beider Bewegungen sei aber „weit über den Bereich des christlichen Glaubens und des Mittelalters hinaus" als „das unwidersprochene Gesetz Europas" klargestellt, „daß die Welt eine Aufgabe und daß ihre Bewältigung der Daseinsgrund des Menschen sei (...) – mit allen guten und bösen Konsequenzen".

In der Hochzeit des Katharismus zwischen 1170 und 1210 waren im westlichen Europa noch andere Sekten entstanden, die sich organisatorisch am Vorbild der Katharer orientierten, auch wenn sie deren unchristliche Zwei-Götter-Lehre verwarfen, darunter besonders die Waldenser. Ihr Gründer, der Kaufmann Pierre Waldes aus Lyon, hatte um 1173 sein Bekehrungserlebnis, verzichtete fortan auf Besitz und Familie, studierte Bibel und Kirchenväter in Übersetzungen und begann auf Straßen und öffentlichen Plätzen zu predigen. Damit usurpierte er ein Vorrecht des Klerus, doch war ihm der Papst zunächst wohlgesinnt; Waldes und seine Anhänger, wiederum Frauen neben Männern, wurden aber 1182 durch den Erzbischof von Lyon exkommuniziert und vertrieben, 1184 zog Rom mit der Verketzerung nach. Trotzdem breiteten sich die Waldenser im Languedoc schnell aus und fanden Anhänger in der Lombardei, in Nordostfrankreich und im Oberrheintal. Um 1200 spaltete sich die Bewegung auf, vor allem in eine südfranzösische und eine italienische Gruppierung. Der verstärkte Kampf der Amtskirche mit Hilfe der Inquisition trieb die Waldenser seit den dreißiger Jahren zunehmend in den Untergrund. Trotzdem breiteten sie sich auch nach Südostdeutschland, Böhmen, Polen und Ungarn aus. Mitte des 13. Jahrhunderts gingen unter anderem David von Augsburg und Berthold von Regensburg als päpstliche Visitatoren und Prediger gegen sie vor. Die Waldenser überlebten aber in Rückzugsgebieten bis zur Reformationszeit, im westlichen Piemont sogar bis zur Gegenwart.

3.3 Wie die Vögel in schrankenlosem Flug: Europäer auf der Suche nach dem Wissen

Im hohen Mittelalter lernten die abendländischen Gelehrten, dass sie um der Wissenschaft willen ihrem Vaterland entsagen müssten. Zwar hatten auch schon in früheren Jahrhunderten lateinische Mönche weiträumige Reisen und Pilgerschaften angetreten und dabei ihre Kenntnisse erweitert oder diese in den Dienst eines Herrschers als Mäzens gestellt; jetzt aber stießen ihre Nachfolger an den Quellen des Studiums auf Intellektuelle anderer Kulturen, wenn sie diese nicht geradezu gesucht hatten, auf arabische, jüdische und byzantinische Denker und Literaten nämlich. Auch sie waren auf der Suche nach dem Wissen, und es ist bezeichnend, dass das Motiv der Reise *causa sophiae* (Adhémar von Chabannes über Gerbert von Aurillac) als *ṭalab al-ʿilm* ebenso bei den Muslimen Spaniens begegnet (s. oben 2.1.6). Der Radius der Studienfahrten überstrich auch Europas Grenzen und schloss altes Kulturland Asiens mit ein; wer aber aus Heimweh oder sonst wie freiwillig der Fremde den Rücken kehren wollte, dem hielt man das Wort Ovids entgegen: Für den Weisen sei ‚jedes Land die Heimat, so wie dem Vogel die ganze Welt offen steht'. Allerdings waren die Frequenzen und Zielpunkte der Gelehrtenreisen sehr ungleich verteilt; manche Gruppen, wie die Muslime aus Spanien, hatten den

Höhepunkt ihrer Mobilität bereits hinter sich und waren im 11. Jahrhundert verhältnismäßig sesshaft geworden, anderen, wie den Byzantinern, konnte man sogar eine ausgesprochene Reisephobie nachsagen (vgl. oben 2.1.1.3). Als Konstantin Manasses im Auftrag Kaiser Manuels I. nach Jerusalem fahren sollte, gefror ihm nach eigenen Worten das Herz in der Brust und er brach über sein Unglück in Tränen aus; trotzdem zeigt sein Itinerar in Versform (Ὁδοιπορικόν), das er später verfasste, den Realitätssinn eines naturwissenschaftlich geübten Beobachters. Die Juden schließlich, deren Heimat das Exil geworden war, hatten eigene europäische Lehrtraditionen ausgebildet, so dass sie nur noch zu vergleichsweise kleinräumigen Studienfahrten aufgebrochen sind.

3.3.1 Gelehrte Männer dreier Religionen werden heimatlos

Mit wenigen ausgewählten Gelehrtenbiographien lassen sich die lokalen und sachlichen Schwerpunkte und die europäisch-mediterranen Verflechtungen der hochmittelalterlichen Wissenschaft andeuten. Aus Antiochien stammte der Arzt, Astronom und Astrologe Symeon Seth, der im 11. Jahrhundert mehrfach am byzantinischen Kaiserhof wirkte. In seiner naturwissenschaftlichen Lehre stützte er sich auf Aristoteles, doch vertraute der μάγιστρος καί φιλόσοφος auch auf seine eigene Wahrnehmung und Kritikfähigkeit. In der Frage, weshalb ein Blitz eher zu sehen als zu hören sei, bot er die Lösung an, dass der Ton Zeit für seine Übertragung brauche, das Licht hingegen nicht. Andere Zeitgenossen waren der Meinung, das Auge sei durch seine Außenwölbung gegenüber dem Ohr im Vorteil, weil dieses aus einer Höhle bestehe. Nachdem Seth unter Romanos III. Argyros Hofbeamter gewesen war, wurde er 1034 aus Konstantinopel vertrieben; zunächst errichtete er in Kleinasien (Bithynien) ein Kloster, wandte sich aber dann nach Ägypten. Hier beobachtete er am 25. Februar 1058 eine partielle Sonnenfinsternis, die er genau beschrieben und analysiert hat. Als Arzt Michaels VII. Dukas (1071–1078) widmete er diesem Kaiser eine Schrift über die Nahrungsmittel, der er seinen Landsleuten zum ersten Mal exotische Produkte wie Ambra, Haschisch, Kampfer und Moschus nahe brachte. Frappiert hat Seth jedoch die Hofgesellschaft, als er gestützt auf seine astrologischen Kenntnisse den Tod des Reichsfeindes Robert Guiscard 1085 richtig vorausgesagt hatte. Kaiser Alexios I. fürchtete Seths Einfluss auf die Jugend und verbannte ihn nach Rhaidestos (heute Tekirdağ) westlich der Hauptstadt am Marmarameer. Seth dedizierte aber Alexios einen Fürstenspiegel ursprünglich indischer Provenienz („Pañcatranta"), den er aus dem Arabischen („Kalīla wa-Dimna") ins Griechische übersetzt hatte; in der Form einer Erzählung belehrt ein Philosoph in ‚Stephanites und Ichnelates' einen König über das rechte Regieren und bedient sich zur Veranschaulichung der Tierfabeln. Von Seths Textfassung leiten sich die slawischen Übersetzungen ab, über das Bulgarische und Serbische bis hin zum Russischen, während die westliche Tradition auf einer hebräischen Übersetzung aus dem Arabischen, also einem anderen Überlieferungszweig, beruht.

Hatte Symeon Seth seine Arabisch-Kenntnisse dazu genutzt, Regierungslehren des fernen Orients an die byzantinisch-slawische Welt Osteuropas zu vermitteln, so leistete sein Zeitgenosse Konstantin der Afrikaner Gleiches für griechisch-arabisches Wissen der Medizin zugunsten des lateinischen Westens. Konstantin soll, jedenfalls nach späterer Überlieferung, ein muslimischer Kräuterhändler gewesen sein, der fast vierzig Jahre hindurch im Mittelmeerraum und vorderen Orient seine Geschäfte abgewickelt hatte; 1063 kam er nach dem unteritalienischen Salerno, das schon damals in ganz Europa wegen der Kunst seiner Ärzte berühmt war. Durch Erzbischof Alfanus, der in Konstantinopel (und Jerusalem) gewesen war und selbst als Arzt medizinische Literatur aus dem

Griechischen ins Lateinische übersetzte, ließ sich Konstantin dazu bewegen, vor allem arabische Werke für die medizinische Schule zu erschließen. Er scheint dies – nunmehr getaufter Christ – als Mönch des Klosters Montecassino getan zu haben; auch Texten der klassischen griechischen Medizin, Galens und des Hippokrates, hat sich Konstantin gewidmet. Seine Methode bestand weniger in wörtlicher Übersetzung als in freier Zurichtung des Überlieferten für den praktischen Gebrauch. Welche Grundlagen hier für Salerno selbst, aber auch für die westliche Medizin im Ganzen gelegt wurden, haben schon die Zeitgenossen erkannt. Sie nannten den Afrikaner (gest. 1087) den ‚neuen hell glänzenden Hippokrates', und in einer Geschichte von Montecassino titulierte ihn der Verfasser im folgenden Jahrhundert als *orientis et occidentis magister*.

Die Studienreisen der arabischen Gelehrten aus al-Andalus erübrigten sich nur im selben Maße, in dem sie selbst über die wissenschaftlichen Innovationen ihrer Glaubensbrüder im Osten verfügten. Als der griechische Kaiser dem Kalifen von Córdoba 948/49 eine Handschrift der „Materia Medica" des Dioscorides geschenkt hatte, wurden die traditionellen Reisen der Pharmakologie-Studenten aus Andalusien nach Bagdad entbehrlich, sobald ihnen eine Übersetzung des Textes ins Arabische vorlag. Ähnlich verhielt es sich mit dem „Sindhind", also astronomischen Tafeln indischen Ursprungs, die zwar schon in Bagdad übertragen und mehrfach bearbeitet waren, die aber seit ihrer Übermittlung nach Spanien (spätes 9. Jh.) hier selbst eine intensive Beschäftigung mit Mathematik und Astronomie stimulierten. Ibn Muᶜād aus Jaén (etwa 989–1079) war nur einer dieser Gelehrten, dessen breites Interessenfeld sich auch an einer Abhandlung über Euklids Elementenlehre ablesen lässt; sein besonderes Verdienst wurde es, die revolutionäre sphärische Trigonometrie im Okzident bekannt zu machen, die er bei einem Aufenthalt in Ägypten kennen gelernt haben dürfte und die damals erst wenige Jahrzehnte alt war. In Mekka, dem Zentrum muslimischer Kultfrömmigkeit, hatte hingegen sein Zeitgenosse al-ᶜUdrī studiert, und zwar zehn Jahre lang, bevor er in seiner spanischen Heimat Rechtsgelehrter wurde und den Provinzen von al-Andalus eine einzigartige geographisch-historische Beschreibung widmete. Agronomische Studien trieb, ebenfalls noch im 11. Jahrhundert, al-ᶜUdrīs Landsmann Ibn Bassāl in Sizilien, Ägypten und gar im fernen Khorasan, während Abu'l-Salt aus Denia, der über philosophische, astronomische und pharmakologische Probleme arbeitete, sich mit Alexandria und Kairo auf seiner Suche nach der Weisheit begnügte. Im 13. Jahrhundert trieb es Jaḥja ibn Abī Šukr al-Andalusī bis zum mongolischen Observatorium in Marāġah (Aserbaidschan), so dass er nachher zu Hause über die chinesischen Beobachtungen zu Himmelskunde und Kalenderwesen berichten konnte.

Astronomisch-astrologische und mathematische Interessen pflegte auch der Engländer Adelard von Bath. Er hatte an Schulen in der Normandie und an der Loire seine Ausbildung im Trivium und Quadrivium erfahren und war dann weiter gezogen, über die französischen Bildungszentren Tours und besonders Laon nach Salerno (1104/7) und Sizilien sowie nach Antiochien (um 1115). Auf dem Weg nach Jerusalem traf er in Tarsus auf einen alten Griechen, mit dem er Fragen der Anatomie erörterte. Die vielseitige Aufgeschlossenheit, die typisch für die Gelehrten seiner Zeit war, bedeutete aber keine Beliebigkeit; Adelards eigentliches Lebensthema wurde es nämlich, ‚die Studien der Araber zu durchdringen'. So übersetzte er 1126 die auf dem „Sindhind" beruhenden Tafeln des al-Ḫwārizmi; aber auch die ‚Elemente' von Euklid übertrug er erstmals vollständig aus dem Arabischen ins Lateinische. Daneben verfasste er eigene Abhandlungen, die zum Beispiel dem Abakus oder dem Astrolab gewidmet waren. Erst um 1130 ist Adelard nach England heimgekehrt, wo er nach 1146 gestorben ist.

Seine Landsleute gehörten im Hochmittelalter zu den mobilsten Wahrheitssuchern. Auf den Spuren Adelards wandte sich etwa Daniel von Morley (etwa 1140–1210) den kontinentalen Bildungszentren zu, nachdem ihn das Lehrangebot von Oxford enttäuscht hatte. Auch hier ließ sich Daniel aber nicht leicht zufrieden stellen; jedenfalls schilderte er dem Bischof von Norwich später seinen Studiengang, auf dem er klare wissenschaftliche Präferenzen und Interessen ausgebildet hatte: ‚Die Studierleidenschaft hatte mich aus England verjagt. Ich blieb einige Zeit in Paris. Ich sah dort nur Wilde, die mit würdevollem Gewicht auf ihren Schulsitzen thronten, vor ihnen zwei oder drei Schemel mit riesigen, die Lehren des Ulpian in Goldschrift wiedergebenden Werken; sie hielten Bleifedern in Händen, mit denen sie ernsthaft Asterisken und Obelen in ihre Bücher malten. Ihre Unwissenheit zwang ihnen die Haltung von Statuen auf, doch sie gaben vor, ihre Weisheit gerade durch ihr Schweigen zu demonstrieren. Sobald sie den Mund zu öffnen versuchten, hörte ich nur noch Kindergestammel. Sobald ich die Lage begriffen hatte, dachte ich darüber nach, wie ich diesen Risiken entgehen und jene die Schriften erhellenden ‚Künste' anders erfassen könnte, als indem ich sie im Vorübergehen grüßte oder durch Abkürzungen mied. Da heutzutage die Lehren der Araber, die fast ausschließlich aus den Künsten des Quadrivium bestehen, in Toledo unter die Menge gebracht werden, beeilte ich mich daher, dorthin zu gelangen, um mich von den weisesten Philosophen der Erde belehren zu lassen. Da Freunde mich zurückriefen und ich gebeten wurde, aus Spanien heimzukehren, bin ich mit einer kostbaren Ladung Bücher nach England gekommen [um 1187]. Man sagt mir, in diesen Gegenden sei das Lehren der freien Künste unbekannt, Aristoteles und Plato fielen zugunsten von Titus und Seius in völlige Vergessenheit. Mein Schmerz war groß und ich habe mich, um nicht der einzige Grieche unter den Römern zu bleiben, auf die Suche nach einer Stätte gemacht, wo ich lernen kann, diese Art Studien zum Blühen zu bringen (...). Niemand soll sich aufregen, wenn ich mich in bezug auf die Erschaffung der Welt auf das Zeugnis der heidnischen Philosophen und nicht der Kirchenväter berufe, denn obgleich erstere nicht zu den Gläubigen gehören, müssen einige ihrer Aussprüche, solange sie vom Glauben erfüllt sind, in unsere Unterweisungen eingegliedert werden. Auch uns, die wir mystisch aus Ägypten befreit wurden, hat der Herr befohlen, die Schätze der Ägypter zu plündern, um die Hebräer damit zu bereichern. Plündern wir also auf Anweisung des Herrn und mit Seiner Hilfe die Weisheit und Redekunst der heidnischen Philosophen, plündern wir diese Ungläubigen aus, um uns selbst im Glauben um ihre Hüllen zu bereichern!' (Übers. J. LE GOFF/Ch. KAYSER). Christliche Vorbehalte gegenüber dem Studium der griechischen Naturphilosophie hatte Daniel also in Toledo überwunden, wo arabische und auf Arabisch überlieferte griechische Werke antiker Wissenschaft und Philosophie ins Lateinische übertragen wurden (s. oben 2.1.6). Mit den Werken der neuen *doctrina Arabum* ausgestattet, verfasste er dann in England eine Abhandlung „De naturis inferiorum et superiorum" und verstand es, seine Adaption des Aristoteles mit Rekursen auf die Kirchenväter zu verbinden.

Paris, über das sich Daniel von Morley so abfällig geäußert hat, war im 12. Jahrhundert indessen schon zur wissenschaftlichen Hauptstadt Europas geworden, berühmt für seine neue Methode des Forschens (Dialektik) und seinen Schwerpunkt auf der Theologie und Philosophie. Hierhin strömten die Studenten des ganzen Kontinents, so wenige von ihnen im Einzelnen fassbar sind. Nach zwei englischen Quellen war Isaak Angelos unter ihnen, der künftige Kaiser des Ostreiches (1185–1195). Anfang des 13. Jahrhunderts richtete man in Paris sogar ein besonderes Studienprogramm für Griechen ein, Bedarf und Erfolg dieses Unternehmens lassen sich aber nicht wirklich einschätzen. In der französischen Königsstadt bildeten sich auch deutsche Kleriker fort, die womöglich später zu Bischöfen und Erzbischöfen avancierten, ohne dass das Studium als Qualifizierungsmerkmal die ständischen Voraussetzungen einer Karriere in der Reichskirche hätte beiseite drängen können. Otto und Konrad, die Söhne des Markgrafen von Österreich und einer Tochter Kaiser Heinrichs IV., studierten etwa beide in Paris; der eine sollte Bischof von Freising, der andere Oberhirte von Passau werden. Otto hatte schon als Kind die Propstei einer Stiftskirche bei Wien erhalten, um mit der Pfründe sein Studium in der Fremde zu finanzieren, doch wissen wir nichts Konkretes über Dauer, Verlauf und Ergebnis seines Pariser Aufenthalts. Als Otto im Alter von 19 oder 20 Jahren die französische Hauptstadt verlassen hatte, erlangte ein Zwischenstopp im Kloster Morimond für ihn offenbar weit größere Bedeutung; zusammen mit seinen Gefährten wurde er hier selbst Zisterziensermönch. Nur schwache Hinweise deuten in der Überlieferung darauf hin, dass er als Bischof in seiner Domschule auch die Pariser Unterrichtsform der Disputation eingeführt hat; jedenfalls hätte er damit keinen nachhaltigen Erfolg erzielt. Größeres Gewicht für die geistliche Laufbahn als bei Otto von Freising kann man dem Studium in Paris vielleicht Ludolf von Kroppenstedt, dem späteren Erzbischof von Magdeburg (1192–1205), zuschreiben; Ludolf soll nämlich Sohn eines Bauern gewesen sein, dem ein solcher Aufstieg in Deutschland normalerweise nicht offen stand. Nach einem Elementarunterricht an der Domschule zu Halberstadt hat er angeblich zwanzig Jahre in Paris studiert, zeitweise zusammen mit dem Engländer Thomas Becket; über die Stelle eines *scolasticus* an der Magdeburger Domschule avancierte er unter anderem zum Domdekan und schließlich zum Oberhirten der sächsischen Metropole selbst.

Auch aus Skandinavien strömte die geistige Elite vornehmlich nach Paris und anderen nordfranzösischen Schulen, wenn auch Erzbischof Eskil von Lund (s. oben 2.1.5) sowie die ersten Bischöfe von Skálholt auf Island, Ísleifr und sein Sohn Gizurr, in Deutschland studiert hatten (s. oben 2.2). Schon während seines Exils in Frankreich hatte aber Eskil in den 1160er Jahren das Augustinerchorherrenstift St. Viktor in Paris besucht, eine der wichtigsten Bildungsstätten, das damals allerdings den Höhepunkt seiner Innovationskraft bereits überschritten hatte. Auch der isländische Reformbischof Thorlákr hatte kurz zuvor hier studiert, während das Oberhaupt des zweiten isländischen Bistums in Hólar, Jón (gest. 1121), seine Wissenschaft außer in Frankreich auch in Italien erwarb. Neben den Dänen und Isländern zog es die Norweger nach St. Viktor von Paris, wohl mit dem späteren Erzbischof von Trondheim, Eysteinn, an der Spitze (s. oben 2.1.5). Ein Brief an den Vorsteher von St. Viktor, Ernis (1161–1172), macht das Ausmaß der Nachfrage deutlich; die Schwester des Prälaten, die einen Norweger geheiratet hatte, warnt darin ausdrücklich vor den ‚vielen aus unserer Gegend, die sich unter Berufung auf meinen Mann in den Hafen Eurer Barmherzigkeit flüchten'. Damit aber die Täuschungen derjenigen aufgedeckt würden, die angeblich in ihrem Auftrag nach St. Viktor kämen, erbat sie über die vagierenden Landsleute nähere Mitteilung. Aus der übrigen „neuen Christenheit", den ostmitteleuropäischen Ländern, scheinen nur die Ungarn zum Studium nach Frankreich gezogen zu sein, zuerst nach Laon, dann nach Paris. Als Zeitgenosse von Thomas Becket (und Ludolf von Kroppenstedt) beobachtete ein englischer Chronist ‚in Paris den Ungarn Lucas, und zwar in der Schule des Meisters Gérard Pucelle, einen ehrenwerten und gut gebildeten Mann, der den Tisch mit den Armen teilte'; später wurde Lucas Erzbischof von Gran (Esztergom) und etablierte dort sehr früh den Becketkult. Zur gleichen Zeit studierten mehrere Ungarn an der Stiftsschule von Ste. Geneviève, darunter einer, den König Béla III. (1173–1196) ausdrücklich mit dem ‚Erlernen der Singweise (*melodia*)' beauftragt hatte.

Deutsch-französischer Austausch prägte die Wissenschaft im aschkenasischen Judentum, obgleich die Anfänge der Gemeinden vielfach auf Zuwanderer aus Italien zurückgegangen waren (s. oben 3.2.2). Aus Troyes kommend studierte Raschi (geb. um 1040) an den Jeschiwot von Mainz und Worms, die Kurt FLASCH überpointiert als „die ältesten Hochschulen auf deutschem Boden" bezeichnet hat. Um 1070 errichtete Raschi selbst eine Jeschiwah in seiner Heimatstadt. Am Ende des hohen Mittelalters ging der in Worms geborene Meïr Ben Baruch (um 1220–1293) den anderen Weg und studierte unter anderem in Nordfrankreich, vor allem aber in Paris, wo er Zeuge der Disputationen über den Talmud und der anschließenden Bücherverbrennung wurde (1242). Während Raschi als Kommentator der Bibel und des Talmud hochberühmt wurde, erlangte Meïr an seinem späteren Wohnsitz Rothenburg ob der Tauber überragendes Ansehen durch seine halachischen Entscheidungen, die in über 1000 Responsen erhalten sind. Über Exegese und Gesetzanwendung der eigenen religiösen Überlieferung ging die Wissenschaft der aschkenasischen Juden kaum hinaus, im Unterschied zu ihren sephardischen Brüdern, die schon bei der Grundlegung der neuen „weltlichen" Wissenschaften und Philosophie eine Schlüsselrolle zwischen Muslimen und Christen spielten.

Nicht nur Salernos wegen, sondern aufgrund seiner geographischen Lage überhaupt und der relativ dichten Kontinuität seiner Kultur mit der Antike spielte natürlich Italien eine überragende Rolle als Plattform für den Austausch der Wissenschaft. In der Verbindung zum Orient folgten die Gelehrten den Pilgern und Händlern. So bestand der pisanische Handelsattachée im nordafrikanischen Bugia (Bejaïa, Algerien), Guglielmo Bonaccio, darauf, dass sein Sohn Leo (geb. um 1170) sich hier die indisch-arabischen Rechenmethoden aneigne. Leo von Pisa (Fibonacci) hat dann selbst auf seinen Handelsreisen nach Ägypten, Syrien, Byzanz, Sizilien und der Provence immer wieder Mathematiker aufgesucht, um sein Wissen zu ergänzen. Durch seinen „Liber abaci" machte er das Ziffernrechnen seinen Landsleuten bekannt, und da er stets die praktischen Vorteile für das Kaufmannsleben mit zahllosen Beispielen aus arabischen, byzantinischen und lateinischen Quellen vergegenwärtigen konnte, verhalf er der neuen Rechenkunst im Westen zum Durchbruch. Friedrich II. und seine Hofgelehrten wurden auf ihn aufmerksam und stellten ihm Probleme; eine seiner Abhandlungen widmete er dem Kaiser selbst (1225), während er für den bedeutendsten wissenschaftlichen Mitarbeiter des Staufers um 1228 seine Abhandlung über den Abakus revidierte. Bei dem Auftraggeber handelte es sich um Michael Scotus, auch er eine Zelebrität. Wie der Beiname besagt, war er, geboren um 1200, irischer oder schottischer Herkunft; in der Nachfolge Daniel von Morleys und anderer nahm er zunächst Anteil an der Übersetzerarbeit in Toledo. Mit Hilfe eines Juden (*Abuteus levita*) übertrug er das astronomische Hauptwerk des arabischen Gelehrten al-Biṭrūǧi sowie die Tierkunde des Aristoteles aus arabischer Fassung ins Lateinische; durch beide Werke gewann er tiefen Einfluss auf die westliche Gelehrsamkeit, das zweite von ihnen sollte schon Friedrich II. für sein Falkenbuch benutzen. 1215 hatte Michael den Erzbischof von Toledo zum Vierten Laterankonzil begleitet und erfreute sich seither einer auffälligen Gunst bei den Päpsten, auch wegen seiner das Hebräische einschließenden Sprachkenntnisse. Wiederholt konzedierten sie ihm die Mehrfachbepfründung in England und Schottland. Als Michael 1224 zum Erzbischof von Cashel in Irland gewählt worden war, sollte er die bisherigen einträglichen Klerikerstellen ebenfalls behalten dürfen, doch der Elekt schlug die hohe Würde aus. Er machte geltend, dass er die Sprache des Landes nicht verstehe – eine merkwürdige Begründung für einen Mann seiner Begabungen und zumal seiner – jedenfalls keltischen – Herkunft; in Wirklichkeit wird es wohl darum gegangen sein, dass sich hier der Gelehrte gegen eine Funktion entschieden hat, die hohe praktische Anforderungen in Seelsorge, Verwaltung und Politik stellen mochte. Schon damals dürfte Michael als hochgeschätzter Forscher am Hof Friedrichs II. geweilt haben – Leo Fibonacci titulierte ihn schlechthin als *summus philosophus*. Michael traf den Stauferherrscher vielleicht zum ersten Mal 1220 in Bologna, als Friedrich zur Kaiserkrönung zog; diese Stadt war seit rund hundert Jahren der wichtigste Platz zum Studium des römischen und des kirchlichen Rechts in Europa (s. oben 2.1.1.1, 2.1.2). Michael, der auch den Aristoteles-Kommentar des Averroës übersetzte (vgl. oben 2.1.6), widmete dem Kaiser seinen lateinischen Avicenna; in eine bemerkenswerte Huldigungszeile am Schluss fanden Wörter aus vier Sprachen Eingang, aus dem Lateinischen, dem Arabischen, dem Slawischen und dem Deutschen: *Felix elmelic dober Friderich salemelich* -,Glücklicher Herrscher, erhabener Friedrich, Friede sei mit dir'.

Im Umkreis Friedrichs II. wirkte schließlich Theodor, der um 1195 als jakobitischer Christ in der Hauptstadt des Kreuzfahrerstaates Antiochia geboren worden war. Theodor hatte hier zunächst Syrisch und Latein, dann auch die Philosophie und Wissenschaften der Griechen studiert. Danach ging er zweimal nach Mosul, um die Philosophie von al-Fārābī und Ibn Sīnā (Avicenna) kennen zu lernen und sich der Medizin zu widmen; obwohl Christ, konnte er also an einer islamischen Madrasa seinen wissenschaftlichen Interessen nachgehen! Seinem Lehrer Kamāladdīn Ibn Jūnus legte später auch Friedrich II. Fragen vor. Nachdem Theodor von Antiochia an den Fürstenhöfen Kleinasiens keine adäquate Stellung gefunden hatte, ließ er sich um 1225 von Friedrich in Dienst nehmen. Er wirkte als Förderer Leos von Pisa, Disputant in Philosophie sowie als Übersetzer von Averroës und Aristoteles, vor allem aber des Jagdbuches von „Moamin", das der Kaiser intensiv studierte. Auch als Arzt war Theodor tätig und galt als so tüchtig, dass er einen späteren Papst (Johannes XXI.) in Medizin unterrichten konnte. Sein Lebensende wirft aber vielleicht ein Schlaglicht auf die psychischen Probleme einer lebenslangen Wanderschaft für die Wissenschaft. Ein syrischer Historiker der Zeit will wissen, dass Theodor heimlich vom Stauferhof floh und sich für die Heimreise nach Antiochien einschiffte; das Gefährt habe wegen eines Sturms jedoch umkehren müssen und sei ausgerechnet im Hafen jener Stadt vor Anker gegangen, in dem sich Friedrich gerade aufhielt. Aus Scham – oder Verzweiflung über den unlösbaren Konflikt zwischen dem herrscherlichen Mäzen und der Sehnsucht nach der Heimat – habe Theodor, wie angedeutet wird, den Suizid gewählt (1250).

Nicht zufällig ist bisher nur von Gelehrten auf Reisen die Rede gewesen, denn von der neuen Beweglichkeit um der Wissenschaft willen waren Frauen ausgeschlossen. „In einer Zeit, als die Männer staunend feststellten, dass es eine Welt zu entdecken gab, dass sie alles zu lernen, alle Abenteuer zu bestehen und viele Erfahrungen zu sammeln hatten, blieb die Frau im Dienste der Gattung oder im Dienste Gottes auf ihre traditionellen Funktionen beschränkt" (P. L'Hermite-Leclercq). Anna Komnene (1083- etwa 1153/54), die Chronistin ihres Vaters Alexios I. (s. oben 2.1.1.2), wunderte sich zwar bei der Begegnung mit den Kreuzfahrern, dass sich unter diesen Frauen befanden, die geübt waren im Reiten und die sogar an Feindseligkeiten teilnahmen, aber studienhalber waren ihre Geschlechtsgenossinnen nicht auf so weiten Reisen unterwegs. Anna war eine hoch gebildete Frau, die in der Kapitale selbst die Künste förderte, einen Zirkel von Literaten um sich scharte und einen klaren Blick für die medizinischen Maßnahmen hatte, die die Ärzte am Sterbebett des Vaters ergriffen; ein Indiz ihres wissenschaftliches Interesses ist auch, dass in einem ihr gewidmeten Eulogium die Kunst der Sektion genau kommentiert wird. Frauen ihres Standes haben in Byzanz bereits im Alter von zehn oder elf Jahren eine Elementarausbildung genossen. Selbst im bescheidenen Elternhaus des berühmt gewordenen Politikers und Gelehrten Michael Psellos partizipierten sie an der Bildung; Michael wurde von seiner Mutter immerhin das Alphabet beigebracht. Seine eigene Ehefrau unterrichtete die gemeinsame Tochter Styliane im Lesen, bevor das Kind mit anderen Mädchen zur weiteren Unterweisung zu einem Lehrer geschickt wurde. Für häusliche Bemühungen um die Ausbildung von Mädchen spricht auch das Testament eines nach Kappadokien verbannten Provinzbeamten von 1059; der Erblasser Eustathios Boilas wollte seinen beiden Töchtern einige seiner Bücher aus der Privatbibliothek zukommen lassen, die ihnen zum Lernen, Lesen und Kirchengesang dienen sollten. Im Westen konnten Mädchen in Klöstern unterrichtet werden. Die Mysterikerin Hildegard von Bingen (1098–1179) war als Achtjährige von ihren Eltern einer Inklusin anvertraut worden, die sie zum Studium der Vulgata und der lateinischen Kirchenväter anleitete; als Hildegard später wiederholt auf Reisen ging, blieben der Radius auf das Reich und der Zweck auf die Predigt beschränkt. Ähnlich angelegt, wenn auch extrem anders im Progress war der Bildungsweg von Hildegards Altersgenossin Heloïse (etwa 1099–1164), die als Tochter eines Kanonikus bei den Nonnen von Argenteuil eine sehr gute Schule gefunden hat; jedenfalls kannte sie sich in der geistlichen und profanen Literatur der Lateiner aus und konnte auch etwas Griechisch und Hebräisch. Ihr Onkel, der Domherr Fulbert, holte sie nach Paris, um ihr hier im Hausunterricht weitere Kenntnisse in Philosophie vermitteln zu lassen. Man weiß, dass er dafür den berühmten Petrus Abaelard gewann, der erheblich älter war als Heloïse (1079–1142) und sich angeblich durch die jugendliche Schönheit und Gelehrsamkeit des Mädchens angezogen fühlte. In seiner Lebensbeschreibung, die die leidenschaftliche und verhängnisvolle Liebe des Lehrers und seiner Schülerin thematisiert, hat Abaelard ein einzigartiges Zeugnis auch ihrer unterschiedlichen Bildungswege hinterlassen: ‚Es lebte damals in Paris', beginnt er seine Erzählung über die Geliebte, ‚ein junges Mädchen, Heloisa geheißen, die Nichte eines Kanonikers Fulbert; er liebte sie zärtlich und wollte darum nichts versäumen, was ihrer geistigen Ausbildung förderlich war. Sie war, ohne damit aufzufallen, eine anmutige Erscheinung; an den ersten Platz rückte sie ihre ausgedehnte Bildung. Wissenschaftliche Bildung ist bei Frauen eine Seltenheit; deshalb war Heloisas Anziehungskraft besonders stark, und man sprach im ganzen Lande von ihr mit größter Wärme. Was einen Mann zur Liebe locken mag, sah ich bei ihr vereint; darum gedachte ich sie in Liebesbande zu verstricken, und am Gelingen zweifelte ich keinen Augenblick: war ich doch berühmt und jugendlich anmutig vor anderen und brauchte von keiner Frau eine Abweisung zu fürchten, wenn ich sie meiner Liebe würdigte.' Fulbert nahm den Philosophen sogar in seinem Hause auf, damit er Heloïse, wann immer ihm seine Vorlesungen Zeit dazu ließen, ‚bei Tag und Nacht', unterrichten könnte; ‚und hätte ich den Eindruck, sie sei faul', berichtet Abaelard weiter über Fulberts Anweisungen, ‚so solle ich sie ohne Gnade züchtigen'. Der Lehrer selbst war von seinem Vater, einem Ritter, für die Wissenschaft begeistert worden; nach häuslicher Unterrichtung und weiterem Schulbesuch bis zum Jünglingsalter hatte er bei verschiedenen Lehrern Philosophie studiert. Nach seinen eigenen Worten zog Abaelard zum Studium der Logik ‚überall hin, wo man mir Hauptsitze dieser Wissenschaft rühmte, und wurde so ein Wanderphilosoph im Sinn des Altertums' (Übers. E. Brost). Wie am Kaiserhof von Byzanz hatten Frauen königlichen oder mindestens adligen Geblüts auch im Westen an Fürstenhöfen Gelegenheit zur wissenschaftlichen Belehrung, sie blieben aber auch auf fremdbestimmte Kontakte dieser Art angewiesen. Von Teresa, der Tochter Alfons VI. von Kastilien-León und Stammmutter des Königreiches Portugal (s. oben 2.1.5), ist überliefert, dass sie mit Johannes von Sevilla so intensiv über die Probleme der Physiologie diskutiert habe, dass dieser ihr einige Übersetzungen medizinischer Traktate gewidmet hat.

3.3.2 Schulen und Wissenschaft bei Byzantinern und Muslimen

Unter den großen Kulturen war der römische Osten im hohen Mittelalter vergleichsweise wenig innovativ, auch wenn die Byzantinisten der letzten Jahrzehnte eindrucksvolle Nachweise für wissenschaftliche Leistungen und sogar Neuansätze des griechischen Schulwesens präsentieren konnten. Im Ganzen blieben aber die Inhalte und Strukturen des Bildungssystems von der späten Antike an bis ins 15. Jahrhundert dieselben. Die Schwerpunkte der Schule lagen auf der Vermittlung des Lesens und Schreibens beziehungsweise auf Grammatik und Rhetorik eher als auf einer Einführung in Arithmetik; Ziel war es, zur Beherrschung der hellenistischen griechischen Sprache (*koine*) und zu den Klassikern hinzuführen. Auf der höchsten Stufe konnte die Philosophie dazutreten. Die Lehrer erfüllten ihre Aufgabe durch eine kommentierende Einführung einiger antiker Autoren, vor allem Homers, hinter denen die griechischen Kirchenväter (Gregor von Nazianz, Johannes Damaskenos) stark zurücktraten; wenn auch im mittleren Ausbildungsschritt die Psalmen als Stoff Homer verdrängen konnten, so war der Lehrkanon für das fortgeschrittene Stadium niemals im selben Maße verchristlicht wie im lateinischen Westen. Allerdings setzte im 9./10. Jahrhundert eine neue Auseinandersetzung mit der klassischen Überlieferung ein. Man begann – unter kaiserlicher Anleitung – die alten Manuskripte zu sammeln und in einer neuen Minuskel zu kopieren, die einem breiteren Bedürfnis von Textausgaben entgegenkam. So stammen die ältesten vollständigen Abschriften von Homers „Ilias" und „Odyssee" aus dem 10. Jahrhundert, und ähnlich verhält es sich mit den antiken Tragödien. Plato und Aristoteles wurden ebenso in dieser Zeit transkribiert, und auch das römische Recht wurde neu angeeignet ('Reinigung'). Es dauerte freilich noch bis ins 11./12. Jahrhundert, bis man sich mit Klassikertexten auch kommentierend auseinander setzte (Georg Aneponymos, Michael Psellos, Johannes Italikos, Michael von Ephesos, Eustratios von Nikaia, Theodor Prodromos, Johannes Tzetzes u. a.). Auch dem Kirchenrecht wandte man sich zu, Naturwissenschaften und Mathematik fanden Interesse. Aus dem 11. Jahrhundert stammt etwa eine Schrift über alle vier mathematischen Disziplinen (Quadrivium), die Psellos zum Autor gehabt haben soll. Von den Arabern übernahmen die Oströmer im 12. Jahrhundert das Zahlensystem, abgesehen von der Null. Auch in der Astronomie ließen sie sich von arabischen Quellen belehren. Das waren eben auch die Voraussetzungen dafür, dass Leo von Pisa um 1200 in Byzanz mit mehreren Mathematikern Probleme der Algebra diskutieren konnte.

Das Schulwesen der Byzantiner wird als dreistufiges System wahrgenommen, basierend auf der Elementarschule für Knaben (und manchmal auch Mädchen) in den meisten Städten und sogar auch größeren Dörfern oder Marktorten. Die Schulmeister unterrichteten oft im eigenen Haus und auf Honorarbasis. Klöster konnten ihren Nachwuchs in eigenen Schulen heranziehen, die aber den Laien prinzipiell verschlossen blieben. Die „Sekundarstufe" für Neun- bis Fünfzehnjährige konzentrierte sich auf das klassische Griechisch; diese Grammatikschulen wurden manchmal vom Kaiser oder kirchlichen Autoritäten, im Wesentlichen aber auch auf „privater" Basis erhalten. Nach dem Einfall der Araber und Slawen im 7. Jahrhundert waren viele der Schulen untergegangen, und erst im Hochmittelalter verbreiteten sie sich wieder von Konstantinopel aus wenigstens auf einige andere Städte. Die Privatschule des Eustathios in Thessalonike war so angesehen, dass sie sogar Schüler aus der Hauptstadt anziehen konnte. Die dritte Stufe diente nicht bloß dem Unterricht, sondern auch der praktischen Einübung in Rhetorik; nur wer die griechische Hochsprache und die rhetorischen Techniken beherrschte, fand den Zugang zu Stellen in der staatlichen und kirchlichen Bürokratie. Selbst wenn die Kaiser schon vor der Mitte des 11. Jahrhunderts gelegentlich den offiziellen Unterricht in Rhetorik, Rechtswissenschaft und Medizin förderten, gab es in Byzanz kein staatliches Schulsystem und schon gar keine institutionelle Kontinuität öffentlicher Lehranstalten; allerdings eröffnete Alexios I. eine Schule für Waisen, die auch Lateinern zugänglich war. Für die Ausbildung des Klerus sorgte der Patriarchat, künftige Juristen wurden in einer Schule der Notarsgilde in Konstantinopel (und vielleicht auch in anderen Städten) ausgebildet, Medizin lernte man in der Praxis älterer Ärzte. Die von einzelnen Lehrern betriebenen Schulen konnten sehr erfolgreich sein; der Universalgelehrte Michael Psellos (1017/18- etwa 1078), der in seiner Professoreneitelkeit dem jüngeren Petrus Abaelard im Westen in nichts nachstand, rühmte sich, seinen Schülern die Tür zu allen Wissenschaften geöffnet zu haben. Unter seinen Studenten seien Araber, Perser, Ägypter, Äthiopier und sogar Kelten (aus dem Westen) gewesen.

Eine Universität im abendländischen Sinne hat es in Byzanz nie gegeben. Den Briefen des Psellos lässt sich immerhin entnehmen, dass die einzelnen Schulen ein System bildeten, in welchem die Intellektuellen von der einen zur anderen Lehrkanzel wechseln konnten und vom kaiserlichen Fiskus ein ordentliches Gehalt bezogen. Gedichte des Christophoros von Mytilene zeigen zudem, dass die Schulen auch untereinander konkurrierten und je nach Leistung auf Prämien rechnen konnten. Einen Einschnitt markierte dann der Versuch Konstantins IX., eine oder auch zwei Hochschulen für Recht beziehungsweise Philosophie zu errichten (s. oben 3.2.3). Die Rechtsschule wurde in oder bei der Kirche des heiligen Georg von der Mangana angesiedelt, unterstand einem ständigen wissenschaftlichen Leiter und verfügte über eine eigene Bibliothek. Der Chef, *nomophylax*, erhielt ein Jahresgehalt von 288 Solidi, was dem Kapital für ein kleines Landgut mit zwei Bediensteten entsprach, dazu aber eine Seidenrobe und andere Geschenke pro Jahr. Das Studium war kostenlos, aber seiner Länge und dem Curriculum nach fixiert; gewiss hat das Lehrprogramm auch das Römische Recht und Lateinstudien eingeschlossen. Am Ende standen Prüfungen, über die Zeugnisse ausgestellt wurden. Ob Konstantin im institutionellen Sinne auch eine zweite Hochschule für Philosophie errichtet hat, ist umstritten, doch gibt es dafür Anhaltspunkte. Psellos, der ja schon ein erfolgreicher „Privatlehrer" gewesen war, wurde vom Kaiser jetzt zum *hypatos*, also ‚Konsul', der Philosophen berufen. Seither könnte eine dauernde Lehranstalt mit eigener Verfassung, besonderem Lehrprogramm und Bibliothek bestanden haben, die „a kind of cottage industry teaching by individual schoolmasters" ersetzte: „The school as an institution replaces the school depending on a teacher" (R. Browning). Nach seinem Werk zu urteilen, umfasste Psellos' Gelehrsamkeit nahezu alle Gebiete des damaligen Wissens, Naturwissenschaften genauso wie die antike Philosophie, bei der er sich besonders auf Plato und die Neuplatoniker verlegte. Im Ganzen blieb sein Unterricht aber traditionell, das heißt er konzentrierte sich auf die kommentierende Erschließung des Überkommenen. Allerdings entwickelten Psellos und andere auch eine neue Methode, die Einübung der Grammatikregeln durch Prosa- und Versliteratur anstelle des Studiums der herkömmlichen Texte (Schedographie). Die Schüler wurden nun auch zum Disput mit den Lehrern ermuntert, wobei sie diesen Probleme und Fragen vorgeben konnten; der Unterricht des 11./12. Jahrhunderts ließ somit den Enzyklopädismus älterer Zeiten deutlich hinter sich. Bei Psellos selbst wie auch einigen seiner Zeitgenossen kann man von einem Zug zum Rationalismus sprechen, da er sich zum Beispiel – bei aller Faszination – gegen Okkultismus und Mystizismus wandte. Der Hypatos instrumentalisierte seine Gelehrsamkeit für eigene politische Ambitionen und wurde Vertrauter bei den Kaisern seiner Zeit; Isaak Komnenos (1059) hat er selbst zum Rücktritt bewogen, und später war er vielleicht auch am Sturz Romanos' IV. (1071) beteiligt. Erst unter Michael VII. geriet er in politische Isolation. Mit den Komnenen und der Dominanz der Militäraristokratie (s. oben 2.1.1.3) wurden die höheren Studien unwichtiger. Nachdem der Neuplatoniker Johannes Italikos gescheitert war (s. oben 3.2.3), konnte zwar sein Schüler Theodor von Smyrna die Stellung des Philosophenkonsuls einnehmen, und zwar mindestens zwanzig Jahre lang, doch gilt dieser als unproduktiver Kopf, der sich am Ende, gequält von Arthritis, besonders für Medizin interessierte. Nach ihm scheint der Lehrstuhl ein halbes Jahrhundert lang unbesetzt geblieben zu sein, der Niedergang war also unverkennbar. Um 1166 wurde noch einmal Michael Anchialos berufen, der später zum Patriarchen aufstieg (1169–1177); er führte sich durch eine Antrittsvorlesung ein, in der er versprach, die Philosophie stets der Theologie unterzuordnen und sich auf die Erklärung des Aristoteles, der ‚dunklen Sphinx aus Stagira', zu beschränken. Einen Nachfolger hat dieser Michael offenbar nicht mehr gehabt.

Obschon natürlich in Konstantinopel weiterhin Philosophie betrieben wurde – wie dies ja schon im Kreis um Anna Komnene der Fall gewesen war –, so gab es fortan doch keinen öffentlich alimentierten Lehrstuhl mehr. Und diejenigen, die dem Studium treu blieben, beschränkten sich weithin auf die Aristoteles-Auslegung. Stattdessen förderte Alexios I. das Studium unter kirchlicher Aufsicht; so errichtete er drei Lehrstühle für die Evangelien, die Lehre der Apostel (bes. Paulusbriefe) und den Psalter. Den drei *didaskaloi* war auch aufgetragen, den Patriarchen über häretische Umtriebe und öffentlich geäußerte andere verräterische Ideen zu berichten, damit die weltliche Autorität dagegen vorzugehen vermöchte.

Das größte Hemmnis für eine dynamische Fortentwicklung des geistigen Lebens in Byzanz war aber die ungebrochene Selbstwahrnehmung der Rhomaioi, das Zentrum der Welt und die Zitadelle der Zivilisation zu sein; man war kaum daran interessiert, sich mit Fremden auseinander zu setzen, und erwartete von derlei Begegnungen im Allgemeinen keine Bereicherung. Als der Patriarch von Konstantinopel den Politiker Theophylaktos als Erzbischof nach Ochrid, dem religiösen Zentrum der unterworfenen Bulgaren, entsandte (um 1090), verunglimpfte dieser wieder und wieder seine Diözesanen als geistlose Monster und Kröten, als Slawen und Barbaren, die Schafleder ausdünsteten. Theophylaktos jammerte über seine Verbannung unter Fremde und den Verlust des Umgangs mit seinen gelehrten Freunden. Da die Griechen auch die Lateiner im Westen nicht als gleichrangig einschätzten, verpassten sie den Anschluss an wichtige neue Entwicklungen in Wissenschaft und Philosophie. Umgekehrt reisten die okzidentalen Gelehrten an den Bosporus, um hier die reichen Bibliotheken zu durchforschen, und manche von ihnen blieben Jahrzehnte oder gar auf Dauer. 1173 wird eine ‚griechische Schule' in Konstantinopel erwähnt, die offenbar für Lateiner eingerichtet wurde, die die Sprache des Gastlandes erlernen wollten. Die Brüder Leo Tuscus und Hugo Etherianus aus Pisa siedelten sich schon Mitte des 12. Jahrhunderts an; Hugo hatte in den vierziger Jahren in Frankreich studiert und war vor 1161 nach Konstantinopel gekommen, um – als Laie – griechische Philosophie und Theologie zu studieren; bald schon war er in der Lage, mit Zeugnissen der aristotelischen Philosophie und der griechischen Kirchenväter den Standpunkt lateinischer Theologen im Streit über den Heiligen Geist mit der

Ostkirche zu verteidigen. Sein Bruder Leo aber wurde ‚Übersetzer der kaiserlichen Briefe', also hoher Beamter am Hof, und übertrug griechische Literatur ins Lateinische. Nach 1204 kennt man etwa auch einen aus Troyes nach Konstantinopel emigrierten Lateiner, der ebenso des Griechischen mächtig war. Dazu kommen die vielen Gesandten, Händler oder Pilger, die ihren vorübergehenden Aufenthalt in der kaiserlichen Hauptstadt dazu nutzten, ihren Studien nachzugehen. Einer von ihnen war schon Burgundio gewesen, ebenfalls aus Pisa; als der Gesandte Kaiser Lothars III., der Bischof Anselm von Havelberg, 1135/36 in Konstantinopel weilte und mit dem Erzbischof Niketas von Nikomedien theologisch disputierte, konnte er das Streitgespräch als Kundiger in beiden Sprachen verfolgen. Burgundio, der zeit seines Lebens im Laienstand blieb (während Hugo Etherianus noch kurze Zeit in Rom gar Kardinal geworden war), wurde 1168–1171 erneut von seiner Heimatstadt als Diplomat ans Goldene Horn entsandt. Seinen Aufenthalt widmete er offenkundig der Lektüre griechischer Väter (Johannes Chrysostomos, Johannes von Damaskos) oder antiker Mediziner (Galen) und anderer Naturwissenschaftler, die er ins Lateinische übersetzte. Auch wichtige Rechtstexte, die griechischen Stellen der Digesten, machte er dem Westen zugänglich. Zur gleichen Zeit vollendete Jakob von Venedig in Konstantinopel die erste lateinische Übersetzung der ‚Physik' des Aristoteles, einer Schrift von umstürzender Wirkung in der Hohen Schule von Paris eine Generation später. Eine andere charakteristische Gestalt ist Hugo, Schulmeister der Abtei Honau im Elsass und Kaplan am Hof Kaiser Friedrichs I. Hugo von Honau hatte in Paris bei Gilbert von Poitiers studiert und war auf diesem Wege mit den neuen Versuchen vertraut gemacht worden, beim theologischen Reden von Gott die Kategorien des Aristoteles zu nutzen. Diese methodischen Ansätze und Lehren waren im Westen nicht unumstritten, so dass Hugo zwei Gesandtschaften nach Konstantinopel im Auftrag des Kaisers dazu verwenden wollte, griechische Überlieferungen zu konsultieren (1171, 1179). Auch zu Hugo Etherianus stellte er den persönlichen Kontakt her, mit dem er zudem wiederholt brieflich verkehrte. In einem seiner theologischen Hauptwerke benutzte er eine Abhandlung des Pisaners Hugo, die dieser umgekehrt ihm gewidmet hatte. Im Vorwort zu dem „Buch über die Verschiedenheit der Natur und der Person sowie der persönlichen Eigenheiten, das nicht bloß ein Auszug aus Lateinern, sondern auch aus Griechen ist", erklärt Hugo von Honau, weshalb er die griechischen Texte schätzt: ‚weil aus den Quellen der Griechen alle Wissenschaften der Lateiner hervorgesprudelt sind'. Auch Hugo Etherianus sprach von den *Graecorum fontes*, warnte aber, dass im Korb der gelehrten Disziplinen auch die hinterhältige Schlange Leviathan (*tortosus tamen coluber Leviathan*) lauere. Das Bewusstsein davon, wie viel man den Griechen zu verdanken habe, war unter den Lateinern weit verbreitet. Noch am Ende des 12. Jahrhunderts ließ Eberhard von Ypern in einem fiktiven Streitgespräch mit ihm selbst einen Griechen sagen: ‚Die Lateiner zitieren die Griechen gern als Autoritäten, weil sie selbst Bächlein aus der Quelle der Griechen sind.'

Wie unterschiedlichen Gebrauch aber Lateiner und Griechen von denselben Textgrundlagen machten, wie sehr ihre wissenschaftlichen Entwicklungen inzwischen divergierten und wie stark ihr Lösungsverhalten bei theologischem Streit auseinander lief, zeigt ein Konflikt aus den 1160er Jahren. Im Westen hatten Frühscholastiker wie Petrus Abaelard und Gilbert begonnen, die neue Logik auf theologische Fragen anzuwenden, waren dabei aber auf den Widerstand konservativer Exegeten gestoßen. Abaelard suchte in Christus Mensch und Gott begrifflich zu scheiden, Gilbert führte zur Lösung des Problems die Distinktion von Subsistenz und Substanz ein. Diesem Denken widersprach der Regularkanoniker Gerhoch von Reichersberg (in Bayern, heute

Oberösterreich), der in den neuen Methoden und Lehren Ansätze zur Häresie sah und an der Einheit des Gottmenschen im platt realen Sinne festhielt. Als nun Demetrios, ein Gesandter Kaiser Manuels I., mehrfach im Westen und darunter auch in Deutschland gewesen war, schlug er in der Heimat Alarm. Er trug dem Kaiser vor, jene Völkerschaften hätten eine häretische Meinung über den Ruhm Christi, indem sie sagten, Christus sei sowohl geringer als auch ebenso groß wie Gottvater, der ihn gezeugt habe. Manuel, der sich die Kompetenz des Theologen zumaß (s. oben 2.1.1.3), versuchte, das Problem autoritativ zu lösen; er entschied unter Hinweis auf die zwei Naturen in Christus zugunsten der angefochtenen Lehre aus dem Westen, deren Ursprung bei den Frühscholastikern zu suchen ist. Demetrios wurde befohlen, einen Traktat mit seiner Kritik in der Erde zu vergraben, doch erregte er weiter öffentliches Aufsehen; schließlich berief Manuel 1166 ein Konzil nach Konstantinopel ein, auf dem er den Führern der Kirche seinen Kurs aufzwang. Wichtiger als die Entscheidung in der Sache ist jedoch der Umgang mit dem Problem. Manuel ließ sich nämlich durch Hugo Etherianus ein Gutachten erstellen, in dem dieser die Lehren der griechischen Kirchenväter benutzte, sich die frühscholastische Theologie mit ihrem begrifflichen Rationalismus aber nutzbar machte. Die Patriarchen und Bischöfe der griechischen Kirche hingegen verwandten zur Darlegung ihres Standpunktes die gleichen Texte der Tradition, um die Dogmatik mit dem Wort der Heiligen Schrift zu versöhnen. Sie blieben Exegeten, während die neuen Theologen des Westens Dialektiker wurden, die Widersprüche in der Überlieferung durch logische Begriffsbildungen aufzuheben trachteten. Die Position des unterlegenen Demetrios dürfte sich mit derjenigen Gerhochs von Reichersberg weitgehend gedeckt haben. Auch Gerhoch und seine Schüler stützten sich auf die neu zugänglichen Texte der griechischen Kirchenväter, machten von ihnen aber einen traditionellen Gebrauch. Umgekehrt schrieb sich Hugo Etherianus deshalb eine Überlegenheit zu, weil er griechische sowohl als auch lateinische Texte im Sinne der neuen Theologie verarbeiten konnte. Während der Streit im Westen weiterging, konnte der Funke in Konstantinopel nicht überspringen: „Die Griechen werden zwar von der abendländischen Streitfrage angeregt und ihr Kaiser hört den Rat des Hugo Etherianus an, sie fechten aber letztlich auf dem Boden ihrer eigenen Tradition und bleiben der Scholastik des Abendlandes fremd. Die Kluft zwischen den beiden großen Bereichen des Christentums vertieft sich, obwohl der Westen jetzt mehr als je vom Osten lernt, obwohl der Kaiser von Byzanz, der diesen Streit entscheidet, dem Westen gegenüber aufgeschlossener ist als irgendeiner seiner Vorgänger. Je mehr griechische Gedanken und Methoden die lateinische Wissenschaft aufnimmt und verarbeitet, um schließlich im 13. Jahrhundert die großen Systeme der Hochscholastik aufzubauen, desto unabhängiger und selbständiger kann das Abendland neben dem Hort der griechischen Überlieferung in Byzanz stehen" (P. Classen).

Der direkte Kontakt mit den Griechen war keineswegs der einzige oder wichtigste Weg, auf dem die Lateiner an das Wissen des Ostens gelangt sind; die antike Überlieferung der Griechen war ja im frühen Mittelalter an die Araber übergegangen, die sie übersetzten, kommentierten (s. oben 2.1.6) und schließlich über Spanien (und Sizilien) der westlichen Welt zuführten. Das muslimische Bildungswesen, in dem sich diese Prozesse vollzogen, unterschied sich – bei Ähnlichkeiten im Einzelnen – sowohl vom byzantinischen als auch vom jüdischen oder lateinischen. Der entscheidende Ausgangspunkt lag hier im 9. Jahrhundert. Maßgeblich gefördert durch den abbasidischen Kalifen al-Ma'mūn (gest. 833) war die Aneignung der griechischen Philosophie und Wissenschaft so weit gegangen, dass es zu einem tief greifenden Konflikt zwischen Traditionalisten und Neuerern kam. Die einen waren die konservativen Rechtsgelehrten, nach denen das Gesetz (*fiqh*) auf der Grundlage des Korans und der heiligen Schriften des Islam (*hadīṯ*) den entscheidenden Bezugspunkt der religiösen Praxis darstellte, die anderen vertraten eine rationalistische Theologie (*kalām*) mit der Lehre von der Erschaffung, also nicht einer überzeitlichen Existenz, des Koran. Die konservativen Rechtsgelehrten, die den Islam gegen die fremden (griechischen) Doktrinen zu verteidigen glaubten, versuchte al-Ma'mūn gewaltsam zu unterdrücken, doch brach dieser frühe Ansatz, den monotheistischen Glauben mit der griechischen Philosophie und Wissenschaft zu versöhnen, unter seinem Nachfolger al-Mutawakkil (847–861) zusammen. Dieser Kalif verbot ein für allemal die Lehre von der Kreation des Koran und jedwede Diskussion über die traditionellen Glaubensartikel, also die rationalistische Theologie im Ganzen. Seither wurde die Jurisprudenz die Königin der Wissenschaften, während die Theologie keinen Platz im Lehrprogramm finden konnte. Islam bedeutet die Unterwerfung unter Gottes Willen, der nur im Gesetz erfahrbar war; Theologie aber als Studium von Gott selbst galt als unzulässig, weil Gott nicht zum Objekt der Spekulation werden durfte. Kalām und seine Anhänger und erst recht die ‚fremden Wissenschaften' mussten außerhalb des ordentlichen Erziehungssystems bleiben; diejenigen, die im muslimischen Bildungswesen tätig sein wollten, konnten nichts anderes werden als Juristen oder mindestens Gelehrte jener Gegenstände, die dem Rechtsstudium dienten. Selbst der im Westen gefeierte – und umstrittene – Theologe, Philosoph und Mystiker al-Ġazzālī (1058–1111) war in Bagdad und Nēšāpūr Inhaber von Lehrstühlen des Rechts. Eine Folge der Auseinandersetzungen im 9. Jahrhundert ist es auch gewesen, dass der „Staat" institutionell außerhalb des Bildungswesens blieb. Die zentrale politische Gewalt hatte nichts zu tun mit der Errichtung von Lehranstalten, nichts mit dem Curriculum, nichts mit den Lehrmethoden oder der Erteilung der Lehrerlaubnis. Stattdessen entstanden, beginnend mit Bagdad, „private" Rechtsschulen, die sich in kurzer Zeit enorm vermehrten. Die älteren Schulen, in denen Bücher aus allen Wissenschaften gesammelt und konsultiert worden waren, sind bis Ende des 11. Jahrhunderts dagegen fast vollständig verschwunden.

Die „Privatschulen" beruhten stets auf Stiftungen und begegnen in zwei Typen: Die *masǧids* waren bei einer Moschee angelehnt, in der selbst der Unterricht stattfinden konnte, wenn dies nicht in der Wohnung des Lehrers geschah. Ein solches „Moschee-Kollegium" hatte stets nur einen Professor, der zumeist Recht lehrte; es gab aber auch Schulen, die sich auf die Koranwissenschaft und -traditionen oder auf Grammatik konzentrierten. In der *masǧid* wurden die täglichen Gebetszeiten durch einen *imām* gehalten, der mit dem Professor (*mudarris*) personengleich sein konnte. Eine weiterentwickelte Form der „Moschee-Kollegien" waren die Medressen, ebenfalls Schulen mit einem Lehrer, aber ausschließlich für die Rechtslehre bestimmt und ohne enge Anbindung an eine Moschee; im Unterschied zur *masǧid* lebte hier der Lehrer mit seinen Schülern in einem Haus zusammen, die Stiftung finanzierte also auch die Stipendien für die Auszubildenden. In Spanien gab es solche Medressen nicht, sondern nur die andere Form der Kollegien. Bei beiden Typen wurde die Lehre nur je einer von vier Richtungen der Rechtswissenschaft gewidmet, so dass sich auch die akademischen Abschlüsse (für *mudarris, muftī* und *faqīh*) auf die jeweilige Observanz bezogen. Soweit es auch um theologische Lehrinhalte ging, entsprachen sie ebenfalls der betreffenden Rechtsschule. Für andere Wissenszweige, neben Theologie Philologie, Literatur, Poetik und so weiter, gab es keine gleichartigen Bildungseinrichtungen. Von den privaten Lehranstalten müssen die allgemeinen Schulen an den Haupt- oder Freitagsmoscheen (*ǧāmiᶜ*) unterschieden werden, die oft in größerer Zahl bei diesen Versammlungsplätzen der Muslime bestanden. Im Unterschied zu den privaten Schulen, wo der Stifter, seine Erben oder der jeweilige Lehrer durch Designation den Lehrstuhlinhaber bestimmten, lag das Ernennungsrecht hier beim Kalifen (oder einem anderen politischen Führer). Im Lehrplan wurden der Koran und alle seinem Verständnis dienenden Wissensgebiete berücksichtigt: die Traditionen (*hadīṯ*), Exegese (*tafsīr*), Recht und Rechtstheorie (*fiqh, usūl al-fiqh*), Grammatik (*naḥū*) und *adab*-Literatur. Die Professoren gaben aber auch Rechtsgutachten (*fatwā*), sie hielten Predigten (*waᶜẓ*,) und Disputationen über das Gesetz (*munāzara*). Daneben konnten von Fall zu Fall auch andere wissenschaftliche Felder berührt werden, niemals jedoch griechische Philosophie, die als häretisch betrachtet wurde.

In al-Andalus lassen sich zielstrebige Bemühungen um die Wissenschaft nicht vor Mitte des 10. Jahrhunderts fassen; offenkundig musste zuerst der Prozess der weitgehenden Bekehrung der Vorbevölkerung zum Islam abgeschlossen sein. Wie al-Ma'mūn im Bagdad des 9. Jahrhunderts, so waren es auch im muslimischen Spanien die Kalifen (ᶜAbd ar-Raḥmān III., al- Ḥakam II.) beziehungsweise die Taifenherrscher oder späteren almohadischen Fürsten, die als Patrone der Wissenschaft tätig wurden. Erste Spuren für die Transmission der arabisch-griechischen Gelehrsamkeit zur lateinischen Welt bietet im christlichen Norden des Landes das Kloster Ripoll mit mehreren Handschriften, etwa einer lateinischen Übersetzung von der Abhandlung des Māshā'allāh über das Astrolab oder einem Boethiustext über die Arithmetik mit arabischen Marginalien. In den 960er Jahren begab sich ja auch Gerbert von Aurillac in Katalonien (und vielleicht sogar in Córdoba) auf die Suche nach der arabischen Wissenschaft (s. oben 2.1.5). Die Muslime selbst bildeten Schulen, die weit über das Land verteilt waren. Das erste dieser Netzwerke war um den Astronomen und Mathematiker Maslama aus Madrid (gest. um 1007) zentriert, dessen Schüler allesamt das Werk von al-Ḫwārizmī und den Gebrauch des Sindhind beziehungsweise des Astrolab studierten. Fast in jeder Hauptstadt eines wichtigen Taifenreiches saß einer der Angehörigen dieser Gelehrtengruppierung. Eine andalusische Schule der Agronomie mit Toledo als Mittelpunkt lässt sich seit Mitte des 11. Jahrhunderts über mehrere Dezennien hin erkennen; die große Schule der Aristoteliker unter den Philosophen war im 12. Jahrhundert auf Sevilla und um Ibn Tufail konzentriert, den der almohadische Emir förderte (s. oben 2.1.6). Ähnlich informell organisiert waren die Übersetzer. Die wichtigste Gruppe aus der Mitte des 12. Jahrhunderts mit Hugo von Santalla, Johannes von Sevilla, Domingo Gundisalvo, Gerhard von Cremona, Plato von Tivoli, Robert von Chester und Hermann von Kärnten, arbeitete zwar auf verschiedene Ortschaften verteilt, hatte aber in Toledo ihr Zentrum. Abgesehen von dem spanischen Priester Hugo von Santalla, der in Tarazona allein arbeitete, kannten sich alle diese Übersetzer nachweislich persönlich, sie tauschten Erfahrungen aus, wandten dieselben Methoden an und versuchten, auf die Bedürfnisse eines bestimmten Lesepublikums zu reagieren. Auch wenn zahlreiche Übersetzer den lateinischen Text direkt nach der arabischen Vorlage formulierten, bildeten sie doch häufig Teams mit einem anderen Gelehrten. Einer der beiden pflegte das arabische Werk laut in die Volkssprache zu übertragen, der andere danach die lateinische Version niederzuschreiben. Oft war der erste, der sich des Kastilischen oder des Katalanischen bediente, ein Jude, der andere ein Christ, typischerweise ein Kleriker. Juden, die oft trilingual waren, also Hebräisch, Arabisch und eine romanische Sprache beherrschten, spielten eine Schlüsselrolle. Der Prozess der Aneignung arabischer Literatur durch die Lateiner vollzog sich freilich nicht durch bloße Übersetzung, sondern analog zu demjenigen der griechischen Überlieferung durch die Araber, der bereits Jahrhunderte zuvor eingesetzt hatte. Es handelte sich also immer zugleich um Zusammenfassung, Systematisierung, Kommentierung, Ergänzung und selbständige Fortentwicklung der vorgelegten Texte. Hatten seinerzeit und schon im Orient muslimische Bedenken gegen den Rationalismus die Adaption des griechischen Fremden nicht verhindern können, so bildete jetzt auch die abendländische Furcht vor muslimischer Zauberei kein nachhaltig wirksames Hemmnis.

Wie in Spanien war auch in Sizilien die aus Übersetzungen entwickelte Wissenschaft höfisch bestimmt, aber anders als im westlichen Nachbarland blieb die Palermitaner Hofkultur – die eines christlichen Herrschers – für Europa im ganzen eher „unfruchtbar" (Th. KÖLZER). Bevor Michael Scotus, Leo von Pisa, Theodor von Antiochien und andere durch den Staufer Friedrich II. in Süditalien gefördert wurden, sammelten die Normannen Roger II. und seine Nachfolger Wilhelm I. und Wilhelm II. vielsprachige Gelehrte um sich (s. oben 2.1.7). Nach neueren Forschungen kam sogar ein Nomophylax, also der führende kaiserliche Rechtsgelehrte, aus Byzanz nach Rogers Hauptstadt, aus unbekannten Gründen auf der Flucht (um 1140). Dieser Neilos Doxapatres verfasste im Auftrag des Königs eine Abhandlung, in der er zu Lasten Roms die führende Stellung Konstantinopels in der Reihe der alten fünf Patriarchate begründete. Berühmt wurde der arabische Geograph al-Idrīsī, der wohl aus Sizilien selbst stammte und den Roger zu einer Weltbeschreibung und Erdkarte anregte; angeblich hat der Herrscher selbst fünfzehn Jahre lang das Werk begleitet, arabische und griechische (Ptolomäus, Orosius) Literatur studiert, Gelehrte von weither kommen lassen und sie befragt und erdkundliche Exkursionen veranlasst. Al-Idrīsīs, der das Buch kurz vor dem Tod des Herrschers (1154) abschließen konnte, war selbst in Kleinasien und Nordafrika, auf der Iberischen Halbinsel und in Frankreich, vielleicht sogar in England, gewesen. Den Hof seines Sohnes Wilhelms I. rühmte der Erzdiakon der Kathedrale von Catania, Heinrich Aristippus, geradezu selbst als eine Schule; das königliche Gefolge sei ein ‚Gymnasium', der Herrscher spreche in philosophischen Aphorismen und lasse im Eifer für das Studium keine Frage beiseite. Die Bibliothek in Syrakus aber umfasse die Werke der berühmten Philosophen (Heron, Anaxagoras, Aristoteles, Themistios, Plutarch) und Naturwissenschaftler (Euklid). Sich selbst konnte Aristippus rühmen, Aristoteles (*Meteorologica*) und – zum ersten Mal im Westen überhaupt – Plato übersetzt zu haben. Einem Engländer, der nach Hause zurückkehren wollte, gab er deshalb eine Empfehlung mit: ‚Als Trost für die lange Reise sollst Du von mir so viel Wegzehrung haben, als ich geben kann: Platos Phaidon über die Unsterblichkeit der Seele, den ich aus dem Griechischen ins Lateinische übersetzt habe. Ich begann mit der Übersetzung im Feldlager, als der obengenannte König [Wilhelm I.] Benevent, die Stadt der Samniten belagerte [1156], und habe sie in Palermo beendet' (Übers. H. HOUBEN). Aristipp ging 1158/60 auch als Gesandter nach Konstantinopel und brachte von dort als Geschenk Kaiser Manuels I. griechische Handschriften mit, darunter den Almagest des Ptolomäus. Von Salerno aus reiste man dann sogar nach Sizilien, um diesen Codex einzusehen. Aristipp soll sich auch, um den Ausbruch des Ätna zu beobachten, aus wissenschaftlicher Neugier dem Kraterrand gefährlich genähert haben. Neben ihm gab es in Palermo noch mindestens einen Gelehrten, den griechischen *amiratus* Eugenios, der aller drei führenden Kultursprachen mächtig war (*virum tam grece quam arabice lingue peritissimum, latine quoque non ignarum*).

3.3.3 Die abendländische Bildungsrevolution

Im Vergleich zu den Byzantinern mit ihrem konservativen Stoffkanon und ihren traditionellen Lehrmethoden, zu den Muslimen, die die Herausforderung der griechischen Hinterlassenschaft vom Kern ihres Schulwesens fernhielten, und auch zu den Juden, die sich wie eh und je auf die Auslegung von Bibel und Talmud konzentrierten, erlebte die lateinische Welt des hohen Mittelalters einen unvergleichlichen Aufschwung der Wissenschaft, ja geradezu eine Revolution des Bildungswesens. Die auch in anderen Kulturen feststellbare Mobilität der Wissbegierigen wurde hier zu einem Massenphänomen, das sich um die Wende zum 13. Jahrhundert in einer völlig neuartigen Form der Lehre institutionell verfestigte: der Universität. Auch wenn erst nur die ältesten dieser Einrichtungen in Bologna und Paris Lehrer und Schüler tatsächlich aus dem gesamten Westen anzogen, kam der Universität doch stets eine universale Bedeutung zu. Ihre Ausstrahlung wurde weder durch kirchliche noch durch weltliche Gebietseinteilungen begrenzt, „sondern nur durch ihre Anziehungskraft, die teils auf ruhmreichen Traditionen, teils auf der Qualität ihres Unterrichts beruhte. Anreise zum und Aufenthalt am Studienort galten als die beiden untrennbaren Seiten des Universitätslebens, für welche die studentischen Privilegien in gleicher Weise sorgten. Der mittelalterliche Student war definitionsmäßig gleichsam ein Fremder“ (J. VERGER). Man darf davon sprechen, dass die Universität „die europäische Institution *par excellence*“ ist (W. RÜEGG), sollte dabei aber nicht vergessen, dass sie lediglich den Christen – praktisch sogar nur den Abendländern unter ihnen – offenstand. Zu ihren Grundlagen gehörten die Texte der lateinischen Antike ebenso wie das gemeinsame griechische und arabische Erbe, an dessen Tradierung auch Juden beteiligt waren.

Die vagierende Gelehrsamkeit war ein besonderer Zug in der allgemein erhöhten Beweglichkeit, die sich auch an der Lebensweise von Rittern, Händlern, Bauern (als Kolonisten) und frommen Pilgern im hochmittelalterlichen Okzident ablesen lässt; zweifellos war sie auch entscheidend angestoßen worden durch die geistige Unruhe und geistliche Bedrängnis, die Kirchenreform und ‚Investiturstreit‘ ausgelöst hatten. Vor allem aber hing sie mit dem größer werdenden Gewicht der Städte in einer nach wie vor agrarisch geprägten Gesellschaft zusammen. Bei den Klöstern auf dem Lande hatte demgegenüber im frühen Mittelalter fast das Monopol von Bildung und Schulwesen gelegen. Hier wurden die jungen Mönche in das Lesen und Schreiben der lateinischen Sprache und Schrift eingeführt, studierten sie die Grammatik anhand klassischer römischer Autoren und übten sie die Regeln von Rhetorik und Dialektik ein, alles freilich im Dienst einer Auslegung der Heiligen Schrift. Hier konnten aber auch Laien so genannte externe Schulen besuchen, zumal dann, wenn sie Adlige waren und sich für Aufgaben am Hof des Königs oder in der Verwaltung eines Reiches qualifizieren wollten (z. B. in Corbie, Luxeuil, St. Gallen, Fulda, Fleury, St. Emmeram/Regensburg). Der Versuch der Karolinger, auf dem Weg der Gesetzgebung auch die Bistümer zum Betrieb von Schulen zu veranlassen, hatte wohl nur mäßigen Erfolg, aber wenn dies doch der Fall war, befanden sich die Lehranstalten natürlich am bischöflichen Sitz, also in einer Stadt. Im 9. Jahrhundert war etwa die Domschule von Laon berühmt, wo sogar Magister aus England beziehungsweise Irland tätig wurden. Zu den Gründen für die weitere Verlagerung des Schulwesens in die Städte gehörte die Kritik monastischer Reformer des 11. Jahrhunderts an der klösterlichen Lehrtätigkeit. Die Benediktiner besannen sich darauf, dass die *lectio* der Bibel und der Väterschriften den Mönch zur *meditatio* und weiter zur *oratio* führen sollten, dass also „Selbstheiligung“ durch Kontemplation und Gebet, und nicht geistiges

Wirken nach außen, Seelsorge oder gar wissenschaftlicher Disput, ihre Aufgabe war. Der Regularkanoniker Hugo von St. Viktor, selbst eminent gelehrt (gest. 1141), erklärte sogar allgemeiner, schulmäßige Studien lenkten den Menschen von seiner wahren Bestimmung ab und versprächen ihm keine tiefere Einsicht. Der Reformorden der Zisterzienser entschied sich dezidiert gegen ein äußeres Schulwesen und beschloss schon 1134, dass kein Jüngling (*puer*) in den Wissenschaften (*litterae*) ausgebildet werden dürfe, der kein Novize sei. Da das Eintrittsalter fünfzehn Jahre betrug, wurden aber auch bei den künftigen Mönchen Elementarkenntnisse vorausgesetzt. In die gleiche Richtung zielte der Beschluss des Klosters Cluny unter seinem Abt Petrus Venerabilis (gest. 1156), dass nur noch Zwanzigjährige aufgenommen werden dürften. Auch wenn die Klöster auf dem Lande keineswegs völlig aus dem Bildungswesen des Abendlandes ausschieden, verloren sie doch den Anschluss an die wichtigsten wissenschaftlichen Entwicklungen und traten insgesamt in den Hintergrund des Schulsystems.

Die entscheidende Rolle, die den Schulen unter bischöflicher Aufsicht bei der Durchsetzung der Kirchenreform und der Bildung von Laien zugedacht war, lässt sich an drei Verfügungen der römischen Kirche ablesen. 1079 schrieb Gregor VII. allen Bischofssitzen vor, eine Schule zu errichten. Einhundert Jahre später erneuerte das Dritte Laterankonzil diese Anweisung und bestimmte weitergehend, dass der Schulmeister eine ausreichende Pfründe erhalten sollte, damit die Domgeistlichkeit sowie andere arme Scholaren kostenlos unterrichtet werden könnten. Das Vierte Lateranum von 1215 fügte seiner Bestätigung dieses Beschlusses differenzierende Bestimmungen an: Ein Scholasticus, der nunmehr als Grammatiklehrer bezeichnet wurde, sollte demnach nicht nur bei der Kathedrale, sondern auch bei anderen Kirchen unterhalten werden, wenn die nötigen Mittel vorhanden seien; außerdem sollte am Sitz jedes Erzbischofs ein Theologe tätig werden, der in der Lage wäre, die Lektüre der Heiligen Schrift zu lehren. Beide Schulmeister sollten zu ihrer Entlohnung Präbenden an den Bischofskirchen erhalten. Parallel zu diesen Vorschriften der Zentrale haben auch zahlreiche Provinzialsynoden den Bischöfen die Verpflichtung zum Betrieb einer Schule eingeschärft.

Die Entfaltung des Schulwesens vor, neben und unter den Universitäten ist bisher unter den europäischen Reichen am genauesten für England untersucht worden; ohne dass im einzelnen eine direkte Abhängigkeit von den römischen Vorschriften anzunehmen wäre, ergibt sich im Ganzen doch eine ähnlich verlaufende Entwicklungskurve zunehmender Verbreitung und Differenzierung. Zwar hatte es auch auf der Insel schon im frühen Mittelalter Schulen in Klöstern oder einigen größeren Adelshäusern gegeben, doch setzt das „öffentliche" Schulwesen hier erst nach der normannischen Eroberung ein: „It is in the twelfth century that the modern history of English education may well be said to begin" (N. Orme). Bis zum Ende des Jahrhunderts sind in fast allen der siebzehn englischen Bischofsstädten Schulen nachgewiesen; die Zuordnung der Lehrer war freilich von Fall zu Fall unterschiedlich, da die Domkapitel statt aus Kanonikern auch aus Mönchen bestehen konnten. Bei weltgeistlichen Domstiften wurden die Scholaster in der Regel Mitglieder der Kapitel, während Kathedralklöster Säkularkleriker als Lehrer nur locker an sich zu binden vermochten. Erzbischof Lanfranc von Canterbury vertraute die Schule der Stadt zwischen 1077 und 1087 zum Beispiel den weltlichen Kanonikern von St. Georg außerhalb des nördlichen Stadttors an. In der größten englischen Bischofsstadt, in London, bestanden Mitte des 12. Jahrhunderts bereits drei Schulen, eine bei der St. Pauls-Kathedrale und je eine weitere bei St. Mary-le-Bow und St. Martin-le-Grand. Bei der Trias von Schulen sollte es hier bis zur Mitte des 15. Jahrhunderts bleiben. Abgesehen von den Bischofsstädten erhielten bis Ende des 13. Jahrhunderts rund dreißig weitere

Städte – die Mittelpunkte von Grafschaften, die großen Häfen und andere Handelszentren – eine Schule (z. B. Dunwich, Huntingdon, Northampton, Bristol, Cambridge, Stamford). Im 13. Jahrhundert scheint dann auch die Verbreitung des Schulwesens in den kleinen Städten und sogar Dörfern eingesetzt zu haben (Yarm in Yorkshire, Malmesbury, Kinoulton bei Nottingham u. a.). Insgesamt hat man für diese Zeit in England rund sechzig Schulen gezählt, die sich geographisch gesehen recht gleichmäßig verteilten, also nicht auf die Lowlands beschränkt blieben. Die kleinstädtischen oder gar dörflichen Schulen dürften sich, was den Lehrplan betrifft, wie alle anderen Elementarschulen auf Lesen und Gesang beschränkt haben. Die zweite Stufe des Bildungswesens, die Grammatikschulen, war gewiss auf die größeren Städte und Bischofssitze begrenzt; hier lernten die über Zehnjährigen, Latein zu lesen, zu schreiben, zu sprechen und – mit Hilfe der Dialektik und anhand klassischer Literatur – zu verstehen. Für die höheren Studien, die sich nur an wenigen Plätzen konzentrierten, war Grammatik bloß die Propädeutik für die Artes, das zivile (römische) oder kanonische Recht beziehungsweise die Theologie als ‚Krone der Wissenschaften'. Im 12. Jahrhundert boten Magister, die diese Wissenschaften lehrten, ihre Lehre öffentlich an und sammelten Schüler um sich; die ersten Gruppen befanden sich meist bei einer der neun Bischofskirchen mit Säkularkanonikern, in Lincoln also, Salisbury oder York, wo der Bischof als Förderer tätig werden konnte und ein potentielles Auditorium von geistlichen Schülern schon vorhanden war. Andere Magister, die sich der kirchlichen Aufsicht entziehen wollten, ließen sich in bischofsfernen, aber wenigstens zentralen Orten mit guten Straßenverbindungen und einigem Wohlstand nieder, wie zum Beispiel in Northampton, Oxford oder auch in Cambridge. Unter den höheren Schulen hatten einige schon im 12. Jahrhundert ein besonderes wissenschaftliches Profil gewonnen: Lincoln und Exeter etwa besaßen wichtige Schulen für Theologie und Recht, während Hereford für seine Naturwissenschaften bekannt war. Kurz vor 1200 erklärte aber Alexander, der Prior von Canon's Ashby in Northamptonshire, dass im England seiner Zeit ‚fast jede Stadt' einen Lehrer der Theologie habe, und nannte zwei Beispiele aus seiner nächsten Umgebung: Northampton und Oxford. Nicht an einer Bischofs- oder anderen bedeutenden Stadt, sondern ausgerechnet in Oxford, wo es „nach nichts als nach Landwirtschaft" duftete (F. Rexroth), sollte sich die Hohe Schule aber weiterentwickeln zur Universität.

Was die Ausstattung der Schulmeister angeht, so sind in der Tat wiederholt Bepfründungen bezeugt, aber in York zweigte Erzbischof Roger (1154–1181) für den Zweck jährlich 5 Pfund aus der Besteuerung seiner Diözese, also aus dem „ordentlichen Etat", ab. Für die Sachausstattung konnten, abgesehen von den kirchlichen Amtsträgern, auch „Privatleute" aufkommen. So stifteten Walkelin und seine Ehefrau Goda in Derby zwischen 1161 und 1182 ihr Haus für die örtliche Schule, in der Lehrer und ihre Adepten auch eine Wohnung finden konnten. Im 12. Jahrhundert wurden den Scholastern der säkularen Domkapitel zunehmend weitere Aufgaben übertragen: die eines Sekretärs, des Siegelbewahrers oder Bibliothekars, so dass sie sich bald auf die anspruchsvollere Lehre der Theologie oder des Kirchenrechts konzentrierten und den Grammatikunterricht einem Untergebenen überließen. Auf diesen wurde dann auch der Titel *scolasticus* übertragen, während sein Chef fortan *cancellarius* genannt wurde (zuerst 1148 in Lincoln). Die Schüler, die überall hinzogen, wo sie attraktive Lehrer fanden, mussten sich oft selbst um ihren Lebensunterhalt sorgen. Auch hier halfen wohltätige Stiftungen. In Norwich errichtete zum Beispiel Bischof Suffield 1246 ein Spital für Arme und Kranke und setzte dabei fest, dass auch sieben arme Schüler zu verköstigen seien; nach der Prüfung waren sie durch andere Bedürftige abzulösen. Neben solchen auf Dauer angelegten karitativen

Maßnahmen waren einmalige Spenden willkommen. So schrieb im Jahr 1222 Thomas von Holland an Ralph de Nevill, den neu berufenen Kanzler von England: ‚Wir Schüler von Lincoln finden kein Wildbret, das wir verkaufen können, noch erhalten wir es von irgendjemand. Ihr aber, der Ihr mit großer Macht ausgestattet seid und die Gnade Eures Herrn genießt, könntet leicht einen Freund in so einer Angelegenheit unterstützen, und es wäre großartig für mich, wenn ich durch Eure milde Gabe etwas so Seltenes auf den Tisch meiner Kommilitonen stellen könnte.'

Ebenso wie in England, aber mit ungleich größerer Breitenwirkung sind auch in Frankreich die Domschulen nach der Jahrtausendwende aufgeblüht. Neben Laon sind etwa Reims, Tours, Orléans, Angers oder auch das kleine Melun zu nennen, und an diese schlossen sich im Westen des Deutschen Reiches Lüttich und Köln an. Unter den voruniversitären Zentren des Studiums ragte aber Chartres hervor, wo die lateinischen Dichter und Schriftsteller der Antike (Cicero, Sallust, Horaz, Ovid u. a.) ebenso studiert wurden wie die griechisch-römischen Philosophen (Plato und der Neuplatoniker Boethius, Aristoteles) und Naturwissenschaftler (Euklid, Pythagoras, Ptolomäus, Galen, Hippokrates), wo aber auch arabische Autoren aufmerksames Interesse fanden. Die Vorarbeiten eines Constantinus Africanus, eines Adelard von Bath oder Hermann von Kärnten im Hinblick auf die Vermittlung der arabischen Wissenschaften wurden dankbar rezipiert und für weitergehende Gedankenarbeit genutzt. Man kann, was die Realwissenschaften, besonders die Medizin, betrifft, geradezu davon sprechen, dass Chartres „eine Brückenfunktion zwischen den englischen und hispano-arabistischen Schulen" zukam (H. SCHIPPERGES). Aber auch in der Aneignung der griechischen Philosophie wurde Chartres wegweisend, zunächst für Plato und seine Anhänger, um die Mitte des 12. Jahrhunderts besonders aber für Aristoteles. Zur selben Zeit hat diese atemberaubende Offenheit und Freiheit, aber auch die Zuversicht, die Gegensätze und Spannungen zwischen vorchristlichem und christlichem Gedankengut überwinden zu können, in einem eindrucksvollen Kunstwerk ihren Ausdruck gefunden: Im Königsportal der Kathedrale bilden Cicero, Aristoteles, Euklid und Pythagoras als Patrone der freien Künste einen Kranz um Maria, die Gottesmutter! Die unvergleichliche Ausstrahlung der Schule von Chartres, aber auch das entsprechende Selbstbewusstsein der dort tätigen Lehrer hat sich in der Überlieferung vielfach niedergeschlagen. So fand das Medizinstudium so starken Zulauf, dass die Kirche mehrfach den Unterricht verbot, weil sie sich daran störte, dass die Wissenschaft gegen Geld weitergegeben wurde (1130, 1131, 1139). Der Philosoph Bernhard von Chartres, der seit 1124 Kanzler und Leiter der Domschule war, prägte das berühmte Wort über sich und seine gelehrten Zeitgenossen, dass sie zwar als Zwerge auf den Schultern von Riesen säßen, aber eben deshalb auch weiter sehen könnten als die hochberühmten Vorgänger. Der ehrfurchtsvolle Respekt vor der Leistung der Alten, der sich mit dem Stolz auf die eigene Leistung mischt, galt dabei den nichtchristlichen Autoren ebenso wie den christlichen. Sein Nachfolger Gilbert (von Poitiers) wurde von den Zeitgenossen als ‚gelehrtester Mann' seiner Zeit angesehen, und wiederum der nächste Kanzler, Thierry, wird – wenn auch von einem seiner Schüler – als hervorragendster Philosoph ganz Europas gerühmt. In der Reihe (einiger weniger) herausragender Namen spiegelt sich die Geschichte dieser Schule. Unter Fulbert, der Chartres zuerst als Kanzler und Leiter der Domschule und dann als Bischof (dies 1006–1028) diente, war das Medizinstudium schon berühmt neben Salerno in Italien und Toledo in Spanien; zu den Schülern Fulberts, der selbst Philosoph war, zählte Berengar von Tours (etwa 1000–1088), einer der ersten Vertreter einer „rationalistischen" Theologie, zu denen später auch Abaelard gehörte; kennzeichnend war die Anwendung der aus dem Grundstudium der Artes bekannten Dialektik auf die Theologie. Hatten die klösterlichen Gottesgelehrten von alters her die Lektüre der Heiligen Schrift und der Kirchenväter als Grundlage der Meditation betrieben, so ging es den „Scholastikern" um die Disputation, den öffentlich geführten Streit mit philosophisch elaborierten Begriffen und in streng logischem Verfahren. Großen Anstoß erregte Berengar, der nach Fulberts Tod in seine Heimatstadt Tours zurückkehrte und dort selbst Scholasticus wurde, mit seiner kritischen Haltung gegenüber der kirchlichen Lehre von der Wesensverwandlung von Wein und Brot in der Eucharistie. Rund hundert Jahre nach Fulbert war Ivo, auch er Bischof (1090–1116), die beherrschende intellektuelle Gestalt in Chartres. Ivo wirkte vor allem als Kanonist, also Lehrer des Kirchenrechts, und trug als solcher maßgeblich zur Lösung des Investiturproblems bei. Der Kanzler Bernhard (gest. 1126) war zwar berühmt als Platoniker, suchte aber schon zwischen den Lehren Platos und Aristoteles' zu vermitteln. Gilbert „Porretanus" (gest. 1154), der, wie wir schon sahen, zusammen mit seinen Schülern sogar bis nach Konstantinopel hinein wirkte, aber auch von konservativen Theologen heftig befehdet wurde, machte sich entschlossen die Logik des Aristoteles zunutze. Dabei bezeichnete er sehr genau die Regeln der wissenschaftlichen Disputation, durch die an überlieferte Texte und aufgestellte Behauptungen im Dialog von Lehrer und Schüler immer neue Fragen gestellt wurden. ‚Nicht jeder Widerspruch ist eine *quaestio*', erklärte Gilbert, ‚zum Beispiel dann nicht, wenn auf der einen Seite gar keine Merkmale der Wahrheit gefunden werden (…). Von einer *quaestio* sprechen wir nur dann, wenn beide Teile Wahrheitsaussagen für sich haben'. Um 1137 wechselte Gilbert von Chartres nach Paris und wurde dann Bischof von Poitiers. Schließlich hat sich Thierry von Chartres (gest. um 1150) einem intensiven Studium der nichtchristlichen klassischen Literatur und Naturphilosophie hingegeben und versucht, den biblischen Schöpfungsbericht mit Hilfe der Naturwissenschaft und der Philosophie Platos zu erklären. Auf Thierry wird aber auch die verstärkte Einführung des Aristoteles in Chartres zurückgeführt.

Manche größeren Bischofsstädte, so etwa Reims (Kloster des heiligen Remigius) und natürlich Paris, verfügten neben der Domschule über weitere Schulen an Klöstern oder Stiftskirchen. In Paris gründete Wilhelm von Champeaux, bis dahin Leiter der Kathedralschule, beim Oratorium des heiligen Viktor auf der linken Seite der Seine eine geistliche Gemeinschaft (1108). Auch als Wilhelm bald darauf Bischof von Châlons-sur-Marne wurde (1113–1122), blühte das Augustinerchorherrenstift mit seiner Schule weiter, allerdings unter bewusster Abkehr von dem freien Studium von Theologie und Philosophie, wie es etwa Wilhelms Gegner Petrus Abaelard praktizierte. Für die Schule von St. Viktor bildete die Exegese der Bibel Grundlage von Theologie und Spiritualität, während man dem dialektischen Denken widerstrebte, das Widersprüche in der Heiligen Schrift oder bei den Lehren der Kirchenväter zum Anlass nahm, selbständig kritisch weiterzuforschen. Über zentrale Glaubenswahrheiten sollte nicht disputiert werden, so lehrte Hugo von St. Viktor, der vielleicht bedeutendste Kopf des Hauses, der übrigens wahrscheinlich aus Sachsen stammte und jedenfalls nach Hamersleben und Halberstadt enge Verbindungen pflegte. Die exegetische Methode zwang zum breit angelegten Studium der klassischen römischen Autoren (Cicero, Horaz, Iuvenal, Lucan, Ovid, Sallust, Seneca, Terenz, Varro, Vergil) und begünstigte einen enzyklopädischen Ansatz des Studiums. Hugo lehrte deshalb: ‚Lerne alles, später wirst du sehen, dass nichts überflüssig ist. Beschränkte Wissenschaft ist nicht erfreulich.' An der Aristoteles-Rezeption seit der 2. Hälfte des 12. Jahrhunderts konnten die Viktoriner aufgrund ihrer geistigen Anlage keinen Anteil mehr nehmen; stattdessen widmete sich noch Andreas von St. Viktor (gest.

1175) einem Studium der Bibel, das unter Rückgriff auf das hebräische Original und kritischer Absonderung kommentierenden Beiwerks (der Glossen), zu einem reinen Text zurückzustoßen versuchte.

Der Zustrom fremder Studenten an die französischen hohen Schulen war inzwischen so stark geworden, dass sich diese zum gegenseitigen Schutz in der Fremde schon in lockeren Gemeinschaften zusammenbanden. Anlässlich einer Massenschlägerei in Reims um 1130 werden *Angligenae, Teutones* und *Francigenae,* also Engländer, Deutsche und Franzosen, als Gruppen genannt. Zur selben Zeit lassen sich zunehmend freie Magister fassen, die eigene Schulen jenseits von Kathedrale, Kirche oder Kloster ausbildeten. Auch diese Lehrer kamen von überall her. Der Engländer Johann von Salisbury, der 1135 zum Studium Paris aufsuchte und an seinem Lebensende Bischof von Chartres werden sollte (1176–1180), nennt unter seinen 13 Lehrern nur einen aus der Francia (Wilhelm von Champeaux), dagegen je zwei aus der Bretagne (Abaelard, Theoderich von Chartres), der Normandie (Wilhelm von Conches, Richard Episcopus) und England (Robert von Melun, Robertus Pullus), je einen aus dem Poitou (Gilbert von Poitiers) und aus Deutschland (Hardewinus *Teutonicus);* für vier weitere ist die Herkunft unbekannt. Diese freien Magister hatten sich sowohl auf der Île de la Cité als auch links der Seine auf dem Mont Ste. Geneviève angesiedelt und boten Unterricht gegen Honorar in Privathäusern an; allerdings musste ihnen vonseiten der Kirche die Lehrbefugnis (*licentia docendi*) erteilt werden. Die Schulen der Cité unterstanden der Lehraufsicht des Kanzlers von Notre-Dame, während für das linke Seineufer der Vorsteher des Genovevastiftes zuständig war.

Die Konkurrenz der Schulen untereinander und die nachlassende Fähigkeit der Amtskirche, Lehrbetrieb und Wissenschaften zu kontrollieren, spiegeln sich im Lebensbericht Abaelards wider. Nachdem Abaelard an verschiedenen Orten Frankreichs Vorlesungen über Dialektik gehört hatte, kam er nach Paris, ‚dem alten Mittelpunkt der logischen Studien', wo Wilhelm von Champeaux sein Lehrer wurde: ‚Seine Logikvorlesungen waren damals berühmt und verdienten es auch. Ich studierte eine Zeitlang bei ihm und war anfangs lieb Kind; später wurde ich ihm mehr als lästig, suchte ich doch etliche seiner Thesen zu widerlegen und gestattete mir, Gegengründe aufmarschieren zu lassen, was mir einige Male im Wortgefecht einen klaren Sieg über den Professor einbrachte. Ein solcher Sieg', fährt Abaelard fort, ‚empörte auch die Kommilitonen, die schon einen Namen hatten, und sie empörten sich um so stärker, als ich der Jüngste war und noch kein so langes Studium hinter mir hatte' (Übers. E. Brost). Der jugendliche Philosoph, dem es an Selbstbewusstsein und wohl auch Arroganz nicht fehlte, habe sich sogleich zugetraut, eine eigene Schule zu gründen, doch dafür die königliche Residenz Melun gewählt. Offenkundig wollte er sich den Nachstellungen Wilhelms, der zugleich Erzdiakon von Paris war, und der älteren Schüler entziehen. Auch hier in Melun habe ihm Wilhelm aber Schwierigkeiten gemacht, doch konnte Peter Abaelard mit Hilfe einiger ‚der Großen des Landes' seinen Plan in die Tat umsetzen. Seine Vorlesungstätigkeit habe seine Meisterschaft in der Logik gleich so bekannt gemacht, dass der Stern seines alten Lehrers in Paris zu sinken begann. Abaelard begab sich daraufhin mit seiner Schule nach Corbeil, weil er sich von der größeren Nähe zur Hauptstadt häufigere Disputationen versprechen konnte. Hier erlitt er aber seinen ersten Rückschlag; überanstrengt und aufs Krankenlager geworfen, habe er sich einige Jahre nach Hause zurückziehen müssen, in denen ihn freilich ‚die Jungen der Logik schmerzlich' vermissten. Nachdem sein zum Antipoden gewordener Lehrer Wilhelm in den Orden der regulierten Chorherren übergetreten war und in St. Viktor seine öffentlichen Vorlesungen fortsetzte, sei Abaelard zu ihm zurückgekehrt, um Rhetorik zu hören. Erneut verwickelten sich beide in Streit, jetzt über die philosophische Frage der Universalien, also des Verhältnisses von Allgemeinbegriffen und Einzelerscheinungen. Abaelard will Wilhelm zur Korrektur seiner Lehre gezwungen haben, wodurch dessen Logikvorlesung ihr guter Ruf ganz verloren ging: ‚Durch diesen Vorfall wurde meine Schule innerlich kräftig und bekam einen solchen Namen, dass alles in ihr zusammenströmte, was zuvor auf unseren gemeinsamen Lehrer Wilhelm geschworen hatte und ein Todfeind meiner Schule war. Sogar Wilhelms Lehrer auf dem Pariser Lehrstuhl bot mir sein Katheder an, um im gleichen Hörsaal mit den anderen bei mir zu hören, in dem zuvor unser gemeinsamer Lehrer Wilhelm so geglänzt hatte. Ich leitete das logische Studium noch gar nicht lange, als Wilhelm vor Neid geradezu krank wurde und sich in seinem Schmerz unsagbar verzehrte.' Bald aber habe Wilhelm gegen Abaelard intrigiert, so dass sich dieser abermals nach Melun absentierte; als er nach einiger Zeit nach Paris zurückkehrte, hatte Wilhelm seinen Lehrstuhl mit einem Rivalen besetzt; Abaelard ließ sich deshalb mit seinen Studenten auf dem Genovevaberg nieder: ‚Es sah fast so aus, als wollte ich Wilhelms Stellvertreter belagern.' Nachdem Abaelard diesen Konkurrenten aus dem Felde geschlagen hatte, begann er – der gefeierte Philosoph – ein Studium der Theologie, und zwar in Laon bei dem berühmten Anselm, der schon seit etwa 1080 der dortigen Kathedralschule vorstand (gest. 1117). Aber der alte Anselm, der auch der Lehrer Wilhelms von Champeaux gewesen war, konnte Abaelard nicht mehr überzeugen: ‚Seine Wortfülle war erstaunlich, aber was dahinter steckte, waren armselige Allerweltsgedanken; sein Feuer füllte das Haus mit Rauch, aber es leuchtete nicht.' Abaelard mokierte sich lauthals über Theologen, die sich mit der Auslegung der heiligen Schriften selbst begnügten und dazu allenfalls noch eine Glosse und einige andere Hilfsmittel brauchten. Ohne selbst die entsprechende Ausbildung genossen zu haben, ließ er sich ohne viel Bedenken zu einem Wettstreit über die Exegese des Propheten Ezechiel herausfordern: ‚Ich sagte, es sei nicht meine Art, von der Routine das Heil zu erwarten, ich verlasse mich auf mein Genie.' Zur allgemeinen Überraschung verstand es Abaelard, sein Auditorium zu fesseln, ja zu überzeugen, und Anselm mit seinen Schülern auf dem Gebiet die gleiche Konkurrenz zu machen wie vorher der Schule Wilhelms auf ihrem. Der alte Gelehrte untersagte ihm kurzerhand die Fortsetzung der exegetischen Vorlesung an der Kathedralschule, deren Leiter er ja war. Abaelard war gezwungen, nach Paris zurückzukehren, wo er sich weiterhin dem Kommentar des Ezechiel widmete: ‚Er fand bei seinen Lesern viel Beifall, und es hieß, ich zeige dieselbe hohe Begabung in der Theologie, die man in der Philosophie an mir festgestellt hatte.' Die Hörsäle füllten und die Kolleggelder vermehrten sich, der Ruhm Abaelards nahm zu. Auf diesem ersten Höhepunkt seiner bei allen Windungen glanzvollen Karriere verfiel er Heloïse. Nach der persönlichen Katastrophe seiner Entmannung Mönch im Kloster Saint-Denis geworden, ließ die Wiederaufnahme seiner Lehrtätigkeit nicht lange auf sich warten: ‚Ich war von meiner Wunde kaum genesen, da klopften schon die Kleriker in hellen Scharen bei mir an; sie bestürmten meinen Abt, sie bestürmten mich selbst, ich solle doch wieder unterrichten. Wenn ich es zuvor um Ruhmes und Geldes willen getan, so solle ich es jetzt aus Liebe zu Gott tun. Er habe mir das Pfund anvertraut und dürfe es mit Zinsen zurückfordern. Ich habe bisher vor allem für die Zahlungsfähigen gearbeitet; inskünftig solle ich mich dem Unterricht der Armen widmen. Ich solle es doch ja nicht verkennen, Gottes Hand habe mich vor allem darum geschlagen, um mich von den Verlockungen des Fleisches und überhaupt von dem bunten Treiben dieser Welt zu erlösen und mich für die Wissenschaft ganz frei zu machen.' Der Abt gibt ihn frei, so dass er in der Einsiedelei seine Lehre erneut beginnt: ‚Der Andrang der Studenten wurde so groß, dass alle unterzubringen und zu verpflegen nicht möglich war.' Neben der Philosophie widmete sich Abaelard weiterhin der Theologie. Er befasste sich nach eigenen Worten damit, ‚die Grundlagen unseres Glaubens durch Analogien aus dem Gebiet der menschlichen Vernunft zu erläutern'. Nachdem unter seinen Gegnern sowohl Anselm als auch Wilhelm gestorben waren, suchten ihm nun deren Schüler zu schaden. Sie erwirkten eine Synode in Soissons 1121, auf der er sich für seine Schrift ‚Über die Dreieinigkeit' („Theologia Summi boni") rechtfertigen sollte. Zum Verdammen des Buches ‚genüge schon die Keckheit, mit der ich ohne Approbation des Papstes oder der Kirche das Buch in Vorlesungen behandele und einigen Schülern schon erlaubt habe, es abzuschreiben'. Unter Mitwirkung eines päpstlichen Legaten wird Abaelard gezwungen, sein Buch selbst den Flammen zu übergeben, aber seine Verbannung ins Kloster – erst Saint Médard, dann Saint Denis – misslingt seinen Gegnern. Mit Hilfe weltlicher und geistlicher Großer errichtet er in der Champagne bei Troyes eine Kapelle der Heiligen Dreieinigkeit, die Kristallisationspunkt seiner Schule wird: ‚Meine Schüler strömten von überall her zusammen, sobald sie erfuhren, wo ich zu finden war. Sie verließen ihre Städte und ihre Burgen, um in der Einöde zu wohnen; hatten sie vorher weitläufige Häuser gehabt, jetzt bauten sie sich armselige Hütten; sie aßen jetzt Rüben und trocken Brot, während sie vorher nicht genug Ansprüche machen konnten. Statt in weichen Betten lagen sie auf einer Streu von Schilf und Stroh, und statt der Tische machten sie sich Rasenbänke (...). Sie drängten sich dort um mich und nahmen alle Entbehrungen auf sich, nur um mich hören zu können (...). Meine Armut war so drückend geworden, dass ich einen regelrechten Schulbetrieb anfing (...). Meine Studenten sprangen freiwillig für mich ein, wo es nur not tat, sie brachten Nahrung und Kleidung, sie bestellten das Feld und bauten die Häuser; alles, um was sich sonst ein Hausvater sorgen muss, das nahmen sie mir ab und machten mich so ganz frei für meinen geistigen Beruf.' Auch die studentische Siedlung des von Abaelard in der Einöde errichteten Parakletstifts blieb nicht die letzte Station des gefeierten und umstrittenen Lehrers; um 1135/36 kehrte er nach Paris zurück, erregte aber mit seinen Lehren erneut Anstoß, bis seine Gegner gegen ihn sogar eine Verurteilung zum ewigen Schweigen durch den Papst erwirkten. Sein prominentester Gegner, der Zisterzienser Bernhard von Clairvaux, brachte die Kritik der alten Mönchstheologie gegen die neue Scholastik auf den Punkt: Diese stelle einen unheilvollen Zusammenhang her von Reichtum (durch Hörergelder), regellosem (nicht monastisch diszipliniertem) Leben und falschen Lehren aus ‚zuchtlosen Fragen' (nach 2 Tim 2,23).

Seit 1150 lag in Paris das Recht, die Lehrbefugnis an die Magister zu erteilen, ausschließlich beim Kanzler der Kathedrale Notre-Dame. Die Kirche versuchte, auch in den freien Schulen die Einheit der Lehre zu sichern, andererseits aber waren die ‚Meister der Künste' selbst daran interessiert, unliebsame (und bisweilen unqualifizierte) Konkurrenz auszuschalten. Freie Schulen wie in Paris oder an anderen Orten Frankreichs spielten auch im italienischen Bologna eine herausragende Rolle bei der Entwicklung der Wissenschaft. Fachlich konzentrierte man sich hier auf das Studium des weltlichen und kirchlichen Rechts. Obschon streng zeitgenössische Zeugnisse rar sind, haben sich offenbar zuerst Pepo und Irnerius mit dem Studium des antiken Codex Iustinianus befasst. Der Magister Pepo, 1072 als *advocatus*, 1076 als *legis doctor* bezeugt, soll nach späterer Überlieferung angefangen haben, ‚aus eigener Autorität in den [antiken römischen] Gesetzen zu lesen'; der Engländer Radulf Niger, der in den 1160er Jahren in Paris studierte, rühmt ihm nach, durch ihn sei das *ius civile* ‚wie im Aufgang der Morgenröte' wiedergeboren worden. Der Bologneser Rechtslehrer Odofredus de Denariis wollte allerdings bald nach 1230 nur ‚den Herrn Irnerius' als ersten Lehrer des römischen Rechts gelten lassen; dieser ist zwischen 1112 und 1125 als *magister artium* und praktizierender

Jurist nachgewiesen wie Pepo vor ihm und war Laie. Nach Odofredus habe Irnerius in Bologna in den Artes unterrichtet und sei dabei von sich aus zur Lektüre ‚unserer Bücher' vorgestoßen; ‚und beim Studium erwachte in ihm der Wunsch, die Leges [auch] zu lehren'. Nach den Regeln der Dialektik hat Irnerius jedenfalls begonnen, die Sammlung Kaiser Justinians mit Glossen zu kommentieren. In der Forschung ist umstritten, in welchem Maße das reine wissenschaftliche Erkenntnisstreben am Beginn dieses Rechtsstudiums gestanden hat oder ob der praktische Nutzen des gelehrten Rechts von vorn herein das Interesse an den alten Texten stimulierte; schon Pepo scheint Heinrich IV. nahe gestanden zu haben, und Kaiser, Päpste, Fürsten und Kommunen haben sich bald schon der Rechtsgelehrten für die Regelung ihrer Streitigkeiten oder Begründung ihrer Ansprüche bedient. Für die Kirche wurde die Bearbeitung der kanonistischen Überlieferung entscheidend, die der Mönch Gratian um 1140 ebenfalls in Bologna geschaffen hat.

Leistungen und Zulauf der Bologneser Rechtsschulen beeindruckten Kaiser Friederich I. so sehr, dass er ihren Studenten 1155 ein wegweisendes Privileg erteilte. Barbarossa sprach dabei die Schüler, die um der Studien willen auf Wanderschaft gingen, und ihre Lehrer in beiden Rechten (*omnibus qui causa studiorum peregrinantur scolaribus et maxime divinarum atque sacrarum legum professoribus*) als Menschen an, die aus Liebe zur Wissenschaft heimatlos und arm geworden seien (*amore scientie facti exules de divitibus pauperes semetipsos exinaniunt*); sie sollten deshalb seinen, den kaiserlichen Schutz genießen, und zwar an den Orten ihrer Studien selbst wie auf den Reisen dorthin; insbesondere gegen jede Art des Unrechts nimmt sie der Kaiser in Schutz. Ferner sollten die Scholaren im Falle einer Klage ihren Richter frei wählen dürfen zwischen ihrem eigenen Magister und dem Bischof der Stadt. Schließlich soll kein Schüler für die Delikte eines seiner Landsleute haftbar gemacht werden (*ut nullus … ob alterius eiusdem provincie delictum … aliquod dampnum eis inferat*). Barbarossa fasste also Lehrer und Schüler des Studiums von Bologna als eigene Gruppierung auf, die er mit einem Sonderrecht ausstatten konnte; andererseits aber müssen die ausländischen Studenten bereits so zahlreich gewesen sein, dass sie als besondere Herkunftsgemeinschaften in Erscheinung traten. Tatsächlich kann man aber Mitte des 12. Jahrhunderts noch nicht von einer Universität sprechen, sondern bis etwa 1180 dürften hier, wie auch in Paris, lediglich „private" Schulen bestanden haben. Der einzelne Lehrer eröffnete und leitete also sein Studium, traf mit seinen Schülern individuelle Vereinbarungen und erhielt von diesen für seinen Unterricht Honorare (*collectae*).

Zuerst in Bologna und fast zeitgleich auch in Paris sind dann aber um 1200 die ersten Universitäten entstanden. Auch Oxford in England gehörte zu den Universitäten der ersten Stunde, während bedeutende hohe Schulen, wie Chartres oder auch Salerno, diesen Weg nicht mitgegangen sind. Dass in Paris – aber nicht in Chartres oder Laon – eine Universität entstanden ist, hat man damit erklärt, dass diese Stadt einem freien und öffentlichen Massenstudium viel bessere Voraussetzungen geboten hat als ein kleiner Bischofssitz. In Paris konnte eine überaus große Zahl von Schülern unterkommen, sehr viele Magister durften für ihre Wissenschaft auf ein genügend zahlungskräftiges Publikum hoffen, hier waren Partner für Disputationen jederzeit verfügbar, aber auch für die „Lebensqualität" neben dem Studium war gesorgt. Der Aufstieg von Paris zur Hauptstadt des französischen Königreiches versprach zudem beste Kontaktmöglichkeiten für künftige Karrieren in Verwaltung und Kirche. Die im Falle von Paris einleuchtende sozialhistorische Erklärung für den Einsatz der Universitätsgeschichte erscheint allerdings schon im Fall von Bologna weniger plausibel und versagt völlig bei Oxford: „Daß

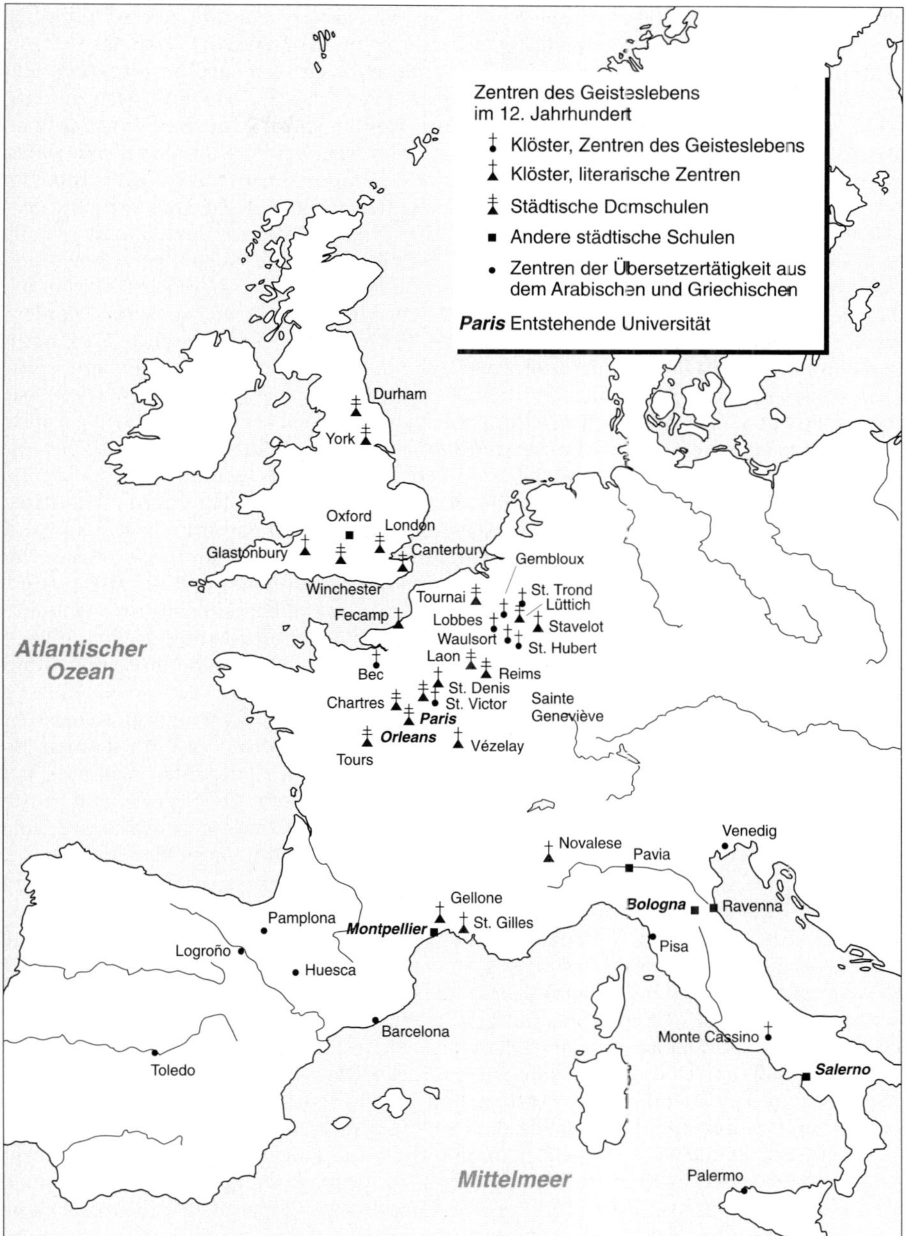

Abb. 11: *Zentren des Geisteslebens im 12. Jahrhundert.*

die erste englische Universität in dieser kleinen Handelsstadt entstand, die nicht einmal Sitz eines Bischofs war, ist merkwürdig und läßt an Zufall denken" (J. VERGER).

Immerhin hilft der Vergleich mit den anderen Kulturen, die Besonderheit der abendländischen Bildungsgeschichte zu erfassen. Privatschulen, wie diejenigen in Paris, Bologna, Oxford und anderswo im lateinischen Westen, gab es ja auch in Byzanz – man denke an Michael Psellos im 11. Jahrhundert –, im islamischen Kulturkreis mit seinen Medressen und Moschee-Kollegien waren sie geradezu konstitutiv, und auch im Judentum verbanden sich die Jeschiwot ebenso mit der jeweiligen Stadt wie mit dem Namen eines bedeutenden Lehrers. Was alle diese Parallelen auszeichnet, ist die Schulbildung um einen einzigen Lehrer, wie wir dies auch vom Westen her kennen, mit Abaelard als wohl berühmtestem Fall. Im Abendland aber wurde diese Partikularität der Schulen überwunden, die in den zeitgenössischen Quellen nicht nur *schola*, sondern geradezu *secta* genannt werden konnten. Die Universität bestand nämlich im Zusammenschluss der Magister beziehungsweise Scholaren zu einem neuen Verband, ohne dass die individuelle Lehr- und Lernfreiheit dabei verloren ging. Äußere Mächte, wie Kaiser Friedrich I. in seiner „Authentica Habita" von 1155, oder vor allem die Päpste konnten diese neue Gemeinschaftsbildung fördern, entscheidend war jedoch, dass sie aus den Schulen selbst hervorging und von Lehrern und Studenten getragen wurde. Im Kontrast zu den hohen Schulen älteren Datums bei den Lateinern und ihren Schwestereinrichtungen im römischen Osten, im islamischen Kulturkreis und auch bei den Juden erwiesen sich die Universitäten bei allen Konflikten auf Dauer als selbstbehauptungsfähig gegen weltliche oder geistliche Autoritäten und Normsetzungen. Mit Sicherheit war das städtische Milieu Frankreichs und Oberitaliens für sie eine entscheidende Entstehungsbedingung, denn nur wo die Kommunebildung in den Städten frühzeitig Erfolg gehabt hatte, bildeten sich jetzt auch die allerersten Universitäten aus (vgl. oben 2.1.1.3, 2.2).

Der Begriff *universitas* war um 1200 in seiner Bedeutung bereits festgelegt; er bezeichnete Personengruppen besonderer Art, die durch Zusätze näher bestimmt wurden. So sprach man von der *universitas civium* einer Stadt oder der *universitas judaeorum* zur Bezeichnung einer jüdischen Gemeinde. Die Juristen der Zeit verstanden unter *universitas* eine Gruppe, die ein Statut, also eine schriftlich fixierte Lebensordnung, und damit ein Bewusstsein ihrer Besonderheit und Exklusivität hatte. Erst infolge der Entstehung der „Universitäten" ist der Gattungsbegriff *universitas* verengt worden zum Artbegriff, der die verfasste Gemeinschaft der Schüler und Lehrer kennzeichnet. Otto Gerhard OEXLE vor allem verdankt die Forschung die Einsicht, dass die Universität um 1200 als neue Form der schon früher bekannten Gruppenbildung vom Typ der geschworenen Einung in Erscheinung tritt, die eindrucksvoll eben bei der Kommunebildung belegt war: „Der Begriff der ‚Einung' meint, daß diese Gruppen entstanden sind durch freien Zusammenschluß der Beteiligten, in Konsens und Vertrag, in der Rechtsfigur der ‚Willkür'. Und diese ‚Einungen' sind ‚geschworene Einungen', weil das Konsenshandeln sich in einem promissorischen Eid äußerte, dem wechselseitig geleisteten promissorischen Eid, der sich in den Anfängen einer Universität in Bologna wie in Paris gut erfassen lässt. Die sozialen und rechtlichen Folgen dieser Form der Gruppenbildung werden auch im Fall der *universitates* der Magister und Scholaren sichtbar. Der gegenseitige Eid schafft unter den Schwörenden Gleichheit. Jede ‚*coniuratio*' hatte deshalb gewissermaßen einen ‚revolutionären' Charakter, auch deshalb, weil im gegenseitigen Eid von den Schwörenden ein autonomer Rechts- und Friedensbereich geschaffen wurde, d. h. ein von jeglicher Obrigkeit und von bestehenden Institutionen nicht abgeleiteter Bereich gegenseitigen Schutzes und gegenseitiger Hilfe, ein Bereich statutarischen, also positiven Rechts. Das durch den Konsens von Studierenden oder von Magistern und Studierenden im Eid geschaffene Rechtsgebilde wurde in der ersten Hälfte des 13. Jahrhunderts bezeichnet als ‚*Libertas scolastica*' oder ‚*Libertas scolarium*'. Dieser Begriff meinte also nicht die ‚Lehrfreiheit', sondern bedeutete soviel wie ‚genossenschaftliche Autonomie'."

Im Einzelnen zeigt die Frühgeschichte der Universitäten freilich Differenzen. In Bologna hatte die Obrigkeit erkannt, welchen Nutzen die privaten Rechtsschulen der Sache wegen und auch als wirtschaftlicher Faktor durch ihre Anziehungskraft für Studenten von weither (neben Italien aus Deutschland, Frankreich und England) für sie brachten; da im Laufe der Zeit auch in Nachbarstädten wie Modena Schulen entstanden waren, konnten die Lehrer aber zur Abwanderung animiert werden. Im Jahr 1189 versprach deshalb der Rat dem Juristen Lothar, der aus Cremona stammte, ihn nicht durch Eide mehr als üblich an den städtischen Dienst zu binden und seine Lehrtätigkeit weder zu verbieten noch diese zu erzwingen. Lothar seinerseits schwor, nur in Bologna und nirgendwo sonst das Recht zu lehren, niemals den Schulbetrieb der Stadt zu schädigen und den Rat sofort zu verständigen, wenn er von entsprechenden Absichten anderer Lehrer erfuhr; außerdem wollte er sein Fachwissen dem Rat der Stadt sowie den Behörden der Stadtverwaltung zur Verfügung stellen. Mit dieser Vereinbarung hatten die Rechtslehrer begonnen, sich vertraglich an die Stadt Bologna zu binden; im Unterschied zu den Pariser Magistern und Doktoren besaßen sie meist sogar das Bürgerrecht. Die Studenten organisierten sich ihrerseits zunächst in „Nationen"; damit waren keine ethnisch-politischen Gemeinschaften im modernen Sinne gemeint, sondern landsmannschaftliche Gruppierungen. Die ‚Lombardische Nation' ist seit 1191 belegt. Wenig später vereinigten sich die Nationen zu „Universitäten" und wählten an deren Spitze Rektoren; die Studenten unterstellten sich der Gerichtsbarkeit der Rektoren, gaben sich Statuten und beriefen und besoldeten anfangs sogar die eigenen Lehrer. Als geschworene Einung traten die Studierenden am Beginn des 13. Jahrhunderts zum ersten Mal deutlich in Erscheinung. Um die Scholaren, ebenso wie die Lehrer, für immer an die Stadt zu binden, hatte die Kommune auch von ihnen einen formellen Verzicht auf die Freizügigkeit gefordert. Diese gehörte aber zur Libertas scolastica, die durch den gegenseitigen Eid der Universitas konstituiert war, und war deshalb unantastbar. Der Papst sprang den Studenten bei, die in ihrer genossenschaftlichen Selbständigkeit gefährdet waren. Honorius III. mahnte sie sogar im Mai 1217, ‚lieber die Stadt zu verlassen, als das Vergehen des Eidbruchs auf sich zu laden': ‚Ihr könnt', so fügte er kommentierend an, ‚weder eure Genossenschaft (*societas*) auflösen, noch jenes gegen die genossenschaftliche Autonomie (*libertas scolarium*) gerichtete Statut euren Statuten einfügen, da ihr ja beides zu halten und so sorgfältig wie möglich zu fördern durch einen Eid versprochen habt' (Übers. O. G. Oexle). Die römische Kirche hatte inzwischen längst erkannt, welchen Nutzen das Studium des Rechts an freien Schulen brachte. In Bologna war es ein weiterer Schritt zur Stärkung der universitären Autonomie, dass der Papst 1219 das vorher wohl den Lehrern zustehende Recht, nach einem strengen Examen die Lehrbefugnis zu erteilen, dem Archidiakon übertrug. Seit 1230/40 treten hier auch zwei Universitäten in Erscheinung, die eine für die citramontanen, die andere für die ultramontanen (nordalpinen) Schüler. Erst nach langen Auseinandersetzungen, bei denen die Rektoren einen den Magistern entsprechenden Treueid gegenüber der Stadt verweigert hatten, einigten sich beide Seiten: Bologna erkannte dabei die Autonomie der Universitäten unter der Gerichtsbarkeit ihrer Rektoren an und gewährte den Studenten im Hinblick auf Wohnung,

Versorgung mit Lebensmitteln, Darlehen und Rechtsschutz die gleichen Privilegien wie den eigenen Bürgern (1245 bzw. 1274–1290). Als Druckmittel hatten die Studenten wiederholt die Auswanderung genutzt. So waren durch einen Exodus aus Bologna 1204 in Vicenza, 1215 in Arezzo und 1222 in Padua neue Universitäten entstanden, und von Padua aus bildete sich in Vercelli 1228 eine „Enkelgründung"; bis auf Padua sind freilich alle genannten Studien innerhalb weniger Jahre oder Jahrzehnte wieder erloschen. Seit 1224 machte auch die Hohe Schule Friedrichs II. in Neapel Bologna Konkurrenz (s. oben 2.1.7).

Bologna war eine „Studentenuniversität", eine *universitas scholarium*, Paris hingegen eher eine Universität der Magister oder eine *universitas magistrorum et scholarium*. Wie in Bologna, aber mit einem anderen Kontrahenten, war es auch in Paris ein Konflikt, der offenbar zur Bildung einer geschworenen Einung geführt hat. Hier ging es einmal um den Schutz und rechtlichen Status der Studierenden bei Streitigkeiten mit der Bevölkerung und dem (königlichen) Prévôt, zum andern aber und vor allem um eine Auseinandersetzung um das Recht des bischöflichen Kanzlers als Leiters der Kathedralschule, die Lehrbefugnis zu erteilen. Die Verfügung über die *licentia docendi* an sich wurde dem Kanzler zwar nicht abgesprochen, doch war kontrovers, ob er damit Theologen, Kirchenrechtler, Mediziner und Lehrer der Artes ohne ein Votum der Magister der *universitas* ausstatten durfte oder nicht. Streitthema war also das Recht zur Ernennung und Kooptation des Magisterkollegiums. Im Falle von Paris hat neben dem Papst auch der König für die entstehende Universität gewirkt. Im Jahr 1200 sicherte Philipp II. den Angehörigen der Pariser Schulen bereits den Schutz der kirchlichen Gerichtsbarkeit zu; nach dem Bericht des englischen Chronisten Roger von Hoveden habe der Monarch gefürchtet, dass die Studenten andernfalls seine Hauptstadt verlassen würden. 1208/09 bestätigte sodann Papst Innozenz III. den Magistern, dass die Lehrer aus ihrer Mitte acht angesehene Männer gewählt und diese mit Disziplinargewalt ausgestattet hatten. Der Papst erkannte damit die eigene Gerichtsbarkeit der Genossenschaft an und bezeichnete die neue, durch gegenseitigen Eid konstituierte Gemeinschaft ausdrücklich als *universitas*. 1213 stellte auch der Bischof von Paris der Universität eine Urkunde aus, durch die er einen Streit zwischen dem Kanzler und den Magistern beziehungsweise Scholaren beilegte; zugleich wurde das Recht zur Kooptation durch Mehrheitsbeschluss bekräftigt. Papst Honorius III. hat später zwar noch einmal der *universitas magistrorum et scolarium* den gegenseitigen Eid und die genossenschaftliche Autonomie untersagt, die sich in der Satzungsautonomie, in der eigenen Gerichtsbarkeit, im selbständigen Verhandeln mit Dritten – etwa über Mietpreise – oder im Gebrauch eines eigenen Siegels ausdrückte (1221), aber diese Gegenbewegung wurde schon kurz darauf gestoppt (1222). Auch im Fall von Paris erwies sich das Papsttum als tatkräftiger Förderer der neuen Universitäten, es verstand allerdings auch in deren inneren Belange einzugreifen. Schon 1215 hatte der päpstliche Legat Robert de Courçon *universis magistris et scolaribus Parisiensibus* detaillierte Statuten gegeben, 1219 verbot Rom das Studium des Zivilrechts, 1220 ordnete der Papst an, Franziskanern und Dominikanern Lehrstühle einzuräumen, und 1231 regelte Gregor IX. in seiner Bulle *Parens scientiarum* in einem Katalog Alltagsaufgaben, wie maximal vier Wochen Sommerferien und das Verbot bewaffneter Stadtgänge der Studenten.

Seit 1222 bestanden auch in Paris Nationen, und zwar bei Magistern und Studenten der Artistenfakultät. Zur französischen Nation gehörten die Studenten aus der Île de France, ferner aus Südfrankreich, Italien, Spanien und Portugal, aber auch aus Griechenland und Kleinasien; die normannische Nation beschränkte sich auf die Provenienz der Diözese Rouen, die pikardische umfasste die Schüler aus dem Nordosten Frankreichs und den Niederlanden bis zur Maas, die anglogermanische jene aus England, Schottland, Deutschland, Ungarn, den slawischen und den skandinavischen Ländern. Konkrete Angaben über den Umfang der Lehrnachfrage aus den verschiedenen Regionen liegen für das Hochmittelalter aber nicht vor. Seit 1240 stellte die älteste Fakultät, die der Artisten, den Rektor. In der Pariser Artistenfakultät hatte die Logik den Vorrang, während Ethik und Metaphysik das Quadrivium ergänzten. Über die Rezeption des Aristoteles, dessen Naturphilosophie aus der monotheistischen Sicht der Weltschöpfung anstößig war, kam es am Beginn des 13. Jahrhunderts zu schweren Auseinandersetzungen mit der Kirche. 1210 wurden durch ein Landeskonzil zum ersten Mal alle Vorlesungen über die entsprechenden Lehren verboten. Obwohl die Statuten der Artistenfakultät das Verbot in die eigenen Statuten aufnahm, belegt ein Studienführer aus den dreißiger Jahren, dass Logik, Metaphysik, Naturphilosophie und Ethik des großen Griechen zumindest gelesen wurden. 1255 nahmen die Artistenmagister alle naturphilosophischen Werke sowie die Metaphysik des Aristoteles in die neue Studienordnung auf; weitere Verbote fruchteten nichts, bis Albertus Magnus und Thomas von Aquin (gest. 1280 bzw. 1274) Texte und Lehren des Stagiriten theologisch endgültig zu integrieren verstanden. In den höheren Fakultäten studierten die älteren Schüler, die die Artes bereits absolviert hatten. Nach dem Verbot des Ius civile lag das Schwergewicht der Rechtswissenschaft auf der Kanonistik, die Pariser Medizin war nach dem Niedergang Salernos im frühen 13. Jahrhundert neben Bologna und Montpellier führend, und erst recht kam der Theologie höchstes Ansehen zu. Schon 1230 verfügte die Universität über zwölf (statt vorher acht) Lehrstühle. Das Pariser Theologie-Studium erwies sich dann als Grundlage für glänzende Klerikerkarrieren. Von den Kardinälen, die Gregor IX. zwischen 1227 und 1241 kreierte, waren die Hälfte ehemalige Studenten oder Professoren der dortigen Universität gewesen.

Auch in Oxford schlossen sich die Magister zu einer Schwureinung zusammen und gaben sich eine gewillkürte Ordnung, die sie zur selbständigen Regelung ihrer inneren Angelegenheiten befähigen sollte. Als 1209 ein Student eine Frau aus der Stadt getötet hatte, richteten Bürgermeister und Gemeinde anstelle des flüchtigen Täters kurzerhand drei seiner Mitbewohner hin. Diese Delikthaftung duldeten Magister und Scholaren aber nicht; mit wenigen Ausnahmen verließen sie die Stadt, bis König Johann, der die Gemeinde unterstützt hatte, ihnen 1214 entgegenkam. Die Genossenschaft des Studiums handelte günstige Lebensbedingungen aus, die die Oxforder Bürger mit öffentlichem Eid bekräftigten. Alle, die die Stadt verlassen hatten, durften nun zurückkehren. Die schnelle Rekonstituierung der Universität am Ort zeigt, wie stark das Gruppenbewusstsein der „Oxonians" bereits ausgeprägt war. Ein Teil der Exodusgemeinde blieb freilich an ihrem Zufluchtsort Cambridge zurück, so dass beim Auszug von 1209, ähnlich wie bei den Tochtergründungen Bolognas, der Ursprung der dortigen Universität gelegen hat. Auch wenn neben die Verbreitung des Universitätswesens durch auswandernde Scholaren die förmliche Gründung (‚Pflanzung') von Universitäten durch Monarchen aller Art trat, wurden die Verfassungen Bolognas, Paris' und auch Oxfords gern nachgeahmt. Der Bedarf von Kirche und weltlicher Herrschaft an studierten Fachleuten sowie das Prestige einer eigenen Universität regten bis ins späte Mittelalter hinein immer neue Gründungen an. Spätestens seit dem 15. Jahrhundert war das Netz der Universitäten im lateinischen Europa so eng geworden, dass die Scholaren um der Wissenschaft willen die Heimat kaum noch aufgeben mussten.

3.4 Techniken für ein besseres Leben: Von Innovationen zur Revolution?

Nach der Lehre des italienischen Wirtschaftshistorikers Carlo M. Cipolla hat es in der Weltgeschichte nur zwei große Umwälzungen gegeben: die landwirtschaftliche Revolution in der Jungsteinzeit und die Industrielle Revolution im 18./19. Jahrhundert n. Chr. Bei der neolithischen Revolution, die im 8. Jahrtausend v. Chr. und im Vorderen Orient eingesetzt hat, trat bei der Nahrungsbeschaffung an die Stelle des Fischens, Jagens und Früchtesammelns die gezielte Produktion durch Getreideanbau und Herdenhaltung. Der Mensch lernte, seine Abhängigkeit vom natürlichen Nahrungsangebot wechselnder Lebenswelten zu mildern und stattdessen in einem bestimmten Gebiet die Mengen verfügbarer Nahrungsmittel selbst zu steigern. Ackerbau und Viehzucht bedingten also auch einen Wandel der Siedlungsweise, den Übergang zu dauernder Sesshaftigkeit. Drittes Kennzeichen des epochalen Umbruchs ist die Herstellung neuartiger Geräte und Werkzeuge. Neolithische Wirtschaft machte Vorratshaltung erforderlich; zur Einlagerung des geernteten Getreides entwickelte man die Fähigkeit, Tongefäße zu formen, die erst im Feuer Festigkeit und Halt erlangten. Der planmäßige Gebrauch des Feuers zur Bearbeitung von Rohstoffen wurde in einem langfristigen Prozess vor allem auf Metalle übertragen, was eine Fülle neuer Erfindungen zur Entlastung menschlicher und tierischer Arbeitskraft ermöglichte. Das agrarische Zeitalter, das Jahrtausende währte, wurde erst an der Schwelle zur Moderne abgelöst; die Industrielle Revolution brachte den Durchbruch der Stadt als Erwerbsquelle und dominanten Lebensraums, neue Methoden bei der Erschließung von Rohstoffen, die Massenproduktion von Wirtschaftsgütern durch Maschinen, und sie war begleitet von tief greifenden sozialen und anthropologischen Umwälzungen, von denen die enorme Zunahme der Bevölkerung am deutlichsten in Erscheinung trat.

3.4.1 Lange Wege zwischen Erfindung und Konsum

Weder die griechisch-römische Antike noch das Mittelalter oder die frühe Neuzeit haben eine grundlegende und alle Bereiche erfassende Änderung der menschlichen Lebensbedingungen hervorgebracht, die den urgeschichtlichen und modernen Umbrüchen gleichgekommen wäre. Selbstverständlich hat es in den vielen tausend Jahren herrschender landwirtschaftlicher Kultur immer wieder Erfindungen gegeben, die das Leben nach langen Prozessen der Adaption tiefgreifend verändert haben, aber niemals wurde damit die Abhängigkeit der Menschen von den natürlichen Bedingungen ihrer Mikrowelt aufgehoben oder nur spürbar eingeschränkt. Griechen und Römern werden zwar technische Durchbrüche „von eminenter historischer Bedeutung" bescheinigt, doch seien diese „ohne weitreichende soziale und wirtschaftliche Folgen gewesen", die sich mit Ereignissen wie der Industriellen Revolution vergleichen ließen. Andererseits wird als schätzenswerte Leistung der Antike hervorgehoben, dass sie Fundamente für die Technik des Mittelalters gelegt hat. Es seien aber „erst die von den Althistorikern früher zu wenig beachteten Erfindungen und Innovationen des Mittelalters und der frühen Neuzeit" gewesen, die „der Industriellen Revolution den Weg geebnet" haben (H. Schneider). Tatsächlich sprechen nicht wenige Mediävisten auch im Hinblick auf ihre Epoche von „Revolutionen", die im hohen Mittelalter geradezu zur Grundlage des modernen Take-off geworden seien. Und wie der Industriellen Revolution im England des 18./19. Jahrhunderts eine Agrarrevolution unmittelbar vorausgegangen war, so sollen etwa seit Mitte des 11. Jahrhunderts auch umstürzende Änderungen im Landbau eine „industrielle Revolution" der folgenden Zeit vorbereitet haben. Parallelen zur Moderne möchte man auch in dem beachtlichen demographischen Aufschwung des Hochmittelalters und in der fortschreitenden Urbanisierung sehen. Dementsprechend ist von der „Stadtrevolution" des 11.–13. Jahrhunderts die Rede, die durch Differenzierung der Berufe eine „Gewerberevolution" mit sich gebracht habe, und andere Aspekte beim weitgreifenden Umbau des sozialen Gesamtgefüges werden mit „Straßenrevolution", „Papierrevolution" und so weiter angesprochen.

Ob der Begriff „Revolution" im Hinblick aufs Hochmittelalter glücklich gewählt und berechtigt ist, wird freilich kontrovers diskutiert. Zweifellos wäre er abzulehnen, wenn er eine dramatische, kurzfristig vollzogene Änderung aller Lebensbereiche meinen sollte; denn alle Wandlungen, um die es geht, sind nur langsam vor sich gegangen, angelaufene Entwicklungen stagnierten oder wurden gar zurückgenommen, bevor sie sich auf breiter Front durchsetzten, und die verschiedenen Faktoren, die zu weitreichenden Änderungen zusammenwirkten, ergeben nur im historischen Rückblick ein dichtes Gefüge, während sie in ihrer Zeit erst je für sich aufgekommen waren und bloß allmählich einander zu stimulieren begannen. Derlei Einwände ließen sich freilich auch gegen die „Neolithische Revolution" erheben, da es sich hier ebenso um einen sehr langwierigen, diskontinuierlichen Prozess von Änderungen gehandelt hat, dessen Dauer sich sogar nach Jahrtausenden bemisst. Demgegenüber kann man nicht bezweifeln, dass der hochmittelalterliche „Aufbruch" die gesamte soziale Wirklichkeit gegenüber älteren Jahrhunderten tief greifend umgestaltet hat, ohne freilich den Rahmen der Agrargesellschaften zu sprengen. Schwerer ins Gewicht fiele aber der Einwand großräumiger und regionaler Beschränkung. Denn die so genannte Agrar- und Industrierevolution des hohen Mittelalters hat sich vor allem nördlich der Alpen abgespielt, wo die Kultur des karolingischen Frankenreiches für sie wichtige Grundlagen geschaffen hatte. Schon im mediterranen Teil Europas herrschten ganz andere historische Voraussetzungen; vor allem aber konnten sich hier wie auch im nördlichen und östlichen Europa bestimmte Innovationen des Westens und der Mitte aufgrund unterschiedlicher naturräumlicher Bedingungen, wenn überhaupt, nicht in gleicher Weise und mit gleicher Wirkung entfalten. Es gehört eben zu den Kennzeichen vorindustrieller Gesellschaften, dass sie stets in hohem Maße von der Natur abhängig waren; Europa mit seinen besonders kleinräumigen Differenzen hinsichtlich des Klimas, der Geologie und der Bodenbeschaffenheit lässt deshalb unter Bezug auf wenige Jahrhunderte Aussagen über allgemeine Entwicklungstendenzen kaum zu. Wenn es darauf ankommen soll, durch Vergleich die Besonderheiten ebenso wie die Gemeinsamkeiten europäischer Länder und Menschengruppen in ihrer Geschichte zu erhellen, verliert die generalisierende Rede von der hochmittelalterlichen Revolution vollends jede Überzeugungskraft.

In der Geschichte der Technik müssen Inventionen, also die Erfindungen selbst, von Innovation, deren (Wieder-)Einführung und Verbesserung, und Diffusion im Sinne einer allgemeinen Verbreitung der Neuerungen unterschieden werden. Im Allgemeinen ist es vor der Moderne unmöglich, Erfindungen genau zu datieren, und bis zu Leonardo da Vinci und seiner Zeit bleiben die kreativen Genies anonym. Als sicher kann jedoch gelten, dass es, abgesehen vom Zwang, elementaren somatischen Nöten gerecht zu werden, nicht Bedürfnisse waren, die den Durchbruch zu neuen Techniken erzwungen hätten: „Die Bedürfnistheorie ist unfähig, eine Erklärung für Technik zu liefern, genauer für das Entstehen von Technik und Techniken, für die Invention." Schon für den neolithischen Sprung lässt sich kein naturwissenschaftlicher Grund angeben, „denn als Sesshaftigkeit und Bauernwirtschaft einsetzten, waren die Menschen biologisch wohl schon so gebaut wie wir heute. Die Naturwissenschaftler der klassischen Prägung können zu diesem Sprung nichts mehr sagen. Feststellen können ihn nur die Historiker, also Geisteswissenschaftler, denn der Sprung war ein Sprung des Geistes und nicht der Natur im klassisch-naturwissenschaftlichen Sinne. Das heißt aber: Die Historiker können sich nicht auf ‚natürliche' Vorgänge berufen, die die geistigen, darunter die Technik, steuern sollten, und für sie kann Technik samt ihrer Fähigkeit zur Eröffnung neuer Bedürfnishorizonte nur geisteswissenschaftliche Erfüllung finden." Hans Martin Klinkenberg möchte an die Stelle der Bedürfnisse als Movens von Erfindungen eher die Lust am Spiel setzen; ebenso wie in der Kunst seien es auch in der Technik Luxus und Spiel, die schöpferische Taten hervorbrächten: „Man muss gar nicht an Notwendigkeit denken bei der Herstellung technischer Dinge. Die Freude an ihrem Gelingen, dessen Wiederholung, die Verbesserung zu noch besserem Gelingen bedürfen der strengen Absicht der Behebung von Notdurft keineswegs. Ein Motor, der läuft, ein Segelflugzeug, das fliegt, eine sehr schnell rechnende Rechenmaschine machen ohne Notwendigkeiten an sich Spaß." Allerdings besitzen Inventionen das Potential, Bedürfnisse nach ihnen erst herzustellen. Aber bei Innovationen einschließlich der Diffusionen versagt letztlich ebenfalls die Zweck-Mittel-Kalkulation. Auch hier ist nicht von einem Bedürfnis im Singular zu reden: „Das Erfundene gerät sofort in höchst komplizierte Verhältnisse, in Möglichkeiten, Absichten positiver und negativer Art hinsichtlich der Ausbreitung des Erfundenen, und das sehr unterschiedlich verteilt auf eine Vielzahl von Individuen und Gruppen. Die einen wollen verkaufen, andere kaufen, dritte interessiert weder das eine noch das andere, vierte lehnen das Produkt ab, und das aus sehr unterschiedlichen Gründen. Selbst wenn wir an einen Pluralismus der Bedürfnisse denken, genügt ‚Bedürfnis' allein nicht, sondern ein jedes nach Zeit und Region und Personenkreis verschiedene Bedürfnis müsste in seiner Eigenart benannt werden [...]. Wenn man die komplizierte Geschichte der Innovationen untersuchen und beschreiben will, ist der Bedürfnisbegriff mehr hinderlich als förderlich." Für die historische Analyse technologischer Prozesse und der mit ihnen verbundenen sozialen und wirtschaftlichen Wandlungen ergeben sich hier gravierende Konsequenzen. Es ist unmöglich, einfache, naturgeleitete Kausalitäten zu postulieren und unter dieser Prämisse eine allgemeine Entwicklungsgeschichte der Technik, des Gewerbes, des Handels, des Verkehrs und des Konsums zu schreiben, sondern anscheinend überzeugen eher mikrohistorische Beschreibungen komplexer Bedingungsgefüge für wirtschaftlichen und sozialen Wandel.

Zwischen Invention und Innovation beziehungsweise Diffusion können Jahrhunderte, sogar Jahrtausende liegen. Natürlich gibt es immer auch die Möglichkeit der zweiten oder dritten Erfindung der gleichen Technik. Historisch interessanter als die absoluten Anfänge sind in der Regel die Wiedereinsätze, die Verbreitungswege und die Wandlungen von Grundformen, die mit spezifischen Milieus in Wechselbeziehung stehen. Dabei lassen sich auch gewisse Grundmuster der Technikgeschichte erkennen, die freilich einem groben Raster folgen. Sehr viele der grundlegenden Erfindungen, so ergibt sich dabei, stammen aus dem Orient. Sie wurden aufgenommen in der griechischen oder römischen Antike und konnten durch diese dem europäischen Mittelalter weitervermittelt werden; manchmal wirkten die verbesserte Technik beziehungsweise ihre Produkte von hier wieder nach dem Osten zurück. Ein Beispiel für Techniktransfer und technologische Erneuerung, für Natur als Determinante bei der Produktion sowie für Produktverbreitung im regionalen und sozialen Sinne bietet die Geschichte der Seide.

Seide ist neben Wolle der zweite natürliche Grundstoff für menschliche Kleidung, der aus tierischer Faser gewonnen wird. Im Unterschied zu Schafen ist die produzierende Seidenraupe auf ein Gewächs angewiesen, das nur unter besonderen klimatischen Bedingungen gedeiht, den Maulbeerbaum. Die Zucht der „Seidenspinner" sowie die Herstellung der Seidenfäden und der Seidengewebe wurden schon im 3. vorchristlichen Jahrtausend in China entwickelt und wegen des besonderen Wertes des kostbaren Stoffes dort lange Zeit als Geheimnis gehütet und als Monopol bewahrt. Im 5. Jahrhundert n. Chr. war die Seidenweberei aber im Nahen und Mittleren Orient eingeführt und gelangte von dort mit der islamischen Eroberung nach Nordafrika und Spanien. Nach Konstantinopel sollen im Jahr 552 zwei Mönche Eier der Seidenraupe eingeschmuggelt und damit die byzantinische Seidengewinnung ermöglicht haben, und zwar auch in Kleinasien und Unteritalien. Obschon die hohen Kosten der Seide ihre Verbreitung zunächst einschränkten, gab es im römischen Ostreich, abgesehen von purpurgefärbtem Gewebe, keine Restriktionen durch ein generelles staatliches Monopol. Neben kaiserlichen Werkstätten waren auch private Produktionsanlagen tätig, und der im 11. Jahrhundert anhaltende wirtschaftliche Aufschwung begünstigte eine weitere Ausdehnung des Gewerbes. Der Gebrauch von Seidengewändern blieb jetzt auch nicht mehr auf die Angehörigen des Kaiserhauses, den hohen Klerus oder führende Hofbeamte beschränkt, sondern diffundierte in mittlere Schichten der Gesellschaft, zumal man lernte, billigere Gewebe aus Seide und Baumwolle herzustellen. Neben dem byzantinischen Kalabrien wurden vor allem Theben und Korinth wichtige Standorte; gerade aus diesen Städten ließ bezeichnenderweise der normannische König Roger II. 1147 Seidenhandwerker in sein Reich deportieren. Die byzantinische Produktion, an der auch Thessalonike Anteil hatte, war im 12. Jahrhundert so ausgebaut, dass die Seide in den europäischen Westen, in die Rus' und sogar in muslimische Länder exportiert werden konnte; das trug zur positiven Handelsbilanz von Byzanz mit diesen Partnern bei. Nach den Beobachtungen Benjamins von Tudela waren auch zahlreiche Juden im Seidengewerbe tätig. Die Seidenfabrikation in Konstantinopel, aber auch in den Westprovinzen, wurde dann durch die Eroberung der Hauptstadt von 1204 zerstört beziehungsweise geschwächt; mit Ausnahme von Theben verlagerte sie sich im Spätmittelalter ganz nach Kleinasien, zumal gleichzeitig die Seidenproduktion Italiens expandierte.

In al-Andalus war die Seidenherstellung und -verarbeitung auf Städte wie Murcia, Jaén, Granada, Córdoba und Almería konzentriert. Örtlich oder regional bevorzugten die Werkstätten bestimmte Stile und Muster, je nachdem, was der internationale Handel an hochwertigen Stoffen und Gewändern verlangte. *Tirāz*, also Seidenkleider mit bestickten Inschriften, wurde zwar teilweise durch staatliches Monopol geschützt und in Produktionsstätten des Emirs hergestellt, doch bestanden in Almería im 12. Jahrhundert allein hierfür noch 800 (private) Werkstätten; mit Málaga war Almería ohnedies Zentrum der Seidenverarbeitung, da sich beide als Hafenstädte an der Ostküste besonders schnell modischen Neuerungen aus dem Orient anpassten. *Jurjanī* und *isfahanī* bezeichneten beispielsweise Kleider mit Mustern aus den persischen Städten Jurjan und Isfahan; besonders eifrig nachgeahmt wurden Gewebe aus dem Zentrum des Kalifats, wie das *'attabī* genannte Materialgemisch aus Seide und Wolle, das auf ein gleichnamiges Stadtviertel in Bagdad verwies. Entsprechend erinnerten die Qualitäten *tustarī* an persische, *dabiqī* an ägyptische, *irminī* an armenische und *siqillī* an sizilische Vorbilder. Die Taifenherrscher behielten den *tirāz*-Stil der Omaijaden bei und exportierten diese Seide nach Nordafrika; auch im christlichen Spanien wurde das besondere Produkt imitiert (unter anderem in León). In Toledo haben Mozaraber und Juden noch nach der Reconquista verschiedene

Herstellungsarten und Sorten weitergepflegt; beim Ausgang des Hochmittelalters zog sich das Gewerbe jedoch ganz auf Murcia und Valencia zurück.

Italien spielte für die Produktion und den Handel der Seide im mittelalterlichen Europa zweifellos die Schlüsselrolle. In Sizilien konnten die Seidenraupe selbst gezogen und die handwerklichen Traditionen der Araber weitergegeben werden; ihrer Qualität wegen machte die Ware den Produkten aus Andalusien Konkurrenz, sie wurde aber auch in viele andere europäische Länder exportiert. Nach der Jahrtausendwende brachten angeblich Juden aus dem Süden das Seidengewerbe nach Lucca, das im 12. Jahrhundert zum zentralen Ort italienischer Produktion wurde und Handelsniederlassungen in Paris, London und Brügge unterhielt. Für Florenz, das mit Flüchtlingen aus Lucca eine eigene Weberei aufbaute, produzierten die Seidenraupen der toskanischen Maulbeerbäume nicht genügend Fäden, so dass weiteres Rohmaterial aus Kleinasien, Andalusien, Sizilien und den Gebieten des Islam eingeführt werden musste. Venedig wurde wohl erst nach dem Vierten Kreuzzug zum Mittelpunkt der Seidenproduktion und hielt diese Position im Spätmittelalter zusammen mit Lucca aufrecht. In Frankreich, wo der erste Maulbeerbaum 1286 gepflanzt worden sein soll, wurde Rohseide aus dem Orient und Italien durch Spinnereien und Wirkereien weiterverarbeitet; zudem importierte man Seidengewebe, wobei die Vorlieben für Material und Muster im Laufe der Jahrhunderte wechselten. Nach Deutschland, einem reinen Einfuhrland und Umschlagplatz für diesen Stoff, gelangte die Ware entweder von Konstantinopel über Breslau beziehungsweise Kiev/Regensburg oder Novgorod/Bremen, später von oberitalienischen Städten über die Alpen bis zum Rhein und weiter nach den Niederlanden. In Köln ist Seidenhandel und -gewerbe im 12./13. Jahrhundert bezeugt.

Die wichtigste technische Neuerung bei der Materialverarbeitung wurde die durch Wasserkraft betriebene Seidenmühle oder Seidenzwirnmühle; wegen des diffizilen Gefüges bezeichnet man das *molendinum sive filatorium a seta* geradezu als „High-Tech des Mittelalters" (K.-H. LUDWIG). Die Kraft des vertikalen Wasserrades wurde hier durch mehrere Zahnradsysteme auf eine Vielzahl von Spindeln und Haspeln übertragen, die sich unterschiedlich schnell bewegten: „Die als Produkt der Seidenraupe natürlich vorgegebenen feinen Fäden konnten beim Abwickeln von Spulen durch S-förmige Ösen in großer Zahl verdrillt, also verzwirnt und aufgehaspelt werden." Das erste Seidenfilatorium entstand während des 13. Jahrhunderts in Lucca, später übernahm Bologna die technologische Weiterentwicklung. Die Konstruktion ersetzte hunderte von Spinnmeisterinnen; der Transfer dieser Technologie nach Köln scheiterte noch 1412/13 aus Sorge um eine andere Arbeit der meist weiblichen Beschäftigten. Andererseits hat das wassergetriebene Filatorium als perfekte Maschine zum Spinnen und Haspeln noch die Bewunderung der französischen Enzyklopädisten erregt. Obgleich die verbesserte Technik einen Ausbau der Produktion begünstigte, blieb Seide ein kostbares Gut; im späten Mittelalter suchten die städtischen Obrigkeiten, durch Luxusordnungen den Gebrauch durch die Bürger und damit die Nachahmung adligen Lebensstils einzuschränken.

3.4.2 Stoffe des Lebens: Erde und Wasser

Die Menschen in agrarischen Gesellschaften lebten in erster Linie von dem, was Erde und Wasser ihres unmittelbaren Umfeldes an Nahrungsmitteln hervorbrachten. Beide Elemente wurden auch für den Transport, also als Straßen, genutzt, doch dienten sie dann nur in geringerem Umfang einem notwendigen Bedarf (so aber z. B. bei Salz). Deshalb zeigt die erhöhte Mobilität in weiten Teilen des hochmittelalterlichen Europa zu

Land, auf Flüssen und zur See einen zunehmenden Wohlstand an, wie sie zugleich eine partielle Anpassung der Lebensstile bewirkte.

Die unmittelbaren Erträge des Bodens unterschieden sich am stärksten danach, ob es sich um Wald oder um Acker handelte. Der Wald bedeckte das hochmittelalterliche Europa keineswegs in gleichmäßiger Dichte. Im mediterranen Raum hatte der Bedarf an Brennholz, Hausbau- und besonders Schiffsbauholz bereits in der Antike zu weit gedehnten Entwaldungen geführt, die Plato (gest. 347 v. Chr.) beispielsweise für Attika eindringlich geschildert hat; schlechte Böden, steile Hänge und harte Winter ließen demgegenüber eine Wiederaufforstung der Gebirge nicht zu. In Spanien erfasste die Entforstung zugunsten des Bergbaus und der Schiffswerften während der Antike nur die östliche Baetica um Almería. Hier hat erst die islamische Zeit mit ihrer forcierten Urbanisierung, der intensivierten Ackerbaukultur und dem Aufbau einer Flotte durch die Omaijaden zu einem stärkeren Holzeinschlag geführt; doch blieb al-Andalus in der Lage, Schiffsplanken und Holzgeräte etwa nach Marokko zu exportieren. In den christlichen Reichen des Nordens fielen die Wälder der fortschreitenden, durch Könige zunächst geförderten Kolonisation zum Opfer, bis im 12. Jahrhundert ein Umdenken einsetzte und die natürliche Ressource rechtlich und durch fürstliche Vorbehalte geschützt wurde. In Osteuropa, wo der Steppengürtel bis ins Karpatenbecken hineinreichte, lässt sich eine mittlere Waldsteppen- von einer nördlichen Waldzone unterscheiden. Im Reich der Rus' wurde der Aufwuchs durch die Wasserläufe und Flüsse gefördert. Polen war an der Jahrtausendwende noch etwa zur Hälfte mit Urwald bedeckt, Skandinavien aber in derselben Zeit vollständig bewaldet, wenn man von der arktischen Zone, den Gebirgen und Steilufern absieht; der Reichtum des Rohstoffes erlaubte hier im Norden bis Ende des Mittelalters einen ungesteuerten Abbau. Nur Island war notorisch eine Insel ohne Holz, so dass es auf Importe aus Norwegen angewiesen war, das auch England beliefern konnte. West- und Mitteleuropa erlebten seit dem 11. Jahrhundert eine intensive und oft bedenkenlose Rodungstätigkeit zugunsten des Getreideanbaus, die mit der Ostsiedlung nach den Gebieten jenseits der Elbe ausgedehnt wurde. Seit dem 12. Jahrhundert begegnete man deshalb auch hier der spürbar werdenden Waldverknappung mit rechtlichen Regelungen.

Holz als zentrales Produkt des Waldes war so vielseitig verwendbar, dass man geradezu vom Mittelalter als einem hölzernen Zeitalter sprechen kann. Denn abgesehen von der Herstellung von Fahrzeugen wie Schiffen, Wagen und Karren, von Geräten aller Art, besonders in der Landwirtschaft, und von seiner Nutzung als Wärmequelle (und also auch bei der Metallschmelze und -bearbeitung) war es vor allem als Baustoff unentbehrlich. Im Unterschied zur Antike wurden Wohnhäuser auf dem Lande und in der Stadt, aber auch Sakral- und Repräsentativbauten lange Zeit oder gar bis in die Neuzeit hinein aus Holz errichtet. In Norwegen blieben die Stabkirchen gar über das 12. Jahrhundert hinaus erhalten, als sich das benachbarte Dänemark dem kirchlich vorgeschriebenen Steinbau anschloss. Andererseits verlangten die Kathedralen des Hochmittelalters mit ihren weit gespannten Gewölben (Romanik, Gotik), steinerne Wehrtürme sowie Bollwerke beim Bau selbst und zur Konstruktion der Dächer mächtige Baumstämme, die weder leicht zu finden noch ohne großen Aufwand zu transportieren waren. Wo aber Natursteine selten vorkamen, wie im norddeutschen Tiefland, verwandte man Holzbohlen auch zum Straßenbau.

Der Wald brachte nicht nur Holz hervor; aus der Rinde der Bäume, besonders der Eichen, ließ sich Gerbstoff für die Lederverarbeitung gewinnen, andere Pflanzen boten Beerenfrüchte, die die menschliche Nahrung ebenso bereicherten wie Pilze. Wild

(Hirsch, Wildschwein, Bär) lieferte Fleisch, aber die archaische Jagd trachtete auch nach Pelz und Leder. Für die Rus' und die Völker Skandinaviens war die Ausfuhr von Eichhorn-, Hermelin-, Fuchs- und Bärenpelzen wirtschaftlich wichtig. Aus Bienen, die im Wald eingefangen und durch Imker gezogen wurden, gewann man Honig, den wichtigsten Süßstoff für Speisen, und Wachs, das namentlich für Beleuchtung und Liturgie der Kirchen unentbehrlich war. Schon im Frühmittelalter konnte der Bedarf an Wachs in Mitteleuropa ohne Importe nicht mehr gedeckt werden; Spanien und Nordafrika einerseits sowie Böhmen, Ungarn, Polen und Russland andererseits führten es nach Flandern, dem römisch-deutschen Reich und England aus. Vor allem aber wurde der Wald als Weidegrund für das Vieh benutzt, für die Schweinemast, für Ziegen, Schafe und Pferde. Dabei bestand die Gefahr, dass die Tiere auch die jungen Triebe der Bäume anfraßen und das Gehölz so sehr in Mitleidenschaft zogen, dass der Boden schließlich nur noch Heidekraut hervorbrachte.

Bei der Viehzucht selbst waren Schweine am wichtigsten; die Allesfresser waren genügsam und konnten sogar im städtischen Milieu gehalten werden. Sie wuchsen schnell heran, ohne in der Regel fett zu werden, und kamen – wie auch das andere Vieh – meist vor Beginn der Winterzeit unter das Schlachtmesser des Bauern. Selbst al-Andalus dürfte Schweinezucht betrieben haben, um die Christen unter der Bevölkerung zu versorgen. Die Muslime selbst und auch die Juden haben sich bei ihrem Konsum aus rituellen Gründen auf Schaffleisch beschränkt. Die unvergleichliche Genügsamkeit dieser Tiere erlaubte es, sie in Herden überall in Europa zu halten, selbst auf dem salzhaltigen Boden an der Nordseeküste oder auf der verbrannten Erde der spanischen Hochebenen, und in Island und Grönland war Schafzucht überhaupt die einzige nennenswerte Form der Landnutzung. Wie die Schweine lieferten die Schafe neben dem Fleisch noch Leder, ferner aber Pergament und vor allem Wolle. Seit dem 12. Jahrhundert waren die Schafe der britischen Inseln mit ihren guten Grasflächen weithin berühmt, da sie die beste Wolle überhaupt hervorgebracht haben sollen; die Tuchindustrie in Flandern und Brabant stellte sich damals auf den Import des englischen Rohstoffes ein. Ähnlich vielseitig nutzbar wie das Schaf war das Rind. Geschätzt wurde es weniger als Fleisch- denn als Milchlieferant für Butter und Käse, und aus der Tierhaut gewann man Leder für Schuhe, Kleidung, Futterale und andere Behältnisse. Der Ochse war stets das wichtigste Arbeitstier bei der Feldbestellung, wenn in Südeuropa (bes. Spanien) auch Maultiere angespannt wurden. Der Konsum von Pferdefleisch ist für Island zur Zeit der Christianisierung bezeugt und war vielleicht auch unter den Slawen verbreitet; im Übrigen wurden Pferde als Reit- und Packtiere sowie im Wagenvorspann beim Landtransport eingesetzt, bis zum Ausgang des Hochmittelalters hingegen selten anstelle des Rindviehs im Ackerbau. Pferde sind nämlich viel reizbarer als Ochsen und eigneten sich deshalb bis zur Züchtung schwererblütiger Rassen weniger zur eintönigen Feldarbeit; sie verbrauchen erheblich mehr Futter als das Rind, übertreffen dieses freilich an Schnelligkeit und Ausdauer (etwa zwei Stunden längere Arbeitsbelastung pro Tag).

Abgesehen vom skandinavischen Norden war der Ackerbau im hohen Mittelalter für die Ernährung der Menschen wichtiger als die Viehzucht; schon in der Antike hatte man die Erfahrung gemacht, dass eine zunehmende Bevölkerung nur durch Ausweitung des Getreideanbaus auf Kosten der Viehhaltung versorgt werden konnte. Im Osten Europas haben die halbnomadischen Magyaren ihre Lebensweise bei der dauerhaften Ansiedlung ebenfalls verstärkt auf den Ackerbau umgestellt, und zwar unter dem Einfluss der Slawen. Bei allem Rückgang blieb die Viehzucht freilich auch für den Ackerbau unverzichtbar, da der Mist für die Düngung des Bodens unentbehrlich war. Die

Vergrößerung der Ackerflächen wurde allenthalben durch Rodung des Waldes, aber auch durch Entsumpfung und Entsteinung brach liegenden Bodens erreicht. Der Getreideanbau im Westen Europas wurde gefördert durch eine säkulare Verbesserung des Klimas, die zwischen dem 10. und dem 13. Jahrhundert wärmere Sommer und trockenere Winter als vorher brachte; die Vegetationsperiode verlängerte sich ebenso, wie die Bodenerträge anstiegen. Der europäische Osten wurde dagegen von einer Dürre erfasst, die vielleicht sogar die mongolische Völkerwanderung gefördert hat. Auch in den Ländern am Mittelmeer konnten sich zu geringe Niederschläge verheerend auf die Ernte auswirken. Gerste und Weizen, die beiden wichtigsten Brotgetreide seit der Antike, brauchen etwa 200 beziehungsweise 300 Millimeter Wasser pro Jahr, eine Menge, die in Südeuropa keineswegs immer zusammenkommt.

Getreide wurde von den Menschen in seiner einfachsten Zubereitung als gekochter Brei, sonst als Brot oder Kuchen konsumiert; es bildete aber auch die Grundlage für das Bier, das eigentliche „Volksgetränk in den kälteren gemäßigten Gebieten" (J. A. van Houtte), und diente nicht zuletzt als Viehfutter. Unter den einzelnen Sorten gedieh der „gewöhnliche" oder „weiche" Weizen, der als Brotgetreide geschätzt wurde, nur auf fruchtbaren Böden und in mildem Klima; er scheint daher erst im 11./12. Jahrhundert im größeren Maße über Italien hinaus verbreitet worden zu sein (Normandie, britische Inseln). Der „harte" Weizen, zum Brotbacken ungeeignet, verwendbar aber für Kuchen und Nudelwaren, ist wahrscheinlich durch die Araber aus Nordafrika nach Süditalien und Spanien eingeführt worden, konnte jedoch in nördlicheren Klimazonen nicht mehr angebaut werden. Dagegen passte sich die Gerste, die sich für vielfältige Nahrungsmittel verwenden ließ, verschiedensten natürlichen Bedingungen an, sie widerstand also der mediterranen Trockenheit und reifte in den verhältnismäßig kurzen Sommern nördlich der Alpen. Hirse gedieh am besten in warmen und trockenen Sommern und wurde auch in slawischen Ländern und in Deutschland kultiviert. Die Araber führten die subtropische afrikanische Sorte *Sorghum* nach Spanien und Italien ein; auf sie und vielleicht auf die Byzantiner geht auch die Reispflanze im Westen zurück, die in wasserreichen Gebieten Siziliens, Spaniens und der Provence angebaut wurde. Dagegen ist der Spelz oder Dinkel eine typische Getreideart der weniger fruchtbaren Böden des Nordens; er soll sich erst mit der so genannten germanischen Völkerwanderung verbreitet haben. Auf die gleiche Bevölkerungsverschiebung wird auch der Roggen zurückgeführt, der in der römischen Antike lange unbekannt gewesen war und über die Slawen vermittelt aus Turkestan stammen soll. Roggen war außerhalb des Mittelmeerbeckens offenbar die geläufigste Getreidesorte, die auch die Gerste bei der Brotbereitung teilweise verdrängen konnte; er fiel allerdings bei steigendem Wohlstand manchmal dem Weizen zum Opfer (England, Frankreich seit dem 11. Jh.). Hafer, der für Brei, Brot und – neben Gerste – auch für Bier sowie natürlich als Pferdefutter gebraucht wurde, wuchs sehr schnell in verhältnismäßig kurzen Sommern und selbst auf mageren Böden heran, so dass er sich für das nördliche Europa gut eignete. Neben den veredelten Gräsern zählten im Mittelalter auch Hülsenfrüchte, wie Bohnen, Erbsen und Linsen, zum Korn. Sie wuchsen auf feuchten Böden und konnten, zumal in Teuerungsjahren, manchmal sogar zu Brot verarbeitet werden. Gemüse und Kräuter, weniger Obst, zog man im Garten heran, auch hier auffällig viele Sorten unter Anregung der Araber (Spinat, vielleicht auch Salat, Endivie, Melone u.a.). Die jeweils besonderen Witterungsverhältnisse schränkten wiederum manches ein, um anderes zu begünstigen; so spielten Haselnüsse in Norwegen und Schweden eine wichtige Rolle bei der Ernährung, während der Getreideanbau zurücktrat.

Eine ausgreifende und intensivierte Getreidewirtschaft hatte, wie die Forschung glaubt, einem außergewöhnlichen Anstieg der Bevölkerung in Europa schon seit dem 10. Jahrhundert gerecht zu werden. Nach den Berechnungen von J. C. RUSSELL sollen um 650 in Europa, abgesehen vom byzantinischen Reich, rund 18 Millionen Menschen gelebt haben; diese Anzahl habe sich bis 1000 auf 38,5 und bis zum Vorabend der Großen Pest 1340 auf 73,5 Millionen Einwohner erhöht. Neben der Ausweitung des Agrarlandes sollen modernisierte Anbaumethoden, verbesserte Rechtsstellungen und ein mentaler Wandel einen signifikanten Anstieg der Produktivität herbeigeführt haben. Gegenüber einer Relation von 1 : 2 im Verhältnis Saatgetreide : Ernteerträge zur Zeit der Karolinger soll beispielsweise im weit entwickelten Flandern bis zum 14. Jahrhundert eine Relation von 1 : 4 bis 1 : 6 oder 1 : 7 erzielt worden sein, in manchen Gegenden seien die Ergebnisse sogar noch günstiger gewesen (Artois 1 : 13). Für England hat man ausgerechnet, dass das Verhältnis zwischen Ernte und Saat beim Weizen selten das Fünffache überstieg und zwischen 1209 und 1349 beispielsweise auf den Pachtböden von Winchester bei 1 : 3,83 verharrte. Die Halerernte ergab nur manchmal das Dreifache, die Gerste kaum einmal mehr als das Fünffache. Alle diese Berechnungen sind mangels allgemeinen statistischen Quellenmaterials nur von lokaler oder regionaler Bedeutung und bleiben, bezogen auf Länder oder Europa im Ganzen, reichlich unsicher und vage, doch dürften sie treffend eine zunehmende Produktivität der Landwirtschaft indizieren.

Lange Zeit galt als sicher, dass demgegenüber das Reich von Byzanz zwischen der Schlacht von Mantzikert 1071 und dem Fall der Hauptstadt 1204 einen allgemeinen Niedergang mit starkem Bevölkerungsrückgang erlitten habe. Neuere Forschungen deuten aber darauf hin, dass ein demographischer Einbruch in der zweiten Hälfte des 11. Jahrhunderts sogleich einer Stabilität der Besiedlung bis gegen Ende des 13. Jahrhunderts gewichen sei. Auch die landwirtschaftliche Produktion scheint seit dem 12. Jahrhundert ausgereicht zu haben. Westliche Besucher vom Ersten bis zum Vierten Kreuzzug bezeugen sogar beständig einen Überfluss mit Korn, Wein, Öl und Käse. Englische Chronisten wollten gar wissen, auf der südlichen Peloponnes würden mehr Oliven als sonst wo in der Welt angeboten. Griechenland konnte Getreide nach dem Illyricum und nach Sizilien exportieren, und im 12. Jahrhundert verdienten Italiener am Handel von Korn, Wein und Fleisch aus der ‚Romania'. Bulgarien hatte ein gutes Angebot an Schafen und Vieh, die Byzantiner beschrieben es als ein Land reich an Käse, Schweinefleisch, Wolle und Geflügel. Man weiß nichts Genaues über den Ausbau kultivierten Landes oder eine Intensivierung der Agrartechnik in Byzanz, doch hat beispielsweise der heilige Christodoulos mit Hilfe Kaiser Alexios I. die Melioration der Klosterinsel Patmos in Angriff genommen. Ein verstärktes Interesse an der Landwirtschaft in literarischen Quellen der Zeit könnte ebenso auf gesteigerte agronomische Aktivitäten hindeuten. „In all, while too little evidence remains to chart Byzantine agricultural development in any detail, it appears that especially during the twelfth century farming flourished in Byzantium" (A. P. KAZHDAN/A.W. EPSTEIN).

Das Schlüsselgerät der Agrartechnik, der Pflug, war bei Beginn des hohen Mittelalters bereits rund 4000 Jahre alt; es war in der zweiten ägyptischen Dynastie erfunden worden und hatte erstmals ermöglicht, menschliche durch tierische Arbeitskraft bei der Feldbestellung zu ersetzen. Im mediterranen Raum, also auch in Byzanz, kam nach wie vor der einfache Hakenpflug zum Einsatz, der den Boden nur aufschlitzte, diesen aber weder tief aushob noch zur Seite wendete. Einerseits ließ die meist dünne Humusschicht über steinigem Untergrund gar nichts anderes zu, andererseits aber hätte das „modernere" Verfahren des Räder- beziehungsweise Wendepflugs zu einer (weiteren) unerwünschten Austrocknung des Bodens in den heißen Sommern geführt. Hatte noch Hesiod den Bauern ermahnt, er solle auf dem Feld stets einen zweiten Pflug zur Hand haben, da das hölzerne Instrument leicht zerbrechen könne, so war der Hakenpflug zur Zeit Vergils bereits mit einer eisernen Pflugschar statt der älteren, über Feuer gehärteten Holzspitze ausgestattet. Stets wurde ein Ochsenpaar vorgespannt. Auch die antike Zweifelderwirtschaft wurde im Mittelalter in südlichen Ländern beibehalten. Dabei wurde Wintergetreide angebaut, da die geringen Niederschlagsmengen im Frühjahr einer Aussaat von Sommergetreide entgegenstanden; nach der Ernte wurden die Stoppeln verbrannt und die Asche als Dünger untergepflügt. Das betreffende Feld blieb dann ein Jahr brach liegen, während der Rest des Ackerlandes in Kultur genommen wurde. Im Brachjahr wurde der Boden wiederholt durch Pflügen locker gehalten, um möglichst viel Winterregen in ihn eindringen zu lassen und das Unkraut zu vernichten (*dry farming*). Der Haken wurde kreuz und quer über das Feld geführt; weil das Gerät keine ausgreifenden Wendemanöver verlangte, erhielt die Ackerfläche eine quadratische Form. Trotzdem konnte etwa ein Zehntel des Landes bei diesem Verfahren nicht aufgebrochen werden, so dass sich regelmäßige Unkrautherde von etwa 50 Quadratzentimetern Größe bildeten. Abgesehen vom Mittelmeerraum eignete sich der Hakenpflug auch für andere Gegenden ähnlicher Struktur, also für steinige Böden oder in Gebirgszonen. Die Römer verbreiteten die Zweifelderwirtschaft ins nördliche Europa, doch kann man damit rechnen, dass diese hier auch unabhängig vom antiken Vorbild verwendet worden ist. Im Mittelalter praktizierten Russland und Skandinavien weithin dieses Anbausystem; die Gründe dafür lagen aber anders als im Süden. Da die Sommer verhältnismäßig kurz waren, blieb zwischen Ernte und Winter gar keine Zeit zu einer neuen Aussaat, so dass man zwei wechselnde Felder bestellen musste.

Die Dreifelderwirtschaft ist hingegen eng mit dem Räderpflug verbunden. Dieses Gerät konnte tief in schwere, also in feuchte oder sandige, Böden eindringen und die Erde umwenden, dem Boden Luft zuführen und gegebenenfalls Wasser entziehen und das Unkraut vollständig vernichten, ohne – wie der Haken – unbearbeitete Restflächen zu hinterlassen. Wegen des erhöhten Widerstandes wurden oft auch zwei oder gar mehr Ochsenpaare eingesetzt. Älteste Zeugnisse deuten auf eine Erfindung des Pflugs mit Radvorgestell und Streichbrett an der Nordseeküste im ersten vorchristliche Jahrhundert, doch wurde der Pflug etwa zur selben Zeit auch in einem breiten zentraleuropäischen Gürtel von Südengland und Nordfrankreich über Thüringen bis in die Ebenen von Theiß und Moldau und zur Ukraine eingesetzt. „Damit ist angezeigt, daß der Pflug keineswegs als Technikexport aus der Alten Welt nach Norden und Osten gelten kann; nicht einmal der später so häufige West-Ost-Transfer läßt sich hier eindeutig belegen" (D. HÄGERMANN). Im Unterschied zu den Blockfluren beim Haken verlangte das schwere Gerät des Räderpfluges lange Ackerstreifen; das Gespann wendete also möglichst selten und zog dann parallele Furchen. Räderpflug und Langstreifenfluren begünstigten die Verbreitung der Dreifelderwirtschaft, die nach Werner RÖSENER besser „Dreizelgenwirtschaft" genannt werden sollte; aus ökonomischen Gründen setzte dieses Anbausystem auch die Zusammenarbeit vieler beziehungsweise aller Bauern eines Lebensraumes voraus, es verlangte oder begünstigte die Dorfbildung mit dem „Flurzwang". Innerhalb eines dreijährigen Rhythmus' wurde die Winterzelge der Dorfgemeinschaft im Herbst mit Wintergetreide (meistens Roggen, Weizen, Dinkel) und die Sommerzelge im Frühjahr mit Sommergetreide (Gerste, Hafer, auch Gemüse) bestellt, während die dritte Zelge unbesät blieb und als allgemeine Viehweide genutzt wurde. Dadurch wurde die Brache zugleich gedüngt und für die nächste zweijährige Saatperiode vorbereitet. Auch wenn die Dreifelderwirtschaft durch eine Urkunde aus St. Gallen schon für das 8. Jahrhundert bezeugt ist, wird heute angenommen, dass sie sich erst im hohen Mittelalter durchgesetzt hat; dies aber meist nur dort, wo die Verdorfung vorangeschritten war und wo insgesamt eine relativ dichte Bevölkerung in alten Siedlungsräumen lebte. Erst seit dem 13. Jahrhundert begannen Pferdegespanne an die Stelle der Ochsen zu treten; dazu bedurfte es der Züchtung kaltblütiger Tiere und der allgemeinen Anwendung des Kummets. Durch ihre schräge Halsstellung war es physiologisch schwierig, die Zugkraft der Pferde auszunutzen; die herkömmliche Anschirrung an der Brust presste die Luftröhre ab, so dass die Tiere keuchten und an Kraft verloren. Das neue Joch aus Holz mit schonender Füllung wurde hingegen auf den Widerrist gelegt und erlaubte es, dem Pferd das Vier- bis Fünffache an Leistung abzugewinnen (etwa 500 Kilopond). Man vermutet, dass das Kummet aus China stammt; in der Antike (1./2. Jh. n. Chr.) und um 800 in Tours ist es bereits als Anspanngeschirr für Personenwagen belegt, doch zeigt erst eine Handschriftenillustration des ausgehenden Hochmittelalters das Pferd mit dem Pflug als Arbeitsinstrument. Der Teppich von Bayeux (um 1082) belegt schon das Pferd unter Kummetanspannung vor der Egge. Das Hufeisen, das sich wohl von Ost nach West verbreitete (um 900 in Byzanz bezeugt), gab dem Pferd unter Zuglast verbesserten Halt, schützte aber auch die Hornschicht der Hufe auf nassen Böden vor Feuchtigkeit und Erkrankung.

Die Dreifelderwirtschaft brachte eine Ausdehnung der jährlich genutzten Anbauflächen und einen Wechsel der Lebensmittelproduktion, die Mensch und Tier zugute kamen. Die bessere Erzeugung von Gemüse führte der Nahrung Proteine zu, während der verstärkte Anbau von Hafer die Pferdehaltung begünstigte. Im 13. Jahrhundert hatte die Wirtschaftsform in Nordfrankreich, Deutschland, England und Flandern das Übergewicht erlangt, in Gebieten zumal, wo zunehmende Verstädterung einen günstigen Absatz landwirtschaftlicher Erzeugnisse garantierte. Östlich der Elbe drang sie nach Polen, Böhmen und Ungarn vor. Daneben behaupteten sich aber außer der Zweifelderwirtschaft (auch im Rheinland) noch die Feldgras- und Einfeldwirtschaft. Bei der ersten wird der Boden Jahr für Jahr bestellt, bis sinkende Erträge dazu zwingen, ein anderes Landstück unter den Pflug zu nehmen; nach einigen Jahren der Brache (Graswirtschaft) wird der ursprüngliche Acker wieder bebaut. Eine Variante ist die Brand- oder Schwendwirtschaft, also die Rodung durch Abbrennen des Waldes; sie wurde namentlich bei den Rus' praktiziert, erlaubte in der Regel aber nur eine einzige gute Ernte. Bei der Einfeldwirtschaft wurde der Boden durchgehend bearbeitet und mit allem verfügbaren Düngemittel ausgestattet; in Nordwestdeutschland beispielsweise wurde diese Methode zum „ewigen Roggenanbau" praktiziert.

Neben dem Getreide waren Wein und Ölbaum die wichtigsten Kulturpflanzen schon des antiken Mittelmeerraumes gewesen. Beide vertragen zwar Trockenheit, aber keine niedrigen Temperaturen, so dass ihrer Verbreitung im Bergland beziehungsweise im nördlichen Europa mehr oder weniger hohe Hindernisse entgegenstehen. Öl, das dem Menschen essentielle Fettsäuren zuführt, wurde auch für die Körperpflege (Seife), als Schmierfett und vor allem als Leuchtmaterial benötigt. Im Norden, wo der Ölbaum nicht gedeiht, wurde das pflanzliche Öl aus Raps, Mohn, Flachs, Buche oder Nüssen gewonnen; es war auch deshalb wichtig, weil dem Verzehr tierischer Fette Fastengebote entgegenstanden. Der Weinbau war nördlich der Alpen und westlich des Rheins schon in der Antike verbreitet. Er wurde allgemein durch das Christentum gefördert, das ihn für seine Liturgie benötigte, aber auch in der Welt seiner Symbole schätzte (Rebstock, Traube, Weinkelter usw.). Im hohen Mittelalter, also begünstigt durch die Klimaverbesserung, dehnte sich der Weinanbau von den Flusstälern des Westens (Rhone, Rhein, Mosel) nach dem Nordwesten, Norden und Osten Europas weiter aus. So ließ der Missionsbischof Otto von Bamberg 1128 einen Wagen voll Reben gar nach Pommern bringen, um dort eine Weinkultur aufzubauen. Auf die Vermehrung der Bevölkerung führt man eine deutliche Zunahme des Weinkonsums zurück; in Italien ist anscheinend erst jetzt und im Milieu der städtischen Kommunen eine flächendeckende Verbreitung des Weines als Getränk erreicht worden, an der Kaufleute und Handwerker gleichermaßen Anteil hatten. Auch der Weinhandel blühte, obwohl sich das niederpreisige Schwergut für den Transport an sich wenig eignete. Vor der Jahrtausendwende hatten bereits Friesen den Wein aus dem westlichen Europa nach England und Skandinavien gehandelt, und trotz der erheblichen Kosten kauften viele Klöster im nördlichen Europa Weinberge in fremden Ländern auf, um besonders für ihre Messfeiern versorgt zu sein.

Pflanzen aus landwirtschaftlicher Produktion wurden im hohen Mittelalter nicht nur für die Ernährung, sondern auch für die Kleidung benötigt. Der Flachs gab außer Leinöl aus seinen Kapseln auch Fasern aus Stängeln und Blättern, aus denen sich in verschiedenen Arbeitsgängen Leinen herstellen ließ. Der Anbau verlangte allerdings feuchte Böden mit regelmäßigem Niederschlag, so dass er im Wesentlichen auf Nordeuropa von Irland und England bis Russland beschränkt blieb. Im Mittelmeergebiet, wo Leinenkleider wegen des wärmeren Klimas durchaus geschätzt waren, wurde Flachs nur in Oberitalien und im nördlichen Portugal angebaut. Im 13. Jahrhundert stieg die Nachfrage nach Leinen, weil der Stoff mehr als zuvor für Unterkleider (Leibwäsche) gebraucht wurde. Der wichtigste Rohstoff für Kleidung blieb jedoch das Tuch aus Schafwolle. Die Baumwolle, die die Araber seit dem 8. Jahrhundert einschließlich Anbau und Verarbeitung nach Spanien, Sizilien und Kalabrien gebracht hatten, wurde hingegen noch im hohen Mittelalter meist aus Syrien oder Ägypten nach Europa eingeführt. Im 12./13. Jahrhundert entwickelte sich die Baumwollverarbeitung aber in Spanien, Oberitalien und Frankreich; später sollte sie sich nach Süddeutschland und Osteuropa verlagern. Einem größeren Absatz stand im hohen Mittelalter der verhältnismäßig hohe Preis entgegen.

Bei den Geräten zur Verarbeitung von Naturprodukten hat sich die Getreidemühle als die innovationsfähigste Technik der Vormoderne erwiesen. Wenn das Korn nicht nur mittels Mörser und Stampfe enthülst und geschrotet wurde, um als Graupe oder Grütze für den Verzehr als Brei zu dienen, musste es zur Gewinnung des Mehls zerrieben werden. Die wichtigen Entwicklungssprünge der Mühlengeschichte beim Übergang von der menschlichen zur tierischen und von der tierischen zur anorganischen Antriebskraft hatten dem Mittelalter schon vorausgelegen. Es muss aber beachtet werden, dass die verschiedenen Instrumente und Verfahren weiterhin nebeneinander angewandt wurden, da die fortschrittlichere die ältere Technik nicht in jedem Fall ersetzen konnte. So ist die Handmühle, die sich noch in der römischen Antike von Italien nach Gallien verbreitet haben soll, bis in die frühe Neuzeit in Europa in Gebrauch geblieben. Sie wurde, oft von Frauen, durch die Drehung eines Steins auf ruhendem Widerlager betätigt, der aber auch zur Hin- und Herbewegung an einer Stange befestigt sein konnte. Die häusliche Handmühle konnte unabhängig machen von herrschaftlichen Mühlen und ebenso von naturbedingten Einschränkungen technisch aufwendigerer Betriebe. Unentbehrlich war sie auf Kriegszügen und bei der Belagerung. Philipp II. August von Frankreich hat deshalb Handmühlen für alle Burgen vorgeschrieben, und Ähnliches verlautet vom englischen König Richard I. (1198). Bei der drehbaren Mühle war statt eines Menschen auch ein Esel oder ein Pferd einsetzbar. Schon im zweiten nachchristlichen Jahrhundert hat Apuleius die Qual dieser Tiere beschrieben, die sich auf kleinstem Raum und in gekrümmter Haltung tagaus, tagein im Kreis bewegen und den Mühlstein an scheuernden Zugseilen schleppen mussten; die Augen waren ihnen verbunden, um jede Ablenkung zu vermeiden. Die so genannten Göpelmühlen sind in Städten des Mittelmeerraums und nördlich der Alpen im 12. beziehungsweise 13. Jahrhundert bezeugt (1184 Beirut, 1187 Tyros, 1249 Parma, etwa 1250 Siena, 1254 Saint-Lô, 1259 Worms). Da sie auf Wasserläufe nicht angewiesen waren, konnten sie in enger Verbindung mit der Bäckerei betrieben werden; dieselbe Unabhängigkeit von naturräumlichen Voraussetzungen begünstigte ihren Einsatz mindestens bis zur Einführung der Windmühle.

Vor dem Wind war es aber das Wasser, das zum Antrieb der Mühle genutzt wurde und Mensch und Tier für andere Aufgaben frei machte. Die Wassermühle war zu augusteischer Zeit in Griechenland und Rom bekannt. Der Architekt Vitruv beschreibt den Mechanismus im Zusammenhang der etwas einfacher gebauten Wasserhebegeräte, durch die ein im Strom rotierendes Rad mit Hilfe von Schaufeln Wasser aus dem Fluss aufnehmen und auf ein höheres Niveau bringen konnte: ‚Nach demselben Prinzip werden auch Wassermühlen getrieben, bei denen sonst alles ebenso ist, nur ist an dem einen Ende der Achse ein Zahnrad angebracht. Dies ist senkrecht auf die hohe Kante gestellt und dreht sich gleichmäßig mit dem Rad in derselben Richtung. Anschließend an dieses ist ein größeres Zahnrad horizontal angebracht, das in jenes eingreift. So erzwingen die Zähne jenes Zahnrades, das an der Achse angebracht ist, dadurch, dass sie die Zähne des horizontalen Zahnrades in Bewegung setzen, eine Umdrehung der Mühlsteine. Bei dieser Machina führt ein Trichter, der darüber hängt, das Getreide zu, und durch dieselbe Umdrehung wird das Mehl erzeugt‘ (Übers. H. Schneider). Bei der hier beschriebenen so genannten vertikalen Wassermühle wird also das Wasser auf ein senkrecht stehendes Rad geleitet, das über ein Getriebe die achsiale Rotation in die Waagerechte überführt und so den Läufermühlstein unter dem Korntrichter und über dem Bodenstein in Gang setzt. Hing das Mühlrad im fließenden Wasser und wurden nur seine unteren Zellen angetrieben („unterschlächtiges Wasserrad"), dann nutzte es 20 bis 30 % der Energie aus; viel effektiver war der überschlächtige Antrieb, der dank fallenden Wassers etwa 50 bis 60 % der natürlichen Kraft umsetzte. Im Mittelmeerraum, wo die meisten Flussläufe für den Antrieb von Mühlrädern im Sommer nicht genug Wasser führten, nutzte man hierbei die sonst zur Trinkwasserversorgung errichteten Aquädukte (*Ianiculum* in Rom und Arles, beide 4. Jh.); aber auch Schiffsmühlen oder Brückenmühlen waren, etwa im Tiber, in Gebrauch.

Die vertikale Wassermühle gilt als das wichtigste technische Erbe der Antike an das Mittelalter; da in dieser Zeit die Fertigkeiten fehlten, oberirdische Zuleitungen (Aquädukte) zu schaffen, konnte die Mühle jedoch in der Regel nur als unterschlächtige Anlage genutzt werden. Vorhanden sein mussten ein Fluss mittlerer Größe mit relativ gleichmäßiger Wasserführung, Verfügungsrechte über Ufergrundstücke, Zuwege und ein beträchtliches Investivkapital sowie andererseits, wegen der gegenüber der Handmühle viel größeren Produktivität, eine erhöhte Nachfrage nach ausgemahlenem Getreide. Von Italien beziehungsweise Gallien aus dürfte sich die Technik vor allem durch frühmittelalterliche Klöster und Grundherrschaften verbreitet haben. Im Unterschied zur Lehre von Marc Bloch (1935) sieht man heute aber nicht so sehr im Mühlenbann, also im Recht eines Grundherrn, die abhängige Landbevölkerung zum Benutzen seiner Mühle zu zwingen, den Ansatz zur Verbreitung der vertikalen Mühle, sondern eher in der Arbeitsteilung der dörflichen Gesellschaft mit Spezialisierung des Müllers als Fachmann. Insbesondere die neuere deutsche Forschung ist geneigt, die Verbreitung der vertikalen Wassermühle im westlichen Europa schon in die Karolingerzeit zu setzen statt (wie G. DUBY u.a.) erst ins 11./12. Jahrhundert. Mit der Kolonisation ist die Vertikalmühle weiter vorgedrungen; Helmold von Bosau beobachtete im ostelbischen Gebiet Bäche mit Staudämmen für Mühlen, die bereits sächsische Siedler des frühen Mittelalters angelegt hatten.

Mit einer einfacheren Technik war die „horizontale" Mühle ausgestattet, die in Bächen mit einem ausreichenden Gefälle installiert werden konnte. Hier hing ein „Paddelkranz" über oder direkt im Wasser, der von der Strömung waagerecht bewegt wurde; die senkrechte Welle des Wasserrades übertrug dessen kreisende Bewegung direkt auf den auflagernden Läuferstein oben in der Mahlkammer. Der Aufwand für den Bau dieser Mühlen war sehr viel geringer als für das vertikale System, für ihren Betrieb benötigte man weder ein hohes Kapital noch Wassergerechtsame, Ufergrundstücke oder Zuwegungen. Allerdings blieb der Wirkungsgrad der Mühle auch hinter dem anderen Typ klar zurück; er lag bei nur 5 bis 15 %. Die horizontale Mühle eignete sich deshalb für einen kleineren Benutzerkreis und für eher bescheidene wirtschaftliche Möglichkeiten. Früher galt sie in Europa als technologischer Import aus den Bergen des Libanon, Asiens, des Balkans oder Griechenlands, doch sprechen Zeugnisse aus Dänemark schon aus dem 1. und England aus dem 3./4. nachchristlichen Jahrhundert jetzt für mehrfache, unabhängige Entstehung in verschiedenen Kulturkreisen. Man trifft die horizontale Mühle insbesondere in Norwegen, auf den Atlantikinseln, in Irland, den Pyrenäen und den Alpen-, Apenninen- und Balkanländern sowie überhaupt in freibäuerlichen Gebieten an.

Allerdings lässt sich den schriftlichen Quellenbelegen des hohen Mittelalters meist nicht entnehmen, ob es sich um Mühlen mit waagerechten oder senkrechten Wasserrädern handelte. Seit dem 11. Jahrhundert begannen sich die Mühlenbauten in die Städte zu verlagern, wo eine anwachsende Einwohnerschaft mit Mehl zu versorgen war. Für nordfranzösische Städte ist ausgerechnet worden, dass eine Getreidemühle 600 bis 1200 Menschen zu versorgen hatte. Auch die Schiffs- und Mühlenbrücken verbreiteten sich anscheinend im selben Kontext an Seine, Rhone, Rhein, Mosel, Donau, Elbe und so weiter. In Genf, Meaux und Paris wurden Mühlen installiert, die unter Brückenbögen die schnellere Strömung ausnutzen konnten; in Köln ist ein Gebrauch der Schiffsmühle schon im 10. Jahrhundert bezeugt, und bis ins 13. Jahrhundert sind hier etwa 36 derartige Anlagen für rund 30 000 Einwohner errichtet worden. In Trier war die Technik um die Jahrtausendwende bekannt, für Mainz ist sie 1104 bezeugt. Nachteilig für die Schiffsmühlen war freilich, wenigstens im nördlichen Europa, die Gefährdung durch Treibeis im Winter oder durch Hochwasser bei der Schneeschmelze oder andauernden Regenfällen. Beim Techniktransfer von West nach Ost spielte der Zusammenhang mit Klostergründungen und Klosterbauten weiterhin eine wichtige Rolle, jetzt vor allem getragen durch die Zisterzienser. Das ‚Gründungsbuch' des Klosters Heinrichau in Schlesien berichtet aus den Anfängen in den 1220er Jahren von einem ansässigen Adligen, der mit seiner Frau die Handmühle gedreht habe, und zwar mit dem Kommentar: ‚Zu jener Zeit waren hier Wassermühlen äußerst selten.' 1227 ist eine Schiffsmühle auch in Meißen auf der Elbe bezeugt, 1260 ebenso in Dirschau auf der Weichsel. Wenn zur selben Zeit oder schon etwas früher Mühlen in der östlichen Alpenregion als Zubehör eines einzelnen Hofes genannt werden, dürfte es sich um Anlagen mit horizontalen Wasserrädern gehandelt haben.

Die wassergetriebene Getreidemühle war zwar schon in der Antike bekannt, doch konnte sie sich erst im Mittelalter weithin durchsetzen und verbreiten. Dafür mögen herrschaftliche oder genossenschaftliche Interessen und wirtschaftliche Antriebe ausschlaggebend gewesen sein, eine unverzichtbare Voraussetzung war jedenfalls der relativ große Reichtum an Flüssen und anderen Wasserläufen im Europa nördlich von Alpen und Pyrenäen. Eine bedeutende Innovation des hohen Mittelalters stellt die Diversifizierung der Wassermühlentechnik dar, die von der Mehlproduktion auf andere gewerbliche Tätigkeiten übertragen wurde. Um diese Prozesse in die Wege zu leiten, musste die bereits aus dem Altertum bekannte, aber noch nicht gewerblich genutzte Nockenwelle mit der Technik der Wassermühle verbunden werden. Man brachte auf der horizontalen Achswelle des senkrechten Mühlrades Nocken, „Daumen“ oder Spillen an, die bei der Rotation Auf- und Niederbewegungen oder Hin- und Herbewegungen auslösten. Die Wasserkraft ließ sich auf diese Weise nicht mehr nur zum Mahlen von Getreide einsetzen, sondern auch zum Stampfen, Schlagen, Walken, Pochen und Drahtziehen oder für die mechanische Betätigung von Blasebälgen und Sägen. Der Name der „Mühle“ haftete gleichwohl an den verschiedenen neuen Maschinen. In der jüngeren Forschung hat man geltend gemacht, dass erst die Nockenwelle die „industrielle Revolution“ des Mittelalters ermöglicht habe, und zwar im Hinblick auf ihre Anwendung und rasche Verbreitung im Bereich der Textilproduktion.

Der Übergang von der Getreide- zur textilproduzierenden „Mühle“ könnte bei Stampfen und Klopfern für Flachs und Hanf gelegen haben, die mittels einer Nockenwelle angetrieben wurden (K.-H. LUDWIG). Erste ausdrückliche Belege stammen aus dem Kloster Admont in der Steiermark und von 1135/1175 (*molendinum quoque unum et stanf unum*). Ganz der Textiltechnik und zunehmend eher dem städtischen als dem ländlichen Milieu gehörten die Walkmühlen an. Bei der Produktion des Wolltuchs war seit der Antike das Gewebe nach der Entfettung und Reinigung in warmem Wasser und Laugen durch Walker mit den Füßen getreten worden; die typische Männerarbeit diente dazu, das Tuch an der Oberfläche zu verfilzen, zu verdichten und geschmeidiger zu machen. Die Walkmühle, die im Durchschnitt 40 Fußwalker ersetzte, bewegte über eine Nockenwelle schwere Holzhämmer, die die Tuche, die in einer mit Walklauge gefüllten Walkbank („Grubenbaum“) lagen, beim Zurückfallen stampften. Das erste sichere Zeugnis überliefert eine Urkunde der normannischen Abtei Saint-Wandrille von 1086/87 (*molendinum fullonarium*). In der nordfranzösischen Grafschaft Beauvais plante der Bischof 1172 die Errichtung von Walkmühlen, musste aber dafür den Zöllner entschädigen, der von den traditionellen Walkvorrichtungen Einkünfte bezogen hatte. Ein Jahr darauf konzedierte der Oberhirte dem Abt des vor den Mauern seiner Stadt gelegenen Klosters Saint-Quentin den Bau von 30 Walkmühlen innerhalb von fünf Jahren; das Kloster erhielt dafür von ihm die nötigen Areale, die Wasserrechte und zeitweise auch die Einkünfte aus den Anlagen. Auch sonst strebten die Betreiber von Walkmühlen nach einem Monopol, um mit den Einnahmen die offenbar beträchtlichen Investitionen auszugleichen und Gewinne zu erzielen. Andererseits haben in der zweiten Hälfte des 12. Jahrhunderts die um ihren Broterwerb fürchtenden Arbeiter Widerstand gegen die neuen Maschinen geleistet. In der Normandie und in der Champagne haben sie sich noch im 12./13. Jahrhunderts teilweise neben den Walkmühlen behauptet. In Rouen, Harfeur, Caen und Saint-Lô, Hauptorten der Tuchproduktion, wurde das mechanisierte Walken sogar zunächst verboten, in anderen Städten (Mecheln, Ypern, Brügge, Hasselt) auf billigere Massenware beschränkt.

In Italien wird ein *molendinum vualcarium* 1176 im Gebiet von Lucca, also in der Toskana, genannt. Wegen des italienischen Fachwortes *gualchiera*, das als germanisches Lehnwort anzusehen ist („Walke“, „Walkmühle“), ist erwogen worden, ob die Technik überhaupt vom Norden der Alpen nach Süden gewandert sei. In England ist die mechanische Walkerei erst im 12. Jahrhundert bezeugt; ein Beleg von 1185 für die Templer könnte dafür sprechen, dass dieser Ritterorden die Walkmühle eingeführt hatte. 1189 folgte aber schon ein Zeugnis für die ‚Mönchswalkmühle' des Zisterzienserklosters Stanley. Mitte des 13. Jahrhunderts erhoben sich auch die Leute von St. Albans bei London gegen die Errichtung von Bannmühlen. In dieser Zeit haben sich die Walkmühlen in England aber so schnell ausgebreitet, dass die Historikerin E.M. Carus-Wilson in Analogie zum 18. Jahrhundert von einer industriellen Revolution des 13. Jahrhunderts sprechen möchte.

In Deutschland stand eine ‚zum Bereiten von Tuch geeignete Mühle' (*molendinum aptum ad preparandum pannos*) vor 1246 in Biewer bei Trier; sie wird bekannt, weil sie ein Müller zerstört hatte, der offenkundig mit der Walkmühle um die Wasserzuführung konkurrierte. Überhaupt lag der Schwerpunkt der Walkereien zunächst im Westen; 1261 ist bei Klingenmünster eine *Watmule* bezeugt, um 1280 diente vor Köln sogar eine Schiffsmühle zum mechanischen Walken. Die weitere Wanderung der Technik nach Osten und Norden markieren die Zeugnisse für Wismar (1329), Chemnitz (1357), Bremen und Danzig (1374). Ob dagegen der Beleg einer *Walkmella* im südlichen Schweden, angeblich von 1161, Vertrauen verdient, ist eher zweifelhaft.

Umstritten – wie auch bei den anderen Techniken – sind die Erstbelege für Hammermühlen, die in der Eisenproduktion verwendet wurden. Die Daumen der Nockenwelle drückten dabei den Stiel eines zweiarmigen Hebels nieder, des „Schwanzhammers", oder hoben einen „Aufwerfhammer" an, bei dem der seitlich des Wellbaums angebrachte Stiel einen einarmigen Hebel bildete; beim Niederfallen des Hammers auf den Amboss wurde das bereits verhüttete Metall ausgeschmiedet. Vielleicht weist schon der Ortsname *Smidimulni* an der Vils (Oberpfalz), der in einer Regensburger Traditionsnotiz von 1010/1020 erwähnt ist, auf ein mechanisiertes Eisenwerk hin. Im Nordwesten Spaniens erscheint 1073 ein *molinum fornacinum*, im englischen Domesday Book von 1086 werden Mühlen genannt, die Eisen abzuliefern hatten. 1202 sind für Evreux in der eisenproduzierenden Normandie *molendina fabrorum* bezeugt, und im 13. Jahrhundert nehmen entsprechende Belege allenthalben zu (1224 Tvååker/Schweden; 1226 Semogo/Veltlin; 1251 Gmünd in Schwaben; ferner Polen, Mähren), um sich seit der Wende zum 14. Jahrhundert in den großen Eisenerzeugungs- und Verarbeitungsgebieten Europas zu verdichten (Wallonien, Grafschaft Bar, Dauphiné, Süditalien, Oberpfalz, Steiermark, Niederlausitz, England).

Eine andere Technik großer Bedeutung für die Metallverarbeitung war das wasserradgetriebene Gebläse; dabei hoben die Nocken Deckbretter eines Balges an, der dann unter dem Druck schwerer Steine die eingesogene Luft ins Feuer blies. Mit der erhöhten Sauerstoffzufuhr konnte eine Schmelztemperatur erzielt werden (etwa 1250 °C), bei der sich flüssiges Roheisen im Ofen „abstechen" ließ. Ein Gebläse ist im Edelmetallbergbau in Trient am Beginn des 13. Jahrhunderts belegt; 1226 erscheint es auch bei einem Eisenwerk im Veltlin (Semogo). Oberpfalz und Steiermark folgen mit Zeugnissen des 14. Jahrhunderts.

Unter den übrigen Mühlen, die im 12./13. Jahrhundert und im westlichen Europa zuerst belegt sind (Lohmühle, Waidmühle, Erzmühle, Schleif- und Poliermühle, Sägemühle, Pulvermühle; zur Seidenzwirnmühle s. oben 3.4 1), hat die Papiermühle eine überragende Bedeutung erlangt, weil sie die Verbreitung der Schriftlichkeit nachhaltig förderte. Als das Papier nach Europa kam und erst recht, als die Papiermühle erfunden wurde, hatte der Beschreibstoff aber bereits eine knapp tausendjährige Geschichte hinter sich. Papier war im 1. oder 2. vorchristlichen Jahrhundert in China erfunden worden und beruhte vor allem auf Bambusfasern. Bei ihren Ausgriffen nach dem Osten hatten es die Araber im 7./8. Jahrhundert kennen gelernt, die es bald herstellten, allerdings auf der Basis von Leinen- und Hanffasern (auch von alten Seilen und Netzen); Bagdad, Damaskus und Fusṭāṭ wurden Zentren der Papierherstellung. Durch islamische Händler wurde auch Byzanz versorgt, wo Papier um die Mitte des 11. Jahrhunderts gebräuchlich wurde, ohne dass hier allem Anschein nach eine eigene Fabrikation entstanden wäre. Über Nordafrika wurde der neue Beschreibstoff weiter nach al-Andalus und Sizilien vermittelt. Neben Córdoba und Sevilla trat vor allem Játiva als arabische Produktionsstätte hervor. Zum Jahr 1144 stellte al-Idrīsī fest, dass es ‚in der ganzen Welt' kein besseres Papier als das aus Játiva gebe, das deshalb ‚nach Ost und West' gleichermaßen exportiert werde. Auch die christlichen Reiche des spanischen Nordens wurden durch die Araber von al-Andalus versorgt. Papier schlechterer Qualität erlaubte noch einer breiteren Käuferschicht, Bücher zu erwerben. Trotz der erhöhten Nachfrage haben die islamischen Manufakturen aus kleineren Werkstätten bestanden, die meist von Familien betrieben wurden. Erst bei der Rückeroberung des Südens ging das Papiergewerbe an die Christen über. Nachdem Játiva 1244 von Aragón unterworfen worden war, ging Jakob I. dazu über, für seinen amtlichen Schriftgebrauch Papier zu benutzen – als erster Monarch im Westen überhaupt (1257). Der König und seine Nachfolger stellten die muslimische Papierfabrikation unter ihren besonderen Schutz, so dass die Ausfuhr bis ins 14. Jahrhundert weitergehen konnte. Játiva wurde gar eine Monopolstellung zugebilligt; 1292 dekretierte Jakob II., dass kein Sarazene es wagen dürfe, Papier an einem anderen Ort des Reiches Valencia herzustellen als im maurischen Viertel von Játiva. Vom Hafen Barcelonas aus wurde Papier nach Konstantinopel ebenso verschifft wie nach Tunis in Nordafrika.

Um 1280 war das Papier in Bologna etwa sechsmal billiger als Pergament, und im 14. Jahrhundert fiel sein Preis weiter. Der Verbrauch stieg im Verhältnis zum alten Beschreibstoff kontinuierlich an; im südlichen Frankreich betrug die Relation Papier : Pergament im 13. Jahrhundert noch 1 : 41, im 14. nur noch 1 : 7. Wie bereits im islamischen Osten während des 9. Jahrhunderts, so entstand auch jetzt im christlichen Westen ein Massenmarkt für Papier. Die europäische „Papierrevolution" hat der Jesuit Robert I. Burns ganz eng mit der Geschichte von Játiva verbunden. Hier ist nämlich nach seiner Meinung auch die hydraulisch betriebene Papiermühle entstanden, allerdings erst nach der Eroberung der Stadt durch die Christen. Nach Burns sei es König Peter III., der Sohn Jakobs I. und Vater Jakobs II., gewesen, der 1282 die erste Papiermühle errichtet hätte, ohne jedoch gleich die muslimischen Papierer zum Gebrauch der neuen Technik zu zwingen.

Im Allgemeinen siedelt die Forschung aber in Italien die Entstehung der Papiermühle an. 1102 hatte die normannische Herrschaft in Palermo zwar schon die Papierherstellung privilegiert, doch sind auf Sizilien Papiermühlen selbst nicht bekannt geworden. Die Zentren italienischer Papierfabrikation werden hingegen im Norden gesucht. Ein erstes Dokument, der Arbeitsvertrag eines Papiermachers in Genua, datiert von 1235. In dieser Hafenstadt dürfte arabischer, aber auch spanischer Import Anregungen zu eigener Papierherstellung gegeben haben; das Gleiche gilt für Amalfi etwa zur selben Zeit. In Fabriano in der Mark Ancona werden Papierer 1283 erwähnt. Seit Ende des 13. Jahrhunderts konnte von diesen und anderen italienischen Städten Papier nach ganz Europa, aber auch ins nördliche Afrika und sogar in die islamischen Länder des Nahen Ostens ausgeführt werden. Nach vorsichtigen Schätzungen hat sich allerdings die Entwicklung hydraulisch angetriebener Stampfwerke bis Ende des 14. Jahrhunderts hingezogen (P.F. Tschudin). Das in Italien hergestellte Papier basierte nicht, wie das arabisch-spanische, auf Pflanzenfasern, sondern auf Textilresten. Deren maschinelle Verarbeitung setzte die Walkmühle ebenso voraus wie große Wassermengen, die bei den Arabern in der Regel gar nicht gegeben waren. Analog zur Walkmühle wurden Lumpen oder andere Textilgewebe in einem eisenbeschlagenen Trog mit einem Stößel unter Zuführung von Wasser solange durch verschieden große Stampflöcher gepresst, bis ein möglichst weißer Materialbrei entstand; dieser wurde dann auf ein Schöpfsieb gegeben, das nicht mehr aus Bambus oder Schilf, sondern aus Draht geflochten war. Ebenso wie die Walkmechanik war auch eine fortgeschrittene Drahtzugtechnik bei der neuen Papierherstellung vorausgesetzt. Zum Gautschen, also Pressen des nassen Papiers, waren nun auch Filze oder Tücher erforderlich, wie sie in der Textilindustrie hergestellt wurden. Der ganze Herstellungsprozess verlangte die Arbeitsteilung zwischen mehreren Fachkräften, dem Schöpfer, dem Gautscher, dem Leger und weiterem Personal zur Rohstoffbereitung beziehungsweise Weiterverarbeitung des Produkts. Man hat ausgerechnet, dass mindestens drei Arbeiter und ein Lehrling für den Herstellungsgang unerlässlich waren; kleine Familienbetriebe östlicher Prägung konnten die maschinelle Papierfabrikation also nicht mehr leisten. Abgesehen von den beträchtlichen Anschaffungs- und Unterhaltskosten für Mühlenbau und Papiermachergerätschaften war also auch das erforderliche Betriebskapital beträchtlich hoch. Nördlich der Alpen sind Papiermühlen erst später bezeugt, 1338 in Troyes (Frankreich), 1390 in Nürnberg (Ulman Stromer), 1405 in Brabant, 1473 in Danzig und nicht vor 1494 im englischen Stevenage (Herefordshire).

Einen noch höheren Grad an Arbeitsteilung als die Papierherstellung erreichte im hohen Mittelalter die Tuchindustrie, die ebenfalls stark städtisch geprägt war; allerdings lag der Schwerpunkt hier in Flandern einschließlich des Artois, wo schon seit spätrömischer Zeit feines Wollgewebe gefertigt worden war. Zur Zeit der Karolinger und bis ins 11. Jahrhundert hinein hatten Frauenwerkstätten auf Grundherrschaften die Tuche fabriziert; von nun an blieben weibliche Arbeitskräfte jedoch auf das Klopfen, Reinigen, Kämmen und Spinnen des Rohstoffes beziehungsweise Garns beschränkt, während Männer das Färben und Weben, Walken und Scheren übernahmen. Im Einzelnen kann man bis zu 30 verschiedene Arbeitsgänge unterscheiden. Nicht ausschließlich, aber überwiegend wurde die Tuchherstellung im übervölkerten Flandern in die Städte verlagert, unter denen Gent, Brügge, Ypern, Lille, Douai, Arras und Saint-Omer hervorragten. Hier war nicht mehr der ländliche Domänenbesitzer, sondern ein selbständiger Unternehmer der Arbeitgeber, dem auch das Material und die Fertigprodukte gehörten; allerdings musste er selbst Eingriffe der politischen Obrigkeit hinnehmen, die bis zu Vorschriften bestimmter Techniken und sogar der Lohntarife reichten. Die Schafe auf den Kreideböden des Artois und den salzigen Groden an der Küste lieferten von jeher reichlich Wolle guter Qualität, doch gingen die Kaufleute am Beginn des 12. Jahrhunderts zur Einfuhr der noch besseren englischen Ware über, besonders aus Lincolnshire. Diese Importe verschafften der flandrischen Tuchproduktion bis ins 13. Jahrhundert einen Vorsprung auch vor dem benachbarten Brabant; später wurde für mindergute Tuche der natürliche Rohstoff aus Spanien oder der Lüneburger Heide verarbeitet. Flandrisches und brabantisches Tuch war aber in erster Linie ein Luxusartikel. Zur Einfärbung benutzte man den roten Stoff der Krappwurzel oder den blauen aus den Blättern des Waid, die beide im weiteren Umkreis auf Äckern angebaut werden konnten; für die rote Farbe wurde auch Koschenille aus den Mittelmeerländern beziehungsweise Färberflechte aus Nordeuropa importiert, blaue Tuche wurden durch die Verwendung des Brasilienholzes aus dem asiatischen Osten ausgezeichnet. Strahlend wirkten Farben, die mit Alaun versetzt waren, das aus der kleinasiatischen Hafen- und Bergbaustadt Phokäa stammte.

Allerdings waren bei der Textileinfärbung die Italiener führend, wo schon 1096 in Florenz ein *Petrus tintore* als berufsmäßiger Färber bezeugt ist; hier benutzte man auch den Stoff der Lackmus-Flechte für Violett oder den wilden Safran für Gelb (San Gimignano). Die Tuche aus Flandern und Brabant, später auch aus Paris und anderen Städten Frankreichs, wurden unter anderem auf den sechs Messen der Champagne in den Handel gebracht, die seit Mitte des 12. Jahrhunderts zum internationalen Warenumschlagplatz avancierten.

Der Aufschwung der Textilindustrie war entscheidend von technischen Neuerungen gefördert worden, dem Gebrauch des Spinnrades und demjenigen des horizontalen Trittwebstuhles. Da beide im fernen Orient bekannt gewesen waren, stellt sich erneut die Frage nach eigenständiger Invention im Westen oder einer kulturellen Anleihe. Die herkömmliche Handspindel zur Herstellung des Fadens bestand aus einem Spindelstab, dem „Rocken“ oder der „Kunkel“, und einem Wirtel. „Die auf den hölzernen Spindelstab ‚gedockten‘ Fasern wurden während des Spinnens mittels einer durch eine kleine Schwungscheibe (Spinnwirtel aus Ton oder Stein) beschwerten Handspindel zu einem fortlaufenden Faden gedreht. Der Rocken konnte auf einem Dreifuß stehen oder von der Spinnerin in einer Gürtelschlaufe getragen werden. Mit Daumen und Zeigefinger zupfte sie die Faser in kontinuierlicher Drehung nach links oder rechts. Die durch den Wirtel beschwerte Spindel stabilisierte die Fadenbildung, indem die Faser in schneller, gleichmäßiger Rotation nach unten gezogen wurde. In einem zweiten Arbeitsschritt wurde das Garn, meist von Kindern, auf die Spindel gespult, die nach Entfernen des aufgesteckten Wirtels wie ein Weberschiffchen gehandhabt werden konnte“ (G. Sporbeck). Der Vorteil der Handspindel lag darin, dass sie sich im Sitzen und Stehen, selbst beim Gehen oder – nach mittelalterlichen Bildern – sogar beim Reiten betätigen ließ. Seit Mitte des 13. Jahrhunderts ist das Spinnrad belegt, bei dem die Spindel horizontal lag und durch ein großes Antriebsrad bewegt wurde, das ebenso zum Spulen gebraucht wurde. Die Leistung des Rades war erheblich höher; dauerte es mit der Handspindel etwa 11 Stunden, um das Garn für ein Hemd zu spinnen, so leistete das Spinnrad in der gleichen Zeit etwa das Doppelte, noch dazu erreichte es eine feinere und gleichmäßigere Qualität. Andererseits ließ sich die neue Technik nur noch stationär anwenden und verlangte viel größere Aufmerksamkeit und Geschicklichkeit in einem komplizierteren Bewegungsablauf. Das Spinnen wurde von einer „hausfraulichen Nebentätigkeit“ zu einer spezialisierten Werkstattarbeit; wie schwierig es war, dafür Akzeptanz zu finden, zeigen Verbote in Paris (1268), Abbeville (1288) und teilweise auch in Speyer (1280). Das Spinnrad scheint in Indien und in China schon zur Zeit der Antike eingesetzt gewesen zu sein, italienische Fernkaufleute könnten es im Westen bekannt gemacht haben.

Werkstattgebunden und arbeitsteilig war beziehungsweise wurde auch die Technik des horizontalen Webstuhls, für die ebenfalls Vorbilder aus China vermutet werden; über eine Anwendung in der byzantinischen Seidenfabrikation könnte sie in den Westen Europas gelangt sein. Noch bevor ihr Gebrauch hier im 13. Jahrhundert nachgewiesen ist, scheint sie aber – nach sprachlichen und archäologischen Relikten zu urteilen – von Slawen angewandt worden zu sein. Beim Trittwebstuhl konnte der Weber die „Fächer“, durch die er das Schiffchen mit den Fäden hindurch schoss, schneller und gleichmäßiger öffnen und schließen und so Qualität wie Produktivität erhöhen. Man schätzt, dass ein geübter Weber 20 Schuss pro Minute schaffen oder in einer Stunde ein Tuch von 60 Zentimetern Länge fertig stellen konnte. Allerdings war bei einem einzelnen Arbeiter die Breite der Stoffbahn auf etwa 70 Zentimeter beschränkt; im 13. Jahrhundert wurde aber in Flandern ein Zweimann-Trittwebstuhl erfunden, der diesen Mangel behob und eine sprunghafte Zunahme der Tuchherstellung ermöglicht hat.

Abgesehen von den direkten und indirekten Produkten der Erde waren die Menschen des hohen Mittelalters natürlich auch auf Lebensquellen des Meeres sowie der sonstigen fließenden und stehenden Gewässer angewiesen. Überall in Europa gehörte der Fisch auf den Speiseplan, der im mediterranen Raum durch Krebse Weichtiere und bisweilen Frösche bereichert wurde, während die Purpurschneckenfischer in Byzanz kein Lebensmittel förderten, sondern dem Kleiderluxus ihrer kaiserlichen Herrschaft dienten. Fisch aber war um so wichtiger, als Fastengebote der christlichen Religion den Bedarf anstelle des Fleisches erheblich ansteigen ließen; der natürliche Reichtum der Fluss-, See- und Meeresfauna scheint bis ins 13. Jahrhundert die Konsumbedürfnisse gedeckt zu haben, so dass erst allmählich Fischteiche zur Nachzucht künstlich angelegt wurden. Für den Kleinverbrauch der Familien genügte als Fanggerät die Angel, die sich auch für bestimmte Salzwasserfische eignete (Dorsch, Kabeljau), sonst kamen Netze verschiedener Art zum Einsatz. Der Heringsfang konnte wegen der Verwendung von Schlepp- und Treibnetzen nur kollektiv betrieben werden. Zwischen Juli und November wurden riesige Heringsschwärme an mehreren Küsten des Nordatlantiks, der Nord- und der Ostsee abgefischt (Schottland, bei Great Yarmouth in Norfolk, Limfjord, Schonen, Bohuslän, Rügen u. a.), wenn die Natur nicht, wie im Bottnischen und Finnischen Meerbusen, die Fischerei fast das ganze Jahr über erlaubte. Beim Kabeljau wurde Winterfischerei (Februar bis April) betrieben; die ergiebigen Laichgründe um die Lofoten setzten Norwegen zum Export des Fisches über Trondheim und Bergen instand. Fernhandel verlangte natürlich eine Konservierung der Fische durch Salz, Rauch oder Trocknung beziehungsweise eine Kombination der verschiedenen Verfahren. Da der Kabeljau im Winter gefangen wurde, musste er im Allgemeinen nicht gesalzen, sondern nur auf dem Stock getrocknet werden („Stockfisch"). Anscheinend haben aber baskische Fischer im 12. Jahrhundert bei diesem Fisch zum ersten Mal ein anderes Verfahren angewandt, das die Norweger erst viel später übernahmen; sie salzten den Kabeljau noch an Bord ein und breiteten ihn später an Land zum Trocknen aus („Klippfisch"). Im Übrigen war es im hohen Mittelalter üblich, den Fisch erst am Ufer einzusalzen. Da der Konservierungsstoff keineswegs überall zur Verfügung stand, brachten ihn die gleichen Kaufleute herbei, die die Fische dann nach ganz Europa lieferten; sie waren also teilweise Produzenten ihrer eigenen Ware. Da sie gleichzeitig mit dem Salz andere Güter umschlugen, entwickelten sich die Geschäfte mit Meeresfischen zu einem beachtlichen Motor des internationalen Warenaustausches, die Fischereiorte wurden zu Märkten und sogar zu Stätten von Messen. Auf dem Fischmarkt von Great Yarmouth zwischen Michaelis (29. 9.) und Martini (11. 11.) trafen sich Gascogner, Spanier, Florentiner sowie Deutsche mit den Einheimischen, die Franzosen etwa erhandelten den Hering gegen Salz und Wein. Epoche im Ostseehandel machte die Übernahme des Schonenhandels durch Lübeck beziehungsweise die Deutschen im 13. Jahrhundert. Der Heringsfang an der dänischen (heute schwedischen) Halbinsel war zweifellos viel älter, doch hat erst der Import Lüneburger und Oldesloer Salzes durch Lübecker Kaufleute und damit die Konservierung die Abschöpfung der unermesslichen Meeresbestände für den Fernhandel möglich und lohnend gemacht. Die Lübecker erwarben in den schonischen Messeorten feste Besitzungen, so genannte Vitten, auf denen sie nach eigenem Stadtrecht Handel treiben konnten. „Auf Schonen traf sich zur Messezeit halb Europa, Skandinavier, Franzosen, Engländer, Deutsche und andere, darunter solche, die den Fisch auf dem Wasserwege ins Nordseegebiet transportierten und dafür die risikoreiche ‚Umlandfahrt' um Kap Skagen nicht scheuten (erstes Umlandfahrer-Privileg 1251), und Handelsfahrer aus dem Westen, die Textilien, Eisen, Luxusgüter mitbrachten, späterhin auch das billigere Salz aus der Bai von Bourgneuf, das ‚Baiensalz'" (K. FRIEDLAND).

Salz wurde selbstverständlich nicht nur zur Haltbarmachung von Fisch, sondern auch von Fleisch, Gemüse und Milcherzeugnissen wie Butter und Käse gebraucht. Darüber hinaus ist es für den Menschen als Grundnahrungsmittel unentbehrlich; man schätzt den Bedarf pro Kopf im Jahr auf 15 Kilogramm. Der natürlich bedingten Nachfrage, die in Zeiten demographischen Wachstums stark angestiegen ist, stand eine sehr ungleichmäßig verbreitete Erzeugung gegenüber, die oft lange und kostspielige Transporte nach sich zog. Die Förderung von Steinsalz, also der Gewinn des Stoffes im Bergwerk, spielte im Hochmittelalter noch keine Rolle. Erst um 1249 nahm man in Bochnia und nach 1280 in Wieliczka (bei Krakau) den Abbau von Steinsalzlagern in Flözen auf. Sonst und bis dahin wurde das Salz entweder aus Meereswasser beziehungsweise aus Salzquellen zu Lande gewonnen oder aber durch das Auslaugen von Salzstöcken. In jedem Fall musste das manchmal zu 25 % salzhaltige Wasser (die Sole) in einem zweiten Arbeitsgang bis zur Kristallisation des Minerals verdunstet werden, sei es durch Sonne und Luft (im Süden), sei es durch die Feuerhitze von Holz, Torf oder Ried. Wohl seit dem 7. nachchristlichen Jahrhundert gab es an den Meeresküsten so genannte Salzgärten, zu denen Bourgneuf am Atlantik gehörte, die man aber auch in Byzanz kannte; die Produktionskosten lagen niedrig, da kein Brennmaterial erforderlich war. Lüneburg hingegen hatte eine Quellsole; 956 wurde die Saline in einem Diplom Ottos I. zum ersten Mal erwähnt, und zwei Jahrhunderte später schützte der Sachsenherzog Heinrich der Löwe ‚meine Sülze' in Lüneburg gegen die Konkurrenz von Oldesloe. Im 13. Jahrhundert wurde das Salz in 54 Siede- oder Sudhäusern mit je vier Pfannen gewonnen, und die jährliche Produktion stieg von 5000 bis auf 15 000 Tonnen an. Andere alte Quellsolen lagen etwa im Seille-Gebiet in Lothringen oder in der Franche-Comté, im Bistum Volterra und in Salsomaggiore in Italien, in Reichenhall, Salzungen, Halle an der Saale oder Sooden-Allendorf; beim steigenden Bedarf wurden während des hohen Mittelalters neue Quellen erschlossen, in Deutschland unter anderem in Schwäbisch-Hall. Manche Länder hatte die Natur nur wenig begünstigt. In der Rus' beispielsweise waren die Salzquellen sehr gehaltsarm (um 7,5 %), so dass der Import eine große Rolle spielte; auch hier dominierte zunächst das Lüneburger, dann – seit dem späten 14. Jahrhundert – das Salz aus Bourgneuf. Auch Polen, England oder Spanien verfügten über keine stark salzhaltigen Quellen. In Schottland, Friesland, Dänemark und an der Kanalküste gewann man das Salz sogar aus Torf oder Sand. Ende des 12. Jahrhunderts kam es aber im Ostalpenraum (Dürrnberg-Hallein) zu einer bemerkenswerten Innovation, dem Gewinn der Sole in Laugwerken, das heißt durch Zuführung von Süßwasser in salzhaltiges Gestein unter Tage. Ein weiteres Jahrhundert später wurde die Technik noch einmal verbessert („Wöhrwerke"); statt – wie auch bei Quellsolen üblich – das salzhaltige Wasser durch Schöpfanlagen heraufzuholen, wurde die Lauge über hölzerne Rohrleitungen in tiefer gelegene Pfannhäuser abgeführt.

Salz, das an der Küste gewonnen worden war, konnte leicht verschifft und auf dem Meer in großen Mengen befördert werden; die Kosten für den Landtransport erreichten demgegenüber das Fünffache. Die erheblichen Gewinnspannen beim Seetransport lockten unter anderem die Kaufleute der Hanse seit dem späten 14. Jahrhundert zur „Baienfahrt", wenn sie ihre Schiffe nicht noch weiter nach Süden lenkten (Sétubal in Portugal, Andalusien); Lüneburg hingegen förderte zur gleichen Zeit seine Salzwirtschaft durch Ausbau des Stecknitzkanals.

Nicht in allen Regionen Europas konnte freilich der verhältnismäßig günstige Wasserweg der beschwerlichen Fahrt auf dem Lande vorgezogen werden; denn dem Transport von Waren und Menschen haben die Landschaften des Kontinents ganz verschiedene Bedingungen gestellt. Die überragende Rolle des Mittelmeers oder der Ostsee für die jeweils angrenzenden Völker muss man ebensowenig betonen, wie die große Bedeutung der nordsüdlichen Flussläufe im Herrschaftsgebiet der Rus'. Für die Binnenschifffahrt fehlten in Griechenland und Italien fast alle Voraussetzungen; entweder mangelte es an größeren Flüssen überhaupt, oder die Wasserläufe drohten im Sommer auszutrocknen. Nur der Tiber mit dem Hafen von Ostia hatte im Getreide-, Öl- und Weinhandel einiges Gewicht. Um so mehr waren schon die Römer darauf angewiesen, Italien und dann die Provinzen, vor allem Spanien und Gallien, mit einem Straßennetz zu überziehen, das primär militärischen Zwecken diente. Andererseits wunderte sich schon der Geograph Strabon in augusteischer Zeit darüber, wie dicht Gallien von Flüssen durchströmt war; es sei möglich, auf ihnen Waren vom Mittelmeer bis zum Ozean zu bringen, mit Ausnahme kleiner Landbrücken. Nördlich der Alpen war die Binnenschifffahrt tatsächlich im früheren Mittelalter der bei weitem wichtigste Verkehrsträger. Die Landstraßen oder auch die Wege in den Siedlungen wurden hingegen bis ins 12. Jahrhundert hinein kaum gepflegt oder ausgebaut. Erst der zunehmende Handel und Verkehr des hohen Mittelalters brachte hier einen Wandel. In England galt schon Anfang des 12. Jahrhunderts, dass sich auf einer ‚Königsstraße' zwei Wagen beziehungsweise 16 bewaffnete Reiter nebeneinander sollten bewegen können; Ähnliches bestimmte 1224/25 das deutsche Rechtsbuch des „Sachsenspiegels". In Frankreich ließ König Philipp II. Augustus 1185 die Straßen von Paris pflastern, weil ihm der Gestank des Gassenkots in die Nase fuhr, und das Fernstraßensystem mit seiner römisch geprägten Ausrichtung auf Lyon wurde allmählich auf Paris umgestellt. Besonders eifrig waren die wohlhabenden Städte Oberitaliens; in Florenz (1237) und Bologna (1241) wurden die Anlieger zum Straßenbau herangezogen. In der Forschung ist im Hinblick auf die Toskana geradezu von einer „Straßenrevolution" (*una rivoluzione stradale*) die Rede, doch darf man die Verhältnisse dieser weit entwickelten Städtelandschaft nicht verallgemeinern.

Die zunehmende Verlagerung des Transportwesens auf die Straße war auch durch den „Energiehunger des hohen und späten Mittelalters" bedingt, der „dem alten Streckennetz der Binnenschiffahrt (gewaltige Verluste) zufügte: Ein Mühlenstau nach dem anderen machte den Binnenschiffern die Fahrt auf den Flußoberläufen in einem erbarmungslosen Verdrängungswettbewerb streitig" (D. Ellmers). Selbst zahlreiche Stadtgründungen des 13. Jahrhunderts wurden nicht mehr als Hafenorte angelegt, auch wenn sie günstig an natürlichen Wasserstraßen lagen. Der Landtransport wurde auch durch Verbesserungen in Wagenbau und Pferdeschirrung begünstigt. Durch Schrägstellung der Radspeichen wurde die Anfälligkeit des Wagens gegen den Seitendruck vermindert und dessen Tragfähigkeit erhöht; und abgesehen vom Kummet wurden die Pferde mit dem Ortscheit ausgerüstet, das als Querholz zur Befestigung der Geschirrstränge die alte Gabeldeichsel als Zug- und Anspannvorrichtung ersetzte. Auf der Bronzetür der Kathedrale von Novgorod, die 1152/56 in Magdeburg gegossen worden ist, hat der Künstler ein solches Pferdegespann mit Ortscheit dargestellt. Das Ortscheit selbst könnte wiederum als Erfindung des Fernen Ostens nach Europa eingeführt worden sein. Der Novgoroder Wagen ist doppelachsig, also mit vier Rädern, ausgestattet; dieser Typ hat sich wahrscheinlich, in Verbindung mit Pferden statt Ochsen als Zugtieren, im Hochmittelalter durchgesetzt.

In der Binnenschifffahrt war die Zeit zwischen 800 und 1400 „weder für die Wasserstraßen sehr innovativ noch im Schiffsbau, der lediglich vormittelalterliche Konstruktionen weiterführte". Hinsichtlich der Antriebs- und Steuertechniken muss die Schifffahrt auf Flüssen von derjenigen auf Seen unterschieden werden. Auf Flüssen konnten die Gefährte ohne jeden Zusatzantrieb durch bloßes Treibenlassen zu Tal gelangen. Man hat ausgerechnet, dass für die kleinen frühmittelalterlichen Boote schon eine Durchflussmenge von 4 Kubikmetern Wasser pro Sekunde bei niedrigem Gefälle ausgereicht hat. Manchmal wurden die Schiffe am Zielort auseinander genommen und als Holz verkauft. Bei der Bergfahrt musste man staken, wenn das Schiff nicht getreidelt wurde. Diese Technik ging auf die Römer zurück. Die Schiffe wurden dabei im Schlepptau von Menschen auf Leinpfaden gegen die Strömung voranbewegt. Vielleicht haben Pferde die menschliche Arbeitskraft hier seit dem hohen Mittelalter abgelöst. Auf Seen wurden zur Fortbewegung verschiedene Ruder- und Segeltechniken angewandt, die oft von Fall zu Fall variierten und sich im Laufe der Zeit nur wenig anpassten.

3.4.3 Elemente der Technik: Luft und Feuer

Auf dem Meer konnten die Schiffe durch Ruderer, also menschliche Muskelkraft, oder unter Ausnutzung des Windes mit Segeln vorwärts bewegt werden. Die Rudertechnik, die beispielsweise die Germanen anstelle des weniger leistungsfähigen Paddelns von den Römern gelernt hatten, bot für kriegerische Unternehmungen Vorteile, da sie unabhängig von der bewegten Luft zielgenaue Anlandungen und schnelle Fluchtfahrten erlaubte. Andererseits ließen die niederbordigen Ruderboote kaum zu, sich weit von der Küste zu entfernen und auf offenem Meer zu fahren, und erst Segel ermöglichten weiträumige und langdauernde Expeditionen über das Wasser. Allerdings hatten schon die Wikinger beide Techniken miteinander kombiniert. Das Länge- zu Breitenverhältnis der nordgermanischen Kriegsschiffe lag bei etwa 5 : 1, und die Bordwand wurde so weit hochgezogen, dass man scharf segeln konnte. Der in der Schiffsmitte installierte Mast konnte umgelegt werden, wenn die Ruderer ihr Werk tun sollten. Die Riemen wurden unterhalb des Dollbordes mittels Rojepforten durch die Bordwand gesteckt, die bei Segelfahrt mit Klappen verschließbar waren. Das hochseetüchtige skandinavische Handelsschiff, mit dem Island, Grönland und auch Vinland (Neufundland) angesteuert wurde, war etwas anders gebaut. Ein solcher „Knorr" wurde 1962 in Skuldelev am Roskilde-Fjord ausgegraben. Länge und Breite verhalten sich hier – bei einer realen Länge von nur 16,5 Metern – wie 3,6 : 1, und die Bordwand ist 2 Meter hoch gezogen. Natürlich wurden auf diesen kleineren und kompakteren Schiffen viel weniger Ruderer benötigt, die auf den Kriegsschiffen aber auch zugleich als Soldaten fungierten. Von den Skandinaviern lernten die Angelsachsen und die Slawen den Schiffsbau, wenn die Insulaner auch einheimische Traditionen fortführten und hie und da neue Techniken angewandt wurden. Mit Aufkommen der Hanse verdrängte seit Mitte des 12. Jahrhunderts die Kogge das anglo-skandinavische Kielboot. Die Kogge, die die Friesen in einfacherer Form schon im frühen Mittelalter gebraucht hatten, wies im Schiffsboden und an Bordwänden unterschiedliche Planken auf (Kraweelplanken beziehungsweise Klinkerverbände) und wurde durch das Rahsegel an einem Mast angetrieben. Ursprünglich mit dem Seitenruder ausgestattet, setzte sich seit dem 13. Jahrhundert das Heckruder durch. Das Schiff war für große Frachten, also für den Einsatz im Handel, besonders geeignet. Die im Oktober 1962 im Weser-Schlick von Bremen geborgene Kogge hat eine Gesamtlänge von 23,27 Metern, eine größte Breite von 7,62 und eine Seitenhöhe mittschiffs von 4,26

Metern. Unbeladen lag der Tiefgang bei 1,25 Metern, mit 80 bis 90 Tonnen beschwert bei 2,25 Metern.

Andere Traditionen als in Nordeuropa, besonders in der Ostsee, wirkten im Mittelmeer. Die Kriegsflotten bestanden aus verschiedenen Typen von Ruderschiffen (Galeeren), die teilweise mehrere Ruderreihen übereinander anordneten. Die Dromone der Jahrtausendwende wies etwa eine Länge von 40 Metern bei einer Breite von 5,5 Metern auf; der Ruderapparat von 28 Metern war in zwei Reihen übereinander mit je 25 Mann eingeteilt, so dass insgesamt 100 Ruderplätze vorhanden waren. Neben den Ruderern, die ins Kampfgeschehen nicht eingriffen, bestand die Besatzung noch aus Seesoldaten, Offizieren und Steuerleuten, rund 200 Mann insgesamt. Bei einem Tiefgang von 1,5 Metern war die Besegelung bescheiden; sie bestand aus einem oder zwei dreieckigen „Lateinersegeln" recht geringer Leistung. Abgesehen von Speeren, Äxten, Beilen, Pfeilen und Bögen, Bolzenschussgeräten und Katapulten waren die byzantinischen Kriegsschiffe auch mit der gefürchteten Waffe des ‚griechischen Feuers' ausgerüstet. Epoche im mediterranen Schiffsbau machte die venezianische *Galea*; ursprünglich als verbessertes Kriegsschiff konzipiert, erwies sie sich als hervorragendes Frachtschiff, das die Vormacht der italienischen Seerepubliken stabilisierte und später Fahrten bis nach Flandern oder England erlaubte. Nach Zeugnissen von 1291 wurde die Galeere von 200 Lohnknechten in drei Reihen auf jeder Seite gerudert; aber auch die Besegelung wurde an diesem Schiff verbessert. Für den Transport des Personenverkehrs, etwa der Kreuzfahrer von 1204, wurden statt der schlanken Kriegsschiffe so genannte Rundschiffe eingesetzt, für deren Vortrieb fast ausschließlich Segel dienten. Mit etwa 25 Metern Länge waren diese dickbauchigen, für Beladung mit viel Fracht geeigneten Schiffe erheblich kürzer als die gleichzeitigen Kriegsschiffe.

Abgesehen von Segelschiffen nutzten seit dem hohen Mittelalter auch Getreidemühlen die Windenergie, eine neue Stufe der westeuropäischen ‚power revolution", von der Lynn White gesprochen hat. Im Osten Persiens, wo ständiger Nordwind herrscht, wurden bereits seit dem 9./10. Jahrhundert horizontale Windräder eingesetzt, die auf fest gemauerten Türmen installiert waren. Danach sind Windmühlen im arabischen Spanien um 1050 belegt, über deren Konstruktion aber nichts Näheres bekannt ist. Nach 1180 erscheinen sie dann gleichzeitig an der Ostküste Englands, in Flandern und in der Normandie. Die Windmühle bot erhebliche Vorteile gegenüber der gewohnten Technik, da sie den Wind bei günstiger Aufstellung, oft an erhöhten Plätzen, fast überall „ernten" konnte, während Wasserläufe nicht nur durch Frost oder Dürre, sondern im Kriegsfall auch durch Stilllegung seitens der Feinde bedroht waren; außerdem war sie billiger und beweglicher als die Wassermühle. 1189/90 konnten die Kreuzfahrer eine in Einzelteile zerlegte Windmühle bereits nach Akkon überführen. Trotzdem widersetzten sich die Grundherren in Europa aus Sorge um ihre alten Bannrechte einige Jahrzehnte der Innovation; in den ostenglischen Grafschaften vermochte sie sich erst um 1220 durchzusetzen. Entscheidend für den Erfolg der neuen Technik war die Entwicklung der drehbaren Windmühle, die sich Erfahrungen der Segelschifffahrt zunutze machte. Die aus hölzernem Fachwerk errichteten Mühlen ruhten auf einem „Bock" aus radial angeordneten Pfosten und ließen sich in die jeweilige Windrichtung stellen; das Mahlgetriebe selbst folgte dem Vorbild der vertikalen Wassermühle. Erst Ende des 13. Jahrhunderts ist anstelle der „Bockwindmühle" in England ein fest gegründeter Bau aus Holz und Stein belegt; unklar ist, ob schon vor 1400 steinerne Turmwindmühlen mit drehbarer Haube entwickelt worden sind. Die erste nachweisbare Windmühle in Deutschland hat 1222 in Köln gestanden; man hatte also nicht vergessen, dass noch andere Energien an die Stelle des Wassers treten konnten. So beauftragte der Rat der Ostseestadt Wismar einen lübischen Unternehmer, eine Windmühle oder eine Rossmühle zu errichten (1312).

Mit den Neuerungen des europäischen Westens haben die Byzantiner nicht Schritt gehalten; ihre Technologie war extrem konservativ und verharrte im Allgemeinen auf den spätantiken Kenntnissen, wenn sie nicht auch diese geradezu preisgaben (Badeanlagen). „Die mangelnde Bereitschaft zu Innovationen, die auch soziale und politische Gründe hat, trug mit zum Ruin des byzantinischen Staates bei" (P. SCHREINER). Nur mit der Erfindung des griechischen Feuers gelang den Oströmern des Mittelalters eine Neuheit, die Araber und Abendländer (s. oben 3.1.4) nachzuahmen suchten. Trotzdem hüteten sie die Zusammensetzung des ‚flüssigen Feuers' als Staatsgeheimnis so gut, dass es bis heute im Detail nicht rekonstruierbar ist. „Offenbar bestand die flüssige Brandmixtur hauptsächlich aus leicht entflammbarem Petroleum, das mit Hilfe einfacher Handspritzen oder Druckpumpen in der Art von Flammenwerfern auf feindliche Truppen, Schiffe oder Wehr- und Belagerungsanlagen gespritzt wurde. Andererseits wurde es auch in Gefäßen mittels Wurfmaschinen ‚transportiert' und anschließend durch Brandpfeile entzündet" (L. SUHLING). Sogar unter Wasser verlosch das Feuer nicht. Bereits 678 haben byzantinische Schiffe mit seiner Hilfe die islamische Flotte vor Kyzikos bei den Parischen Inseln im Marmarameer vernichtet, und 941 wurde eine russische Seestreitmacht unter Prinz Igor von Kiev auf gleiche Weise entscheidend besiegt. Das zweite Laterankonzil von 1139 verbot die Anwendung der Waffe. Dies konnte aber selbstverständlich nur für Christen des Westens geltend gemacht werden, kaum für Griechen und erst recht nicht für Muslime. Als Ludwig IX. der Heilige 1249 an der ägyptischen Küste gelandet war und Damiette eingenommen hatte, griffen die Araber mit dem Feuer seine Soldaten an, die sich in so genannten „Katzen" befanden; dabei handelte es sich um fahrbare Kriegsmaschinen, die in der Gestalt eines bedeckten Holzganges eine militärische Mannschaft schützen sollten. Auch wenn das flüssige Feuer in seiner arabischen Imitation angeblich nicht so wirkungsvoll war wie das griechische Original, tat es im Heer der französischen Kreuzfahrer seine furchtbare Wirkung. Joinville, der Biograph des Königs, berichtet Folgendes: ‚An einem Abend, da wir die Nachtwache bei den Katzenburgen versahen, führten die Sarazenen gegen uns ein Geschütz ins Feld, das man Steinkatapult nennt; sie hatten es bisher noch nicht verwendet. In die Schleuder legten sie griechisches Feuer. Wie Herr Gautier von Cureil, der gute Ritter, der bei mir war, dies sah, sagte er zu uns: ‚Ihr Herren, wir sind in der größten Gefahr, in der wie je gewesen sind. Denn wenn sie uns jetzt die Burgen anzünden und wir bleiben, dann sind wir verloren und verbrennen. Wenn wir aber unsere Wehren, deren Bewachung uns anvertraut wurde, verlassen, so sind wir entehrt. Nur Gott kann uns aus dieser Gefahr erretten. So ist es mein Rat und Vorschlag, daß wir jedesmal, wenn sie das Feuer auf uns werfen, auf Ellbogen und Knien liegend unseren Herrn und Heiland bitten, uns vor dieser Gefahr zu bewahren.' Sobald sie nun den ersten Schuß gegen uns feuerten, gingen wir auf die Ellbogen und in die Knie, wie er uns geraten. Dieser erste Schuß schlug zwischen unseren beiden Katzenburgen ein' (Übers J. LE GOFF/G. OSTERWALD). Doch danach verbrannten beide Holzwehren der Franzosen, und als der König befohlen hatte, aus dem Holz der Schiffe, die ihr Gepäck transportiert hatten, eine dritte Katzenburg zu bauen, wurde auch diese zerstört.

Welche Rolle die friedliche Nutzung des Feuers spielte, vor allem in der Eisenerzeugung, aber auch in der während des Hochmittelalters zunehmenden Produktion der Edelmetalle, muss nicht eigens betont werden. Das Rennverfahren, also die Reduktion von Eisenerz unter Temperaturen von 1200 bis 1400 °C mit Hilfe von Holzkohle in Rennherden oder niedrigen Öfen, war in Europa schon im ersten vorchristlichen Jahrtausend bekannt. Abgesehen von der mechanisierten Blasebalgtechnik (s. oben 3.4.2), lassen sich im Metallsektor trotz offenbar variierender Verarbeitung der Rohstoffe kaum Innovationen ermitteln. Um 1240/50 haben aber Thomas von Cantimpré und Vinzenz von Beauvais die Neuheit des Bleilötens festgestellt, die besonders bei Wasserrohren angewandt wurde. Und im Bereich der künstlerischen oder kunsthandwerklichen Metallverarbeitung sind Braunfirnisarbeiten erst seit Anfang des 11. Jahrhunderts belegt (J. Wolters). Dabei ging es um eine dekorative Oberflächengestaltung von Kupferblechen mit aufgebrannter Firnis, die fast ausschließlich zum Schmuck sakraler Objekte verwendet wurde (Evangeliare und Sakramentare, Reliquiare, Tragaltäre, Pyxiden, Vortragekreuze usw.). In einer einzigartigen Sammlung kunstgewerblicher Rezepte und Arbeitsgänge, besonders über Malerei und Malfarben, Glasherstellung und Goldschmiedekunst, hat der Priester Theophilus Anfang des 12. Jahrhunderts die Braunfirnistechnik als erster und einziger Autor des Mittelalters dargelegt: ‚Lass dir aus dem oben erwähnten Kupfer, das ‚Rotkupfer' genannt wird, Bleche von erforderlicher Länge und Breite anfertigen. Hast du diese zugeschnitten und deinem Werkstück entsprechend vorbereitet, zeichne darauf Ornamente, Tiere oder was du sonst willst und graviere dies mit einem schlanken Stichel. Dann nimm Öl, das aus Leinsamen gemacht wird, streiche es mit dem Finger dünn über die ganze Fläche, verteile es gleichmäßig mit der Gänsefeder und halte (das Blech) mit einer Zange über die glühenden Kohlen. Sobald es mäßig erwärmt und das Öl flüssig geworden ist, verstreiche es erneut mit der Feder und bringe es wieder auf die glühenden Kohlen, tue dies so lange, bis (das Öl) ausgetrocknet ist. Wenn du erkennst, dass es überall glatt ist, bringe es auf lebhaft brennende Kohlen und lass es so lange darauf liegen, bis es völlig aufhört zu rauchen. Und wenn es dunkel genug ist, dann ist es gut. Wenn aber nicht, streiche auf diese Weise mit der Gänsefeder (nochmals) ganz wenig Öl auf das erwärmte (Blech), verstreiche jenes (Öl) gleichmäßig und lege (das Blech) erneut auf die angefachten Kohlen und verfahre wie vorhin. Ist es abgekühlt, nicht in Wasser, sondern von selbst, dann schabe mit sehr scharfen Schabern sorgfältig die Ornamente aus, so dass die (Zwischen-)Felder dunkel(-braun) bleiben. Wenn es aber Buchstaben sind, möge es in deinem Gutdünken liegen, ob du sie dunkel (gebräunt) oder vergoldet wünschst. Wenn aber das Blech sorgfältig geschabt worden ist, verquicke es sofort mit der Mischung aus Weinstein und Quecksilber, vergolde es danach, lösche das vergoldete Blech nicht in Wasser ab, sondern laß es vielmehr von selber abkühlen, poliere es so, wie oben beschrieben, und färbe es ebenso' (Übers. E. Brepohl). Theophils Beschreibung der Arbeitsgänge ist denkbar präzise und entspricht noch der Technik, die man im 20. Jahrhundert angewendet hat. Das Gleiche gilt von der Messingerzeugung.

Die „Schedula diversarum artium" des Theophilus Presbyter, die Gotthold Ephraim Lessing als Bibliothekar in Wolfenbüttel entdeckt und als erster neuzeitlicher Autor 1774 gewürdigt hat, wird heute nach dem Indizienbeweis von Eckhard Freise dem Goldschmied und Mönch Roger von Helmarshausen als Autor zugewiesen (etwa 1070 – nach 1125). Die Bedeutung des Werkes liegt nicht nur in der präzisen und materialreichen Abhandlung über handwerkliche Tätigkeiten, sondern in der bemerkenswerten Geisteshaltung. Theophilus-Roger empfiehlt seinem Leser, ‚durch nützliche Handwerksarbeiten und erfreuliche Studien von Neuigkeiten' (*utili manuum occupatione et delectabili novitatum meditatione*) sich himmlischen Lohn zu verdienen. Die Errungenschaften der Vorgänger solle er bewahren, das Einheimische nicht verachten. Der Autor meint sich dagegen wenden zu müssen, nur das Exotische wertzuschätzen: ‚Wenn in deinem Garten die Bäume Myrrhe, Weihrauch und Balsam hervorbrächten, die Brunnen Öl, Milch und Honig hervorsprudelten und an Stelle von Brennnessel, Distel und den übrigen Gartenunkräutern Narde, Rohr und duftende Kräuter der verschiedensten Art wüchsen, würdest du diese etwa als billig verachten, nur weil sie einheimisch sind, und Kontinente und Meere durchwandern, um fremde zu beschaffen, die nicht besser, sondern vielleicht minderwertiger sind?' Tatsächlich aber ist er selbst fasziniert vom Reichtum der verschiedenen Kulturen. Wir wissen zwar nicht, ob Theophilus weit gereist war, auch wenn er einmal wie ein Augenzeuge die Farbenpracht der Hagia Sophia zu beschreiben scheint; aber er empfahl seinen Brüdern, den Mönchen, die Lektüre seines Werkes doch mit den Worten: ‚Wenn du es recht sorgfältig durchforschst, wirst du dort finden, was Griechenland an Arten und Mischungen der verschiedenen Farben besitzt, was Russland an kunstvoll ausgeführten Emailarbeiten und an mannigfaltigen Arten die Niello kennt, was Arabien an Treibarbeit, Guss oder durchbrochener Arbeit unterschiedlicher Art auszeichnet, was Italien an verschiedenartigen Gefäßen sowie an Stein- und Beinschnitzerei mit Gold ziert, was Frankreich an kostbarer Mannigfaltigkeit der Fenster schätzt, was das in feiner Arbeit in Gold, Silber, Kupfer, Eisen, Holz und Stein geschickte Deutschland lobt.' Dieser Zeitgenosse der Kreuzzüge war neugierig auf das Fremde und schätzte das Wertvolle, ob es nun aus der Heimat, dem papstchristlichen oder byzantinischen Europa oder aber aus der Welt des Islam stammte.

4 Forschungsprobleme

4.1 Einheit der Epoche?

Die Periode zwischen 1050 und 1250 n. Chr. gilt vielen als „Hochmittelalter", und auch in diesem Buch wird die Bezeichnung immer wieder verwendet. Man muss sich aber bewusst sein, dass über Zeitstellung, Umfang und Gehalt des hohen Mittelalters kein Konsens besteht und der Begriff zur Verständigung in der internationalen Geschichtswissenschaft kaum taugt. „Hoch" verlangt eigentlich „niedrig" als Antipoden, so dass die Italiener konsequent „l'alto medioevo" von „il basso medioevo" unterscheiden. Für den Rechtshistoriker Mario CARAVALE [92] etwa beginnt das „niedrige Mittelalter" im 12. Jahrhundert, also mitten in „unserer" Zeitspanne. Auch in Spanien ist „la alta edad media" gebräuchlich; der Chronist von Santiago de Compostela, Fernando LÓPEZ ALSINA, lässt sie aber schon 1050 enden [613]. In Frankreich meint man mit „le haut moyen âge" gleichfalls eher die frühe Zeit bis Ende des 9. oder des 10. Jahrhunderts, während englische Autoren die „high" beziehungsweise „central middle ages" besonders auf Kontinentaleuropa beziehen und damit oft eine spätere Periode von etwa 1150 bis 1300 meinen [180: MUNDY; vgl. 400: FUHRMANN 29; aber 89: BROOKE; 546: TYERMAN; 517: HAVERKAMP/VOLLRATH]. Im Hinblick auf Skandinavien gilt das Ende der Wikingerzeit im 11. Jahrhundert vielfach als Einsatz des Mittelalters überhaupt [anders 922: SAWYER/SAWYER]; für das westliche Finnland wird dieser sogar um 1150, für Karelien erst um 1300 angesetzt [915: MASONEN 5; 931: TÖRNBLOM 273]. In Dänemark findet man die Bezeichnung ‚älteres Mittelalter' für die Zeit von 1050 bis 1250 [897: FENGER], während in Norwegen die Spanne von 1130 bis 1319 „Hochmittelalter" genannt wird [905/906: HELLE; 928: SIGURÐSSON 10–12]. Dagegen haben Jerker ROSÉN [919: 1–3] das schwedische Frühmittelalter auf 1000/1050 bis 1319 und Piotr GÓRECKI [750] das polnische Frühmittelalter auf etwa 1100–1250 datiert.

Statt vom „hohen" und „niedrigen" kann auch vom „frühen" und „späten" Mittelalter die Rede sein; zwischen beiden zog der amerikanische Kirchenrechtler Harold J. BERMAN um 1050/1100 die Grenze [12]. Das „Hochmittelalter" als Epoche und als Name ist hier entbehrlich geworden. Umgekehrt wird das Hochmittelalter von anderen Historikern als Gipfel einer tausendjährigen Epoche angesehen, und zwar zwischen einem frühen und einem späten Mittelalter. In diesem Sinne hat Hermann JAKOBS [36: 1] in der Periode zwischen 1046 und 1215 die „geistige Mitte des Mittleren Zeitalters" gesucht. Es ist bemerkenswert, dass eine ähnliche Einschätzung der betreffenden Jahrhunderte auch in der zeitgenössischen islamischen Geschichtswissenschaft begegnet. Natürlich kennt der Islam ebenso wenig wie das Judentum ein eigentliches Mittelalter, das ja erst von humanistischen Gelehrten beziehungsweise von Historikern der Aufklärung im Kontrast zu Antike und Neuzeit „erfunden" worden ist und zur Geschichte des christlich-abendländischen Geschichtsbildes gehört. Aber bei einer Betrachtung der islamischen Vergangenheit selbst kam Bassam Tibi [227: 38, 40] unlängst zu dem Urteil, dass die dritte von insgesamt fünf Perioden, vom 9. bis zum 12. (christlichen) Jahrhundert reichend, als „Hoch-Islam" bezeichnet werden solle; die „Blüteperiode der islamischen Zivilisation" und der „Zenit des Hoch-Islam" sei zwar die Abbasiden-Epoche (750–1258) im Orient gewesen, doch habe neben Bagdad eben auch Córdoba gestanden. Wie für die Muslime stellte auch für die Juden „das Leben in Europa (...) nur einen und keineswegs den bedeutendsten Abschnitt" ihrer Geschichte im Mittelalter dar [476: Toch 3]; trotzdem hat Michael Toch zur Synchronisation die christlich-abendländischen Kategorien des frühen, hohen und späten Mittelalters verwendet, um die Lage der „Juden im mittelalterlichen [deutschen] Reich" zu erörtern. Friedrich Battenberg schied ein hohes von einem späten Mittelalter des europäischen Judentums in der Mitte des 14. Jahrhunderts [65: 6–9]. Eher mechanisch als wertend und in ausdrücklicher Anlehnung an die westeuropäische Geschichte hat Peter Schreiner [328: 4, 12ff.] für das oströmische Kaiserreich eine „mittelbyzantinische Epoche" bestimmt, die am Beginn des 7. Jahrhunderts die frühbyzantinische Zeit abgelöst habe und entweder im Laufe des 12. Jahrhunderts oder mit der Eroberung der Hauptstadt von 1204 durch die spätbyzantinische Epoche ersetzt worden sei.

Je nachdem, welcher regionale Ausschnitt der europäischen Geschichte betrachtet wird, divergieren also die Zäsuren und die Einordnungen des jeweiligen chronologischen Segments in die Gesamtgeschichte, und selbst innerhalb einer einzigen National- oder Kulturgeschichte ist der Streit über die epochalen Umbrüche notorisch. An dieser Lage der Geschichtswissenschaft kann sich auch niemals etwas ändern; denn Historie wird zwar durch die Befunde der Überlieferung von der „Außenwelt" determiniert, doch bleibt sie bei Fragen der Bewertung des Geschichtsverlaufs unaufhebbar an die Subjektivität des Historikers und der Historikerin gebunden.

Für den Zweck der Geschichtsschreibung muss ein Gegenstand bestimmt werden, der aber verschieden „definiert" werden kann: entweder durch Begründung der Anfangs- und Endpunkte eines Geschehens oder durch Deutung eines prägnanten Wendepunktes, von dem ausgehend mit eher offenen Grenzen die vorausliegenden Bedingungen wie die nachfolgenden Wirkungen einbezogen werden. In der gegenwärtigen Historiographie wird beides praktiziert. Beliebt ist nach wie vor die politikgeschichtliche Einteilung nationaler Vergangenheiten, die sich bei entsprechenden strukturellen Gegebenheiten an der Herrschaft von Dynastien orientiert. So wurden neuere Darstellungen der deutschen Geschichte des hohen Mittelalters mit den Epochenjahren 1024 und 1250 am „Imperium der Salier und Staufer" ausgerichtet [422: Keller] oder mit dem Tod des Saliers Heinrichs III. (1056) beziehungsweise der Wahl des ersten Habsburgers Rudolf (1273) begrenzt [411: Haverkamp]. Bei der schwierigen Frage einer Identifizierung von „Österreich im Hochmittelalter" hat man zwar die Babenberger-Herrschaft (976–1246) in den Vordergrund gestellt, sich aber für den Einsatz mit dem Magyareneinfall von 907 entschieden [436; vgl. 365: Brunner]. Für England bietet sich die Einteilung in die anglonormannische Zeit ab 1066 einerseits [502: Chibnall] und das angevinische Reich andererseits an (1154–1258) [531: Mortimer; 512: Gillingham], auch wenn Michael T. Clanchy beide zusammenfassend behandelt hat [505; vgl. 493: Barlow; 520: Holt; 548: Warren]. Darstellungen der walisischen und der irischen Geschichte des hohen Mittelalters werden oft vom Faktum der anglonormannischen Eroberung 1063 beziehungsweise 1169 bestimmt [653: Davies, Wales 1063–1415; 658: Frame, Colonial Ireland,

1169–1369; 649: Cosgrove, Medieval Ireland, 1169–1534; 648: Ó Corráin; vgl. 651: Ó Cróinín, Early Medieval Ireland, 400–1200], während die Geschichte Schottlands im hohen Mittelalter wegen der erfolgreichen Selbstbehauptung des Volkes gegen England solche Einschnitte nicht bereithält [vgl. 643: Barrow]. Für die französische Geschichte des hohen Mittelalters bildet die Dynastie der Kapetinger (987–1328) eine geeignete Erzähleinheit [vgl. 561: Ehlers; 364: Brühl]; Jean Favier hat aber eine andere politische Struktur bei der Gliederung vorgezogen und die ‚Zeit der Fürstentümer vom Jahr 1000 bis 1515' monographisch behandelt [564]. In Spanien wird die Periodisierung von der jeweils besonderen Geschichte der christlichen und muslimischen Reiche sowie den Etappen der Reconquista präjudiziert [621: Reilly; 570: Álvarez Palenzuela/Suárez Fernández; 640: Wasserstein; 600: Glick]. Für eine politische Geschichte von Byzanz, das seinem Selbstverständnis nach gar keine besondere Epoche im Sinne des Mittelalters kannte, hat Michael Angold die Zeit zwischen Basileios II. und dem Vierten Kreuzzug (1025–1204) gewählt [264; vgl. 266; 282: Cheynet; 285: Haldon]. Eine Geschichte des Papsttums von 1050 bis 1250 als Geschichte einer Monarchie ohne dynastisches Prinzip verdankt die neuere Mediävistik schließlich Colin Morris [810; vgl. 53: Vauchez].

Das überwältigende Eigengewicht nationaler Traditionen hat bis heute eine umfassende europäische Geschichte des Hochmittelalters aus politikgeschichtlicher Sicht verhindert. Auch als der Heidelberger Mediävist Karl Hampe 1932 seine berühmt gewordene Darstellung „Das Hochmittelalter" als „Geschichte des Abendlandes von 900 bis 1250" vorlegte [27], hatte er die eigene deutsche Geschichte überhöht, statt zu einem wirklich transnationalen Ansatz vorzustoßen. In seinem Buch, das zuerst Teil einer Weltgeschichte gewesen war, schilderte Hampe das hohe Mittelalter als Wachstum und Niedergang von großen Mächten. Er begann mit dem „Aufstieg Deutschlands zur Hegemonialstellung" und charakterisierte dann das „Kaisertum Ottos des Großen als Mittelpunkt von Kirche und Kultur". Später beschreibt er die „Machthöhe des Deutschen Reiches unter den ersten Saliern", die vom „Aufstieg des Papsttums und der romanischen Welt" in Frage gestellt wurde; am Ende steigen bei ihm die „staufischen und normannischen Feudalmächte" auf, aber die „neue Entfaltung der Kaisermacht" wird abgelöst durch „die Weltherrscherstellung Papst Innozenz III. (1198–1216)", bevor das Werk mit dem „Endkampf der beiden Universalmächte" schließt. Hampe hatte, wie er selbst schrieb, eine „Einheitsdarstellung der abendländischen Geschichte des hohen Mittelalters" geben wollen und ist tatsächlich nicht bei einer bloßen Addition von Völkergeschichten stehen geblieben. Dafür hat er aber für seine Darstellung ein Zentrum gewählt, das unter dem Primat der politischen Geschichte das (römisch-)deutsche Reich war.

Nach dem Zweiten Weltkrieg hat Hampes Schüler Gerd Tellenbach die Grenzen der alten Konzeption aufgewiesen [dazu 15: Borgolte]. Hampe sei, so lautete die Feststellung, nur wenig auf die geistigen, religiösen, wirtschaftlichen, rechtlichen und sozialen Grundlagen, Triebkräfte und Auswirkungen der politischen Dynamik im Hochmittelalter eingegangen, die in der Geschichtswissenschaft doch seit dem Ende des 19. Jahrhunderts Beachtung gefunden hatten. Eine „Einheitsdarstellung" könne auch als Ineinander von Kulturgeschichte und politischer Geschichte gelingen. Sehe man die Taten der Fürsten und Völker Europas im Hochmittelalter im engen Zusammenhang mit den wechselnden geistigen und materiellen Antrieben und Zielen, dann könne freilich das Imperium seine zentrale Stellung nicht mehr behaupten, die ihm in einer im engeren Sinne politischen Geschichte zurecht zugekommen war. Die gestaltenden politischen Antriebe gingen dann ebenso oft von anderen Ländern als dem Reich aus.

Unter dem Eindruck der deutschen Katastrophe des 20. Jahrhunderts hatte sich also Tellenbach von der überkommenen Geschichtsauffassung seiner Lehrer abgewandt und eine historiographische Programmatik angedeutet, die in unserer Gegenwart als „Geschichte ohne Zentrum“ diskutiert (CH. CONRAD/M. KESSEL) und praktiziert wird [70: BLOCKMANS; vgl. ferner 73: BORGOLTE]. Trotzdem hat ein ebenso prominenter deutscher Mediävist noch den 1000. Todestag Kaiser Ottos I. am 7. Mai 1973 zum Anlass genommen, im Stile Hampes oder Wilhelm von Giesebrechts Geschichte des Hochmittelalters als Geschichte der deutschen Kaiserzeit zu schreiben. Theodor SCHIEFFER, der im übrigen zu den entschiedensten Förderern einer europäischen Geschichte des Mittelalters zählte, machte in seinem Buch geltend, wie andere Staaten und Nationen zehre auch Deutschland „vom Erbe seiner Könige und Kaiser, war sein eigentlicher Schöpfer doch jener Otto der Große, dessen Gebeine in Magdeburg ruhen und dessen wir heuer gedenken müßten, gäbe es noch ein ungebrochenes Geschichtsbewußtsein“ [461: 10]. In Übereinstimmung mit einer anhebenden Neubewertung des deutschen Spätmittelalters räumte Schieffer ferner zwar ein, dass es die Reichsfürsten waren, die „den Weg zu jüngerer und intensiverer Staatlichkeit beschritten haben“; die Aufsplitterung des Reiches in die Territorialfürstentümer habe auch „gewiß die kulturelle Palette Europas bereichert, aber daß es ein Glück für Deutschland und Europa gewesen sei“, dürften wir „gerade in unserer Gegenwart mit Fug bezweifeln“. Methodisch betonte Schieffer wiederum den Vorrang der politischen Geschichte, obschon mit bezeichnender Einschränkung; für Deutschland bedeute „insbesondere die Reichsgeschichte das Kern- und Herzstück, eine zentrale, für das Verständnis der gesamten deutschen Geschichte beherrschende Thematik“. Anders als Hampe vor ihm machte Schieffer also gar nicht mehr den Versuch, auf der Grundlage der deutschen Geschichte eine Geschichte des Abendlandes (oder Europas) zu schreiben.

Die internationale Mittelalterforschung hat im 20. Jahrhundert neben der politischen Geschichte sozialhistorische Deutungsansätze erprobt, um allgemeine, wenn auch nicht immer dezidiert europäische Geschichte zu schreiben. Dabei ordnete sie das hohe Mittelalter einer Epoche des Feudalismus zu, sei es in westlich-bürgerlicher, sei es in marxistischer Sicht. Eine große, wenn auch teilweise verzögerte Wirkung ging von Marc BLOCHS „La société féodale“ aus, die zu ungünstiger Zeit 1939/40 zum ersten Mal im Druck erschien [13]. Blochs Feudalgesellschaft war eine Gesellschaft, die ohne politische Grenzen gedacht wurde [71: BORGOLTE]; der Autor setzte sie bisweilen mit Europa geradezu gleich, wenn er auch nicht unerwähnt ließ, dass es im Mittelalter noch andere Gesellschaftstypen gab (die keltischen Gesellschaften im Westen, die skandinavischen im Norden, die slawischen und muslimischen sowie die byzantinische im Osten und im Süden). Die Bestimmung der (west-)europäischen Feudalgesellschaft gelang Bloch in jahrelangen Vergleichsoperationen. Er erkannte als ihr Kennzeichen einen bestimmten sozialen Mechanismus, nämlich „die Bande der Abhängigkeit von Mensch zu Mensch, die der Feudalordnung vor allen Dingen ihre eigentümliche Färbung gegeben haben“ [13, Ausgabe von 1982: 15f.]. Klärend fügte er hinzu: „In der Feudalgesellschaft stellte das Verhältnis der Unterordnung unter den nächsten Führer die charakteristische Verbindung zwischen den Menschen dar. Von Stufe zu Stufe verbanden die so geknüpften Bande wie so viele unendlich sich verzweigende Ketten die größten mit den kleinsten“ [ebd., 528]. Zentral und paradigmatisch zugleich für die Bande der Abhängigkeit war die Vasallität, die eine Wechselbeziehung zwischen Herrn und Mann auf der Grundlage ungleicher Pflichten konstituierte. Durch diese war sie sowohl von der antiken Sklaverei wie von den Formen freier Abhängigkeit wie in Japan unterschieden. Die feudalen Bindungen konnten sich nur deshalb so stark entwickeln, weil diejenigen der Verwandtschaft zu schwach waren, um als Grundlage des gesamten Gesellschaftssystems zu dienen. Die Vasallität durchdrang auch die Familie. Allerdings war das feudale Europa, wie Bloch einräumte, nirgendwo gänzlich feudalisiert. „In einem vollkommenen Feudalregime wäre jeder Mensch Vasall oder Knecht geworden, ebenso wie jedes Land Lehen in Adels- oder Bauernhand gewesen wäre" [ebd., 319]. Fast überall hatten sich große oder kleine Freigüter (Allode) erhalten, hier und da behaupteten sich in Europa auch Gruppen wehrhafter Bauern sowie Einungen und städtische Kommunen, die auf dem gegenseitigen, friedewahrenden Eid beruhten. „Ohne Zweifel ist es jedem System von Menschen geschaffener Einrichtungen bestimmt, nur unvollständig verwirklicht zu werden" [ebd., 530].

Die Zeit der Feudalgesellschaft reichte ungefähr von der Mitte des 9. bis zum frühen 13. Jahrhundert; näherhin unterschied Bloch zwei Perioden. Um die Mitte des 11. Jahrhunderts lasse sich eine Reihe von sehr tiefen und grundsätzlichen Veränderungen beobachten, die durch das Aufhören der letzten Invasionen hervorgerufen oder möglich gemacht worden seien: „Gewiß war es keineswegs ein Bruch, eher ein Richtungswechsel, der trotz aller unvermeidlichen Verschiebungen je nach den betroffenen Ländern oder Erscheinungen Zug um Zug fast alle Kurven der gesellschaftlichen Entwicklung erreichten. Mit einem Wort, es gab zwei aufeinanderfolgende ‚Feudal'-perioden, deren Wesen sich gänzlich unterschied" [ebd., 82]. Die zweite Phase der Feudalzeit war durch eine „Wirtschaftsrevolution" gekennzeichnet; sie ging mit einer Bevölkerungsentwicklung einher, die das Antlitz Europas zwischen 1050 und 1230 umgestaltet habe, indem sie den Landesausbau an den Grenzen der westlichen Welt, auf den iberischen Hochflächen und in der großen Tiefebene jenseits der Elbe angeregt habe [ebd., 93]. Die für die jüngere Periode entscheidenden zwei oder drei Jahrzehnte vor dem Jahr 1100 haben mit ihren demographischen und ökonomischen Veränderungen gleichfalls eine neue Kultur, geradezu eine geistige Wiedergeburt hervorgebracht, die sich im 12. Jahrhundert entfaltete [ebd., 133]. Erst seit Mitte des 13. Jahrhunderts hätten sich nach Bloch die europäischen Gesellschaften endgültig von der feudalen Grundform entfernt [ebd., 533].

Es waren besonders die Enkelschüler Marc Blochs, Georges Duby und Jacques Le Goff, die sein historiographisches Konzept weiter trugen. Duby bekannte in autobiographischen Notizen, in seiner Jugend sei es die Lektüre von „La société féodale" gewesen, die ihn zum Historiker eines sozialen Gefüges werden ließ: „Schon der Titel erschien mir wie ein Manifest, ein Beleg dafür, daß die Sozialgeschichte nicht nur ein Anhängsel der Wirtschaftsgeschichte darstellt, daß es legitim, fruchtbar und notwendig ist, eine alte Gesellschaft um ihrer selbst willen zu untersuchen" [Georges Duby, Eine andere Geschichte, Stuttgart 1992, 15, 12]. Im Unterschied zu Blochs komparatistischem Ansatz widmete er sich in seiner ersten großen Monographie, der Thèse „La société au XIe et au XIIe siècles dans la région mâconnaise", einer einzigen Region, er wollte nach dem Vorbild Michelets und Perrins das „Bild einer Gesellschaft" im Zusammenspiel aller Elemente zeichnen. Der charakteristische Zug seiner Untersuchung bestehe in der Vorrangigkeit des Politischen bei der Erklärung des sozialen Wandels, den er später die „feudale Revolution" nannte. Auf die chronologische Ära seines ersten Werkes habe er sich auch in seinen späteren Forschungen konzentriert, den Zeitraum zwischen dem „Jahr Tausend" und dem „Sonntag von Bouvines" (1214). Gerechtfertigt sah sich Duby dadurch, daß die Periode für die Vormoderne geradezu entscheidend gewesen sei. Sie habe alle Strukturen hervorgebracht, auf denen das aufbaute, was wir das Ancien régime nennen [ebd., 57, 70 f.; vgl. Nrn. 23, 559, 151].

Noch enger dem Vorbild Blochs folgte Jacques Le Goff. Auch er interessierte sich, mindestens seit den fünfziger Jahren, für „die Periode vom 11. bis 13. Jahrhundert, die für den Historiker aufgrund der Gleichzeitigkeit von stabilen Strukturen einerseits und großem Aufschwung andererseits so fesselnd ist" [Jacques LE GOFF, Der Appetit auf Geschichte, in: Pierre Chaunu u.a., Leben mit der Geschichte, Frankfurt am Main 1989, 150]. Schon die beiden ersten wichtigen Monographien über „Kaufleute und Bankiers" beziehungsweise „Die Intellektuellen im Mittelalter" waren dem Übergang zur zweiten Feudalzeit gewidmet. Der Typus der *negociatores* und *mercatores* sei mit der im 11. Jahrhundert einsetzenden wirtschaftlichen Aufschwungphase des christlichen Europa verbunden; zurecht werde sie die „kommerzielle Revolution" zwischen dem 11. und 13. Jahrhundert genannt, bei der freilich nur schwer zu sagen sei, welches ihrer wichtigen Phänomene Ursache und welches Wirkung gewesen sei [162: 12; vgl. auch 42: LOPEZ]. Besonders hervorzuheben sei aber das Ende der Völkerwanderung und die damit erreichte Sicherheit, mit dem Aufschwung von Wirtschaft und Handel, dem Rückgang der gewaltsamen Sterblichkeit und dem demographischen Aufschwung sowie der Wiedergeburt der Städte, deren wichtigster Charakterzug der „Vorrang der ökonomischen Funktion" gewesen sei [ebd., 13]. Wie Bloch vor ihm beschränkte sich Le Goff auf das westliche Europa. Damit habe er die Kohärenz der Darstellung erhöhen wollen, „obwohl man sicher an Horizont einbüßt. Der Verzicht auf eine Behandlung des byzantinischen oder moslemischen Kaufmanns bedeutete, noch wenig bekannte Akteure, die unterschiedlichen und selbst feindlichen Zivilisationen angehörten, aus der Diskussion auszuschließen" [ebd., 7]. Auch ein anderer Typ des städtischen Erwerbslebens, der Intellektuelle, sei ein Produkt der westlichen Aufschwungepoche, in der aufkommender Handel und entstehende Städte die überkommenen feudalen Strukturen aufsprengten. Der beruflich schreibende und lehrende Mensch, der fachlich als Professor und Gelehrter Tätige, sei nur in den Städten in Erscheinung getreten, nicht aber vor dem 12. Jahrhundert.

Zwei mutige Synthesen der abendländischen Geschichte des Hochmittelalters, zu der beispielsweise die westdeutsche Mediävistik noch nicht in der Lage war [vgl. 356: BORGOLTE 119ff.], publizierte Le Goff dicht hintereinander 1964 und 1965. In „La civilisation de l'occident médiéval" wollte er die westliche Kultur vom Jahr Tausend bis zum Beginn des 14. Jahrhunderts analysieren. Diese Zeit sei eine Phase des Aufschwungs und des Wachstums auf allen Gebieten gewesen, das „Erwachen des mittelalterlichen Abendlandes": „Den eigentlichen Anstoß zu diesem Aufschwung des Westens geben die Verhältnisse auf dem Land, das die wichtigste Grundlage der mittelalterlichen Lebensordnung bildet. Von dem Zeitpunkt an, da die herrschende Klasse verbauert und zu einer Klasse von Großgrundbesitzern wird, da das Vasallentum immer häufiger mit der Verleihung eines Lehens – meist Grund und Boden – verbunden ist und der *vassus* vom Niedriggestellten zum Bevorrechteten aufsteigt, kurz, von dem Zeitpunkt an, da sich der Landadel herausbildet, kommt es zu Fortschritten in der landwirtschaftlichen Produktion. Nicht etwa, weil die Adligen sich – von einigen Kirchenfürsten und hohen karolingischen Beamten abgesehen – unmittelbar um die Bewirtschaftung ihrer Güter kümmerten, sondern weil sie durch Erhebung von Abgaben und Forderung bestimmter Dienstleistungen die Masse der Landbevölkerung zu einer gewissen Verbesserung der Feldbaumethoden nötigten. Dieser Fortschritt, der zwischen dem 10. und dem 13. Jahrhundert zu einer Art ‚Agrarrevolution' führt, geht vermutlich auf bescheidene Ansätze in der karolingischen Zeit zurück; er vollzieht sich zunächst nur langsam und zögernd, etwa vom Jahr tausend an aber in immer rascherem Tempo" [160: 116f.; vgl. auch 31:

Herlihy]. Für deutsche Leser noch wichtiger als das Buch von 1964 wurde der für die „Fischer Weltgeschichte" verfasste Band „Das Hochmittelalter" schon vom folgenden Jahr. Im Mittelpunkt der Darstellung steht „Die Entfaltung der Christenheit (1060–1180)" und „Die Blütezeit (1180–1270)", womit jeweils das in Deutschland so genannte „Abendland" gemeint war. Im Anschluss an Bloch ging es Le Goff um das zweite Feudalzeitalter, dessen Auftakt er wieder in der Mitte des 11. Jahrhunderts sah, während Duby diesen eher einhundert Jahre später datiert hatte. Das zweite Feudalzeitalter sei weder das Zurücktreten einer Agrarwirtschaft und einer Agrargesellschaft vor einer Handelsgesellschaft und einer städtischen Gesellschaft, noch der Übergang von der Naturalwirtschaft zur Geldwirtschaft. Die mittelalterliche Welt bleibe nach 1050 wie zuvor eine Welt des Grundbesitzes, der Quelle allen Reichtums und aller Macht war. Der landwirtschaftliche Fortschritt sei sowohl quantitativ (Rodung, Kolonisierung) als auch qualitativ (Verbesserung der Methoden und Erträge) Ursprung und Grundlage des allgemeinen Aufschwungs gewesen. Aber der Bevölkerungszuwachs, die Arbeitsteilung, die ständische Gliederung, die Entwicklung der Städte und die dadurch mögliche Wiederaufnahme eines bedeutenden Handels seien fast gleichzeitig aufgetreten, ebenso wie „die geistige Wiedergeburt, die einen Teil dieses übergreifenden und verzweigten Ganzen bildet, das wir den Aufschwung der Christenheit nennen" [40: 16].

Bei der Lektüre von Duby und Le Goff erkennt man unschwer den Einfluss des Marxismus [vgl. auch 14: Bois, dazu kritisch 10: Barthélemy]; beide haben sich dazu bekannt, aber auch frühzeitig Distanz zum Stalinismus und zu osteuropäischen Dogmatikern gesucht und gefunden. In der Zeit der europäischen Teilung und des Kalten Krieges haben die osteuropäischen Geschichtswissenschaften unter dem Stichwort des „Feudalismus" eine Alternative zum westlichen „Mittelalter" zu entwickeln gesucht [zum Folgenden 16: Borgolte]. Die marxistische Lehre des Feudalismus legte den Akzent auf die Ebene der bäuerlich-grundherrlichen Welt; sie ging nicht – wie die „bürgerliche" Geschichtsschreibung – vom Lehnswesen und der Frage politischer Herrschaft oder staatlicher Strukturen aus. Marx selbst hatte hier die Wege gewiesen. Er unterschied mehrere historische Entwicklungsstufen nach ökonomischen Gesetzen; 1859 nannte er die asiatische, die antike, die feudale und die modern bürgerliche Produktionsweise als progressive Epochen der ökonomischen Gesellschaftsformation. Die Vorstellung, dass der Feudalismus eine Stufe in der Geschichte des gesellschaftlichen Fortschritts sei, hatte Marx selbst von den französischen Frühsozialisten übernommen. Schon bei Saint-Simon findet sich die europazentrisch gedachte Periodisierung, nach der die Sklavenwirtschaft der Antike, der Feudalismus dem Mittelalter und der Kapitalismus der Neuzeit entsprachen. Und die Lehre, dass der Feudalismus über das Lehnrecht hinaus einen kulturellen, politischen und sozialen Gesamtzustand bezeichnete, war bereits eine Errungenschaft französischer Denker des 18. Jahrhunderts gewesen. Nach ihrem Selbstverständnis hatten dann die Akteure der Französischen Revolution den Feudalismus, das Régime féodale, abgeschafft.

Hatte Marx also die Lehre vom Feudalismus aus wirtschaftlicher Sicht neu fundiert, so blieb es seinen Nachfolgern überlassen, seine Periodisierung weiter auszuführen und zu entfalten. Von Engels angefangen über Lenin bis hin zu Stalin wurde das Ablaufschema der sozialökonomischen Formationen ausgebaut und verfeinert. In der gesamten ost- und auch westeuropäischen marxistischen Geschichtswissenschaft gelangte man freilich in der zweiten Nachkriegszeit zu keiner einheitlichen Auffassung der Feudalperiode; auch die Mediävistik der DDR drang nicht zur unstrittigen Erkenntnis historischer Perioden vor, die nach den philosophischen Grundlagen des Marxismus geradezu objektive Erscheinungen sein sollten. Nur in starker Vereinfachung und unter Absehung von allem „Meinungsstreit" lässt sich die Lehre der ostdeutschen Geschichtswissenschaft über den Feudalismus etwa so zusammenfassen [vgl. 16: 251f.]: Der Feudalismus war ein Zeitraum, der auf später deutschem Boden zwischen dem 6. und 9. Jahrhundert entstanden war und bis zum 18. Jahrhundert reichte. Er umfasste also mehr als die tausend Jahre des traditionellen Mittelalters und schloss insbesondere die frühe Neuzeit bis zur Französischen Revolution mit ein. Die ökonomisch bedingte Gesellschaftsformation des Feudalismus setzte die Ausbildung des Privateigentums voraus und war eine Klassengesellschaft. Die Gesellschaftsstruktur wurde davon bestimmt, dass der Boden das wichtigste Produktionsmittel war und weitgehend in den Händen der Großgrundbesitzer lag; die andere Hauptklasse des Feudalismus stellten die Bauern, die meist auf geliehenem Land der Feudalherren wirtschafteten. Durch zunehmende Feudalisierung, das heißt Ausstattung mit Herrenland, wurde die Zahl der freien Bauern ständig vermindert. Die Widersprüche zwischen den Grundherrn auf der einen und den feudalisierten oder von Feudalisierung bedrohten Bauern auf der anderen Seite steigerten sich bereits in frühkarolingischer Zeit, so dass die Grundherrn eines militärischen Machtmittels bedurften. Dieses Instrument wurde gefunden in Gestalt einer mit Hilfe des Lehnswesens aufgestellten Truppe schwer bewaffneter Reiter. Durch Belehnungen wurden Männern, die meist schon Grundherren waren, weiterer Grund und Boden verliehen; dafür waren sie dem Herrn zum Kriegsdienst verpflichtet. Andererseits förderte die Feudalisierung die politische Verselbständigung der Lehnsnehmer gegenüber ihren Herrn, zum Beispiel dem König. So war das Feudalsystem auch durch eine Verteilung der politischen (staatlichen) Gewalt auf eine größere Anzahl von Herrschaftsträgern zu Lasten einer Zentrale gekennzeichnet. Die soziale Entwicklung wurde allerdings vom Klassenkonflikt zwischen Bauern und Feudalherren vorangetrieben. Die Bauern, die eine Feudalrente in Abgaben und Diensten leisteten, vermochten es gleichwohl, einen Teil der überschüssigen Arbeitserträge (des Mehrprodukts) vor den ausbeutenden Feudalherrn zu sichern. Dies erlaubte ihnen, die Arbeitsteilung zwischen landwirtschaftlicher und gewerblicher Produktion zu fördern und damit auch die Entfaltung des Städtewesens zu stimulieren. Das geschah in der Phase des entfalteten Feudalismus seit dem 11. Jahrhundert. Obgleich Adel und feudalabhängige Bauern weiterhin die Hauptklassen des Feudalismus bildeten, stellten Kaufleute und Handwerker in den Städten eine neue Nebenklasse. Der Übergang vom Feudalismus zum Kapitalismus begann in der zweiten Hälfte des 15. Jahrhunderts. In den Städten bildeten sich plebejische Schichten aus, während sich Kaufleute und Handwerker gegen die Ratsherrschaft der Patrizier erhoben. Der innerfeudale Hauptklassengegensatz zwischen Grundherren und ausgebeuteten Bauern wurde überlagert und verschärft durch Widersprüche zwischen den in den Städten herangereiften Produktivkräften und den feudalen Produktions- und Herrschaftverhältnissen. Allerdings waren die neuen Klassenfronten noch nicht voll ausgeprägt. So konnten sich die frühkapitalistischen Verhältnisse erst in der Zeit des Spätfeudalismus bis zur Französischen Revolution entfalten.

Einerseits unter dem Einfluss der von Marc Bloch (mit-)begründeten Annales-Schule stehend, andererseits aber zur Abwehr des ostdeutschen marxistischen Deutungsschemas hat der Münchener Mediävist Karl Bosl seit den sechziger Jahren eine umfassende Sozialgeschichte konzipiert, die er 1972 als eine „deutsche Gesellschaftsgeschichte des Mittelalters" vorlegte [363: Bosl; vgl. 18]. Auch bei diesem ganzheitlichen Zugriff rückte die Zeit des hohen Mittelalters ins Zentrum [zum Folgenden 356: Borgolte 146ff.]. Ähnlich wie angelsächsische Geschichtsforscher und deutsche Neuhistoriker seiner Zeit sah Bosl einen entscheidenden Unterschied zwischen der herkömmlichen Sozial- und der neuen Gesellschaftsgeschichte. Diese wolle keine historische Teildisziplin mit einem eigenen Gegenstand und einer eigenen Methode sein, sondern „Gesamtgeschichte universal und total" betreiben; „Gesellschaft" werde also als totales und universales Gestaltungsprinzip des gesamthistorischen Ablaufs aufgefasst; Gesellschaftsgeschichte sei Strukturgeschichte. Im Mittelalter unterschied Bosl drei Epochen: eine archaische, die von 500 bis zur Mitte des 11. Jahrhunderts dauerte, eine Aufbruchsepoche von etwa 1050 bis 1350 und eine Epoche der Erstarrung und Schrumpfung der expansiven Kräfte im Spätmittelalter. Seine besondere Vorliebe galt dabei dem hochmittelalterlichen „Aufbruch"; dieser habe die Grundlagen Europas geschaffen. Jede historische Analyse europäischer Gesellschaft und Kultur führe ganz von selbst auf diese „große Epoche des schöpferischen Aufbruchs und der grenzüberspringenden Expansion, in der sich Europas Gesellschaft und Kultur vom 11. bis zum beginnenden 14. Jahrhundert durch die Dynamik einer gewaltigen gesellschaftlichen Mobilität und durch das Erwachen eines rationalen Trends als der individuelle Geschichtskörper in fast allen Lebensbereichen ausgeformt" habe [363: 162]. Der Wandel seit dem 11. Jahrhundert habe Handeln, Denken und Mentalität der Menschen gleichermaßen erfasst. Ursache sei besonders der weit und tief greifende gesellschaftliche Aufbruch und Aufstieg der Menschen aus der Unfreiheit. Diese wurden zugleich neue Beweger und Träger einer verwandelten Wirtschaft, Gesellschaft und Kultur und zwangen die archaischen Kräfte, sich mitzuverwandeln beziehungsweise ihren Führungsanspruch neu zu begründen. Es habe im inneren organischen Wachstum Europas kaum mehr einen so gewaltigen Schub und Schritt nach vorwärts gegeben. Um die Dimensionen des Prozesses zu verdeutlichen, könne man eigentlich nur vergleichend die „Epoche des Übergangs" (zur Moderne) heranziehen, die seit etwa 1750 das so genannte Mittelalter abgelöst habe [ebd., 162f.].

Bosls gesellschaftsgeschichtlicher Versuch hat zwar im Ganzen wenig Zustimmung gefunden, doch wirkte seine Periodisierung weiter. Seine „Aufbruch"-These wurde in der neueren westdeutschen Historiographie fast einhellig rezipiert [kritisch dazu 399: FRIED; 54: VIOLANTE/FRIED], und namentlich seine Schüler tradierten sein historisches Denken. Ferdinand SEIBT, selbst Herausgeber eines „Handbuchs der europäischen Geschichte" [46: vgl. bes. 6–13], unterschied beispielsweise noch 1987 einen dreihundertjährigen „Vorlauf" von der europäischen „Konsolidierung" in der Zeit Karls des Großen, sodann die Periode der „Intensivierung", des „Aufbruchs" und der „Expansion", besonders im 12. Jahrhundert, und schließlich die Zeit der „Krise" im 14. und 15. Jahrhundert [222: 14f.].

Die positive Konnotation des hohen Mittelalters, die in der deutschen Mediävistik durch das Bild des „Aufbruchs", in der französischen durch die entsprechenden Vokabeln „l'essor" [26: HALPHEN] oder „l'éveil" [25: FOSSIER] evoziert wird, hat auch in der englischen Forschung ihre Parallelen. Erinnert sei nur an Robert BARTLETTS Werk „The Making of Europe" [11; vgl. oben 3.1.3–4], das selbst schon auf ein gleichnamiges Buch von Christopher DAWSON [103] Bezug nahm [s. auch 48: SOUTHERN]. Zu den wichtigsten angelsächsischen Anregungen zählte die von Colin MORRIS ausgelöste Diskussion über „The Discovery of the Individual, 1050–1200" [44; zuvor zum Problem 28: HASKINS]. Dabei sind die Meinungen bis heute geteilt [vgl. auch 9: AERTSEN/SPEER; 60: BANANI/VRYONIS; 186: OEXLE]. Im letzten Jahrzehnt, also nach dem Ende des Kommunismus in Europa, hat sich unter anderen der russische Mediävist Aaron J. GURJEWITSCH geäußert. Nachdrücklich machte er darauf aufmerksam, dass das Problem des Individuums im europäischen Mittelalter „ein Produkt der geschichtlichen Einmaligkeit Westeuropas" sei und daher auch nur als solches untersucht werden sollte [137: 14]. In Russland sei das Thema nicht nur unbearbeitet geblieben, ihm biete sich hier auch gar kein ausreichender Quellenstoff dar. Die altrussischen Literaturdenkmale konzentrierten nämlich ihre Aufmerksamkeit nicht auf das Individuum, sondern auf die Gruppe: „Um diese Besonderheiten in der geschichtlichen Entwicklung Osteuropas verstehen zu können, muß man sich vor Augen halten, daß es in seiner Geschichte weder ein klassisches Altertum, noch eine Renaissance gegeben hat – vielleicht mit Ausnahme Polens. Rußlands Geschichte wird üblicherweise nur in Alte und Neue Zeit unterteilt. Daher ist es so unerhört schwierig, die Kultur des westeuropäischen Mittelalters mit der der Rus direkt zu vergleichen" [ebd., 13]. Gurjewitsch, der seine Analysen demnach okzidentalen Zeugnissen, darunter im Besonderen den nordischen Sagas, widmete, kam letztlich zu einem Ergebnis, der seiner eigenen Erlebniswelt zu entsprechen scheint. Von einer Entdeckung der Persönlichkeit und Individualität im Mittelalter, besonders im 12./13. Jahrhundert, wollte er nicht sprechen: „Was wahr ist, muß wahr bleiben: Die größte Tiefe beim Eindringen in die Geheimverliese der eigenen Seele erreichen die ‚Bekenntnisse' des Augustinus. Mit ihnen liegt der Gipfelpunkt in der Entwicklung der Persönlichkeit am Eingang des Mittelalters und eben nicht, wie zu vermuten gewesen wäre, an seinem Ausgang. Das ganze Jahrtausend nach Augustinus hat keine so rückhaltlos offene Beobachtung und Erkenntnis des eigenen Ichs wieder hervorgebracht. Erst Petrarca ist ein wahrer Schüler Augustinus'" [ebd., 305 f.]. Es sei das Christentum gewesen, das mit seinem Wertsystem die Persönlichkeit daran gehindert habe, ihre unwiederholbare Individualität vor sich selbst zu bestätigen oder lautstark zu proklamieren: „Der christliche Rigorismus, der die Persönlichkeit zwingt, sich dem Willen des Schöpfers zu beugen, sich vor ihm zu demütigen und das eigene Ich in Ihm aufgehen zu lassen", habe nur bei den Nordgermanen die Innenwelt noch nicht vollständig in seine Gewalt gebracht; deshalb ließen die frühen Literaturzeugnisse der nordischen Welt etwas von den Tiefenschichten des Persönlichkeitsbewusstseins erkennen, das bei fortschreitender Christianisierung in den Untergrund abgedrängt worden sei.

Als kritischer Zeitgenosse konstatierte Gurjewitsch, dass nur der „Westen", also Westeuropa, jene spezifische Struktur der Persönlichkeit ausbilden konnte, die es den Menschen erlaubte, kein „Herdentier" oder „Stammeswesen" mehr zu sein, sondern die Fesseln seiner kastenartigen Gemeinschaft zu sprengen und sich zu individualisieren [ebd., 12]. Für sein Volk und Land sieht er in der Gegenwart nur eine Chance, den Weg aus der Krise zu finden, nämlich indem sie sich der „europäischen Zivilisation" anschließen, obschon dazu in der eigenen Geschichte alle Voraussetzungen fehlten. Auch Jacques Le Goff hat unlängst betont, dass man eigentlich erst in unserer heutigen Epoche und in der westlichen Gesellschaft von Individuum und Individualismus sprechen könne [566: Le Goff 441]. Trotzdem widmete er seine monumentale Biographie Ludwigs des Heiligen vor allem der Frage, ob und inwiefern der französische König im ausgehenden Hochmittelalter als Individuum erkennbar sei. Le Goff rekurrierte dabei auf die von Marcel Mauss getroffene Unterscheidung des „Selbstgefühls" vom Begriff des Individuums von sich selbst; dass Ludwig der Heilige das eine hatte, sei unbestreitbar, aber am anderen müsse man zweifeln. Der Monarch, der glaubte, die Muslime zu Christen machen zu können, und sich mit ihnen auseinander setzte, habe ein Wissen um seine individuelle Besonderheit im Kontrast zu anderen nicht gekannt. Allerdings hält es Le Goff für verfehlt, mit Caroline Walker Bynum anzunehmen, Ludwigs Persönlichkeit habe nur in der Imitation eines Typs bestanden, sie habe sich also in der *persona* des idealen christlichen Königs erschöpft. Vielmehr gelingt ihm der Nachweis, dass Ludwig noch für den modernen Betrachter als sowohl einzigartiger wie mustergültiger Herrscher erfahrbar ist, weil er als König zwar von bestimmten Normen geprägt war, aber doch in seinen besonderen Reaktionen individuell zu reagieren verstand.

In einem glanzvollen Essay hat hingegen zuletzt der Berliner Kunsthistoriker Horst BREDEKAMP das „Mittelalter als Epoche der Individualität" erläutert [19]. Sein Studienobjekt sind Künstlersignaturen und Plastiken aus der Zeit zwischen der Jahrtausendwende und etwa 1230. Bredekamp zieht aber keine direkte Linie zwischen dem Mittelalter und dem modernen Individuum, sondern kritisiert eine solche Annahme scharf: Der Begriff der Individualität tauge weder dazu, von der Moderne gegen das Mittelalter gewendet noch aus der Moderne entlehnt und in das Mittelalter zurückprojiziert zu werden. „Vielmehr, so lautet die These, sind im Mittelalter Formen von Individualität aufzuspüren, die in der Moderne verloren gingen. Die ‚Entdeckung des Individuums' ist so gesehen das Produkt einer kollektiven Selbststilisierung, die sich einer Strategie der Ausblendung verdankt" [ebd., 193]. Der Autor deutet Inschriften, Portraits und andere Menschendarstellungen von etwa 1000 bis 1140 als extreme Äußerungen von Individualität; mit Blick auf die Bildende Kunst sei es deshalb geradezu abwegig, den Menschen des Mittelalters die Individualität abzusprechen. Im Laufe des 12. Jahrhunderts habe sich die Lage jedoch von Grund auf gewandelt: Bernhard von Clairvaux habe sich scharf gegen die individuierten Formen gewandt, und gleichzeitig sei ein entsprechender neuer Stil (Gotik) aufgekommen. Insbesondere an den Portalfiguren von Chartres zeige sich, dass die Frage nach der Individualität nicht auf einer Linie stetigen Aufstiegs zu verfolgen sei. „Die vorgebliche Überindividualität des Hohen Mittelalters, gegen die sich Spätmittelalter und Renaissance abzusetzen suchen, hatte ihrerseits eine Epoche zurückgedrängt, die von Zeugnissen schier maßloser Individualität geprägt war. Es gibt in dieser Frage keine Stetigkeit, sondern nur die Wiederkehr eines Auf und Ab, das mit Gewinnen und Verlusten rechnen muß" [ebd., 234]. Man solle daher das Konzept eines unilinearen Prozesses der Individuation durch das von einem „Pendelschlag der Individualität" ersetzen. Wenn in der Frührenaissance unablässig Portraits gemalt würden, indiziere dies nach Bredekamp vermutlich gar nicht eine Entdeckung des individuellen Selbst, sondern eine Einsicht, dass dieses verloren sei oder mindestens bedroht werde.

Keineswegs wird das hohe Mittelalter einhellig als Epoche des Fortschritts, des Aufstiegs oder wenigstens einer klassischen Mittellage verstanden. Roger I. MOORE hat ja beispielsweise die Ausbildung einer westeuropäischen Verfolgergesellschaft gerade in die Zeit zwischen 950 und 1250 gesetzt [175, vgl. 176]. Auch was die Stellung der Frauen angeht, herrschen große Zweifel, ob die Epoche nicht eher einen Rückschritt gegenüber dem frühen Mittelalter gebracht habe. Georges Duby, der die letzten Jahre seines Lebens diesem Thema gewidmet hat, blieb skeptisch gegenüber einfachen Urteilen [23: DUBY; das Folgende nach Bd. 3]. Schon die Frage nach den Frauen selbst hielt er überlieferungsbedingt für unlösbar. Stattdessen widmete er sich Rechtstexten, Predigtsammlungen und theologischen Traktaten, um das Verhältnis der Kirche zur Frauenfrage zu erhellen; insbesondere wollte er eine Antwort darauf finden, wie kirchliche Amtsträger mit ihren Normen das Zusammenleben von Männern und Frauen zu prägen verstanden. Am Beginn des zweiten Jahrtausends, so eines seiner Ergebnisse, habe sich ein Wandel in den Beziehungen der Geschlechter ereignet, der die gesamte europäische Kultur zutiefst gekennzeichnet habe und dessen Wirkungen bis heute noch spürbar seien. Die Kirche habe den Entschluss gefasst, die Sexualität unmittelbar unter ihre Kontrolle zu bringen. Dabei wurden ältere, zum Teil biblisch begründete Gedanken erweitert, dass die

Frau zu ungehemmter Wollust neige, die Herrschaft über Leben und Tod von Kindern, Gatten und des männlichen Samens erstrebe und diese mit magischer Gewalt an sich ziehen könne; deshalb wiederum müsse „Eva“ unter der Herrschaft „Adams“ stehen. Nur aus dem Gefühl ständiger Bedrohung lasse sich schließlich erklären, dass die Männer der Jahrtausendwende den Beichtvätern zugestanden, ihre Frauen allein ins Verhör zu nehmen und deren geheimste sexuelle Handlungen zu erforschen. Der Zugriff des Klerus auf den Bereich, der den Männern traditionell unzugänglich war, bedeutete freilich keine einseitige Repression; denn die persönliche Befragung der Frauen in der Beichte schloss zugleich ein, diese als einsichts- und besserungsfähige Personen zu behandeln. Die eigentliche Zäsur in der hochmittelalterlichen Frauengeschichte lag nach Duby aber erst im späten zwölften Jahrhundert. Als die Ehe Sakrament wurde, galt es, die sexuelle Glut der Frauen zu kühlen. Jetzt bot bezeichnenderweise der Abt Adam von Perseigne in seinen Predigten Damen von königlichem Geblüt Jesus selbst als Objekt ihrer leidenschaftlichen Liebe an. Eine Adlige könne Gott gehören, während sie zugleich in den Armen des Gatten ihre ehelichen Pflichten erfülle. ‚Der leibliche Gatte ist der Gemahl deines Fleisches und Gott der Gemahl deiner Seele‘ [ebd., 122]. Der Körper der Gattin sei behandelt worden wie ein Lehen, das der Herr (Jesus) seinem Vasallen (dem Gatten) unter bestimmten Bedingungen überließ; bis in die eheliche Zweisamkeit hinein habe also das System des Feudalismus die Bindungen von Mensch zu Mensch als Bindungen der Abhängigkeit geprägt. Wenn es der Dame gelinge, sich in den höchsten Erregungen des Liebesspiels zu zertrennen, den Körper diesem und die Seele jenem zu geben, wenn sie jedem ihre Schuldigkeit erweise, werde sie teilhaben an der himmlischen Gerechtigkeit. Abt Adam, so Dubys Analyse, war ein fortschrittlicher Mann; er habe den Frauen zugetraut, vernünftigen Begründungen, gar dem dialektischen Gedankengang folgen zu können und die unerhörte Einschränkung ehelicher Liebe zum Gewinn einer religiös bestimmten Freiheit zu nutzen.

Entschieden pessimistischer hat Paulette L'Hermite-Leclercq die Rolle der Frauen in der feudalen Ordnung des 11. und 12. Jahrhunderts bewertet. Diese Periode, die „uns von Aufbruchsstimmung beflügelt erscheint“ [151: 257] und in welcher der Westen eine bis dahin nicht gekannte Geschlossenheit und Vitalität erreichte, habe doch nur der einen Hälfte der Menschheit etwas gebracht: „In einer Zeit, als die Männer feststellten, daß es eine Welt zu entdecken gab, daß sie alles zu lernen, alle Abenteuer zu bestehen und viele Erfahrungen zu sammeln hatten, blieb die Frau im Dienst der Gattung oder im Dienste Gottes auf ihre traditionellen Funktionen beschränkt“ [ebd., 225]. Positiv sei lediglich zu vermerken, dass zumindest die Gesundheit der Frauen besser geworden ist. Nach Skelettuntersuchungen nahm ihre Körpergröße zu, während unter den Krankheiten die Rachitis zurückging. Der Wert der Frauen habe aber schon durch ihr zahlenmäßiges Übergewicht bei der Geburtenrate abgenommen. Die von der Kirche durchgesetzte Form der Ehe versteht die Autorin in erster Linie als Mittel der Repression; sie habe die Asymmetrie der Geschlechter nicht in Frage gestellt. Gegenüber der Karolingerzeit habe sich die Stellung der Frau sogar deutlich verschlechtert. Eine zunehmende Faszination der Jungfräulichkeit und des Klosterlebens habe die Mutterschaft und die Rolle der Ehefrau entwertet. Auch vom Bildungsaufbruch haben die Frauen nicht profitiert: „Macht und Wissen werden männlich. Seit jeher von Krieg und Priestertum ausgeschlossen, hat die Frau auch zum Kreis der Gelehrten keinen Zutritt“ [ebd., 262].

Wie unfest derlei Urteile heute noch sind, hat zuletzt ein Buch der Amerikanerin Leah Otis-Cour gezeigt, die jetzt am Centre national de la recherche scientifique in Paris arbeitet [191]. Anliegen dieser Autorin ist es, scheinbar sichere Vorstellungen zu revidieren, nach denen die Ehe im Mittelalter auf Familienpakten beruhte und ohne Neigung der Partner bestand, mit eingeschränkter und diskriminierter Sexualität und gegründet auf die Unterwerfung der Frau, während zum Liebesglück im modernen Sinne nur der Ehebruch geführt habe. Liebe und Ehe hätten im Mittelalter vielmehr in engster Verbindung miteinander gestanden. Im Mittelpunkt der Darlegungen steht die Umdeutung der höfischen Literatur, die – entgegen herrschender Auffassung – auf die Liebesehe als Ideal gezielt habe und den Erfolg des Strebens auch häufig belege. Nach Meinung der Autorin beruhte die eheliche Liebe auf dem Konsens der Ehepartner zur Heirat seit dem hohen Mittelalter; es sei eine überragende Leistung des Christentums gewesen, die Ehe zur universalen Lebensform zu machen, von der nur der geistliche Stand ausgenommen war, und die lebenslange Monogamie durchzusetzen. Die Abwertung der Sexualität in der Ehe lasse sich nur kirchlichen Bestimmungen oder Autoren der Kanonistik ablesen, während unter arabischem Einfluss in medizinischen Traktaten eine Philosophie des „gesunden" Geschlechtslebens dominiert habe. Das christlich-mittelalterliche Ehemodell sei alles in allem also geradezu modern gewesen; in diesem Sinne habe auch schon der Karmeliter John Baconthorpe im frühen 14. Jahrhundert die Frage gestellt, ob das Ziel der Ehe ‚nicht nur in der Nachkommenschaft wie bei den wilden Tieren, sondern in einem guten und friedvollen Leben mit einer Ehefrau' bestehe [ebd., 187f.].

Je mehr sich bei der Wahrnehmung des hohen Mittelalters der Akzent von den großen Dynastien fort zum (vermeintlich europäischen) „Aufbruch" oder einer „Revolution" hin verlagerte, desto stärker rückte die Frage von Wendepunkten vor die nach Zeiträumen; statt der geschichtlichen Perioden mit Anfang und Ende ging es in diesem Zusammenhang um „Epochen" als historische Einschnitte. Als Gerd Tellenbach wie sein Lehrer Karl Hampe an verschiedenen Weltgeschichten mitarbeitete, zeigte er sich zunehmend skeptisch gegen jegliche Periodisierung [das Folgende nach 15: Borgolte 230ff.]. In seiner ersten Darstellung des hohen Mittelalters in der „Historia Mundi" hielt er zwar noch an dem traditionellen Zeitschema fest, er verschob jedoch dessen Bedeutung. Die in Deutschland übliche Einteilung in frühes, hohes und spätes Mittelalter werde ermöglicht durch die Feststellung der Blütezeit des deutschen Imperium Romanum vom 10. bis zum 13. Jahrhundert: „Aber für die europäische Geschichte bieten die Jahre 900 oder 1250 und beider zeitliche Umgebung keine Epochen, weder in der Staaten- und Verfassungsgeschichte noch im wirtschaftlichen oder geistigen Leben oder in Kunst und Religion. Selbst für die große Spannung zwischen geistlicher und weltlicher Gewalt ist der Tod Kaiser Friedrichs II. eine entscheidende Wende nur für das Imperium, nicht für Europa" [51: Tellenbach 11]. Trotzdem dürfe gesagt werden, dass bis um die Mitte des 13. Jahrhunderts das Abendland die uns vertraute Völkergemeinschaft geworden sei. Im Hochmittelalter habe sich also „das äußere und innere Werden des Abendlandes selbst zu allermeist" vollzogen [ebd., 10]. Diese Gedanken entfaltete Tellenbach weiter in der „Saeculum Weltgeschichte", wo er Früh- und Hochmittelalter unter dem Titel „Die Germanen und das Abendland bis zum Beginn des dreizehnten Jahrhunderts" zusammenfasste. Jetzt vermied er den Periodenbegriff „Mittelalter". Es sei zwar berechtigt, „die spezifischen Merkmale der ‚mittelalterlichen' Welt zu suchen, ihre Andersartigkeit etwa gegenüber der Antike oder ihre Auflösung durch modernere Denk- und Lebensformen hervorzuheben" [49: Tellenbach 352f.]. Seine eigene Betrachtungsweise sei aber eher darauf gerichtet, sichtbar zu machen, „wie jede Vollendung über alte Grenzen forttreibt zu neuen Erscheinungen und neuem menschlichen Verhalten". Wer die Zusammenhänge sehe, die Keime des Künftigen im Vorhergehenden, das „aufgehobene" Alte im Neuen, werde

„wohl historisch weniger markant periodisieren". Neben der Abneigung, zusammenhängende Entwicklungen zu unterbrechen, ergebe sich die Skepsis gegen klare Zeitmarkierungen aus der Aufgabe, mit der weltgeschichtlichen Thematik Ernst zu machen: „In ist aber ist ‚Abendland' ein gewichtigerer Begriff als ‚Mittelalter'".

Tellenbach bezweifelte keineswegs die Möglichkeit historiographischer Einheitsdarstellungen, wohl aber blieb er skeptisch gegenüber dem Postulat einheitlicher Zeitcharaktere, die zur Periodisierung taugen sollten. Diese Haltung ging nicht so sehr auf die Auseinandersetzung mit Hampe zurück, sondern sie gründete in seiner Beschäftigung mit dem Investiturstreit. 1936 hatte er sein bahnbrechendes Buch „Libertas" vorgelegt, dessen Thematik er noch einmal 1988 in einem nicht weniger bedeutenden Werk aufgreifen sollte. Beide Male verhehlte der Autor nicht, dass er sich als Protestant mit der kirchengeschichtlichen Wende des hohen Mittelalters auseinander setzte. Schon die Abhandlung der dreißiger Jahre war keiner historischen Periode im Ganzen gewidmet, sondern der Aufhellung einer Ereigniskette. Tellenbach verstand den Investiturstreit als „die große, vielumfassende Krisis der Christenheit im 11. Jahrhundert", als die „große, vielleicht einzige innere Wende in der Geschichte des katholischen Christentums" [52: TELLENBACH 195]. Im Kern sei der Streit ein Ringen um die rechte Ordnung in der Welt gewesen, eine Ordnung, die sich vor allem an den Hierarchieverhältnissen entscheiden sollte. Für Gregor VII., der den Vorrang des Papsttums gegenüber dem Königtum verfocht, sei freilich „die Einheit der christlichen Welt mit allen ihren Einrichtungen Grundüberzeugung geworden" [ebd., 187]; unter diesem Papst habe die „Weltgewinnungstendenz" im Christentum deutlich die Oberhand gewonnen vor der „Weltabwendungstendenz": „Die Welt wurde in die Kirche einbezogen, und die Bahnbrecher der neuen Zeit machten sich daran, die ‚rechte' Ordnung in dieser geeinigten christlichen Welt herzustellen" [ebd., 195]. Das mittelalterliche Einheitskonzept nahm der Autor schon 1936 auch zum Anlass, über die Problematik historischer Einheit überhaupt nachzudenken: „Die Einheit der christlichen Welt, wie sie Gregor VII. und die Seinen herstellen wollten, ließ sich nicht gänzlich durchführen, vielmehr ist die Einheit immer eine Idee von großer historischer Wirkungskraft, niemals aber vollendete Wirklichkeit gewesen, weder vor noch nach Gregor. Vor dem 11. Jahrhundert hatte das Königtum das Einheitsprinzip vertreten, während die Ausläufer der alten Weltindifferenz und die Reste des Heidentums hemmend geblieben waren. Die ungeheure Anspannung des kirchlichen Führungsanspruchs aber erzeugte dann Widerstände anderer Art. Sogleich regte sich der Glaube an das fürstliche Gottesgnadentum mit großer Lebendigkeit, und wo die Monarchie als Staatsform herrschte, gelang es nie, ihn ganz zu überwinden. Da er aber der Kirche nicht mehr in vollem Umfang als legitim galt, war oft eine Spannung und eine Störung des Einheitsprinzips die Folge" [ebd., 196].

Als Tellenbach fünfzig Jahre nach „Libertas" den Investiturstreit erneut darstellte, überschrieb er sein Buch mit „Die westliche Kirche vom 10. bis zum frühen 12. Jahrhundert". Das ist ein denkbar blasser, deskriptiver Titel, der offenbar bewusst jede Andeutung einer Gesamtdeutung der Zeit umgehen sollte. Dezidiert lehnte es der Autor ab, die Kirchengeschichte des 11. und 12. Jahrhunderts als Einheit aufzufassen, die sich gegenüber dem Vorher und Nachher signifikant unterschieden habe. Er wolle sich, wie Tellenbach schrieb, darauf beschränken, die ekklesiologische Wendung in der Zeit Gregors VII. mit ihren Voraussetzungen und Folgen herauszuarbeiten. Abgesehen davon, dass jede Darstellung einen Anfang und ein Ende haben müsse, seien die Grenzen von 900 bis 1100 eben nur durch die Bedeutung der kirchengeschichtlichen Epoche in der zweiten Hälfte des 11. bis zum Beginn des 12. Jahrhunderts bestimmt worden [226:

Tellenbach 2]. Wie er die spezifisch kirchengeschichtliche Problematik seiner Aufgabe bewältigen wollte, erläuterte Tellenbach unter (implizitem) Rückgriff auf Luthers Lehre von den zwei Reichen sowie auf Rankes Anschauung von der Gleichwertigkeit aller historischen Zeiten. Er sah als evangelischer Christ die Einheit und Ganzheit der Geschichte als transzendent bestimmt an, so dass ihm die immanente Sinnzuschreibung einer historischen Zeit wie des Hochmittelalters entbehrlich erschien.

Gleichzeitig mit Tellenbach formulierte Anton Mayer-Pfannholz die These von der „Wende von Canossa". Für ihn war die Begegnung des deutschen Königs Heinrichs IV. mit Gregor VII. 1077 auf der Burg der Markgräfin Mathilde von Tuszien „im tiefsten Kern (...) nicht ein bloßes Faktum des Investiturstreites, sondern die Markierung einer *Schicksalswende des Mittelalters und des Abendlandes*" [39: Kämpf 3; zuerst ersch. 1932/33]. Mit ihrer Charakteristik der Zeit als „Wende" standen Mayer-Pfannholz und Tellenbach unter dem Eindruck der europäischen Diskurse über „Revolution"; besonders seitdem der Erste Weltkrieg als „Weltrevolution" verstanden wurde (E. Stadtler, 1920), avancierte „Revolution zu einem Dauerthema" der Intellektuellen (R. Koselleck). Das Wort von der „Revolution", das – wie wir sahen – auch in der gleichzeitigen westeuropäischen Mediävistik gebräuchlich war, wurde denn auch auf die Zeit des Investiturstreites angewandt. Schon 1912 hatte Ernst Troeltsch davon gesprochen, dass „die gregorianische Kirchenreform und -revolution" zum Ausgangspunkt der mittelalterlichen Sektenbildung geworden sei. Größere Wirkung als diese Bemerkung erlangte das 1931 erschienene Werk des Mediävisten und Universalgelehrten Eugen Rosenstock-Huessy über die „europäischen Revolutionen"; bis heute inspiriert dieses mehrfach aufgelegte und auch in einer amerikanischen Fassung verbreitete Buch Fachhistoriker, aber auch Gelehrte anderer Disziplinen [unter Mediävisten u.a. 41: Leyser]. Unter dem Eindruck der Ereignisse von 1917 hat Rosenstock geglaubt, die Geschichte seit dem hohen Mittelalter als gesetzmäßigen Rhythmus von Revolutionen erfassen zu können; dabei soll jeweils ein europäisches Volk zur Staats- und Nationenbildung gelangt sein, gleichzeitig sei aber jeweils „ein neues Lebensprinzip in die Weltgeschichte" getreten und eine „Totalumwälzung" bewirkt worden [Die europäischen Revolutionen. Volkscharaktere und Staatenbildung, Jena 1931, 5]. Die Revolutionen hätten untereinander in Verbindung gestanden, ein „einheitlicher Geistesstrom" habe sie durchflossen [ebd., 13]. Der älteste Revolutionär in Europa sei aber der Papst gewesen. Die „Papstrevolution" habe sich mit Gregor VII. ereignet und sei unter Innozenz III. abgeschlossen worden. Von der Papstrevolution, der Umwälzung der Italiener, seien alle anderen Revolutionen angestoßen worden: die Reformation in Deutschland, die Great Rebellion und Glorious Revolution in England, die Französische und schließlich die Russische Revolution. Für die Papstrevolution seien der „Dictatus Papae" Gregors von 1075 und die „Deliberatio de statu imperii" des Papstes Innozenz von 1200 die entscheidenden Willensdokumente, hinter die es kein Zurück mehr gegeben habe. Auch wenn Gregors Notizen zu seiner Zeit nicht nach außen gedrungen seien, sei der Text „Entschluß und Entscheidung der Autorität" gewesen. Das Regiment des Papstes vollziehe sich bis heute *in scrinio pectoris*: „So ist auch dieser Dictatus Papae selbst die Revolution (...). Die erste Revolution des Abendlandes ist im Innern eines Menschen ausgebrochen" [ebd., 133].

Hinter der „Papstrevolution", der „ekklesiologischen Wendung" oder der „Wende von Canossa" drohte das Hochmittelalter als Periode ganz zu verschwinden oder doch wenigstens auf ein „Zeitalter des Investiturstreites" reduziert zu werden. Allerdings hatte schon Mayer-Pfannholz kritisiert, dass Rosenstock bei seiner Analyse der gregorianischen Zeit soziale Veränderungen ausgeblendet habe. Nach dem Zweiten Weltkrieg hat die westdeutsche Mediävistik die nötige Erweiterung nachgeholt. Indem sie die „Wende" dabei weniger als kirchen-, verfassungs- oder ideengeschichtliches Ereignis verstand, gewann sie diese zugleich als Zeitraum zurück. 1971 relativierte Karl JORDAN Canossa als ein besonders markantes Ereignis und legte Wert auf die Feststellung, dass das Wort „Investiturstreit" nur ein einziges, wenn auch wichtiges Problem bezeichne. Es gehöre zu den wichtigsten Erkenntnissen der neueren Geschichtsforschung, dass „diese Zeit von etwa 1050–1125 eine der großen Umbruchsperioden der mittelalterlichen Geschichte bildet" [38: 14]. Man könne geradezu von dem „unruhigen Saeculum der mittelalterlichen Geschichte" sprechen. Zum Beleg nannte Jordan das Aufkommen häretischer Bewegungen schon seit der Jahrtausendwende, die Gründung neuer Mönchsorden, die Anfänge der dialektischen Methode, die ebenfalls Mitte des 11. Jahrhunderts einsetzende Beschäftigung mit dem kanonischen und römischen Recht, ferner – auf dem Gebiet der Politik – die normannischen Staatenbildungen in England und Unteritalien, im sozialen Bereich die Entstehung des Rittertums und des Bürgertums mit der Eidgenossenschaft der städtischen Gemeinde, die Kreuzzugsbewegung, den Landesausbau und das Bevölkerungswachstum. Das „Zeitalter des Investiturstreites" war also für Jordan viel mehr als eine kirchen- und reichsgeschichtliche Wende, mehr auch als eine „politische und geistige Wende des abendländischen Hochmittelalters"; in jener Zeit seien vielmehr „auf vielen Gebieten Kräfte zum Durchbruch gekommen, die für die nächsten Jahrhunderte entscheidende Bedeutung gewonnen haben und die uns berechtigen, diese beiden Menschenalter als die Zeit einer tiefen Wandlung im europäischen Geschehen zu betrachten" [ebd., 20].

Das Konzept des Hochmittelalters als Wendezeit ist unter deutschen Autoren erstmals von Jordans Schüler Horst FUHRMANN in eine historische Darstellung umgesetzt worden [400; vgl. auch 409: HARTMANN]. Zwar sprach Fuhrmann noch von „Canossa als Wende", doch suchte er die Zeit von 1050 bis 1200 als Wende der europäischen und deutschen Geschichte zu erfassen. Im Vergleich zu Hampes Hochmittelalter (900–1250) war Fuhrmanns hohes Mittelalter auf weniger als die Hälfte zurückgenommen, andererseits reichte es aber über das Zeitalter des Investiturstreites im engeren Sinne hinaus. Die Zeit der Reform mit Gregor VII. als zentrale Figur sei nämlich auf manchen Feldern abgelöst oder überdeckt worden von der „Renaissance des 12. Jahrhunderts" (dazu s. unten). Schon die Zeitgenossen hätten die Jahre um 1200 als Einschnitt empfunden; auch Morris' These von der Entdeckung des Individuums bezog Fuhrmann hier ein. Mit dem Ende des 12. Jahrhunderts könne aus verfassungs-, sozial- und strukturgeschichtlicher Sicht der Einsatz einer neuen Großperiode „Alt-Europa" oder „frühe Neuzeit", mindestens aber des späten Mittelalters, datiert werden.

Nachhaltiger noch als in Deutschland wirkte Rosenstocks These von der ersten europäischen Revolution in England und den USA, wo der jüdische Emigrant gelehrt hatte. Unter seinem Einfluss hatte bereits 1938 der amerikanische Rechtshistoriker Harold J. BERMAN mit Forschungen begonnen, die er 1983 zu einem monumentalen Werk verdichtete. Berman wollte zeigen, dass die „westliche Rechtstradition" bis in die jüngste Zeit aus der „Papstrevolution" hervorgegangen war. Das erste westliche Rechtssystem, das „neue kanonische Recht" der römisch katholischen Kirche, sei ebenso eine Folge der „Gregorianischen Reformation" gewesen, wie die Entstehung neuer weltlicher Rechtssysteme, des Königsrechts, des Stadtrechts und so weiter. Darüber hinaus konstatierte Berman zwischen dem Europa vor der Periode 1050–1150 und dem Europa danach „einen radikalen Bruch" [12: 19]. Sein Ziel sei es zu zeigen, „daß im Westen die moderne Zeit – und zwar nicht nur die modernen Rechtsinstitutionen und -werte, sondern auch der moderne Staat, die moderne Kirche, die moderne Philosophie, die moderne Universität, die moderne Literatur und vieles andere Moderne – ihren Ursprung in der Zeit zwischen 1050 und 1150 haben *und nicht früher*". Unter Bezug auf Rosenstock sprach Berman von der „Totalität der päpstlichen Revolution" [ebd., 169]. Die Revolution auf dem Gebiet des Rechts habe eng mit der Revolution auf dem Gebiet der Landwirtschaft und des Handels zusammengehangen, mit dem Aufstieg der Städte und so weiter. Die Bezeichnung „päpstliche Revolution" sei deshalb nicht im engen Sinne zu verstehen, sondern weise über sich hinaus.

Zuletzt hat wiederum Roger I. Moore die „erste europäische Revolution" im Hochmittelalter beschrieben, ohne sich freilich über die forschungsgeschichtliche Bedingtheit klar zu sein, in der er stand; nach Moore wären die Veränderungen im 11. und 12. Jahrhundert so tief greifend gewesen, dass diese Revolution Europa selbst erst hervorgebracht hätte [43: 20]. Auch die moderne Alternative zur Revolution, die Reform, wird weiterhin als Signatur für die Zeit des Hochmittelalters verstanden [36: Jakobs; 99: Constable].

Neben der politik-, sozial- oder kirchengeschichtlich zentrierten Auffassung des hohen Mittelalters als Einheit hat die neuere Geschichtswissenschaft endlich auch eine geistesgeschichtliche Gesamtdeutung hervorgebracht. Charles Homer Haskins hat 1927 den Versuch gemacht, die großen Neuerungen des 12. Jahrhunderts mit dem Begriff der „Renaissance" zusammenzufassen [28]. Die Diskussion über die Tauglichkeit dieses Ansatzes hält bis heute an. Man fragt sich, ob es nicht klüger sei, lediglich von einer „Renaissance der Wissenschaften" zu sprechen [231]. Und wenn mit Renaissance im Sinne von Erwin Panofsky eine gesamthafte, alle kulturellen Erscheinungen umfassende Wendung zur Antike gemeint sein soll, also ein bewusster Rückbezug auf eine in sich vollendete Vergangenheit, dann lässt sich der aus einer anderen Epoche (15./16. Jh.) „entliehene" Begriff hier gewiss nicht verwenden [Ehlers, in 55: Wieland 100]. Damit werden die Ansätze zur Antikerezeption natürlich nicht bagatellisiert, welche es freilich auch schon früher, in der Zeit der Karolinger, gegeben hatte.

Wie man sieht, hat die internationale Geschichtsforschung während des 20. Jahrhunderts mannigfaltige Versuche unternommen, die in diesem Buch behandelte Zeit als Einheit aufzufassen, also einem historischen Leitthema zu subsumieren. Alle Ansätze beruhten selbstverständlich auf Quellenbefunden, die aber durch jeweils besondere Wertung auf Kosten anderer Beobachtungen in den Vordergrund geschoben wurden. Die Fülle der Interpretationen im Einzelnen belegt schon die Subjektivität bei der Identifikation der Einheit des hohen Mittelalters, die gleichwohl keine Willkür darstellt. Der für dieses Buch gewählte Abschnitt 1050 bis 1250 hängt natürlich auch vom Zuschnitt der anderen Werke ab, mit denen es eine Reihe bilden soll. Aber dennoch ist deutlich, dass er die dominante Wertung des hohen Mittelalters als Zeit der Reform(en), der Revolution(en), des Aufbruchs und der Renaissance aufnimmt; in politischer Hinsicht umspielt er allenfalls die „deutsche Kaiserzeit" zwischen Heinrich III. als vermeintlichem Höhepunkt und Friedrich II. als letztem Gipfel. Bei der positiv grundierten Wertung der Periode bleibt ausgeklammert, dass es in jeder Zeit der Geschichte niemals nur Entwicklungen in einer Richtung gibt, sondern „Sinken und Aufstieg immer gleichzeitig stattfinden" [Karl Holl, zit. nach 226: 135]; dass dies auch für „unsere" Zeit gilt, ist ja schon mit der Problematik der Minderheiten und der gesellschaftlichen Rolle der Frauen angedeutet. Historiker(innen) mit Urteilskraft haben sich denn auch niemals einer Euphorie des „Aufbruchs" oder der „Revolution" überlassen, sondern waren sich stets bewusst, dass es immer auch Gegenläufiges und Disparates gab.

Was aber soll man mit der herrschenden Wertung noch anfangen, wenn man wirklich auf das ganze Europa blickt? Es ist ja evident, dass es einen „Aufbruch", wenn überhaupt, nur im Westen gegeben hat, und wohl hier auch eher von einzelnen Progressionen als von einem Aufstieg im Ganzen die Rede sein sollte. Bezeichnenderweise sind es vorwiegend westeuropäische Mediävisten (Franzosen und Engländer) gewesen, die die These am entschiedensten vertreten haben und aus der jeweiligen Nationalgeschichte heraus auch gut entwickeln konnten. Konzeptionen von Einheit und Ganzheit sind in der historischen Epoche selbst vor allem vonseiten der römischen Kirche vertreten worden, sie konnten aber nur im Bereich der lateinischen Christenheit – teilweise – umgesetzt werden. Byzanz, der ostslawische Bereich, die europäisch-islamische Welt und das Judentum bleiben bei der Konzeption des hohen Mittelalters als Zeit des angeblich europäischen Aufbruchs und der „Entfaltung der Christenheit" ausdrücklich unberücksichtigt. Was das oströmische Reich betrifft, so gilt eher die (frühmittelalterliche) Periode von 843 bis 1025 als „Blütezeit" [325: OSTROGORSKY 176ff.] oder von 780–1025 als „The Long Revival" [337: TREADGOLD 417ff.], obgleich sich die neuere (anglophone) Forschung darum bemüht, die byzantinische Gesellschaft des 11./12. Jahrhunderts ebenso wie die westliche als eine wandlungsfähige zu zeichnen [291: KAZDHAN/EPSTEIN; vgl. 281: BROWNING; 312ff.: MAGDALINO]. Auch für die Kiever Rus' wird eine frühere Phase, die Alleinregierung Jaroslavs des Weisen (1036–1054), als „Golden Age" [872: MARTIN 26] angesehen. Al-Andalus hatte mit dem Fall von Córdoba (1031) ebenso den Höhepunkt seiner politischen Geschichte überschritten, obzwar die kulturelle Blüte unter den Taifenherrschern (bis 1086) andauerte. Und die Judenheit erlebte verschärft im hohen Mittelalter, was es bedeutet, im Exil zu leben; erinnert sei an das Pogrom von Granada (1066), die Verfolgungen im Rheinland und in Böhmen 1096, die Assize of Arms Heinrichs II. von England 1181 sowie die diskriminierenden Vorschriften des Vierten Lateranum von 1215.

Eine Einheit der so umfassend verstandenen Geschichte Europas scheint es zwischen 1050 und 1250 also nicht gegeben zu haben, erst recht aber keinen allgemeinen „Aufbruch". Benötigt man aber überhaupt eine „Einheit der Epoche"? Genau gegen derartige Einheitsvorstellungen von Geschichte und Geschichtsschreibung hat erst 1996 Karin Hausen entschlossen und vehement Front gemacht [das Folgende nach 81: BORGOLTE 584ff.]. Hausen ging es dabei kaum um die europäische Geschichte, sondern um Grundsätzliches. Sie wollte der herkömmlichen Prämisse der allgemeinen Geschichte als Einheitsgeschichte vielmehr die „Nicht-Einheit der Geschichte als Programm" entgegenstellen: „Ich halte es für dringlich", sagte sie, „sehr viel kritischer als bisher nachzufragen, was die in der Geschichtswissenschaft wirkungsmächtige Fiktion einer Einheit der Geschichte geleistet hat und weiterhin zu leisten vermag bzw. was sie verstellt hat und zukünftig nicht länger verstellen sollte (...). Ich schlage vor, statt der bisherigen Einheit die Vielheit der Geschichte als wohldurchdachtes historiographisches Programm auszugestalten. Die Nicht-Einheit der Geschichte zu akzeptieren und in der Wissenschaft produktiv zu gestalten heißt, die vielen Geschichten lokaler ebenso wie weltweiter Prozesse des historischen Wandels gerade um ihrer Widersprüchlichkeit, um ihrer Uneinheitlichkeit, um ihrer Differenz willen zu vergegenwärtigen" [Karin HAUSEN, Die Nicht-Einheit der Geschichte als historiographische Herausforderung. Zur historischen Relevanz und Anstößigkeit der Geschlechtergeschichte, in: Hans Medick/ Anne-Charlott Trepp (Hgg.), Geschlechtergeschichte und Allgemeine Geschichte, Göttingen 1998, 35]. In das Konzept der Einheit der Geschichte sei Hierarchie als ordnendes Prinzip eingelassen, das „die Logik des und der Dominierenden" privilegiere: „Die Einheit der so genannten allgemeinen Geschichte ist bislang um den Preis der autoritativen Entscheidung über das, was als historisch relevant und dominant zu gelten hat, erkauft worden. Dieser Preis ist viel zu hoch, um als historiographische Notwendigkeit einfach hingenommen zu werden" [ebd., 40f.]. Bei der Suche nach den Ursachen für die Ausbildung des Einheitssyndroms stieß die Berliner Historikerin auf die Traditionen der Universal- und der Nationalgeschichten und vor allem auf die Fixierung der Geschlechterrollen im 19. Jahrhundert. Damals sei „die wissenschaftlich betriebene Historiographie (...) immer konsequenter auf die Staaten- bzw. Nationalstaatengeschichte und politische Geschichte verengt" worden; zugleich habe man damit festgeschrieben, „daß Geschichte von Relevanz ausschließlich dem im 19. Jahrhundert als männlich ausgewiesenen Wirkungsbereich eigen ist" [ebd., 29]. Nachdem im frühen 19. Jahrhundert die Suche nach einer neu fundierten Einheit der Geschichte als Universal- und Menschheitsgeschichte ergebnislos abgebrochen worden sei, habe sich die moderne Geschichtswissenschaft als Universitätsdisziplin um Nation und Nationalgeschichte als organisierendes Prinzip gruppiert. Damit habe historisches Forschen und Darstellen handliche und identifikatorisch wirksame Prinzipien der Sinnstiftung, der Grenzziehung und der Auswahl des Stoffes gewonnen, vor allem aber Kriterien für die Ordnung des Relevanten und des Irrelevanten, des Höheren und des Niederen, des Gestaltenden und Obsiegenden beziehungsweise des Verfallenden und Vergehenden. Die Denkfolie der Einheit der Geschichte habe notwendigerweise aber zugleich dazu gedient, eine bestimmte Geschichte als allgemeine Geschichte gegenüber diversen anderen Geschichten abzugrenzen, die dann als Spezialgeschichten marginalisiert werden konnten. Nach Hausens Eindruck hätten sich auch „die aktuellen Versuche, eine Europa-Geschichte zu konstruieren, vom bewährten Schema" der Nationalstaatsgeschichte bislang nicht prinzipiell gelöst. Die Durchsetzung ihres radikal-pluralistischen Gegenprogamms beurteilte sie allerdings selbst skeptisch.

Hausens Thesen können jedenfalls die Klärung der Frage fördern, welche Richtung die europäische Geschichte nehmen soll. Zweifellos trifft zu, dass sich die Forderung nach Einheit zur Instrumentalisierung und Politisierung der Geschichte eignet. Die Preisgabe der Einheitsvorstellung wäre gleichwohl wissenschaftlich unvertretbar. Es ist nun einmal der Auftrag der Wissenschaft, die Mannigfaltigkeit der Erscheinungen zu ordnen und Einheit herzustellen. Im Chaos der Besonderheiten würde Geschichte zum Tollhaus, hat Arno Borst schon vor Jahrzehnten gewarnt [Arno Borst, Der Turmbau von Babel, Bd. 4, Stuttgart 1963, 1998]. Freilich geht es in der Historie immer um eine gedachte Einheit, um einen hypothetischen Entwurf, und nicht um eine Einheit im normativen Sinne. Hinzuzufügen ist, dass diese gedachte Einheit stets unvollkommen sein muss und nie ohne Alternativen bleiben kann. Nur eine Pluralität historischer Konzepte von Europa, anders gesagt die Anerkennung der Relativität jedes einzelnen Entwurfs, trägt auch der unvergleichlichen Vielfalt des Kontinents Rechnung. Soweit künftige Entwicklungen überhaupt einschätzbar sind, geht es in der Geschichtswissenschaft vorerst nicht um die Geschichte Europas, sondern – im Plural – um Geschichten Europas. Wer aber als Historikerin und Historiker auf das Ringen um die gedachte Einheit Europas verzichtet, entaktualisiert die Geschichtswissenschaft und bringt sie um die Mitwirkung an der Lösung drängender Gegenwartsprobleme aus historischer Verantwortung.

Thema dieses Buches ist die europäische Einheit als Problem; anders gesagt soll es belegen, dass die Einheit im hohen Mittelalter unvollendet war, obgleich starke Kräfte mindestens in regionalen und sachlichen Segmenten der Geschichte auf Kohärenz zielten. Eine solche Feststellung könnte man freilich für jede Periode mehr oder weniger gut belegen. Die Besonderheit des betrachteten Zeitraumes liegt aber darin, dass sich erstmals Institutionen, menschliche Gruppen, Regionen und Siedlungen im vorgegebenen politischen Rahmen oder außerhalb älterer Reiche Freiräume bis zur Verselbständigung verschafften, und zwar ohne dass der Zusammenhang untereinander oder mit Großstrukturen verloren ging oder ohne dass dieser Konnex nicht gesucht worden wäre. Europas Vielfalt wurde entdeckt, aber die je besonderen Kulturen und Lebenswelten fielen dabei nicht ganz auseinander. Die Anbindung der Teile war jeweils unterschiedlich, aber im Ganzen ergab sich ein Gefüge, das überhaupt erst die Grundlage dafür schuf, dass wir heute nach einer europäischen Identität fragen können.

4.2 Einheit des Raumes?

Wer die Geschichte Europas begreifen, das heißt verstehen und erklären will, muss sich entscheiden, wie er die Grenzen des gemeinten Raumes zieht und welche Kulturen er für europäisch hält. Niemandem ist es dabei verwehrt, nach einer Identität Europas zu suchen und sogar den einen oder anderen Zug seiner Geschichte zu Lasten dritter zu betonen, um jene Grundlagen für künftiges Handeln und Bestreben aufzuweisen, die er als unverzichtbar bei einer Gestaltung der Zukunft ansieht. Ganz gewiss unhistorisch wäre aber die Annahme einer monistischen Kultur Europas, die einlinig von der Vergangenheit durch die Gegenwart in künftige Zeiten hineinliefe. Unglaubwürdig wäre auch ein Versuch, die Differenzen zu leugnen und Homogenität auf Kosten der Widersprüche hervorzuheben. In diesem Sinne hat Edgar Morin erklärt, Europa zu denken bedeute, es als einen Komplex anzuerkennen, der „die größten Unterschiede in sich vereinigt, ohne sie zu vermengen", und der „Gegensätze miteinander verbindet". Man müsse die Idee von einem einheitlichen und klar abgegrenzten Europa aufgeben; das Wichtige an der europäischen Kultur seien nicht nur ihre Schlüsselideen, sondern zugleich die Tatsache, „daß alle diese Ideen auch Gegensätze haben" [Edgar Morin, Penser l'Europe, Paris 1987, dt. Frankfurt/New York 1991, 19, 128; vgl. Otto Gerhard Oexle, in: 83 Borgolte, 40f.]. Dass die Identität Europas in Geschichte und Gegenwart in seiner Nicht-Identität bestehe, hat auch der englische Polonist Norman Davies zum Ausgangspunkt seiner monumentalen Geschichte Europas von 1996 gemacht. Alle europäischen Länder, so Davies, seien anders als die anderen, auch bei den westlichen dominierten die Unterschiede. „Europa" aber, eine Idee der Aufklärung, sei noch nie vollendet gewesen. Ohne politische Einheit sei Verschiedenheit stets eines seiner stabilsten Kennzeichen [102: Davies 28; dazu ausführlicher 73: Borgolte].

Den Mediävisten, als Historiker des lateinischen Mittelalters verstanden, ergibt sich daraus die Aufgabe, mit den Fachwissenschaftlern der anderen europäischen Kulturen dieser Zeit in einen Dialog einzutreten, ja nach Formen der Kooperation mit ihnen zu suchen [vgl. 84: Borgolte]. Dabei reagieren sie nur auf Appelle, die von den betreffenden Disziplinen seit längerem ausgegangen sind. 1952 hat bereits der bedeutende Byzantinist Franz Dölger gegen einen rein westlichen Europabegriff protestiert, zu dem Mittelalterhistoriker neigen. Einer Sammlung seiner Aufsätze stellte Dölger den Wunsch voran, „in möglichst weiten Kreisen das Gedächtnis an jene politische und geistige Macht wieder zu wecken, welche in unserem konventionellen Bilde der Geschichte des christlichen Mittelalters seit der Aufklärungszeit ungebührlich in den Hintergrund gedrängt ist. Sollte es nicht an der Zeit sein, uns des byzantinischen Erbes zu erinnern, das fast alle europäischen Völker, am nachhaltigsten unsere südosteuropäischen Nachbarn, in sich tragen, und uns der vielfältigen Verflechtungen bewusst zu werden, die auch unsere Denkart und unsere Geschichte mit jenem von unseren Vorfahren scheu bewunderten und widerwillig nachgeahmten, wirtschaftlich mächtigen, politisch, geistig und kulturell trächtigen und weit in den europäischen Raum ausstrahlenden Byzanz verbanden?" [284: Dölger 6, Vorwort v. 1952; vgl. jetzt Lilie in 84]. In unserer Gegenwart hat der Fachvertreter einer anderen Weltkultur, Franco Cardini, leidenschaftlich und detailgenau aufgewiesen, dass der Islam ebenso zur europäischen Geschichte gehört, wie er den christlichen Europäern die Selbstdefinition im Kontrast zu ihm ermöglicht habe. Es sei eine falsche, wenngleich von allen mittelalterlichen Autoren geteilte Ansicht gewesen, dass Europa der Hort des Christentums sei. Mit dieser verfehlten Vorstellung sei aber auch der Gedanke verbunden gewesen, dass alle, die auf europäischem Territorium lebten, aber keine Christen waren, als Fremde und Invasoren gekommen wären. Heute aber müsse man anders urteilen: „Der Prozeß der mit der abendländischen Moderne untrennbar verbundenen Säkularisierung erlaubt es nicht, Europa weiterhin mit *der* Christenheit oder auch nur *einer* Christenheit gleichzusetzen. Auch ist die westliche Welt ihrerseits nicht einfach ein Synonym für Europa, so wenig wie der Islam mit seinen vielen Facetten als ‚fundamentalistisch' bezeichnet werden kann." Fragten wir uns heute, wie und wann das moderne Bewusstsein Europas und der europäischen Identität entstanden sei, so müssten wir erkunden, in welchem Maße und bis zu welchem Punkt der Islam, auch *ex negativo*, einer der Faktoren gewesen sei, die dieses Bewusstsein auszubilden halfen: „Der wiederholte muslimische Ansturm auf Europa (zwischen dem 7./8. und dem 10. und dann wieder zwischen dem 14. und dem 18. Jahrhundert), ein Ansturm, der jedenfalls von den Europäern als solcher gedeutet wurde, war eine ‚gewalttätige Geburtshelferin' Europas. Und wenn Historiker (paradoxerweise?) den Propheten mitunter als den ‚Gründungsvater' Europas betrachteten, so muß man sich fragen, ob den türkischen Sultanen Mehmed II. und Süleyman dem Prächtigen nicht eine vergleichbare Bedeutung zufällt" [93: Cardini 13, 11; vgl. 227: Tibi; 74: Borgolte]. Ebenso wie Dölger oder Cardini argumentierte unlängst auch der Osteuropahistoriker Frank Kämpfer. Eine klein-europäische Mittelalter-Definition, nach der „Mittelalter" eine nachantike Kultur vorwiegend christlicher Prägung und lateinischer Elitensprache gewesen sei, lehnte Kämpfer rigoros ab: „Das Mittelalter ist die Tochterkultur der griechisch-römischen Antike in ihrer ganzen Breite und Tiefe. Ich gehe deshalb davon aus, daß (...) die östliche Hälfte des Subkontinents Europa – Europäische Geschichte ist" [Kämpfer, in 84: Borgolte, 50]. Schließlich hat ein anderer zeitgenössischer Historiker die Zeit zwischen dem 10. und dem 20. nachchristlichen Jahrhundert, darunter den größten Teil des Mittelalters, geradezu als das „europäische Zeitalter der Juden" charakterisiert, obschon es sich um die Geschichte einer Minderheit in andersgläubiger Umwelt gehandelt habe [65: Battenberg].

4.2.1 Problematik und Praxis des Vergleichs

Wenn es also zutrifft, dass das mittelalterliche Europa durch verschiedene Kulturen geprägt wurde, die auf besonderen Religionen oder Kirchen beruhten, und dass die Kulturen bei allen gegenseitigen Einflussnahmen und Befruchtungen niemals ineinander aufgingen, dann rücken zwei historische Methoden in den Vordergrund: der Vergleich und die Analyse von Beziehungen. Bereits Marc Bloch hat sie in seiner grundlegenden Abhandlung über die vergleichende Geschichte der europäischen Gesellschaften des Mittelalters hervorgehoben [68: Bloch; zu Methoden und Aufgaben des europäischen Vergleichs zuletzt: Hartmut Kaelble, Der historische Vergleich. Eine Einführung zum 19. und 20. Jahrhundert, Frankfurt/New York 1999; Heinz-Gerhard HAUPT/ Jürgen KOCKA, Hgg., Geschichte und Vergleich, Frankfurt/New York 1996; Frank REXROTH, in: 83 BORGOLTE; 76: BORGOLTE]. Bloch selbst präferierte den Vergleich von Nachbarländern, bei denen eine gemeinsame Herkunft und intensive Wechselwirkungen erkennbar sind, während er dem universalen Vergleich unverbundener und möglicherweise asynchroner Kulturen skeptisch gegenüberstand [vgl. neben 13 noch 69: BLOCH]. Europa, das nicht als einheitliche Kultur, sondern als spannungsreiche Vielfalt wahrgenommen wird, bietet dem Vergleich in der Tat genügend auf es selbst bezogene Aufgaben; andererseits ist unbestreitbar, dass die besondere Gestalt Europas auch im universalhistorischen Vergleich Profil gewinnen kann.

Beide Sichtweisen zu verbinden, war das Anliegen der letzten großen Darstellung europäischer Geschichte aus der Feder eines Mediävisten. Der Autor, Ernst PITZ, widmete sich allerdings nicht dem hohen, sondern dem frühesten Mittelalter zwischen 270 und 812 n. Chr. [200]. Pitz ging es um den Nachweis, dass die alte griechisch-römische Ökumene der Mittelmeerwelt Europa über den Zusammenbruch des Imperiums hinweg auf Dauer, sogar bis in die Gegenwart, geprägt habe. Freilich habe sich diese Welt in den Jahrhunderten der Antike und des Mittelalters nicht unverändert erhalten. Seit der Zeit des Kaisers Aurelian hätten vielmehr die unbezwungenen Randvölker der alten Ökumene durch ihre Migrationen die Einheit der überkommenen Kultur aufgelöst und zunächst eine Zweiteilung in Abendland und Byzanz und dann durch die Spaltung des Morgenlandes in griechisches Christentum und muslimische Herrschaften die dreigeteilte Mittelmeerwelt hervorgebracht. Es seien diese drei Kulturen, die im Mittelalter rings ums Mediterraneum miteinander konkurrierten, aber da sie gesamthaft das Ergebnis der griechisch-römischen Ökumene gewesen seien, hätten sie zugleich in ihren Spannungen die alte Einheit bewahrt. Pitz beobachtete und beschrieb unter diesen Voraussetzungen die europäische Geschichte eines halben Jahrtausends; er konzentrierte sich, abgesehen von den weiträumigen Wanderungen der Völker, auf Akkulturationen und Reichsbildungen, andererseits aber auf die Wirtschaftsweisen, die Religionen und die „Staatsgestaltungen", die sich für den systematischen Vergleich besonders gut eigneten. Der Vergleich sollte einerseits die Einheit über allen partikularen Interessenlagen darstellen, andererseits die Mannigfaltigkeit der Kulturen erklären, die Ausweis menschlicher Freiheit sei [zum verfassungshistorischen Ansatz s. auch PITZ, in 358: BORGOLTE].

Der Autor des monumentalen Werkes betrieb also europäisch-vergleichende Geschichte in universalhistorischer Absicht. In der Tradition der westeuropäischen Aufklärung und beeinflusst von dem Philosophen Karl Jaspers (1949) hielt Pitz an der Überzeugung fest, dass die Menschheit einen einzigen Ursprung und ein Ziel habe. Genau dieses historische Denken, das auch auf die christliche Heilsgeschichte zurückverweist, wird in unserer Gegenwart aber bestritten. Hinter einer im Ganzen einlinigen Auffassung von Weltgeschichte sehen viele Kritiker eine bestimmende europazentrische Perspektive; statt von einer ganzheitlichen Universalgeschichte, in der die Geschichten und die großen Hervorbringungen der einzelnen Weltkulturen aufgehoben seien, sei von Geschichten und Vergangenheiten (im Plural) zu handeln und zu erzählen. Die Richtung der Geschichte überhaupt sei unklar, und ihre Einheit erst im Entstehen [76: BORGOLTE, unter Bezug auf Christian MEIER, Reinhart KOSELLECK u. a.]. So kann man sich durch das herrschende zeitgenössische Geschichtsbewusstsein wieder stärker auf die Geschichte der europäischen Kulturen, Völker, Staaten und Gesellschaften im internen Vergleich statt auf die komparative Weltgeschichte verwiesen sehen [vgl. auch 84: BORGOLTE, Einleitung].

Europas Grenzen waren in der weltgeschichtlichen Sicht von Ernst Pitz nicht nur im Osten, sondern auch nach Süden hin offen. Auf einen Ausschnitt des Kontinents in seiner Geschichte konzentriert sich hingegen, wer Europa in einem universalhistorischen Typenvergleich erschließt. Diesen Weg schlug Otto Hintze ein, als er bereits 1929 „Wesen und Verbreitung des Feudalismus“ zu bestimmen suchte [zit. nach HINTZE, Staat und Verfassung, hg. von Gerhard Oestreich, Göttingen ?1970, 84–119; vgl. oben 2.1.1.3]. Hintze ließ sich zwar durch die typologische Methode Max Webers inspirieren, seine Grundanschauungen hatte er aber bereits am Beginn des Jahrhunderts unter dem Eindruck des zeitgenössischen Imperialismus und in Auseinandersetzung mit der Geschichte Preußens gewonnen [78: BORGOLTE].

Hintze bildete einen Idealtyp des Feudalismus, mit dem er die Verbreitung des Feudalismus in der Weltgeschichte überhaupt ermitteln wollte und der aus drei Faktoren bestand: der Aussonderung eines hoch ausgebildeten, dem Herrscher in Treue verbundenen Kriegerstandes, der Ausbildung einer grundherrschaftlich-bäuerlichen Wirtschaftsweise, die dem privilegierten Kriegerstand ein arbeitsfreies Renteneinkommen gewährte, und der lokalen Herrenstellung der Krieger, die diesen eine selbstherrliche Absonderung im Staatsverband erlaubte. Zu den drei Aspekten des Feudalismus – dem militärischen, dem ökonomisch-sozialen und dem politischen – kam aber noch eine weitere Beobachtung, die sich auf die Entstehungsbedingungen bezog. Nach Hintzes Erkenntnis war der Feudalismus nämlich keineswegs ein allgemeines Durchgangsstadium jeder Volksgeschichte und auch kein Geschöpf einer immanenten nationalen Entwicklung. Vielmehr müsste, wie er glaubte, dabei der spezifische Zustand einer Gesellschaft auf einen drastischen Veränderungsdruck von außen stoßen. Hintzes zentrale These lautete deshalb, dass sich Feudalismus im vollen Sinne nur dort einstelle, wo die normale Entwicklung vom Stamm zum Staat in einer besonderen weltgeschichtlichen Konstellation „zu einem überstürzten Imperialismus“ abgelenkt werde [HINTZE, Staat und Verfassung 101].

Vorbild für die Konstruktion seines Idealtyps war der romanisch-germanische Feudalismus in Europa; nach Hintze hätte sich der Feudalismus „im vollen Sinne“ nur in den Nachfolgestaaten des karolingischen Reiches entfaltet, während er den Feudalismus Englands mit der normannischen Frage weitgehend beiseite ließ. Beim Frankenreich sei es die epochale „Kulturverflechtung“ mit dem römischen Imperium gewesen, die während der Sarazenengefahr zur Zeit Karl Martells die Neuordnung der ganzen Kriegsverfassung im Sinne des Lehnswesens herbeigeführt habe. Obwohl Hintze die Geburtsstunde des Feudalismus in einem eruptiven Aufbruch zur Reichsbildung gesehen hat, schildert er die Geschichte des fränkischen Feudalismus als langfristige Entfaltung: Die erste Phase des Frühfeudalismus, in der der militärische Faktor überwiege, reiche etwa bis zum Ende des 12. Jahrhunderts; sie werde von der Epoche des Hochfeudalismus bis zum 16./17. Jahrhundert abgelöst, „in welcher der Kriegsadel seinen politischen Einfluß zu einem Höhepunkt steigert, sei es in der Form partikularistischer Absonderung im lockeren Staatsverband und fürstenmäßiger Selbstherrlichkeit wie in Deutschland, sei es in der Form eines ständisch-korporativen Zusammenschlusses innerhalb eines festeren Staatsverbandes gegenüber der Krongewalt wie in England“ [ebd., 95]; schließlich konzentriere sich im Spätfeudalismus bis zur Französischen Revolution und bis zur Auflösung der alten ländlichen Verfassung im 19. Jahrhundert das Interesse des Adels auf die Erhaltung und Ausnutzung seiner ökonomisch-sozialen Stellung als Grundherr oder Gutsherr. Insgesamt sei die militärische Funktion des Feudalismus zuerst verschwunden beim Aufkommen der Soldheere, dann die politische im Zeitalter von Absolutismus und

Parlamentarismus und zuletzt die ökonomisch-soziale im Kapitalismus. Nachdem die Initialzündung zum Feudalismus einmal erfolgt war, wollte Hintze also eine von außen ungestörte Entwicklung erkennen, wie sie nach dem Ende der Magyaren- und Wikingereinfälle für Deutschland und – mit Abstrichen – für Frankreich, nicht aber für England oder andere europäische Länder gegeben war.

Neben dem Frankenreich mit seiner durch römische Staatlichkeit aufgestörten germanischen Sippenstruktur ist der Feudalismus nach Hintzes Analyse weltgeschichtlich nur noch dreimal in Erscheinung getreten: In Russland, in den „Islamstaaten“ und in Japan. Jedes Mal sei eine naturalwirtschaftlich bestimmte Kultur mit einer hoch entwickelten Staatlichkeit zusammengetroffen: in Russland habe sich das Ostslawentum mit dem byzantinischen Reich auseinandersetzen müssen, die islamischen Staaten hätten sich von der oströmischen und der sassanidischen Zivilisation zugleich herausgefordert gesehen, und die Japaner seien mit der chinesischen Staatsidee und dem Konfuzianismus konfrontiert worden.

Mit seinem Deutungsversuch des Feudalismus traf Hintze sogleich auf Widerspruch. Marc Bloch tadelte den ihm sonst unbekannten Berliner Autor scharf wegen des universalhistorischen Ansatzes, für den die Fassungskraft menschlichen Denkens nicht ausreiche: „Soyons francs: la tentative était condamnée à échouer, par excès d'ambition. Le monde est trop vaste, l'histoire trop longue, surtout nos connaissances, même sur les sociétés les plus proches de nous, sont encore trop rudimentaires, pour qu'un seul homme, en quelques pages, puisse classer de façon satisfaisante tant de civilisations disparates et expliquer leurs traits communs“ [Marc Bloch, in: Annales 3, 1931, 248]. Trotzdem glaubte er, Hintzes These von der Entstehung des Feudalismus im Zusammenhang mit einem Imperialismus zurückweisen zu können; diese Kausalbeziehung sei ihm ganz und gar nicht nachvollziehbar, doch könne er sich hier auch irren. Tatsächlich hat eine erst kürzlich durchgeführte Überprüfung Hintzes mit dem Forschungsstand der japanischen, russischen und arabisch-muslimischen Geschichte ergeben, dass seine Analogiebildungen kaum gerechtfertigt sind [78: Borgolte]. Reichsbildung, Feudalisierung und Einwirkung von außen fielen nirgendwo so zusammen, wie Hintze glauben machen wollte. Demgegenüber ließ sich zeigen, dass die „Kultursynthese“ mit einem Nachbarreich in allen drei Fällen zunächst geradezu zu einem zentralisierenden Staatswesen geführt und sich der allmählich entstehende Feudalismus weithin als Begleiterscheinung dieser Staatsbildungen dargestellt hat.

Feudalismus und Staatlichkeit müssen sich aber auch im hochmittelalterlichen Europa keineswegs ausschließen. Wir wissen, dass beispielsweise die ‚Zeit der Fürstentümer‘ in Frankreich zugleich eine Periode des allmählichen Ausbaus staatlicher Strukturen beim Königtum gewesen ist [564: Favier]; und feudal-vasallitische Institutionen, so hat die englische Mediävistin Susan Reynolds in einem viel umstrittenen Buch behauptet, seien allenfalls Nebenprodukte einer zunehmend bürokratischen Regierung gewesen, nicht aber Ergebnisse einer schwachen Herrschaft [203: Reynolds 478f. u. ö.]. Inwiefern Europa, soweit es überhaupt feudal geprägt war, im Sinne einer solchen „Mischverfassung“ wiederum außereuropäischen Kulturen geähnelt hat, könnten aber erst neue universalhistorische Studien zeigen.

Die Vergleiche, durch die Ernst Pitz und vor ihm Otto Hintze das mittelalterliche Europa zu erhellen suchten, bezogen sich auf zeitgleiche Kulturen, Gesellschaften und politische Formationen. Sehr selten wird statt des synchronen aber der universale diachrone Vergleich praktiziert. Mit einem derartigen Ansatz wurde die deutsche Mediävistik 1964 konfrontiert, als der Konstanzer Arbeitskreis für mittelalterliche Geschichte über die gesellschaftliche Struktur der europäischen Städte beriet. Es war freilich kein Historiker, sondern der Geograph Eugen Wirth, der die sozialen und wirtschaftlichen Verhältnisse der Stadt im Osmanischen Reich des ausgehenden 19. Jahrhunderts mit denen im mittel- und westeuropäischen Mittelalter verglich; dabei war Wirth offenkundig durch den Essay Max Webers über die Stadt angeregt, ohne dass er dies besonders hervorgehoben hätte [Eugen WIRTH, Die soziale Stellung und Gliederung der Stadt im Osmanischen Reich des 19. Jahrhunderts, in: Untersuchungen zur gesellschaftlichen Struktur der mittelalterlichen Städte in Europa, Sigmaringen ²1974, 403–417, vgl. hier 416]. Wirth betonte eingangs, dass das Osmanische Reich in den Grundzügen „unserem Mittelalter trotz einer Phasenverschiebung von einem halben Jahrtausend so nahe verwandt (sei), daß eine übergreifende Betrachtung beider Perioden interessante Ergebnisse" verspreche [ebd., 401]. So sei die Stadt auch im Orient der zentrale Ort eines agrarischen Umlandes, in dem sich die nicht-landwirtschaftlichen Tätigkeiten konzentrierten: handwerkliche und gewerbliche Produktion, Betriebe mit sammelnder und verteilender Funktion, Verwaltung, Kultur und Dienstleistungen aller Art. Eine übergreifende und weit ausstrahlende Bedeutung haben auch diese Städte aber nur dann erlangt, wenn zu Handwerk und Einzelhandel mehrere wichtige andere Funktionen hinzutraten. Als Großstädte wurden sie zum Regierungssitz im Sinne einer regionalen Hauptstadt oder zu Zentren und Knotenpunkten des Fernhandels. Den okzidentalen mittelalterlichen Städten ähnelten auch die zunftähnlichen Korporationen, in denen die einzelnen Gewerbe- und Handwerkszweige der Stadt organisiert waren. Das Stadtbild wies ebenso wie im Westen Befestigungen mit Mauern, Türmen und wehrhaften Stadttoren auf; innerhalb der Stadtmauern fänden sich – eine weitere Analogie – unbebaute Flächen mit Gärten und landwirtschaftlich genutzten Flächen, vor den Toren aber Heiligtümer. Über die Stadtviertel selbst seien statt Kirchen Moscheen verstreut, mit der großen Freitagsmoschee anstelle der Kathedrale an zentralem Platz. Die in vielen Punkten auffallend enge Verwandtschaft zwischen der orientalischen Stadt des 19./20. Jahrhunderts und der mittelalterlich-europäischen Stadt habe natürlich historische Wurzeln: „Die Stadt überhaupt als eine besonders hohe Stufe menschlichen Zusammenlebens ist ja im Orient entstanden. Zur hellenistischen Zeit hat sie in Vorderasien, später dann im ganzen Bereich des Imperium Romanum weitgehend einheitliche Züge angenommen. In der römischen Kaiserzeit gehörten Köln, Lyon, Verona zu demselben großen Kulturkreis wie Ankara, Damaskus, Alexandria, Karthago. Erst mit der Völkerwanderung bzw. mit den Araberstürmen unterliegen die Städte in Abend- und Morgenland dann je verschiedenen Einflüssen" [ebd., 405].

Überaus eindrucksvoll schildert Wirth die Gegensätze zwischen den beiden städtischen Kulturen. Dabei beschränkt er sich nicht auf den Hinweis, dass die orientalischen Städte keine Autonomie und Selbstverwaltung erlangt haben (s. oben 2.1.1.3). Vielmehr zeigt er, dass die Städte im Osmanischen Reich ethnisch und religiös, ja sippenmäßig, höchst zersplittert waren, so dass die verschiedenen Gruppen – oft verfeindet – in eigenen Vierteln lebten; sogar Mauern konnten diese voneinander trennen. Die Stadtviertel (*harat*) seien die eigentlichen Ganzheiten der orientalischen Stadt, die durch gewisse Selbstverwaltungsrechte noch weiter voneinander separiert wurden. Die Sonderung der Menschengruppen habe sich auch auf die einzelnen Gewerbe erstreckt, die jeweils ganze Straßenzüge besetzten; Wohnen und Wirtschaften waren im Gegensatz zum Okzident strikt voneinander getrennt. Die soziale Schichtung der orientalischen Stadt des 19. Jahrhunderts markierten aber nicht horizontale, sondern vertikale Linien: „Der einflußreiche Vorsteher einer Handwerkskorporation fühlt sich dem letzten Lehrling seiner Zunft mehr verbunden als dem Vorsteher einer anderen Korporation; Analoges gilt für die ‚Nationen' und Religionsgemeinschaften (...). Nicht die Hierarchie einer sozialen Pyramide, das Über- und Untereinander einer sozialen Schichtung sind für die Sozialstruktur der orientalischen Stadt wichtig, sondern das gleichberechtigte bzw. gleich unberechtigte Neben- und Gegeneinander von auch räumlich getrennten Nationen, Religionen, Konfessionen, Zünften, Berufsbranchen und Sippen. Gestützt werden diese Verhältnisse durch das ursprüngliche islamische Recht, das keine sozialen Unterschiede und keine Privilegien kennt" [ebd., 413]. Auch im Verhältnis zu ihrem Umland unterscheidet sich die Stadt im Osten signifikant von ihrer Schwester im „Abendland". Denn sie ist nicht Markt und Umschlagplatz für die sie umgebende Landwirtschaft, der sie ihre zentralen Funktionen und Dienstleistungen zur Verfügung stellt und die sie häufig auch mit gezielten Investitionen fördert. Stattdessen zögen ansässige Grundbesitzer und Geldleiher möglichst hohen Gewinn aus Naturalabgaben, Pachten, Zinsen und so weiter aus dem Umland, ohne auch nur einen kleinen Teil dieser Renten wieder dem Lande zur Erhöhung seiner Produktivität zugute kommen zu lassen. Dieses „wirtschaftliche System des Rentenkapitalismus" war vor allem darin begründet, dass die Städte von jeher militärische und wirtschaftliche Stützpunkte von Fremdherrschaft, Eroberung und Ausbeutung gewesen seien. Hierhin setzte die Zentralgewalt Fremde als Machthaber mit ihrem Stab, die sie nach Belieben wieder abberief und somit am Einwurzeln hinderte. So wurden auch die Stadtmauern nicht auf Initiative der Bürger, sondern des Herrschers errichtet, und nicht Bürger, sondern Truppen des jeweiligen Machthabers übten ihre Verteidigung aus. Schließlich habe der Orient das spezifische Arbeitsethos des mittelalterlichen Westens nicht gekannt; ähnlich wie im Altertum galt Nichtstun als die vornehmste aller Tätigkeiten, während Broterwerb durch manuelles Schaffen verachtet war.

Vergleichende Geschichte, die sich auf Europa selbst beschränkt, lässt sich deshalb betreiben, weil der Kontinent genügend Unterschiede im Einzelnen bei allen Übereinstimmungen im Ganzen bietet, denen sie sich widmet. Seitenblicke auf außereuropäische Parallelen zur Profilierung europäischer Besonderheiten sind selbstverständlich trotzdem sinnvoll. Obwohl Marc Bloch gegen den universalen Vergleich Vorbehalte hegte, hat er sich doch beim Studium der Fachliteratur weder zeitliche noch räumliche Sichtbeschränkungen auferlegt, wenn es seinen eigenen Vorhaben diente. Im Hinblick auf die „Feudalgesellschaft" widmete er etwa den Publikationen seines Zeitgenossen, des in Amerika lehrenden Mediävisten Kan'ichi Asakawa, über den japanischen Feudalismus seine Aufmerksamkeit [Annales 2, 1930, 136f.]. Der Vergleich mit Japan scheint denn auch in seinem Werk gelegentlich auf [13: Bloch 277]. Überragendes Ziel seines Werkes war es jedoch, den europäischen Feudalismus in seiner Eigenart im Vergleich der europäischen Länder selbst zu ermitteln. Es verstehe sich von selbst, mahnte er schon 1927, dass der Vergleich nur dann Wert besitze, wenn er sich auf das eingehende, kritische und solide dokumentierte Studium der Fakten stütze: „Ebenso leuchtet ein, daß es die Begrenztheit der menschlichen Kräfte verbietet, für Forschungen aus erster Hand allzu große geographische Bereiche abzustecken" [68: Bloch 154]. Methodisch stellte er die Forderung auf, für jeden Aspekt des gesellschaftlichen Lebens Europas einen eigenen geographischen Rahmen zu finden, der sich aus dem Innern des untersuchten Phänomens herleite. Um künstlichen, etwa anachronistischen politischen, Grenzziehungen zu entgehen, brauche es Jahre der vergleichenden Analyse, und erst dann könne die Synthese beginnen. Bloch folgte mit diesen Maximen dem Vorbild Montesquieus sowie vor allem Émile Durkheims und dessen berühmter Schrift über die Regeln der soziologischen Methode [zum Folgenden: Émile DURKHEIM, Die Regeln der soziologischen Methode, Neuwied 1961, 167–169, 205; franz. Erstveröffentlichung 1895]. Wenn es um die Aufstellung der sozialen Typen gehe, hatte Durkheim dafür plädiert, dem Positivismus zu entsagen. Nur auf den ersten Blick scheine es keine andere Art des Vorgehens zu geben, als jede Gesellschaft für sich zu untersuchen, eine möglichst genaue und vollständige Monographie darüber zu liefern, hierauf alle Monographien zu vergleichen und von daher Ähnlichkeiten und Verschiedenheiten der Völker zu erschließen. Tatsächlich ließen sich aber die Tatsachen niemals in beweiskräftiger Vollständigkeit sammeln. Vorzuziehen sei deshalb die experimentelle Methode, die bestrebt sei, die entscheidenden Tatbestände zu setzen, die an sich und ohne Rücksicht auf ihre Zahl wissenschaftliches Interesse und Wert besitzen. Dieses Verfahren sei vor allem dann notwendig, wenn Gattungen und Arten festgestellt werden sollten. Für die Klassifikation von sozialen Typen sei es also notwendig, besonders wesentliche Eigenschaften auszuwählen. Der Weg zur Erkenntnis dieser Eigenschaften sei aber der Vergleich, die Methode des indirekten Experiments.

Als Ergebnis seines Vergleichens ergab sich Bloch eine europäische Feudalgesellschaft, die zwar „staatliche" Grenzen überschritt, selbst aber andere Gesellschaften des Kontinents beiseite rückte (s. oben 4.1). Hiergegen hat die neuere Forschung Einwände erhoben. Die französische Byzantinistin Évelyne Patlagean monierte Blochs Fixierung auf den „faisceau romano-germanique" und die Abgrenzung des Feudalismus durch drei Blöcke, den byzantinischen, muslimischen und slawischen. Dies sei schon deshalb fragwürdig, weil dabei ganz verschiedene Kriterien eine Rolle spielten: geopolitische, konfessionelle und sprachliche. Stattdessen verwies sie auf neuere Forschungen zum Feudalismus in Byzanz, Russland und auch Polen. Programmatisch forderte Patlagean deshalb 1986: „Il nous appartient ainsi de substituer à l'*histoire comparée* des années vingt et trente de notre siècle une *histoire générale*, avec un modèle féodal assez complex pour que la féodalité ouest-européenne en figure une version particulière, assez précisement repéré pourtant dans l'espace et dans le temps pour qu'il demeure un modèle d'historiens – et d'historiens d'une Europe qu'il aiderait alors à définir vraiment" [Évelyne PATLAGEAN, in 59: ATSMA/BURGUIÈRE 296, vgl. 280].

Im Unterschied zu Bloch hatte dessen Zeitgenosse, der deutsche Rechtshistoriker Heinrich Mitteis, den positivistischen Vergleich praktiziert, der bis heute das Feld der historischen Komparatistik beherrscht. Mit „Positivismus" ist freilich nicht nur, wie häufig unterstellt wird, eine Sammlung der „Tatsachen" gemeint, sondern er zielt auf die Erkenntnis des gesetzmäßigen Zusammenhangs der Erscheinungen ab (nach Auguste COMTE, 1844). Mitteis befasste sich wie Bloch mit dem Feudalismus, ohne freilich wie dieser jemals das soziale Ganze erfassen zu wollen. Auch richtete er sein Interesse ausschließlich auf das Lehnrecht, und zwar im Sinne eines bloß politischen Feudalismus. Die universalhistorisch-morphologische Fragestellung wollte er „der jungen Schwesterwissenschaft der Soziologie überlassen" [171: MITTEIS, Lehnrecht und Staatsgewalt 3]; stattdessen wollte Mitteis im Rahmen des abendländischen Lehnswesens eigentlich nur „die deutsche Rechts- und Verfassungsgeschichte besser kennen" lernen [172: MITTEIS, Der Staat des hohen Mittelalters VIII]. Moderne Theoretiker würden hier von der asymmetrischen Variante des kontrastierenden Vergleichs sprechen [vgl. Heinz-Gerhard HAUPT/Jürgen KOCKA, Historischer Vergleich: Methoden, Aufgaben, Probleme, in: Dies. (Hgg.), Geschichte und Vergleich, Frankfurt/New York 1996, 15]. Mitteis selbst bezeichnete seine Methode als „rechtsvergleichend", sein Anliegen wissenschaftsprogrammatisch als „Grundlagenforschung auf dem Gebiete der europäischen Verfassungsgeschichte in vergleichender Überschau" [171: Mitteis 2; 172: Ders. 1]. Die komparative Betrachtung, die auf jeder Stufe der historischen Entwicklung geboten sei, lasse das „Gemeinsame und Typische (...), aber auch das Individuelle und Besondere scharf hervortreten" [ebd., 5]. Den zeitlichen Rahmen seiner Studien bildete das hohe Mittelalter von 900 bis 1300; Mitteis bezeichnete diese Periode, die genau Blochs „Feudalgesellschaft" entsprach, als „Lehnszeitalter". Wie andere deutsche Autoren seiner Zeit ging es ihm auch um die Erklärung der jüngeren Geschichte des eigenen Volkes; er wollte wissen, weshalb das Lehnrecht in Frankreich zum Einheitsstaat, in Deutschland aber zu Föderalismus und Partikularismus geführt habe [vgl. 71: Borgolte 177–180].

Im Ergebnis führten die rechtsvergleichenden Analysen freilich zu einer erheblichen Modifikation seiner Ausgangsthese. Trotz gemeinsamer Herkunft aus fränkischer Zeit könne man nämlich für die Länder des Hochmittelalters nicht mehr von einem einheitlichen Lehnrecht sprechen: Neben den je besonderen Lehnrechten in Frankreich, Deutschland, Oberitalien und England hätten die kolonialen Lehnrechte in Osteuropa, den Kreuzfahrerstaaten, in Süditalien und Sizilien gestanden, „in denen die traditionale Entwicklung oft zu seltsamen Bildungen umgebogen" wurde. So gelte es auch im Hinblick auf das Lehnrecht, „das herkömmliche Bild von der Einheit des Mittelalters aufzugeben". Ebenso wenig wie *die* Gotik, *die* Scholastik, *die* Mystik habe es *das* mittelalterliche Lehnrecht als solches gegeben. Man müsse die Mehrheit der Lehnrechte und deren Verschiedenheit kennen lernen, um die Verfassungsentwicklung der werdenden Nationalstaaten zu verstehen [171: Mitteis 2, 226]. Nirgendwo sei überdies das Lehnswesen mehr gewesen als *ein* Element der Verfassung unter anderen. „Wenn wir den mittelalterlichen Staat in allen seinen Erscheinungen als ‚Lehnsstaat' bezeichnen, so ist damit ein Staat gemeint, dessen Verfassung vorwiegend, aber doch nicht allein durch das Lehnswesen bestimmt wird"; einen voll feudalisierten Staat haben nur die Reiche der Kreuzfahrer hervorgebracht [172: Mitteis 424, vgl. 237, 270]. Für die staatliche Entwicklung sei es aber entscheidend gewesen, in welchem Maße sich der König zum Herrn aller Vasallen machen konnte. Dies sei eben in Deutschland kaum, anderswo glänzend gelungen. In Deutschland und Italien habe das Lehnrecht zentrifugal, in Frankreich und England hingegen zentripetal gewirkt. So habe der Weg aus dem Lehnsstaat in Frankreich zur Zentralmonarchie geführt, in England zum Parlamentarismus, in Deutschland und Italien zur staatlichen Zersplitterung.

Konsequent durchgehalten, führt der positivistische Vergleich, wie sich hier zeigt, eher zur Erkenntnis des unaufhebbar Besonderen als zur erhofften Einsicht in Regeln oder gar Gesetze der Geschichte. Insofern behalten Durkheims Einwände gegen den Ansatz ihre Berechtigung. Man muss deshalb Ergebnisse, wie sie Mitteis erzielt hat, gar nicht abwerten, aber vom historischen Vergleich sollte doch beides erwartet werden: die bessere Erfassung des Einzelnen und die Einsicht ins Allgemeine, die das Besondere überhaupt erst profiliert. Verschärft werden die Schwierigkeiten des Vergleichs aber noch dann, wenn diesen nicht ein einzelner Forscher durchführt, sondern wenn mehrere Wissenschaftler und Wissenschaftlerinnen beteiligt sind. Gelegentlich hat man sich in der neueren Forschung hier mit einem „questionnaire" zu helfen versucht, der alle Mitwirkende auf gemeinsame Fragestellungen festlegen sollte; die dabei gemachten Erfahrungen sind aber nicht sehr ermutigend. So hat der ungarische Historiker János M. Bak kürzlich von den Erfahrungen einer Arbeitsgruppe ostmitteleuropäischer Spezialisten für die Geschichte des Adels berichtet, die sich nach der „Wende" in Europa austauschen und mit ihren Forschungen den Anschluss an die westlichen Entwicklungen in der Historiographie gewinnen wollten: „Wir planten also einen ähnlichen, präzisen ‚Fragenkatalog‘ auszuarbeiten, der auf jene Probleme orientiert werden sollte, die in Frankreich, England, Italien und Deutschland in diesem Problemkreis diskutiert werden. Bereits in diesem Stadium erwies sich – bei der ersten Arbeitstagung mit ungarischen, polnischen und kroatischen Kollegen –, daß man ungern bereit ist, sich auf so Spezifisches festzulegen. Es wurden so viele Fragen vorgeschlagen, daß damit de facto nur das gleiche erreicht werden konnte, was bislang immer geschehen war: Jeder sprach über dasjenige, was er oder sie seit eh und je betrieben hatte, womit ein relevanter und kritischer Vergleich doch wieder unmöglich wurde. Erst anderthalb Jahre später, nach einigen Arbeitstagungen, stimmten die Teilnehmer des Projekts einer begrenzten Fragestellung zu“ [Bak, in 83: Borgolte 59]. Am Ende der Bemühungen sollten vergleichende Beiträge über zwei Themenbereiche stehen: die Heiratsstrategien und verwandte Phänomene einerseits und Abhängigkeitsverhältnisse innerhalb der Adelsgesellschaft (‚Klientelismus‘, Vasallität usw.) andererseits. Das Ergebnis sei aber heterogen geblieben: „Aus den anderthalb Dutzend eingereichten Studien hielten sich nur ein oder zwei Kollegen streng an die Vorgabe, die meisten anderen sprachen zwar manche Aspekte des gestellten Rahmens an, aber selten in der Art und Weise, wie wir es uns vorgestellt hatten. Vor allem waren wenige bereit, den herkömmlichen Begriffsapparat kritisch unter die Lupe zu nehmen und zu versuchen, aus den Ergebnissen der Eliteforschung außerhalb der Region (ja des eigenen Landes) Lehren zu ziehen“ [ebd.].

Ganz ähnliche Erfahrungen vermittelt ein Sammelband englischer und deutscher Mediävisten, die – ebenfalls in der jüngeren Vergangenheit – „England and Germany in the High Middle Ages“ einem systematischen (wenn auch nicht erschöpfenden Total-) Vergleich unterziehen wollten. Der Reiz des Werkes liegt darin, dass zu sechzehn ausgewählten Themen wirklich je ein(e) deutsche(r) und ein(e) englische(r) Historiker(in) zu Worte kam [517: Haverkamp/Vollrath]. Trotzdem blieb das Ergebnis ernüchternd; ein wirklicher Dialog zwischen beiden Seiten kam offenkundig nicht zustande. Zum Thema der Kreuzzugsbewegung behandelte der deutsche Autor beispielsweise umfassend „Kingship and Crusade in Twelfth-Century Germany“ [R. Hiestand], während sich der englische Kollege auf „Preaching the Crusade in Wales“ beschränkte [P. W. Edbury]. Umgekehrt suchte John Gillingham der sozialen Mobilität in England zwischen der normannischen Eroberung und dem frühen 13. Jahrhundert im Ganzen gerecht zu werden, Michael Matheus aber erörterte das Thema nur am Beispiel der Zensualität. Lediglich beim Thema der Stadtgeschichte stießen historische Wahrnehmungen und Urteile hart aufeinander, ohne dass die Differenzen freilich aufgearbeitet worden wären. Hermann Jakobs rückte, kontinentalen Traditionen der Geschichtswissenschaft entsprechend, in seiner Darstellung der städtischen Sozialgeschichte in Deutschland zur Zeit der Salier und Staufer Kommunebewegung und Stadtrechte in den Vordergrund; Susan Reynolds konstatierte hingegen ein vergleichsweise schwaches Interesse der englischen Mediävistik an dieser Periode der Stadtgeschichte überhaupt: „The period between 900 and 1300, or thereabouts, which may be taken to cover the high Middle Ages, has not been an area of great activity among English urban historians of late. More interest has been focused on the early Middle Ages, where archaeology has been so profitable and important, and on the later Middle Ages, where traditional discussions of oligarchies and crafts have been diversified by a newer interest in what is generally called the decay or decline of late medieval towns“ [ebd., 271]. Reynolds verband diese Forschungsbilanz mit einer provozierenden Abwertung der „Stadtgemeinde“ (so im englischen Text), das heißt der Kommune, sowohl in England als auch anderswo. Man müsse im Auge behalten, dass die Städte schon vor dem 12. Jahrhundert Gemeinschaften gebildet hätten wie Dörfer oder Grafschaften oder andere politische Einheiten auch. Der den Kommunen zugeschriebene „korporative Status" sei aber nichts als ein rechtshistorischer Anachronismus. „In England there is plenty of evidence that towns were anxious to run their own affairs, and the occasional use of the word ‚commune', together with the reactions it evoked, suggests that the ‚French connection' involved aspirations that kings and clergy saw as subversive. On the other hand, the strength of royal authority in England forced urban politics into a genuinely different mould. There was less opportunity here for towns to revolt and less need for them to do so in order to protect themselves and their members against the dangers of anarchy" [ebd., 276f.; vgl. 204: REYNOLDS].

Bei länderübergreifenden Vergleichen erweisen sich stets die unterschiedliche Quellenlage, die Differenzen im Forschungsstand und die verschiedenen Forschungstraditionen als Hindernisse für eine rasche Verständigung. Noch wichtiger – und elementarer – ist aber gewiss, dass weder Quellenbegriffe noch wissenschaftliche Terminologien stabil und ohne weiteres austausch- oder übersetzbar sind. Schon Marc Bloch hat konstatiert, dass die nationalen „Arbeitswortschätze" voneinander divergierten und dass „das Feld der europäischen Geschichte zu einem wahrhaftigen Babel geworden sei"; er forderte deshalb, neben einer europäisch vergleichenden Sachforschung schrittweise auch eine gemeinsame Wissenschaftssprache auszubilden [68: BLOCH, 157, 159; vgl. Otto Gerhard OEXLE, in 358: BORGOLTE 112f., 126]. Auch dabei ist die jüngere Forschung aber nicht viel weiter gekommen. János Bak gab jüngst das Beispiel, dass die Quellenbegriffe *genus* bzw. *generatio* im ungarischen Mittelalter einen erheblichen Wandel erfahren haben und sich bei ihrer Anwendung auf den polnischen Adel noch einmal Bedeutungsdifferenzen andeuteten. Die von ihm gebildete Arbeitsgruppe habe auch das Englische als moderne Wissenschaftssprache erprobt, um eine Verständigung der beteiligten Wissenschaftler verschiedener Nationen zu erleichtern. Damit habe sich aber wiederum die Schwierigkeit ergeben, „Worte, die aus der angelsächsischen historischen Praxis entstanden sind, auf die Erscheinungen in Ostmitteleuropa zu übertragen bzw. für ‚Sachen', die es im mittelalterlichen England (Schottland, Wales) nicht gab, sinnvolle englische Ausdrücke zu finden." Der *comes*, ungarisch *ispán*, an der Spitze eines königlichen Komitats oder Forsts sei mit dem englischen *sheriff* einer *shire* kaum gleichzusetzen; auch Bak forderte als Konsequenz aus derlei Beobachtungen, parallel mit vergleichenden Arbeiten ein Glossar anzulegen, welches zeitliche und räumliche Unterschiede ebenso berücksichtigt wie das Problem der Übersetzung in andere Sprachen [BAK, in 83: BORGOLTE 63f.].

Die Verständigungsprobleme bei „intersubjektiver" Komparatistik dürfen gewiss nicht unterschätzt werden, doch eröffnen derartige Projekte dem jeweiligen Diskussionspartner immerhin die Chance, das „Eigene" besser zu erkennen und durch Konfrontation mit dem „Fremden" übersehene Phänomene im vermeintlich beherrschten Forschungsfeld per Analogie erst aufzuspüren. Wie aber soll man Forschungsergebnisse komparativ zusammenfassen, die weitgehend durch Einzelne an spezifischen Gegenständen gleicher Art erzielt worden sind? Dieser Frage setzte sich Hans-Werner GOETZ aus, als er vor kurzem den bemerkenswerten Versuch unternahm, die frühmittelalterlichen Grundherrschaften und ihre Erforschung im europäischen Vergleich zu resümieren [in 83: BORGOLTE]. Das Vorhaben erwies sich ihm als schlechthin undurchführbar. In diesem Forschungsfeld, wo gewöhnlich regional- oder gar lokalgeschichtlich gearbeitet wird, unterschieden sich die Grundlagen und Ergebnisse in jeder Hinsicht so gravierend, dass allgemeine Aussagen unmöglich wurden. Schon der deutsche Begriff „Grundherrschaft" ist kaum übersetzbar, und für die französische „seigneurie foncière“ oder die italienische „signoria rurale“ gilt das Gleiche. Goetzens Befund ist umso beklemmender, als sich die Grundherrschaftsforschung mit einem überschaubaren, wenn auch zentralen Phänomen der mittelalterlichen Agrarverfassung befasst und – wenigstens in den letzten Jahrzehnten – einen ungewöhnlich intensiven internationalen Gedanken- und Ergebnisaustausch pflegt.

Wie in diesem Falle konzentrieren sich die allgemeinen Bemühungen, über Einzelstudien zum europäischen Vergleich zu kommen, bisher überwiegend auf wissenschaftliche Tagungen mit den Referaten von Spezialisten und auf entsprechende Sammelbände. Das gilt für die regional ansetzende Feudalismus-Forschung ebenso [87: Bournazel/Poly; 221: Structures féodales; vgl. 45: Poly/Bournazel], wie für die Geschichte von Adel und Königtum [109/110: Duggan; 187: Oexle/Paravicini; 118/119: Fleckenstein], für die vergleichende Stadtgeschichte [37: Jarnut/Johanek; 95: Clarke/Simms], die Geschichte der Kolonisationen [179: Müller-Wille/Schneider; 213: Schlesinger], der „Frontier Societies“ [64: Bartlett/MacKay] oder der kirchlichen Strukturen [115: Erkens; 199: Petersohn] und des Bildungswesens [128: Fried; weitere Nachweise bei 76: Borgolte]. Viel seltener sind hingegen historische Vergleiche durch einzelne Autor(inn)en, die sich meist auf die gleichen Themenfelder konzentrieren [z.B.: 492: G. W. S. Barrow; 62/63: J. Barrow; Gadi Algazi, Hofkulturen im Vergleich, in 83: Borgolte; Karl-Heinz Spiess, Höfische Feste im Europa des 15. Jahrhunderts, in ebd.; Sławomir Gawlas, Die Probleme des Lehnswesens und des Feudalismus aus polnischer Sicht, in ebd.; 80: Borgolte]. Nach Monographien, wie Marc Blochs „Wundertätige Könige“ [69; vgl. 519: Hoffmann] oder der Abhandlung von Knut Schulz über Kommunebildung und europäisches Bürgertum [218: Schulz; vgl. 104: Dilcher; 201: Pitz], muss man noch länger suchen [vgl. noch 116: Erlen; 189: Ortenberg]. Dabei dürfte sich bei diesem Genus wissenschaftlicher Arbeit die Zukunft der europäischen Geschichte des Mittelalters überhaupt entscheiden, die nicht anders als komparativ verfahren kann. Ein europaweiter Gesamtvergleich kann zwar aufgrund der Überlieferung und des Forschungsstandes derzeit nur bei der zentralen Frage politischer Herrschaft ansetzen (vgl. oben 2); bei anderen Sachverhalten aber muss nur ein einigermaßen homogener Kenntnisstand in mindestens zwei Varianten des gleichen Phänomens erreicht sein, damit die vergleichende Analyse und Darstellung beginnen kann. Allerdings kann sich die komparative Forschung mit der bloßen Kompilation oder Konfrontation vorliegender Einzelbefunde nicht begnügen, sondern sie wird mit ihren Fragen den durch die Spezialisten bearbeiteten Stoff noch einmal – und anders als diese – erschließen [vgl. František Graus, Das Scheitern von Königen: Karl VI., Richard II., Wenzel IV., in: Reinhard Schneider (Hg.), Das spätmittelalterliche Königtum im europäischen Vergleich, Sigmaringen 1987, 18f.].

Wie erfolgreich trotz aller Schwierigkeiten solche Unternehmungen sein können, haben in den letzten Jahrzehnten je eine deutsche und eine amerikanische Abhandlung gezeigt. Die eine von ihnen – Dietrich Kurzes „Pfarrerwahlen im Mittelalter“ [156] – wurde 1963 an der Freien Universität Berlin als Habilitationsschrift eingereicht und verrät nach Fragestellung und Durchführung Einflüsse der damals aufkommenden Sozialgeschichte [vgl. 356: Borgolte 87ff.]. Die andere entstand eine Generation später und trägt die Signatur des „return of the state“: James Givens vergleichende Studie über „Gwynedd and Languedoc under Outside Rule“ [133]. Eine genauere Betrachtung beider Werke kann die Chancen und Grenzen komparativer Monographien zum hohen Mittelalter erhellen.

Dietrich Kurze hat sich in seinem Buch von vorn herein auf Lateineuropa beschränkt; für das Byzantinische Reich beziehungsweise die Orthodoxie lagen damals – und liegen bis heute – auch gar keine eingehenden Forschungen zum Pfarrwesen vor [vgl. 275: Beck 83; Évelyne Patlagean, in 53: Vauchez 14; zur Rus' ebd. Jerzy Kłoczowski 337 mit Anm. 19]. Die Abhandlung beginnt mit den Jahrhunderten der frühen Christenheit und endet mit dem späten Mittelalter; neben dem römisch-deutschen Reich werden Skandinavien, Ostmitteleuropa (Ungarn, Böhmen, Polen, der Deutschordensstaat) und in Westeuropa England, Frankreich und Spanien untersucht. Dieser Raum konnte aber nur sehr ungleichmäßig erfasst werden, weil der Stand der Vorarbeiten stark differierte. Den Zugang zum historischen Material selbst eröffneten Übersichtswerke der einzelnen (modernen) Länder; selbstverständlich war es bei dieser europaweit angelegten Studie unmöglich, lokalhistorische Forschungen zum Pfarreiwesen selbst systematisch auszuwerten. Nationalhistorische Handbücher mussten auch den Zugang zur jeweiligen Überlieferung bahnen; über die bereits edierten Quellen hinaus konnte der Autor ungedruckte Zeugnisse nicht verarbeiten. Zu den Problemen im Umgang mit der Überlieferung und mit dem geschichtlichen Stoff im Ganzen musste Kurze auch eine bestimmte Struktur seines Themas meistern, nämlich die „Verbindung von lokaler und gesamteuropäischer Parochialgeschichte“ [156: Kurze 5]. Die Erforschung der Pfarreigeschichte erwies sich rasch als Arbeit an einem äußerst divergenten Material. Lässt sich Pfarrerwahlgeschichte überhaupt als e i n e Geschichte verstehen, oder haben wir es im Grunde mit einer Vielzahl regionaler oder lokaler Geschichten zu tun, so fragte Kurze [ebd., 143, vgl. 314f., 434].

Abgesehen von der Feststellung der Pfarrerwahlrechte im Horizont Europas musste es Kurze darauf ankommen, die jeweiligen Belege für das Wahlrecht historisch zu erklären. Dabei kamen prinzipiell drei Deutungsmuster in Betracht: die Ableitung des Pfarrerwahlrechts durch die Gemeinde von Vorbildern der frühen Kirche, also eine historisch-genetische Erklärung; die Herleitung von gleichzeitigen Vorbildern anderer Länder oder Regionen, also eine Erklärung nach dem Modell des kulturellen Austauschs oder der Wechselbeziehungen in Europa; schließlich die Deutung des Wahlrechts als Analogiebildung unter verschiedenen sozialen, rechtlichen und politischen Bedingungen der jeweiligen Umwelt. Eine besondere Stärke der unter diesen Prämissen durchgeführten Untersuchung lag darin, dass Kurze weniger Länder und Reiche im Ganzen, sondern, wo immer möglich, die Regionen im Besonderen als Ausgangspunkte gewählt hat. Die Falle der nationalstaatlichen Geschichtsperspektive konnte er also meiden.

Mit Pfarrerwahlen werden die Wahlen des Pfarrers durch die jeweilige Kirchengemeinde bezeichnet; das Recht zur Pfarrerwahl stand im Gegensatz zu den Ansprüchen der Bischöfe, die Pfarrherren in eigener Verantwortung zu bestimmen, auch im Gegensatz zu königlichen, adligen, klösterlichen oder sonstigen geistlichen Magnaten, denen die betreffende Kirche gehörte und die deshalb den Anspruch auf die Bestellung des Pfarrers für sich selbst geltend machten. Im Sinne des römischen Kirchenrechts musste die Pfarrerbestellung beim zuständigen Diözesanbischof liegen.

Die Geschichte der frühen und frühmittelalterlichen Kirche kann hier beiseite bleiben, und im Folgenden soll auch von Landpfarreien, nur ausnahmsweise dagegen von städtischen Pfarreien, die Rede sein. Einen prominenten Platz in Kurzes Werk nimmt Skandinavien ein; hier – in Dänemark, Norwegen und Schweden – hat sich die Kirchenorganisation ja erst zwischen dem 10. und 13. Jahrhundert ausgebildet oder konsolidiert [s. oben 2.1.5; vgl. jetzt auch Tore Nyberg, in 83: Borgolte]. Andererseits war die frühere Forschung geneigt, in Skandinavien weiterwirkende germanische Verhältnisse zu identifizieren, besonders was die angebliche germanische Demokratie angeht. Dietrich Kurze richtete nun an die Überlieferung der Nordländer die Frage, ob hier ohne erkennbaren Traditionszusammenhang mit altkirchlichen beziehungsweise frühmittelalterlichen Vorbildern sozial- und verfassungsgeschichtliche Bedingungen von sich aus Pfarrerwahlen zur Folge haben konnten [ebd., 74]. Für Norwegen standen zur Beantwortung vier große Rechtsbücher der Thingverbände zur Verfügung; diese Thingverbände waren Zusammenschlüsse der *fylki*, der Volkslande. In dem ältesten dieser Rechte, dem kurz vor 1152 entstandenen „Borgarthing", kann man offenbar eine frühe Schicht gemeindlicher Ordnung fassen. Demnach gab es hier in den drei Fylken sechs Fylkiskirchen, zu deren Bau und Unterhalt die Männer des Volkslandes verpflichtet waren. Erwähnt wird schon der kurz vor 1130 eingeführte Zehnt, von dem die Bonden den vierten Teil erhielten, um ihn an die Armen zu verteilen. Die Bonden waren es auch, die ‚einen Priester bestimmen für ihre Kirche und den haben, den sie wollen. Der Bischof hat nach dem Gesetz nicht das Recht, ihn von dieser Kirche zu entfernen, nur in dem einen Fall, daß er das Zeugnis zweier Priester vorbringt (...), daß er kein an einer Kirche anstellbarer Priester ist wegen seiner Unwissenheit' [ebd., 78, nach Borg. I,12]. Die Kirchspielsgenossen hatten also die Kirchherrschaft selbst inne und konnten ihre Priester bestimmen. In den anderen drei norwegischen Rechtsbereichen findet sich dieses Pfarrerwahlrecht nicht mehr. Nach Kurzes Interpretation lässt sich die Wende von der Herrschaft der Kirchspielsgenossen zur Herrschaft des Bischofs über das Niederkirchenwesen in die Zeit legen, in der die Rechte ihre erste schriftliche Fixierung erfahren haben, nämlich in die Mitte des 12. Jahrhunderts. Damals wurde die norwegische Kirche ja auch der römisch-katholischen Kirchenstruktur angeschlossen und eingeordnet; man erinnere sich nur an die Thronfolgeordnung von 1152, die den fünf Bischöfen des norwegischen Festlandes „fast unbeschränkte Macht" gegeben hat [ebd., 83; vgl. oben 2.1.5]. „Mit der Epoche von 1152", so resümiert Kurze, „verlieren die Bonden das Recht der Priestereinsetzung; das Buch des Borgarthings, wahrscheinlich kurz vor dieser Wende geschrieben, kennt es noch, die anderen Rechtsaufzeichnungen, die etwas später liegen, können nur noch die Vormacht der Bischöfe unterstreichen. Unter Anlehnung an die weltlichen Formen politischen Lebens hatte sich im neumissionierten Norwegen die Kirchherrschaft der politischen Gruppen fast zwangsläufig ergeben, ohne Beeinflussung durch die Verhältnisse des schon länger christianisierten europäischen Festlandes. Als Norwegen dann mit der nahezu abgeschlossenen kirchlichen Rechtsbildung Roms zu einer Zeit politischer Schwäche konfrontiert wurde, bedeutete dies – jedenfalls im Bereich des geschriebenen Rechtes – den Sieg der bischöflichen Herrschaft über die der Kirchspielsgenossen" [ebd., 84].

Auch in Dänemark und Schweden fand Kurze Spuren eines ursprünglichen Priesterwahlrechts; seine Ergebnisse bleiben hier aber wegen des Forschungsstandes etwas vage. In jedem Fall glaubt der Autor feststellen zu können, dass es sich beim Pfarrerwahlrecht in Skandinavien nicht um ein wie sonst überwiegend im Hochmittelalter erst erstrittenes Recht einzelner Gemeinden gehandelt hat, sondern um einen Anspruch, der von vorn herein ganze Landschaften umfasst hat. Pfarrerwahlen in Skandinavien leiteten sich nicht vom Modell frühchristlicher Gemeinden, sondern von den politischen Gegebenheiten im Lande selbst ab [ebd., 95 f.].

Nach dem Norden Europas wandte sich Kurze Italien und Mitteleuropa zu. Für Italien stellte er einen Aufschwung der Pfarrerwahlen seit dem 12. Jahrhundert fest, der mit der Kommunebildung und der bürgerlich-gemeindlichen Selbstverwaltung zusammengehangen habe [ebd., 137–140]. In Deutschland müsse die Verbreitung der gemeindlichen

Bestellung der Seelsorger sehr differenziert von Landschaft zu Landschaft beurteilt werden. Insgesamt deutet sich aber hier ein Zusammenhang mit der Bildung politischer Gemeinden in den Städten und auf dem Lande an. (Die Landgemeinde ist im Reich nach neueren Forschungen seit dem 11., besonders aber im 12. und 13. Jahrhundert in regional unterschiedlicher Ausprägung und Verbreitung entstanden; vgl. KURZE, in 33: Istituzioni.) Ein Sonderfall war Friesland: „Nirgends hat sich sonst ein so weit verbreitetes und kräftiges Eigenregiment in weltlichen und kirchlichen Fragen entwickelt und für Jahrhunderte gegen die Einbruchsversuche von Häuptlingen, auswärtigen Herren und kirchlichen Instanzen gehalten wie hier im Grenzraum des Reiches an der Nordseeküste. Friesland erscheint somit nicht nur im Gefüge des Reiches wie ein eigenständiger, nie wirklich eingegliederter Körper, sondern auch im Rechtsgebiet der katholischen Kirche als typischer Außenseiter, dessen Starrsinn man besser mit Konzessionen als mit Gewalt begegnete“ [ebd., 199f.].

Andere Gebiete wurden gar nicht vom Patronatsrecht der Gemeinden erfasst. Zu diesen gehörte Südwestdeutschland. Hier hat lediglich die Reichsstadt Ulm der Abtei Reichenau für einen sehr hohen Geldbetrag das Pfarrpatronat abgekauft. Der Grund für den gänzlichen Mangel schwäbischer Gemeindepatronate hat wohl darin gelegen, „daß es bei der Einrichtung und beim entscheidenden Ausbau des Pfarrsystems im frühen und hohen Mittelalter keine Gemeinden gab, die in der Lage waren, mit den Kräften der Kirche und des Adels zu konkurrieren (...). Als im späteren Mittelalter der kommunale Gedanke in den Städten und Dörfern immer stärker wurde, war das Verfügungsrecht über die Pfarrstellen bereits in festen Händen und das Feld möglicher Expansionen gemeindlicher Selbstverwaltung fast überall auf die niederen Pfründen, auf Kaplaneien, Altarbenefizien, Frühmeßpriesterstellen usw. eingeengt“ [ebd., 276]. Pfarrerwahlrechte konnten ansonsten seit dem Hochmittelalter jederzeit erworben werden und zeigten oft eine erstaunliche Beharrungskraft. So hat die Gemeinde Steinfeld im Bistum Osnabrück das Recht 1187 erlangt und bis ins 20. Jahrhundert bewahrt. Andere Parochianen verloren ihr Patronat oder ihr Mitspracherecht im 16. bis 18. Jahrhundert, wieder andere gewannen es in der nachtridentinischen Epoche erstmalig und neu. Obwohl die Pfarrerwahl zu den zentralen Forderungen des Bauernkrieges gehörte, kann keine Rede davon sein, dass sie im Reich eine reformatorische Innovation darstellte. Das Wahlrecht konnte auf verschiedene Weise erworben werden: durch Kauf, durch Usurpation, durch freie Verleihung oder auch durch den selbständigen Bau von Kirchen. Auch die Motive waren verschieden: Nicht zu unterschätzen ist das Bedürfnis einer geordneten Seelsorge und regelmäßiger sakramentaler Betreuung; daneben und oft vorrangig spielten aber auch kommunalpolitische, wirtschaftliche und allgemeinpolitische Interessen eine Rolle. Auch der Intensitätsgrad der Mitbestimmung bei der Wahl war verschieden; er reichte vom Einspruchsrecht über die Teilhabe an der Nomination bis zur freien Wahl und zum Absetzungsrecht, Formenreichtum herrschte auch bei den Wahlmodalitäten (betreffend den Kreis der Wahlberechtigten, den Erlass von Wahlkapitulationen usw.). So kann man sagen, dass allgemeine Regeln über die Pfarrerwahlen kaum formuliert werden können. Überall herrschte „der Regionalismus, ja man möchte sagen der Lokalismus“ [ebd., 491].

Im Unterschied zu Skandinavien kann in Deutschland nach Kurze keine Rede davon sein, dass die bäuerlich-genossenschaftliche Kirchherrschaft am Anfang der Pfarrgeschichte gestanden hat. Die alte These eines markgenossenschaftlichen Ursprungs der Pfarrerwahlen lässt sich nicht halten. Nach Bischöfen und geistlichen Anstalten, nach Königen und Adligen als weltlichen Grundbesitzern im frühen Mittelalter waren die bäuerlichen Parochianen offenbar die letzte Personengruppe, die aus freier Initiative

Gotteshäuser errichtete und aus ihren Leistungen bestimmte Herrschaftsansprüche ableitete, so eben das Wahlrecht. Auch beim Reich kommt Kurze also zu dem Ergebnis, dass die Pfarrerwahlen „mit einem allgemeinchristlichen Konsensrecht" nichts zu tun hatten und „vielmehr an bestimmte sozial- und verfassungsgeschichtliche Voraussetzungen gebunden" waren [ebd., 237].

Im östlichen Mitteleuropa ging es dem Autor insbesondere um die Frage, ob die deutschen Siedler, die bis ins Prussenland vorstießen, den Gedanken der Pfarrerwahl verbreitet haben. Tatsächlich lässt sich in Ungarn beobachten, dass es Pfarrerwahlen besonders in den Gebieten deutschstämmiger Siedler (Siebenbürgen, die Zips) gegeben hat (s. auch oben 2.1.7). Dieser Befund sei aber kaum auf die Herkunft der Siedler zurückzuführen, die vor allem im moselfränkischen Raum vermutet werde; denn dort wurden die Pfarrerwahlen ausweislich der Überlieferung gerade nicht praktiziert. So habe „erst der Wille, inmitten einer fremden Umwelt mit anderen Rechtsbräuchen und anderen kirchlichen Gewohnheiten die Eigenständigkeit zu bewahren", die Wahl der Geistlichen notwendig gemacht [ebd., 452]. Entscheidend für die Konzession des Rechts war offenbar der Wille des ungarischen Königs, der die deutschstämmigen Siedler mit Königsland ausstattete. In Böhmen war das Vorhandensein von Pfarrwahlrechten an die Voraussetzung deutschrechtlich geprägter Gemeinden, und zwar städtischer Gemeinden, gebunden; in Polen gab es dagegen praktisch keine Pfarrerwahlen durch die Gemeinden. Im Deutschordensland war die Grundherrschaft der Kirchen so stark, dass Pfarrerwahlen nicht aufkommen konnten [ebd., 461–470].

Was schließlich England, Frankreich und Spanien betrifft, so ließ der Forschungsstand nur summarische Aussagen zu: „Weder in England noch in Frankreich scheinen die Gemeinden bei der Pfarrstellenbesetzung ein gewichtiges Wort mitgesprochen zu haben, und auch in Spanien war die Mitwirkung der sich doch sonst längere Zeit weitgehend selbstverwaltenden Kommunen und Siedlungsgenossenschaften beim Pfarrsatz wesentlich bescheidener, als man vermuten möchte" [ebd., 474]. Freilich harrt gerade in Spanien „der Anteil der Gemeinden und Genossenschaften an der Leitung der Niederkirchen und besonders an der Stellenbesetzung (...) u W. noch der Erforschung" [ebd., 485].

Es gehört zu den Stärken systematisch angelegter komparativer Studien im Hinblick auf ganz Europa, dass dabei auch Negativbefunde sichtbar werden. Auch in Dietrich Kurzes Buch, das doch „nur" einen Teil des westlichen Europa erfassen konnte, wird das schon deutlich. Vor allem aber ist die Leistung des Autors bemerkenswert, dass er ein Phänomen großer Variabilität auf der Grundlage von Spezialstudien der internationalen Geschichtswissenschaft vergleichend zusammenzufassen und neu zu deuten verstand. An der „extraordinaire variété des situations locales" sind dagegen noch in jüngster Zeit französische, italienische und Schweizer Historiker bei einem komparativ angelegten Sammelband über „La parrocchia nel medio evo" gescheitert [194: Paravicini Bagliani/Pasche; Zitat von André Vauchez, ebd. 305; zu Polen vgl. jetzt noch 750: Górecki].

Anders als Dietrich Kurze hat sich James Given nicht auf ein Spezialproblem in einem viele Länder erfassenden Vergleich konzentriert, sondern zwei Regionen in ihrem inneren Gefüge im Ganzen untersucht. Dabei hat der amerikanische Mediävist Ansatz und Methode seines Werkes hoch bewusst in der wissenschaftlichen und politischen Lage seiner Zeit verankert (ersch. 1990). Wenn es darum gehe, so begründete er die Methode des Vergleichs, „the workings of medieval society as a whole" zu begreifen, dann könne man nur komparativ vorgehen. Gesellschaften seien nämlich keine ganzheitlichen Totalitäten, sondern komplexe Ganze, voller Kräfte und Prozesse, die keineswegs exakt ineinander griffen, sondern in verschiedene, oft entgegengesetzte Richtungen zielten. Ihm selbst gehe es zwar auch um Generalisierungen, aber vor allem doch um das Aufspüren von Varianten des Geschichtsprozesses („'variationfinding' generalizations"). Durch Einsichten in die Abweichungen eines allgemeinen Phänomens sei ein wirklicher Fortschritt im Verständnis des mittelalterlichen europäischen Gesellschaftssystems überhaupt möglich; es gebe zwar viele Spielarten des Systems, aber nicht unendlich viele Möglichkeiten [133: GIVEN 12f.]. Ausdrücklich im Gegensatz zu Marc Bloch und unter Berufung auf anthropologische Forschungen bekannte sich Given zum Vergleich von voneinander isolierten Gesellschaften. Bei Blochs Versuchsanordnung benachbarter Gesellschaften könne man letztlich nicht entscheiden, ob die festgestellten Übereinstimmungen auf Wechselwirkungen oder auf kulturelle Diffusion zurückzuführen seien; auch verspreche der Vergleich zweier Formationen großer Ähnlichkeiten keine bedeutenden Erkenntnisse [ebd., 14f.].

Given ging es um mittelalterliche Gesellschaften im Ganzen, aber natürlich nicht um eine Totalanalyse, sondern um ein Verständnis der Zusammenhänge. Dazu suchte er die Schnittstelle zwischen „Staat" und „Gesellschaft" (so auch der Haupttitel seines Buches: „State and Society in Medieval Europe"). Wie er ausführte, hatte sich die neuere, sozialhistorisch bestimmte Forschung zwischen den fünfziger und mittsiebziger Jahren vom Thema des Staates abgewandt; nicht formale politische Institutionen, sondern politisches Verhalten habe im Vordergrund der Forschungen gestanden. Der Niedergang des Staates (der Gegenwart), vor allem in den USA, sei mit der Vorherrschaft pluralistischer Interpretationen des politischen Prozesses in der amerikanischen politischen Wissenschaft einhergegangen. Die pluralistischen Schulen hätten im Staat nicht mehr als eine Vielzahl von miteinander konkurrierenden Gruppen sehen wollen, deren Mitgliedschaften fließend gewesen seien und deren Interessen sich oft überlappt hätten: „The state is neutral, an ‚empty slate', whose task consists of balancing the demands of these competing interest groups" [ebd., 2]. Politologen und Soziologen haben aber Mitte der siebziger Jahre den Staat wieder entdeckt. Given, der vor der „Wende" in Europa geschrieben hat, nannte als Ursachen den evidenten Aufstieg des Staates am Ende des 20. Jahrhunderts, der sich an den Interventionen in nahezu allen Aspekten des bürgerlichen Lebens und am Kampf um die Hegemonie in der Weltwirtschaft zeige. Ferner wies er darauf hin, dass revolutionäre Bewegungen am Rande der kapitalistischen Weltwirtschaft zunehmend versuchten, staatliche Macht zu gewinnen und mit ihr die bürgerlichen Gesellschaften zu reformieren. Schließlich sei unter westlichen Marxisten und Neo-Marxisten ein heftiger Streit um die Rolle des Staates im späten Kapitalismus entbrannt.

Der Autor selbst wollte den Staat nicht zu einem Epiphänomen der Gesellschaft reduzieren, sondern einige der sozialen und wirtschaftlichen Zwänge erfassen, die den mittelalterlichen Staat geformt hätten; andererseits aber lag ihm daran, in Erfahrung zu bringen, welche Prägekraft der Staat selbst und seine Führer auf die Gesellschaften entfalten konnten. Um diese Fragen zu klären, wollte er statt eine Totalgeschichte des mittelalterlichen Staates zu schreiben einen einzigen Gesichtspunkt der Wechselwirkung von Staat und Gesellschaft analysieren, nämlich die Inkorporation einer vorher autonomen Region in ein expansives Königreich des westlichen Europa [ebd., 5]. Natürlich bereitete Given die Definition des Staates Probleme, für die es ja eine unübersehbare Fülle von Angeboten gibt und deren Anwendung aufs Mittelalter besondere Schwierigkeiten bereitet. Vordergründig orientierte er sich an der Bestimmung durch Alfred STEPAN [The State and Society: Peru in Comparative Perspective, Princeton, New Jersey 1978, xii]: „The state must be considered more than the ‚government'. It is the continuous administrative, legal, bureaucratic and coercive systems that attempt not only to structure relationships *between* civil society and public authority in a polity but also to structure many crucial relationships within society as well." Natürlich wandte er selbst gegen diese Definition ein, dass sie sich auf den modernen Staat mit dem Monopol der Gewaltausübung beziehe und auf mittelalterliche politische Einheiten nur bedingt anwendbar sei. Aber er nahm den Ansatz Stepans doch in sein Deutungskonzept auf, das er durch andere Ingredienzien bereicherte. Vor allem wollte er der zusammengesetzten Qualität von staatlicher Gewalt Rechnung tragen: ‚Vielleicht ist es die unschuldigste Aussage über den Staat, dass er aus jenen Gruppen besteht, die bindende Entscheidungen über die Zeit der meisten Menschen treffen, die in einer besonderen politischen Gesamtheit leben' [ebd., 6]. Bei der Anwendung auf das nordwestliche Europa im 13. und 14. Jahrhundert ließen sich diese theoretischen Interpretamente zum Staat am besten auf die Regierung der Könige beziehen, obschon diese Einsicht nicht gerade originell sei. Auch wenn die Könige kein Monopol auf alle Systeme der Verwaltung, der Gesetzgebung, der Bürokratie und der Zwangsmittel hatten, sei ihnen doch eine entscheidende Rolle in diesen Gefügen zugekommen. Sie haben auch den herrschenden Klassen die Abschöpfung des Mehrwerts bei der wirtschaftlichen Tätigkeit und den gesellschaftlichen Vorrang garantiert und schließlich jene Entscheidungen getroffen, die die größte Anzahl der Menschen gebunden haben. Andererseits seien die politische Zwangsgewalt oder die Macht zu autoritativer Entscheidung im mittelalterlichen Europa nicht in den Händen von Akteuren eines uniformen Staates konzentriert, sondern in der Gesellschaft weit verstreut gewesen; andere soziale Einrichtungen als der „Staat" selbst hatten entscheidenden Anteil an der politischen Gestaltung. So formulierte Given für seine Untersuchung die Arbeitshypothese, dass regionale Gemeinschaften, die in eine größere politische Einheit integriert wurden, die meisten, wenn nicht alle ihrer hergebrachten politischen Institutionen erhalten konnten. Der Durchgriff einer neuen Herrschaft von außen sei also in seiner Stärke und Reichweite beschränkt geblieben [ebd., 11].

Für seine vergleichende Studie über die dialektische Interaktion von „Staat" und „Gesellschaft" im nordwestlichen Europa hat James Given die Inkorporation von Gwynedd in Nordwales und des Languedoc in Südfrankreich in größere politische Organisationen ausgewählt. Das Languedoc, obschon formell ein Teil des französischen Königreiches, war vor dem 13. Jahrhundert fast vollkommen frei von jeder Herrschaft oder Kontrolle durch die französische Monarchie [vgl. jetzt auch 568: RÜDIGER]. Beginnend mit den Albigenserkriegen in den ersten Jahrzehnten des 13. Jahrhunderts wurde die Region aber schrittweise in das politische Gemeinwesen der Kapetingerkönige einbezogen (s. oben 2.1.2). Gwynedd hingegen war während des späten 12. und frühen 13. Jahrhunderts die führende politische Kraft in jenen Teilen von Wales geworden, die bis dahin noch nicht durch die Anglonormannen beherrscht wurden (s. ausführlich oben 2.1.4). Aber in zwei kurzen Kriegen in den 1270er und 1280er Jahren brachen die Engländer zunächst die Macht der in Gwynedd herrschenden Dynastie und zerstörten dann die verbliebene Unabhängigkeit des Landes. Das Languedoc und Gwynedd unterschieden sich freilich in ihren sozialen, wirtschaftlichen und politischen Strukturen erheblich voneinander. In der südfranzösischen Provinz gab es eine teilweise wohlhabende Aristokratie und mächtige Kirchenfürsten, eine differenzierte Landwirtschaft, aufblühende und zunehmend unabhängige Städte sowie eine Bauernschaft, die von ihren Herren weniger stark bedrückt wurde, als es sonst in Frankreich der Fall war. Gwynedd mit seiner keltisch sprechenden Bevölkerung unterschied sich davon durch eine weniger ausgeprägte Hierarchie des Reichtums und der Macht, seine ärmere Wirtschaft und seinen schwach entwickelten Handel; nicht zuletzt kämpften hier auch einheimische Große keineswegs aussichtslos darum, ein territoriales Fürstentum zu errichten, während im Languedoc neben dem Grafen von Toulouse andere Magnaten fast gleichen Rang behaupteten (die Trencevals, die Vizegrafen von Albi, Béziers, Carcassonne und Razès, am Rande des Gebietes auch die Herrschaften von Foix und Comminges in den Pyrenäen, ganz zu schweigen von den Grafen von Barcelona). Beide Regionen standen zwei Monarchien gegenüber, die von ähnlichen sozialen Grundlagen her zentralistische Institutionen aufbauten, wobei die Kapetinger hinter ihren englischen Gegenspielern im Rückstand waren (oben 2.1.3). Unter den vier politischen Einheiten wurde die mit den geringsten zentralisierten und institutionalisierten herrschaftlichen Strukturen, Gwynedd nämlich, durch die mit der am weitesten entwickelten Staatlichkeit, die angevinische Monarchie, einverleibt. Die Engländer fühlten sich in Wales unter einem fremden Volk, das sie nahezu für Barbaren und Wilde hielten. Demgegenüber waren die politischen Systeme des Languedoc und Nordfrankreichs am Beginn des 13. Jahrhunderts miteinander verwandt; einem Franzosen, der ins Midi kam, um an der Integration des Landes in die französische Monarchie mitzuwirken, dürfte die Orientierung kaum schwer gefallen sein: „The task of political integration was therefore a greater challenge for the people of England and Wales than it was for those of Languedoc and northern France" [ebd., 37].

Given hat die Integration Gwynedds beziehungsweise des Languedoc in die Königreiche England und Frankreich an sieben ausgewählten Themen- und Problemfeldern vergleichend analysiert. Zuerst widmete er sich der Frage der Verwaltung sowie der Rechtseinrichtungen als Instrumenten der Fremdherrschaft („State Apparatuses and Structures of Domination"; „Authority and Law"); dann wandte er sich der Landwirtschaft („The Land Settlements") und der Abschöpfung des Mehrwertes („The Struggle for Surplus Value") zu, behandelte beides aber wiederum unter vorwiegend politischen und nicht ökonomischen Gesichtspunkten, wie es dem Handeln der mittelalterlichen Herrscher selbst entspricht. Darauf untersuchte er die Auswirkungen, die die Unterwerfungen auf die politische Rolle der einheimischen Großen sowohl in der Heimat wie im neuen „Gesamtstaat" hatten („Old Rulers and New Masters"), sowie das Verhalten der fremden Herren in den internen sozialen Konflikten der beiden Provinzen („Internal Conflict and the New Order"). Im letzten Kapitel erörterte Given unter dem Titel „Resistance and Rebellion" die bemerkenswert abweichenden Befunde beim Widerstand gegen die neue Herrschaft; denn während das Languedoc nach unruhigen Jahrzehnten mit einer Reihe von Verschwörungen gegen den französischen König seit etwa 1240 im wesentlichen beruhigt war, schien sich Gwynned nach der Unterwerfung von 1282 fast ein Jahrhundert lang mit den Verhältnissen abgefunden zu haben, bis es sich zwischen 1400 und 1413 zu einer langwierigen Rebellion gegen die Engländer erhob.

Bei der Bilanz seiner Vergleichsoperationen kann Given zunächst eine Reihe von Gemeinsamkeiten zwischen Gwynedd und Languedoc aufreihen. Der eindrucksvollste Befund ist der, dass weder die französische noch die englische Monarchie es vermochten, die neu erworbenen Länder vollständig zu integrieren. Gwynedd und Languedoc blieben institutionell und politisch distanziert von den zentralen Strukturen beider Königtümer. Sogar das Fürstentum von Nordwales, das die Engländer neben einigen Marcher Lordships in Gwynedd geschaffen hatten, wies trotz des Vorbildes des englischen Regierungssystems verfassungsrechtlich eigentümliche Formen auf, und zwar bis ins frühe 16. Jahrhundert hinein. Weder Engländern noch Franzosen gelang es, die neu erworbenen Gebiete als organische politische Einheiten zusammenzufassen. Offenbar nicht die geringsten Anstrengungen machten die neuen Herren, in den fraglichen Provinzen das Bewusstsein ihrer Zugehörigkeit zu den großen Reichen zu verankern. „The encapsulation of our two regions into larger polities was not (…) part of any nation-building program" [ebd., 245]. Dazu hätte es einer gleichmäßigen Verteilung der Lasten und Vergünstigungen auf alle Teile der Bevölkerung bedurft, an der offenbar niemand interessiert war. Kehrseite dieser fehlenden Mentalitätspolitik war aber, dass weder Franzosen noch Engländer ihren neuen Untertanen ihre „nationale" Kultur aufdrängten. Waliser und Leute des Languedoc behielten ihre eigene Sprache bei, ihre Literatur und ihre kulturellen Traditionen. Im 14. Jahrhundert gediehen walisische Literatur und Gelehrsamkeit (Rechtssammlung), zum Teil gar gefördert durch englische Mäzene, und auch die okzitanische Dichtung stand – nach ihrem Höhepunkt im 12. Jahrhundert – unter französischer Herrschaft noch in Blüte

Eine weitere Gemeinsamkeit bestand darin, dass Franzosen wie Engländer ihre eigenen politischen Institutionen einführten, ohne sie an die spezifischen Gegebenheiten der neuen Länder anzupassen; andererseits behielten sie teilweise die einheimischen Einrichtungen bei. Eine fruchtbare Synthese oder Weiterentwicklung wurde hingegen nicht versucht. Ähnlich war auch die ökonomische Ausbeutung der Unterworfenen. Die Herrschaft bemühte sich kaum darum, die Produktivität zu steigern, also die Wirtschaft direkt zu fördern, sondern sah nur auf ihren Gewinn aus verschiedenen Tributen und Steuern. Hier schloss sie allerdings an die Praxis der alten, einheimischen Großen an. Indirekt Einfluss nahm sie beim Wirtschaftskreislauf. In Gwynedd gründeten die Engländer eine Reihe von Städten und statteten diese mit Handelsvorrechten aus; im Languedoc unterbanden die Franzosen gelegentlich die Exporte aus der Region. Im Rechtssystem bezogen sich die Neuerungen in erster Linie auf die Institutionen des Gerichtswesens, weniger auf die Normen. In Gwynedd allerdings nahmen die Engländer moralisch Anstoß an manchen Grundsätzen der Waliser, so dass sie das Kriminalrecht reformierten.

Die Unfähigkeit oder der mangelnde Wille der auswärtigen Herren zur vollen Integration der neuen Untertanen in ein staatliches Ganzes oder zur Nationenbildung könne, so Given, freilich nicht überraschen; sie entsprachen vielmehr der Eigenart der politischen Verbände dieser Zeit. Der englische und der französische König regierten ja nicht irgendwie vereinheitlichte Staaten, sondern die Macht zum legitimen Zwang und zur Kontrolle war über den Herrscher hinaus auf viele Hände in der ganzen Gesellschaft verteilt. Auch wenn von manchen Historikern der besondere Grad politischer Integration im englischen Königreich betont werde, müsse man daran erinnern, dass diese Leistung lediglich im Vergleich mit den übrigen Reichen bemerkenswert erscheine. England habe an seinen Grenzen, wie eben in Wales, doch große Landschaften in sich geschlossen, wo die königlichen *writs* nichts galten und die gewöhnliche Infrastruktur königlicher lokaler Regierung gar nicht existierte. Nach Joseph R. Strayer seien die mittelalterlichen Staaten nur Mosaiken gewesen; als Gwynedd und das Languedoc von den größeren Nachbarländern integriert wurden, kamen im Puzzle der beiden Monarchien also nur neue Steine hinzu.

Bei aller Verwandtschaft lassen sich zwischen den Eingliederungen der beiden Länder in die großen Reiche aber auch Unterschiede konstatieren. Wahrscheinlich die stärkste Differenz zwischen Gwynedd – besonders dem Fürstentum von Nordwales – und dem Languedoc hat nach Given in dem viel größeren Maß an herrschaftlicher Durchdringung seitens der englischen Monarchie bestanden. Im Languedoc habe es den Anschein, als seien die politischen Eigenstrukturen – städtische Korporationen und weltliche wie geistliche Herrschaften – bereits so ausgeformt gewesen, dass sie den kapetingischen Zugriff überstehen konnten. Unter königlicher Hegemonie haben einige von ihnen sogar ihre innere Ordnung stärken und ihre Autorität nach außen festigen können. In Gwynedd hingegen konnten keinerlei einheimische politische Autoritäten die Eroberungen zwischen 1270 und etwa 1290 überdauern. Nachdem die Engländer das Haus von Llywelyn ap Gruffudd beseitigt hatten, brauchten sie sich mit keinem einheimischen Machtzentrum mehr zu arrangieren. Alle bedeutende politische Macht, im Fürstentum wie in den Marken, ging deshalb an die Engländer über. Die Mitglieder der weniger bedeutenden Geschlechter fanden sich in ihrem Land in einer Randposition wieder; sie waren praktisch auch ausgeschlossen von einflussreichen Ämtern in der neuen Reichsregierung. Dagegen haben die Eliten des Languedoc in ihrer Heimat wie im Königsdienst bedeutende politische Stellungen und Funktionen innehaben können. Unterschiede zwischen Wales und Südfrankreich zeigen sich ferner in der Fähigkeit, wirtschaftliche Ressourcen der Untertanen zu mobilisieren. In Gwynedd erlaubte die Zerstörung der einheimischen Führungsschicht den Engländern, einen erheblich größeren Anteil des wirtschaftlichen Gewinns abzuschöpfen, als dies den früheren Herren möglich gewesen war. Im Languedoc hingegen schützte die ungebrochene Stärke der lokalen politischen Einrichtungen vor den Ansprüchen der Kapetinger.

Die verhältnismäßig fortgeschrittene innere Differenzierung des Languedoc, die aus der Zeit vor der Unterwerfung stammte und sich unter französischer Herrschaft weithin behauptete, bedeutete auch, dass der französische König in inneren Konflikten des Landes nur moderierend eingriff. In Gwynedd waren aber durch den Wechsel der Eliten die meisten inneren Gegensätze aufgehoben. Dafür traten nun alle politischen und sozialen Antagonismen als Konflikte zwischen Walisern und Engländern in Erscheinung; deswegen kam es nach Given auch noch über ein Jahrhundert nach der Unterwerfung zu einer Erhebung gegen die englischen Herren. „In essence, outside rule in Gwynedd meant that the Welsh were reduced to a status of colonial dependency. Endowed with governing institutions that were the product not of Welsh but of English history, with its traditional ruling elite destroyed or marginalized and subjected to a much more rigorous regime of resource exploitation than it had previously known, Gwynned after 1283 was a subordinate appendage of the English kingdom. Languedoc did not know such a fate. Instead the country simply became another if the regional societies over which the Parisian monarchy claimed hegemony“ [ebd., 251; zum englischen Kolonialismus in Wales jetzt auch Jan Piskorski, in 83: Borgolte].

James Given hält sich zugute, dass diese Feststellung von Variationen in feudalen staatlichen Strukturen das wohl interessanteste Ergebnis seines Vergleichs sei. Vor allem aber habe sich gezeigt, welchen Einfluss politisches Handeln auf soziale und wirtschaftliche Entwicklungen gehabt habe. Seine Arbeitshypothese allerdings sei zu revidieren. Nur im Languedoc treffe zu, dass unter fremder Herrschaft einheimische politische Institutionen überdauerten und die Praxis des politischen Lebens den alten Normen verpflichtet bleibe. Bei Gwynedd hingegen habe sich diese Erwartung nicht erfüllt. Als Ergebnis seines Vergleichs könne aber folgende neue Hypothese formuliert werden: „When a society such as Languedoc – with a relatively diversified and productive economy, a relatively wealthy aristocracy, and a relatively developed array of political organizations – is incorporated into a monarchically led polity like that of Capetian France, then that newly encapsulated society will retain much of its indigenous political institutions and traditions of political behavior. However, when a society such as that of Gwynedd – with its less productive economy, its less differentiated and asymmetrical social system, its less developed institutions of coercive governance – is incorporated into a feudal monarchy like that of England, it will experience important changes in the way in which it conducts its political life. Nevertheless, it will not be completely integrated into the engulfing polity and all its traditional political institutions ‚normalized' to make them conform to those of the new, outside rulers" [ebd., 254].

Diese Feststellungen seien aber nichts weiter als eine weitere Arbeitshypothese. Um die neue These weiter zu festigen, müssten mehr als zwei Fälle untersucht werden. Vor allem sei aber in Rechnung zu stellen, dass sie unberücksichtigt lasse, wie viele politischen Inkorporationen im mittelalterlichen Europa gescheitert seien. Man denke nur daran, dass weder Irland noch Schottland, ebenso wie Wales, in die englische Monarchie eingegliedert werden konnten. Die künftige Forschung müsse sich also auch der Frage zuwenden, warum manche Staatsbildung gelang und andere derartige Versuche keinen Erfolg hatten.

Am Schluss seines Buches nimmt James Given aufgrund seiner Ergebnisse dazu Stellung, wie das Studium mittelalterlicher Politik in der künftigen Forschung zu konzeptualisieren wäre. Dabei setzt er sich vor allem kritisch mit der Modernisierungstheorie auseinander, nach der das mittelalterliche Königreich in seiner Entwicklung auf den modernen Staat zugelaufen sei, mit dessen zentralisierter Gewalt und den dazu gehörigen differenzierten, komplexen und leistungsfähigen Institutionen. Im Sinne der Theorie habe beispielsweise Strayer die Ursprünge des modernen Staates im Mittelalter gesehen (1970). Strayer habe dazu geneigt, eine in sich logische und folgerichtige Entwicklung anzunehmen, die auf der größeren Effizienz, Rationalität und Integrationskraft unpersönlich organisierter und institutionell verfestigter Staaten beruhte. Auch habe Strayer dem Staat zugetraut, der Gesellschaft im Ganzen das Beste zu bringen; eher als lockere Gemeinschaften könne der (moderne) Staat demnach größeren Frieden und höhere Sicherheit sowie bessere Gelegenheit für ein gutes Leben garantieren. Given hält dieses entwicklungsgeschichtliche Denken für simplifizierend. Es gäbe keinen Automatismus zum Besseren; vor allem aber müsse man die dialektische Wechselwirkung von sozialen Strukturen und politischen Formen beachten. „A consideration of such interactions lies at the heart of much modern political analysis" [ebd., 256]. Es sei verfehlt, im Sinne des Prinzips von „challenge and response" anzunehmen, dass neue Aufgaben die „richtigen" Antworten in Herrschaft und Verwaltung hervorbrächten. Vielmehr habe das historische Material seines Buches gezeigt, dass soziale und ökonomische Bedingungen nicht bloß Herausforderungen, sondern auch Parameter für das Handeln mittelalterlicher Administratoren gesetzt haben. Vorhandene soziale und wirtschaftliche Beziehungen engten nämlich die Wege ein, auf denen mittelalterliche politische Systeme vorankommen könnten. Die ökonomischen, politischen und sozialen Strukturen, die in den unabhängigen Gwynedd und Languedoc existiert hatten, könnten zur Erklärung beitragen, weshalb sich in den beiden unterworfenen Regionen verschiedene Herrschaftssysteme ausgebildet haben.

Seine Studie habe auch gezeigt, dass es nicht befriedigend sei, das Wachsen höher organisierter und zentralisierter politischer Einheiten als förderlich für das Wohl der Gesellschaft im Ganzen anzusehen. Wenn es irgendwo im nordwestlichen Europa eine Region gegeben habe, die der politischen Gestalt des modernen Staates nahe gekommen sei und wo zwingende Gewalt in den Händen einer staatlichen Elite konzentriert war, die im Verhältnis zu den örtlichen Machthabern eine weitgehende Selbständigkeit genoss, dann sei dies im Fürstentum von Nordwales der Fall gewesen. Trotzdem habe es nicht den Anschein, dass dieses einheitliche politische System zu einem besseren Leben viel beigetragen habe, am wenigsten in den Augen vieler walisischer Untertanen selbst. Wie sehr, im Gegenteil, die Waliser das ihnen aufgedrängte politische System geradezu ablehnten, habe sich beim Aufstand des frühen 15. Jahrhundert gezeigt. „The building up of large-scale political organizations did not automatically produce some universal social good. It benefited some groups and harmed others“ [ebd., 257f.]. Given warnt ebenso davor, die Rolle des Staates zu unterschätzen, der zum Ausgleich verschiedener Gruppeninteressen in der Gesellschaft unentbehrlich sei; er will den Staat aber auch nicht als neutralen Schiedsrichter über den streitenden Parteien verstanden wissen. Daraus leitet er die Forderung ab: ‚Wir brauchen keine Studien, die ergründen wollen, wie (oder noch schlimmer, die behaupten, dass) das Wachsen der mittelalterlichen politischen Einrichtungen ein nebulöses soziales Gute gefördert hat. Stattdessen müssen wir danach fragen, welche sozialen Gruppen unter welchen Bedingungen von der Errichtung größerer politischer Einheiten im Hochmittelalter Nutzen oder Schaden erfahren haben und wie die Anstrengungen dieser Gruppen, ihre Interessen zu wahren, die weiteren politischen Entwicklungen beeinflusst haben‘ [ebd., 258].

4.2.2 Beziehungsgeschichten

Die Geschichte der Beziehungen von Personen, Gruppen und Gesellschaften, von Staaten und Kulturen zu erforschen, erweist sich zwar als besonders fruchtbar, wenn dies mit dem Vergleich der jeweiligen Partner oder Kontrahenten verbunden wird (s. oben 4.2.1), doch stellt sie selbstverständlich auch unabhängig davon eine wissenschaftliche Aufgabe eigenen Anspruchs und Gewichts dar. Jedwede Historie ist genau genommen Beziehungsgeschichte, da der Mensch als Einzelwesen nicht existieren kann. Im Hinblick auf das hohe Mittelalter wird Beziehungsgeschichte umso wichtiger, als die Forschung mindestens im okzidentalen Europa eine erhöhte horizontale Mobilität beobachtet. Unüberschaubar sind die vorliegenden Studien zu Handel und Verkehr, zum Reisen überhaupt, zu Pilgerschaften und zu „diplomatischem“ Austausch, zur Migration der Schüler und Studenten, zur Verbreitung der Ordensleute mit ihren spezifisch geprägten Klöstern, zu Heiratsverbindungen in Königshäusern und Adel, zum Transfer von Lebensstilen, oder auch zur Frage der Abgrenzung des Eigenen vom Fremden mit der Problematik von Diskriminierung und „Toleranz“ [einige ausgewählte Hinweise 904: Helle; 635: Vásquez de Parga u. a.; 279: Borsari; 306: Lilie; 320: Nicol; 518: Hill; 488: Wolf; 311: Lounghis; 886: Bagge; 630: Segl; 202: Poeck; 501: Burton; 916/917: Nyberg; 899: France; 212: Schich; 638: Vones-Liebenstein; 552: Bautier; 868: Hellmann; 228: Voss; 86: Borst; 187: Oexle/Paravicini; 192: Paravicini; 296: Laiou; 196: Patschovsky/Zimmermann; 418: Houben]. Jede dieser Studien lässt sich als Baustein für eine Geschichte Europas verwenden, aber nur wenige von ihnen sind ausdrücklich als solche Beiträge konzipiert.

Die klassische Mediävistik mit ihrer Neigung, die lateinische Welt mit Europa überhaupt zu identifizieren, findet am Papsttum seit der Reformzeit ein hervorragendes Studienobjekt für umfassende beziehungsgeschichtliche Arbeiten (s. oben 2.1.2). Dabei geht es um die wachsende Mobilität der Päpste selbst, um die Konzilien und Synoden als allgemeine oder regionale Kirchenversammlungen, um die Durchsetzung einheitlicher kirchenrechtlicher Grundsätze und liturgischer Gewohnheiten, um die erst neuerdings stärker beachtete päpstliche Delegationsgerichtsbarkeit, um Legationen und um die Rekrutierung des Kardinalkollegiums beziehungsweise der werdenden Zentralbehörden der Römischen Kirche, um die Förderung der neuen Orden, um den Gebrauch des Lehnswesens durch die Petrusnachfolger, aber auch um das besondere Verhältnis zu bestimmten Ländern oder Fürsten [s. Literaturverzeichnis 781ff.; ferner u.a. 250: WALDMÜLLER; Ramón GONZÁLVEZ in 626: REILLY; 911: KAUFHOLD]. In einer Studie über „Gregor VII. und die Könige Europas" hat Rudolf Schieffer vor einiger Zeit den Wandel in den päpstlichen Beziehungen zu Monarchen des ganzen Kontinents, ja sogar in Afrika nachgezeichnet. Aus der Registerüberlieferung lässt sich entnehmen, dass Gregor der erste mittelalterliche Papst gewesen ist, der „mit allen nur irgendwie erreichbaren Herrschern seiner Zeit in brieflichem Kontakt" gestanden hat: „Seine Schreiben gingen nicht nur an die Höfe in Deutschland, Frankreich, England und den drei spanischen Reichen sowie an den Kaiser in Konstantinopel, sondern auch an die skandinavischen Könige von Dänemark, Norwegen und Schweden, an den Herzog von Polen, an die Könige von Rußland, von Ungarn, von Serbien und Kroatien/Dalmatien und schließlich sogar an die zuvor und danach von Rom aus kaum wahrgenommenen Herrscher in Irland und im islamischen Mauretanien" [822: SCHIEFFER 192f.]. Der große Papst gestand zwar anfangs dem Sohn Heinrichs III., also dem salischen Kaisertum, einen gewissen Vorrang zu, bemühte sich aber darum, mit den verschiedenen europäischen Herrschern unmittelbar und in differenzierter Weise in Beziehung zu treten. Er trug damit zur Ausbildung der europäischen Staatenvielfalt bei. Ein weiteres Instrument seiner Politik war der Anspruch auf Lehnshoheit, wie ihn schon sein Vorgänger Nikolaus II. gegenüber den Normannenführern in Unteritalien erhoben hatte (s. oben 2.1.7; hier ferner Spanien, England, Ungarn, Rus', Dänemark, Balkan, Sardinien, Korsika). Insbesondere in der Forderung an neu bekehrte Völker, sich ohne Umweg über den Kaiser (mit seiner im Frühmittelalter praktizierten Taufpatenschaft) direkt dem heiligen Petrus zuzuwenden, trat bei Gregor VII. 1074/75 erstmals „die Vision einer Gemeinschaft gleichrangiger Völker und Könige zutage, die dem Apostolischen Stuhl in je eigener Vasallentreue ergeben sind" [ebd., 202]. Als sich Gregor freilich über den Streit mit Heinrich IV. und andere Konflikte von den Machthabern Europas isolierte und den brieflichen Kontakt mit diesen weithin aufgeben musste, nahm die neue Konzeption vom Papst als dem obersten Herrn und Beweger der abendländischen Völker über die Köpfe der einzelnen Könige hinweg mehr und mehr Gestalt an; später sollte Urban II. diesem Anspruch zum Durchbruch verhelfen. Schieffer hat seine am Register Gregors VII. erhobenen Befunde in Beziehung gesetzt zu dem bekannten Kommentar Bonizos von Sutri zur Bannung Heinrichs IV. Wenn Bonizo, ein Anhänger und Zeitgenosse des Papstes, davon sprach, daß *universus noster Romanus orbis* erzitterte, sei dabei offenbar der griechische Osten sowie erst recht die Heidenwelt nicht mitgemeint gewesen; andererseits habe Bonizo die Resonanz des Geschehens auch nicht auf Deutschland und Reichsitalien beschränken wollen, jenen Raum also, in dem sich tatsächlich die Autoritätskrise und der Selbstbehauptungskampf des gebannten Saliers abspielten: „*Romanus orbis* ist gewiß auch nicht einfach mit dem Römischen Reich gleichzusetzen, das, als Bonizo schrieb, schon seit Jahrzehnten ohne anerkannten Kaiser war und keine unmittelbar erfahrbare Größe darstellte. Nein, *Romanus orbis* meint einen weiteren Gesichtskreis, der das päpstliche Rom zum Mittelpunkt hat, meint eine ganze Anzahl christlicher Völker und Reiche, die ihren Blick auf die Kirche des hl. Petrus richteten (oder nach gregorianischem Verständnis richten sollten)." Bonizo, dessen Zeugnis nicht allein stehe, habe somit das neue, universale Selbstbewusstsein des Reformpapsttums seit Leo IX. artikuliert, und der ‚römische Erdkreis' sei Vorläufer jener *christianitas* gewesen, die als Terminus im 12. Jahrhundert vornehmlich das Abendland unter päpstlicher Fügung bezeichnen sollte [ebd., 189f.]. So sehr diese Interpretation Bonizos überzeugt, sollte die Differenz zu Gregors eigenem Briefverkehr und (kirchen-)politischen Horizont freilich nicht eingeebnet werden, hatte die päpstliche Korrespondenz doch gerade über die lateinische Welt und sogar die Herrscher der Christenheit hinausgegriffen.

Zunehmende Aufmerksamkeit findet in der internationalen Mittelalterhistorie der Gegenwart die politische Beziehungsgeschichte von europäischen „Staaten", besonders diejenige von Nachbarreichen [vgl. 430: LEYSER; 524: JONES/VALE; 498: BATES/CURRY; 644: BARROW]. In Deutschland war dieser Zweig der Forschung trotz bedeutender Einzelleistungen [vgl. 423: KIENAST] lange Zeit vernachlässigt worden; charakteristisch für diese Forschungslage ist es etwa gewesen, dass sich noch die große Publikation zur Mainzer Salierausstellung von 1991 ganz auf die innere Geschichte des Reiches (Verfassung, Kirche, Soziales, Ideengeschichtliches) konzentrierte [486: WEINFURTER], die „Auslandsbeziehungen unter den salischen Kaisern" aber nur in einem besonderen Sammelband der „Pfälzischen Gesellschaft zur Förderung der Wissenschaften in Speyer" behandelt wurden [472: STAAB, hier besonders der Beitrag des Hg.s].

Den Mangel politischer Geschichtsschreibung erkannt und nachdrücklich gekennzeichnet zu haben, ist das Verdienst von Dieter Berg, der in seiner Bochumer Habilitationsschrift von 1981 die Außenpolitik der anglonormannischen Könige von Wilhelm I. bis zu Heinrich I. untersuchte. Bergs Ziel war die „Rekonstruktion eines außenpolitischen Beziehungsgeflechtes, in welchem die anglonormannischen Könige agierten und das sie selbst durch ihr Handeln veränderten" [499: BERG 8]. Nachdem die zwischenstaatlichen Beziehungen allenthalben wieder größeres Interesse finden [402: GEORGI; 765/766: MAKK; vgl. zum Spätmittelalter noch Martin KINTZINGER, Westbindungen im spätmittelalterlichen Europa, Stuttgart 2000, sowie allgemein: Harald KLEINSCHMIDT, Geschichte der internationalen Beziehungen, Stuttgart 1998], hat Berg eine Handbuchdarstellung des Themas „Deutschland und seine Nachbarn 1200–1500" zum Anlass genommen, Probleme und Perspektiven zwischenstaatlicher Beziehungsgeschichten grundsätzlich zu erörtern. Demnach sei es nicht bloß die Dominanz sozialhistorischer Methoden und Fragestellungen gewesen, die einer Beschäftigung mit Fragen der auswärtigen Beziehungen in den letzten sechs Jahrzehnten im Wege gestanden habe; vielmehr habe es grundsätzliche Zweifel an der Existenz auswärtiger Beziehungen im Mittelalter gegeben. Man habe das Fehlen eines Systems unabhängiger Staaten ebenso konstatiert wie den Mangel eines Konzepts für ein außenpolitisches „Kräftegleichgewicht" zwischen den Reichen [348: BERG 47f.]. Berg hält dem entgegen, dass von „Außenpolitik" auch dann die Rede sein könne, wenn zwar keine souveränen und gleichberechtigten Staaten, aber doch Herrschaftsräume mit eigener politischer Ordnung nebeneinander existierten. Als Akt außenpolitischen Handelns könne dann jede Aktion eines Herrschers verstanden werden, die über die Grenzen des eigenen Machtbereiches hinausweise und unterschiedliche Ziele mit geeigneten politischen Instrumenten zu erreichen suche. Seit dem 12. Jahrhundert habe sich auch in verschiedenen Reichen Europas zumindest bei den Herrschenden ein Bewusstsein für „innen" und „außen" entwickelt, das für die eigenen herrschaftlichen Zwecke genutzt worden sei [ebd., 1f.]: „Ebenfalls seit dem 12./13. Jahrhundert ist eine verstärkte, ‚auswärts' gerichtete Kommunikation zwischen den Reichen West- und Mitteleuropas zu konstatieren, zuerst in England verbunden mit der Schaffung spezieller Archivfonds für auswärtige Handlungspartner zur Pflege ‚diplomatischer' Kontakte unter den abendländischen Herrschern und zur Konstituierung außenpolitischer Bündnissysteme". Sogar Ansätze zur Schaffung eines „Kräftegleichgewichts" unter den führenden Mächten Europas seien schon in der gleichen Zeit, und zwar von Flandern ausgehend, feststellbar, wenngleich sich ein gesamteuropäisches Staatensystem erst im 15. Jahrhundert ausgebildet habe. Von einer Bedeutungslosigkeit auswärtiger Angelegenheiten in einem „Europa ohne Staaten und ohne feste Grenzen", wie sie noch Joseph R. STRAYER 1975 konstatiert hatte, sollte man nach Berg also nicht mehr reden [ebd., 48, vgl. 31 ff., 93 ff.].

Abzuwarten bleibt freilich, ob sich die außenpolitische Spezialgeschichte, wie Berg und andere sie praktizieren beziehungsweise fordern, auf Dauer gegen komplexere Forschungsstrategien zu behaupten vermag. Einen originellen Beitrag zur Beziehungsgeschichte, der zwar den Handel in den Mittelpunkt rückt, die wirtschaftshistorische Fragestellung aber mit sozial-, kirchen- und politikgeschichtlichen Untersuchungen verbindet, hat unlängst der Amerikaner Joseph P. Huffman vorgelegt. Huffman spürte dem Austausch deutscher und englischer Kaufmannsfamilien des hohen Mittelalters (etwa 1000–1300) nach, die sich als Fremde (*emigrants*) in Köln beziehungsweise London niederließen. Die intensiven Handelsbeziehungen zwischen Köln und England in der Vorhansezeit sind zwar keine neue Erkenntnis, aber es ist doch überraschend, welch reiche Erträge Huffmans prosopographischen Studien für die Wechselbeziehungen zwischen beiden Ländern beziehungsweise Städten erbracht haben. So konnte der amerikanische Mediävist nach einem Studium von 36 000 meist unveröffentlichten Einträgen in den Kölner Schreinskarten und -büchern (das sind 2700 Folios!) einige Engländer seit dem 13. Jahrhundert namhaft machen, die sich in Köln angesiedelt und wirtschaftlich, sozial (Heiratsverwandtschaft) und kirchlich in die deutsche Stadtgesellschaft integriert hatten. Offenbar lebten die englischen Kaufleute am Rhein nicht einmal, wie andere Fremde, in enger Nachbarschaft konzentriert, sondern sie verteilten sich auf die verschiedenen Pfarreien. „They married into some of the most powerful and prestigious Cologne patrician families (although they do not seem to have reached a patrician status themselves, except in the case of Christian Anglicus of Ahrweiler), purchased and mortgaged houses and other property like the Cologners, and even placed their children into the religious community" [144: HUFFMAN 126]. Allerdings ließen die Quellen nicht erkennen, wann (und wie) die betreffenden Engländer erstmals nach Köln kamen und wie lange sie beziehungsweise ihre Nachkommen hier blieben; das plötzliche Verschwinden von „*Anglicus*-Familien" in der Überlieferung könnte dafür sprechen, dass sie auf die Insel zurückgekehrt waren. Der häufig belegte Beiname *Anglicus* selbst scheint freilich nicht in jedem Fall die Herkunft angezeigt zu haben, sondern könnte auch die Einheirat von Kölnern in eine englische Familie bezeichnen.

Die Schreinsurkunden belegen nicht bloß Engländer in Köln, sondern auch die Beziehungen von Kölner Familien nach England, sei es durch Handel, sei es im diplomatischen Dienst. Das Ministerialengeschlecht der Zudendorps hat beispielsweise im 12. und 13. Jahrhundert den Kölner Erzbischöfen gedient und an der Verwaltung der Stadt mitgewirkt, sich bei Gesandtschaften aber auch das Vertrauen der englischen Könige erworben. Heinrich von Zudendorp der Ältere spielte eine wichtige Rolle beim Bündnis der Plantagenêts mit den Welfen im Zusammenhang mit der Thronkandidatur und Kaiserkrönung Ottos IV. (1209). Er und seine Verwandten beziehungsweise Nachkommen wurden durch den englischen König für ihre Dienste mit Geldgeschenken und Feudalbesitz auf der Insel belohnt. Der Kölner Besitz war durch Heiratsverbindungen mit einflussreichen Patriziern abgesichert, doch nutzten die Zudendorps das Mittel des Konnubiums auch für ein Beziehungsnetz ins Umland der Bischofsstadt.

Obgleich auf englischer Seite keine ebenso dichte archivalische Überlieferung wie auf der Kölner zur Verfügung steht, ist es Huffman eindrucksvoll gelungen, auch die Niederlassung und berufliche Tätigkeit von Kölnern in England beziehungsweise in London nachzuweisen. Unter ihnen befand sich Terricus Teutonicus de Colonia, der 1234 zwischen Themse und königlicher Münze einen großen Weinkeller erworben hatte. Ähnlich wie die Zudendorps war er im Dienst des englischen Königs tätig, und zwar bei der Verschiffung von Gütern, bei Kreditgeschäften und diplomatischen Missionen; in Stamford, wo er als königlicher Bailiff am Markt fungierte und als größter Tuchhändler selbst Handel trieb, besaß er das Bürgerrecht [ebd., 180; vgl. auch 511: Fryde]. Noch erfolgreicher als ‚Dietrich der Deutsche' war Arnold fitz Tedmar, der eine Chronik von London von 1188 bis 1274 geschrieben und darin auch die Geschichte der eigenen Familie festgehalten hat. Nach Arnolds Zeugnis waren seine Großeltern einst aus Köln gekommen; er selbst stieg bis zum Alderman des Londoner Bezirks Billingsgate ward auf, war aber gleichzeitig auch Alderman der Deutschen in der Londoner Guildhall. Er repräsentierte also die Deutschen in London und konnte bei Konflikten, in die sie verwickelt waren, seine Stellung in der städtischen Verwaltung zugunsten der Landsleute nutzen. Arnolds Karriere mit ihren vielfältigen Funktionen ist gewiss einzigartig gewesen, zumal sie sich auf Reichtum im Handel und internationale Beziehungen abstützen konnte: „There is perhaps no better symbol of the diverse and profound connections that existed between Cologne and England during this period than the man Arnold fitz Tedmar. He was not only a product of the Anglo-Cologne connection, he also helped to perpetuate and enrich it" [ebd., 195].

Joseph Huffman, der auch auf religiöse und kulturelle Beziehungen zwischen England und dem Reich, besonders Köln, eingegangen ist (Gervasius von Tilbury, Gérard Pucelle, Johannes Duns Scotus u. a.), hat am Ende seines Buches leidenschaftlich dafür geworben, nach dem Modell seiner Abhandlung weitere beziehungsgeschichtliche Studien durchzuführen, etwa unter Bezug auf Mainz oder Trier. Forschungen dieser Art könnten auch vergegenwärtigen, „that Europe was not as disconnected and regionalized as is generally assumed, especially during the earlier period of the late tenth and into the eleventh century. The freedom of movement and integration of peoples between regions which has been demonstrated here calls for a reappraisal of the modern intellectual borders which have been placed on historical investigation" [ebd., 242]. Der amerikanische Mediävist sieht sein Werk auch als Beitrag für die Korrektur am Geschichtsbild der Englisch sprechenden Welt an, in dem die Beziehungen zwischen England und Frankreich im Vordergrund der Aufmerksamkeit stehen, während das Reich weit im Osten zu verschwinden drohe [ebd., IXf.]. Die englisch-deutschen Wechselwirkungen würden in ihrer Bedeutung unterschätzt, weil bisher die eher wenig ergiebigen politischen und diplomatischen Beziehungen das historische Interesse beanspruchten. „The results of Anglo-German political history have sometimes been generalized into the conclusion that relations between the two regions as a whole were ephemeral." Diese Wahrnehmung werde durch die Beweisführung seines Buches widerlegt, „and in future medival Germany will be understood as a part of Western European history" [ebd., 195f.]. „From the prayers of monks and pilgrimages of the faithful, to kinship ties, commercial, crusading, and diplomatic activity, education, even York cathedral architecture, Cologne (and Germany by extension) was not ‚so far east' after all". Methodologisch habe sich an seiner Studie der Wert interregionaler vergleichender Geschichte erwiesen. „The most beneficial aspect of this approach stems from its ability to unite the individual and national histories of Europe and integrate them into a more complete view of medieval European history. The research presented here began with this conviction, and it has only been strengthened at the conclusion" [ebd., 242].

Beziehungsgeschichte, wie Huffman sie betreibt, soll also dazu dienen, ein Land – in diesem Falle Deutschland – in die Geschichte Europas – hier des westlichen Europa – zu integrieren. Aus der Perspektive der osteuropäischen Geschichte, die sich (auch) mit dem Mittelalter befasst, gilt Analoges etwa von Polen oder Russland. Der Berliner Osteuropahistoriker Klaus Zernack hat diesem Problem ungewöhnlich tief greifende Überlegungen und eine exzellent durchgeführte untersuchende Darstellung gewidmet. Bereits im Jahr 1976 erörterte er „das Jahrtausend deutsch-polnischer Beziehungsgeschichte als geschichtswissenschaftliches Problemfeld und Forschungsaufgabe" [778: Zernack; vgl. zuletzt Ders., in: Michael Borgolte (Hg.), Polen und Deutschland vor 1000 Jahren. Die Berliner Tagung über den „Akt von Gnesen", Berlin 2002]. Grundlegend für Zernacks Auffassung der europäischen Geschichte war die Annahme, dass diese durch „das nationale Prinzip" konstituiert gewesen sei; es musste ihm also darauf ankommen, Polen (später auch Russland) diesem Baugesetz zu subsumieren. Zernack löste das Problem durch einen Rekurs auf Oskar Haleckis Essay „Limits and Divisions of European History" von 1950, dem er „die bisher wohl diskutabelste geschichtsräumliche Einteilung Europas und damit zugleich auch die Begründung des Faches Osteuropäische Geschichte" zuschrieb [778: Zernack, zit. nach dem ND von 1991, 6f.; vgl. 138: Halecki]. Das Überzeugende an Haleckis Synthese liege in der Deutung des nationalen Elementes als eines formenden Prinzips bei der Ausbildung des historischen Europa und seiner Geschichtsregionen; das nationale Element stehe als dritter Faktor für die europäische Kultur neben dem Erbe der Antike und des Christentums. „Von dieser Fragestellung her gewinnt Halecki seinen fruchtbaren Ausgangspunkt: den kulturregionalen Gegensatz von Alteuropa und Neueuropa. Alteuropa ist danach das Gebiet des antiken Imperium Romanum und seiner von römischen Einflüssen stark geprägten Randbereiche. Neueuropa hingegen ist alles, was niemals zum Römischen Reich gehört hat. Dieser nicht der alten Welt zugehörige Teil Europas wird erst spät Europa; und zwar wird er es durch die Hervorbringung desjenigen Faktors, der Europa erst im vollen Wortsinne konstituiert: des Faktors der europäischen Nationen. Diese entstehen erst in der Nachfolge des postantiken Fränkischen Reiches und an den Rändern des Byzantinischen Imperiums, sind also Zerfalls- und Aufbauprodukte zugleich. Das 9. und 10. Jahrhundert ist die Zeit ihres allgemeinen Durchbruchs. Damit entsteht Neueuropa und das heißt Europa im vollen historischen Sinne" [778: Zernack 8].

Diesen Thesen Haleckis fügt Zernack seine entscheidenden, weiterführenden Gedanken an: „Es ist, folgt man diesem sehr produktiven Gedanken, nur eine scheinbare Tautologie, wenn man sagt, daß die Europäisierung Europas Inhalt der Geschichte des letzten Jahrtausends gewesen ist, denn das, was Europa geschichtlich ausmacht, ist seine historische Strukturierung als Geschichte von christlichen Nationen. In diesem Sinne der Europawerdung formiert sich europäische Geschichte als solche erst im Werdeprozeß des außerantiken, außerkarolingischen und außerbyzantinischen Neueuropa; man kann es auch Nationen-Europa nennen. Im Wesentlichen sind das zunächst das geographische Osteuropa und Nordeuropa. Aber dieser Neubeginn in Neueuropa ist relevant auch für die alte Kulturwelt: Die Nachfolge des antik-karolingisch-byzantinischen Universalismus tritt auch in Alteuropa das nationale Gliederungsprinzip im Werden der europäischen Nationen an. Indessen: Die Kontinuitäts- und direkten Traditionsprobleme, die in Alteuropa die Forschung in ihren Bann geschlagen haben, begegnen dem Neueuropa-Historiker in seinem Umkreis kaum, von Randbereichen im pannonisch-donauländischen und alpenländischen Grenzland und von der Frage der byzantinischen Ausstrahlung abgesehen. Lediglich für unseren Fachnachbarn, den Südosteuropa-Historiker, sind die Kontinuitätsfragen zentral. Für die übrigen Gebiete ergeben sich vielmehr kulturelle Traditionsprobleme abgeleiteten Charakters als zentrales Forschungsfeld, und zwar die Probleme der Ausstrahlung und Entwicklung der antik-christlichen Kulturwelt auf Neueuropa, das heißt die Probleme der kulturellen Angleichung und Gleichmachung, die mit der Ausbreitung des Christentums beginnen. Also nicht Kulturkontinuität wie im Westen, Süden und Südosten, sondern Akkulturation ist kulturgeschichtlich das Problem für das Arbeitsgebiet des Ost- und Nordosteuropa-Historikers, ein fundamentaler Unterschied, der auf einer ersten epochalen Stufe wieder aufgehoben, das heißt europäisch universalisiert wird durch den gleichartigen strukturgeschichtlichen Effekt: die Nationalisierung ganz Europas, die erst den ‚Aufgang Europas' aus dem Eigenen herbeiführt" [ebd., 8 f.].

Die für die Nationsbildung entscheidenden Prozesse, die von der Christianisierung ihren Ausgang nehmen, seien in den zentralen Teilbereichen Osteuropas in weitgehender Gleichartigkeit im 9. bis 12. Jahrhundert vollzogen worden. In der politisch-strukturellen Auswirkung bis in die Mitte des 12. Jahrhunderts hinein habe es aber keinen Unterschied gemacht, „ob die Christianisierung von Westen oder Osten kommt. Es handelt sich um die Epoche der sozusagen freien dynastischen und aristokratischen Konvertibilität; ein kulturelles Schisma tritt erst als Folge von 1054 auf (…). Im 12. Jahrhundert ist – von den baltischen und finnischen Reliktgebieten abgesehen – die Verchristlichung Osteuropas in diesem Sinne vollendet und hat zu einer nationalen Strukturierung der ‚Gesellschaften' in den christlichen Herrschaftbereichen geführt: Nicht in allen, aber in den meisten Herrschaftsbildungen der Frühzeit ist der Prozeß der ersten Epoche, die Europawerdung Neueuropas, abgeschlossen" [ebd., 10].

Aus dieser historischen Analyse ergeben sich weitreichende methodische Folgerungen. Man kann nämlich die Geschichte der einzelnen Nationen nicht erforschen, ohne die Beziehungen zwischen den Nationen zu berücksichtigen: „Bereits in der Nationswerdungsphase durch den herrschaftlich gesteuerten Verchristlichungsvorgang wird das Beziehungsmoment deutlich. Das heißt, indem die europäische Geschichte zu eben dieser europäischen Geschichte als Geschichte ihrer christlichen Nationen – in Völkern und Staaten verfaßt – wird und indem die politisch-demographische ‚Landkarte' Europas um die Jahrtausendwende sich bildet, wirken diese frühen christlichen Nationen bereits in Beziehungen aufeinander ein, ja, sie erreichen ihre spezifische nationale Individualität erst unter der Einwirkung ihrer Beziehungen zu anderen Nationen." Ein Volk, das zur Nation werde, müsse freilich an allen wesentlichen Bereichen Anteil haben, die die historische Situation des entstehenden Nationen-Europa als christliche Staatenfamilie im Frühmittelalter kennzeichnen: dem kulturell-christlichen (dem kirchenorganisatorischen), den staatlich-herrschaftlichen (höfischen) und dem oberschichtlich-aristokratischen. Am Gegenbeispiel der Polaben, die das Christentum nicht angenommen hatten, zeige sich, dass der Mangel eines der drei Beziehungsbereiche die Ausbildung einer eigenen Nation verhindert habe. „Es ergibt sich positiv: Für die Ausbildung einer Nation sind Beziehungen zu den anderen Nationen – mit unterschiedlicher Intensität freilich (…) – gleichsam unentbehrlich, ja unumgänglich. Eine in diesem Sinne völlig beziehungslose geschichtliche Existenz einer Nation wäre in der christlichen Völkerfamilie des frühen und hochmittelalterlichen Europa mit seiner vollen matrimonialen Konvertibilität der Herrscherhäuser und Aristokratien undenkbar. Das Ausklammern eines wesentlichen Beziehungsbereichs verhindert die Nationswerdung" [ebd., 14 f.].

Beziehungsgeschichte von Ländern und Völkern, die die Nationsbildung als Kernvorgang europäischer Geschichte zum Ausgangspunkt wählt, muss nach Zernack verschiedene Sachverhalte untersuchen und kann sich keinesfalls auf das Segment der politischen Geschichte beschränken. Der Autor unterscheidet mehrere „Elemente und Fälle von beziehungsgeschichtlich relevanten Faktoren, die doch sehr viel weiter und tiefer reichen als die natürlich wichtigen und prägenden, aber traditionellerweise in der Historiographie fast ausschließlich beachteten Diplomatie- und Handelsbeziehungen oder das, was man in der Gegenwart und in ihrer Politikwissenschaft internationale Beziehungen nennt. Die Erforschung der Beziehungsgeschichte in den Nationen der europäischen Völkerfamilie muß komplexer aufgenommen werden". Im Einzelnen unterscheidet Zernack als beziehungsgeschichtliche Grundfaktoren das europäische Gemeinschaftsbewusstsein im Christentum als kultureller Grundlage, das Abgrenzungsbedürfnis zur Unterscheidung der eigenen nationalen-großgruppenhaften Zusammengehörigkeit von anderen Gruppen politischer Struktur, die Rollen von Nachbarschaft und Grenze zwischen Nationen, die siedlerische Durchmischung zum Zweck wirtschaftlicher Aktivität in Dorf und Stadt, die Stellung einer Nation im universalen wirtschaftlichen Verflechtungszusammenhang seit dem 16./17. Jahrhundert, die Niederlassung prominenter einzelner oder kleiner Gruppen im Kontext von Emigrationsbewegungen, Außenhandel und Außenpolitik in ihrer Steuerung durch die Diplomatie sowie die beziehungsgeschichtlichen Wirkungen kriegerischer Auseinandersetzungen (Waffenbrüderschaft einerseits, Okkupanten- und Okkupiertenerlebnis andererseits) [ebd., 21f.].

Ähnliche – systemtheoretisch fundierte – Gedanken wie bei Zernack finden sich auch in der mediävistischen deutschen Nationes-Forschung [vgl. Johannes FRIED, Der Weg in die Geschichte. Die Ursprünge Deutschlands. Bis 1024, Berlin 1994, 26: „Kein Volk brachte, was es vorzuweisen hatte, allein aus sich hervor; keines behielt, was es einmal besaß, lange für sich. Jedes stand, seitdem es seiner Ethnogenese unterlag, in unauflöslichem Systemverbund mit den übrigen europäischen Nationen. Was es wurde, ist es geworden, weil die anderen so wurden, wie sie geworden sind."; vgl. 377: EHLERS 55; 112: EHLERS], aber im Unterschied zu dieser hat Zernack seine methodologischen Überlegungen in einer „Parallelbiographie" zweier Länder auch historiographisch umgesetzt. 1994 publizierte er nämlich eine umfassende Darstellung von „Polen und Rußland. Zwei Wege in der europäischen Geschichte", die von den Anfängen bis in die Gegenwart reicht. Auch in diesem Werk betont Zernack, dass der entscheidende Faktor der europäischen Geschichte die Beziehungen der Nationen sei: „Die Nationen konstituieren sich in ihren stadienhaften Nationsbildungsprozessen nicht nur aus sich selbst, sondern auch gegenseitig" [777: ZERNACK 17]. Das gelte auch für Polen und Russland, deren Verhältnis im zurückliegenden Jahrtausend von wechselnden gegenseitigen Eingriffen in die nationalen Geschichten bestimmt gewesen sei. Während die Bedeutung des nationalen Prinzips für die Polen nie bezweifelt wurde, sei es für Russland oft in Frage gestellt worden, aber das sei zu Unrecht geschehen. Die Wirkung des nationalen Prinzips sei in beiden Völkern vielmehr gleicherweise seit ihrer Entstehungsepoche zu beobachten: „Denn bereits die ersten Staatsbildungen, die von Gnesen und von Kiew aus in Gang gesetzt worden sind, geben in der Einheit von Sprache, Glauben und dynastischer Herrschaft Geschichtsmächte zu erkennen, an denen sich die Identität der politischen Führungsschichten auszubilden vermocht hat und die mit beträchtlicher Stabilität über die vielen Peripetien des Jahrtausends hinweg getragen haben (...). Auch im Kiewer Reich ist, ungeachtet der Besonderheit ostkirchlicher Kulturentwicklung, ein nationales Element von Altrussentum zum Konstituens von ‚Geschichte Rußlands' geworden, so wie im latein-europäischen Kulturzusammenhang das Polnische in Bezug auf die Geschichte Polens. Jeder Durchgang durch die Geschichte der beiden Nachbarreiche läßt das mit großer Deutlichkeit erkennen, auch wenn die Wege der Nationen Abweichungen und Gefährdungen aufgewiesen haben (...). Mit der Wirkung des nationalen Prinzips ist die Leitlinie der Zugehörigkeit Rußlands zu Europa (...) angegeben" [ebd., 21 f.].

Russland auf dem Weg von Beziehungsgeschichte und Vergleich in die europäische Geschichte zu integrieren, wie es Zernack gelungen ist, bedeutet auch, oft betonte religiöse und kulturelle Scheidelinien des Kontinents zu überschreiten. Einen anderen erfolgreichen Versuch dieser Art unternahm vor kurzem die niederländische Byzantinistin Krijnie N. Ciggaar; die Autorin suchte die Reisenden aus dem Westen nach Konstantinopel zwischen 962 und 1204 zu erfassen, und zwar gleichgültig, ob es sich um politisch, wirtschaftlich, frömmigkeits- oder bildungsmotivierte Expeditionen handelte. Im Unterschied zu den abundanten Studien über „Byzanz und der Westen" [vgl. 113: ENGELS/SCHREINER; 178: MÜLLER-WILLE; 293: KODER; 294: KONSTANTINOU; 308/309: LILIE; 333: TINNEFELD; 414: HIESTAND] zeichnet sich die Abhandlung Ciggaars durch eine weitgreifende (wenn wohl auch nicht erschöpfende) Erhebung des personengeschichtlichen Materials mit genauer Ermittlung der Reiseanlässe und der Diskussion der kulturellen Wirkungen aus. Beziehungen von Byzanz nach der ostslawischen Welt werden verständlicherweise ausgeklammert, das übrige Europa aber in politisch-kulturelle Herkunftsräume eingeteilt („The Northern Countries, Britain, France, The Holy Roman Empire, The Italian Peninsula, The Iberian Peninsula"). Im Ergebnis ihrer Studien hebt die Autorin hervor, wie sehr die Reichshauptstadt im Osten als Quelle der Wissenschaft geschätzt worden sei; sie gibt zu bedenken, ob die so genannte Renaissance des 12. Jahrhunderts im europäischen Westen nicht auch als Frucht der okzidentalen Auseinandersetzung mit byzantinischer Gelehrsamkeit und Kultur verstanden werden könne: „The origins of the 12th-century Renaissance in Western Europe will probably remain a mystery for ever, but the new interest in the artes, in nature and in learning, were stimulated by contacts with the Byzantine world of learning and luxury. Western Europe was original in its willingness to accept foreign elements and foreign ideas. By its consciousness of its own identity it could open its frontiers to foreign influences and drink from the Byzantine fount of life and learning, Constantinople, where all nations could meet, ‚in ea Graeci, Bulgari, Alani, Comani, Pigmatici, Italici, Venetici, Romani, Daci, Angli, Malfetani, Turci etiam et gentiles multi, Judaei quoque et Proselyti, Cretes et Arabes, omniumque nationum gentes conveniunt' [Bartulf von Nangis, nach Fulcher von Chartres]" [283: CIGGAAR 354].

Beziehungsgeschichten zwischen christlichen Völkern und Reichen bieten unterschiedlich graduierte Problemlagen, je nachdem, welche kirchlichen Observanzen betroffen sind, doch nimmt die Komplexität der Analysen und Urteile erst recht zu, wo sich Wechselwirkungen gegen die Abgrenzungstendenzen verschiedener religiöser Gemeinschaften durchsetzen mußten. In der internationalen Forschung finden die Beziehungen von Christen und Juden, Christen und Muslimen sowie Juden und Muslimen zwar breite Aufmerksamkeit [vgl. 56: ABULAFIA; 140: HAVERKAMP; 209: RUBIN/ WASSERSTEIN; 289/290: JACOBY; 326/327: SHARF; 558: CHAZAN; 573: ASHTOR; 574: BAER; 591: CONSTABLE; 616: MÜNZEL; 627: ROTH; 639: WASSERSTEIN], aber selten werden sie im Hinblick auf die Frage der europäischen Kultur(en) im Ganzen bedacht. Besonders betroffen von kulturell-religiöser Vielfalt war Spanien im Mittelalter, und entsprechend kontrovers debattieren die Hispanisten das Gewicht des Christentums, des Judentums und des Islam für die nationale Geschichte. Einen Markstein der jüngeren Diskussion stellt die Kontroverse um die Thesen des Philologen und Literaturhistorikers Américo Castro (1885–1972) dar, denen vor allem der Doyen der spanischen Mittelalterhistoriker,

Claudio Sánchez-Albornoz (1893–1984), widersprochen hat; beide Männer waren als Liberale und Gegner des Francismus nach Süd- beziehungsweise Nordamerika emigriert, entwickelten hier aber ganz gegensätzliche Auffassungen von der Geschichte ihrer Heimat.

Castro veröffentlichte 1948 in Buenos Aires ein Buch mit dem Titel „España en su historia. Cristianos, moros y judíos“, das bald darauf in revidierter Auflage erschien und in viele Sprachen übersetzt wurde [„La realidad histórica de España“, Mexiko City 1954; dt.: „Spanien. Vision und Wirklichkeit“, Köln 1957]. Seine These lautete, das Spanien, das wir kennen, sei erst durch die Wechselbeziehung zwischen Muslimen, Christen und Juden während des 8. bis zum 13. Jahrhundert entstanden. Sánchez-Albornoz widersprach heftig 1956 in einem Werk, das Spanien als historisches Rätsel vorstellen sollte [„España. Un enigma histórico“, 2 Bände, erschienen in Buenos Aires]. Nach Auffassung des Mediävisten hätte Castro sowohl den Umfang wie die Wirksamkeit des Kontakts zwischen Muslimen und Christen übertrieben; dieser sei vorwiegend konflikthaft gewesen und habe deshalb zum kulturellen Austausch wenig beitragen können. Die meisten Komponenten der spanischen Kultur seien autochthon beziehungsweise bestünden aus römischen, gotischen oder anderen Elementen nichtsemitischer Herkunft. In ihren unterschiedlichen Deutungen der spanischen Geschichte waren die Kontrahenten von jeweils differenten zeittypischen Geistesströmungen abhängig [hierzu und zum Folgenden 600: Glick 8ff.]. Castro zeigte sich stark beeinflusst durch die deutsche Geschichtsphilosophie, besonders Hegel, und hing einem evolutionistischen Weltbild an; in der Entwicklung der menschlichen Spezies bewertete er als Philologe das Aufkommen der Schriftlichkeit als entscheidende Zäsur. Mit Oswald Spengler glaubte Castro deshalb, dass primitive, also nichtschriftliche Völker keine Geschichte hätten und dass sich die entscheidenden Prozesse kulturellen Wandels auf der Basis der Schriftkultur vollzögen. Deshalb existierten die Spanier für Castro nicht, bevor sie zu Subjekten der Geschichte herangewachsen waren. Sánchez-Albornoz argumentierte dagegen mit einem biologischen, aber strikt anti-evolutionistischen Denkmodell. Unter Berufung auf den Philosophen Ortega y Gasset behauptete er die Unwandelbarbeit der Gattungen (ein Tiger ist also immer ein Tiger) und vertrat die Abstammung der menschlichen Rassen von einer einzigen Urform. Die Menschheit sei demnach genetisch determiniert und verändere sich sehr langsam, wenn überhaupt. Allenfalls in der äußeren Erscheinung, nicht im genetischen Typ wollte Sánchez-Albornoz Veränderungen erkennen. Auch unter dem Einfluss sozialen und kulturellen Wandels sei bei den infragestehenden Völkern ‚das Erbe im Temperament‘ unverändert geblieben. Hispano-Romanen, Goten, ‚Hispano-Muslime‘ und Kastilier teilten bei allen Unterschieden im einzelnen das gleiche Erbe. Diese Auffassung entsprach dem moderaten katholischen Evolutionismus des späten 19. Jahrhunderts, der nur einen begrenzten Wandel der menschlichen Gattung anerkannte. Castro war also in der Lage, ein größeres Potential für kulturellen Wandel anzuerkennen als Sánchez-Albornoz. Für den ersten änderten sich Kulturen, mit der Sprache als grundlegendem Parameter, im Zeitverlauf grundlegend, so dass zwischen ihnen diachrone Grenzen entstünden. Deshalb seien die germanisch-sprechenden Westgoten des 8. Jahrhunderts und die Kastilier des 1[illegible]. Jahrhunderts nicht gleichermaßen als „Spanier“ anzusprechen. Für Sánchez-Albornoz hingegen begrenzte das Erbe im Temperament als dauerndes Substrat das Ausmaß kultureller Differenzierung; bezeichnenderweise rühmte er sich einmal, dass er in der Lage sei, ‚die Kurve der Hispanizität von Seneca bis zu [dem baskischen Literaten Miguel de] Unamuno [1864–1936] zu verfolgen‘ [nach 600: Glick 9].

Für deutsche Historiker, die durch den Historismus geprägt sind und die Einsicht Benedetto Croces für unverlierbar halten, „daß das Leben und die Wirklichkeit Geschichte sind und nichts anderes als Geschichte" [Benedetto CROCE, Die Geschichte als Gedanke und als Tat, Bern 1944, 107; vgl. Otto Gerhard OEXLE, Geschichtswissenschaft im Zeichen des Historismus, Göttingen 1996, 17], könnte eigentlich kaum fraglich sein, dass nur Castros Auffassung vom historischen Wandel Spaniens, und nicht die ahistorisch anmutende Gegenthese vom ewigen Spaniertum durch Sánchez-Albornoz, Zustimmung verdient. Allerdings hat man auch auf die Schwächen in Castros Argumentation hingewiesen. So habe der Literaturwissenschaftler mit seinem primär geistesgeschichtlichen Ansatz der Erforschung der politischen Institutionen, der Rechtsüberlieferung, der Wirtschaft und der Kunst hinter der Sprachentwicklung und der Literatur nur zweitrangige Bedeutung beigemessen. Im Unterschied zu Sánchez-Albornoz habe Castro es auch versäumt, aus den dokumentarischen Quellen des Mittelalters zu schöpfen und demgemäß die verfassungsrechtliche und gesellschaftliche Wirklichkeit zu rekonstruieren. Unter wirtschafts- und institutionengeschichtlichen Gesichtspunkten betrachtet, habe Castro den islamischen und jüdischen Einfluss auf die spanische Geschichte überbewertet und die auf gleichem Felde evidente Kontinuität von der römischen und westgotischen Geschichte her verkannt. Die Gelegenheit zu intensiven Kulturkontakten sei bei eingehender Betrachtung der Überlieferung eher begrenzt gewesen: „Selbst wenn man der unterschiedlichen Durchdringung der Halbinsel durch die islamische Kultur, die abnahm, je weiter man nach Norden gelangte, keine übermäßige Bedeutung zumessen wollte, so beobachtete Sánchez-Albornoz erst nach der Eroberung von Toledo (1085) und Saragossa (1118) die Möglichkeit zu ethnischem und geistigem Austausch zwischen breiten Bevölkerungsschichten im Sinne der *convivencia*, doch sei diese Phase ausgerechnet mit der enormen Steigerung der französischen Kolonisationstätigkeit in den christlichen Reichen des Nordens zusammengetroffen, weshalb eine tief greifende Arabisierung der Lebensformen nicht stattgefunden habe. Im Gegenteil, das Aufblühen des Jakobuskultes als rein spanische Erscheinung habe der Notwendigkeit zur Selbstbehauptung im Kampf entsprochen. Weder sei religiöses Toleranzdenken zwingend islamischen Einflüssen entsprungen, noch wäre ein Zusammenhang zwischen dem Heiligen Krieg der Muslimin und den Kreuzzugsgedanken repräsentierenden Unternehmungen der *Reconquista* als Ausdruck militanten Christentums zu beweisen. Gleiches gelte für das Judentum, dessen Entwicklung auf das Religionsleben meist überschätzt werde, zumal sich der jüdische Geist während des Spätmittelalters eher im Niedergang befunden habe." Demnach komme nicht dem Kulturaustausch, sondern der *Reconquista* und der auf sie folgenden *Repoblación* die Schlüsselfunktion für das Verständnis der spanischen Geschichte zu [637: VONES 15f.].

Auch wenn er die methodologischen und historisch-sachlichen Defizite Castros ebenso kritisch beurteilte, hat sich der amerikanische Historiker Thomas F. Glick vor wenigen Jahrzehnten entschieden auf dessen Seite gestellt. Von jenem Standpunkt, den Sánchez-Albornoz bezogen habe, sei der Zugang zu Prozessen der Akkulturation und des kulturellen Wandels verstellt. Castros Schlüsse seien im Prinzip richtig, doch erwecke er den falschen Eindruck, als vollzögen sich die kulturellen Prozesse in einem sozialen Vakuum und unabhängig von gesellschaftlichen Kräften. Die Auffassung von der grundsätzlichen Parität der drei Gruppen, eines demographischen, politischen und militärischen Gleichgewichts und einer gleichwertigen kulturellen Potenz sei irrig, zumal sie die institutionellen oder gesetzlichen Mechanismen der Machtkontrolle beiseite lasse. In einem Buch über „Islamic and Christian Spain in the Early Middle Ages", das die Zeit bis zum Ende des 13. Jahrhunderts behandelt, wollte Glick zeigen, dass die kulturellen Interaktionen zwischen den drei Gruppen (also einschließlich der Juden) während einer ersten Periode von etwa 750 bis 1085 durch eine stabile islamisch-christliche Grenze und ein relatives sozioökonomisches Ungleichgewicht zwischen beiden Seiten bestimmt gewesen seien. In der darauffolgenden Periode, in der die christlichen Königreiche wichtige muslimische und jüdische Enklaven erwerben konnten, sei der kulturelle Austausch hingegen durch eine große Bandbreite sozialer Gewohnheiten, rechtlicher Normen und staatlicher Institutionen bestimmt worden. Sánchez-Albornoz, der im Gegensatz zu Castros These kultureller Symbiose von der „Antibiosis" der Muslime und Christen gesprochen habe, machte Glick den Vorwurf, jede Anregung zu interkulturellen Studien erstickt zu haben; dabei seien viele – und entscheidende – Felder islamischen Einflusses auf die christliche Kultur von vorn herein ausgeblendet worden: „For example, since he [Sánchez-Albornoz] believes that Mozarabs (Arabized Christians who fled Islamic Spain and settled in Christian Spain) were only superficially Arabized and in any case could not transmit elements of eastern culture because there were none in al-Andalus, there has been no research on the social organization of Mozarabs in ninth-century León; no examination of changes that they may have introduced into the dietary regime or agricultural techniques of the country; no examination of their role in the transfer of technology, whether artisanal or agrarian; no study of their impact upon urban institutions and economic life; and a probable playing down of their cultural role in monasteries of Mozarabic foundation. Thus, regrettably, the ninetheenth-century view that the Muslims of Iberia exceeded those of the East in culture, has been replaced among Sánchez-Albornoz and his followers by the view, more tendentious if less romantic, that the culture in question was not Eastern at all, but ‚Spanish'" [600: Glick 12f.].

Glick selbst ordnet die von ihm untersuchten interkulturellen Prozesse wieder in einen universalhistorischen Horizont ein. Er bestand darauf (wie vor ihm Fernand Braudel und nach ihm Ernst Pitz, s. oben 4.2.1), dass die islamischen Eroberungen den Mittelmeerraum zum indischen Ozean hin geöffnet und damit den Welthandelsbeziehungen zugewandt haben; erst die Byzantiner, nicht die Araber, hätten zwischen 752 und 827 den Handel abgeschnitten, so dass sich die Franken auf Deutschland, die Araber auf den Irak zu konzentrieren begannen. Spanien indessen sei von dieser Entwicklung weniger betroffen gewesen, weil die Omaijaden mit dem Reich von Byzanz eine stille Allianz pflegten. Die Muslime waren daher in der Lage, noch während des hohen Mittelalters kulturelle Errungenschaften des Fernen Ostens (China, Indien) nach dem Westen, Nordafrika und Europa, zu verbreiten. Da die Araber (nach Eroberung des Sassanidenreiches) das persische ökonomische System übernommen hatten, sei es erklärlich, dass sie auch persische Techniken, Künste und Ideen verbreiteten. Allerdings sei diese Diffusion nirgends gleichmäßig erfolgt, sondern jeweils in Abhängigkeit von räumlichen und kulturellen Voraussetzungen. Glick erinnerte hier an die These des Sinologen Joseph Needham, dass kulturelle und geographische Grenzen zwar die Verbreitung chinesischer Wissenschaft von Zentralasien nach dem islamischen Mittleren Osten verhindert, dass das Gleiche aber nicht für die technischen Errungenschaften gegolten habe; diese seien vielmehr ein Jahrtausend lang ununterbrochen von Ost nach West transferiert worden.

Glick lässt keinen Zweifel daran, dass er den Beitrag der islamischen Kultur zur spanischen Geschichte für entscheidend hält; allerdings – und das ist das überragende Verdienst seiner Abhandlung – unterscheidet er sehr genau, wann, wie und in welchem Maße Ideen und Techniken des Ostens sowohl in al-Andalus selbst wie von hier ins christliche Spanien eindringen konnten. Die politischen Herrschaftsverhältnisse waren dabei gar nicht immer entscheidend, sondern nur ein Faktor unter anderen, die zur Beschleunigung und Verhinderung einer kulturellen Perzeption beitragen konnten.

Exemplarisch in und zentral für Glicks beziehungsgeschichtlich-vergleichende Analysen sind die unterschiedlichen landwirtschaftlichen Systeme der Christen und Muslime und die dabei zu beobachtenden Anpassungsprozesse. Zwar hatten bereits die Römer Bewässerungsanlagen kultiviert sowie *dry farming* (s. oben 3.4.2), Forstwirtschaft und Herdenhaltung betrieben, und beide in Spanien siedelnden Großgruppen des Mittelalters traten dieses Erbe an; doch haben die Muslime in al-Andalus die bei den Römern noch dominante Zweifelderwirtschaft mit dry farming zurückgedrängt. Stattdessen entwickelten sie konsequent eine Bewässerungskultur nach syrischem Vorbild. Überall dort, wo Muslime arabischer Herkunft beziehungsweise ihre christlichen Bauern lebten, findet sich dieses System, während die Berber, die in ihrer nordafrikanischen Heimat große Wasserläufe nicht kannten, sich eher auf Viehwirtschaft und Baumkulturen (Olivenplantagen) konzentrierten. Die alteingesessenen Bewohner Spaniens hielten demgegenüber am herkömmlichen Getreideanbau ohne künstliche Bewässerung fest. Dementsprechend lässt sich auch eine ethnisch-kulturelle Verteilung der Siedlungen beobachten; so konzentrierten sich die Araber auf die fruchtbaren Ebenen, in denen sie die hydraulische Agrikultur anwenden und fortentwickeln konnten, die Berber aber auf die Bergregionen. Was nun den Prozess der Akkulturation betrifft, so hilft schon eine einfache Überlegung, ihr Ausmaß zu erfassen. Angesichts der gravierenden numerischen Unterlegenheit der arabischen Siedler muss der beträchtliche Erfolg der Bewässerungskultur mit seiner Auswirkung bis auf die wirtschaftlichen Blüte der andalusischen Städte auf einer raschen Rezeption durch die christliche und schrittweise islamisierte Vorbevölkerung zurückgegangen sein.

Bei der Bewässerungstechnik selbst lassen sich zwei Modelle unterscheiden. Beim ersten System wurden die Felder durch Kanäle versorgt, die das Wasser von einem Fluss oder einer Quelle ableiteten. Das zweite war durch Schöpfräder gekennzeichnet, die – entweder angetrieben durch den Wasserlauf selbst oder durch hydraulische Räder, die von Tieren im Kreis bewegt wurden (Tretmühle) –, das Wasser aus der Tiefe auf die Ebene der Felder hinaufhoben. Dieser Typ hat nach Glick geradezu eine „noria revolution" (‚Schöpfradrevolution') in Spanien ausgelöst, die mit einer arabischen „green revolution", dem durch die Omaijaden geförderten Anbau neuer Feldfrüchte arabischer Herkunft, Hand in Hand gegangen sei. Die andalusische *noria* ging offenbar, wie die Konstruktion der Räder selbst und die Art der Schöpfeimer erkennen lässt, auf syrische Prototypen zurück (Thorkild SCHIØLER); von den Muslimen haben die Christen diese syrische Technik übernommen, und zwar entweder vermittelt durch mozarabische Bauern, die in die nordspanischen Reiche auswichen, oder aber später nach den Eroberungen.

Um den Erfolg der muslimischen Bewässerungstechnik auch unter den Christen zu verstehen, ist es nach Glick notwendig, die Motive der Adaption richtig einzuschätzen. Glick widerspricht dabei der Auffassung, dass „hydraulische Gesellschaften" despotische Herrschaft begünstigten, weil die Verfügung über das Wasser ein unvergleichliches Repressionsmittel in der Hand gesellschaftlicher Eliten gewesen sei [so Karl WITTFOGEL]. Im Falle Spaniens sei es geradezu bezeichnend, dass im Herzland des Emirats beziehungsweise Kalifats, dem Becken des Guadalquivir, großangelegte Bewässerungsanlagen gar nicht nötig gewesen seien, während dort, wo sie gefördert wurden, in Murcia, Valencia, Saragossa und im Tal des Ebro, die politische Herrschaft keine besonders starken Interessen entwickelte. Auch sei zu beobachten, dass die Auflösung des Kalifats, also einer zentralisierenden politischen Gewalt, und der Übergang zu den Taifenreichen geradezu als Stimulans für die Bewässerungstechnik gewirkt habe. Entscheidend für die Verbreitung der Technik sei also nicht eine vorausgesetzte oder erhoffte politische Machtakkumulation, sondern das Begehren wirtschaftlichen Gewinns: „The question is not who controls the water-source but who gets the benefits of agricultural surpluses produced as a result of irrigation-intensive agriculture" [600: Glick 69]. In der islamischen Welt haben die Prozesse von Eroberung und Kolonisation lokale Wirtschaften neu in Bewegung gesetzt, Geld in Umlauf gebracht und zu einem Preisanstieg geführt, der den Handel und die Entwicklung der Städte stimulierte. Die Nutznießer dieses Aufschwungs, die Kaufleute, waren nach Glick in der Lage, Ländereien im Umland der Städte zu erwerben und so deren Herrschaft über das Agrarland zu errichten. Dieser Vorgang, und nicht das Wirken einer despotischen Bürokratie, die von dem Kalifenpalast von Córdoba ausgegangen wäre, war für die Entwicklung der typischen städtisch-ländlichen Symbiose („urban-huerta landscape") entscheidend, also einer Stadt mit umgebenden Feldern, die von Bewässerungskanälen und Schöpfrädern geprägt war. Al-Andalus habe im 11. Jahrhundert, im Unterschied zu anderen islamischen Ländern, tiefe wirtschaftliche Umbrüche vermeiden können, weil der Zufluss des Goldes aus dem Sudan niemals abbrach. „Therefore, I do not see any real break in the economic development of town/huerta complexes but rather a steadily growing process which in the eleventh century may well have been stimulated by the development of regional economies, to the extent that places like Valencia, Granada, and Zaragoza, which had been very small towns during the Caliphate, now came to emulate Sevilla, by a process completely analogous to that whereby the latter city had grown" [ebd., 70].

Schon vor der Jahrtausendwende gab es in León und Kastilien Bewässerungsanlagen, die meist kirchlichen Herrschaften unterstanden, während in Katalonien kleine Landbesitzer für sich selbst oder gemeinschaftlich mit anderen Bauern derartige Systeme betrieben. Bei der Eroberung der muslimischen Gebiete wurden die Anlagen im Allgemeinen weitergeführt. Es ist ausdrücklich belegt, dass die neuen Herren sich den Betrieb durch Mauren erklären ließen und darauf Wert legten, dass diese ihn (vorübergehend) weiterführten. An die Stelle städtischer Amtleute, die unter Aufsicht eines *qādī* gestanden hatten, oder selbständiger Bewässerungsgemeinschaften, die wohl auf arabischen Sippenstrukturen beruhten, traten jetzt Beauftragte der christlichen Stadtgemeinden oder gildenartige Organisationen. So blieb die Landwirtschaft um Toledo und in den Becken des Tajo und des mittleren Guadiana nach dem Sieg der Christen unverändert. Im Herzland Andalusiens, wo die meiste muslimische Bevölkerung bald nach der Eroberung (Córdoba 1236 usw.) floh, erfuhr die Landwirtschaft aber gravierende Änderungen. Felder wurden in Weiden umgewandelt oder mit neuen, im Norden bevorzugten Pflanzen bebaut; der hohe Standard der Olivenproduktion wurde beibehalten. „These towns, which had supported a mixed agriculture, with noria-based huertas, before the conquest, were converted into herding centers" [ebd., 102]. Im Ganzen müsse man also die Auseinandersetzung der Christen mit der islamischen Bewässerungskultur differenziert betrachten: Wo die Christen die islamischen Techniken für den wirtschaftlichen Gewinn und zum Wachstum ihrer Städte zu nutzen verstanden, wie in Valencia, wurden die Strukturen aus der Zeit vor der Eroberung vollständig beibehalten; in León und Kastilien konnte das Bewässerungssystem nicht gleiche Erträge bringen, weil hier die feudalen Herren den Gewinn weitgehend konsumierten. In Katalonien hingegen hatte es der Eroberung nicht bedurft, um einen Wandel herbeizuführen. Die Christen um Barcelona praktizierten ohnehin die Nutzung des Wassers und übernahmen später die Schöpfradtechnologie zum Ausbau ihrer eigenen Ansätze.

In seiner weitgreifenden, alle Gebiete des sozialen und wirtschaftlichen Lebens beider Kulturen erfassenden Abhandlung hat Thomas F. Glick auch eingehend die gesellschaftlich-politischen Voraussetzungen der Perzeption behandelt. Er macht geltend, dass sich sowohl al-Andalus als auch die christlichen Reiche während des hohen Mittelalters in einer Periode der „Kristallisation" befunden haben. In beiden habe sich zwischen dem 8. und dem 12./13. Jahrhundert aus primitiven sozialen Formationen eine Gesellschaft mit stabilen Verteilungsmechanismen für Güter und mit sozialen und kulturellen Netzwerken entwickelt. Gerade die Unabgeschlossenheit dieser Prozesse habe aber die gegenseitigen Einflüsse begünstigt. „Crystallization has the result of hardening cultural boundaries, making them less permeable. But the process of cultural change is continuous, and no culture is ever completely impervious to outside influences. Christians continued to borrow from Muslims in the late middle ages; as a result of the conquest of Granada, a whole new wave of Arabisms, many of them technological, entered the Spanish language" [ebd., 297].

Ebenso wie durch seine theoretisch und methodologisch hoch reflektierte Untersuchung im Einzelnen, hat Thomas F. Glick dadurch überzeugt, dass er der islamischen wie der christlichen Kultur durch exzellente Kenntnisse gleichermaßen gerecht wurde. In seiner Einleitung hatte der Autor selbst offengelegt, wie sehr ihm diese Parität am Herzen lag: „Although, like most historians trained in the positivist tradition, I strive to be objective, I nevertheless know that my own values play a formative role in the picture that I present of medieval Spanish history. I believe that ethnocentrism is the bane of peoples and of history; that contact of cultures is inevitably creative, however conflictive; and that the mettle of a culture is manifested in its ability to adjust to other cultures without destroying them". Beim guten Vorsatz hat es Glick aber nicht bewenden lassen; vielmehr hat er sich bemüht, wissenschaftlich in beiden Bereichen kompetent zu sein: „For all of my scholarly career I have traveled the interface between two cultures, Islamic and Spanish, able to identify strongly with both, but still feeling not quite at home with either. I was trained as an Islamist; my research has largely fallen on the Spanish side. For these reasons, possibly, my notion about what is distinctive or even normative about medieval society may differ considerably from those of either the Islamist or the Hispanist. Only by identifying with both cultures, and with one no more than the other, can the historian entertain any reasonable hopes of filtering out some of the more flagrant biases that have so persistently plagued this area of investigation" [ebd., 4].

Was hier für die interkulturelle Erforschung der spanischen Geschichte des Mittelalters klar und normsetzend formuliert wurde, muss im Prinzip auch für die europäische Geschichte im Ganzen gelten, die es stets mit einer Mehrzahl von Kulturen zu tun hat. Die wissenschaftlichen Ansprüche dieser Aufgabe mögen erschrecken, nicht zuletzt kann auch das Risiko unvermeidlicher Defizite an Kompetenz im einen oder anderen Bereich jene belasten, die sich ihr stellen wollen. Trotzdem gibt es im Hinblick auf Europa zu dem Konzept einer interkulturell agierenden Geschichtswissenschaft keine Alternative, wenn die Historie nicht der Befangenheit in ihrer eigenen Tradition – und das heißt: der Ideologisierung ihres Tuns – Vorschub leisten will.

5 Zeittafel der europäischen Geschichte im hohen Mittelalter

Der Ausschnitt von zwei Jahrhunderten aus dem Kontinuum der Zeit, der in diesem Buch behandelt wird, ist mehr oder weniger willkürlich gewählt; er soll ja auch nur einen Rahmen abgeben für die Darstellung von Wechselwirkungen und für den Vergleich europäischer Länder in einer Periode, der ein signifikanter historischer Wandel zugeschrieben wird. Andererseits zeigt sich an der Epocheneinteilung mit den „runden" Zahlen 1050 und 1250, dass wir über eine Chronologie der europäischen Geschichte noch nicht verfügen; allenfalls das Jahr 1250, das mit dem Tod Friedrichs II. das Ende des staufischen Imperiums markiert, bedeutet historisch etwas. Wie aber soll man über die Nationalgeschichten hinauskommen, wenn keine Debatte über die Ereignisse geführt wird, die Europas Gesamtgeschichte gestaltet haben? Natürlich könnte es dabei nicht nur um Vorgänge gehen, die wegweisend für die europäische Einheit gewesen sind, weil die Selbstbehauptung des Besonderen zur Geschichte dieses Kontinents gehört wie die unaufhörlichen Prozesse der Anpassung. Beides also, die Beiträge der Länder, Nationen und Völker zur Einheit Europas wie auch diejenigen zur europäischen Vielfalt gälte es an signifikanten Ereignissen aufzuweisen. Einen Versuch dazu stellt die folgende Zeittafel dar [vgl. dazu künftig 17: BORGOLTE].

1046	König Heinrich III. veranlasst die Absetzung bzw. den Rücktritt von drei Päpsten und die Erhebung des Bischofs von Bamberg zum Papst (Clemens II.)
1049–1054	Papst Leo IX. bildet ein Leitungsgremium der Römischen Kirche mit Reformern vornehmlich aus Lothringen und Burgund und hält Reformsynoden in Ober- bzw. Unteritalien, in Frankreich und in Deutschland ab.
1049–1109	Aufbau eines westeuropäischen Klosterverbandes durch Abt Hugo von Cluny.
1054	Gegenseitige Verfluchung des Kardinallegaten Humbert und des Patriarchen Michael Kerullarios von Konstantinopel und ihrer Gefährten – Tod des Großfürsten Jaroslavs des Weisen und (bald darauf) Absetzung des Metropoliten Ilarion von Kiev.
1059	Lateransynode mit Reformbeschlüssen, u.a. Papstwahldekret; Papst Nikolaus II. wird Lehnsherr der normannischen Fürsten Richard I. von Aversa und Robert Guiscard in Unteritalien.
1063/1072	„Europäisierung" der Pilgerfahrten nach Santiago de Compostela.

1066	Eroberung Englands durch Herzog Wilhelm II. von der Normandie – Pogrom von Granada: Beginn der Judenverfolgungen im europäischen Westen; Konversion des Erzbischofs Andreas von Bari zum jüdischen Glauben.
1071	Niederlage der Byzantiner gegen die Selžuken bei Mantzikert; Einnahme Baris durch den normannischen Herzog Robert Guiscard.
1076/77	Absetzung, Bannung und Rekonziliation König Heinrichs IV. durch Papst Gregor VII.
1078	Erstes allgemeines Investiturverbot durch Papst Gregor VII.
1081/82	Einnahme Dyrrhachions durch Robert Guiscard; byzantinische Handelsprivilegien für Venedig; Verurteilung des Philosophen Johannes Italikos in Konstantinopel.
1085/86	König Alfons VI. von León-Kbastilien erobert Toledo, aber die Almoraviden (Murābiṭūn) stellen die muslimische Herrschaft in al-Andalus weitgehend wieder her.
1086	Erfassung der königlichen Besitzrechte in England durch das „Domesday Book“.
1086/87	Erster Beleg für die Walkmühle (Saint-Wandrille).
1091	Der Normanne Graf Roger I. vollendet mit der Einnahme Notos die Unterwerfung der Muslime in Sizilien.
1096–99/ 1102	Erster Kreuzzug, geführt von einem päpstlichen Legaten; Eroberung Jerusalems; Massaker an Juden bzw. Muslimen (Deutschland, Böhmen; Jerusalem).
um 1100	Kommunebildungen in den Städten Oberitaliens und Nordwesteuropas – Beginn der „deutschen Ostsiedlung“.
1103/4	Errichtung der ersten skandinavischen Kirchenprovinz (Lund).
1110	Erster Beleg für den Exchequer in England.
um 1120	Calixt II. erlässt das erste päpstliche Judenschutzprivileg („Sicut Iudaeis“), das seine Nachfolger erneuern.
1122	Lösung des Investiturstreits im römisch-deutschen Reich durch das Wormser Konkordat zwischen Papst Calixt II. und Kaiser Heinrich V.
1130	Schismatische Papstwahl Innozenz II./Anaklet II.; Königserhebung Herzog Rogers II. von Apulien, Kalabrien und Sizilien durch Anaklet II.; europaweite Wirksamkeit des Zisterziensers Bernhard von Clairvaux (gest. 1153).
1143/44	Katharer in Bonn und Köln.
1143/79	Errichtung des Königreiches Portugal durch Alfons I.
1147	Mit der Eroberung Sevillas durch die Almohaden (Muwaḥḥidūn) beginnt die zweite Phase der Einbeziehung Andalusiens in eine islamisch-afrikanische Herrschaftsbildung.

1148/9	Vereinbarung Kaiser Manuels I. und König Konrads III. von Deutschland über einen Zug gegen die Normannen in Unteritalien; Treffen König Rogers II. und König Ludwigs VII. von Frankreich in Potenza – Auch die christlichen Reiche Spaniens (u. a. König Alfons VII. von Kastilien-León) suchen Anschluß an „Europa" (bes. Heiratspolitik).
1154	Mit dem Herrschaftsantritt Heinrichs II. beginnt die Zeit des Angevinischen Reiches.
1159–1177/78	Papstschisma (Alexander III. gegen Viktor IV., Paschalis III. und Calixt III.) mit Konfrontation zwischen Kaiser Friedrich I. und England, Frankreich, Sizilien, Kaiser Manuel I. sowie dem Bund lombardischer Städte.
1161	Herzog Heinrich der Löwe vermittelt Frieden zwischen seiner Stadt Lübeck und den Kaufleuten der Insel Gotland und begünstigt so den Aufstieg des deutschen Ostseehandels (Hanse).
1168	Die Sakralstätte der Elbslawen auf Rügen wird durch König Waldemar I. von Dänemark zerstört.
1169/71	Irland gerät unter König Heinrich II. unter englische Dominanz.
1179	Drittes Laterankonzil, u. a. Beschlüsse über Zweidrittelmehrheit bei der Papstwahl, über Schulen an Bischofssitzen und gegen Lepröse und Schwule.
um 1180	Die Windmühlentechnik erreicht das westliche Europa.
1184	Papst Lucius III. (Kanon „Ad abolendam") und Kaiser Friedrich I. wollen gemeinsam gegen Ketzer vorgehen.
1185/87	Errichtung des zweiten Bulgarischen Reiches auf dem Balkan.
1188	König Alfons IX. von León beruft die erste Repräsentativversammlung seines Reiches unter Beteiligung der Städte (*cortes*) ein und verleiht den einzelnen Bürgern weitgehende Rechte.
1194	Kaiser Heinrich VI. wird König von Sizilien und vereint Ober- und Unteritalien unter seiner Herrschaft.
1198–1215	Staufisch-welfischer Thronstreit in Deutschland.
um 1200	Entstehung der Universitäten von Bologna, Paris und Oxford.
1204	Eroberung Konstantinopels durch die Lateiner, Zerfall des Reiches von Byzanz.
1209–1229	Albigenserkrieg, beginnend mit einem Kreuzzugsaufruf Papst Innozenz' III. und endend mit dem Vertrag von Meaux-Paris zwischen dem französischen Königtum und Graf Raimund VII. von Toulouse.
1212	Sieg der Christen über die muslimischen Almohaden in der Schlacht von Las Navas de Tolosa.
1214	Schlacht von Bouvines: Erfolg König Philipps II. von Frankreich über Kaiser Otto IV. und König Johann von England.
1215	Viertes Laterankonzil, unter anderem Beschlüsse zur Disziplinierung des Glaubenslebens (Verpflichtung zur Beichte und Kommunion) sowie

1215	gegen Juden und Ketzer – Magna Carta libertatum König Johanns für England.
1217	Beginn der lateineuropäischen Ausbreitung der Bettelorden (Dominikaner und Franziskaner).
1217/19	In Serbien Königskrönung des Großžupans Stefan und Errichtung eines eigenen Erzbistums.
1219	Eroberung und Christianisierung Estlands durch König Waldemar II. von Dänemark.
1228/29	Kreuzzug Kaiser Friedrichs II. mit Einnahme Jerusalems und Königskrönung.
1231	Papst Gregor IX. bedroht nach dem Vorbild Kaiser Friedrichs II. Ketzer mit dem Feuertod und fördert die „Inquisition" – Beginn der Eroberung des Prussenlandes durch den Deutschen Orden.
1236/40	Die Mongolen zerstören das muslimische Reich der Wolgabulgaren und unterwerfen neben den Kumanen auch die Kiever Rus', die ins Reich der Goldenen Horde eingefügt wird.
1237/46	Begründung des Reiches der Nasriden in Granada durch Sultan Muhammad I.
1241/2	Mongoleneinfall nach Mittel- und Südosteuropa (Ungarn, Polen/Schlesien, Mähren, Dalmatien); unter anderem Vertreibung der Muslime (Ismaeliten) aus Ungarn.
1242	Niederlage des Deutschen Ordens gegen Fürst Aleksandr (Nevskij) von Novgorod – Erste Talmudverbrennung in Paris.
1244	Jerusalem geht den Christen endgültig an islamische Mächte verloren.
1245	Papst Innozenz IV. entsendet Franziskaner und Dominikaner zu den Mongolen und hält das erste Konzil von Lyon ab: u. a. Absetzung Kaiser Friedrichs II. und Suspension König Sanchos II. von Portugal.
1250	Tod Kaiser Friedrichs II.
1258	Kommune von England.
1259	Vertrag von Paris: Heinrich III. von England verzichtet gegenüber Ludwig IX. von Frankreich auf die Festlandsbesitzungen in der Normandie und im Anjou.
1260	Sieg der Mamlūken aus Ägypten über die Mongolen in der Schlacht an der Goliathsquelle (ᶜAin Ǧālūt).
1261	Rückkehr des Kaisers (Michael VIII. Palaiologos) nach Konstantinopel – Grönland – und kurz danach auch Island – werden der politischen Herrschaft des Königreiches Norwegen eingegliedert.
1263	Mit der Ermordung Mindowes bricht der Ansatz zu einem christlichen Königreich Litauen (von 1253) zusammen.
1282/83	Unterwerfung des „freien" Wales durch König Eduard I. von England.

6 Literaturverzeichnis

6.1 Siglenverzeichnis

AEMA	=	Archivium Eurasiae Medii Aevi
AfD	=	Archiv für Diplomatik
AKG	=	Archiv für Kulturgeschichte
Annales HSS	=	Annales. Histoire, Sciences Sociales
BlldtLG	=	Blätter für deutsche Landesgeschichte
ByzZ	=	Byzantinische Zeitschrift
DA	=	Deutsches Archiv für Erforschung des Mittelalters
EHR	=	English Historical Review
FOEG	=	Forschungen zur osteuropäischen Geschichte
GGA	=	Göttingische Gelehrte Anzeigen
GWU	=	Geschichte in Wissenschaft und Unterricht
HJb	=	Historisches Jahrbuch
HZ	=	Historische Zeitschrift
JbGMOD	=	Jahrbuch für die Geschichte Mittel- und Ostdeutschlands
JEH	=	Journal of Ecclesiastical History
MIÖG	=	Mitteilungen des Instituts für Österreichische Geschichtsforschung
ND	=	Nachdruck
P & P	=	Past and Present
QuFiAB	=	Quellen und Forschungen aus italienischen Archiven und Bibliotheken
RhVjbll	=	Rheinische Vierteljahrsblätter
RömHM	=	Römische Historische Mitteilungen
ScanJH	=	Scandinavian Journal of History
TJAB	=	Tel Aviver Jahrbuch für deutsche Geschichte
VSWG	=	Vierteljahrschrift für Sozial- und Wirtschaftsgeschichte
ZfG	=	Zeitschrift für Geschichtswissenschaft
ZHF	=	Zeitschrift für Historische Forschung
ZRG GA	=	Zeitschrift der Savigny-Stiftung für Rechtsgeschichte, Germanistische Abteilung

6.2 Allgemeine Hilfsmittel

1 COHN-SHERBOK Dan, The Blackwell Dictionary of Judaica, Oxford 1992.
2 The Encyclopaedia of Islam. New Edition, Bde. 1ff., Leiden 1960ff.
3 KAZHDAN Alexander P./TALBOT Alice-Mary/CUTLER Anthony/GREGORY Timothy E./ŠEVČENKO Nancy P. (Hgg.), The Oxford Dictionary of Byzantium, Bde. 1–3, New York/Oxford 1991.
4 KRAUSE Gerhard/MÜLLER Gerhard (Hgg.), Theologische Realenzyklopädie, Bde. 1ff., Berlin 1976ff.
5 Lexikon des Mittelalters, 9 Bde., München/Zürich 1980–1998.
6 Lexikon für Theologie und Kirche, 10 Bde., Freiburg/Basel/Rom/Wien ^{3}1993–2001.
7 STRAYER Joseph R. (Hg.), Dictionary of the Middle Ages, 13 Bde., New York 1982–1989.

6.3 Hochmittelalter

8 ABULAFIA David (Hg.), The New Cambridge Medieval History, Bd. 5: c. 1198 – c. 1300, Cambridge 1999.
9 AERTSEN Jan A./SPEER Andreas (Hgg.), Individuum und Individualität im Mittelalter, Berlin/New York 1996.
10 BARTHÉLEMY Dominique, La mutuation de l'an mil a-t-elle eu lieu?, Paris 1997.
11 BARTLETT Robert, The Making of Europe. Conquest, Colonization and Cultural Change, 950–1350, London 1993; dt.: Die Geburt Europas aus dem Geist der Gewalt. Eroberung, Kolonisierung und kultureller Wandel von 950 bis 1350, München 1996.
12 BERMAN Harold J., Law and Revolution. The Formation of the Western Legal Tradition, Cambridge, Mass./London 1983; dt.: Frankfurt am Main 1991.
13 BLOCH Marc, La société féodale, Paris 1939/40; dt.: Frankfurt am Main u.a. 1982.
14 BOIS Guy, La Mutuation de l'An Mil. Lournand, village mâconnais, de l'Antiquité au féodalisme, Paris 1989; dt.: Stuttgart 1993.
15 BORGOLTE Michael, Einheit, Reform, Revolution. Das Hochmittelalter im Urteil der Modernen, in: GGA 248 (1996), 225–258.
16 BORGOLTE Michael, Feudalismus. Die marxistische Lehre vom Mittelalter und die westliche Geschichtswissenschaft, in: ZHF 25 (1998), 245–260.
17 BORGOLTE Michael, Zwischen Erfindung und Kanon. Zur Konstruktion der Fakten im europäischen Hochmittelalter, in: Elisabeth Stein (Hg.), Nova de veteribus. Festschrift für Paul Gerhard Schmidt, im Druck.
18 BOSL Karl, Europa im Aufbruch. Herrschaft – Gesellschaft – Kultur vom 10. bis zum 14. Jahrhundert, München 1980.
19 BREDEKAMP Horst, Das Mittelalter als Epoche der Individualität, in: Berlin-Brandenburgische Akademie der Wissenschaften, Berichte und Abhandlungen, Bd. 8, Berlin 2000, 191–240.
20 CHIBNALL Marjorie, The Normans, Oxford 2000.
21 DRAGON Gilbert/RICHÉ Pierre/VAUCHEZ André (Hgg.), Évêques, moines et empéreurs (642–1054) (= Histoire du christianisme des origines à nos jours, Bd. 4), Paris 1993; dt.: Freiburg/Basel/Wien 1994.
22 DUBY Georges, Les trois ordres ou l'imaginaire du féodalisme, Paris 1978; dt.: Frankfurt am Main 1981.

23 Duby Geoges, Dames du XII. siècle, 3 Tomes, Paris 1995/96; dt.: 3 Bde., Frankfurt am Main 1997/98.
24 Fossier Robert, Enfance de l'Europe (X^{e}–XIIe siècle), Bde. 1–2, Paris ^{2}1989.
25 Fossier Robert, Le Moyen Age. L'Eveil de l'Europe, 950–1250, Paris ^{3}1990.
26 Halphen Louis, Essor de l'Europe (XIe–XIIIe siècles), Paris 1932, ^{3}1948.
27 Hampe Karl, Das Hochmittelalter. Geschichte des Abendlandes von 900 bis 1250, Berlin 1932.
28 Haskins Charles Homer, The Renaissance of the Twelfth Century, Cambridge 1927.
29 Heer Friedrich, Aufgang Europas. Eine Studie zu den Zusammenhängen zwischen politischer Religiosität, Frömmigkeitsstil und dem Werden Europas im 12. Jahrhundert, Wien/Zürich 1949.
30 Herbers Klaus (Hg.), Europa an der Wende vom 11. zum 12. Jahrhundert, Stuttgart 2001.
31 Herlihy David, The Agrarian Revolution in Southern France and Italy, 801–1150, in: Speculum 33 (1958), 23–41.
32 Knefelkamp Ulrich (Hg.), Zisterzienser, Berlin 2001.
33 Le istituzioni ecclesiastiche della „Societas christiana" dei secoli XI–XII. Diocesi, pievi e parrocchie, Milano 1977.
34 Luchitskaya Svetlana, Muslims in Christian Imagery of the Thirteenth Century, in: Al-Masāq. Islam and the Medieval Mediterranean 12 (2000), 37–67.
35 Luscombe David (Hg.), The New Cambridge Medieval History, Voll. 4.1, 4.2: c. 1024 – c. 1198, Cambridge, im Druck.
36 Jakobs Hermann, Kirchenreform und Hochmittelalter 1046–1215, München/Wien 1984, ^{3}1994.
37 Jarnut Peter/Johanek Peter (Hgg.), Die Frühgeschichte der europäischen Stadt im 11. Jahrhundert, Köln/Weimar/Wien 1998.
38 Jordan Karl, Das Zeitalter des Investiturstreites als politische und geistige Wende des abendländischen Hochmittelalters, in: GWU 23 (1972), 513–522; ND in: Ders., Ausgewählte Aufsätze zur Geschichte des Mittelalters, Stuttgart 1980, 11–20.
39 Kämpf Hellmut (Hg.), Canossa als Wende, Darmstadt ^{3}1976.
40 Le Goff Jacques, Das Hochmittelalter, Frankfurt am Main 1965.
41 Leyser Karl, Am Vorabend der ersten europäischen Revolution. Das 11. Jahrhundert als Umbruchszeit, in: HZ 257 (1993), 1–28.
42 Lopez Robert S., The Commercial Revolution of the Middle Ages, 950–1350, Englewood Cliffs, New Jersey 1971.
43 Moore Robert I., The First European Revolution, c. 970–1215, Oxford 2000; dt.: München 2001.
44 Morris Colin, The Discovery of the Individual, 1050–1200, London 1972.
45 Poly Jean-Pierre/Bournazel Eric, La mutuation féodale, X^{e}–XIIe siècle, Paris 1980.
46 Seibt Ferdinand (Hg.), Europa im Hoch- und Spätmittelalter (Handbuch der europäischen Geschichte, Bd. 2), Stuttgart 1987.
47 Signori Gabriela, Maria zwischen Kathedrale, Kloster und Welt. Hagiographische und historiographische Annäherungen an eine hochmittelalterliche Wunderpredigt, Sigmaringen 1995.
48 Southern R[ichard] W., The Making of the Middle Ages, London 1953; dt.: Stuttgart 1960.
49 Stadtmüller Georg/Spuler Bertold/Tellenbach Gerd, [Das dreifache Mittelalter: Byzanz, Islam, Abendland], in: Saeculum Weltgeschichte, Bd. 4, Freiburg/Basel/Wien 1967, 1–401.

50 STROMER Wolfgang von (Hg.), Venedig und die Weltwirtschaft um 1200, Sigmaringen 1999.
51 TELLENBACH Gerd, Kaisertum, Papsttum und Europa im hohen Mittelalter, in: Historia Mundi, Bd. 6, Bern 1958, 9–103.
52 TELLENBACH Gerd, Libertas. Kirche und Weltordnung im Zeitalter des Investiturstreites, Stuttgart 1936.
53 VAUCHEZ André (Hg.), Apogée de la papauté et expansion de la chrétienté (1054–1274) (= Histoire du christianisme des origines à nos jours, Bd. 5), Paris 1993; dt.: Freiburg/Basel/Wien 1994.
54 VIOLANTE Cinzio/FRIED Johannes (Hgg.), Il secolo XI: una svolta?, Bologna 1993.
55 WIELAND Georg (Hg.), Aufbruch – Wandel – Erneuerung. Beiträge zur „Renaissance" des 12. Jahrhunderts, Stuttgart/Bad Cannstatt 1995.

6.4 Europa

56 ABULAFIA Anna Sapir, Christians and Jews in the Twelfth-Century Renaissance, London/New York 1995.
57 AMOURETTI Marie-Claire/COMET Georges, Hommes et techniques de l'Antiquité à la Renaissance, Paris 1993.
58 ANGENENDT Arnold, Geschichte der Religiosität im Mittelalter, Darmstadt 1997.
59 ATSMA Hartmut/BURGUIÈRE André (Hgg.), Marc Bloch aujourd'hui. Histoire comparée et Sciences sociales, Paris 1990.
60 BANANI Amin/VRYONIS Jr. Speros (Hgg.), Individualism and conformity in classical Islam, Wiesbaden 1977.
61 BARRACLOUGH Geoffrey, European Unity in Thought and Action, Oxford 1963; dt.: Göttingen 1964.
62 BARROW Julia, Cathedrals, provosts and prebends. A comparison of twelfth-century German and English practice, in: JEH 37 (1986), 536–564.
63 BARROW Julia, Education and the recruitment of cathedral canons in England and Germany 1100–1225, in: Viator 20 (1989), 118–137.
64 BARTLETT Robert/MACKAY Angus (Hgg.), Medieval Frontier Societies, Oxford 1989.
65 BATTENBERG Friedrich, Das Europäische Zeitalter der Juden, Bd. 1: Von den Anfängen bis 1650, Darmstadt 1990.
66 BEN-SASSON H.H. (Hg.), Geschichte des jüdischen Volkes, München 1995.
67 BERSCHIN Walter, Griechisch-lateinisches Mittelalter. Von Hieronymus zu Nikolaus von Kues, Bern/München 1980.
68 BLOCH Marc, Pour une histoire comparée des sociétés européennes, in: Revue de synthèse historique (1928); dt.: Für eine vergleichende Geschichtsbetrachtung der europäischen Gesellschaften, in: Matthias Middell/Steffen Sammler (Hgg.), Alles Gewordene hat Geschichte, Leipzig 1994, 121–167.
69 BLOCH Marc, Les rois thaumaturges. Étude sur le caractère surnaturel attribué à la puissance royale particulièrement en France et en Angleterre, Strasbourg 1924; dt.: München 1998.
70 BLOCKMANS Wim, Geschichte der Macht in Europa, Frankfurt/New York 1998.
71 BORGOLTE Michael, Die Erfindung der europäischen Gesellschaft. Marc Bloch und die deutsche Verfassungsgeschichte seiner Zeit, in: Marc Bloch, hg. von Peter Schöttler, Frankfurt/New York 1999, 171–194.

72 BORGOLTE Michael, „Europa ein christliches Land". Religion als Weltstifterin im Mittelalter?, in: ZfG 48 (2000), 1061–1077.
73 BORGOLTE Michael, Europäische Geschichten. Modelle und Aufgaben vergleichender Historiographie, in: Die „Blüte" der Staaten des östlichen Europa im 14. Jahrhundert, hg. von Marc Löwener, im Druck.
74 BORGOLTE Michael, Europas Geschichten und Troia, in: Troia. Traum und Wirklichkeit, hg. vom Archäologischen Landesmuseum Baden-Württemberg u. a., Stuttgart 2001, 190–203.
75 BORGOLTE Michael, Historie und Mythos, in: Krönungen. Könige in Aachen. Katalog der Ausstellung, hg. von Mario Kramp, Bd. 2, Mainz 2000, 839–846.
76 BORGOLTE Michael, Mediävistik als vergleichende Geschichte Europas, in: Mediävistik im 21. Jahrhundert, hgg. von Hans-Werner Goetz/Jörg Jarnut, im Druck.
77 BORGOLTE Michael, Mittelalterforschung und Postmoderne, in: ZfG 43 (1995), 615–627.
78 BORGOLTE Michael, Otto Hintzes Lehre vom Feudalismus in kritischen Perspektiven des 20. Jahrhunderts, in: Die Gegenwart des Feudalismus, hg. von Otto Gerhard Oexle, im Druck.
79 BORGOLTE Michael, Das soziale Ganze als Thema deutscher Mittelalterforschung vor und nach der Wende, in: Francia 22/1 (1995), 155–171.
80 BORGOLTE Michael, Über Typologie und Chronologie des Königskanonikats im europäischen Mittelalter, in: DA 47 (1991), 19–44.
81 BORGOLTE Michael, Vor dem Ende der Nationalgeschichten? Chancen und Hindernisse für eine Geschichte Europas im Mittelalter, in: HZ 272 (2001), 561–596.
82 BORGOLTE Michael, War Karl der Große wirklich groß? Europa ist heute nicht mehr die Christenheit, in: Frankfurter Allgemeine Nr. 53 vom 4.3.1999, 56; ND in: Ein Büchertagebuch, Frankfurt am Main 1999, 490–494; längere Fassung in: http://www.geschichte.hu-berlin.de/ivgem.
83 BORGOLTE Michael (Hg.), Das europäische Mittelalter im Spannungsbogen des Vergleichs. Zwanzig internationale Beiträge zu Praxis, Problemen und Perspektiven der historischen Komparatistik, Berlin 2001.
84 BORGOLTE Michael (Hg.), Unaufhebbare Pluralität der Kulturen? Zur Dekonstruktion und Konstruktion des mittelalterlichen Europa, München 2001.
85 BORST Arno, Barbaren, Ketzer und Artisten, München/Zürich 1988.
86 BORST Arno, Das Rittertum im Hochmittelalter, in: Ders. (Hg.), Rittertum im Mittelalter, Darmstadt 1976, 212–246.
87 BOURNAZEL Eric/POLY Jean-Pierre (Hgg.), Les féodalités, Paris 1998.
88 VON DEN BRINCKEN Anna-Dorothee, Europa in der Kartographie des Mittelalters, in: AKG 55 (1973), 289–304.
89 BROOKE Christopher N., Europe in the Central Middle Ages. 962–1154, London/New York [3]1991.
90 BRUNNER Otto, Sozialgeschichte Europas im Mittelalter, Göttingen [2]1984.
91 BURKE Peter, Did Europe exist before 1700?, in: History of European Ideas 1 (1980), 21–29.
92 CARAVALE Mario, Ordinamenti giuridici dell'Europa medievale, Bologna 1994.
93 CARDINI Franco, Europa und der Islam, München 2000.
94 CLANCHY Michael T., Abelard. A Medieval Life, Oxford/Cambridge 1997; dt.: Darmstadt 2000.
95 CLARKE H. B./SIMMS Anngret (Hgg.), The Comparative History of Urban Origins in Non-Roman Europe. Ireland, Wales, Denmark, Germany, Poland and Russia from the Ninth to the Thirteenth Century, 2 Teile, Oxford 1985.

96 CLASSEN Peter, Ausgewählte Aufsätze, hg. von Josef Fleckenstein, Sigmaringen 1983.
97 CLASSEN Peter, Burgundio von Pisa, Heidelberg 1974.
98 CLASSEN Peter, Studium und Gesellschaft im Mittelalter, hg. von Johannes Fried, Stuttgart 1983.
99 CONSTABLE Giles, The Reformation of the Twelfth Century, Cambridge 1996.
100 CONZE Werner, Ostmitteleuropa, München 1992.
101 CRESPI Gabriele, Die Araber in Europa, Stuttgart/Zürich 1992.
102 DAVIES Norman, Europe. A History, Oxford/New York 1996.
103 DAWSON Christopher, The Making of Europe, 1932; dt.: Die Gestaltung des Abendlandes, Leipzig 1935.
104 DILCHER Gerhard, Bürgerrecht und Stadtverfassung im europäischen Mittelalter, Köln/Weimar/Wien 1996.
105 DILCHER Gerhard/VIOLANTE Cinzio (Hgg.), Strutture e trasformazioni della signoria rurale nei secoli X–XIII, Bologna 1996.
106 DINZELBACHER Peter, Bernhard von Clairvaux, Darmstadt 1998.
107 DINZELBACHER Peter (Hg.), Europäische Mentalitätsgeschichte, Stuttgart 1993.
108 DOLLINGER Philippe, La Hanse (XIIe–XVIIe siècles), Paris 1964; dt.: Stuttgart ^{5}1998.
109 DUGGAN Anne J. (Hg.), Kings and Kingship in Medieval Europe, London 1993.
110 DUGGAN Anne J. (Hg.), Queens and Queenship in Medieval Europe, Woodbridge 1997.
111 EBERHARD Winfried/LEMBERG Hans/HEIMANN Heinz-Dieter/LUFT Robert (Hgg.), Westmitteleuropa, Ostmitteleuropa. Vergleiche und Beziehungen, München 1992.
112 EHLERS Joachim, Was sind und wie bilden sich *nationes* im mittelalterlichen Europa (10.–15. Jahrhundert)?, in: Almut Bues/Rex Rexheuser (Hgg.), Mittelalterliche nationes – neuzeitliche Nationen, Wiesbaden 1995, 7–26.
113 ENGELS Odilo/SCHREINER Peter (Hgg.), Die Begegnung des Westens mit dem Osten, Sigmaringen 1993.
114 ENNEN Edith, Die europäische Stadt des Mittelalters, Göttingen ^{4}1987.
115 ERKENS Franz-Reiner (Hg.), Die früh- und hochmittelalterliche Bischofserhebung im europäischen Vergleich, Köln/Weimar/Wien 1998.
116 ERLEN Peter, Europäischer Landesausbau und mittelalterliche deutsche Ostsiedlung. Ein struktureller Vergleich zwischen Südwestfrankreich, den Niederlanden und dem Ordensland Preußen, Marburg/Lahn 1992.
117 FELD Helmut, Franziskus von Assisi und seine Bewegung, Darmstadt 1994.
118 FLECKENSTEIN Josef (Hg.), Curialitas. Studien zu Grundfragen der höfisch-ritterlichen Kultur, Göttingen 1990.
119 FLECKENSTEIN Josef (Hg.), Das ritterliche Turnier im Mittelalter, Göttingen 1985.
120 FLECKENSTEIN Josef/HELLMANN Manfred (Hgg.), Die geistlichen Ritterorden Europas, Sigmaringen 1980.
121 FLETCHER Richard, The Conversion of Europe. From Paganism to Christianity, 371–1386 AD, London 1997.
122 FICHTENAU Heinrich, Ketzer und Professoren. Häresie und Vernunftglaube im Hochmittelalter, München 1992.
123 FOLZ Robert, Les saintes reines du Moyen Age en Occident (VIe–XIIIe siècles), Brüssel 1992.
124 FOLZ Robert, Les saints rois du Moyen Age en Occident (VIe–XIIIe siècles), Brüssel 1984.
125 FRIED Johannes, Die Entstehung des Juristenstandes im 12. Jahrhundert, Köln/Wien 1974.

126 FRIED Johannes (Hg.), Die abendländische Freiheit vom 10. bis zum 14. Jahrhundert. Der Wirkungszusammenhang von Idee und Wirklichkeit im europäischen Vergleich, Sigmaringen 1991.
127 FRIED Johannes (Hg.), Dialektik und Rhetorik im früheren und hohen Mittelalter, München 1997.
128 FRIED Johannes (Hg.), Schulen und Studium im sozialen Wandel des hohen und späten Mittelalters, Sigmaringen 1986.
129 FRIED Johannes (Hg.), Träger und Instrumentarien des Friedens im hohen und späten Mittelalter, Sigmaringen 1996.
130 FRIEDLAND Klaus, Die Hanse, Stuttgart/Berlin/Köln 1991.
131 GILLE Bertrand, Les développements technologiques en Europe de 1100 à 1400, in: Cahiers d'histoire mondiale 3 (1956), 63–108.
132 GIMPEL Jean, La révolution industrielle du Moyen Age, Paris 1975, dt.: Zürich/München 1980.
133 GIVEN James, State and Society in Medieval Europe. Gwynedd and Languedoc under Outside Rule, Ithaca, New York/London 1990.
134 GOETZ Hans-Werner, Geschichtsschreibung und Geschichtsbewußtsein im hohen Mittelalter, Berlin 1999.
135 GOETZ Hans-Werner (Hg.), Hochmittelalterliches Geschichtsbewußtsein im Spiegel nicht-historiographischer Quellen, Berlin 1998.
136 GRAUS František, Die Entstehung der mittelalterlichen Staaten in Mitteleuropa, in: Historica 10 (1965), 5–65.
137 GURJEWITSCH Aaron J., Das Individuum im europäischen Mittelalter, München 1994.
138 HALECKI Oskar, Europa. Grenzen und Gliederung seiner Geschichte, Darmstadt 1957 (engl. Original London/New York 1950).
139 HAMMEL-KIESOW Rolf, Die Hanse, München 2000.
140 HAVERKAMP Alfred (Hg.), Juden und Christen zur Zeit der Kreuzzüge, Sigmaringen 1999.
141 HERGEMÖLLER Bernd-Ulrich, Krötenkuß und schwarzer Kater. Ketzerei, Götzendienst und Unzucht in der inquisitorischen Phantasie des 13. Jahrhunderts, Warendorf 1996.
142 HIESTAND Rudolf, „Europa" im Mittelalter – vom geographischen Begriff zur politischen Idee, in: Europa – Begriff und Idee. Historische Streiflichter, hg. von Hans Hecker, Bonn 1991, 33–48.
143 VAN HOUTTE Jan A. (Hg.), Europäische Wirtschafts- und Sozialgeschichte im Mittelalter, Stuttgart 1980.
144 HUFFMAN Joseph P., Family, Commerce and Religion in London and Cologne. Anglo-German Emigrants, c. 1000-c. 1300, Cambridge 1998.
145 HUFFMAN Joseph P., The Social Politics of Medieval Diplomacy. Anglo-German Relations (1066–1307), Ann Arbor 2000.
146 JAEGER C. Stephen, The Envy of Angels. Cathedral Schools and Social Ideas in Medieval Europe, 950–1200, Philadelphia 1994.
147 JAHNKE Carsten, Das Silber des Meeres. Fang und Vertrieb von Ostseehering zwischen Norwegen und Italien (12.–16. Jahrhundert), Köln/Weimar/Wien 2000.
148 IOGNA-PRAT Dominique, Ordonner et exclure. Cluny et la société chrétienne face à l'hérésie, au judaïsme, à l'Islam 1000–1150, Paris 1998.
149 KARAGEORGOS Basileios, Der Begriff Europa im Hoch- und Spätmittelalter, in: DA 48 (1992), 137–164.

150 KAUFHOLD Martin, Europas Norden im Mittelalter. Die Integration Skandinaviens in das christliche Europa (9.–13. Jh.), Darmstadt 2001.

151 KLAPISCH-ZUBER Christiane (Hg.), Mittelalter (= Georges DUBY/Michelle PERROT [Hgg.], Geschichte der Frauen, Bd. 2), Frankfurt am Main/New York/Paris 1993.

152 KLINKENBERG Hans Martin, Homo Faber Mentalis. Über den Zusammenhang von Technik, Kunst, Organisation und Wissenschaft, Köln/Weimar/Wien 1995.

153 KÖNIG Wolfgang (Hg.), Propyläen Technikgeschichte, Bd. 1: Dieter Hägermann/Helmuth Schneider, Landbau und Handwerk, 750 v. Chr. bis 1000 n. Chr.; Bd. 2: Karl-Heinz Ludwig/Volker Schmidtchen, Metalle und Macht, 1000 bis 1600, 1990/1992, ND Berlin 1997.

154 KOHNLE Armin, Abt Hugo von Cluny (1049–1109), Sigmaringen 1993.

155 KOLMER Lothar, Ad capiendas vulpes. Die Ketzerbekämpfung in Südfrankreich in der ersten Hälfte des 13. Jahrhunderts und die Ausbildung des Inquisitionsverfahrens, Bonn 1982.

156 KURZE Dietrich, Pfarrerwahlen im Mittelalter, Köln/Graz 1966.

157 LAMBERT Malcolm, The Cathars, 1998; dt.: Darmstadt 2001.

158 LAMBERT Malcolm, Medieval Heresy. Popular Movements from the Gregorian Reform to the Reformation, Oxford/Cambridge, Mass. [2]1992; dt.: Darmstadt 2001.

159 LE GOFF Jacques, Das alte Europa und die Welt der Moderne, München 1994.

160 LE GOFF Jacques, La civilisation de l'occident médiéval, Paris 1964; dt.: Kultur des europäischen Mittelalters, München/Zürich 1970.

161 LE GOFF Jacques, Kaufleute und Bankiers im Mittelalter, Frankfurt/New York 1993(zuerst frz. 1956).

162 LE GOFF Jacques, Les intellectuels au Moyen Age, Paris 1957/85; dt.: Stuttgart [2]1987.

163 LEWIS Archibald, Knights and Samurai. Feudalism in Northern France and Japan, London 1974.

164 LEWIS Bernard, Kaiser und Kalifen, München 1996.

165 LEYSER Karl, Concepts of Europe in the Early and High Middle Ages, in: P & P 137 (1992), 25–47.

166 LIEBESCHÜTZ Hans, Synagoge und Ecclesia, Heidelberg 1983.

167 LINDGREN Uta (Hg.), Europäische Technik im Mittelalter, Berlin [3]1998.

168 MAKDISI George, Religion, Law and Learning in Classical Islam, Hampshire/Vermont 1991.

169 MAKDISI George, The Rise of Colleges. Institutions of Learning in Islam and the West, Edinburgh 1981.

170 MAKDISI George, The Rise of Humanism in Classical Islam and the Christian West, Edinburgh 1990.

171 MITTEIS Heinrich, Lehnrecht und Staatsgewalt, Weimar 1933.

172 MITTEIS Heinrich, Der Staat des hohen Mittelalters. Grundlinien einer vergleichenden Verfassungsgeschichte des Lehnszeitalters, 1940, Weimar [5]1955.

173 MÖHRING Hannes, Der Weltkaiser der Endzeit, Stuttgart 2000.

174 MOLLAT DU JARDIN Michel, Europa und das Meer, München 1993.

175 MOORE R[oger] I[an], The Formation of a Persecuting Society. Power and Deviance in Western Europe, 950–1250, 1987, ND Oxford/Malden, Mass. 1998.

176 MOORE R[oger] I., The Origins of European Dissent, Oxford/New York [2]1985.

177 MÜLLER Michael G./ADANIR Fikret/LÜBKE Christian/SCHULZE WESSEL Martin (Hgg.), Osteuropäische Geschichte in vergleichender Sicht, Berlin 1996 (= Berliner Jahrbuch für osteuropäische Geschichte 1996/1).

178 Müller-Wille Michael (Hg.), Rom und Byzanz im Norden. Mission und Glaubenswechsel im Ostseeraum während des 8.–14. Jahrhunderts, 2 Bde., Mainz/ Stuttgart 1997/1998.
179 Müller-Wille Michael/Schneider Reinhard (Hgg.), Ausgewählte Probleme europäischer Landnahmen des Früh- und Hochmittelalters, 2 Teile, Sigmaringen 1993/1994.
180 Mundy John H., Europe in the High Middle Ages, 1150–1309, London/New York ²1991.
181 Nagel Tilman, Die Festung des Glaubens. Triumph und Scheitern des islamischen Rationalismus im 11. Jahrhundert, München 1988.
182 Nagel Tilman, Die islamische Welt bis 1500, München 1998.
183 Nagel Tilman/Puin Gerd-R./Spuler Christa-U./Schmucker Werner/Noth Albrecht, Studien zum Minderheitenproblem im Islam 1, Bonn 1973.
184 Oexle Otto Gerhard, Alteuropäische Voraussetzungen des Bildungsbürgertums – Universitäten, Gelehrte und Studierte, in: Werner Conze/Jürgen Kocka (Hgg.), Bildungsbürgertum im 19. Jahrhundert, Teil 1, Stuttgart 1985, 29–78.
185 Oexle Otto Gerhard, Gilde und Kommune, in: Peter Blickle (Hg.), Theorien kommunaler Ordnung in Europa, München 1996, 75–97.
186 Oexle Otto Gerhard, Memoria als Kultur, in: Ders. (Hg.), Memoria als Kultur, Göttingen 1995, 9–78.
187 Oexle Otto Gerhard/Paravicini Werner (Hgg.), Nobilitas, Göttingen 1997.
188 Ortalli Gherardo (Hg.), Il Medioevo. Secoli V–XV. (Storia d'Europa, Bd. 3), Turin 1995.
189 Ortenberg Veronica, The English Church and the Continent in the Tenth and Eleventh Centuries, Oxford 1992.
190 Oschema Klaus, Der Europa-Begriff im Hoch- und Spätmittelalter, in: Jahrbuch für Europäische Geschichte 2 (2001), 191–235.
191 Otis-Cour Leah, Lust und Liebe. Geschichte der Paarbeziehungen im Mittelalter, Frankfurt am Main 2000.
192 Paravicini Werner, Die ritterlich-höfische Kultur des Mittelalters, München 1994.
193 Paravicini Werner/Werner Karl Ferdinand (Hgg.), Histoire comparée de l'administration (VIe–XVIIIe siècles), Zürich/München 1980.
194 Paravicini Bagliani Agostino/Pasche Véronique (Hgg.), La parrocchia nel medio evo, Rom 1995.
195 Paret Rudi, Toleranz und Intoleranz im Islam, in: Saeculum 21 (1970), 344–365.
196 Patschovsky Alexander/Zimmermann Harald (Hgg.), Toleranz im Mittelalter, Sigmaringen 1998.
197 Pernoud Régine, Leben der Frauen im Hochmittelalter, Pfaffenweiler 1991.
198 Petersohn Jürgen, Der südliche Ostseeraum im kirchlich-politischen Kräftespiel des Reichs, Polens und Dänemarks vom 10. bis 13. Jahrhundert, Köln/Wien 1979.
199 Petersohn Jürgen (Hg.), Politik und Heiligenverehrung im Hochmittelalter, Sigmaringen 1994.
200 Pitz Ernst, Die griechisch-römische Ökumene und die drei Kulturen des Mittelalters. Geschichte des mediterranen Weltteils zwischen Atlantik und Indischem Ozean 270–812, Berlin 2001.
201 Pitz Ernst, Europäisches Städtewesen und Bürgertum. Von der Spätantike bis zum hohen Mittelalter, Darmstadt 1991.
202 Poeck Dietrich W., Cluniacensis Ecclesia. Der cluniacensische Klosterverband (10.–12. Jahrhundert), München 1998.
203 Reynolds Susan, Fiefs and Vassals, Oxford 1994.

204 Reynolds Susan, Kingdoms and Communities in Western Europe, 900–1300, Oxford 1984.
205 Rietbergen Peter, Europe. A Cultural History, London/New York 1998.
206 Rösener Werner, Die Bauern in der europäischen Geschichte, München 1993.
207 Rösener Werner (Hg.), Jagd und höfische Kultur im Mittelalter, Göttingen 1997.
208 Rothmann Michael, Die Frankfurter Messen im Mittelalter, Stuttgart 1998.
209 Rubin Uri/Wasserstein David J. (Hgg.), Dhimmis and Others. Jews and Christians and the World of Classical Islam, Tel Aviv 1997.
210 Rüegg Walter (Hg.), Geschichte der Universität in Europa, Bd. 1: Mittelalter, München 1993.
211 Salewski Michael, Geschichte Europas, München 2000.
212 Schich Winfried, Zum Wirken der Zisterzienser im östlichen Mitteleuropa im 12. und 13. Jahrhundert, in: Clemens Kasper/Klaus Schreiner (Hgg.), Zisterziensische Spiritualität, St. Ottilien 1994, 269–294.
213 Schlesinger Walter (Hg.), Die deutsche Ostsiedlung des Mittelalters als Problem der europäischen Geschichte, Sigmaringen 1975.
214 Schmale Wolfgang, Europäische Geschichte als historische Disziplin, in: ZfG 46 (1998), 389–405.
215 Schmale Wolfgang, Geschichte Europas, Wien/Köln/Weimar 2000.
216 Schmieder Felicitas, Europa und die Fremden. Die Mongolen im Urteil des Abendlandes vom 13. bis in das 15. Jahrhundert, Sigmaringen 1994.
217 Schneidmüller Bernd, Die mittelalterlichen Konstruktionen Europas, in: Heinz Duchhardt/Andreas Kunz (Hgg.), „Europäische Geschichte“ als historiographisches Problem, Mainz 1997, 5–24.
218 Schulz Knut, „Denn sie lieben die Freiheit so sehr ...“. Kommunale Aufstände und Entstehung des europäischen Bürgertums im Hochmittelalter, Darmstadt ^{2}1995.
219 Schwineköper Berent (Hg.), Gilden und Zünfte. Kaufmännische und gewerbliche Genossenschaften im frühen und hohen Mittelalter, Sigmaringen 1985.
220 Segl Peter (Hg.), Die Anfänge der Inquisition im Mittelalter, Köln/Weimar/Wien 1993.
221 Structures féodales et féodalisme dans l'occident méditerranéen (X^{e}–XIIIe siècles), Rom ^{2}1980.
222 Seibt Ferdinand, Glanz und Elend des Mittelalters, Berlin 1987.
223 [Slack Paul/Innes Joanna (Hgg.)], The Cultural and Political Construction of Europe, in: P & P 137 (1992), 3–206.
224 Spufford Peter, Money and Its Use in Medieval Europe, Cambridge 1988.
225 Szücs Jenö, Die drei historischen Regionen Europas, Frankfurt am Main 1990.
226 Tellenbach Gerd, Die westliche Kirche vom 10. bis zum frühen 12. Jahrhundert, Göttingen 1988.
227 Tibi Bassam, Einladung in die islamische Geschichte, Darmstadt 2001.
228 Voss Ingrid, Herrschertreffen im frühen und hohen Mittelalter, Köln/Wien 1987.
229 Watson Andrew M., The Arab Agricultural Revolution and Its Diffusion, 700–1100, in: The Journal of Economic History 34 (1974), 8–35.
230 Watt W. Montgomery, Der Einfluß des Islam auf das europäische Mittelalter, Berlin 1988, ^{2}1992.
231 Weimar Peter (Hg.), Die Renaissance der Wissenschaften im 12. Jahrhundert, Zürich 1981.
232 White Jr. Lynn, Cultural Climates and Technological Advance in the Middle Ages, in: Viator 2 (1971), 171–201.

233 WHITE Lynn, Medieval Technology and Social Change, Oxford 1962; dt.: München 1968.
234 Wikinger, Waräger, Normannen. Die Skandinavier und Europa 800–1200, Berlin 1992.
235 WOLLASCH Joachim, Cluny – „Licht der Welt“, Zürich/Düsseldorf 1996.
236 YOSHIE Akio, Die japanischen Charakteristika des Feudalsystems in einem Vergleich mit Europa, in: asien, afrika, lateinamerika 23 (1995), 319–328.
237 ZÖLLNER Reinhard, Die Ludowinger und die Takeda. Feudale Herrschaft in Thüringen und Kai no kuni, Bonn 1995.

6.5 Teilbereiche

6.5.1 Balkan

238 ČIRKOVIĆ Sima, La Serbie au Moyen Age, o. O. 1992.
239 DUSA Joan, The Medieval Dalmatian Episcopal Cities, New York/Bern/Frankfurt am Main/Paris 1991.
240 GULDESCU Stanko, History of Medieval Croatia, Den Haag 1964.
241 FINE JR. John V.A., The Early Medieval Balkans. A Critical Survey from the Sixth to the Late Twelfth Century, Ann Arbor, Mich. 1983.
242 FINE JR. J.V.A., The Late Medieval Balkans. A Critical Survey from the Late Twelfth Century to the Ottoman Conquest, Ann Arbor, Mich. 1987.
243 JIREČEK Constantin, Geschichte der Serben, Gotha 1911.
244 KATIČIĆ Radoslav, Literatur- und Geistesgeschichte des kroatischen Frühmittelalters, Wien 1999.
245 PEROCHE Gregory, La Croatie et la France, 797–1997, Paris 1998.
246 PEROCHE Gregory, Histoire de la Croatie et des nations slaves du Sud 395–1992, Paris 1992.
247 VON ŠIŠIĆ Ferdinand, Geschichte der Kroaten, Bd. 1, Zagreb 1917.
248 STEINDORFF Ludwig, Kroatien. Vom Mittelalter bis zur Gegenwart, Regensburg 2001.
249 STUARD Susan Mosher, A State of Deference. Ragusa/Dubrovnik in the Medieval Centuries, Philadelphia 1992.
250 WALDMÜLLER Lothar, Die Synoden in Dalmatien, Kroatien und Ungarn. Von der Völkerwanderung bis zum Ende der Arpaden (1311), Paderborn/München/Wien/Zürich 1987.

6.5.2 Baltikum (mit Ostseeslawen und Prussen)

251 BOOCKMANN Hartmut, Ostpreußen und Westpreußen, Berlin 1992.
252 La Cristianizzazione della Lituania, Città del Vaticano 1989.
253 Europeans or Not? Local Level Strategies on the Baltic Rim 1100–1400 AD. Transactions of the *local level*-symposium of the Culture Clash or Compromise (CCC) project held in Kalmar May 7–10 1998, o. O. 1999.
254 FENSKE Lutz/MILITZER Klaus (Hgg.), Ritterbrüder im livländischen Zweig des Deutschen Ordens, Köln/Weimar/Wien 1993.
255 FRITZE Wolfgang H., Probleme der abodritischen Stammes- und Reichsverfassung und ihrer Entwicklung vom Stammesstaat zum Herrschaftsstaat, in: Herbert Ludat

(Hg.), Siedlung und Verfassung der Slawen zwischen Elbe, Saale und Oder, Gießen 1960, 141–219.
256 Gli inizi del cristianesimo in Livonia-Lettonia, Città del Vaticano 1989.
257 HELLMANN Manfred, Grundzüge der Geschichte Litauens und des litauischen Volkes, Darmstadt [4]1990.
258 HELLMANN Manfred, Livland und das Reich, München 1989.
259 HELLMANN Manfred (Hg.), Studien über die Anfänge der Mission in Livland, Sigmaringen 1989.
260 LÜBKE Christian, Fremde im östlichen Europa. Von Gesellschaften ohne Staat zu verstaatlichten Gesellschaften (9.–11. Jahrhundert), Köln/Weimar/Wien 2000.
261 VON ZUR MÜHLEN Heinz, Livland von der Christianisierung bis zum Ende seiner Selbständigkeit (etwa 1180–1561), in: Gert von Pistohlkors (Hg.), Deutsche Geschichte im Osten Europas. Baltische Länder, Berlin 1994, 25–172.
262 PISKORSKI Jan M. (Hg.), Pommern im Wandel der Zeiten, Szczecin 1999.
263 SPORS Jósef, Studia nad wczesnośredniowiecznymi dziejami Pomorza Zachodniego, XII – pierwska połowa XII w. [Studien zur frühmittelalterlichen Geschichte Westpommerns, 12. bis erste Hälfte 13. Jh.], Słupsk 1988.

6.5.3 Byzanz mit Bulgarien

264 ANGOLD Michael, The Byzantine Empire 1025–1204, London/New York 1984, [3]1997.
265 ANGOLD Michael, A Byzantine Government in Exile. Government and Society under the Laskarids of Nicaea (1204–1261), Oxford 1975.
266 ANGOLD Michael, Church and Society in Byzantium under the Comneni, 1081–1261, Cambridge 1995.
267 ANGOLD Michael (Hg.), The Byzantine Aristocracy, IX to XIII Centuries, Oxford 1984.
268 ANKORI Zvi, Karaites in Byzantium. The Formative Years, 970–1100, New York/Jerusalem 1959.
269 AVENARIUS Alexander, Die byzantinische Kultur und die Slawen, München 2000.
270 BALARD Michel/LAIOU Angeliki E./OTTEN-FROUX Catherine (Hgg.), Les Italiens à Byzance, Paris 1987.
271 BECK Hans-Georg, Actus Fidei. Wege zum Autodafé, München 1987.
272 BECK Hans-Georg, Geschichte der byzantinischen Volksliteratur, München 1971.
273 BECK Hans-Georg, Geschichte der orthodoxen Kirche im byzantinischen Reich, Göttingen 1980.
274 BECK Hans-Georg, Ideen und Realitäten in Byzanz, Leiden 1972.
275 BECK Hans-Georg, Kirche und theologische Literatur im byzantinischen Reich, München 1959, [2]1977.
276 BECK Hans-Georg, Nomos, Kanon und Staatsraison in Byzanz, Wien 1981.
277 BECK Hans-Georg, Theorie und Praxis im Aufbau der byzantinischen Zentralverwaltung, München 1974.
278 BECK Hans-Georg, Vom Umgang mit Ketzern, München 1993.
279 BORSARI Silvano, Venezia e Bisanzio nel XII secolo. I rapporti economici, Venezia 1988.
280 BROWNING Robert, Byzantium and Bulgaria. A comparative study across the early medieval frontier, Berkeley/Los Angeles 1975.
281 BROWNING Robert, Enlightenment and Repression in Byzantium in the Eleventh and Twelfth Centuries, in: P & P 69 (1975), 3–23.
282 CHEYNET Jean-Claude, Pouvoir et contestations à Byzance (963–1210), Paris 1990.

283 Ciggaar Krijnie N., Western travellers to Constantinople. The West and Byzantium, 962–1204, Leiden 1996.
284 Dölger Franz, Byzanz und die europäische Staatenwelt, Ettal 1953, Darmstadt ²1976.
285 Haldon John, Warfare, State and Society in the Byzantine World, 565–1204, London 1999.
286 Harvey Alan, Economic expansion in the Byzantine empire 900–1200, Cambridge/New York/Port Chester/Melbourne/Sydney 1989.
287 Hendy Michael F., The Economy, Fiscal Administration and Coinage of Byzantium, Northampton 1989.
288 Hohlweg Armin, Beiträge zur Verwaltungsgeschichte des Oströmischen Reiches unter den Komnenen, München 1965.
289 Jacoby David, Les juifs de Byzance. Une communauté marginalisée, in: Χρυςα Λ. Μαλτεζου (Hg.), ʻΟι ρεριδωριακοι στο Βυζαντιο, Athen 1993, 103–154.
290 Jacoby David, Les quartiers juifs de Constantinople à l'époque Byzantine, in: Byzantion 37 (1967), 167–227.
291 Kazhdan A[lexander] P./Wharton Epstein Ann, Change in Byzantine culture in the eleventh and twelfth centuries, Berkeley/Los Angeles/London 1985.
292 Koder Johannes, „Zeitenwenden". Zur Periodisierung aus byzantinischer Sicht, in: ByzZ 84/85 (1991/92), 409–422.
293 Koder Johannes, Zum Bild des „Westens" bei den Byzantinern in der frühen Komnenenzeit, in: Ernst-Dieter Hehl/Hubertus Seibert/Franz Staab (Hgg.), Deus qui mutat tempora. Menschen und Institutionen im Wandel des Mittelalters, Sigmaringen 1987, 191–201.
294 Konstantinou Evangelos (Hg.), Byzanz und das Abendland im 10. und 11. Jahrhundert, Köln/Weimar/Wien 1997.
295 Kresten Otto, Der „Anredestreit" zwischen Manuel I. Komnenos und Friedrich I. Barbarossa nach der Schlacht von Myriokephalon, in: RömHM 34/35 (1992/93), 65–110.
296 Laiou Angeliki E., The Foreigner and the Stranger in the 12th century Byzantium, in: Marie Theres Fögen (Hg.), Fremde in der Gesellschaft, Frankfurt am Main 1991, 71–97.
297 Laiou Angeliki E., Gender, Society and Economic Life in Byzantium, Hampshire 1992.
298 Laiou Angeliki E., Mariage, amour et parenté à Byzance aux XIe–XIIIe siècles, Paris 1992.
299 Laiou Angeliki E./Simon Dieter (Hgg.), Law and Society in Byzantium. Ninth-Twelfth Centuries, Washington D. C. 1994.
300 Lamma Paolo, Comneni e Staufer. Ricerche sui rapporti fra Bisanzio e l'Occidente nel secolo XII., 2 Bde., Rom 1955/57.
301 Lang David Marshall, The Bulgarians. From Pagan Times to the Ottoman Conquest, o. O. 1976.
302 Lemerle Paul, Le premier humanisme byzantin Notes et remarques sur enseignement et culture à Byzance des origines au Xe siècle, Paris 1971.
303 Lilie Ralph-Johannes, Byzanz und die Kreuzfahrerstaaten, München 1981; erw. engl. Übers. unter dem Titel: Byzantium and the Crusader States 1096–1204, Oxford 1993.
304 Lilie Ralph-Johannes, Byzanz. Kaiser und Reich, Köln/Weimar/Wien 1994.
305 Lilie Ralph-Johannes, Der erste Kreuzzug in der Darstellung Anna Komnenes, in: ΠΟΙΚΙΛΑ ΒΥΖΑΝΤΙΝΑ 6, Bonn 1987, 49–148.
306 Lilie Ralph-Johannes, Handel und Politik zwischen dem byzantinischen Reich und

den italienischen Kommunen Venedig, Pisa und Genua in der Epoche der Komnenen und der Angeloi (1081–1204), Amsterdam 1984.

307 LILIE Ralph-Johannes, Des Kaisers Macht und Ohnmacht. Zum Zerfall der Zentralgewalt in Byzanz vor dem vierten Kreuzzug, in: Ders./Paul Speck, Varia 1, Bonn 1984, 9–120.

308 LILIE Ralph-Johannes, Manuel I. Komnenos und Friedrich I. Barbarossa, in: Jahrbuch der Österreichischen Byzantinistik 42 (1992), 157–170.

309 LILIE Ralph-Johannes, Das „Zweikaiserproblem" und sein Einfluß auf die Außenpolitik der Komnenen, in: Byzantinische Forschungen 9 (1985), 219–243.

310 LOCK Peter, The Franks in the Aegean 1204–1500, London/New York 1995.

311 LOUNGHIS Telemachos C., Les ambassades byzantines en occident, depuis la fondation des états barbares jusqu'aux croisades (407–1096), Athen 1980.

312 MAGDALINO Paul, The empire of Manuel I Komnenos, 1143–1180, Cambridge 1993.

313 MAGDALINO Paul, Enlightenment and Repression in Twelfth-Century Byzantium. The Evidence of Canonists, in: Nikolaos Oikonomides (Hg.), Byzantium in the 12th Century, Athen 1991, 357–373.

314 MAGDALINO Paul, Tradition and Transformation in Medieval Byzantium, Hampshire/Vermont 1991.

315 MAGDALINO Paul (Hg.), New Constantines. The Rhythm of Imperial Renewal in Byzantium, 4th–13th Centuries, Aldershot, Hampshire 1994.

316 MAIER Franz Georg, Tradition und Wandel. Über die Gründe der Widerstandskraft von Byzanz, in: HZ 218 (1974), 265–282.

317 MAIER Franz Georg (Hg.), Byzanz, Frankfurt am Main 1973.

318 MORRIS Rosemary, Monks and Laymen in Byzantium, 843–1118, Cambridge 1995.

319 MORRIS Rosemary (Hg.), Church and people in Byzantium, Birmingham 1990.

320 NICOL Donald M., Byzantium and Venice, Cambridge/New York/New Rochelle/Melbourne/Sydney 1988.

321 OBOLENSKY Dimitri, The Byzantine Commonwealth. Eastern Europe 500–1453, London 1971.

322 OBOLENSKY Dimitri, Byzantium and the Slavs, Crestwood/New York 1994.

323 OHNSORGE Werner, Abendland und Byzanz, Darmstadt 1958.

324 OHNSORGE Werner, Konstantinopel und der Okzident, Darmstadt 1966.

325 OSTROGORSKY Georg, Geschichte des byzantinischen Staates, München ^{3}1963.

326 SHARF Andrew, Byzantine Jewry from Justinian to the Fourth Crusade, London 1971.

327 SHARF Andrew, Jews and other Minorities in Byzantium, Jerusalem 1995.

328 SCHREINER Peter, Die Byzantinisierung der bulgarischen Kultur, in: Reinhard Lauer/Peter Schreiner (Hgg.), Kulturelle Traditionen in Bulgarien, Göttingen 1989, 47–60.

329 SCHREINER Peter, Byzanz, München ^{2}1994.

330 SCHREINER Peter, Schein und Sein. Überlegungen zu den Ursachen des Untergangs des byzantinischen Reiches, in: HZ 266 (1998), 625–647.

331 ŠEVČENKO Ihor, Byzantium and the Slavs in Letters and Culture, Cambridge, Mass./Neapel 1991.

332 SOULIS George C., The Gypsies in the Byzantine Empire and the Balkans in the Late Middle Ages, in: Dumbarton Oaks Papers 15 (1961), 141–165.

333 TINNEFELD Franz, Byzanz und die Herrscher des Hauses Hohenstaufen (1138–1259), in: AfD 41 (1995), 105–128.

334 TRAIANOS Spyros, Kirchliche und weltliche Rechtsquellen zur Homosexualität in Byzanz, in: Jahrbuch der österreichischen Byzantinistik 39 (1989), 29–48.

335 TREADGOLD Warren, The Break in Byzantium and the Gap in Byzantine Studies, in: Byzantinische Forschungen 15 (1990), 289–316.
336 TREADGOLD Warren, Byzantium and Its Army, 284–1081, Stanford 1995.
337 TREADGOLD Warren, A History of the Byzantine State and Society, Stanford, California 1997.
338 TZERMIAS Pavlos, Das andere Byzanz. Konstantinopels Beitrag zu Europa, Freiburg, Schweiz 1991.
339 WEISS Günter, Antike und Byzanz. Die Kontinuität der Gesellschaftsstruktur, in: HZ 224 (1979), 529–560.
340 WEISS Günter, Oströmische Beamte im Spiegel der Schriften des Michael Psellos, München 1973.

6.5.4 Deutschland (mit Oberitalien und dem staufischen Königreich Sizilien)

341 AHLERS Jens, Die Welfen und die englischen Könige 1165–1235, Hildesheim 1987.
342 ARNOLD Benjamin, Count and Bishop in Medieval Germany. A Study of Regional Power. 1100–1350, Philadelphia 1991.
343 ARNOLD Benjamin, Princes and Territories in Medieval Germany, Cambridge u.a. 1991.
344 AUBIN Hermann/ZORN Wolfgang (Hgg.), Handbuch der deutschen Wirtschafts- und Sozialgeschichte, Bd. 1, Stuttgart 1971.
345 BAAKEN Gerhard, Imperium und Papsttum. Zur Geschichte des 12. und 13. Jahrhunderts, Köln/Weimar/Wien 1997.
346 BAAKEN Gerhard, Ius imperii ad regnum. Königreich Sizilien, Imperium Romanum und Römisches Papsttum vom Tode Kaiser Heinrichs VI. bis zu den Verzichterklärungen Rudolfs von Habsburg, Köln/Weimar/Wien 1993.
347 BAAKEN Gerhard, Die Verhandlungen von Cluny (1245) und der Kampf Innocenz' IV. gegen Friedrich II., in: DA 50 (1994), 531–579.
348 BERG Dieter, Deutschland und seine Nachbarn 1200–1500, München 1997.
349 BEUMANN Helmut (Hg.), Kaisergestalten des Mittelalters, München 1984.
350 BLACK-VELDTRUP Mechthild, Kaiserin Agnes (1043–1077), Köln/Weimar/Wien 1995.
351 BÖHME Horst Wolfgang (Hg.), Burgen der Salierzeit, 2 Teile, Sigmaringen 1991.
352 BÖHME Horst Wolfgang (Hg.), Siedlungen und Landesausbau zur Salierzeit, 2 Teile, Sigmaringen 1991.
353 BOOCKMANN Hartmut, Stauferzeit und spätes Mittelalter, Berlin 1987.
354 BORGOLTE Michael, Anfänge deutscher Geschichte?, in: TJAB 25 (1996), 35–53.
355 BORGOLTE Michael, Die mittelalterliche Kirche, München 1992.
356 BORGOLTE Michael, Sozialgeschichte des Mittelalters, München 1996.
357 BORGOLTE Michael, Vom Sacrum Imperium zum Heiligen Römischen Reich Deutscher Nation. Mittelalterliche Reichsgeschichte und deutsche Wiedervereinigung, in: Bernd Martin (Hg.), Deutschland in Europa, München 1992, 67–87.
358 BORGOLTE Michael (Hg.), Mittelalterforschung nach der Wende 1989, München 1995.
359 BOSHOF Egon, Königtum und Königsherrschaft im 10. und 11. Jahrhundert, München [2]1997.
360 BOSHOF Egon, Lothringen, Frankreich und das Reich in der Regierungszeit Heinrichs III., in: RhVjbll 42 (1978), 63–127.
361 BOSHOF Egon, Das Reich und Ungarn in der Zeit der Salier, in: Ostbairische Grenzmarken 28 (1986), 178–194.
362 BOSHOF Egon, Die Salier, Stuttgart/Berlin/Köln/Mainz [3]1995, [4]2000.

363 BOSL Karl, Die Grundlagen der modernen Gesellschaft im Mittelalter, 2 Teile, Stuttgart 1972.
364 BRÜHL Carlrichard, Deutschland – Frankreich, Köln/Wien ^{2}1995 (frz. Übers. Paris 1994).
365 BRUNNER Karl, Österreichische Geschichte 907–1156, Wien 1994.
366 BUMKE Joachim, Geschichte der deutschen Literatur im hohen Mittelalter, München 1990.
367 CHITTOLINI Giorgio/WILLOWEIT Dietmar (Hgg.), Hochmittelalterliche Territorialstrukturen in Deutschland und Italien, Berlin 1996.
368 CLEVE Hartwig, Kaiser Friedrich II. und die Ritterorden, in: DA 49 (1993), 39–73.
369 CSENDES Peter, Heinrich VI., Darmstadt 1993.
370 DEMANDT Alexander (Hg.), Deutschlands Grenzen in der Geschichte, München ^{3}1993.
371 Deutsche Königspfalzen, 4 Bde., Göttingen 1963–1996.
372 Die deutschen Königspfalzen. Repertorium, Bde. 1ff., Göttingen 1983ff.
373 DIESTELKAMP Bernhard (Hg.), Beiträge zum hochmittelalterlichen Städtewesen, Köln/Wien 1982.
374 DILCHER Gerhard/VIOLANTE Cinzio (Hgg.), Strukturen und Wandlungen der ländlichen Herrschaftsformen vom 10. bis zum 13. Jahrhundert. Deutschland und Italien im Vergleich, Berlin 2000.
375 DUGGAN Christopher, A Concise History of Italy, Cambridge/New York/Melbourne 1994.
376 EHLERS Caspar, Metropolis Germaniae. Studien zur Bedeutung Speyers für das Königtum (751–1250), Göttingen 1996.
377 EHLERS Joachim, Die Entstehung des deutschen Reiches, München ^{2}1998.
378 EHLERS Joachim, Heinrich der Löwe, Göttingen/Zürich 1997.
379 EHLERS Joachim (Hg.), Ansätze und Diskontinuität deutscher Nationsbildung im Mittelalter, Sigmaringen 1989.
380 EHLERS Joachim/KÖTZSCHE Dietrich (Hgg.), Der Welfenschatz und sein Umkreis, Mainz 1998.
381 ENGEL Evamaria, Die deutsche Stadt des Mittelalters, München 1993.
382 ENGEL Evamaria/HOLTZ Eberhard (Hgg.), Deutsche Könige und Kaiser des Mittelalters, Köln/Wien 1989.
383 ENGEL Evamaria/TÖPFER Bernhard (Hgg.), Kaiser Friedrich Barbarossa, Weimar 1994.
384 ENGEL Evamaria/TÖPFER Bernhard/FRITZE Konrad/HOYER Siegfried/SCHILDHAUER Johannes/WERNER Ernst, Deutsche Geschichte, Bd. 2, Berlin 1983.
385 ENGELS Odilo, Die Staufer, Stuttgart/Berlin/Köln/Mainz ^{7}1998.
386 ENGELS Odilo, Stauferstudien, Sigmaringen ^{2}1996.
387 EPPERLEIN Siegfried, Waldnutzung, Waldstreitigkeiten und Waldschutz in Deutschland im hohen Mittelalter, Stuttgart 1993.
388 EPSTEIN Steven A., Genoa and the Genoese, 958–1528, Chapel Hill/London 1996.
389 ERKENS Franz-Reiner, Der Erzbischof von Köln und die deutsche Königswahl, Siegburg 1987.
390 ERKENS Franz-Reiner, Konrad II. (um 990–1039), Regensburg 1998.
391 ERKENS Franz-Reiner, Die Trierer Kirchenprovinz im Investiturstreit, Köln/Wien 1987.
392 ESCH Arnold/KAMP Norbert (Hgg.), Friedrich II., Tübingen 1996.
393 Federico II e le nuove culture, Spoleto 1995.
394 FLACHENECKER Helmut, Schottenklöster. Irische Benediktinerkonvente im hochmittelalterlichen Deutschland, Paderborn/München/Wien 1995.
395 FLECKENSTEIN Josef, Die Hofkapelle der deutschen Könige, Bd. 2, Stuttgart 1966.
396 FÖSSEL Amalie, Die Königin im mittelalterlichen Reich, Stuttgart 2000.

397 FORSTREUTER Karl, Deutschland und Litauen im Mittelalter, Köln/Graz 1962.

398 FREED John B., Noble Bondsmen. Ministerial Marriages in the Archdiocese of Salzburg. 1100–1343, Ithaca/London 1995.

399 FRIED Johannes, Deutsche Geschichte im frühen und hohen Mittelalter, in: HZ 245 (1987), 625–659.

400 FUHRMANN Horst, Deutsche Geschichte im hohen Mittelalter von der Mitte des 11. bis zum Ende des 12. Jahrhunderts, Göttingen 1978.

401 GAETHKE Hans-Otto, Herzog Heinrich der Löwe und die Slawen nordöstlich der Elbe, Frankfurt am Main/Berlin/Bern 1999.

402 GEORGI Wolfgang, Friedrich Barbarossa und die auswärtigen Mächte, Frankfurt am Main/Berlin/New York/Paris 1990.

403 GÖRICH Knut, Die Ehre Friedrich Barbarossas, Darmstadt 2001.

404 GOEZ Elke, Beatrix von Canossa und Tuszien, Sigmaringen 1995.

405 GOEZ Werner, Lebensbilder aus dem Mittelalter. Die Zeit der Ottonen, Salier und Staufer, Darmstadt [2]1998.

406 GOLINELLI Paolo, Matilde e i Canossa nel cuore del Medioevo, Mailand 1991; dt.: Düsseldorf/ Zürich 1998.

407 HALFTER Peter, Die Staufer und Armenien, in: Sönke Lorenz/Ulrich Schmidt (Hgg.), Von Schwaben bis Jerusalem, Sigmaringen 1995, 187–208.

408 HÄRTEL Reinhard, Itinerar und Regierungsweise Heinrichs VI., in: Carmela Rita La Corte (Hg.), Atti Accademia Peloritana dei Pericolanti, Classe di lettere, filosofia e belle arti 69 (1995), 41–65.

409 HARTMANN Wilfried, Der Investiturstreit, München [2]1996.

410 HAVERKAMP Alfred, Aufbruch und Gestaltung. Deutschland 1056–1273, München 1984.

411 HAVERKAMP Alfred (Hg.), Friedrich Barbarossa, Sigmaringen 1992.

412 HECHBERGER Werner, Staufer und Welfen 1125–1190, Köln/Weimar/Wien 1996.

413 HENNING Friedrich-Wilhelm, Deutsche Wirtschafts- und Sozialgeschichte im Mittelalter und in der frühen Neuzeit, Paderborn/München/Wien/Zürich 1991.

414 HIESTAND Rudolf, *Neptis tua* und *fastus Graecorum*. Zu den deutsch-byzantinischen Verhandlungen um 1150, in: DA 49 (1993), 501–555.

415 HIGOUNET Charles, Die deutsche Ostsiedlung im Mittelalter, Berlin 1986 und München 1990.

416 HOFFMANN Erich, Die Anfänge des deutschen Handels im Ostseeraum, in: Nobert Angermann (Hg.), Die Hanse und der deutsche Osten, Lüneburg 1990, 5–22.

417 HOLTZ Eberhard/HUSCHNER Wolfgang (Hgg.), Deutsche Fürsten des Mittelalters, Leipzig 1995.

418 HOUBEN Hubert, Möglichkeiten und Grenzen religiöser Toleranz im normannisch-staufischen Königreich Sizilien, in: DA 50 (1994), 159–198.

419 HUCKER Bernd Ulrich, Kaiser Otto IV., Hannover 1990.

420 JERICKE Hartmut, Imperator Romanorum et Rex Siciliae. Kaiser Heinrich VI. und sein Ringen um das normannisch-sizilische Königreich, Frankfurt am Main u. a. 1997.

421 JONES Philip, The Italian City-State. From Commune to Signoria, Oxford 1997.

422 KELLER Hagen, Zwischen regionaler Begrenzung und universalem Horizont. Deutschland im Imperium der Salier und Staufer 1024 bis 1250, Berlin 1986.

423 KIENAST Walther, Deutschland und Frankreich in der Kaiserzeit (900–1270), 3 Bde., Stuttgart [2]1974/75.

424 KLUGE Bernd, Deutsche Münzgeschichte von der späten Karolingerzeit bis zum Ende der Salier (ca. 900 bis 1125), Sigmaringen 1991.

425 Kluge Bernd (Hg.), Fernhandel und Geldwirtschaft. Beiträge zum deutschen Münzwesen in sächsischer und salischer Zeit, Sigmaringen 1993.
426 Kluge-Pinsker Antje, Schach und Trictrac, Sigmaringen 1991.
427 Kölzer Theo, Herrschen aus der Ferne. Die Staufer in Italien, in: Uwe Schultz (Hg.), Die Hauptstädte der Deutschen, München 1993, 33–43.
428 Kölzer Theo, Magna imperialis curia. Die Zentralverwaltung im Königreich Sizilien unter Friedrich II., in: HJb 114 (1994), 287–311.
429 Kölzer Theo (Hg.), Die Staufer im Süden. Sizilien und das Reich, Sigmaringen 1996.
430 Leyser Karl, Medieval Germany and its Neighbours, 900–1250, London 1982.
431 Luckhardt Jochen/Niehoff Franz (Hgg.), Heinrich der Löwe und seine Zeit, 3 Bde., München 1995.
432 Menant François, Campagnes lombardes au Moyen Age. L'économie et la société rurales dans la région de Bergame, de Crémone et de Brescia du Xe au XIIIe siècle, Rom u.a. 1993.
433 Moraw Peter, Die Reichsregierung reist. Die deutschen Kaiser von den Ottonen bis zu den Staufern ohne festen Regierungssitz, in: Uwe Schultz (Hg.), Die Hauptstädte der Deutschen, München 1993, 22–32.
434 Nicholas David, Medieval Flanders, London/New York 1992.
435 Nicholas David, Trade, Urbanisation and the Family. Studies in the History of Medieval Flanders, Aldershot u. a. 1996.
436 Österreich im Hochmittelalter (907 bis 1246), Wien 1991.
437 Opll Ferdinand, Friedrich Barbarossa, Darmstadt ³1998.
438 Opll Ferdinand, Das Itinerar Kaiser Friedrich Barbarossas (1152–1190), Wien/Köln/Graz 1978.
439 Opll Ferdinand, Stadt und Reich im 12. Jahrhundert (1125–1190), Wien/Köln/Graz 1986.
440 Opll Ferdinand, Das Treffen von Niš vom Juli 1189 in seinem historischen Umfeld, in: MIÖG 97 (1989), 435–442.
441 Patschovsky Alexander, Das Rechtsverhältnis der Juden zum deutschen König (9.–14. Jahrhundert). Ein europäischer Vergleich, in: ZRG GA 110 (1993), 331–371.
442 Petke Wolfgang, Kanzlei, Kapelle und königliche Kurie unter Lothar III. (1125–1137), Köln/Wien 1985.
443 Pitz Ernst, Wirtschafts- und Sozialgeschichte Deutschlands im Mittelalter, Wiesbaden 1979.
444 Pixton Paul B., The German episcopacy and the implementation of the decrees of the fourth Lateran Council, 1216–1245, Leiden/New York/Köln 1995.
445 Rando Daniela, Una chiesa di frontiera. Le istituzioni ecclesiastiche veneziane nei secoli VI–XII, Bologna 1994.
446 Reichert Folker, Geographie und Weltbild am Hofe Friedrichs II., in: DA 51 (1995), 433–491.
447 Reinke Martina, Die Reisegeschwindigkeit des deutschen Königshofes im 11. und 12. Jahrhundert nördlich der Alpen, in: BlldtLG 123 (1987), 225–251.
448 Richter Klaus, Friedrich Barbarossa hält Gericht, Köln/Weimar/Wien 1999.
449 Rippmann Dorothee/Tauber Jürg/Friederici Angelika/Lavicka Pavel/Hartmann Fanny, Eine Stadt um 1100, Sigmaringen 1991.
450 Robinson Ian Stuart, Henry IV of Germany 1056–1106, Cambridge 1999.
451 Rösch Eva Sibylle und Gerhard, Kaiser Friedrich II. und sein Königreich Sizilien, Sigmaringen ²1996.
452 Rösch Gerhard, Venedig. Geschichte einer Seerepublik, Stuttgart 2000.

453 RÖSCH Gerhard, Venedig und das Reich, Tübingen 1982.
454 RÖSENER Werner, Agrarwirtschaft, Agrarverfassung und ländliche Gesellschaft im Mittelalter, München 1992.
455 ROMANO Ruggiero (Hg.), Storia dell'economia italiana, Bd. 1, Turin 1990.
456 SCHALLER Hansmartin, Stauferzeit, Hannover 1993.
457 SCHIEFFER Rudolf, „Ausländische" Empfänger von Königsurkunden der Ottonen, Salier und Staufer, in: Paul-Joachim Heinig u. a. (Hg.), Reich, Regionen und Europa in Mittelalter und Neuzeit, Berlin 2000, 191–202.
458 SCHIEFFER Rudolf, Regieren ohne Hauptstadt, in: Bodo-Michael Baumunk/Gerhard Brunn (Hgg.), Hauptstadt. Zentren, Residenzen, Metropolen in der deutschen Geschichte, Köln 1989, 25–38.
459 SCHIEFFER Rudolf, Die Entstehung des päpstlichen Investiturverbots für den deutschen König, Stuttgart 1981.
460 SCHIEFFER Rudolf, Die Romreise deutscher Bischöfe im Frühjahr 1070, in: RhVjbll 35 (1971), 152–174.
461 SCHIEFFER Theodor, Die deutsche Kaiserzeit. 950–1250, Frankfurt am Main/Berlin/Wien 1973.
462 SCHIMMELPFENNIG Bernhard, Könige und Fürsten, Kaiser und Papst nach dem Wormser Konkordat, München 1996.
463 SCHMID Karl (Hg.), Die Zähringer, Sigmaringen 1986.
464 SCHMIDT Ulrich, Königswahl und Thronfolge im 12. Jahrhundert, Köln/Wien 1987.
465 SCHNEIDMÜLLER Bernd, Die Welfen. Herrschaft und Erinnerung (819–1252), Stuttgart/Berlin/Köln 2000.
466 SCHNEIDMÜLLER Bernd (Hg.), Die Welfen und ihr Braunschweiger Hof im hohen Mittelalter, Wiesbaden 1995.
467 SCHULZE Hans K., Grundstrukturen der Verfassung im Mittelalter, 3 Bde., Stuttgart/Berlin/Köln/Mainz ^{3}1995/^{2}1992/1998.
468 SCHULZE-DÖRRLAMM Mechthild, Die Kaiserkrone Konrads II. (1024–1039), Sigmaringen 1991.
469 SCHULZE-DÖRRLAMM Mechthild, Der Mainzer Schatz der Kaiserin Agnes aus dem mittleren 11. Jahrhundert, Sigmaringen 1991.
470 SCHULZE-DÖRRLAMM Mechthild, Das Reichsschwert, Sigmaringen 1995.
471 SOMMERLECHNER Andrea, Stupor Mundi? Kaiser Friedrich II. und die mittelalterliche Geschichtsschreibung, Wien 1999.
472 STAAB Franz (Hg.), Auslandsbeziehungen unter den salischen Kaisern, Speyer 1994.
473 STÜRNER Wolfgang, Friedrich II., 2 Teile, Darmstadt 1992/2000.
474 STURLESE Loris, Die deutsche Philosophie im Mittelalter. Von Bonifatius bis zu Albert dem Großen (748–1280), München 1993.
475 SUCHAN Monika, Königsherrschaft im Streit. Konfliktaustragung in der Regierungszeit Heinrichs IV. zwischen Gewalt, Gespräch und Schriftlichkeit, Stuttgart 1997.
476 TOCH Michael, Die Juden im mittelalterlichen Reich, München 1998.
477 TOUBERT Pierre, Les Structures du Latium médiéval. Le Latium méridional et la Sabine du 9e siècle à la fin du 12e siècle, 2 Bde., Rom 1974, ND 1993.
478 TOUBERT Pierre/PARAVICINI BAGLIANI Agostino (Hgg.), Federico II, 3 Bde., Palermo 1994.
479 TOUBERT Pierre/PARAVICINI BAGLIANI Agostino (Hgg.), Federico II e Sicilia, Palermo 1998.
480 VOGTHERR Thomas, Die Reichsabteien der Benediktiner und das Königtum im hohen Mittelalter (900–1125), Stuttgart 2000.

481 WAND Norbert, Das Dorf der Salierzeit, Sigmaringen 1991.
482 WANDRUSZKA Nikolai, Die Oberschichten Bolognas und ihre Rolle während der Ausbildung der Kommune (12. und 13. Jahrhundert), Frankfurt am Main/Berlin/Bern/New York/Paris/Wien 1993.
483 WEILANDT Gerhard, Geistliche und Kunst. Ein Beitrag zur Kultur der ottonisch-salischen Reichskirche und zur Veränderung künstlerischer Traditionen im späten 11. Jahrhundert, Köln/Weimar/Wien 1992.
484 WEINFURTER Stefan, Herrschaft und Reich der Salier, Sigmaringen ²1992.
485 WEINFURTER Stefan (Hg.), Reformidee und Reformpolitik im spätsalisch-frühstaufischen Reich, Mainz 1992.
486 WEINFURTER Stefan (Hg.), Die Salier und das Reich, 3 Bde., Sigmaringen 1991.
487 WITTHÖFT Harald, Struktur und Kapazität der Lüneburger Saline seit dem 12. Jahrhundert, in: VSWG 63 (1976), 1–117.
488 WOLF Gunther, Anfänge ständigen Gesandtschaftswesens schon zur Zeit Kaiser Friedrichs II.?, in: AfD 41 (1995), 147–153.
489 Württembergisches Landesmuseum Stuttgart (Hg.), Die Zeit der Staufer. Geschichte – Kunst – Kultur, 5 Bde., Stuttgart 1977/1979.
490 ZIMMERMANN Harald, Die deutsche Südostsiedlung im Mittelalter, in: Günther Schödl (Hg.), Deutsche Geschichte im Osten Europas. Land an der Donau, Berlin 1995, 11–88.
491 ZIWES Franz-Josef, Studien zur Geschichte der Juden im mittleren Rheingebiet während des hohen und späten Mittelalters, Hannover 1995.

6.5.5 England

492 BARROW Geoffrey W.S., Das mittelalterliche englische und schottische Königtum, in: HJb 102 (1982), 362–389.
493 BARLOW Frank, Edward the Confessor, London 1970.
494 BARLOW Frank, The Feudal Kingdom of England. 1042–1216, London ²1961, ⁴1998.
495 BARTLETT Robert, England Under the Norman and Angevin Kings, 1075–1225, Oxford 2000.
496 BATES David, Normandy and England after 1066, in: EHR 104 (1989), 851–880.
497 BATES David, William the Conqueror, London 1989.
498 BATES David/CURRY Anne (Hgg.), England and Normandy in the Middle Ages, London/Rio Grande 1994.
499 BERG Dieter, England und der Kontinent. Studien zur auswärtigen Politik der anglonormannischen Könige im 11. und 12. Jahrhundert, Bochum 1987.
500 BRITNELL Richard H./CAMPBELL Bruce M.S. (Hgg.), A commercialising economy. England 1086 to c. 1300, Manchester/New York 1995.
501 BURTON Janet, Monastic and religious orders in Britain 1000–1300, Cambridge 1994.
502 CHIBNALL Marjorie, Anglo-Norman England, 1066–1166, Oxford/Cambridge, Mass. 1986, ND 1996.
503 CHIBNALL Marjorie, The Debate on the Norman Conquest, Manchester 1999.
504 CHIBNALL Marjorie, The Empress Matilda. Queen Consort, Queen Mother and Lady of the English, Oxford/Cambridge, Mass. 1991, ²1993.
505 CLANCHY M.T., England and Its Rulers 1066–1272, Oxford 1983, ²1998.
506 CROUCH David, The Image of Aristocracy in Britain. 1000–1300, London/New York 1992.

507 CROUCH David, William Marshal. Court, Career and Chivalry in the Angevin Empire. 1147–1219, London/New York 1990.
508 DAVIES R.H.C., King Stephen 1135–1154, London/New York ³1990.
509 DOUGLAS David C., Wilhelm der Eroberer. Herzog der Normandie, München 1994.
510 FRAME Robin, The Political Development of the British Isles 1100–1400, Oxford/New York 1990, ²1995.
511 FRYDE Natalie, Ein mittelalterlicher deutscher Großunternehmer. Terricus Teutonicus de Colonia in England, 1217–1247, Stuttgart 1997.
512 GILLINGHAM John, The Angevin Empire, New York 1984.
513 GILLINGHAM John, Richard Coeur de Lion. Kingship, Chivalry and War in the Twelfth Century, London 1994.
514 GRANT Alexander/STRINGER Keith J. (Hgg.), Uniting the Kingdom? The making of British History, London/New York 1995.
515 HALLAM H[erbert] E[noch], Rural England, 1066–1348, Brighton/New Jersey 1981.
516 HALLAM H[erbert] E[noch] (Hg.), The Agrarian history of England and Wales, Bd. 2: 1042–1350, Cambridge/New York/New Rochelle/Melbourne/Sydney 1988.
517 HAVERKAMP Alfred/VOLLRATH Hanna (Hgg.), England and Germany in the High Middle Ages, Oxford 1996.
518 HILL Mary C., The king's messengers 1199–1377, Phoenix Mill/Far Thrupp/Stroud/Gloucestershire 1994.
519 HOFFMANN Erich, Die heiligen Könige bei den Angelsachsen und den skandinavischen Völkern, Neumünster 1975.
520 HOLT James Clarke, Colonial England 1066–1215, London/Rio Grande 1997.
521 HOLT Richard/ROSSER Gervase (Hgg.), The English Medieval Town. A Reader in English Urban History. 1200–1500, London/New York 1990.
522 HUDSON John, The formation of the English common law. Law and society in England from the Norman Conquest to Magna Carta, London/New York 1996.
523 JEWELL Helen M., Women in Medieval England, Manchester/New York 1996.
524 JONES Michael/VALE Malcolm (Hgg.), England and her Neighbours. 1066–1453, London/Ronceverte 1989.
525 KLUXEN Kurt, Englische Verfassungsgeschichte. Mittelalter, Darmstadt 1987.
526 KRIEGER Karl-Friedrich, Geschichte Englands von den Anfängen bis zum 15. Jahrhundert, München 1990.
527 LLOYD T[erence] H[enry], England and the German Hanse, 1157–1611, Cambridge/New York/Port Chester/Melbourne/Sydney 1991.
528 MADDICOTT John R., Simon de Montfort, Cambridge 1994.
529 MILLER Edward/HATCHER John, Medieval England. Rural society and economic change. 1086–1348, London/New York 1978.
530 MILLER Edward/HATCHER John, Medieval England. Towns, commerce and crafts. 1086–1348, London/New York 1995.
531 MORTIMER Richard, Angevin England. 1154–1258, Oxford/Cambridge 1994, ²1996.
532 NEWMAN Charlotte A., The Anglo-Norman nobility in the reign of Henry I. The second generation, Philadelphia 1988.
533 ORME Nicholas, Education and society in medieval and renaissance England, London/Ronceverte 1989.
534 ORME Nicholas, English Schools in the Middle Ages, London 1973.
535 ORME Nicholas, From Childhood to Chivalry. The education of the English kings and aristocracy 1066–1530, London/New York 1984.

536 ORME Nicholas/WEBSTER Margaret (Hgg.), The English Hospital, 1070–1570, New Haven/London 1995.
537 ORMROD W. M. (Hg.), England in the Thirteenth Century, Stamford 1991.
538 POUNDS N. J. G., The Medieval Castle in England and Wales, Cambridge 1990.
539 REUTER Timothy, „Domesday Book and beyond“, in: DA 48 (1992), 113–135.
540 RICHARDSON H. G., The English Jewry under Angevin Kings, London 1960.
541 SAUL Nigel (Hg.), The Oxford Illustrated History of Medieval England, Oxford 1997.
542 SCHRAMM Percy Ernst, Geschichte des englischen Königtums im Lichte der Krönung, Weimar 1937.
543 STACEY Robert C., Politics, Policy and Finance under Henry III. 1216–1245, Oxford 1987.
544 STAFFORD Pauline, Queen Emma and Queen Edith. Queenship and Women's Power in Eleventh-Century England, Oxford 1997.
545 TURNER Ralph V., Men raised from the dust. Administrative service and upward mobility in Angevin England, Philadelphia 1988.
546 TYERMAN Christopher, England and the Crusades 1095–1588, Chicago/London 1988.
547 TYERMAN Christopher, Who's Who in Early Medieval England 1066–1272, London 1996.
548 WARREN W. L., The Governance of Norman and Angevin England. 1086–1272, London/Caulfied East, Victoria/Baltimore 1987.
549 WILLIAMS Ann, The English and the Norman Conquest, Woodbridge 1995, ^{2}1997.
550 WILLIAMS Daniel (Hg.), England in the twelfth Century, Woodbridge 1990.

6.5.6 Frankreich

551 BACHRACH Bernard S., State-Building in Medieval France. Studies in Early Angevin History, Aldershot, Hampshire/Brookfield, Vermont 1995.
552 BAUTIER Robert-Henri, Anne de Kiev, reine de France, et la politique royale au XIe siècle, in: Revue des études slaves 57 (1985), 539–564.
553 BEUMANN Helmut (Hg.), Beiträge zur Bildung der französischen Nation im Früh- und Hochmittelalter, Sigmaringen 1983.
554 BISSON Thomas N., Medieval France and her Pyrenean neighbours, London/Roncеverte 1989.
555 BOUCHARD Constance Brittain, Holy Entrepreneurs. Cistercians, Knights, and Economic Exchange in Twelfth-century Burgundy, Itahaca/New York 1991.
556 BOUCHARD Constance B., Strong of Body, Brave and Noble. Chivalry & Society in Medieval France, Ithaca 1998.
557 BOUCHARD Constance Brittain, Sword, Miter, and Cloister. Nobility and the Church in Burgundy, 980–1198, Ithaca/London 1987.
558 CHAZAN Robert, Medieval Jewry in Northern France, Baltimore/London 1973.
559 DUBY Georges, 27 juillet 1214. Le dimanche de Bouvines, Paris 1973; dt.: Berlin 1988.
560 EHLERS Joachim, Geschichte Frankreichs im Mittelalter, Stuttgart/Berlin/Köln/Mainz 1987.
561 EHLERS Joachim, Die Kapetinger, Stuttgart/Berlin/Köln 2000.
562 EHLERS Joachim, Der wundertätige König in der monarchischen Theorie des Früh- und Hochmittelalters, in: Paul-Joachim Heinig u. a. (Hgg.), Reich, Regionen und Europa in Mittelalter und Neuzeit, Berlin 2000, 3–19.
563 EHLERS Joachim/MÜLLER Heribert/SCHNEIDMÜLLER Bernd (Hgg.), Die französischen Könige des Mittelalters, München 1996.

564 FAVIER Jean, Le temps des principautés de l'an mil à 1515, Paris 1984; dt.: Frankreich im Zeitalter der Lehnsherrschaft 1000–1515, Stuttgart 1989.
565 GROSSE Rolf (Hg.), L'Église de France et la Papauté (Xe–XIIIe siècle), Bonn 1993.
566 LE GOFF Jacques, Saint Louis, Paris 1996; dt.: Stuttgart 2000.
567 RAEPSAET Georges, Les prémices de la mécanisation agricole entre Seine et Rhin de l'Antiquité au 13e siècle, in: Annales HSS 50 (1995), 911–942.
568 RÜDIGER Jan, Aristokraten und Poeten. Die Grammatik einer Mentalität im tolosanischen Hochmittelalter, Berlin 2001.
569 SCHNEIDMÜLLER Bernd, Nomen Patriae. Die Entstehung Frankreichs in der politisch-geographischen Terminologie (10.–13. Jahrhundert), Sigmaringen 1987.

6.5.7 Iberische Halbinsel

570 ÁLVAREZ PALENZUELA Vicente/SUÁREZ FERNÁNDEZ Luis, La España musulmana y los inicios de los Reinos Cristianos (711–1157), Madrid 1991.
571 ARIÉ Rachel, España musulmana (siglos VIII–XV), Barcelona 1993.
572 ARIÉ Rachel, Études sur la civilisation de l'Espagne musulmane, Leiden 1990.
573 ASHTOR Eliyahu, The Jews of Moslem Spain, 2 Bde., Philadelphia 1973/79, 21993 (zuerst hebräisch).
574 BAER Yitzhak, Historia de los judios en la España cristiana, Madrid 1981.
575 BARTON Simon, The Aristocracy in Twelfth-Century León and Castile, Cambridge 1997.
576 BIRMINGHAM David, A Concise History of Portugal, Cambridge/New York/Melbourne 1993.
577 BISHKO Charles Julian, Studies in Medieval Spanish Frontier History, London 1980.
578 BISSON T[homas] N., The Medieval Crown of Aragon. A Short History, Oxford 1986.
579 BISSON Thomas N., Tormented Voices. Power, Crisis, and Humanity in Rural Catalonia 1140–1200, Cambridge/London 1998.
580 BOLENS Lucie, L'Andalousie du quotidien au sacré. XIe–XIIIe siècles, Aldershot [1990].
581 BRODMAN James William, Charity and Welfare. Hospitals and the Poor in Medieval Catalonia, Philadelphia 1998.
582 BRODMAN James William, Ransoming Captives in Crusader Spain. The Order of Merced on the Christian-Islamic Frontier, Philadelphia 1986.
583 BRONISCH Alexander Pierre, Reconquista und Heiliger Krieg. Die Deutung des Krieges im christlichen Spanien von den Westgoten bis ins frühe 12. Jahrhundert, Münster 1998.
584 BULLIET Richard W., Conversion to Islam in the Medieval Period, Cambridge, Mass. 1979.
585 BURMAN Thomas E., Religious polemic and the intellectual history of the Mozarabs, c. 1050–1200, Leiden/New York/Köln 1994.
586 CABRERA Emilio (Hg.), Andalucia entre Oriente y Occidente (1236–1492), Córdoba 1988.
587 The Cambridge History of Islam, Bd. 2, Cambridge 1970.
588 CHEVEDDEN P.E./KAGAY D.J./PADILLA P.G. (Hgg.), Iberia and the Mediterranean world of the Middle Ages, Bd. 2, Leiden/New York/Köln 1996.
589 CONDE Javier Fernandez (Hg.), Historia de iglesia en España, Bd. 2.1–2, Madrid 1982.
590 CONSTABLE Olivia Remie, Trade and traders in Muslim Spain. The commercial realignment of the Iberian peninsula, 900–1500, Cambridge 1994.

591 CONSTABLE Olivia Remie (Hg.), Medieval Iberia. Readings from Christian, Muslim, and Jewish Sources, Philadelphia 1997.
592 ENGELS Odilo, Reconquista und Landesherrschaft, Paderborn/München/Wien/Zürich 1989
593 FIERRO Maribel/SAMSÓ Julio (Hgg.), The Formation of al-Andalus, Teil 2, Aldershot 1998 [s. a.: MARÍN].
594 FLETCHER Richard A., The Episcopate in the Kingdom of León in the Twelfth Century, Oxford 1978.
595 FLETCHER Richard A., Saint James's Catapult. The Life and Times of Diego Gelmírez of Santiago de Compostela, Oxford 1984.
596 GARCIA DE CORTÁZAR José Angel, La sociedad rural en la España medieval, Madrid [2]1990.
597 GARCÍA PELEGRÍN José, Studien zum Hochadel der Königreiche León und Kastilien im Hochmittelalter, Münster 1991.
598 GERBET Marie-Claude, L'Espagne au Moyen Âge VIIIe–XVe siècle, Paris 1992.
599 GERBET Marie-Claude, Les Noblesses espagnoles au Moyen Age, XIe–XVe siècle, Paris 1994.
600 GLICK Thomas F., Islamic and Christian Spain in the Early Middle Ages, Princeton, New Jersey 1979.
601 GUICHARD Pierre, Les Musulmans de Valence et la Reconquête (XIe–XIIIe siècles), 2 Bde., Damaskus 1990/91.
602 HOTTINGER Arnold, Die Mauren. Arabische Kultur in Spanien, München 1995.
603 IDRIS Hady Roger, Les Aftasides de Badajoz, in: Al-Andalus 30 (1965), 277–290.
604 IDRIS Hady Roger, Les Zīrīdes d'Espagne, in: Al-Andalus 29 (1964), 39–145.
605 JASPERT Nikolas, Stift und Stadt. Das Heiliggrabpriorat von Santa Anna und das Regularkanonikerstift Santa Eulàlia del Camp im mittelalterlichen Barcelona (1145–1423), Berlin 1996.
606 KRITZECK James, Peter the Venerable and Islam, Princeton, New Jersey 1964.
607 LACARRA José María, Historia del reino de Navarra en Edad Media, Pamplona 1975.
608 LAGARDÈRE Vincent, Communautés mozarabes et pouvoir almoravide en 519H/1125 en Andalous, in: Studia Islamica 67 (1988), 99–117.
609 LARREA Juan José, La Navarre du IVe au XIIe siècle. Peuplement et société, Paris u. a. 1998.
610 LEROY Béatrice, L'Espagne au Moyen Âge, Paris 1988.
611 LEROY Béatrice, Historia del reino de Navarra, Madrid 1986.
612 LINEHAN Peter, History and the Historians of Medieval Spain, Oxford 1993.
613 LÓPEZ ALSINA Fernando, La ciudad de Santiago de Compostela en la Alta Edad Media, Santiago de Compostela 1988.
614 MARÍN Manuela (Hg.), The Formation of al-Andalus, Teil 1, Aldershot 1998 [s. auch: FIERRO/SAMSÓ].
615 MARTÍN José Luis, La península en la Edad Media, Barcelona 1976.
616 MÜNZEL Bettina, Feinde, Nachbarn, Bündnispartner. „Themen und Formen" der Darstellung christlich-muslimischer Begegnungen in ausgewählten historiographischen Quellen des islamischen Spanien, Münster 1994.
617 O'CALLAGHAN Joseph F., A History of Medieval Spain, Ithaca/London 1975.
618 O'CALLAGHAN Joseph F., The Integration of Christian Spain into Europe. The Role of Alfonso VI of León-Castile, in: Reilly (wie unten Nr. 626), 101–120.
619 OSSWALD Rainer, Spanien unter den Almoraviden. Die *Fatāwā* des Ibn Rušd als Quelle zur Wirtschafts- und Sozialgeschichte, in: Die Welt des Orients 24 (1993), 127–145.

620 POWERS James F., A Society Organized for War. The Iberian Municipal Militias in the Central Middle Ages. 1000–1284, Berkeley/Los Angeles/London 1988.
621 REILLY Bernard F., The Contest of Christian and Muslim Spain, 1031–1157, Oxford/Cambridge, Mass. 1992, 1995.
622 REILLY Bernard F., The Kingdom of León-Castilla under King Alfonso VI, 1065–1109, Princeton, New Jersey 1988.
623 REILLY Bernard F., The Kingdom of León-Castilla under Queen Urraca, 1109–1126, Princeton, New Jersey 1982.
624 REILLY Bernard F., The Kingdom of León-Castilla under King Alfonso VII, 1126–1157, Philadelphia 1998.
625 REILLY Bernard F., The Medieval Spains, Cambridge/New York/Port Chester 1993.
626 REILLY Bernard F. (Hg.), Santiago, Saint-Denis, and Saint Peter. The Reception of the Roman Liturgy in León-Castile in 1080, New York 1985.
627 ROTH Norman, Jews, Visigoths and Muslims in Medieval Spain, Leiden/New York/Köln 1994.
628 RUIZ DE LOIZAGA Saturnino, Iglesia y sociedad en el Norte de España, Burgos 1991.
629 SCHWENK Bernd, Calatrava. Entstehung und Frühgeschichte eines spanischen Ritterordens zisterziensischer Observanz im 12. Jahrhundert, Münster 1992.
630 SEGL Peter, Königtum und Klosterreform in Spanien, Kallmünz/Opf. 1974.
631 SERRÃO Joaquim Veríssimo, História de Portugal, Bd. 1, Lissabon 1976.
632 SIMON Larry J. (Hg.), Iberia and the Mediterranean world of the Middle Ages, Bd. 1, Leiden/New York/Köln 1995.
633 UBIETO ARTETA Antonio, Historia de Aragón. Creación y desarrollo de la corona de Aragón, Zaragoza 1987.
634 UBIETO ARTETA Antonio, Historia de Aragón, Zaragoza 1981.
635 VÁSQUEZ DE PARGA Luis/LACARRA José María/URÍA RÍU Juan, Las peregrinaciones a Santiago de Compostela, 3 Bde., Madrid 1948/49.
636 VONES Ludwig, Geschichte der Iberischen Halbinsel im Mittelalter (711–1480), Sigmaringen 1993.
637 VONES Ludwig, Die ‚Historia Compostellana' und die Kirchenpolitik des nordwestspanischen Raumes 1070–1130, Köln/Wien 1980.
638 VONES-LIEBENSTEIN Ursula, Saint-Ruf und Spanien, 2 Bde., Paris/Turnhout 1996.
639 WASSERSTEIN David, Byzantium and Al-Andalus, in: Mediterranean Historical Review 2 (1987), 76–101.
640 WASSERSTEIN David, The Rise and Fall of the Party-Kings. Politics and Society in Islamic Spain 1002–1086, Princeton, New Jersey 1985.
641 WATT W. Montgomery, A History of Islamic Spain, Edinburgh 1965.

6.5.8 Irland, Schottland, Wales

642 BARRELL A.D.M., Medieval Scotland, Cambridge 2000.
643 BARROW G[eoffrey] W.S., Kingship and Unity. Scotland 1000–1306, Edinburgh [2]1989.
644 BARROW G[eoffrey] W.S., Scotland and its Neighbours in the Middle Ages, London/Rio Grande 1992.
645 BRADLEY John (Hg.), Settlement and society in Medieval Ireland, Kilkenny, Ireland 1988.
646 BYRNE Francis John, Irish Kings and High-Kings, London/Prescot 1973, [2]1987, [3]1996.
647 CARR A.D., Medieval Wales, Houndmills, Basingstoke, Hampshire/London 1995.

648 Ó CORRÁIN Donncha, Ireland before the Normans, Dublin 1972.
649 COSGROVE Art (Hg.), A New History of Ireland, Bd. 2: Medieval Ireland, 1169–1534, Oxford 1993.
650 CRAWFORD Barbara E., Scandinavian Scotland, Leicester 1987.
651 Ó CRÓINÍN Daíbhí, Early Medieval Ireland, 400–1200, London/New York [4]1997.
652 DAVIES John, A History of Wales, London 1993.
653 DAVIES R. R., Conquest, coexistence and change, Wales 1063–1415, Oxford 1987, Oxford/New York [2]1991 (unter dem Titel: The age of conquest. Wales 1063–1415).
654 DAVIES R. R., Domination and Conquest. The experience of Ireland, Scotland and Wales 1100–1300, Cambridge/New York/Port Chester/Melbourne/Sydney 1990.
655 DUNCAN Archibald A. M., Scotland. The Making of the Kingdom, Edinburgh 1975.
656 ELVERT Jürgen, Geschichte Irlands, München 1993, [2]1996.
657 FLANAGAN Marie Therese, Irish Society, Anglo-Norman Settlers, Angevin Kingship. Interactions in Ireland in the Late Twelfth Century, Oxford 1989.
658 FRAME Robin, Colonial Ireland, 1169–1369, Dublin 1981.
659 FRAME Robin, Ireland and Britain, 1170–1450, London/Rio Grande 1998.
660 GILLINGHAM John, The Second Tidal Wave? The Historiography of English Colonization of Ireland, Scotland and Wales in the Twelfth and Thirteenth Century, in: Jan M. Piskorski (Hg.), The So-Called East Colonization in the Historiography, im Druck.
661 GRANT Alexander/STRINGER Keith J. (Hgg.), Medieval Scotland. Crown, Lordship and Community, Edinburgh 1993, [2]1998.
662 GRIFFITHS Ralph A., Conquerors and conquered in medieval Wales, Stroud/New York 1994.
663 HUDSON Benjamin T., Kings of Celtic Scotland, Westport, Connecticut/London 1994.
664 LYNCH Michael/SPEARMAN Michael/STELL Geoffrey (Hgg.), The Scottish Medieval Town, Edinburgh 1988.
665 MAUND K. L. (Hg.), Gruffudd ap Cynan, Woodbridge u. a. 1996.
666 MAUND K. L., Ireland, Wales, and England in the Eleventh Century, Woodbridge 1991.
667 OTWAY-RUTHVEN A.J., A History of Medieval Ireland, London/New York 1968.
668 PHYTHIAN-ADAMS Charles, Land of the Cumbrians. A study in British provincial origins. A. D. 400–1120, Aldershot 1996.
669 PRYCE Huw, Native Law and the Church in Medieval Wales, Oxford 1993.
670 POUNDS N[orman] J[ohn] G[reville], The medieval castle in England and Wales, Cambridge/New York/Port Chester/Melbourne/Sydney 1990.
671 RICHTER Michael, Irland im Mittelalter, Stuttgart/Berlin/Köln/Mainz 1983, München [2]1996.
672 SMITH Brendan, Colonization and Conquest in Medieval Ireland. The English in Louth, 1170–1330, Cambridge u. a. 1999.
673 SPEARMAN Michael/STELL Geoffrey (Hgg.), The Scottish Medieval Town, Edinburgh 1988.
674 STACEY Robin Chapman, The Road to Judgement. From Custom to Court in Medieval Ireland and Wales, Philadelphia 1994.
675 WALKER David M., A Legal History of Scotland, Bd. 1: The Beginnings to A. D. 1286, Edinburgh 1988.
676 WALKER David, Medieval Wales, Cambridge 1990.
677 WATT D. E. R. (Hg.), Ecclesia Scoticana, Stuttgart 1991.

6.5.9 Island, Orkney-Inseln

678 Boyer Régis, La Poesie Scaldique, Paris 1992.
679 Boyer Régis, La vie religieuse en Islande, 1116–1264, Paris 1979.
680 Boyer Régis, Les Sagas islandaises, Paris 1992.
681 Byock Jesse L., Governmental Order in Early Medieval Iceland, in: Viator 17 (1986), 19–34.
682 Byock Jesse L., Medieval Iceland, Berkeley/Los Angeles/London 1988, [2]1992.
683 Cormack Margaret, The Saints in Iceland, Brüssel 1994.
684 Hastrup Kirsten, Culture and history in medieval Iceland, Oxford 1985.
685 Jóhannesson Jón, A History of the Old Icelandic Commonwealth, Manitoba 1974.
686 Kamp Hermann, Konflikte und ihre Beilegung im hohen Norden, in: HZ 259 (1994), 391–409.
687 Saugstad L. F. u. a., The Settlement of Iceland, in: Norwegian Archaeological Review 10 (1977), 60–81.
688 Strömbäck Dag, The Conversion of Iceland, Bristol 1975.
689 Thomson William P.L., History of Orkney, Edinburgh 1987.
690 Thorsteinsson Björn, Island, Kopenhagen 1985.
691 Tomasson Richard F., Iceland. The First New Society, Minneapolis 1980.

6.5.10 Kreuzzüge, Kreuzfahrerstaaten

692 Amouroux-Mourad Monique, Le comté d'Edesse, 1098–1150, Paris 1988.
693 Antweiler Wolfgang, Das Bistum Tripolis im 12. und 13. Jahrhundert, Düsseldorf 1991.
694 Arbel Benjamin/Hamilton Bernard/Jacoby David (Hgg.), Latins and Greeks in the Eastern Mediterranean after 1204, London 1989.
695 Balard Michel (Hg.), Autour de la Première Croisade, Paris 1996.
696 Chazan Robert, In the Year 1096. The First Crusade and the Jews, 1997.
697 Chazan Robert, European Jewry and the First Crusade, Berkeley/Los Angeles/London 1987.
698 Cole Penny J., The Preaching of the Crusades to the Holy Land, 1095–1270, Cambridge 1991.
699 Coureas N./Riley-Smith Jonathan (Hgg.), Cyprus and the Crusades, Nicosia 1995.
700 Edbury Peter, The Kingdom of Cyprus and the Crusades, 1191–1374, Cambridge 1991.
701 Favreau-Lilie Marie-Luise, Die Italiener im Heiligen Land vom ersten Kreuzzug bis zum Tode Heinrichs von Champagne (1098–1197), Amsterdam 1989.
702 Folda Jaroslav, The Art of the Crusaders in the Holy Land. 1098–1187, Cambridge 1995.
703 Goodich Michael/Menache Sophia/Schein Sylvia (Hgg.), Cross Cultural Convergences in the Crusader Period, New York u. a. 1995.
704 Haberstumpf Walter, Dinastie europee nel Mediterraneo orientale. I Monferrato e i Savoia nei secoli XII–XIV, Turin 1995.
705 Hamilton Bernard, The Impact of Crusader Jerusalem on Western Christendom, in: The Catholic Historical Review 80 (1994), 695–713.
706 Hamilton Bernard, Manuel I Comnenus and Baldwin IV of Jerusalem, in: ΚΑΘΗΓΗΤΡΙΑ. Essays presented to Joan Hussey for her 80th birthday, Camberley, Surrey 1988, 353–375.

707 HAZARD Harry W./ZACOUR Norman P. (Hgg.), The Impact of the Crusades on Europe, Madison (Wisconsin) 1989 [= Kenneth M. Setton (Hg.), A History of the Crusades, Bd. 6].

708 HEHL Ernst-Dieter, Was ist eigentlich ein Kreuzzug?, in: HZ 259 (1994), 297–336

709 HIESTAND Rudolf, Antiochia, Sizilien und das Reich am Ende des 12. Jahrhunderts, in: QuFiAB 73 (1993), 70–121.

710 HIESTAND Rudolf, Lasset uns singen und tanzen, morgen ist wieder Zeit für den Kampf. Muslims und Kreuzfahrer im 12. Jahrhundert, in: Volker Ackermann/Bernd-A. Rusinek/Falk Wiesemann (Hgg.), Anknüpfungen. Gedenkschrift für Peter Hüttenberger, Essen 1995, 58–72.

711 HIESTAND Rudolf, *Nam qui fuimus Occidentales, nunc facti sumus Orientales.* Siedlung und Siedleridentität in den Kreuzfahrerstaaten, in: Christof Dipper/Rudolf Hiestand (Hgg.), Siedler-Identität, Frankfurt am Main/Berlin/Bern/New York/Paris/Wien 1995, 61–80.

712 HOCH Martin, Jerusalem, Damaskus und der Zweite Kreuzzug, A. D. 1126–1154, Frankfurt am Main 1993.

713 MAYER Hans Eberhard, Geschichte der Kreuzzüge, Stuttgart/Berlin/Köln ^{9}2000.

714 MAYER Hans Eberhard, Herrschaft und Verwaltung im Kreuzfahrerkönigreich Jerusalem, in: HZ 261 (1995), 695–738.

715 MAYER Hans Eberhard, Die Kanzlei der lateinischen Könige von Jerusalem, 2 Bde., Hannover 1996.

716 MAYER Hans Eberhard, Die Kreuzfahrerherrschaft Montréal (Šōbak). Jordanien im 12. Jahrhundert, Wiesbaden 1990.

717 MAYER Hans Eberhard, Varia Antiochena, Hannover 1993.

718 MAYER Hans Eberhard (Hg.), Die Kreuzfahrerstaaten als multikulturelle Gesellschaft. Einwanderer und Minderheiten im 12. und 13. Jahrhundert, München 1997.

719 MURRAY Alan V. (Hg.), From Clermont to Jerusalem. The Crusades and Crusader Societies 1095–1500, Turnhout 1998.

720 NAUMANN Claudia, Der Kreuzzug Kaiser Heinrichs VI., Frankfurt am Main/Berlin/Bern/New York/Paris/Wien 1994.

721 NICHOLSON Helen, Templars, Hospitallers and Teutonic Knights. Images of the Military Orders, 1128–1291, Leicester 1993.

722 PAHLITZSCH Johannes, Graeci und Suriani im Palästina der Kreuzfahrerzeit. Beiträge und Quellen zur Geschichte des griechisch-orthodoxen Patriarchats von Jerusalem, Berlin 2001.

723 PHILLIPS Jonathan, Defenders of the Holy Land. Relations between the Latin East and the West. 1119–1187, Oxford 1996.

724 PHILLIPS Jonathan (Hg.), First Crusade, Manchester u. a. 1997.

725 PRAWER Joshua, The history of the jews in the latin kingdom of Jerusalem, Oxford 1988.

726 QUELLER Donald E./MADDEN Thomas F., The Fourth Crusade. The Conquest of Constantinopel, Philadelphia ^{2}1997.

727 REGAN Geoffrey, Saladin and the Fall of Jerusalem, London/New York/Sydney 1987.

728 RICHARD Jean, Histoire des croisades, Paris 1996.

729 RICHARD Jean, La noblesse de Terre Sainte (1097–1187), in: Arquivos do centro cultural português 26 (1989), 321–336.

730 RILEY-SMITH Jonathan, The Crusades, London 1987.
731 RILEY-SMITH Jonathan, The First Crusaders, 1095–1131, Cambridge 1997.
732 RILEY-SMITH Jonathan (Hg.), Illustrierte Geschichte der Kreuzzüge, Frankfurt/New York 1999.
733 SHATZMILLER Maya (Hg.), Crusaders and Muslims in Twelfth Century Syria, Leiden 1993.
734 TIBBLE Steven, Monarchy and Lordship in the Latin Kingdom of Jerusalem 1099–1291, Oxford 1989.

6.5.11 Ostmitteleuropa (Böhmen, Polen, Ungarn)

735 BALI Smail, Der Islam im mittelalterlichen Ungarn, in: Südostforschungen 23 (1964), 19–35.
736 BEREND N., At the Gate of Christendom. Jews, Muslims and ‚Pagans' in Medieval Hungary, c. 1000 – c. 1300, Cambridge 2001.
737 BLÁHOVÁ Marie, Die Beziehung Böhmens zum Reich in der Zeit der Salier und Frühen Staufer im Spiegel der zeitgenössischen böhmischen Geschichtsschreibung, in: AKG 74 (1992), 23–48.
738 VON BOGYAY Thomas, Grundzüge der Geschichte Ungarns, Darmstadt ^{4}1990.
739 BOSL Karl (Hg.), Handbuch der Geschichte der böhmischen Länder, Bd. 1, Stuttgart 1967.
740 BRACHMANN Hansjürgen (Hg.), Burg – Burgstadt – Stadt. Zur Genese mittelalterlicher nichtagrarischer Zentren in Ostmitteleuropa, Berlin 1995.
741 ENGEL Pál, The Realm of St Stephen. A History of Medieval Hungary, 895–1526, London/New York 2001.
742 FÜGEDI Erik, Castle and Society in Medieval Hungary (1000–1437), Budapest 1986.
743 FÜGEDI Erik, Die Entwicklung des Städtewesens in Ungarn, in: Alba Regia 10 (1969), 101–118.
744 GAWLAS Sławomir, Die Territorialisierung des Deutschen Reichs und die teilfürstliche Zersplitterung Polens zur Zeit des hohen Mittelalters, in: Quaestiones Medii Aevi Novae 1 (1996), 25–42.
745 GEREVICH Lászlo (Hg.), Towns in Medieval Hungary, Budapest 1990.
746 GIEYSZTOR Aleksander/KIENIEWICZ Stefan/ROSTWOROWSKI Emanuel/TAZBIR Janusz/WERESZYCKI Henryk, History of Poland, Warschau ^{2}1979.
747 GRAUS František, Böhmen im 9. bis 11. Jahrhundert, in: Settimane di studio del Centro italiano di studi sull'alto medioevo, Bd. 30, Spoleto 1983, 169–196.
748 GRAUS František, Die Nationenbildung der Westslawen im Mittelalter, Sigmaringen 1980.
749 GÓRECKI Piotr, Economy, Society, and Lordship in Medieval Poland, 1100–1250, New York/London 1992.
750 GÓRECKI Piotr, Parishes, Tithes and Society In Earlier Medieval Poland, c. 1100-c. 1250, Philadelphia 1993.
751 GYÖRFFY György, King Saint Stephen of Hungary, New York 1994.
752 GYÖRFFY György, Wirtschaft und Gesellschaft der Ungarn um die Jahrtausendwende, Wien/Köln/Graz 1983.
753 HINTNER Dietmar, Die Ungarn und das byzantinische Christentum der Bulgaren im Spiegel der Register Papst Innozenz' III., Leipzig 1976.
754 HOENSCH Jörg K., Geschichte Böhmens, München ^{3}1997.

755 HOENSCH Jörg K., Geschichte Polens, Stuttgart ³1998.
756 HÓMAN Bálint, Geschichte des ungarischen Mittelalters, Bd. 1, Berlin 1940.
757 HRBEK Ivan, Ein arabischer Bericht über Ungarn (Abū Hāmid al-Andalusī al-Garnātī, 1080–1170), in: Acta Orientalia 5 (1955), 205–230.
758 JAWORSKI Rudolf/LÜBKE Christian/MÜLLER Michael G., Eine kleine Geschichte Polens, Frankfurt am Main 2000.
759 KÖPECZI Bela (Hg.), Kurze Geschichte Siebenbürgens, Budapest 1990.
760 KOSZTOLYNIK Z. J., Five Eleventh Century Hungarian Kings. Their Politics and their Relations with Rome, New York 1981.
761 KOSZTOLYNIK Z.J., Hungary in the Thirteenth Century, Boulder 1996.
762 KOSZTOLYNIK Z.J., From Coloman the Learned to Béla III (1095–1196). Hungarian Domestic Policies and Their Impact upon Foreign Affairs, New York 1987.
763 KRZEMIEŃSKA Barbara, Břetislav I., Praha 1986.
764 KRZEMIEŃSKA Barbara, Wann erfolgte der Anschluß Mährens an den böhmischen Staat, in: Historica 19 (1980), 195–243.
765 MAKK Ferenc, The Árpáds and the Comneni, Budapest 1989.
766 MAKK Ferenc, Ungarische Außenpolitik (896–1196), Herne 1999.
767 MEZEY László, Entre Byzance et Paris. Les lettrés hongrois au 12e siècle, in: Acta Litteraria Academiae Scientiarum Hungaricae 13 (1971), 425–431.
768 MEZEY L., Ungarn und Europa im 12. Jahrhundert, in: Probleme des 12. Jahrhunderts, Stuttgart 1968, 255–272.
769 MYŚLIWSKI Grzegorz, Between Memory and Anticipation. Temporal Consciousness of Mazovian Society. The 12th – the mid–16th Century, in: Acta Poloniae Historica 82 (2000), 7–36.
770 PALMÉNYI E. (Hg.), Histoire de la Hongrie des origines à nos jours, Budapest 1974.
771 PISKORSKI Jan, Die deutsche Ostsiedlung des Mittelalters in der Entwicklung des östlichen Europa, in: JbGMOD 40 (1991), 27–84.
772 PRINZ Friedrich, Böhmen im mittelalterlichen Europa, München 1984.
773 PRINZ Friedrich, Böhmen und Mähren, Berlin 1993.
774 SEDLAR Jean W., East Central Europe in the Middle Ages. 1000–1500, Seattle/London 1994.
775 SUGAR Peter F./HANÁK Péter/FRANK Tibor (Hgg.), A History of Hungary, Bloomington/Indianapolis 1990.
776 ŽEMLIČKA Josef, Přemysl Otakar I. Panovník, stát a společnost na prahu vrocholného středověku [Přemysl Ottokar I. Herrscher, Staat und Gesellschaft an der Schwelle des Hochmittelalters], Praha 1990.
777 ZERNACK Klaus, Polen und Rußland, Berlin 1994.
778 ZERNACK Klaus, Das Jahrtausend deutsch-polnischer Beziehungsgeschichte als geschichtswissenschaftliches Problemfeld, in: Wolfgang H. Fritze/Klaus Zernack (Hgg.), Grundfragen der geschichtlichen Beziehungen zwischen Deutschen, Polaben und Polen, Berlin 1976, 3–46; ND in: Ders., Preußen – Deutschland – Polen, hg. von Wolfram Fischer/Michael G. Müller, Berlin 1991, 3–42.
779 ZIMMERMANN Harald, Der Deutsche Orden im Burzenland, Köln/Weimar 2000.
780 ZIMMERMANN Harald, Siebenbürgen und seine Hospites Theutonici, Köln/Weimar/Wien 1996.

6.5.12 Papsttum

781 Becker Alfons, Papst Urban II. (1088–1099), 2 Teile, Stuttgart 1964/88.

782 Blumenthal Uta-Renate, Gregor VII., Darmstadt 2001

783 Borgolte Michael, Petrusnachfolge und Kaiserimitation. Die Grablegen der Päpste, ihre Genese und Traditionsbildung, Göttingen 1989, ²1995.

784 Cheney Christopher R., Pope Innocent III and England, Stuttgart 1976.

785 Cowdrey H. E. J., Pope Gregory VII, 1073–1085, Oxford u. a. 1998.

786 Englberger Johann, Gregor VII. und die Investiturfrage, Köln/Weimar/Wien1996.

787 Feine Hans Erich, Kirchliche Rechtsgeschichte. Die katholische Kirche, Köln/Wien ⁵1972.

788 Foreville Raymonde, Lateran I–IV, Mainz 1970.

789 Foreville Raymonde, Le pape Innocent III et la France, Stuttgart 1992.

790 Frenz Thomas (Hg.), Papst Innozenz III. Weichensteller der Geschichte Europas, Stuttgart 2000.

791 Fried Johannes, Der päpstliche Schutz für Laienfürsten. Die politische Bedeutung des päpstlichen Schutzprivilegs für Laien (11.–13. Jh.), Heidelberg 1980.

792 Goez Werner, Kirchenreform und Investiturstreit 910–1125, Stuttgart/Berlin/Köln 2000.

793 Greschat Martin (Hg.), Das Papsttum I. Von den Anfängen bis zu den Päpsten in Avignon, Stuttgart/Berlin/Köln/Mainz 1985.

794 Halfter Peter, Das Papsttum und die Armenier im frühen und hohen Mittelalter, Köln/Weimar/Wien 1996.

795 Hehl Ernst-Dieter/Ringel Ingrid Heike/Seibert Hubertus/Staab Franz (Hgg.), Das Papsttum in der Welt des 12. Jahrhunderts, Stuttgart 2000.

796 Heidrich Ingrid, Ravenna unter Erzbischof Wibert (1073–1100). Untersuchungen zur Stellung des Erzbischofs und Gegenpapstes Clemens III. in seiner Metropole, Sigmaringen 1984.

797 Hettinger Anette, Die Beziehungen des Papsttums zu Afrika von der Mitte des 11. bis zum Ende des 12. Jahrhunderts, Köln/Weimar/Wien 1993.

798 Holzapfel Theo, Papst Innozenz III., Philipp II. August, König von Frankreich und die englisch-welfische Verbindung 1198–1216, Frankfurt am Main/Bern/New York/Paris 1991.

799 Imkamp Wilhelm, Das Kirchenbild Innocenz' III (1198–1216), Stuttgart 1983.

800 Janssen Wilhelm, Die päpstlichen Legaten in Frankreich vom Schisma Anaklets II. bis zum Tode Coelestins III. (1130–1198), Köln/Graz 1961.

801 Kempf Friedrich, Papsttum und Kaisertum bei Innocenz III., Rom 1954.

802 Ladner Gerhart B., The concepts of „Ecclesia" and „Christianitas" and their relation to the idea of papal „Plenitudo potestatis" from Gregory VII to Boniface VIII, in: Sacerdozio e regno da Gregorio VII a Bonifacio VIII (Miscellanea Historiae Pontificiae 18), Rom 1954, 49–77.

803 Laudage Johannes, Alexander III. und Friedrich Barbarossa, Köln/Weimar/Wien 1997.

804 Laudage Johannes, Priesterbild und Reformpapsttum im 11 Jahrhundert, Köln/Wien 1984.

805 Maccarrone Michele, Vicarius Christi. Storia del titolo papale, Rom 1952.

806 Maccarrone Michele, *Ubi est papa, ibi est Roma*, in: Hubert Mordek (Hg.), Aus Kirche und Reich. Studien zu Theologie, Politik und Recht im Mittelalter, Sigmaringen 1983, 371–382.

807 Maleczek Werner, Petrus Capuanus, Wien 1988.

808 MELLONI Alberto, Innocenzo IV. La concezione e l'esperienza della cristianità come *regimen unius personae*, Città di Castello/Perugia 1990.

809 MIETHKE Jürgen, Geschichtsprozeß und zeitgenössisches Bewußtsein. Die Theorie des monarchischen Papats im hohen und späteren Mittelalter, in: HZ 226 (1978), 564–599.

810 MORRIS Colin, The Papal Monarchy. The Western Church from 1050 to 1250, Oxford 1989.

811 MÜLLER Harald, Päpstliche Delegationsgerichtsbarkeit in der Normandie (12. und frühes 13. Jahrhundert), 2 Teile, Bonn 1997.

812 PARAVICINI BAGLIANI Agostiono, Cardinali di Curia e „familiae" cardinalizie dal 1227 al 1245, 2 Bde., Padua 1972.

813 PARAVICINI BAGLIANI Agostino, La cour des papes au XIIIe siècle, Paris 1995.

814 PARTNER Peter, The Lands of St Peter. The Papal State in the Middle Ages and the early Renaissance, London 1972.

815 PENNINGTON Kenneth, Pope and Bishops. The Papal Monarchy in the Twelfth and Thirteenth Centuries, Pennsylvania 1984.

816 PETERSOHN Jürgen, Papst Innocenz III. und das Verjährungsrecht der römischen Kirche, Stuttgart 1999.

817 ROBINSON I[an] S[tuart], The Papacy 1073–1198, Cambridge/New York/Port Chester/Melbourne/Sydney 1990.

818 SÄBEKOW Gerhard, Die päpstlichen Legationen nach Spanien und Portugal bis zum Ausgang des XII. Jahrhunderts, Berlin 1931.

819 SAYERS Jane, Innocent III. Leader of Europe 1198–1216, London/New York 1994.

820 SAYERS Jane, Papal Government and England during the Pontificate of Honorius III, Cambridge 1984.

821 SERVATIUS Carlo, Paschalis II. (1099–1118), Stuttgart 1979.

822 SCHIEFFER Rudolf, Gregor VII. und die Könige Europas, in: Studi Gregoriani 13 (1989), 189–211.

823 SCHIEFFER Theodor, Die päpstlichen Legaten in Frankreich vom Vertrag von Meersen (870) bis zum Schisma von 1130, Berlin 1935.

824 SCHILLING Beate, Guido von Vienne – Papst Calixt II., Hannover 1998.

825 SCHMIDT Tilmann, Alexander II. (1061–1073) und die römische Reformgruppe seiner Zeit, Stuttgart 1977.

826 SEEGRÜN Wolfgang, Das Papsttum und Skandinavien bis zur Vollendung der nordischen Kirchenorganisation (1164), Neumünster 1967.

827 STICKLER Alfons M. u.a. (Hgg.), La riforma Gregoriana e l'Europa (= Studi Gregoriani 13), Rom 1989.

828 STROLL Mary, The Jewish Pope. Ideology and Politics in the Papal Schism of 1130, Leiden/New York/Kopenhagen/Köln 1987.

829 TELLENBACH Gerd, Die Bedeutung des Reformpapsttums für die Einigung des Abendlandes, in: Ders., Ausgewählte Abhandlungen und Aufsätze, Bd. 3, Stuttgart 1988, 999–1023.

830 TEUBNER-SCHOEBEL Sabine, Bernhard von Clairvaux als Vermittler an der Kurie, Bonn 1993.

831 WALEY Daniel, The Papal State in the Thirteenth Century, London/New York 1961.

832 WALF Knut, Die Entwicklung des päpstlichen Gesandtschaftswesens in dem Zeitabschnitt zwischen Dekretalenrecht und Wiener Kongreß (1159–1815), München 1966.

833 WEISS Anzelm, Biskupstwa bezpośrednio zależne od Stolicy Apostolskiej w średniowiecznej Europie [Die dem Apostolischen Stuhl direkt unterstellten Bistümer im mittelalterlichen Europa], Lublin 1992.
834 WOLTER Hans/HOLSTEIN Henri, Lyon I/Lyon II, Mainz 1972.
835 ZIESE Jürgen, Wibert von Ravenna. Der Gegenpapst Clemens III. (1084–1100), Stuttgart 1982.

6.5.13 Rom und (normannisches) Unteritalien

836 BORSOOK Eve, Message in Mosaic. The Royal Programmes of Norman Sicily 1130–1187, Oxford 1990.
837 BÜNEMANN Richard, Robert Guiskard 1015–1085, Köln/Weimar/Wien 1997.
838 CANTARELLA Glauco Maria, La Sicilia e i Normanni, Bologna 1989.
839 VON FALKENHAUSEN Vera, Untersuchungen über die byzantinische Herrschaft in Süditalien vom 9. bis ins 11. Jahrhundert, Wiesbaden 1967.
840 FONSECA Cosimo Damiano (Hg.), Roberto il Guiscardo tra Europa, Oriente e Mezzogiorno, Galatina 1990.
841 FONSECA Cosimo Damiano/HOUBEN Hubert/VETERE Benedetto (Hgg), Unità politica e differenze regionali nel regno di Sicilia, Galatina 1992.
842 HOUBEN Hubert, Die Abtei Venosa und das Mönchtum im normannisch-staufischen Süditalien, Tübingen 1995.
843 HOUBEN Hubert, Roger II. von Sizilien, Darmstadt 1997.
844 HUBERT Etienne, Espace urbain et habitat à Rome du Xe siècle à la fin du XIIIe siècle, Rom 1990.
845 JAHN Wolfgang, Untersuchungen zur normannischen Herrschaft in Süditalien (1040–1100), Frankfurt am Main/Bern/New York/Paris 1989.
846 MARTIN Jean-Marie, Italies normandes. XIe–XIIe siècles, Paris 1994.
847 MATTHEW Donald J.A., The Norman Kingdom of Sicily. Cambridge 1992.
848 REISINGER Christoph, Tankred von Lecce. Normannischer König von Sizilien 1190–1194, Köln/Weimar/Wien 1992.
849 RILL Bernd, Sizilien im Mittelalter, Stuttgart/Zürich 1995.
850 SCHIMMELPFENNIG Bernhard/SCHMUGGE Ludwig (Hgg.), Rom im hohen Mittelalter, Sigmaringen 1992.
851 STROTHMANN Jürgen, Kaiser und Senat. Der Herrschaftsanspruch der Stadt Rom zur Zeit der Staufer, Köln/Weimar/Wien 1998.
852 TAKAYAMA Hiroshi, The Administration of the Norman Kingdom of Sicily, Leiden u. a. 1993.
853 TAVIANI-CAROZZI Huguette, La principauté lombarde de Salerne (IXe–XIe siècle), 2 Bde., Rom 1991.
854 TAVIANI-CAROZZI Huguette, La Terreur du Monde. Robert Guiscard et la conquête normande en Italie. Mythe et histoire, Paris 1996.
855 THUMSER Matthias, Rom und der römische Adel in der späten Stauferzeit, Tübingen 1995.
856 TRONZO William, The Cultures of His Kingdom. Roger II and the Cappella Palatina in Palermo, Princeton, New Jersey 1997.
857 WOLF Kenneth Baxter, Making History. The Normans and Their Historians in Eleventh-Century Italy, Philadelphia 1995.

6.5.14 Rus' und angrenzende Gebiete

858 BIRNBAUM Henrik, Novgorod in Focus, Columbus, Ohio 1996.
859 CHIROVSKY Nicholas L., An introduction to Ukranian history, Bd. 1, New York 1981.
860 FENNELL John, A History of the Russian Church to 1448, London/New York 1995.
861 FRANKLIN Simon/SHEPARD Jonathan, The Emergence of Rus 750–1200, London/New York 1996.
862 GOLCZEWSKI Frank (Hg.), Geschichte der Ukraine, Göttingen 1993.
863 GOLDEN Peter B., An Introduction to the History of the Turkic Peoples, Wiesbaden 1992.
864 GOLDEN P. B., Cumanica II: The Ölberli (Ölperti): The fortunes and Misfortunes of an Inner Asian Nomadic Clan, in: AEMA 6 (1988), 5–29.
865 GOLDEN P. B., Khazaria and Judaism, in: AEMA 3 (1983), 127–156.
866 HAUMANN Heiko, Geschichte Rußlands, München/Zürich 1996.
867 HELLMANN Manfred (Hg.), Handbuch der Geschichte Rußlands, Bd. 1, Stuttgart 1981.
868 HELLMANN Manfred, Die Heiratspolitik Jaroslavs des Weisen, in: FOEG 8 (1962), 7–25.
869 HÖSCH Edgar, Geschichte Rußlands, Stuttgart/Berlin/Köln 1996.
870 KAPPELER Andreas, Kleine Geschichte der Ukraine, München 1994.
871 LEMKE Heinz/WIDERA Bruno (Hgg.), Russisch-deutsche Beziehungen von der Kiever Rus' bis zur Oktoberrevolution, Berlin 1976.
872 MARTIN Janet, Medieval Russia, 980–1584, Cambridge 1995.
873 MAGOCSI Paul Robert, A History of Ukraine, Seattle 1996.
874 MÜHLE Eduard, Die städtischen Handelszentren der nordwestlichen Ruś, Stuttgart 1991.
875 POPPE Andrzej, The Rise of Christian Russia, London 1982.
876 PRITSAK O[meljan], The Pečenegs: A Case of Social and Economic Transformation, in: AEMA 1 (1975), 211–235.
877 PRITSAK O[meljan], The Polvcians and Rus', in: AEMA 2 (1982), 321–380.
878 PRITSAK Omeljan/ŠEVČENKO Ihor (Hgg.), Proceedings of the International Congress Commemorating the Millenium of Christianity in Rus'-Ukraine, Cambridge, Mass. 1990.
879 ŠEVČENKO Ihor, Ukraine between East and West, Edmonton/Toronto 1996.
880 SINOR Denis (Hg.), The Cambridge History of Early Inner Asia, Cambridge/New York/Port Chester/Melbourne/Sydney 1987.
881 STÖKL Günther, Russische Geschichte. Von den Anfängen bis zur Gegenwart, Stuttgart [5]1990.

6.5.15 Skandinavien

882 ANZ Christoph, Gilden im mittelalterlichen Skandinavien, Göttingen 1998.
883 ÅQVIST Gösta, Kungen och rätten. Studier till uppkomsten och den tidigare utvecklingen av kungens lagstiftnungsmakt och domsrätt under medeltiden, Lund 1989.
884 BAGGE Sverre, From Gang Leader to the Lord's Anointed, Odense 1996.
885 BAGGE Sverre, The Political Thought of The King's Mirror, Odense 1987.
886 BAGGE Sverre, Nordic Students at Foreign Universities until 1660, in: ScanJH 9 (1984), 1–29.

887 BAGGE Sverre, Society and Politics in Snorri Sturluson's *Heimskringla*, Berkeley/Los Angeles/Oxford 1991.
888 BAGGE Sverre, Theodoricus Monachus. Clerical Historiography in Twelfth-Century Norway, in: ScanJH 14 (1989), 113–133.
889 BOYER Régis, Le Christ des barbares. Le monde nordique (IXe–XIIIe s.), Paris 1987.
890 BOYER Régis, Histoire des Littératures Scandinaves, Paris 1996.
891 BOYER Régis, Yddragisill. La réligion des anciens scandinaves, Paris 1981.
892 CHRISTENSEN Aksel E./CLAUSEN H.P./ELLEHØJ Svend/MØRCH Søren (Hgg.), Danmarks historie, Bde. 1–2, Kopenhagen 1977/80.
893 CHRISTIANSEN Erik, The Northern Crusades. The Baltic and the Catholic Frontier, 1100–1525, London/Basingstoke 1980.
894 CRUMLIN-PEDERSEN Ole/HANSEN Kjeld, Aspects of Maritime Scandinavia, A.D. 200–1200, Roskilde 1990.
895 DANIELSEN Rolf/DYRVIK Ståle/GRØNLIE Tore/HELLE Knut/HOVLAND Edgar, Norway. A History from the Vikings to Our Own Times. Translated by Michael Drake, Oslo 1995.
896 EDGREN Torsten/TÖRNBLOM Lena (Hgg.), Finlands Historia, Bd. 1, Esbo 1992.
897 FENGER Ole, „Kirker rejses alle vegne." 1050–1250, Kopenhagen 1989.
898 FRANCE James, Cistercian foundation narratives in Scandinavia in their wider context, in: Cîteaux. Commentarii Cistercienses 43 (1992), 119–160.
899 FRANCE James, The Cistercians in Scandinavia, Kalamazoo, Michigan 1992.
900 GAHRN Lars, Sveariket i Källor och Historieskrivning, Göteborg 1988.
901 GÖTLIND Anna, The Messengers of Technology? Cistercians and technology in medieval Scandinavia, Alingsås 1990.
902 GÖTLIND Anna, Technology and Religion in Medieval Sweden, Falun 1993.
903 GUNNES Erik, Regesta Norvegica, Bd. 1: 822–1263, Oslo 1989.
904 HELLE Knut, The Germans in Bergen in the Middle Ages, in: Bryggen. The Hanseatic Settlement in Bergen. Der Hanseatiske Museums Skrifter no. 24 (1982), 12–26.
905 HELLE Knut, Norge blir en stat. 1130–1319, Oslo [4]1996.
906 HELLE Knut, Norway in the High Middle Ages. Recent Views on the Structure of Society, in: ScanJH 6 (1981), 161–189.
907 HILL Thomas, Könige, Fürsten und Klöster. Studien zu den dänischen Klostergründungen des 12. Jahrhunderts, Frankfurt am Main/Bern/New York/Paris 1992.
908 HOFFMANN Erich, Dänemark und England zur Zeit König Sven Estridsons, in: Horst Fuhrmann/Hans Eberhard Mayer/Klaus Wriedt (Hgg.), Aus Reichsgeschichte und Nordischer Geschichte, Stuttgart 1972, 92–111.
909 HOFFMANN Erich, Königserhebung und Thronfolgeordnung in Dänemark bis zum Ausgang des Mittelalters, Berlin/New York 1976.
910 JOHNSEN Arne Odd, Les relations intellectuelles entre la France et la Norvège (1150–1214), in: Le Moyen Age 57 (1951), 247–268.
911 KAUFHOLD Martin, Norwegen, das Papsttum und Europa im 13. Jahrhundert, in: HZ 265 (1997), 309–342.
912 KRÖTZL Christian, Pilger, Mirakel und Alltag. Formen des Verhaltens im skandinavischen Mittelalter (12.–15. Jahrhundert), Helsinki 1994.
913 LINDKVIST Thomas/ÅGREN Kurt, Sveriges medeltid, 1985, Stockholm 1997.
914 LINTON Michael, Sveriges historie, Århus o. J. [1994].
915 MASONEN Jaakko, Finnland im Mittelalter, in: Christian Krötzl/Jaakko Masonen (Hgg.), Quotidianum Fennicum. Daily Life in Medieval Finland, Krems 1989, 5–12.

916 Nyberg Tore S., Die Kirche in Skandinavien. Mitteleuropäischer und englischer Einfluß im 11. und 12. Jahrhundert, Sigmaringen 1986.
917 Nyberg Tore, Monasticism in North-Western Europe, 800–1200, Aldershot/Burlington/Singapore/Sydney 2000.
918 Paludan Helge, Familia og Familie. To europæiske kulturelementers møde i høymiddelalderens Danmark, Aarhus 1995.
919 Rosén Jerker, Tiden före 1718, Arlöv [4]1983.
920 Sawyer Birgit, Property and Inheritance in Viking Scandinavia. The Runic Evidence, Alsingsås 1988.
921 Sawyer Birgit, Scandinavian Conversion Histories, in: Omeljan Pritsak/Ihor Ševčenko (Hgg.), Proceedings of the International Congress Commemorating the Millenium of Christianity in Rus'-Ukraine (= Harvard Ukrainian Studies 12/13, 1988/1989), Cambridge, Mass. 1990, 46–60.
922 Sawyer Birgit and Peter, Medieval Scandinavia. From Conversion to Reformation, circa 800–1500, Minneapolis/London 1993.
923 Sawyer Birgit/Sawyer Peter/Wood Ian (Hgg.), The Christianization of Scandinavia, Alingsås 1987.
924 Sawyer Peter, Da Danmark blev Danmark. Fra ca. år 700 til ca. 1050, Kopenhagen 1988.
925 Sawyer Peter, Dioceses and Parishes in Twelfth-Century Scandinavia, in: Barbara E. Crawford (Hg.), St Magnus Cathedral and Orkney's Twelfth-Century Renaissance, Aberdeen 1988, 25–35.
926 Sawyer Peter, The Making of Sweden, Alingsás 1988.
927 See Klaus von, Europa und der Norden im Mittelalter, Heidelberg 1999.
928 Sigurðsson Jón Viar, Norsk historie 800–1300, Oslo 1999.
929 Simek Rudolf, Altnordische Kosmographie. Studien und Quellen zu Weltbild und Weltbeschreibung in Norwegen und Island vom 12. bis zum 14. Jahrhundert, Berlin/New York 1990.
930 Singleton Fred, A Short History of Finland. Revised and updated by A. F. Upton, Cambridge u. a. 1989, [2]1998.
931 Törnblom Lena, Medeltiden, in: Torsten Edgren/Lena Törnblom, Finlands Historia, Bd. 1, Esbo [2]1993, 271–426.
932 Yrwing Hugo, Visby – Hansestad på Gotland, Stockholm/Södertälje 1986.

Verzeichnis der Abbildungen

Die Zeichnungen fertigte Helmuth Flubacher, Waiblingen, nach Vorlagen aus der zitierten Literatur.

Namen- und Sachregister

Autorennamen stehen in Kapitälchen

In dieser Reihe bereits erschienen:

1848 – 1918: Europa beherrscht die Welt politisch, militärisch, wirtschaftlich und geistig. Doch diese Herrschaft trägt den Keim der Selbstzerstörung bereits in sich, denn Europa stellte in hohem Maße ein in sich rivalisierendes Gebilde dar. Dieses Buch enthält eine Darstellung, die sowohl den gemeinsamen Grundzügen als auch der Vielgestaltigkeit und Widersprüchlichkeit der Geschichte des Kontinents gerecht wird.

Der Autor Prof. Dr. Jörg Fisch lehrt an der Universität Zürich.

Europa im Zeitalter von Wachstum und Gleichheit 1850-1914. Handbuch der Geschichte Europas Band 8. Jörg Fisch. 2002. Ca. 660 Seiten, 20 Abbildungen. ISBN 3-8252-2290-X.

Dieses Buch stellt eine differenzierte Analyse der Zwischenkriegsjahre in Europa dar; es untersucht sowohl gesamteuropäische Strukturen und Entwicklungen als auch nationalgeschichtliche Besonderheiten. Das Interesse richtet sich auf die unterschiedlichen Bedingungen für die Erhaltung von Demokratie oder für den Übergang zu einer Variante von Diktatur.

Prof. Dr. Walther L. Bernecker lehrt an der Universität Erlangen-Nürnberg.

Europa zwischen den Weltkriegen 1914-1945. Handbuch der Geschichte Europas Band 9. Walther L. Bernecker. 2002. Ca. 500 Seiten, 20 Abbildungen. ISBN 3-8252-2297-7.

Handbuch der Geschichte Europas – Historisches Wissen in kompakter Form auf dem neuesten Stand der Forschung

Das Handbuch der Geschichte Europas vermittelt in kompakter, umfassender Form historisches Wissen auf dem neuesten Forschungsstand. Alle 10 Bände werden von führenden Historikern geschrieben, die auf langjährige Lehrerfahrungen an Universitäten zurückblicken können. Deshalb richtet sich das Handbuch der Geschichte Europas als Lehrwerk neben Studierenden auch an Schüler der gymnasialen Oberstufe. Es stellt Grundwissen in verständlicher Form dar und arbeitet die Deutungen der einzelnen Epochen heraus.

Reihenherausgeber ist Peter Blickle.

Gliederung jedes Bandes:

- Charakter der Epoche
- Geschichte aller europäischen Länder (Länderkapitel)
- Europäische Gemeinsamkeiten (Sachbereichskapitel) gegliedert nach Verfassung und Recht
- Politik und internationale Beziehungen
- Gesellschaft und Wirtschaft
- Kultur und Religion
- Forschungsstand, Forschungskontroversen, Forschungsperspektiven
- Bibliographie

In Vorbereitung befinden sich weitere Bände:

Band 1
Das Erste Europa
1000 v. Chr.–500 n. Chr
Wolfgang Schuller

Band 2
Europa im frühen Mittelalter
500–1050
Hans-Werner Goetz

Band 4
Europa expandiert
1250–1500
Michael North

Band 5
Europas Aufbruch in die Neuzeit
1500–1650
Günter Vogler

Band 6
Europa am Vorabend der Moderne
1650–1800
Heinz Duchhardt

Band 7
Europa zwischen Reform und Revolution
1800–1850
Wolfgang von Hippel

Band 10
Europa auf dem Weg zur Union
1945–1990
Rainer Hudemann

or mir aus.

»Du bist ja auch verheiratet«, beruhigte sie sich.
Ich schüttelte den Kopf.
»Dann fehlt uns doch die Vertrauensbasis«,
rief sie und zog sich wieder an.

»Moment mal!«, rief ich,
um den Augenblick zu retten.
Aber das war ihm zu laut.

Plötzlich vermißte ich einen meiner Komplexe.
»Wenn daraus man keine Neurose wird«,
überlegte der Arzt
und schickte mich wieder ins Wartezimmer.

gte die Dame.

»Der Ermordete wäre inzwischen bereits eines natürlichen
Todes gestorben«, erklärte der Gerichtssachverständige.
Der Mörder sprach der Witwe sein Beileid aus.

Ben Witter

Moment mal!

121 Versuche, den Augenblick zu retten

Herausgegeben von Rolf Michaelis

| Hoffmann und Campe |

Diese Publikation wurde gefördert von der Ben-Witter-Stiftung.

1. Auflage 2007

www.hoca.de
Satz: pagina GmbH, Tübingen
Druck und Bindung: Druckerei C.H. Beck, Nördlingen
Printed in Germany
ISBN 978-3-455-40028-1

HOFFMANN
UND CAMPE

Ein Unternehmen der
GANSKE VERLAGSGRUPPE

Sein einziger Lebensinhalt blieben seine Zweifel.

Inhalt

Spaziergänge mit Prominenten II (1982)

Sensationen im Sessel – Aus dem Berufs- und Liebesleben der Deutschen (1983)

Müßiggang ist allen Glückes Anfang (1985)

Es geht auch ohne Helden – Männergeschichten (1986)

Straßenbekanntschaften (1990)

Angetippt (1992)

Angst auf weiße Zettel schreiben und andere Texte (1993)

Vermischtes

Anhang

Vorwort

Müßiggänger als Marathonläufer

Er geht. Will nicht gehen. Aber er geht. Seit einer Gehirnhautentzündung in jungen Jahren fällt ihm Gehen schwer. Doch er soll gehen. Also geht er. Training. Er geht. »Humpelnd bei feuchtem Wetter«, wie er gesteht. Er geht.

Er geht. Und schaut. Er geht. Und hört zu. Er steht, die Beine auszuruhen, am Tresen. Und lauscht. Er geht. Nimmt die Welt wahr, im langsamen Zeitmaß des Fußgängers, wie sie sonst kaum noch einer sieht zwischen Kiez und Hafen, Kneipen, Kaffee-Stuben, »Café Keese«, wo immer »Damenwahl« auf dem Tanzparkett ist. Dann geht er wieder.

»Ben Witter geht durch die Stadt« heißt einer seiner – schwer zu definierenden – Texte zwischen Reportage, Feuilleton, Glosse, Kurz-Essay, oft genug zwinkernd-politischem Kommentar zu Zeit und Welt.

So erwirbt sich der Langsam-Geher in der hektischen Großstadt das Gehör für Ober-, für Unter-, vor allem für Zwischentöne. Er geht auch mit den Ohren.

Er hört, was die Leute nicht sagen wollen. Er hat das absolute Gehör für die oft grotesk unterschiedlichen Sprachen zwischen Dirnen und Freiern, Touristen und Huren, Bankern und Neppern.

Und er erlernt den Blick hinter die Maskeraden. Was in Hamburg als »gediegen« geschätzt wird, entlarvt sein Auge als Heuchelei. Flitter und Chichi stören ihn nicht, wenn sie dort verwirren, wo sie hingehören. Aber für falsche, verlogene Gesten, für übereifrige Höflichkeiten und nur der Eigenliebe dienende Zeremonien hat er ein untrügliches Ohr – und sein großflächiges Pokerface, allenfalls mit einem ironischen Blitz in den dunklen Augen.

So schafft er, in einem knappen halben Jahrhundert, ein einzigartig sprachlich-soziologisches Biotop der Nachkriegszeit in Deutschland, die noch lange nicht zu Ende ist.

Dieser Müßiggänger (als solchen stilisiert er sich bis in den Titel seines Buchs *Müßiggang ist allen Glückes Anfang*) ist in Wahrheit ein Marathonläufer.

Wo soll man den nur hintun? Schwierige Frage, gerade in Deutschland, wo für jeden sein Kästchen bereitsteht. Ja, ist er nun begabter Journalist oder doch, vielleicht, ernstzunehmender Schriftsteller? Geht einfach so durch die Stadt. Hört zu. Schaut. Braucht keine Notizen. Kriegt aber alles mit. Hamburger Jung. Hafen vorm Haus. Schreibt einfach darüber, auch noch Bücher.

Die Literaturwissenschaft hat es sich, zum Kummer von Ben Witter, leicht gemacht. Hat ihm ein Schublädchen verweigert. In Literaturgeschichten, Nachschlagewerken fehlt sein Name. Kaum eine wissenschaftliche Arbeit über einen für die Nachkriegszeit wichtigen Autor. Anderthalb Jahrzehnte nach dem Tod ist er vergessen, fast unbekannt. Keines seiner vielen Bücher ist mehr auf dem Markt.

Auch deshalb dieses Buch, eine Auswahl, um zu erinnern an Ben Witter.

Wie soll man da nicht an einen anderen am Gehen behinderten großen Wanderer und Erzähler der deutschen Literatur denken, an den zuwenig bekannten, zu selten gelesenen Karl Philipp Moritz (1756–1793), Goethes Freund. Der Sohn eines Musikers, in Hameln geboren, wanderte 1782 über Äcker und Felder, auch wenn seine Schuhe ohne Sohlen sind, nach Hamburg. Er will die Geistesköpfe seiner Zeit kennenlernen: Klopstock, Matthias Claudius, den Verleger Campe. »Moriz der Fusreiser« – so nennt Goethe den Freund, der ihm erscheint »wie ein jüngerer Bruder von mir«. Und wie nennt der rastlose Wandersmann seinen großen »psychologischen Roman«? *Anton Reiser*. Moritz, der als Kind nur mit Mühe und unter Qualen gehen konnte, dem Amputation drohte, verwandelt sein Leiden in Lebenskraft, wird zum Fußgänger. In Ben Witters wohl berühmtesten Texten, den *Spaziergängen mit Prominenten*, hören wir ein Echo.

Der langsam Schnelle

Ein Mensch voller Widersprüche. Langsam und doch rasch. Nicht ohne Schwere, dabei leicht. Bedächtig, aber zupackend. Bis in die Augen Melancholiker, doch fröhlich, witzig.

Von diesem ihn – und die Leser – belebenden Gemisch sprechen schon manche Titel seiner Bücher: *Tagebuch eines Müßiggängers*, *Sensationen im Sessel*, *Müßiggang ist allen Glückes Anfang*, *Minutenpoesie*, *Zeitgeschichte in Augenblicken*, *Angetippt – Zeitgeschehen im Handumdrehn*.

Nein, kein Roman, außer für Kinder oder gleich nach dem Krieg einen »Zeitungs«-Roman mit damals geschätzten Krimi-Effekten. Ben ist so einsilbig vielsagend wie der Künstler-Vorname, in den er seinen ihm von den Eltern gegebenen »Karl-Heinz« verwandelt.

»Immer auf dem Sprung«; »In der Hotelhalle saß ein Mann neben der Drehtür«; »Mit einem Federstrich«; »Zehn Minuten neues Leben«; »Der langsame Willi«; »Einmal hin und zurück«; »Mit unerbittlicher Gleichgültigkeit«; »Nein-nein und Ja-ja«; »Raus, rein, raus, rein«; »Bekenntnisse, kurz gefaßt«; »Berlin, ganz kurz«; »Immer im Galopp« – so die Titel mancher seiner Texte. *Schritte und Worte*: Die Überschrift seines Buches von 1990 bringt alles zusammen, Leben und Werk, Dichtung und Wahrheit.

Bens Welt

Die Nähe zum Hafen prägt Witters Leben, sein Schreiben. Er spürt die frische Luft im Brackwasser. Den Mensch-Amphibien, noch auf dem Wasser, mit einem Fuß schon an Land, gehört sein Interesse, seine Zuneigung. Vom Nachtportier im Stundenhotel an der Elbe erfährt er mehr vom Leben als von Kollegen im Zweireiher. Und dann die »Damen«, die froh sind, daß ihnen mal einer zuhört. Die Striptease-Tänzerinnen, wenn sie mal nicht lächeln müssen, sondern weinen möchten. Die Voyeure aus der Oberwelt, die hier herumhängen. Polizisten, Wachmänner,

Alte, Einsame, Leichenbestatter, Grabräuber, die etwas verscherbeln wollen, Knastis, seelisch Verwirrte, Zuhälter, Nutten, Diebe, Totschläger, Schieber, Ausgekochte, Angeknackste, Portiers, Putzfrauen, Bordellwirte, Parkwächter, Kalfaktoren, Hafenarbeiter, Bugsier-Schipper, Luden.

Ausgerechnet der Wiener Hans Weigel hat das Ohr für diesen Seemanns-Ton: »Ich fühle mich außerstande, den Echtheits- und Wirklichkeitsgrad der Skizzen, Momentaufnahmen, Genrebilder, Noveletten aus der Welt der Ganoven dieses Knastologen, vermutlich sogar Knastosophen, zu beurteilen. Aber ich glaube sie ihm aufs Wort, weil er das Wörtliche des Milieus so atemberaubend echt handhabt, echt bis zur Heiterkeit ... Man sieht den Stoff vor lauter Sprache nicht« (*Frankfurter Allgemeine Zeitung*, 10. November 1976).

Seelenforscher

Mit solcher Neugier für Menschen, ihre Seelen, ihr geheimes Leben will so einer werden: Psychiater. Das erlauben die Nazis nicht. Also geht er den anderen Weg. Das Zuhören, der Blick auf anderes Leben bleiben, verwandeln sich in Psychogramme. Um das zu lernen, läßt sich der junge Kerl, der so glücklich beim Deutschen Pfadfinder-Bund war, bis der 1933 von den Nazis verboten wurde, zum Verlagsbuchhändler und Antiquar ausbilden, studiert kurz Zeitungswissenschaft in Heidelberg. Da merkte er gleich, daß man Schreiben nicht lernen kann. Er kann es schon.

Namen

Er hat das Gespür für den richtigen – oder falschen – Namen, als wollte er den Satz wahrmachen, mit dem Faust im Studierzimmer Mephistopheles in die Enge treibt: »Bei euch, ihr Herrn, kann man das Wesen / Gewöhnlich aus dem Namen lesen«.

Und schon fallen sie über uns her, die bei Ben Witter immer sprechenden Namen: Ahlsen, Tiedemann, Habermann, Frl. Kerber, Lütge, Dr. Monhaupt, Kollege Maschmann, Tönnemann und Pietsch, Ohlmeier und Kollege Dr. E. H. Schmitz, Schmolk und Dr. Jülicher, Frau Kronbügel und Kollege Eddelbüttel, Frau Brechtefeld und Abteilungsleiter Mosbacher, Edelgard Gohms, Mesick, Gutsche, Brunhöber, Globschick, Schubmann, Knobbe, Pockemöhle, Nopp, Bläschke, Motorrad-Hans, Schamott-Egon.

Eine ganze Welt – Paradies? Hölle? – nur in Namen. Wenn er morgens, nach der Lektüre von fünf Zeitungen zum Frühstück, vor dem leeren Blatt sitzt, zahlen ihm Ohr und Erinnerung die Zinsen seiner abendlichen, nächtlichen Spaziergänge zurück. Schon beginnen die Miniaturen zu leben, allein durch Namen.

Erste Sätze

Der sich gern unterhalten läßt von dem Geschwätz, in dem Damen und »Damen« im Café, Männer am Tresen, von dem Männer und Frauen überall im Gelalle ihre Gedanken voreinander verbergen – er weiß, daß er es, wenn er darüber schreibt, anders machen muß. Er ist ein Meister des ersten Satzes – gerade, weil er noch dem Echo von Sätzen lauscht, denen man dort, wo er gern vorbeischaut, nicht ausweichen kann.

Einem anderen Hamburger Jung, der es bis zum Bundeskanzler gebracht hat, Helmut Schmidt, klingt dieser Ton vertraut: »Witter läßt die anderen sprechen. Aber wie er dies tut, so enthält es Bewertung, Urteil, auch Verurteilung. Ben Witter ist ein gnadenloser und zugleich ein verstehender Chronist, der die Schwächen seiner Zeit und seiner Zeitgenossen offenlegt – und sie dadurch menschlicher macht … So wie die Pointillisten durch unzählige kleine Punkte ein Bild zusammenfügten, so hat Ben Witter durch sein Antippen einen Wandteppich unserer Gesellschaft zusammengefügt. Damit ist eine Geschichte der Bundesrepublik entstanden – nicht der großen Schlagzeilen, sondern der Zwischentöne und Stimmungen, all des Unmeßbaren …«

So beginnt eine kleine Erzählung im Band *Liebesdienste – Anweisungen zum Töten*: »Es ist Samstagnacht, und Ihr Mann keucht noch. Sie sehen ihn geduldig an und decken sich wieder zu und sagen: ›Du kennst mich immer noch nicht‹, und lächeln so in sich hinein. Er wird sagen: ›Ich soll dich plötzlich nicht kennen, ich?‹« Ob man will oder nicht: Man liest die nächsten drei Seiten zu Ende.

»Gewissensbisse und Nächstenliebe«, aus demselben Band, beginnt so: »Ja, ich weiß, Sie haben ihn auf dem Gewissen, es war fahrlässige Tötung. Sie öffneten die Tür des D-Zuges, bevor er hielt, und die Tür knallte dem Mann an den Kopf, er fiel hin und geriet zwischen Bahnsteigkante und Fahrwerk. Sie bekamen die Geldstrafe und verkauften Ihr Auto ... und Ihre Frau ließ sich scheiden.« Fast einschmeichelnde, dabei brutale Eingriffe in ein Leben – von dem man wissen möchte, wie es mit beiden weitergeht.

Wann sind die Besserwisser der 68er Generation, von denen unser Land viel gelernt hat, so kurz abserviert worden wie mit diesen Eingangssätzen: »Er ist 68er. Er leugnet sein Elitebewußtsein sogar vor sich selbst und demonstriert überall die emanzipatorische Sicht. Er besetzt, ob am Behördenschreibtisch oder im Kreisbüro der SPD, ständig Inhalte mit Begriffen, und er trägt nur noch wegen seines Amtes einen Schlips.«

Das 40-Zeilen-Porträt »Altmodischer Mensch« (im Band *Schritte und Worte*) hebt so an: »Er glaubt zum Beispiel an die Liebe. Ohne Herz will er nicht einmal Kaffee trinken.«

Letzte Sätze

Wer solche Eingangssätze schreibt, feilt auch an den letzten Wörtern. Die sind schwieriger zu dokumentieren. Um ihre – erhellende – Pointenlosigkeit zu erkennen, müßte man die Geschichte zuvor gelesen haben. Und doch vernichtend der Schlußsatz, nachdem ein Betriebsratsvorsitzender dem Kollegen, nach vierzehnjähriger gemeinsamer Arbeit, die Kündigung mitteilen muß – und beide keine gemeinsame Sprache mehr finden: »Er ging und drückte seine Zigarette aus. Ich drückte meinen Stummel auf seinem aus.«

Im Band *Straßenbekanntschaften* endet ein wenig hoffnungsvoller »Bahnhofstrip« so: »Auf Bahnsteig drei sah ich einen, der auf jemanden zu warten schien. Als ich ihn ansah, nickte er, weil er dachte, der wartet jetzt auch. Ich blieb stehen. Nach ungefähr zwanzig Minuten standen wir noch da. Ich ging und fragte mich, ob er jetzt auch gehen würde. Er ging in die andere Richtung. Immerhin hatten wir so getan, als warteten wir beide auf jemand.«

Über »Widerstand« nachdenkend, wovon Ben Witter viel verstand, schließt er einen kurzen Text (im Band *Angetippt*) mit diesem – wohl auch autobiographisch zu verstehenden – Satz: »Sein einziger Lebensinhalt blieben seine Zweifel.«

Wenn Ben Witter – selten genug – heftig wird, er hält es eher mit Andeutungen, kann er zuschlagen: auf die Landsleute, die ihn um seine Jugend, fast ums Leben gebracht haben. »Der Deutsche«, ein für Witter ungewöhnlich plakativer Titel einer bitteren Glosse (im Band *Schritte und Worte*), endet so: »In welcher Verkleidung der Deutsche auch auftritt, gefährlich ist er nur noch in seinen Träumen und bei Feierlichkeiten, wenn ihm seine Sentimentalität die Sprache verschlägt.«

Gekürzte Kürze

Werner Finck, mehr als »nur« Kabarettist, hat Ben Witter die Diagnose gestellt: »Sein Stil ist die gekürzte Kürze.« François Bondy, ein Kritiker, der über Ben Witters Kunst der Kürze, vor allem in den »Nebbichs«, nachdenkt, preist den Einfall der »verweigerten Pointe«.

Davon spricht auch Ben Witters Freund aus frühen Zeiten bei der gerade von den Engländern gegründeten Tageszeitung *Die Welt*, ehe sie zum Springer-Konzern gehörte, Siegfried Lenz: »Bei Ben Witter wird nicht die Pointe gefeiert ... was von Wichtigkeit ist, wird einem nachdenklichen Leser unter der Hand anvertraut, karg und nebenher. Seine Texte sind dann auch nicht Erzählungen im konventionellen Sinn ... Oftmals sind es Skizzen, Miniaturen, Situationsprotokolle – minuziös geschildert, mit offenem Schluß ... Seine Personen treten nicht glatt und makellos auf, sondern geben früh zu erkennen, daß sie eine Vorgeschichte haben. Sie wurden bereits in ihrer Vergangenheit gekennzeichnet und schleppen ihre Beschädigungen mit sich herum ... Für viele endet die Bilanz mit dem Eingeständnis, daß man immer von neuem leben lernen muß ...«

Die Nebbichs

Ben Witters ganz und gar eigene Leistung ist die Kunstgattung der Nebbichs. Und schon wieder steht der Leser ratlos davor. Keine »Aphorismen«, wie manche Schnellformulierer die Zwei- oder Dreizeiler in die Schublade packen.

Nein, mit diesen konzentrierten Gedanken-Überlegungen, die komplizierte philosophische Essays auf einen oder zwei Sätze zusammenschnurren, hat Ben Witter wenig zu tun. Auch bei ihm, wie bei allen, die sich kurz fassen wollen, ein Denkprozeß, der lange im Gehirn Gewälztes, Gedanken, Gefühle, Sehnsucht, Trauer, eindampfen läßt auf ein, zwei Sätze. Kürzest-Erzählungen. Herzschlag-Miniaturen. Gefrorene Tränen.

Nebb – wie bitte? Nebbich, wie nebbich, Adjektiv. Dudens Fremdwörterbuch erklärt den Seufzer aus dem Jiddischen mit »Herkunft unsicher« und übersetzt aus der »Gaunersprache«: »leider!, schade!« und aus der »Umgangssprache«: »nun, wenn schon!, was macht das!« Günter Puchners Handbuch des Rotwelschen sind die zwei Silben eine Halbzeile wert: »ja, leider, wirklich.«

Ja, wirklich: Ben Wirklich, genannt Witter, hat das Eigenschafts-, das Beiwort zum Hauptwort gemacht, in den Adelsstand eines Gattungsworts erhoben: Seit einem halben Jahrhundert gibt es Nebbichs – und keiner weiß, wie er einem Nichtleser einen Nebbich erklären soll.

Das Wort hat inzwischen Karriere gemacht – Wolf Biermann schreibt, unter diesem Titel: »Und ich mach nebbich nie, wie ich soll.« Adolf Endler gar stellte seine Lebensgeschichte zwischen West- und Ost-Deutschland unter den Titel: *Nebbich* (2005).

Kluge Leute haben sich an den von Sechs- über Vier- bis zu

Zweizeilern ausgehungerten Kurz-Gedichten, Kürzest-Erzählungen, Schrumpf-Romanen die definitorischen Zähne ausgebissen – und man versteht nichts. Und versteht alles, wenn man einen der Mini-Romane vor Augen bekommt: »›Sie könnten ja mein Vater sein‹, sagte das Mädchen. Ich brachte es zu Bett.«

Versteht man alles? War da nicht, in Ben Witters Hamburg, eine Lesung, bei der die Zuhörer, in Erwartung eines lustigen Abends, wie Stockfische dasaßen? Ben Witter blinzelt über die Lesebrille und ermuntert das Publikum zu Lebensäußerungen: »Klatschen Sie ruhig, mich stört das nicht.«

Ihn stört so schnell nichts. Aber er stört. Er weiß es. Er will es. Schon mit dreiundzwanzig Jahren wird er 1943 aus seinem ersten Anstellungsvertrag entlassen: Er hat dem *Hamburger Fremdenblatt* ein Gedicht untergejubelt: »Der Bettler«. Das Gedicht erscheint ausgerechnet zum zehnten Geburtstag der nationalsozialistischen Volkswohlfahrt.

Da ist es aus. Der junge Dichter wird aus der Reichsschrifttumskammer gestoßen – als »untragbarer Intellektueller«.

Untragbar? Unerträglich – weil er selbst so vieles als nicht mehr erträglich empfindet. »Ich bin immer unzufrieden«, gesteht er an seinem siebzigsten Geburtstag. Und vergißt den Nachsatz nicht, der zum Verständnis seiner Nebbichs hilft: »Unzufriedenheit ist auch eine Antriebskraft.«

Wie soll einer nicht unzufrieden sein, den die englische Besatzungsmacht einlädt, bei der Gründung einer Tageszeitung (*Die Welt*) mitzumachen: »Der Journalismus, wie er sich nach dem Krieg darbot, war nicht nach meinem Geschmack – schrecklich mit Worthülsen durchsetzt, Pathos und Nazi-Schnickschnack. Ich habe erstmal für mich die Sprache gesäubert, versuchte einen eigenen Stil zu entwickeln. Und dann sagte ich mir, Journalismus kann auch ein bißchen Poesie vertragen, der muß auf andere Weise in den Alltag gehen und Menschen darstellen. Das habe ich versucht.«

In den Alltag gehen, Menschen darstellen: auch eine Antriebskraft für einen Autor, der seltsam isoliert seine ernsten Sprachspiele in der zeitgenössischen Literatur Deutschlands betreibt.

In Frankreich, in Polen gibt es verwandte Formen: den Roman in einem einzigen Satz; die in ein Wortspiel gezwungene Erkenntnis von Leben, Welt, Mensch, Schicksal. Aber es sind ja gerade keine Aphorismen, an denen Ben Witter bei seinen Streifzügen durch die Stadt feilt. Absichtsvoll verweigert er vielen seiner Nebbichs die Pointe. So haken sich seine Sätze im Kopf des Lesers fest, machen unruhig, nötigen zum Mit- und Nachdenken. Als ob der im Kopf junggebliebene Journalist noch immer seinen ersten Chefredakteur vor Augen hätte: »Der hieß Rudolf Küstermeier. Er gehörte zu den wenigen Deutschen, die das KZ Bergen-Belsen überlebt hatten. Die Engländer brachten ihn nach Hamburg. Er wog 82 Pfund. Von ihm lernte ich, wie man große Worte vermeiden kann und kleinen Bedeutung verschafft.«

Dieser Ton gefällt nicht allen. Die *FAZ* kritisiert (22. November 1974): »Das verlassene, miese Tier in der Betonwüste ... Graues Stilleben, triste Idylle. Seine Figuren stellen halbe Fragen, auf die sie schon gar keine Antwort mehr erwarten: isolierte, kaputte Typen, die aneinander vorbeimonologisieren ... Die Retortenfiguren dieser Kurzgeschichten reden durch die Bank ein merkwürdig einheitliches Deutsch, dessen künstliche Kargheit, dezent jargongefärbt, die Prädikate ›einfach‹, ›schlicht‹ oder ›simpel‹ zuläßt.«

Und noch einmal die *FAZ* (7. November 1974): »Witters Ganoven haben ... etwas Anheimelndes, fast Vertrauenerweckendes. Ihre kriminelle Gefährlichkeit wie ihre Probleme ... werden überspielt von einer Rollenprosa, die vorgeblich die Porträtierten selbst zum Sprechen bringt, sie tatsächlich aber bloßstellt und unter die Kuriositäten vom Jahrmarkt einreiht ... So werden Kiez und Knast durch die verschönenden Gesänge von Orpheus Witter aus einer inhumanen Randzone (a)sozialer Existenz zu einer fremdartig attraktiven Idylle, in welche der Leser einen Blick tun darf durch das vom Autor gebohrte Guckloch.«

Erinnern wir uns, daß der mit Schreibverbot belegte junge Ben Witter von den Nazis »dienstverpflichtet« wurde und im letzten Kriegsjahr in den Ruinen der Stadt Hamburg herumkroch, um zusammen mit Häftlingen aus den nahen KZs Bombenopfer, mit den Händen, auszugraben und zu identifizieren: »Manchmal redete ich mit den Leichen. Ich mußte sie ja teilweise ausziehen oder durchsuchen wie ein Krankenpfleger oder ein Polizist.«

In den Nebbichs ist das Echo solch verquerer Dialoge zu hören, die alles andere sind als Selbstgespräche, eher Totengespräche zu Lebzeiten. »Ich stürzte in ein Schneeloch und winkte. Als das nichts half, zog ich mir die Pudelmütze übers Gesicht und dachte zurück.« – »Ich biß ins Gras. Mit dem Geschmack auf der Zunge kam ich ins Krankenhaus.« – »Ich schloß mich im Badezimmer ein. Da klingelte es. Ich war doch froh, daß ich abgeschlossen hatte.«

Den Grenzgänger Ben Witter fasziniert der Schatten, den der Tod über alles Leben wirft. Deshalb hat er auch den Gemüsehändler auf dem Wochenmarkt bei der Hauptkirche St. Michaelis nie vergessen: »Der hatte immer einen leeren Jutesack neben den Kartoffeln liegen – für die Selbstmörder, die vom Michel sprangen.«

Die Geburtsstunde der Nebbichs? Winter 1946. Eine bedrückt schweigende Herrenrunde. Noch immer sind die Engländer dabei, Kinder und alte Menschen im KZ Bergen-Belsen so gesundzupflegen, daß sie entlassen werden können. Hier, im Lager in der Heide vor Hamburgs Toren, ist noch im März 1945 die fünfzehnjährige Anne Frank mit ihrer Schwester Margot gestorben. Jetzt, fast ein Jahr nach der Befreiung, ist wieder ein Mädchen an den Folgen der Lagerfolter gestorben. Wie soll die Zeitung auf diesen Tod reagieren? Als der Vorschlag kommt: ein Gedicht, zuckt der Prager Schriftsteller Willy Haas, den die Engländer der *Welt* als »Controller« vorgesetzt haben, die Schultern: »Nebbich, ein Gedicht …«

Als er zum fünfundsechzigsten Geburtstag im Rathaus seiner Heimatstadt geehrt wurde, sagte Ben Witter: »Mir braucht niemand zu sagen, daß man nach Auschwitz kein Gedicht mehr schreiben kann. Deshalb füge ich Nebensächlichkeiten zusammen, die höchstens drei Zeilen verdienen – und nebenbei fragt sich mancher Leser: O Gott, warum muß ich da bloß lachen? Nebbich.«

»Er wollte zuschlagen. Ich sagte: ›Dann schlage ich auch zu.‹ Er griff nach einem Beil. Ich sagte: ›Alles andere, nur das nicht.‹ Er zog eine Pistole und drückte ab. Ich faßte an meine Brust. ›Da nicht‹, sagte er und zeigte auf meine Schläfe. Ich tippte vorsichtig dagegen. Es war doch die Brust.«

Spaziergänger, Grenzgänger

Wenn er allein sein, Nebbichs ausbrüten will, setzt er sich in seinen Ohrensessel, wenn er sie sich nicht schon bei seinen Stadtgängen ausgedacht, zurechtgekaut hat.

Aber es gibt noch eine andere literarische Form, die für diesen Autor von großer Bedeutung wird. Muß er schon gehen, sollen andere auch mit ihm gehen. Ben Witter hat die – therapeutische – Wirkung des Gehens, im Rhythmus des Atems, für sich erkannt – und nutzt sie, freundlich, wohltätig, literarisch für sein Werk. Er bittet berühmte Zeitgenossen zu Spaziergängen mit ihm, Geplauder eingeschlossen. Sanfte Vergewaltigungen. Doch keiner hat sich entzogen.

Wieder schafft er eine neue literarische Form, die bisher noch nicht ergründet ist. Die biographische Form des Wander-Gesprächs, Spaziergänge mit Prominenten, eine ungewöhnliche Art von Plauderei, Porträt, Psychogramm, Interview, Feuilleton.

Witter, der einmal Psychiater werden wollte, arbeitet als Seelenarzt. Er legt seine »Patienten«, die er nicht so sieht, auf keine Freudsche Couch, sondern holt sie ab in ihrer Wohnung – zu kleinem Rundgang um ihre Wohnung, um ihr, durch ihr Leben. »Es kommt mir darauf an, die Gesprächspartner so weit zu bringen, daß sich die Distanz von Wort zu Wort verringert. Das kann man nicht vorbereiten, sondern es ergibt sich im Laufe der Schritte«, beschreibt er seine – wenn man so will – »Arbeitstechnik«. Die Spaziergänge mit Prominenten sind, neben den Nebbichs, zu Recht sein größter, unverwechselbarer Erfolg.

Im Nachruf auf einen der wichtigsten Autoren seiner Amtszeit schreibt der Chefredakteur Theo Sommer in der *Zeit* (17. Dezember 1993): »Er entlockte den Prominenten, was sie keinem anderen offenbart hätten. Axel Springer, zum Beispiel, gab ihm zu Protokoll, er ›leide wie ein Hund‹, wenn er morgens die *Bild*-Zeitung lese ... Für jeden Chefredakteur barg Witters Interviewtechnik fortwährenden Schrecken: Ben benutzte nie ein Tonbandgerät, sondern verließ sich ganz auf sein phonographisches Gedächtnis. Es gab nie Berichtigungsbegehren. Einmal war ein sehr Prominenter sehr unglücklich über das gebrochene Porträt seiner selbst ... Seine Frau beruhigte den Chefredakteur: ›Er sieht sich nicht so, aber ich sehe ihn genau so.‹«

Das Floß Demokratie

Nur keine großen Worte. Bloß keine Erklärungen. In seinen Texten hat er sie vermieden. Ausgerechnet in der *Bild*-Zeitung (28. Dezember 1992) spricht sich der Einzelgänger, Widerständler, die Öffentlichkeit scheuende Autor einmal ganz ungehemmt aus – der Zweiundsiebzigjährige gegenüber einem Kind, das sein (Ur-)Enkel sein könnte: Felix, elf Jahre alt.

In einer Serie – »Ich erklär dir das Leben, mein Kind« – versucht Witter, mit der ihm eigenen Zartheit, einem jungen Menschen zu erklären, weshalb es sich lohnt, für Demokratie zu kämpfen: »Demokratie heißt, daß du dir die Meinungen des anderen anhörst. Daß du dann deine Meinung sagst. Und danach deine Einstellung noch einmal gründlich überprüfst.«

Gut, so könnte es der Sozialkundelehrer auch sagen – und der kleine Felix nickt, gelangweilt. Jetzt erscheint, hinter dem Lehrer, der Erzähler Ben, keine zwölf Monate vor dem Tod: »Klebstoff der Demokratie ist der Kompromiß. Man einigt sich auf halbem Weg. Keiner verliert sein Gesicht. Man gesteht sich ein, dort hat der eine recht, dort der andere. Hier ist die Mitte, und dort versuchen wir es ... Du mußt kritisch sein, Dir selbst gegenüber und anderen ... Jeder muß etwas tun, damit es ihm bessergeht ... Demokratie kann nie ganz zufriedenstellen. Darin liegt ihr Vorzug. Sie läßt immer wieder Fragen offen. Sie ist eine Möglichkeit, die einzige, die schwierigste und die dankbarste ... Die Diktatur – und in jedem von uns steckt ein kleiner Diktator –

ist wie eine Yacht. Aber wenn sie auf ein Riff läuft, bricht sie auseinander. Demokratie ist wie ein Floß, sie kann überall anstoßen, geht aber nicht unter.«

Frauen-Freund

Zu solch – für Ben Witter geradezu – unerhört direktem Glaubensbekenntnis konnte ihn natürlich nur eine Frau bewegen. Bärbel Könecke. Sie hat die Serie in der *Bild*-Zeitung betreut und am 14. Dezember 1993 einen bewegenden Nachruf geschrieben, offenbar aus großer Nähe. Wer kam schon in Bens zwei Stübchen, getrennt durch den Treppenaufsatz, in der Bismarckstraße in Hamburg-Eimsbüttel: links das Schreib-, rechts das Schlafzimmer?

Frau Könecke erinnert sich: »Schlichte Mietwohnung im 3. Stock. Auf seinem Eichenschreibtisch das Bild der Mutter. Daneben die mechanische Maschine und ein mit Wasser gefüllter Zinnbecher für seine unzähligen, meist nur halb aufgerauchten R1-Zigaretten.«

»Er liebte die Frauen. Besonders die jungen. Für eine ganz bestimmte flog er oft nach Zürich. Aber niemals hat es eine geschafft, ihn ganz zu erobern. Irgendwann habe ich ihn mal gefragt: ›Warum?‹ – ›Die Schreibmaschine ist für mich die Frau, die Begleiterin. Ein fast erotisches Verhältnis.‹«

Einsam. Sparsam

Ben Witter kennt niemand anders als einsam mit einer leichten Plastiktüte durch die Stadt stapfend. Nur kein Aufsehen. Bloß kein Gewicht: »Ich habe keinen Sinn für Eigentum. Alles, was in eine Tasche paßt, ist in Ordnung.«

Als er starb, hinterließ er rund eine Million Mark, tapfer erwandert für eine Stiftung. Die soll junge Autoren fördern – und seinen Namen ehren.

Ohrensessel

Am liebsten schlief er in seinem alten Ohrensessel. »Ich mag das Bett nicht. Es ist so weiß, so endgültig. Der Sessel ist vorübergehend. Man kommt schnell wieder hoch.«

In der Nacht vom 12. Dezember 1993 konnte (wollte?) Ben Witter aus seinem geliebten Ohrensessel nicht wieder hochkommen. Ist dort, hoffentlich friedlich, eingeschlafen.

Marathonsitzer

Wer so sitzt, ist immer noch unterwegs. Also schaut er. Zu hören gibt es gerade nichts. Und er erblickt die tapferen kleinen Genossen, die ihn überall hintragen: »Meine Zehenspitzen sehen mich durch die Strümpfe an. Ich sitze aber nicht auf der Bettkante und will die Strümpfe auch nicht zwischen Daumen und Zeigefinger ausziehen. Nein, ich sitze in einem Sessel und zupfe die Strümpfe herunter und lege meine Beine dann auf den anderen Sessel ... Recken sich die Zehenspitzen etwa? Das wäre auch höchste Zeit ... Warum hatte ich beim Herumrennen nicht einmal daran gedacht, wie schwer auch sie sich tun? Was heißt denn da unten? Auf seine Zehen herabblicken, nur weil sie da unten sind?«

Wenn man schon beim Inventurmachen ist, wird alles in Augenschein genommen: In »Blick auf den Bauch« lesen wir: »Noch nie hatte jemand auf meinem Bauch gesessen, kein Kopf darauf gelegen. Und wer kicherte seinetwegen? Keine Träne ist nachher auf ihn gekullert, nicht einmal mit Wimperntusche vermischt ... Wie er guckte. Der Nabel als Pupille.«

Nicht zu vergessen: »Er dahinten«: »Ich sitze darauf ... Ich habe ihn immer für mehr gehalten, als er zugeben wird. Einmal sagte ich ›Gesäß‹. Das klang nach ›Ätsch‹ und war zu rund und platt. ›Po‹ – diese zwei Buchstaben kommen mir nicht über die Lippen. Das klingt nach eingepreßt und ahnungslos. Und ›die vier Buchstaben‹? ... Für mich ist er auch nicht der ›Allerwerteste‹. Uns können alle mal ...«

Und so geht es weiter: Die ganze Wohnung wird beschrieben,

die vollgestopften Schubladen des Schreibtischs, der Kugelschreiber ... Ein unersättlicher Schreiber schaut aufs Leben und bringt es heim, in seine Texte.

Natürlich auch auf sich selbst: »Wem muß ich denn noch erklären, warum ich Junggeselle bin ...? Mal alles der Reihe nach: Genaugenommen bin ich alleinstehend ... Nein, das klingt so aufgerichtet ... Jetzt hab ich's: Ich bin für mich.«

Fritz J. Raddatz hat über diese (nur scheinbar autobiographischen) Miniaturen gesagt: »Ben Witter erwandert sich Straßen, aber auch Menschen ... Was so plaudernd und leichtfüßig daherkommt ... birgt in Wahrheit eine große Leidenschaft. Diese große Leidenschaft heißt: der Mensch. Ohne Bosheit, aber mit manchmal bösartig wirkender Genauigkeit wird der von Ben Witter seziert ... Nun hat er ein neues ›Opfer‹ gefunden: sich selber ... Was er vorführt, sind seine Verletzungen, was er ausstellt, sind seine Eitelkeiten, was er belächelt, sind seine Fehler und Unzulänglichkeiten. Das Raffinierte dieser nur scheinbar unscheinbaren Texte liegt darin, daß er damit tatsächlich keineswegs nur von sich spricht – sondern von uns allen« (*Zeit*magazin, 25. März 1983).

Herolde

Wenn Germanisten, Literaturwissenschaftler ihn, was ihn anhaltend betrübt, nicht wahrnehmen, sorgt Ben Witter selbst für Herolde, die ankündigen, wer da kommt. In vielen Jahrzehnten hat er eine erstaunliche, ansehnliche Reihe von klugen Lesern zusammengebracht, die in Vorworten seine Bücher neugierigen Käufern – in zumeist wunderbar hellsichtigen Texten – nahezubringen wußten: Siegfried Lenz, Helmut Schmidt, Werner Finck, François Bondy, Hans Weigel.

Ebenso eindrucksvoll die Galerie der großen Zeichner, die er – nicht als Illustratoren, sondern als Mitgestalter seiner Bücher – gewonnen hat: Horst Janssen, Tomi Ungerer, Hans-Georg Rauch, Luis Murschetz, Pit Morell, Hans Hillmann, Dieter Huthmacher, Hanno Engler, Margrit von Spreckelsen-Elmenhorst.

Ein Rest von Unerklärlichem

Was macht Ben Witter zu einem Autor, den man nicht so rasch vergißt? In einer kleinen Selbst-Anzeige für den Band *Zu heiß für einen Montag – Dunkle Geschichten* in der *Zeit* vom 25. Oktober 1974 hat er selbst einen Tip gegeben: »Die meisten dieser Erzählungen handeln von Einbrüchen merkwürdiger Vorfälle in den Alltag, von ›dunklen‹ Ereignissen, die sich niemals restlos aufklären lassen. Der Erzähler liebt den Rest von Unerklärlichem, das Mirakel am Rande der Logik, die unsichtbare Grenze zwischen dem Alltag und der ständig lauernden Katastrophe.«

Die unentdeckte Nähe

So kommt Ben Witters Freund aus früher Nachkriegszeit bei der *Welt*, Siegfried Lenz, zu der wohl schönsten Erklärung für die Einmaligkeit dieses Erzählers: »Zu den Entdeckern, die in die Ferne verliebt sind, gehört Ben Witter nicht ... Seine Aufbrüche ... haben ein anderes Ziel: die unentdeckte Nähe. Die weißen Flecken eines Ich zu erforschen: Das hat Ben Witter sich vorgenommen ... Die Fremdheit im Vertrauten ... Wie ergiebig diese Entdeckungsreisen zu sich selbst sein können ... hat er uns beigebracht, indem er uns in vergnügter Selbstbefremdung zurückließ ... Um die armen Winkel des Ich zu vermessen, ist das Unscheinbare allemal bedeutend genug ... Manchmal unterdrückt er einige Wahrnehmungen, überspringt sie gar. Das ist seine eigene Art von Lakonie. Man kann es aber auch als die Höflichkeit eines Autors ansehen, der der Phantasie seines Lesers offene Räume anbietet ... Dies bleibt von Witters Kunststücken: Nach der Lektüre ist man sogleich versucht, einen achtsameren Umgang mit sich selbst zu pflegen.«

Rolf Michaelis
Hamburg, August 2006

Mit Ben Witter durch die Stadt – Aus dem Band *Schritte und Worte* (1990)

Die vierziger und fünfziger Jahre

St. Pauli ohne Heuer und Hafen

Ohne den Hamburger Hafen gäbe es kein St. Pauli. Die Menschen, die mit den Schiffen kamen und gingen, mußten sich an Land mit Proviant versorgen, sie brauchten Verpflegung, Nahrung für den Geist und was sonst noch nötig ist, um den Menschen gesund und bei guter Laune zu erhalten. In alten Zeiten schon baute man die Proviantämter am Hafen auf, aus denen St. Pauli entstand. Seitdem gibt es kaum einen Schiffer auf großer oder kleiner Fahrt, gleichgültig unter welcher Flagge er segelt, der noch nie seine Heuer auf St. Pauli gelassen hätte.

Der Binnenländer schuf sich eine eigene St.-Pauli-Romantik. Er stellte sich einen großen Rummelplatz vor: an jeder Straßenecke eine Kaschemme, in dunklen Hausfluren Männer mit Schirmmützen, in der hohlen Hand Brillanten und in der Tasche Kokain in Pfundstüten zur gefälligen Bedienung. Er glaubte, so müßten ihm auf Schritt und Tritt torkelnde Matrosen begegnen, die dem Fremdling ihren Priem vor die Füße spucken und abwechselnd »Ahoi« und »Hummel Hummel« rufen. Er gedachte in Kellerkneipen weißbärtige Kapitäne anzutreffen, die jedem, der es wünscht, von ihren gefährlichen Reisen um Kap Hoorn und ihren Erlebnissen mit dem Klabautermann erzählen.

Das beschauliche St. Pauli

St. Pauli war anders. Es war das weltberühmte Vergnügungsviertel, in dem sich alle Fahrensleute wie zu Hause fühlten. Wohl gab es Spelunken, wohl wurde gelegentlich Opium in Chinesenunterkünften geraucht, wohl haben gefährliche Schießereien stattgefunden, und mancher Seemann ist durch Messerstiche tödlich verletzt worden; aber so etwas passiert in allen Hafenstädten der Welt. St. Pauli war mehr. Es war die Heimat für alle, die Monate und Jahre hindurch auf See sein mußten, denn in St. Pauli gab es mehr Beschaulichkeit, als der Fremde ahnen konnte. Der Seemann kannte die Lokale, in denen er für seine Groschen oder Cents das haben konnte, was er dringend brauchte. Talstraße, Davidstraße, Wilhelminenstraße, Seilerstraße, Große Freiheit, Kleine Freiheit – das waren für die Fahrensleute gute alte Namen wie die von braven, zuverlässigen Steamern. Und wenn der Hamburger Hafen voll war von pulsierendem Leben, dann war der Betrieb in St. Pauli sein getreues Abbild.

Nun liegen wieder Schiffe im Hafen, doch die Besatzungen gehen nicht nach St. Pauli. Sie begeben sich in die eigens für sie vorgesehenen Klubs. Auf dem Weg dorthin kommen sie an der Reeperbahn vorüber, aber die wenigsten sehen sich zwischen den Trümmern um. Sie finden keinen Gefallen an halbzerstörten Kneipen, und sie wollen unter sich sein. Die deutschen Seeleute, die zurückkehren, wissen nicht, was sie machen sollen. Sie beanspruchen nicht viel für sich. Sie denken nur immer daran, wieder herauszukommen, aber sie müssen wohl vorläufig Gegenkurs nehmen. Manche bleiben auf St. Pauli, weil sie nicht wissen, wohin sie sonst sollen. Dort kennen sie sich aus. Dort trifft man Kollegen, dort hört man die Dampfer tuten. Dort verliert man die Hoffnung nicht so schnell.

Schieber und Schwarzhändler

Und doch baut St. Pauli wieder auf. Der Nimbus ist noch zwischen Trümmern erhalten geblieben. Noch immer – oder schon wieder – gibt es viel Ungewöhnliches, Ausgefallenes und Gefahrvolles zu erleben. Mehr als die Hälfte der berühmten Lokale zwischen Millerntor und der Großen Freiheit ist zerstört. Das Verbliebene ist durchsetzt vom Schiebertyp der Nachkriegszeit. Es bildet eine Gefahr für den Teil unserer Jugend, der alles nachholen möchte, was er glaubt versäumt zu haben.

Beim Nobistor ist ein Lokal, in dem Männer mit Schmuck handeln und große Summen in Zeitungspapier wickeln. Jugendliche und Kinder versehen Agentendienste und führen den Schwarzhändlern geeignete Kunden zu. Sie verdienen gut dabei und gehen großzügig mit ihrem Geld um. Bei Tag und bei Nacht durchstreifen Polizisten St. Pauli. In einer Bierstube fanden sie bei einem jungen Mann unter dem Kragen seines gefärbten Waffenrocks Bezugsmarken für einen halben Zentner Butter. »Für den beginnt jetzt endlich ein geregeltes Leben mit Gottesdienst«, sagte ein langhaariger Jüngling, der beim Pokern saß und das Geld aus den Strumpfsocken zog.

In der Talstraße dürfte Kamsing sein chinesisches Speiselokal wiedereröffnen. Seine Kundschaft arbeitet auf Schiffen. Er rechnet damit, daß bald wieder mehr Schiffe kommen. Er könnte von St. Pauli viel erzählen; aber Chinesen sind schweigsam.

Flinten, Filme und Pferde

Das Panoptikum ist ausgebrannt. Im ehemaligen Garderobenraum des »Trichters« hat sich ein literarisches Überbrettl etabliert. Der Ballsaal ist zerstört. Heinze und die Volksoper liegen in Trümmern. Zwischen den Ruinen längs der Reeperbahn sind Schießbuden eingerichtet. Es gibt noch allerhand Leute, die das Schießen nicht lassen können. Café Menke und Lausen sind ein Raub der Flammen geworden. Vor Knopfs Lichtspielhaus drängen sich täglich die Menschen, um alte Filme zu sehen. Das Zillertal ist wieder gut besucht. Onkel Hugos Speiserestaurant blieb unversehrt; im Alkazar ist man bestrebt, wie vor Jahren ein Varieté mit eigener Note zu zeigen, und im Hippodrom kann man reiten. Die Davidwache ist St. Pauli erhalten geblieben.

Viele neue Kabaretts, Bars, Speiselokale, Tanzstätten und Bierstuben entstehen neben, unter und hinter Schutthaufen. Zusammengesuchte Steine, Sperrholzplatten »schwarz« und was sonst noch dazugehört, Arbeiter nach Feierabend hinter verhängten Fenstern – im Handumdrehen entsteht eine neue Firma. St. Pauli baut auf. Es gibt der Polizei wieder Arbeit. Es beherbergt Menschen, die in Bunkern schlafen und wissen, daß es vorläufig nicht anders wird. Nur eines fehlt: das Leben im Hafen. Solange es ausbleibt, ist St. Pauli mehr eine Erinnerung als eine Wirklichkeit. Die neue Betriebsamkeit zwischen der Reeperbahn und der Großen Freiheit kann darüber nicht hinwegtäuschen.

Schwarzmarktlogik 1947

Die Hamburger Kriminalpolizei hat, wie berichtet, während des vergangenen Monats bei 866 Fahndungsaktionen und bei 1500 Straßen- und Eisenbahnkontrollen 2500 Schwarzhändler in Haft genommen. Während des gleichen Zeitraumes wurden durch Beamte des Schwarzhandeldezernats 400 000 RM Bargeld beschlagnahmt und 350 Schwarzbrennereien ausgehoben. Unser Berichterstatter vermittelt nachstehend ein Bild, das typisch ist für das Treiben und die Denkweise der Hyänen des schwarzen Marktes.

Haben Sie schon von einem Mann gehört, der im Gefängnis zugenommen hat und mit einem erheblichen Reingewinn wieder nach Hause ging? Dies sind die Stationen seiner Laufbahn: Staubsaugervertreter, Autoverkäufer, Zahlmeister; dann Dolmetscher und schließlich Schleichhändler. Eine Partie Buttermarken brachte ihm sieben Monate ein. Das Gefängnis war überfüllt. Doch die Kältewelle forderte keine Opfer unter den

Insassen. Das Thermometer stand nämlich immer auf achtzehn Grad über Null. Beziehungen von Logis zu Logis wurden angeknüpft. Unkorrekte Bewachungsbeamte unterstützten die Gefangenen bei ihren Schwarzmarktgeschäften. »Schlepper« brachten die Ware, und die Wachtmeister machten mit den »Knastologen« »halbe-halbe«.

»Vom Standpunkt des Geschäftsmannes aus gesehen war meine Inhaftierung ein reiner Gewinn. Jetzt habe ich alle Verbindungen, an denen es mir vorher fehlte (!)«, gestand der Delinquent bei seiner Entlassung. Er verkaufte ein wertvolles Schmuckstück, das er einem seriösen Leidensgenossen gegen Lebensmittel abgenommen hatte, und nahm damit den »einmaligen« Verkauf eines Vermögensgegenstandes vor (steuerfrei). Jetzt will er ein Fuhrunternehmen gründen.

Ein anderer kam nicht als reicher Mann wieder heraus, sondern ging gleich als entlarvter Einbrecher wieder hinein. Der Tip war falsch. Er hatte ihn von einem ehemaligen Polizisten bekommen, der noch drinsaß. Nach Verbüßung der neuen Strafe will er auswandern.

In Berlin W. war an einer Straßenecke ein Zettel angeklebt, worauf in Druckschrift zu lesen stand: »Unvorbestrafte Männer, möglichst ohne feste Adresse, von Schwarzhändler zwecks Warenbeschaffung dringend gesucht. Berufsverbrecher unerwünscht, Anfänger bevorzugt. Meldungen hier!«

•

Er ging immer in das Postamt. Da war geheizt. Er arbeitete genau acht Stunden. Er hockte auf einer Bank vor dem großen Schrank mit den Postfächern. Auf seinen Knien lag ein Pappkasten. Da war Briefpapier drin. Ein gefalztes Blatt mit Umschlag kostete fünfzig Pfennig. Neben sich hatte er eine Schachtel mit Federhaltern stehen. Pfand fünf Mark pro Stück und zehn Prozent Aufschlag. Der Mann verdiente ganz gut. Das gefiel dem Portier aber nicht. Er zeigte den alten Mann an. Der Richter verwarnte den Händler, belegte ihn mit einer Geldbuße und verbot ihm das Betreten der öffentlichen Postämter. Jetzt weiß der

Mann nicht, wo er sich seine Rente holen soll. Der Einspruch läuft noch. Inzwischen wärmt er sich im Vorraum des Finanzamtes auf, aber da kann er kein Briefpapier loswerden.

•

»Warum nehmen Sie nicht einen ehrlichen Beruf an?« fragte der Richter einen ertappten Schleichhändler. »Ich besitze zwölf Hennen«, war die Antwort. »Aber damit können Sie doch Ihre Familie nicht ernähren?« fragte der ungläubige Jurist. »Natürlich«, erwiderte der Angeklagte. »Die Hennen legen bei guter Fütterung fünfzehn Eier pro Woche. Wir essen fünf. Die andern verkaufen wir an die Alliierten für zwei Pakete Zigaretten. Ein Päckchen rauche ich, und das andere verkaufe ich für hundert Mark. Das macht vierhundert Mark im Monat, und damit kommen wir unter anderem gut längs.«

•

Ein Mann vom Rundfunk erkundigte sich bei dem Leiter des Schwarzmarktdezernats einer Großstadt, ob tatsächlich Kleingeld zu Überpreisen veräußert werde. Der Kriminalist wußte nichts davon. Bald darauf nahm ein wackerer Schupo einen verdächtigen jungen Mann fest. Man fand bei ihm zwanzig Zigaretten. Dahinter mußte noch mehr stecken. Sie erfuhren den Namen des Zigarettenlieferanten und fanden große Mengen Tabakwaren, einen hohen Geldbetrag und eine Menge Groschen und Pfennige vor. Das Kleingeld ging kistenweise gen Süden. Für hundert Mark Münzen hundertfünfzig Mark Papier.

Früher, zu einer Zeit, als es noch keine Inflationen gab, wurden die Mariatheresientaler nach China gebracht; sie galten drüben als anerkanntes Zahlungsmittel. Sollte etwa in Österreich, aber nein, die kriegen ja bald Dollars.

Nachdenkliche Reise nach Belsen

Belsen, 11. Juni

Hinter den Hamburger Elbbrücken kontrolliert ein Polizist die Autopapiere. Als er das Reiseziel erfährt, murmelt er etwas von »großen Geschäften«.

Die Fahrt geht weiter. Zu beiden Seiten der Straße liegt Heide, und in jedem Dorf schichten Maurer nagelneue Steine aufeinander. Nach einer Stunde biegt der Wagen in ein Waldstück ein. Hier schießen Engländer scharf. Schilder mit Totenköpfen warnen ahnungslose Wanderer. Wir befinden uns auf einem Abschnitt des Truppenübungsplatzes der ehemaligen Panzerausbildungsschule Bergen-Belsen. Schnell kommt man wieder aus dieser Gefahrenzone heraus.

Plötzlich eine breite Toreinfahrt und dahinter, auf einem Hügel lang hingestreckt, gleichförmige Häuser, die einmal 18 000 Soldaten fassen konnten. Dort müssen jetzt 8000 Juden ihr Dasein improvisieren, bis man sie nach Palästina läßt.

»Hier gibt es alles«

Die jüdische Lagerpolizei hatte eine Zeitlang Wachen an das Tor beordert. Aber über Nacht verschwand plötzlich der Stacheldraht von der Umzäunung. Er wurde auf dem Wege der Kompensation nützlicheren Zwecken zugeführt. Die Insassen der »jüdischen Hauptstadt« wollten nicht länger Drahtverhau um sich sehen. Sie wünschten ungehindert ein und aus gehen zu können.

Ein Passant weist den Weg. Er trägt Stahlkronen im Munde; seine Nase ist eingedrückt. Er lächelt und fängt an zu erzählen. »Ich hatte mal eine Meinungsverschiedenheit. Lag in Majdanek auf einem Strohsack mit hohem Fieber. Einer von der SS kam und sagte, daß ihm meine Nase nicht gefiele. Ich erwiderte, die stünde mir gewiß nicht gut, aber ohne sie ginge es eben nicht. Da trat er mir mit seinem Nagelstiefel ins Gesicht.«

Wir nähern uns dem Zentrum. Die Häuser sind mit einem hoffnungslosen Grün angepinselt. Die ganze Fassade der Lagerstadt ist eintönig. Viele Menschen spazieren geschäftig durch die Straßen oder sitzen vor der Tür und sehen den Kindern beim Spielen zu.

Frauen mit aufgeschwemmten Gesichtern und unnatürlich dicken Beinen schieben Kinderwagen. »Die haben Wasser, sie müssen sich ihr Leben lang damit herumschleppen«, erklärt der redselige Begleiter. Rabbiner gehen vorüber und junge Leute mit offenen Hemdkragen und zielbewußtem Blick. Zwischendurch begegnet man eleganten Leuten. Sie tragen Stoffe, die eingeführt wurden. Jedes Kleidungsstück ist eine moderne Schöpfung. Hier gibt's eben alles, erläutert mein jüdischer Führer: Großindustrielle, aus denen Landarbeiter gemacht werden; Schneider, die Prag früher den neuesten Schnitt lieferten, Schuhmacher, wie man sie nur in Ungarn hat ...«

Und wo nehmen die Leute das viele Geld her?

So fing es an ...

»Diese Frage läßt sich sehr einfach beantworten«, meint der sachkundige Jude. »In Polen hatte mancher noch rechtzeitig seine Wertgegenstände vergraben können und brachte sie nach der Kapitulation schnell wieder ans Tageslicht. Lediglich fünfzehn Prozent der verschleppten Juden besitzen realisierbare Werte. Devisen dürfen wir haben, jedoch ist es verboten, damit zu handeln. Zuerst wollte man das Hortungsgesetz Hitlers auf die Juden anwenden. Es ist aber durchgesetzt worden, daß jeder beliebige Summen besitzen darf. Nach der Befreiung waren wir alle krank und abgerissen. Als die ersten Sendungen der ausländischen jüdischen Hilfsorganisationen eintrafen, gab es eine Menge zu essen. Man wußte gar nicht, wohin damit. Das sprach sich in den umliegenden Ortschaften bald herum. Die ersten Schwarzhändler knüpften Beziehungen an. Sie hatten ganze Kleiderschränke leergemacht. Genußmittel waren reichlich vorhanden. Überall lauerte man uns auf, um Kaffee und Zigaretten zu erwerben. Unsere Handwerker beschafften sich auf diese Weise gelegentlich Werkzeug, und einige machten das Handeln zu ihrer ständigen Beschäftigung. Solche Elemente gibt es ja überall. Aber wenn ein Jude Tauschhandel betreibt, dann tut er damit noch lange nicht das, was heute Millionen Nichtjuden machen. Er ist in den Augen eines großen Teils der deutschen Bevölkerung so etwas wie ein Leichenfledderer ... Und außerdem soll Belsen die Goldpreise bestimmen. Belsen kauft ein, in Belsen gibt es alles; dort wohnen sogar Millionäre. Wenn welche unter uns sind, die Millionen zusammengeschachert haben, dann müßten sie ganze Güterzüge mit den freiwilligen Spenden der jüdischen Hilfsorganisationen unter der Hand verkaufen. Auf diese Weise säßen wir hier bald nur noch vor den uns zugebilligten DP-Lebensmittelsätzen in Höhe von 1900 Kalorien und müßten zusehen, wie sich einige Genossen auf unsere Kosten bereichern. Das stimmt also nicht.«

»Wie dem auch sei, Palästina wird ihnen bestimmt eine neue Seele geben.«

»Die alte ist in bester Verfassung«, antwortet der gutunterrichtete Zionist. Er macht vor einem Hause halt. »Hinter dieser Tür werden Sie alles Weitere hören. Die Wahrheit können Sie erfahren, aber keine Sensationen.«

Und dort wird man in einem sehr bestimmten Ton informiert.

»Sie wissen ja, zum Teil wenigstens, was es hier alles gibt. Ich möchte fortfahren. Unterschiede zwischen Ost- und Westjuden werden nicht gemacht. Wir sind alle gleich. Unser unfreiwilliger Aufenthalt in Bergen-Belsen ist nur, soweit es wirklich notwendig war, organisiert worden.«

Keine Sensationen

»Von den 8000 Menschen in Bergen leiden siebzig von hundert an allen möglichen Gesundheitsstörungen. Der Blutkreislauf funktioniert im allgemeinen schlecht. Hinzu kommen Herz-, Blasen- und Nierenleiden. Die Lungentuberkulose grassiert. Leider ist unsere Schweizer Quote schon lange überzogen. Reihenuntersuchungen werden ständig vorgenommen. Jüdische Ärzte betreuen uns in einem modernen und geräumigen Krankenhaus. Seit der Befreiung sind in Belsen ungefähr 1200 Kinder zur Welt gekommen. Wir unterhalten eine Rabbinerschule, ein Gymnasium, Volksschulen, Kindergärten, Handwerkerausbildungsstätten, eine Dentistenlehranstalt sowie Theater und Kinos. Im Lager wird eine Zeitung in hebräischer Sprache veröffentlicht. Einige Gebäude sind vom Lager getrennt. Dort liegen britische Truppen. Es befindet sich auch eine sogenannte russische Zone im Lager, wo Juden wohnen, in die Polen vor den Deutschen flüchteten und nach Rußland gingen. Während des Krieges arbeiteten sie in Sibirien. Als sie zurückkehrten, mußten sie den Pogromen in Polen ausweichen. Sie kamen zu uns. Schwere Schicksale, aber Europa ist ja voll davon.

Der nächste Punkt wäre die Abwanderung nach Palästina. Rund dreihundert Personen brachte die Jewish Agency monatlich auf den Weg. Seit dem Kriegsausbruch in Palästina sollen wir anstatt Waisen, Kindern, Frauen, alter Leute und ausgebildeter Facharbeiter waffenfähige Männer und Freiwillige für die Haganah losgeschickt haben. Wir halten viel von der Politik des Schweigens und lehnen es ab, Gerüchte zu dementieren. Vorläufig ist alles ins Stocken geraten. Neue Anweisungen unserer Regierung in Israel stehen bevor.

Goldankauf verboten

Der Handel mit Gold- und Luxusgegenständen aller Art ist streng verboten. Aber wer z. B. Zwiebeln, Frischgemüse und andere Genußmittel eintauscht, kann das ungestraft tun, denn das macht heute fast jeder. Schwarzhandel gab es in Deutschland bereits, als angeblich noch niemand etwas von Belsen wußte. Jetzt sieht man in uns die großen Drahtzieher. Von allen Seiten richten sich Angriffe gegen Belsen als Schleichhandelszentrale der britischen Zone. Aber keiner war stichhaltig, sie wurden alle abgewiesen und verliefen im Sande. Verleumdungen fallen immer auf schlechten Boden. Wir wissen, daß in Deutschland mit wenig Verständnis oder Sympathie der Öffentlichkeit in jüdischen Fragen zu rechnen ist, aber wir dürfen erwarten, daß man sich uns gegenüber objektiv verhält, obgleich es vielleicht schwer ist, weil im Unterbewußtsein noch immer Regungen der Antipathie und Feindseligkeit aus alten Tagen rühren. Niemals werden wir um Wohlwollen bitten. Aber sollte einmal der Augenblick kommen, da sich aus dem politischen Wirrwarr in Deutschland ein neuer Staatsverband erhebt, der Wert darauf legt, mit Israel die notwendigen Beziehungen aufzunehmen, dann wird das kaum möglich sein, solange man uns neue Schuld zufügt.«

Das Gespräch ist beendet, man steht wieder auf der Straße, sieht die Menschen und fragt sich, ob es gut ist, daß sie hier so abgetrennt leben müssen, wodurch die Annäherung noch schwerer wird.

Im alten Lager

Ein Feldweg führt zum ehemaligen Konzentrationslager. Am Eingang sieht man ein breites Mahnschild, das britische Soldaten dort errichtet haben. Es ist umgeworfen. Die Baracken, in denen früher die SS-Bewachungsmannschaften wohnten, sind jetzt von Flüchtlingen bezogen. Der ehemalige Entlausungsblock dient Bauern als Abstellgelegenheit. Sie wollten auf den Massengräbern Gemüse anpflanzen, wurden aber rechtzeitig von ihrem Vorhaben abgebracht. Die Gräber sind ungleichmäßig geschüttet, und man muß vorsichtig weitergehen, weil man sonst auf Kleiderfetzen und Knochenreste stößt, die in der Sonne bleichen. Der Galgen ist verschwunden. Die Eisenbestandteile des Krematoriums hat eine Schrottverwertungsgesellschaft übernommen. Beinahe wäre aus dieser blutgetränkten Sandsteppe ein Hain geworden, mit Heide, Gras und hübschen Hecken. Tannen sollten die Anlage sinnvoll umrahmen. Aber die Urheber dieser Idee mußten verstimmt wieder abziehen. Die Lagerleitung wollte den Platz von der Regierung kaufen, um einen würdigen Friedhof daraus zu machen. Ihre Bitte wurde abgeschlagen. Auf einer kleinen Anhöhe stehen einsam die Steindenkmäler für die jüdischen Opfer.

»Warum sollte man in diese Erde nicht einmal neue Keime stecken«, bemerkt ein Bauer im Vorübergehen. Er hat einen Rucksack bei sich und verschwindet im Lager. Bald liegt Bergen-Belsen hinter uns. Die Informationen sind zu Papier gebracht worden.

Der Polizist auf den Elbbrücken gibt das Fahrtenbuch fast unbesehen wieder zurück. »Hat sich nicht gelohnt, was?« murmelt er und geht zu einem anderen Auto.

Deutsche gegen Deutsche

Ich habe einen Mann gefragt, der vor einigen Tagen aus der Ostzone flüchtete, wie alles gewesen ist. »Plötzlich läutete mitten in der Nacht die Kirchenglocke Sturm«, antwortete er. »Volkspolizisten hatten das Dorf besetzt. Ungefähr fünfzig Männer sollten abgeschoben werden. Ich konnte nichts mitnehmen und mußte vor den Polizisten herlaufen. Auf der Chaussee standen Autos für den Transport bereit. Ich kam als einer der ersten auf der Sammelstelle an und ließ mich in einen Graben fallen, um Luft zu schöpfen. Das war ein Trick. Der Graben ist nämlich tief, und ich schlich durch diesen Graben bis an den Waldesrand zurück. Sieben Stunden brauchte ich, um die Grenze zu erreichen.

Während meiner ersten Flucht aus Ostpreußen«, sagte der Mann weiter, »verlor ich meine Frau und fuhr mit meiner Tochter weiter. Wir konnten die Russen schon sehen. Jetzt ist meine Tochter verschwunden, und ich stehe allein hier. Ich hatte ihr immer schon gesagt, daß man mich eines Tages verjagen würde. Sie weiß den Weg zur Grenze und kann auch auf dem Bauch durch den Wald robben. Ich baue gern vor und brachte ihr das Robben bei. Leider schießen die Volkspolizisten gleich. Die Russen lassen sich mehr Zeit. Vorläufig will ich im Lager auf meine

Tochter warten. Ich denke jede Nacht, wenn Leute an die Tür des Zollhäuschens klopfen, sie ist dabei. Falls meiner Tochter etwas zustößt, kehre ich um und lasse die Volkspolizisten ruhig schießen. Schneller kann's kein Ende geben. Sollte sie jedoch glatt herüberkommen, dann wandern wir aus. Ich bin Landwirt und finde überall Bauern, die meine Tochter und mich unterbringen.

Wissen Sie«, fuhr der Mann fort und sprach leiser, »ich habe zum erstenmal Angst. Verstehen Sie mich nicht falsch, aber die dort drüben haben sich geändert« – er zeigte auf den schwankenden Lichtkegel von zwei Scheinwerfern auf der anderen Seite, die das Niemandsland abtasteten. »Manchmal glaube ich, daß sich kein Mensch so schnell ändern kann wie die Deutschen. Und davor habe ich solche Angst. Ob es wohl auch anderen so geht wie mir?«

Knobbe

Sehen Sie sich Knobbe an! Seine blauen Augen sind so tief umschattet, daß sie violett strahlen. Es sind traurige Augen. Das Mitleid und die Verbitterung betrachten durch sie die Welt. Was gibt's da schon zu sehen, denkt Knobbe. Und während er auf Kreppsohlen durch die Gegend schleicht, verteidigen seine Augen erbittert ihre Einsamkeit. Seine engen Hosen muß er sich fast gewaltsam über die Füße ziehen. Und wenn sie sitzen, packt ihn das Verlangen, sich in die schwindelnde Akrobatik eines »Rock 'n' Roll« zu stürzen. Er gerät beim Tanzen in epileptische Zukkungen. Die Mädchen schließen die Lider über ihren geröteten Augen, wenn Knobbe dran ist.

Eine ist darunter, die er mitten in einem frenetischen Wirbel auf den Boden wirft. Ihre Freunde haben sie die »Drehscheibe« getauft. Sie ist dünn und ganz flach. Das Mädchen, das »Drehscheibe« heißt und von Knobbe auf den Boden geworfen wird, hält sich für eine Existentialistin. Aber Knobbe ist gar nichts.

Zuerst hat er alles mögliche importiert. Den Franzosen, den er spielte, glaubte ihm aber keiner, weil Knobbe blond ist und selten spricht, denn er stößt immer mit der Zunge gegen die Zähne.

Den Amerikaner, den er dann spielte, den glauben ihm manche heute noch. Sie lassen sich durch den Haarschnitt täuschen. Die Haare sind nicht geschnitten, sondern gestutzt. An den Seiten stehen sie ab wie spitze Borsten, und oben befindet sich ein widerspenstiges Büschel, das da so frech hochragt, als könne es schnurgerade in die Höhe wachsen und einen Turm bilden.

Oben ist Knobbe Amerikaner, unten ist er Italiener. Die Form seiner Hosen ist italienisch. Er ißt auch italienisch. Spaghetti und Tomatenmark, vermischt mit Cornedbeef, bereitet sich Knobbe Abend für Abend. Er muß rechnen. Seinen Sakko hat er aus Tante Tillys alter Zeugkiste besorgt. Er gehörte seinem Großvater und sitzt ihm wie angegossen. Tante Tilly bewahrt alles auf. Und die Wände seines Zimmers sind mit Ausschnitten aus farbigen Reiseprospekten von Mexiko, Spanien und Finnland gespickt. Knobbe heißt mit Vornamen Karl. Aber er läßt sich »Charles« nennen. »Charles« kann man überall aussprechen, ohne zu stottern.

Knobbe wollte auswandern. Er ging in die Stadtbücherei und las alles, was an Reisebeschreibungen vorhanden war. Seitdem lügt Knobbe.

Sehen Sie sich Knobbe an. Er bedauert, daß man ihm hier keine Weltanschauung liefert, die man, auch ohne Angst zu bekommen, nach außen hin zeigen darf. Knobbe flickt sich sein Leben zusammen. Er hat auch keine eigene Meinung. Er macht meistens nur Spaß, wenn die anderen denken, er wird ernst. Knobbe kann auch nicht lachen. Er kräht, wenn er den Mund aufreißt, und man denkt dann, das soll doch ein Lachen sein. Er verkneift sich alles, was klar und bestimmt sein könnte. Das einzige, was ihn zuweilen als Deutschen kennzeichnet, ist seine Geduld, mit der er auf das Hinscheiden von Tante Tilly wartet, um sie zu beerben, und die Pünktlichkeit, mit der er seine Krankenkassenbeiträge zahlt, und die Hartnäckigkeit, mit der er sich einsam fühlt, und die Ordnung, für die er als Bierzapfer in dem italienischen Lokal sorgen muß.

Wiedergutmachung

»Nun ist es soweit, eineinhalb Milliarden Dollar verlangt Israel für die materielle Wiedergutmachung«, sagte ich zu dem Lederwarenhändler Nicolaus Lobsch. »Sie werden verhandeln«, erwiderte Lobsch, »es dauert seine Zeit.«

»Hier stand das Geschäft meines Vaters«, erklärte mir plötzlich Herr Lobsch und zeigte auf die Stelle. »Er machte gute Geschäfte und vergrößerte sich. Drei Geschäfte wurden es schließlich, und anläßlich seines Todes stand in der Zeitung: Der Kaufmann Max Lobsch hinterläßt drei große Lederwarengeschäfte, zwei Söhne und 10 000 Goldmark für das Alte-Mütter-Stift im Neubauviertel. – Mein Bruder gab 1916 unsern Familienschmuck für Eisen, und in einem Aufruf hieß es: Der Felix Lobsch hat als erster getan, was jedes Bürgers Pflicht sein soll, er gab Gold für Eisen. Bürger, gebt dem Kaiser, was des Kaisers ist.

Der Felix kam zu den Dragonern; er fiel als Leutnant in Frankreich. Ich habe sein Grab später renovieren lassen. Und nachdem die Leute sagten, der Nicolaus schenkt seinem Bruder eine würdige Ruhestätte, überwies ich 5000 Mark an die Kriegsgräberfürsorge, damit die Gräber der Kameraden von Felix auch eine Steintafel erhielten und im Frühling schöne Blumen. Das wurde dann auch in die Zeitung gebracht. Und die Leute sagten: Ja, die Lobschs! Und zwanzig Jahre später schlugen sie die Fensterscheiben unserer drei Geschäfte ein, setzten einer nackten Kleiderpuppe eine Karnevalsnase auf, die wie meine aussehen sollte. – Meine Mutter, meine Schwägerin, drei Kusinen mußten sterben. Mich, den Nicolaus Lobsch, holten sie aus Holland zum Sterben. Aber er starb nicht. Er hat noch eine halbe Lunge, und der Arzt erklärt: Sie müssen sich schonen. Jetzt verkaufe ich Lederwaren am Bahnhof; das bringt nicht viel.«

»Na, Lobsch, endlich ist es soweit, von den eineinhalb Milliarden Dollar bekommen Sie doch auch etwas ab.«

»Sie werden verhandeln«, erwiderte Lobsch, »es dauert seine Zeit.«

Das Mädchen Veronika

Veronika ist siebzehn. Sie ist hübsch, mit ihren schwarzen Haaren und ihren grünen Augen. Aber sie möchte lieber blond sein, weil sich die Leute wegen ihrer schwarzen Haare umdrehen. Auch etwas größer möchte sie sein und nicht so kleine Füße haben.

Ihr Vater sagt: »Deine Mutter hatte fast genauso kleine Füße. Sie war auch nicht größer als du, ihre schwarzen Haare glänzten, und die grünen Augen mochte ich am liebsten.«

Aber der Vater hat Veronika noch nie gesagt, wo sie geboren ist ...

Sie wurde im KZ geboren. Ihre Mutter starb nach der Entbindung. Acht Wochen vorher hatte man Veronikas Eltern aus ihrer Wohnung geholt und zu ihnen gesagt, sie müßten arbeiten. »Ich arbeite in einer Fabrik«, hatte der Vater gesagt, »und meine Frau ist im sechsten Monat.« – »Du kannst woanders arbeiten«, hatte der Gestapobeamte geantwortet, »und deine Frau kann das Kind auch woanders kriegen.«

Veronika wurde in Baracken groß, und in den Baracken waren keine Fenster. Veronika fragt ihren Vater heute nicht, wie das alles gewesen ist. Sie hört es von anderen.

Veronika hat einen schweren Herzfehler und soll vielleicht eine Rente bekommen.

Aber sie möchte lieber arbeiten und sich ihr Geld selber verdienen. »Du darfst nicht arbeiten«, sagt der Arzt. »Tanzen darfst du auch nicht, und du mußt lange schlafen!«

Manchmal bringt ihr Vater sie in den Sachsenwald oder in die Heide. Es dauert nicht lange, dann kommen Polizisten und kontrollieren seine Papiere. Die Bauern gehen gleich zur Polizei und melden, daß zwei Zigeuner in der Nähe sind. Aber die Polizisten sagen: »Es ist in Ordnung«, wenn sie sehen, daß dem Mann ein Bein fehlt. Aber daß seine Tochter krank ist und Waldluft braucht, das glauben sie ihm nicht. Sie sagen: »Sei doch ehrlich, das ist doch gar nicht deine Tochter.«

Mit ihrem Wohnwagen müssen die beiden von einem Platz zum anderen ziehen. Wohnwagenplätze sind Schandflecke, erklären die Behörden. Die Schandflecke werden entfernt, damit sie woanders wieder entstehen.

Und die Leute sagen: »Wozu kriegen die Zigeuner Wiedergutmachung?«

Von fast 2000 vor dem Krieg in Hamburg ansässigen Zigeunern sind nur etwa dreihundert aus den Konzentrationslagern zurückgekehrt. Und von diesen dreihundert sind mindestens siebzig Prozent nicht mehr arbeitsfähig.

Veronika ist vor acht Tagen ins Krankenhaus gekommen. Als man sie fragte, wo sie geboren sei, antwortete sie: »Im KZ, aber bitte schreiben Sie: Hamburg. Das ist meinem Vater lieber.«

Das ganze Lager ist ein riesiges Grab

Vierzehn Jahre sind seit dem Tage vergangen, an dem das Konzentrationslager Bergen-Belsen befreit wurde. Am Sonntag veranstaltete der Zentralrat der Juden in Deutschland aus diesem Anlaß eine Gedenkfeier. Um halb zwölf Uhr mittags versammelten sich vor dem internationalen Denkmal über fünfhundert Menschen, hauptsächlich Leidtragende und Überlebende. Viele Frauen waren darunter.

Den Gebeten der Geistlichen folgten zahlreiche Ansprachen. Mahnungen wurden in das Mikrophon gerufen und die Frage nach der Schuld gestellt – an der wir teilhaben, wie der stellvertretende niedersächsische Ministerpräsident Kopf erklärte. Die Stunde der Befreiung ward heraufbeschworen und erörtert, was geschehen ist und was versäumt wurde seit jener Stunde.

Der Wind trug die Worte weit mit sich fort und rüttelte an den Lautsprechern. In den Membranen knackte es, als ob ein Gewitter losbrechen würde. Dann wurden die Kränze niedergelegt. Vor das jüdische Mahnmal stellte sich zum Schluß J. Rosensaft, ein von den Nazis besonders schwer Mißhandelter. Er hielt keine wohlabgewogene Rede: Er klagte an. Er sah nicht die Gedenkstätte mit den gepflegten Massengräbern und dem erneuerten Obelisken. Er sah wieder Baracken und die Hungernden und die Sterbenden und die 10 000 unbestatteten Leichen, sah die sechs Millionen Toten seines Volkes. Der Wind peitschte Regen über die Denkmäler und Gräber. Und einige Hände hielten die Kränze fest.

Ich ging hinter dem Wagen des stellvertretenden Ministerpräsidenten zurück. Nur an besonderen Feiertagen dürfen Autos bis an das Mahnmal fahren. Sonst parken sie vor dem Eingang, wo früher die Lagerleitung war und die Bar für die SS und das Effektenlager mit den abgenommenen Wertsachen. 8000 Häftlinge hätten in dem Lager Platz gehabt, aber 40 000 waren da, als die Befreiung kam. Und nach der Befreiung starben noch einmal 9000, weil ihnen Arzneien und Lebensmittel fehlten und sie die Kraft zum Überleben nicht mehr aufbrachten. Von den 40 000 waren 25 000 Frauen, Mädchen und Kinder. Jüdinnen waren die meisten. 22 000 Tote ruhen in den Massengräbern.

»Und wo sind die anderen?« fragte mich ein Mann. »Die anderen, die in dem Krematorium eingeäschert worden sind, bevor die Engländer einmarschierten? Und war das Krematorium nicht viel zu klein?«

Was nicht ins Krematorium ging, wurde aufgestapelt und mit Benzin übergossen. Im Laufschritt schleppten die Häftlinge ihre toten Kameraden auf große Haufen. Dazu erklangen Walzer von Strauß. Das befahl die SS, und die Walzer spielten Zigeuner. Wer sich weigerte, wurde einfach mit auf einen Haufen gepackt …

Der Mann wollte wissen, an welchen Stellen man denn die Asche der Verbrannten beigesetzt hätte. Ich sagte: »Wo es gerade paßte.« Das ganze Lager ist ein riesiges Grab, und wenn es im Sommer trocken ist, kann man manchmal noch sehen, was in den Sandboden verscharrt worden ist.

Wir sahen uns auch den jüdischen Friedhof an, wo jene liegen, die nach der Auflösung des Lagers starben. Und als mich der Mann fragte, ob das nun wirklich alles sei, führte ich ihn noch zu einem anderen Friedhof, den die wenigsten kennen. Dort sind

50 000 Russen und mehrere tausend Italiener beerdigt worden – das KZ ist ja bis 1942 ein Kriegsgefangenenlager gewesen. Drei Kilometer davon entfernt erheben sich in den Wäldern quadratische Erdhügel. Dort liegen sie, die Russen und die Italiener. Die Gedenksteine für die Italiener konnte ich nicht mehr finden. Auf einigen Erdhügeln wachsen junge Tannen. Auf andere sind Zweige und Äste gefallen, und überall schießt das wilde Unkraut in die Höhe.

Die große Gedenkstätte in Bergen-Belsen aber befindet sich jetzt endlich in einem würdigen Zustand. Den ständigen Ermahnungen vieler Jugendgruppen und anderer Organisationen – und zum Teil wohl auch der Kritik des Rundfunks und der Presse – ist es zu verdanken, daß der Regierungspräsident von Lüneburg die Stätte einem Gartenbauunternehmen in Obhut gegeben hat. Das Gelände ist von allem möglichen Abfall – verschimmelten Pantoffeln, rostigen Eimern und den Fetzen ehemaliger Häftlingskleider – restlos gesäubert worden.

Wer sonst die Gedenkstätte besucht? – Leidtragende und Überlebende aus aller Welt. Schulklassen, Jugendgruppen, Verbände. Und Ausländer. Es gibt auch keine alkoholischen Getränke mehr am Eingang, und den reitenden Polizeiposten, der auf Diebe lauerte, habe ich lange nicht gesehen …

Interview mit einer Reinmachefrau

Sie kam zweimal die Woche und dann acht Tage nicht und dann an einem Sonnabend und sagte: »Der Eimer ist zu schwer. Sie müssen einen Kunststoffeimer kaufen.« – »Wenn Sie wiederkommen«, sagte ich, »ist bestimmt ein neuer Eimer da.«

»Was wissen Sie von Eimern?« meinte sie verächtlich. »Ich habe Eimer geschleppt, die fast so schwer waren wie das Wasser, das da drinnen war!« Und schon waren wir bei ihrer Biographie. »Zuerst war ich in einem Lokal angestellt«, sagte Frau Horst, »und mußte Geschirr spülen, Kaffee kochen und Würstchen heiß machen. Nachmittags von zwei Uhr bis nachts um zwei stand ich in der Küche. Die lag im Keller. Und von zwei bis zwei ging der Aufzug rauf und runter. Der Aufzug diente auch als Sprachrohr. Was die Wirtin mit mir zu besprechen hatte, das sagte sie durch den Aufzug. Aber nach zweieinhalb Jahren sagte die Wirtin, sie hätte jetzt einen Freund: Der mußte nun spülen, Kaffee kochen und Würstchen heiß machen. Ihr Freund hieß Kuno.«

Frau Horst wrang den Feudel aus, warf ihn in den Eimer und legte zwei Heftzwecken, die sie vom Fußboden aufgefischt hatte, in den Aschenbecher.

»Den Abfalleimer müssen Sie auch erneuern! Die neuesten haben einen Fußhebel. Und wenn Sie Gräten wegwerfen, wickeln Sie sie vorher in Zeitungspapier ein! Ich kann Gräten nicht sehen. Ich habe in einer Konservenfabrik Fische auf Stangen gezogen und ›gemehlt‹. Dicke Männerstrümpfe hatte ich dabei an und zwei Säcke um den Bauch gebunden. Wissen Sie, warum? Es zog! Und da sagte ich mir: ›Mach lieber an zwei Stellen sauber, und du verdienst das Doppelte!‹ Also machte ich abends in der Fabrik sauber und morgens in einem Museum. In dem Museum machte ich zuerst nur den Fußboden und die Treppen, aber später mußte ich auch rostige Waffen saubermachen und Staub von Pfeilen und Bogen putzen. Hab ich schon gesagt, daß damals noch Krieg war? – Der Oberinspektor war schon zweimal an der Galle operiert worden und mußte nicht an die Front. In einem ausgehöhlten Baumstamm im Erdgeschoß, den die Neger als Kanu zurechtgemacht hatten, verkroch er sich, wenn Alarm war. Und in dem Kanu hat ihn dann der Schlag getroffen. Ich fand ihn zuerst. Und die Polizei wollte zuerst nicht glauben, daß es wirklich der Oberinspektor war. Das Museum wurde bald danach geschlossen, und ich bekam ein Zweifamilienhaus mit einem Ehepaar und vier Kindern – von morgens um acht bis mittags um zwei. Wenn Sie wüßten, *wer* das war! Glauben Sie mir: Er war anständig. Ihm ging es nur um die Sauberkeit im Staat. Als es hieß, die Russen kämen, wollte mein Chef sich erschießen, samt seiner ganzen Familie. Aber es kamen die Amerikaner …«

Ich setzte Kaffeewasser auf, und Frau Horst sagte: »Sie hätten mir schon öfter man eine Tasse Kaffee anbieten sollen. Wir riechen zuviel und sehen zuviel! Wenn Sie wüßten, was ich bei den Amerikanern alles gesehen habe! Jedenfalls hat es ausgereicht, daß ich mir gesagt habe: ›So, jetzt gehst du gleich in einen Barbetrieb und machst dort sauber.‹ Abends übernahm ich dann noch die Garderobe.«

»Der Herr gab mir fünf Mark«

Ich schenkte Frau Horst Kaffee ein. »Zwei Stück Zucker und ein klein wenig Milch«, bat sie, »so, das genügt.«

Sie spreizte den kleinen Finger, als sie die Tasse an die Lippen hob, pustete eine Milchblase aus und sagte: »Ich war wirklich zufrieden, und alles ging gut, bis eines Tages mein früherer Chef vor mir stand. Nein, dachte ich, das kann er doch nicht sein!

Aber er mußte es sein, und ich fragte ihn, was seine Frau macht und wie es den Söhnen geht, dem Dieter und dem Alf und dem Uwe und dem Heiko. Der Herr gab mir fünf Mark und ließ sich seine Garderobe wiedergeben. Am nächsten Abend zahlte mir der Inhaber den Lohn aus und gab mir etwa hundert Mark. Hundert Mark, weil ich immer pünktlich und sauber gewesen war.«

Frau Horst trank noch eine Tasse Kaffee und sagte, daß ich das Wasser beim nächsten Mal nicht gleich auf einmal in die Kanne schütten solle, man müsse das schubweise tun.

»Wenn Sie mal jemanden brauchen«

»Die Maske da an der Wand könnte aus dem Museum sein, wo ich beschäftigt war«, sagte Frau Horst. Und so kamen wir auf das Thema »Einrichtung«. »Wie Sie eingerichtet sind, bin ich bestimmt nicht eingerichtet«, sagte sie. »Meine Nachbarin, die einmal in der Woche bei mir gründlich saubermacht, sagt oft: Man merkt auch an den Möbeln, was einer für einen Umgang hat! Wissen Sie: Wenn Sie mir seinerzeit nicht beigestanden hätten, wären Sie heute noch ohne Hilfe!«

»Ja«, sagte ich, »der Kerl riß Ihnen die Handtasche weg, aber er hatte mich nicht gesehen. Und nachher sagten Sie dann: Wenn Sie einmal jemanden brauchen, der bei Ihnen saubermacht ... das sagten Sie, als Sie sich wieder etwas beruhigt hatten.«

So schwelgten wir in Erinnerungen, und Frau Horst sagte: »Das war mein Dank. Und ich bin immer pünktlich gewesen und habe nicht zuviel verlangt. Auf den anderen drei Stellen verlange ich viel mehr. Was meinen Sie, wieviel ich verlangen kann! Und was ich verlange, kann ich auch kriegen.«

Frau Horst steckte sich eine neue Zigarette an. »Und trotzdem ist es nicht leicht für Sie«, sagte ich.

»Ich habe Ihnen noch lange nicht alles erzählt. Ich könnte stundenlang erzählen. Und ich mache es mir auch nicht leicht.« Frau Horst schloß die Augen.

Und zum Abschied Gulasch

»Sie sind noch da?« begrüßte mich der Herr, der jeden Mittag Schlag eins kam.

»Ich bleibe heute etwas länger«, sagte ich. »Es ist doch das letzte Mal.«

»Und es gibt Gulasch«, sagte der Herr, »Gulasch an einem Freitag! Seit siebeneinhalb Jahren sitze ich hier an Tisch drei, und nie hat es freitags Gulasch gegeben, immer nur mittwochs.«

Der Herr an Tisch eins, der, ob Sommer oder Winter, seinen Pfeffer-und-Salz-Anzug trägt, wollte Schweinebauch.

»Es ist alles ausverkauft«, sagte die Kellnerin, »außer Gulasch. Wir haben heute doch zum letztenmal auf.«

Die ältliche Verkäuferin an Tisch vier seufzte. »So viel Gulasch – und ich esse wie ein Spatz.« Die Kartoffeln aß sie nicht, und auf ein ganz kleines Stück Fleisch legte sie ein kleines Stück Gurke. »Ich soll alle recht herzlich von dem Herrn an Tisch sechs grüßen«, sagte sie. »Er hat jetzt ein Zigarrengeschäft.«

»Er kam immer um Viertel nach zwölf«, sagte die Kellnerin.

Der Herr, der immer um ein Uhr kam, streute Salz auf die Kartoffeln und vermengte sie dann mit der Soße. »In Breslau«, erzählte er, »gab es einen Mittagstisch, der sogar am Heiligen Abend noch bis acht geöffnet hatte; und jeder Gast, der im Abonnement aß, konnte die gleiche Portion zum halben Preis nachbestellen. Und in Berlin war ein Mittagstisch, wo man an Festtagen sogar im Wohnzimmer sitzen durfte; und zu Ostern bekam jeder zwei hartgekochte Eier mit, die alle angemalt waren. Vier Jahre saß ich da, und dann wechselte ich mal aus Neugier. Bei dem anderen Mittagstisch gab es am Heiligen Abend ein Glas Wein und Geflügelklein und hinterher Kaffee und Kuchen und für jeden Nüsse und Feigen, und der Tannenbaum brannte bis zehn. In Halle mußten die Abonnementsgäste aber ihre eigenen Kerzen in die Halter stecken, wenn die ersten abgebrannt waren. Zu Ostern gab es da als Nachtisch Zitronencreme und für die Damen Likör dazu, und für die Herren eine dunkle Zigarre.«

Der Herr bestellte Kartoffeln nach, und die Kellnerin sagte: »Sie können auch noch Soße haben!«

»Wo gibt es hier denn noch einen Mittagstisch?« fragte ich.

»Der Mittagstisch in der Opitzstraße mußte vor einem Jahr schließen, obwohl der Besitzer das Fleisch direkt vom Schlachthof holte und Koch gelernt hatte. Schuld war eine Imbißbude, die in der Nähe eingerichtet wurde: von innen und außen weiß gekachelt, mit Schaschlik und Hühnern vom Grill.«

Der Herr wollte noch Gurken haben, aber die waren schon alle.

»Und warum ist hier heute zum letztenmal auf?«

»Die Besitzerin muß räumen, weil der Hauswirt die Miete erhöht hat. Nach dem Umbau kommt eine Hühnerbraterei mit Filialen in sämtlichen Großstädten hier rein, und die Besitzerin bleibt gleich da und übernimmt die Geschäftsführung. Fast zweihundert Mark hat sie dann mehr als vorher. Bei der Eröffnung soll ich das erste Huhn gratis haben, entweder auf einem Teller mit Brot oder im Frischhaltebeutel.«

»Es muß aber noch einen Mittagstisch geben?«

»In der Neustädterstraße ist noch einer. Der macht erst im Herbst zu, wenn die Kantine der Krankenkasse steht. Das kann aber auch noch bis Weihnachten dauern.«

Ich sagte, daß wir uns dann bei dem Mittagstisch in der Neustädterstraße wiedersehen würden.

»Da komme ich dann auch immer um eins«, sagte der Herr.

Ben Witter geht durch die Stadt

Schon in der Tür roch es nach Äpfeln, Nüssen und Pflaumen, die Haut der Verkäuferin roch nach Sonnenöl, und ich ging von einem Regal zum anderen und roch … »Fast täglich komme ich hier vorbei«, sagte ich, »und möchte jedesmal in etwas Grünes beißen.«

»Sie zögern aber noch«, sagte die Verkäuferin, »und das ist

typisch für die Hamburger. Ehe man sie zum Beispiel von Reformkost überzeugt, gehen sie täglich an Reformhäusern vorbei und wünschen sich nichts sehnlicher, als in etwas Grünes zu beißen.«

»Falls man sie jedoch überzeugt hat, bleiben sie treu«, sagte ich und roch weiter.

»Riechen Sie nur«, sagte die Verkäuferin, »dann kommt der Appetit von ganz allein.«

Ein dunkelhäutiger Mann biß prüfend in die Schale einer Zitrone. »Unsere Zitronen sind unverfälscht«, flüsterte die Verkäuferin, »und sollte Ihnen einmal plötzlich schwarz vor Augen werden, beißen Sie kräftig in die Schale einer unserer Zitronen, und knabbern Sie anschließend zur Beruhigung ein Viertelpfund Rosinen ... Wir liefern unsere Waren zum Beispiel auch tropenfest nach Addis Abeba oder nach Nordamerika, am besten floriert allerdings das Geschäft mit Schweden.«

Ich verlangte ein Pfund Pflaumen und sagte: »Wenn Sie wüßten, was in mir vorgeht, heute morgen bin ich um vier aufgestanden, und was war mein erster Gedanke? Ein Teller mit rohen Haferflocken, in ungesüßtem Fruchtsaft geweicht, und hinterher eine Handvoll Haselnüsse ... Können Sie denn immer gut schlafen?«

Sie packte die Pflaumen ein und sagte: »Wenn ich nicht schlafen kann, nehme ich etwas Selleriepulver, schütte es in eine Portion Weichkäse und reibe eine Knoblauchzehe hinein. Als Nachtisch wähle ich stets Knäckebrot ...«

»Wenn alle so gesund leben würden wie Sie ...«

»Unser Umsatz steigt ununterbrochen, und wir liegen im ständigen Wettbewerb mit Berlin. Hamburg hat etwa siebzig Reformhäuser, doch ich fürchte, daß es Berlin niemals überflügeln wird ...«

Ich nahm eine Pflaume aus der Tüte, die Verkäuferin reichte mir ein grünes Salatblatt dazu und sagte: »Gleich haben Sie die Sonne im Magen. Die Nahrungsenergie einer Pflaume und eines grünen Blattes ist gebanntes Sonnenlicht, zusammengesetzt aus der reichen Schwingungsskala des Regenbogens. Trüblichtige

Nahrung ist eine Verschanzung gegen den Geist. Beachten Sie einmal den oftmals tierischen, herausfordernden Blick eines Fleischfressers und dagegen den sanften, mehr in sich gekehrten Blick eines Rohköstlers. Das fällt mir meistens während meiner Mittagsgänge im Botanischen Garten auf.«

»Wen beliefern Sie eigentlich in Addis Abeba und Nordamerika?«

»Unter anderem unsere diplomatischen Vertretungen ...«

»Und wer gehört von den prominenten Hamburgern zu Ihren Stammkunden?«

»Der Hamburger ist viel zu diplomatisch, um zuzugeben, was ihm das Leben in Wirklichkeit leichter macht. Er will um keinen Preis auffallen ... Mir liegen besonders die Kunden mit einem leicht verschämten Lächeln, abgesehen natürlich von Diabetikern.«

»Können wir uns nicht einmal treffen?« bat ich die Verkäuferin. »Wenn Sie häufiger zu uns kommen, werden Ihnen meine Kollegen wahrscheinlich bald besser gefallen als ich. Sie brauchen übrigens nichts zu kaufen. Riechen Sie nur, soviel Sie wollen. Hauptsache, Sie werden schnell wieder gesund. Und wenn Sie eines Tages unser Stammkunde sind, richten wir ein Konto für Sie ein, Sie bringen dann am besten Ihre letzte Gehaltsquittung mit.«

Ihr Atem roch nach Feld, Wald und Wiese. Waltraud soll sie heißen, und ihr Chef sagt heimlich »Müsli« zu ihr ...

Freitag, von früh bis spät

Es ist Freitag, sechs Uhr früh. Pockemöhle steht auf. Seine Frau steht erst um halb acht auf. Um Viertel nach sechs macht er den Tee heiß. Seine Frau trinkt um acht Kaffee. Er ißt vier Schnitten Brot mit Marmelade und taucht seine Finger anschließend kurz in das Abwaschwasser von gestern.

Wenn er nicht Punkt Viertel vor sieben an der neuen Tankstelle vorbeifährt, verspätet er sich. Am Freitag ist er meistens sogar etwas früher da.

Und freitags kann Pockemöhle auch höchstens bis drei sein gewohntes Pensum schaffen, dann läßt er nach. Einige lassen freitags bereits früher nach. Freitags macht Pockemöhle keine Überstunden. Die macht er von Dienstag bis Donnerstag. Er ist Former und trinkt im Betrieb täglich sechs Flaschen Bier. Seine Kollegen trinken mehr.

Spätestens um Viertel vor fünf fährt Pockemöhle freitags nach Hause und macht einen Umweg. Er will wenigstens einmal in der Woche die Kreuzung meiden, an der ihm sein Kind vor den Kühler gelaufen ist.

Seine erste Frau behauptete, er habe schuld gehabt. Das behauptete sie ganz einfach, obgleich er freigesprochen wurde …

Als ihr Kind ins Krankenhaus kam, war sie auch so lange krank. Nachdem es aus dem Krankenhaus entlassen worden war, schlief sie im Wohnzimmer bei dem Kind. Pockemöhle wartete nur darauf, daß der Scheidungsrichter sagen würde: »Sie waren beide erst zweiundzwanzig, als sie heirateten.« Aber er sagte das doch nicht, und das Kind wurde seiner Frau zugesprochen.

Seine zweite Frau war die Freundin seiner ersten Frau. Sie hatten gemeinsam die Fahrschule besucht und waren dann zweimal in Italien auf Urlaub gewesen.

Gegen halb sechs ist Pockemöhle zu Hause. Zuerst schaltet er den Boiler im Badezimmer ein, und wenn er in der Badewanne sitzt, rechnet er. Seine Frau rechnet freitags auch in der Badewanne. Sie kommt um sieben. Freitags arbeitet sie zehn Stunden in dem Selbstbedienungsladen. Dafür montags nicht.

Er deckt unterdessen den Tisch und möchte gern telefonieren. Sie haben jetzt endlich ein Telefon. Pockemöhle vermutet, daß seine Frau telefoniert, wenn er nicht zu Hause ist. Mit wem er eigentlich telefonieren soll, weiß er jedoch nie so recht und blättert deshalb mit dem Hörer in der Hand im Telefonbuch und beschließt jedesmal wieder, später zu telefonieren.

Nach dem Bad zieht er ein Freizeithemd an, und seine Frau legt sich auf die Couch. Sie rechnet ihm vor, was alles bezahlt werden muß. Er hat allerdings im Bad jedesmal eine andere Summe ausgerechnet. Pockemöhle will sich auch auf die Couch legen, aber seine Frau sagt dann, weil er wieder eine andere Summe ausgerechnet hat, sie lägen doch noch die ganze Nacht zusammen im Bett, und er gibt ihr das Haushaltsgeld. Nun zählt sie auf, was Montag bezahlt werden muß, und sagt: »Ich bringe auch wieder etwas zur Sparkasse.«

Daraufhin sagt er: »Wir sollten erst einmal alles bezahlen, ehe wir wieder etwas zur Sparkasse bringen«, und legt sich doch auf die Couch.

Von der Couch aus blicken sie auf ihren Fernseher und von den Sesseln aus auf ihr Auto und auf das neue Lokal, wo die Hähnchen gebraten werden, die sie jeden Samstagabend essen, und auf den Laden, der im Sommer Campingausrüstungen führt und im Winter Pelzmäntel.

Pockemöhle schläft gegen zehn auf der Couch regelmäßig ein. Dann steht seine Frau auf, holt die Bettdecke und summt dabei ein Lied, das seine erste Frau auch bei dieser Gelegenheit häufig summte, und Pockemöhle schließt seine rechte Hand zur Faust.

So schlief er schon als Kind oft ein.

Er wurde am 3. März 1941 geboren und wollte eigentlich Schlachter werden. Aber sein Vater war Former gewesen. 1941 im Juni fiel er, und Pockemöhles Mutter sagte: »Former trinken viel zuviel.« Das nahm er ihr übel und wurde Former.

Die siebziger Jahre

Wo Witwen den Ton angeben

Nachdem W. Bernhard Keese auf der Hamburger Reeperbahn in seinem »Café Keese« seit 1948 jeden Tag den »Ball paradox« veranstaltet hatte – »Honni soit qui mal y pense« steht immer noch an der Fassade –, legte er sein Lebenswerk zu Beginn dieses Jahres in die Hände der Sex-Zeitschriften-Verleger H. P. Feussner und K. Tietje. Bei einem Gesamtumsatz von vier bis fünf Millionen Mark im Jahr können die neuen Besitzer getrost zweieinhalb Millionen dafür zahlen; aber wieviel es auch sein mag, angeblich stottern sie den Kaufpreis ab.

W. Bernhard Keese, der Ende August 1971 entführt wurde und durch ein Lösegeld wieder in Freiheit kam (die sechsundfünfzig Jahre alte Verlobte des Zweiundsiebzigjährigen händigte den Entführern einhunderttausend Mark aus) und der mit seiner Verlobten gerade noch flüchten konnte, als sein Ruhesitz am Stadtrand von Hamburg brannte, soll jetzt in Öl gemalt werden. H. P. Feussner hat schon Fotos machen lassen, die dem Maler als Vorlage dienen sollen. Die im Jahre 1963 verstorbene Frau Ilonka wurde schon vor ihrem Tod in Öl gemalt, und das Gemälde hängt in dem Ballhaus auf der Reeperbahn. W. Bernhard Keeses Porträt wird noch zu seinen Lebzeiten daneben aufgehängt.

Bevor das »Café Keese« vor zwanzig Jahren auf die Reeperbahn zog, befand es sich in der Nähe des Postamtes 19 in Hamburg-Eimsbüttel, und bevor es jenes »Café Keese« gab, war W. Bernhard Keese mit einem Puppentheater auf Jahrmärkten unterwegs gewesen, und bevor es zu der Idee mit dem Café kam, mußte W. Bernhard Keese erst in britische Kriegsgefangenschaft geraten; von dort brachte er die Idee mit.

Ilonka Keese, die ihren Mann W. Bernhard an Statur, Beredsamkeit und Phantasie überragte, sagte einmal – das war vor mehr als zehn Jahren: »Was eine Dame ist, sehe ich doch gleich.« Ich sagte damals: »Aber da sitzt eine Dame, der man ansieht, daß es keine Dame ist.« Ilonka Keese sagte: »Der Eindruck täuscht, ich weiß es besser.« Damals stand sie meistens am Eingang des Cafés in einem langen Kleid und begrüßte ihre Gäste. Sie beantwortete alle Briefe persönlich und schrieb einer Dame, die im Dirndl gekommen war, sie möge nächstes Mal im Ausschnitt einen Einsatz tragen. Ilonka Keese war stolz darauf, daß auch Unbekannte im Ausland an sie dachten. Niemals wurde eine Dame, die keine Dame war, am Betreten des Hauses gehindert. Erst beim Verlassen bat man sie diskret ohne weitere Erklärungen, nicht wiederzukommen.

Nach Ilonka Keeses Tod stand W. Bernhard Keese auch öfter am Eingang, ging dann aber wieder ins Büro. Schon zu Lebzeiten von Ilonka hatte er die Bücher gemacht, den Einkauf besorgt und ein raffiniertes Kontrollsystem entwickelt: Kein Tropfen Whisky wird verschenkt, und nichts kann unterschlagen werden. In Weiß wäre W. Bernhard Keese noch besser zur Geltung gekommen als in seiner Lieblingsfarbe Grau; in einem weißen Kittel stellte man ihn sich manchmal als Inhaber eines renommierten Delikatessengeschäftes vor. Man konnte ihn auch für einen Oberstudienrat halten, der vorzeitig pensioniert wurde und noch einmal das Fach gewechselt hat. Der Kolumnist Art Buchwald nannte ihn in einer Reportage in der *New York Herald Tribune* Dr. Keese.

Der Sprung von Eimsbüttel zur Reeperbahn glückte, obwohl zahlreiche Stammgäste befürchtet hatten, der Ruf des Ballhauses würde auf St. Pauli leiden. Nur Damen, die keine waren, aber so aussahen und alles für Geld taten, kamen häufiger, und Damen, die Damen zu sein schienen, sich im »Café Keese« aber nicht als Damen fühlen wollten und dann für Liebesdienste Geld verlangten oder Geld dazugaben. Der überwiegende

Teil der Damen besteht aber immer noch aus Sekretärinnen, Kontoristinnen, Behördenangestellten, Witwen, geschiedenen Frauen und Krankenschwestern. Vor zwanzig Jahren betrug der Altersdurchschnitt der Damen dreißig Jahre, heute liegt er bei fünfundzwanzig. Bei den Herren ist der Anteil von Vertretern, Autohändlern, Abteilungsleitern, mittleren Gewerbetreibenden und Ärzten unverändert hoch. Auch Siebzigjährige sind darunter, die aber noch wie sechzig aussehen wollen.

50 000 Ehen wurden bisher im »Café Keese« gestiftet. Die Heiratsanzeigen sind gesammelt worden. Und jedes Ehepaar erhielt sofort eine Flasche Jubiläumssekt. Auf dem Etikett war das Jahr ihrer Hochzeit verzeichnet. Hunderte von »Keese-Ehepaaren« werden zum fünfundzwanzigjährigen Jubiläum eingeladen.

Eines der Ehepaare hat ein Papier- und Geschenkartikelgeschäft in Hamburg-Winterhude. Der Mann sagte: »Mein Sohn darf aber nicht wissen, wo ich meine Frau kennengelernt habe.«

Der neue Inhaber des »Café Keese«, H. P. Feussner, war Drogist und dann Vertriebskaufmann; er will aber nicht sagen, was er vertrieben hat. Zwei Jahre verhandelten er und sein Partner K. Tietje, der Installateur lernte und dann auch Vertriebskaufmann wurde, mit Keese.

H. P. Feussner kommt am besten in Glencheckanzügen zur Geltung und hat eine Vorliebe für Weißgold. Und er wird, sagt er, den Charakter des Hauses nicht um einen Zentimeter verschieben. Aber er bedauert, daß im »Café Keese« in Berlin nur dreißig Prozent der Damen die Herren zum Tanz bitten, während es im »Café Keese« in Hamburg und im »Café Keese« in Niendorf/Ostsee fünfundneunzig Prozent sind. K. Tietje kümmert sich jetzt um Berlin. Und in den drei Häusern stehen bald wieder Pagen. Studentinnen müssen in die roten Uniformen schlüpfen. H. P. Feussner will auch namhaften St.-Pauli-Gastronomen einen Antrittsbesuch machen. »Sollten sie aber einmal unverschämt werden«, sagte H. P. Feussner, »– wir haben ja noch unsere Zeitschriften im Hintergrund, wo man entsprechend über sie schreiben könnte; eine Drohung damit würde wahrscheinlich genügen. Allein von *St. Pauli Extra* gehen 400 000 Exemplare in alle Welt, und das ›Café Keese‹ ist bekanntlich weltberühmt.«

Problem mit dem Tütenmüll

Mein Abfalleimer war voll. Die Ascheimer waren voll, aber nicht zu voll. Ich verteilte den halben Inhalt meines vollen Abfalleimers in die nicht zu vollen Ascheimer und füllte die andere Hälfte in eine Plastiktüte.

Der Deckel einer Konservendose riß die Tüte ein, und ich stellte die Tüte in eine größere Tüte.

Die vorbeigefallenen Apfelsinenschalen legte ich in die Papiertüte, wo die Apfelsinen vorher gelegen hatten.

Ich ging zu dem öffentlichen Papierkorb an der Bushaltestelle. Er war noch leer. Da hielt ein Auto, der Fahrer sprang heraus und warf zwei volle Plastiktüten in den Papierkorb.

Der Papierkorb war nun voll, aber nicht zu voll. Ich drückte meine Tüte in eine Lücke. Die Tüte mit den Apfelsinenschalen paßte noch darauf. Ich drückte auf die Tüte. Aber die Tüte ging hoch. Ich drückte die Tüte hinunter.

Ein Busschaffner starrte auf die Tüte. Als sie wieder hochging, wollte er etwas sagen, aber ich drückte die Tüte wieder runter. Sie ging wieder hoch. Der Busschaffner sagte nichts. Ich drückte die Tüte mit beiden Händen nach unten. Sie ging nicht wieder hoch, und der Papierkorb war voll, aber nicht zu voll.

Die Tüte ging nicht wieder hoch, aber durch die Apfelsinenschalen war das Papier feucht geworden. Es konnte jeden Augenblick platzen. Ich wollte gerade nachsehen, ob es wirklich platzen würde, da platzte es, und die Apfelsinenschalen quollen heraus.

Ich sammelte die Apfelsinenschalen ein, und was darunter war, ging jetzt höher. Die Konservendose wurde sichtbar. Sie ging aber nicht viel höher, weil der Deckel irgendwo hakte. Ich legte die Apfelsinenschalen in die Konservendose, drückte den Deckel herunter, holte eine neue Plastiktüte und stülpte sie über den Papierkorb. Langsam hob sich die Tüte Ich drückte sie herunter. Der Busschaffner sagte: »Der Papierkorb ist zu voll.«

Ich drückte noch einmal auf die Tüte und sagte: »Der Papierkorb ist voll, aber nicht zu voll.« Der Busschaffner stieg in den nächsten Bus.

Ein Mann mit einer Aktentasche näherte sich dem Papierkorb. Er zog die Tüte vom Papierkorb, öffnete seine Aktentasche und drückte eine Flasche zwischen die Tüten. Sie ging hoch. Der Mann drehte sie um und schob sie mit dem Flaschenhals hinein. Als sie trotzdem wieder hochging, stellte er sie schräg. Der Rand des Flaschenhalses fand jetzt unter dem Rand des Papierkorbes Halt. Die abgezogene Tüte hatte er aber mit eingeklemmt.

Die eingeklemmte Tüte wurde vom Wind aufgebläht. Ich stülpte sie wieder über den Papierkorb. Der Mann sagte: »Die Tüte geht hoch. Das liegt aber nicht an der Flasche, die Tüte sitzt nicht stramm genug.«

Ich sagte: »Das Fassungsvermögen der öffentlichen Papierkörbe liegt zwischen zwanzig und vierzig Litern. Das ist der Papierkorb mit zwanzig. In Ballungszentren werden die öffentlichen Papierkörbe täglich geleert, aber hier nur einmal in der Woche. Die Leerungshäufigkeit richtet sich ganz nach der Inanspruchnahme.«

Weihnachten 2. Klasse

Am Heiligen Abend setzen sich auch Rentner mit Schlips in den Wartesaal 2. Klasse. Und sie geben ein Bier aus, wenn sie sich einbilden, daß ihnen jemand zuhören will, oder wenn sie zuhören und ihre Meinung sagen dürfen oder wenn da einige sitzen, die sich nicht um sie kümmern, aber vielleicht doch mal was sagen könnten. Die Rentner und die anderen da warten meistens nicht auf den nächsten Zug.

Und die Bahnpolizisten draußen überlegen, wann sie wieder hineingehen sollen, um sich die Fahrkarten vorzeigen zu lassen. Ein älterer Bahnpolizist geht dann wieder rein, wegen seiner grauen Haare. Bei der Gelegenheit wirken sie wenigstens mal. Bis zwölf bleibt es ziemlich ruhig, und nach zwölf lassen sich zwei Bahnpolizisten die Fahrkarten zeigen. Wer keine Fahrkarte hat, kommt wieder, setzt sich aber nicht erst hin. Der Wartesaal 1. Klasse ist am Heiligen Abend geschlossen.

In den Lokalen, die am Heiligen Abend offen haben, tun die Stammgäste immer so, als ob der Wirt nur mit ihnen feiern will. Sollen doch die anderen anfangen. Das dauert bis zwölf. Dann fangen die anderen an. Das dauert länger. Und die anderen sollen dann für die Stammgäste manchmal auch noch zahlen.

In einem Lokal, wo nur Männer verkehren, stehen Gabenteller auf den Tischen, und wer sich hinsetzt, dem gehört auch der Teller. Aber es kommen höchstens drei oder vier Gäste, obgleich der Wirt immer meint, diesmal werden es mehr. Wer nicht schwul ist, kriegt auch seinen Teller, und Weihnachtslieder möchten sie alle singen, aber fangen sie endlich damit an, ist doch immer einer dagegen und rennt zur Toilette.

Und da bilden sich doch welche ein, daß die Puffs geöffnet sind. Sie wollen sich eine aussuchen, mit der sie feiern können, nicht unter Zeitdruck und gemütlich und auch nicht zu teuer. Aber die Puffs sind dicht, und nichts ist schlimmer, sagen die im Puff, als Männer am Heiligen Abend im Puff, die hören mit ihren Familiengeschichten nicht wieder auf.

Wenn eine Frau dann in ein Lokal kommt, wollen die Männer gleich alles von ihr wissen. Und einer tut dann immer so, als wisse er das längst, und bildet sich ein, die würde mit ihm nachher weiterfeiern, er brauche nur zu nicken. Und ist sie dann betrunken und hält sich fest, will man sie treten, und einer tritt auch zu.

In Trupps kommen sie jetzt auch, diejenigen, die eine Cola bestellen und vielleicht noch eine, und die dann dasitzen und sich nur mit Blicken verständigen, und mit Kniestößen, und die gegen Weihnachten sind und von dem Wirt dann angekotzt werden wegen der Cola.

Den Polizeiwachen wird oft Kuchen spendiert und Schnaps. Und Grauhaarige sitzen da, weil sie keine kleinen Kinder mehr zu Hause haben, und sie erzählen von früher. Und die Besatzungen der Funkstreifenwagen fahren spazieren und hören Radio und essen Kuchen. Aber sie werden beobachtet. Immer sitzen Leute am Fenster, die nicht schlafen können oder dastehen und darauf warten, daß irgend etwas passiert, ausgerechnet vor ihren Fenstern.

Mehr Frauen an die Macht?

Sie gehört zu den »Trümmerfrauen« und hat auch nichts dagegen, wenn man sie eine alte Frau nennt. Dunkelblond war sie. Ihren Nackenknust schnitt sie sich im März 1945 ab. Und sie gesteht, vor Hitler einmal in den Straßenstaub gefallen zu sein; die Frauen hinter ihr hatten sich immer weiter vorgedrängt, und sie stand ganz vorn und rutschte aus. Anna heißt sie mit Vornamen, hört aber lieber auf Anne, weil das weicher klingt. Ob Adolf Hitler für die Frauen damals der Mann war, der alles in einem gewesen ist? Sie sagte: »So im Hinterkopf bestimmt.« In der NSDAP war sie nicht. Ihr Mann trat 1936 ein und meinte, das genüge, denn er denke und fühle für sie mit. Sie raucht und trinkt auch heute noch nicht und cremt sich ihr Gesicht nur ein, besonders im Sommer.

Die Geburt ihres ersten Sohnes kündigte ihr Mann in einer Anzeige an. Darin stand, daß Anna dem Führer einen Sohn geschenkt habe. Anna wollte noch einen Sohn haben, ihr Mann kam aber nicht auf Urlaub. Er fiel bei einer Frontbegradigung. Und in der Todesanzeige stand: »In stolzer Trauer. Anna Seibold und Sohn«. Die Front rückte danach immer näher, und der Luftschutzbunker kriegte außer Bomben auch Granaten ab. Da verpackte Anna ihren Sohn in den Kinderwagen und nahm die warme Unterwäsche mit und die Bettwäsche aus Leinen und genug Watte. Bei einem Bauern tranken sie zu fette Milch und hatten kein Mittel gegen Durchfall. Und weiter im Westen kümmerte sich Anna dann um einen Leichtverwundeten, der nach einem Tieffliegerangriff auf einen Lazarettzug versucht hatte wegzulaufen.

Eineinhalb Jahre später bekam sie ein Kind von ihm. Es war eine Tochter, und er fand als Turn- und Zeichenlehrer wieder eine Mittelschule, und sie wurde aushilfsweise Handarbeitslehrerin. »Wir heirateten vier Wochen nach dem Verkehr«, sagte sie. »Mein Mann war kurz vor der Eintrittssperre noch in die Partei eingetreten. Ich sollte ihm nach unserer Tochter noch einen Sohn schenken. ›Schenken‹, das sagte man kurz nach dem Krieg ja auch noch.«

Beide wählten Konrad Adenauer, für Anne war er ein richtiges Großvaterwunder. Über andere Politiker konnte sie nie mehr so lange nachdenken. Zwei Töchter brachte sie dann noch zur Welt. Ihr zweiter Mann war über ein Jahr bettlägerig und starb langsam. Sie hatte ihn bei sich zu Hause und saß an seinem Bett. Und nun sorgt sie dafür, daß ihre Kinder sie nicht zu oft bedauern, und wenn sie hört, daß Frauen auf dem Vormarsch sind, denkt sie zurück und bekommt es mit der Angst. Mehr Frauen an die Macht? Anna, sprich Anne, weiß schon lange Bescheid über Frauen und Männer und ist für Frauen, die wissen, was sie können, und die Männer das spüren lassen, wie Krankenschwestern auf dem Bettrand, und möchte auch an Dauerglück und ewigen Frieden glauben. Aber sie weiß ja, wie das mit dem Glauben so ist; bei jedem, letzten Endes ...

Emigranten und Asylanten

Rosenberger fragt sich immer wieder nach dem Unterschied zwischen Emigranten und Asylanten. In New York, wo er Ende 1937 zusammen mit seinem Onkel von der Einwanderungsbehörde abgefertigt wurde, gab es Emigranten, die entweder nachweisen konnten, daß sie sich einen Namen gemacht hatten, oder in ihrem Fach etwas galten. Aber Rosenberger mußte eigentlich noch zur Schule gehen; sein Vater hatte ein Herrenoberbekleidungsgeschäft gehabt, seine Eltern hatten Selbstmord durch Gas verübt, und Rosenberger brach die Balkontür auf, weil die Wohnungstür verriegelt war.

Sein Onkel war Buchhalter in einem Warenhaus gewesen und sagte in New York zum Chef einer Ladenkette, daß er Jude sei und auch politisch verfolgt wurde und aus Deutschland käme. Der Chef sagte: »Wenn Sie Deutscher sind, dann sind Sie der Richtige, daß Sie Jude sind, ist Ihre Sache.« Und Rosenberger, der sich für Elektrotechnik interessierte, sagte sich, mach es doch genauso wie dein Onkel, und sagte zu dem Chef eines Elektroladens, daß er Emigrant sei und aus Deutschland käme. Daß er Jude ist, vergaß er in der Aufregung. »Wenn Sie Deutscher sind, verstehen Sie Ihr Fach«, sagte der Chef, und Rosenberger brachte sich selber alles Notwendige bei.

Und nun findet Rosenberger, der seit sechs Jahren wieder in Deutschland ist, er hatte den amerikanischen Elektroladen 1957 gekauft und um zwei Filialen erweitert und 1980 alles wieder verkauft, um in die Heimat zurückzukehren und gesünder zu leben und eine Menge für seine Erinnerungen zu tun: Emigrant, das hört sich viel besser an als Asylant, als Emigrant kam man sich auch nicht wie ein Eindringling vor, man wechselte die Sprache und war so fleißig wie bisher und verbesserte laufend die Fachkenntnisse, und manchmal schien es, als wäre man nur für längere Zeit auf Reisen. Und ständig blieb der gute Ton.

Und Asylanten? Das hört sich so nach Leuten an, die in Obdachlosenasyle gesteckt werden müssen, nicht mehr wie früher: rein in den Gestank, sondern mit Betten, Duschen, Freifahrscheinen und den Dauerblicken in die Ferne. Und Rosenberger überlegt: Welcher Tamile, der sich, wie er, für Elektrotechnik interessiert, wird später als anerkannter politischer Flüchtling in einen Elektroladen gehen können, um es so ähnlich zu machen wie er, Rosenberger, damals Mitte 1937?

Und Kurt Rosenberger stellte fest: Emigranten und Asylanten – die Ungleichheit entsteht schon durch die Begriffe. Aber je länger er immer wieder darüber nachdenkt, desto öfter spürt er selbst einen ironischen Ton in seiner Stimme und sagt sich: Man soll möglichst keine Vergleiche ziehen, ein Begriff löst eben mit der Zeit den anderen ab und der Tod Gott sei Dank das Leben.

Von Kopf bis Fuß

Hellblaue Unterwäsche empfahl ihm die Verkäuferin, so eine vollklimatisierte, ganz in sich geschlossene Kombination, und Strümpfe ohne Gummizug, und keine Flatterhose, aber eine mit genug Luft für hinten, und ein weißes Sporthemd. Weil er seine genauen Maße nicht kannte, wand sich das Zentimetermaß um Hüfte, Brust und Hals. Dabei atmete er stoßweise. Das Jackett schien in den Schultern zu füllig, die Verkäuferin meinte jedoch, daß dadurch seine Unterpartie schmaler wirke, besonders die kerzengeraden Beine machten ihn zu einem sportlichen Typ. Er hätte antworten können, daß seine Knie Spuren einer Verdikkung aufwiesen.

Die Schuhe mit Ledersohlen brauchte er, man sollte seine Schritte hören, und die Verkäuferin versorgte ihn noch mit zwei weißen Batist-Taschentüchern. In der Zusammenstellung hätte er auch ohne Schlips gehen können, band sich aber dann doch einen um, auf dem rote und grüne Punkte Abstand voneinander hielten.

Die Verkäuferin bat ihn, sich mit den neuen Sachen einmal im Ganzen zu sehen, und er ging in die Umkleidekabine, wo ein Schuhanzieher über einem Hocker hing. Der Vorhang ließ keinen Schimmer durch. Die Verkäuferin schrieb inzwischen die Rechnung und fragte, wie weit er denn nun sei. Er schlug den Vorhang beiseite, gab ihr das Geld, fuhr sich durch die Haare und hätte antworten können, daß er sich selbst kaum wiedererkenne, atmete auf dem Hocker noch ein paarmal stoßweise und zog den Vorhang wieder zu. Die Verkäuferin holte zwei Plastiktüten für die abgelegten Sachen und hielt die eine schon auf.

»Mit einem Herzinfarkt muß man ja heute überall rechnen«, sagte sie zu dem Notarzt, »aber daß sich jemand vorher von Kopf bis Fuß neu einkleiden läßt ...« In seinen neuen Sachen trug man ihn aus dem Laden. Die alten kamen in den Plastiktüten hinterher.

Spaziergänge mit Prominenten I (1969)

Mit Oskar Kokoschka rund um das Haus

Oskar Kokoschka sagte: »Ich bin in meinem ganzen Leben nicht spazierengegangen. Entweder stehe ich oder sitze, und jetzt regnet es. Wir können nachher einmal ums Haus herumgehen; hinter dem Haus steht ein Kirschbaum, der für die Vögel da ist, und vorn einer, der uns selten was bringt.«

Ein attischer Kopf ohne Nase stand auf dem Bücherbord. »Er ist von dem Bildhauer senkrecht geschlagen worden und entstand etwa um 450 vor Christus«, erklärte mir Oskar Kokoschka. »Wäre es trocken draußen«, fügte er nach einer Pause laut hinzu, »würde ich ein Feuer machen, im gewissen Sinne bin ich Pyromane. Malen ist für mich Feuermachen!«

Oskar Kokoschka ging auf und ab: »Ich wandle mich – es wandelt sich etwas in mir – eine Verwandlung geschieht mit mir, vor einer Wand, einer Scheidewand.« Er streckte seine Finger aus: »Meine ›Fühler‹ werden bei diesem Gedanken länger, ich meine den Tastsinn ...«

Bevor ich wieder den attischen Kopf betrachtete, sagte Oskar Kokoschka: »Andere werden alt, ich kann nicht alt werden.«

Der Regen kühlte die Luft nicht ab.

»Ich hätte wirklich gern ein Feuer gemacht, wenn es draußen trocken gewesen wäre«, sagte er zu dem attischen Kopf hin, »und nach der Explosion einer Atombombe bleibt vielleicht ein Glas von mir übrig, ein Glas, wie ich es gesehen und gemalt habe, und ich sage mir: Du bist unter Umständen als Dokument der einzige Mensch, der übrigbleibt ... Die Welt existiert nicht ohne mich, und so lange mußte sie auf mich warten.«

Wir gingen an der Treppe ohne Geländer vorbei, die ins Zimmer über uns führte. Auf den Stufen lagen Bücher. »Der Architekt bestand aus Sicherheitsgründen auf ein Geländer«, sagte Oskar Kokoschka, »aber ich dachte gar nicht daran, diese Vorschrift zu erfüllen. Ich widersetze mich den Menschen, das ist kein Mißtrauen, eher Trägheit gegen die Wandlung; und in mein Bett habe ich ein langes Holzbrett gelegt, ich muß festen Grund unter mir haben. Aus der Höhe in den tiefsten Dreck zu fallen ergab bisher oft wunderbare Situationen ..«

Wir hörten den Regen nicht mehr. Oskar Kokoschka blickte in den Garten: »Er ist 2500 Quadratmeter groß, da sind Rosen und Himbeeren, Arbeit macht der Rasen, an den Garten grenzt die Straße, den Blick auf den Genfer See kann mir niemand verbauen. Vor ungefähr sechzig Jahren reiste ich zum erstenmal in diesen Kanton, soll ich sagen, wie idyllisch das alles war? Heute verschwindet langsam Stück für Stück in Beton ... Was die anderen Leute hier in Villeneuve machen, weiß ich nicht.«

Seine schwarzen Slipper waren nichts für das Wetter, doch sie paßten zum Haus und Garten genauso wie die leichte Jacke und der sorgfältig geschlungene Knoten der Krawatte; der Kopf paßte woanders hin, nicht auf das Grundstück und in diese Gegend.

Wir kehrten zu dem attischen Kopf zurück. »Ins Museum gehe ich, sonst nirgendwohin«, sagte Oskar Kokoschka. »Ich war in Paris und ging in den Louvre und sah mir einige Dürer-Zeichnungen an. – Ob ich denn nie in Paris spazierengegangen bin? – Paris ist langweilig und staubig, mir mißfällt die ›Bistro-Atmosphäre‹, und die Posen der Maler und Schriftsteller sind zum Lachen, von einer Ausnahme abgesehen: Der Zeichner Jules Pascin interessierte mich damals, ich versuchte dem Menschen näherzukommen, weniger dem Künstler. In seinem Haus waren stets Leute, die sich amüsierten, und er beobachtete sie zynisch, jedoch in verhältnismäßig guter Laune, bis er plötzlich das Spiel aufgab; sein Leben lief in direkter Linie, nahezu harmonisch, auf den Selbstmord zu. Ich mietete das Haus, kam allerdings niemals hin. Im Jahre 1929 entschloß ich mich dann, das Haus wiederzusehen. Es war im Winter, ich traf ohne Wolldecke ein, einen Mantel besaß ich selten, im Haus war der Strom abgestellt, ich stürzte, zog mir eine Sehnenzerrung zu, ein alter Bekannter von Pascin, der nach Zwiebeln und Alkohol roch, schaute herein. Er empfahl mir, falls ich Bilder zu verkaufen hätte, für den Erlös gleich Aspirin und Alkohol zu kaufen. Ich vermietete das Haus ... Geh nicht nach Paris, sagte ich mir, als ich emigrieren mußte. Das riet ich auch dringend Walter Hasenclever, dem Dichter. Auf einer meiner Lithographien ist sein Porträt. Ich schrieb später darunter: ›Walter Hasenclever ging dort hin und ging dort unter.‹ Das Blatt befand sich in einem Paket mit Lithos von mir, das in der Schweiz den Krieg überdauerte.«

Ich sagte, daß ich ihm Ahnungen zutraue.

»Das war keine Ahnung, nein, ich hatte nur bessere Augen. Ich ging nach London. Dort konnte ich sogar im Bus deutsch reden, es störte niemanden, und ich wurde in Ruhe gelassen. In England konnte man als Maler ohne Geld leben und geriet nicht in solche Schwierigkeiten wie in Paris. – In London bin ich auch nicht spazierengegangen ... Ich bin übrigens sehr für Mädchen und hätte an einem bekannten Mädchen-College in Amerika unterrichten können, aber ich bin in England geblieben.«

Sah er mir an, welche Frage ich daraufhin stellen wollte?

Oskar Kokoschka schlug mit der rechten Hand auf eine Stuhllehne: »Ich habe keine Freunde. Als junger Maler hatte ich in Wien eine Art Schutztruppe, man griff mich auf mannigfache Weise an, wir verstanden uns, die Truppe ist längst tot.«

Wären wir spazierengegangen, wäre er bestimmt jeden Augenblick stehengeblieben, er sprach jedes Wort mit Nachdruck und hätte deshalb einen Platz dafür gebraucht.

»Ich mache alles am liebsten nur einmal«, sagte er, »und mir fehlt die sogenannte Liebe zu den Menschen, allerdings interessieren sie mich ungeheuer.«

Seine Blicke reichten über die Sträucher im Garten hinaus, während er sagte: »Daß in Marbach Briefe von mir versteigert wurden, die ich an eine Krankenschwester, Mitglied des österreichischen Hochadels, zwölf Jahre lang geschrieben hatte, im

Lazarett fing ich 1917 damit an, ist ärgerlich. Ich konnte mich nicht entschließen, sie zu heiraten … Ich bin Fischgeborener … Nach außen war ich ganz närrisch … Wenn ich diese Briefe bloß kaufen könnte … Aber meinen Bruder liebe ich sehr, er lebt in Wien und ist zehn Jahre jünger als ich, heißt mit Vornamen ›Bohuslav‹. Er ist mir als Schriftsteller überlegen, seine Bücher erschienen zwar nie, weil immer gerade Krieg war oder die Verlage Konkurs machten. Ich sagte, nimm einen anderen Namen an, das kann dir helfen. Bohuslav ist ursprünglicher als ich und als Persönlichkeit geschlossener. Und er malt. Als Maler ist er mir wahrscheinlich nicht überlegen. Ich habe Angst vor ihm. Er wohnt in dem Haus, das ich für unseren Vater gekauft hatte, baute in letzter Zeit zuviel an, ich fürchte, es bricht unten demnächst zusammen, und was nun den Schriftsteller Oskar Kokoschka betrifft: Meine Geschichten – ›Spur im Treibsand‹ – sind bereits ins Englische und Französische übertragen worden, in Kürze folgt die italienische Ausgabe. In den USA und in England werden meine Theaterstücke gespielt, und in Amerika hat man viele Dissertationen darüber angefertigt … Mein erstes expressionistisches Drama schrieb ich mit neunzehn. Heute gelten meine Dramen als Pionierstücke. Ich wurde tatsächlich rot, als ich hörte, was ich so alles bin. Expressionismus? Als ich neunzehn war, gab es ja noch gar keinen … Für mich war das die ›Rostzeit‹, da gab es die ersten Autos, aber nicht in Wien.«

Die Flasche Wein war leer. Oskar Kokoschka hatte mir gesagt, er trinke morgens, besonders bei der Arbeit, Whisky und abends Wein, und nach dem Zähneputzen würde er nicht mehr rauchen. Meine Blicke gingen immer wieder zwischen seinem Kopf und dem attischen Kopf hin und her. »Der Doktor Adenauer hat zu schweren Wein getrunken« – Oskar Kokoschka überlegte – »doch schlimmer war das Speiseöl bei seinem letzten Besuch in Spanien … Der Adenauer stand auch gern. Er sagte es mir sofort, und ich dachte, zum erstenmal steht einer gern. Das verband uns. Er meinte: ›Sie sind der einzige Mensch, mit dem man seriös politisieren kann.‹ Er mußte reden. Und er redete und redete … Menschen interessieren mich wirklich ungeheuer …

Im Dreißigjährigen Krieg fraßen bayrische Mütter ihre Kinder, und später entstanden für die Mütter und die Kinder die schönsten Barockkirchen … Wie plastisch der Mensch ist, er verschluckt alles und gibt es wieder fort … Und Malen, das ist ein Prozeß wie Feuermachen.«

Auf einigen Borden stand Spielzeug. Oskar Kokoschka sammelt Spielzeug. Auch Fotos sind für ihn Spielzeug.

Wir schritten um das Haus herum.

Der Kirschbaum, der für die Vögel da war, hatte über dem Boden einen Durchmesser von achtzig Zentimetern. Oskar Kokoschka drückte in Kniehöhe gegen den Baum. An der Stelle gab er nach. Dann stellte Oskar Kokoschka sich wieder aufrecht vor die weit ausgreifenden Äste.

Ich wollte noch einmal mit ihm ums Haus herumgehen, aber er schüttelte den Kopf: »Ich lasse mich nie aus meiner Achse herausdrehen. Bleiben wir so stehen.«

Mit Rudolf Augstein durch das Alstertal

Rudolf Augstein ließ den Cadillac stehen und fuhr seinen Peugeot aus der Garage. Dann rief er seiner Frau zu: »Bring mir ein Stück Geld!«

Seine Tochter jammerte: »Papi, geh nicht weg.« Sie wiederholte es fünfmal und spielte mit einem Kugelschreiber. Rudolf Augstein nahm ihn ihr weg. Auf seinem Handrücken blieb ein blauer Strich. Der Briefträger kam auch noch.

»Als hier überall Laubenkolonien waren, hätte sich ein Spaziergang gelohnt«, meinte Rudolf Augstein. »Auf der anderen Seite der Alsterkrugchaussee sind aber noch welche.«

Er sah nicht hin.

Wir fuhren am Ohlsdorfer Friedhof vorbei. Ich sagte: »Da kann man stundenlang spazierengehen.«

»Da bin ich früher oft spazierengegangen.«

Ich blickte nach rechts, zum Friedhof hinüber, und er nach

links, wo die Badeanstalt ist. Er hielt in einer Seitenstraße und ließ den Mantel offen. Der letzte Sturm hatte Bäume entwurzelt. Viel Laub war nicht auf dem Weg, und die Blätter an den Bäumen waren noch nicht ganz gelb. Rudolf Augstein trug die richtigen Farben für dieses Wetter. Und den Kragen seines Sporthemdes hatte er über den Pulloverrand gezogen.

»Kürzlich wirkten Sie in einem modischen Anzug größer«, sagte ich.

»Wenn man zu Anzügen wenigstens keine Krawatten tragen müßte.«

»Sie hielten Ihren Kopf höher, daran lag es.«

Sein Kopf blieb gesenkt.

Ich sagte: »Das ist kein schlechter Weg für einen Spaziergang, genau zwölf Stunden vor dem Geburtstag. Sie werden morgen vierundvierzig.«

»Ich glaube, wir sind ungefähr ein Jahrgang ... Leute, die sechs Jahre jünger sind, gehören in meinen Augen bereits einer anderen Generation an. Nehmen Sie mal Enzensberger und Günter Grass. Grass hätte niemals so unbefangen seine ›Blechtrommel‹ schreiben können, wenn er in meinem Alter gewesen wäre. Ich lernte den Krieg gründlich kennen.«

»Er ist so enttäuscht von der SPD.«

»Die SPD hat genau das getan, was sie ihren Wählern versprach; also kann man nicht enttäuscht sein. Ich dachte nach der Gründung der Großen Koalition, nun gibt es für dich nichts mehr zu tun. Aber es wurde doch mehr, als ich erwartete. Denken wir nur an die Notstandsverfassung und das Mehrheitswahlrecht.«

Ich knöpfte meinen Mantel auf und sagte: »Auf der Tagung der Gruppe 47 trugen Sie ein ähnliches Hemd und hatten Ihre Hände meistens in den Hosentaschen.«

»Die Gruppe gefällt mir natürlich. Ich beobachtete die Gruppenbildungen innerhalb der Gruppe und deren Taktiken. Auf der Tagung überzeugte mich Grass nicht, in Frankfurt auf der Messe jedoch fand er meine Zustimmung.«

»Man sagte, er wäre geschickt gewesen.«

»Warum tut man denn immer, als wäre Geschicklichkeit etwas, das mit Tricks und Raffinesse zusammenhängt; sie ist einfach ein Ausdruck der Vernunft und braucht deshalb nicht besonders betont zu werden. Wann lernt man das endlich bei uns.«

»Warum haben Sie eigentlich nicht studiert?« Wir wichen im Gleichschritt einer Pfütze aus.

»Dann hätte ich in Göttingen gesessen und gefroren. Aber so, wie man heute studiert, hätte ich schon gern studiert. Wozu brauchte ich zu studieren? Ich kann systematisch und methodisch denken, das würde genügen, um eine Doktorarbeit zu schreiben ...« Er konnte sein Lächeln länger in den Augen halten als in den Mundwinkeln.

»... Ich hätte wahrscheinlich Jura studiert, wäre damit aber der Macht zu nahe gewesen. Mein Bruder Josef wurde 1933 Referendar, er wußte das damals noch nicht so genau; ich erkannte die Gefahr.«

Er steckte die rechte Hand in seine Hosentasche und behielt die linke im Mantel. Ich sagte: »Jens müßten Sie heißen, der Vorname paßt besser zu Ihnen als Rudolf.«

»Sie denken an mein ehemaliges Pseudonym. Ich weiß gar nicht mehr, wie ich eigentlich dazu kam.«

Ich steckte meine linke Hand in die Hosentasche und behielt die rechte im Mantel. Wir gingen wieder im Gleichschritt. Ich sagte: »Morgen kommen Ihre Freunde.«

»Freunde?« Wir kamen aus dem Gleichschritt. »Ich bekomme viel Post und habe ausgesprochene Brieffreunde, die ich aber nie sehe. Ich erkenne an einem Blick, einer Handbewegung, einer Pause oder einem Satzanhängsel, wer mein Freund ist. Für Freunde braucht man Zeit, und mir fehlen jeden Tag etwa zwei Stunden. Paul Sethe hätte ich gern noch einmal gesehen, bevor er starb.«

Auf einem Hügel neben einem Bungalow graste ein braunes Pferd. Die Fensterrahmen hatten das gleiche Braun, auch Rudolf Augsteins Schuhe.

»Leibesübungen möchte ich treiben«, sagte Rudolf Augstein, »für Pferde fehlt mir die Zeit und der Platz, und es ist ungesund, nur einmal in der Woche aufzusitzen. Golf gefällt mir nicht wegen der Leute, die Golf spielen. Ich würde Tennis spielen, doch dafür sind meine Fußsohlen leider zu empfindlich. Ich werde häufiger Ski laufen.«

»Wird Ihnen dabei nicht schwindelig?«

»Schon in vier Meter Höhe kann mir schwindelig werden; aber das hat nichts mit dem Skilaufen zu tun.«

»Sind Sie als Kind mal irgendwo heruntergefallen?«

»Nicht daß ich wüßte. Es kann ebensogut an den Augen liegen oder an einem Mangel an Adrenalin. An meinen Augen liegt es nicht.«

Eine Frau sagte zu ihrem Mann: »Zum Mittagessen müssen wir zu Hause sein.«

Ich sagte: »Das Ehepaar geht so wie das vor ihm und das hinter uns.«

Rudolf Augstein sagte: »Da muß ich an Martin Luther denken. Was der über die Ehe gesagt hat.«

»Wenn man verheiratet ist, wundert man sich wohl manchmal, daß da immer jemand ist.«

»Und wobei der überall ist.«

»Und wie das aussieht, und auf welche Gedanken man kommt ...«

»Dieser Martin Luther ...« Rudolf Augstein machte mich auf einen klobigen Holztisch am Rande des Weges aufmerksam, der zwischen Bänken stand.

»Das hier wird alles unverändert bleiben«, sagte ich, »in zwanzig Jahren noch. Solche Gegenden werden geschützt.«

»Ich muß eine Kleinigkeit essen.« Rudolf Augstein bog rechts ab. Der Weg führte zu einem Lokal hinauf.

Wir setzten uns in die Nähe der Tür und blickten auf den Weg, der zum Lokal geführt hatte. Ich sagte: »Das Lokal steht hier schon länger als zwanzig Jahre, und in zwanzig Jahren sind Sie vierundsechzig.«

Rudolf Augstein bestellte Leberknödel mit Sauerkraut und zwei Malteser: »In zwanzig Jahren, sagen Sie ... Inzwischen könnte man ein hübsches Buch schreiben.«

Ich sagte: »Inzwischen könnte Sie doch auch eine Lehrtätigkeit interessieren. In zehn Jahren haben die Studenten ihre Reformpläne zum größten Teil durchgesetzt.«

»Falls eine Berufung erfolgen würde, wäre ich sofort bereit; aber das darf nicht so sein wie bei Erich Mende, der sich angeboten hat.«

Er schob den Teller beiseite. »Aber vorher mache ich noch eine Tageszeitung und werde das volle Risiko tragen, den Plan gebe ich nicht auf, ich arbeite ununterbrochen daran.«

Er zog einen Fünfzigmarkschein aus der Tasche und spielte damit. Der Kellner fragte, ob er die Zeche davon abziehen solle. Rudolf Augstein prüfte noch einmal die Rechnung und sagte zu mir: »Ich habe keine Beziehung zu Geld.«

Er sprach plötzlich von Limericks und fand, daß man Nachnamen verschonen müsse. Wir kamen dabei zufällig auf William S. Schlamm. Rudolf Augstein sagte: »Groteskerweise bin ich oft seiner Ansicht.«

Wir gingen denselben Weg zurück. Ich wollte Rudolf Augstein wieder rechts gehen lassen, aber er ging links. Ich sagte: »Helmut Schmidt nennt Sie Rudi, doch von einem ›Rudi‹ haben Sie nichts: Wenn man dagegen Rudolf sagen würde, und zwar ganz langsam, gewinnt der Name an Gewicht, er vermittelt den Eindruck von einem beständigen Menschen, der alles abwägt und Vertrauen genießt.«

»Rudi paßt zu Dicken; Schmidts Genosse Rudi Arndt ist ein Rudi.« Rudolf Augstein senkte seinen Kopf noch tiefer als auf dem Hinweg und sagte: »In einer vollen Straßenbahn könnte ich jetzt sitzen, aber ich kann mich nicht irgendwo durchschlängeln.«

Immer mehr Leute kamen uns entgegen. Als gerade niemand vor uns war, fing ich noch einmal von dem Buch an: »Sie werden bestimmt ein hübsches Buch schreiben; Ihr Stil eignet sich für Kolumnen aber vielleicht besser als für ein ganzes Buch, denken Sie an die weiten Strecken ...«

»Es ist ein eigener Stil. Selbstverständlich muß er unverändert bleiben, bis zur letzten Seite. Wenn mir das nicht gelingt, wird eben nichts aus dem Buch.«

Rudolf Augstein ging schneller. Ich fragte ihn, ob er niemals allein geht, nachts mal, irgendwohin?

»Wenn ich allein irgendwohin gehen würde und träfe ein Mädchen, das keine Bleibe hat, würde es bei mir bleiben. Es käme einfach mit und säße dann da, und ich hätte nichts dagegen. So eine würde ich treffen – und ich wäre wieder zu Hause, und wann käme ich dann nachts mal allein wieder irgendwohin?«

Ich stellte mir das vor und erkundigte mich nach seinem ältesten Sohn.

»Der studiert Jura ...«

Wir machten einen Bogen um ein Ehepaar, das die gleichen Hüte aufhatte ... »Aber er studiert außerdem noch Mathematik ... Er ist nicht bei mir, ich habe mich auch nicht allzuviel um ihn gekümmert; damit war er mit der Zeit ganz einverstanden. Wenn er mich braucht, wird er sich auf mich verlassen können. Das weiß er.«

»Ihr Jüngster liegt noch im Kinderwagen.«

»Reifere Väter sind gut für kleinere Kinder. Und ich bin achtunddreißigfacher Onkel.«

»Dort drüben stand vorhin das Pferd.«

»Und hier links ist ein Fußballplatz. Man müßte allein Fußball spielen können oder eine Altherrenmannschaft je nach Belieben mit einem Knopfdruck herbeizitieren.«

Wir gingen durch einen Brückenbogen. Rudolf Augstein machte »huch«.

Es erfolgte kein Echo.

Mit Axel Springer am Wannsee

Axel Springer holte mich im Journalistenklub seines Berliner Verlagshauses ab. Wir fuhren in seine Arbeitsräume im 19. Stock. Vor der Tür trat uns ein Herr entgegen. Axel Springer sagte: »Ich habe soeben über das ›Springer-Vermögen‹ verfügt und einen Glockenturm gestiftet.« Die Freude darüber drückte sich hauptsächlich in seinen Armbewegungen aus; die langen Arme schlenkerten hin und her und bestimmten auch seine Gangart. Ich dachte, gleich läuft er ein Stück.

»Hier bin ich am liebsten«, sagte Axel Springer und stellte sich ans Fenster. Hinter der Mauer standen zwei Hundehütten. Ich sagte: »Ob nun wohl Vopos kommen?«

Da traten sie aus dem Hintergrund, mit Regenumhängen.

Wir stellten uns an ein Fenster auf der anderen Seite und blickten auf die Kochstraße. »Was sich hier so alles abgespielt hat«, sagte ich, »vor allem in den zwanziger Jahren.«

Axel Springer sagte: »Mein Haus ist eine Sammelstelle für die Erinnerungen und Dokumente aus jener Zeit und wird immer mehr ein Mittelpunkt des kulturellen Lebens dieser Stadt.«

Neben seinem Schreibtisch stand ein flacher Tisch mit Fotos in Silberrahmen. In einem der größten Rahmen entdeckte ich die Fotografie seines toten Freundes Dependorf. »Das war wohl Ihr bester Freund?«

»Robert und ...« – Axel Springer schaute auf das Foto des verstorbenen Chefredakteurs der *Welt*, Hans Zehrer. Dann beugte er sich über den Tisch: »Der dort bin ich, mit vierzehn.«

»Und jetzt«, fragte ich, »haben Sie wieder einen Freund?«

»Pierre Pabst. Er ist mein Cheflektor. Ihm fällt zu jedem Thema etwas Besonderes ein, er ist ein Bohemien, aber zuverlässig und gar nicht ehrgeizig und von einer inspirierenden Unruhe ... zum Smoking trägt er mit Vorliebe einen Stehkragen.«

Wir warfen noch einen Blick aus dem Fenster. An einer Hauswand fiel uns ein Plakat auf. Axel Springer sagte: »Die Berliner Werbung wurde früher mit Witz und Humor betrieben, die Leute lachten und kauften. Heute wird mit zuviel Ernst geworben ...«

Er schien nicht mehr ruhig stehen zu können: »Wir fahren nach Schwanenwerder, das ist gewissermaßen mein Berliner Ausflugsort. Ich hab einen Bungalow am Wannsee, er besteht zum größten Teil aus Glas, und ich sitze in meinem riesigen Wohnzimmer wie auf einer Veranda.«

Neben der Toreinfahrt erwartete uns ein Mann mit Falten im

Gesicht, die aber längst zur Ruhe gekommen waren, und nahm seine Mütze ab. »Das ist Herr Kneise«, sagte Axel Springer. »Guten Tag, mein lieber Herr Kneise.« Herr Kneise schien ständig auf diesen Augenblick zu warten.

Wir schritten um das Haus herum. »Den Kasten, der vorher dagestanden hatte, ließ ich wegsprengen; zuviel klotzige Würde, aber teilweise schade um den Stuck.«

»Möchten Sie immer in Berlin bleiben?«

»In Hamburg lebte ich ziemlich isoliert. In der Stadt ist man oft allein, aber gleichzeitig freut man sich auch, daß man in Ruhe gelassen wird. Hier gehe ich abends manchmal aus. Kürzlich luden mich Textilleute ein, zuerst zögerte ich, doch wir hatten eine Menge Spaß, und ich war genauso gern gesehen wie die anderen Gäste, es wurden keine Unterschiede gemacht. Und ich gehe mit meinem Freund Pierre in Kneipen, manchmal erkennt man mich und sagt irgend etwas, natürlich ist es angenehm, wenn plötzlich jemand sagt: ›Gut, daß Sie hier sind, Herr Springer, bleiben Sie man ...‹«

»Vor dem Krieg waren Sie auch schon oft in Berlin«, sagte ich. »Mit dem ›Fliegenden Hamburger‹ ging es zum Tanztee in die ›Femina‹.«

»Die Hamburger fuhren häufig nach Berlin. Ich wurde in Altona geboren. Das war seinerzeit preußisch. Und Hamburg stand vor der Tür. Später kam Altona zu Hamburg, und ich wurde beides, Preuße und Hanseat.«

Der Diener öffnete. Zum Tee gab es Rum.

»Ich werde immer in Berlin bleiben«, sagte Axel Springer. »Vielleicht kaufe ich mir später an der Westküste Schleswig-Holsteins noch ein Bauernhaus. Die Möbel in meinen Arbeitsräumen in der Kochstraße sind übrigens nicht nur aus England, auch aus Schleswig-Holstein.«

Axel Springer erhob sich und schlenkerte mit seinen Armen, als ich fragte: »Was bedeutet Reichtum?« Er legte den Zeigefinger auf seinen Gürtel und antwortete: »Genau an der Stelle spürte ich damals Chruschtschows Bauch. Ich hatte mich wie er der Bildersprache bedient und erklärte ihm: ›Der Mensch besitzt bekanntlich soundso viele Triebkräfte, einer von ihnen ist der Erwerbstrieb. Nehmen wir mal den Dackel. Wenn der mit seinen krummen Unternehmerbeinen in die Erde hineingeht und Sand herausschaufelt, ist das völlig legitim. Die ebenso legitime Gegenkraft bilden die Gewerkschaften. Sollten sie allerdings von dem Sandhaufen, den sich der Unternehmer dahinten angehäuft hat, siehe Dackel, zuviel wegnehmen, eine gewaltige Portion gehört ihnen ja, verliert er ganz einfach den Trieb ... Sie müßten einmal zu mir nach Hamburg in die Kaiser-Wilhelm-Straße kommen und Herren in dunklen Anzügen und Hüten beobachten, wie sie in ihre Wagen steigen, um in ihre Eigenheime zu fahren; das sind meine Maschinensetzer.‹ Hans Zehrer stieß mich unter dem Tisch immer an, ich ließ mich jedoch nicht beirren; wissen Sie, wenn ich richtig in Schwung bin, geht es weiter. Temperamentvoll sprang Chruschtschow auf und entgegnete: ›Hat der deutsche Arbeiter so wenig Ehrgefühl, von den Kapitalisten Geld anzunehmen?‹ ›Gott sei Dank ja‹, sagte ich. Und wir lachten beide und umarmten uns ... Der Mann hatte sich selbst überfordert, sich zu große Ziele gesetzt, sich manchen prekären Situationen aber glänzend gewachsen gezeigt.«

Axel Springer machte ein paar Schritte, fast tänzelnd, am Kamin entlang. Ich erwartete, daß er in einem Bogen zu seinem Sessel zurückkehren würde; aber er ging gerade darauf zu, nahm Platz, die langen Arme schienen ihm im Wege zu sein, er legte sie beinahe gleichgültig auf die Lehnen, und seine Arme sahen aus, als hätten sie es satt, solche Arme zu sein.

»Ich bin fünfundfünfzig. Vor zehn Jahren hatte ich eine Krise. Unter anderem fragte ich mich, warum der Zigarettenfabrikant Philipp Reemtsma auf einen Brief von mir nichts von sich hören ließ. Abends klingelte es. Reemtsma stand vor der Tür. Wir kamen gar nicht auf den Brief zu sprechen. Ich traute meinen Ohren nicht, er sprach von meinen Problemen. Zwischendurch sagte er: ›Erfolg ist eine Eigenschaft.‹ Er ging und nahm meine Probleme mit, ich wartete; aber sie kamen nicht wieder. Ich war sie los. Ich will damit sagen, daß ich zur rechten Zeit stets Gleichgesinnte fand, mit denen ich mich abstimmen konnte.«

Er lief ans andere Ende des Zimmers, saß im Dunkeln; hinter ihm im Fenster spiegelte sich das Kaminfeuer: »Als ich vierzehn war, empfing mein Vater einen hochangesehenen Hamburger Patrizier und verhielt sich entsprechend ehrerbietig. Nachdem der endlich weg war, schlug ich auf den Tisch und rief: ›Vater, war denn das nötig, was der ist, werde ich später auch noch, das würde mir nicht genügen!‹ Mein Vater lachte. Meine Freunde lachten sich dann halbtot, als ich ihnen aus dem Schweinestall in der Lüneburger Heide, wo ich in den letzten Kriegstagen Zuflucht gesucht hatte, schrieb: ›Es grüßt Euch Euer Mammutverleger.‹ Ich hatte meine Pläne für die Nachkriegszeit fix und fertig ausgearbeitet und war meiner Sache sicher. Und in Weidners Prominentensanatorium, es war Anfang der dreißiger Jahre, machte ich die Bekanntschaft des Berliner Nervenarztes Professor Dr. I. H. Schultz.

Er sagte, daß aus mir entweder etwas ganz Großes oder gar nichts werden würde. In seinen Lebenserinnerungen las ich später, daß ich einen sehr starken Eindruck auf ihn gemacht hätte; er erwähnte meinen trockenen niederdeutschen Humor und die, wie er es nannte, wirklich geistvollen, schnellen Einfälle und Formulierungen.«

Er verließ die dunkle Ecke, ging wie auf spiegelglattem Parkett, war mit zwei schnellen Schritten wieder bei seinem Sessel, griff zur Teetasse und zitierte: »Wie sagte Martin Luther? ›Selbstbewußtsein und Demut schließen einander nicht aus, sie bedingen einander …‹«

Axel Springer zog seinen Sakko aus, warf ihn über eine Sessellehne, und zu kurzen, festen Schritten auf dem Teppich kamen die Sätze: »Ich verkenne keineswegs den großen idealistischen Ausgangspunkt des Kommunismus und den schäbigen des Kapitalismus; ich bin jedoch unter vier Flaggen vorsichtig geworden, und heute geht es uns gut. Wenn ich häufig von der konservativen Mitte spreche, die ich vertrete, dann heißt das schlicht und deutlich: bewahren und prüfen und mit unserem sogenannten Establishment Frieden schließen, was zwar niemals bedeuten darf, zufrieden zu werden … Ich verstehe Rudi Dutschke gut.

Woraus besteht denn unser Leben zu neunzig Prozent, nein, ich möchte sagen, zu fünfundneunzig?«

Er fuhr sich übers Kinn: »Aus grauer Pflichterfüllung, denken wir nur mal ans Rasieren jeden Morgen, und was dann alles kommt und was dann immer wiederkommt.« Seine Arme gingen in die Höhe: »Aber ich habe Angst vor Leuten, die auf der Suche nach einem Idealstaat sind. Dutschke will den permanenten Höhepunkt.«

Er zog den Sakko schnell wieder an, steckte seine Hände in die Hosentaschen, schien keine seiner Bewegungen mehr kontrollieren zu wollen, schritt nicht zum Kamin, latschte eher dahin und sagte: »Ich möchte mich mit den Studenten verständigen. Sie wissen ja nicht, wie ich darunter leide, daß die mich völlig falsch sehen. Schon lange vor den Unruhen habe ich mich für eine Studienreform eingesetzt und Mittel für ein Studentenheim bereitgestellt. Das reicht nicht, ich weiß es. Ich werde bestimmt mehr tun!«

»Und wie fühlen Sie sich sonst nach den Angriffen gegen Sie?« fragte ich.

»Sonst?« So laut hatte er bisher nicht gesprochen; und er streckte den rechten Arm aus: »Ein elender Wicht wäre ich, wenn ich nicht bei der Wahrheit bleiben würde ... Trotz allem, sie werden zur Profilierung meines Hauses beitragen und haben einen durchaus heilsamen Faktor: mehr Aufmerksamkeit gegenüber seinen Fehlern! Doch meine größte Sorge ist, daß die ungebundene Linke eines Tages halbe-halbe mit den Kommunisten macht ...«

Er schwieg und schaltete das Licht im Schwimmbassin ein. Obgleich bislang alle Farben miteinander harmonierten, das Grün der Kacheln war zu grell. Er blickte über den Wannsee, murmelte: »Ich habe da manchmal das Gefühl, es wäre die Elbe.«

Und dann sprudelte es aus ihm heraus: »Ich würde notfalls auch in Ostberlin wohnen, falls dort die für uns hier im Westen unabdingbar gültigen Freiheiten uneingeschränkt garantiert würden, und sei es, daß ich wie bei dem Grenzübergang bei Lörrach meinen kleinen Personalausweis zücken müßte ...«

Axel Springer drehte sich um, vielleicht bildete er sich ein, irgendwo stünde noch jemand, lief die Treppen hinauf und kehrte mit einem Plastikordner zurück, schlug auf den Deckel und sagte: »Darin ist das ›Altonaer Bekenntnis‹. Mein Vater hatte es gedruckt, es wurde neunzehn Tage vor der sogenannten Machtergreifung in der Hauptkirche öffentlich verkündet. Diesen Passus meine ich, da heißt es: ›Wir aber glauben, lehren und bekennen, daß um unserer Sünde willen nie ein Zustand erreicht werden kann, in welchem Leistung und Lohn sich wirklich entsprechen, in welchem es keinen Krieg irgendwelcher Art mehr geben und in welchem das Recht wesenhaft gerecht sein wird. Das alles hat Gott der neuen Welt vorbehalten, die er durch Jesus Christus unseren Herrn geben wird. Bis dahin steht selbst das edelste menschliche Streben unter dem Kreuz, welches Christus erlitten hat …‹ Und was ich mir wünsche, ist, daß Frieden in die Herzen der Menschen getragen wird. Die Kirche folgt heute verschiedenen Trends; sie befindet sich in einer vielfältigen Auseinandersetzung, die zeitweilig unsere Menschen verwirrt, und das Eigentliche, was ich mir wünsche, ist, mich in geeigneter Weise in diese Probleme einzuschalten, damit der Geist des ›Altonaer Bekenntnisses‹ wieder in der Kirche lebendig wird. Vielleicht kann ich etwas dazu tun.«

Er betrachtete seine Hände: »Wenn ich angespannt zuhöre oder meine Gedanken in Ordnung bringe, lege ich die Innenflächen meiner Hände zuweilen aufeinander, und das sieht dann aus, als ob ich bete. So hat man mich fotografiert.«

Ich sagte: »Wem darf man heute sagen, daß man vor dem Schlafengehen betet …«

»Ich sage es Ihnen.«

Ich stand auf: »Fühlen Sie sich morgens immer gut?«

»Morgens ja, aber nachts … Ich lese, öfter Pascal. Wissen Sie, nachts, was soll ich sagen … früher führte ich nächtelang mit meinem Freund Hans Zehrer Gespräche. Und packte mich eine Idee, differenzierte er, deutete …«

»Sie können sich schwer von Mitarbeitern trennen.«

»Ich kann Leuten nicht einfach kündigen.«

»Wollen Sie einige Federn ersetzen?«

»Leider gelingt es nicht so ohne weiteres, die guten Linken gegen gute Rechte zu ersetzen.«

»Und wie stehen Sie zu Ihren engsten Beratern?«

»Uns verbindet ein Treueverhältnis.«

Axel Springer gab seinen herabhängenden Armen einen Schwung und drehte sich: »Dieser Sammy Davis junior trat mit hängenden Armen neulich auf die Bühne. Er war völlig unvorbereitet. Und dann übertraf er sich selbst.«

Im Garten sagte ich, daß ich den Herbst hier mag.

»Ich auch«, sagte Axel Springer, »aber den Frühling mag ich nicht, und erst recht nicht den Sommer.«

Herr Kneise nahm wieder die Mütze ab, und Axel Springer sagte: »Auf Wiedersehen, Herr Kneise«, und fuhr fort: »Rudolf Augstein spielt gern allein Fußball, hörte ich, Fußball ist auch mein Sport. Ich bin ein begeisterter Fußballer. Vergangene Woche spielten wir zu viert. Und wenn ich Golf spielen muß, gehe ich durch den Lieferanteneingang des Clubhauses.«

Wir fuhren eine Strecke, den Rest gingen wir wieder.

»Ein hochgestellter Politiker sagte mir gestern: ›Herr Springer, hier in Berlin gibt es drei Probleme: die Mauer, dort drüben, Vietnam, weit weg, und Sie, in unmittelbarer Nähe.‹ Für wen bin ich hier ein Problem? – lautete meine Gegenfrage! Für etwa dreißigtausend!«

Axel Springer sprach leiser und fragte: »Gehe ich zu schnell?« Wir versuchten, im Gleichschritt zu gehen. Er sagte: »Weihnachten bin ich nicht hier. Ich reise nach Jerusalem, es sind auch religiöse Gründe, und, lassen wir die Politik beiseite, über die sogenannte Wiedergutmachung hinaus ist doch noch so viel zu tun ... Sehen Sie mal da: In dem Hochhaus im zehnten Stock wartete eine Russin zehn Jahre auf die Rückkehr ihres Mannes aus Rußland. Sie sagte sich jeden Tag: Er kommt bestimmt. Er kam tatsächlich.«

Wir versuchten, weiterhin im Gleichschritt zu gehen, und gingen zum nächsten Taxistand.

Mit Helmut Schmidt auf dem Schuttberg

Am Rande des Allgemeinen Krankenhauses Ochsenzoll, in dem früher Geisteskranke untergebracht waren, hat die ›Neue Heimat‹ Wohnungen und Reihenhäuser errichtet. Sie wirken wie eine Siedlung für das Krankenhauspersonal, und darin eingebettet befinden sich zwei langgezogene Eigenheime; das eine gehört Helmut Schmidt.

Er trug zum grauen Flanellanzug einen blauen Rollkragenpullover, das weiße Kavaliertaschentuch war quer gefaltet, und die Hosenträger waren auch weiß. Auf seinem Handgelenk saß die Armbanduhr; das goldene Band war etwas zu weit.

Ich sagte, daß er schlanker geworden sei, und bat ihn zu lächeln. Er lächelte, und genauso schnell, wie das Lächeln gekommen war, verschwand es wieder. Das Lächeln kehrte zurück und war genauso wie das erste, als ich sagte: »Sie sind jetzt fünfzig, Herr Schmidt.«

»Nein, ich werde fünfzig.«

Wir fragten uns, wie wir mit vierzehn gewesen sind. »Zuerst hatte ich gar nichts gegen die Nazis, das kam später ... In zehn Jahren bin ich nahezu sechzig.«

»Wäre das für einen Bundeskanzler nicht gerade das richtige Alter?«

Helmut Schmidt schüttelte nachsichtig den Kopf: »Abgesehen davon, daß ich mich überhaupt nicht als Bundeskanzler sehe ...«

»Sie werden geholt«, warf ich ein. Da hob er die rechte Hand und sagte: »Nelson Rockefeller, der mir gefällt, wartet auch darauf; ich glaube aber, daß er seine Karte überreizt hat, nur seine Frau glaubt fest daran, daß sie ihn holen werden, ich saß neben ihr ...« Helmut Schmidt schlug ein Bein über das andere: »Und wenn wir davon ausgehen, daß über die Hälfte der Bevölkerung nach 1933 geboren wurde, dürfte ein Bundeskanzler, der sechzig ist, bereits zu alt sein.«

»Mit Sechzig kann ein Mann noch sehr vital sein«, erwiderte ich, »denken Sie an ›Sex mit Sechzig‹!«

»Meinetwegen, ein Mann, der mit sechzig Bundeskanzler wird, sollte dem Sex keineswegs entraten, es wäre ein Unglück, wenn er seine gesamte Kraft in das Amt einbrächte ...« Helmut Schmidt streckte die Beine aus: »Denken wir an meinen Freund Professor Ehmke, er ist vierzig. Zehn Jahre, nein, schon fünf genügen, und ich behaupte, das ist eine andere Generation.«

»Das meint Rudolf Augstein auch«, wandte ich ein.

»Wenn der bloß eine bessere Menschenkenntnis hätte.« Helmut Schmidt zog die Beine wieder an: »Aber die Freiheit, die ich als Fraktionsvorsitzender genieße und ausnutze, will ich mir um jeden Preis erhalten. Und ich werde niemals mein Privatleben dem Altar des Vaterlandes opfern ... Alle vierzehn Tage sage ich Herbert Wehner einmal Bescheid, er kann nicht mit Menschen umgehen ... Außerdem muß ich allmählich zusehen, noch ein paar Mark zu verdienen, damit ich eines Tages nicht von dem Wohlwollen anderer abhängig bin ...«

Helmut Schmidt gab sich einen Ruck und stand auf. Das eilige Lächeln dabei hatte gesagt: Es ist so, aber doch nicht so ganz! Er setzte seine blaue Seglermütze auf, zog den oberen Rand nach vorn, öffnete die hintere Gartenpforte und sagte: »Wir gehen auf den Schuttberg, er ist spärlich bewachsen und holperig, man hat ihn vor einigen Jahren angelegt; aber es grünt da nicht richtig.«

Wir schlenderten an einem Wassergraben entlang, das Wasser war trübe. »In zehn Jahren oder in fünf« – Helmut Schmidt wäre beinahe auf dem morastigen Untergrund ausgerutscht – »ist die Nato zerbröckelt, Amerika hat sich in Vietnam abgenutzt, und die Bundesrepublik sitzt womöglich als Psychiater am Krankenbett des amerikanischen Präsidenten. Das Gleichgewicht der Kräfte ist hinüber, und wir sitzen machtlos in der Mitte. Ich muß an Bismarck denken, der saß in den achtziger Jahren auch so in der Mitte ...«

Wir bekamen festeren Boden unter die Füße, überquerten den Wassergraben, und ich sagte: »Stellen Sie sich vor, wir wären in fünf oder zehn Jahren nicht nur eine wirtschaftliche, sondern auch eine kulturelle Macht. Ihre Generation bildet dann eine hervorragend fundierte reife Mitte.«

»Ich betrachte die Politik als eine Art Spiegel, mehr noch als einen Kampfsport; aber wo denken wir eigentlich hin?«

Wir wichen den Bodenwellen auf dem Schuttberg aus, jede war ungefähr einen halben Meter hoch, und am Abhang lagen Moorinseln. »Das ist eben der Stadtrand«, sagte Helmut Schmidt, »doch manchmal gibt es hier Rebhühner und Fasane.«

Er pflückte eine gelbe Blume, fingergroß, und steckte sie hinter sein weißes Kavaliertaschentuch: »Sehen Sie, ich will kein Amt, nicht einer der Ministerposten interessiert mich, ich muß Leistungen vollbringen. Verstehen Sie mich nicht falsch. Als Schüler habe ich zwanzig Choräle komponiert und in vier Stimmen gesetzt ...«

»Warum haben Sie denn keine Orgel zu Hause?« unterbrach ich.

»Ich spiele Klavier, eine brauchbare Hausorgel ist zu teuer. Und damals habe ich gemalt. Könnte ich noch einmal wählen, ich möchte Städteplaner werden. In diesem Beruf könnte ich alle meine Talente und Neigungen unterbringen ...«

»Und wie wäre es später mit einem Job in der Industrie?«

»Kein Job, eine Aufgabe würde mich reizen, die so weitreichende Möglichkeiten enthält wie die Städteplanung. Meine glücklichste Zeit hatte ich während der Flutkatastrophe in Hamburg. Ich mußte nach vielen Richtungen schnell und entschlossen vorgehen.«

Er hielt inne und zeigte mir einen Grünfink. »Der lebt in Skandinavien, gehört zu einer Zugvogelart, die bis Hamburg fliegt, nicht weiter. Ich befasse mich mit Vogelkunde. Haben Sie nicht unseren Wandteppich in der Halle gesehen? Der große Vogel mit dem langen, spitzen, offenen Schnabel soll ich sein, der mit dem geschlossenen darunter meine Frau, und hinter uns, nicht gerade zaghaft, unsere Tochter. Darüber im Gleitflug noch ein paar kleinere, die uns Gesellschaft leisten.«

»Sie müßten wieder malen«, sagte ich.

»Das geht doch nicht, ich verlange einfach zuviel von mir.« Helmut Schmidt warf einen kritischen Blick auf die beiden

Schornsteine des Allgemeinen Krankenhauses Ochsenzoll. Ich sagte: »Sie werden Politiker bleiben und später nicht malen und Orgel spielen, sondern schreiben.«

»Das Talent dazu habe ich. Fünf bis zehn Bücher könnten es werden, und ich lese jeden Morgen fünfzehn Zeitungen, beschäftige sogar einen Vorleser. Vergangenen Donnerstag besuchten mich zehn Leute, in mehreren Fällen traf ich Entscheidungen, vier Leute erwarteten Ratschläge, zwischendurch schrieb ich einen Artikel, morgens um halb eins lag ich im Bett und las; das waren insgesamt sechzehn Stunden. Ich arbeite täglich sechzehn Stunden!«

Hinter dem Nachbarhaus entdeckte ich ein Schwimmbassin. »Man hatte mich eingeladen, darin zu baden«, sagte Helmut Schmidt, »ich möchte aber lieber ein Schwimmbassin in meinem Keller haben.«

»In diese Gegend paßt kein Schwimmbassin.«

»Heiße Bäder würden meinen Bandscheibenschäden helfen, doch ein Schwimmbassin im Keller, was das wohl kosten wird?«

Helmut Schmidt schenkte seiner Frau die gelbe Blume, und wir gingen in sein Arbeitszimmer. Er nahm ein Fernglas von seinem Schreibtisch und spähte auf ein niedriges und kahles Waldstück. »Es steht unter Naturschutz«, erklärte er mir, »meine Frau pflückte dort Enzian, und ich beobachte mit dem Fernglas die Rebhühner und Fasanen.«

Mit dem Fernglas in der Hand zeigte Helmut Schmidt auf die Bücher: »Sogar im Schlafzimmer stehen Bücher, mein Arbeitszimmer müßte doppelt so groß sein, ich muß sofort nach jedem Buch greifen können. Kürzlich fuhr ich mit Professor Carl Friedrich von Weizsäcker hier vorbei; er wohnt in einer Gegend, wo ich ein kleines Grundstück besitze, es gehörte meinen Eltern. Ich möchte da bauen, aber was bekomme ich schon für dieses Haus? Ich machte Professor von Weizsäcker seinerzeit ja den Vorschlag, für das Amt des Bundespräsidenten zu kandidieren, gewählt hätte ich ihn allerdings nicht, einen Professor an der Spitze ... In Hamburg gibt es, das wissen viele nicht, ein kleines Establishment, an der Spitze Professor von Weizsäcker. Ich gehöre dazu und wünschte, in der Bundesrepublik gäbe es mehrere dieser Art. Wenn sich alle Persönlichkeiten, die ohne Einfluß oder Vermögen ihrer Väter Besonderes geleistet und hervorgebracht haben, zusammenschließen würden, um wiederum gemeinsam etwas Besonderes zu leisten und hervorzubringen, was wäre dagegen einzuwenden?«

Helmut Schmidt legte das Fernglas aus der Hand und ging vier Schritte vor und zurück: »Wenngleich man von der Presse und dem Fernsehen ständig belauert und verfolgt wird und sagen soll, mit wem man über die Straße gegangen ist, hat das auch seine Vorteile, erhebliche sogar. Wer so bekannt ist wie ich, kann ohne weiteres einen prominenten Industriellen anrufen, der ist gleich am Apparat und hat Zeit. Eine bekannte Schauspielerin saß auf einer Gesellschaft neben mir und redete und redete, als kennte sie mich schon lange; sie kannte mein Gesicht. Oder nehmen wir Victor de Kowa. Man sieht sich, spricht miteinander, und plötzlich kommt er und schenkt mir eine Zeichnung von eigener Hand.«

Helmut Schmidt setzte sich mit dem Rücken zum Fenster und legte seine Hände auf die Knie: »Mein Kollege Professor Schellenberg hatte ein Blatt Papier mit einigen Zeilen von mir heimlich vom Tisch genommen und es ohne nähere Angaben einer Graphologin geschickt. Ich stimmte mit ihrem Gutachten völlig überein; aber die Dame warnte Schellenberg davor, mich einzustellen: Ich sei zu eigenwillig. Axel Springers Sohn wollte von einem Computer meine Handschrift deuten lassen. Der Computer versagte. Kurz darauf traf ich seinen Vater. Er redete lange. Ich unterschätze ihn nicht und war stellenweise stark von ihm beeindruckt.«

Wir gingen an dem Wandteppich vorbei nach draußen. Als die Haustür ins Schloß fiel, sagte ich: »Sie haben eine Menge geschrieben und geredet, und zwei Bücher sind bisher erschienen, kann man darin Ihre sämtlichen Grundsätze erkennen?«

»Ich bin kein Philosoph. Das Wissenswerte über meine sittlichen und politischen Grundsätze finden Sie im Godesberger Programm, das ich mitgestaltet habe.« Helmut Schmidt öffnete die Gartenpforte. Mein Blick fiel auf seine Armbanduhr. Er hob die linke Hand, und das goldene Armband rutschte unter den Ärmel.

Mit Heinrich Böll im Kölner Grüngürtel

Wir setzten uns in sein Arbeitszimmer. Im Garten war eine Wohnlaube. »Dort habe ich lange gearbeitet«, begann Heinrich Böll, »sogar ein Bad ist vorhanden. Die Laube ist wie die Wohnung voller Bücher, und die unveröffentlichten Manuskripte liegen im Keller. Aber ich habe sie inzwischen geordnet ...«

Auf seinem Kinn und der Oberlippe standen Schweißperlen. Er tupfte sie mit dem zusammengeknüllten Taschentuch ab und trank einen Schluck Tee: »Ich bin wieder gesund. Jeden Tag kam der Arzt und gab mir Spritzen. Ich gehe nicht ins Krankenhaus. Bevor ich zusammenbrach, hatte ich zwei Flaschen Wein getrunken. Ich lag im Koma. Der Arzt erkannte nicht gleich die Ursache. Meine Leber war krank, und ich hatte Zucker. Hinzu kamen Depressionen. Bekannte, die auch leberkrank waren, sagten, die Depressionen werden vorläufig bleiben. Im Bett habe ich mir einen Bart stehenlassen. Zu meiner Überraschung war er rötlich. Ich rasierte ihn wieder ab.«

Heinrich Böll schlüpfte in seinen Regenmantel. Als er seine Baskenmütze aufsetzte, sagte er: »Wir suchen zur Zeit eine Wohnung in der Stadt – und da gehe ich mit Hut, Krawatte und Schirm spazieren, sonst erkennt man mich. In der Stadt werde ich dann jeden Tag spazierengehen. Vielleicht miete ich mir in der Nähe unserer Wohnung ein Zimmer, wo ich ungestört arbeiten kann; morgens hätte ich das Gefühl: Gleich gehst du zur Arbeit.«

Vor dem Haus zündeten wir uns die sechste Zigarette an. Ich sagte, daß ich Zigaretten nur halb rauche. »Meine Söhne tun das auch«, erwiderte Heinrich Böll. »Aber wie oft frage ich mich, ob sie auch immer genug zu rauchen haben werden – einer wird

Maler, der andere Bildhauer, und der Jüngste macht demnächst sein Abitur. – Ich rauche jede Zigarette bis ans Mundstück!«

Ich sagte: »Im Krieg hielt man die Zigarette meistens in der hohlen Hand.« Heinrich Böll schaute auf seine Hand: »Das hatte verschiedene Gründe; oft konnte man nur heimlich an einer Zigarette ziehen.« Heinrich Böll hielt seine Zigarette in der hohlen Hand. »Ich bin gewissermaßen ein Stummelsammler. Kürzlich las ich, daß Picasso in einer Tasche ständig einen höheren Geldbetrag bei sich hat – weil er fürchtet, unterwegs einmal kein Geld für Zigaretten zu haben. In meinem Archiv sind Feuilletons über das Zigarettenrauchen. Ich habe sie gesammelt.«

Heinrich Böll ließ mich rechts gehen: »Nun erreichen wir den Grüngürtel, der fast ganz Köln umschließt .. Diesen Grüngürtel verdanken wir Konrad Adenauer. Während er Oberbürgermeister von Köln war, brachte er die Bauern allmählich so weit, der Stadt das Land dafür Stück um Stück zu Spottpreisen zu verkaufen.«

Ich mußte an einen anderen alten Kölner denken. »Kardinal Frings«, sagte ich, »soll auf dem operierten Auge wieder etwas sehen können. – Sagte Konrad Adenauer nicht immer Herr Frings zu ihm?«

»Damit wollte er sagen: ›Dich kenne ich schon ein halbes Leben lang, du kannst mir gar nichts.‹«

»Und dann sein Dialekt.«

»Der wirkte auf Leute, die nicht hier wohnen, geradezu exotisch. Ich werde demnächst über den ›Westen‹ schreiben.«

Heinrich Böll schaute auf seine Zigarette. »Vergessen wir nicht, daß die fortschrittlichen Preußen die Kölner nicht vergammeln ließen … Und zweimal hatte man ihnen die Universität weggenommen … Die Kölner möchten eben recht viel verdienen, ohne viel zu arbeiten, und sie lassen sich leicht korrumpieren. Wo Sie auch hinschauen, überall sind Banken und Versicherungen. Köln hat auch seine eigene Unterwelt … Bonn spielte niemals eine Rolle.«

Heinrich Böll hatte seine Zigarette bis ans Mundstück geraucht und ließ sie in eine große Pfütze fallen. Wir machten einen Bogen um die Pfütze. Ich versuchte links von Böll zu gehen, aber er ging so weit links, daß ich rechts bleiben mußte.

Wir liefen vor einem Bus über die Straße. »Was mache ich bloß, wenn Strauß Bundeskanzler wird. Spätestens 1969 ist er's. Der schließt notfalls ein Bündnis mit der NPD!« Heinrich Böll war außer Atem. Er suchte sein Taschentuch und tupfte wieder ein paar Schweißperlen von seinem Kinn und der Oberlippe. »Was wird dann die außerparlamentarische Opposition tun? Sie fängt bei Null an und geht davon aus, daß ihr die deutsche Geschichte nichts zu bieten hat. Die Vierzigjährigen im Bundestag sollten sich endlich fragen, zu wem sie gehören. Da ist dieser Minister Benda … Von den Männern Ende Fünfzig ist nicht mehr viel zu erwarten.«

»Und Rainer Barzel …«

»Mit welchem Gesicht der sich auf dem Karneval von einem Mädchen küssen ließ! Er könnte ebensogut Generalvertreter eines Gummiwerkes sein.«

»Aber Helmut Schmidt ist anders.«

»Ich sagte zu Willy Brandt, könnte man den nicht zum Bundespräsidenten machen? In dem Amt wird er leiser. – Und der Bundeskanzler, der wirkt auf mich manchmal wie ein erfolgreicher Hoteldirektor.« Heinrich Böll zeigte auf die Pforten des Stadions. »Das ist auch ein Werk Konrad Adenauers.«

Kinder standen davor. »Wie die wohl mal über die ›Pille‹ denken …« Heinrich Böll suchte seine Zigaretten. »Bald wird sich einer fragen, bin ich vielleicht ein Pechkind? Er weiß, wie leicht seine Mutter Pech haben kann, wenn sie die Pille nicht regelmäßig einnimmt oder vergißt, an Ogino und Knaus zu denken. Die Frau wird immer mehr zum Objekt. Heißt es nicht im Alten Testament, Mann und Frau sollen die gleichen Freuden bei der Liebe haben? Durch die Pille werden die Männer noch egoistischer und lieben nur so drauflos. Was sind wir der Frau nicht alles schuldig geblieben. Wir haben sie noch gar nicht richtig erkannt, und ständig muß sie sich gegen die traditionellen Vorurteile der Männer wehren. Ohne meine Frau wäre ich verloren.«

Wir gingen in ein Restaurant, das sich »Ländliches Lokal« nennt. Die Küche hatte schon geschlossen. Heinrich Böll bestellte zwei Apfelkuchen. Er fuhr sich mit seinem Taschentuch über die Stirn, obwohl da keine Schweißtropfen waren, und sagte: »Ich mache einen ruhigen und ausgeglichenen Eindruck, aber ich bin sehr nervös.«

Ich sagte: »Als ich kam, sprachen Sie über Ihre Mutter; dann wurden wir abgelenkt und redeten über die große Laube im Garten.«

»Vor kurzem habe ich meine Mutter umbetten lassen. Ich besorgte mir ein Heft, das sämtliche Vorschriften darüber enthielt. Schließlich bekam ich einen Leichenpaß. Ihre sterblichen Überreste kamen in einen Kindersarg. Der Totengräber stellte ihn auf den Sarg meines Vaters. Mein Vater wurde neunzig. Er starb in unserer Wohnung. Wenn er am Fenster saß, freute er sich über hübsche Mädchen, die vorübergingen, und machte entsprechende Bemerkungen.«

Wir tranken Tee zum Apfelkuchen. Heinrich Böll faßte die Tasse wie ein volles Glas an und sagte plötzlich: »Ich habe wieder einmal Hemingway gelesen und fand, daß er immer mehr verblaßt. Nur von einigen Kurzgeschichten kann ich das nicht sagen.«

»Und in welcher Stimmung waren Sie, als Sie ihn wieder gelesen haben?« fragte ich.

»Das hätte ich dazusagen sollen. Den Fehler machen auch Kritiker; sie fragen sich nicht, in welcher Stimmung sie etwas gelesen haben.«

Wir legten fast im selben Augenblick unsere Zigarettenstummel in den Aschenbecher. Heinrich Böll wandte sich zum Fenster und betrachtete die großen Pfützen vor dem »Ländlichen Lokal«. An einem reservierten Tisch nahmen vierzehn Damen Platz. Vier von ihnen gingen zum Kuchenbüfett, und alle redeten. Er drehte sich nach ihnen um und sagte: »Solche Kaffeekränzchen gibt es nur in Köln.«

Mir fiel da wieder sein Plan ein, über den Westen zu schreiben, aber auch seine Bemerkung: »Die Nachkriegszeit ist vorbei.« Er sagte: »Ich habe inzwischen Gedichte geschrieben – sie sind unter einem Pseudonym veröffentlicht worden. Ich werde mich jetzt öfter mit Lyrik und Kurzprosa befassen. Und mein Stil wird sich ändern, ich suche nach neuen Ausdrucksformen. Ich schreibe gern und bin gespannt, wie es wird. Ich habe viel geschrieben; so viel werde ich nicht wieder hintereinander schreiben. Ich muß unter Druck arbeiten. Was wollen die Leute nicht alles von einem, und ich kann nicht immer nein sagen, das ist doch auch nur eine Form der Koketterie.« Den nächsten Satz verschluckte er; ich hörte nur noch »Industriegesellschaft« und »Erpressung«.

Ein Herr am Nebentisch sagte zu uns: »Es regnet.«

»Es regnet«, wiederholte Heinrich Böll.

»Es wird nicht lange regnen«, meinte der Herr.

»Meine Depressionen sind durch die Krankheit entstanden«, sagte Heinrich Böll leise zu mir, »aber ich kann sie verwerten.« Der Herr am Nebentisch stand auf.

»Zur Zeit bin ich Sprachgutachter für Bibeltexte« – Heinrich Böll sprach wieder lauter. »Das befriedigt mich. Wenn ich alt bin, könnte ich blasphemisch werden.« Er holte seinen Mantel.

»Sie werden aber immer in Köln bleiben?«

Heinrich Böll zog seine Baskenmütze aus der Manteltasche. »Ich habe mich oft gefragt, wo möchtest du sonst noch hin. In Dublin und in Rom würde ich es ziemlich lange aushalten, übrigens ziehe ich London Paris vor; die skandinavischen Länder interessieren mich, aber da fehlt der katholische Hintergrund. In Berlin möchte ich auch leben, doch was würden die Leute sagen, wenn man wieder fortgeht ...«

Wir gingen denselben Weg zurück und rauchten nicht mehr. »Günter Grass wird es noch schwer haben«, sagte Heinrich Böll. Und dann: »Daß Elisabeth Flickenschildt katholisch geworden ist, hat mich beschäftigt.« Und ein paar Augenblicke später: »Rudolf Augstein würde ich auch gern einmal näher kennenlernen.«

Wir waren vor seiner Wohnung angekommen. »Meine Frau übersetzt Kinderbücher, ich helfe ihr manchmal dabei ... Vielleicht schreibe ich bald ein Kinderbuch ... Meine Söhne werden immer selbständiger. Letzte Nacht diskutierten wir wieder. Es wurde spät ... Wenn ich mir vorstelle, daß meine Frau einmal stirbt ... Aber wie komme ich auf diesen Gedanken. Ich werde es nicht wieder tun.«

Mit Willy Brandt auf dem Venusberg

Sein ungarischer Hirtenhund ruhte ausgestreckt in der Halle. Willy Brandt stieg über ihn hinweg. Es war genau halb sechs, Willy Brandt sagte: »Ich gehe eben mal für zwei Minuten nach oben, dann haben wir Zeit.« Willy Brandt kam vom Bundeskanzler.

Der SPD-Sprecher Adam strich seine Haare glatt – er kämmte sie sich erst seit einer Woche in die Stirn – und betrachtete dabei den antiken Gobelin. In diesem Augenblick vernahm der Butler Noack die Schritte seines Chefs und eilte zur Treppe. Willy Brandt bat Noack, uns einen Drink zu bringen, am besten wohl Whisky mit Soda.

Willy Brandts Gesicht war gerötet, und die Augen waren sehr eng und glänzten. Er zündete sich eine Zigarette an, streute ein kleines Bündel Streichhölzer vor sich auf den Tisch und legte dann ein Streichholz neben das andere.

Willy Brandt lehnte sich zurück. Die Kennedy-Büste sah zu uns herüber; der grüne Farbton machte ihr Gesicht noch jünger.

Ich sagte: »Sie denken jetzt an Dinge, die weit zurückliegen.« Mit gepreßtem Ton sagte Willy Brandt: »Ich trage nicht viel mit mir herum, blicke selten zurück; wenn ich eine Entscheidung gefällt habe, befasse ich mich mit den bestehenden Dingen, und von relativ schlechten Zeiten abgesehen, dominiert bei mir der vereinfachte Kantsche Imperativ: Tue deine Pflicht und Schuldigkeit!«

Er griff zum Glas. Wir sagten »Prost«. Bevor er das Glas ansetzte, sagte er: »Meine Frau hält mich für einen Arbeitsfanatiker.« Seine Augen wurden größer, er nahm das erste Streichholz aus der Reihe und rauchte wieder, aber nicht mehr so hastig, musterte die Streichhölzer vor sich und rückte das eine und andere gerade. Sie lagen nun in Reih und Glied.

Ich fragte ihn nach seinen Freunden. Er blickte auf die Streichhölzer.

Zuerst sprachen wir darüber, wie sich Freundschaften entwikkeln, daß sie entweder früh beginnen müssen oder verhältnismäßig spät entstehen. Sein Zigarettenrauch bildete Wolken über den Streichhölzern. »Ich bin eingespannt«, sagte er langsam, »deshalb ist es schwer, Freundschaften zu pflegen. Aus meiner skandinavischen Zeit und den frühen Berliner Jahren sind Freundschaften vorhanden; ich komme jedoch kaum zu einer persönlichen Korrespondenz ... Die politische Freundschaft ist eine andere Qualität als die private. Aber ...« – und er machte einen Lungenzug – »... ich lasse nie jemanden im Stich.«

Er stand auf. In der Garderobe sagte ich: »Sie sind gern Außenminister, aber das merkt schließlich jeder.« Er setzte seinen Hut auf. Ich fand, daß er einen zu schmalen Rand hatte.

»Ich komme mit der Geschichte ganz gut hin«, antwortete Willy Brandt, »man braucht ein Jahr, um sich einzuleben. Dann hat man die Übersicht und den nötigen Abstand, und es kann eigentlich nichts mehr schiefgehen ... Als ich anfing, sagte ich mir gleich: Da müssen moralische Kategorien Eingang finden!«

Wir stiegen über seinen Hund hinweg. Er lag inzwischen ausgestreckt vor der Tür.

»Im November 1966 hatte ich mein erstes Gespräch mit Herrn Kiesinger«, sagte Willy Brandt draußen, »er fragte mich, wie ich mir alles Weitere vorstelle. Ich entgegnete, daß mich das Forschungsministerium interessieren würde ... Im kleinen Kreis hieß es allerdings: Wenn du schon Vormann der SPD bist, mußt du auch die zweitwichtigste Aufgabe im Kabinett übernehmen. Du brauchst nicht nachzuweisen, daß du Außenminister sein kannst ... Es stimmt, ich bin wirklich gern Außenminister, und das verträgt sich mit dem Parteivorsitz besser als erwartet.«

Es war etwas über null Grad. Willy Brandt sprach über die Vorzüge der Luft hier oben auf dem Bonner Venusberg und steckte seine Hände in die Manteltaschen.

Ich sagte: »Helmut Schmidt wäre auch gern Minister geworden.«

»Und er wäre ein guter Außenminister geworden«, ergänzte Willy Brandt. Der gequetschte Ton in seiner Stimme wurde schwächer, »Verkehrsminister wollte er nicht werden, und der Verteidigungsminister stand bereits fest. Er wäre auch ein guter Verteidigungsminister geworden.«

»Ich glaube, er macht sich über sein Alter und seine Zukunft Gedanken.«

»Wer hart auf die Fünfzig zugeht, macht sich über das Alter und die Zukunft mehr Gedanken, als wer Mitte Fünfzig ist. Und wer darüber weg ist, für den gibt es ein neues Gleichgewicht. Die Generationenfrage hatte mich schon früher stark beschäftigt; ich entwarf eine Generationstheorie, führte sie aber leider nicht zu Ende ... Wer 1933 neunzehn Jahre alt war oder damals gerade vierzehn gewesen ist ... Mir sagt man: Dir hängt noch ein Stück der Weimarer Zeit an. Ja, und dem anderen: dem hängt die Nazizeit an und der Zusammenbruch des Vaterlandes, der Hunger, die Trümmer und die Selbstbloßstellung.«

Willy Brandt hatte hastig gesprochen. Er mußte dieses Problem in ähnlicher Form öfter dargestellt haben. Wir gingen an einer Trauerweide vorbei, die von einer Gartenlaterne beleuchtet wurde. Ich sagte, daß die Laternen richtig verteilt seien. Willy Brandt bog rechts ab. Dort war es dunkler.

»Und wie sehen Sie sich mit fünfundsechzig?« fragte ich.

»Da besteht kein Unterschied, was sich aber nicht auf ein Amt beziehen soll.« Jeglicher Druck war aus der Stimme gewichen: »Eine Einschränkung möchte ich zwar machen: Wird es dann nicht noch schwerer sein, die Jugend zu verstehen? Und wer weiß, welche technischen Entwicklungen sich bis dahin vollzogen haben. Ich denke weniger an die Atomforschung als an die Weltraumforschung. Häufig frage ich mich, streckt der Mensch die Hand nicht nach etwas aus, das ihm nicht zusteht? Ich meine das nicht im metaphysischen Sinne, denn falls es eine Weltordnung gibt, gibt es auch Raum für den menschlichen Geist ... In Mathematik war ich in der Schule nicht besonders gut, mit Physik und Chemie ging es wesentlich besser. Meine Söhne sind darin auch nicht begabter als ich, aber für die ist das alles so selbstverständlich. Ich arbeite daran, daß mir auf diesem Gebiet mit der Zeit auch mehr selbstverständlich wird. Ob ich jedoch mit fünfundsechzig noch die notwendige Spannkraft dazu besitze? Sonst ist das kein Problem. Und sollte ich meinen Lebensunterhalt mit etwas anderem bestreiten müssen, werde ich eben schreiben.«

Wir gingen im Kreis herum. Ich merkte, daß Willy Brandt die Stimmung mit den Laternen und seinem ausgestreckten Hund vor der Tür ebenso gefiel wie seine Antworten.

Er sagte: »Es gibt so vieles, was man nicht hat machen können, und das Geschriebene war bisher immer Hastwerk. Ich möchte darüber schreiben, was die SPD historisch für eine Rolle spielt, und mich gründlich mit August Bebel befassen. Ich habe Material über ihn gesammelt. Es liegen keine überzeugenden Biographien vor. Und, womöglich ist das bis dahin längst überholt, ich möchte über das Gesetz der immer stärker werdenden Interdependenzen zwischen Körper und Psyche schreiben; darüber wissen wir zweifellos schon eine Menge, und über Ökonomie und Psychologie, ich denke in diesem Zusammenhang an Professor Erhard mit seinen ständigen Schönwetterparolen, und über Atomphysik und Religion. Hinzu käme das Gebiet der interdisziplinären Forschungen ...«

Willy Brandts Gesicht war nicht mehr so gerötet; durch den zu schmalen Hutrand kam es mir kugelrund vor, und die Mundpartie wirkte glatter. Er räusperte sich, zog die Hände aus den Taschen, steckte sie aber sofort wieder hinein und sagte: »Vor zwei Jahren war ich krank. Ich befand mich im Übergang zum Nichtmehrleben. Ich hatte keine Angst!«

Ich schaute auf das Haus und sagte: »Und wenn Sie dort allein irgendwo sitzen und mit sich beschäftigt sind, kommen Sie immer wieder zu dem Schluß: Wie du mit fünfundsechzig bist, das weißt du ungefähr, und im übrigen gilt für dich ja der vereinfachte Kantsche Imperativ ... Geht es denn nicht einmal weiter, weit darüber hinaus?«

»Ganz allein sitze ich selten zu Hause; an einem Wochenende wäre das schon einmal möglich, doch dann freue ich mich einfach auf meine Familie, aufs Wohnen und Schlafen. Für mich ist jeder Tag, wie man so sagt, ein Geschenk, und der Tod ist unabwendbar!«

Willy Brandt blickte sich um. Ich spürte, daß er gleich über etwas ganz anderes reden mußte.

»Sehen Sie«, sagte er, »die Obstbäume in unserem Garten werden von der Kantine des Auswärtigen Amtes abgeerntet. Wir dürfen uns selbstverständlich auch mal etwas pflücken, und da ...« – wir entfernten uns von der Laterne – »... ist eine unauffällige Tür. Sie führt in den Garten des Bundespräsidenten.«

Ein Seitenfenster des Hauses, das Lübke mit einem Bausparvertrag erbaut hatte, war schwach erleuchtet. Ich wollte auch gleich über etwas ganz anderes reden und sagte: »Sie sagen immer Berlin, wie ein Mecklenburger. Ihr Großvater war Mecklenburger. Das haben Sie von ihm.«

»Wie oft war ich in Mecklenburg? ... Aber Sie mögen recht haben, psychologisch gesehen.«

Vor der Trauerweide erzählte mir Willy Brandt einen Witz aus Israel; er handelte von einem Offizier, drei Soldaten und einem Jeep. Über den lachte er genauso wie über den nächsten, der von einem Gespenst im Schlafzimmer handelte ... »Und den muß ich Ihnen unbedingt noch erzählen«, fügte er hinzu, »damit habe ich auf der letzten Nato-Tagung versucht, die Stimmung für mich zu gewinnen. Also: In Rußland steht ein Kontrolleur vor einem Fabriktor und rauft sich die Haare; fortgesetzt wird Diebesgut herausgebracht, aber er kann nichts finden. Und jeden Abend kommt ein Arbeiter mit einer Schubkarre durch das Tor. In der Schubkarre ist Sägemehl. Endlich fragt der Kontrolleur den Mann mit der Schubkarre: Klaust du denn nichts? Doch, erwidert der Mann, Schubkarren! General Lemnitzer hatte der Witz auch nachdenklich gestimmt. Sie können sich denken, warum ... Und nun freue ich mich aufs Fernsehen.«

Ich ging zu Adams Wagen; man hatte ihm einen Dienstwagen zur Verfügung gestellt. Willy Brandt stand auf der Terrasse. Er freute sich und winkte uns nach.

Deutschland, deine Ganoven – Protokolle aus der Unterwelt (1970)

Das Tatwerkzeug und die Blumenfrau

Bevor sie am Sonntagmorgen wegging, öffnete sie die Tür zu seinem Zimmer und stellte sich auf ihre Zehenspitzen: Seine dichten Augenbrauen ruhten wie ein Mützenschirm auf der Bettdecke. Montags steckte sie ihm heimlich einen Apfel in die rechte Manteltasche oder eine Apfelsine.

Das erzählte sie im Haus.

Wenn sie mittwochs saubermachte, rieb sie seinen Koffer auf dem Schrank blank und legte neues Zeitungspapier darunter. Vierundzwanzig war er.

Sie bekam fünfhundertachtundsiebzig D-Mark Witwengeld im Monat, und er bezahlte für das Zimmer achtzig ...

Das wußte auch jeder im Haus.

Holte sie ihre Rente ab, tauschte sie alte Fünfzigmarkscheine auf der Sparkasse gegen neue um.

Er wußte, wo sie das Geld aufbewahrte.

Einmal trug sie einen Hut, der aussah wie eine Pfanne mit einem kurzen Stiel. Er stand ihr am besten ...

Von ihrem Mann hatte sie auch noch vier Hüte. Die wollte sie ihm schenken. Er trug keine Hüte, doch sie sagte, er sollte wenigstens einen davon aufsetzen. Aus diesem Hut hatte sie später dann einen für sich gemacht.

Wenn er baden wollte, legte sie eine Tablette Fichtennadelextrakt ins Wasser und drehte die Hähne auf, und für das Badezimmer hatte sie, nachdem er eingezogen war, einen neuen Feudel gekauft.

Das gehörte auch noch dazu: In ihrem Portemonnaie fand man ein Foto von ihm ... da mußte er vierzehn gewesen sein ... Und dreißig Mark in Silber und ein paar Groschen ... Das Geld war nicht mehr da, und die vielen neuen Fünfzigmarkscheine fehlten ebenfalls. Das Versteck war im Badezimmer ... Vielleicht gab es noch ein anderes Versteck ... Aber sie hatten überall vergeblich nachgesehen ...

In ihrem Bett fanden sie ein Paar gestrickte Herrensocken ... Sie muß an den Füßen gefroren haben ... Die Socken waren von ihm.

Er hatte sie längst abgelegt.

Mit einem flachen Stück Eisen soll er auf sie eingeschlagen haben ... Nun lag sie mit einem Schädelbruch und Platzwunden im Städtischen Krankenhaus.

Die Polizei hielt eine Bratpfanne für das Tatwerkzeug.

Nach seiner Festnahme legte er ein umfassendes Geständnis ab. Mit der Kohlenschaufel hatte er die Frau niedergeschlagen. Sie sparte angeblich immer mit den Kohlen, und die Schaufel durfte nur gestrichen voll sein. Das machte ihn nervös. Und wenn im Radio Operettenmusik erklang, legte sie ihren Kopf an seine Schulter. Der Apparat hatte nur die Mittelwelle. Er schenkte ihr ein Transistorradio mit vier Wellen. Aber sie wollte ihr altes Gerät behalten. Da schlug er zu.

Er sagte: »Im Keller liegen noch mehr Transistorradios.«

Er hatte zweiundsiebzig Autos geknackt. Dreiundfünfzig Transistorradios fand die Polizei im Keller; alle hatten vier Wellenbereiche.

Aber er bewohnte noch ein anderes Zimmer. Die Wirtin war vierundsechzig. Sie verkaufte die Transistorgeräte und sagte: »Wenn ich jünger wäre, könnte ich für dich auf die Straße gehen; ich gehe auch – und werde Blumen verkaufen.« Sie ging dann als Blumenfrau von einem Lokal zum anderen und gab ihm das Geld. Wenn sie zuwenig Blumen verkaufte, nahm sie Rentner mit und legte sich für zwanzig Mark in Treppenhäusern kurz neben ihrem Blumenkorb hin.

Arnolds Stöpsel

»Travestie«, juchzt er und hebt die Röcke hoch.

»Ist Siri wieder feurig heute«, schnattert dann Dorette und kitzelt mit stehendem Zeigefinger ihre linke Brustwarze, die aus dem Dekolleté hervorlugt.

Arnold nennt sich Siri und Wolfgang Dorette. Im Winter trägt Siri Wollschlüpfer, denn es zieht in dem Transvestiten-Keller.

»Alarm!« kreischt Siri, wenn ein Gast an ihre Hose will. Greift er noch mal hin, haucht sie: »Zügel doch deinen kleinen Fremdenlegionär«, und hält die Hände vor ihren Schoß, als würde da etwas platzen. Aber es kann nichts platzen. Der Arzt hatte auch gesagt: »Wozu willst du dich in Casablanca operieren lassen, deinen Stöpsel sieht man ja kaum.«

In Straßburg wurde Arnold von einem Hauptmann vergewaltigt; er nannte ihn »Mouche«. Ein Textilvertreter zog Arnold beim Trampen in Baden-Baden ein Chiffonkleid an und färbte eigenhändig seine Haare blond. In Karlsruhe ließ er Arnold sitzen. Dort wurde ein Gastwirt zudringlich, und Arnold keuchte: »Ich heiße Arnold.« Der Gastwirt riß ihm den Fummel vom Leib und stürzte sich von hinten auf ihn. Geistesgegenwärtig überzeugte Arnold den Gastwirt davon, daß es vorn noch einen Stöpsel gebe. Der Gastwirt sagte »Schnuller« zu ihm und kaufte reinseidene Unterwäsche Größe 38 für den Blondschopf. In Berlin trug Arnold wieder einen Anzug. Er besuchte das Lokal, in dem der Textilvertreter verkehrte, wenn er seine Kollektionen abholte. »Ich möchte dich schmücken«, gurrte plötzlich ein Herr neben ihm. »Ich heiße Dorette, und du bist für mich Siri.«

Dorette hatte sich in Casablanca für 5000 Mark operieren lassen. Siri kann mit Dorette verkehren, aber was Größeres geht bei ihr nicht rein. Und falls mal was Großes kommt, sperrt sie den Mund auf oder massiert es zwischen den künstlich aufgeblähten Brüsten. Ihr Arzt kontrolliert Dorette einmal im Monat oben und unten. Erschlafft der Busen, kriegt sie Spritzen.

Siri wäscht zu Hause und näht. Dorette kocht und macht sauber. Sechs »Fummeltanten« animieren im Transvestiten-Keller. Siri und Dorette sind die Stars. In der Kitzelkammer darf sie unter hundert Mark keiner ausziehen. Zu dritt arbeiten sie nie; Dorette ist eifersüchtig. Die anderen vier machen alles, der eine war Konditor, der andere Drogist, und das Pärchen Relly und Ingrid hat in einem Feinkostgeschäft zueinandergefunden. Mittwochs fahren sie zu einem Pumpenfabrikanten, der ihnen ein Blumengeschäft einrichten will. Der Pumpenfabrikant, Brigitte nennt er sich, legt bei dem Kränzchen abwechselnd seinen Kopf in Rellys und Ingrids Schoß und weint. Brigitte ist immer so trotzig und bellt wie ihr Zwergpudel, wenn sie Dresche kriegt.

»Carmen« wird der Inhaber des Transvestiten-Kellers gerufen. Er verwöhnt Strichjungen, die er sich von der Straße holt. Sie müssen Lederjacken tragen und säuerlich riechen. Sofort wird er fickerig und huscht auf die Damentoilette. Er ist zweiundsechzig. Und in der Toilette zetert er: »Oh, immer diese Ouvertüren!«

Sein festes »Verhältnis« verbüßt eine Jugendstrafe von drei Jahren wegen Erpressung im Rückfall, Nötigung und Raub. Carmen hätte ihn entlasten können, doch er rief dem Staatsanwalt zu: »Strafe muß sein, Dieter bringt einen ja in Teufels Küche.«

Siri darf sich morgens nicht mehr nackt am offenen Fenster zeigen. Eine Frau hatte Anzeige erstattet. Die Polizei sagte: »Das ist ein Mann.« »Aber das konnte man nicht sehen«, sagte die Frau. »Du Lose«, sagte Siri. Dorette sagt am liebsten: »Das halte ich nicht aus, meine Watte ist verrutscht«, oder: »Siri, leg den Kopf auf meinen Operationsherd und nenne mich Mutter, du Nesthäkchen du ...«

Locken-Harry

Am Montag um acht sagte Harry zu Uschi: »Ich setz mich schon rein.« Kaum saß Uschi dann im Wagen, gab Harry Gas. Uschi steht auf seinen Blitzstart; immerhin hat die Mühle sechzehn Mille gekostet; es ist ein MG, vorher hatten sie einen Fiat-Sportzweisitzer. Der ging für sechseinhalb Riesen in Zahlung, und die restlichen neuneinhalb hatte Uschi liegen.

»Ist noch was?« fragte Harry vor dem Puff.

Sie steckte ihm ihre Zunge ins Ohr.

Harry kurvt zum Hotel »Berliner Hof« zurück. Er wohnt mit Uschi in einem Einbettzimmer. Jeden Morgen muß er fünfunddreißig Stücke dafür hinlegen. Harry löst den Wiener-Leo ab. Beide machen seit sieben Wochen die Bar. So schmal wie das Zimmer und das Treppenhaus ist auch die Bar. Aber lang ist sie.

Leo weckt seine Alte. Die poft bis kurz vor neun, und Leo spielt den Tobsüchtigen. Diese Nummer bringt er fast jeden Abend, mit Bettdecke-Wegreißen, Handtasche-Ausleeren, Wasserhahn-Aufdrehen.

Harry sieht zu, wie der Chef einem Freier, der ganz schön abgefüllt ist, zwei Scheine abzockt. Wenn Harry mit seinem Chef spielt, geht er auch oft mit mindestens zwei Hundertern unter.

Die Bar ist leer. Harry spült Gläser. Helga taucht auf. Sie ist vollgepengt bis obenhin; schiebt Preludin-Tabletten in den Turm wie andere Rahmbonbons und bestellt eine Flasche Sekt. Harry gibt die Hausmarke zu achtzig raus. Robby wird beteiligt. Er brütet über seinem Lottoschein. Jeden Sonnabend setzt er fünf Scheine auf seine Zahlen. Drei Monate waren die beiden zusammen, aber Helga greift sich einmal die Woche einen Farbigen, macht da Entwicklungshilfe und legt freiwillig noch hundert dazu. Das waren vier Scheine im Monat. Helgas Freundin, die Nuschel-Elli, nicht einmal »Hilfe« ruft sie deutlich, steckte das Robby, und er stieg bei ihr ein. Sie bringt jeden Tag drei Scheine, das ist Satz. Trotz ihrer vierunddreißig Lenze. Helga ist erst zweiundzwanzig. Das Telefon klingelt. Uschi ist am Apparat.

Harry hält den Hörer nur halb ans Ohr. Uschi macht ihren »Dibberstamm«, dibbert zehn Minuten ausführlich über alles, was inzwischen los war.

Der Chef schleppt Helga ab. Sie hat noch genug Kohlen im Rucksack.

Gegen vier kommt er wieder runter. Harry macht Kasse. Der Chef beschäftigt Dauergäste in seinem Hotel wie Harry, Leo, Robby und Boxer-Paul als Hilfskellner. Irgendeine Arbeit müssen die Loddel ja nachweisen, wegen der Sitte. Die Sittenpolizei kennt den Putz und räunt stickum weiter. Harry war Taxifahrer. Uschi riß ihn im Taxi auf und sagte, daß sie im Puff sei. »Und ich stehe auf Sportwagen«, sagte Harry und ließ die Taxe stehen.

Jeden Morgen nach vier muß Harry sich ihre Geschichten anhören und was sie mit den Freiern alles gemacht hat, bis Harry sie aufs Bett schleudert. Uschi will es dann auf »altdeutsch« wissen. Den Eifersüchtigen bringt er, wenn er zocken will. Und ist er dabei ausgemistet worden, zieht Uschi ihn aufs Zimmer. Sie steht auf seine Haare; er hat naturkrause schwarze Haare und was dazu paßt, grüne Augen und eine stets leicht braun getönte glatte Haut. Harry macht sich im Bett stark, fast jeden Morgen, oft mitten in ihren Geschichten, damit sie merkt, was »am Bach« ist. Dann reißt sie auch raus. Und kommt Uschi voll aus dem Puff, schüttet sie Whisky in den Orangensaft. Wenn ein Freier auf Saufen steht, läßt Harry sie links liegen und tritt auf das Bündel, falls es ihn »anmosert«.

Uschi muß wissen, wo es längsgeht. Solange Harry auf ihre Kohlen steht, bringt sie was. Sonst würde sie nur »rumseibeln« und höchstens für die Miete »ackern«.

»Leichen-Udo«

Wenn Udo M. den Kopf reckt und sich umdreht, wirkt er wie ein Kamel. Seine Nasenspitze geht nach oben. Zuerst sieht man die Löcher. Udo hält es auch lange aus, ohne zu saufen. X-Beine hat er und Schuhgröße siebenundvierzig. Seine Ohren sind wie Kringel. Sie könnten angewachsen sein, diese verästelten, leichenfarbenen Knorpel mit den verknautschten Läppchen.

Udo ist Lesemappenvertreter. Er trägt immer schwarze Schuhe, schwarze Krawatten und schwarze Hüte. Das steigert seinen Umsatz. Manche denken, Udo hat Trauer. Und fragen sie ihn danach, sagt er: »Ich habe mein Liebstes hergeben müssen, sie war erst vierzig.«

War Udo in der Nähe vom Stadtfriedhof, ging er hin zum Luftschnappen und rauchte in Ruhe eine. Sah er da mal eine Frau weinen. Udo dachte, es wird ihr Mann sein unter dem Blumenhügel. Er stellte sich neben sie und sagte: »Ich habe auch mein Liebstes hergeben müssen, sie war erst vierzig!« Sie sagte: »Wenn die Kinder nicht wären, wüßte ich nicht weiter.« Vier Kinder hatte die. Dann wollte sie wissen, ob Udo etwas von Briefmarken verstehe. Abends um zehn sollte er kommen. Die Kinder schliefen. Udo blieb bis morgens um sechs und durfte das Briefmarkenalbum behalten. Das war bei Kapelle 9.

Udo sagte sich: »Wenn das so weitergeht ...«

Bei Kapelle 4 stand eine Frau vor einem größeren Blumenhügel. Ihr Taschentuch lag auf der Erde. Udo hob es auf und sagte wieder: »Ich habe auch mein Liebstes hergeben müssen, sie war erst vierzig.« Die Frau antwortete: »Mein Mann war neunundfünfzig, ich hatte nur ihn.« Udo setzte gleich nach: »Seit Tagen möchte man mit einem Menschen reden, der einen wirklich versteht.« Und die Witwe: »Ich bin auch ganz allein.« Udo drückte ihr lange die Hand und wußte, die ist morgen wieder da. Sie war auch da. Er sagte: »Meine verstorbene Frau war so dunkel und zierlich wie Sie, aber Sie sehen viel jünger aus.« – »Mein Mann war fünfzehn Jahre jünger als ich. Er mußte das Rauchen aufgeben. Er sagte immer: ›Erst kommst du, Gerda, und dann kommt das Geschäft.‹ Wir haben eine Kartoffelgroßhandlung.« Sollte Udo doch den Weinkeller besichtigen, sie hatte noch keine Traute wegen der Erinnerungen. Vier Flaschen haben sie getrunken. Dann fragte Gerda ganz leise: »Und was machen Sie, Udo?« – Udo sagte, daß seine Firma, eine mittlere Zigarrenfabrik, seit dreißig Jahren bestünde. Und da Gerdas Prokurist die Leitung der Firma übernommen hatte, sagte er, mein Prokurist hat erstmal sämtliche Vollmachten, ich muß nun an mich und meine Gesundheit denken, bis zu Ilses Tod gab es nur das Geschäft. – Beim Frühstück meinte Gerda: »Wo nimmst du das bloß alles her, Udo, mein Mann kam jede Woche einmal zu mir, trotz seines Alters, und du bist auch nicht mehr der Jüngste und hörst gar nicht wieder auf.« Udo machte es gleich noch mal, na ja, und nach drei Tagen, wieder beim Frühstück, sagte er: »Ich suche einen Teilhaber, mir wird das alles zuviel.« Legte sie ihm doch einen Scheck auf den Teller über 25 000 und sagte, indem sie ihre Bluse strammzog: »Die Summe hatten wir für eine Weltreise gespart, Udo, nimm du es, Geld muß arbeiten. Meine Welt ist wieder hier.«

Zur gleichen Zeit hatte Udo bei Kapelle 1 Ursula kennengelernt. Sie zeigte ihm ihr Parfümeriegeschäft. Der Mann war hinter dem Ladentisch zusammengebrochen. Udo sagte: »Hier könnte ich auch meinen Mann stehen.«

»Er war mein zweiter Mann«, sagte Ursula.

»Und ich war ihr zweiter Mann«, sagte Udo. »Aber das Leben geht weiter. Zu Hause liegen die Rechnungen. Über ein Jahr war Ilse im Krankenhaus. Ich hätte sie auch gern 1. Klasse beerdigen lassen.«

»Mußtest du Schulden machen, Udo?«

Udo sagte: »Für meine Frau war mir nichts zuviel!«

»Darüber reden wir noch«, beruhigte ihn Ursula, und Udo mußte sich hinter den Ladentisch stellen. »Geh weiter nach links«, bat sie, »dort stand mein Mann, als es passierte.«

Udo drückte ihr lange die Hand, aber sie wollte in die Arme genommen werden. Er bekam dann fünf Mille für die Rechnungen, und sie machte »Pst«.

Drei Tage darauf rief Udo Gerda an und sagte, daß er einen Autounfall erlitten hätte. Ein Lieferwagen sei schuld gewesen. Und ihm täte nichts weh, außer seinem Kopf. Gerda bat: »Geh sofort ins Krankenhaus, Udo, sicher ist sicher.« – Das verlangte Ursula auch.

Im Spielcasino von Travemünde versuchte Udo, seine 30 000 in einer Woche zu verdoppeln. Er telefonierte mit Gerda: »Dir kann ich es ja sagen, ich liege noch im Krankenhaus.« Keine Antwort. Udo sagte: »Wenn du nicht wärst.« Eine Männerstimme schaltete sich ein: »Ich bin der Prokurist, Sie werden von uns hören.« Und Ursula zischte: »Ich weiß, wo du bist, mein Buchprüfer ist gerade bei mir.«

Konnte Udo an dem Strafmaß rütteln? Er sagte zum Vorsitzenden: »Das nannten die Frauen also Trauer.« Und das war auch verkehrt. Wenn er Ossi im Gefängnis nicht getroffen hätte ...

Udo ist wieder Lesemappenvertreter. Zu alten Frauen sagt er: »Wenn Sie alte Vasen, Uhren, Tassen und Teller haben oder Ohrringe und Broschen, ich zahle Höchstpreise. Die Jugend hat keinen Sinn mehr dafür.«

Das Geld schießt ihm Ossi vor, der einen Antiquitätenladen eröffnet hat. Und wenn die Leute nichts herausrücken wollen, sagt Udo: »Ich habe gerade mein Liebstes hergeben müssen, sie war erst vierzig.« Dann geht's.

Eine Witwe, die Udo zwei Monate nach seiner Entlassung aus dem Gefängnis bei Kapelle 4 ansprach, hat Blutzucker. Udo lebt mit ihr zusammen. Der Mann war Hausmakler. Und Udo sagt: »Das Leben geht weiter«, und pfropft sie mit Sahneschnitten und Weinbrandbohnen voll. Sie besitzt noch drei Etagenhäuser im Sanierungsgebiet und legt Geld für Udo zurück. Er ist der Erbe.

Ossi ist schwul, und Udo fängt auch langsam an. Seitdem läuft er in einer flotten, knabenhaft schlanken, vollklimatisierten, präzisen, ganz in sich geschlossenen Kombination umher. Seine X-Beine stecken in hautengen Hosen, und die Haare läßt er sich kürzer schneiden und frisiert sie in die Stirn. Ossi fährt ihm oft liebkosend hindurch. Dann wirken sie lustig und verwegen.

Die Geburtstagsfeier

Ich ging in eine Eisdiele mit Veranda. Vier Typen im Lederdreß kamen mir entgegen. Ich trat zur Seite. »Die sehen aus wie Motorradfahrer«, sagte ich zu dem Eisverkäufer.

Ein Mädchen in Lederhosen, das auf der Toilette gewesen war, lief hinter ihnen her.

Ich bestellte fünf Kugeln Erdbeer- und Vanilleeis mit Sahne. Schokoladeneis war nicht mehr da.

»Weil ich kein Schokoladeneis mehr hab, wollten die Putz machen«, sagte der Eisverkäufer, »aber ich sagte: ›Morgen.‹ Sie kriegen das Eis immer umsonst.« Es war Viertel vor zwölf. Der Eisverkäufer säuberte die Sahnemaschine. »Um zwölf ist Schluß«, sagte er.

Ich wartete nicht so lange.

Im Torweg standen die Typen. Ich ging auf die andere Straßenseite. Von da aus konnte ich sehen, wie die Eisdiele kaputtging. Die fünf waren hinten reingegangen. Die Sahnemaschine kollerte durch die offene Verandatür. Dann ging das Licht aus.

Hinter mir wurde ein Fenster geöffnet. Ein Mann sagte: »Ich habe die Polizei verständigt.«

»Mach das Fenster zu«, sagte eine Frau.

Mit Blaulicht kam der Funkstreifenwagen.

Einen hatten sie gekriegt. Die anderen waren hinten wieder rausgegangen. Der Eisverkäufer hatte sich auf der Damentoilette versteckt.

»Der Herr war gerade weg, da krachte es hinten«, sagte er, als er mich sah.

Ich mußte mit zur Revierwache.

Den sie gegriffen hatten, verfrachteten die beiden Polizisten in ihren Wagen.

»War der bei denen gewesen, die den Laden verließen, als Sie kamen?« fragte mich der Revierführer.

Ich sagte: »Er war der zweite. Und nachher standen alle in dem Torweg.«

»Was sollte der Putz, Vogel?« fragte der Revierführer das Lederpaket.

»Warum hat er uns denn kein Schokoladeneis gegeben?«

»Sie kriegten das Eis immer umsonst«, sagte der Eisverkäufer; »aber das Schokoladeneis war alle.«

»Umsonst?« staunte der Revierführer.

»Ihr kriegt es auch umsonst«, sagte der Eisverkäufer, »es kommt mir nicht darauf an. Und zu euch habe ich gesagt, ›wenn die mal Putz machen, müßt ihr aber dasein‹.«

»Davon weiß ich nichts. Erstmal handelt es sich um schwere Sachbeschädigung ...«

Ein Kriminalbeamter kam herein und sagte zu Vogel: »Auf dich hab ich schon lange gewartet, wo sind denn die anderen?«

»Ich hab Geburtstag gefeiert und kann die Kette auch allein rasseln lassen.«

Der Kriminalbeamte zog eine Fahrradkette aus Vogels Hose.

»Personenschaden?« wandte sich der Kriminalbeamte an den Revierführer.

»Schwere Sachbeschädigung, die Eisdiele war dran!«

»Möchte dich liebend gern hierbehalten, Vogel«, sagte der Kriminalbeamte.

»Ich wohne immer noch bei meiner Schwester in der Gilbertstraße 8, Hochparterre links.«

»Nächste Woche ist Termin in Sachen Langhans.«

»Der nimmt den Mund schon wieder voll.«

»Und wenn er gestorben wäre?«

»Aber er hatte doch einen Hut auf.«

»Die Schädeldecke möchte ich einmal sehen. Zu dritt habt ihr sie ›fotografiert‹.«

»Zu dritt? Ich laß mich nicht ›vorführen‹; die einen sagen zu zweit und die anderen zu viert. Ich hab nur mit der Kette gerasselt.«

Der Eisverkäufer fragte: »Soll ich noch lange hier sitzen?«

Vogel zog seine Stiefel mit den hohen Hacken aus, sie waren ihm zu eng. Deshalb auch der eierige Gang. Die Haare konnten ihm nicht ins Gesicht fallen, sie waren dicht, kraus und fettig.

Vogel wurde nach dem Verhör im Funkstreifenwagen zu seiner Schwester gebracht.

»Und ich?« erkundigte sich der Eisverkäufer. »Vielleicht warten die anderen draußen auf mich?«

»Wenn der Wagen zurückkommt, nimmt er Sie mit«, sagte der Revierführer. »Was die Versicherung wohl sagen wird?«

»Ich zahle meine Prämien immer pünktlich und kann mit meinem Eis überall was werden.«

»Er hätte noch Schokoladeneis haben müssen«, sagte ich, als der Eisverkäufer wegging.

»Nichts gegen sein Eis«, sagte der Revierführer.

Krümel-Hermanns Rettung

Als H. Jordan morgens gegen halb eins aus der Taxe stieg, um den Rest des Heimwegs zu Fuß zurückzulegen, schlug er seinen Mantelkragen hoch. Es war weder kühl noch windig, es war reine Angewohnheit, daß er nachts mit hochgeschlagenem Kragen ging.

Ungefähr zweihundert Meter vor seinem Haus, er war seit dem Verlassen der Taxe damit beschäftigt gewesen, tief durchzuatmen, obgleich es diesig war, traf ihn ein Schlag ins Genick. H. Jordan fiel der Länge nach hin. Ganz benommen lag er da und spürte nur einen Druck am Handgelenk und unter den Armen. Als er aufstand, rief er »Hilfe«. Dann merkte er, daß seine Armbanduhr fehlte und die Brieftasche.

H. Jordan rannte nach Haus. In der mittleren Schreibtischschublade verwahrte er eine Pistole. Er steckte sie ein und schlich aus dem Zimmer. Seine Frau sollte nicht wach werden. Knapp zehn Minuten brauchte er zum Polizeirevier.

H. Jordan gab zu Protokoll: »Gegen halb eins, ungefähr zweihundert Meter vor meinem Haus, spürte ich plötzlich die Mündung einer Pistole im Rücken. Ich hob meine Hände. Ein Mann zischte: Gib die Brieftasche her. So leicht konnte er einen alten

Soldaten nicht überrumpeln. Ich sagte: Holen Sie sich die Brieftasche doch selbst.

Zuerst riß er meine Armbanduhr vom Handgelenk. Anschließend drückte er mir die Pistole in die Seite und zupfte meine Brieftasche heraus. Dann bekam ich einen Tritt, stürzte zu Boden, war jedoch schnell wieder auf den Beinen und nahm die Verfolgung des Täters auf. Sie verlief ergebnislos. In meiner Brieftasche befanden sich fünfhundertzwanzig Mark in bar, mein Reisepaß, Familienfotos, Briefmarken und Quittungen über Speisen und Getränke von verschiedenen Gaststätten in Stuttgart und Heilbronn.«

H. Jordan weckte seine Frau und sagte: »Ich wollte dich vorhin noch nicht stören.« Er warf die Pistole auf den Schreibtisch und begann: »Ungefähr zweihundert Meter vor unserem Haus, es war gegen halb eins, starrte ich plötzlich in die Mündung einer Pistole. Ich schlug dem Mann, dessen Gesicht ich nicht erkennen konnte, die Pistole aus der Hand. In diesem Augenblick bekam ich einen Schlag ins Genick. Ich hörte noch, wie jemand rief: Wo ist denn seine Aktenmappe? Aber ich hatte sie nicht dabei. Sie verschwanden mit meiner Brieftasche und der Armbanduhr.«

»Gibt es etwas in deinem Leben, wovon ich nichts weiß?« unterbrach ihn seine Frau.

H. Jordan winkte ab: »Der Hauptwachtmeister könnte mein Sohn sein. Dieser Raubüberfall wird nie aufgeklärt!«

H. Jordan blickte an die Decke. Die geraubten fünfhundertzwanzig Mark sollte der Maler haben.

Frau Jordan sagte: »Bitte, schließ die Pistole wieder ein.« H. Jordan wurde nachmittags gegen halb drei von Kriminalobermeister Gertesmann in seinem Büro angerufen und gebeten, nach Büroschluß zur Revierwache zu kommen. Der Täter sei inzwischen gefaßt worden. Gegen acht Uhr abends betrat H. Jordan die Polizeiwache. In Zimmer 12 wartete Kriminalobermeister Gertesmann.

»Da sind Sie ja«, begrüßte ihn der Kriminalobermeister und rief: »Hermann, komm rein!«

Die Tür zum Nebenraum öffnete sich.

»Das ist er«, sagte Kriminalobermeister Gertesmann.

Ein Mann stand da und polterte los: »Von wegen mit der Pistole, bin noch nie wegen Waffenbesitzes und so vermalocht gewesen …«

»Er tanzt niemals aus der Reihe«, Kriminalobermeister Gertesmann nickte zustimmend, »hatte er Sie denn wirklich mit einer Pistole bedroht, Herr Jordan?«

»Als alter Soldat muß ich das wohl wissen. Ich halte auch nachts die Augen offen.«

»Es war gestern nacht diesig, Herr Jordan.«

»Ob diesig oder nicht, was redet der immer von alten Soldaten«, trumpfte Hermann auf, »ich bin auch ein alter Soldat, das zählt zwar nicht so, ich war Sergeant bei der Fremdenlegion. Und das steht in den Akten, ich meine, als wir den Bankboten gemacht hatten seinerzeit, wie hieß es da? ›Der Angeklagte war unbewaffnet.‹ Das müssen Sie sich mal vorstellen, bei einem Bankboten. Und der hatte immerhin fünfzig Mille im Schlepp. Ein Schlag genügte, ich hab's mit dem Genick. Da treff ich jeden todsicher.«

»Warum reden Sie den Mann mit Vornamen an?« fragte H. Jordan Kriminalobermeister Gertesmann.

»Hermann heißt er mit Nachnamen, Herr Jordan, in Fachkreisen ›Krümel-Hermann‹ genannt, weil er nach nichts aussieht. Und nun sehen Sie sich einmal seine rechte Hand an. Da fehlt was, stimmt's? Kann keinen Ballermann damit halten.«

Krümel-Hermann hielt H. Jordan seine Hand vor die Nase.

»Ich krieg eine Rente für den weggeputzten Daumen und den Zeigefinger, und den Steckschuß hinterkünftig.«

Gertesmann sagte: »Ich hol Zigaretten.« Als er zurückkam, erklärte H. Jordan: »Ich will mich nicht mehr darauf festlegen, daß mich der Täter mit einer Pistole bedroht hat.«

Kriminalobermeister Gertesmann sagte zu mir: »Nach der Verhandlung, Krümel-Hermann fing fünf Jahre Zuchthaus ein, klappte H. Jordan, es war spät geworden, seinen Mantelkragen hoch, ohne mich eines Blickes zu würdigen.«

Liebesdienste – Anweisungen zum Töten (1976)

Lächeln, so in sich hinein

Es ist Samstagnacht, und Ihr Mann keucht noch. Sie sehen ihn geduldig an und decken sich wieder zu und sagen: »Du kennst mich immer noch nicht«, und lächeln so in sich hinein. Er wird sagen: »Ich soll Dich plötzlich nicht kennen, ich?« Und er steht vor Ihnen. Sie blicken an ihm herunter und rauchen eine Zigarette. Sonst rauchen Sie nie im Bett, nur er. Dann sagen Sie: »Ich will jetzt baden«, und schließen sich ein.

Es ist Sonntagmorgen. Sie haben den Frühstückstisch gedeckt. Ihr Mann muß gleich kommen. Sie nehmen den Telefonhörer ab, und als er kommt, legen Sie ihn wieder auf. Ihr Mann wird sagen: »Ich habe das Telefon gar nicht klingeln hören, wer war es denn?« Sie sagen: »Er hat seinen Namen nicht genannt, das konnte er auch nicht bei dem, was er mir alles gesagt hat.« Ihr Mann wird sagen: »Ja, was denn?« »Das kannst Du Dir doch denken«, sagen Sie, »immer ruft so einer an.« »Und das sagst Du mir erst jetzt«, wird er sagen. Sie sagen: »Du kennst mich immer noch nicht«, und sehen ihn an und zupfen einen Fussel von Ihrem Pullover, aber das sieht eher so aus, als streicheln Sie Ihre Brust.

Es ist Sonntagmittag. Ihr Mann will mit Ihnen irgendwo hinfahren. Sie blicken auf seine Hände. Er wird sagen: »Was ist denn so neu an ihnen?« Sie sagen: »Diese Hände können nicht alles anfassen«, und blicken Ihre Hände an, und er wird sagen: »Was hast Du mit meinen Händen?« Und Sie blicken auf Ihre Hände und legen sie ausgestreckt in den Schoß. Beim Kaffeetrinken blicken Sie immer auf Ihre Hände und sagen: »Du kennst mich immer noch nicht.« Er blickt auf seine Hände und weiß nicht, wohin damit. Wenn Sie wieder zu Hause sind, setzen Sie sich mit dem Fotoalbum an den Schreibtisch. Ihr Mann wird sagen: »Was willst Du denn mit dem Fotoalbum?« Sie sehen sich die Fotos an und schütteln öfter Ihren Kopf und lächeln so in sich hinein. Er wird Ihnen das Fotoalbum aus der Hand reißen, und Sie sagen: »Reg Dich doch nicht auf.« Er wird sagen: »Was fällt Dir eigentlich ein?« Sie sagen: »Warum regst Du Dich immer so auf, ich weiß auch immer wann, wenn ich mich doch einmal täuschen würde. Nein, Du kennst mich immer noch nicht.«

Dann setzen Sie sich aufs Bett und lesen einen Brief. Ihr Mann kommt und will den Brief auch lesen. Sie legen Ihre Hand auf den Brief und bleiben ganz ruhig sitzen und blicken seine ausgestreckte Hand an und die Hosentasche mit dem Schlüsselbund und sagen: »Du zitterst ja ... Du bist wie Dein Vater. Deine Mutter hatte mir vor ihrem Tode erzählt, wie Dein Vater war, er war damals schon lange tot; hab ich vielleicht gelacht, und Deine Mutter erst, wir waren wie Freundinnen und hatten keine Geheimnisse voreinander. Sie wußte mehr von mir als Du. Und wenn Dein Vater gezittert hat – wobei der bloß immer zitterte ...« Er wird sagen: »Du lügst, sag das noch mal.«

Sie zupfen wieder einen Fussel von Ihrem Pullover und streichen dann über die Stelle. Er wird die Hand heben, und Sie sagen: »Schlag mich doch, wenn Du es wenigstens einmal tun würdest, aber Du kennst mich immer noch nicht«, und dann lächeln Sie wieder so in sich hinein.

Er wird ins Wohnzimmer gehen und irgend etwas trinken. Sie rauchen und sehen ihn an und sagen: »Trink, geniere Dich nicht, trink doch, los, trink.« Und Sie gehen zum Telefon und drehen eine Nummer und legen Ihren Zeigefinger auf die Lippen. Er wird aufspringen, um Ihnen den Hörer aus der Hand zu reißen, und Sie halten den Hörer dann an sein Ohr, er schiebt Sie weg, und Sie drücken auf die Gabel und sagen: »Was der da zu mir gesagt hat, das würdest Du nie sagen. Deine Mutter hat mir auch gesagt, was Du mit vierzehn schon gemacht hast, sie durfte dann nicht mehr ins Badezimmer. Aber sie dachte, wozu bloß, bei ihm sieht man ja noch nichts. Dein Vater war genauso empfindlich und saß immer allein in der Wanne.«

Ihr Mann wird sagen: »Wenn Du meine Eltern jetzt nicht endlich in Ruhe läßt, weiß ich nicht, was ich tu!« Sie sagen: »Einmal bist Du in der Schule sogar sitzengeblieben, und davon wußte ich gar nichts, und da wolltest Du Dir gleich das Leben nehmen. Und im Krieg kamen ihm oft die Tränen, sagte Deine Mutter. Wenn sie noch leben würde, hätte ich mich schon längst von Dir getrennt. Die weiße Haut hast Du von ihr, und bei jeder Kleinigkeit kriegst Du blaue Flecken. Meine Hände können alles anfassen, und sie fassen zu, aber Dich kann ich nie so anfassen, wie ich möchte. Weinst Du? Nein, Du zitterst nur, komm, geh ins Bett. Ich werde noch aufbleiben. Du zitterst nicht? Aber das sehe ich doch.«

Er wird sagen, daß Sie gehen sollen, für immer. Aber Sie sagen: »Ich laß Dich doch nicht allein, das habe ich Deiner Mutter versprechen müssen. Ich werde immer bei Dir bleiben!« Und Sie lächeln noch einmal so in sich hinein …

Brav sein und sich nicht verschlucken

Ihr Vater wird bald achtzig. Er wohnt bei Ihnen und räumt sein Zimmer selber auf, und sauber ist er, da liegt nichts herum, und er hört immer genau zu, was man sagt. Und dann sagen Sie plötzlich zu ihm, ob er nicht zugehört habe. Er hatte alles gehört, aber Sie sagen, mit dem Gehör sei es auch nichts mehr. Er fragt Sie, womit es denn sonst wohl nichts mehr wäre. Sie machen ihn mit gedämpfter Stimme darauf aufmerksam, daß er nicht mehr so häufig allein spazierengehen dürfe, wie leicht könne etwas passieren, und dann läge er irgendwo, und man brächte ihn vielleicht noch gerade rechtzeitig ins Krankenhaus, und wer käme in dem Alter jemals wieder aus dem Krankenhaus heraus? »Bleib schön sitzen«, sagen Sie, »auf der Veranda hast Du genug frische

Luft, und ich bin immer in Deiner Nähe, und wenn Du spazierengehen willst, komme ich mit.« Und Sie ergreifen seine Hände.

Sprechen Sie von da an mit anderen, wenn er in der Nähe ist, nur im Flüsterton, aber flüstern Sie so, daß er es hört, und flüstern Sie dann immer: »Ich lasse meinen Vater niemals allein, und sollte er die Augen schließen, dann bin ich bei ihm. Ich wäre schon zufrieden, wenn ich siebzig werde, wie dankbar würde ich sein, und ich will dann keinem mehr zur Last fallen, ich nicht. Meine Generation weiß noch, was sie ihren Eltern schuldig ist. – Ob Vater mich hört? – Nein, mit dem Gehör ist es auch nichts mehr.«

Ihr Mann flüstert dann auch manchmal mit Ihnen. Und fragt Ihr Vater ihn dann, warum er nicht lauter spreche, sagen Sie: »Du sollst immer nur das hören, was Dich nicht aufregt, und durch unser Flüstern lernen wir beide, uns zu beherrschen.« Und wenn das so weitergeht und Ihr Vater wieder fragt, warum Sie mit Ihrem Mann geflüstert haben, antworten Sie: »Auch in unsere Eheangelegenheiten möchtest Du Dich einmischen, aber ich bin schließlich Deine Tochter und weiß, was sich gehört, und posaune das nicht heraus.« Allmählich fragt Ihr Vater immer weniger, und Sie sagen plötzlich: »Fehlt Dir etwas? Ich war so beruhigt, daß Du nicht mehr allein spazierengehst und endlich mehr ißt. Du ißt zuviel, Vater, aber iß nur. Iß Du man. Hauptsache, es schmeckt – das hast Du zu mir immer gesagt, als ich noch klein war. Iß Du man.«

Ihr Vater möchte dann gerne wissen, ob es sich vielleicht um Geld handelt, wenn Sie mit Ihrem Mann immer im Flüsterton sprechen, er könne wirklich nicht mehr alles genau hören. Sie sagen: »Vater, Du gibst uns doch schon genug von Deinem Geld, und was sagt der Arzt? ›Ihr Vater braucht ein Gefühl der Unabhängigkeit, und das schafft ihm sein Vermögen.‹ Viel ist es ja nicht, das Ersparte und die Papiere, aber wir brauchen wirklich nichts, das weißt Du doch.« Und Ihr Vater fragt, ob Ihr Mann vielleicht an seiner politischen Einstellung wieder etwas auszusetzen habe. »Und ob«, antworten Sie im Flüsterton, »in seinen Augen bist Du immer noch ein alter Nazi, aber ich muß es doch besser wissen, von wegen Nazi. Ob Du lieber Deine Meinung für Dich behalten sollst? Vater, denk an Dein Alter, muß ich das immer wieder sagen, und ein Nazi warst Du ja auch, oder? Ich weiß, was Du damals verschwiegen hast, aber das weiß nur ich, und niemand wird es je erfahren. Hab doch Vertrauen zu mir, und sitz ganz still und versuch zu vergessen, ein für allemal!«

Ihr Vater wird dicker, er geht auch nicht mehr spazieren, er sitzt den ganzen Tag zu Hause, und er nickt öfter ein. Sie reden dann erst recht im Flüsterton und beobachten dabei sein Gesicht. Hört er vielleicht doch noch zu? Und dann sagen Sie: »Deinen Schlaf möchte ich haben. Und weißt Du, was der Arzt sagt? Ich rufe ihn ja regelmäßig an, er sagt mir dann, was ich richtig mache und was nicht. Er sagte: ›Ich komme ja sofort, wenn etwas ist, aber was soll schon sein, daß er sein Portemonnaie versteckt und die Schlüssel, alte Leute sind nun einmal so, das gehört auch noch dazu ... Daß er plötzlich geistig und physisch so stark abbaut, es kann wirklich jeden Tag vorbei sein, und das weiß er auch. Wenn er Sie nicht hätte.‹ Er tröstete mich mit den Worten: ›Wenn Sie erstmal achtzig sind; warten Sie nur ab.‹ Ich sagte: ›Ich will aber nicht abwarten, ich werde keine achtzig, und mein Mann sagt auch immer: Bloß nicht so alt werden, mit siebzig ist für mich Schluß.‹ Und ich soll Dir abgewöhnen, nachts Deine Tür abzuschließen. Du sollst sie nur anlehnen, und ich soll eine Klingel in Dein Zimmer legen lassen, aber da habe ich gesagt: ›Mein Vater ist nicht in einem Altersheim, sondern bei mir, und ich horche jede Nacht an seiner Tür.‹«

Und wenn Sie ihn dann morgens wecken, fragen Sie, warum er nachts so laut stöhne, Sie träumen ja auch, aber doch nicht so.

Und stellen Sie ihm dann regelmäßig Blumen auf den Nachttisch, und sagen Sie ihm, daß er sich keine bessere Krankenschwester wünschen könne. Und dann verlangen Sie von ihm, seine Tür doch nicht mehr angelehnt zu lassen, er solle sich ruhig einschließen, Sie lägen seinetwegen sowieso fast jede Nacht wach und hörten alles, aber seine Nachttischlampe müsse immer brennen, ihr Lichtschein, der durch die Türritze fällt, verriete Leben.

Und jeden Morgen, wenn Sie am Kopfende seines Bettes stehen, sagen Sie im Flüsterton und kommen dabei dicht an sein Ohr: »Hörst Du mich, Vater, ich füttere Dich von nun an, sei brav und verschlucke Dich nicht, wie leicht kannst Du an einem Bissen ersticken. Aber ich bin ja da.«

Mutters Flucht ins Krankenbett

Du heißt Oliver, weil Deine Mutter in einem amerikanischen Film einen Jungen gesehen hatte, der Oliver hieß, und den fand sie allerliebst. Das erzähltest Du vor kurzem Deiner Freundin Barbara, die Dich aber Ole nennt, und sie sagte: »Das ist typisch für Deine Mutter, wenn ich der gestehen würde, daß ich immer nackt schlafe und meine abstehenden Brustwarzen für verkrüppelte Phallussymbole halte, würde sie erschrocken sagen: ›Verderben Sie mir meinen Oliver nicht.‹«

Und Du sollst Chirurg werden, wenn es nach Deiner Mutter geht. Da ist einer, der sie operiert hat und den sie immer wieder aufsucht, wenn ihr irgend etwas fehlt, auch wenn das einen Chirurgen nichts angeht. Und Du hast dann zu Deiner Mutter gesagt: »Ich soll so werden wie der, nicht? So strebsam und schneidig und so milde gegen Mord, in eigener Klinik, wo er mit Spitzhacken die Ornamente von den Fassaden hauen läßt und Marmorwände in der Halle errichtet als Heilmittel gegen alles Brütende, Schlummernde und Beseelte.«

»Ich habe so einen begabten Jungen«, sagt sie daraufhin, »aber er weiß nicht, was er will. Mit Deinem Vater ist es auch nicht viel anders gewesen, und hätte ich mich nicht rechtzeitig von ihm getrennt, wo wäre wohl mein Vermögen geblieben? Es gehört eines Tages Dir, und Du bist nicht wie die anderen jungen Leute, die ihre Eltern verachten, weil sie schwer gearbeitet haben, damit es ihren Kindern einmal bessergeht, und nicht aufhören, für sie zu streben; Du gönnst mir nur nicht meinen Lebensstil, und ich duze keine Hausgehilfin, solidarisieren soll ich mich mit der, aber noch bin ich da, und ich bin Deine Mutter.«

Und Du sagtest, während sie nach einem Taschentuch suchte: »Barbara will Medizin studieren, beruhigt Dich das?«

»Die? Ich habe etwas gegen Ärztinnen, wenn sie einem nicht mehr helfen können, geht man doch zu einem Arzt. Und Du? Du würdest ihre Praxis mit dem Geld, das Du von mir erbst, finanzieren? Wann soll ich denn sterben? Ich wollte es schon öfter und hätte Dich damit erpreßt. Und was willst Du sonst noch? Vielleicht Sozialarbeit? Kannst Du mir mal sagen, was das ist? Aber dahinter steht nur diese Barbara, ich will gar nichts mehr wissen, ich bin eben zu alt ... Und was hätte ich? Dich mit zwanzig kriegen sollen statt mit dreißig?«

Und dann bringst Du Barbara mit nach Hause und sagst Deiner Mutter, daß sie bei Dir wohnen wird, denn ihr wollt euch gemeinsam auf das Abitur vorbereiten und auch endlich regelmäßig miteinander schlafen. Du hast natürlich nicht gesagt, daß sie nachts schreit, wenn es bei ihr passiert. Und Du sagst der Hausgehilfin, sie solle auch ihren Freund mitbringen, im Haus wären Zimmer genug. Und Barbara weiß bereits, was sie dann zu Deiner Mutter sagen muß: Zur Erfassung Ihres Problems ist es notwendig, zwei Worte zu gebrauchen, denen Psychoanalytiker eine unheimliche Bedeutung beigelegt haben, obgleich sie im schlimmsten Fall, von perversen Naturen abgesehen, nichts weiter bedeuten als den Wunsch, verletzt zu werden, und den Wunsch, zu verletzen, nämlich Masochismus und Sadismus; Sie sind doch ein Typ, der mit Schauern des Entzückens erzählt, wie er von ihrem Mann mit Schlägen und Erwürgen bedroht wurde.

Oliver, frage Deine Mutter aber jeden Morgen, in welcher Erwartungshaltung und Bewußtseinslage sie sich befindet und daß sie sich ja nicht frustriert vorkommen solle, aber sie wisse ja gar nicht, was das ist, bei ihrem Bildungsdefizit. Und sie habe gar keinen Grund zur Klage, sie solle nur öfter zu ihrem Chirurgen gehen, damit er schneidig mit ihr Sex treiben könne. Deine Mutter droht Dir mit einem Rechtsanwalt, sie will Dich und Barbara hinauswerfen und auch die Hausgehilfin mit ihrem Freund. Geh zu dem Anwaltskollektiv, die drei waren früher auf Deiner Schule, sie machen das umsonst.

Und dann, Oliver, Barbara war auch einverstanden, kniest Du vor Deiner Mutter nieder, sie schlüpft ständig aus ihren Schuhen, wenn sie Tee trinkt, und ziehst ihr die Schuhe wieder an und ergreifst ihre Hand und legst sie auf Deinen Kopf und sagst: »Markus kommt zu uns, er hat seine Strafe abgesessen, erinnerst Du Dich noch? ›Dieser hübsche Kerl‹, hast Du einmal gesagt, ›Oliver, sieh ihn Dir an, dem lassen die Mädchen aber keine Ruhe.‹ Wegen Drogenhandel hatten sie ihn eingesperrt, und wo soll er denn hin? Seine Eltern haben ihn rausgeworfen. Da ist er.«

»Mein Gott, Markus«, ruft Deine Mutter dann. Und sie soll ihm ein paar Sachen zum Anziehen kaufen und mit ihm mal rumfahren, was er braucht, ist jetzt seine Mutter, aber die ... Und wie sie ihn aufpäppelt, Deine Mutter den Markus; seit er aus dem Gefängnis entlassen wurde, spricht er noch weniger als vorher, er ist immer noch unheimlich passiv.

Und dann tritt Barbara auf, nachdem Markus sich von Deiner Mutter alles gefallen läßt, nur mästen darf sie ihn nicht, er kriegt jetzt auch ihre Diät, und Barbara sagt zu ihr: »Inzwischen haben Sie genug seelische Orgien in Gedanken an Markus gefeiert, nehmen Sie jetzt die Stellung der Heldin ein, und gehen Sie mit ihm schlafen.« Markus kauert auf dem Fußboden, er lutscht Bonbons und schmatzt dabei.

Das geht Dir fast zu weit, nicht wahr, Oliver, und Markus wird rührselig, das muß er erst im Gefängnis geworden sein, und legt seinen Kopf in den Schoß Deiner Mutter, und sie fängt an zu schreien, und jedes ihrer Worte könnte Dich verderben, Oliver, und sie schlägt auch um sich, aber Barbara hält sie oben fest und Markus unten.

Deine Mutter rennt zu dem Chirurgen und fällt ihm in die Arme. Er will ihre Gallenblase entfernen, das hatte er schon lange vor. Sie liegt in der 1. Klasse und kriegt jeden Tag Rosen. Du hast der Blumenhandlung einen Dauerauftrag gegeben, aber Deine Mutter darf nicht erfahren, von wem die Rosen sind. Du sagst ihr dann aber: »Die sind doch von Deinem Chirurgen, er möchte sich scheiden lassen, seine Frau will aber nicht, und Markus schläft mit seiner Stiefschwester vorläufig in Deinem Bett.«

Gewissensbisse und Nächstenliebe

Ja, ich weiß, Sie haben ihn auf dem Gewissen, es war fahrlässige Tötung, Sie öffneten die Tür des D-Zuges, bevor er hielt, und die Tür knallte dem Mann an den Kopf, er fiel hin und geriet zwischen Bahnsteigkante und Fahrwerk. Sie bekamen die Geldstrafe und verkauften Ihr Auto, denn Sie fürchteten, jemand totzufahren, weil Sie beim Fahren immer an das von Ihnen verschuldete Unglück dächten und Angst hätten. Sie nahmen über zehn Pfund ab, und Ihre Frau ließ sich scheiden, aber das wollte sie ja schon, bevor Sie den Mann auf dem Gewissen hatten. Was soll denn nun werden? fragen Sie sich, Sie haben diesen Satz immer im Kopf.

Da ist erstmal die Witwe, siebenundzwanzig, Büroangestellte in einem Versandgeschäft, mit einem Kind, und das ist acht. Die Wohnung wird ihr zu teuer, ihr Vater war Vertreter. Sie sind zweimal bei ihr gewesen und haben kaum gesprochen, der Junge wollte mit Ihnen spielen, aber Sie dachten, wenn er wüßte, daß er mit dem Mörder seines Vaters spielt. Als Sie zu der Frau sagten, daß Ihre Frau sich scheiden ließ, was sie ja schon längst wollte, sagte die Witwe: »Wenn wir das Kind nicht gehabt hätten ...«, aber dann schwieg sie, und Sie konnten sich doch wohl denken, daß die Frau sich ohne das Kind wahrscheinlich auch hätte scheiden lassen. Und es zieht Sie immer wieder zu dieser Frau hin, es ist nicht allein Ihr schlechtes Gewissen. Sie staunen, wie sie mit ihrem Schicksal fertig wird, jedesmal treffen Sie ihre hilfesuchenden Blicke. Und nun rufen Sie die Witwe an und sagen ihr, daß Ihnen Ihre Gewissensbisse keine Ruhe mehr lassen, und Sie müßten sie sprechen, sie könne verlangen, was sie wollte.

Sie kam dann zu Ihnen. Und was trank sie, als die Teekanne leer war? Sekt. Und nachher lehnte sie ihren Kopf an Ihre Brust; ob Sie nun »Sie« oder »Du« gesagt hatten, Sie sollten sich nicht mehr fragen, was nun wird, sondern alles endlich so hinnehmen. Ich sagte Ihnen doch, fragen Sie sich nicht immer wieder: »Was soll nun werden?«, sondern sagen Sie sich: Das Schicksal wollte es nun mal so. Der Satz paßt genausogut.

Und wenn Sie die Witwe heiraten, dann will das Schicksal es eben auch so. Bauen Sie auf das Schicksal; der Sohn baut schon auf Sie.

Nun ist es soweit. Sie haben trotz des großen Altersunterschiedes geheiratet und fühlen sich wie Vater, Ehemann und Liebhaber in einer Person. Das ist zuviel, aber wer wie Sie sein Gewissen um jeden Preis erleichtern will, und das Schicksal bietet ihm dazu die Möglichkeit, der muß unbedingt alles so hinnehmen.

Sie sagen, daß Sie zu allem bereit waren, aber nun ist über ein Jahr vergangen, und Ihre Frau sucht in Ihnen immer mehr den Ehemann und Liebhaber als den Vater. Und sie legt ihren Kopf auch nicht mehr an Ihre Brust und braucht keine Ratschläge mehr von Ihnen, sie sagt, sie kennt das Leben. Bedenken Sie aber immer wieder, was Sie ihr angetan haben, und bleiben Sie auch väterlich, gehen Sie auf ihre Forderungen ein, und was ihr verunglückter Mann, den Sie schließlich auf dem Gewissen haben, ihr nicht hat bieten können, das geben Sie ihr mit allem, was Sie haben. Sie müssen sich den Schlägen des Schicksals fügen, und es stimmt nicht, wenn Sie behaupten, daß derjenige, der leidet, ein Willensmensch ist, weil er den Lauf der Dinge ändern will, was ist denn da noch zu ändern? Sie fügen sich dem Schicksal, hätten Sie die Witwe nicht geheiratet, wären Sie an Ihrem schlechten Gewissen kaputtgegangen, Sie ja, und Sie haben den Mann ja immer noch auf dem Gewissen. Sie tun nur Ihre Pflicht, denn Sie handeln aus reiner Nächstenliebe.

Und inzwischen hat sie Ihnen vorgehalten, daß Sie ihren Mann auf dem Gewissen haben? Einmal wenigstens mußten Sie ja damit rechnen, und nur zuerst sah es so aus, daß Sie ihr mehr böten als er, aber wenn das so weitergehen soll ... Sie wird es nie wieder sagen ... Ein Auto haben Sie schon wieder. Und Ihre Frau fürchtet, daß Sie jemanden totfahren könnten, weil Sie beim Fahren immer an das von Ihnen verschuldete Unglück dächten und Angst hätten? Ihre Frau hat recht, und sollten Sie jemand totfahren, dann ist es Schicksal, was denn sonst?

Und nun? Die sexuellen Wünsche Ihrer Frau gehen Ihnen zu weit? Gehen Sie endlich wieder mit Ihrem Gewicht herunter, und hören Sie auf zu rauchen, und begnügen Sie sich mit Ihrem Posten in der Firma. Sie haben den Mann auf dem Gewissen, und Ihr Leben gehört seiner Witwe, Ihrer Frau. Wann kann sich ein Mann jemals so restlos einer Aufgabe für das ganze Leben opfern? Und das Schicksal will es ja so. Ihre Frau kicherte, als Sie ihr das sagten, und meinte, Sie sollten endlich damit aufhören, Sie hätten ihren Mann nun mal auf dem Gewissen, aber jetzt wäre sie doch da. Sehen Sie, Ihre Frau hat wieder recht. Und sie kauft Ihnen auch die Oberhemden und Hosen und Gürtel, Sie sehen dadurch zehn Jahre jünger aus, Ihre Frau denkt ja immer praktisch. Helfen Sie Ihrer Frau, dann helfen Sie sich selbst.

Was ist nun schon wieder? Der Junge hat Ihnen vorgeworfen, Sie wären der Mörder seines Vaters. Das kann er ja nur von seiner Mutter haben. Sie bestreitet es? Dann hat der Junge gelauscht. Sie dürfen Ihre Schuldgefühle herausplatzen lassen, darüber müssen Sie ganz leise sprechen, mit dem Kopf Ihrer Frau an der Brust. Daß Sie es mit dem Magen haben und die Hälfte herausmuß, wie gerne hätte der Mann, den Sie auf dem Gewissen haben, mit einem halben Magen oder nur einem Bein oder sogar ganz ohne Beine gelebt? Nun bemitleiden Sie sich. Denken Sie immer nur an Ihre Frau, und sagen Sie nie wieder: »Ich habe ihn auf dem Gewissen«, oder: »Was soll nun bloß werden?« Ob Ihre Frau an Ihnen Rache nehmen will? Niemals, sie möchte nur besser leben, als sie leben würde, wenn ihr Mann noch leben würde, und wenn es mit dem Magen doch schlimmer ist, als wir annehmen, dann würde sie sagen: »Er hat versucht, alles wiedergutzumachen, aber wo führt das hin? Auch er kann der gerechten Strafe nicht entgehen, wenn es das Schicksal so will.«

Nachrichten aus der Unterwelt (1976)

Immer Drohungen gegen Bruno

Weil Bruno K. den Hauptschulabschluß hat, konnte er im Gefängnis auch den Realschulabschluß machen; den Hauptschulabschluß schaffte er damals aber erst im zweiten Anlauf. Im Rückblick sieht das ungefähr so aus: Sei nun jemand mal, außer in der 9. Klasse, jede Nacht unterwegs. Was nützte es denn da, wenn die Zigarettenautomaten unter seinen Händen fast wie von selbst aufgingen, da saß er dann auf einem Haufen Zigaretten, für die er auch noch Kundschaft suchen mußte, und das alles im Alleingang. Die Drohung, daß er mal ins Fürsorgeheim abgehen würde, hatte er schon so oft mitgekriegt, daß es ihm gar nichts mehr ausmachte; und daß er da erstmal seine Ruhe haben würde, darauf war es ihm dann ja auch angekommen.

Im Fürsorgeheim war er aber allen zu ruhig, und die Drohung, er säße da nicht, um seine Ruhe zu haben, nahm er auf seine Weise ernst und tanzte da ab durchs Fenster und machte nachts in Gastwirtschaften Kasse, und wenn er nur Wechselgeld aushob, bediente er sich noch mit Flaschen. Aber was brachte das wohl, er blieb auf den Flaschen sitzen. Man holte ihn wieder zurück, aber was sollte er denn da, eine Jugendstrafanstalt wäre sicherer, da führte sowieso kein Weg dran vorbei. Aber Bruno fand dann einen Weg, der ihn noch mal aus dem Fürsorgeheim herausführte. Er hatte sich dann auf Autos spezialisiert, die gingen bei ihm auch fast wie von selber auf, und war auf alles, was ums Auto herum war, gar nicht zu schlagen. Und wenn er mit dem Auto unterwegs war, dann fand er immer irgendeine Mutter. So nannte er die Hühner, bei denen er einklinkte.

Daß er dann in einer Jugendstrafanstalt landete, Bruno kannte ja den Weg und dachte wieder, daß er da erstmal seine Ruhe haben würde. Und er versuchte es dann in einem Lehrgang mit Anstreichern und Tapezierern, denn dieser Weg, so schien ihm, führte ihn mal in das Schilder- und Lichtreklameehersteller-Handwerk, auf das er sich gespitzt hatte. Aber da gab es dann ganz andere Drohungen als von dieser Tante, seiner echten Mutter da früher, und den Fürsorgertypen, diesen »Fürsichsorgern«, die ihm auf die Sanfte kamen, das aber nicht durchhielten. Er machte aber den Lehrgang zu Ende, bevor er sich stark machte, wegen der Drohungen. Er hätte sich lieber vorher schon stark machen sollen und ging in die Grütze, wie er sagte, das heißt, die anderen blieben Sieger. Für die war er ein Jasager und sonst gar nichts. Aber er wollte doch nur den Lehrgang zu Ende machen.

Da er auf Drohungen nicht mehr stillhielt und immer schneller wieder seine Ruhe haben wollte, haute er dann möglichst nachts jeden, von dem er annahm, daß der alles bei sich hatte, was er brauchte, gleich um. Und nun saß er im Justizstrafvollzug, das war der letzte Weg, und versuchte, wie gesagt, den Realschulabschluß zu machen, allein schon deswegen, weil es bis zur Entlassung dann für die Restzeit ja auch reichlich Freigang gab. Er kam in den Behandlungsvollzug. Aber seine Kollegen da, für ihn waren das jetzt nur die Jasager, die zeigten ihm auch, wie das ist, wenn man hat, nämlich was im Kopf, und wenn man die richtigen Sprüche hat für die Lehrer. Bruno hatte auch Sprüche, aber nur kaputte. Und er stellte immer Fragen, wenn er noch gar nicht dran war, er redete dazwischen, weil er dachte, du mußt dich nur für dich interessieren. Durch seinen Wirbel da gab es wieder Drohungen, und er mußte dann zurück in den Regelvollzug. Da konnte ihm keiner mehr so drohen, und er hatte in seiner Zelle wieder Ruhe und interessierte sich nur noch für sich selbst.

Aber dann kam der Pastor. Und Bruno hörte es gleich viermal, daß sein Vater auch im Bau sei, aber in Haus II. Der Pastor wußte sogar, daß sein Vater ihn schon mit siebzehn gemacht hatte und seiner Mutter immer die Alimente schwach geblieben war, weswegen er dreimal rechtskräftig verurteilt wurde und damals in dem Bau saß, wo Bruno inzwischen sitzt, und was nicht alles ... Und sein Vater wolle ihn mal sehen ... Bruno sagte, daß er hier doch nicht in Familie zu machen brauche, ihm ginge es nur noch um seine Ruhe, aber dann ... Und da hatte der Pastor erstmal Pause, wegen der Drohung, »aber dann«. Und Bruno sagte dann, er brauche so viel Ruhe, wie es überhaupt nur gibt.

Regen auf dem Strich

»Ich mich aufhängen, mir aus 'ner Strumpfhose 'n Strick drehen, wie die Jutta das gemacht hat auf der Wache im Keller, als sie vollgepengt war? Ich doch nicht. Die Jutta stand nun mal auf Gisela, und die ging auch nicht fremd, die hat nur Protest gemacht, weil es regnete, sie konnte einfach keine Mark anschaffen, und Jutta, die ja nun echt an der Nadel hing und ausgeflippt war, die ging auf ihre Gisela los, und dann kriegten die Bullen noch was auf die Hörner, und die schleppten sie nun runter in den Keller, und als die Charlotte kam, die neue Wachtmeisterin, der herbe Typ da, ich sag es dir, da war die Jutta schon weggetreten, und das mit sechsundzwanzig ...

Laß mich doch mit Rolf in Ruhe. Ich hätte ihn platzen lassen, ich, und das wegen der Lilo, die nun das Doppelte bringt wie ich? Mit zweiundzwanzig war ich auch Spitze, das bin ich heute noch, wenn ich will, aber nur, wenn ich will, aber ich kann nicht auf Stiefelfrau machen, ich doch nicht. Die Lilo hat 'ne ganze Folterkammer im Koffer, und Rolf reißt sich die ›Riesen‹ unter den Nagel, vierhundert gibt's täglich und drüber, aber ich kann eben nicht auf Stiefelfrau.

Du, Wallys Pudel hat zuwenig Auslauf, ich würde ihn auch nicht wegschicken, wenn ich einen hätte; wenn ein Freier ihn nicht im Zimmer dabeihaben will, dann raus mit dem Typ und keine Mark retour ...

Ob Lilo den Rolf in'n Knast gebracht hat wegen seiner grantigen Abfege? Das hält doch keine aus. Und dann ewig Keile? Die Lilo teilt nun schon voll aus, aber sie selbst steht ehrlich nicht drauf ... Auf Rolfs Termin, da haben wir uns mal so ausgesprochen. Sie hat ja auch nicht ausgesagt auf dem Termin, und wegen Zuhälterei ist der doch nicht abgegangen, der hatte nebenbei 'ne Sechzehnjährige verladen, aber da war ja noch der Itaker, der bei der schon die Hand aufhielt, und Rolf machte den ja nun nieder. Ob der noch lebt? Der lebt noch ...

Und Taxi-Fred? Der macht einen auf solide, und ich soll ihm einen neuen Wagen finanzieren, und wenn das läuft, würde er mich hier wegnehmen, der Spinner. Da hat der aber falsch gerührt. Durch wen fährt der sich denn mal 'ne große Mark ein, doch nur durch uns hier auf'n Kiez. Wenn ich das schon höre, solide machen ...

Zehn Mille hab ich schon wieder liegen. Und meine Wohnung? In den neuen Tapeten im Wohnzimmer ist Seide drin. Du kennst ja meine Wohnung. Erst kommt meine Wohnung, oder vielleicht nicht? ... In einen Massagesalon gehn? Ich doch nicht. Ich einen auf Mannequin machen oder auf Dolmetscherin? Das halt ich doch im Kopf nicht aus, ich mich da nun ewig nerven lassen, und ich kann da einfach auf die Hühner nicht, und dann die Ansage da auf feierlich. Ich laß die Gastarbeiter stoßen, und die Kohle stimmt ...

Ich und auf den Rolf warten? Der hat doch seine Lilo ... Wann er wieder draußen ist? Der macht da doch den freischaffenden Künstler, er ist doch Friseur, und braun soll er sein, weil er da oft unterwegs ist von Bau zu Bau und eben auch an der Luft ist, und unter die Höhensonne geht er ... Ob die Lilo auch an der Spritze hängt? Der Rolf hat sie auf Captagon eingestellt, da hat er dann ja noch die Übersicht, aber wenn die erst an der Spritze hängen würde wie die Jutta? Der Rolf sieht doch weiter ...

Ich und schwul werden? Du kennst mich ja, verwöhnen laß ich mich schon mal, aber mich von so 'ner ›Torte‹ abfegen lassen? Die kann noch grantiger sein als 'n Kerl, aber auf die raffinierte, so hinter der Kulisse, wenn die sich echt drauf versteift ...

Du, da fährt der Streifenwagen. Der Große grüßt auch noch. Den sollte ich mal verwöhnen, aber für nothing, aber ich doch nicht ... Wenn es noch lange regnet ... Aber es regnet ja gar nicht mehr richtig.«

Der Wecker

Ich fragte Alwin D., ob man vielleicht im Knast einen Wecker braucht. Alwin sagte: »Ich glaub, ich hör nicht richtig.« Ich sagte: »Da stellte einer den Antrag auf Genehmigung zum Einkauf eines Weckers mit Eigengeld. Der kam morgens nie zu sich, und er wollte pünktlich zur Arbeit. Der war Freigänger und machte beim U-Bahn-Bau.« Alwin sagte: »Ich hör wohl immer noch nicht richtig?« Ich sagte: »Der kriegte dann ja auch zu hören, daß man ihm seine Armbanduhr gelassen hätte und Ende, aber über den Fürsorger gab es dann doch noch den Wecker. Und vielleicht sollten sich alle einen Wecker kaufen, sich darauf versteifen, ob mit Armbanduhr haben oder ohne, nur um mal zu sehen, ob sich das durchsetzen läßt und wie das so wirkt, das Gebimmel da, und dann hätten sie ja auch für draußen gleich einen.«

Alwin sagte: »Die Schließer sind die Wecker, und was ist da wohl so dringend, daß man einen richtigen Wecker braucht?« Ich sagte: »Im Behandlungsvollzug ist das aber was anderes.« Alwin war noch nie in Behandlungsvollzug gewesen und sagte: »Und wer da einen Wecker braucht, der sammelt volle Punkte, aber was hab ich denn damit zu tun? Wenn ich an einen Wekker denk, dann denk ich an einen Nachttisch, ich denk, da kommt dann gleich jemand und sagt, das Kaffeewasser kocht.«

Ich sagte: »Da wird resozialisiert, und was das kostet, und einer braucht da einen Wecker, er kriegt ihn dann ja auch, aber du bist dagegen.«

Alwin sagte: »Gegen den Typ hab ich was. Und wer im Behandlungsvollzug ist, was der sich so einbildet, und bei mir geht's ohne Wecker, ich schwör's dir.«

Ich sagte: »Es geht ohne Wecker, weil du morgens sonst immer an Kaffeewasser denkst, das gerade kocht. Du willst nicht enttäuscht werden.«

»›Achtzehn‹ genügt! Das schreit immer einer, wenn der Schließer kommt, auch morgens. Ja, ›achtzehn‹, und sonst morse ich ja. Was das ist? Das ist, wenn man aus seinem ›Bello‹, dem Lokus, Wasser schöpft, und ist genug raus und beim Kollegen in der Nebenzelle auch, die Abflußrohre sind ja oft miteinander verbunden, dann gibt's die Klopfzeichen.«

»Und wie oft bist du da am Lokus?«

»Ich bin da auch nachts.«

Ich sagte: »Ich hör wohl nicht richtig.« Und nach der Besuchszeit sagte ein Schließer: »Wann Alwin sich wohl wieder fängt?«

Schlucker

Ein erfahrener »Schlucker« macht sich in seiner Zelle zum »Zwecke der Selbstbeschädigung« einen »Sputnik«: Er nimmt eine Büroklammer, preßt die Enden oben und unten zusammen, schnürt in der Mitte ein dünnes Band herum, drückt die Klammer in ein Stück Brot, schluckt sie runter, und im Magen geht der »Sputnik« auf und stellt sich quer. Sicherheitshalber schluckt er dann noch einen und kriegt den »Abgang« ins Lazarett. Die anderen Schlucker würgen sich zerbrochene Rasierklingen, Nägel, Heftzwecken und was sonst noch scharf und spitz ist, rein. Erfahrene Schlucker wurden früher genauso zu Dauerschluckern wie diese Massenschlucker. Geschluckt wird heute weniger.

Ehen hinter Gittern und Holger, der Spinner

»Der Lothar, mit dem ich auf einer Zelle lag, bekam zwölf Heiratsangebote auf die Annonce: ›Sportsmann, dreißig, blond, einsachtzig, kinderlieb, zur Zeit im Gefängnis, sucht sofort warmherzige Frau Mitte Zwanzig als Lebensstütze.‹« Eine Offerte behielt er, die anderen gingen für Stückpreise in den Handel, bis zu hundert Mark das Stück in bar.

Und Lothar schrieb dann auf die eine Offerte: »Ich bin seit fünfundzwanzig Monaten und sechs Tagen hier, und weil ich ziemlich stark bin, hab ich mich auch immer voll eingesetzt, bei der Arbeit und auch sonst, und sogar dafür bin ich bestraft worden, und die Einbrüche haben finanziell gesehen kaum was gebracht, und ich bin mal zur See gefahren, und ich bin ein Steher, ich steh für alles ein, was ich gemacht hab, für Mitleid bin ich nicht, und Sportsmann bin ich durch und durch, und ich will jetzt eine Familie gründen, und ich nehme jede Arbeit an.«

»Eine stieg auf den Text ein«, sagte Eberhard, »und die schrieb ihm: ›Ich bin siebenundzwanzig Jahre alt und geschieden, die Wohnung mit den Möbeln hat mir mein Mann überlassen, und ich verdiene als Verkäuferin, ich bin eine Fachkraft in einer Fleischerei, 1500 Mark. Mein Mann war vierzehn Jahre älter als ich, vorher war er schon zweimal verheiratet gewesen. Ich bin kinderlos und sehr häuslich und habe einen Führerschein. Auf dem anliegenden Foto bin ich etwas voller als jetzt. Ich würde Sie gern einmal besuchen.‹

Dann kam sie ja auch, die Besuchszeit dauert zwanzig Minuten, und sie dachte, es wird erst geheiratet, wenn er draußen ist, was heißt sofort, das geht doch gar nicht, aber Lothar sagte, daß er ganz schnell draußen sei, wenn sie sofort heiraten würden. Von der Figur her war er heiß auf sie, und sie auf seine, das stimmte schon mal hundertprozentig. Alle vierzehn Tage sahen sie sich zwanzig Minuten unter Beamtenaufsicht, und dann wurde die Trauung eingeleitet.

Worauf sie im Bett scharf war, das hörte Lothar beim Flüstern allmählich heraus, und auf seiner Pritsche machte er mir das denn vor, das war echt tierisch. Vor der Trauung kam der Anstaltsfriseur freiwillig, und Lothar rieb sich ganz mit Rasierwasser ein. Und ich feilte seine Fingernägel. Ein Drittel der Strafe wurde ihm dann bedingt erlassen, deshalb hatte er sie ja auch so schnell geheiratet.

Seine Frau kleidete ihn dann erstmal ein, aber im Bett war noch nichts. Lothar ging zu seiner ehemaligen Verlobten, die ließ ihn fleißig üben, und danach konnte er auch bei seiner Frau den Schlitten endlich hundertprozentig durchziehen.

Lothar ist ein großer Verbraucher, morgens aß er schon warm. Und er tapezierte die Wohnung und kaufte einen Gebrauchtwagen. Vom Arbeitsamt wurde er dann als Packer vermittelt, Kesselpfleger wurden auch gerade gesucht, und weil er mal Schmierer gewesen war auf einem Frachtdampfer, das ist in der Maschine, hatte man ihn im Knast zum Kesselpfleger ausgebildet, Schneider hätte er auch werden können, aber sonst nichts. Er ging lieber als Packer.

Ja, und dann kam immer mehr Post mit Rechnungen. Da wollten noch allerhand Leute von Lothar Geld sehen, auch wegen seiner Einbrüche. Seine Frau verkaufte den Wagen wieder, und ein Kind wollte die nicht, bevor die ganzen Schulden nicht bezahlt waren, Lothar wollte ja gar keins, wozu das denn …

Als ich dann entlassen wurde, ich hin zu Lothar. Und Lothar dann: ›Das reicht mir aber mit der »Torte«, ich düse ab!‹ Sechs Monate hatte das gedauert, und weg war er. Da gibt's welche, wenn die dann entlassen werden, die gehen gar nicht zu ihrer Frau hin, die sind weg. Hauptsache ist doch, daß ihnen bis zu einem Drittel ihrer Strafe erlassen wird …«

Eberhard ist jetzt Fensterputzer. Glaser hat er nicht gelernt, aber das geht auch so. Zuerst tat er sich mit einem zusammen, der schon Kundschaft hatte, und dann ackerte er allein weiter. Für siebeneinhalb Mille holte er sich ein Mercedes-Coupé, Baujahr 1971, aus dritter Hand. Im Kofferraum liegt sein Arbeitsgeschirr. Und zwei Sprüche hat er bei seiner Arbeit drauf. Zu neuen Kunden sagt er: »Nur Fensterputzer, die so ein sauberes Geschirr haben wie ich, arbeiten auch sauber.« Und im Sommer sagt er: »Marienkäfer laß ich immer fliegen, die kann ich einfach nicht töten.«

Wenn wir uns sehen, redet Eberhard immer von den vier Jahren, die er abmachen mußte. Und dann fing er von einem Holger an: »Der war ein ›Ler‹. Den haben sie begnadigt, nach vierzehn Jahren. Der hatte lebenslänglich. Die Lebenslänglichen haben ja nichts zu verlieren. Aber die rotten sich nie zusammen und machen Proteste, vielleicht noch mit Geiselnahme, die doch nicht. Da ist jeder für sich. Und jeder sieht zu, daß er aufsteigt, jeder, egal wie, bis sie wissen, wo es längsgeht. Und der Holger lief ewig mit einem Beamtengesicht rum. Holger sah ein, daß da nichts anderes geht. Und wer von denen keinen Beruf hat, der braucht auch keinen mehr, sagt sich die Anstaltsleitung. Die spinnen ganz schön, wer lebenslänglich hat, der fängt an zu spinnen.

Holger hatte erst seine Frau umgelegt und dann ihren Beschäler, ganz nach Plan. Was heißt Schwerverbrecher? Die größten Strolche haben da getönt. – Bei mir ist so ziemlich alles drin, aber Mord? Ich und einen Mord? Ich doch nicht ... Ich dachte, mal muß doch einer zugeben, daß vielleicht ein Mord dringewesen sein könnte. Aber nein, ist nicht, bei denen nicht; und da gibt's nun Lebenslängliche, die können nicht mal stehlen. Und die Lebenslänglichen werden durch die anderen, die so rumtönen, extra isoliert, die haben vielleicht nur Glück gehabt, daß sie keinen umzulegen brauchten. Spinnen dürfen die Lebenslänglichen ja, und wie, und wer sich erst eingebildet hat, unschuldig zu sitzen und das lebenslänglich. Was heißt da noch spinnen?

Holger sagte, als er dann entlassen wurde, das wäre wie eine Trauerfeier gewesen. Er meinte die Beamten, die waren irgendwie enttäuscht. Er hat da Schneider gelernt, darauf bestand er. Er will eine Änderungsschneiderei aufmachen, aber das machen ja meistens Griechen, die sind am billigsten; Holger war zum Schluß so eine Art Anstaltsschneider. Und Kraftfahrer ist er von Beruf. Und auf Holger kann ich, ehrlich, und auf Lothar auch.«

Immer im Galopp

Die Bierschwemme am Bahnhof macht morgens um sieben auf. Der Zapfer hat immer seine rechte Hand auf dem Hahn, wenn er redet. Er redete über Lucy. Sie hockte mit ihren knapp einen Meter und sechzig und einer Cola auf einem Schemel am Ende des Tresens.

»Drei Jahre hat sie gerade abgemacht«, sagte der Zapfer, »Diebstahl im Rückfall. Bei ihr geht immer alles im Galopp, sie wuppt in Wartesälen und auf Bahnsteigen Handgepäck; ich fragte mich schon lange, warum denn immer ausgerechnet in Wartesälen und auf Bahnhöfen ... Das soll sich der Richter auch gefragt haben. Sie stammt aus Ratibor in Oberschlesien; im Galopp machte sie 1944 nach Berlin und lernte gleich einen kennen, der auch immer alles im Galopp machte. Da war sie fünfzehn. Daß bei ihr immer alles im Galopp ginge und sie immer ausgerechnet in Wartesälen und auf Bahnhöfen stehle, hänge wohl im gewissen Sinne mit ihrer Flucht aus Ratibor zusammen, meinte der Richter. Der war ganz milde gestimmt. Aber da kam Lucy mit noch einer neuen Ansage: ›In Bochum war noch was in einem Warenhaus, und in Lüdenscheid noch in der Filiale einer Ladenkette ...‹«

»Weil das mit Ratibor nicht hingehauen hatte, wertete er wenigstens ihre Geständnisfreudigkeit«, sagte ich. »Und wie sie sich die Cola reinschüttet ...«

»Auch immer im Galopp«, sagte der Zapfer, »und wenn sie Würstchen ißt, kommt gleich die Nachbestellung, und im Bett macht immer alles sie, keiner kann da sagen: ›Nun mal langsam‹; die hört gar nicht wieder auf, die weiß nicht, was 'ne Pause ist.«

»Wer ist das denn«, sagte ich.

»Ihr festes Verhältnis. Wenn Lucy im Knast ist, wird sie schwul und beißt sich gleich fest. Aber das gibt sich draußen wieder.«

Lucy stand auf und zog an ihrer Samthose, die sich hinten beutelte, und die andere zog auch noch dran.

»Andere nehmen im Knast zu«, sagte der Zapfer, »aber Lucy doch nicht, die hält ihr Gewicht.«

»Und wenn man sie wieder greift?«

»Dann kommt vielleicht ein Sachverständiger und bohrt wieder wegen Ratibor, und weil bei ihr immer alles im Galopp geht, in Wartesälen und auf Bahnhöfen ...«

»Und wenn keiner kommt?«

»Aber es kommt einer. Und an dem wird es dann liegen!«

Razzien, Büstenhalter und Briefumschläge

Ernie K. sitzt im Regelvollzug in einem Altbau und nicht in einer Anstalt mit Wohngruppenbereichen. Er hat noch eine lange Strecke vor sich, und die letzte Zellenrazzia ging ohne ihn über die Bühne; er kam erst vier Wochen später. Ernie ahnte schon, daß wieder eine fällig würde, aber nicht wegen Schnaps, wer hatte da schon was gegen Saufen, und was da alles so in den »Turm« geschoben wurde, er stand auf »Captagon«, nein, da mußte schon mehr in den »Bogen gehen«. Am Abend vorher hatte der Schließer noch zu ihm gesagt: »Jetzt mache ich den Laden dicht, Ernie.« Und Ernie sagte: »Schönen Gruß zu Hause.« Vorher hatte ihm der Schließer erzählt, daß seine älteste Tochter Obdachlosenheime, Nervenheilanstalten und Alters- und Pflegeheime auch für Gefängnisse hielte, das habe er ihr aber gleich ausgeredet, und Ernie hatte nur gesagt: »Ja, gleich.«

Um halb sechs war es dann soweit: Die Zellen auf der Station wurden alle gleichzeitig aufgeschlossen, und die Schließer dann nichts wie hinein. Ernie nahm im Liegen die Hände hoch, bei dem Krach ging das ganz automatisch, und die Hände hoch, schaden konnte das ja nicht. Er mußte dann aufstehen und wieder nichts als die Hände hoch. Ein Schließer filzte ihn sogar zwischen den Beinen, und dann alles raus aus seinen Schränken, und immer tiefer ging der Kopf des Schließers dann in den Lokus, aber Ernie hatte da drin nichts am Band hängen. »Nimm endlich deine Hände runter«, schrie einer. Das auch noch. Ernie dachte, was ist denn das für ’n Gesicht, entweder ein neues, oder da ist was drübergeschrammt.

Daß sich bei jedem Schließer was anstaute mit der Zeit, so ein reichlicher Vorrat an Haß, Ernie wußte ja, daß jeder mal platzen mußte, und bei Razzien, da gab es dann kein Halten mehr, da platzte der Haß auf, pickelhart, und das dauerte dann noch drei, vier Tage mindestens ...

Und das kam dann raus: »Wenn da nun zwei einen Ballermann haben und noch Schalldämpfer dazu basteln, was dann wohl, he?«

Ernie sagte: »Ihr seid wieder mal Sieger. Und ich? Ich denk, ich werd nicht mehr in diesem Trümmerhaufen.«

»Und morgen ist die Hausstrafe fällig«, schrie der Schließer. »Captagon in der Warmhaltekanne, und da drin, in dem Eierlikör, ist dein Messer, und ich denk, ich seh Eierlikör.«

Ernie nahm wieder die Hände hoch. »Laß den Putz«, schrie der Schließer, »du kannst mich nicht verscheißern, mich doch nicht.«

Ernie ließ die Hände sinken und sagte: »Schönen Gruß zu Haus.«

Was ein Bäckertisch ist? Das ist der Tisch, der im Besucherraum steht. Er schafft den Abstand zwischen den Gefangenen und den Besuchern. Aber einer genügt nicht. Und ein »Besuchsbeamter« steht immer da, der steht aber nicht einfach da, er baut sich auf. Wenn er sich eine Ziviljacke überziehen würde, käme er nicht auf den Gedanken, sich da immer so großartig aufzubauen. Er stünde einfach da, und die Kinder würden ihn nicht für einen Polizisten halten ...

Männer lassen sich bei den Besucherkontrollen überall abtasten und auch in die Hose fassen. Frauen sind da schon empfindlicher. Wenn die Kontrollbeamtinnen an ihre Büstenhalter gehen, es glaubt ja niemand, was da vergraben werden kann, und dann weiter nach unten kommen, was da nun nicht alles reingeht, dann warten die Kontrollbeamten nachher auf die Kontrollbeamtinnen und ziehen sich an ihren Fummelerlebnissen gegenseitig hoch.

Transvestiten gehen immer als letzte durch die Kontrolle und schließen sich erst bei den Frauen an. Und die Schau dann, wenn sie zu den Männern rübergeschickt werden und mit ihren Blumensträußen wedeln.

Unter den fünfhundert Typen, die beim monatlichen Einkauf durch den Laden gejagt werden, sind höchstens zehn, die den Einkauf immer wieder als unzumutbare Härte empfinden. Sie wollen andere zum Konsumverzicht ermuntern, aber die kaufen trotzdem weiter. Die Finanzpolitik des Kaufmanns, nun: Er will angeblich sparen, weil die Preise steigen, aber nur am Verkaufspersonal hat er gespart, sonst nirgends, und Gefangene müssen das Geld in seine Kasse schaufeln. Bis zu fünfzig Prozent sind die Preise für Briefumschläge, Briefpapier, Schreibblocks und Schreibhefte gestiegen, durch den akuten Mangel an Rohstoffen, sagt er.

Von wegen fünfzig Prozent. Fünfundzwanzig Briefumschläge kosteten vor einiger Zeit fünfzig Pfennige und jetzt eine Mark. Und schon lange warten alle auf eine bessere Sortimentsübersicht und Preislisten. Und alle wollen das Wiegen der Waren verfolgen, aber Preisvergleiche sind bei der Hetze fast ausgeschlossen. Sind Pflaumen in Gläsern angekündigt worden, kommen sie das nächste Mal, und will einer Schuhbänder haben, wo sind die Schuhbänder, und Heinz N. fragt, wo sind die Birnen? Und ist der Einkauf dann abgewickelt worden, werden die Preise in rasendem Tempo in die Maschine gehämmert. Der Kaufmann muß da einiges ändern, angefangen bei der Finanzpolitik. Heinz N. sagt: »Bevor es andere ändern.«

Der nervöse Typ

Sieben Jahre mußte Erwin S. abstrampeln, weil er seiner Marga, die mit ihrem spitzen Absatz auf seinem Kopf herumgehämmert hatte, mit dem Kartoffelschälmesser zwischen die Rippen ging. Knapp zwei Jahre ist er ja schon wieder draußen und verdient. In dem Schuppen, wo er als Kellner ist, da ist er der Kellner; er ist gelernter Kellner. Jedesmal sagt er, daß er Marga das Kartoffelschälmesser nicht zwischen die Rippen gestoßen habe, sie wäre durch die Wucht ihrer Schläge direkt auf ihn gefallen, mit dem Kartoffelschälmesser wollte er ihr nur drohen, denn Margas Rippen, die mußte man erstmal suchen, so viel Holz hatte sie vor der Tür, und da konnte das Kartoffelschälmesser nur vorbeigeschrammt sein. Nun ging der Stich wohl von unten schräg nach oben, und das ganze Holz vor der Tür war umsonst.

So hatte Erwin sich auch verteidigt und immer wieder gesagt, daß er ein ganz nervöser Typ sei. Mit dem Kartoffelschälmesser in der Hand lief er damals dann weg und trank eine Flasche Bier, und der Wirt sah das Blut an seiner Hand, da wusch sich Erwin die Hände und rauschte wieder ab, und das Kartoffelschälmesser piekte in seiner Hosentasche; und er weiß auch nicht, wie, wenigstens stand er dann in einer Polizeiwache und warf einem Bullen das Kartoffelschälmesser an den Kopf.

Und nach Marga nimmt er sich nur noch halbe Portionen vor, obgleich er am besten auf solche wie Marga kann, mit viel Holz vor der Tür. Ich sagte: »Wenn von den halben Portionen aber eine unheimlich auf dich losmacht, das wäre vielleicht mal was, und du vergißt dann auch Marga und sagst dir ein für allemal, die ist damals ja direkt auf mich gefallen.«

Kartoffelschälmesser stören ihn nicht, aber wenn die das Kartoffelschälmesser plötzlich versteckt? Mörder müßte sie gar nicht erst zu ihm sagen. Erwin hält sich nicht für einen Mörder, sondern nur für einen ganz nervösen Typ.

Jetzt hat er aber wieder eine mit soviel Holz vor der Tür wie Marga. Doch die steht nicht darauf, daß er in der Aufregung manchmal Marga zu ihr sagt. Sie heißt Gertrud, fertig, und das will sie genau wissen. Und Erwin, dieser nervöse Typ, stößt sie aus der Taxe, als sie ihn wieder deswegen angiftet, und Erwin steht dann in der nächsten Polizeiwache und bringt da alles durcheinander und hält sich für einen Mörder.

Im Krankenhaus liegt die Gertrud nun und muß wenigstens noch ein Jahr humpeln. Sein Anwalt hat ihn zu einem Facharzt geschickt, und der wühlt alles noch mal auf, aber Erwin will lieber noch mal für sieben Jahre rein, noch mal für Marga und auch für Gertrud. Vorläufig kriegt er Tabletten, ist völlig ruhiggestellt und guckt einen an wie ein Auto.

Knasttourist

»Ich ›hab einen um die Sonne‹, das ist lebenslänglich, und bin Küchenkalfaktor in der ›Kläranlage‹, das ist die Küche, und in meinem ›Wohnbello‹ hier, in der Zelle also, was denn sonst, das ist Charlie da, mein Wellensittich, auf Kanarienvögel kann ich nicht, und dem Anstaltsleiter halt ich die Zierfische fit, sonst gibt es keine Aquarien hier, und eine zahme Maus ist auf der Station hier drüber, und die Gewächse da im Flur, die werden echt gedüngt, da pinkelt ewig der Hausarbeiter rein, und die müssen weg da, sag ich ... Nein, ich hab kein Tonbandgerät zum Lernen da, aber ein Transistorradio. Und ob jemand das Bild von ›Karl Marx‹ an der Wand hängen hat? Was man an der Wand hat, muß man selbst bezahlen. Ich hab einen ganzen Puff da an der Wand, das sehen Sie doch, und den Käfig mit Charlie drin ... Mit leitenden Beamten, wie es mir da geht? Die tratschen wenigstens nicht so wie die anderen, und ich mach morgens den Kaffee-Service für die Herren, und einer hat's mit der Galle, und am Arschloch sitzen Hämorrhoiden, und im Schreibtisch ist die Salbe; die sind auch im Knast, die Beamten, aber sie dürfen nach Feierabend ja wieder gehen ... Ich und Fluchtgedanken? Auf mein Gemüt kommen täglich zehn. Die Wachtürme stehen falsch, das müssen Sie sich mal genauer ansehen, und dann werde ich Ihnen sagen, wo sie stehen müßten, oder auch nicht ... Ich und über die Mauer kommen? Ich schon, über die Mauer bestimmt ... Und wo die zahme Maus ist? Das hab ich doch schon gesagt ... Ob ich schon mal Selbstmord begehen wollte? Das steht alles in meiner Akte auf Seite dreiundvierzig bis fünfundvierzig.«

Und dann ließ Willy Schl., weil der »Knasttourist« ihn die ganze Zeit angegiert hatte, aber seinen Wellensittich, den sah er gar nicht, vor diesem »Knasttouristen«, der mit mehreren Abgeordneten eine Besichtigung vornahm, die Hosen runter und setzte sich auf die Brille. Mit Durchfall hatte er aber nicht gerechnet.

Verschubt

Egon F. stand in Pulli und Jeans in der Transportzelle und wartete auf den Verschub nach Frankfurt. Die Zelle war gerammelt voll. Dann kam sein Aufruf, und er ging zu dem Bus und nannte seinen Namen und das Geburtsdatum und hatte das Proviantpaket, eine Tagesration. Die Bestückung des Busses, so heißt das genau, bis alle drin sind, dauerte eine halbe Stunde. Egon saß mit vier Mann hinten auf einer Fläche von ungefähr einem Quadratmeter. In den Einzelzellen saßen Frauen. Nun kneiste einer mal in Ruhe durch das Panzerglasfenster, und das immer mit angezogenen Knien. Unterm Dach ist ein Ventilator, der dreht sich aber nur, wenn der Bus fährt. Vorne sitzen die Transportbegleiter in Sesseln. Und die Panzerglasfenster kann man nicht öffnen, fünf Zentimeter würden ja genügen, aber nein, der Ventilator soll frische Luft reinbringen. Egon schätzte, daß in der Zelle so gegen dreißig Grad Celsius waren. Egon war schon mal verschubt worden mit Übernachten in den Haftanstalten Hannover, Frankfurt und Nürnberg, zusammen war er dreiundvierzig Stunden am Panzerglasfenster gewesen.

Egon F. ist nun ein ganz Ruhiger, aber kein Stiller. Und ewig durch das Panzerglasfenster zu kneisten, da muß man schon ein ganz Ruhiger sein.

Und ganz ruhig brachte er einen wieder zu sich; der war weggetreten wegen der Luft. Auch noch einen von diesen Transportbegleitern deswegen nach vorne holen? Egon wollte in Ruhe durch das Panzerglasfenster kneisten. Einer hatte es mit dem TÜV; für ihn war klar, daß kein TÜV einen solchen Bus durchlassen würde. Der wußte ja nicht, daß Polizei- und Justizfahrzeuge ihren eigenen TÜV haben. »Ja, und wenn wir mit ihm hier in den Graben gehen, ist alles zu spät, da kommt doch keine Sau mehr raus«, ging das Gedibber weiter. Und einer moserte Egon an, weil er in Ruhe rausguckte, von wegen »nicht sattsehen können und so was«.

Egon blieb ganz ruhig. Sich aufpusten, damit die Transportbegleiter mit der Handfesselarie kommen ... Wozu soll das gut sein? Ganz ruhig bleiben und durch das Panzerglasfenster kneisten ...

Taschenkrebs

Mit einer Bahnsteigkarte, es geht auch ohne, aber Henry sagt, darin bin ich komisch, schlägt er sich so fünf Minuten vor Abfahrt der D-Züge durch die Gänge. Und sieht er in einem Abteil nur eine Frau, und die steht gerade am Fenster, und ihre Handtasche liegt auf ihrem Sitzplatz, da liegen die Handtaschen ja auch immer, schnappt er sich das Erbe und rein damit in seine Einkaufstüte. Wenn er nachher die Kohle rausgenommen hat, wirft er die Handtasche mit der Einkaufstüte auch mal in der Nähe des Hauptbahnhofs weg, einfach um die Bahnpolizisten zu verwöhnen.

Henry sagt, das hätte er alles von Mirko, seinem Pauker, einem Jugoslawen, weil das die größten Künstler sind als Taschenkrebse und Zieher, was ja dasselbe ist. Und dieser Mirko soll ihm auch beigebracht haben, wie man sich von seinen Opfern lösen muß, mit einer Art Fingerspitzengefühl; so ein Gefühl hat dazusein; Henry weiß, was das für ein Gefühl ist, aber es ist nicht da, wenn es dasein müßte.

Der Mirko ließ dann seinen Bruder anreisen, und jetzt arbeiten sie international, und da hängt noch mehr Verwandtschaft dran. Aber Henry sagt sich, wer ist Mirko? Seitdem der nicht mehr halbe-halbe mit ihm macht und die Sore in seiner Verwandtschaft bleibt, ist er spitz auf alle Gastarbeiter. Und wenn Mirko ein Künstler sein soll, ist er erst recht einer. Aber Henry ist doch kein Künstler. Beim Krebsen kann er die Luft nicht lange genug anhalten, und dann die Millimeterarbeit; ihm fehlt das Augenmaß. Mirko hat auch noch niemand gesehen. Ob Henry sich das ausgedacht hat, weil die Jugoslawen nun mal die größten Künstler sind als Taschenkrebse und Zieher? Das waren sie immer schon und mit ihnen zusammen ganz früher mal die Rumänen und die Tschechen. Henry weiß aber nicht, daß sie immer unter sich bleiben und immer international arbeiten.

Henry schlägt sich weiter von einem Bahnhof zum anderen und durch D-Züge. Und wenn er mal Pause hat, klaut er ein Rad und zieht Handtaschen. Was heißt hier ziehen, er reißt sie aus der Hand oder vom Arm, er langt einfach hin, das kann er, hinlangen und abreißen. Aber daß er die große Mark macht, er, der Künstler? Von wegen, er macht eine müde Mark, nein, eine tierische, tierisch, ja, ja ehrlich, wer schlägt sich denn schon so rum wie er.

Ein Gebet aufsagen und niederknien

»Was heißt das denn: Mir jeden Morgen fünfhundert durchreichen? Das ist 'n Limit, aber sie bunkert ewig noch 'n paar Scheine ... Also jeden Morgen die Abhole vom Puff, und sag ich, wir gehn in 'n Spielklub und ich verzock die Kohle und bin mause, ob's Protest gibt? Bei mir doch nicht ...

Und ewig muß ich nun drauf stillhalten, was sie da noch vom Puff dibbert und wegen der Kurse; steh ich vielleicht ewig da drauf, auf das Gelaber? … Wenn ich mause bin, dann bin ich im Bett nun der Größte, und sie steht wieder wie 'ne Eins. Und ich mach dann einen auf eifersüchtig und von wegen Freier reell bedienen ohne Gummi? Da ist dann 'ne Sicherheitsspritze fällig, und die kostet mal eben 'n Schein, der Kiez-Doktor langt mit hundert hin für die Spritze. Und von wegen reell und so. Die Freier würden dann schon das Dreifache rausreißen, aber ich pees sie an: Bleib sauber, auf ›Schlammschieben‹ stehe ich nicht …

Ehe sie dann nachmittags aus 'n Federn ist und ich sie unter der Brause hab, ich dann schon runter und anspannen: Heiß ist der Ofen schon längst nicht mehr, 'n 73er Jaguar, und dann ums Karree. Sie will da nun gesehen werden, hat ewig Böcke da drauf. Also wir dann ums Karree oder mal raus, wie das so läuft mit dem Wetter, und unterwegs schieb ich mir 'n Riesensteak rein, und sie unzelt da mit 'nem Hähnchen rum und knackt die Salatblätter mit den neuen Jacketkronen, zusammen sieben, das Stück zu dreihundert, ohne Montage …

Und dann, also ich morgens wieder in 'n Puff, wieder die Abhole, und wer ist geflitzt, meine Alte. Ich und nichts wie ab, ich denk, die flitzt nach Hannover, da ist so 'ne Tante, auf die steht sie, die ist schwul, die Tante, und mit der war sie da mal zusammen im Puff, und wer mußte raustun? Sie, meine Alte! Macht einen auf Liebe. Und die hielt die Hand auf … Also, ich nun hinterher, mit voller Pulle, und auf der Autobahn seh ich 'ne Taxe und denk, da ist sie drin, die fährt doch nicht mit 'nem Zug, die doch nicht. Ich stell meinen Hirsch quer und seh sie schon. Ich steck den Taxifahrer mit 'nem Hunderter ab, und der ›zieht Leine‹, und ich greif mir nun die Stahlrute, die hatte ihr 'n Freier dagelassen zu Weihnachten, und reiß ihr den Arsch auf. Und dann zurück, und ich denk, die sitzt ja wieder, voll auf'm Hintern sitzt die da, als ging's ums Karree …

Und im Bett fängt das Huhn nun wieder an, ich knack sie da auf ›altdeutsch‹, und die mosert mich an, von wegen müder Stößer und so, und ich hau ihr eine aufs Maul, auf die Jacketkronen ... Ich nun genervt und ab in 'n Puff, und da nun wieder das große Zittern. Ich denk, auf die Irmi konntest du doch immer, auf die ja und hoch die Tassen, die küßt mir doch die Füße, bei der hab ich doch ausgesorgt ... Und meine Alte? Jetzt ist sie doch mit einem Typ zusammen, vor dem muß sie niederknien, wenn sie den ›Strom‹ abliefert, und 'n Gebet aufsagen, der hat was von Mick Jagger, auf den kann sie nun einmalig. Aber fünfhundert? Der will das Doppelte sehen, und sie muß niederknien, und wie sie kniet!«

Elli und die Aufsichtsbeamtin

Im Sommer 1949 sah ich Elli zuerst von hinten. Sie stand in einer Gemeinschaftszelle des Frauengefängnisses Hamburg-Fuhlsbüttel vor einem Tisch und sortierte Wäsche und drehte sich nicht um. »Ruhe da«, kommandierte Elli, weil eine Frau auf der Toilette weinte und zwischendurch Elli rief. Elli hatte einen Herrenschnitt, und ihre Ärmel waren aufgekrempelt.

Zur Besichtigung des Frauengefängnisses war es gekommen, weil sich Ehemänner darüber beschwert hatten, daß ihre Frauen, die wegen Schwarzmarktgeschäften dort saßen, zu zweit unter einer Wolldecke schlafen mußten. Die Seife reichte nicht, und eine Pastorin hielt den Frauen ihre Hände hin zum Küssen.

Eine Aufsichtsbeamtin sagte über Elli, als ich Elli dann von vorn gesehen hatte: »Bei der herrscht Ordnung.«

In einer anderen Gemeinschaftszelle wurde ganz leise gesungen.

Eine Aufsichtsbeamtin sagte dann: »Die singen oft. Plötzlich wird überall gesungen. Aber immer so leise.«

Dann probierten wir das Essen. Es gab Bohnensuppe. Dann wurde eine Frau vorgeführt, die sich beschweren wollte, weil ich geschrieben hatte: »Die Zellen sind überbelegt, und dadurch kommt es angeblich häufiger zu gleichgeschlechtlichem Verkehr ...« Die Frau schrie dann: »Wenn ich rauskomme, mache ich gleich wieder was, damit ich gleich wieder reingehe. Ich will bei meiner Freundin bleiben.« Und die stand draußen.

Die Freundin wurde hereingelassen. Aber sie sagte nichts. Ich sagte, es ginge doch nur um mehr Seife und Wolldecken, um mehr Platz und Wäsche und um mehr Eimer. Die Frau schrie dann: »Uns kriegen Sie nie auseinander, uns beide nie.«

In einem Frauenlokal, aus dem inzwischen eine Hühnerbraterei geworden ist, sah ich Elli und diese Frau wieder. Elli sagte: »Die ist jetzt mit der Aufseherin zusammen, die mit dir in meine Zelle kam.« Elli arbeitete in einer Radiofabrik. Da hatte sie auch ihre neue Freundin her. Im Gefängnis ging sie damals nur denen an die Muschel, die sich für was Besseres hielten, nur um die anderen eifersüchtig zu machen.

In das neue Frauenlokal kam Elli nur mit der Kellnerin aus dem alten Frauenlokal. Das dauerte ein halbes Jahr. Dann lernte die Kellnerin eine Aufsichtsbeamtin kennen, und die Aufsichtsbeamtin besorgte ihr eine Stellung als Bürohilfe. Sie sagte, daß sie als Aufsichtsbeamtin nicht mit einer Kellnerin als »Freundschaftsfrau« zusammenleben dürfe.

Elli ging dann nicht mehr mit »Freundschaftsfrauen«, weil die sich viel zu genau kannten und, wenn Schluß war, alles ausposaunten, und das Auseinandermachen dann, wem gehört denn das und was gehört mir und wie wird geteilt und wer zahlt die Raten weiter.

Sie machte sich dann was Normales zurecht und zeigte die immer vor, und eine reichte sie weiter, und dann mußte sie wegen Trunkenheit am Steuer acht Monate abmachen.

Ich sagte: »Welche waren denn jetzt die Schlimmsten?«

»Die Langstrafer, die sind der verlängerte Arm der Aufseherinnen, und die bilden die Gefangenenvertretung. Die meisten Aufseherinnen kommen immer noch aus Familien von Vollzugsbediensteten. Solchen Schweinkram wie damals gibt es aber nicht mehr, was man als Frau so braucht, das ist da, aber wer im Knast arbeitet, verdient nur halb soviel wie ein Mann. Und die Jüngeren machen alles mit, die sind jetzt so schlimm wie früher die, die sich für was Besseres hielten, und was über dreißig ist, das sind die Kaffeetanten, die nennen sich noch Freundschaftsfrauen, aber die sind so zickig wie die Aufseherinnen. Im Frauengefängnis Lehrter Straße in Berlin war das Mitbringen von einem Kilo Obst gestattet, ausgenommen Bananen. Bei uns gab es auch Bananen. Und ›kesser Vater‹ ist da noch ein Ehrentitel.«

Elli ist jetzt mit einer geschiedenen Frau zusammen, die zwei Kinder hat. Elli ist als Putzfrau in einer Privatklinik, und ihre Freundin ist in einem Selbstbedienungsladen.

»Elli ist wie ein Vater zu den Kindern«, sagt ihre Freundin, »und einmal die Woche geht sie mit mir ins Bett, das fängt dann ganz feierlich an. Sie ist jetzt achtundfünfzig, aber ein Halt für mich ist sie schon, und sparsam ist sie. Und Ordnung, sagt sie, die muß sein.«

Nachts, wenn wir schlafen (1977)

Ernst H. Müller und Schluß

Und dann war es Ernst H. Müller doch zu eng in der Telefonzelle geworden, wo er nachts mit zwei Plastiktüten ankam und dem Beutel aus Segeltuch. In der Plastiktüte hatte er eine Kiste mit Zigarrenstummeln, Streichhölzer und eine Taschenlampe, Lappen und eine Flasche. Ernst H. Müller trug keine Strümpfe, sondern steckte sich Lappen in seine Stiefel, und in dem Beutel aus Segeltuch hatte er zwei Pullover und einen Wintermantel, der ihm aber zu groß war. Ernst H. Müller saß halb und lag halb, wenn er in der Telefonzelle schlief, er ist einsvierundsechzig groß, und im Winter läßt er sich einen Bart wachsen, der Bart wärmt ja auch noch. Die Telefonzelle liegt in einer Sackgasse, und vor Mitternacht quetscht er sich da nicht rein. Warm war es, weil die Tür fest zuging. Soll er vielleicht in der U-Bahn pennen, da zieht's überall, und man kann bis obenhin mit Schnaps gefüllt sein, wacht man auf, ist irgendwas kalt an einem.

Als es dann unter zwanzig Grad war und er wieder die Telefonzelle anpeilte, rutschte er aus und sagte sich: Bleib liegen, jemand wird die Polizei holen, und dann verladen sie dich ins Krankenhaus … Das dauerte aber ungefähr eine Stunde, bis er da war; er spielte so lange den Besinnungslosen. Erst als sie ihn in der Badewanne hatten, machte er die Augen auf, aber dann kniff er sie zu.

Essen konnte er sowieso nichts, er aß ja auch nur selten, wozu denn, wenn er nicht alles vorher zu einem Brei zusammendrückte, ging's nicht runter. Brei gab's in dem Krankenhaus ja auch. Es war was mit der Leber und mit den Nieren und mit dem Dickdarm. Die Tabletten quälte er sich mit schwarzem Tee runter.

Seine Papiere waren weg, er sagte, die hätte man ihm geklaut. Er wollte auch keine haben, sie kamen immer irgendwie wieder weg. Aber letztes Jahr war er schon mal hier, da hatte ihn einer mit der Flasche verfolgt und seinen Kopf dann auch getroffen, und da lag er mit dem Schädelbruch im U-Bahn-Tunnel, bis der erste Zug fuhr. Einer im Saal hatte für ihn einen Mantel, und jeder kam an, entweder gab's ein Hemd oder eine Hose und Strümpfe. Das würde das Sozialamt auch wieder anschleppen für ihn bei der Entlassung, das bestimmt.

Aber nach zehn Tagen machte Ernst H. Müller nachts nach draußen, mit zwei neuen Plastiktüten und dem Beutel aus Segeltuch; was er an Sachen mitgebracht hatte, war in den Müllschlucker gegangen. Drei im Saal hatten ihm immer mal Kleingeld gegeben, so waren immerhin achtzehn Mark in der Tasche. Ernst H. Müller holte sich dafür zwei Flaschen zu je sechsachtzig, die hatten keinen billigeren, es war auch schon zu spät. Und dann hatte er im Saal von einem Neubau gehört, wo jemand als Zimmermann gewesen war noch vor vierzehn Tagen, und weit war es auch nicht bis zu dem Neubau, der aber erst in einem halben Jahr bezugsfertig sein sollte.

Lange zu schnüffeln brauchte er da nicht, im zweiten Stock hatten sie schon ein paar Türen und Fenster drin, und geheizt war, damit die Feuchtigkeit rausgeht.

Und Ernst H. Müller schob sich erstmal die Flasche in den Hals. In dem Beutel aus Segeltuch war noch der Wintermantel, den hatte er aus dem Müllschlucker wieder rausgezogen, im letzten Moment, er aber nicht allein, dabei half ihm jemand, und in den Mantel rollte er sich und hielt die Flasche fest.

Ob er träumte? Vielleicht von seiner Frau, die gab's ja noch, die erste hatte er beerdigt, die zweite war dabeigewesen, die hatte aber noch einen nebenbei, damals schon, und Ernst H. Müller merkte das erst nach drei Jahren, und der schmiß ihn, ihren Mann, aus der Wohnung, und er ging wieder rein und warf den hinaus und seine Frau, und er tobte da weiter, mit den Polizisten schlug er sich auch noch rum, und ein Arzt konnte ihn auch nicht beruhigen. In einer Anstalt lieferten sie ihn ab. Ernst H. Müller tobte da wieder, aber sie fütterten ihn mit Tabletten, und er wurde zum Wassersäufer und arbeitete zwischendurch im Heizungskeller, da tobte er manchmal auch noch. Und dann nichts wie weg da aus dem Heizungskeller, und das ohne Jacke und Papiere. Das Toben gewöhnte er sich ab, aber das blieb nach, das Herumfackeln mit den Händen und so ein Zappeln.

Er schnüffelte in dem Neubau herum und suchte nach Kollegen, die auch mal den Invaliden machten, mit einem Bein unterm Hintern, und da fielen dann die Groschen. Ernst H. Müller suchte sich immer Mauereinschnitte in der Stadt aus, da hockte er auf seinen Plastiktüten, als würde er jeden Augenblick nach vorn überkippen, Kopf und Schulter hingen nach vorn, und die Groschen fielen, aber die Hand hielt er nicht auf.

Wenn Ernst H. Müller nicht ins Krankenhaus gekommen wäre, dann hätte er in der Telefonzelle halb gesessen und halb gelegen, und da war es ja immer warm, aber plötzlich dieser Neubau. Im Sommer legte er sich in Neubauten, und wenn's hell war, kamen die Bauarbeiter, und wurde es hell, war er schon wach und packte.

Es wurde schon hell, und geschlafen hatte er ja im Krankenhaus viel zuviel. Er wollte in den U-Bahn-Tunnel, um die alle zu sehen, die bestimmt um diese Zeit noch da waren, und ihnen eine seiner Flaschen vor die Füße stellen.

Ernst H. Müller fiel nicht die Treppe herunter, er stürzte, weil er nach links abbog, wo noch keine Treppe war, aus dem fünften Stock ging's abwärts. Und die Bauarbeiter fanden ihn erst am Vormittag, so blöde war er gestürzt, in eine Pfütze, zum Drinherumwaten. Im gewissen Sinne war er auch ertrunken, denn raus konnte er da nicht mit dem Schädelbasisbruch und den Knochenbrüchen, dieser Ernst H. Müller, fünfundvierzig, seit über drei Jahren Penner, nein, nicht seßhaft, Dauerfahrgast der U-Bahn und immer ohne Fahrschein, deswegen zweimal zu Geldbußen verurteilt, aber er hatte nichts, und von ihm gab es auch nichts, nicht mal Papiere, und nicht ein Wort.

Frische Wäsche für die letzte Kundin

»Sie ißt auch ein Steak und sagt: ›Essen Sie doch zwei‹, und ich seh sie mir an und sag: ›Das kann schon sein‹, und bestell mir noch eins. Recht hat sie gekriegt, und das wollte sie ja nur, und sie staunt, und ich sag, daß heute Freitag ist, Freitag abend. Und ich geh dann mit zu ihrem Wagen, und da hat sie frische Wäsche drin, aber was für Pakete, und sie fragt, ob ich die zu ihr raufbringen könnte. Und ich sag dann: ›Wo sollen denn die Pakete hin?‹ Ins Schlafzimmer. Aber nur eins von den Ehebetten ist bezogen, und sie sagt, daß ihr Mann gestorben ist: und daß sie ganz allein ist, das hätte sie erst gemerkt, als sie die schmutzige Wäsche zählte. Ich leg die Wäsche auf ihr Bett, und da sagt sie: Im Wohnzimmer müssen die Sessel woandershin, und im Schlafzimmer ist auch noch ein Sessel, der könnte mit ins Wohnzimmer, aber man kann die Sessel nicht einfach verrücken, tragen muß man sie, wie es sich gehört. Und sie zeigt auf den versiegelten Fußboden. Ich sag: ›Dann trag ich sie eben, wenn ich schon mal da bin.‹ Damit hat die ja auch gerechnet. Was heißt tragen, abwürgen mußte ich mich damit und kam ins Schwitzen, und ich soll mich hinsetzen und eine Tasse Tee trinken, sie hatte Tee gekocht. Und sie zeigt mir ein Fotoalbum. Nach dem Tod ihres Mannes hat sie in nichts anderes reingeguckt, und da seh ich immer nur Berge und Schnee, sie hat mit ihrem Mann immer Winterurlaub gemacht, und ich krieg Milch in den Tee und trink ihn auch, und sie sagt: ›Sie mögen den Tee wie mein Mann.‹ Ich mach mir gar nichts aus Tee, aber sie hatte ihn ja schon gekocht. Und dann soll ich mir die Gemälde ansehen. Auf einem sind auch die Berge mit Schnee und auf dem anderen Berge mit Tannen, und dann hingen da noch Fotos, und ich seh immer nur Berge. Daß der Teppich auch weiter zurückmußte, das hatte ich gesagt, aber daß sie das erst wollte, als ich dasitz und die Beine ausstreck und den Teppich verschieb. Ich fang an zu ziehen. Klar, daß man nicht einfach ziehen kann, und ich mach das Ganze mit den Sesseln noch mal von vorn. Ich geh dann ins

Badezimmer, und raus aus dem Hemd, und laß das Wasser laufen, und sie guckt, und ich denk, laß die man gucken, so was hat die zuletzt bei ihrem Alten gesehen, die ist ja ganz aus der Übung. Und sie bringt mir ein Badetuch. Und was steht dann auf dem Tisch? Eine Flasche Bier. Und die Schiebetür zum Schlafzimmer ist auf, und ich sitz wieder da in dem Sessel und streck die Beine aus, und sie macht den Schrank im Schlafzimmer auf, und ich seh da die Unterwäsche und die Oberhemden, und sie sagt: ›Ziehen Sie doch mal das Oberhemd da an, das steht Ihnen auch.‹ Ich zieh meins aus, hab aber nie ein Unterhemd an, und zieh das andere über, und es paßt. Ich muß nun wieder Tee trinken in dem anderen Hemd da, weil ich die Flasche Bier ausgetrunken hab, und sie sagt: ›So sitzt man doch nicht am Tisch‹, und steckt mir das Hemd hinten in die Hose und sagt: ›Nun sitzen Sie aber nur im Hemd da‹, und sie holt ein Jackett, auch von ihm, dem Verstorbenen, aus dem Schrank. Ich ziehe es an, und sie sagt: ›Das paßt Ihnen ja auch.‹ Und sie stellt eine Flasche Kognak auf den Tisch. Und ich zieh meine Schuhe aus, weil es mir überall so warm ist, und sie sagt, ich soll mir Socken aus dem Schrank holen, gleich alle. ›Die passen ja‹, sagt sie. ›Und nun die Schuhe.‹ Ich hol mir ein Paar Schuhe und zieh sie an und sag dann: ›Alles paßt.‹ Und ich sag wieder: ›Es ist zu warm hier.‹ Da lacht die, aber wie, und geht ins Badezimmer. Und im Schrank sind noch die anderen Jacketts. Ich seh nach und probier zwei an, und sie kommt und sagt: ›Die passen auch, nicht?‹, und legt sie aufs Bett und geht in die Küche. Rühreier mit Pilzen gibt's dann, und ich sag, daß ja nun Freitag ist. Es ist Viertel vor elf. Ihr Mann ist oft auf Reisen gewesen, sagt sie, aber freitags ist er immer zurückgekommen, aber schon um sechs. Ich sag: ›Ich komm aus dem Schwitzen nicht raus‹, und zieh mir das Hemd aus. Ich soll das Hemd wieder anziehen, sagt sie. Aber ich denk, dann zeig ihr mal genauer, was da steht, zieh ihre Hand an meine Hose, und sie sieht ihn und zieht ihren Pulli hoch und fuchtelt vor ihm da rum, und ich zieh sie an ihn ran, und ganz bekleckert ist sie dann ja. Ich geh ins Badezimmer, und sie dann nach mir rein, ich setz mich dann wieder und trink Kognak ... Und ich will sie anfassen, aber sie schiebt mich weg. Ich sag, mich kann man nicht einfach wegschieben, mich nicht. Und sie holt einen Koffer und packt da die Oberhemden rein und das Jackett und die Socken und ein Paar Schuhe und macht den Koffer zu und stellt ihn auf den Korridor. Ich sag: ›Ich geh aber noch nicht‹, und die kichert, und Paul nennt sie mich, als ich dann auf ihr liege. Und ich sag: ›Ich bin Gerd‹, aber Paul, das war ihr Mann. Die Sachen im Koffer müssen ja auch noch in die Reinigung, denk ich. Und sie liegt da. Und ich pack die Sachen in den Koffer und weg da.«

Er denkt, wem erzähl ich das eigentlich? Doch nicht dem da? Doch, dem Toilettenmann da im »Steak-Grill«, wo er wieder sitzt, aber keinen Hunger mehr hat.

Eine fast leere Wohnung

Enno M. Jordan fuhr hinter Anne-Marie Kimbert in die Tiefgarage. Dort fielen ihre Grüße zusammen, Silbe auf Silbe: »Guten Abend.« Darüber hätten sie lachen können, aber sie kamen nicht darauf, und dann schlugen sie die Wagentüren zu. Jordan ließ Frau Kimbert vorgehen. Sie ging langsam. Er ging noch langsamer und richtete es so ein, daß er ihr gerade noch die Tür zum Treppenhaus öffnen konnte. In der offenen Tür sagte Frau Kimbert: »Wir ziehen um, und morgen früh ist unsere Wohnung leer.« Frau Kimbert ging auf der linken Seite der Treppe und Jordan rechts. »Wenn die Wohnung morgen früh leer ist, muß sie jetzt schon fast leer sein«, sagte Jordan, »falls Sie wirklich morgen früh meinen.« »Sie ist fast schon leer«, sagte Frau Kimbert, »und ich kann nicht mehr hören, wann Sie nach Hause kommen, Sie sind ja schon da, und ich bin nicht in der Wohnung.« Jordan sagte: »Ich komme doch immer so um diese Zeit, aber manchmal wird es auch spät. Daß es so hellhörig ist?«

Sie standen vor Jordans Wohnung. Er öffnete und schwieg, und Frau Kimbert ging hinein. Jordan sagte: »Ihre Wohnung ist jetzt fast leer.« Er holte Gläser und fragte, was sie trinken möchte. Ihm war nicht aufgefallen, daß sie geschwiegen hatte, und er sagte: »Sie konnten mitten in einem Satz lachen, sonntags standen Sie früh auf, und ich lag dann noch im Bett, und da fragt man sich, weshalb lacht sie mitten in einem Satz, was machen die da.« Frau Kimbert sagte: »Er ist schon in der neuen Wohnung, und ich komme morgen früh nach. Und jetzt weiß ich, daß Ihr Schlafzimmer neben dem Wohnzimmer ist, aber Sie müssen über den Flur gehen, um von einem Zimmer ins andere zu kommen, und ich dachte, eine Schiebetür ist dazwischen. Und das Bad ist auf der anderen Seite vom Flur, und nach dem Baden rennen Sie nicht hin und her. Aber ich renne immer, wenn ich aus dem Bad komme.«

Sie tranken Kognak. Frau Kimbert trank ihn so, als wollte sie sagen: Jetzt muß ich aber gehn. Und Jordan wartete auf den Augenblick, wo sie aufstehen würde, um sich im Zimmer umzusehen und dann zu sagen: Das ist also Ihr Wohnzimmer. »Ich habe mir auch schon einmal vorgestellt«, sagte Jordan, »was Sie eigentlich machen, wenn Ihr Mann mitten in einem Satz lacht. Aber das war dann sonntags. Und sind Sie denn immer gleich eingeschlafen, wenn ich nach Hause kam?« »Ich dachte, was macht er denn jetzt, er wohnt da unten allein und kann machen, was er will, und ich stellte mir vor, was ich machen könnte, wenn ich allein wohnte, aber ich schlief dann doch ein. Mehr Phantasie ist nicht möglich.« »Sie dachten sich abends eben Ihr Teil, und ich nur immer Sonntag morgens. Und wenn man das gegeneinander aufrechnet, ein Sonntagmorgen kann lang sein, irgendwas war regelmäßig zwischen uns.« Frau Kimbert stand dann auf, und Jordan sagte: »Was steht denn noch in Ihrer Wohnung?« »Eine Couch, und die holt morgen früh der Polsterer ab, und die anderen Sachen kommen ins Auto.«

Jordan brachte Frau Kimbert nach oben. Sie öffnete die Tür, und Jordan ging hinein. Im Wohnzimmer stand die Couch, und er setzte sich hin. Er sah sich aber nicht um, und Frau Kimbert sagte: »Ich dachte schon, jetzt sieht er sich um und sagt: Hier wohnten Sie also. Aber ich finde, daß es zieht.« »Es zieht nicht.«

»Eine Brücke hätte ich auch liegen lassen können. Dann wäre mir wärmer.« »Sie werden sowieso nicht schlafen.« »Ich werde schlafen, weil Sie schon zu Hause sind.« Jordan schloß die Wohnzimmertür und sagte: »Daher zog es.« »Es zieht immer noch«, sagte Frau Kimbert, »oder bin ich erkältet?« Sie saßen dicht nebeneinander und prüften den Abstand und sagten fast gleichzeitig: »Es zieht.« Und Jordan verlor die Balance, und da lagen sie dann. Und nachher sagte Jordan: »Ohne Decke friert mich aber.« Und da turnte sie über ihn hinweg und drängte ihn auf die andere Seite, und das machte sie noch mal. Und sie rannte dann ins Badezimmer und wieder zurück, und Jordan ging mit ihr noch einmal hin und zurück, so wie er immer geht, wenn er allein ist. Jordan wachte dann vor Frau Kimbert auf und zog sich an. Sie schlief weiter. Er ging nach unten.

Und jeden Sonntagmorgen fehlt ihm das Lachen mitten in einem Satz von Frau Kimbert.

Alle Nachrichten aus der Unterwelt (1979)

»Hallo, Wolfgang!«

»Ich bin Oberverwalter im Strafvollzug; bei der Polizei gibt es den Polizeiobermeister, das ist der gleiche Rang. Ich bekleide eine Funktionsstelle in der Isolierabteilung der Strafvollzugsanstalt II in Hamburg-Fuhlsbüttel. Die Isolierabteilung ist wie ein Hexenkessel im Sanatorium, die letzten Heuler sitzen da oben. Ungefähr fünfundsiebzig Prozent der Ereignisse gehen einem an die Nerven. Wenn ich einem die Handschellen anlege, darf das nicht ruck, zuck gehen, so ein bißchen schauspielerisches Talent gehört schon dazu. Man weiß aber trotzdem nie, ob man einmal im falschen oder richtigen Augenblick lächelt. Ich weiß ja auch nicht, wie ich aussehe, wenn ich mal lächel ... Als Aufsichtsbeamter auf der Isolierstation muß man möglichst einen Tick haben, da wird nämlich immer verrückt gespielt, und man ist mittendrin und darf nicht verrückt werden. Heute nachmittag rief einer von oben: ›Hallo, Wolfgang!‹ Ich blieb stehen und dachte, warum hörst du denn auf den, und was heißt hier Wolfgang? Da rief der: ›Gehörprobe.‹ Hab ich gelacht. Und man fragt sich bei solcher Gelegenheit ja auch, wieso hat der da oben, sagen wir mal, zwölf Jahre gekriegt und der andere in der Nebenzelle nur sieben? Der mit zwölf hätte den milden Richter verdient, den der mit sieben gehabt hatte ... Ich kenne mit der Zeit die Gefangenen, mir bleibt wirklich nichts verborgen. Ich bilde mich selbst zum Menschenkenner aus, das bißchen Psychologie im Unterricht reicht nicht; die Praxis macht es. Auf Handschriften achte ich auch, aber Akten über Gefangene lasse ich mir nicht geben, dann bin ich voreingenommen; ich höre mir immer alles an, oft ist es aber immer dasselbe. Ich kriege im Bett manchmal zwei, drei Stunden lang kein Auge zu. Und mit meiner Frau kann ich nicht darüber reden. Ich bin zu sensibel ...«

Wolfgang Z. machte die nächste Flasche Bier auf, seine Frau holte noch eine. »Morgens um sechs werden die Zellen aufgeschlossen«, sagt er. »Ich kontrolliere dann jede Zelle und stelle fest, wer ins Krankenrevier will, warum einer nicht aufsteht und wer seine Wäsche tauschen möchte. Dann kommt die Briefabgabe, ich nehme allerhand Anträge entgegen und sage mir vielleicht, rede jetzt mal mit dem da, der hat ja eigentlich gar nichts zu sagen, aber er möchte mal reden, mit seinem Radio kann er ja nicht reden und von Zellenfenster zu Zellenfenster auch nicht immer ... Um sieben ist dann Aufschluß zur Arbeit. Es gibt Betriebs- und Zellenarbeiter. Die Freistunde dauert fünfundvierzig Minuten. Von elf Uhr dreißig bis zwölf Uhr dreißig ist Mittagessen. Aber nach Schema F geht das nicht immer ...

Auf meiner Station liegen auch Fluchtverdächtige, die schon Fluchtversuche unternommen haben, und Aufsässige und Freitodverdächtige. Wer selbstmordverdächtig ist, kommt in eine der Beobachtungszellen mit Nachtbeleuchtung, er wird rasiert, und das Eßgeschirr ist aus Plastik. Nachts muß ich so alle halbe Stunde in die Beobachtungszellen gucken. Zehn Aufsässige hab ich immer auf meiner Station, aber ich mische die Belegschaft, halte mir gewisse Leute da zum Ausgleich, also Leute, die ihre Ruhe haben wollen und den anderen das auch sofort klarmachen. Wenn ich Sägen und Feilen finde, ist ein Antrag auf Arrest fällig ... Und dann wird im Nachtdienst plötzlich ein Telegramm zugestellt. Einer hat vielleicht seine Mutter verloren oder seine Frau. Ich gehe in seine Zelle, und der fragt mich nun alles mögliche. Ich muß antworten. Der verlangt von mir einfach, daß ich ihn verstehe ...«

Die Flasche Bier ist alle. Wolfgang Z. macht die neue Flasche auf und sagt: »In den Bauch und hintenrein hat man mich schon öfter getreten, und in den Finger beißt man mich mal, und mein Daumen wird verdreht. Die spinnen plötzlich, aber ich bin nicht nachtragend, das hat gar keinen Zweck, weil sich die Lage immer wieder ändert, und heute ist einer ganz anders als gestern; soll man da immer gleich ein Hausstrafverfahren einleiten? Wenn einer betrunken ist und Putz macht, sag ich: ›Geh in deinen Korb, nun mach schon!‹

›Du alte Pfeife‹, das hör ich jeden Tag, und ›Nazischwein‹. Ich bin erst vierzig, aber ›Nazischwein‹, damit haben sie es immer ... Heutzutage gibt es die totale Berichterstattung, nichts bleibt mehr wie früher unterm Teppich. Einer ist immer darunter, der nicht arbeiten will, jeden schlechtmacht und Gefangene und Beamte gegeneinander ausspielt. Vor dem muß man immer auf der Lauer liegen. Was wird er heute machen? Haut er seine Zelle wieder auf den Leisten? Sagen wir mal, einer heißt Meier. Zuerst sage ich Herr Meier zu ihm; mit der Zeit auch mal einfach Meier. Und dann kann er Meier nicht mehr hören, und man sagt dann ganz von selbst, na, Hansi, was ist denn? Und er fühlt sich bestätigt. Er ist Hansi. Für alle Hansi. Noch jahrelang Hansi. Ich sage mir immer: Menschlichkeit gegen Menschlichkeit. Nur damit kommt man weiter. Ich hab ja auch so meine Fehler, einige wissen Bescheid und legen auch mal richtig los ... Kriecher mag ich nun gar nicht. Und was meine älteren Kollegen so machen: Tür zu und fertig, lange geht das auch nicht mehr, die müssen sich alle langsam anpassen ...«

Wolfgang will kein Bier mehr und sagt: »Ich war ja schon als Schuljunge im Knast: Vor dreißig Jahren wohnte ich mit meiner Mutter zusammen im Frauengefängnis, sie war Krankenschwester und trat im Krieg als Aufseherin in den Strafvollzug ein. Wir hatten keine Wohnung, da stellte man uns eine Zelle zur Verfügung. Ich spielte mit Kindern, deren Väter im Strafvollzug arbeiteten, und wartete auf meinen Vater, der noch in Kriegsgefangenschaft war. Mit sechzehn wurde ich aus der Volksschule entlassen und fuhr dann zur See, um Kapitän zu werden. Aber ich versagte in Mathematik. Bei der Wasserschutzpolizei wäre ich angenommen worden, aber meine Sehkraft reichte nicht ganz. Ich redete mit meiner Mutter. ›Vom Strafvollzug versteh ich ja schon etwas‹, sagte ich. Und sie sagte: ›Geh man zurück in die Mauergesellschaft und werde Strafvollzugsbediensteter.‹«

Ich sagte: »Menschlichkeit gegen Menschlichkeit.«

»Ja, Menschlichkeit gegen Menschlichkeit. Aber da sind die Ratten, die Menschlichkeit als Schwäche auslegen und einen am Band haben, wenn man aus Menschlichkeit mal nicht genau hinguckt und irgendwas durchläßt. Dann wollen sie einen erpressen. Was da alles passiert … Ich sage mir nur noch: Nicht mehr hingucken, Wolfgang.«

Ich sagte: »Und Sie wählen immer SPD?«

»Ich bin linksliberal. Aber die Gefangenen, die ganz links sind, kriegen die anderen nicht so leicht rum, für die anderen ist links ja nur, was mit Reformen zusammenhängt, die ihnen Erleichterungen verschaffen; es denkt da doch jeder immer nur an sich. Und wer ganz links ist und wirklich was zu melden hat, der bildet erstmal eine Gruppe und dann noch eine, nur Jüngere machen da meistens mit, und die lassen Dampf ab, und die Beamten werden unsicher und machen dann die Fehler, auf die man gerade wartet …«

Ich sagte: »Und Sie bleiben Strafvollzugsbediensteter!«

»Ich habe doch keine Angst. Auf der Isolierstation kann ich es aber nicht mehr lange aushalten. Bald gehe ich in eine leichtere Anstalt; ich muß nachts besser schlafen. Vielleicht wird es eines Tages im Knast so unruhig sein wie draußen, dann bilden sich in den Gefängnissen Rote Zellen, und man läßt keinen mehr raus. Ich bin politisch interessiert, mein Vater war Nazi, ja, aber ich bin linksliberal.«

Die Anstaltsleitung hatte mich zu Wolfgang Z. geschickt, ›weil er Schriftdeutsch sprechen kann‹.

Unglaubliche Zumutungen (1980)

Der Überfall

Ging hinter mir nicht jemand? Da waren doch Schritte? Aber warum soll nachts immer irgend jemand hinter einem hergehen? ... Ich gehe nicht zu dicht an den Häusereingängen vorbei. Wie leicht könnte jemand aus einem Treppenhaus kommen und sich auf mich stürzen. Aber so lange hätte niemand Lust, auf jemand zu warten, der zufällig vorbeikommt ... Ich schneide den Weg ab und gehe durch den Park. Da ist schon mal jemand ermordet worden, aber der Mörder lauerte nicht hinter einem Baum, er ging neben seinem Opfer her, die beiden kannten sich schon lange.

Am Ausgang des Parks wartet ein Streifenwagen. Jetzt werden die Polizisten denken, warum geht der denn mit einem Mal so schnell, der ist im Park doch nicht so schnell gegangen. Sie hatten ja den Ausgang des Parks im Auge. Ich gehe wieder so wie bisher und drehe mich auch nicht um, aber der Streifenwagen kommt hinterher. Ich grüße, und die wissen nicht, ob sie auch grüßen sollen. Sie grüßen nicht und fahren weiter. Ob sie weiter vorne warten werden?

Ich bleibe stehen. Da hat doch jemand geschrien. Und dann noch mal. Oder hatte ich mir das nur eingebildet? Ein Fenster wird geschlossen. Ich sehe nach oben. Da geht der Vorhang zu. Und irgendwas raschelt. Unter einem Reifen ist Zeitungspapier eingeklemmt. Ich könnte es da wegreißen, aber nachts stehen immer Leute am Fenster, um mal zu sehen, ob mit ihrem Wagen auch nichts passiert ist, die wachen auf und laufen zum Fenster und rufen gleich die Polizei.

Kommt auch noch ein Unfallwagen vorbei, aber ohne Blaulicht. Der Fahrer wirft eine Zigarette raus und sieht mich an und nickt. Der nickt; nicht mal nicken konnten die Polizisten. Und wenn man sich die Bürgersteige so ansieht, daß da nicht mehr Leute stolpern? ... Ich gehe ganz vorsichtig, aber so kann ich nicht weitergehen, wenn das die Polizisten sehen würden. So geht man doch nicht nachts. Aber was geht es die denn an, wie ich gehe. Vielleicht gehe ich noch ganz woanders hin. Aber wohin bloß? Ich würde den Polizisten aber nicht sagen, daß ich noch ganz woanders hinwill.

Und sollte mir jetzt einer von hinten kommen ... Ich bin doch auf alles gefaßt. Was heißt hier Würgegriff? Ich würde dem erstmal zwei weit hergeholte Rechte nacheinander ans Kinn oder auf die Ohren setzen, und dann nichts wie ran mit beiden Fäusten, immer gegen den Brustkorb. Den würde ich erleichtern, ihm die Luft raustrommeln ... Aber der kommt mit einem Haken durch. Ich liefere drei Stoppstöße gegen seine Nieren ab, und der will sich wieder mit Luft vollpumpen. Sein rechter Schwinger geht vorbei. Der nächste wird sitzen. Mein Kopf kippt auf die Schulter. Und die Fäuste prallen gegen meine Augenbrauen, eins, zwei, eins, zwei. Wie meine Gedanken faul werden. Ich hebe den Kopf und taumele. Aber dann stehe ich wieder gerade.

Der Streifenwagen stoppt. Endlich höre ich was. Die sagen: »Was machen Sie denn da?« Soll ich denen etwa sagen, daß ich schon wüßte, wie ich mich wehren würde, daß da jemand ist, der nachts Bescheid weiß und genug Erfahrungen hat, und nachts nichts anderes will als seine Ruhe? ... Es regnet auch noch.

Ich stelle mich unter eine Markise. Da kommt jemand und stellt sich neben mich. Ich sage: »Warum gehen Sie nicht ein Stück weiter?« Der sagt aber nichts. Würde er ein Stück weitergehen, kriegte er was ab. Ich will doch mal sehen, wer als erster weitergeht. Er geht weiter. Ich gehe auch weiter. Ich gehe hinter ihm her. Ich gehe dann nach Hause. Und ich stelle mich ans Fenster.

Ist da nicht jemand an meinem Wagen? Er macht sich an die Scheinwerfer ran. Aber ich habe ja kein Auto. Jetzt könnte ich ihn noch kriegen ... Wenn der wüßte, wie ich ihn zurichten würde, aber der will ja überhaupt nichts von mir. Wir müßten uns unterwegs doch irgendwo gesehen haben; das wäre was geworden, der auf mich los, statt auf den Wagen. Oder bildet der sich vielleicht ein, daß das da mein Wagen ist?

Ich mache das Fenster auf. Er läuft weg. Man muß eben nur das Fenster aufmachen. Wer vorhin wohl bloß alles am Fenster gestanden hat. Aber ausgerechnet ich mußte hier am Fenster stehen, und ich hab doch gar keinen Wagen.

Die Vorladung

Ich muß in den zehnten Stock, in die Röntgenabteilung. Vor mir ist ein Gang, die Türen und Wände sind weiß, und wo alles so weiß ist, da ist dann auch die Röntgenabteilung. Der Gang ist zu Ende, aber hier ist keine Röntgenabteilung. Ich klopfe an eine Tür. Als keine Antwort kommt, öffne ich die Tür und frage: »Wo ist denn hier die Röntgenabteilung?«

Ein Beamter steht auf und sagt: »Hier ist doch nicht die Röntgenabteilung.« Ich sage: »Das steht aber hier.« Der Beamte sagt: »Hier ist das Sozialamt.« Ich sage: »Und hier im Sozialamt ist die Röntgenabteilung, und die Röntgenabteilung ist im zehnten Stock, und ich bin im zehnten Stock.«

Der Beamte sagt: »Zeigen Sie mal Ihre Vorladung.« Ich sage: »Das ist keine Vorladung, wenn es eine Vorladung wäre, müßte das hier stehen. Das ist eine Benachrichtigung.«

Er nimmt die Benachrichtigung und sagt: »Die Röntgenabteilung ist im zehnten Stock, sie ist auch in diesem Gebäude, aber nicht in dieser Straße. Sie müssen von der Nebenstraße aus in das Gebäude und dann in den zehnten Stock.«

Ich sage: »Aber der Arzt, der mich benachrichtigt hat, gibt an, daß die Röntgenabteilung hier im zehnten Stock ist.« – »Hier ist Ihre Vorladung«, sagt der Beamte, »nun wissen Sie ja, wo die Röntgenabteilung ist.«

Ich sage: »Das ist keine Vorladung, sondern eine Benachrichtigung, bei Vorladungen denkt man an Befehlen, Beordern und Berufen.«

»Ja, Sie«, sagt der Beamte. »Hier ist aber doch das Sozialamt«, sage ich. »Sie können ja ruhig Benachrichtigung sagen«, sagt der Beamte. Ich sage: »Wie vielen Leuten haben Sie schon gesagt: ›Zeigen Sie mal Ihre Vorladung.‹ Und wer mußte dann halb um das Gebäude herum und von der Nebenstraße aus in den zehnten Stock, wo die Röntgenabteilung ist.«

»Da ist die Röntgenabteilung«, sagt der Beamte, »und man wird den Arzt darauf hinweisen, daß sie da ist und nicht hier.« Ich sage: »Und wenn er gerade wieder eine falsche Adresse angibt?« – »Die Stelle, die ich benachrichtigen werde, gibt das weiter, und dann weiß der Arzt ja Bescheid.«

Ich mußte aber gar nicht erst in die Nebenstraße, um von da aus in den zehnten Stock zu kommen, wo die Röntgenabteilung ist. »Gehen Sie durch drei Gänge«, sagte jemand, »von diesem Gang gehen die drei anderen ab, und vor jedem Gang ist eine Glastür, und vor der letzten Glastür geht es nach rechts, das ist dann der richtige Gang, und da stehen auch Bänke.«

In dem richtigen Gang zeigte ich einem Mann im weißen Kittel die Benachrichtigung, und er sagte: »Gehen Sie bitte hier rein, und ziehen Sie sich aus, und warten Sie ab.« Er öffnete eine Tür. An der Innenseite der Tür war ein Brett. Ich mußte es herunterlassen. Das Brett war der Sitzplatz. Ich zog mich aus und kam mit den Armen immer gegen die Wände. Vor mir war aber keine Tür. Da stand ein langer Tisch.

Der Mann im weißen Kittel hatte sich die Benachrichtigung angesehen, aber nichts von einer Vorladung gesagt, und ich sah mir die Benachrichtigung noch mal an, und ganz unten stand ja auch »Benachrichtigung«. Aber dahinter stand: ›… von der Anordnung des persönlichen Erscheinens.« Ich sagte: »Benachrichtigung ja, Anordnung nein. Und oben steht, wie es sich gehört: ›Sie werden gebeten, sich um neun Uhr im zehnten Stock in der Röntgenabteilung einzufinden.‹ Was steht da? ›Sich einzufinden‹. Wieso das denn? Wenn man gebeten wird, findet man sich doch nicht ein, sondern man erscheint …«

»Mit wem reden Sie denn da?« Der Mann im weißen Kittel stand wieder vor mir. Ich sagte: »Sehen Sie sich das hier mal an.« – »Sie führen ja Selbstgespräche«, sagte der Mann. »Sitzen Sie mal hier, und ziehen Sie sich aus, und warten Sie ab«, sagte ich, »und dann lesen Sie mal, was hier alles so steht.« – »Warten Sie ab«, sagte der Mann, »und bleiben Sie ganz ruhig sitzen, und ziehen Sie Ihre Hose wieder an, wir röntgen doch nicht unten, sondern oben links.«

Daliegen wie tot

Er hatte wieder Bratkartoffeln mit Speck und einem durchgerührten Ei gemacht und stopfte sich einen großen Teller davon rein. Neben dem Teller lag die Zeitung. Er las immer beim Essen. Seine Hände hatten eine Menge Rillen und Wülste. Er schrubbte sie mit Sand und kam so in jede Rille. Die Seiten der Zeitung schlug er so bedächtig um wie die Seiten eines Lexikons. So las er auch.

»Es steht noch nicht drin«, sagte er und warf Kohlen in den Herd und packte sich dann auf die Bank. Er konnte lange auf dem Rücken liegen und im Liegen große Portionen essen und sich totstellen. Er hatte sich schon ein paarmal totstellen müssen, und das letztemal war es ungefähr so gewesen:

Wir mußten Lastwagen leermachen, auf die man Leichen gestapelt hatte; sie kamen aus Luftschutzkellern, Bunkern und Kanälen. Sie wurden in ein Massengrab gelegt, und am Rand stand sie: Schnaps hatte die Bewachungsmannschaft gekriegt, stand nun mit dem Rücken zur Grube und hatte die Gewehre weggelegt. Es war Mitte Juli.

Ich sah ihn da unten, er hatte gestreifte Hosen an. Das Hemd hatte er sich ausgezogen, und er stapelte die Leichen. Eine kam neben die andere und dann zwei quer darüber, und so ging es höher.

Und als man mich später fragte, ob man sie in die Grube geschmissen hätte oder ob sie in die Grube gelegt worden seien, da konnte ich immer sagen, man hat sie hingelegt, mit den Händen hat man sie hingelegt, und das war dem zu verdanken mit der gestreiften Hose ohne Hemd.

Und dann kippte er um, wegen der Hitze. Aber erst, als Schluß war. Das Grab war voll, und er lag da, und die Bewacher wollten nicht runter. Der Sturmführer trat an den Rand und sagte: »Der liegt nicht da wie tot, der ist tot und bleibt drin.« Einer nannte seinen Namen, und dann rückten sie mit dem Aufräumungstrupp aus dem KZ ab.

Ich blieb mit dem Lastwagen noch da, weil wieder Fliegeralarm kam, und dann kletterte er aus dem Grab. Er hatte einen fleckigen Anzug an, der dunkelgrau gewesen war, und das Oberhemd war angesengt. Die Sachen hatte er einer heilen Leiche da unten ausgezogen, und ich fuhr mit ihm los.

»Hab ich da nun wie tot gelegen oder nicht?« fragte er mich.

»Wie tot«, sagte ich, und er stieg in der Nähe des St.-Georg-Krankenhauses aus, setzte meine Mütze auf seinen kahlgeschorenen Kopf und sagte: »Hältst du dicht oder nicht?«

»Ich kann dichthalten«, sagte ich und sagte ihm auch noch, wo ich wohnte.

Er kam erst nach zwei Jahren und sagte: »Die Wände müssen gemacht werden.« Er holte Zement und Kalk und machte die Wände, und wir brieten uns dann Kartoffeln mit Speck und einem durchgerührten Ei, und dann packte er sich hin.

Er arbeitete als Handlanger auf Baustellen, bis er nach Luft schnappte, wenn's mal im Laufschritt um die Ecke ging. Die Firma stellte ihn aber später als Platzwärter ein. Und ich besuchte ihn manchmal in seiner Bude, und er schnippelte die Kartoffeln in die Pfanne.

»Du kannst ja dichthalten«, sagte er dann plötzlich mal und blieb liegen. »Hier kommen drei Wohnblocks hin. Das dauert zwei Jahre, bis sie stehen. Der Baugrund ist aus Lehm. Ich habe bei den Ausschachtungen zugesehen. Und wie der Bagger letzte Woche so in die Grube geht, sehe ich was. Ich sag das dem Baggerführer, und der holt den Bauführer. Der Bauführer sieht sich seine Leute an und läßt Spaten holen. Dann haben wir sie rausgeholt. Einen ganzen Keller voll. In dem Lehmboden haben sie sich gut gehalten. Und dann kam die Polizei und ließ den Bau absperren. Die Polizei stellte Ermittlungen an, und ich wurde vorgeladen, weil ich gesagt hatte, irgendwas kommt mir bekannt an der Sache vor. Da zeigten sie mir Fotos von dem Haus, das früher da gestanden hatte, und ich sagte, daß ich das Haus kenne.

›Es war eine Berufsschule‹, sagte einer der Beamten.

›Ja‹, sagte ich, ›in dem Keller der Berufsschule haben wir mal gesessen.‹

›Wen meinen Sie mit »wir«?‹

Ich sagte: ›Wir mußten Blindgänger entschärfen und bekamen dafür Vergünstigungen.‹

›Ach so‹, sagte der Beamte.

›Aber wir durften nicht in jeden Keller bei Alarm.‹

›Das weiß ich‹, sagte der Beamte.

›In den Keller der Berufsschule durften wir‹, sagte ich.

›Hier kamen viele Blindgänger runter‹, sagte der Beamte. ›Ich seh das noch vor mir. Und Sie?‹

›Ich kam dann weg‹, sagte ich.

›Ach so‹, sagte der Beamte, ›dann können das Ihre Kameraden gewesen sein, da in dem Keller.‹

Ich sagte, das könnten sie gewesen sein.

Dann kamen gleich zwei Polizeibeamte in meine Bude und sagten: ›Es waren keine Zivilisten, Ihre Angaben sind bestätigt worden. Es waren solche Leute wie Sie, KZler.‹

Ich wollte aber wissen, wer das bestätigt hatte, doch sie sagten nur, es sei von zuständiger Seite bestätigt worden. Dann wollten sie ein paar Namen wissen. Ich gab ihnen ein paar Namen von Kameraden, die dabeigewesen sein konnten. Und wie sie da die Namen schrieben! So schnell, als hätten sie sie endlich, als würden sie schon lange gesucht.

Und die Beamten sagten, die Angelegenheit wäre für sie erledigt, das andere ginge automatisch.

Ich hab gesehen, wie das ging: Die Särge waren aus Sperrholz, und ich sagte, einer kommt neben den anderen, das mach ich schon. Die Friedhofsarbeiter reichten sie uns runter. Ein Beamter der Friedhofsverwaltung stand in seiner Uniform am Rand der Grube, und als ich sagte: ›Ziehen Sie mich mal raus‹, sagte er das einem Friedhofsarbeiter. In der Nähe ist die Grube, wo ich wie tot umgefallen bin. Ich ging da auch noch mal hin.«

»Aber etwas wird in der Zeitung stehen«, sagte ich. »Und wenn noch ein paar da unten sind?«

»Der Bauführer sagt nein, und der Bauherr sagt, wo die Berufsschule gestanden hat, da herum wird ein Grünstreifen angelegt, und auf den Grünstreifen kommt eine Bronzeplastik. Die ist schon bestellt, und man kann sie auch für ein Denkmal halten. Ein Liegender soll das werden, ganz modern, so daß man nichts Genaues sieht. Und die Augen wirken wie blind.«

»Die Nacht« von Schubert

Rieks Frau war tot, aber ich hörte das erst vier Tage später.

Riek saß im weißen Hemd da und fing an: »Ich hatte mich für den Beerdigungsunternehmer entschieden, der in der U-Bahn Reklame macht. Ich fuhr fünf Stationen weiter als sonst, und er las mir gleich die Preisliste vor. Auf dem Rückweg überlegte ich, ob ich sie in Klasse 2a beerdigen lassen soll.

›Wollen Sie ein Reihengrab haben?‹ fragte er zuerst. ›Es gibt aber auch parkartige Gräber. Unter den Reihengräbern laufen Wasserrohre entlang, und es kann sein, daß sie mal undicht werden, was natürlich ganz selten vorkommt. Unter den parkartigen Gräbern sind aber keine Wasserrohre, und man kann sie sogar auf Friedhofsdauer erwerben. Doch sie kosten doppelt soviel wie Reihengräber.‹«

Riek holte Zigarren. »Am nächsten Vormittag traf ich mich mit dem Beerdigungsunternehmer auf dem Friedhof, und wir suchten ein Reihengrab aus. Unter dem Reihengrab ist noch keine Wasserleitung. Da liegt jetzt ein Ehepaar, aber die fünfundzwanzigjährige Liegedauer ist gerade abgelaufen.«

»Ist jemand im Schlafzimmer?« fragte ich.

»Das ist meine Schwägerin, sie sortiert die Wäsche.« Riek stellte sich ans Fenster. »Ich ging dann zum Pastor und erzählte ihm alles; er schrieb nicht mit, er stenographierte. Und als ich sagte: ›Das ist alles‹, wollte er noch wissen, wer denn an dem Unfall schuld gewesen sei. Ich sagte, die Schuldfrage ist noch ungeklärt. Er sagte, daß er unfallfrei fahren müsse, von einem Pastor erwarte man das ja, aber er fahre auch oft mit der Taxe. Vor dem Pfarrhaus stand eine Taxe, und der Fahrer konnte uns sehen. Er hätte wenigstens den Motor abstellen können.«

Riek ließ die Zigarre ausgehen. »Der Beerdigungsunternehmer rief noch einmal an und fragte, ob ich vielleicht ein Cello zum Harmonium haben wollte und was sie spielen sollten. Ich sagte, vielleicht ›Die Nacht‹ von Schubert. ›Dann muß ich noch einen Cellisten bestellen‹, sagte er. Und wir setzten die Anzeige auf.«

Die Fensterscheibe war angelaufen, und Riek sagte erst, als sie wieder blank war: »Vorgestern holte ich meine schwarze Hose vom Schneider, die im Bund enger gemacht worden war, und meine Schwägerin bügelte. Ich bat sie, schon vor mir zum Friedhof zu fahren, aber sie sagte: ›Ich kann dich doch nicht allein hinfahren lassen.‹ Ich wollte auch den Hintereingang der Kapelle benutzen, aber meine Schwägerin sagte, wir wollten alle zusammen vorne hineingehen. Es war aber noch nicht soweit, und ich sagte, ich komme gleich wieder, und ging doch hinten rein. Die Sonne schien auf den Sarg, und der Beerdigungsunternehmer hatte einen Zylinder auf und schloß die Tür hinter mir. – Und ich dachte an ›Die Nacht‹ von Schubert, mit Cello.

Da kam der Beerdigungsunternehmer auf Zehenspitzen und sagte: ›Der Pastor weiß nichts von der »Nacht« von Schubert.‹ Ich sagte, er möge den Pastor holen. Der Pastor kam und sagte: ›Sie hatten mir nur gesagt, daß vielleicht »Die Nacht« von Schubert gespielt werden soll, vielleicht.‹ – ›Aber ich hätte »Die Nacht« von Schubert doch ganz gerne‹, sagte ich.

›Das geht jetzt nicht mehr‹, sagte er. ›Vielleicht kann man sie noch dazwischenschieben‹, sagte ich. ›Aber der Cellist fehlt, und auf »Die Nacht« von Schubert kommt es doch nicht an‹, sagte er. Der Pastor legte mir die Hand auf die Schulter, und ich sagte nichts mehr, weil ich mir sagte, daß es ohne Cello ja auch nicht richtig ging.

Der Pastor sprach ziemlich leise, und ich konnte noch einmal über alles nachdenken und stellte ihn mir in der Taxe vor und nicht in seinem Wagen.«

Riek setzte sich wieder und blickte auf die angelaufene Stelle der Fensterscheibe. »Ich blieb nachher noch am Grab stehen. Aber dann kam meine Schwägerin und sagte: ›Du kannst doch nicht hier stehenbleiben.‹«

Ich sagte zu Riek: »Wir können ja noch mal hinfahren.«

Riek sagte zu seiner Schwägerin: »Wir fahren zum Friedhof«, und sie rief ihm durch die Schlafzimmertür zu: »Um sechs essen wir aber.«

Ich sagte: »Das Grab sieht aber nicht aus wie ein Reihengrab.«

»Dann bin ich beruhigt«, sagte Riek.

»Und wie die Rhododendronbüsche blühen.«

»Hier stehen die meisten Rhododendren.«

»Da ist auch eine Bank«, sagte ich, »hast du die gestern gesehen?«

Riek hatte sie nicht gesehen, und wir setzten uns auf die Bank.

»Bis abends um acht ist während der Sommermonate geöffnet«, sagte ich.

»Vielleicht werde ich dem Pastor wegen der ›Nacht‹ von Schubert noch einen Brief schreiben«, sagte Riek.

»Ich würde hingehen«, sagte ich.

»Und meine Schwägerin will zu ihrem Pastor gehen und ihm sagen: Wenn ich einmal sterbe, soll ›Die Nacht‹ von Schubert gespielt werden. Mein Schwager sagte, ihm wäre es egal, was gespielt wird, wenn er tot ist, aber nun will auch er ›Die Nacht‹ von Schubert haben; er sagte: ›Summ die Melodie doch mal.‹ Und dann sagte er: ›Für mich gibt es nur »Die Nacht« von Schubert.‹«

Auf dem Rückweg gingen wir in ein neueröffnetes Schallplattengeschäft. Ein Herr im dunklen Anzug sagte, daß er die Platte am Lager habe, und wir mußten in eine Box gehen, wo er sie auflegte. In der Tür war ein Fenster, und man sah nur die Blumen, die zur Eröffnung überall hingestellt worden waren.

Riek kaufte die Platte, und wir gingen noch einmal zum Friedhof. Riek ging aber allein zum Grab, und ich wartete draußen. Als er zurückkam, fragte ich nicht, wo eigentlich die Schallplatte geblieben ist.

Frauen am Nachmittag (1980)

Die Brosche

»Mein Mann und die Russen«, sagte Frau Schlosser, bei der ich in der Bleibtreustraße schon sechs Wochen wohnte. »Die Russen haben ihn gerettet. Das vergaß er ihnen nie. Und er wurde Bürgermeister in Neufeld, das ist östlich von Pankow. Er konnte seinen Mund ja nie halten. Und keiner machte es ihm recht. Ich auch nicht. Und dann haben sie ihn eben abgeholt, mit vier Mann aus Berlin, weil er auf der Straße gerufen hatte: ›Da kommen sie schon, die Russen!‹ Aber das waren rückflutende Soldaten, unsere, und dann kam die Gestapo, und ich hab gesehen, wie sie Karl in dem Auto verprügelten, alle vier. Und ich stand am Fenster ...«

»Sie brachten ihn also nach Berlin.«

»Vor seiner Zelle stand dann ein Wachposten, und er machte immer mal fünf Schritte vor und fünf Schritte zurück. So lang war die Zelle. Und das dauerte zwei Wochen. Dann brachte ihn der Wachtposten zu einem Sturmführer. Der schrie, er solle sich setzen. Aber er konnte es auf dem Stuhl nicht lange aushalten. Er ging wieder auf und ab. Der Sturmführer sagte zu seinem Schreiber: ›Ich habe gesagt, er soll sitzen bleiben.‹ Der Schreiber hielt ihn fest. Und er wollte den Schreiber nicht reinreißen und setzte sich hin. Aber er zählte immer bis fünf, ganz automatisch. Auch im Sitzen: eins – zwei – drei – vier – fünf. ›Zählen kannst du!‹ schrie der Sturmführer. Und er zählte wieder bis fünf. Da bekam er einen Tritt und kippte mit dem Stuhl um, und die Tür flog auf, und jemand schrie: ›Gleich sind sie hier!‹ Dann trampelten sie noch auf ihm herum, und der Sturmführer schrie: ›Raus hier!

Wir müssen raus!‹ Der Schreiber war schon raus. Und da zog der Sturmführer seine Uniform aus und schrie: ›Wenn die Russen kommen, dann sitzt hier noch einer, und der trägt meine Uniform. Und die Russen schießen. Sie werden ihn vielleicht nicht gleich erschießen, sondern erst wenn er wieder bis fünf gezählt hat.‹ Der Sturmführer hatte seine Uniform ausgezogen und riß ihn an den Haaren hoch. Da warf Karl, also mein Mann, dem Sturmführer die Uniformjacke über den Kopf und zog sie immer enger zusammen wie einen Strick. ›Zähle bis fünf!‹, schrie er ihn an und zog und zog. Und dann wurde draußen geschossen, aber Karl stand da und zählte bis fünf, und sie stürmten herein. Da wollte Karl entweder immer wieder bis fünf zählen oder fünf Schritte vor und zurück machen. Aber ein Russe sprach deutsch. Mein Mann wurde Bürgermeister. Und wir blieben in unserer Wohnung, und im Parterre, wo der Krämer gewesen war, kam der HO-Laden rein. Karl war ja Maurermeister, das Geschäft gab er aber ab, doch was später gebaut wurde, ging alles über Karl ...«

»Und als die Russen kamen und Ihr Mann noch in Berlin war?«

»Gekämpft wurde um Neufeld nicht, da rollte nur alles durch, und ich dachte, nur immer weiter, weiter, bloß weiter. Und dann, ja, ich dachte ja auch immer an Karl und hatte alle Koffer gepackt und saß da nun, nur die Betten im Schlafzimmer bezog ich immer mal wieder neu, beide, nicht, und ins Wohnzimmer ging ich nur zum Nachsehen, ob von da noch was in einen Koffer muß, ich war immer in der Küche. Und dann klingelte es. Ich dachte, das wird die Krämersfrau sein, die saß entweder im Keller oder bei mir, nachdem sie den Laden geplündert hatten, ihr Mann war noch an der Front. Es klingelte also, es war an einem Samstag, und ich hatte mich gerade gründlich gewaschen und stand im Unterrock da. Ich ging zur Tür und machte auf, ich dachte doch, das ist sie, aber da stand ein Russe. Er stieß die Tür auf, und was tat er? Er sah die Waschschüssel und meine Wäsche, drehte den Wasserhahn auf und ließ das Wasser über seinen Kopf laufen. Ich zog schnell mein Kleid wieder über und wollte weg, aber er hielt mich fest, klitschnaß. Und er hielt mir den Mund zu. Ich hatte den Küchentisch vom Sofa weggeschoben wegen des Waschens, und er schob mich ans Sofa heran. Und dann hatte er eine Flasche in der Hand und keuchte: ›Frau, Frau‹, und hielt mir die Flasche an die Lippen, und ich, ganz außer Atem, den Mund ja schon auf, trinke. Das brannte in der Kehle, und ich konnte nicht mehr, aber ich mußte ja, und dann japste ich nach Luft und fiel auf das Sofa, und da sah ich, daß er höchstens Anfang Zwanzig sein konnte, aber größer als Karl und kahlgeschoren und blond ... Und er die Hose runter und auf mich drauf. Wenn ich mich gründlich gewaschen habe, den Schlüpfer ziehe ich als erstes wieder an, und den kriegte er nicht ganz runter, ich spürte aber schon was, aber er war nicht bei mir, es war wirklich kein richtiger Verkehr gewesen, ich will mal so sagen: immer nur ganz nahe dran, nicht, er war wohl einfach zu aufgeregt. Und ich ganz langsam da unter ihm heraus, aber da sprang er auf, faßte mich oben an, ging mit der Hand an meine Brust und steckte mir noch was oben rein und drückte die Brust damit zusammen, und ich schrie vor Schmerzen. Er lief dann weg, aber meine Brust, meine Brust. Ich zog mich vorsichtig aus, und eine Brosche, die hatte so gepikt, fiel auf den Fußboden, und immer mehr, der hatte irgendwo Schmuck gestohlen, so einfach eine ganze Handvoll, und das bei mir oben reingesteckt ...«

»Und was sagte später Ihr Mann dazu?«

»Karl durfte davon nichts wissen. Auch von dem Russen nicht, die Russen brachten mir Karl ja wieder und machten ihn zum Bürgermeister. Ich dachte, wenn Karl nicht mehr ist, kann dich der Schmuck noch mal retten. Er starb dann ja auch, und ich mußte zu Karls Schwester hierher, die sterbenskrank war, und ich blieb dann hier für immer.«

»Und der Schmuck?«

»Es war alles alter Schmuck. Ich habe ihn an einen Juwelier verkauft, in der Kantstraße, und der fragte mich, wo ich den Schmuck gekauft hätte. Aber ich kann meinen Mund ja nie halten und habe ihm das mit dem Russen erzählt, und das mit meinem Mann. Ich mußte ihm meine Adresse geben, und dann besuchte mich der Juwelier und sagte, es kann wirklich so gewesen sein, ich habe jetzt erfahren, woher der Schmuck stammt und daß die Russen ihn erbeutet haben; er schenkt mir eine Brosche davon.«

»Und das war alles?«

»Er sagte: ›Und das mit Ihrem Mann stimmt auch.‹ Ich hatte es ihm erzählt, weil ich mir sagte, dann versteht er alles besser.«

»Sie können ja Ihren Mund nie halten, aber von wem konnte er denn wissen, daß das mit Ihrem Mann auch stimmt?«

»Er muß so seine Verbindungen haben, Sie kennen Berlin ja nicht.«

»Und warum erzählen Sie mir das alles?«

»Sie haben mich nach der Brosche gefragt und sagten: ›Diese Brosche ist entweder ein Erbstück, oder Sie haben die Brosche von Ihrem Mann.‹ Und ich sagte dann: ›Mein Mann und die Russen damals ...‹, aber Sie ließen mich ja nicht ausreden.«

Das kleine Mädchen und der große Busen

»Du liegst da wie tot«, sagte die Frau zu dem kleinen Mädchen und biß in ein Stück Butterkuchen. »Was habe ich gesagt?« Die Frau legte das angebissene Stück Butterkuchen auf die Tüte in ihrem Schoß.

Das kleine Mädchen setzte sich zu der Frau auf die Bank.

»So«, sagte die Frau, »jetzt bleibst du hier sitzen. Und wenn du wieder einmal auf dem Rasen liegst, dann legst du entweder ein Bein über das andre, oder du hältst deine Beine ganz eng zusammen. Sonst kann man da ja alles sehen.«

Die Frau biß wieder in das Stück Butterkuchen und gab dem kleinen Mädchen den Rest. Das kleine Mädchen steckte ihn in den Mund, er ging aber nicht ganz hinein, und die Frau sagte: »Das ist Butterkuchen mit guter Butter, hörst du?«

Die Frau machte die Tüte zu und steckte sie in ihre Handtasche und nahm dann ein Taschentuch und wischte sich die Fingerspitzen ab und hielt die beiden kleinen Finger dabei hoch.

»Hast du denn kein Taschentuch?« sagte die Frau.

Das kleine Mädchen zeigte auf die Lippen der Frau und sagte: »Da ist noch ein Krümel.«

»Bei dir aber erst«, sagte die Frau. »Bei mir ist das ja was anderes; ich habe volle Lippen, und da bleibt leicht einmal etwas drauf, aber du hast noch gar keine richtigen Lippen, das ist nur so ein Strich.« Die Frau fuhr mit ihrer Zunge über die Lippen, und das Mädchen machte das auch.

Die Frau stellte ihre Handtasche neben sich, und ihre Hacken berührten wieder den Boden. Vorher hatte sie noch in den Taschenspiegel gesehen und sich ein Haar aus der Stirn gepustet. Dann sagte sie: »Wir sind beide blond, aber deine Haare dunkeln mit der Zeit noch etwas nach, meine bleiben so. Bis an die Wurzeln sind meine Haare so blond. Deine Mutter ist bestimmt nicht so blond wie ich, wenn sie überhaupt blond ist.«

»Sie ist auch blond, aber mehr dunkelblond, und färben will sie es nicht, meine Mutter sagt, es bleibt so, und sie sagt: ›Dein Haar ist wie meins.‹«

Das kleine Mädchen schlug ein Bein über das andere, weil die Frau das auch machte, und die Frau sagte: »Bin ich vielleicht zu dick?«

»So sind ja viele.«

»Deine Mutter ist wohl ganz schlank, nicht?«

»Dicker wird sie nie, und essen kann sie ... Ich aber auch.«

»Aber das ist bei mir alles fest«, sagte die Frau. »Dick ist das nicht, fest. Komm, faß mal an.«

Das kleine Mädchen stand auf.

»Stell dich vor mich hin«, sagte die Frau, »und faß da mal an.«

»Ja, was denn?« sagte das kleine Mädchen.

»Meinen Busen, daran wirst du es gleich merken. Nun komm schon. Also, faß erstmal den rechten an und dann den linken.«

Das kleine Mädchen drückte mit seinem Zeigefinger dagegen, aber die Frau sagte: »Du sollst ihn richtig anfassen, sonst merkst du ja gar nichts.« Und sie nahm die Hand des kleinen Mädchens und sagte: »So, und jetzt anfassen.«

Das kleine Mädchen blieb dann vor der Frau stehen.

»Ist bei deiner Mutter auch alles so fest wie bei mir? Am Busen kann man das gleich merken. Bei ihr ist es bestimmt nicht mehr so fest.«

Das kleine Mädchen sagte: »Meine Mutter hat da aber nicht soviel. Sie sagt, sie hätte gar keinen, aber Warzen hat sie da, so dick wie für ganz dicke.«

»Wie das wohl aussieht«, sagte die Frau, »so dicke. Und nun setz dich wieder und hör zu ... Ist dir denn sonst gar nichts aufgefallen? Ich bin nämlich ein Typ, der erst richtig wirkt, wenn er spricht. Das liegt an meiner Stimme. Spreche ich nicht ganz langsam? Das ist es. Man muß als Frau langsam sprechen, zu langsam natürlich nicht, aber wenn man langsam spricht, ist die Stimme auch schöner. Und du schnatterst. Sag deiner Mutter, daß sie nicht so schnattern soll, es liegt an deiner Mutter.«

»Sie sagt aber nicht viel«, sagte das kleine Mädchen, »und weil sie es immer so eilig hat, sage ich immer alles ganz schnell. Meine Mutter heißt Ingrid, und ich auch.«

»Ingrid? Ich habe einen viel schöneren Namen für dich: Elfie. Also, für mich heißt du Elfie.«

Die Frau griff dann in ihre Handtasche und zog eine Nagelfeile heraus. »Erst mache ich mir die Nägel, Elfie. Ich brauche mir die Nägel ja eigentlich gar nicht zu machen, aber ich fahre zwischendurch immer mal mit der Feile kurz darüber, das beruhigt auch.«

Die Frau schlug das rechte Bein über das linke, und das kleine Mädchen setzte sich wieder hin und machte das dann auch. »Meine Nägel sind nie zu spitz oder zu lang«, sagte die Frau. »So müssen sie sein. Aber jetzt muß ich auf den Lack achten, daß da nichts abspringt. Ja, und man sagt, meine Hände sagen eigentlich alles. Deine Mutter hat bestimmt nicht solche Hände.«

Das kleine Mädchen rückte an die Frau heran und sagte: »Solche Hände hat Mutti auch, sie sind aber nicht so weiß, und man kann die Adern sehen.«

»Ich habe eine schneeweiße Haut, und wenn ich etwas pflege, dann ist es meine Haut. Du bist ja auch so ein Typ mit einer schneeweißen Haut. ›Engelshaut‹ sagt man dazu, und deshalb nenne ich dich ja auch Elfie.«

»Mutti sagt, wir haben die gleiche Haut, aber meine ist dunkler.«

»Mein Gott, Elfie, jetzt ist sie aber noch so wie meine. Und deine Hände? Komm, ich feile dir jetzt die Nägel, setz dich so lange hier dazwischen.«

Das kleine Mädchen ging dann in die Knie und schob sich zwischen die ausgebreiteten Beine der Frau und legte ihre Hände auf die Schenkel.

»Fein hast du das gemacht«, sagte die Frau, »aber viel kann ich da ja gar nicht feilen. So kurz müssen sie auch sein, nur gerader. Und in die Ecken gehe ich gründlicher.«

Das kleine Mädchen sagte: »Mir wird ganz heiß.«

»So wie du da sitzt, wird es einem heiß. Nicht, daß ich leicht ins Schwitzen komme, nein, aber ich habe immer ganz warme Hände, und deine sind kalt. Das liegt auch am Typ. Du bist wohl wie deine Mutter. Aber ob die solche Fingernägel hat wie ich? Und wenn sie es immer so eilig hat?«

»Mutti hat gesagt, man muß aufpassen, daß sie nicht brechen. Aber da müßte sie bei mir noch nicht aufpassen.«

»Ich wollte es ja nicht sagen«, sagte die Frau, »aber mit ihren Nägeln ist eben auch etwas … So, und nun sieh dir mal deine Nägel an, Elfie.«

Das kleine Mädchen setzte sich wieder auf die Bank und sah sich seine Fingernägel an. Die Frau sagte: »So, und nun komm noch mal ganz nahe heran. Ich tue dir ja nichts, ich will nur etwas sehen. Ich hab's ja schon gesehen, als du da vor mir auf dem Rasen gelegen hast. So, ja, und nun hebe ich deinen Rock hoch. Das ist natürlich dein Spielhöschen, aber es muß auch sauber sein, und da zieht man keine weißen an, dafür gibt es welche in vielen Farben. Ich habe eine weiße an, auf Weiß sieht man alles, aber bei mir nicht, bei mir bleibt Weiß weiß, Elfie.«

Die Frau steckte ihre Nagelfeile in die Handtasche, und das kleine Mädchen sagte: »Was da alles drin ist!«

Die Frau sagte: »Ich kann hingehen, wo ich will, ich habe immer alles bei mir, was eine Frau so braucht, immer, Elfie …

Aber deine Mutter hat es ja immer so eilig, und wenn einmal etwas passiert?«

Die Frau stellte ihre Handtasche auf die andere Seite und kitzelte Elfie dann am Bauch und sagte: »Ich bin aber erst kitzelig, willst du es nicht mal probieren? Da nicht, da. So ist es richtig, ja, Elfie, tiefer, und nun noch mal am Busen, ich bin vielleicht kitzelig, nicht?«

Das kleine Mädchen hörte auf und sagte: »Meine Mutter ist auch so kitzelig, und wenn ich sie mal kitzeln will, sagt sie, hier nicht, Ingrid, doch nicht im Bett.«

»Sieh mal, wer da kommt«, sagte die Frau »Kennst du den?«

»Der war doch vorhin schon mal hier. Er kommt öfter.«

»Was macht er denn da? Sieh mal, wie er dasteht. Faßt er sich immer da hin?«

»Er faßt da immer hin, aber wenn ich hingucke, dann nicht.«

»Wer guckt da denn sonst noch hin, Elfie? Du ja nicht. Ich gucke hin. Siehst du! Ich darf das. Und jetzt frage ich den Mann, was er denn will.«

Die Frau fragte den Mann, warum er da stehenbleibe, sie hätte keine Angst, aber was solle er ihr denn auch wohl tun. Der Mann kam näher und sagte nichts und sah nur die Frau an. Und die Frau sagte: »Endlich sehen Sie uns einmal zusammen hier, ja, ich bin die Mutter, was sagen Sie nun?«

Das kleine Mädchen rutschte von der Bank herunter.

»Du brauchst doch keine Angst zu haben«, sagte die Frau, »bleib schön sitzen.«

Das kleine Mädchen ging auf den Rasen, und dann fing es an zu laufen und fiel hin und drehte sich um, als es aufstand, und lief weiter.

»Sie glauben wohl nicht, daß ich die Mutter bin«, sagte die Frau zu dem Mann, »aber was die für eine Mutter hat. Da kann es gar nicht schaden, wenn man ihr mal sagt, wie eine Mutter sein muß.«

Der Mann hatte seine Hände immer noch da unten.

»Was machen Sie denn da?« sagte die Frau.

»Wo das kleine Mädchen Sie überall anfassen mußte«, sagte

der Mann, »ich habe das gesehen, und wenn Sie das Mädchen noch einmal so anfassen …«

»Aber das könnte ja meine Tochter sein, oder nicht, und ich als Frau kann Mädchen anfassen, aber Sie nicht.«

Der Mann ging ein paar Schritte rückwärts, und die Frau griff nach ihrer Handtasche. Die Hände des Mannes bewegten sich.

»Das habe ich mir schon gedacht«, sagte die Frau, »aber ich fasse Sie da nicht an, ich nicht.« Die Frau zeigte dahin.

»Nicht anfassen«, sagte der Mann, »nicht anfassen.«

»Hinsehen kann ich ja«, sagte die Frau und stellte ihre Handtasche wieder neben sich.

Vor der Scheidung

»Ich bin bei einem Scheidungsanwalt gewesen«, sagte Lucie, »und seine erste Frage war: ›Wie lange sind Sie schon verheiratet?‹«

»Und was hast du gesagt?« fragte ich Lucie.

»Sagen wir, zwanzig Jahre. ›Und wie alt ist Ihr Mann?‹ fragte er dann. Stellen Sie sich vor, sagte ich, er wäre vierundfünfzig. – Er fragte weiter: ›Und die Kinder?‹

›Lassen Sie uns erst von ihm reden‹, sagte ich.

›Macht er oft Bekanntschaften?‹

›Er ist ein Typ, für den es nur einen ganz bestimmten Typ gibt.‹

›Vielleicht ist dieser Typ in seiner Firma?‹

›So einen Typ gibt es in seiner Firma nicht; und auch nicht in den anderen Firmen, mit denen seine Firma zusammenarbeitet.‹

›Wahrscheinlich führt er ein Doppelleben; es gibt verheiratete Frauen, die nur einen Freund haben wollen, der auch verheiratet ist, und deshalb haben beide jedesmal ihr ungetrübtes Vergnügen aneinander.‹

›Mein Mann ist seit zwanzig Jahren bei der Firma, wo er heute noch ist, und wenn ich krank bin, fühlt er sich auch nicht, und wenn er krank wird, lege ich mich neben ihn; dann bilden wir eine Insel und sind erfüllt von einer tiefen Verachtung gegen alle Regeln und Überlieferungen.‹

›Sie verschweigen mir aber etwas. Haben Sie Kinder?‹

›Wir haben keine Kinder.‹

›Vielleicht hat Ihr Mann ein Kind, von dem Sie gar nichts wissen.‹

›Ich wünschte mir schon immer, daß ich von ihm etwas noch nicht wüßte. Aber ich habe eine Tochter, die nicht von ihm ist.‹

›Hat er denn Vermögen?‹

›Ich könnte mir genug Geld von der Bank holen, er soll es mir jedoch selber geben; meine Mutter war darin genauso wie ich.‹

›Treibt Ihr Mann Sport?‹

›Er fährt Auto, und ich fahre Auto. Und er legt sich am liebsten ins Dickicht, wenn uns im Wald ein Gewitter überrascht, und ich lege mich dann dazu und fühle mich bei ihm geborgen.‹

›Wird er mit der Zeit nicht immer mißtrauischer?‹

›Mal ist er mißtrauisch, und mal bin ich mißtrauisch. Er erzählt mir von seinen Träumen, und ich gebe manchmal, weil er so furchtbar vergeßlich ist, seine Träume für meine Träume aus.‹

›Ich glaube, Sie haben einen Freund.‹

›Den kennt er. Aber nur einmal im Jahr spielen mein Freund und ich Ehepaar. Mein Mann wohnt dann so lange bei seiner Tante, und ich ziehe zu meinem Vater, der um diese Zeit stets verreist ist, und wir schreiben uns täglich, mein Mann und ich. Inzwischen kommen dann entweder die Maler in unsere verwaiste Wohnung, oder es wird gründlich saubergemacht. Meine Tochter ist dann da.‹

›Was wollen Sie eigentlich von mir?‹ fragte mich der Anwalt plötzlich.

Ich sagte: ›Das möchte ich auch gern wissen. Vergleichen, ob die Wirklichkeit mit meiner Vorstellung übereinstimmt. Oder habe ich etwas vergessen?‹«

Das Fotomodell und Simmel

Wenn ich Heike nackt betrachten würde, empfände ich gleichzeitig den Wunsch, sie in Kleidern zu sehen. Aber ich sah sie in Samtcord-Jeans, T-Shirt und Patronengurt.

In der rechten Hand hielt sie ihr Beauty-Case und in der linken Hand den Perückenkoffer, und über beiden Handgelenken hingen Lederbeutel. Sie wackelte mit den Hüften.

»Ich wackele nicht mit den Hüften«, sagte sie, »das täuscht, es ist etwas anderes und entsteht wohl durch das Koffertragen; man muß sein Gepäck überall selber schleppen und aufpassen, daß man nicht immer mit den Hüften dagegenkommt …«

»Die Hüften wackeln trotzdem.«

»Es sind nicht so sehr die Hüften, das ist doch mehr der Po.«

Im Studio hatte sie eiskalte Cola getrunken; von allen Seiten kam Hitze, und die Lockenwickler waren auch elektrisch beheizt. In dem Lokal nebenan trank sie Bier und blinzelte ins Glas. Die Sonne schien darauf. Heikes Augen sind lichtempfindlich. Von der Tür her zog es.

»Ich erkälte mich leicht«, sagte sie, »und leide öfter an Nierenbecken-, Blasen- und Mandelentzündungen. Immer zieht es von irgendeiner Tür her, und auf Flugplätzen zieht es; am schlimmsten zieht es auf Bahnsteigen.«

»Immer diese Reisen«, sagte ich.

»Und alles geht auf die Minute.«

»Das kann auf den Magen schlagen.«

»Eher auf die Verdauung. Die muß man kontrollieren. Aber ich habe immer ein entsprechendes Mittel bei mir.«

»Was Sie nicht alles kontrollieren müssen …«

»Da gerät man in die verrücktesten Situationen, ehrlich!« Heike blinzelte die Fensterblumen an und ein Sofa.

Schauspielerin oder Tänzerin wollte sie werden. Sie war gerade achtzehn, und da geriet sie schon in eine verrückte Situation: Ein Fotograf aus Schweden interessierte sich auf der Straße für ihre Sommersprossen. Sie ließ sich fotografieren und bekam sofort Geld und zwei Adressen von deutschen Fotografen. Einer machte mit ihr schnell eine Haarwasserwerbung. Und in was für eine verrückte Situation mußte sie da wieder geraten: Sie arbeitete längst für den anderen Fotografen, als plötzlich Leute auf der Straße stehenblieben und sie anstarrten. Einige grüßten. Jemand zeigte auf eine Litfaßsäule. Auf einem Plakat erkannte Heike sich wieder. Das war die Haarwasserwerbung. Heike hat keinen fanatischen Schönheitsglauben, aber manchmal findet sie sich wirklich schön. Ihre Mutter fand sie zuerst schön. Ein Fotograf sagte: »Heike ist inzwischen siebenundzwanzig, ihr ebenmäßiges Gesicht ist in gewissem Sinne schön; es ist jedoch zu ebenmäßig, um subtil zu sein, und subtil müßte es jetzt sein. Was heute sein muß, kann demnächst allerdings wieder ganz anders sein. Und die Beine brauchen nicht unbedingt so klassisch zu sein.«

»Vor neun Jahren begann also Ihr Job«, sagte ich zu Heike.

»Das ist kein Job, sondern eine Art Berufung, ehrlich. Für Eintagsfliegen ist das ein Job. Und warum bleiben sie Eintagsfliegen? Weil ihnen der Schliff fehlt. Zum Fotomodell gehört Schliff. Zuverlässigkeit kann man auch sagen oder Drill, aber für mich ist das einfach Schliff.«

»Vielleicht wird manche Eintagsfliege hinterher Stewardeß.«

»Stewardessen brauchen auch Schliff.«

Heike bestellte Kochfisch. Spaghetti gab es nicht. Sonst hätte sie Spaghetti gegessen und am nächsten Tag Kochfisch. Oder am nächsten Tag noch einmal Spaghetti. Aber danach wäre sie wieder zu Salatplatten, Hühnerfleisch und Joghurt übergegangen oder zu Weizen-Gel.

Fotografen, Dressmen, Redakteure und Textilfritzen prägen Heikes Ansichten. Es gibt Redakteure, die sagen: »Du bist intuitiv beschwingt.« Es gibt Dressmen, die sagen: »Wie du deine Verwandlungsprozesse echt genießt.« Es gibt Fotografen, die sagen: »Laß uns lieber nicht ins Bett gehen, mit dir müssen wir Geld verdienen.« Es gibt Textilfritzen, die sagen: »Für uns bist du eine Ware, aber wollen wir nicht trotzdem mal?«

Wenn Heike jeden Tag in eine andere Stadt reisen muß, sitzt sie abends abgeschminkt in Hotelhallen. Und Männer, die sie ansprechen, fragen: »Was sind Sie eigentlich von Beruf?« Viele Männer haben Angst, Heike anzusprechen, sogar im Flugzeug; sie fürchten, das kostet nachher zuviel. Und hat Heike einen Freund, muß er ständig auf Abruf für sie dasein. Er will mit ihr auffallen und ist da, und Heike denkt: ›Da ist er wieder, gut sieht er aus, du wirst mit ihm auffallen!‹ Heike hat für ihre Freunde nicht so viele Gefühle, wie sie manchmal möchte; in ihrem Beruf stecken ja auch noch Gefühle ... Aber der Mann, den sie heiraten will, muß ein Mann sein und Bescheid wissen und sie durch seine Gelassenheit immer irgendwie wieder erregen. Heike betrachtete mich genauer und sagte: »Ich bin leider nicht links. Viele Leute, die einen einladen, würden es aufregend finden, wenn man links ist. Sie finden es aber auch aufregend, wenn man eine Menge trinkt, und rechnen damit, daß man echt labil ist, und warten, ob man zum Schluß Hasch will oder noch was Aufregendes.« Kinder will Heike haben, wenn sie verheiratet ist. Die werden nicht antiautoritär erzogen; Schliff sollen sie bekommen, da sie später ja auch in verrückte Situationen geraten.

Im letzten Monat verdiente Heike 20 000 Mark.

Sie zog an dem Halskettchen.

In ihrem VW lag ihr Composé. Ich sah mir noch die Fotos an. Heike setzte eine Sonnenbrille auf und sagte: »Die Jahre, in denen ich Modell war, brauche ich nachher, um auszuschlafen. Und wenn ich zum Ausschlafen komme, werde ich vielleicht Moderedakteurin oder Stylistin. Oder ich heirate, ehrlich.«

Über Bücher redet sie auch noch, fängt Gustav Freytags *Soll und Haben* an, grübelt ein bißchen und ist bei den Lebenserinnerungen von der Knef, nennt einen Autor mit Namen Simmel und erwähnt den Roman *Airport* und findet es schade, daß ihr im Augenblick nicht mehr einfällt. Und blinzelt.

Die Hebamme

Charly hält seine Kneipe für ein Restaurant. Und Karin Straub ist Hebamme und hat ihr Sprechzimmer wie ein Frauenarzt eingerichtet. Und Charly hatte sie aus dem Bett geklingelt und von Ismir geredet, einem Türken, der schon unterwegs sei, um sie abzuholen, und er würde ihr fünfhundert geben. Und Ismir sagte, daß seine Frau kein Kind bekäme, doch sein Bruder hätte einer Deutschen ein Kind gemacht, und die Deutsche habe schon Kinder von anderen, und der Bruder wäre jetzt erstmal weg, aber er wolle vor der Tür stehenbleiben, bis das Kind da sei. Die Wohnung hatte eine Küche und ein Zimmer und kein Gegenüber, und die Frau war über dreißig. Karin Straub sollte in der Handtasche nach dem Personalausweis suchen, und die Frau fragte nach Muli, aber Karin Straub kannte ja Ismirs Bruder nicht, und die Frau wischte mit ihrer Zungenspitze die Mundwinkel aus. Karin Straub schrieb die Personalien auf. Dann machte sie Wasser heiß und suchte nach einem frischen Bettlaken, aber da war keins, und so holte sie Zeitungen und schob sie unter den Rücken, und die Frau sagte, bei ihr flutschten sie nur so raus, und Karin Straub fragte nicht, wie viele das schon gewesen sind, und stieß mit dem Fuß die Unterwäsche unters Bett und tupfte der Frau immer nur den Schweiß von der Stirn. Wegen der Zeitungen brauche sie sich keine Sorgen zu machen. Druckerschwärze desinfiziere ja, und dann setzten die Wehen wieder ein, und die Frau machte noch Witze über Hebammen, und dann wollte sie einen Arzt haben und fing an zu röcheln, und das Wasser kochte, und Ismir wollte vor der Tür stehenbleiben, aber dann setzte er doch den Kessel ab und stellte sich wieder vor die Tür. Und das Kind, das dann zur Welt kam, war ein Mädchen. Karin Straub fror und legte alles auf die Frau, was noch an Kissen herumlag neben dem Bett und in der Küche, und auf Backsteinen stand ein Regal, und sie nahm einen Backstein heraus und legte ihn auf den Herd, bis er heiß war, und schob ihn unter das Kissen mit dem Säugling. Der Fußboden schwamm vor Wasser, und Ismir feudelte ihn auf und stellte sich wieder vor die Tür. Die Frau keuchte. Ihre Kinder waren in einem Heim, und eines war von einem Schwarzen, und der hätte es in dem Heim am besten, mästen würden sie ihn, und das Mädchen könnte von Muli sein oder auch nicht. Karin Straub kochte noch einmal Wasser, aber saubermachen wollte sie die Wohnung nicht, und dann ging Ismir ans Bett, und Karin Straub blieb vor der Tür stehen, und Ismir sagte dann: »Sie hat jetzt auch Geld«, und Karin Straub sah gerade noch, wie die Frau die Scheine unter ihren Hintern steckte.

Und dann kam das noch: In einer Kellerwohnung spielte ein Zwanzigjähriger Gitarre, bis die Wehen bei der Siebzehnjährigen einsetzten, richtig spielen konnte der nicht, aber sie bildete sich das ein, und er stellte sich dann auch vor die Tür und nahm die Gitarre mit. Bei ihr flutschte es gar nicht, und das Wasser mußte Karin Straub auch selber kochen.

Bei der anderen in dem Absteigehotel flutschte es wieder. Der Portier wollte keinen Unfallwagen bestellen, als das Gejammer in Zimmer 11 losging, wegen der anderen Gäste, aber diese Rothaarige hatte Geld dabei, und ihr Typ hing auf der Toilette rum und zog in einer Tour an der Spülung. Karin Straub sollte nachher duschen, das bot ihr der Portier an, aber sie hatte keine Wäsche zum Wechseln dabei. Und dann kochte er Kaffee. Sie blieb bis sieben und besuchte die Siebzehnjährige im Keller noch mal und telefonierte mit der Mutter.

Der Portier sah auch immer mal nach der Rothaarigen, und ihr Typ blieb auf der Toilette. Als Karin Straub wiederkam, wollte der Portier noch wissen, wann die da oben mit ihm ins Bett gehen könnte, wohl erst nächste Woche. So lange wollte er auch warten. Karin Straub besprach mit ihm dann aber noch das Notwendigste.

Zu Hause stellte sie sich gleich unter die Dusche. Im Bademantel machte sie noch das Restliche und rief im Hotel an. Der Portier sagte, er habe so ziemlich alle durch, aber noch keine Hebamme. Karin lachte und sagte, er sei bestimmt ganz zuverlässig. Im Bademantel legte sie sich ins Bett und rauchte und warf dann den Stummel in die Toilette und zog, ließ das Wasser rauschen und rieb sich überall mit einem Eau de Cologne ein.

Spaziergänge mit Prominenten II (1982)

»Meine Träume werden jetzt kontrolliert«

Axel Springer

Im Dezember vor dreizehn Jahren war es noch ein Bungalow, der mehr Glas als Steine hatte, aber das Licht flutete nicht so hindurch wie gewöhnlich; der Dunst über dem Wannsee mischte sich ein. Nun war es November, und es regnete feinfädig auf das, was inzwischen mit ganzer Kraft daraufgesetzt worden war: ein preußisches Herrenhaus. Und der Wachtposten mit Schnurrbart, der den Schlagbaum hob, stand beinahe stramm.

Mit schlenkernden Armen, wie damals, kam mir Axel Springer entgegen und sagte: »Für meine Sicherheit ist gesorgt. Die militante Linke läßt mich nicht aus den Augen, für die militante Rechte bin ich ein Judenknecht, und die militanten Palästinenser haben mich auf ihrer Abschußliste. Ich habe aber nur Angst um meine Frau.«

Das Kaminfeuer brannte. Die Holzscheite in der gläsernen Ablage waren alle gleich groß. Springer zog seine Hand zurück: »Als in meinem Kinderzimmer der Ofen einmal glühendrot geworden war, hatte ich Angst, meine Mutter käme daran. Ich wollte sie immer beschützen.« Die Erinnerung wärmte auch, unsere Blicke waren versorgt, und mit einem Tonfall, der selbstverständlich klingen sollte, kam das noch dazu:

»Im Wochenbett hatte meine Mutter die *Wahlverwandtschaften* gelesen, und zu Beginn des Dritten Reiches las sie immer wieder diese Stelle daraus vor: ›Diesem düsteren Geschlecht ist nicht zu helfen; man mußte nur meistenteils verstummen, um nicht, wie Kassandra, für wahnsinnig gehalten zu werden, wenn man weissagte, was schon vor der Tür steht.‹ Und sie ergänzte: ›Hitler, der Mann bedeutet Krieg. Verlaßt euch darauf.‹«

Wofür waren die Seltenheitswerte ringsherum nicht schon Zeuge gewesen! Springer machte meinen Rundblick mit und setzte diesen Satz an den Schluß: »Ich war mein eigener Innenarchitekt. Das hier ist eine Basis für mich in dieser flüchtigen Zeit.« Dann gingen wir durch einen Raum, der Preußen gewidmet war, der nächste Schleswig-Holstein und einer Dänemark. Altona, Springers Geburtsort, war dänisch gewesen, bevor es an Preußen fiel. »Meine Vorfahren waren Walfänger«, sagte er beim Türenschließen.

Und mit jedem Arm- und Beinschlenker brachte er Abrisse seiner Jugendzeit ein Stück weiter: »Auf dem Realgymnasium hatte ich in Religion, Singen, Turnen und Deutsch eine Eins ... Aber ich ging aus der Quarta ab ... Die Jugend in den zwanziger Jahren war auch rebellisch ... Ich träumte jedoch nicht von einer Pfadfinderkluft, sondern von einem Frack ... Meine Mutter kannte meine Träume, doch mein Vater, der Verleger der *Altonaer Nachrichten* und Schatzmeister der Deutschen Demokratischen Partei, war ein praktischer Mann. Seine Setzer waren, von zwei Ausnahmen abgesehen, Sozialdemokraten. Er besuchte sie sogar zu Hause.«

Axel Springer war an seinem Schreibtisch angelangt: »Ich wollte nie Journalist oder Verleger werden ... Klänge und Stimmen, die Poesie, hatten es mir angetan, Sänger wollte ich werden, auf großer Bühne ... Mein Gesangslehrer hieß Otto Eichbaum, und mein Idol war Richard Tauber. In Berlin feierte er Triumphe. ›Er ist aber Jude‹, meuterte dann der Pöbel, ›und das noch mit Monokel ...‹ Tauber war Halbjude und mußte trotzdem raus.«

Der Butler hatte ein gleichmäßig durchfurchtes Gesicht. Er half uns in die Mäntel, und auf dem Uferweg war Axel Springer wieder bei seiner Mutter und sagte: »Ich habe ihr nie imponiert, auch meine Erfolge nicht; sie mochte nur, wenn ich gute Sachen sagte ... Nein, ich weiß nicht genau, wie alt sie geworden ist, ebensowenig weiß ich, wie alt meine Frau ist; sie ist viel jünger als ich. Aber wen man liebt, dessen Alter vergißt man.«

Ich redete nicht mehr in seine Erinnerungen hinein, und er ging langsamer. »Mein Vater steckte mich als Lehrling in die Setzerei. Nach der Setzerlehre folgte ein Jahr Druckerlehre, und danach volontierte ich in einer großen Papierfabrik. Um, wie von meinem Vater geplant, Redaktionsvolontär bei Ullstein in Berlin zu werden, mußte ich von der Pike anfangen. Ich war dann bei Wolff's Telegraphenbüro in Hamburg, und von dort aus ging es zur *Bergedorfer Zeitung*. Bergedorf, im Osten Hamburgs, liegt auf dem Weg nach Berlin. Mit meiner Mutter fuhr ich zum erstenmal nach Berlin.«

Der Regen machte keine richtigen Tropfen, und wir fanden, daß die Oberfläche des Wannsees wie ein Reibebrett aussieht. Ja, ich wußte, daß Goebbels die Hamburger »Alpaca-Engländer« genannt hatte und Himmler die anglophilen Söhne Hamburger Kaufleute ins KZ bringen wollte, weil sie mit langen Haaren, Bowler-Hut und Regenschirm gegen die Blut-und-Boden-Parolen protestierten, im verbotenen Jazz und Swing ihre Träume von Amerika hochspielten und in Gedanken schon ausgewandert waren. »Sie gehörten doch auch dazu«, sagte ich, »und einige kamen ins KZ. Aber das war trotzdem kein Widerstand.«

Um auf dem Weg zu bleiben, mußten wir dicht nebeneinandergehen. »Es war auch kein Widerstand«, sagte Springer, »daß ich einem unserer Redakteure zur Flucht verhalf und von der Gestapo verhört wurde und ältere Nummern des *Berliner Tageblattes* verteilte. Man war nur mit Haut und Haaren dagegen.« In seinen Augen lag wieder so eine Art Traurigkeitsgefühl, die Hand wurde lasch und rutschte von der Manteltasche ab.

»Ich bin ein Poet und Träumer«, sagte er vor sich hin. »Nach der ›Machtübernahme‹ war es meines Vaters Idee, eine Emigrantenzeitung in der Schweiz zu machen. Das stieß dort aber auf wenig Gegenliebe ... Da träumte er wohl zum erstenmal ... Und ich spielte fünf Monate lang, aus Übermut und um vielleicht doch noch das Verbot unseres Blattes hinauszuschieben, den

Anwärter im Nationalsozialistischen Kraftfahrkorps, wo man nur leidenschaftlicher Motorsportler sein mußte, sonst nichts …

Nach meinem Austritt wurde ich todkrank. Eine Geschwulst an der Bauchspeicheldrüse sollte operiert werden. Aber der Ausgang war ungewiß … Meine bildungshungrige Mutter sagte nein und tröstete mich mit Goetheworten … Die *Altonaer Nachrichten* waren verboten worden, mein Vater hatte eine Schüttellähmung, und die Wehrmacht musterte mich als dienstuntauglich aus … Aber was kamen da plötzlich für Angebote … Ich hätte auch ohne Parteiabzeichen sämtliche Druckereien im sogenannten Generalgouvernement leiten können. Ich war ja so ein ›nordischer Typ‹.«

In einem Sanatoriumspark hätte er nicht bedächtiger gehen und vor sich hinsprechen können. Seine Frau winkte. Wir setzten uns mit nassen Haaren wieder an den Kamin. »Ein Freund«, begann Axel Springer, »sagte dann zu mir: ›Mach doch Bücher, was sitzt du da im Waterloo-Theater hinter dem Filmprojektor.‹ Es war das einzige Kino, wo sich nach der Wochenschau die Swing-Jugend versammelte. Ich hatte eine Kurzausbildung als Filmvorführer erhalten und war auch Platzanweiser. Und wir beschafften Papier und brachten Romane, Essays und Krimis aus der alten *Berliner Illustrierten*, und wenn es jüdische Autoren waren, unter Pseudonymen, zwischen feste Deckel. Der Freund, ein Buchhändler, kam ins KZ und überlebte.«

Ich sagte: »Sie haben einen hohen Bariton, und mit der Stimme läßt sich über alles reden, aber Sie fassen sich kürzer als damals, vor dreizehn Jahren.« Springer sah mich an: »Ich hielt immer viel zu lange Reden, ich bin wortempfindlicher geworden, und ich werde auch weniger politische Reden halten; viele Worte prägen nicht … Unterbrechen Sie mich ruhig, sagen Sie: ›Ja, dann und dann …‹ Also, dann stellte ich mich vor meine Eltern hin und sagte: ›Bald wird das freie Wort in Deutschland wieder gelten, und dann werde ich das größte Zeitungshaus Europas bauen.‹ Meine Mutter sagte: ›Bei ihm weiß man es nie genau. Seiner Bauchspeicheldrüse geht es auch schon besser.‹«

Ich wollte vom Kamin weg, aber Springer streckte die Hand

aus: »Der Buchverlag war meine Rettung gewesen und das Schicksal unserer Zeitung. Und hätte ich nicht diese Mutter gehabt, die alle Folgen der Nazizeit voraussah, und meine Freunde, die auf der Flucht oder im KZ, ich wäre am Bartresen groß geworden ... Und um mich nach dem Krieg gleich bekannt zu machen, verschickte ich einen Band mit dem Titel *Ewige Worte der Menschlichkeit* an 6000 Hamburger. Man kannte mich plötzlich.«

»Und dann kamen die großen Träume«, sagte ich. Axel Springer stand auf – in dem Zimmer konnte einer allein spazierengehen: »Erfolg ist eine Eigenschaft. Und aus den Trümmern wurden Ideen. Und als man sich von dem Schreck erholt hatte, den sie auslösten, ging es an die Verwirklichung, koste es, was es wolle. Doch ohne meinen Glauben hätte es keinen Erfolg gegeben. Aber Religion hat man oder nicht. Es muß immer der Nächste sein, dem man sich zuzuwenden hat. Und alles läuft dann letzten Endes immer wieder auf die ordnende Macht der Zehn Gebote hinaus.«

»Sind Ihre Haare trocken?« fragte er dann. Ich sagte: »Wie nett das klingt, und für Ihr *Hamburger Abendblatt* erfanden Sie dann den Spruch ›Seid nett zueinander‹, und ...« – »Ja, und ich verteilte kleine Blumensträuße auf U-Bahn-Stationen und setzte den Zebrastreifen in der Bundesrepublik durch, und ...« – »Ja, und welchen Spruch würden Sie jetzt erfinden?« Springer zögerte nicht: »›Es lohnt sich immer, miteinander zu reden.‹ Und das heißt für mich, auch meinen entschiedensten Gegnern die Hand hinzustrecken. Wenn Herr Wallraff mich sprechen möchte, kann er sofort kommen.

Ich leide wie ein Hund darunter, daß manches in meinen Blättern steht, womit ich überhaupt nicht einverstanden bin. Und wie oft leide ich, wenn ich morgens die *Bild*-Zeitung lese. In Hunderten von Briefen beschwor ich die Chefredaktion, alles zu unterlassen, was gegen die Würde des Menschen verstößt. *Bild* ist das schnellste Informationsblatt der Welt. Da wird nach dem Sekundenzeiger aufgetischt. Von den Hilfsaktionen und Hilfestellungen, die *Bild* organisiert, redet man nicht. Aber jede Hilfe ist mit Recht ja selbstverständlich. Und ich will auch gar nichts beschönigen.«

Wohin mit den Blicken, wenn alles glänzt oder schnurgerade ist und plötzlich kein Wort mehr da ist? Ich sagte: »Und dann Ihr Christlichkeitsidealismus. In keiner Ihrer Reden fehlt Gott, und es schien jedesmal, als stünden Sie persönlich dahinter …« Axel Springer machte vor dem Kamin halt: »Für mich heißt das doch ganz einfach: Du sollst deinen Glauben bekennen. Gott ohne Pathos … Ja, es müssen eben weniger Worte sein … Aber unser System braucht doch endlich ein Ideal …« Ich sagte, daß eine Menge Jugendlicher sich schon lange dem Nächsten zuwenden und die Hilfe für ihn sei ihr Ideal, und was sich daraus formen ließe; aber es forme sich ganz von selbst … »Und wenn man so glaubt wie Sie, dann hat man ja auch Reue. Ihre Erinnerungen haben wir nun hinter uns …« Springer forschte in meinem Gesicht: »Ja, absolute Reue und sofortige Hilfe; meine Mutter war darin wie der geölte Blitz.«

»Und wie leiden Sie darunter, daß eine Gruppe von Schriftstellern Ihre Kollegen aufgefordert hat, nicht mehr für Ihre Blätter zu schreiben?« Er setzte sich hin. Sein Atem war ungleichmäßig: »Neben den Hauptakteuren gibt es eben auch Mitläufer; wen wundert das, bei der Mentalität unseres Volkes. Aber ist Boykott das richtige Mittel zur Erhaltung der Pressefreiheit? In meinem Verlag gibt es Pannen und Fehlentscheidungen, doch unabhängig sind wir, unabhängig von wirtschaftlichen und ideologischen Bevormundungen … Ob ich auch mit diesen Autoren reden würde? Mit Herrn Wallraff kann es beginnen.«

»Aber die DDR kommt immer noch in Anführungsstrichen in Ihre Blätter. Da gibt es Verträge und Begegnungen und …« Er sagte: »Und was gibt es da nicht alles … Aber der junge Willy Brandt, der einer der Gründe war, weshalb ich nach Berlin ging, hatte gesagt: ›Die DDR ist weder deutsch noch demokratisch, noch eine Republik.‹ Ich weiß nicht, wann ich mit diesem Problem fertig bin, aber wenn wir schon von dem so menschlichen Brandt reden, dann auch von Herbert Wehner: Mir imponiert seine Politik, weil sie bestimmt ist von der Sorge um den Menschen, der er sich in Askese und persönlicher Bescheidenheit hingibt. Beide sind Emigranten ... Und wie rannte ich in Hamburg herum, um mitzuhelfen, daß ihr alter Genosse Herbert Weichmann Erster Bürgermeister der Freien Hansestadt Hamburg wird. Der erste jüdische Ministerpräsident in Deutschland ... Ja, und die vielen Millionen für Israel? Das ist meine persönliche Wiedergutmachung. Aber Geld reicht doch nicht.«

Und dann wieder auf dem Uferweg: keine Blicke für den Wannsee, aber für das feuchte Gras: »Der Selbstmord meines Sohnes Axel, ich habe immer für ihn mitgeträumt, er wurde unter dem Pseudonym Sven Simon ein berühmter Fotograf ... Aber er hatte Angst vor dem Riesenverlag ... Schon als Kind hatte er Angst, als er in ein Kinderheim sollte ... Zuletzt wollte er ein Jagdrevier haben. Ich bin aber gegen Jagen und Schießen ... Vielleicht wollte er nur ungewöhnliche Fotos machen und gar nicht schießen ... Und wie er über jüdische Witze lachen konnte ... Sie sind ja im Hintergrund auch alle so traurig ... David Ben Gurion erzählte er sie früher auf englisch. Was haben die beiden gelacht ... Nun habe ich Axel ganz bei mir. Durch meinen Glauben ist die Nähe vollständig.«

Mit schlenkernden Armen ging er voran: »Ja, ich habe meinen Besitz an der Elbe in Hamburg-Altona, er ist über 50 000 Quadratmeter groß mit einem Haus darauf, das sogar Architekten fotografieren, dem Hamburger Staat geschenkt. ›Sven-Simon-Park‹ soll er heißen. Axel junior war da immer so gerne, schon wegen der Stimmung, wenn die Nebelhörner bliesen ... Bürgermeister Klose, der nicht viel älter ist als er, war vorher bei mir. Er fühlte sich durch die Berichterstattung meiner Blätter auch in seiner Amtsführung behindert. Wir näherten unsere Standpunkte einander an, besonders im menschlichen Bereich ...

Und meine Träume werden jetzt kontrolliert. Die richtigen Kontrolleure sind da und sitzen an einem Tisch. Es geht um die Verbesserung des Vorhandenen und die Beobachtung all dessen, was auf dem Felde des Medienmarktes auf uns zukommt ... Nach Axels Tod meldeten sich in- und ausländische Kaufinteressenten … Aber ich habe mein Haus bestellt … Heute bin ich lebendiger denn je; es ist die große Ordnung des Hauses nach einer großen Lebenskrise … Vor dreizehn Jahren erzählte ich Ihnen auch von einer großen Krise … Aber was war die dagegen …«

»Und damals wollten Sie in Schleswig-Holstein nur ein Bauernhaus kaufen«, sagte ich, »und daraus ist ein Herrenhaus geworden wie hier …« Das Lächeln ließ sich Zeit: »Ich erhalte es doch hauptsächlich für meine Träume und für meine Gäste … Jetzt habe ich irgendwo eine Zweieinhalbzimmerwohnung. Da geht das Wichtigste hinein … Ja, ich bin achtundsechzig und gesund und wiege jetzt zwanzig Pfund weniger. Vor kurzem wurden meine Frau und ich aber einmal gleichzeitig krank: Die Mandeln mußten heraus. Ob sie wirklich Friede heißt? Sie ist Friesin und stammt von der Insel Föhr. Ihr Vorname ist Friede.«

»Immer bis zum Äußersten«

Heinrich Maria Ledig-Rowohlt

In Reinbek gab es einen Tontaubenklub, zwei Hochhäuser, immer mehr Komfortwohnungen, sanfte Hügel, zwei Beerdigungsunternehmer, und mit dem Dampfzug fuhr man fünfunddreißig Minuten bis zur Zonengrenze.

Das Verlagshaus sieht aus wie der Neubau einer Fabrikationsstätte für Feinmeßgeräte. Der Pfarrer auf der Anhöhe gegenüber wünscht, daß die Dächer grün gestrichen werden.

Heinrich Maria Ledig-Rowohlt knöpft seine Weste zu, die Uhrkette strafft sich. Er trägt rote Wollsocken ohne Halter, sie sind fast vom gleichen Rot wie die Krawatte, ein leichtes Schockrot. Das Jackett hat vier Knopflöcher.

Heinrich Maria Ledig-Rowohlt nimmt seinen Schirm und sagt beim Hinausgehen: »Die Person liegt nicht so ganz an der Oberfläche.« Wir gehen knapp hundert Meter am Verlag entlang. Der

Wald beginnt. Ein Mann steht an einem Baum, und Heinrich Maria Ledig-Rowohlt sagt: »Beckett habe ich leider nicht verlegt.« Er bleibt bei Beckett; dunkel und kratzend ist seine Stimme vom vielen Rauchen; er schlendert nicht, das liegt am Schirm, den er wie einen leichten Stock benutzt, er schreitet.

»Das Neue an sich interessiert mich«, höre ich; dann spricht er vom Lesen: »Ich lese eigentlich kein Buch mehr in aller Ruhe, mache es mir nicht gemütlich dabei. Aber Lyrik lese ich, vielleicht weil sie kurz ist; nicht nur moderne, auch Eichendorff.« Ich sage: »Sie sind sensitiv.«

Immer mehr Stellen des Weges sind mit Ziegelbruch bedeckt, ungefähr vom Rot seiner Socken und der Krawatte. Heinrich Maria Ledig-Rowohlt bückt sich und hebt eine grüne Eichel auf, steckt sie ins Knopfloch, stößt, wie um diese Geste zu verwischen, mit der Schirmspitze in einen Fliegenpilz, sagt: »Pilze habe ich gesammelt, angeln möchte ich und komme nicht dazu, ich treibe Wasserski in Korfu, reise im Winter nach St. Moritz und komme da glatt jeden Abhang hinunter, halte vier bis fünf Stunden durch, fange frühmorgens an, gegen acht.«

»Bis zum Äußersten«, sage ich.

»Vom Skilaufen abgesehen – ich muß etwas für meine fünf zerquetschten Querwirbel tun –, bin ich stets bis zum Äußersten gegangen, bei Frauen und beim Saufen, doch in einem Jahr werde ich sechzig und werde anhänglich, möchte nicht zu lange von meiner Frau weg sein, weiß jetzt, warum sich Eheleute im Laufe der Jahre ähnlicher sehen ... Meine vorletzte Frau war für mich eine Aufgabe. Ich habe daran gearbeitet. Im Grunde genommen bin ich allerdings monogam und halte Distanz.«

Ich warte darauf, daß er vom Alten redet. Er läßt seinen Schirm ein Stück über den Ziegelbruch schweben, zwei dünne Falten laufen in die Mundwinkel, die Haut ist zu glatt, sie können nicht tiefer sein, Wangen und Stirn runde Flächen. »Was bin ich?« fragt er. »Weder Partner noch Erbe. Treuhänder klingt geschwollen, ebenso Verwalter. Vollzieher gefällt mir besser; auf jeden Fall, für einige Züge, die ich von meinem Vater geerbt habe, bin ich dankbar – anderen gegenüber skeptisch ... Habe ich vorhin nicht einen Fehler gemacht? ›Wie‹ und ›als‹, das verwechsle ich ständig. Aber mir entgeht kein Druckfehler; was andere übersehen, sehe ich sofort.«

Die Beine drückt er nicht durch, den Kopf läßt er halb hängen, in dem Anzug sieht das salopp aus. Er sollte mit seinem Schirm spielen und einmal nach oben sehen.

Ich mache eine Bemerkung über die Luft.

»Mein Vater verbrauchte in jedem Zimmer und sogar in Lokalen die ganze Luft.« Heinrich Maria Ledig-Rowohlts Atem aber geht unverändert weiter, so wie er den Schirm hebt und senkt.

»Und mein Vater sprach keine Fremdsprache, ging ungern ins Ausland, weil er dort sein Eisbein nicht vorschriftsmäßig bekam. Dieser Krampf immer; hatte er einen schönen Titel herausgebracht und alle sagten: ›Das ist wieder mal einer‹, und kein Pfennig sprang dabei heraus, ging er zu Ullstein und ließ sich 300 000 Mark geben; die sagten auch: ›War das ein schöner Titel!‹ Er hatte zwar eine Nase fürs Geschäft, aber keinen Sinn. Ich habe nun den großen Apparat dahinten aufgezogen und zwinge ihn fortgesetzt, meine Individualität anzunehmen.«

Das klang, als habe er es schon oft ausgesprochen und für sich selbst zuweilen wiederholt, bei Frauen, beim Saufen.

»Und ich setze mich auch gegen mein Lektorat durch, verlange, daß ein Manuskript angenommen wird, falls das meine Überzeugung ist. Erst vor wenigen Tagen ergab sich ein derartiger Fall. Die lehnten ab, und ich telegraphierte hinter dem Bescheid her: Wir nehmen an!«

Seine Stimme nuanciert kaum; ist Nachdruck nötig, kommt er aus der Kehle.

Überall ist der Weg mit Ziegelbruch ausgebessert.

Wir nähern uns dem Bahndamm. In halber Höhe ist ein Wall, ziemlich ausgetreten. Wir steigen hinauf, machen kehrt, stehen noch oben, der D-Zug aus Berlin naht, Heinrich Maria Ledig-Rowohlt fragt gerade nach dem Sinn der Arbeit, ganz wörtlich, redet gegen das Rattern des Zuges an, zählt, als wäre das die Rettung, Namen junger Autoren auf, die nichts einbringen, aber unbedingt gefördert werden müßten, darunter zwei Lyriker aus der DDR.

Und ich erkundige mich nach seinem Bruder Harry.

Heinrich Maria Ledig-Rowohlt rattert: »Begabt, bessere Bildung, jetzt einundzwanzig, wird bald ins Ausland gehen, London, New York, es bestehen keine Nachfolgersorgen.«

Das war zu kurz, fand ich.

Wir staksen den Wall hinunter, und er sagt: »Es ist eine Alterserscheinung, vom Sinn der Arbeit zu sprechen.« Er verlangsamt seine Schritte, die Eichel hat sich gelockert, er steckt sie wieder fester ins Knopfloch und berührt flüchtig seine Krawatte. Dann murmelt er: »Meine Frau ist Engländerin, ich spreche zu Hause englisch, wenn ich aber sehr müde bin, deutsch, obgleich ich selten im üblichen Sinne müde werde, sagen wir statt ›müde‹: matt. Und Zeit fehlt mir. Zeit für Freunde. Für einen Freund braucht man mindestens soviel Zeit wie für die eigene Frau. Ich möchte wieder einen haben.«

Die Stimme ist kleiner und ein wenig heller geworden und schwankt. Und das kommt aus der Kehle: »Ich muß dem Fernsehen einiges abbitten. Wer kann zu Hause abends immer reden? Deshalb sitze ich neben meiner Frau vor dem Bildschirm ...«

Er lacht, zerquetscht den Nachsatz; sein Lachen müßte höher liegen und länger dauern und in ein Aufatmen enden. Er gluckst: »Jahrelang hatte ich nie Radio gehört, bis es höchste Zeit wurde. Bei der Bundestagsdebatte über die *Spiegel*-Affäre drückte ich zum erstenmal den Knopf.« Und er hustet, während er sagt: »Wir bringen wieder einen Henry Miller heraus; an die Grenze des Obszönen gehe ich noch, das ist ja nicht die äußerste Grenze, und an die Grenze der Produktivität. Die Vielzahl der Produktion fasziniert mich, das Produzieren überhaupt. Als Schüler schrieb ich einen Aufsatz über den Münchner Verleger Georg Müller. Mein Vater wunderte sich. Der Müller hatte manchmal vor lauter Überproduktion keine Übersicht mehr über seine Lagerbestände und wollte einen Roman neu auflegen, der noch fast unverkauft im Keller lag.«

Ich bin zwei Schritte hinter ihm geblieben.

»Reinkommen heißt es bei mir, bloß nicht in der offenen Tür stehenbleiben«, sagte er, »und schicke ich jemanden fort, glaubt der womöglich, sein Anliegen sei gar nicht so wichtig, und ich fürchte nachher, das Wichtigste versäumt zu haben ... Beim Debattieren wird es spät, und die anderen werden allmählich grün im Gesicht, ich aber nicht, dann kann ich noch mal bis ans Äußerste gehen.«

In Kordhosen und Rollkragenpullover, mit Messerhaarschnitt und Gummisohlen würde man ihn für Ende Vierzig halten. Das fällt mir gerade ein, und er sagt: »Ich beabsichtige, eine Wanderung im Spessart zu machen«, schleudert mit der Schirmspitze einen scharfkantigen Ziegelstein zur Seite und tritt in die Vertiefung: »Den Wandertrieb habe ich von meinem Vater.«

Ich sage nicht: ›Der ging in Hemdsärmeln mit einer Flatterhose und einem Stock in den Spessart‹; ich stelle mir vor, wie Heinrich Maria Ledig-Rowohlt mit einer Flanellhose, kariertem Sakko und modischem Sporthemd im Spessart aussieht. Ich überlege, wer sein Freund sein könnte. Ich frage ihn nach seiner Mutter.

»Wenn meine Mutter länger bei mir geblieben wäre, hätte die Bindung stärker werden können als zu meinem Vater. Sie war es wohl in Wirklichkeit auch.«

Ich mache eine Pause und frage, ob er nie selber schreiben wollte.

»Übersetzt habe ich ja einiges. Aber schreiben – zu allem noch diese Quälerei? Sie müßten sehen, wie ich mich quäle, wenn ich zum Beispiel einen Nachruf verfassen muß ... Ein Buch über die Familie meiner Mutter hätte ich wohl schreiben mögen, vom absinkenden Bürgertum. Der Stoff wäre im Gegensatz zu den *Buddenbrooks* viel explosiver gewesen.«

Er beugt sich wieder über einen Fliegenpilz. »Sie sehen bestimmt Ihrer Mutter ähnlich«, sage ich. Er hört das nicht, ist plötzlich bei seinen anglo-amerikanischen Bestsellern und den Familienromanen. Er blickt sich um. Ich schaue auf die Uhr. Er kritisiert beiläufig seinen Cheflektor, der in sage und schreibe zwei Minuten einem Autor präzise klarmachen kann, warum seine Bemühungen keinen Erfolg hatten. »Ich nehme mir Zeit, bin netter. Toleranz steht groß in meinem Wörterbuch.«

Auf Fassaden ist er geklettert, begab sich in Lebensgefahr, um nach Feierabend in Kneipen einzudringen; sein Vater schlug einfach die Türen ein.

Ich warte, daß er mit dem Einstecktuch seine Stirn abtrocknet. Er merkt das, zieht sein Einstecktuch heraus, trifft die Feststellung, daß seine Lebensansprüche nicht besonders hoch seien und er das Mittagessen aus einer Maschine im Betrieb bekomme.

Die grüne Eichel ist aus dem Knopfloch gefallen, er erwähnt wieder Eichendorff und Richter und die beiden DDR-Lyriker, streift die Kurzform, nennt Polgar, der ist ihm im Augenblick aber nicht modern genug. Wir zählen andere auf und treten aus dem Wald. Am Wegrand steht ein schwarzer Mercedes. Er schaut hinein. Ein Chauffeur sitzt am Steuer und liest. Die Gegend sieht aus wie ein Kurpark. Heinrich Maria Ledig-Rowohlt bleibt stehen. Ich bleibe stehen. Der Chauffeur sieht das und blättert um. Und ich sage: »Es ist romantisch, daß nach Reinbek noch Dampfzüge fahren.«

Heute fahren sie nicht mehr. Das ist alles schon länger her.

»Es hat doch auch die anderen Deutschen gegeben«

Ida Ehre

In der Gegend, wo sie ihr Theater hat, wohnt sie auch. Dort wohnten früher Juden, die entweder halb soviel hatten wie sie oder mehr als das Doppelte. Von den billigen Mieten zu den teuren ging es richtig bergab und bergauf. Und wo es wieder mal herunterging, in der Rothenbaumchaussee zum Dammtor, war eine Gestapo-Leitstelle. In dem Haus kann man jetzt Bruchgold verkaufen. Straßenbahnschaffner riefen nach 1933 in der Gegend manchmal keine Stationen mehr aus; »Neu-Jerusalem« genügte den Leuten.

Ida Ehre wußte nicht, daß sie in dem ehemaligen Judenviertel lebt. Und ihr schwärmerischer Ton, der den Satz mit der Einsicht hochhielt: »Mir fehlte die Zeit, um über das beste Lebensalter einer Frau nachzudenken, aber ich will auch keine haben«, blieb stecken. Sie öffnete das Fenster: »Hier saß im Juni 1945 eine Frau auf ihren Koffern, während die Wohnung für uns beschlagnahmt wurde. Vielleicht saß 1935 da auch eine Frau und bewachte die Koffer bis zum Abtransport.« Sie raffte ihr Mienenspiel: »Juden mieteten oft große Wohnungen, obgleich sie sich doch Häuser hätten kaufen können. Aber sie waren sich wohl nie ganz sicher, ob sie darin auch sterben durften. Ich war es gewohnt, auf Koffern zu sitzen. Und als ich endlich Ruhe für Schränke hatte, fing ich an, Schränke zu sammeln: Renaissanceschränke, Barockschränke, Biedermeierschränke ... Sehen Sie, überall stehen Schränke.«

Dazwischen kann man feiern oder sich ausstrecken und alles unwidersprochen lassen oder mit dem Vorsatz abreisen, nach der Rückkehr sofort wieder sämtliche Schränke aufzureißen und zu staunen. Der Regen war gleichmäßig, und wir wären enttäuscht gewesen, wenn er plötzlich aufgehört hätte. Ich hatte noch gar nicht von ihrem Theater, den Hamburger Kammerspielen, gesprochen und von ihren Problemen, Rollen und Verdiensten, doch sie wollte es erstmal bei dem Einvernehmen über den Regen lassen und bei der Stimmung, die ihre Schränke verbreiteten.

Als wir dann vom Frühstückstisch aufstanden, rechnete sie nach: »Wenn ich drei Tage irgendwo gastiere, habe ich mein Monatsgehalt an den Kammerspielen verdient. Zu meinem achtzigsten Geburtstag und dem fünfunddreißigjährigen Jubiläum des Theaters gab der Kultursenator ein kleines Frühstück. Er schenkte mir ein Album mit den Künstlerfotos ehemaliger Schauspieler des Schauspielhauses, es hat zwanzig oder fünfundzwanzig Mark gekostet. Ich hätte schreien sollen. Aber Schreien hat keinen Sinn. Und ich bin auch nie mit der Jüdin hausieren gegangen.«

Ida Ehre schien sich zu ermahnen, wie immer gesammelt zu wirken. Ich kam auf Menachem Begin und seine Beschimpfungen und versuchte, an diesem Beispiel zu schildern, wie man Haß verwerten kann. Aber sie dämpfte mit ihrer beständigen Milde: »Da ich das Wort Haß nicht kenne, kann ich höchstens verachten.« Sie wollte dann ihre Gegend genauer kennenlernen und gab mir ihren Schirm und nahm noch eine Plastikhaube vom Haken.

Und sie merkte sich die Straßennamen, wenn ich beschrieb, was auf dem Dachboden in einem der Häuser da mit dem Klavier passiert war; es mußte erst in Decken gehüllt werden, bevor man darauf spielte ... Und vor der Parterrewohnung dort ging jeden Tag ein Polizist auf und ab. Und falls er austreten mußte, achtete er darauf, daß in der Wohnung die Türen geschlossen wurden. Und wenn es regnete, stellte er sich in Treppenhäuser und horchte.

Ida Ehre zog mich in einen Hauseingang, weil ich den Schirm nicht schräg genug hielt: »Ich hatte fünf Geschwister. Eine Schwester lebt noch in Wien. Ein Mann versteckte sie vor der Gestapo. Sie brachten ihn nach Dachau ins KZ. Er verriet sie aber nicht. Wie ein SS-Mann sah er aus, riesengroß und hellblond. Er ist Buchhändler und lebt jetzt in der DDR.« Und vor der ehemaligen jüdischen Realschule gingen die Erinnerungen weiter: »Mein Vater war Oberkantor. Ich war zwei, als er starb. Aber meine Mutter hatte Kraft genug für ihre Kinder und so unendlich viel Poesie in ihren Worten. Immer ging sie aufrecht. Und gerade war ich in Wien angekommen, um ihr und meinen Geschwistern zu sagen, daß sie fliehen müßten, stand meine Mutter schon auf einem Lastwagen. Die anderen saßen. Und sie rief: ›Auf Wiedersehen‹ ... Ich war ja in Deutschland mit einem Christen verheiratet und fühlte mich sicher.«

Ich sagte, daß sich in dem besseren Teil der Gegend die Universität ausgebreitet hätte, aber da wollte sie nicht hin. Gefaßter klang dann ihre Stimme: »Auf der letzten Karte, die mir meine Mutter aus Auschwitz schickte, stand: ›Nur Liebe kann die Welt retten, nicht Haß.‹ Den anderen Text hatte die Zensur gestrichen ...« Ich zeigte wieder auf Häuser und gab so ähnliche Hinweise wie vorher.

Unter einer Markise trocknete sie ihre Plastikhaube und sagte:

»Ich hätte ja wenigstens wissen müssen, in welcher Gegend ich lebe; sie wird wohl zu meiner letzten Heimat ... Wien war meine Heimat, Mannheim und Berlin. In Mannheim wurde meine Tochter geboren, und in Berlin, am Lessingtheater, erfüllten sich meine ganzen Hoffnungen. Die Tobis schloß mit mir einen Filmvertrag, ich verdiente eine Menge Geld, und mein Mann konnte sich als Schiffsarzt Weltreisen gönnen. 1933 wurde der Filmvertrag annulliert, und mein Mann kam zurück.«

Im Fenster einer Buchhandlung entdeckten wir Neuauflagen von vergessenen Titeln. Die Autoren waren Kommunisten. Und Ida Ehres Stimme notierte nur noch: »Mein Mann, Dr. Bernhard Heyde, war Deutschnationaler. Verzweifelt über die Mißerfolge der Republik, erwartete er eine Wende durch Hitler. Er war ein Idealist. Bis zum Röhm-Putsch glaubte er fest an eine Erneuerung Deutschlands. Und zu mir sagte er: ›Du bist anders als die Juden.‹ Und ich sagte zu ihm: ›Die Juden und die Deutschen sind sich doch sehr ähnlich, sie sind genauso grüblerisch, gründlich, selbstzerstörerisch, genauso sparsam und strebsam, und auch ohne Freunde auf der Welt.‹«

Wir gingen dann noch den Weg, den mir der alte Goldstein beschrieben hatte, als er mit den Transportbefehlen, die er für die Gestapo austragen mußte, unterwegs war. Dieser Harry Goldstein, der über neunzig wurde und mit seinem Leben dafür haftete, daß sich vorher auch keiner, der wegsollte, das Leben nahm.

Und Ida Ehre redete über die verwinkelten Gassen in Böblingen bei Stuttgart. Da hatte sich Dr. Heyde als Gynäkologe niedergelassen: »Es wurden vier Jahre friedlichen Kleinstadtlebens. Ich war seine Sprechstundenhilfe und dachte nicht mehr ans Theater. Ich fühlte mich noch sicher. Erst als ein Pflasterstein durch unser Schlafzimmerfenster flog, sagte mein Mann: ›Jetzt müssen wir endgültig die Koffer packen ...‹« Sie wollte wissen, wo der Hafen liegt. Ich zeigte ihr die Richtung; es ging eigentlich immer geradeaus nach hinten.

»Dahinten wurden wir nach Chile eingeschifft. Ein Bürgermeister in Bayern hatte meinem Mann bescheinigt, daß er Landwirt ist, sonst hätte er keine Einreiseerlaubnis gekriegt. Und ein Pfarrer in Stuttgart stellte mir ein katholisches Taufzeugnis aus; er wollte es vor Gott verantworten. Aber vor den Azoren mußte der Kapitän umkehren. Der Krieg war ausgebrochen. Unter falscher Flagge ging es wieder nach Hamburg. Aus Angst vor Feindberührung mußten wir unter Deck bleiben und leise sein. Nichts durfte man ins Meer werfen. Und im Hamburger Hafen wartete die Gestapo.«

»Man hätte Sie dann auch wie viele andere hierherbringen können«, sagte ich. »Es ging ja immer geradeaus, und ›privilegierte Mischehen ohne Judenstern‹ waren öfter darunter.« Wir blickten noch einmal in die Richtung. Aber Ida Ehre zeigte zum Hauptbahnhof: »Die Gestapo brachte uns in das katholische Raphaelsheim, in ein halbes Zimmer. Unsere Tochter saß auf der Fensterbank, und mein Mann, der ›wehrunwürdig‹ geworden war, mußte Ärztevertretungen in einer Hafengegend machen.

Aber dann nahm uns eine Frau in ihre Wohnung auf. Ihr Mann war Freimaurer gewesen. Er kam an die Front. Und um ihn zu entlasten, war sie in die NS-Frauenschaft eingetreten. Sie wurde Stellvertreterin der Kreisfrauenschaftsführerin. Bei ihr sollten wir uns sicher fühlen. Und meine Tochter spielte auf dem Korridor.«

Auf der gegenüberliegenden Seite der Kammerspiele sagte Ida Ehre: »Nach den ersten schweren Luftangriffen fiel der Strom aus. In einer Schule gab es warmes Essen. Die Wochenschau wollte die Szene filmen. Ein Kameramann ging die Reihe entlang: Da standen lauter arisch aussehende Frauen. Aber vor mir blieb er stehen und erklärte: ›Ich brauche Ihr Gesicht.‹ Als ich mich wegstehlen wollte, nahm er mich an die Hand. Vor Schreck haben wir nachher gelacht, mein Mann und ich. Am nächsten Morgen klingelte die Gestapo. Man hatte mich angezeigt. Ich sollte das deutsche Volk zum besten gehalten haben.«

Im Vorgarten der Gestapo-Leitstelle in der Rothenbaumchaussee hat sie dann mit anderen Frauen auf den Abtransport ins Polizeigefängnis Fuhlsbüttel gewartet. Dort standen jeden Tag Frauen in Reih und Glied. Ich sagte ihr noch, daß ungefähr dreihundert Meter weiter in dem Freimaurerlogenhaus die ersten Juden gesammelt wurden und bis zum Morgengrauen warten mußten, bis die Lastwagen kamen. Leute grüßten. Ida Ehre nickte und brachte wieder das gedehnte Lächeln zum Vorschein, mit dem sie sonst immer beginnt und aufhört.

Wir räumten den Frühstückstisch ab, und sie erinnerte sich an den »Langen Paul«, der Schutzhäftlinge von der Gestapo-Leitstelle nach Fuhlsbüttel brachte; Frauen schlug er nicht, die trat er. In Haus 5, Saal 5, wurde sie gebracht. Ungefähr fünfzig Frauen lagen da, drei Pritschen standen übereinander, und die Aufseherin hieß von Bismarck. »Sie soll von der Gestapo dienstverpflichtet gewesen sein«, sagte Ida Ehre und versuchte, den Namen runterzusagen wie irgendeinen.

»Und ich sagte mir nur: Du mußt versuchen, so weiterzuleben wie bisher, und wusch mich morgens und abends. Die anderen wuschen sich längst nicht mehr. Sie hatten sich schon aufgegeben. Aber nach acht Tagen wuschen sie sich wieder. Mit mir machte Frau von Bismarck eine Ausnahme. Ich brauchte keine Anstaltskleidung zu tragen und wurde nicht zum Kartoffelschälen eingeteilt. Das verlangte ich aber, um so weiterzuleben wie bisher. Die anderen Frauen machten sich dabei die Schürzen schmutzig, ich aber nicht, und sie versuchten auch, die Kartoffeln weiter wegzuhalten. – Nach acht Wochen besuchte mich mein Mann. Er hatte eine Sondererlaubnis bekommen. Und Frau von Bismarck hörte nicht hin, als er mir zuflüsterte, ich sollte bald freikommen. Das glaubte ich aber nicht, es kam ja niemand frei. Freikommen, frei sein, Freiheit; auf der Bühne klingt das immer falsch ... Sooft mein Name aufgerufen wurde, dachte ich, es ist soweit. Ich weiß nicht mehr, wie oft es noch nicht soweit war. Aber dann war es soweit, und eine Mitgefangene schenkte mir ein selbstgestricktes Haarnetz.

Mein Mann hatte es erreicht. Er ging in Augsburg aufs Gymnasium, der Konrektor war Himmlers Vater, und der schrieb an seinen Sohn. Ich wußte nicht, was ich zu den Frauen in dem Saal sagen sollte. Ich sagte nur: ›Ab heute könnt ihr wieder schnarchen, wie ihr wollt.‹ Ich wollte doch nur etwas sagen, das so normal wie möglich klingt.« Und nur, um wieder etwas zu sagen, sagte ich: »Am 10. Dezember 1945 gründeten Sie dann die Hamburger Kammerspiele; Kollegen hatten es Ihnen geraten, und die Engländer brachten sofort die Genehmigung.«

Ida Ehre saß ganz aufrecht im Sessel: »Aber ich höre auch noch die Fragen ›Wie kannst du in Deutschland ein Theater gründen?‹ Ich sagte: ›Was hat denn das Land damit zu tun?‹ ... ›Und wie die Deutschen dich behandelt haben!‹ Ich sagte: ›Es hat doch aber auch die anderen Deutschen gegeben ...‹ ›Ist Deutschland denn deine Heimat?‹ Ich fragte mich immer wieder, ist sie es denn? Vier Wände können eine Heimat sein. Oder die Familie ist die Heimat. Oder eine Gegend in einer Stadt ... Im Unterbewußtsein fühle ich mich in Deutschland aber manchmal fremd.

Und nach der Theatergründung sagte mein Mann: ›Es genügt, wenn einer fein ist, ich gehe nach St. Pauli.‹ Dort ließ er sich als praktischer Arzt nieder. Er fühlte sich einfachen Menschen mit komplizierten Problemen verbunden und zeichnete und malte nebenher. Seine Bilder wurden immer absurder. Aber nur mein Urteil galt. Er war mein allerbester Freund und hatte unter den Nazis psychisch am stärksten gelitten und starb unter schrecklichen Schmerzen.

Wiedergutmachung. Was heißt das? Lastenausgleich für Heimatvertriebene und Bombengeschädigte ist Wiedergutmachung. Für mich kann Wiedergutmachung nichts wiedererwecken, da registriert man nur Abgestorbenes und Totes. Wiedergutmachung: eine griffige Formel für Politiker und Beamte. Für die zwölf Jahre ohne Bühne bekam ich nichts. Und Schreien hat ja keinen Sinn. Mit Toten geht man feiner um. Aber ich bin die Nazis los. Doch meine Tochter nicht. Sie heiratete einen Zionisten und ging nach Israel. Ihre Tochter wurde in Amerika geboren. Der Mann starb in Amerika. Sie heiratete wieder, einen Deutschen, und ist jetzt wieder in Amerika ... Sie ist wie meine Mutter, und immer denke ich: Du hast sie beide noch.« – »Wo sollen denn die Schränke einmal hin?« fragte ich nach diesem letzten Satz.

»Meine Tochter hat keinen Platz mehr, und Leute werden sie kaufen, die keine Schränke sammeln.«

Sensationen im Sessel – Aus dem Berufs- und Liebesleben der Deutschen (1983)

»Vielen Dank für alles«

Ich kam um halb zehn ins Büro. Sonst rief ich immer an, wenn es später wurde, aber heute nicht. Auf dem Konferenztisch lag das Geschenk der Abteilung. Ich wußte schon lange vorher, was ich kriegen würde. Meine Sekretärin hatte eine weiße Bluse an.

Sie war um sieben gekommen, um alles vorzubereiten. Dann kam mein Stellvertreter mit den anderen Mitarbeitern ins Zimmer. Ich wollte mich gleich für das Geschenk bedanken, aber mein Stellvertreter trat einen Schritt vor und sagte: »Ich will nicht vorgreifen, um zehn beginnt ja der offizielle Teil, aber ich möchte jetzt schon im Namen aller hier versammelten Mitarbeiter erklären, daß das Arbeitsklima in dieser Abteilung zur Nachahmung überall immer bestens empfohlen werden kann. Unsere herzlichen Glückwünsche begleiten Sie in das sechsundzwanzigste Jahr Ihrer Tätigkeit für dieses Haus. Was wäre es ohne Sie?«

Er hob sein Glas. Und er hätte eigentlich sagen müssen, daß das Arbeitsklima in »Ihrer« Abteilung und nicht in »dieser« Abteilung zur Nachahmung überall immer bestens empfohlen werden kann.

Ich hob mein Glas und sagte: »Vielen Dank für die aufrichtigen Wünsche.« Mein Stellvertreter blickte zur Tür, aber es war noch nicht ganz zehn. Und ich sagte: »Das Arbeitsklima kann immer weiter verbessert werden, und wir sollten uns lieber Empfehlungen geben als anderen. Aber ich weiß ja, was gemeint ist, vielen Dank; und um halb vier beginnt dann für uns hier der gemütliche Teil.«

Es war zehn. Der Chef kam. Mein Stellvertreter trat noch einen Schritt vor. Hinter dem Chef die Herren der Geschäftsleitung mit dem für solche Anlässe vorbereiteten Lächeln. Der Chef gab mir stumm die Hand und schüttelte sie dreimal kurz hintereinander. Dann sagte er: »Herzlichen Glückwunsch im Namen der Geschäftsleitung und ganz besonders in meinem Namen.«

Es folgte eine Pause. Ich kannte das von anderen Jubiläen her. Dann sagte er: »Ja, herzlichen Glückwunsch, das sagt man so einfach. Wie war es denn vor fünfundzwanzig Jahren? Denken wir doch einmal zurück.«

Die zweite Pause. Und er sagte: »Wie nur wenige haben Sie entscheidenden Anteil an dem Wiederaufbau unserer Firma gehabt und sich eingesetzt, wo Sie nur konnten. Nicht umsonst wurden gerade Ihre Verdienste anläßlich des Firmenjubiläums vor zweieinhalb Jahren in unserer Festschrift entsprechend gewürdigt. Man kann sie nicht oft genug lesen.«

Wieder eine Pause. Jetzt müßte er mir den Briefumschlag mit dem Scheck und einem persönlichen Anschreiben überreichen. Er zog ihn aber aus der Brusttasche und nicht – wie üblich – aus der Jackentasche. Dann hob er sein Glas, trat ganz nahe auf mich zu, sah in mein Glas und sagte noch einmal: »Herzlichen Glückwunsch.«

Als nächster kam der Betriebsratsvorsitzende. Er stellte sich neben den Chef und sagte: »Sie sind ein Mann der ersten Stunde. Durch Abendkurse mußten Sie sich weiterbilden. Für ein Studium hatte man damals keine Zeit, Nacht für Nacht saßen Sie hier. Sie sind ein anerkannter Fachmann geworden, ein Mann der Praxis, und deshalb läuft hier auch nichts so richtig ohne Sie. Und so sage ich im Namen des Betriebsrates und der ganzen Belegschaft: Tun Sie alles für Ihre Gesundheit, und bleiben Sie uns noch recht lange erhalten. Wohlsein!« – Wir kannten uns schon seit zwanzig Jahren. Sein Sohn studiert.

Ich sagte: »Wie oft mußte ich schon zu Jubilaren sprechen – immer betone ich, daß es niemals umsonst ist, seinem Betrieb die Treue zu halten, und es war jedesmal so feierlich wie auf einer Beerdigung. Aber je höher man aufsteigt, desto weniger Rührung. Man hat Angst vor falschen Worten und faßt sich kürzer, aber der Scheck ist dann auch entsprechend höher.«

Ich machte eine Pause. Der Chef sah mich an, als wollte er sagen: Daß Sie noch nicht zur Geschäftsleitung gehören, können wir doch jetzt nicht besprechen ... Ich werde auch nicht in die Geschäftsleitung kommen, das sollte mein Blick dann sagen, und ich sagte noch: »Vielen Dank für alles, und nun habe ich zu tun.« Da lachten sie alle.

Selbstgespräch um Mitternacht

Was machen Sie denn Heiligabend?

Ich werde auf einer Straße mit Bäumen parken und Licht machen ... Irgend jemand guckt bestimmt mal rein. Und wenn ein Polizist reinguckt, werde ich dem sagen: Soll ich Heiligabend vielleicht im Dunkeln sitzen ...? Und dann gucken wir uns an. Heiligabend guckt man sowieso anders als sonst ... Ob der anders guckt ...?

Oder ich gehe in das Lokal, das bis vier geöffnet hat. Da kriegt man denn bis zwölf immer Lebensläufe auf den Tisch, aber mit zu vielen Ortsangaben, und jeder hat immer Angst, was zu vergessen ... Nach zwölf sind dann plötzlich auch nicht mehr so viele auf der Toilette ...

Und fragt mich einer, ob ich denn auch Heiligabend Single bin, dem sag ich ein für allemal: Was heißt hier Single? Ich bin Junggeselle, ich war immer Junggeselle, und ich bleibe Junggeselle. Junggeselle, das klingt nicht nur nach Brief und Siegel, ein Junggeselle bleibt sich immer treu und läßt nicht nur für Heiligabend seit jeher alles offen ...

Aber das wäre doch mal was: mit dem Schlafwagen in den ersten Feiertag ... Und dann mit dem Schlafwagenschaffner gemütlich einen trinken. Vielleicht geht man dann von Abteil zu Abteil. Heiligabend ist ja immer noch Platz. Und der Schlafwagenschaffner wird allen erzählen, was ihm als Schlafwagenschaffner Heiligabend schon alles passiert ist ... Aber man ist froh, daß wenigstens einer redet ... Auf halber Strecke werde ich dann aber den Gegenzug nehmen. Ein Schlafwagenplatz ist sicher noch frei. Und wenn die alle schon schlafen, habe ich den Schlafwagenschaffner ganz für mich allein, und ich liege dann da und lasse mich bedienen, und er wird sich fragen, wie ich nach Hause gekommen bin, und zu Hause erzählen, was ihm Heiligabend immer alles passiert ...

Oder ich gehe auf Bahnsteige und sammle Abschiede ... Und wenn es da keine richtigen gibt, versuche ich es auf dem Flughafen ... Und dann überlege ich mir, von wem ich mich Heiligabend schon verabschieden mußte ... Sollten die inzwischen tot sein, werde ich natürlich an sie denken. Das wäre endlich einmal eine Gelegenheit ... Und dabei frage ich mich dann, was man mit Abschieden nicht so alles machen könnte. Daß ich sie nicht gesammelt habe ...

Ich sitz doch nicht allein unterm Tannenbaum. Wozu habe ich denn die alten Leuchter? Das ist nicht nur reine Kapitalanlage ... Aber wo gibt's denn noch Kerzen, die tropfen? Tropfen müßten sie schon, und ich leg mir die Decke über die Knie, die noch von meiner Großmutter ist ... Mit der Decke auf den Knien hat sie auch Heiligabend schon mit mir dagesessen und immer gesummt. Und ich frag mich, was aus uns geworden wäre, wenn mein Großvater plötzlich in der Tür gestanden hätte ... Und das vielleicht noch Heiligabend ... Aber der wanderte nach Amerika aus und schrieb nicht mal, und meine Großmutter wurde über neunzig ...

Und wenn ich Familie hätte ...? Dann hätte ich aber einen anderen Beruf und wäre ein Aufsteiger, und ein Haus hätte ich, mit

Alarmanlage. Die hätte ich aber Heiligabend abgeschaltet. Einbrecher bleiben dann ja auch zu Hause. Hätte einer aber doch einen Rappel gekriegt und wäre losgegangen, und ausgerechnet zu uns ... Die Kinder hätten ihn für den Weihnachtsmann gehalten, nur damit er sich nicht bloßstellen muß, und sie hätten mit ihm diskutiert und ihm die Geschenke mitgegeben, die ich gekriegt hatte. Denn mit irgendeinem mußten sie sich Heiligabend ja noch solidarisieren ...

Ich könnte auch ganz unbekannte Leute der Reihe nach anrufen und immer »falsch verbunden« sagen und ihnen trotzdem ein frohes Fest wünschen. Vielleicht sagt dann jemand: »Kommen Sie doch schnell noch vorbei, Sie sind wohl allein.« Ich würde dann »Pst!« machen. Er muß doch erst seine Frau fragen, ob das auch geht ... Wenn aber einer lallt, dem werde ich sagen: »So lange haben Sie also gewartet. Sagen Sie bloß nicht, Sie wollten den Hörer gar nicht abnehmen, ich kenne Sie ...«

Ich werde mir schnell noch einen Hund holen. Die im Tierhort werden sagen: »Da kommen Sie aber im letzten Augenblick, so groß ist die Auswahl gar nicht mehr ...« Heiligabend muß ich dann ein paarmal mit ihm raus. So kommt man noch an die Luft, und da trifft man ja Leute, die auch mit ihren Hunden rausmußten ... So ergeben sich Kontakte ganz von selbst, und die Blicke, die den Hunden dann manchmal folgen, sind wirklich immer feierlich ...

Müßiggang ist allen Glückes Anfang (1985)

Wolkenbruch

»Es dauert nicht mehr lange, dann gibt es einen Wolkenbruch«, sagte ich, weil keiner es sagte, und stellte mich unter eine Markise. Als es donnerte, stellten sich Leute zu mir. Es regnete aber noch nicht. In dem Restaurant auf der anderen Straßenseite aßen die Gäste langsamer, sie wollten mit dem Essen erst nach dem Wolkenbruch fertig sein.

Ein Mädchen schwenkte eine leere Milchkanne wie eine Warnlaterne, und die Autos hatten Licht eingeschaltet. Die Leute dachten, ich würde in meinen Wagen steigen, aber als ich weiterging, gingen sie auch. Ich ging in die Grünanlage, um dort auf den Wolkenbruch zu warten. Ein Dackel mit langen Haaren am Bauch lief hinter mir her und blieb vor einem Baum mit bloßliegenden Wurzeln stehen. Er legte sich zwischen die buckeligen und war wenigstens windgeschützt.

Da der Wolkenbruch immer noch nicht kam, beobachteten wir beide den Himmel. Ein Stück weiter lag eine Zeltplane und daneben ein Haufen aus Grasbüscheln und Erde. Ich schlug die Zeltplane beiseite. Ein Tiefbauarbeiter sagte: »Gleich gibt es einen Wolkenbruch.« Er hatte eine Laterne angezündet, halb stand er auf einem Rohr und halb auf Bleistücken. Ich schob die Zeltplane wieder zurück. Der Dackel schnüffelte an der Zeltplane. Aus seiner Schnauze wehte ein Seufzer. Ich rechnete nicht mehr mit dem Wolkenbruch und setzte mich neben die Zeltplane. Der Rasen war trocken, die Wolken konnten nicht niedriger hängen oder noch schwärzer werden.

An meinem Schnürsenkel klebte ein Grashalm. Es donnerte,

und der Dackel sprang auf und wedelte mit seinem Schwanz den Grashalm von meinem Schnürsenkel. Eine Frau mit aufgespanntem Regenschirm sagte zu dem Dackel: »Da bist du ja.« Ich sagte: »Es gibt keinen Wolkenbruch.« – »Wenn das mein Hund wäre«, sagte die Frau, »ich sehe ihn öfter, und wenn ich sage: ›Da bist du ja‹, wedelt er mit dem Schwanz. Ob er auch heimatlos ist?«

»Aber hier hat er ja uns beide«, sagte ich und zeigte auf die Zeltplane: »Darunter ist noch jemand.« – »Ich habe schon manchem, der hier so verlassen auf dem Rasen lag, gut zureden können«, sagte die Frau. »Auch kurz vor einem Wolkenbruch. Die meisten lassen aber nicht mit sich reden, obwohl jeden bestimmt etwas bedrückt.« Ich legte mich hin und sagte: »Ich liege hier jetzt nur, weil ich damit auch sagen will, daß es keinen Wolkenbruch gibt.«

»Wollen Sie nicht ein Glas Milch trinken? Am Ende der Anlage ist ein Stand mit Milch und Eis. Bei der Hitze bekommt man Durst. Oder trinken Sie auch keine Milch, wie die anderen, die ich hier oft liegen sehe?« – »Der Hund wird durstig sein«, sagte ich. Und die Frau holte einen Becher Milch für ihn. »Er säuft viel zu hastig«, sagte die Frau. »Setzen Sie sich doch«, sagte ich.

»Ich habe mich hier noch nie hingesetzt«, sagte sie und hielt ihren Schirm über mich. »Trinken Sie nachher doch auch einen Schluck Milch.« Ich sagte, daß Milch mich an meine Kindheit erinnere, und dann sähe ich auch alles rosiger, und Milchhändler hätten fast alle ein rosiges Gesicht. »Sie müssen ja auch schon früh aufstehen und früh zu Bett gehen«, sagte die Frau. Und ich sagte, daß ich mich öfter plötzlich hinlege, so wie jetzt, auf die Seite, und als ich noch Milch trinken mußte, legte ich mich am liebsten auf den Bauch.

Die Zeltplane wurde zurückgeschlagen, und ich sagte zu dem Tiefbauarbeiter: »Es gibt keinen Wolkenbruch.« Der Dackel wedelte mit dem Schwanz und seufzte noch einmal. Und als Regentropfen fielen, waren das ganz große, aber die schienen so zu tun, als wären sie die Nachhut von dem Wolkenbruch, der nicht gekommen war.

Ich blieb liegen, und die Sonne kam dann ja auch. Der Tiefbauarbeiter lugte aus dem Loch, als wäre er von ganz tief unten heraufgeschickt worden. »Wie im Märchen«, sagte ich, und die Frau holte für uns alle Milch.

Fünf Mark täglich

Das Geld liegt auf der Straße, sagte ich und hob das Fünfzigpfennigstück auf. Damit mir nicht noch mehr Redensarten einfielen, ging ich weiter. Das Fünfzigpfennigstück hatte in einem feuchten Fleck vor der Parkuhr an der Straße gelegen, und ich ging auf einen Parkplatz mit Parkuhren. Um nicht wieder nach unten zu blicken, fragte ich mich, womit man Parkuhren vergleichen könnte. Die Vergleiche lenkten mich vom Geld ab, und meine Blicke beruhigten sich auf den mattglänzenden Autodächern.

Ein Mann stieg aus seinem Wagen und horchte. Er sagte sich bestimmt wieder, daß die Tür so dumpf und sicher zuschlägt wie eine Geldschranktür, und suchte nach Groschen. Dabei fiel ihm ein Zweimarkstück aus der Jackentasche, aber er rannte weg. Ich stieß mit dem Fuß gegen das Zweimarkstück, es fing auch noch an zu rollen. Doch bevor es kippte, lag es in meiner Hand.

Mein Blick geriet unter den nächsten Wagen. Da lag ein plattgewalzter Handschuh. In meinen Fingerspitzen begann es zu kribbeln. Ich bückte mich nach dem Handschuh und fand noch drei Groschen und sagte, als stünde jemand hinter mir: Das sind meine Freiübungen kurz vor dem Büro, der Wagen ist ja mein Zuhause.

Was suchte denn der Mann da? Ich wollte jetzt der einzige sein, der das Kleingeld aufhebt. Er wartete auf einen Gebrauchtwagenhändler, der ihm hier einen Wagen vorführen sollte, wegen der Vergleichsmöglichkeiten. Als ich ein Fünfpfennigstück entdeckte, sagte der Mann: »Nun weiß ich, welchen Wagen Sie fahren, umsonst guckt man nicht mal darunter.«

In der Post bekam ich in vier Telefonzellen achtzig Pfennige zusammen. Das Kribbeln in meinen Fingerspitzen ging nicht zurück, aber da konnten sie nur in den Rückgabelöchern herumstochern. Damit sie gleiten konnten, versuchte ich es bei den Fahrkartenautomaten im U-Bahnhof und steckte die ganze Hand in die Ausgabeschlitze; erholt angelten sie sich dreißig Pfennige. Das reichte fürs Frühstück. Und weil ich gegen Frühstücksvorbereitungen und Redensarten mit vollem Mund bin, ging ich in einen Imbiß mit Stehtischen und belegten Brötchen.

Das Kribbeln in meinen Fingerspitzen ließ nach, aber meine Blicke suchten überall Schlupfwinkel, sie waren ununterbrochen unterwegs und tauchten zu lange in eine Damenhandtasche. Ich bat die Dame, ihre Handtasche zu schließen. Sie bildete sich ein, das sei nur ein Vorwand, um sie anzusprechen. Ich bedankte mich dann, daß sie ihre Handtasche doch geschlossen hatte, und bildete mir ein, auf diese Weise einen Teil der Schuld abgetragen zu haben, die durch das fremde Geld in meiner Tasche entstanden war.

Kaum hatte ich meine Blicke gebremst, stürzte ein Mann aus einer Telefonzelle. Hinter ihm klimperte es. Ich horchte und griff nach den Groschen. Am Eingang der Markthalle stand ein Getränkeautomat. Ich kam mit dem Ellenbogen dagegen, und eine Dose Apfelsaft fiel heraus. Der Apfelsaft war viel zu süß, doch dazu paßte die Absicht, das erste Fünfzigpfennigstück wie einen »Glückspfennig« zu behandeln. Und ich versteckte es.

Blitzte da nicht ein Markstück zwischen den Pflastersteinen? Aber ich hatte mich bis jetzt nur vor Parkuhren und Autos gebückt, auf der Straße war es nicht sicher genug. Meine Blicke hatten auch schon Übung, und mit Übung ist es wie mit Ehrgeiz und festen Zielen. Ich schlenderte. Das ist aber auch so eine Methode für ganz bestimmte Zwecke. Ich ging so weiter wie immer.

Ich für mich

Wem muß ich denn noch erklären, warum ich Junggeselle bin ...? Mal alles der Reihe nach: Genaugenommen bin ich alleinstehend ... Nein, das klingt so aufgerichtet ... Jetzt hab ich's: Ich bin für mich; für mich mit dem Staubsauger und den Lappen, beim Herumsitzen und Dösen, na, und beim Abwarten, Lesen, Rascheln, Stöbern und Nicken ... Das klingt gesättigt und hat auch mehr Tiefe. Wo sind wir schließlich? Und Junggeselle? Das klingt noch zu sehr nach Hagestolz und damals ... Und Single? Ich mach es auf deutsch ...

Das alles vielleicht noch ausdiskutieren? Kenne ich ein paar Leute ... Partnerschaftsfeindlich soll ich sein? Entweder – oder. Partnerschaft ist eine Sache – und Freundschaft? Aus meinem Munde klingt Freundschaft eher poetisch? Dann soll es auch so bleiben ... Das Junggesellendasein als Freiraum zur Realisierung alternativer Lebensgestaltung? Ich bleibe bei meiner Muttersprache und fühle mich zu Hause wirklich wie zu Hause ...

Ausdiskutieren. Junggesellen etwa für eine Randgruppe halten, die aber nicht um ihr Selbstverständnis ringen muß wie, sagen wir mal, die Homosexuellen? Das geht zu weit ... Ich bin für mich und weiß auch, warum ... Ja, warum wohl? Homosexuelle haben sich inzwischen längst organisiert und bilden sogar Initiativgruppen in Parteien. Und wir? Aber was gehen mich die anderen an? Doch wenn schon: Unsereins hält sich noch Wege offen und diskutiert auch nichts aus, sondern spricht vielleicht mal darüber ... Mit wem denn? Am besten mit sich selbst ...

Und »Gruppe«? Vor lauter Gruppenbildungen ringsherum sucht er nur eine Gruppierung: sich selbst mit dem, was er ist, hat und braucht. Aber Ordnung muß sein. Wie leicht das zu Mißverständnissen führen kann. Ich sag lieber: Ohne Ordnung geht das nun mal nicht ... Höre schon die Antwort beim Ausdiskutieren: Ordnung muß sein? Das kennt man doch zur Genüge ... Wenn ich wenigstens einmal verheiratet gewesen wäre oder ein uneheliches Kind hätte, dann allerdings ... Aber von vornherein »Nein« zu engen Bindungen? Bindungsfeindlich soll ich sein und zuwenig belastbar? Gleich feindlich? Ich bin höchstens mein eigener Gegner, aber Feind? Wessen Feind?

Und nun kommt's: Ich könnte mich nicht fallenlassen. Und lasse ich mich fallen, wohin falle ich dann? Ja, auf mich selbst ... Lieber weicher fallen, in offene Arme und angewärmte Betten? Nicht mal in die Hand einer Putzfrau ... Selbst ist der Mann. Was höre ich da ...? Ist das nicht typisch? Und wie man das kennt. Zackig soll das sein und was mit Angst, Schweiß und Röcheln zu tun haben? Ausdiskutieren? Aber nicht mit mir.

Sich verströmen können ... Muß mir diese Dame jetzt auch noch einfallen, geschieden, Ende Dreißig, mit einem Kind und halboffener Bluse. Von Hingabe wollte sie nichts hören, fließen mußte es bei der, möglichst endlos ... Redete immer von meiner krankhaften Mutterbindung. Krankhaft? Das fehlt gerade noch. Meine Mutter hätte erleben sollen, wie ihr Sohn seine Sachen selbst in Ordnung hält und, was stets gewechselt werden muß, ganz regelmäßig wechselt, immer an die Tür faßt, ob sie auch wirklich zu ist, und niemandem ausweicht ... Wenn sie mal wieder Aufschwung brauchte, um das zu tun, was der Vater eigentlich tun mußte, sagte ich Martha zu ihr und nicht Mami oder Mutti ...

Ich und ein Pedant? Alle Junggesellen sind Pedanten? Ein Blick auf meine Bücher genügt? Stillgestanden wie zur Parade da in Reih und Glied – und das von A bis Z? Soll ich vielleicht noch lange suchen bei dem ganzen Durcheinander da drin? Zugegeben, ich bin genau, aber doch nicht kleinlich ...

Und aggressiv? Pedanten sind oft aggressiv bis zum Haß? Aggressiv heißt doch energisch aufeinander zugehen. Und wie energisch ich stets auf mich zugehe. Sollen das vielleicht andere machen? Und Haß?

Ja, aus reinem Haß mache ich sauber. Und warum? Weil nie etwas ganz sauber wird. Deshalb ... Und ich gehe immer aufs Ganze? Aber wo denn sonst als bei mir? Ich bin doch für mich. Ausdiskutieren ... Wenn die das schon hören: Männer, die aufs Ganze gehen. Aufs Ganze heißt für die auch Vernichten. Und sofort wird das wieder politisch ... Und mein Haß? Ich habe doch nur so eine Art Haushaltshaß. Hausfrauen können in Therapiegruppen diesen Haß abbauen?

Wieder »Gruppe« – sagen wir Gemeinschaft. Also ein für allemal: Ich lebe in einer Gemeinschaft mit mir und dem, was dazugehört ... Prost. Wie das brennt. Ich soll gegen Wein sein? Ich bin nicht gegen Wein, nur gegen das Säuselige, das dabei rauskommt ... Und beim Schnaps? Da wird es zu schnell kehlig, und hinter »Einsam« kommt dann gleich »-keit«, und die ganzen Ks marschieren auf: kernig, kalt, Krieg ... Ich mach jetzt Schluß. Ja, ich bin für mich. Das hauche ich mal eben so heraus. Aber diese Töne versteht man nur allein.

Er dahinten

Ich sitze darauf. Und wenn ich sage, daß ich mich hinsetzen will, ist er es, der Platz nimmt. Auf Holz sitzt er nie still. Das liegt an der Schulzeit. Er rutscht, macht Rutschspiele, ganz unauffällig, Zentimeter um Zentimeter. Und auf Bänken mit Rückenlehnen schiebt er sich vor. Ist nie ganz drauf. Macht überhaupt nicht: Wumm! – hier bin ich. Ihm geht es oft um winzige Zwischenräume. Wir können einen Riesensaal mit Hockern, Stühlen und Bänken füllen, auf denen er mal gesessen hat. Zu einer Saalschlacht werden wir es nicht kommen lassen, denn wo er sitzt, da sitzt er. Aber nicht in aller Ruhe. Er wartet ab.

Ich habe ihn immer für mehr gehalten, als er zugeben wird. Einmal sagte ich »Gesäß«. Das klang nach »Ätsch« und war zu rund und platt. »Po« – diese zwei Buchstaben kommen mir nicht über die Lippen. Das klingt nach eingepreßt und ahnungslos. Und »die vier Buchstaben«? Er hat ein paar Dutzend verdient. Jetzt fasse ich ihn mit beiden Händen an, und er kriegt einen Klaps. Er soll vielleicht »ein gewisser Körperteil« sein? Dafür hat er zuviel durchgemacht und kann mit vollem Recht auf Wahrheit bestehen. Für mich ist er auch nicht der »Allerwerteste«. Uns können alle mal, die mit dem Brustton der Überzeugung sprechen und goldene Uhren tragen. Wo könnte er nicht überall mitreden? Aber den guten Ton habe ich ihm eingetrichtert.

Und entblößt ist er für mich, wenn er nackt ist. Ich kriege ihn ja selten zu Gesicht. Zu weiß ist er nicht. Das ist eher so ein unterdrücktes Weiß, nicht gerade käsig, auch nicht krank; es ist seine Farbe. Und statt zuviel Sonne will er lieber eins hintendrauf. Und das ist dann der gleiche peinliche Ton, den auch eine Ohrfeige macht. Wenn sich dieser Ton wiederholt, ist es niemals zum Erbarmen, sondern ganz erbärmlich. Ich kann nicht nachzählen, wie oft wir hingefallen sind. Es gab eine Zeit, da krochen wir durch die Gegend, und geschossen wurde auch. Sollte ich ihn dabei so hindrehen, daß er getroffen würde? Aber man hat ja nicht mit Schrot geschossen. Das hätte er noch verkraftet. Und wie er immer abgefedert hat. Ein Sturz, und er tat sein Bestes. Nicht zack und basta. Nein. Das nie.

Mittelgroß ist er nicht, eher ein Zwischending von mittelgroß und nicht ganz zu klein. Schadenfreude kennt er nicht. Wenn andere vor ihm hinfallen, gibt er sich einen Ruck. Jeder fällt mal auf den Hintern, könnte das heißen. Aber »Hintern« ist ihm zu undeutlich, obgleich man das »H« weglassen kann und »intern« übrigbleibt. Das ist aber wieder zu hochgestochen und hört sich nach »hinter der Tür« an. Kosenamen hat er auch nicht verdient. Er will hart bleiben und durch dick und dünn mit mir gehen; nicht immer rumsitzen und ganz verkniffen warten, bis es weitergeht. Er behauptet seinen Platz, will es aber warm haben. Wenn's zu kalt ist, lege ich beide Hände auf ihn, betrommle ihn, und er marschiert. Wir haben unsere eigene Gymnastik.

Lieber sitzen als liegen? Liegt er ausgedehnt im Bett oder sonstwo, ist er nicht mehr das, was er sein will. Dunkel ist es um ihn herum ja meistens, aber er ist doch immer irgendwie sprungbereit. Und das zur Beruhigung: Wenn ich in einen Sarg komme, dann nur bäuchlings, er oben. So haben wir schon als Kind dagelegen, als die ganze Rutschpartie begann.

»Die Mutterkiste«

»Meine Mutter ist noch nicht da«, sagte Isa. Ihre Mutter heißt Isabel, und ihre Tochter wurde auf den Vornamen Isa getauft, denn ein paar Silben sollte sie auch von dem Namen abkriegen. Warum sie nicht mehr Mami sagt? Dann denkt sie immer an Büstenhalter und breite Hüften und Ja und Amen. Mutter klingt für sie wie eine Stelle im Gesangbuch, und eine Mutter wird allmählich zu einem Ausstellungsstück, das man nicht missen will und dem man stets mit einem sauberen Taschentuch zuwinken möchte.

»Und Mutter meint, ich sei ihre beste Freundin. Aber was geht mich eigentlich ihr Unterleib an, und weshalb rennt sie nackt in mein Zimmer, und warum hat sie ihren Po so dressiert, daß er in meine Slips paßt? Immer soll ich zu ihr sagen: ›Mein Gott, mit deiner Figur kannst du dich sogar noch nackt sehen lassen.‹ Und der Alex, dessen Augen ihm aus der Hose gucken, wenn er mich sieht, ist für sie ein Bild für Götter und für mich nur einer, der das Abitur mit einskommazwei gemacht hat, so ein Dauerpendler zwischen ›Sieh mich an‹ und ›Wenn du wüßtest‹ ... Mutter ist genauso. Schon mit sechzehn hat sie ihrem ersten Typ, der Zahnarzt werden wollte, klargemacht: ›Ich brauche aber immer andere Männer.‹ Und der strampelte sich genauso ab wie mein Vater, ihr geschiedener Mann. Sie wollten die einzigen sein. Diese ewige Mutter- und Tochterkiste, das ist längst ausgebrütet. Darüber hab ich alles drauf.«

Sie sollte längst Kaffeewasser aufgesetzt haben, denn um halb vier wurde ich von ihrer Mutter erwartet, aber Isa besichtigte die Möbel, als fragte sie sich ununterbrochen, wo sie ihre Mutter, dieses Ausstellungsstück, hinsetzen könnte. Und dabei redete sie in verschiedene Richtungen: »Mutter ist in der Stadt und tut so, als müßte sie dringend Besorgungen machen; das macht sie zweimal die Woche und lädt dann meistens jemand ein, der auf sie warten muß, und sie ist dann ganz aus der Puste, wenn sie kommt, und jeder fragt sich: Was mag da passiert sein?

Fast jedesmal hat sie jemand angesprochen, und mir erzählt sie dann, was alles hätte passieren können. Das sind ihre Besorgungen ...«

Isa blieb mitten im Zimmer stehen: »Und manchmal liest sie mir Briefe von Männern vor; ein Papierwarengroßhändler ist der einzige, der sich kurz faßt. Ich glaube, in letzter Zeit schreibt sie auch Briefe an sich selbst und spielt Mann und Frau. Lesbisch könnte sie auch sein, behauptet sie, aber damit müsse sie schon allein fertig werden, denn wer kenne sie schon. Und in ihrer Ehe hatte sie einen, der auch verheiratet war, beide hatten eine Tochter, und so konnten sie nachher im Bett auch über ihre Kinder reden und die Sorgen, die man eben mit einer Familie hat, von A bis Z.«

Sie setzte dann doch das Kaffeewasser auf und sagte: »Und heute nacht schlüpft sie wieder zu mir ins Bett, und dann bist du dran, ich bin mal neugierig, wie sie dich jetzt sieht ... Ich soll Mutters beste Freundin sein. Aber sie träumt zu laut, immer gibt es da Streit, und wie sie sich dann dreht und wendet, als ob, na ja ... Ich sag ihr dann öfter, was sie im Traum erzählt hat, dann wird sie noch rot und meint, du bist ja auch schon achtundzwanzig, und wir sind doch ein Herz und eine Seele. Wir haben noch immer dieselbe Putzfrau, die sieht auch alle drei Tage nach meinem Vater und wird von beiden ausgehorcht. Und Mutters neuer Freund hat einen Bandscheibenschaden, er ist auch geschieden, und Mutter spielt die Krankenschwester. Männer in seinem Alter sollen immer an irgend etwas leiden. Sie will es auch nicht anders. Voll ist sie aber sonnabends da, wenn die Friedensbewegung am S-Bahnhof eine Kette bildet, mit Handhalten und Blicken über die Dächer. Mein Vater ist doch Hauptmann der Reserve, und sein Vater war Oberst und für Blut und Boden. Und sie fährt mit meinem Rad zum Bahnhof. Und dann ihre Morgengymnastik. Wenn sie sich ganz tief bückt, sage ich: ›Mutter, das reicht.‹« Ich sagte: »Wenn ich mal anrufe, ist meistens besetzt.« Isa sah auf die Uhr: Es war Viertel vor vier. »Ja, warum ist wohl immer besetzt? Man soll denken, alle rufen sie an ...«

Eingeklemmt mit steifem Nacken

»Sind Sie nicht die Kassiererin an Kasse 3 im Supermarkt?« – »Und haben Sie vorhin nicht hinter dem Herrn gestanden, der etwas über meine Finger sagte und ob ich nicht auch Klavier spielen könnte? Das ging ja noch, aber dabei bleibt es nie ...« Sie stellte die Plastiktüte ab und rieb über ihre Fingernägel. »Ich muß sie kurz und oval schneiden. Und manchmal hacke ich auf die Tasten oder rutsch drüber weg. Was ich mir dabei denke? Daß ich beides kann.«

Wir setzten uns nebeneinander in den letzten U-Bahn-Wagen. Sie hieß Gertrud Wiedermayer, und ich zog den Kassenbon aus der Tasche. »Da geht's um jeden Pfennig«, sagte sie, »und ich hab bis jetzt nur viermal draufgezahlt. Sitzen Sie mal so eingeklemmt beim Rechnen. Und wenn man mal aufs Klo muß und eine raucht, guckt man erst nach links und nach rechts, rückt noch ein bißchen, und dann an die Decke. In der Kantine rauche ich zwei und massiere mir selber den Nacken. Und auf meine Finger haben es nur die Männer abgesehen, die nicht auf den Pfennig sehen müssen.«

Wir gingen dann um den Häuserblock. Ich trug ihre Plastiktüte, aber die nahm sie mir wieder ab, weil sie immer irgend etwas in der Hand haben muß. »›Alles kann sich mal ausruhen, aber die Hände nicht.‹ Das sagte ein Kunde, der auch immer von meinen Fingern redet und mir Nagellack schenken will. Ich schnappe alles auf, aber es geht immer zu schnell, doch so leicht vergesse ich nichts. Rechnen konnte ich schon in der Schule gut, und Sitzfleisch hab ich auch. Morgen abend ist mein Gymnastikkurs, mir geht's dabei um die Pfunde in der Mitte.«

Und dann sollte ich erzählen, was ich den ganzen Tag mache und warum ich meistens erst kurz vor sechs in den Supermarkt käme. Und nachher sagte sie, daß sie die Haare seit ihrer Entlobung streng nach hinten kämme, das wäre auch die richtige Frisur für die Kasse. »Davor hatte ich einen Wuschelkopf. Ich bin einunddreißig, und Sie sind ja auch schon älter. Mein Verlobter hatte Schulden, aber davon wußte ich nichts. Er brauchte angeblich immer Geld für seine Mutter. Und ich rechnete. Die mußte herhalten, und ich.«

Wir gingen noch einmal um den Block herum. »Heiraten, weil das auch mal sein muß? Wenn ich meine Arbeitskolleginnen darüber so reden höre – die lassen aber auch gar nichts aus. Das müßte mal ins Fernsehen. Ihnen kann ich es ja sagen: Mein zukünftiger Mann braucht nicht den Kinderwagen zu schieben, und ich koche, und wenn er kommt, muß er auch mein Kind sein und ich seins. Ich bin bei meiner Mutter groß geworden, und die knuddelt mich heute noch.

Wissen Sie wirklich nicht, was Knuddeln ist? Ich zeig's Ihnen mal.« Fräulein Wiedermayer hob die Plastiktüte und drückte sie an ihren Busen und dann gegen den Bauch und tat so, als ob sie mit der Tüte nicht wieder hochkäme, und ich fragte, ob sie einen Teddybären zu Hause hätte, und sie sagte: »Wenn Sie wüßten, was da alles auf dem Sofa sitzt.« Ich hätte vielleicht noch sagen können, daß man mit ihr im Wald Kriegen spielen könnte, oder wie man das nennt, und daß sie sich dann aber luftiger anziehen müßte.

»Ich werde mich auch nicht mehr verloben, entweder gleich heiraten oder gar nicht. Ich hatte mich doch nur verlobt, weil er so verliebt in mich war, und das ist zuerst so ein Gefühl wie geknuddelt werden, aber nicht ganz. Das brauche ich mindestens einmal im Jahr. Und wenn ich mich verliebe, der andere aber noch nicht soweit ist, dann sitz ich allein auf meinem Sofa und knuddel, was da sitzt, und mich auch. Das möchten Sie mal sehen, nicht? Dann werde ich selbst noch rot. Doch was versteht ein Mann denn schon davon? Und wenn Sie morgen kurz vor sechs wieder an der Kasse stehen, tun wir beide, als kennen wir uns nicht näher. Aber ein kurzer Blick muß sein. Nein, morgen hab ich Frühschicht, sagen wir übermorgen. Und mit dem Blick meine ich nur, daß er, sagen wir mal, hallo sagt. Aber ohne Zwinkern. Eigentlich bin ich ja nicht so sehr für das Hintenherum.«

So stählern und unbeweglich

»Und er wirkte so stählern und unbeweglich, ich meine, immer dann, wenn jemand zuguckte und ich ihn gerade im Arm hatte, und ich finde, daß man viel mehr liebt, wenn jemand zuguckt; man soll das sehen und das Gefühl haben, die kriegt man ja gar nicht wieder auseinander ...« Daß er auch bei anderen Gelegenheiten stählern und unbeweglich wirkte, diesen Eindruck hatte sie schon bei ihrer ersten Begegnung; damals war er Zweiter Staatsanwalt.

»Aber er lebt ja noch«, sagte sie in einem Ton, als wollte sie sagen: »Egal, was es gibt, ich esse heute alles. Ich hatte nur einen Blick auf ihn geworfen. Er war aufrecht im Sessel eingeschlafen. »Unser Haus ist seine Burg«, sagte sie, und wir gingen auf Zehenspitzen ins Nebenzimmer. »Allein die Grundmauern sind doppelt so dick wie gewöhnlich, und der Garten ...« Wir wagten einen Blick auf die Terrasse, wo Wilhelm sogar eingepackt im Winter saß, die Augen immer geradeaus, als wäre der Garten doppelt so groß und das Ganze eine Art Herrensitz.

»Und nun darf uns niemand mehr zugucken«, mäkelte sie, »und das seit über einem Jahr. Wäre es ein Beinbruch gewesen, wie hätte Wilhelm beim Humpeln ausgesehen, und ich hätte mir gesagt, keiner trägt den Kopf dabei so hoch wie er, und er hätte Vaters Spazierstock benutzt, den mit dem silbernen Knauf.«

Sie zeigte mit der Zigarette auf den Garten, machte einen tiefen Zug und ließ die Asche fallen. »Aber es ist nichts Äußerliches, einmal ist es das Herz und manchmal das Gedächtnis, es sind auch Depressionen, und schüttet er aus Versehen Kaffee auf seine Hose, dann sitzt er da wie gepanzert und merkt das gar nicht. Er müßte eine Krankheit zum Anfassen haben, ich will doch was tun, aber was mir bleibt, ist, zuzugucken.« Sie guckte mich an, und ich sagte: »Das ist doch nicht alles.«

»Er nennt mich nicht mal mehr beim Vornamen, und wenn ich ihn bitte: Sag doch mal wieder Ellinor, bleibt er stumm. Die Ärzte sagen, daß ich nichts wörtlich nehmen soll, er brauche meine stille Pflege und Zuwendung, und sie therapieren ihn, und ich komme schließlich mit dem Tablett, für Saft, Toast und Tabletten, und er sagt immer nur ›bitte‹ und ›danke‹ und ›Verzeihung‹, und das mit eisiger Miene. Wie soll ich da denn mitfühlen, er sitzt in seinem Sessel wie auf einem Thron. Sein Zimmer ist der Sessel, sagen die Kinder – nicht daß er über sie hinwegsieht, aber ich denke oft, er wollte gar keine haben. Und setze ich mich neben ihn oder fasse ihn um oder sag: ›Guck doch mal‹ – er bleibt unbeweglich, und meine Hände gehen bald auch nur noch wie Roboter. Wo glaubt er denn zu sein? Ich bin immer auf dem Sprung, aber wenn ich komme, rührt sich nichts.«

Ich sagte, daß sie retten müsse, was zu retten sei, und ihre Einbildungskraft ließe doch nie locker. »Ich sollte eine Puppe kaufen«, fiel ihr ein, »das habe ich irgendwo gelesen, für Frauen gibt es ja auch Männerpuppen, und die so zurechtmachen wie ihn und mich neben seinem Sessel auf die Puppe stürzen und es ihm zeigen. Frauen haben mindestens doppelt soviel Phantasie wie Männer, man möchte ja kurz vor einem Zusammenbruch noch mal richtig amoralisch sein. Ich bin doch erst achtundvierzig. Aber falls er sich, wie die Ärzte sagen, mit anderen Kranken solidarisiert und eine Front bildet gegen Gesunde, dann gebe ich den Kampf auf; aber er muß bei mir bleiben. Und daß er noch so dasitzt wie früher, ich meine, so stählern und unbeweglich, als wäre er kerngesund, das darf nicht schlimmer werden, sonst wird er noch zur Mumie.«

Wilhelm wußte nicht, daß ich da bin, und Ellinor fragte mich, ob ich gesund sei. Und falls sie krank würde, sie könne es sich ja nicht leisten, krank zu werden, würde sie aber krank, würde sie Tabletten nehmen oder trinken. »Ich habe immer Mitleid mit Männern gehabt, du siehst es ja, und ich hatte einen Mann, stählern und unbeweglich, was kann eine Frau nicht alles in einen solchen Mann hineindenken; wenn Wilhelm wüßte.«

Es geht auch ohne Helden – Männergeschichten (1986)

Die Bereitwilligste

Der Zweisitzer stand am Chausseerand, neben dem Steuer saß ein Mädchen in einem Tennishemd. Ein Pferd stand auf einer Weide. Als ich kam, sagte das Mädchen: »Bis zur nächsten Tankstelle ist es ja nicht mehr weit.«

»Zu Fuß sind es knapp zwanzig Minuten.«

»Ob da jemand ist?«

»Die Leute wohnen nebenan.«

»Dann muß Georg gleich zurück sein. Aber vielleicht beeilt er sich gar nicht, er sagte: ›Das Pferd bleibt ja so lange bei dir.‹ Gibt es hier noch mehr Pferde?«

»Einige liegen dahinten im Gras«, sagte ich, »sie verteilen sich über die ganze Weide.«

»Rechts ist eine Weide und links ein Wald; leider geht das Radio nicht; hören Sie mal ...«

Sie drehte an einem Knopf.

»Dieser Ton müßte jetzt eigentlich voller werden, und jetzt ist er verschwunden.«

Sie öffnete den Handschuhkasten und nahm eine Reiseflasche heraus und fragte: »Was machen Sie jetzt?«

»Ich gehe nach Hause.«

»Wohnen Sie denn hier?«

»Dahinten in dem Haus an der Abzweigung.«

Sie gab mir die Flasche. Dann trank sie wieder und sagte: »Ich bilde mir ein, verliebt zu sein, und wissen Sie, warum? Weil Georg es wollte. Er hatte mir gerade alles genau erklärt, da mußte er hier halten, weil das Benzin alle war. Und seiner Meinung nach verlieben sich viele Männer gar nicht. Sie zwingen sich meistens dazu, und um das zu erreichen, erschaffen sie sich Phantasiebilder. – Während sie schließlich glauben, sich ganz unvermeidlich in eine bestimmte Frau verliebt zu haben, üben sie sich in Wirklichkeit nur darin, alle Phantasie und Einbildungskraft darauf zu verwenden, sich diese Frau als besonders anziehend vorzustellen. Georg sagt, wenn ein Mann über eine Frau nachdenkt, kann er sie viel begehrenswerter für sich machen, als sie es kann.«

Sie wollte noch einen Schluck trinken, aber die Flasche war leer. »Die Wahrheit ist, sagte Georg, daß nicht die Frau den Mann bekommen kann, den sie haben will, sondern der Mann kann jede Frau bekommen, die er haben will, und das durch einen einfachen Denkprozeß; was er will, denkt er ständig in die Frau hinein. Dabei ist es ihm fast gleichgültig, ob die Frau dem gleicht oder nicht.«

»Hoffentlich kommt er gleich wieder«, sagte ich.

»Ich an Ihrer Stelle hätte nichts dagegen, wenn er noch ein wenig fortbliebe.«

»Aber Sie sind doch verliebt, er müßte unbedingt etwas tun.«

»Zuerst würde er sagen: ›Schade, daß die Flasche leer ist.‹«

»Kein Wort über den Mond?«

»Der sagt ihm so nichts.«

»Und das Pferd?«

»Er hat selbst eins.«

»Und der Wald?«

»Er geht nachts niemals in einen Wald.«

»Warum fuhren Sie nicht auf der Hauptstraße?«

»Georg redete zu lange, und ich bat ihn, bei dem Thema lieber die Autobahn zu verlassen und auf der Chaussee weiterzufahren.«

Sie roch an der Flasche und schloß sie wieder in den Handschuhkasten. »Es wird kühler.« Sie fuhr mit ihren Fingerspitzen über meinen Handrücken. »Ich könnte mir denken, Sie haben gedöst und sind plötzlich aufgestanden und auf die Straße gelaufen. Vom Mond halten Sie wohl auch nicht viel? Im Bett kann ich Sie mir gar nicht vorstellen. Gewisse Männer kann ich mir nie im Bett vorstellen.«

Sie drehte mein Handgelenk herum, um auf die Uhr zu sehen. Sie rutschte hinter das Steuer und sagte: »Gehen Sie anschließend ins Bett? Und wie stellt sich Ihre Einbildungskraft mich dann vor, haben Sie inzwischen wenigstens etwas in mich hineingedacht?«

Sie zog an ihren Hosen. »Eigentlich sollte ich jetzt einen Rock anhaben und unbeholfen aussteigen, das ist immer wie ein kleines Angebot, hat Georg einmal gesagt. Aber er kommt einfach nicht!«

»Habe ich nicht gesagt, daß es länger dauert ... Arbeitet Ihre Phantasie denn sehr?«

»Ich war nachts noch nie in einem Wald«, sagte sie.

Kurz bevor wir wieder aus dem Wald herauskamen, ließ sie meinen Arm los und sagte: »Siehst du, er geht ganz aufgeregt da auf der Chaussee hin und her. Was soll ich jetzt bloß machen?«

»Schlaftrunken auf die Chaussee wanken und sagen: ›Im Auto hatte ich Angst, doch im Wald fühlte ich mich sicher. Ich habe auf einem Flecken Moos gelegen, Georg, mich friert, und die Flasche habe ich ausgetrunken ...‹ Dann wird er dich trösten.«

»Das muß er auch, wir beide hatten viel zuwenig Zeit.«

Sie blickte auf meine Armbanduhr: »Sieh mal, kaum zehn Minuten ...«

Die Tonleiter auf dem Akkordeon

»Sind Sie nicht bei der Müllabfuhr?«

Der Mann nahm seinen Hut ab und sagte: »Der Gemüsehändler hat mich auch gleich wiedererkannt.«

»Sie können sogar zwei Mülleimer auf einmal zum Müllwagen rollen, aber der, den Sie mit der linken Hand rollen, rollt nie so schnell wie der, den Sie mit der rechten Hand rollen.«

»Wenn die Mülleimer nicht so voll sind, rollt der linke genauso schnell wie der rechte, aber sie sind fast immer zu voll. Und wir nehmen immer erst was raus und stopfen den Inhalt fester zusammen, bevor wir sie zum Wagen rollen.«

»Kann denn jeder von Ihnen einen links und einen rechts rollen?«

»Das kann nicht jeder.«

Der Mann hatte schwarze Halbschuhe an und dunkelbraune Glacéhandschuhe, und sein Hut war hellgrau, und der Mantel hätte vielleicht eine Nummer kleiner sein können.

»Der Mantel müßte kürzer gemacht werden«, sagte der Mann.

»War denn noch etwas in den Taschen?«

»Vertrocknete Kastanien, aber Kastanien gehören in Hosentaschen und nicht in Manteltaschen.«

»Finden Sie auch Hosen im Mülleimer?«

»Hosen weniger, aber Schuhe und Mäntel!«

»Und der Hut hat sofort gepaßt.«

»Ich habe Größe achtundfünfzig, und jeden Sommer ist meine Größe dabei. Aber Glacéhandschuhe sind selten.«

»Und alte Spiegel werden auch in den Mülleimer geworfen!«

»Sie werden hineingestellt oder quer gelegt, und die großen lehnen an der Wand, aber niemand macht sie vorher kaputt.«

»Und plötzlich steht so ein großer Spiegel an einer Wand, und Sie treten aus Versehen hinein.«

»Einmal hätte ich fast in so einen großen getreten. Ein Mülleimer fiel um, und als ich mich dann bückte, konnte ich zwischen den Beinen in einen großen Spiegel sehen. Und was alles aus dem Mülleimer herausgefallen war: Konservendosen, Pralinenkästen und ein Bund Nelken, die unten noch zusammengebunden waren. Und an einem zerrissenen Hosenbein hing eine Sardinenbüchse, die noch halb voll war.«

Die Frau des Gemüsehändlers stand am Fenster, und der Mann nahm seinen Hut ab, aber sie schien ihn nicht erkannt zu haben, und er sagte: »In dem Haus hier hat mal eine alte Matratze hinter dem Mülleimer gelegen, und ein Kollege von mir sagte: ›Ich hab schon auf solchen alten Matratzen kaputte Wärmflaschen liegen gesehen und Hosenträger.‹ Und da nahm der andere Kollege ein altes Foto in einem ovalen Rahmen vom Boden auf und rollte eine Plättdecke zusammen und legte sie wie ein Kopfkissen auf die Matratze und stellte das Foto darauf, und das sah aus, als ob den beiden auf dem Foto die Matratze gehört hätte und die Hosenträger da und die Wärmflasche. Und bei der letzten Weihnachtsfeier stieg der Kollege in Hut und Mantel in einen neuen Mülleimer und dirigierte von da aus die Drei-Mann-Kapelle.«

Der Mann zog seine Glacéhandschuhe aus. Ich sagte: »Sie schonen aber Ihre Hände. Mit diesen Händen könnte man Klavier spielen.«

»Ich spiele Akkordeon«, sagte der Mann, »und deswegen bin ich auch hier. In der ersten Etage wohnt doch der Lehrer von der Akkordeonschule, die einmal im Jahr öffentlich auftritt. Er geht um diese Zeit meistens zum Essen, und mein Akkordeon kommt aus dem Mülleimer der Schule, und der Lehrer hat der Müllabfuhr schriftlich mitgeteilt, daß dieses Akkordeon von einem Schüler in den Mülleimer geworfen worden sei. Der Schüler habe keine Lust mehr zum Akkordeonspielen gehabt, und seine Eltern hätten das Instrument auf Raten gekauft und wären außerdem noch mit dem Unterrichtsbeitrag drei Monate im Rückstand. Jetzt möchte ich mit dem Lehrer mal alles gründlich besprechen, denn was im Mülleimer liegt, das geht seinen Weg und ist nicht mehr aufzuhalten, aber ich will Akkordeonunterricht nehmen, und wenn er mir verbilligten Unterricht gibt, kann er das Akkordeon bekommen.«

»Und der Kollege von Ihnen, der von dem großen Mülleimer aus auf Ihrer letzten Weihnachtsfeier die Kapelle dirigiert hat, spielt der auch Akkordeon?«

»Er wird am Ersten pensioniert, und wenn er mal eine Melodie hört, dirigiert er.«

»Fotografieren Sie auch?«

»Ich hab auch schon einen Fotoapparat gefunden, aber der ging ins Museum.«

»Und es hat schon Leichen in Mülleimern gegeben, zerstükkelt, aber auch ganz.«

»Ein Kind, das nicht mehr ganz war, hab ich schon mal rausgeholt. Mein Kollege, der am Ersten pensioniert wird, hatte es gefunden, und wir packten dann alles in eine Zehn-Kilo-Konservendose, wo vorher Gurken drin gewesen waren, ein Pappkarton war nicht da. Und wir fuhren gleich zur Polizei.«

»Haben Sie auch schon mal in einem Mülleimer gesessen?«

»Ich bin genauso groß wie mein Kollege, der am Ersten pensioniert wird, genau einen Meter sechzig, und würde schon hineinpassen. Und einmal hatte mich in einem Keller jemand von hinten gepackt, aber nur meinen Kopf reingesteckt und dann den Deckel zufallen lassen. Er lief dann weg, und der Mülleimer war beinahe voll.«

»Könnten Sie jemand reinstecken und den Deckel zuhalten?«

»Ich bin doch nicht verrückt.«

Der Mann setzte seinen Hut wieder auf.

Ich sagte: »Hören Sie mal, da in der Akkordeonschule wird geübt. Jemand spielt die Tonleiter.«

»Immer die Tonleiter, nichts weiter, nur immer wieder die Tonleiter ...«

Ich ging zu der Frau des Gemüsehändlers und fragte, ob sie ihn nicht erkannt hätte. Sie sagte: »Er ist doch kein Müllwerker mehr, er soll einen Mülleimer vergraben haben, ein richtiges Grab wurde das, mit einem Hügel, und dann grub man ihn wieder aus.«

»Und was soll darin gewesen sein?«

»Ein Foto von einem Major aus dem letzten Krieg, und auch so eine Uniform, und Reitstiefel, und ein Kissen voller Flecke, und Nelken, unten noch zusammengebunden. Er schnüffelt immer noch in Ascheimern. Seine Kollegen sagen, daß er zu Anfällen neigt, ich weiß aber nicht, zu was für Anfällen, und er ist Frührentner, doch soll er sich noch immer ganz als Müllwerker fühlen.«

Der alternde Rocker

Die Tür wird aufgestoßen, und er steht da: einsfünfundneunzig groß, in abgewetztem Leder, Haare verdecken seine Stirn, im Nacken bilden sie einen Wulst. Rotes Licht, rote Wände, rote Polster, er zieht die Luft durch und greift nach einem Hocker.

Die Barfrau denkt: Entweder schlägt er gleich zu und nimmt den Hocker, oder er packt mich und die Kellnerin und knallt unsere Köpfe zusammen. Er kann uns auch hinauswerfen, den anderen, die draußen warten, vor die Füße ...

Er setzt sich auf den Hocker. Die Barfrau schwitzt, sie pustet gegen ihre Nase und fragt, was er trinken möchte.

Er will ein Bier.

Während sie die Flasche aus dem Eisschrank holt, kommt der rettende Einfall. Sie sagt: »Wir sind auch Außenseiter, die Kellnerin und ich, das hier ist ein Frauenlokal!«

Der Rocker sieht sich nicht um. Er trinkt erst und sagt: »Ich hab zweieinhalb Jahre abgemacht, bin gerade rausgekommen. Wenn ich wieder reinmuß, nehme ich ein paar Bullen mit. Ich war einer der ersten Rocker. Mit neun Jahren war ich schon Rocker. Ich war immer gegen den Staat und die Bullen.«

»Zweieinhalb Jahre«, sagt die Kellnerin. Sie will auch etwas sagen und setzt sich neben ihn. Die Barfrau lächelt ihn an, die Kellnerin lächelt so wie die Barfrau. Er soll denken, die bewundern mich.

Er zahlt das Bier und bestellt eine neue Flasche: »Zweieinhalb Jahre Gefängnis« – er schluckt – »die sagten, ich wäre der Chef gewesen, Bandenchef, der Kopf.«

»Mit neun Jahren Rocker.« Die Barfrau staunt.

»Mit neun sah ich doch nicht aus wie neun, und durch Fürsorgeheime haben sie mich geschleift, da merkt man, was los ist. Aber ich gehe nie wieder in'n Knast, und wenn, wie gesagt, dann nehm ich ein paar Bullen mit.«

»Und nun?« Die Barfrau kühlt ihre Fingerspitzen in dem Gefäß mit Eis.

»Ich werde mir Arbeit suchen, die gibt's ja. Und ich hab eine Wohnung. Aber die ist leer!«

»Die paar Möbel«, sagt die Barfrau, »da geht man zur Auktion.«

»Die Wohnung bleibt leer.«

Die Kellnerin geht zur Tür und sagt: »Die anderen sind wohl draußen?«

»Die anderen? Wenn die draußen wären, könnte ich sie nicht aufhalten, hereinzukommen, und wären Mädchen darunter, würden die dafür sorgen, daß die Jungens euch beide fertigmachen, restlos.«

Er verlangt einen Schnaps, der seinen Kopf wieder klar macht, er hat zu viele Biere getrunken. Die Barfrau schenkt ihm einen Sangrita ein. Er zahlt, und sie sagt: »Es gibt noch so ein ähnliches Lokal wie das hier. Und da saßen die Kellnerin und ich mal an der Bar. Plötzlich kam ein Rocker herein, ein kleiner, dagegen bist du ein Riese, er ging mehr in die Breite, und er rasselte mit seiner Kette. Er schritt auf den Geschäftsführer zu; dessen Gesicht hatten andere Rocker vorher aufgebügelt. Wir rannten auf die Straße. Auf der Treppe kamen uns mindestens zehn Rocker entgegen und rasselten mit Ketten. Das war der zweite Schub. Die Polizei war vielleicht zehn Minuten weg.«

»Waren Mädchen dabei?«

»Ich habe keine gesehen.«

»Dann war es ja nicht so schlimm. Aber wenn Mädchen dabeigewesen wären, schlimmer geht's nicht ...«

»Wieso Mädchen«, fragt die Kellnerin.

»Willst sie wohl verteidigen, was, aber die kennst du nicht, die bringen die Jungens auf Hochtouren, was die sagen, wird gemacht. Und was denen nicht alles einfällt, und was für einen Spaß die haben, wenn es dann losgeht, und nachher, wenn sie sagen, wer nun der Schärfste von allen war, was der darf!«

Die Barfrau sagt: »Ich kann mir nicht denken, daß die Jungens das nötig haben.«

»Die können nicht einfach sagen, das machen wir nicht. Wenn einer das sagt, ist er erledigt. Aber es sagt ja auch keiner, die tun, was die Mädchen sagen. Und ich bin zweiundzwanzig.«

»Und ein ›Riese‹.«

Er starrt ins Schnapsglas und sagt: »Ich war ja mit neun schon Rocker. Die wissen das. Für die bin ich was, aber ich bin zweiundzwanzig. Und die anderen sind dreizehn. Das geht von dreizehn bis siebzehn, achtzehn.«

»Erstmal suchst du dir Arbeit«, beruhigt ihn die Barfrau.

»Die gibt's ja. Und ich hab die leere Wohnung. Aber die bleibt leer. Die anderen wissen das. Ich lasse sie in die Wohnung. Das ist was für die, eine leere Wohnung, da geht's los.«

»Eine leere Wohnung für die anderen?«

»Ich gehöre doch dazu. Wenn ich früher gewußt hätte, da hat einer von uns eine leere Wohnung, das wäre eine Wohnung für uns alle geworden. Das ist so. Und ich muß ihnen was bieten. Und das ist was Besonderes. Die wissen, der hat eine leere Wohnung und ist zweiundzwanzig. Wenn ich sie ihnen nicht geben würde ...«

»Aber du machst uns beide mit einem Schlag fertig.« Die Barfrau gibt nicht auf. »Wenn du in Form kommst, wen du dann ganz allein erledigst, ohne Kette, aber mit Kette erst.«

»Ich war im Knast. Das rechnen sie mir natürlich hoch an. Ich bin für die schon was, aber ich bin zweiundzwanzig!«

»Daß Mädchen die kommandieren?« Die Kellnerin schüttelt den Kopf, die Barfrau schüttelt ihren Kopf so wie die Kellnerin.

»Das ist es ja«, sagt er.

Er steht auf und fragt, ob alles bezahlt ist.

Die Barfrau nickt. Sie fragt ihn noch: »Ist es nicht zu kalt in dem Lederanzug? Leder wärmt doch nicht.«

Er gibt keine Antwort, reißt die Tür auf, wartet, steht da, knallt die Tür zu. Die Barfrau geht nach unten, um sich zu waschen. Die Kellnerin geht anschließend. Dann reden sie davon, wie sie geschwitzt haben. Und die Barfrau erzählt nachher den Gästen, daß es ihr Einfall gewesen war mit den Außenseitern. Die Kellnerin sagt auch, das war ein Einfall! Der hat uns gerettet!

Immer für ein paar Mille gut

Speckig war sein Anzug nicht. Felix bürstete ihn nur zu selten aus. Beim Roulette schmorten die Zigaretten bis dicht an seine Lippen, und was über den Spieltischen von ihm zu sehen war, saß da nicht, es ragte hoch. Immerhin war er über einsneunzig groß. Maurerhände hatte er, und sein Ballonkopf war ganz ohne Haare. Bauingenieur soll er gewesen sein. Aber an früher erinnerte ihn höchstens seine Geschiedene mit dem Sohn. Unter falschen Absendern schickte er ihnen manchmal Geld. Felix wohnte in Hotels, wo es kein Frühstück gab, seine Hemden und Socken warf er nach drei Tagen weg und kaufte sich dann neue. Im Winter trug er einen Hut.

Er spielte jeden Tag Roulette. Dafür hatte er Systeme entwikkelt. Und brachten sie nichts mehr, verkaufte er sie weiter. Seine Systeme kannte er alle auswendig und schüttelte ganze Zahlenkolonnen aus dem Ärmel, wenn gerade Verkaufsgespräche liefen. Er behielt auch seine Schulden plus Zinsen auf Tag und Stunde genau im Kopf.

Ich sagte, wie eintönig das alles sei und daß keine Spielerschicksale mehr zwischen Buchdeckel kämen und sogar der Film längst genug davon habe. Felix sagte, das sei nun wirklich seine Sache und kein Wort darüber, was er überhaupt las und ob es früher für ihn nicht mal Kino gegeben habe.

An Glücksspielen in Hinterzimmern oder sonstwo beteiligte er sich nicht und gab den letzten Hunderter lieber einem Taxifahrer, damit er ihn zur Abwechslung die fünfundsiebzig Kilometer in das andere Spielcasino fuhr.

Seinen Geldverleihern war er für ein paar Mille immer noch gut, und brauchte er sofort fünf, behielten sie die Zinsen gleich ein. Felix zahlte zwischen zwanzig und dreißig Prozent und darüber, aber auf Tag und Stunde befristet. Wenn die Kugel einklickte, rollten seine Augen wie die Zahlenschilder in einer klapperigen Registrierkasse: schwarz auf weißem Grund.

Zuletzt standen die Geldverleiher hinter ihm und hielten es

stundenlang aus, und wenn er mal rausmußte, besetzte einer von ihnen seinen Stuhl. In den feuchten Rillen seiner halbgeschlossenen Maurerhände rettete er jedesmal ein paar Chips zum Einwechseln für das Nötigste, bevor die Geldverleiher zugreifen konnten. Seit er Gila hatte, die in einem Club animierte und nur das Riesige an ihm sah, sparte er das Geld für neue Hemden und Socken und die Hotelkosten.

Wenn sie zu Hause war, wusch sie sowieso immer, und seine Geldverleiher wußten endlich, wo er von frühmorgens bis vormittags war, und sparten sich die Kontrollen. Ich bildete mir ein, daß seine Maurerhände ihm die Portion Ruhe verschafften, mit der er alles machte. Doch wenn die mal zu Fäusten würden? Das sagten sich seine Geldverleiher wohl auch, doch er änderte sich nicht und rasselte seine Zahlen herunter und rechnete sich die Chancen für den nächsten Tag aus und die neuen Schulden. Er konnte wirklich Bauingenieur gewesen sein. Das sagten nicht nur seine Geldverleiher.

Morgens um halb drei fand eine Polizeistreife ein Riesenpaket im blauen Anzug vor einem Treppenhaus. Das mußten zwei Zentner Lebendgewicht sein. Nun kann man ja die Arme und Beine nicht stückweise brechen, da fährt man einfach ein paarmal mit dem Wagen drüber. Aber der Brustkorb war noch heil. Im Unfallwagen massierte man ihn, wie es sich gehört. Und die Ärzte warteten auf ein Wort, als er die Augen öffnete.

Sie rechneten ja nicht damit, daß man solchem Riesen vorher ein paar K.-o.-Tropfen ins Glas geschüttet hatte und erst dann zuschlug. Alles durfte er im Krankenhaus, sagten sich die Geldverleiher – wer denn sonst? –, nur nicht reden.

Den Pflegern wurde es auch schon langweilig, auf ein Wort von Felix zu warten. Es kam auch keins, und er starb mucksmäuschenstill.

Unfall oder Verbrechen? Gila weiß auch von nichts, nur, daß er wirklich Bauingenieur gewesen sein soll.

Reserven

Uwe N. war es nun scheißegal, ob jemand im Knast zum Strichjungen gemacht wird, wie es ja ziemlich oft vorkommt, Uwe konnte auch nicht auf Klaus E., der Uwe ewig mit dem Text kam: »Zu dir hab ich den Wunsch nach Sexualität und Verstehen zugleich«, aber Uwe ließ sich von ihm bedienen. Keiner war da so einsame Klasse wie Klaus. Und als Klaus dann wieder den Text aufsagte: »Spiel nicht mit mir, du treibst mich noch in den Tod«, schaltete Uwe plötzlich und sagte: »Bevor du ›spuckst‹, mußt du die Kohle abliefern, ich brauch Startkapital für draußen, ist das klar?« Klaus ›spuckte‹ auch nicht, er dachte nur noch an Uwes Startkapital und ging den Freiern für'n Heiermann mehr unten an den Rüssel und lieferte jede Mark bei Uwe ab, aber pünktlich.

Uwe ist nicht der einzige Zuhälter da, und für ihn würden noch ganz andere anschaffen gehen. Uwe hat bald sein Startkapital zusammen, und wenn Klaus neben ihm liegt und den Text von der Dauerverbindung bringt, furzt Uwe ihn an; für den Fall hat er Reserven.

Lipps Lektion

Sie wollte schlafen, konnte aber die Augen nicht zumachen, hatte Angst vor den beiden Löchern im Kopf. Sie lag neben Lipp. Er schwitzte unter der Bettdecke. Sein Bart streifte ihren Hals. Sie schwitzte auch und ging hinaus, ließ das Wasser laufen, wusch sich und rieb da, wo es anfing zu jucken, mit dem Waschlappen nach.

Jetzt kam jemand. Es war Reiser. Der kam immer, wenn Lipp irgendein Mädchen im Bett hatte, und sagte das, was Lipp nicht mehr sagen wollte, immer dasselbe. Das war abgemacht. Reiser sagte: »Sieh mal, wie hoch der Himmel ist, nun weitet sich alles, mein Blick umfaßt das Endlose, ich ahne Zusammenhänge und könnte mir einbilden, jetzt der Mittelpunkt aller Welten zu sein, aber in welcher Farbe? Das Nichts hat für mich eine Farbe aus Stahl, und wenn die Sonne am Himmel steht, dann ist alles begrenzt und hat für mich keine Farbe, und ich stehe ganz abseits ...«

»Sie hat wieder Angst vor den beiden Löchern im Kopf und kann nicht schlafen«, sagte Lipp und hustete. »Und sie hat alles mögliche gemacht, aber nichts gesagt, nur gestöhnt, was ja auch dazugehört, und nicht wie ich an einen Ausweg gedacht, und auch noch geweint, als ich auf den kam, der dabei gestorben ist, du weißt doch: Herzschlag nach dem dritten Samenerguß.«

»Wenn ich Angst vor den beiden Löchern im Kopf hätte«, sagte Reiser, »würde ich es nur überall rauschen hören und mir denken, daß über den Wipfeln ein einsamer Stern steht. Weiter weg kann noch einer stehen, ein kleiner und hellerer meinetwegen, und von unten schwingen sich Fledermäuse hoch, lautlos.«

Lipps Bart streifte wieder ihren Hals. Sie hätte ihm am liebsten seine Schuhe ausgezogen. Die beiden großen Zehen standen zu weit vor, und wenn er redete, bewegten sie sich auch noch. Seine Haut war so weiß wie ihre, und sie fand, daß sie zugedeckt werden müßte. Sie schwitzte wieder.

Er wollte, daß sie bei ihm Malen lernte. Man hatte ihr ja auch gesagt: ›Gehen Sie zu Lipp. Wenn Sie erst bei ihm gewesen sind, können Sie auf die Akademie gehen. Er wird Ihnen abraten, anschließend auf die Akademie zu gehen, und wahrscheinlich rät er Ihnen auch ab zu malen. Und dann ist noch Reiser da. Er wohnt nebenan und schwitzt nie und hält sich auch nicht die Nase zu, wenn Lipp die Bettdecke zurückschlägt. Er hat es längst aufgegeben zu malen und sagt, daß er mit Worten malt, aber wenn er sie ausgesprochen hat, sind alle seine »Bilder« wieder verschwunden. Doch zur Unterhaltung dient er auf jeden Fall, wenn irgendwelche Mädchen neben Lipp liegen und schwitzen.‹

»Sie denkt an die Akademie«, sagte Lipp und holte Luft, »und stellt sich vor, in einer Klasse zu sitzen; in der Klasse herrscht Totenstille. Ein alter Mann sitzt auf einem Piedestal und soll abgemalt werden. Das ist ziemlich langweilig, findet sie. Die einen sagen, daß es eine künstlerische Tätigkeit sein wird, die ihr bevorsteht, unbestreitbar etwas Künstlerisches. Aber eine Tätigkeit? Doch sie malt weiter an dem Porträt des Alten. Sie malt morgens, mittags und abends ...«

»Und schafft sich eine Welt«, fuhr Reiser fort, »in der sie ihr Recht, ihren Wert, ihre Minderwertigkeit und ihre Lüge entdeckt. Sagt man das nicht so? Und erst gegen Morgen liegt sie wie ausgewrungen da und kann ihre Augen immer noch nicht zumachen, und die Angst vor den beiden Löchern in ihrem Kopf wird immer größer, und sie sucht einen Traum, aus dem der Alte auf dem Piedestal sich formt.«

»Dann hat sie zwei Porträts von dem Alten gemalt«, fing Lipp wieder an. »Und der Professor sagt: ›Jetzt malen Sie das dritte.‹ Er wird schließlich sagen: ›Das zweite ist es‹, und der Alte sagt gar nichts. Wenn er wenigstens belegte Brote essen würde oder besoffen wäre, aber er ißt in der Kantine und trinkt da Tee, er hat ein weißes Taschentuch und macht Witze über eine alte Frau, die ihm ihre gesunden Zähne zeigt, wenn sie Nußschokolade ißt. Aber da redet niemand, da ist Totenstille, da sitzt der gleichgültige alte Mann. Vielleicht hat er eine hohe Stirn und Augen mit einem Pupillenoval wie eine Ziege; solche Augen beruhigen, und manchmal kommt ein Chefarzt in die Akademie und kauft sich für die Klinik ein Bild, denn der Einfluß eines guten Bildes auf seine Patienten ist für ihn erwiesen. Wenn sie erst bei mir Unterricht gehabt hat und dann zur Akademie geht, müßte sie einen großen Klecks auf die Leinwand machen und versuchen, ihm eine Farbe wie Stahl zu geben; das ist dann das Nichts. Doch sie nimmt die Farbe und malt damit das Gesicht und weiß gar nicht, daß sie etwas verschwendet, daß die Farbe zu schade ist für das Gesicht, denn das Gesicht ist weniger als das Nichts.«

»Was willst du nun malen?« fragte Reiser und starrte zum Fenster hinaus.

»Ich will ja gar nicht malen«, sagte sie. Lipps große Zehen standen noch weiter vor als sonst.

»Seine Haut ist mir zu weiß«, dachte sie, »ich möchte sie auch nicht immer zudecken.«

»Aber du kannst mit ihm beim Ficken schwitzen«, sagte Reiser, »und nachher redet er vom Malen und daß er gegen die Akademie ist und Auswege sucht ...«

»Sie will jetzt aber nicht mehr«, sagte Lipp.

»Vielleicht, wenn du deine Schuhe anziehst. Hatte schon einmal einer solche großen Zehen?«

Sie stand auf.

»In Paris haben die Männer im Bett nur das gesagt, was unbedingt dazugehört«, sagte Lipp. »Sie haben ihr in Paris schon alles gezeigt, wo denn sonst. Aber es war kein Maler darunter, und sie denkt, hier ist auch etwas von Paris. Sie wird wieder nach Paris gehen und bestimmt einen Maler finden und auch wieder Französischstunden nehmen.«

Lipp bewunderte seinen großen Zeh, und Reiser sagte: »Ich kann ja nie schwitzen«, und ging hinaus.

Sie kam hinterher und bat ihn, noch einmal das zu sagen, was er vorhin bei Lipp gesagt hatte, über das Nichts, das eine Farbe wie Stahl hat, und über den kleinen, helleren Stern und die lautlosen Fledermäuse.

Bläske

Bläske trank klebrigen, süßen Kakao aus einem Automaten, der im Arbeitsraum aufgestellt war. Dann ging er zu Glismann, der die Buchstaben A–D bearbeitete, und Glismann sagte:

»Was war das noch? Aber das war wohl nichts.«

»Das war eine Wellpappenfabrik«, sagte Bläske.

»Heute hätte ich etwas bei einer Farbenfabrik ...«

»Da war ich schon mal.«

»Aber nicht bei der.«

»Es war auch eine Farbenfabrik.«

»Vorher war jemand hier«, sagte Glismann, »der wieder in die Wellpappenfabrik will, und ich sagte zu ihm: ›Sie hätten da gar nicht erst weggehen sollen.‹ Er kann aber wieder hin ...«

Bläske sah zu, wie Glismann mit dem Nagel seines Daumens über die Karteikarten ratschte.

»Knapp drei Monate waren Sie bei der Wellpappenfabrik.«

»Bei der Farbenfabrik war ich fast eine Woche länger«, sagte Bläske.

»Und bei der Firma, die jetzt Erdarbeiten macht und Straßenbau?«

»Da war ich nur drei Wochen und zwei Tage. Im Sommer. Aber die aufgegrabene Erde stank. Sie war unter dem Pflaster erstickt, und die frische Luft konnte da später auch nicht mehr helfen; sie stank weiter.«

»Ich hätte wieder etwas im Freien«, sagte Glismann.

Aber Bläske sagte: »Sie haben bestimmt noch was anderes.«

»Hilfspfleger sind auch gefragt ...«

»Ich weiß, was die alles wegmachen müssen.«

Glismann nahm seinen Kugelschreiber. »Hier auf der Karteikarte steht ›Gelegenheitsarbeiter‹. Das gibt es aber nicht mehr. Ich schreibe statt dessen ›Hilfsarbeiter‹.«

Glismann wollte schreiben.

Bläske sagte: »Ich bin aber Gelegenheitsarbeiter. Wenn einer zu oft wechselt, ist er Gelegenheitsarbeiter. Hilfsarbeiter ist einer, der nicht mal eine Arbeit richtig machen kann. Was ich mache, war bei jeder Firma richtig.«

»Ich könnte auch schreiben ›Kohlenarbeiter‹. Die beiden Kohlenfirmen haben erklärt: ›Bläske ist Kohlenarbeiter, der besitzt Erfahrung und kann andere anleiten.‹«

»Ich hab auch schon länger im Hafen gearbeitet, diese Firmen würden sagen: ›Er ist Hafenarbeiter‹, aber solange ich mal dies bin und mal das, und dies und das niemals lange, bin ich Gelegenheitsarbeiter!«

Glismann stand auf und ging mit der Karteikarte ins Nebenzimmer. Als er zurückkam, sagte er: »›Gelegenheitsarbeiter‹ kann nicht stehenbleiben, ich soll ›Arbeiter‹ schreiben. Der Amtmann sagt, daß ›Gelegenheitsarbeiter‹ noch herabsetzender klingt als ›Hilfsarbeiter‹, und für das Arbeitsamt wären Sie ›Arbeiter‹. Und ein Arbeiter kann Facharbeiter werden.«

»Ich will aber kein Facharbeiter werden.«

»Der Amtmann hat gesagt: ›Wir müssen ihm sagen, was er werden kann‹, und ›Gelegenheitsarbeiter‹ soll ich streichen.«

Glismann griff wieder zum Kugelschreiber, schob die Karteikarte bis an Bläskes Ärmel und nahm ein Lineal, um ›Gelegenheitsarbeiter‹ durchzustreichen.

Da sagte Bläske: »Wenn ich nun einen Beruf gelernt hätte und kein Arbeitsamt was davon weiß?«

Glismann zögerte. »Es gibt kein Arbeitsamt, das nicht weiß, ob jemand einen Beruf gelernt hat.«

Bläske schob die Karteikarte mit seinem Ellenbogen weg, und Glismann legte das Lineal auf den Schreibtisch und sagte: »Ich setze mich anders hin!«

»Aber ich kenne einen Mann, der Schlosser ist und im Wald arbeitet.«

Glismann legte den Kugelschreiber neben die Karteikarte. »Ich habe ja was im Freien. Das wäre im Stadtwald. Und wer einmal im Wald arbeitet, ob er nun Schlosser gelernt hat oder nicht, bleibt meistens Waldarbeiter. Ich schreibe jetzt ›Waldarbeiter‹ auf die Karteikarte, klammere ›Wald‹ aber erstmal ein, falls Sie nach vier Wochen wieder wechseln. Wenn Sie länger als acht Wochen Waldarbeiter sind, streiche ich die Klammern durch. Dann sind Sie Waldarbeiter.«

Glismann legte sich die Karteikarte wieder zurecht. In der Tür stand der Amtmann, und Glismann sagte: »Herr Bläske hat gesagt: ›Und wenn ich nun einen Beruf gelernt hätte ...?‹«

»Er kann ja sagen, was er will. Ohne Unterlagen können wir nichts machen.«

»Vielleicht wird er Waldarbeiter und sagt uns gar nichts mehr. Er kennt einen Schlosser, der jetzt Waldarbeiter ist.«

»Haben Sie ›Gelegenheitsarbeiter‹ durchgestrichen?«

Der Amtmann beugte sich über die Karteikarte und spielte mit Glismanns Lineal. Aber er wurde am Telefon verlangt und nahm aus Versehen das Lineal mit; Glismann sagte zu Bläske: »Wenn Sie sich wenigstens aussprechen würden. Unser Amtmann sagt: ›Die Leute sollen sich aussprechen.‹ Am Mittwoch vertrat mich ein Kollege und sagte zu einem Mann, der Sielarbeiten gemacht hatte und nie mehr etwas mit Sielarbeiten zu tun haben will: ›Was können Sie denn sonst noch?‹ – ›Karten spielen‹, sagte der Mann, ›Sie können aber keine Karten spielen.‹ Das sollte ja ein Witz sein. Da sagte mein Kollege, daß er auch Karten spielen kann. ›Aber nicht so wie ich‹, sagte der Mann und ging. Was sollte er denn sagen? Ich hätte ihn nicht gehen lassen. Die Friedhofsverwaltung suchte Kuhlengräber, und die können alle Karten spielen. Zwischen den einzelnen Beerdigungen liegen oft mehrere Stunden. Und Sargträger werden gesucht. Die können auch Karten spielen.«

»Dann gehe ich morgen auf den Friedhof«, sagte Bläske.

»Können Sie denn Karten spielen?«

»Wenn Sie so spielen könnten wie ich ...«

»Und als was wollen Sie gehen?«

»Als Kuhlengräber; die Erde da stinkt nicht.«

»Und wo gehen Sie hin, wenn ein Monat um ist?«

»Ich komme wieder. Es kann aber auch länger dauern.«

»Dann lasse ich ›Gelegenheitsarbeiter‹ ausnahmsweise noch mal stehen«, sagte Glismann.

Die Nacht davor

Die Stationsschwester zog das Fieberthermometer unter Matuseks Achselhöhle heraus. Er wollte ihr dabei helfen. Aber sie schrieb schon seine Temperatur auf, und er machte eine Faust, die in der Bettdecke versank. Er hob sie hoch und schloß sie fester. Was er denn in der Faust halte, fragte die Stationsschwester, obgleich sie gesehen hatte, daß gar nichts darin war. Matusek sagte, daß er sich nichts aus der Hand nehmen ließe, öffnete die Hand und machte wieder eine Faust daraus. Bildete er sich vielleicht ein, bei der Operation würde es um seine Hand gehen, um die Faust, um die ganze Kraft, die er da noch stecken hatte?

Ich weiß Bescheid, schienen die Blicke der Stationsschwester zu sagen. Immer erwartete Matusek solche Blicke und setzte oft heimlich seine Faust dagegen, und sie sagte, daß die Operation doch reine Routinesache sei, aber er meinte, daß er sich in seinem Leben auch das bewahrt habe, nämlich nichts zur Routine werden zu lassen, dann würde einem ja alles aus der Hand genommen, und der Professor denke sicher genauso wie er. Die Stationsschwester wollte nicht länger stehen, schließlich lag Herr Matusek 1. Klasse, und sie setzte sich zu ihm aufs Bett, und Matusek sagte, daß sie wohl wüßte, warum er sich in die 1. Klasse gelegt habe, damit nichts zur Routine wird.

Und weil nun die Stationsschwester seine Stirn trocknete, irgendwas mußte sie jetzt ja tun, sagte Matusek, daß man kurz vorm Tod plötzlich das ganze Leben in Sekundenschnelle an sich vorüberziehen sähe, das müsse er vorwegnehmen, dann habe er mehr davon, als wenn er es sich nachher einbilden solle, denn meistens wäre es doch nur Einbildung. Und er wunderte sich, daß er sein ganzes Leben in einen Riesenrutsch zusammenfassen konnte, von zehn an, bis sechsundvierzig, von den ersten Zahnschmerzen bis zur Gehirnerschütterung beim Fußballspielen und nach einem Autounfall, von seiner ersten Frau bis zur zweiten und den Kindern, die seine zweite mitbrachte, und deren wächsernen Ohren und seinen Jeeptouren in Südafrika als Monteur und einer Schießerei in Mosambik.

Man könnte ihm mit dem Messer vor der Nase herumfuchteln, aber seine Därme aufschneiden, das hätte noch niemand gewagt. Und morgen früh um halb acht solle er da unten operiert werden ... Ja, das war sein Leben gewesen, was er vor der Stationsschwester hatte vorbeiziehen lassen. Doch die stellte sich Matusek gerade in einem Wildwestfilm vor, wie er hinter seinem durchgegangenen Pferd her war, und trocknete wieder seine Stirn. Matusek schloß noch einmal seine Hand zur Faust. Und die Stationsschwester zog sie über die Bettdecke ganz zu sich heran.

Matusek beruhigte sich: Er wäre an allem, was er hinter sich habe, immer mit Kopf und Kragen beteiligt gewesen, aber auf dem Operationstisch sei er nur wie eine Abbildung aus dem Lehrbuch. Er merkte nicht, daß die Nachtschwester die Stationsschwester abgelöst hatte. Sie legte ihre Hand um die schlaffe Faust und spürte einen Gegendruck. Er mußte noch Tabletten einnehmen, hob aber den Kopf nicht hoch genug und sah wie ein Ertrinkender aus. Und Matusek sagte, daß er einsvierundachtzig groß sei und sein Normalgewicht gehalten habe und acht Stunden und länger am Steuer sitzen könne und zwischendurch mal Abstecher in einen Wald mache und die Frauen sagten, daß im Verhältnis zu seiner Körpergröße auch alles andere genau passe, er sich aber nichts daraus mache, weil das für ihn selbstverständlich sei.

Die Nachtschwester zog ihm ein Flügelhemd an, und er sprach von seiner Mutter, die auch in diesem Krankenhaus gestorben sei, aber in der 2. Klasse, und darüber mache er sich Gedanken, und die Nachtschwester sagte, er solle sich das mal ansehen: und sie drückte seine Hand zur Faust zusammen. Dann schlief er ein, und sie hielt sein Gesicht für ein Kindergesicht, wegen Matuseks verstorbener Mutter, und ging auf Zehenspitzen zu Kaffee und Kuchen. Die Stationsschwester hatte Geburtstag, und die erzählte gerade den Witz von dem Mann, der sich für einen Cowboy hielt und bei keiner Gelegenheit seinen Hut abnahm.

Immer da

Schiltz mußte jeden Morgen um halb sieben weg, und bevor er in den zweiten Gang schaltete, hupte er einmal kurz. Wenn er eine Geschäftsreise vorhatte, hupte er nicht, und das sollte heißen: Wer weiß, was alles passiert. Und so weit hatte er es dann endlich gebracht: Wenn seine Chefs fragten, ob Schiltz da sei, sagten sie sich im selben Augenblick: »Wenn Schiltz nicht wäre« – und die Angelegenheiten waren damit fast schon erledigt. Seine Frau telefonierte vormittags mit ihrer Freundin und sagte, daß nicht jeden Morgen dasselbe in ihm vorgehen müsse.

Während einer Geschäftsreise überschlug sich sein Wagen. Unverletzt stieg Schiltz aus, schuld hatte er auch nicht, und rief in der Firma an, daß er keine Zeit verliere, denn er sei sowieso auf der Rückfahrt. Zu Hause wurde er erst im Badezimmer ganz blaß, und weil er länger drinblieb als sonst, klopfte seine Frau an die Tür, und er sagte, daß er den Unfall doch unversehrt überstanden habe und die Magentropfen suche. Seine Frau rief sofort ihre Freundin an und sagte, daß man noch mal von Glück reden könne, doch was sei nicht immer alles seiner Geistesgegenwart zu verdanken.

Im Bett kam Schiltz noch einmal auf den Unfall zu sprechen und meinte, daß für ihn auf den Straßen immer Krieg sei und nur seine Strategie und Taktik sein Überleben sichere. Und dann sagte sie: »Du bist ja trotzdem immer da«, und tastete unter seine Bettdecke. ›Vorbereiten und Vorsorge treffen‹ hieß es für ihn nicht nur im Büro und auf der Straße; im Vorratskeller kam er sich wie im Luftschutzkeller vor und bastelte an seiner Sicherheit. Seine Frau sagte oft zu ihrer Freundin, die einen Mann suchte, der sie zwischen Spannungen und Geheimnissen hin- und herreißen sollte: »Bei meinem Mann weiß ich immer, woran ich bin, aber im gewissen Sinne ist er auch ein Außenseiter.«

Zum Arzt ging er nicht, weil seine Frau öfter zum Arzt ging. Er hatte sich vorgenommen, gesund zu sein, und war auf seine Willenskraft genauso stolz wie auf seine Zuverlässigkeit und sagte sich das auch regelmäßig. Sonnabends und sonntags hielt er pünktlich seinen Mittagsschlaf, und seine Frau sagte zu ihrer Freundin, daß Frauen ihre Männer auch beim Mittagsschlaf beobachten sollten, doch ihr Mann sei dann nie nur so halb angezogen wie die meisten, von den Strümpfen und der Hose bis zum Hemd.

Daß Frauen von Männern mehr verlangen, als sie zugeben, wußte Schiltz von seiner Freundin. Die besuchte er einmal in der Woche, aber was sie machten, würde er niemals mit seiner Frau machen, denn sie könnte ihn ja fragen, woher hast du das eigentlich, und er wollte sie nicht verderben. Irgendwie hatte sie etwas von seiner Mutter, und seine Mutter hielt er in Ehren; er war ihr wie aus dem Gesicht geschnitten und der Sohn seiner Mutter; er wollte auch Diplomkaufmann werden.

Und falls Schiltz beim Fernsehen oder Zeitunglesen die Tränen kamen, tat er so, als ob er einen Hustenanfall bekäme, und seine Frau klopfte ihm dann auf den Rücken, und wenn er schließlich tief ausatmete, keuchte er: »Schlag ruhig zu, die alten Hausmittel waren nie zimperlich, und man faßt so schneller wieder Tritt.« »Wenn alle so mutig wären wie du«, antwortete sie meistens. Schiltz verzog seinen Mund und wirkte dadurch zehn Jahre jünger. Einmal sagte er zu seiner Frau: »Wenn du unterwegs einen anderen Mann länger ansiehst, denke ich, jetzt hat sie die schemenhafte Vorstellung: Den hättest du vielleicht heiraten sollen. Aber dann hakst du mich fester unter, obgleich ich das gar nicht laut gesagt hatte.« Seine Frau schloß dabei die Augen halb. Und wenn er plötzlich jemand umbringen wollte, im Straßenverkehr lag seine rechte Hand bei Gefahren wie am Abzug einer Pistole, sagte sie: »Du?«

»Aber du kennst mich ja nicht«, sagte er dann und schwieg, und sie dachte wieder, daß er doch Geheimnisse vor ihr habe. Das war das einzige, was sie noch in Spannung versetzte, doch das hatte ihm seine Freundin beigebracht, und so wirkte er auch immer in dem Vorratskeller, den er zum Luftschutzkeller ausbauen will.

Straßenbekanntschaften (1990)

Wie er dreht und drückt

Das tragbare Radiogerät hängt an einem Lederriemen über seiner Schulter, die dann schief sitzt, weil der Kasten doppelstöckig ist. In der Hand könnte er ihn nicht lange halten, dieser wieselige Typ bringt höchstens dreißig Kilo auf die Waage, sieht aus wie vierzehn, aber ich lege einfach noch zwei Jahre drauf. Und wo geht's hin? In den Park mit dem Ententeich. Da dreht und kurbelt, drückt und tastet er an seinem »Gepäck« herum, bis ein Walzer herauskommt, der ganze Park kriegt ihn ab. Danach erstickt er kurzerhand den Nachrichtensprecher, und in einem anderen Sender stirbt gerade Marschmusik.

Der Musikregisseur läuft zum Kinderspielplatz; eine Rocknummer donnert aus seinem Kasten, und drei Jungmütter fangen an zu hopsen. Der nächste Bus ist seiner. Er stößt mit seinen Darbietungen jetzt in die City vor, läßt mitten im Gedränge einen Evergreen an die Luft, geigenfrisiert, so eine Nachmittagsmelodie für Frauen, die noch vorm Spiegel sitzen. Und er wühlt sich weiter vor, zieht einen Donnerrhythmus hoch, der alles in Grund und Boden fetzt, mittendrin schlägt ein Sänger zu, und das ist wie bei einem Unfall, wenn jemand zwischen das Blech kommt und der Lärm nicht aufhören will.

Er stolpert beinahe, will da raus und verschnauft sich vor einem Blumenstand, bietet dem aber auch noch eine Einlage, da gibt's so eine Art Serenade mit Harfe, Cello und Klarinette, die von einem Tango abgelöst wird, echt lateinamerikanisch – ratzratz –, die Gitarren. Und er dreht, kurbelt, drückt und tastet nicht mehr. Hätte er wenigstens Geld erwartet oder einen Auflauf, von wegen, setzt seinen »Doppeldecker« ab, steckt ihn in ein Futteral, als wär's ein Instrument, und düst ab. Rennt in ein Treppenhaus, wird gleich gestoppt, eine Frau reißt ihm seinen Apparat aus der Hand und schleppt ihn die Treppe rauf. Er könnte das viel besser.

Entschuldigung

Sagte er nicht bei jeder Gelegenheit: »Entschuldigung«? Bin ich deswegen hinter ihm hergegangen und habe mir gemerkt, wo er das sagt, wo und mit welchem Gesicht? O. K., auf der U-Bahn-Treppe und in der U-Bahn. Er geht am Stock und kommt wirklich niemandem zu nahe, wackelt nicht, wenn er während der Fahrt stehen muß, nur beim Hinsetzen kommt er nicht so glatt herunter. Er muß aber niemanden erst anstoßen, er sagt ja vorsichtshalber gleich: »Entschuldigung«, und man sieht ihn an, und er lächelt. Ja, wie denn? Das ist mehr ein Zucken im Gesicht, als hätte er mal Bewegung gebraucht. Ich stellte mich dann vor ihn hin, um zu hören, was er sagen würde. »Entschuldigung«, sagte er wieder, und ich antwortete, daß er sich das sparen könne, daß es mir auf die Nerven gehe, daß er damit Schuldgefühle auslöse und Rücksicht erwarte, obgleich ihm gar nichts passiere; mich langweile dieser Trick, nein, er kotze mich an, immer dieselbe Tour und ausgerechnet in der U-Bahn.

Und wovon sprach er? Von Schutzbedürfnis und Selbsthilfe, und er könne das Anrempeln nicht ertragen, er habe sein ganzes Leben darauf geachtet, nicht einmal aus Versehen jemanden mit dem Schuh, einer Hand oder der Schulter zu berühren, nicht einmal, wenn es vielleicht sogar gepaßt hätte. Und deshalb sei er stets in Übung gewesen, und in seinem Alter käme ihm das zugute, aber zur Unterstützung sage er eben noch »Entschuldigung«, das hindere selbst Leute, die sich nicht davor scheuten, andere umzustoßen oder niederzuschlagen, daran, gewalttätig zu werden. Man solle ihn bedauern, und die einzigen Waffen eines alten Schwächlings seien ein Stock und das Wort, von dem ich spräche: »Entschuldigung«.

Ich wollte noch wissen, ob er sich immer so gewählt ausdrücke. »Das ist auch Übung«, sagte er, »älteren Leuten nimmt man eine gewisse Bildung nicht mehr übel, vielleicht wirkt das ein wenig hilflos, aber dann erfüllt es auf jeden Fall seinen Zweck. Ich bin täglich mit der U-Bahn unterwegs und scheue auch die Treppen nicht, und komme ich hier oben an, sage ich mir: Du hast es wieder geschafft. Die U-Bahn-Station ist in unmittelbarer Nähe meiner Wohnung, und meine Vergangenheit unterscheidet sich von anderen nur darin, daß ich auch aus gesundheitlichen Gründen seit meinem sechsundsechzigsten Lebensjahr immer allein meiner Wege gehe, und sollte bei mir eingebrochen werden, neben der Wohnungstür steht ein Koffer, da können die Einbrecher gleich alles hineintun, und der andere Koffer ist für einen unverhofften Krankenhausaufenthalt gedacht. Mehr Vorsorge habe ich nicht getroffen.« Ich sagte: »Entschuldigen Sie …«

Kontrollierte Abläufe

Er sitzt seine zehn Stunden in der Bahnhofstoilette ab, und klappert es auf seinem Teller, sieht er drüber weg. Wohin denn bloß? Eine Kachel über dem Becken muß herhalten, die wackelt schon, wenn jemand prustet … Wie sie da nebeneinander auch stehen, was sich dabei verschiebt und bei wem alles glattläuft, manchmal sieht er sich selbst da als Kunde von hinten und vorn; zur Kontrolle.

Für die Klos auf der anderen Seite hat er einen »eigenen Minutenzähler im Kopf«. Wer sich da hinsetzt und denkt, er säße zum letztenmal ganz bequem und rutschte danach sogar als Leiche geräuschlos runter, ahnt nicht, daß bei dem da draußen der Minutenzähler tickt. Dann knallt es gegen die Tür. Mit den einen Meter fünfundneunzig an Höhe, das müßte sich jeder gleich näher ansehen; nach einem Unfall hat man ihn von oben bis unten wieder zusammengenäht, diesen Narbensack, der sich mit einem Stock hin- und herschiebt von einer Kachel zur anderen.

Und greift jemand nach seinem Groschenteller, fliegt ihm der Stock zwischen die Beine, und sticht auf dem Klo wieder irgendeiner mit der Nadel zu, da tickt doch der Minutenzähler, und der Wasserschlauch kommt dran, zum Kachelnabspritzen oder einem Stück Leben. Der Mann da draußen sagt sich: Hier läßt man was runter und raus, mehr nicht, und Schluß. Was er dazu sonst noch gerade sagen will, behält er im Kopf und läßt es später irgendwo plumps machen. Und er sieht nur dahin, wo es zu laut wird oder sich zu wenig rührt. Die Rücken auf der einen Seite sind für ihn wie die Türen auf der anderen.

Und sehe ich ihn weggehen, er schiebt ab, als hätte er Dampf drunter, und landet im zweiten Stock einer Häuserecke nicht weit vom Bahnhof. Oben geht er erstmal austreten und schließt die Tür vor sich ab, sitzt dann am Fenster, macht es wegen der Luft öfter auf und zu, trinkt sein Bier flaschenweise, atmet aber nach jedem Schluck sachte aus. Er vermeidet Geräusche, ist auch Spezialist für Nachtgeräusche, heimliche, verdeckte, schonungslose. Nachher läßt er das Wasser laufen, wäscht sich, läßt es weiterlaufen und dreht die Hähne erst zu, wenn mal wieder alles glattgelaufen ist, draußen wie drinnen.

Der Glotzer

Er sieht sich nichts an oder sieht mal zu, seine Blicke bleiben nirgendwo stehen oder hängen, sie hatten vorher ja auch nichts zu tun; Arthur glotzt. Wo er gerade ist, gibt's einen Ruck, und die Augen sind wie angenagelt, da kommen keine Blicke raus, eingesetzte Glaskugeln könnten das sein, die blinken.

Soll er doch glotzen. Wann macht er das denn nicht? Fällt aber nie dabei hin, könnte wenigstens einmal stolpern, scheint von einer langen Schnur gezogen zu werden, oder eine innere Stimme macht's ... Noch so was Ähnliches gefällig?

Gibt er vielleicht endlich Ruhe, wenn er glotzt? Die hat er sowieso, deshalb weiß er gar nicht, was das ist. Mit ungefähr zweihundert Pfund und einen Meter neunzig über den Schuhen schiebt Arthur ab. Das ist die Ruhe. Ob da ein Flieger landen will oder Taubengeflatter kommt, seine Augen kriegen erst später den Ruck und stellen sich vor irgend etwas auf, und das pariert dann auch, und es bleibt beim Vis-à-vis, ist eine Art Unentschieden, und beide Seiten halten das aus. Macht er Schluß mit dem Glotzen, rutschen die Augenlider herunter; aus Versehen wohl nicht.

Das Wetter ist für ihn, wie es ist, und er ist immer langsam. Genug hat er geglotzt, wenn er umkehrt und im Treppenhaus noch langsamer macht; so langsam, als wäre er da zum erstenmal, tastet er sich die Treppen hinauf. Seine Schwester hört bestimmt schon die Schritte und holt ihn rein wie einen, für den es höchste Zeit ist.

Jagd nach dem Zufall

Wo sie jetzt auch ist, überall kommt Frank vor. Bis zur Trennung zog er ihren Vornamen in die Länge, als käme eine Melodie hinterher. Deshalb nannte sie sich später Doris statt Dorothea ... Sah Frank einen Fleck, konnte der zur Erinnerung erstmal bleiben, doch Doris rieb ihn gleich weg, und was darunter war, mußte fast wieder wie neu aussehen ... Ungefähr vor sechs Jahren war es dann soweit: Doris schnippelte die Fotos von Frank wegen seiner Haare in den Papierkorb; sie taumelten sogar bei Zugluft wie Halme ohne Saft und gaben sich allmählich von selber auf ... Und Frank wollte sich nicht mehr an ihr Lächeln erinnern, es war eine Mischung aus Ekel und Erbarmen und schlüpfte gelangweilt in die Mundwinkel zurück.

Sprang Doris doch bei Rot aus ihrem Wagen und klopfte an die Scheibe eines ältlichen Zweisitzers. Der Fahrer ließ das Steuer los und klopfte an seine Scheibe. Frank hätte aber wenigstens das Fenster heruntergedreht und auf die Ampel gezeigt … Und Frank trat in der U-Bahn auf eine Frau zu, deren obere Hälfte Dorothea ähnlich sah; ihr Gesichtsausdruck schien ihn auch vor Überfällen mit Gefühlen zu warnen. Sie schüttelte unmerklich den Kopf, während er noch nickte … Weil Frank und Dorothea früher viel zu oft im selben Augenblick das gleiche dachten, es aber selten zugaben und Ratespiele daraus machten, sagte sich Frank: »Kommt das schon wieder …«

Anrufen? Hatte Doris nicht zufällig gehört, daß bei Frank noch alles beim alten ist? Sie rief trotzdem an, legte aber auf, als er den Hörer abnahm, und redete sich ein, den Telefontisch vor sich zu sehen, der war vor ihr und mußte geschont werden, denn warf man den Hörer auf die Gabel, konnte er umkippen; Rokoko sollte das sein … Drehte sich nicht gerade der Schlüssel in Franks Wohnungstür, gezielt reingedrückt und zweimal umgedreht? So schloß nur Doris auf. Und die suchte seit ein paar Tagen nach dem Schlüssel, warum sollte sie ihm den Schlüssel zurückgeben, er hatte zwei …

Lag er neben Doris auf dem Bett, wälzte er sich hin und her, nun blieb er auf dem Rücken liegen, glaubte aber, Doris' Blicke kontrollierten wieder jeden Abschnitt von den Haaren bis zu den Fußnägeln, und ihr Lächeln versackte im Dunkeln … Und Doris zog jedesmal, wenn sie sich ausmalte, Frank zu treffen, etwas anderes an und streifte sich Handschuhe über, Frank war jedoch für bloße Hände bei jeder Gelegenheit …

Frank setzte eine englische Sportmütze auf, seine Haare sollten vor dem Absterben öfter unter sich bleiben und es warm haben … Doris würde mindestens zweimal ganz auffällig hinsehen, falls sie ihn träfe. Immer sah Doris vor Ampeln nach links und rechts, und hätte er einen neuen Wagen, säße er immer noch wie vor dem Einschlafen am Steuer. Vielleicht hatte eine andere Frau das inzwischen geändert …

Frauen meinten, er müsse mal wieder das Gefühl haben, von einer Frau irgendwie überfallen zu werden … Doris fuhr mit der S-Bahn in seine Richtung zurück, im ganzen dreimal an einem Tag, und fuhr der Zug weiter, hätte sie beinahe gewunken: Entweder saß er darin, sie konnte ja nicht auf jeder Station in einen anderen Waggon umsteigen, oder spürte sie seine Abschiedsstimmung für immer …

Und hörte er die Sirenen der Feuerwehr, Frank traute Doris schwerere Unfälle zu als sich, eingeklemmt konnte sie sein, und er summte ihr eine traurige Melodie zu, während sie herausgeschweißt werden mußte … Doris ging nur zum Austreten in Cafés und bestellte zur Verschleierung vorher ein Stück Kirschtorte mit einem Glas Tee.

In einem Café hatte sie nachgeschlagen, daß es in der Stadt über hundert Cafés gibt. In die Nähe seiner Firma stellte sie sich aber nicht, er käme sich ertappt vor, wartete da überhaupt jemand. Und auf den Bahnhöfen tat sie so, als suche sie einen Blumenstand … Den Flughafen mied Frank. Doris zog da immer den Kopf ein … Auf einer Parkbank hatte Doris noch nie auf ihn gewartet. Obgleich Frank Bogen um Parks und Teiche machte, saß sie freitags mal da; er konnte zufällig vorbeikommen und neugierig werden oder schlappmachen … Frank rechnete gerade nach, ob sie sich jemals zufällig treffen könnten; beim hundertstenmal vielleicht … Und Doris nahm sich vor, in allen Krankenhäusern nach Frank zu fragen, doch sie fürchtete, eine Krankenschwester würde ihn da mit zu vielen Gefühlen überfallen … Und er malte sich die Gefühle der Menge aus, sollte er sie im Gedränge entdecken und hochheben, so gut er eben konnte.

Angetippt (1992)

Wie wir trauern

Abordnungen an Gräbern, vor Denkmälern und Podien. Verstopfte Friedhöfe, Blumengebinde als Signal, Tiefe ausgelotet, Worte sollen bekränzen; alles eingebracht in die Verpflichtungen zum Volkstrauertag, Buß- und Bettag und Totensonntag. Stillstehen.

Am Totensonntag sagte irgendein Gefreiter auf dem Kasernenhof, daß es für solche Feiern nur ein Lied gebe und daß es wohl das langsamste sei, das es überhaupt gibt: »Ich hatt' einen Kameraden«. Nicht an den Tod hätte er dabei so sehr gedacht, sondern eben an einen neben sich.

Und der Mann bei einer Gedenkfeier in einem ehemaligen KZ ganz hinten? Das war kein politischer Häftling gewesen, er wurde mit zweiundzwanzig damals gleich zu den Berufsverbrechern abgestellt, ein Asozialer. Und das erklärte er nachher einem vom Vorstand des Komitees, um Irrtümern vorzubeugen. Aber warum stand er denn da? Weil er gehört hatte, daß es immer weniger wurden, die zu solchen Feierlichkeiten kamen, und die Übriggebliebenen ja auch langsam alle wegstürben.

Der Mann hat sich da erkältet. Das passiert öfter auf Friedhöfen so Ende November. Manche holen sich dadurch sogar schon den Tod. Und all die anderen? Sollten wir mit unserer Trauer vielleicht einsilbiger umgehen? Jedem seine Melodie im Kopf lassen, ohne sie zu singen oder aufzuspielen? Sollte Trauer nicht mehr regelmäßig organisiert werden wie bisher an den drei besagten Tagen? Soll es, in wessen Namen auch, immer so bleiben?

Es geht bei uns nicht anders, alles wird vorgeplant und geschieht zu seiner Zeit. Auf Nummer Sicher auch die Trauer?

Leitende Herren

Zweimal in der Woche versammeln sich die Herren, es sind neun, und konferieren. Sie dürfen sich als »Leitende« bezeichnen und sind zwischen neununddreißig und zweiundfünfzig. Das Unternehmen ist weit verzweigt, und die Flugtickets sind wie Kleingeld in der Hosentasche. Drei der Herren wurden inzwischen zu Haushaltsmillionären, weil sie die Spargelder fleißig arbeiten ließen und ihre Grundstücke rechtzeitig erwarben. Drei andere Herren haben jetzt einen Oberlippenbart. Dazu wurden sie in ihrer zweiten Ehe von den Frauen überredet.

Auf jeder Konferenz ist, so wörtlich, immer etwas vom Tisch, oder es gibt für irgendwas wieder grünes Licht. Man sucht nach gängigen Formeln und will den Durchblick wahren. Politsprüche mischen sich in das Getümmel von Fachausdrücken, doch kein Schlachtruf ertönt. Optimal ist in jedem Fall letzten Endes der Kompromiß. Vier haben ein Diplom, und drei sind promoviert. Fünf holen endlich, auch im Interesse ihrer Kinder, die Nachkriegsgeschichte nach.

Wenn von Gesundheit die Rede ist, schiebt man die Familie vor und zeigt sich besorgt. Über die eigene Gesundheit spricht man nicht, um sich keine Blößen zu geben. Manche fahren sonntags Rad. Über die Höhe der Gehälter fällt auch kein Wort, aber trotzdem wird gerätselt. Und wo der andere politisch steht? Das ist wie mit der Gesundheit und den Gehältern. Fünf tun manchmal so, als ob sie Helmut Schmidt vermissen, denn er hielt trotz allem eine gewisse Mitte und verstand was vom Geschäft, und vier wünschen sich heimlich einen geläuterten Franz Josef Strauß, obgleich sie auf den anderen auch nicht restlos verzichten möchten. Und Helmut Kohl ist für sie andeutungsweise das perfekte Mittelmaß; da man auf fast allen Gebieten diesem Mittelmaß begegnet, kann man damit ja wohl auch leben. Liberal ist und bleibt man bei jeder erdenklichen Gelegenheit, das läßt nicht nur unter der Hand alle denkbaren Ausformungen zu, und dennoch: Nirgendwo sagt man offen, was man denkt; selbst zu Hause ist man politisch nicht mehr ganz privat, und wem man bei Wahlen seine Stimme gibt, bleibt in vier Fällen sogar den Ehefrauen verborgen. Lediglich vom Betriebsratsvorsitzenden weiß man ungefähr, wo er steht: Sein Vater war Sozialdemokrat, und er nennt sich demokratischer Sozialist. Beim Platzkonzert einer Militärkapelle während einer Konferenz mit Auslandsvertretern in einem idyllischen Heideort strafften sich die Gesichter der Herren; drei sind Reservisten der Bundeswehr.

Als bei Straßenkrawallen Steine in die Fenster der Zentrale flogen, war man genauso stumm ergeben wie bei dem Platzkonzert. Und nach diesem Terrorakt brachten es sechs der Herren halb im Flüsterton dann streng vertraulich auf die Formel: »Was wäre man denn ohne diese nützlichen Idioten da draußen, die tun doch einfach nur das, was man selbst oft möchte – einfach dreinschlagen ohne Rücksicht auf Verluste.«

Rollenlast

Also der Reihe nach: Bis der Mann das wurde, was er jetzt ist, hatte man ihm weder Siegen noch Verlieren eingeübt, und falls es um Verlierer ging, war immer die Gesellschaft daran schuld. Das waren nicht die Verlierer von Amt und Würden oder die im Management, das waren die Alltagsverlierer, die Überarbeiteten, Alleingelassenen, die Süchtigen und Schwächlichen. Er bestreitet, seine Ängstlichkeit hinter einem Vokabular zu verbergen, das ihm die Möglichkeit bietet, mit dialektischer Raffinesse und wortklüngelndem Tiefsinn auch Reformgeist zu vermitteln.

Seine geschiedenen Ehen hält er auch nicht für gescheitert. Er führt die Trennung auf mangelnde Sensibilisierung beider Seiten und die erdrückende Rollenlast zurück. Mit fünfzig drang er schließlich in die Chefetage vor, und so arrangierte er sich – ohne, wie er es nannte, zum Anpasser zu werden – mit seinem Posten. Er ließ verkünden, daß er im Interesse der Menschen und der Sache Verantwortung trüge. Und um seinen Mitarbeitern das Gefühl zu nehmen, sie stünden weiterhin unter Leistungsdruck, milderte er den Druck, indem er nur noch von Leistungsmoral sprach.

So bröckelte auch sein Sozio-Wortschatz merklich ab, und flankiert von einer »Mannschaft« – »Truppe« verbat er sich –, erzielte er den Durchbruch. Erfolg ohne Sieg? Er blieb beim Durchbruch, denn Sieg hätte ihn erschreckt. Das Gegenteil war ja die Niederlage, und er hielt sich stets etwas über der Mitte. Durchbruch schien ihm das passendste Wort zur näheren Erklärung seiner Bewußtseinslage zu sein.

Und dann kam plötzlich das, womit er nicht gerechnet hatte: Er verlor. Daß man jedoch ein guter und ein schlechter Verlierer sein kann, das bedachte er gar nicht. Betrachtete er sich als gescheitert? Oder hatte er eine Niederlage erlitten? Er fand, daß *gescheitert* irgendwie menschlicher sei. Die anderen blieben aber dabei, daß er ein Verlierer ist. Und daß sich schlechte Verlierer lächerlich machen können? Warum sollte er sich überhaupt als Verlierer sehen? Denn lächerlich macht einen doch nur die Gesellschaft, an der die Versager zugrunde gehen sollen.

Er blieb bei gescheitert. Verlieren ohne Risiko: Er wurde heruntergestuft und ging mit der Bekundung eine Etage tiefer, daß er unter der Rollenlast zusammengebrochen ist.

Der Bundestagsabgeordnete

Bei Plenarsitzungen des Bundestages huschen die Fernsehkameras nur über die Gesichter der Hinterbänkler. Würden sie jedoch vor seinem Gesicht ein paar Sekunden länger bleiben, es drückte beispielhaft den Ernst und die Pflicht der Stunde aus. In der Schule hatte er einen Mittelplatz, auf der Fachhochschule sicherte er sich Punkte zwischen gut und befriedigend, und danach stand der öffentliche Dienst fest hinter ihm. Ob in den Arbeitskreisen und Fraktionssitzungen – ein leerer Stuhl verletzt auch seinen Ordnungssinn.

Er setzt gewissenhaft einen Fuß vor den anderen, und der Aktenkoffer pendelt gehorsam mit. Er grüßt immer zuerst und blickt den Leuten dabei in die Augen. Er trägt stumm die Erinnerung an alle von ihm eingebrachten und abgeschlagenen Ideen und Initiativen vor sich her, und steht er zufällig in der Nähe eines Bundesministers, und der kann ihn nicht gleich unterbringen, tut dieser Mann von dahinten so, als kenne man sich doch schon lange, und macht kein Aufhebens davon.

Seine Frau trifft sich mit den Frauen der Kollegen von ganz hinten, die auch nicht viel an ihren Männern auszusetzen haben und einen gewissen Stolz in 1.-Klasse-Abteilen nicht verbergen. Sollte er Witwer werden, würde ihn seine Sekretärin heiraten. Er hat Auslandsreisen mit Parlamentariergruppen unternommen und Tagebuch geführt, weil er stenographieren kann. Was nimmt er nicht alles zu den Akten. Seine Frau sagt, ihrem Mann entginge nichts.

In seinem Wahlkreis gilt er als Politiker mit den besten Beziehungen. Seine Stadt, wie er sie nennt, ist eine Kleinstadt mit fast siebenhundertjähriger Geschichte und stagnierendem Wachstum. Er bringt ihr die Welt ins Haus. An den freien Wochenenden trifft er persönlich die Verabredungen und diskutiert bereits Freitagabend mit der Basis. Samstags schlendert er mit Frau und Tochter gegen zehn durch die Hauptstraße und steht ganz nach Programm etwas länger vor diesem oder jenem Schaufenster. Auf die Reihenfolge achtet seine Frau.

Im Ratskeller läßt er nie einen Tisch reservieren, er setzt sich gerne mal irgendwo dazu. Und falls es nicht gerade regnet, unternimmt er mit seiner Frau häufiger Radtouren in seinem Wahlkreis; beide winken, auch wenn niemand darauf achtet. Zu Hause liegen Zeitungen, Zeitschriften und Fachblätter auf einem Abstelltisch, beschwert von Büchern, die neugierig machen.

Auf einer Strichliste stehen Montag dann wieder Themen und

Probleme, die nach Bonn gehören. Man rechnet mit seinem vollen Einsatz. Oft verbietet er sich selbst den Mund, sogar vor seinen Parteifreunden und der Familie; Selbstgespräche führt er noch nicht. Und er wird wieder für seine Partei kandidieren, er, der Hinterbänkler, der sich aber längst auf einem Mittelplatz sieht und treu und ergeben da sitzen bleibt wie ein Beamter. Genau das will er jedoch nicht, denn Politik, das sagt er sich ständig, heißt doch Gestalten.

Rundum versichert

Wozu denn Name, Alter und Beruf; es gibt ihn überall, den rundum versicherten Bundesbürger. Seine Blicke richten sich öfter nach oben. Damit ist, ohne es auszusprechen, der Himmel gemeint, schließlich hat man trotz gründlicher Abdeckung aller erdenklichen Risiken heutzutage keinen Grund, nach vorn zu sehen. So gefestigt, zieht er auch den Leibgürtel nicht mehr stramm, benutzt statt dessen zunehmend Hosenträger, farbiger als die herkömmlichen und zuverlässig breiter. Seinen Lebensinhalt bilden bekanntlich Beruf und Familie. Folglich ähnelt jedes Wohnungseigentum einer festen Burg, vom Keller bis zum Dachboden, nichts ist ungesichert, alles scheinbar kampfbereit.

Im Garten fehlen nur noch die Fahnenstangen, hinter den Mauern verrutscht nicht mal ein Teppich, und welchen Gedanken gibt es jeden Abend zum Schluß: Na, wenn schon, wir sind doch rundum versichert. Und die Kinder, allmählich ins Auto hineingewachsen, lernen rechtzeitig, welch verhängnisvolle Folgen Lackkratzer haben können und daß sie nicht in irgendeinem Auto fahren, sondern in einem Wohnzimmer auf Rädern. Gegen Unfälle möchten sie durch Panzerplatten gewappnet sein; ihr Vater denkt zumindest ebenso.

Und geht es auf Reisen, denkt man zuerst an Unfälle und den Heimtransport durch Hubschrauber und Krankenhausaufenthalte mit Tagegeld. Zur Gesundheitspflege, die auch nicht zu kurz kommen darf, gehört das Fahrrad. Der Wertersatz bei Diebstählen steht außer Frage, und beim Wochenendeinkauf auf Märkten hat man wegen der Taschendiebe und Handtaschenräuber die betreffenden Richtlinien der Police im Kopf. Deshalb drücken die Ehefrauen und Gefährtinnen nachts vorm Einschlafen oft die Hände ihrer Männer oder suchen Schutz in ihren Armen. Denken sie allerdings an Tschernobyl, ist die Welt dem Totalschaden nahe, ausgeplündert und verwest; doch Angst bindet ja.

Europas Worte zu Adenauer

»Ich habe Angst vor den Deutschen«, soll Konrad Adenauer einmal gesagt haben. Sein spärlicher Wortschatz befähigte ihn, nachdrücklich und unverkrampft schwierige Sachverhalte auf schlichte Weise darzustellen. Dabei half ihm zuweilen sein »Kölscher Tonfall«, dem eine zutrauliche Schnodderigkeit anzuhaften scheint. Wirkte er todernst, war nicht auszuschließen, daß er eher traurig-zynisch solche Minutenrollen spielte.

Konrad Adenauer wußte immer genau, was er wo, wann und wem sagte. Unerschütterlich mit seinem Gottesglauben unterwegs, war von Angst selten, von Besorgnissen hingegen ständig die Rede. Vom Kaiserreich zog er in die Weimarer Republik und stolperte ins Dritte Reich, wo er auf der Strecke blieb, und stellte sich den Siegern dann vor Erfahrungen strotzend ohne Pathos mit bewährter Trockenheit und List zur Verfügung.

Wer außer ihm glaubte sich an vorderster Stelle in den Wiederaufbaujahren berechtigt und verpflichtet, von seiner gründlichen Kenntnis der Deutschen so eigenwillig Gebrauch zu machen, daß er schlichtweg von der Angst vor den Deutschen sprechen konnte? Deutsche über Deutsche: Fragt man sich nicht nur in letzter Zeit öfter, ob unser Gemüt manchmal im Kopf statt weiter unten ist? Haben Leidensmienen woanders auch soviel zu tun wie bei uns? Soll alle Welt jedesmal aufhorchen, wenn wir kommen, um zu beschwören, daß es überall allemal noch besser werden kann, ob es um mehr Ökologie, um mehr Freiheiten und um Menschlichkeit geht?

Vielleicht erinnerte sich Konrad Adenauer auch daran, daß im Zweiten Weltkrieg in den Luftschutzbunkern der Groß- und Industriestädte zuletzt die meisten Schutzsuchenden Engländer oder Amerikaner werden wollten, nicht nur, wenn es unbedingt sein müßte. Um den Märtyrer zu spielen, auf diese Rolle mag doch wohl keiner von uns – und nun besonders in Ostdeutschland – verzichten, geschweige denn auf Sicherheit in allen Lebenslagen, käme die Garantie von wem auch immer. Die Wuchtvokabel Vergangenheitsbewältigung droht schon wieder, und vermeintliche Charakterhelden klettern dagegen auf Podien.

Hätte Konrad Adenauer nicht besser von Angst vor dem Nationalcharakter als von Angst vor den Deutschen sprechen sollen? Aber so lange gibt es den Begriff Nationalcharakter ja auch noch nicht. Und den Spruch hat der Alte ebenso kurz und bündig über seine Lippen gebracht: »Die Menschen sind so, wie sie sind; andere gibt es nicht.« Er bildete sich ein, sie auch ohne gängige Visiten bei der Psychologie zu kennen, die Deutschen und sogar die Menschen. (Ob er in Frieden ruht?)

In stiller Andacht

Schon wieder und wie oft wohl noch, das Trauerthema KZ. Diesmal wird aber nur nachgetragen und vorausgeblickt. Die Konzentrationslager »Großdeutschlands« von 1943 bis 1945 sind schwarz auf weiß in einem Lageplan eingestrichelt worden. Da findet man die Hauptlager, eine zu kleine Auswahl der Neben- und Außenlager, die Vernichtungslager und die Zuchthäuser mit Hinrichtungsstätten. Zu einer gründlichen Auflistung der Haupt-, Außen- und Nebenlager, Polizeigefängnisse und Zuchthäuser im Osten und Westen »Kleindeutschlands« indes hat es noch nicht gereicht. In den berüchtigten Hauptlagern finden regelmäßig Gedenkstunden mit Reden statt. Über die Neben- und Außenlager, wo Leichen sogar in Spatenlöcher gestopft wurden, weil Regen und Matsch fürs Einsinken sorgen würden, verdeckt Schweigen die Unkenntnis.

Wer weiß denn schon von diesen Lagern, und diejenigen, die es wissen, vermissen wenigstens Gedenktafeln an irgendeiner Stelle. Aber wo sollten sie hin? Auf den blutgetränkten Holperstrecken stehen inzwischen Autohäuser, Lagerhallen, Fabriken und Selbstbedienungsläden; Reihenhäuser genießen die Randlagen, und Schulen sind auch in der Nähe. Und werden zufällig vergammelte Knochen gefunden, Schlachterläden gibt es da ja auch. Aber das Gedächtnis für Massenleid und Todesfolter kommt langsam in die Jahre, und neues, eher beschreibbares Elend wälzt sich darüber.

Die weltbekannten Gedenkstätten reizen im allgemeinen höchstens noch zu Wochenendausflügen im üblichen Stau. Bald jedoch wird man jeden Quadratmeter Boden wie einen winzigen Garten pflegen müssen. Immer mehr Bürger suchen ausreichenden Platz zum Leben, und unter der Erde werden aus Platzmangel mit befristeter Liegezeit Särge aufeinandergetürmt. Auch Autos finden kaum noch Parkplätze, und alle Tiefgaragen sind überfüllt. Sollte es letzten Endes keinen Platz mehr für neue Friedhöfe geben, könnte man die ehemaligen KZ-Hauptlager an ihren äußersten Rändern mit Gräbern für jedermann belegen. Die Parkplätze im Umkreis werden zu Ruhestätten umfunktioniert, und Trauergäste pilgern zu Fuß zu den Ihren, von Abgasen verschont und der ordnungsmäßigen Andacht und Stille verpflichtet.

Der Ordnung halber

»Ruhe ist die erste Bürgerpflicht.« Dieses preußische Kommando wurde seitdem auf deutscheste Weise beherzigt, indem man es zum Bekenntnis erhob. Und wo Ruhe nicht nur ist, sondern herrscht, werden ständig gehorsame Hüter postiert. Ob Ordnung nur in Ruhe möglich ist, kommt auf die Umstände an; zuviel Ordnung kann sich ins Gegenteil verkehren, gefolgt von dem Volksruf: Wenn schon, denn schon. Im Donnerwetter unserer Geschichte ging »Ruhe und Ordnung« sogar über Leichen, und war sie siegreich, gab es Lorbeerkränze.

»Ruhe und Ordnung« vermag sich im günstigsten Fall ganz von selbst einzustellen, im schlimmsten wird sie hergestellt. Und das ist die Regel. »In aller Ruhe« geht bei uns nichts, denn das würde bedeuten, Umsicht zu üben, der Ordnung nicht zuviel zuzumuten, nur gerade so viel, daß sie Blicke nicht verstellt und Grenzen zieht, und das in einer Art gewiegter Beschaulichkeit, die nach dem Heldenlied Herz und Hand verbindet, den Verstand, obgleich nicht vorgesehen, jedoch hinzuzieht. »Seelenruhig« geht es bei uns aber nicht mal ins Bett. Und nicht gemessenen, vielmehr ruhigen Schrittes vor die Schranken eines Gerichtes treten und bei Bedarf, einem ältlichen deutschen Spruch zuliebe, den Richtern die Leviten lesen, niemals selbstgefällig oder stocksteif; fundiert kritisch und herzhaft auch ohne Schlips und Kragen ... »Die Ruhe selbst« kann niemand sein, es sei denn aus Ignoranz und Gleichmut. Für dieses Gehabe müssen dann andere zahlen, doch es gesellt sich allmählich zum guten Ton.

Wach sein und sich in ruhigen Bahnen bewegen, überall da, wo der Alltag einem Aufräumen, Fahren, Putzen und Abschließen zumutet. »Ruhe sanft« steht traditionsgemäß auf Grabmalen, der Ordnung halber, versteht sich, in Reih und Glied.

Modewort

Betroffenheit ist das Wort der Stunde, und was es auch betrifft, ob Autounfälle, Flugzeugabstürze, Hungersnöte, Leichenberge, Zusammenbrüche, es scheint sich nie ganz festlegen zu wollen, kerbt keine Mienen zu Falten und drückt nur unmerklich auf die Stimmen von Ansagern, Kommentatoren und Politikern. Die Gelegenheit, wieder der Betroffenheit das Wort zu reden, ergibt sich beinahe täglich, Betroffenheit stoppt die Zudringlinge Entsetzen, Trauer, Verzweiflung, wirkt schonender, führt Ernstes mit sich, deutet Tragisches an, kommt um Schmerzliches nicht herum und hindert selten am Essen, Trinken, Fummeln und Rülpsen.

Der Alltag ist wortbildend, Sprache paßt sich den Verhältnissen an, lügt selten oder gar nicht. Doch Betroffenheit, dieses Gewohnheitswort, benutzt die Straße nicht, es zieht sich in die gute Stube zurück, läßt weder Schreie, Tränen noch Zittern zu und leistet somit unserem ohnehin immer verwundbareren Gemüt geradezu einen Liebesdienst. Da jedoch sowieso alles ernster, gefährlicher, hoffnungsloser wird, greift die tiefe, oft beliebige persönliche Betroffenheit weiter um sich, macht Partygespräche attraktiver und ermuntert geschäftstüchtige Psychologen zum Scharwenzeln.

Betroffenheit verstellt den Weg zum entschiedenen Wort, dient zunehmend als mehr oder weniger diskreter Hinweis zur Selbstbeschwichtigung und hat erfreulichere Ausblicke tunlichst gleich in der Hinterhand.

Angst auf weiße Zettel schreiben und andere Texte (1993)

»Ein Familienfoto auf den Schreibtischen sollte man gestatten«

»Über die Vor- und Nachteile von Großraumbüros ist genug debattiert worden«, sagte ich zu Abteilungsleiter Mosbacher, »meine Einstellung dazu kennen Sie, und hier ist sie noch mal: Ob wir gewollt haben oder nicht, nun sind sie da.«

»Ich habe ja auch noch die gleiche Einstellung dazu wie Sie«, sagte Mosbacher, »doch ich komme wegen Watermann, der hat eine ganz andere Einstellung dazu, und die demonstriert er seit letztem Monat ohne die geringsten Hemmungen.«

»Wie macht er das denn?« Mosbacher zögerte und sagte dann: »Er hat seine Familienfotos auf den Tisch gestellt und einen Kaktus. Er züchtet Kakteen. Und die anderen Mitarbeiter überlegen jetzt, ob sie nicht auch Fotos auf ihre Tische stellen sollen und Blumen. Weil die Buchungsmaschinen jedoch zuviel Platz wegnehmen, müßten sie alle am Tischrand aufgestellt werden; wie leicht können sie da aber runterfallen.«

»Da haben wir also bereits die Kettenreaktion.« – »Noch nicht, ich möchte sagen, sie droht, und heute früh dachte ich, ist der Watermann verrückt geworden? Kommt er doch mit einer Stellwand ins Büro, setzt sie rechts neben dem Tisch ab und hängt ein Bild daran! Niemand weiß, was es eigentlich darstellen soll, aber es ist sehr farbig.«

»Und wie reagierte Watermann auf Ihren erneuten Vorhalt?« Ich fügte gleich noch hinzu, weder die Personal- noch die Organisationsabteilung könnten es hinnehmen, daß jemand so aus der Reihe tanze, und was dieser Watermann damit erreichen wolle. Mosbacher sagte etwas von »größerer Arbeitsfreude«. Wir saßen in meinem Zimmer. Natürlich haben wir Direktoren Einzelräume. Ich ließ für ihn extra eine Tasse Kaffee kochen, und dann sagte er: »Von Überstunden ist dabei nicht die Rede gewesen, es geht ihm um seine Arbeitsfreude.«

»Und so ließen Sie sich von ihm abspeisen? Wer ist denn Herr Watermann?« – »Er ist doch mein bester Mann, ohne den Watermann bringen wir einfach nicht die Leistung.« Ich verlangte eine Aktennotiz über den Vorgang.

Abends war ich dann selber drüben im Großraumbüro. Watermann hatte drei Fotos an den Rand des Tisches gestellt, auf dem einen war er mit Frau und Kindern im Garten, auf dem anderen saß seine Frau am Steuer, und auf dem dritten stand er in Turnhosen und hielt einen Pokal hoch. Daneben war der Kaktus, und das Bild an der Stellwand war sehr farbig.

Ich setzte mich an einen anderen Tisch und wollte aus dem Fenster sehen, aber mein Blick fiel zuerst auf das Bild, und außer diesem Bild war ja auch nichts mehr zu sehen, außer Dächern und Schornsteinen. Abteilungsleiter Mosbacher war schon weg. Er hatte in seiner Großraumecke einen Gummibaum stehen und auf dem Schreibtisch zwei Familienfotos.

Am nächsten Vormittag brachte Mosbacher die Aktennotiz persönlich. Ich ließ für ihn wieder eine Tasse Kaffee kochen und sagte: »Nun zu Punkt 1, Kollege Mosbacher. Der Kaktus muß verschwinden, und die Stellwand nimmt Watermann heute wieder mit nach Hause. Falls ihn jedoch ohne das farbige Bild nichts mehr an seinem Arbeitsplatz hält, kann er es ja an der schmalen Wand zwischen den Fenstern aufhängen, dann sieht man erst das Bild und anschließend die Dächer und Schornsteine.« Ich stellte mir noch mal die Situation vor. Mosbacher unterbrach mich in meinen Gedanken: »Und Punkt 2?«

»Hier geht es einerseits um die echte Bindung an die Familie und andererseits um die Bindung an den Betrieb, sprich Arbeit. Ein Familienfoto auf den Schreibtischen sollte man gestatten, das reicht aber – allein schon aus Platzgründen. Und nun Punkt

3: Wenn jemand Geburtstag hat oder ein Jubiläum feiert, kann er auch Blumen hinstellen. Aber nur dann.«

»Geben Sie diese Anweisungen noch schriftlich?« – »Nein, Sie machen das mündlich und schicken mir eine Aktennotiz über das Ergebnis.« – »Wenn das man klappt, wie Sie sich das vorstellen!« Ich begleitete ihn zur Tür: »Darauf bin ich auch gespannt, lieber Herr Mosbacher.«

Ein Straßenräuber

Kriminalkommissar Hohler sagte: »Straßenräuber sind nicht immer besonders kräftig, und oft handelt es sich auch um Gelegenheitstäter. Die meisten fallen durch ein gewisses Phlegma auf.«

Ich versuchte, mir das vorzustellen.

Dann saß ich mit einem Zivilfahnder der Schutzpolizei im Altonaer Bahnhofsrestaurant, und er begann mit seiner Schilderung: »K. sitzt in einem Lokal und trinkt eine Cola. An der Theke gibt einer Bier aus. K. könnte sich auch an die Theke stellen, er würde bestimmt ein Glas abkriegen. Aber er bleibt bei seiner Cola. Der Spender will zahlen. Er zieht ein paar Fünfzigmarkscheine aus seiner Tasche und schwankt. Die Wirtin verlangt zwanzig Mark. Sie wechselt. Der Spender geht. K. hatte seine Cola längst bezahlt. Der Laden ist voll. Er geht auch. Vor ihm steht der Spender. Er geht nicht mehr gerade. K. stellt ihm einen Fuß, der Spender stürzt, und im Fallen verpaßt K. ihm einen Schlag ins Genick und nimmt ihm das Geld aus der Tasche, geht auf die andere Straßenseite, überquert eine Kreuzung und mischt sich unter Passanten. K. weiß nicht, was nun kommt. Den Spender werden sie gleich finden, und die Polizei wird sagen: ›Das ist ein Zechenschlußdelikt!‹ Diese Fälle behandelt sie jeden Tag, von Straßenraub ist kaum noch die Rede, das betrunkene Opfer empfängt lallend die Zeugen aus dem Lokal, und alle reden durcheinander. Wenn K. wüßte, daß solche Anzeigen zu fünfzig Prozent in nichts zerfallen, würde er ganz beruhigt sein. Er geht weiter und ißt was. K. ißt eine Currywurst, trinkt zwei Cola, Durst hat man danach, und gibt vielleicht einem Mädchen einen Fünfziger, das dreißig haben wollte. K. wird sich danach eine Cola mit Rum kaufen. Der Gedanke, daß morgen Sonnabend ist, beruhigt ihn wahrscheinlich. Es ist nicht gesagt, daß er die Zeitung liest. Sollte er sie lesen und die Meldung der Polizei nicht finden, ist er endgültig beruhigt, vergißt jedoch, daß die Meldung gar nicht mehr in die Morgenzeitung hineinkommen konnte, weil es zu spät war. Und würde sie drinstehen – K. interessiert höchstens, ob das Opfer mit dem Tode ringt. Bei Faustschlägen und Fußtritten oder Schlagwaffen ist das selten. K. kauft sich am Sonnabend etwas zum Anziehen. – Diesen K., den ich meine, beobachtete ich häufiger in Schuhgeschäften. – Dann geht er ein Stück und sieht eine Frau mit einer Handtasche; sie ist ihm zu jung, und die Straße ist belebt. In einer anderen Straße würde er nicht zögern, ihr die Tasche zu entreißen. K. ißt wieder eine Currywurst und trinkt Cola und geht ein Stück. Eine ältere Frau geht vor ihm. Sie trägt eine teure Lederhandtasche. Er reißt ihr die Tasche aus der Hand und läuft davon. Die Frau ruft erst ›Hilfe‹, als er schon weit weg ist. Er plündert die Tasche und wirft sie an einer geeigneten Stelle fort. K. hat der älteren Frau die Handtasche mit Gewalt entrissen. Sie hielt sie nicht einmal fest. Er weiß, daß die wenigsten Frauen ihre Handtaschen festhalten. Vor Schreck lassen sie ihre Handtasche los. Angenommen, K. wird gestellt. Die Anklage würde auf Straßenraub lauten. Aber in dem Fall kommt der Richter, und das weiß K., wie ähnliche Beispiele zeigen, zu dem Schluß: ›Die Gewalt, die der Angeklagte benutzt hat, um dem Opfer die Handtasche zu entreißen, muß das Opfer auch aufwenden, um sie festzuhalten. Gewalt scheidet demnach aus.‹ Er wird wegen Diebstahls verurteilt. Zuschlagen oder wegreißen, so einfach macht K. sich das. Er ist phlegmatisch. Ich habe bisher drei Straßenräuber gefaßt. Einer setzte mir Widerstand entgegen. Er war bewaffnet. Das war ein Zufall. Er wollte einbrechen, wurde aber vertrieben und suchte nun mit Gewalt ein Opfer.«

Der Zivilfahnder ging anschließend immer um den Bahnhof herum.

Mittendrin im Schlafsack

Gebückt hebt er hoch, worauf er gesessen hat, so was Knolliges, rollt das aus, steigt mit einem Bein hinein, sein anderes kommt gerade noch nach, jetzt sitzt er wieder, ein Ruck, und er liegt lang; man sieht nur seine Haare. Er steckt in einem Schlafsack. Die Pappe mit dem Gekritzel »Wohnungslos – arbeitslos, bitte um Spende« hat er vergessen, seine linke Hand kommt und fegt sie mit rein. Er bleibt aber nicht auf dem Rücken liegen, wälzt sich nach rechts, ganz dicht vor die Mauer, neben einen Laden. Der Mauervorsprung ist so breit wie der Schlafsack. Es ist Sonntag, gegen Abend. Und wem dreht er den Hintern zu? Dem Jungfernstieg in Hamburg 36.

Träumt er darin, oder reckt er sich? Muß wohl erst richtig Fuß fassen in dem Schlafsack. Schon drückt er die Beine durch, läßt seine Arme unten, und der Schlafsack kommt auf seine Kosten; alle Ecken sind ausgefüllt. Bleibt doch jemand stehen und sagt: »Hier kostet jeder Quadratmeter Ladenfläche ein Vermögen an Miete, und der macht sich da breit.« Für seine Verhältnisse hat der Mann alles dazu gesagt. Und eine Frau meint, daß ihr Sohn einen Schlafsack hat, der wohnlicher aussieht. Hinter meinem Rücken bleiben noch andere stehen. Ich kriege ihr Kopfschütteln mit.

Denken die vielleicht, ich hätte mit dem im Schlafsack irgend etwas zu tun, will ihn abschirmen, mich sogar stark machen? Ich könnte ihnen ja sagen, daß er da unten eben so ziemlich alles tut, wo er geht und steht, und sich deshalb eben auch gleich mal hinlegt, egal wo. Und wer die »Bettelnummer« bringt und den Laden abends satt hat und nicht im Sitzen pennt und sogar noch einen Schlafsack als Unterlage benutzt und dann hineinkriecht, der hält im gewissen Sinne doch irgendwas auf sich, oder? Und Polizisten werden den gefüllten Schlafsack höchstens oben aufklappen und hören, daß der da noch Luft durchzieht, und sich sagen, daß er immerhin in einem Schlafsack ist.

Ich hatte lang genug da gestanden und ging dann auf und ab, machte immer größere Strecken und dachte, die Polizei wird schon dagewesen sein. Als ich zurückkam, war der Mann im Schlafsack unterwegs, hielt ihn mit seinen Ellenbogen fest und watschelte in den hell erleuchteten Schaufenstervorplatz eines Schuhgeschäftes mit einem Schaukasten mittendrin. Und dort legte er sich hin, dicht an der Säule unter der vorspringenden Auslage. Durch die beleuchteten Fenster hatte er es wärmer, und vom Jungfernstieg aus sah man ihn nicht.

Luftlinie zum Ehemann

Alice wollte zum Zahnarzt und sagte: »Er zieht beim Bohren die Oberlippe hoch und ist seit einem Jahr geschieden. Seine Frau hat jetzt einen Freund, der sich auch bald scheiden lassen will. Und weißt du, was der macht? Nach dem Lesen faltet er die Zeitungen immer so scharf, daß er damit zustechen könnte. Aber Felix und ich leben vorläufig getrennt. Worauf er bestand? Daß hier alles am gewohnten Platz bleibt, bis auf einige Sachen, die schließlich ganz von selbst ihren gewohnten Platz wiederfinden werden. Er wohnt in einem Hochhaus, direkt in der Luftlinie zu unserem Haus ... Wo Gerd bloß bleibt. Wer Gerd ist? Gerd ist Student und kommt dreimal die Woche. Er macht den Garten und sieht nach dem Rechten, von neun bis eins.

Wie er aussieht? Er ist ein Typ, der Fische entgräten kann, ohne dabei nervös zu werden, findet Felix. Woher er das nun wieder hat ... Und Gerd ist alles in allem ungefähr zehn Zentimeter größer als Felix und, sagen wir mal, dunkelblond. Seine Augen sind grau. Er meint blau, aber das hat ihm eine andere eingeredet. Er sagt ja nicht viel. Man muß ihn immer erst zum Reden bringen. Und was er studiert? Im vierten Semester Medizin. Das hat auch den Ausschlag gegeben, als er sich auf meine Annonce hin vorstellte.«

Alice erwartete ihn jeden Augenblick, seinen Wagen höre man schon von weitem, und mit den Turnschuhen wirke er wie jemand, der ins Haus gehört und um nichts herumredet. »Durch einen Autounfall haben seine Rippen einen Knacks gekriegt, und nach meinem Unfall ist es immer noch das linke Knie. Und drückt Gerd mal gegen seine Rippen, hab ich ein Ziehen im Knie. Daran deutelt Felix viel zu oft herum, und Gerd lacht dann ganz unverschämt.«

Dann redete sie über Thomas, ihren zwölfjährigen Sohn, der seit vier Wochen in einem Schulheim ist und dort zu lange auf das Mittagessen warten muß. »Aber Gerd gibt ihm ja recht: Nichts sei für ihn in dem Alter wichtiger gewesen als das Essen. Es mußte immer rechtzeitig auf den Tisch kommen. Zu Hause, das hieß für Gerd der gedeckte Tisch und die Mutter, die auf ihn wartete. Das habe ich auch bei Thomas nie vernachlässigt ... Gerd ist für sein Alter schon sehr weit, die Studenten von heute schalten sich ja überall ein. Doch er sagt eben wenig, aber das wirkt dann doppelt.«

»Felix wird fünfundfünfzig«, sagte ich, »und du bist vierzig, und Gerd könnte dreiundzwanzig sein.« Alice fand endlich ihre Handtasche und tat so, als gebe es für sie im Augenblick nichts Kostbareres: »Und weißt du, was Gerd sagte? Mit siebzehn habe mir etwas gefehlt, nämlich so einer wie er. Und er hat einfach eine Flasche Sekt aus dem Keller geholt, und dann war es soweit. Nun weißt du es genau. Und seitdem geht es mir durch und durch, das mit der Siebzehnjährigen; Gerd will die Siebzehnjährige in mir und die Vierzigjährige noch dazu, und Felix sitzt im Hochhaus und grübelt ...

Wenn er grübelt, wirkt er auch viel jünger. Und kommt er zu einem Schluß, macht er oft ein ganz verdutztes Gesicht. Das mögen Frauen.« Alice stellt ihre Handtasche auf den Tisch: »Und wenn Frauen verliebt sind, lassen sie oft alles sausen. Aber

Thomas merkt überhaupt nichts, weil er leiblich zufrieden ist, ich meine mit dem Essen und damit, daß ich ganz unverändert zu ihm bin und alles am gewohnten Platz ist ... Was Gerd mir bedeutet? Wie du weißt, ist er so ein Typ, der Fische entgräten kann, ohne dabei nervös zu werden, und da spricht wieder Felix aus mir. Und falls ich mal die Dreißigjährige in mir an Gerd ausprobiere? Die Dreißigjährigen sind ihm zu unsicher, aber das könnte die Rettung sein. Doch Rettung wovor? Felix wird die Miete im Hochhaus bald zuviel ... Wir können gehen. Gerd hat ja einen Schlüssel.«

Alarm und die ganze Drecksarbeit

Die Alarmglocke in der Wache: Es ist ein Uhr dreiundzwanzig. Die Unfallmeldung: Sturz von der Bahnsteigkante, auf Gleis 12 ein Mann von einfahrendem D-Zug überrollt. Die Handgriffe: Alles aus der Hand werfen, im Laufen die Jacken überziehen, die Stangen herunterrutschen, in den darunterstehenden Wagen springen, beim Anfahren Helm und Koppel anlegen. Die Unfallstelle: Die E-Lok wird abgekoppelt, die Neugierigen machen Platz, Schmitt, seit elf Jahren bei der Feuerwehr, Fliegengewicht im Boxklub »Heros«, springt auf das Gleis, liegt auf der Nase, leuchtet das Fahrwerk ab, klettert wieder auf den Bahnsteig und meldet: »Rumpf liegt quer, Kopf und Unterschenkel abgetrennt, Kopf zermalmt.«

Egon Schmitt und zwei Kameraden stellen den Zinksarg auf das Gleis. Schmitt sind die Gummihandschuhe etwas zu groß, er zieht sie noch einmal zurück. Der Rumpf kommt in den Zinksarg. Da liegt noch so ein Brei auf einer Schwelle. Er wird abgeschabt und kommt in den Plastikbeutel. Die Unterschenkel kommen einzeln links und rechts neben den Rumpf. Den Plastikbeutel legt Schmitt da hin, wo eigentlich der Kopf sein sollte.

Ein Kriminalbeamter sagt: »Und die Kopfhaare in den Rädern?«

Schmitt sagt: »Das macht die Bahn.«

Schmitt hatte gerade Spiegeleier gegessen, als es losging. Einer kocht nachts für alle. Von den Gaswerken bekamen sie Kochunterricht.

Sie liefern den Zinksarg im Gerichtsmedizinischen Institut ab und fahren in die Wache zurück und essen weiter.

Die Vollzugsmeldung ist längst abgegeben. Brandner, Schmitts Kollege, sitzt wieder vor dem Aquarium. Als sie um siebzehn Uhr dreißig ihren Dienst antraten, fütterte er erstmal die Fische. Der Nachtdienst dauert vierzehn Stunden.

Brandner sagt: »Die Alten fressen die Jungen auf.«

Schmitt setzt sich vor das Aquarium. Brandner zeigt ihm, wie sie fressen. Und dann wieder die Alarmglocke:

Industriestraße 146. Kunststoff schwelt. Ein Wachmann gibt seine Meldung zu Protokoll. Dann sieht Schmitt, wie dem die Beine wegsacken. Er ruft »Hoppla« und faßt zu. Der Rettungswagen parkt weiter hinten. Schmitt richtet den Wachmann auf. Der keucht und sagt dann auch »Hoppla«. Der Rettungswagen stoppt neben ihnen. Die Besatzung übernimmt den Wachmann und meldet es von unterwegs an die Zentrale. Und die Zentrale gibt die Nachricht an das nächste Krankenhaus weiter.

Der Schwelbrand ist unter Kontrolle.

Ein Privatwagen bremst. »Ich bin der Chef«, sagt der Fahrer.

Otto Greineisen sagt: »Wenn Sie sagen, daß Sie der Chef sind, dann sind Sie der Chef.«

»Wer soll ich denn sonst sein«, sagt der Mann.

Otto Greineisen ist Gerüstbauer gewesen, bevor er zur Feuerwehr ging, und er teilt die Leute nur in Chefs und in Kollegen ein, und dann ruft ihn sein Chef. Da soll ein »Lebensmüder auf der Katharinen-Kirche« sein. Über der Uhr ist eine Balustrade, und von da springen sie herunter, und wenn einer vom Minutenzeiger aufgespießt wird und Otto Greineisen hinaufmuß und sich da abwürgen, sagt er immer: »Nun mach schon, Kollege.«

Otto Greineisen redet den Lebensmüden auf der Balustrade auch gleich mit »Kollege« an. Und der sagt, daß er den Turm weiter hinaufklettern würde, falls er nicht endlich abhaue. Und

Otto Greineisen klettert höher und sagt: »Die Kraxelpartie mach ich aber mit, Kollege.«

Schmitt hockt auf einem Mauervorsprung unter der Uhr, und Brandner hält unten mit drei anderen das Sprungtuch auf. Da fängt der Mann, der springen will, an, hinter der Balustrade einen Handstand zu machen, der Scheinwerfer folgt ihm, und dann läuft er auf der Balustrade hin und her. Der Scheinwerfer blendet ihn. Und dann läßt sich Otto Greineisen doch von oben direkt auf ihn fallen, und dann winselt der Lebensmüde da. Die Schulter ist ihm ausgekugelt, und als Otto Greineisen ihn dann unten hat, sagt er: »Na, Kollege.«

Im Krankenhaus wird die Schulter wieder eingerenkt, und der Pfleger redet mit ihm über die Rechnung und was die Feuerwehr verlangen könnte. Dann kommt ein Assistenzarzt aus der Psychiatrie.

Schmitt sagt sich nach dem nächsten Alarm: Da ist nichts mehr drin. Er meint damit, daß sich nichts mehr regt, und sie kommt auf die Trage, Gerda Niemann, geboren am 11. Mai 1912. Und ihr Typ weiß nicht, was gespielt wird, das sagt er wenigstens. Und so war der Ablauf: Zimmerbrand, also hin. Und als sie gerade ankommen, springt da jemand aus dem Fenster, und das ist sie, die Niemann da auf der Trage. Ob die Publikum dabeihaben wollte? Auf den Hof sprang sie, die Wohnung geht nach hinten. Ihr Mund war offen, der Unterkiefer hatte sich verbogen. Schmitt hat den Schnapsgeruch noch in der Nase. Und ihr Typ ruft: »Gerda«, und daß er sie liebt, die Gerda. Vom Löschen kriegt er Wasserspritzer ab, und man zerrt ihn auf den Hof, aber er will löschen. Ob sie verheiratet ist? Er jammert. Das wäre es ja, er hätte gewollt, aber sie doch nicht, und vier Kinder hätte sie, aber die sollten ihn nichts angehen, und dagegen ging er immer an. Sie hätten getrunken und sich die Flasche geteilt, und sie, die Gerda, nackt ins Bett, und er noch am Wasserhahn, und sie mit der Zigarette, mit seiner, weil das die letzte war, sie mußte erst noch im Bett rauchen. Er sagt, daß er Rentner ist, und kriegt das Bettlaken auf den Kopf, sie löschen oben in der Wohnung, und ihn haben sie ja nun unten im Hof, und im Hof ist er im Wege, aber er will ja mitlöschen und strampelt sich mit dem Bettlaken ab, und dann ruft er doch: »Gerda«, und Schmitt zieht das Bettlaken weg und hat den Rentner am Hals und sagt: »Halt dich gerade, Kollege«, und guckt sich nach Otto Greineisen um, hätte der das gesagt, der Rentner hätte sich das gleich gemerkt, aber er war schon wieder bei dem Bettlaken und schlug dann lang hin, und seine Wollstrümpfe waren grau; mit weißem Garn mußte die Gerda sie ihm an beiden Hacken gestopft haben.

Vermischtes

Paris en passant

Der Herr stieg vor mir aus. Dann setzte er seine Baskenmütze auf und sagte: »Um Sie nicht völlig im unklaren zu lassen, ich bin Bremer und verzehre meine Rente in Paris und feiere an dem Tag Geburtstag, an dem ich meine Frau kennenlernte; sie war im Krieg auch bei der Post ... Der Gare du Nord steckt für mich voller Erinnerungen.«

Ich fragte den Portier im »Hotel Terminus Nord«, ob ich meine Aktentasche unterstellen dürfe, und gab ihm fünf Francs. Er erkundigte sich, wann ich wiederkäme. Ich sagte: »Zuerst will ich zum Père Lachaise, und dann gehe ich weiter.«

Ich nahm ein Taxi. Von draußen sah es ziemlich neu aus. Aber die Aschenbecher hatte man herausgenommen. Stummel lagen auf dem Boden, darunter einer mit Filter.

Wir fuhren zum oberen Eingang.

Der Friedhofswärter sagte: »Gehen Sie hier links geradeaus und dann hinten rechts herum. Zuerst müssen Sie sich das Grab von Maurice Thorez ansehen, die Piaf liegt auch da.« Ich sagte, daß ich eigentlich nur nach Victor Noir sehen wollte: »Hoffentlich ist er noch unversehrt.« Der Friedhofswärter wußte nicht, wen ich meinte. Ich erklärte ihm, daß es sich um einen Mann in offener Bluse mit einem Zylinder in der Hand handele, der in ganzer Lebensgröße in Bronze gegossen auf seinem Grab liege.

Auf einem Rasenstück bei der Avenue Principale harkte ein Neger Blätter weg. Er trug eine lederne Autokappe mit gefütterten Ohrwärmern, die immer hin- und herpendelten. Er war noch mal so groß wie seine Harke.

In der Rue de Flandre sah ich drei Kanalarbeiter. Sie schienen sich über irgend etwas zu wundern. Wegen der hohen Stiefel konnten sie ihre Köpfe nicht gerade halten, und ihr Körpergewicht hatten sie mehr auf die linke als auf die rechte Seite verlagert. Ich sagte zu dem größten, seit wann sie diese neuen Monturen hätten. Er blickte die anderen beiden an, und sie machten wieder ein Gesicht, als ob sie sich über irgend etwas wunderten, und verlagerten ihr Körpergewicht mehr auf die rechte Seite. Ein Mann kam mir entgegen, der Jean Gabin ähnlich sah. Ich sagte, daß Gabin im 19. Arrondissement oft gedreht hätte und ich alle seine Filme kenne.

Der Mann sagte, ich solle zusehen, daß ich schleunigst aus dem Bezirk herauskäme. »Nichts wie Dreck hier, nicht wahr«, sagte ich, »alter Dreck, aber brauchbarer Dreck für Filme.«

»Araberdreck«, sagte der Mann. Ein paar Straßen weiter entdeckte ich eine hohe Mauer, die jedoch nicht an allen Stellen gleichmäßig hoch war, sie war weiß gestrichen worden. Dahinter standen Holzbuden, und ich sah ein paar Neger, die genauso dünn waren wie der Neger auf dem Père Lachaise. Auf dem Weg zum Friedhof von Montmartre achtete ich auf jeden Neger. Sie waren alle ziemlich lang und dünn, und die kleinen trugen meistens eine Brille.

Der Friedhofswärter sagte: Gleich rechts liegt Sascha Guitry. Ich ging zu dem Grab der beiden Richards. Aus den nebeneinanderstehenden Grabsteinen ragten unverändert zwei Arme heraus und hielten sich die Hand. Die Rostspuren auf den Steinen waren länger geworden, doch die auf dem Stein von Madame Richard wirkten schmaler und bogen sich unten leicht zu dem von Monsieur.

Drei Körbe hingen an einer Hauswand. In jedem stand ein Maurer mit Schutzhelm. Ich sagte zu einem Taxifahrer, daß ich für zwanzig Francs lauter gereinigte Fassaden sehen wolle. Wir fuhren zu den bedeutendsten gereinigten Fassaden und zu anderen und zu den Fassaden, wo Sandstrahlgebläse in Tätigkeit waren. Ich sagte, daß ich in der Rue de Flandre in einem Treppenhaus gestanden hätte, das noch in keinem Film zu sehen gewesen sei. Man müßte solche Treppenhäuser fotografieren und die Aufnahmen in ein Archiv legen. Daraufhin sagte er: »Der ganze Dreck wird langsam abgerissen.« Ich sagte, es gäbe nur den Araberdreck in Paris, den anderen Dreck sollten sie ruhig so lassen. Er schüttelte den Kopf und hielt vor einer gereinigten Fassade. »Achtzehn Francs dreißig«, zeigte die Uhr an. Ich gab ihm die zwanzig Francs, und er sagte: »Drüben ist noch so ein Treppenhaus.«

Danach suchte ich unsere Botschaft in der Avenue Franklin D. Roosevelt. Fast wäre ich vorbeigegangen. Ein Polizist, der mir gesagt hatte, wo sie ist, nämlich neben dem »Restaurant Lasserre«, rief mich zurück. Ich bat, den Kulturreferenten sprechen zu dürfen, und wartete in der Halle, gegenüber von Heiligers Bronzerelief.

Ich sollte raufkommen, kam aber nicht in den Fahrstuhl, die Tür schloß sich viel zu schnell wieder. Beim nächsten Mal machte ich mich ganz dünn und schlüpfte hinein. Im ersten Stock wollte eine Sekretärin eintreten, die Tür ging natürlich wieder zu schnell zu, und beinahe wäre ihr Aktendeckel eingeklemmt worden.

Den Kulturreferenten hatte ich ungefähr zwanzig Jahre nicht gesehen. Bevor er Kulturreferent wurde, war er Pressereferent gewesen. Ich sprach über den Fahrstuhl und er über Heiliger, ich dann von den Schwierigkeiten mit den Fassaden, er von Hausenstein, dem verstorbenen Botschafter. Beim Essen im »Florence«, in einer Parallelstraße vom Champs Elysées, sprachen wir noch von ihm. Rechts von der Tür sitzt Malraux öfter, sagte der Kulturreferent, aber der Patron hat mir gesagt, er wäre heute noch nicht dagewesen. Nach dem Essen sprachen wir noch von Malraux, und der Kulturreferent sagte, ich möge in einer Stunde wiederkommen.

Ich ging zu einem Schneider im Boulevard Haußmann und sagte, daß mein Reißverschluß gerissen sei, weil ich eine altmodische Toilette aufgesucht hätte, obgleich das Lokal renoviert worden war, und ich müßte zur Botschaft. Er nahm eine neue Hose vom Bügel, die ich so lange anziehen dürfte, und gab meine einer Schneiderin, die hinter einem roten Vorhang saß. Ich sagte, das täte mir ja leid und was einem alles passieren könne und daß es heute morgen geregnet habe, und nun wäre die Luft wieder so, wie man sie in Paris erwarte. Er sagte, Paris habe diese Luft nicht mehr, und öffnete die Ladentür. Ich entgegnete, daß ich etwas Liebenswürdiges sagen wollte. Der Schneiderin gab ich zwei Francs und zog die neue Hose wieder aus und hängte sie auf den Bügel. Ich sagte: Das hätte ich beinahe vergessen. Der Schneider schüttelte den Kopf und sagte: Das wäre nicht nötig gewesen. Ich sagte, daß ich aus Hamburg wäre. Er sagte, das hätte er auf dem Etikett in meinem Sakko gesehen, während ich mich bückte.

In einem Laden in der Rue St. Jaques kaufte ich einen Jugendstilkleiderhaken für dreiundzwanzig Francs. An der Wand lehnte ein Jugendstilwaschbecken mit zwei Hähnen für Kalt- und Warmwasser.

»Die Hähne sind nachgemacht worden«, sagte die Inhaberin, »und die Kaffeedosen und Kaffeemühlen ebenfalls. Ich kopiere, was möglich ist, Gebrauchsgegenstände aus der Zeit sind zu teuer.« Sie hatte sich eine lange Jugendstilschürze umgebunden, die ihre Beine vorn verdeckte. Die Knie waren dick. Sie merkte, daß ich mir ihre Beine angesehen hatte, und sagte: »Wenn ich Strumpfbänder anhätte, würden Sie anders denken.«

Ich blickte in ein Restaurant in der Rue Chanoisette und sah an den Wänden lauter alte Trompeten. Anschließend ging ich zu einem Antiquitätenhändler am Montparnasse. An einer Wand hing eine alte Trompete. Ich sagte, daß ich eben in ein Lokal geblickt hätte mit lauter alten Trompeten an den Wänden. »Haben Sie vielleicht alte Trompeten?« fragte er mich. »Ich möchte jetzt in die Trompete blasen«, sagte ich. Er lächelte, es war ein Lächeln zwischen Stolz und Wehmut, und sagte: »Wir wollen nicht politisch werden.« Dem Kulturreferenten berichtete ich von der Sache mit den alten Trompeten und sagte: »Wir wollen lieber nicht politisch werden.« »So einfach ist das auch nicht«, sagte der Kulturreferent. Der Weg führte uns in die Avenue Matignon. Wir betraten die Galerie Weill. »Hier ist eine Vernissage«, sagte der Kulturreferent. Die Malerin hieß Robinson. »Sie ist Deutsche von Geburt«, sagte der Kulturreferent in der Garderobe, ihr Mann ist Amerikaner, und sie wohnen im »Bristol«. Mrs. Robinson sagte zu mir: »Kennen wir uns nicht?« Sie stieß mit ihrem Zeigefinger gegen das Kinn und sagte dann: »Ich weiß, Sie erinnern mich an meinen ersten Mann.« Ihr Mann saß auf einem Louis-XIV.-Stuhl und beobachtete die Kellner am kalten Büfett. Mrs. Robinson fragte den Kulturreferenten, ob sie nicht in München ausstellen könne. »Die Möglichkeit dürfte nicht ausgeschlossen sein«, antwortete er. Und küßte ihr die Hand. Sie reichte mir die Hand zum Kuß. Ich zog sie ein wenig höher, und Mrs. Robinson sagte: »Wie mein erster Mann.«

Draußen sagte ich zu dem Kulturreferenten: »Diese Bilder passen neben Trompeten in Restaurants.« Er sagte: »Sie hat in New York gut verkauft und wohnt in der besten Gegend.«

Hände küssen, von Möglichkeiten sprechen, Lebensabrisse wie Paravents vor einem hinstellen, die französische Kulturgeschichte nahezu auswendig beherrschen, Französisch so glatt sprechen wie Deutsch ohne Schnörkel, nur mit etwas mehr Temperatur, dieser Kulturreferent paßte nach Paris. Und er hatte bisher keine Beule an seinem Mercedes, beharrte darauf, daß sämtliche Autofahrer in Paris Mercedeswagen schonen, Rolls-Royce nicht minder und schließlich Cadillacs und daß das aufregendste in Paris der Autoverkehr wäre. Ein paar Straßen weiter fand die Preisverkündung der 5. Pariser Biennale statt. Vor dem Tor dieses Palais hatten vier Polizisten Posten bezogen. Die Begleiterin eines deutschen Malers war mindestens zwei Meter groß, über ihre weiße Strumpfhose hatte sie einen Minirock gezogen. Und ich glaube, es war die Tochter des Generalsekretärs, der sich auf einen Stuhl stellte, um anzufangen, sie war höchstens acht Jahre alt und strampelte mit ihren Beinen. Der kubanische Kulturreferent saß neben dem Kamin, er schien ans Abendessen zu denken. Ich hätte ihn für einen Rechtsanwalt gehalten, mit einer Praxis in der Nähe vom Gare du Nord. Zwei deutsche Preisträger waren klein: Birkfeld, der Bildhauer, sah aus wie ein kaufmännischer Angestellter, der ein Abendgymnasium besucht, um das Abitur nachzumachen, weil er sich für Elektronik interessiert. Seine Brille war randlos. Und der Komponist war ohne Krawatte gekommen, das Twenhemd offen. Seine Brille war goldumrandet. Ich hielt ihn für einen Studenten, der später Deutschunterricht erteilt und nebenher schreiben wird.

Der Kulturreferent beugte sich beim Sprechen zu ihnen hinunter, sie spürten, daß sie betreut würden, und der Komponist beabsichtigte, seine Medaille mit ins Grab zu nehmen.

Ich sagte dem Kulturreferenten noch, daß man zahllose Treppenhäuser in Paris fotografieren müßte, bevor sie abgerissen würden. Er gab mir recht, machte eine Pause und sagte: »Ich bin zur Zeit auf Wohnungssuche, meine Frau wartet auf mich mit den neuesten Informationen, und morgen früh muß ich zum Arzt. Sie müßten sich übrigens die Gemälde anschauen, die unser Botschaftsarzt Dr. Jaffé besitzt, aber er ist gerade in Kanada. Schätze gibt es in Paris, wo man sie gar nicht erwartet.« Vor dem »Café de la Paix« ging ich auf eine Dame zu, die dort zehn Minuten gestanden hatte. Ihre Nase war gebogen, für die großen Zähne schienen mir die Lippen zu schmal, aber breit genug; sie hatte schwarze Haare und viele Haare an den Beinen. Ich sagte, daß wir zusammen essen sollten. Sie sagte, ihre Schwester käme gleich.

Wir setzten uns auf Stühle in der vordersten Reihe. Sie sagte, daß sie Mannequin sei, Lisa hieße und aus Lyon stamme, ihr Vater leite ein Architektenbüro und sei im Libanon geboren. Sie besaß ein Dupont-Feuerzeug. Ich sagte: »Das ist so bekannt wie der Citroën.« Sie hatte ein passendes Zigarettenetui in Gold dazu. Ihre Schwester kam, und ich fragte sie, was für ein Feuerzeug sie denn habe. Sie hatte auch ein goldenes »Dupont«, aber es war geriffelt. Und die Schwester hatte weniger Haare an den Beinen und war erst zwanzig, ihre Nase war gerade. Ich sagte: »Wir gehen in ein Restaurant, wo alte Trompeten an der Wand hängen.« Lisa spielte mit meinem Dupont-Feuerzeug und sagte: »Das ist kein Gold.« Der Herr am Nebentisch fragte Lisa, ob es recht wäre, wenn wir vier würden. Er spielte mit seinem Feuerzeug. Ich nahm es in die Hand. Er sagte: »Dupont ist Dupont.« Ich steckte meins ein und ging zur Place de la Concorde. Die drei Katzen in der Rue Gabriel waren schwarz. Die Mutter saß in der Mitte, und als sie mich sah, blickte sie die beiden anderen an. Der Polizist, der vor der amerikanischen Botschaft auf und ab ging, machte gerade dort jedesmal halt, wo die drei Katzen saßen. Ich folgte einem Mann, der die *New York Herald Tribune* hochhielt. Er rief nur »*Tribune*« und betonte die Endsilben. In »Harry's New York Bar« sagte ich zu Guy, dem Mixer, seinen Namen hatte man in die weiße Jacke gestickt: »Bei euch ist also alles beim alten. Wenn Sie das auch beruhigt«, sagte ich. Ich drehte mich um, weil jemand hinter mir sagte: »Es ist beruhigend, daß alles beim alten ist.« Er stand unter einem eingerahmten Zeitungsausschnitt mit Ernest Hemingway darauf, wie er einen großen Hecht, der vor ihm auf Eis lag, bewundert.

Ich sagte zu dem Engländer: »Da ist Hemingway schon zu dick.« »Seine randlose Brille verstärkt diesen Eindruck«, sagte der Engländer. »Wäre er nicht so dick geworden, hätte er sich vielleicht nicht das Leben genommen.« »Sicher hat er ein paar Worte für Harry unter die Abbildung geschrieben«, sagte ich. »Sie sollten sie lesen«, sagte der Engländer. Ich sagte: »Wir sollten nicht so verdammt viel reden.« »Sie reden wie Hemingway«, sagte der Engländer. »Ich hätte lieber nach London fahren sollen«, sagte ich. »Hier sagen das viele, aber ich fahre heute nacht wieder ab.« »Nach London«, sagte der Engländer. Ich tippte ihn auf die Schulter, und er sagte: »Wir sehen uns in London.« In einem Bistro in der Rue Magenta trank ich Bier. Ich sagte zu dem Garçon, daß viel Bier in Paris getrunken wird. »Das ist ›Helden-Bier‹«, sagte der Garçon. In Paris trinkt man hauptsächlich Bier aus dem Elsaß. »Ich habe einen Druck auf dem Magen«, sagte ich. »Bier ist gut«, sagte er. Ich sagte: »Auf meiner Zunge sammelt sich allmählich alles, was mir den ganzen Tag über durch die Nase ging. Sie wissen, wie es in Paris früher roch, aber jetzt binden die Benzin- und Dieselölabgase die anderen Gerüche, und sie setzen sich fest.«

Über einen Druck auf dem Magen klagte auch ein Mann, der das gehört hatte. Er sagte: »Sie sind Deutscher, und ich bin aus

Köln.« Er versuchte mir einzureden, daß er auf den Pariser Rennplätzen stets mit Gewinn arbeitet und allerhand Leute, nicht nur aus Köln, kenne, die gemeinsame Sache machten. Ich sollte mitmachen und hundert Francs in ihr Depot geben.

Ich sagte, daß ich nicht an Rennen dächte. »Bei mir kommt der Druck auf dem Magen vom Bremsen«, sagte der Mann. »Nirgendwo muß man so scharf bremsen wie in Paris. Ich komme immer schlecht vorwärts, weil ich ans Bremsen denke, und bremse manchmal, wenn es gar nicht nötig ist.« Ich bestellte zwei und sagte, daß ich noch gar keinen Wein getrunken hätte. Der Tipser zeigte auf ein Weinglas. »Mehr gibt es in dem Laden nicht fürs Geld.« »Früher gab es mehr«, sagte ich. »Ja, früher«, sagte er. »Wann war denn das?« »Vor zwanzig Jahren.« »Wir kommen seit zehn Jahren jede Woche rüber«, sagte er. »Aber mich stört das Toilettenpapier. Ich bringe mir immer mein eigenes mit.«

Ich ging ins Hotel und holte meine Aktentasche. Der Portier sagte: »Die Zeit war zu kurz, und es ist alles zu teuer.« Ich sagte: »Ich habe nur einen Mann mit einer Baskenmütze gesehen, er fuhr mit mir im Zug und stammt aus Bremen und ist hier Rentner.« »Ich bin Belgier«, sagte der Portier. Ich sagte, daß ich einen Friedhofswärter kennengelernt hätte, der Kommunist sei.

»Was meinen Sie, wie selbstbewußt die Kommunisten sind«, sagte der Portier. »Nächstes Mal bringe ich eine alte Trompete mit«, sagte ich.

Bohlmanns Reise

Bohlmann stieg in Köln-Wahn in die fahrplanmäßige Mondrakete und sagte zu seiner Frau: »Ich rufe dich nachher gleich an.«

»Die Luftveränderung kann dir wirklich nicht schaden«, sagte sie. Seine Nervenkraft steigerte sich, und als der Steward kurz nach dem Start in seine Kabine trat, fragte Bohlmann: »Haben Sie auch dieses Fahrstuhlgefühl in den Beinen?«

»Ich bin aus dem Allgäu«, antwortete der Steward, »und das gibt sich beim Kraxeln.«

Kaum hatte der Steward die Kabine verlassen, verspürte Bohlmann Appetit und aß eine Banane. Kernobst enthielt die Verpflegungstüte nicht. Er warf die Schale durch die Abfallröhre ins All, dort schloß sie sich wieder, und er beobachtete daraufhin eingehend optische Phänomene in der Stratosphäre.

Dann kam der Arzt und bat: »Bleiben Sie so sitzen, und legen Sie Ihre Unterarme fest auf die Armlehnen.«

In der Kabine begann es zu summen, zwischendurch gingen auf einer Tafel mehrere winzige Lampen an und aus, und der Arzt zog ein Blatt Papier aus einem Schlitz und sagte: »Nehmen Sie bitte diese Tabletten ein, und trinken Sie anschließend ein Glas Wasser.«

»Sie sind nicht müde, Herr Doktor?«

»Ich lege mich auch gleich hin.«

Der Arzt betätigte einen Knopf an Bohlmanns Sessel. Er verwandelte sich in eine Liege, und Bohlmann rief: »Ich träume!«

»Sie hätten vor dem Abflug keine Eier essen sollen.«

Bohlmann fühlte sich immer leichter und bildete sich gerade ein, die Form einer Banane anzunehmen, da unterbrach ihn der Steward und sagte: »Das Frühstück kommt.« Bohlmann wollte aber keine Eier essen und aß lieber eine Banane.

Es war Abend, als sie landeten. Bohlmann rief seine Frau an, aber ein Herr war am Apparat und sagte: »Falsch verbunden.« Nach dem Essen ging Bohlmann an das Ufer eines silberschimmernden Flusses.

Hier, so dachte er, wird niemand den Mond besingen; er hatte noch die Klänge des Hotelorchesters im Ohr. Schritte schreckten ihn aus seiner Versunkenheit. Ein junger Mann hielt ein Mädchen umschlungen. »Siehst du dort unten den Hügel?« hauchte das Mädchen.

»Ja«, flüsterte der Jüngling, »er sieht aus wie eine goldene Scheibe.«

»Das ist die Erde«, lächelte das Mädchen, »und während ich dort bin, wirst du sie jeden Abend um diese Stunde anschauen, dann weiß ich, daß du mir ganz nahe bist.«

Lampiongeschmückte Boote tauchten auf, und Gitarren begleiteten das Lied vom stillen Erdenglück.

Richard Bohlmann kehrte atemlos ins Hotel zurück und flog mit der nächsten Rakete weiter, ohne seiner Frau, die am Telefon wartete, zu sagen, wohin.

Jonni muß raus aus St. Pauli

Wenn man an alte Tage denkt, entsteht ein Bild von Fischen, Fischern und Fischhändlern, von Fischkuttern, Fischdampfern und Fischhallen, von Fischschlachtern, Fischmahlzeiten und Fischversand. Und wovon noch? Von Lokalen auf dem Pinnasberg, die morgens um fünf öffneten, wo Frühstücken die Hauptsache war und in dem einzigen Gast- und Logierhaus nur Fischer wohnten. Zwei An- und Verkaufsläden hatten immer zu tun, und die Läden mit Tauwerk, Proviant und Schiffsausrüstung.

In den Häusern unten auf dem St.-Pauli-Fischmarkt roch es nur nach Fischen, nach Salz, nach Petroleum und nach Ruß. Von den Docks auf der anderen Seite fiel Licht auf die Elbe, aber der Rauch aus den Schornsteinen der Schiffe hing meistens davor, und die Gaslaternen auf dem St.-Pauli-Fischmarkt glühten schwach. Eistransporte rollten über den St.-Pauli-Fischmarkt, die Stangen stauten sich, Eisbrocken fielen herunter, und Fischköpfe, Schwänze und Gräten schwammen in Lachen. Und überall Wagen und Karren, Schiffermützen und steife Hüte, Gummistiefel und Hände, rote Hände faßten nach Fischen, Hände, die ununterbrochen zufassen mußten, von Salz längst spröde und aufgerissen waren und deshalb immer fester zufassen konnten.

Wer damals ein phantasievolles Stimmungsbild über die Gegend schreiben wollte, hätte vielleicht so begonnen: »Trotz sorgfältigster Pflege der Markthallen und Häuser sind manche Stellen von Witterungseinflüssen und ätzendem Schmutz wie zerfressene Mundpartien, offen in gespenstischer Klage. Eine

Vettel, in ein Tuch gemummt, raunt einem Fischer abschrekkende Worte zu. An zahlreichen Häuserwänden lastet der Ruß wie Aussatz. Wie bucklig das Straßenpflaster ist, irgendwas fault ständig in den Rinnen. Und die Giebel hinauf bis zum Pinnasberg schneiden in die Nacht hinein.«

Aber von den Häusern auf dem Pinnasberg, deren Fenster zur Elbe gehen, kann jeder den Fischmarkt und den Hafen sehen, den Blick auf sein Fernweh treiben lassen. Die Fischdampfer löschen ihre Fracht schon lange in Neumühlen, und der Pinnasberg verödet.

Auf dem Pinnasberg Nr. 31 im obersten Stock haben Jenny und Jonni Jansen diesen Blick. Jonni wurde am 12. Oktober 1900 geboren. Er muß seinen Kopf warm halten und trägt ein Pelzkäppi, das seine Frau aus einem alten Hut geformt hat. »Ich hab Schiffbauer gelernt«, sagt er. »Aber kurz vor Ende meiner Lehrzeit mußte ich verschwinden, ich war nämlich Mitglied der Sozialistischen Arbeiterjugend, das hatten sie herausgekriegt. Ich fischte dann mit meinem Vater und arbeitete zwischendurch im Hafen, 1917 wurde ich schnell noch Soldat.« Jonni redet schnell, und was Jonni auch anfaßt, Jonni ist schnell.

Jenny, seine Frau, sagt: »Ich wohnte schon hier, bevor wir heirateten. Den Pinnasberg kenne ich seit achtundsechzig Jahren.« Sie sitzt auf dem Sofa und trinkt Kaffee. »Als Baby fuhr ich mit meinen Eltern – mein Vater war Schiffer – nach Brasilien. Er starb drüben, und Mutter und ich kamen zurück, hierher. Ich besuchte die Handelsschule. Die anderen Kinder auf dem Pinnasberg gingen auf die höhere Schule.«

»Doch nicht alle«, sagt Jonni.

»Nein, Jonni, aber immerhin, und es waren viel mehr, als du denkst.«

Jonni sagt: »Wenn Sie wüßten, wo ich Jenny kennengelernt habe! In der Heinrichstraße. Später hieß sie Herbertstraße; einen Puff haben sie aus der Heinrichstraße gemacht. Hierher sind wir dann gezogen, in die Nummer 31, und ich rannte jeden Morgen über die Straße in die Schmalzraffinerie, das war 1933, ich dachte, mach zu, Jonni, damit dich niemand sieht, bald holen sie dich ab. Ich war ja SPD-Mann, und die Sozis standen auf der Liste. Aber auf dem Pinnasberg gab es keine Nazis. Ich wurde wieder ruhiger und konnte dann durch Beziehungen was auf einer Werft finden, ich kam aber nur in die unterste Lohnstufe. Und 1941 wurde ich wieder Soldat.«

Jenny sagt: »Ich muß sagen, damals auf dem Pinnasberg wohnten keine Arbeiter, sondern Handwerker und Geschäftsleute, einige hatten sogar Dienstmädchen, und die Inhaber der beiden An- und Verkaufsläden waren Juden. Sie verschwanden noch rechtzeitig nach England. In diesem Haus war einmal eine Weingroßhandlung, es war fast ein herrschaftliches Haus. Ich war Anlegerin in einer Druckerei und meine Mutter Kassiererin im Panoptikum.«

Jenny sieht auch so aus, als hätte sie die Handelsschule besucht, und Jonni sieht noch so aus, als müsse er schnell mal eben in den Hafen.

Er kam nach dem Krieg aus Norwegen zurück und sagte sich, sieh erstmal nach, was alles in der Elbe schwimmt. Fische fing er, und ins Netz gingen auch Kohlen, und Holz brachte er mit. »Ich habe damals einfach nicht an die Zukunft des Autos geglaubt«, sagt Jonni Jansen, »schaffte mir einen Tafelwagen an und handelte mit Fischen. Jenny war dabei. Bis 1953 schoben wir so mit Fischen durch die Gegend. Dann wurde ich Decksmann, das ging bis 1965, also immer Schiffe oder Fische. Und Hauswart bin ich außerdem. Aber die Wohnung unter uns ist schon leer.«

Jonni Jansen setzt sich nicht. Jenny guckt durchs Fenster. »Von Mai bis Oktober« – Jonni Jansen sieht auch zum Fenster hinaus – »bin ich jeden Sonntagmorgen mit Jenny da unten. Auf dem St.-Pauli-Fischmarkt werden von den Kuttern Fische verkauft, und wir schlachten sie. Für drei Pfund Schollenschlachten gibt es eine Mark. Oft verdienen wir mit Schlachten fünfzig. Und das im Akkord, von sieben bis zehn.«

Zusammen mit ihrer Rente sind das ungefähr sechshundert Mark im Monat. Sie gehen selten weg. Auf St. Pauli ist ihnen alles zu rüpelhaft, zu laut und zu nackt. Sie wohnen auf St. Pauli, meinen aber das andere St. Pauli.

Am Hexenberg oberhalb der Stelle, wo einst Schlachterbuden gestanden haben, wird gebaut. In den Häusern möchten sie eine Wohnung haben, mit Blick auf den St.-Pauli-Fischmarkt, die Docks, den Hafen und die Schiffe.

Im »Seestern«, ein Haus weiter, saß ich an der Theke neben einer Frau, die den Pinnasberg besser kennt als die Wirtin. Eine andere Frau, die auf dem Fischmarkt arbeitet, schlief. Ein ehemaliger Schiffsheizer sagte, daß er nur immer kaltes Bier getrunken habe. Seine Freundin nennt man »Schneewittchen«, sie ist zweiundsechzig und muß mit ihm kaltes Bier trinken.

Im St.-Pauli-Eiscafé schräg rüber sind die Gespräche so ähnlich wie im »Seestern«, aber das Eiscafé bleibt, und der »Seestern« wird am 31. Dezember geschlossen. Hier werden dann viele Häuser leerstehen, und dann werden sie abgerissen.

Aus dem früheren Gast- und Logierhaus ist ein Absteigequartier geworden, seitdem unten auf dem St.-Pauli-Fischmarkt der »Autostrich« verläuft. Und in einem Laden hinter einer Scheibe, die nicht geputzt war, stand ein Mann im Pullover und hochgezogenen Hosen vor einem Gerät und machte Bodybuilding. Ein anderer Mann kam hinzu und stemmte Gewichte. Er sagte nichts und ging dann wieder.

Die St.-Pauli-Kirche ist von einer Backsteinmauer umgeben und erinnert viele nur an den Tod.

Unten auf dem St.-Pauli-Fischmarkt stehen die Mädchen fast in einer Front den parkenden Lastwagen gegenüber. Die Fahrer schlafen. Ab acht Uhr abends fährt zwischen den Mädchen und den Lastwagen ein Wagen nach dem anderen langsam hin und her. Licht ist genug da, von den Docks, den Schiffen, den Wagen und den Laternen. In der »Hafentreppe«, das Lokal liegt neben der Hafentreppe, wärmen sich die Mädchen mit Kaffee, Rum und Cola auf.

Die Zuhälter lungern da unten herum oder oben auf dem Pinnasberg und warten.

Um vier krabbeln die Lkw-Fahrer aus ihren Schlafkabinen, was mit Fischen zu tun hat, ist zu den Hallen und Büros unterwegs, an der Viehbrücke werden Schiffe gelöscht, und das Vieh blökt.

Da ist noch die »Galerie Mensch« in einem Hinterhof, sie gehört dem Schildermaler Mensch, da ist noch das »Fischerhaus«, wo große Portionen Fisch serviert werden, und da ist im Hinterhof ein Häuschen mit Türmen, es war früher die gekachelte Toilette des Fischerhauses. Fremde halten es für eine Kapelle.

Und sonntags früh kann jeder Fische, Hühner, Hasen, Hunde, Hemden, Hosen, Obst und Gemüse, Esel, Ponys, Vögel und Katzen kaufen und sich abschleppen oder schreien, singen, trinken und liegenbleiben.

Der Pinnasberg und der St.-Pauli-Fischmarkt sind jetzt genauso rüpelhaft und laut und nackt wie das St. Pauli, das man meint, wenn man von St. Pauli spricht, und das ein paar Straßen weiter anfängt.

Aber die andere Seite vom Pinnasberg bleibt vorläufig vom Abriß verschont. Dazwischen steht das »Gelbe Haus«, Requisit eines Sexfilms. Es wurde für den Film gelb angestrichen, und man trug, wie es im Drehbuch vorgesehen war, nur ein paar Särge heraus. Dieses Haus sieht man dann von weitem, wenn der Schutt abgetragen worden ist und eine Grünfläche sich über den Hang nach unten ausbreitet. Sechs bis acht Särge werden bestimmt noch aus dem »Gelben Haus« herausgetragen, bis es das Schicksal der anderen, angefressenen, verrußten teilt. Das ist auch nur eine Angelegenheit des Kalenders.

Der Bestattungsunternehmer

Der Gedanke, ob er einem Toten bald ins Grab folgen wird, wenn er vor einem Sarg hergeht, kommt Herrn R. nur selten. Tut ihm aber gerade etwas weh, fragt er sich gleich: Bei wem fing es doch auch so an und führte zum Tode? Herr R. kennt alle Krankheiten. Er liest jeden Tag Totenscheine.

Wenn Herr R. vor einem Sarg hergeht, liegt in seinem Gesicht ein Ausdruck konzentrierter Wehmut; er fährt da rechtzeitig hinein und geht nachher erst im Auto wieder zurück. Leidtragende und auch Friedhofsbesucher schauen ihn prüfend an.

Wenn er vor einem Sarg hergeht, sagt er sich: Die müssen dich hier alle weiterempfehlen; der persönliche Kontakt ist das Abc deines Geschäftes. Und Herr R. schaut sich prüfend um; anschließend blickt er wieder prüfend geradeaus.

Herr R. ist mit dem Tod aufgewachsen. Als Kind steckte man ihn in einen Sarg, damit er nicht weglief, und plötzlich dachte man, er sei weg, aber da lugte er unter dem Sargdeckel hervor. Als er vier war, wurde seine Großmutter im Laden aufgebahrt. Die Nachbarn wollten sie alle noch einmal sehen, und er machte die Tür auf und zu.

Der Laden ist unverändert. Er hat ihn von seinem Vater geerbt. Seine Mutter führte das Geschäft zwei Kriege lang. Herr R. sagt: »Sie hatte Talent, sie wuchs in der Gegend auf, sie kannte die Leute.«

Im Laden stehen fünf Särge zur Auswahl.

Herr R. lernte Tischler. Im Krieg verschwieg er, daß er Bestatter ist, sonst hätte er Leichen in Zeltbahnen verpacken müssen. Statt dessen wurde er Gefreiter bei der bespannten Artillerie. Einen Tag nach seiner Entlassung machte er einen Haustransport. Die Leiche mußte dringend aus der Wohnung. Aber sein schwarzer Anzug war ihm zu eng geworden. Der Anzug seines Vaters paßte ihm wenigstens oben. Die meisten Kollegen könnten seine Väter sein.

Er weiß nicht, ob alle Bestattungsunternehmer so lange leben, doch sie haben genug Bewegung und sind jeden Tag an der Luft.

Herr R. gehört im Turnverein zur Volkstanzgruppe und ist für Rhythmus und Harmonie. Er wäre lieber Reiseleiter geworden, weil er organisieren kann.

Herr R. weiß nicht, wie er es sagen soll, und überlegt: »Im gewissen Sinne bin ich Reiseleiter geworden, ich organisiere die letzte Reise, ich arbeite am Schluß.«

Herr R. muß auf der Straße jeden grüßen. Er darf niemanden

übersehen. Er kann nicht ohne Hut auf die Straße gehen und trägt ständig einen schwarzen Anzug. Was er mit dem schwarzen Anzug alles machen muß ... Wenn er zum Turnen fährt, hat er einen schwarzen Anzug im Wagen. Herr R. ist Tag und Nacht erreichbar. Den Preis für einen neuen schwarzen Anzug und einen Zylinderhut setzt er jedes Jahr von der Steuer ab.

Herr R. ist entweder ernst oder heiter. Sein Blick sagt immer: Nun wollen wir mal sehen.

Das Telefon klingelt. Herrn R.s Stimme klingt verhalten, und am anderen Ende der Leitung merkt man: Nun rede schon, der kennt das alles ...

Das ist der erste Kontakt.

Aber auf den zweiten kommt es an. Wenn Herrn R. die Tür aufgemacht wird und er dem Leidtragenden gegenübersteht, weiß er gleich: Hier kriege ich Kontakt oder nicht. Er muß jedoch Kontakt bekommen, auch wenn er weiß, daß er ihn nicht kriegt. Herr R. bildet sich schließlich ein, daß der Kontakt hergestellt ist.

Herr R. tröstet die Leidtragenden selten; sie würden es ihm auch nicht abnehmen. Es ist sein Blick, der sagt: Nun wollen wir mal sehen ... Herr R. meint, diesen Blick müßten die Pfarrer sich auch angewöhnen. Oft muß er ihnen beim Aufbau ihrer Andacht helfen. Er kennt die Leute und die Leidtragenden und die Heftigkeit und Echtheit des Schmerzes der Leidtragenden und die Gegend. Ein Beamter der Kirchenverwaltung starb zwei Wochen nach seiner Pensionierung an einem Herzinfarkt. Er hatte über dreißig Jahre mit Sterbefällen zu tun gehabt. Herr R. sagt: »Der war mit Leib und Seele in seinem Amt gewesen; er hätte weitermachen sollen, ihm fehlte die Spannung.«

»Nein, das ist alles keine Routine«, sagt Herr R., »mehr eine Art Gewohnheit, aber mit Abstufungen. Alte Leute schließen mit mir Vorverträge ab, bestimmen, wie sie bestattet werden wollen, wir legen sämtliche Einzelheiten fest, und sie übergeben mir ihre Sparkassenbücher. Das Geld arbeitet weiter. Und sie sind zufrieden. Im Sarg sehen sie dann auch zufrieden aus. Die meisten Leichen haben einen zufriedenen Gesichtsausdruck.

Wenn man tot ist, dann ist man tot, dann ist es vorbei. Und sehe ich so ein zufriedenes Gesicht, dann denke ich doch an meinen Tod. Ich bin zufrieden, wirtschaftlich gesehen. Alle Beerdigungsunternehmer sind zufrieden ... Ich bin auch in einen Kegelklub eingetreten, um meinen Kreis zu erweitern; ich werbe dadurch Kunden; im Turnverein und im Kegelklub. Und fragen neue Mitglieder, was ich von Beruf bin, sagen sie zuerst nichts, aber schließlich sagen sie: »Erzählen Sie doch mal ...« Ich trinke nicht viel, aber manchmal tue ich etwas gegen die Bazillen – das sagt man in dem Gewerbe so: Ich stürze einen Schnaps herunter, damit es im Magen brennt.«

Herr R. ist fachgeprüfter Bestatter. Seine Urkunde hängt im Laden. Die Berechtigung zum Führen des Fachverbandszeichens wurde erteilt. Neue Sargformen werden entwickelt, aber sie sprechen ihn nicht an. Herr R. bleibt bei den alten.

Daß man sich zuweilen das Lachen verbeißen muß, wo man eigentlich weinen sollte? Herr R. hat nicht darüber nachgedacht, warum uns das Komische ursprünglicher angeht als das Tragische. Zeremonie und Inhalt sind für ihn ein und dasselbe.

1816 Schallplatten besitzt Herr R. Seit seinem siebzehnten Lebensjahr sammelt er Schallplatten, überwiegend Opern, Verdi und Wagner; er ist für Klassiker und Märsche. Am schönsten sind für ihn die Symphonien von Beethoven. Legt er eine Schallplatte auf, sagen seine Augen wie immer: Nun wollen wir mal sehen ... und gehen an die Decke. Wenn er vor einem Sarg hergeht, gehen sie nicht nach oben, sie gehen geradeaus.

Ben Witter spricht mit Ben Witter

ben witter: »Die Behörde für Wissenschaft und Kunst hat Sie zum ›Stadtteilschreiber‹ gewählt. Damit ist ein Stipendium von 6000 Mark verbunden. Nach sechs Monaten müssen Sie eine Monographie des Stadtteils Neustadt – er gehört zum Zentrum, verläuft vom Jungfernstieg aus südwärts, und der Rest liegt auf einem Hügel – vorlegen. Wissen Sie schon, was dabei herauskommt?«

Ben Witter: »Jedenfalls keine Monographie.«

ben witter: »Und wo werden Sie wohnen?«

Ben Witter: »Auf einem Alsterdampfer, allein schon wegen der Perspektive.«

ben witter: »Ist das denn überhaupt möglich?«

Ben Witter: »Das fragt sich die Behörde auch.«

ben witter: »Und dann müssen Sie wohl öfter in der Neustadt spazierengehen. Immer gehen Sie spazieren.«

Ben Witter: »Da ich in der Neustadt sowieso fast jeden Tag spazierengehe, gehe ich ein halbes Jahr in den angrenzenden Stadtteilen spazieren und denke dabei immer an die Neustadt. Das hilft.«

ben witter: »Sie haben angeblich viel für Hamburg getan. Möchten Sie nicht Erster Bürgermeister werden?«

Ben Witter: »Nicht, solange der Jungfernstieg nachts so ausgestorben ist wie jetzt, aber wenn, dann stets mit einem englischen Oberhemdkragen und leicht näselnd.«

ben witter: »Denken Sie in diesem Zusammenhang vielleicht an den Herrn Bundeskanzler? Er näselt auch leicht, trägt aber keinen englischen Kragen.«

Ben Witter: »In dem Stadtteil, wo er geboren wurde, näselte keiner, aber auf der Schule, deren Besuch ihm sein Vater ermöglichte …«

ben witter: »Näseln Sie auch leicht?«

Ben Witter: »Ich habe es auf der Schule gelernt, aber beim Näseln trage ich immer einen englischen Kragen.«

ben witter: »Essen Sie, um bei dem prominentesten Hamburger zu bleiben, auch so gern Labskaus?«

Ben Witter: »Das Restaurant, von dem der Herr Bundeskanzler sein Labskaus bezieht, war vorher mein Stammlokal. Inzwischen bin ich aber mit dem Wirt verfeindet. Seitdem habe ich kein Labskaus mehr gegessen.«

ben witter: »Sie sind nie zimperlich mit Prominenten umgegangen, aber wenn Sie mal prominent sind, werden Sie sich wundern.«

Ben Witter: »Hamburger wundern sich zwar auch, verlieren aber niemals die Fassung.«

ben witter: »Wobei fällt denn das vielgerühmte Understatement der Hamburger heute noch besonders auf?«

Ben Witter: »Bei Jubiläen und Beerdigungen.«

ben witter: »Was kann sich ein Hamburger eigentlich mehr wünschen, als, wie Sie, am Hafen geboren zu sein.«

Ben Witter: »Wenn die Dampfer tuteten, hörte ich immer gleich auf zu schreien. Damals haben sie dauernd getutet. Ich wurde ein stilles Kind.«

ben witter: »Sind Sie Hamburg gegenüber nicht zu kritisch?«

Ben Witter: »Wenn ich mit der S-Bahn über die Lombardsbrücke fahre und aus dem Fenster sehe, aber nicht.«

ben witter: »Sollen Sie nicht in das Dachgeschoß des Heine-Hauses in der Elbchaussee ziehen?«

Ben Witter: »Davon habe ich auch gehört, aber das hängt ganz von den Umbaukosten ab.«

ben witter: »Was ist in Hamburg nicht alles eine reine Kostenfrage.»

Ben Witter: »Ich möchte Heinrich Heine jetzt nicht zitieren, der Erste Bürgermeister zitiert ihn ja auch nie.«

ben witter: »Und was geschieht mit Ihrer ›Neustadt-Monographie‹?«

Ben Witter: »Entweder wird sie veröffentlicht oder findet als Material für eine Ausstellung Verwendung. Auf alle Fälle landet sie im Archiv.«

Deutsch sein

Gehorsam quetschte die Häftlingsnummer XYZ nach der Befreiung des Konzentrationslagers Bergen-Belsen die Personalien heraus; unter anderem: Staatsangehörigkeit deutsch, evangelisch-lutherisch ... Er war der einzige Deutsche unter den osteuropäischen Juden in dem überfüllten Auffang- und Hungerlager.

Erst in diesem Augenblick fühlte er sich allein gelassen. Sein Leidensweg als politischer Häftling hatte im Zuchthaus Brandenburg begonnen. In der Nachbarzelle saß Erich Honecker. Sattsam bekannt der eine – und der andere? Die Engländer machten ihn nach flüchtiger Genesung zum Chefredakteur und wunderten sich, daß sein Wortschatz auch Haß vermissen ließ. In Israel, seiner letzten Station als Publizist in deutschen Diensten, starb Rudolf Küstermeier und wünschte in Deutschland begraben zu werden, hin zur Heimat der aus ähnlichen Gründen übergeführten Särge.

Konrad Adenauer sah sich zuerst als Rheinländer und dann als Deutscher und meinte, um alt zu werden, müsse man sich regelmäßig immer richtig ärgern, also nicht zuviel und nicht zuwenig, und das womöglich über das »Richtige«. Aber die anderen Deutschen ärgerten und ärgerten sich immer nur über andere, jedoch selten über sich selbst – darin war Adenauer einer von ihnen. Und sogar mit Trauern allein lassen sie es nicht gut sein, im Krieg trauerten Mütter »in stolzer Trauer« um ihre gefallenen Söhne, obwohl das Wort doch klagend genug ganz für sich selber steht; wir leisteten und leisten auch noch Trauerarbeit, selbst da bohrt sich der Fleiß in die Tiefe, ohne daß ihr dafür ein Denkmal gestellt wird. Und die Aufarbeitung der Vergangenheit? Das war Arbeit für Freiwillige, auch ungerufen. Und die Bewältigung der Gegenwart? Wir sind das Land der mächtigsten Sprüche – vielleicht Gestapo gleich Stasi oder SEDisten gleich Nationalsozialisten?

Trau keinem über dreißig, hieß es nicht einmal so? Wie gründlich doch auch diese Veränderungsmacher vorgegangen sind und sich heute im besten Alter schon an Versorgungsfragen erquikken. Opferbereitschaft und Pflichtbewußtsein, die stramme musikalische Untermalung ist dahin, und Katastrophenängste werden zum Psychologen getragen und Zukunftsfragen wehleidig sondiert. Und unsere emigrierten Autoren und Zeichner? Wir ließen sie da, wo die meisten gerade noch eben ihr Leben zu fristen vermochten; einige riefen sich selbst in Särgen zurück, soweit Testamente sprechen konnten. Sie hatten die deutschen

Gebrechen in Wort und Bild unters Volk bringen lassen und sahen sich auch immer als ein Teil von ihm. Keiner hat sich seines Heimwehs je geschämt.

Ein Ratgeber für Deutsche? Der Markt ist offen mit Blick zurück und nach vorn. Hinweise auf Lieder, Sangesfreude und entsprechendes Schuhzeug würden nicht fehlen, ebenso Tränen nicht, wo man sie weint; den Mut nicht zu vergessen, ganz nach dem Motto: Alles oder nichts ... Mein Deutschsein, es sei gestattet, ist wahrscheinlich so wie das Heimatgefühl unter erfahrenen Eheleuten, die nicht an Scheidung denken mögen und an Festtagen vernehmlich schlucken, sei es vor Kummer oder aus Verlegenheit, sich jedoch möglichst immer herzlich und fest in die Augen sehen.

Armes Deutschland

»Armes Deutschland.« Historiker sollten endlich versuchen, die Entstehungsgeschichte dieser grämlichen Redensart zu entlarven; Heimatforscher und patriotische Vereinigungen haben anscheinend versagt. »Armes Deutschland«: Besonders nach dem Versailler Vertrag rumorte dieser bekümmerte Spruch in unzähligen Köpfen, ob bei dem entmilitarisierten Gardeleutnant als Eintänzer, dem Junker mit seiner Ahnengalerie im Rücken oder dem Publikum bei Barrikadenkämpfen und Putschversuchen. »Armes Deutschland« avancierte von gängiger Lippenkost zur Tagesparole, bis die Afterfarbe Braun das geschichtsträchtige Schwarz-Rot-Gold bekleckerte. Im Sieg-Heil-Sog ging die Mißmutsformel unter.

Emigranten und Widerständler verhinderten jedoch ihren restlosen Abgang, indem sie den totgesagten Ausspruch wie letzte Worte auf Kranzschleifen gedruckt sahen, wenn ihre Gedanken heimzukehren wagten, wo sich Blauäugiges und Blondes kinderreich und knatternd wälzte ... Nachdem dann Trümmerhaufen zur Erbschaft wurden, requirierten die Hungerleider diesen geräuschvoll dumpfen Spruch. Und er mußte sich erst recht über die spröden Lippen quälen, als das besetzte Deutschland schließlich messerscharf in zwei Teile geteilt wurde. Von Betteln und Flehen hatte man ja längst genug.

»Armes Deutschland.« Hüben wie drüben trieb sich der Kummerspruch herum, drüben hinter vorgehaltener Hand und von hüben nach drüben im Laufe der Jahre mit vollem Magen beim Packen von Verwandten-Paketen. Aber so richtig kam er nicht mehr zur Geltung, es sei denn durch Stimmungsmache beim Blättern in Familienalben ... Nach der teuer erkauften Freiheit drüben, im Gewoge von Schwarz-Rot-Gold, visitierte die im Osten aufgehende Sonne tote Erde und Vermanschtes. »Armes Deutschland« in Teilansicht: der Mäkelspruch reckte sich schon wieder.

Fürs Altenteil ist er noch zu mobil. Sollte man ihn deshalb nicht vorsorglich auf die »hohe Kante« legen, als teures Erinnerungsstück, das seinen Preis behält – Wertzuwachs nicht ausgeschlossen?

Zum Sterben nach Deutschland

Ein Herr Joseph war am Telefon und fragte unsicher, ob ich mich noch an ihn erinnern könne, er sei mir doch damals in Belsen aufgefallen, und was heiße das denn schon – wie die Zeit läuft ... Als es vom Lagerbahnhof für die meisten der befreiten KZ-Häftlinge in andere Länder ging, habe er ja auch da gestanden, fuhr aber nicht mit, weil er so weit draußen niemanden hatte; und dann das mit seinen Haaren; die wuchsen einfach nicht nach ... Nun fiel er mir wieder ein, der Joseph, überall war Joseph und wieselte mit Cornedbeefdosen, Schokolade und Zigaretten in dem ganzen Durcheinander herum, um auf dem Schwarzmarkt dafür Reichsmark zu kassieren. Wann hatte er denn zuletzt Geldscheine gesehen, und endlich gab es sie bündelweise.

Wohin es später gegangen sei, fragte ich. »Nach Amerika.« Der Joseph ist in New York unterwegs gewesen, an Ausdauer und Kurzschlaf gewöhnt, und kümmerte sich im Auftrag eines Exhäftlings um in Kaufhäusern lagernde getragene Garderobe; wer in den Staaten einen neuen Anzug kauft, läßt den alten liegen. Danach ging die Ware nach Deutschland. Dort war sie gesucht. Ich sagte, daß er wegen der günstigen Geschäftslage wohl bald geheiratet habe. Herr Joseph antwortete, daß er nicht die Fähigkeit besitze, Kinder zu zeugen, deshalb ließ seine Frau sich scheiden; zwei Kinder machte ihr nachher jemand anders.

Und er ging nach Israel: Jiddisch sprach er und Englisch, »Deutscheln« konnte er auch, Hebräisch strengte ihn aber an. Mit seinem Geschäftskapital importierte er alte Sachen aus Deutschland, Erinnerungsstücke an Eltern und Großeltern, die man auch über das Sofa hängte, oder Porzellangeschirr und was sonst eben bessere Leute hatten; leicht transportabel mußte das aber sein, denn Herr Joseph war damit von Laden zu Laden unterwegs. »Jetzt gehe ich nur noch zum Arzt und lasse alles andere liegen und stehen«, sagte Herr Joseph.

»Das wird aber ein teures Gespräch«, sagte ich, »und Ärzte kosten.« Herr Joseph sagte, daß es für Israel noch lange immer irgendwie Krieg geben würde, er sei jedoch krank und müsse weg, und für seine Krankheit habe er Geld zurückgelegt ... Nicht nach Polen will er, nach Deutschland, aber wohin denn da? Joseph will in die Heide, die ist inzwischen Naturschutzgebiet geworden, also auch wegen der Luft. Er käme, um zu sterben, und suche ein Lokal mit Fremdenzimmer, wo man ihm als Dauergast vielleicht Rabatt geben werde. Ich sagte, überall in der Heide läge Belsen mit den Massengräbern in der Nähe ... Dann sei er ja in guter Gesellschaft ... Und falls er in der Ortschaft zum Renommierjuden würde? Herr Joseph fast außer Atem, dann behandle man ihn wenigstens besonders gut.

Wo jeder Quadratmeter aus Gold sein könnte

In Bahnhofstraßen kann man immer gleich das Notwendigste besorgen. Man muß nicht überall genau hinsehen und versuchen, dann möglichst schnell in die Stadt zu kommen. Das Flüchtige hat da seine eigenen Gerüche. In Bahnhofstraßen denkt man bei der Ankunft schon an die Rückkehr.

In keiner Bahnhofstraße aber bleibt man so lange wie in der Züricher Bahnhofstraße. Was möchte man da nicht alles genauer sehen, und genaugenommen bleiben nur Ausschnitte übrig, die man manchmal für sich reserviert. Wie lang sie doch eigentlich ist, die Bahnhofstraße ... In dem Gedränge muß man zu oft anhalten, Schritte wollen nicht gezählt sein. Flüchtiges ist woanders. Autos – mit besonderer Fahrerlaubnis – und Taxen bleiben Nebensache.

Wo andere Bahnhofstraßen in die Stadt führen, führt die Züricher hinter dem Bürkliplatz ins Wasser. Das ist der Zürichsee. Darüber schwebt bläulicher Dunst. Er reicht bis an die Berge, und in dem Dunst sind Enten und Gänse, Ruderboote und Jachten beschäftigt. Das Wasser schwappt so selbstzufrieden, als erspare es sich die Wellen.

Auf dem Bürkliplatz ist Flohmarkt, aber kein Gerümpel stellt sich gegen die Bankgebäude und Geschäftshäuser, sondern wertbeständiger Überfluß aus guten Stuben. Nichts liegt auf Haufen, jedes Stück ist gereinigt und möchte angefaßt werden, säuberlich getrennt in flüsterndes »günstig«, »preiswert«, »einmalig«.

Der Bürkliplatz gehört zur Bahnhofstraße. Auf einem Klapptisch sind gebrauchte Armbanduhren ausgestellt. In den Juweliergeschäften der Bahnhofstraße mit Weltruhm liegen diese weltberühmten Marken auch, sind oft doppelt so teuer, hier kann man die Preise jedoch unaufgeregt herunterhandeln. Und sollte es zum Geschäft kommen, wechseln die Scheine wie an Bankschaltern gewissermaßen unter der Hand die Besitzer.

Daneben, dahinter und davor: eine Teigrolle, am Griff ein ungelenk geschnitztes Monogramm, Vasen aus Bleikristall, handgefertigte Kleiderbügel, polierte Buche, Jugendstiliges aus Küchenschränken, ein versilberter Teekessel, eingebeult, vorschriftsmäßig eingefettete Bergsteigerstiefel, Graziöses aus Porzellan und vergoldete Bilderrahmen, schwergewichtig und geringfügig angeeckt. Und Bücher und Zeitschriften, darunter *Als Mariner im Krieg*, herausgegeben von Joachim Ringelnatz, Rowohlt Verlag, 1928. Und *Berlin – Was nicht im Baedeker steht*, Piper Verlag, 1927. Und fünf Exemplare der *Münchner Illustrierten*, Jahrgang 1940.

Die Buchverkäuferin zieht an dem breitkrempigen Strohhut auf ihrer Ponyfrisur. Ihr Typ hätte vor fünfzig Jahren ins »Café Odeon« gepaßt, gar nicht weit weg vom Flohmarkt, fast in Rufnähe, um vielleicht emigrierten Literaten aus Deutschland verlegen mit Wochenendobdach und Familienanschluß zu dienen. Ob sie auch mal durch die Bahnhofstraße geht? Achselzuckend öffnet sie den nächsten Bücherkoffer. Ein Mann mit Nickelbrille und gestutztem Bart verkauft ein Hausnummernschild für zwanzig Franken. An den Schraublöchern ist die Emaille kaum abgesprungen. Es soll eine Hausnummer vom Paradeplatz gewesen sein, von hier aus links von der Bahnhofstraße.

Und links vom Bürkliplatz das Hotel »Baur au Lac«. Die Autos gleiten zur Auffahrt und stehen dort dann wie in einem Salon. Lindenduft füllt den Innenhof eines Gebäudekarrees. Dachgitter zeugen von einer Epoche, wo Blumenkästen aus Eiche die Fassaden schmückten, Spazierstöcke den Ton angaben für ein aktives, bürgerliches Lebensgefühl. Erschienen einem Banken damals zuweilen nicht als Hotels für durchreisende Gelder?

Ich biege wieder in die Bahnhofstraße ein. Jemand kommt mir mit Riesenschritten in die Quere, ein Mann von ungefähr vierzig Jahren. Er zeigt auf die Dächer, Leute bleiben stehen, er ist ganz bunt angezogen, und dann ruft er: »Luzifer, kennst du mich denn nicht? Merlin redet mit dir, siehst du nicht das Gold unter der Straße? Du hast die Menschen zu Opfern des Geldes gemacht, hier brüsten und quälen sie sich unter der Last. Ich werde euch strafen …« Er geht weiter, den Kopf im Nacken, und fuchtelt mit den Armen, faucht und seufzt. Täglich ist er unterwegs, wird aber nicht von einer Werbeagentur losgeschickt, die auf hintersinnige Lacherfolge spezialisiert ist, er gilt als ungefährlicher Sonderling.

Vor dem Laden eines englischen Herrenausstatters wird gefegt. Der Besen zieht Schleifen, und weil eigentlich gar nichts wegzufegen ist, machen die Schleifen Spaß. Die Fegestelle ist unbezahlbar und hätte es bestimmt nicht nötig, immer Schritte über sich ergehen zu lassen. Gegenüber ein japanisches Kleideratelier ohne Stückpreise. Neben einem Mann im grauseidenen Anzug mit Texashut eine Frau, auf deren Haarnetz eine Goldstaubimitation gepudert ist. Der Mann trägt Schuhe mit einer weißen Lackschicht, und an seinem Handgelenk sitzt eine Armbanduhr mit einem Brillantenkranz um das Ziffernblatt. Drei Läden weiter liegt die gleiche Uhr im Fenster. Er guckt dahin.

Der Regen macht den Asphalt blank, die Sonne ist dabei, und die Trambahnschienen wirken wie eingelassene Silberstreifen. Nichts macht einen in der Bahnhofstraße melancholischer als der Regen. Ich stelle mich unter die Markise eines Lederwarengeschäftes. In den Lederwarengeschäften werden meistens Aktenkoffer verkauft. Wer Geldscheine in Zeitungspapier einwikkelt und unauffällig in Plastiktüten verstaut, hat nur geringe Chancen bei den Serviceangestellten in den Bankfoyers, die lassen ihre geübten Blicke lieber auf Aktenkoffern ruhen, obgleich Koffer draußen öfter von den Handgelenken gerissen werden. In der Bahnhofstraße soll das aber noch nicht passiert sein. Lautlosigkeit gehört zum Renommee jedes Geldinstitutes, selbst ungewohntes Rascheln ist verdächtig.

Ich stelle mich in einem Hauseingang unter. Im zweiten Stock ist eine Privatbank. Anwaltskanzleien sind in dem Hause, und oben hat ein Psychotherapeut seine Sprechstunde. Das Haus ist über achtzig, das Treppenhaus hat seine Gerüche bewahrt, das Treppengeländer ist gewachst, der Glanz des Alten soll unaufdringlich sichtbar bleiben, die Beleuchtung ist so diskret wie die Blicke, die sich hier erkundigen. Und ist ein Sachverhalt bereinigt oder geklärt, wird noch offenen Fragen zum Trost ein Glas Champagner gewidmet. Wie viele Banken sind in der Bahnhofstraße und wie viele Anwälte? Wer stellt schon solche Fragen? Und wie viele Psychotherapeuten es ringsherum gibt? Die Konkurrenz weicht vor dem Mieter zurück.

Im »Café Sprüngli«, Ecke Paradeplatz, verkehren hauptsächlich Damen, von denen man sagt, daß nicht alle beim Kuchenessen und Eislöffeln Herrenbekanntschaft suchen. Es geht auch um Konversation, und die Kaffeetassen werden noch zweifingrig an ihren Henkeln gehalten. Einer ging ich ins »Sprüngli« nach. Sie schlenderte nicht, schien aber darauf zu achten, nicht länger vor Schaufenstern stehenzubleiben, hielt ihren Kopf leicht ermüdet gesenkt, kannte sich aus, wirkte aber trotzdem nicht sicher und ging auf die Gefahr hin ins »Sprüngli«, daß man ihr nachsagen könnte, da wohl öfter zu sein. Einheimische Geschäftsleute sah ich nicht, ich hätte sie an Schlips und Kragen und ihren Zeitungen erkannt, dagegen Männer in lässigen Hosen mit Langhaarfrisuren, Auswärtige, wie man sagt, oder Jüngere, die noch Blickkontakte trainieren, oder herumlungernde Handelsvertreter und Touristen.

Doch auch hier wird die Zeit gemessen. Und was sich salopp und weitgereist gibt und zum Ziel zu kommen glaubt, alles geht langsam und nicht sicher. In der Bahnhofstraße gibt es auch keine Stundenhotels, schräg rüber ist nur das »Savoy« voll argwöhnischem Personal und gekühlter Tradition. Wie zu der Zeit, als es im »Sprüngli« noch die Dame von Welt gab, von ihrem Chauffeur bis zur Tür geleitet, und den Mann von Welt mit seinem unverwüstlichen Sinn für köstliche Gelegenheiten, ohne dabei nach Geld zu fragen. Ich drehe die Zeit noch weiter zurück und bilde mir ein, im Ersten Weltkrieg in der Bahnhofstraße zu sein und im »Sprüngli« eine Schale Kaffee zu bestellen. George Grosz hätte da auch seine Modelle gefunden, die mit Monokel, Zigarre, Bauch, Uhrkette und Fummelfingern. Den Schiebern in Pelzkragen, Lackschuhen und Gamaschen verdankte die Bahnhofstraße seinerzeit den Schmutznamen »Balkanstraße«.

Im Zweiten Weltkrieg zog das Rote Kreuz mit seinen Fähnchen durch die Bahnhofstraße. Sie wurde auch ein Revier für Geheimagenten; das Kapital gleich welcher Farbe suchte Bunker. Welche nachfolgenden Herrscher, Revolutionäre, Putschisten und Verräter auch immer – ein Codewort hatte sich bei jedem eingefressen, auf Anhieb nichtssagend, aber zweifellos die letzte Rettung: die Bahnhofstraße. In einer ihrer Abzweigungen, aber nahebei, wagte eine Züricher Bank den originalgetreuen Nachbau eines irischen Pubs. Es ist der »James Joyce Pub«. Von 1915 bis 1919 wohnte Joyce ja an verschiedenen Stellen in Zürich.

Ich fragte einen Bankangestellten, der sein Jackett abgelegt hatte und Bier trank, seinem Gesicht konnte man die Schweigepflicht ansehen, es sah so aus, als ob es gerade rasiert worden war und sich noch nicht in Falten legen wollte, ich fragte ihn nach James Joyce. »Banken haben auch kulturelle Verpflichtungen«, antwortete er, »aber ich kenne seine Werke nicht näher.« Ich machte ihn dann kurz und bündig auf eines aufmerksam:

Bahnhofstraße

Augen, die mich verhöhnen, ja, ihr zeigt
Mir meinen Weg, wenn sich der Abend neigt,
Den grauen Weg mit fliederfarbnen Zeichen:
Sterne, die sich antreffend trennend weichen.
O Stern des Übels, O du Stern der Qual!
Hochherz'ge Jugend kommt kein zweites Mal.
Und wo die Altersweisheit, zu verstehn
Die Zeichen, die uns höhnen, wenn wir gehn.

Er nickte mir zu. Sein Essen kam, und er nickte noch mal. Um seinen Appetit anzureden, fragte ich ihn, ob die Bankgewölbe unter der Bahnhofstraße oder knapp daneben mit den modernsten Mitteln auch gegen jegliche Feuchtigkeit geschützt sind, das Grundwasser endgültig zurückgestaut ist und die Klimaanlagen differenziert rund um die Uhr präzise arbeiten, ob Gemälde durch das künstliche Licht nicht den geringsten Schaden nehmen und diese Detailversessenheit nicht einzigartig ist. Der Bankangestellte nickte und nickte: »Vergessen Sie nicht die

Elektronik«, murmelte er in seine Serviette, »seien Sie also völlig unbesorgt.«

Er wollte aber kein Bier auf meine Rechnung trinken, und als ich schätzte, daß sämtliche gesicherten Edelsteine, Uhren, Schmuckstücke und sonstigen Geschmeide an einer Leine aufgezogen vom Bahnhof zum Zürichsee reichen würden, faßte er sich an den Kopf.

Hinüber zu »Franz Carl Weber«. Für Kinder ist sein Spielwarengeschäft die Bahnhofstraße. F. C. Webers Nachkommen haben den Laden vergrößert. Er weckt bei allen Schweizern in der Welt nicht nur Kindheitserinnerungen, Franz Carl Weber bleibt ihr ständiger Begleiter, wenn sie sich Kinderträumen öffnen, Heimatgefühle vergolden möchten und treuherzig dreinzublikken versuchen.

Im Selbstgespräch entwerfe ich einen Schulbuchtext: »Die ruhigen und stetigen Kapitalanlagen sichern auch Schweizer Familientraditionen. Das Bankenzentrum in der Bahnhofstraße ist ein Schutzwall gegen jegliche Willkür und waghalsige Spekulationen; seine Seriosität, lediglich von Weltverbesserern in Zweifel gezogen, ist es, die unsre Existenz stützt. Nichts ist in der Bahnhofstraße dem Wechsel der Mode unterworfen; es gilt erprobt Standfestes auf soliden Fundamenten alle Zeit zu wahren.«

Dekorateure haben in der Bahnhofstraße Gelegenheit, internationale Wettbewerbe zu gewinnen. Kunst hält sich in den Nebenstraßen auf, und Hunde heben an Max Bills Kunstwerk »Pavillonskulptur«, Ecke Bahnhofstraße/Pelikanstraße, zufällig das Bein, und die heißen Typen, die da Musik machen, sind trotz der muffigen Aufmachung bestimmt frisch gewaschen.

Ich setze mich nicht in das Schnellrestaurant mit dem pausenlosen Geklapper, stehe in einem Imbiß, der einem Delikatessengeschäft angeschlossen ist, wo die Kassierer nur größere Geldbeträge gewohnt sind und lauter Höflichkeiten einheimsen, und mit einem Mal kommt mir beim Anblick einer Frau, die schon wieder zögernd die Bahnhofstraße überquert, der Gedanke, daß sie vielleicht ununterbrochen an ein Nummernkonto denkt, das sie geerbt hat und vor lauter Aufregung vergaß, und es nun nicht wagt, in die Bank zu gehen, um alles zu erklären, auch nicht an einen Psychologen denkt, der ihr helfen könnte, das Ratespiel um die Zahlen vielleicht zu beenden. Jetzt macht sie kehrt und geht doch in die Bank.

Die Bahnhofstraße läßt sich nicht alles gefallen, genaugenommen keine Gefühlsausbrüche und Wehleidigkeit. Es müßte wieder regnen. Dann könnte ich mich umsonst bereichern. Woran wohl? An der Melancholie. Es bleibt aber trocken, und es wird dunkel. Endlich kann ich die Passanten zählen ... Eine Stunde später sind vor mir genau noch sechs. Um Mitternacht stelle ich fest, daß etwa fünfhundert Meter weiter auf beiden Straßenseiten niemand mehr ist.

Nachtspaziergang

Die letzte Parklücke wurde ausgefüllt. Der Fahrer zwängte sich durch die halbgeöffnete Wagentür und zog noch einen Stock mit Gummipfropfen vom Nebensitz. Weil ich stehenblieb, sagte der gehbehinderte Mann, daß er vor seiner Haustür schon lange nicht mehr parken könne, aber so weit weg habe er den Wagen noch nie stehenlassen müssen, und das um diese Zeit.

Es war irgendwas vor Mitternacht. »Sehen Sie mal die zwei da!« – »Sie werden ausweichen«, sagte ich und kam mir wie sein Beschützer vor, ballte sogar meine rechte Hand in der Tasche zur Faust ... Wenn die uns anspringen würden, müßte ich aber beide Hände draußen haben. Ich würde mich vor ihre Füße fallen lassen. Damit hätten die ja nicht gerechnet, und ich könnte einen zu mir herunterziehen und den anderen beim Aufspringen mit dem Kopf am Kinn treffen. So ähnlich hatte ich das aus einem Film.

Die beiden verschwanden in einem Hauseingang, und der Gehbehinderte tuschelte: »Früher sollte man nachts ja möglichst am Straßenrand entlanggehen und niemals zu dicht an den Häusern vorbei und, käme es zu einem Überfall, sich einfach auf die Straße werfen. Auf der Fahrbahn wird man eher gesehen.« –

»Da liegt man dann«, sagte ich, »und wird mal übersehen, und es quietscht und knackt.«

Ich begleitete den Mann bis zur Haustür. Er hatte mich gar nicht gefragt, wohin ich will. Ich ging neben den parkenden Wagen her, keine Tür konnte ganz aufgehen. In einem Wagen war der Fahrer eingeschlafen. Sein Kopf lag auf der Rücklehne. Würde er später nach vorn fallen oder zur Seite?

In einer dritten Etage ging das Licht in einem Zimmer an und aus. In den anderen Zimmern wurde es auf einmal hell. Im Torweg buckelten Motorräder. Sie waren mit Persenningen überzogen. An einem Baum lag ein Fahrrad, die Räder waren verbogen, und das sah aus, als hätte es versucht, sich um den Baum zu schlingen. Aus einem Lokal kamen die letzten Gäste. Sie lachten gegen die Stille an, und nachdem alle in ihren Wagen saßen, wurde gehupt. Ein Radfahrer ohne Licht wich im letzten Augenblick aus. Ich hätte gerade noch in die Speichen treten können. Am U-Bahnhof war ein leerer Fahrradständer. Drei Frauen kamen mit dem letzten Zug. Sie trugen Hüte, die wie aufgeweichte Helme aussahen. Jemand rannte die Treppen hoch, stieß mich an und war schon auf der anderen Straßenseite.

»Da ist doch noch ein Herr mit uns ausgestiegen«, sagte eine der Frauen. – »Nun komm schon«, sagten die anderen und schienen darauf zu warten, daß ich mitgehe.

Aus dem U-Bahn-Schacht wehte es ziemlich kalt rauf. Die Ampel hatte Rot. Eine der Frauen stellte sich links neben mich, die anderen weiter rechts. Wir gingen über die Straße, und eine der Frauen sagte: »Wir haben wohl alle denselben Weg.« Was sollte ich sagen. Sollte ich sagen, daß ihre Hüte Schutz gegen Kopfschläge böten? Ich hätte wenigstens, wie man so sagt, ein Wort sagen sollen ... Aber dann waren sie zu Hause.

Ein Hund bellte. Lungerte auf einem Balkon herum. Bellte, bis ich weg war. In einer Parterrewohnung mit Garten schimmerte rotes Licht, wären die Rollos nicht geschlossen gewesen, hätte es Striche in den Garten gestreut. Ein Sportwagen war mit über hundert unterwegs. Der Windstoß blähte eine Plastiktüte auf, und sie blieb stehen, als wäre sie voll gefüllt. Die Ampeln auf der

Kreuzung tickten bei jedem Lichtwechsel. Ich stellte mich in die Mitte und wartete auf einen Wagen. Der Fahrer sollte sich fragen, was der da macht, und aufpassen.

Ein länglicher Häuserblock stand quer. Dahinter mußte das Allgemeine Krankenhaus sein. Zwischen dem Häuserblock und dem Krankenhaus war ein Grünstreifen. Mit seinen Büschen, Bäumen und Bänken nahm er sich so wichtig wie ein Park. Ein Mann sackte auf eine Bank, streckte die Beine aus, rückte in die Mitte. Ich sah mir den Mann aber nicht genauer an. Ein Rettungswagen gab vor dem Krankenhausportal noch mal Alarm. Der Portier stand auf. Ich sagte durch sein Sprechfenster, daß ich nur zufällig vorbeikäme, aber auf einer Bank drüben liege einer. »Die Bänke sind nachts immer besetzt«, sagte der Portier. »Einer liegt da auch, wenn es regnet, dann ist er betrunken. Und wenn er betrunken ist, denkt er, daß er todkrank ist und wir in der Nähe sind.«

Ich trat fester auf, wollte meine Schritte hören, drückte die Knie durch, schob die Brust nach vorn und lockerte meine Schultern. Ich griff nach meiner Taschenlampe. Die Hand hielt sich an der Lampe fest. Der Hauptbahnhof war in der Nähe. Zwei Männer gingen so wie ich. Das konnten Zivilfahnder der Polizei sein. Der Lichtkegel meiner Taschenlampe erfaßte in einem An- und Verkaufsladen Vasen aus Bleikristall, Sammeltassen und Wandteller, Eßbestecke und Brotwaagen.

Die Zivilfahnder hatten strähnige Nackenhaare. Ihre Lederjacken waren abgescheuert. Sie könnten mich in die Zange nehmen. Ich sagte, daß ich nur ziellos umherginge und zusehen wolle, was die menschenleeren Straßen so machten. Ich bekam keine Antwort. Die Zivilfahnder blieben hinter mir. Eine Taxe hupte. Hatte der Fahrer die Fahnder erkannt und wollte sich anbiedern? Er hielt am nächsten Taxistand. Vom Hauptbahnhof kam schwiemeliges Licht herüber. Der Fahrer stieg aus und lehnte sich gegen den Kühler, fing einen Typ ab, der einen Rucksack öffnete. Was sie herausholten, konnte ich nicht sehen. Der Typ sagte: »Also bis morgen.«

Der Taxifahrer dachte, daß ich einsteigen würde. Ich winkte

ab. Er meinte, ich solle lieber zugehen und mich weder um links noch um rechts kümmern, das wäre am sichersten, oder ob ich etwas Bestimmtes suche? Der Taxifahrer hörte nicht auf: »Eben hätte ich einen Handstaubsauger kaufen können. Der Typ mit dem Rucksack klappert nachts die Taxistände am Hauptbahnhof ab und verkauft sogar nagelneue Fahrräder, das Stück zu fünfzig Mark. Die Polizisten kennen ihn und grabbeln manchmal auch in seinem Rucksack.«

Firmenschilder aus Messing glotzten. In den Bürohäusern gegenüber vom Hauptbahnhof gab es Anwaltskanzleien, Immobilienmakler und Ärzte. In den Karteien saßen Schicksale, die Bürohäuser waren ungefähr so alt wie der Hauptbahnhof, und durch die Scheiben einer Eingangstür erkannte ich Wandkacheln, einen Springbrunnen und eine verschnörkelte Fahrstuhlumkleidung. Ich kam aber nicht nahe genug an die Scheiben heran. Auf dem Boden lag ein Wolldeckenknäuel. Unten guckten Schuhe heraus, und oben röchelte es. Ich ging zurück, machte einen Umweg und hielt die Taschenlampe wie eine Pistole in der Hand. Würde der Mann vor mir plötzlich langsamer gehen, könnte der hinter mir schneller gehen und mich gegen den da vorne stoßen. Ich sprang zur Seite, und der hintere lief nach vorn. Ich sah ihnen nach, als kontrollierte ich die üblichen Tricks und wäre noch stolz auf meine Erfahrungen.

Eine Gardine wurde beiseite gezogen. Der Mann war wohl vor dem Fernseher eingeschlafen, und anstatt ins Bett zu gehen, sah er nach, ob sein Wagen noch heil dastand. Im Sessel einzuschlafen macht doch einen würdigeren Eindruck, als im Bett zu liegen, und man kommt schneller zur Sache, falls etwas passiert. Wird es jemals soweit kommen, daß es in der Stadt Wohnungen gibt, wo neben den Schlafzimmern die Garagen sind? Ein Auto war aufgeknackt. Die Tür stand offen. Es hatte knapp vor einer toten Taube gestoppt. Oder sie überfahren und dann zurückgesetzt.

Wieder eine Taxe auf Kundenfang. Der Fahrer drehte das Fenster herunter. Ich setzte mich neben ihn. Er sollte mich so weit fahren, bis ich »Halt« sagte. So etwas hatte er ungefähr vor einem Vierteljahr auch erlebt, aber das waren zwei Jüngere gewesen. Gleich beim Anfahren hielt ihm der eine von hinten und der andere von der Seite eine Pistole in den Nacken und an die Schläfe. Sein Geld und die Armbanduhr hatten sie schon, aber sie sagten nicht »Halt«. Über eine Stunde mußte er sie kreuz und quer fahren: Das waren Drogensüchtige mit Schlips und Kragen. In der Fremdenlegion war der Taxifahrer gewesen, wog bestimmt zwei Zentner und konnte mit Pistolen umgehen. Die könne man jetzt unter der Hand kofferweise kaufen, besonders am Hauptbahnhof.

Ich bat ihn, an der Bushaltestelle zu halten. Der Nachtbus mußte bald kommen ... Die Fensterplätze waren besetzt. Schwarze, Weiße und Gelbe saßen drin. Keiner redete deutsch. Der Fahrer hatte den Vorhang hinter sich zugezogen. Die Schwarzen stiegen zuerst aus. Ich wartete bis zur übernächsten Haltestelle. Der Fahrer hob die Hand, als ich ausstieg. Im letzten Augenblick stieg noch einer aus. Er winkte mit einem Zettel. Man hatte ihm eine Straße mit Hausnummer aufgeschrieben. Ein Peterwagen bog um die Ecke. Der Mann hätte noch eine Station weiterfahren müssen, aber er stieg mit mir aus, weil ich Deutscher bin und hier Bescheid wissen müßte. Endlich sagte er was. Das ist Russisch, sagte ich zu den Polizisten. Er durfte einsteigen. Sie fuhren ihn zu der Adresse, die auf dem Zettel stand.

Eine offene Haustür. Vielleicht hatte ein Krankenwagen jemanden abgeholt, und in der Eile wurde die Tür offengelassen. Es kommen aber nachts auch Einbrecher und wissen genau, wo gerade niemand ist, und räumen die Wohnung aus und beladen umfunktionierte Krankenwagen. Die Kellertür war angelehnt. Breitbeinig stellte ich mich vor das Haus und machte mir dadurch Mut. Das Kellerfenster war auch erleuchtet.

In einer Einbahnstraße hörte ich es unter mir rauschen. Ich stand auf einem Siel. Unter den Straßen mit den Gängen und Gas- und Wasserleitungen, Kabeln und Tunneln ging alles glatt. In einer dienstbereiten Apotheke brannte Licht. Ich blieb in der Tür stehen. Würde man mich jetzt überfallen, käme ich schneller ins Krankenhaus als sonst jemand.

An einer Straßenecke waren locker zugeschnürte Müllsäcke abgestellt. Aus einem Müllsack lugte Zeitungspapier. Ich riß es heraus, knüllte es zusammen, machte einen Ball daraus, spielte Fußball damit, schoß und schoß. Und weil ich in der Nacht weder Stöhnen noch Schreie gehört hatte, rief ich »Tor!«, als der Papierball zwischen zwei Autos landete.

Was denn sonst: Allmählich wurde es hell. Außer den Fernsehantennen blieb nichts mehr länger unter sich. Ein Kinderspielplatz hatte zwei Sandkisten. Ich setzte mich auf den Rand der vorderen Sandkiste und rieb meine feuchten Hände mit Sand ab. Um ihn zwischen den Fingern durchrieseln zu lassen, war er noch nicht trocken genug. Meine Taschenlampe steckte ich in einen Sandhügel. Wenn die Sonne käme, würde sie himmelwärts blitzen und glänzen, angst machen konnte sie doch nicht.

Tagebuch eines Übermüdeten

Schlafen, so lange wie möglich. Aber erstmal einschlafen, nicht vorm Bett stehenbleiben und sich fragen, wie das mit dem Schlaf denn wird ... Nicht an sich herunterblicken; der Pyjama wirkt so gebeutelt, als hätte er schon die ganze Nacht zu tun gehabt ...

Nicht einfach hinsetzen, sondern sich mitten auf den Bettrand niederlassen. Das Kopfkissen rutscht mir entgegen. Ich schubse es wieder in die Mitte und klopfe drauf, Abschiedsstimmung überfällt mich: Wo wird es wohl bleiben, wenn ich wie tot daliegen werde ...

Eine schwungvolle Drehung, mein Kopf trifft einen Zipfel des Kopfkissens, die Beine strecken sich von selber aus, bleiben aber dicht nebeneinander, bereit, bei entsprechenden Gelegenheiten gemeinsam hochzufahren ...

Ein Griff zur Bettdecke. Der Zipfel genügt mir nicht, mit beiden Händen ziehe ich sie vom oberen Rand her bis ans Kinn. Als Kind mußte ich das immer so machen. Ich fühle mich beschützt, und mein Atem geht gleichmäßiger. Ich bilde mir ein, ohne Anstrengungen, nur durch mein Eigengewicht, tiefer ins Kopfkissen und Unterbett zu sacken … Ich fühle mich gefestigt, und der bohrende Gedanke, wie zum Abtransport auf einer Trage bereitzuliegen, verflüchtigt sich beim Augenschließen … Ich knipse die Nachttischlampe aus, will es ganz dunkel haben, ziehe mir die Bettdecke übers Gesicht, fühle mich von niemand und nichts mehr beobachtet, bin starr wie eine Leiche. Wenn alle Leichen wenigstens so daliegen könnten …

Es kribbelt in meinen Fingerspitzen, ich öffne die Augen, tue, als wären die Blicke schläfrig, streiche die Bettdecke glatt, halte meine Hand für eine fremde Hand, die nur so tut, als erweise sie mir einen Liebesdienst …

Ich schüttle den Kopf: Durch einen Spalt in der Gardine fällt ein Lichtschein; bildet er an der Decke nicht eine Art Schlitz …? Ich bilde mir einen Wachtraum mit langem Pinsel und weißer Farbe ein, kleckse alle Schlitze, Rillen und Höcker zu, werde sie morgen früh glätten, mache im Sitzen weiter, bis ich an die Fußleisten komme und fast aus dem Bett falle …

Habe ich nicht das Nötigste getan, um noch müder zu werden …? Vorm Einschlafen an vergessenen Stellen Ordnung gemacht und das Gewissen beruhigt. Die Beine konnten dabei auch nicht ruhig bleiben, und der Kopf hat sich gedreht und gedreht und wiegt schwerer …

Ich rapple mich auf, tapse zur Tür, drehe mich versöhnt um, hügelig wirken die Umrisse des Bettes, eine Landschaft, meine Heimat … Ich taumle hinein, lande auf dem Rücken, taste mit der linken Hand nach der verrutschten Bettdecke … und die rechte? Sie ballt sich unter dem verkrumpelten Kopfkissen … Ich hebe sie hoch. Drohe ich jemandem? Aber wem?

Sitzecke

In der Sitzecke des Passagen-Cafés, einmal die Woche so gegen halb drei. Die Dame bestellte ein Glas Tee und der Herr Milchkaffee. Die Dame saß dem Herrn jedesmal schräg gegenüber, den Kopf ein wenig gesenkt und den Rücken nicht ganz angelehnt. Wenn sie einen Schluck trank, spreizte sie ihren kleinen Finger, aber nicht zu auffällig. Und der Herr schien den Zigarrenrauch noch einmal zu schmecken, bevor er ihn herausließ. Das tat er aber nur, wenn sie ziemlich leise etwas gesagt hatte.

Legte er die Zigarre endlich in den Aschenbecher, zog er ein Notizbuch aus der Brusttasche. Dann hob die Dame den Kopf, und der Herr las ihr aus dem Notizbuch vor, wohin sie gleich gehen müßte, entweder zum Arzt oder in die Apotheke, zum Friseur oder in irgendein Geschäft. Während er das Notizbuch einsteckte, rief er »Zahlen!«, die Dame stand dann auf und ging schon vor und wartete, bis sie den Herrn unterhaken konnte, und suchte mit ihrer Hand seine Hand, die blieb aber meistens auf seinem Ärmelrand liegen.

Eine Dame, die von dem runden Tisch gegenüber immer dabei zusah, wußte nachher auch genau, wo sie eigentlich hinwollte, und ging noch ein paar Schritte hinter den beiden her. Das Datum, an dem sie die Dame und den Herrn zum letztenmal in der Sitzecke beobachtet hatte, ging ihr nicht aus dem Kopf, sie ging seitdem nicht mehr ins Passagen-Café, sondern mit einem Blick auf die Sitzecke nur daran vorbei. Und als sie wieder mal am Passagen-Café vorbeiging, nickte ihr ein Herr zu; das war der Herr aus der Sitzecke, und sie nickte gleich zweimal zurück, und beide blieben stehen, und der Herr sagte, daß seine Frau verstorben sei und er gerade aus dem Büro käme, das liege in der Nähe. Sie gingen noch ein Stück nebeneinanderher, und die Dame hätte ihre Hand fast auf seine Hand gelegt, berührte aber nur den Ärmel.

Wie zufällig trafen sie sich noch mal vor dem Passagen-Café, und da lud der Herr sie zu einem Glas Sekt in das Weinlokal ein,

ein zweites Glas wollte sie erst nächstes Mal trinken, und der Herr legte seine Zigarre in den Aschenbecher und rief: »Zahlen!« Beim Hinausgehen berührte er aus Versehen ihren Arm und sie dann auch seinen. Seitdem treffen sie sich zweimal die Woche in dem Weinlokal. Und der Herr schreibt jedesmal etwas in das neue Notizbuch, sagt aber nichts dazu und sie auch nicht, und die Zigarre bleibt halb geraucht im Aschenbecher.

Gartenbank

Mit einem Schädelbasisbruch holte man ihn morgens gegen zwei von der Straße. Im Krankenhaus merkte er erst ganz allmählich, wo er eigentlich war; überall war es weiß, und die weißen Kittel schienen aus dem ganzen Weiß hervorzutreten und wieder darin aufzugehen. Die Stationsschwester hieß Agnes, und nach einer Woche wußte sie so ungefähr, wer das war, den sie immerhin von oben bis unten ziemlich genau kannte.

Erwin war sein Vorname. Die ganze Woche hatte er nur phantasiert, ging sogar mit einem Schiff unter, kam aber wieder hoch. Dann fing er richtig an zu sprechen, und Schwester Agnes erfuhr, daß seinen Platz im Männerwohnheim jetzt wohl jemand anderer hätte, er wäre ja sowieso meistens draußen gewesen, auf Bänken oder da, wo man länger sitzen könne, und daß alle, die er kennt, immer gesagt hätten, bleib doch sitzen, und weitergetrunken hätten. Worüber sollte er auch reden, wenn die ihre Lippen dabei nicht von den Flaschen kriegten. Und redete er, waren die Gedanken, die er gehabt hatte, gleich wieder weg. Manche davon konnte er aber noch zurückholen und aufbewahren.

Und Schwester Agnes sagte sich wie zum Trost, daß ihr geschiedener Mann sogar beim Essen reden mußte, und beim Trinken erst recht, und wer so viel redete, der glaube doch, alles besser zu wissen. Und Schwester Agnes fand, daß Erwins schwarze Haare wieder glänzten, und seine Augen auch, wenn sie da war, und daß er dann nicht wie zweiundvierzig aussah, sondern zehn Jahre jünger. Und der Stationsarzt sagte zu ihr, daß sie ruhig mehr reden solle als früher.

Erwins Sachen kamen einen Tag vor seiner Entlassung aus der Reinigung, und Schwester Agnes hatte ihm vorher noch gesagt, daß sie aus einem Brotladen eine Wohnung gemacht habe mit Garten zum Hof hin, und am Ende der Parallelstraße stünde auch eine Bank. Schwester Agnes wollte da aber nicht nach ihm sehen. Er kam auch ganz von selbst, das war am nächsten Sonntag nachmittag.

Erwin setzte sich auf einen Gartenstuhl. Und Schwester Agnes beschloß, eine Gartenbank zu kaufen, und Erwin fing einfach an, irgendwas zu reparieren, und machte sich Gedanken wegen der Einbruchsgefahr und sagte, was gemacht werden müsse und daß er seinen Schlafplatz im Männerwohnheim wiederhätte.

Schwester Agnes weiß, daß Erwin öfter auf der Bank am Ende der Parallelstraße sitzt und Dosenbier trinkt, und die anderen, die neben ihm sitzen, denken, daß er trinkt, um bei ihnen zu bleiben und damit sie nicht mehr sagen müssen: Bleib doch sitzen! Aber er geht dann doch und sagt auch nichts, und sagt erst recht nicht, daß Schwester Agnes ihm geraten hat, Bier zu trinken, damit er wieder etwas zunimmt.

Eine Stadt sollte sterben

Unter dem Decknamen »Operation Gomorrha« wurde im Sommer 1943 die Hansestadt Hamburg aufs Korn genommen. In der ersten Nacht von siebenhunderteinundneunzig Bombern, insgesamt viermal von den Engländern bei Nacht und zweimal von den Amerikanern bei Tag. Einhundertsiebenunddreißig Luftangriffe hatte Hamburg bis dahin schon hinter sich. Die Zahlen der Opfer schwanken. Zuerst war von 35 000 Toten die Rede, späteren Nachprüfungen zufolge sollen es 40 000, 46 000 oder sogar 50 000 gewesen sein. Und 100 000 Verletzte. Hat man schließlich die Anzahl der Vermißten den Toten zugeschlagen? Abgerundete Zahlen lassen immer Zweifel zu, genaue gibt es nicht.

Am 25. Juli, ungefähr dreißig Minuten nach Mitternacht, wer schlief nicht ohne Bettdecke bei der Hitze, gab es Fliegeralarm. Scheinwerfer erfaßten auch die Bombenschächte am Himmel, wie geschmiert flutschte eine Bombe nach der anderen heraus. Brand- und Phosphorbomben trudelten hinterher. Die Flammen wüteten in die Hitze hinein, der Luft blieb der Sauerstoff weg, das Feuer schloß sich auf breiter Front zusammen, an keiner Stelle noch träge genug zum Wälzen, stieg höher und höher, blies sich zu einer in den Himmel greifenden Feuerwand auf und schien das Ende anzukündigen, das Ende einer Stadt, für manchen sogar die Ahnung vom Ende des Krieges. Für drei oder vier Tage ging dabei auch das Zeitgefühl verloren.

Falls die Verzweiflung zu Wort kam: Wer gekeucht hatte »Jetzt ist alles vorbei«, preßte die trockenen Lippen wieder aufeinander. Er brauchte den Speichel dahinter noch zum Schlucken. Die Hauswarte, Luftschutzwarte, Blockwarte waren gleich da, die Ortsgruppenleiter, Kreisleiter und die Gestapo kamen hinterher. Eine vor Löschwasser triefende Frau, mit nichts an als einer Wolldecke, die sie mit beiden Händen festhielt, starrte ununterbrochen nach oben. Es war doch schon gegen Mittag, der Himmel lichtete sich, aber von der Sonne war nichts zu sehen, oder war sie aufgeweicht und wuchs sich aus?

Gegenüber dem Dammtor-Bahnhof, auf der Moorweide, wimmelte es von denen, die aus der näheren Umgebung vorläufig davongekommen waren. Ganze Räder Käse wurden von Lastwagen gerollt. Und weil Messer fehlten, zerstückelte man sie mit den Händen, und vor Angst, es würde bald gar nichts mehr zu essen geben, pfropfte sich jeder damit voll und achtete nicht darauf, wo das bißchen geblieben war, das er noch mitschleppen konnte. Es wurde so schnell geklaut wie gegessen.

Der erste Tag und der nächste, oder war der übernächste der Tag davor, und der dritte? In einem Torweg am Hafen lag jemand mit zerquetschten Beinen über zwei Leichen, deren Gesichter wie von Reibeisen abgeschürft worden waren. Am

Baumwall war der Schornstein eines Schleppers hochgewirbelt worden und saß kopfüber auf den U-Bahn-Gleisen. Wozu nach oben sehen und sich die Augen wischen, unsere Blicke wurden doch unten gebraucht, in Hammerbrook, Rothenburgsort und ringsherum. Das waren Arbeiterviertel gewesen und nun von Bomben erstickt, durchwühlt und in Trümmer gelegt. Wollten die Engländer die besseren Gegenden schonen, um da nach dem Krieg zu residieren? Oder hatte die Flak die Kampfgeschwader von anderen Zielen abgedrängt?

Die Kanäle da, schon satt von allem, was aus den Sielen hineinschwappte, wurden zu schwimmenden Massengräbern. Von überspringender Glut der Brand- und Phosphorbomben entzündet: Die Sprünge in das mulschige und schlickige Wasser sollten kühlen und löschen, doch die Öllachen obenauf fingen auch Feuer. Kochende Kanäle? Es brodelte nicht, aber das Wasser war oft so heiß wie die glühenden Pflastersteine. Wir zogen zuerst glitschige Klumpen heraus, jeder mußte freigelegt werden, es fehlten aber noch Taue und Werkzeug zum An- und Abseilen.

Und was wir aus den Trümmern bargen? Was Spitzhacken und Schaufeln freigelegt hatten, wurde von Taschenlampen angefunzelt. Unsere Hände schaufelten weiter, bevor sie sortieren konnten. Rümpfe, alles, was von Kopf bis Fuß nicht mehr zusammengeblieben war, gehörte in Schüsseln. Als die knapp wurden, waren es Eimer. Wo man auch hinfaßte, die Hände konnten bald so sicher tasten wie die Augen. Bergen und identifizieren, Leichen nicht wegziehen, sondern anheben. Dabei hinfallen und aufstehen, und das noch mal und noch mal, wie im Takt. Herausgerupfte Brieftaschen und Taschenuhren, abgezogene Eheringe und Ausweise, Papiere, Briefe, lose Goldkronen wurden gesammelt und aufgeplatzte Koffer. Mit der frischen Wäsche darin konnte man sich wenigstens mal die Hände trocknen. An die Krankenhäuser wurden die Eimer und Schüsseln geliefert. Die Kinderleichen waren meistens ganz geblieben. Hatten sich die Kinder im letzten Augenblick verkrochen? Diebe sollten auf der Stelle erschossen werden. Es fiel aber kein Schuß; wer umfiel, dem hatte die säuerliche Luft den Atem abgeschnitten.

Das erste Massengrab auf dem Ohlsdorfer Friedhof. KZ-Häftlinge aus Neuengamme mußten es ausheben. Die Leichen von Fremdarbeitern aus dem Hafen sollten zuerst spurlos verschwinden, von der SS bewacht. Die hatte man wegen des Verwesungsgeruchs mit Rumrationen ausgerüstet. Ihre Gewehre balancierten sie auf den Knien. Befehlsgemäß mußten die Leichen kreuz und quer geschichtet werden. Ein Häftling hatte sich unbemerkt Hose und Jackett einer Leiche geangelt und kletterte darin über den Rand. Sein kahlgeschorener, verschwitzter Kopf bildete die Zielscheibe. Das Bündel kippte runter. Die anderen Häftlinge mußten so lange auf ihm herumtrampeln, bis er in die Querlage kam.

Auf einem Kinderspielplatz Ecke Marckmannstraße und Billhorner Deich holte ich so lange Luft wie noch nie. Die Straßenschilder kamen einem längst wie wegweisende Denkmäler vor, und im Mauerwerk der ausgebombten »Öffentlichen Bedürfnisanstalt« hing ein Emailleschild »Nur für Minderbemittelte«. Ob ich da überall genau hingesehen habe, und wenn, ja warum denn? Weil man sich da küßte. Was war die ganze Küsserei, gebückt oder im Liegen, und was dann kam, anderes, als nach neun Monaten neues Leben zu erwarten um jeden Preis?

Es fehlte an Gummihandschuhen. Meine Hände hatten Blasen. Das sind Schälblasen, diagnostizierte ein Arzt. Entstehungsursache: ständige Berührung mit Leichen und Kadavern. Das war ein Pemphigus. Er kann zum Tode führen, aber auch gutartig verlaufen ... Die Hände wurden gepudert und in Watte gepackt. Sie hatten vorläufig nichts anderes mehr zu tun, als drinzubleiben.

Da, wo ich war, sind nach dem Krieg Fabriken und Lagerhallen aus dem Boden gestampft worden. Schornsteinriesen gähnen in den Himmel, Lastwagenkolonnen grummeln Tag und Nacht über die Straßen, und die Neubaublocks haben Büsche und Bäume gekriegt. Beton hält die grundwasserdurchspülte Erde in Schach, mitsamt den eingestampften Knochen. Wer danach sucht, entdeckt an Kirchenmauern Gedenktafeln. Sollte man nicht Findlinge auf die Fußwege rollen mit den eingemeißelten Buchstaben: »Halt! Unter den Füßen ist ein Friedhof!«?

Auf dem Ohlsdorfer Friedhof, dem größten und zweitschönsten der Welt, gibt es Straßen und Nebenstraßen für Busse und Taxen. Aber in den Hauptverkehrszeiten sind sie stoßweise vollgerammelt wie andere. Auch über Fußwege geht die Fahrt. Die Polizei zögert mit Verboten. Hat der Tod nicht die gleiche Würde wie das Leben? Finden in Ohlsdorf nicht jeden Tag Beerdigungen und Feierstunden in aller Stille statt? Die vielbeschworene Stille – nur für ein paar Schritte ausgeborgt –, wird sie auch noch dem Verkehr geopfert? Der Tod hält alles aus. Aber der Glaube?

Immer war sie der Chef

Scheibe für Scheibe Katenschinken schneidet Detlef mit eingeübtem Hände- und Fingerdruck fast ebenmäßig ab und hebt die Portion dann wie eine Trophäe mit einer Art Tortenheber auf das Pergamentpapier. Detlef gehört zu den Delikatessen und ff-Wurstwaren: rosig, blond, braunäugig und fettarm. Das Geschäft erbte Detlef von seinem Chef, seinem ersten Liebhaber und konkurrenzlosen Freund. Ihr Reinlichkeits-, Sorgfalts- und Fingerspitzengefühl verband sie ununterbrochen. Sie selbst kamen sich auch immer richtig delikat vor. Als Leiche im Badezimmer nach dem tödlichen Schlaganfall erschien der Chef dem Notarzt nicht wie lang hingeschlagen, sondern eher in anregender Pose hingestreckt.

Gemeinsam mit der Steuerberaterin ging es schließlich an die Renovierung des Ladens vom Kühlraum bis zu den Kacheln. Detlef stellte einen männlichen Lehrling ein, der einem Jugendbildnis des Chefs glich. Und Eileen, die Steuerberaterin, war schlank und ganz ohne weibliche Schwellungen, und wenn sie sprach, klang ihre Stimme für Detlef, als ob sie etwas herbeirufen wollte, das nur mit »schön« oder »leise« zu tun hat. Und lobten die Kundinnen Detlefs verstorbenen Chef, war da nicht einmal von Anderssein die Rede, geschweige denn von schwul.

Detlef hätte sich in jedem Fall für homosexuell entschieden, das klang hygienischer und nicht so dumpf. Sein Chef hatte ihm früher gelegentlich Liebesbriefe ohne Anrede und Unterschrift geschrieben und sie nach Geschäftsschluß irgendwo fallen gelassen. Und fragte ihn Detlef, woher die wohl kämen, antwortete der Chef: »Rate mal oder auch nicht«, und überließ ihn seinen Träumen. Das machte Detlef mit Eileen so ähnlich, steckte ihr seine Briefe sonnabends heimlich in die Einkaufstüten. Sein Chef hatte ihn verführt. Und Eileen? Ob sie es vielleicht auch mal versuchen würde? »Eigentlich müßte unsereins heiraten können …« Unvergeßlich waren Detlef diese Worte seines Chefs zum Geburtstag oder zu Weihnachten. Doch mit »unsereins« war Detlef nie ganz einverstanden gewesen.

Als Eileen ihn zum ersten Mal zu sich ins Bett zog, flüsterte er statt Eileen Ellen, was ja so ähnlich klang. Ellen war der Vorname seiner Mutter. Und Eileen brachte Detlef allmählich ganz fürsorglich dahin, wo er immer schon hinwollte, zu Lust, Pflicht, Ausdauer und Frieden. Immer war sie der Chef.

Ein bißchen Stasi

Er da drüben war bei der Staatssicherheit und unterzog sich jetzt einer, wie er meinte, geglückten Selbstbefragung, damit er vor Gericht, sollte es soweit kommen, gerüstet sei. Und das hörte sich so an: »Ich war genaugenommen nur ein bißchen Stasi, mußte manchmal, bei Briefkontrollen, Bespitzelungen und Verleumdungen, dabeisein. Das bißchen Stasi reichte aber auch, um säumige Handwerker sofort wieder ohne Widerspruch ihren vernachlässigten Kunden zuzuführen oder aufgeblasene Genossen gelegentlich energisch zurückzupfeifen. Befehl ist Befehl? Jeder läßt sich bei Gelegenheit doch ein bißchen so oder so ausführen. Mit diesem ›bißchen‹ hat man in der DDR schließlich durchgehalten.

Mein Vater war ein Nazi-Mitläufer, und ich, weil die DDR ja länger aushielt als Hitlers Deutschland, mußte langsamer machen und wurde SED-Mitgänger. Meine Ranggenossen hielten sich für wichtiger als ich, denn ich blieb immer klein bei klein und betrachte deshalb meine Delikte letzten Endes als Kleindelikte … Ein Wortspiel, sagen Sie? Zu wortgewandt für einen unteren Rang? In den letzten drei Jahren bin ich erst, wie Sie unterstellen, wortgewandt geworden … Und die mit den Großdelikten? Ob Wessis oder Ossis von damals und heute, doch wer weiß das denn nicht: Die Kleinen hängt man, und die Großen? Na ja, alles wie immer …

Und was man mit den Opfern macht? Im allgemeinen gedenkt man ihrer gelegentlich bei Feierstunden vor dem Fernsehapparat, das gilt auch für die Nazi-Opfer. Und zu beweisen, daß man Opfer war und überlebt hat, das kann teuer werden. Opfer erleiden überall das gleiche Schicksal … Ob ich Anspruch auf Charakter erhebe? Das ist von Fall zu Fall zu entscheiden, man bedenke doch nur mal, daß Geschichte meistens ohne gemacht worden ist.« Er nähert sich dem Schluß seiner Verteidigung: »Nazi, Stasi – Wessi, Ossi, ständig diese ›is‹ am Ende. Igittigitt! Daran erkennt man allerdings, wie wenig man im allgemeinen noch von sich hält … Wir haben die Nazis verkraftet, und man wird auch uns verkraften, wenn man uns nur läßt! Die Lust an Dramatik schwindet endlich …« Er war drüben.

Gesucht wird: Liebe

Um dreiundzwanzig Uhr und etwas holte Taxifahrer Lungel die Dame ab und fuhr sie zur Parkallee. Vor der Kreuzung sollte er halten. Die Dame stieg aus und blieb mitten auf der Kreuzung stehen. Lungel blinkte, weil ein Auto auf die Kreuzung zufuhr. Die Dame stieg wieder ein und sagte, daß an der Stelle, wo sie gestanden habe, ihr Mann tödlich verunglückt sei. Er hätte aber keine Schuld gehabt.

Lungel wollte wissen, ob sie wenigstens mit der Versicherung klargekommen sei, das wäre auch noch ein Punkt. Die Dame sagte: »Ja, es ging Punkt für Punkt.« Für Lungel war die Frau schon wegen ihrer Stimme eine Dame, mit der Stimme konnte sie alles mögliche sagen, aber die klang bestimmt immer nachgiebig und schön deutlich. Lungel sagte dann, daß er auch über Unfälle mitreden könne, in seinem Wagen sei sogar ein Fahrgast tot sitzen geblieben, und beim Schütteln hatte er, Lungel, die Nase voll Gesichtswasser.

Acht Tage später mußte Lungel die Dame zum Friedhof fahren. Sie hatte in der Zentrale nach ihm gefragt. Lungel ging mit bis zum Grab, wo der Mann lag, und sagte, das sei wegen der Überfälle auf Friedhöfen. Auf der Rückfahrt setzte sich die Dame neben ihn, und Lungel sagte, daß es Frauen gebe, die nachts nur herumgefahren werden wollen, weil sie es allein nicht mehr aushalten oder jemanden brauchen, der sich sonstwas anhört und vielleicht ihr Typ sein könnte. Was das kostete! Er sei früher zur See gefahren, und die Seefahrt käme gleich hinterm Gefängnis, und wenn es endlich an Land ging: In New York sei er mit dem Taxi gefahren und in Sydney, und wo nicht überall ist er in Taxis herumgefahren.

Beim drittenmal wollte die Dame auch nur nachts herumgefahren werden und setzte sich nach hinten. Ihre Stimme hatte es mit dem Lichterglanz und der nassen Straße und den Pfützen. Lungel brachte sie sicherheitshalber bis an die Wohnungstür. Sie ließ ihn hinein und holte ein Fotoalbum. Auf einem Foto stieg ein Mann gerade in eine Taxe. Das war ihr Mann, und das war in New York gewesen. Lungel blieb länger, und es war ihre Stimme, die sich bei dem, was dann kam, so nachgiebig und schön deutlich anhörte.

Als Lungel ihr nach einem Unfall die Prellungen zeigte, sollte er Sachen von ihrem Mann drüberziehen. Und jedesmal, wenn er dann kam, mußte er wieder Sachen anprobieren, und dabei, so schien es ihm, war er für sie mal ihr verunglückter Mann und mal Lungel.

Beschädigung

»Von der Beschädigung des Amtes« spricht ein Politiker, »von der Beschädigung des guten Rufes« ein Konzernchef und »von der Beschädigung des Ehrgefühls« ein Verbandsfunktionär. »Beschädigung« ist das Wort der Stunde, auserkoren von Medienakteuren und hochbezahlten Schnellzungen. Hochwasser beschädigt Häuser, Fußtritte beschädigen Luxuslimousinen, und ein Buch kann leicht beschädigt sein. Beschädigung statt Schädigung, Worte mit Vergangenheit werden ihres Sinnes beraubt, zu solchen Machenschaften gibt sich die Alltagssprache nicht ohne weiteres her, manipuliert wird hier von oben – Beschädigung traf bisher nur einmal auf Menschen zu –, als noch von Kriegsbeschädigten die Rede war. Nach dem Krieg wurden sie entmilitarisiert zu Behinderten oder Schwerbehinderten.

Und wo immer gerade Krieg ist, von Verletzten ist die Rede, nicht mehr von Verwundeten. Verwundete, das würde militaristisch klingen. Wir aber wollen uns endlich ziviler ausdrücken. Der Seele werden auch keine Wunden mehr geschlagen, man verletzt sie. Von Gefallenen ist auch nicht mehr die Rede, man spricht von Toten. Wie soll man »gefallen« überhaupt deuten? Für Kaiser oder Führer und Vaterland zu sterben hieß doch, zu fallen, genauer gesagt, stolpernd zu krepieren. Der Soldat, aufrecht und stolz, wie er sein mußte, fiel nach einer Verwundung hin, was denn sonst. Hinfallen, das gibt's überall. Aber »fallen«? Denkmalinschriften können nicht einfach gelöscht werden. Doch Witterungsverhältnisse tun das Ihre.

Ob Beschädigung statt Schädigung, Anmutung statt Zumutung, angedacht statt gedacht … Hieß es nicht einmal von Kathedern herab: »Die Sprache lügt nicht.«? Wie lange ist das eigentlich schon her …? Gehört sich das noch?

Der Zwei-Wochen-Deutsche

Wolfgang D. Schneider, höherer Angestellter im Vorruhestand, weit gereist und Witwer, will für den Rest seines Lebens nur zwei Wochen im Monat Deutscher sein, die anderen vierzehn Tage ist er versuchsweise Engländer oder Franzose ... Ist er Deutscher, muß er mit der Frage rechnen, ob er gern Deutscher sei, weil dieses Thema gerade echt angesagt ist. Echt und ehrlich liegen auf deutscher Zunge immer dicht nebeneinander, genauso wie Freund und Feind.

Als Deutscher ist er dann auch aufdringlich neidisch, führt überflüssige Prozesse, fühlt sich allein gelassen, verfällt Träumen, in denen er der Held ist. Und stets überwältigt ihn Traurigkeit. Aufrufe und Appelle, Wolfgang D. Schneider gehe es immer gleich ums Ganze, heben seinen Kopf höher. Wie oft meldet seine Phantasie blanken Haß und führt in Gedanken zu Gemetzel. Tapfer trägt er sein dick aufgetragenes Selbstmitleid, übt Treue zum Original und bleibt der ungeliebte Recke.

Ist er vierzehn Tage Engländer, sieht er sich nicht als typischen Engländer, denn er weiß längst, daß jeder typische Vertreter einer Nation meistens nur eine halbe Karikatur ist. In England ist er ohne Anfechtungen Eigenbrötler und von einer beispiellosen Gelassenheit in allen Lebensfragen. Die englische Sprache hat ihre Vormachtstellung weltweit gewahrt, und kommt sein Lieblingsbegriff »weltmännisch« nicht von der Insel?

Wolfgang D. Schneider redet in England auch niemals dazwischen, er hört zu und genießt taktvolle Widersprüche. Über ihm als Vierzehn-Tage-Engländer liegt immer noch der Hauch eines Weltreiches, das Königshaus ist gleich um die Ecke, und die Tradition sitzt hoch zu Roß und klappert diskret mit den Hufen. Er kann anziehen, was er will, und umfallen, wo er will, keiner guckt ihm hämisch nach, sondern weicht höflich aus oder reicht die Hand.

Und ist er vierzehn Tage Franzose, teilt sich, was denn sonst, Geist unversehens dem Genuß zu. Er packt nicht zu, Wünschenswertes kommt von selbst auf ihn zu. Und nichts sagt: »Hier bin ich jetzt«, sondern: »Hier war ich schon immer.« Die hart durchgreifenden Polizisten sagen immerhin »Monsieur«, und die wollüstig zögernden Rachegelüste der Großen Nation scheinen Wolfgang D. Schneider so raffiniert, daß sie für Hellhörige allmählich zum guten Ton gehören dürfen. Er macht mit. Die Volkslieder klingen in seinen Ohren wie Chansons. Und über allem thront mit verschränkten Armen listig und bissig Napoleon.

Ist Wolfgang D. Schneider dann wieder Deutscher, schließt er die Tür zweimal hinter sich ab, faßt trotzdem noch mal energisch auf den Drücker, sieht in jeder Ecke nach dem Rechten und ist wieder trotzig auf Eigensinn und Sicherheit bedacht.

Erstmal geht es so weiter

Harrys Kopf vorm Schreibtisch: schwarze Haare, nach hinten gestriegelt, ausrasiertes Kinn und knorpelsichtige Ohren. Lissy, schräg gegenüber, muß mit ihren Blicken an Harrys Kopf vorbei, wenn sie zum Fenster sieht. Was Lissy über Harry weiß: Er erlitt als Kind einen Schädelbasisbruch und läßt niemanden an seinen Kopf, vor Angst, das könnte so weh tun wie früher. Und wenn Harry heute abend oder morgen abend spricht, scheint es Lissy, daß sich dann alles möglichst keimfrei und in Weiß abzuspielen habe und nichts zu nahe.

In der Kantine sitzen sie sich gegenüber, Kartoffeln, Fleisch und Gemüse liegen auf Harrys Teller ganz für sich, während Lissy mischt, und dabei hört sie hin und wieder, daß Harry in der U-Bahn immer steht und mit seiner Aktenmappe Zwischenräume schafft, falls es enger wird, und Rolltreppen breitbeinig ausfüllt, damit sich niemand an ihm vorbeidrängen kann. Seine Wohnung ist weiß gestrichen, und die Möbel sind so verteilt, daß er, ohne auszuweichen, an ihnen vorbeikommt.

Für Lissy ist Weiß die Farbe von Krankenhäusern und von

Watte. Fast vierzig Jahre lebt sie schon, ihre Ehe dauerte neun Jahre, einmal mußte sie abtreiben. Aschblond ist sie, brünett möchte sie aber sein, nichts gegen die Beine, und in die Mundwinkel stiehlt sich immer ihr Lächeln, da sieht man hin.

Als sie sich ohne Händedruck trennten – Harry strich ihr zum Abschied jedesmal leicht über den Ärmel –, wurde Lissy ein paar Schritte weiter von einem Mann, der an ihr vorbeilief, zu Boden gestoßen und fiel der Länge nach hin. Und wer sich auch zu ihr drängte, Harry schob die Leute beiseite und griff zu. Er hielt sie noch im Stehen fest und rief eine Taxe, war mit Lissy zusammen dann in ihrem Badezimmer und saß nachher neben ihr auf der Couch, weiß im Gesicht, weiß wie seine Tapeten. Das war Mittwoch.

Lissy rief ihn Freitag abend an, nachdem im Büro alles wieder so gewesen war wie bisher, und sagte ihm, daß er aber zupacken könne und Kraft habe. Und Sonntag morgen rief sie Harry wieder an und erzählte ihm, was sie alles von ihm träumen könne, wenn sie nur wolle.

Dreimal die Woche telefonieren sie nachts miteinander. Harry ahnt, was Lissy mit ihm vorhat, und sagt ihr das auch, aber zu leise, und sie sagt ihm dann ganz deutlich noch viel mehr, spricht zuerst jedoch von Streicheln über seinen Kopf.

Wie lange das schon so ist? Erstmal geht es so weiter.

Ganovenehre gibt's nicht mehr

Ernie altert so vor sich hin, und das jetzt auch noch mit Brille. Als er keine brauchte, war auf nichts mehr Verlaß als auf seine Augen. In Abständen hat er über vierzehn Jahre abgemacht, ist auch schon einmal zusammen mit Schicksalsgenossen in dieser Zeitung erschienen, und zwar unter dem Titel der Serie »Knast«. Über zwanzig Jahre ist das her, und Ernie meint, daß der Titel auch in den besseren Kreisen eingeschlagen hätte. »Knast« sagt doch heute jeder. Als Ernie das erstemal reinging, ging man noch in den »Bau«, dann war es der Knast, beides halbe-halbe. Wer dann länger bleiben mußte, war ein Knastologe, und der wußte genau, was da ewig »am Bach ist«.

»Ganovenehre«, Ernie steckt sich einen Schmergel an, ohne Zigarette hält er keine Pause durch, »das ist doch Schnee von gestern.« Aber auf der Rennbahn hat ihm ein Tipser »Aizes« gegeben; das soll ein Filmtitel aus den zwanziger Jahren gewesen sein, mit dem man draußen weiter rumgemacht hat. Bis an die Fingerspitzen saugt Ernie an seinem Schmergel. Für ihn ist »Ganove«, wenn man denn so will, immer noch eine Art Ehrentitel, und er macht sich grade: »Ganoven, das waren Leute vom Fach mit Ansprüchen, die hatten im Schnitt eine gewisse Klasse.« Drei Geldschränke hat Ernie »gemacht«. Und die laufenden Brüche? An die vierzig. Dabei ging es auch mal die Fassaden hoch, doch auf Klettern hat er bald nicht mehr gepapt: Danach ging es die Treppen rauf, oder er kam aus dem Keller nach oben.

Und jedesmal strampelte er sich mit dem Bruchwerkzeug ab, die Taschenlampe war das dritte Auge, und im Ausbaldowern ist er einsame Spitze gewesen. Falls es mit den Schlössern nicht lief, mußte die Elle ran, das Brecheisen. Trotzdem: Millimeterarbeit bis zum Gehtnichtmehr. Und von wegen Ganovenehre, Ernie kommt auf den Punkt zurück: Kindermörder oder Lustmörder, die damals mit dem Hackebeil auf Arbeit gingen, hatten einen miesen Ausguck im Knast, sogar die Schließer sahen zu, wenn einer alle gemacht wurde. Damals ging alles nach Branchen, den besten Schemm, also den besten Ruf, hatten Schränker und die Abkocher in Maßanzügen. Und die Internationalen. Das waren auch die Taschendiebe, eben die mit Kopf, und alle, die was auf sich hielten und »einer für zwei« machten, nämlich, ohne zu singen, für ihren Komplizen den Knast abmachten. Ganz hinten dibberten die Loddel, diese dickschwänzigen Feierabendficker mit dem ewigen Muffensausen. Und wer nie ein richtiger Ganove wurde, nur immer nahe dran war, der blieb ein Ganeff, ein Leben lang.

Einen Pauker hat Ernie ja auch gehabt. Der war zu ihm wie ein Vater und zeigte, wo es längsging. Das war ein ganz Guter, ein

Großer und auch ein Stiller. Ihm verdankt Ernie seine »Handschrift«, denn wo auch immer er »auf Arbeit« war, für die Schmiere deuteten die Spuren, die er hinterlassen hatte, auf Ernie. Einmal hat er beim Taillachen, beim Weglaufen, auf Putz rückwärts losgeballert; ein Schmiermichel, also ein Polizist, kam dadurch ins Schleudern, vor Schreck. Das hätte Ernie sich doch sparen können, denn seitdem hieß es ständig: »Der Gesuchte ist bewaffnet.« Ernies Pauker ging in Sicherheitsverwahrung und machte da selber aus, sprang in die Kiste ... Und wenn Ernie nicht mal mehr eine Mark raustun konnte, ganz mause war, schaltete er Millionen-Richard ein. Der zockte und hehlte auf allen Rennbahnen, und Ernie durfte manchmal zusehen, wie eine Sore weltweit an den Mann ging.

Wenn Ernie auf Tour war, hatte er auf Frauen gar keine Möge. War er aber gefüllt, tat er fleißig raus, und hoch die Tassen. Und das Lobi, das Geld, wirbelte auf die Ische. Auf Puffs läßt Ernie nichts kommen, da hat man ihn schon öfter vor der Schmiere vergraben. Ganovenehre, Ganoven überhaupt, und die Ganovensprache – Ernie redet, als ob es die noch gäbe. Ist er nicht auch einer der Großen gewesen, wenigstens zuletzt? Das möchte er hören.

Und nun? In Gedanken macht er immer wieder los, wo er auch geht und steht, sahnt mit den Augen ab, die kneisten in offene Fensterklappen, kappen, was sie kriegen können, und wissen, wo sie aufgerufen sind.

Auch noch die Brille putzen, einen auf nachdenklich machen; ihn hat noch kein Schmiermichel auf die Rolle geschoben. Dagegen hat Ernie »Falle« geschoben, wie die Ischen im Puff bei den Freiern, so getan, als ob. Ernie bleibt dabei: Schmiermichel statt Bulle. Die Schmiermichel, die ihn vis-à-vis hatten, wußten immer, was bei Ernie drin war und was nicht. Auch der Ton machte die Musik, und beide taten das, wovon jeder glaubte, daß es keiner besser konnte.

»Ich und heute im Knast?« Ernie schiebt sich eine Frikadelle rein: »Das wäre Maloche lau, mit Telefon, Fernsehen, Freigang und Urlaub inklusive. Jeder Richter, der mich verknacken müßte, bekäme erstmal mein Kinderfoto auf den Tisch, für den bin ich milieugeschädigt oder so, das bleibt der rote Faden, und mildernde Umstände stehen am Schluß. Heutzutage knackt doch keiner mehr wie ich. Das läuft nur noch mit Gewalt: Abräumen, durchladen und abdrücken, niedermachen, hinrichten ... Und diese Ettelchen, die Fixer, auf die Schnelle muß es gehen, egal wie. Mein Fach ist nicht mehr besetzt, alle machen auf die bequeme. In einer Gang müßte man dann sein ...« – Ernie sagt »Gang«, wie früher –, »die hält einem den Rücken frei, und geht man alle, was wird dann nicht alles gleich frei Haus geliefert: die Anwälte, die Kohle, die Sonnenbrille. Was hat denn ein Jugoslawe, der eine Fliege gemacht hat und gleich schießt, zu verlieren? Bei ihm zu Hause wird doch immer noch geschossen, der bleibt im Streß, und den Knast sitzt er auf einer Arschbacke ab.«

In der Autowerkstatt eines Kumpels ist Ernie jetzt der Springer, poliert aufgemöbelte Rostlauben, macht die Motorenwäsche, ist Scheibenputzer und besorgt Wege. Zu Hause wartet Evi. Friseuse will sie gelernt haben, Bardame war sie auch und dreht auf dem Kiez stickum Locken zum halben Preis. Bei Evi und Ernie kann man vom Fußboden essen, und ihre Bleibe wird auch regelmäßig frisch gestrichen. Auf Evi ist genauso Verlaß wie auf Ernie. Das ist ihr Kapital. Die Brille hat er selbst bezahlt. Er und in der Krankenkasse? Bei seinem Vorleben vielleicht noch Sozialhilfe kassieren? Handaufhalten, das hat er nicht gelernt.

Wir sitzen in seinem Stammlokal, das war immer schon eine Kaschemme, und nebenan ist eine Automatenhalle. Da wird gezockt und gedealt, und Ernie ist da eine Art Denkmal, das niemand anpissen darf. Und wie er sich geschmückt hat, es müßte Sonntag sein: mit seiner Staude, seinem Anzug, der wie neu ist, und der Minelle, dem Mantel mit ausgepolsterten Schultern, schwarz. Und am kleinen Finger, da sitzt ein Brillantring aus Weißgold, logisch.

Anhang

Werke

Bücher

1962 *Tagebuch eines Müßiggängers.* Hamburg: Claassen

1969 *Schwupp und das Rätsel im Gewölbe.* Illustrationen von Erich Hölle. Reutlingen: Ensslin & Laiblin

1969 *Spaziergänge mit Prominenten.* Zürich: Diogenes

1970 *Conny und Pieps. Große Ferien auf einem alten Schiff.* Illustrationen von Dieter Lange. Reutlingen: Ensslin & Laiblin

1970 *Deutschland, deine Ganoven. Protokolle aus der Unterwelt.* Zeichnungen von Horst Janssen. Hamburg: Hoffmann und Campe

1970 *Nebbich. Löcher im Lachen.* Mit zwölf Zeichnungen von Pit Morell. München/Wien: Langen-Müller

1971 *Amschel, das Zigeunermädchen.* Illustrationen von Dieter Lange. Wien/Heidelberg: Ueberreuter

1971 *Ärgernisse.* Mit 13 Zeichnungen von Pit Morell. München/Wien: Langen-Müller

1974 *Knast. Nachrichten aus der Unterwelt.* Zeichnungen von Dieter Huthmacher. Düsseldorf: Eremiten-Presse
Mit vorzüglicher Hochachtung. Deutsche Prototypen. München: Piper
Zu heiß für einen Montag. Dunkle Geschichten. Mit elf Zeichnungen von Pit Morell. München/Zürich: Piper

1976 (mit Tomi Ungerer:) *Liebesdienste. Anweisungen zum Töten. Ein unzerreißbares Bilderbuch für Erwachsene.* Hamburg: Hoffmann und Campe
Nachrichten aus der Unterwelt. Mit Offsetlithographien von Dieter Huthmacher. Düsseldorf: Eremiten-Presse (Broschur; Band 72)

1977 *Prominentenporträts.* Frankfurt am Main: Fischer-Taschenbuch-Verlag
Nachts, wenn wir schlafen. 36 Großstadtgeschichten. Mit Zeichnungen von Hans-Georg Rauch. Hamburg: Hoffmann und Campe

1979 *Alle Nachrichten aus der Unterwelt.* Mit zwölf Zeichnungen von Dieter Huthmacher. Vom Autor für die Taschenbuchausgabe überarbeitet und zusammengestellt. Frankfurt am Main/Berlin/Wien: Ullstein
Nebbich oder Löcher im Lachen. Mit einem Vorwort von Werner Finck. Zeichnungen von Horst Janssen. Frankfurt am Main: Fischer-Taschenbuch-Verlag

1980 *Frauen am Nachmittag.* Mit 13 Zeichnungen von Margrit von Spreckelsen. Frankfurt am Main: Fischer-Taschenbuch-Verlag
Unglaubliche Zumutungen. Neue und gebrauchte Geschichten. Frankfurt am Main/Berlin/Wien: Ullstein

1982 *Spaziergänge mit Prominenten.* Hamburg: Hoffmann und Campe

1983 *Sensationen im Sessel. Aus dem Berufs- und Liebesleben der Deutschen.* Mit Zeichnungen von Tomi Ungerer und Hanno Engler. München: Deutscher Taschenbuch-Verlag

1985 *Müßiggang ist allen Glückes Anfang.* Mit vier Zeichnungen von Horst Janssen. Hamburg: Hoffmann und Campe

1986 *Es geht auch ohne Helden. Männergeschichten.* Mit 16 Illustrationen von Horst Janssen. Frankfurt am Main: Fischer-Taschenbuch-Verlag

1988 *Minutenpoesie.* Mit Zeichnungen von Hans Hillmann und einem Nachwort von François Bondy. Hamburg: Hoffmann und Campe

1989 *Das Cello auf dem Dach. Geschichten von kleinen Leuten und großen Träumen, von komischen Käuzen und ernsten Fällen.* Würzburg: Edition Pestum (Erzähler-Bibliothek)

1990 *Schritte und Worte. Zeitgeschichte in Augenblicken.* Herausgegeben und eingeleitet von Siegfried Lenz. Hamburg: Hoffmann und Campe

1990 *Straßenbekanntschaften. Kurzprosa.* Mit Zeichnungen von Margrit von Spreckelsen-Elmenhorst. Reinbek bei Hamburg: Rowohlt

1992 *Angetippt. Zeitgeschehen im Handumdrehn.* Mit einem Vorwort von Helmut Schmidt und Zeichnungen von Luis Murschetz. Hamburg/Zürich: Luchterhand Literaturverlag

1993 *Angst auf weiße Zettel schreiben und andere Texte.* Ausgewählt und eingeleitet von Siegfried Lenz. Hamburg: Luchterhand Literaturverlag

Schallplatten

1976 *Knast. Nachrichten aus der Unterwelt* Von und mit Ben Witter. Stuttgart: Intercord. 1 Langspielplatte, 40 Min.

1984 *Müßiggang ist allen Glückes Anfang* Gelesen vom Autor. Hamburg: Deutsche Grammophon. 1 Langspielplatte, 45 Min.

o.J. *Waschpulver geteilt durch vier. Kalle und seine Freunde leben gefährlich* Ein Hörspiel für Jungen und Mädchen von 8–14 Jahren von Ben Witter nach seinem gleichnamigen Buch. Erzähler und Regie: Ben Witter. Hamburg: Sternchen/Gruner + Jahr/Ariola-Eurodisc. 1 Langspielplatte, 45 Min.

Zeittafel

1920 24. Januar. Hamburg, geboren als Karl-Heinz Witter. Die Eltern haben einen gutgehenden Fleischerladen. Obwohl er Freunde, vor allem in der Zeit nach dem Krieg, gern mit damals rationiertem Fleisch versorgt, scheint ihm der Beruf der Eltern unangenehm gewesen zu sein. Trotz herzlichem Verhältnis zur Mutter, eine Fotografie von ihr stand bis zuletzt auf seinem Schreibtisch, vermeidet er Gespräche über das Elternhaus. Im handschriftlichen Testament der Satz: »Meine Verwandten (nur noch väterlicherseits) finden keinerlei Berücksichtigung. Alles abgegolten.«
Wächst vor allem bei den Großeltern im nahen Hafen auf. Dort arbeitet der Großvater als Ausstatter für Segelschiffe. Selbst enge Vertraute wissen wenig über seine Herkunft und Jugend. Witter, der beredte Erzähler, will dieses Schweigen. In früher Jugend Erkrankung an Meningitis (Hirnhautentzündung). Gehbeschwerden sind die Folge. Wohl auch ein Grund für seine Existenz als Wanderer, Fußgänger, Stadtteil-Begeher, als unruhig-gelassener Beobachter seiner nächsten Umwelt.
Besuch einer höheren Schule.

1930 Mitglied im Deutschen Pfadfinderbund, der ihn lebenslang geprägt hat. »Schade, daß ich nicht so bin, als daß ich einen von denen heiraten könnte«, gesteht er später einer Freundin. Der Bund wird 1933 von den Nazis verboten.
Ausbildung als Verlagsbuchhändler und Antiquar.
Kurzes Studium der Zeitungswissenschaft in Heidelberg.
Obwohl nicht Mitglied einer Nazi-Organisation, Ausbildung als Journalist beim *Hamburger Fremdenblatt*. Dort »Schriftleiterprüfung« mit Auszeichnung. Redakteur in der Lokalredaktion.

1943 Als Witter im Mai sein Gedicht »Der Bettler« drucken läßt, ausgerechnet zum zehnten Jahrestag der Nazi-Organisation

»Volkswohlfahrt«, wird der Dreiundzwanzigjährige als »untragbarer Intellektueller« aus der »Reichsschrifttumskammer« ausgeschlossen, was einem Berufs- und Schreibverbot gleichkommt. »Dienstverpflichtet«, mit KZ-Häftlingen, zur Identifizierung von Bombenopfern in Hamburg.

1945 Nach dem Krieg freier Journalist bei mehreren Zeitungen im englischen und amerikanischen Besatzungsgebiet.

1946 Redakteur der von den Engländern gegründeten Tageszeitung *Die Welt* in Hamburg.

1948 Chefreporter der *Welt* bis zum Verkauf der Zeitung an den Axel Springer Verlag (1953).

1953 Ständiger Mitarbeiter des NWDR/NDR (Köln/Hamburg), für den er schon seit 1952 gearbeitet hat.

1953 Kolumnist und Reporter der Wochenzeitung *Die Zeit* in Hamburg.
Zahlreiche Buchveröffentlichungen.

1993 30. Juni. Errichtung der »Ben Witter Stiftung« in Hamburg: »Ausschließlicher und unmittelbarer Zweck ist die Förderung der Kultur. Die Stiftung soll das journalistische und schriftstellerische Werk von Ben Witter und das Gedächtnis daran pflegen ...«
Stiftungszweck: Aufbereitung, Verwaltung, Veröffentlichung und Erforschung des literarischen Werks im Dienste der Allgemeinheit; Vergabe von Stipendien und Zuschüssen an Journalisten und Schriftsteller; Vergabe eines »Ben-Witter-Preises«.

1993 12. Dezember. Tod durch Herzversagen in seiner Wohnung in Hamburg-Eimsbüttel, Bismarckstraße 38

1993 Beerdigung auf dem Friedhof Hamburg-Ohlsdorf (Grab-Nr.: D-13278/279). »Bei dieser Grabstätte handelt es sich um ein sogenanntes KZ-Grab, d. h., es bleibt auf Friedhofsdauer bestehen.«

1995 Der »Ben-Witter-Preis« wird zum erstenmal vergeben. Seither jährliche Verleihung. Preissumme: 15 000 Euro.

Auszeichnungen, Ehrungen und Preise

1950 Kurzgeschichtenpreis der *New York Herald Tribune*

1967 Theodor-Wolff-Preis

1982 Mitglied im P.E.N.-Zentrum Deutschland

1985 Medaille für Kunst und Wissenschaft der Freien und Hansestadt Hamburg

1992 Großes Bundesverdienstkreuz zum Goldenen Jubiläum (50 Jahre) als Journalist

Alphabetisches Inhaltsverzeichnis und Quellennachweis

ED = Erstdruck in der *Zeit* oder im *Zeit*magazin; BA = Buchausgabe, in der der Text enthalten ist; u. d. T. = unter dem Titel; i. d. A. = in der Artikelreihe; * = Titel vom Herausgeber.

117 **Brav sein und sich nicht verschlucken**
ED: *Zeit*magazin, 12. Dezember 1975 (i. d. A. »Liebesdienste«); BA: (mit Tomi Ungerer:) *Liebesdienste. Anweisungen zum Töten. Ein unzerreißbares Bilderbuch für Erwachsene.* Hamburg: Hoffmann und Campe, 1976

164 **Daliegen wie tot**
BA: *Unglaubliche Zumutungen. Neue und gebrauchte Geschichten.* Frankfurt am Main/Berlin/Wien: Ullstein, 1980. S. 119–122

181 **Das Fotomodell und Simmel**
BA: *Frauen am Nachmittag.* Mit 13 Zeichnungen von Margrit von Spreckelsen. Frankfurt am Main: Fischer-Taschenbuch-Verlag, 1980. S. 142–145

45 **Das ganze Lager ist ein riesiges Grab**
ED: *Die Zeit*, 17. April 1959; BA: *Schritte und Worte. Zeitgeschichte in Augenblicken.* Hrsg. und eingeleitet von Siegfried Lenz. Hamburg: Hoffmann und Campe, 1990. S. 137–139

174 **Das kleine Mädchen und der große Busen**
BA: *Frauen am Nachmittag.* Mit 13 Zeichnungen von Margrit von Spreckelsen. Frankfurt am Main: Fischer-Taschenbuch-Verlag, 1980. S. 99–105

44 **Das Mädchen Veronika**
ED: *Die Zeit*, 16. Oktober 1958; BA: *Schritte und Worte. Zeitgeschichte in Augenblicken.* Hrsg. und eingeleitet von Siegfried Lenz. Hamburg: Hoffmann und Campe, 1990. S. 58–59

101 **Das Tatwerkzeug und die Blumenfrau**
BA: *Deutschland, deine Ganoven. Protokolle aus der Unterwelt.* Zeichnungen von Horst Janssen. Hamburg: Hoffmann und Campe, 1970. S. 96–98

230 **Der alternde Rocker**
BA: *Es geht auch ohne Helden. Männergeschichten.* Mit 16 Illustrationen von Horst Janssen. Frankfurt am Main: Fischer-Taschenbuch-Verlag, 1986. S. 37–40

40 **Deutsche gegen Deutsche**
BA: *Schritte und Worte. Zeitgeschichte in Augenblicken.* Hrsg. und eingeleitet von Siegfried Lenz. Hamburg: Hoffmann und Campe, 1990. S. 45

224 **Die Bereitwilligste**
BA: *Es geht auch ohne Helden. Männergeschichten.* Mit 16 Illustrationen von Horst Janssen. Frankfurt am Main: Fischer-Taschenbuch-Verlag, 1986. S. 11–13

171 **Die Brosche**
BA: *Frauen am Nachmittag.* Mit 13 Zeichnungen von Margrit von Spreckelsen. Frankfurt am Main: Fischer-Taschenbuch-Verlag, 1980. S. 74–78

110 **Die Geburtstagsfeier**
BA: *Deutschland, deine Ganoven. Protokolle aus der Unterwelt.* Zeichnungen von Horst Janssen. Hamburg: Hoffmann und Campe, 1970. S. 123–126

184 **Die Hebamme**
ED: *Die Zeit*, 21. April 1967; BA: *Frauen am Nachmittag.* Mit 13 Zeichnungen von Margrit von Spreckelsen. Frankfurt am Main: Fischer-Taschenbuch-Verlag, 1980. S. 163–165; verändert wiederabgedruckt u. d. T. »Dreimal Karin Straube« in: *Angst auf weiße Zettel schreiben und andere Texte.* Ausgewählt und eingeleitet von Siegfried Lenz. Hamburg: Luchterhand Literaturverlag, 1993. S. 161–163

218 **»Die Mutterkiste«**
BA: *Müßiggang ist allen Glückes Anfang.* Mit vier Zeichnungen von Horst Janssen. Hamburg: Hoffmann und Campe, 1985. S. 143–145

241 **Die Nacht davor**
BA: *Es geht auch ohne Helden. Männergeschichten.* Mit 16 Illustrationen von Horst Janssen. Frankfurt am Main: Fischer-Taschenbuch-Verlag, 1986. S. 144–146

167 **»Die Nacht« von Schubert**
BA: *Unglaubliche Zumutungen. Neue und gebrauchte Geschichten.* Frankfurt am Main/Berlin/Wien: Ullstein, 1980. S. 130–132

220 **Eingeklemmt mit steifem Nacken**
BA: *Müßiggang ist allen Glückes Anfang.* Mit vier Zeichnungen von Horst Janssen. Hamburg: Hoffmann und Campe, 1985. S. 159–161

145 **Elli und die Aufsichtsbeamtin**
ED: *Die Zeit*, 13. September 1974; BA: *Nachrichten aus der Unterwelt.* Mit Offsetlithographien von Dieter Huthmacher. Düsseldorf: Eremiten-Presse, 1976 (Broschur; Bd. 72). S. 76–78

65 **Emigranten und Asylanten**
ED: *Die Zeit*, 7. November 1986; BA: *Schritte und Worte. Zeitgeschichte in Augenblicken.* Hrsg. und eingeleitet von Siegfried Lenz. Hamburg: Hoffmann und Campe, 1990. S. 207–208

247 **Entschuldigung**
ED: *Die Zeit*, 19. August 1988; BA: *Straßenbekanntschaften. Kurzprosa.* Mit Zeichnungen von Margrit von Spreckelsen-Elmenhorst. Reinbek bei Hamburg: Rowohlt, 1990. S. 44–45

216 **Er dahinten**
BA: *Müßiggang ist allen Glückes Anfang.* Mit vier Zeichnungen von Horst Janssen. Hamburg: Hoffmann und Campe, 1985. S. 133–135

148 **Ernst H. Müller und Schluß**
BA: *Nachts, wenn wir schlafen. 36 Großstadtgeschichten.* Mit Zeichnungen von Hans-Georg Rauch. Hamburg: Hoffmann und Campe, 1977. S. 11–16

323 **Erstmal geht es so weiter***
ED: *Die Zeit*, 10. Dezember 1993 (i. d. A. »Gesucht wird: Liebe«)

198 **»Es hat doch auch die anderen Deutschen gegeben« – *Ida Ehre***
ED: *Die Zeit*, 19. Juni 1981; BA: *Spaziergänge mit Prominenten.* Hamburg: Hoffmann und Campe, 1982. S. 205–213

259 **Europas Worte zu Adenauer**
ED: *Die Zeit*, 1. März 1991; BA: *Angetippt. Zeitgeschehen im Handumdrehn.* Mit einem Vorwort von Helmut Schmidt

193 **»Immer bis zum Äußersten« – *Heinrich Maria Ledig-Rowohlt***
ED: *Die Zeit*, 29. September 1967; BA: *Spaziergänge mit Prominenten.* Hamburg: Hoffmann und Campe, 1982. S. 186–191

243 **Immer da**
BA: *Es geht auch ohne Helden. Männergeschichten.* Mit 16 Illustrationen von Horst Janssen. Frankfurt am Main: Fischer-Taschenbuch-Verlag, 1986. S. 150–152

126 **Immer Drohungen gegen Bruno**
ED: *Die Zeit*, 9. Januar 1976; BA: *Nachrichten aus der Unterwelt.* Mit Offsetlithographien von Dieter Huthmacher. Düsseldorf: Eremiten-Presse, 1976 (Broschur; Bd. 72). S. 3–7

233 **Immer für ein paar Mille gut**
ED: *Die Zeit*, 2. Juli 1982; BA: *Es geht auch ohne Helden. Männergeschichten.* Mit 16 Ill. von Horst Janssen. Frankfurt am Main: Fischer-Taschenbuch-Verlag, 1986. S. 47–49

135 **Immer im Galopp**
BA: *Nachrichten aus der Unterwelt.* Mit Offsetlithographien von Dieter Huthmacher. Düsseldorf: Eremiten-Presse, 1976 (Broschur; Bd. 72). S. 27–30

317 **Immer war sie der Chef***
ED: *Die Zeit*, 10. September 1993 (i. d. A. »Gesucht wird: Liebe«)

260 **In stiller Andacht**
ED: *Die Zeit*, 12. September 1991; BA: *Angetippt. Zeitgeschehen im Handumdrehn.* Mit einem Vorwort von Helmut Schmidt und Zeichnungen von Luis Murschetz. Hamburg/Zürich: Luchterhand Literaturverlag, 1992. S. 201–202

48 **Interview mit einer Reinmachefrau**
ED: *Die Zeit*, 17. März 1961; *BA: Schritte und Worte. Zeitgeschichte in Augenblicken.* Hrsg. und eingeleitet von Siegfried Lenz. Hamburg: Hoffmann und Campe, 1990. S. 67–69

250 **Jagd nach dem Zufall**
ED: *Zeit*magazin, 16. Juni 1989; BA: *Straßenbekanntschaf-*

235 **Lipps Lektion**
BA: *Es geht auch ohne Helden. Männergeschichten.* Mit 16 Illustrationen von Horst Janssen. Frankfurt am Main: Fischer-Taschenbuch-Verlag, 1986. S. 119–122

105 **Locken-Harry**
BA: *Deutschland, deine Ganoven. Protokolle aus der Unterwelt.* Zeichnungen von Horst Janssen. Hamburg: Hoffmann und Campe, 1970. S. 107–109

269 **Luftlinie zum Ehemann**
BA: *Angst auf weiße Zettel schreiben und andere Texte.* Ausgewählt und eingeleitet von Siegfried Lenz. Hamburg: Luchterhand Literaturverlag, 1993. S. 137–139

64 **Mehr Frauen an die Macht?**
ED: *Die Zeit*, 27. Juni 1986; BA: *Schritte und Worte. Zeitgeschichte in Augenblicken.* Hrsg. und eingeleitet von Siegfried Lenz. Hamburg: Hoffmann und Campe, 1990. S. 203–204

186 **»Meine Träume werden jetzt kontrolliert« – *Axel Springer***
ED: *Die Zeit*, 12. Dezember 1980; BA: *Spaziergänge mit Prominenten.* Hamburg: Hoffmann und Campe, 1982. S. 176–185

77 **Mit Axel Springer am Wannsee**
ED: *Die Zeit*, 8. Dezember 1967; BA: *Spaziergänge mit Prominenten.* Zürich: Diogenes, 1969. S. 57–66

90 **Mit Heinrich Böll im Kölner Grüngürtel**
ED: *Die Zeit*, 6. September 1968; BA: *Spaziergänge mit Prominenten.* Zürich: Diogenes, 1969. S. 145–151

85 **Mit Helmut Schmidt auf dem Schuttberg**
ED: *Die Zeit*, 19. April 1968; BA: *Spaziergänge mit Prominenten.* Zürich: Diogenes, 1969. S. 101–107

68 **Mit Oskar Kokoschka rund um das Haus**
ED: *Die Zeit*, 28. Juli 1967; BA: *Spaziergänge mit Prominenten.* Zürich: Diogenes, 1969. S. 13–18

72 **Mit Rudolf Augstein durch das Alstertal**
ED: *Die Zeit*, 17. November 1967; BA: *Spaziergänge mit Prominenten.* Zürich: Diogenes, 1969. S. 49–55

128 **Regen auf dem Strich**
BA: *Nachrichten aus der Unterwelt.* Mit Offsetlithographien von Dieter Huthmacher. Düsseldorf: Eremiten-Presse, 1976 (Broschur; Bd. 72). S. 13–15

235 **Reserven**
ED: *Die Zeit*, 4. April 1975; BA: *Es geht auch ohne Helden. Männergeschichten.* Mit 16 Illustrationen von Horst Janssen. Frankfurt am Main: Fischer-Taschenbuch-Verlag, 1986. S. 84

255 **Rollenlast**
ED: *Die Zeit*, 2. März 1984; BA: *Angetippt. Zeitgeschehen im Handumdrehn.* Mit einem Vorwort von Helmut Schmidt und Zeichnungen von Luis Murschetz. Hamburg/Zürich: Luchterhand Literaturverlag, 1992. S. 35–36

258 **Rundum versichert**
ED: *Die Zeit*, 29. Juli 1988; BA: *Angetippt. Zeitgeschehen im Handumdrehn.* Mit einem Vorwort von Helmut Schmidt und Zeichnungen von Luis Murschetz. Hamburg/Zürich: Luchterhand Literaturverlag, 1992. S. 127–128

131 **Schlucker**
ED: *Die Zeit*, 14. März 1975; BA: *Nachrichten aus der Unterwelt.* Mit Offsetlithographien von Dieter Huthmacher. Düsseldorf: Eremiten-Presse, 1976 (Broschur; Bd. 72). S. 21

32 **Schwarzmarktlogik 1947**
BA: *Schritte und Worte. Zeitgeschichte in Augenblicken.* Hrsg. und eingeleitet von Siegfried Lenz. Hamburg: Hoffmann und Campe, 1990. S. 20–22

207 **Selbstgespräch um Mitternacht**
ED: *Die Zeit*, 22. Dezember 1978; BA: *Sensationen im Sessel. Aus dem Berufs- und Liebesleben der Deutschen.* Mit Zeichnungen von Tomi Ungerer und Hanno Engler. München: Deutscher Taschenbuch-Verlag, 1983. S. 159–162

311 **Sitzecke***
ED: *Die Zeit*, 28. Mai 1993 (i. d. A. »Gesucht wird: Liebe«)

222 **So stählern und unbeweglich**
BA: *Müßiggang ist allen Glückes Anfang.* Mit vier Zeichnungen von Horst Janssen. Hamburg: Hoffmann und Campe, 1985. S. 165–167

Olympiade der Hoffnungen.
Dreimal Gold für Händeringen.

Als ich zu mir kar
Aber wir mußten

Ich wartete auf einen Anruf.
Plötzlich klingelte es an der Tür.
Ich nahm den Hörer ab und sagte:
»Bist du es?«

Ich fiel aus allen Wolken.
Unfallwagen umringten den Zufall.

Ich ging mit Schuhen ins Bett.
Nach dem Tod wirkte das lebendig.

Die Mine meines Kugelschreibers
war leer.
Ich hatte meinen Wortschatz
verschossen.

Bei der Autorenlesung beschimpfte sich der Autor selbst.
Das Publikum nahm ihn in Schutz.

'kannte ich mich nicht wieder.
usammenbleiben.

»Haben Sie ein Totenhemd
in meiner Größe?«
Der Verkäufer schnitt
den Kragen ab.

Wühlgeräusche unter dem Scheitel.
Erinnerungen drängten auf den Flohmarkt.

»Hauptsache, Sie leben«,
meinte der Arzt.
Mir war jeder Irrtum recht.

Olympiade der Hoffnungen.
Dreimal Gold für Händeringen.

Als ich zu mir ka
Aber wir mußte

Ich wartete auf einen Anruf.
Plötzlich klingelte es an der Tür.
Ich nahm den Hörer ab und sagte:
»Bist du es?«

Ich fiel aus allen Wolken.
Unfallwagen umringten den Zufall

Ich ging mit Schuhen ins Bett.
Nach dem Tod wirkte das lebendig.

Die Mine meines Kugelschreibers
war leer.
Ich hatte meinen Wortschatz
verschossen.